KB069577

현대 심리평가의 이해와 활용

| 박영숙 · 박기환 · 오현숙 · 하은혜 · 최윤경 · 이순묵 · 김은주 공저 |

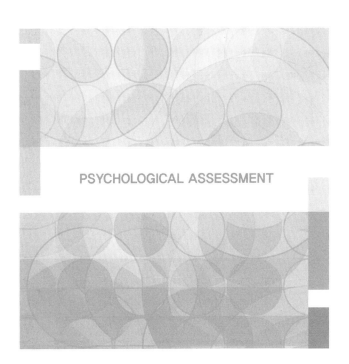

PSYCHOLOGICAL ASSESSMENT

학지사

저자서문

저자는 국내 최초의 심리검사 출판물인『심리검사의 이해와 활용』(삼일당, 1981년)을 출간한 이후『심리평가의 실제』(하나의학사, 1994년),『전문가를 위한 투사적 검사와 치료적 활용』(하나 의학사, 2004년),『최신 심리평가: 아동 청소년 성인 대상』(2010년, 하나의학사)까지 심리검사 관련 책들을 내놓았으며, 이 책들은 모두 심리검사의 이론과 현장에서의 임상경험을 토대로 저 술되었다.

심리평가의 이론과 실제를 다루는 데 있어서 단독 저서의 한계를 극복하기 위해 공동 저서로 출간한『최신 심리평가: 아동 청소년 성인 대상』은, 특히 다면적 인성검사, 로샤 검사, 신경심리검사, 지능검사, 기질 및 성격검사, MBTI 성격유형검사, 아동 심리평가 등에서 여러 전문가들의 풍부한 임상경험이 전달될 수 있었다는 점에서 의미가 있었다. 더불어 심리검사 제작 분야에서 오랜 경험을 쌓아 온 전문가가 참여함으로써 심리검사 개발과 표준화 과정에 대한 실질적인 내용을 제시한 것도 나름의 성과였다.

그렇지만 2010년 출간된『최신 심리평가』는 여러 가지 의미와 성과에도 불구하고 현 시점에서 볼 때 새로운 내용의 추가가 필요하다는 점을 인식하게 되었다. 그 배경에는 한국인의 심각한 정신건강 문제가 자리 잡고 있다. 예컨대, 경제개발협력기구 OECD에 의해 매년 발표되는 자료에 따르면 한국인의 자살률은 최근 10년 이상 OECD 회원국 가운데 가장 높은 수준으로 나타나고 있다. 이런 현상은 한국인의 정신건강이 심각한 위협을 받고 있음을 의미한다. 영국 왕실 정신의학회 수장 오코너 박사는, "대다수 OECD 회원국의 자살률이 1995년 이후 감소 추세를 보이는 데 비해 한국은 유일하게 자살률이 증가했다."라고 언급하면서, 이와 함께 "인구 전체에 걸쳐 정신적 스트레스가 높음에도 불구하고 치료적 격차가 존재하며 적절한 진료가 이뤄지지 않기 때문이다."라고 그 이유를 지적했다. 이어서 그는 한국적 상황에 대해 '입원중심 치료에서 지역사회 기반 치료로의 전환'과 국민의 인식 변화를 위한 대규모 '심리치료 접근성

개선 프로그램(Increasing Access to Psychological Therapies)'의 도입을 제안했다.

현 시점에서 한국사회의 자살 문제는 특별한 사람들의 이야기가 아니다. 나의 문제이며 우리 가족의 문제이고, 가까운 이웃 혹은 동료의 문제임을 인식해야 한다. 요컨대, 우리 사회 전체의 문제이다. 영국의 경우, '심리치료 접근성 개선' 프로그램을 통해 우울증, 불안 등 정신장애에 국가적 차원의 지원을 하고 있다. 이러한 국가적 차원의 관심과 지원은 영국뿐만 아니라 점차적으로 전 세계적인 추세가 될 것이라고 예측된다. 현재 한국에서도 국민들의 정신건강 개선을 위한 다양한 논의들이 진행되고 있고, 새로운 정책들이 시도되고 있다.

이와 같은 상황을 고려할 때 향후 임상심리학자의 역할은 더욱 확대되고 커질 것으로 예상된다. 정신건강 문제를 다루기 위해 가장 우선적으로 요구되는 역할이 바로 심리상태에 대한 정확한 평가이기 때문이다. 특히 지역사회를 기반으로 한 대규모 심리치료를 위해서는 임상심리학자의 역량이 매우 중요할 뿐만 아니라 적극적인 참여가 필요하다. 이를 통해 정신장애를 조기에 발견하고 예방하는 데 기여해야 한다고 생각한다.

이에 우리 저자들은 공동의 노력을 통해 그동안 저술된 책들의 부족한 점들을 보완하고, 새로운 시대의 요구에 맞추어 새롭게 업그레이드된 심리평가 교재로 이 책을 세상에 내놓게 되었다.

따라서 이 책은 앞으로 임상심리학자에게 요구되는 전문가로서의 심리평가 역량을 갖추도록 하고, 한국사회가 안고 있는 심각한 정신건강의 위기를 극복하기 위한 도구로 활용되길 바라는 마음으로 저술되었다. 부족한 점이 있겠지만, 임상심리학자들에게 조금이나마 도움이 되는 지침서가 되기를 기대한다.

책 출간이 진행되는 동안 학지사 김진환 사장님의 적극적인 관심과 신뢰가, 원래의 목표를 벗어나지 않고 발간되는 데 큰 힘이 될 수 있었다는 점에서 진심으로 감사드린다. 그리고 여러 저자의 원고를 효율적으로 편집해야 하는 어려움에도 불구하고 저자들의 저술 활동이 긍정적인 방향으로 진행될 수 있도록 도와주신 편집부 김준범 차장님에게도 고마움을 전한다.

저자 대표 박영숙

차례

제2부
객관적 검사

제3부

투사적 검사

제1부
심리평가의 이해

Chapter 01
심리검사와 심리평가에 대한 이해

박영숙

학/습/목/표

1. 심리검사에 대한 개인적인 요구 이해하기

2. 심리검사에 대한 사회적인 요구 이해하기

3. 심리평가에 대한 이해

4. 심리검사와 심리평가의 기능

5. 심리평가의 기본적 입장

6. 심리검사의 역사적 발달

Thorndike와 Hagen(1986)은 심리검사가 객관적이고 심층적인 정보를 제공해 줌으로써 개인이나 집단으로 하여금 적절한 의사결정을 내릴 수 있게 해 준다고 하였다. 실제로 개인이나 사회가 심리검사에 대해 어떤 요구와 기대를 갖고 있는지 살펴보기로 하자.

1. 심리검사에 대한 개인적인 요구

한 대학 축제에서 심리검사를 시행하고 결과를 해석해 주고 난 다음 학생들에게 소감문을 적어 보게 하는 '내 마음 찾아 떠나는 여행'이라는 행사가 진행되었다. 이 행사에 참여했던 학생들이 보내온 소감문들 가운데 일부를 소개해 본다.

"심리검사는 분명 나를 만나러 가는 길이지만, 이것은 여행의 종착점이 아닌 길목에 불과하다. 그동안 많은 심리검사를 받았지만, 가장 중요한 것은 그 결과를 바탕으로 '나'를 통찰하면서 좀 더 변화된 '나'를 만나기 위한 스스로의 노력이다. 물론 노력해도 좀처럼 바뀌지 않는 부분들이 있지만, 적어도 자신의 장점과 단점을 정확히 파악하는 것만으로도 살아가는 데 큰 도움이 된다. 지금까지 알고 있던 '나'와 앞으로 변화될 '나' 사이에서 지금도 '나'는 조금씩 변화의 길을 걷고 있다. 그것이 바로 내가 살아 있고 또한 사랑하는 삶의 여정이다."

"인생은 세상을 알아 가기보다 세상을 살아가는 '나'를 알아 가는 긴 여정인 것 같다. 혼자일 때와 남의 시선이 있을 때, 그리고 기분과 계절에 따라, 또한 주위 변화에 따라 다양한 반응을 보이는 다채로운 모습을 내 자신이 지니고 있기 때문이다. 나를 파악하는 데 그치지 말고, 이제까지의 나의 모습을 통해 앞으로의 상황에 성숙하고 긍정적인 방향으로 대처하는 자세를 지닐 수 있어야 하겠다."

이 외에도 학생들은 자신의 모습을 직면하고 그 과정에서 자신에 대해 통찰해 보고 이를 바탕으로 변화하려고 노력하고자 하는 의지를 나타내고 있었다. 이와 같은 소감문에서 자신에 대한 통찰을 바탕으로 긍정적인 방향으로, 보다 성숙한 방향으로 변화하려고 노력하고자 하는 학생들의 모습이 매우 인상적이었다. 이와 같이 심리검사 결과를 어떤 자세로 받아들이는가에 따라 통찰을 얻을 수 있고 이러한 통찰을 바탕으로 하여 긍정적이고 행복한 삶을 이끌어 나가는 원동력을 얻을 수 있다는 점이 심리검사의 핵심적인 기능이라고 보인다.

2. 심리검사에 대한 사회적인 요구

심리검사는 학교장면, 산업장면, 상담장면, 임상장면 등 다양한 현장과 더불어 직장이나 군대 등 다양한 기관에서 실시되고 있다. 이러한 다양한 현장과 사회기관에서 심리검사가 어떤 목적에 따라 활용되고 있는지 살펴보고자 한다.

학교장면   학교장면에서 심리검사를 적절하게 사용하게 될 경우 결과적으로 교수활동을 향상시키는 데 도움을 받게 되고 이와 더불어 학생들의 학습지도와 생활지도에 있어서도 도움을 받게 된다. 이에 따라 학교에서는 다양한 심리검사가 광범위하게 사용되고 있다.

학교에서 사용되는 심리검사로는 지적 능력을 측정하는 지능검사와 정의적 행동 특성[1]을 측정하는 심리검사가 있다. 지적 능력을 측정하는 심리검사로는 학업성취도검사, 지능검사, 적성검사 등이 있고, 정의적 행동 특성을 측정하는 심리검사로는 성격검사, 흥미검사, 태도검사 등이 있다. 이러한 심리검사들은 학생들의 지적 능력 및 학업성취도 파악 및 심리적 문제 파악을 위해 쓰이고 있다(한양대학교 학생생활연구소, 1990).

학교장면에서 실제적으로 심리검사가 활용되는 상황을 살펴보면, 다양한 심리검사가 사용되고 있기는 하지만 적극적이고 효율적인 활용은 제한적이라고 지적할 수 있다. 학교장면에서 심리검사가 제한적으로 활용되는 이유는 심리검사에 대한 일반 교사들의 전문 지식의 부족 때문인 것으로 알려지고 있다(한양대학교 학생생활연구소, 1990). 따라서 심리검사가 효율적으로 활용되기 위해서는 학교심리학자(school psychologist)와 같은 전문가들이 학교장면에서 활동할 수 있는 여건이 마련되어야 할 것이다. 이러한 여건이 마련된다면 심리검사가 제공해 주는 정보와 자료들이 학교장면에서 효율적으로 활용될 수 있을 것이다. 반면에 이러한 여건이 마련되지 않는다면 학교장면에서의 심리검사는 광범위하게 사용되고 있음에도 불구하고 그 효과는 제한적일 수밖에 없다. 이러한 점을 고려하여, 학교심리학자나 학교상담 전문가들이 학교장면에서 활동할 수 있도록 하기 위한 적극적인 대책이 요구된다.

산업장면   산업장면에서는 직원 선발, 배치, 승진, 훈련, 해고 등과 같은 인사 결정의 도구로 심리검사가 사용된다. 다시 말하면, 산업체에서는 말단 부서에서 일하는 조립공부터 일반 사무직 또는 최고경영진에 이르기까지 모든 직무나 직책과 관련해서 신입사원 채용이나 기존

---

1) 정의적 행동 특성이란 지적인 행동과 구별되는 비지적 행동으로서 흥미, 대토, 동기, 가치관, 자아개념, 인성을 의미한다(정원식, 1976).

사원의 업무 배정, 부서 이동과 승진 등을 결정할 때 심리검사가 활용된다(Anastasi & Urbina, 2003). 구체적으로 살펴보면, 인력 선발 결정과정에서 심리검사를 실시하는 목적은 특정 직무 수행에 있어서 상대적으로 보다 나은 지원자를 선정하는 것이다. 실제 장면에서 보면, 지원자 간 개인차가 존재하므로 이러한 차이가 직무 수행에 어떻게 반영될 것인지를 예측하고자 한다. 이러한 상황에서 적절한 선발 결정은 예측의 정확성에 달려 있으므로 예측기능을 갖추고 있는 심리검사가 적절한 선발에 도움을 제공해 준다. 또한 기존 인력의 배치, 승진 등을 결정하는 과정에서도 심리검사가 활용된다.

이에 따라 산업장면에서는 조직의 효율적인 운영을 위해 선발에서부터 해임에 이르기까지 모든 과정에서 심리검사를 시행하고 그 결과를 적극적으로 활용하는 추세가 강해지고 있다. 이와 같이 선발과정이나 부서 이동, 승진 등을 결정할 때 심리검사가 사용되는 경우, 해당 직무에 요구되는 적성이나 능력, 성격 등을 알아보기 위한 심리검사들이 선택된다(한국심리학회, 1998a). 뿐만 아니라 직업상담 서비스 영역에서도 구직자, 직업 전환자, 실직자의 직업 선택과 더불어 직장 적응에 대한 정보를 제공해 주기 위해 심리검사가 활용된다. 이와 같이 업무의 효율성을 높이기 위해 또는 직업상담을 돕기 위해 심리검사가 활용되고 있다. 직업상담 과정에서 사용되는 심리검사에는 직업지능검사, 직업적성검사, 직업흥미검사, 성격검사 등이 있다.

상담장면 상담은 주로 중고등학교나 대학, 정부기관, 사회봉사단체, 병원, 개인상담소 등에서 이루어진다(Wise, 1989). 이러한 다양한 영역에서 상담가들은 다양한 심리적 문제, 예를 들면 개인의 성격 문제, 대인관계 문제, 기타 생활적응 문제, 진로 탐색 및 직업 준비, 전공 선택 등 다양한 의사결정을 돕기 위해 심리검사를 활용하고 있다(Todd & Bohart, 1999). 이와 같이 상담과정에서 심리검사를 활용하는 목적은 개인의 능력, 성격 특성과 더불어 개인의 흥미를 파악함으로써 개인이 적절한 의사결정을 할 수 있도록 도와주고, 그 결과 개인의 적응력을 높이고 삶의 질을 높이기 유함이다(Piertrofesa, Hoffman, & Splete, 1984). 또한 상담과정에서 심리검사는 상담자와 내담자에게 문제 해결을 도울 수 있는 정보를 제공해 준다. 상담자는 내담자의 문제를 이해하고 적절한 도움을 주기 위해 내담자에 관한 정보를 필요로 하며, 내담자는 자신을 잘 이해하고 미래를 위한 계획을 세우는 데 심리검사의 정보를 활용한다(김계현, 황매향, 선혜연, 강영빈, 2004). 이와 같이 상담장면에서 심리검사의 일차 목표는 문제 해결을 지원할 수 있도록 개인에 관한 다양한 정보를 제공해 주는 것이다. 뿐만 아니라 심리검사는 개인이 통찰력을 갖도록 함으로써 바람직한 방향으로 변화되도록 도울 수 있다. 이러한 과정에서 상담자는 심리검사 결과를 내담자에게 알려 주는 해석 면담을 통해 내담자에게 도움을 제공해 주게 된다(김계현, 2004).

이와 같이 상담장면에서의 심리검사는 개인에게 중요한 정보를 제공해 주는 한편, 개인으로

하여금 자기 자신의 심리적 특성이나 심리적 상태를 통찰하도록 함으로써 바람직한 방향으로
변화될 수 있도록 돕는 역할을 한다.

　상담장면에서 실시되는 주요 심리검사들을 살펴보면, 적성진단검사, 적성탐색검사, 직업흥
미검사, 성격검사, 다면적 인성검사(Minnesota Multiphatic Personality Inventory: MMPI), 한국 웩
슬러 지능검사(Korean Wechsler Adult Intelligence Scale: K-WAIS), 학습기술검사, 학습방법 진
단검사 등 다양한 심리검사가 있다. 특히 개인상담에서는 MBTI(Myers-Briggs Type Indicator),
문장완성검사, MMPI, 진로-적성검사, 그림검사, 지능검사, 학습검사 등이 사용되고 있다. 개
인상담의 경우 전체 상담자 가운데 76%에 해당되는 상담자들이 상담 사례 셋 중 하나 이상에
서 심리검사를 사용하고 있고, 그 가운데 26%는 사례마다 심리검사를 사용하는 것으로 조사
되었다(김영빈, 김계현, 2000). 또한 사용되고 있는 심리검사의 유용성에 대해 전체 상담자 가
운데 88%에 해당되는 상담자가 '긍정적인' 응답을 한 것으로 조사되었다. 이 외에도 상담 내용
에 따라 심리검사들이 선택될 수 있다. 예를 들면, 적응 문제와 관련해서는 성격검사, 적응검
사, 정신건강검사, 대인관계검사—가족관계, 부부관계, 또래관계, 이성관계 등—가 선택될 수
있다. 또한 진로상담을 돕기 위해서는 진로성숙도, 진로신념, 진로결정, 진로계획 유능감, 직업
흥미검사 등이 선택될 수 있다. 이 외에도 상담과정에서 예기치 않은 문제 상황에 부딪히거나
특이한 반응이 나타날 경우, 내담자를 심층적으로 이해하는 데 도움을 줄 수 있는 심리검사가
추가적으로 시행되기도 한다. 예컨대, 욕구와 좌절에 대해 알아보고자 한다면 주제통각검사
(Thematic Apperception Test: TAT)를 시행하고, 개인의 자아지각, 대인지각, 현실지각, 정서표현
과 정서통제, 스트레스와 대처능력 등에 관한 종합적인 정보를 얻고자 할 경우에는 로샤 검사
(Rorschach Test)를 시행한다.

　앞서 살펴본 바와 같이, 상담장면에서는 정보 제공을 위해서나 상담효과를 높이기 위해서,
그리고 상담과정을 진전시키기 위해서 심리검사가 실시된다.

　임상장면　임상장면에서는 심리검사의 활용이 매우 집중적으로 이루어지고 있다. 치료 초기
단계에서 문제를 발생시킨 촉발요인과 더불어 문제 발생의 원인을 파악하는 작업이 중요하므
로 심리검사를 활용하여 문제 발생의 촉발요인에 대해 알아보고자 한다. 초기과정에서 심리검
사는 문제 발생의 원인을 발견하는 데 도움을 주는 촉발요인 탐색을 위해 활용된다. 따라서 심
리적 문제를 겪고 있는 개인들에게 도움을 주기 위해 임상심리 전문가는 일차적으로 초기면담
과 더불어 심리검사를 시행하게 된다.

　이와 같이 내담자를 만나게 되는 초기 단계에서 문제 발생의 원인과 더불어 개인의 심리적
상태를 파악하기 위해 심리검사를 활용하게 된다. 그 이유는 심리검사가 문제 발생의 원인이
나 내담자의 심리적 상태를 파악하는 데 도움을 주기 때문이다.

따라서 심리적 문제를 겪고 있는 개인들이 전문가의 도움을 받기 위해 방문하면 심리검사가 시행된다. 물론 정신장애의 진단과 평가가 전적으로 심리검사에만 의존하는 것은 아니지만, 심리검사는 객관성, 정확성, 통합성에 있어서 신뢰도가 인정된다는 점에서 중요한 평가도구로 활용되고 있다(Rozensky, Sweet, & Tovian, 1997). 이와 같이 다른 영역에 비해 임상심리 영역에서는 심리검사가 집중적으로 시행되고, 검사 결과 역시 적극적으로 활용된다. 임상장면에서 시행되는 심리검사에는 정신장애를 진단하기 위한 진단용 심리검사와 더불어 개인의 심리적 특성을 평가하고자 하는 심리검사들이 포함된다.

이와 같이 임상장면에서 치료를 시작하는 초기과정에서 진단과 심리평가가 필수적으로 요구되는 이유는, 개인에게 고통을 주고 있는 정신장애가 어떤 유형의 정신장애인지 정확하게 파악되지 못한다면 적절한 치료가 이루어지기 어렵기 때문이다. 이와 더불어 증상으로 인해 고통받고 있는 내담자의 성격이나 부적응적 행동양식 및 가족을 포함한 환경적 특성에 대한 심층적이고 객관적인 평가가 내려지지 못한다면 치료목표 결정이 어렵게 되고, 그 결과 치료효과를 기대하기 어려울 수 있기 때문이다.

임상장면에서 호소되는 문제들에는 개인의 정신장애뿐만 아니라 다양한 가족 문제, 대인관계, 학교 또래관계 등 다양한 적응 문제가 포함된다. 따라서 임상장면에서는 심리검사가 폭넓게 선택되는 경향이 있다. 이에 따라 지능이나 인지, 성격, 정서, 현실 지각 등 다측면적인 심리적 특성이나 상태가 종합적으로 보고됨으로써(Norman, 1976) 합리적이고 효율적인 치료법이 선택될 수 있게 된다. 또한 보고서에 개인의 강점과 취약점이 기술될 뿐만 아니라 심리적 문제나 정신장애의 발병 원인이나 영향을 미쳤던 선행요인—개인적·가족적·환경적 요인들—이 제시된다. 이와 같이 다양한 정보를 제공해 주는 심리평가 보고서는 치료목표와 치료 전략, 치료 방식을 결정하는데 주요한 영향을 미침으로써 치료가 효율적으로 진행될 수 있도록 도움을 주게 된다. 이와 같이 임상장면에서는 다양한 심리검사가 집중적으로 시행되고, 그 결과가 치료목표 결정 및 치료 방법 선택과 연결되면서 활용된다. 임상장면에서 심리검사가 시행되는 예를 들어 보자.

〈사례〉

입시를 앞둔 고3 여학생이 잦은 두통과 집중력 저하, 성적 저하 등을 호소하면서 정신과 외래를 방문하였다. 가족에 의하면, 이 여학생은 고3 초부터 두통과 집중력 저하를 호소하였고, 성적이 떨어지기 시작하였다고 한다. 그리고 1달 전에는 아무런 말도 없이 갑자기 집을 나갔다가 돌아와서는 왜 가출했는지 설명도 없었고, 말수가 줄어들고, 감정 표현도 잘 하지 않았고, 학교에도 가지 않았다고 하였다. 가족들은 스트레스가 많아서 그런 것 같다고 하였다.

이 여학생에게 행동 변화가 일어난 원인을 알아보기 위해 임상심리 전문가에게 심리평가가 의뢰되었다. 심리평가 시행 결과, 집중력, 현실 판단력, 합리적 사고 등 인지적 영역에서 의미 있는 기능 저하가 있는 것으로 평가되었다. 또한 정서 조절과 정서 표현이 저하된 상태였고, 이와 더불어 대인관계에 대한 관심도 줄어들고 대인관계가 잘 이루어지지 못하는 상태인 것으로 파악되었다. 또한 스트레스 대처능력 역시 불안정하고 취약한 상태임이 드러났다.

뿐만 아니라 자신의 능력 범위를 벗어나는 높은 학업목표에 대한 부담감, 이로 인한 긴장과 좌절, 불안정한 심리 상태가 드러나고 있었고, 성격적·정서적 특성과 더불어 스트레스 대처능력에도 상당한 취약성이 드러났다. 이러한 결과를 바탕으로 이 여학생에 대해 초기 조현병적 상태라는 평가가 내려졌다. 심리평가 이후 진행된 면담에서는 심리적 부적응이 상당 기간 동안 지속되어 왔던 것으로 드러났고, 그 후 이어진 치료과정에서도 이러한 점이 확인될 수 있었다.

장애인 복지 영역 심리검사가 활용되는 또 다른 영역은 장애인 복지 영역이다. 장애인에게 심리검사를 실시하는 이유는 개인적으로 그들이 어떤 문제를 갖고 있는지 정확하게 평가할 수 있어야만 적절한 서비스가 제공될 수 있기 때문이다. 장애인 개개인이 재활과정을 통해 사회 재적응을 할 수 있으려면 인지적·정서적·행동적·사회적 기능 가운데 손상되고 결핍된 기능뿐만 아니라 건강하게 유지되고 있는 기능이 밝혀져야 한다. 구체적으로 개개인의 발달 수준이나 기능 수준, 특정 영역에서의 발달이나 기능적 경험이나 강점과 더불어 덜 손상받은 영역 등이 확인됨으로써 재활치료나 재활교육 프로그램이 결정될 수 있게 된다. 이와 같은 목적을 달성하기 위해서는 일반인을 위한 심리검사보다는 특수하게 제작된 장애인을 위한 심리검사가 사용되는 것이 필요하다.[2]

기타 영역 군대에서도 정신장애로 인한 부적응 문제와 군기사고 예방에 대한 관심이 증대되면서 인성검사의 필요성이 인식되기 시작하였다(현광섭, 2003: 이종구, 남원모, 박지훈, 임현식, 윤희현, 2006 재인용). 특히 군대 내 자살문제가 사회적인 관심사로 떠오르면서 자살문제 예방을 위한 대처방식으로 군 인성검사에 대한 기대가 높아지고 있다. 현재 군대에서 쓰이는 심리검사는 군 인성검사(한국심리학회, 1998a)와 KMPI(Korean Military Personality Inventory: 류명수, 2004)가 있다. 군 인성검사는 병무청의 입영 판정과정에서 실시되는데, 이는 입영 시 정밀진단 대상자를 변별하고 군생활의 잠재적 부적응자를 파악하고자 제작되었다. 이러한 군 인성검사의 실시목적은 정신적으로 건강한 개인과 정신장애 문제를 지니고 있는 개인을 입대 전에 구

---

2) 장애인 관련 심리검사에 관한 정보 제공 출처: 장애인고용촉진공단 홈페이지(http://www.kepad.or.kr) 및 『장애인 고용』(한국장애인고용촉진공단, 2000), 『장애인 직업상담평가』(한국장애인고용촉진공단, 1995), 『중복장애아를 위한 심리적 검사』(Dalrymple, 1995), 『발달장애아의 지도프로그램』(1994) 등

별하여 정신장애가 있는 경우 군 입대의 적절성 여부를 판정하기 위해서이다. 뿐만 아니라 정신장애와 더불어 범죄 가능성을 진단하여 지휘자로 하여금 면담, 격려 또는 전문가 의뢰 등 사전 조치를 취함으로써 사전에 사고를 방지하고자 한다(이종구, 남원모, 박지훈, 임현식, 윤희현, 2006).

한편, 회사 등 수많은 기관에서는 개개인의 다양한 차이에도 불구하고 독특성보다는 개인들이 조직의 목표를 수용함으로써 조직이 효율적으로 운영될 수 있도록 개개인의 여러 측면을 조직화하려는 노력을 기울여 왔다. 이에 따라 조직에서는 이러한 목적을 달성하기 위해 개인차를 나타내는 여러 요소를 조직화하고 체계화하기 위한 방법을 추구해 왔다.

심리검사는 개인의 독특성을 발견하고 이러한 개인의 독특성을 긍정적인 방향으로 발전시켜 나가려는 목적뿐만 아니라 특정 조직이 추구하는 목적을 달성할 수 있도록 개인차의 여러 요소를 조직화하고 체계화하는 기능도 갖추고 있다(Cohen, Swerdik, & Sturman, 2013).

3. 심리평가에 대한 기초적 이해

심리검사는 일반적으로 흔히 사용되는 용어이지만, 심리평가라는 용어는 심리검사에 비해 상대적으로 덜 빈번하게 사용된다. 이에 따라 심리검사와 심리평가의 차이점과 각각의 기능에 대해 정확하게 이해하지 못할 수 있고, 심리평가와 심리검사가 동일한 의미를 지니고 있다고 생각할 수 있다. 그러나 전문적인 입장에서 보면, 심리평가와 심리검사는 동일한 의미를 지니고 있는 용어가 아니다. 심리평가와 심리검사의 차이점을 정확하게 이해하는 것이 심리평가와 심리검사의 올바른 적용을 위해 중요하다. 따라서 심리검사의 정의를 먼저 살펴본 다음, 심리평가의 의미에 대해 알아보기로 하자.

1) 심리검사의 정의

심리검사는 행동을 수량화하는 심리학적 측정도구나 측정기법으로서 개인의 행동을 이해하고 예측하도록 돕는다(Kaplan & Saccuzzo, 2001).

심리검사는 표준 절차에 따라 행동 표본을 측정하는 도구이다. 심리검사는 규준(norm)을 갖추고 있고 이러한 규준을 바탕으로 일상생활에서 개인의 행동을 예측하는 데 사용되고 있다(Anastasi & Urbina, 1997/2003).

심리검사는 행동을 표집하고, 표집된 행동을 점수로 기술하는 과정이다(Gregory, 2006).

이러한 심리검사의 정의를 정리해 보면, 심리검사는 다음과 같은 기본적인 조건을 지니고 있음을 알 수 있다.

- 심리검사는 심리학적 측정도구이다.
- 심리검사는 행동 표본을 측정한다.
- 심리검사는 표준화된 도구이다.
- 심리검사는 규준을 갖추고 있다.
- 심리검사는 개인의 행동을 예견하고자 한다.

이러한 내용을 전체적으로 종합해 보면, 심리검사는 다음과 같이 재정의될 수 있다.

- 심리검사는 표집된 행동(행동 표본)을 표준 절차에 따라 측정하고, 그 결과를 수량화하여 점수로 기술해 주는 측정도구이다.
- 심리검사는 규준을 마련함으로써 개인이 검사에서 획득한 점수의 의미를 알 수 있도록 해 주며, 이를 바탕으로 개인의 행동을 이해하고 예측할 수 있도록 해 준다.

앞서 제시된 심리검사의 기본적인 조건들은 제2장 심리검사의 측정 이론에서 자세하게 다루어 지게 된다.

이에 따라 심리검사의 측정 이론에 대해서는 제2장에서 자세하게 학습하도록 하고, 제1장에서는 심리적 측정도구인 심리검사에 의해 심리적 속성을 양적으로 나타내게 되면 측정된 심리적 속성은 객관화가 가능해진다는 점에 대해 간략하게 살펴보고자 한다. 예를 들면, 지능검사를 통해 A의 지능이 IQ 100으로 측정된다면 A의 지능은 그가 속한 연령군의 지능분포에 있어서 평균 수준에 해당된다는 점을 알 수 있게 되고, 이에 따라 그의 지능 수준에 대한 객관화가 가능해진다. 마찬가지로 불안검사를 통해 A의 상태불안이 T 70점으로 측정된다면 A의 불안수준은 동일 연령집단의 불안 수준에 비해 상위 약 2.28% 수준의 매우 높은 불안 수준임을 알 수 있게 해준다. 이와 같이 심리검사는 심리적 속성을 양적으로 나타내 주는 심리적 측정도구인 것이다. 때로 심리검사는 "심리검사를 시행하는 작업(psychological testing)"이라는 의미로 사용되기도 한다(Kaplan & Saccuzzo, 2001). 그러나 일반적으로 심리검사는 심리적 특성을 측정하는 도구라는 의미로 사용되며, 심리검사를 사용하여 심리적 특성을 측정하는 작업은 '심리검사 시행'이라고 표현한다.

이와 같은 심리적 측정이 발달하게 된 배경에 대해 간략하게 살펴보면 심리학이 과학으로 존재하기 위한 하나의 방법으로 심리측정이 채택되었다(Cattell, 1890; Gregory, 1992에서 재인용). 이는 물리학이 사물이나 사물의 속성에 수치(numerical values)를 부여하는 측정법에 기초하여 과학으로 발전하였듯이, 심리학이 심리측정법에 의해 정확성과 구체성을 획득함으로써 객관적인 과학으로 존재할 수 있다는 입장에 따라 심리측정 방식을 도입하였던 것이다. 이와 같은 발달 배경에서 알 수 있듯이 심리측정과 심리측정도구인 심리검사는 심리적 속성을 보다 정확하게 구체적으로 나타내기 위한 과학적인 방법인 것이다.

심리검사가 심리측정의 원리에 따라 제작되고 활용되는 측면에 대한 구체적인 내용에 대해서는 제2장과 제3장에서 다루어지게 될 것이다. 이 장에서는 심리검사가 심리적 속성을 측정하는 도구라는 측면에 대해 살펴보기로 하자. 심리적 측정 대상이 되는 심리적 속성은 심리적 현상과 심리적 기능으로 크게 분류해 볼 수 있다. 따라서 심리검사의 유형은 심리적 기능과 능력을 측정하는 유형의 검사가 있고—지능검사, 적성검사, GRE[미국 대학원 입학 자격시험(graduate record exam)] 등 능력을 측정하는 검사—성격이나 정서적 상태 등 심리적 상태를 측정하는 검사가 있다—Cattell 성격검사, Beck 우울검사 등—. 심리검사가 심리적 기능이나 능력을 측정하든 성격이나 심리적 상태를 측정하든지 간에 측정의 결과를 검사 점수를 통해 수량적으로 나타내 준다. 심리검사는 측정의 결과로서 추상적이고 복합적인 심리적 현상이나 심리적 기능을 구체적으로 알 수 있게 해 준다. 예컨대, '창의성'에 대해 알아보고자 할 때 창의성이란 매우 추상적이고 복합적인 개념이므로 과연 무엇을 창의성이라고 해야 하는지, 창의성의 높고 낮음의 정도를 어떤 기준으로 평가해야 하는지 매우 막연하게 된다. 이러한 창의성에 대해 정의를 내리고 이를 바탕으로 창의성을 양적으로 측정해 낼 수 있도록 제작된 심리검사를 통해 점수를 얻게 된다면, 그 결과로서 추상적이고 복합적인 창의성을 구체적으로 그리고 객관적으로 알 수 있게 된다.

2) 심리평가의 정의

심리평가(psychological assessment)에 대한 정의는 다음과 같다.

심리평가는 심리검사, 면담, 행동관찰 등 다양한 방법과 절차에 따라 이루어진다(Goldstein & Hersen, 1990).

심리평가는 심리검사와는 다르게 다양한 방식으로 얻은 정보들, 예컨대 개인에 관한 사회적 · 교육적 · 직업적 · 과거력 정보 등—을 통합하는 과정이다(AERA, APA, &NCME, 1985).

이러한 정의에서 나타나듯이, 심리평가는 심리검사를 통해 개인에 대한 정보를 수량적으로 측정해 내고, 이와 더불어 면담과 행동관찰에 의해 정보를 수집한 다음 이와 같은 모든 자료와 정보를 종합한 결과이다. 따라서 심리평가는 심리검사를 시행하고 그 결과를 해석하는 데 머무르지 않고, 다양한 방식으로 자료를 수집하고 그 자료들을 바탕으로 종합적인 해석을 내리는 전문적인 작업이다. 심리평가를 도식화 하면 [그림 1–1]과 같다.

이와 같이 다양한 작업과정으로 이루어지는 심리평가를 구체적으로 이해하기 위해서는 심리평가의 진행 단계들을 살펴보는 것이 도움이 될 것이다. 심리평가는 심리검사가 의뢰되거나 문제 해결에 대한 요청이 있을 때 다음과 같은 단계를 거치면서 진행된다.

첫 번째 단계에서는 심리평가가 요구되는 문제 상황들을 바탕으로 문제를 정확하게 파악하고, 이러한 문제 내용과 심각도를 알아내는 데 도움을 줄 수 있는 심리검사를 선택하게 된다. 즉, 심리검사 실시 목적에 따라 심리검사의 종류 및 절차를 선택한다.

두 번째 단계에서는 선택된 심리검사를 표준 절차에 따라 시행한다.

세 번째 단계에서는 선택된 심리검사들을 실시한 다음, 면담을 통해 정보들을 수집한다. 이러한 작업과정에서 중요한 점은 심리검사를 시행하면서 그리고 면담을 진행하면서 행동관찰을 병행한다는 것이다. 이 외에도 필요하다면 수검자에 대한 정보를 얻기 위해 가족면담을 시행하거나 학교 기록부 등을 통해 수검자에 대한 정보를 수집하기도 한다.

네 번째 단계에서는 심리검사, 행동관찰, 면담, 기타 방법 등을 통해 수집한 자료와 정보들을 종합하는 과정을 거친다.

심리평가 = 심리검사 + 면담 + 행동관찰 + 기타 작업

[그림 1–1] 심리평가의 작업 내용

그러고 난 다음 종합된 정보들을 바탕으로 심리평가 보고서를 작성한다. 이와 같이 수집된 정보들을 재구성하는 작업이 요구되는 이유는 다양한 방법으로 얻어진 각각의 정보와 자료들은 '원자료'일 뿐 정보로서의 가치를 지니고 있지는 않기 때문이다(이정흠, 1999).

이와 같은 '원자료' 내용들을 연결해 보고 정리해 보는 과정을 통해 체계적으로 재구성하는 작업은 심리평가 전문가의 역량에 달려 있다. 이러한 전문적 작업이 요구되는 심리평가를 수행할 수 있기 위해서는 다양한 능력이 요구된다. 즉, 심리평가를 전문적인 수준에서 수행할 수 있기 위해서는 인간에 대한 심리학적 지식, 정신병리에 대한 지식, 진단 분류에 대한 지식, 그리고 임상적 경험이 있어야 한다(이정흠, 1999).

보고서를 작성한 다음에는 마지막 단계로서 심리평가 보고서를 작성하고 심리평가를 의뢰한 전문가와 의사소통을 하게 된다. 즉, 심리평가를 의뢰한 전문가에게 심리평가 보고서를 제시하면서, 필요한 경우 심리평가 보고서의 내용을 설명해 준다. 만약 내담자가 직접 심리평가를 요구한 경우에는 내담자나 가족에게 심리평가 결과를 이해할 수 있도록 설명해 준다.

이상과 같이 심리평가는 심리검사뿐만 아니라 행동관찰, 면담 그리고 전문적인 지식과 이론을 연결하는 통합적인 과정이다(Newmark, 1996). 이러한 심리평가의 진행 단계들을 [그림 1-2]와 같이 진행된다.

```
심리검사 의뢰 → 의뢰 문제 파악하기 → 의뢰된 질문 파악하기 → 평가 방법 및 절차 선택 →
심리검사 시행 → 면담하기 → 심리평가 결과 및 면담자료, 행동관찰 등에 대한 종합적 해석 →
      ↕              ↕                심리평가 결과 보고서 작성
  행동관찰        행동관찰
```

[그림 1-2] 심리평가의 시행 단계

심리평가 과정은 다음과 같이 진행된다.

지금까지 제시된 심리평가는 심리평가의 구성요소 또는 심리평가 과정 중심으로 설명되고 있다. 이에 비해 심리평가 기능을 중심으로 살펴보면 심리평가는 문제 해결 과정이다. (Maloney & Ward, 1976).

Maloney와 Ward는 심리평가가 문제 해결 과정이라는 이유를 다음과 같이 제시하고 있다.

첫째, 심리평가는 단순하게 심리검사 결과만을 제시하는 것이 아니라 심리검사 결과와 더불어 다양한 정보와 자료를 종합함으로써 문제 해결에 실질적으로 도움을 주고자 한다는 점에서 수검자의 문제 해결을 돕는 전문적인 작업이라고 말할 수 있다. 심리평가를 통한 문제 해결은 문제를 인식하기, 문제를 정의하고 분석하기, 심리평가 중재 계획 세우기, 실행된 중재 결과를 평가하기의 4단계로 진행된다(Knoff, 1986).

둘째, 심리평가는 문제 해결 과정이다. 심리평가는 심리검사 의뢰 목적, 검사를 받는 수검자나 문제 상황이 안고 있는 독특한 조건을 고려하여 적절한 심리검사를 선택하고, 평가 방식이나 평가과정도 수검자의 상황에 맞추어서 진행되는데, 이러한 과정이 문제 해결의 과정이라고 할 수 있다([그림 1-3] 심리평가의 모델 참조). 이러한 점에서 심리평가 과정은 본질적으로 가변적이라는 특징을 지니고 있다. 다시 말하면, 심리검사는 표준 방식에 맞추어서 일정한 방식에 따라 진행되는 것을 원칙으로 하지만, 심리평가는 수검자의 특수한 상황에 맞추어서 검사 시행 방법과 절차가 선택된다. 예를 들면, 심리검사 시행과정에서 수검자의 저항이 너무 강할 경우 표준 절차를 따르기보다는 저항을 먼저 완화시키기 위해 면담을 시행하거나 검사에 적

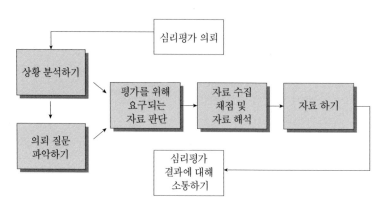

[그림 1-3] 심리평가의 모델[3]

출처: Goldfinger & Pomerantz (2014), p. 5.

극 참여할 수 있도록 자세한 설명을 해준다거나 간단한 연습을 하는 예비 절차를 밟는 것이 필요하다. 이와 같이 심리검사의 표준 절차를 무조건 따르기보다는 피검사자의 상황에 맞추어서 심리검사를 시행하는 것이 바람직하다. 면담이나 행동관찰에서도 이와 같은 상황에 따른 대처가 요구된다. 즉, 면담이나 행동관찰에서 표준화된 방식이나 구조화된 방식을 무조건 따르기보다는 상황에 맞추어 적절하게 진행하는 것이 바람직하다. 이와 같이 심리평가는 상황에 따라 다양한 의사결정이 내려져야 한다는 점에서 문제 해결 과정으로 정의 내릴 수 있다. 실제 장면에서 보면, 문제 발생 원인이나 문제에 선행되는 요인을 파악하고 효과적인 문제 해결 방법을 찾기 위해 심리검사가 의뢰되는데, 각 사례마다 안고 있는 조건—검사 목적, 검사 대상자, 문제 상황 등—이 다르기 때문에 심리평가는 검사 선택과 시행 과정, 종합평가 과정이 일정하지 않다는 특징을 갖고 있다. 이에 따라 의뢰된 문제에 따라 평가도구가 달라지는데, 지적 능력에 대한 문제가 제기될 경우 지능검사 등 능력검사가 시행되고, 뇌손상에 대한 평가가 요구될 경우 신경심리검사가 시행되는 것과 같이 문제 상황에 따라 적절한 심리검사가 선택되어야 한다. 뿐만 아니라 검사를 받는 대상자에 따라 검사 진행이 달라지기도 한다. 예컨대, 글 읽기 능력이나 쓰기 능력이 충분히 발달되지 않은 어린아이를 대상으로 하는 경우와 초등학생을 대상으로 하는 경우, 심리검사의 선택과 시행 방법이 달라지게 된다. 이러한 경우 행동관찰이나 부모 면담과 더불어 부모나 교사에 의한 행동 체크리스트가 사용된다. 이처럼 심리평가는 진행 과정 자체가 문제 해결을 요구하고 상황에 따라 적절한 의사결정을 내리면서 진행되어야 한다는 점에서 문제 해결 과정이라고 정리할 수 있다.

3) 심리검사와 심리평가의 차이점

지금까지 심리검사와 심리평가과정 대해 살펴보았다. 앞서 지적하였듯이 일반적으로 심리 검사라는 용어를 주로 사용하므로 심리검사와 심리평가의 의미가 동일한 것으로 오해하기 쉽다. 따라서 심리검사와 심리평가를 구별할 수 있도록 각각의 정의를 바탕으로 심리평가와 심리검사의 차이점에 대해 살펴보기로 하자.

첫째, 심리평가는 심리검사 시행과 더불어 면담, 행동관찰, 자료 수집 등을 통해 다양한 정보를 수집하고 수집된 정보와 자료들을 정리하고 체계적으로 요약하는 종합적인 과정이다. 이에 비해 심리검사는 심리검사를 시행하고 그 결과를 중심으로 해석하는 과정이다. 다시 말하자면, 심리평가는 심리검사 시행에 따른 결과뿐만 아니라 면담자와 피면담자 사이에서 주고받는 언어를 통해 수집된 자료, 행동을 관찰하면서 수집된 자료, 기록된 내용을 통해 수집된 자료, 그 외 주변 인물들과의 면담을 통해 얻어진 자료 등이 종합된 결과이다. 이러한 점에서 심리평가는 심리검사의 한계를 면담과정에서 보완하는 동시에 언어적 의사소통에서 보고되지 않는 자료들을 행동관찰을 통해 수집하게 되고, 이 모든 자료를 종합하여 내담자의 행동을 해석하는 근거 자료로 수집한다. 즉, 심리평가는 다양한 자료를 종합적으로 평가한다는 장점이 있다. 이에 반해 심리검사는 심리검사 결과만을 바탕으로 정보를 얻게 된다. 앞서 지적한 바와 같이, 심리검사는 심리적 속성이나 행동을 직접적으로 측정하지 않고 심리검사 결과를 바탕으로 간접적으로 판단한다는 점에서 개인의 행동 특징을 기술하거나, 행동을 예측하거나, 문제의 원인을 이해함에 있어서 제한이 있다. 반면, 심리평가는 심리검사, 면담, 행동관찰 등 다양한 방식을 통해 정보를 수집할 수 있고, 각각의 자료 수집 방식에 의해 다양한 자료를 수집할 수 있다는 점에서 심리검사와는 차별화된다.

한편, 이러한 차이점에 대해 Cohen, Serdlik와 Smith(1992)는 반론을 제기하고 있다. 즉, 심리검사도 심리평가와 마찬가지로 면담과 행동관찰을 시행하는 통합적인 과정이라는 것이다. 그들은 "심리평가가 심리검사, 면담, 사례연구, 행동관찰 등 다양한 과정이나 방법을 동원하여 자료를 수집하고 이를 통합하는 과정이라면, 심리검사와 심리평가를 확실하게 구별 짓는 것이 가능한가?"라는 질문을 통해 심리검사도 심리평가와 마찬가지로 면담이나 행동관찰이 병행되는 과정임을 주장하고 있다. 이와 같은 Cohen 등(1992)의 주장에도 불구하고, 일반적으로는 심리검사란 개인에 관한 정보를 객관화하고 수량화하는 도구를 사용하여 객관적으로 정보를 수집하는 과정이나 작업으로 정의되고 있다(Walsh & Betz, 2000). 또한 심리검사는 심리평가의 주요 부분이지만, 개인과 환경에 대한 정보를 종합적으로 수집하는 심리평가에 비해서는 제한적인 작업으로 인식되고 있다.

둘째, 심리평가와 심리검사는 시행 목적에서 차이가 있다. 심리평가가 문제의 원인을 찾고

문제 해결을 돕고자 하는 데 목적을 두고 있다면, 심리검사는 개인의 행동을 객관적으로 기술하고 행동을 예측하는 데 목적을 두고 있다. 이러한 차이점은 심리평가와 심리검사에 대한 기대에서 반영되고 있다. 심리평가의 경우, 의뢰하는 목적이 문제 해결에 실질적으로 도움이 되는 다양한 정보를 얻는 것이다. 예를 들면, 심리평가를 통해서 문제 발생의 원인이 될 수 있는 결정적 요인이나 영향을 미칠 수 있는 요인에 관한 정보를 얻고자 할 뿐만 아니라 진단, 경과, 예후에 관한 정보도 얻고자 한다. 또한 가족과 환경에 관한 정보도 얻고자 한다. 즉, 진단 및 평가와 더불어 치료 전략을 세우는 데 근거가 될 수 있는 다양한 정보를 종합적으로 제공받고자 하는 것이다. 따라서 심리평가 보고서에는 문제 발생과 문제 해결에 영향을 미칠 수 있는 개인에 관한 구체적인 정보와 더불어 가족이나 주변 환경에 대한 다양한 정보가 포함되기 마련이다. 이에 비해 심리검사의 경우 검사 결과에 한정된 정보가 제공되므로, 개인에 관한 구체적인 정보보다는 검사 결과를 바탕으로 하는 제한된 정보가 제공된다.

셋째, 심리평가와 심리검사는 정보의 객관성에 있어서 차이가 있다. 심리검사의 경우, 검사를 실시하여 얻은 원점수가 규준표에 근거하여 개인 간 비교가 가능한 표준점수로 환산됨으로써 객관적인 정보를 제공해 주게 된다. 예컨대, 20대 여성이 불안검사를 받았을 경우 그 여성이 검사에서 획득한 불안검사 점수는 규준집단—20대 여성을 대표할 수 있도록 표집된 집단—의 점수분포에 비추어 그 여성의 불안 점수가 상대적으로 어떤 위치에 있는지, 즉 얼마나 높은지 또는 낮은지에 관한 정보를 알려 주게 된다. 이와 같이 개인의 불안검사 점수가 규준을 근거로 하여 개인 간 비교가 가능한 표준점수로 환산됨으로써 객관적인 정보로 전환된다. 구체적으로 피검자가 불안검사에서 상태불안 50점, 특성불안 70점을 획득했다면, 상태불안은 평균 수준에 해당되고 특성불안은 상위 약 2.28% 수준에 속한다는 객관적인 정보를 제공해 주게 된다.

이에 반해 심리평가는 주관적 요소가 개입된다(Matarazzo, 1990). 그 이유는 심리검사 및 면담, 행동관찰에 의해 수집된 정보들을 정리하여 종합하는 과정에서 정보의 의미를 해석하는 전문가의 작업이 개입되기 때문이다. 다시 말하자면, 다양한 방식으로 수집된 내용들을 정리하면서 전문가는 전문 지식과 경험을 동원하여 정보의 의미를 추론함으로써 수집된 내용들을 내담자의 심리적 상태를 나타내는 의미 있는 내용으로 재구성하게 된다. 이러한 점에서 심리평가는 단순한 객관적 기술이 아닌, 수집된 자료를 근거로 하여 내려지는 전문적인 평가인 것이다. 예를 들어 보자.

〈사례〉

　남자 고등학생 K군을 대상으로 심리검사와 면담, 행동관찰을 한 결과, 지능검사에서는 지적 잠재력이 매우 높은 수준으로 나타난 반면, 면담에서는 지적 활동에 대한 관심이 매우 낮고 학업 동기도 결여되어 있고 학업성취 역시 매우 저조한 수준인 것으로 드러났다. 성격검사에서는 내향적이고 위축되어 있으며 자신감이 결여되어 있고, 정서적으로는 억압되어 있는 것으로 나타났다. 지능검사 결과를 살펴보면 우수한 잠재적 수준의 지능에 비해 어휘가 매우 단순하였고, 사고활동 역시 논리적 연상이 활발하지 못하였으며, 상식도 상당히 제한적인 상태인 것으로 관찰되었다. 가족면담에 의하면, K는 청소년기를 지나면서 심리적으로 불안정한 변화가 나타났다고 하였다. 심리평가 전문가는 마치 퍼즐 조각과도 같은 이러한 심리검사, 결과 면담, 행동관찰, 가족이 제공한 정보들을 종합적으로 해석해 보았다. K는 지적 잠재력이 우수한 수준이었고 지적 성취도 적절하였으며, 성격적으로도 낙천적이고 대인관계가 활발했지만, 청소년기를 지나면서 지적 성취 및 성격, 정서상태에서 급격한 변화가 일어났다는 것이다.

　이와 같이 서로 다른 방식에 의해 수집된 정보들을 통합하는 과정에서 전문가는 K에게 변화가 일어나도록 영향을 미친 요인들에 대해 탐색해 보게 된다. 이와 같이 수집된 자료들을 연결지어 보면서 통합적으로 해석을 내리는 과정에서 전문가의 판단이 작용하게 된다. 이와 같은 전문가의 해석은 심리검사를 통해 제공된 객관적 정보를 그대로 수용하는 데 그치지 않고, 내담자에 대한 다양한 정보를 종합하고 해석함으로써 문제의 원인을 발견하고 해결책을 탐색하게 된다는 점에서 심리평가와 심리검사는 차이가 있다.

　넷째, 심리평가와 심리검사는 전문성에 있어서 차이가 있다. Matarazzo(1990)는 심리평가의 전문성에 대해 다음과 같이 설명하고 있다. "학교장면에서 집단검사를 시행하는 교사들의 경우에는 심리검사를 통해 형성된 피검사자와의 관계가 지속적으로 유지되어야 하거나, 검사와 관련하여 법적인 책임이 주어지거나, 전문가로서의 의무와 책임이 부여되는 것은 아니다. 그러나 임상가와 환자 사이에서 심리평가가 이루어지는 경우, 법에 따라 규정된 전문가로서의 책임이 임상가에게 주어지게 된다." 이와 같이 Matarazzo는 학교장면에서 교사나 학교상담가가 실시하는 집단심리검사는 임상장면에서 심리 전문가가 실시하는 심리평가에 비해 검사자와 피검사자 관계의 지속성 여부, 전문가에게 주어지는 책임과 의무에 있어서 차이가 있음을 지적함으로써 심리평가의 전문성을 강조하고 있다(Matarazzo, 1990).

　한편, 심리평가의 전문성이란 심리평가 전문가가 갖추고 있어야 할 전문가로서의 역량을 의미한다. 심리평가는 심리검사에 비해 전문가의 역량이 미치는 영향이 매우 크다. 그 이유는 심리평가에서는 정보를 수집하고 수집된 정보들을 통합하고 해석하는 과정에서 전문가의 판단이 매우 중요하게 작용하기 때문이다. 물론 심리검사를 시행하는 경우에도 검사 제작, 검사 규준, 신뢰도, 타당도 등 심리검사 이론 및 특정 검사의 이론적 배경과 검사 해석에 관한 진문 지식이 요구되지만, 심리평가에 비해서는 검사자의 전문성이 미치는 영향력이 훨씬 제한적이다. 그 이유는 심리검사에서는 검사 결과에서 제공되는 객관적인 정보를 피검사자에게 전달해 주는 방식이지만, 심리평가는 전문가에 의해 종합적인 해석이 내려지면서 심리평가 결과가 정리되기 때문이다. 그렇다면 심리평가자의 전문적인 역량이란 무엇을 의미하는가? 이는 이론이나 지식뿐만 아니라 임상현장에서의 수련과 더불어 전문가로서의 경험을 의미한다. 구체적으로 전문가는 심리학 이론 및 정신병리 이론과 더불어 임상 수련과 경험, 심리검사와 면담, 행동관찰능력 등을 갖추고 있다. 이러한 전문가의 역량이 심리평가를 적절하게 수행할 수 있는 조건이라는 점에서 심리평가 전문가는 인지, 정서, 행동을 중심으로 심리학적 지식 및 정신병리 이론, 현장에서의 수련과 임상 경험을 갖추고 있어야 한다는 점이 강조된다.

지금까지 심리평가와 심리검사의 차이점에 대해 살펴보았다. 이러한 차이점은 심리검사를 활용하는 바람직한 태도에 대한 시사점을 제공해 준다. 심리평가 수업의 수강생들 가운데 많은 학생은 이미 여러 가지 심리검사를 받아 본 경험이 있는데, 이러한 경험으로 인해 심리검사에 대한 고정관념을 갖게 되는 경향이 있다. 특히 개인용 심리검사가 아닌 집단용 심리검사를 받았을 경우 더욱 그러하다. 그것은 심리검사란 검사 결과에 의해서만 해석이 내려지게 되며, 검사자로부터 심리검사 결과를 듣는 것으로 심리검사 과정은 완료된다는 고정관념이다. 이런 고정관념을 갖게 될 경우, 심리검사 결과를 적극적으로 검토해 봄으로써 내담자가 자신에 대한 통찰을 얻을 수 있는 기회를 놓칠 수 있다. 이런 고정관념을 갖게 되면, 심리검사 결과가 과거나 현재의 생활에서의 경험과 연결됨으로써 의미 있는 통찰이 가능해진다는 점을 인식하지 못하게 된다. 따라서 이러한 고정관념을 갖고 심리검사를 수동적으로만 받아들이게 된다면, 심리검사를 통한 통찰의 기회를 충분히 활용하지 못하게 된다. 따라서 심리검사 수검자는 심리검사에 따른 결과를 수동적으로만 받아들일 것이 아니라, 심리검사 결과의 의미를 검토해 보고 해석해 보려는 적극적인 노력을 기울여야 한다. "그동안 많은 심리검사를 받았지만, 가장 중요한 것은 그 결과를 바탕으로 '나'를 통찰하면서 좀 더 변화된 '나'를 만나기 위한 스스로의 노력이다."라는 심리검사 소감문이 바로 심리검사를 적극적으로 활용하는 태도를 보여 주고 있다.

이제까지의 설명으로 심리검사와 심리평가의 차이점을 알게 되었을 것이다. 그러나 심리검사와 심리평가의 차이점이 실제적으로 어떤 의미가 있는지에 대해서는 정확하게 인식하기 어려울 수 있다. 즉, 심리검사와 심리평가가 가져다주는 결과에 어떤 차이가 있는지를 실감하기 어려울 수 있다. 따라서 사례를 통해 심리평가와 심리검사의 차이점을 구체적으로 이해하고자 한다.

〈사례〉

30대 초반의 한 남성이 가족의 권유를 받고 임상심리센터를 찾아왔다. 가족에 의하면 현재 명문대학 대학원에 다니고 있는 그는 학교 다니는 것 외에는 다른 외부 활동을 전혀 하지 않고 겉으로는 뚜렷하게 이상한 점이 드러나지 않지만, 집 안에서 하루 종일 말 한마디 하지 않고 남편이나 아버지로서의 역할을 제대로 하지 못하고 있어서 가족의 입장에서 너무 답답해서 찾아왔다는 것이다. 그는 훤칠한 키에 잘생긴 외모를 지니고 있었고, 치료자의 질문에 매우 공손하고 예의 바르게 대답하는 모습을 보였다. 임상심리 전문가는 현재의 심리 상태를 평가해 보기 위해 지능검사, 성격검사 및 임상진단검사, 투사적 검사 등 심리검사 배터리(psychological test battery)³⁾를 사용하였다. 심리검사 결과에 의하면, 그의 지적 잠재력은 최우수 수준이었지만 현재의 지적 기능 수준은 전반적으로 저하되어 있는 상태로, 현재의 지능이 평균 상(high average) 수준인 것으로 평가되었다. 성격검사에서는 가족들이 호소하는 성격 특징과 일치되는 결과를 보였다. 투사적 검사에서는 반응이 단조롭고 평범한 수준이었다.

이와 같은 심리검사 결과에서 단조롭고 평범한 반응이 주로 나타났을 뿐 뚜렷한 특징은 드러나지 않았다. 그러나 심리검사와 병행된 행동관찰과 면담에서는 다른 정보를 얻을 수 있었다. 행동관찰에 의하면 그는 거의 모든 질문에 대해 "예" 또는 "아니요"로만 간단하게 응답하였고, 자유롭게 이야기하도록 요청받았을 때는 자발적으로 대화를 이끌어 가지 못했으며, 어휘 표현은 매우 단순하고 빈곤한 수준이었다. 이러한 반응들은 그의 사고 범위와 내용이 매우 협소하고 빈약하다는 것을 드러내 주었다. 과거력에 의하면 그는 매우 우수한 지적 능력을 지니고 있었고 실제로도 우수한 지적 성취를 이루었지만, 현재 지능검사에서 평가된 지능은 평균 상 수준에 머무르고 있었다. 뿐만 아니라 면담에서 밝혀진 그의 성격 특성과 적응 방식은 매우 억압적이었을 뿐만 아니라, 대상관계는 피상적인 수준에 머물렀을 뿐 의미 있는 대상관계를 경험했던 적이 거의 없는 것으로 드러났다.

이와 같은 심리검사와 행동관찰, 면담, 과거력을 종합하면서 임상심리 전문가는 그가 장기적으로 그의 잠재능력을 제대로 발휘하지 못하였으며, 현재 그의 현실 적응이 저하되고 있고, 특히 사고력 저하, 현실 검증력 저하가 드러나고 있는 것으로 판단하였다. 특히 그가 외부 자극에 대해 매우 빈약한 반응을 하고 있다는 점에서 그의 자아기능의 퇴보가 시사되고 있었다. 또한 면담 자료와 행동관찰에서는 정서적 빈곤, 대상관계에서의 소외, 역할 수행능력의 제한이 있는 것으로 판단되었다.

이러한 심리적 상태를 종합적으로 판단해 볼 때, 그는 현재 조현병을 앓고 있으며, 이러한 심리적 상태가 상당 기간 진행되어 왔으며, 지금까지 적절한 치료를 받지 못함으로써 만성화된 상태라고 판

---

3) 개인의 심리 상태, 정신건강 상태를 평가하기 위해 심리검사들을 함께 묶어서 사용하게 되는데, 심리검사 배터리(psychological test battery)[*]는 이와 같이 심리검사를 개별적으로 사용하지 않고 하나의 세트로 묶어서 사용하는 것을 의미한다(Kaplan & Saccuzzo, 2001). 일반적으로 심리검사 배터리에는 지능검사, 임상진단용 다면적 인성검사(MMPI), 투사적 성격검사(로샤 검사), 주제통각검사(TAT), 그리고 문장완성검사 등이 포함된다.
* 배터리는 한 벌의 기구나 한 벌의 장치를 의미한다.

단내릴 수 있었다. 그리고 그의 지적 능력은 지능검사에서 평균 상 수준으로 평가되고는 있지만, 지능검사의 소검사 분석에서, 그리고 그의 과거력에서 나타나는 성취 수준을 고려할 때 현재의 지능이 평균 상 수준으로 평가되고 있을지라도 과거 성취 수준과 비교할 때 오랫동안 퇴보되어 온 상태라고 평가내릴 수 있었다. 이와 같이 그는 현실에서 철수된 상태에 있었고, 원래의 성격 특성이나 대인관계 방식이 퇴행된 상태였으며, 정서상태 역시 빈약한 상태라고 평가되었다.

이 사례에서 보여 주듯이, 심리검사에만 의존해서 진단과 평가가 내려졌다면 심리검사와 행동관찰 및 면담, 과거력을 종합해서 내려진 평가와는 다른 결과를 얻게 되었을 것이다. 예컨대, 행동관찰이나 면담과정에서 보인 단조하고 딱딱한 말투, 예/아니요 식의 응답, 빈약한 어휘 사용, 무표정하고 변함없는 얼굴 표정, 감정이 전혀 실리지 않는 단조로운 목소리 등에서 암시되는 사고의 빈약과 정서적 둔화 상태를 고려하지 않고 심리검사 결과만을 해석했더라면 이 남성이 만성적 경과에 따른 다양한 자아기능의 손상, 현실 적응의 어려움이 동반되는 조현병을 앓고 있다는 평가가 내려지지 못했을 것이다. 이러한 점에서 심리평가는 심리검사, 면담, 행동관찰을 연결하여 내려지는 종합적인 판단과정이다.

4. 심리검사와 심리평가의 기능

이제부터는 심리평가는 어떤 기능을 지니고 있는지에 대해 살펴볼 것이다. 앞서 지적된 바와 같이 심리검사는 심리평가의 기본 과정이므로 심리평가에 앞서 심리검사의 기능에 대해 살펴보고자 한다. 또한 심리검사의 기능을 구체적으로 살펴보기 위해 산업체와 학교장면에서의 심리검사 기능에 대해 살펴볼 것이다.

1) 심리검사의 기능

Rapaport, Gill과 Schafer(1968)는 심리검사의 기능이 평가자나 관찰자의 주관적 판단 방지 및 객관적인 정보 제공 및 개인 간 비교라고 지적하였다. 또한 Sechrest, Stickle과 Stewart(1998)는 '숨겨져 있는' 심리 상태를 드러내 주기, 그리고 수량적인 꼬리표 붙이기가 심리검사의 기능이라고 하였다. 이러한 내용들을 중심으로 심리검사 기능에 대해 정리해 보면, 첫째, 개인에 대한 객관적 정보 제공, 둘째, 개인 간 비교, 셋째, 숨겨져 있는 개인의 심리 상태를 드러나게 해 주는 기능으로 요약할 수 있다. 심리검사의 이 세 가지 기능에 대해 살펴보자.

첫째, 심리검사는 표준화된 검사도구로서 표준화된 방식에 따라 시행되고 채점된 다음, 규준에 근거하여 그 결과가 해석됨으로써 객관적인 정보를 제공해 주게 된다. 검사자의 주관적 판단에 따라 검사 점수의 의미를 해석하는 것을 방지해 줌으로써 객관적인 정보를 제공해 줄수 있다. 객관적인 정보 제공은 개인에 관한 적절한 의사결정을 할 수 있도록 돕는다는 점에서 매우 중요하다(Thorndike & Hagen, 1986). 왜냐하면 매 순간 의사결정을 내려야 하는 일상적 상황에서 객관적인 정보를 근거로 하여 내려지는 합리적인 의사결정은 환경과의 조화로운 적응에 영향을 미치기 때문이다. 뿐만 아니라 정신장애를 치료하는 임상장면에서도 객관적 정보에 따라 진단하고 평가하는 작업은 매우 중요하다. 객관적인 정확한 정보가 있어야만 치료계획이 적절하게 세워질 수 있고, 그 결과 충분한 치료 효과가 기대될 수 있기 때문이다. 이러한 점에서 초기 진단과정에서 심리검사를 통해 객관적 정보를 제공하는 것이 매우 중요하다(Halleck, 1991). 초기과정에서는 정신장애를 진단할 뿐만 아니라 개인의 인지적 · 정서적 · 행동적 측면에 대해 평가하게 된다. 이러한 목적을 위해 시행되는 면담, 과거력 수집, 정신상태검사(mental state examination)는 고도의 전문적 기술이 요구되는 작업으로서(Hales, Yudofsky, & Talbott, 1994; Shea, 1988), 임상가의 주관적 판단에 따른 오류 가능성이 있으므로 경우에 따라서는 수집된 정보의 신뢰도 문제가 발생될 수 있다는 위험이 있다. 이러한 상황에서 얼마나 다양한 정보를 수집하느냐뿐만 아니라 수집된 자료들을 얼마나 객관적으로 판단하느냐가 중요하다. 이와 같이 심리검사는 객관적인 정보를 제공해 줌으로써 면담과정에서 수집된 내담자의 개인적 정보들을 판단함에 있어서 주요한 역할을 하게 된다.

요약하면, 심리검사는 객관적 정보를 제공해 줌으로써 이를 바탕으로 합리적인 의사결정이 내려질 수 있도록 도와주는데, 이러한 객관적 정보 제공과 이를 바탕으로 한 의사결정은 치료과정에서 중요한 역할을 하게 된다.

둘째, 심리검사는 개인 간 비교를 가능하게 해 주는 기능을 갖고 있다. 구체적으로는 개인의 인지적 · 정서적 · 행동적 · 사회적 특성에 대한 검사 결과를 통해 개인 간 비교가 가능하게 된다. 이러한 개인 간 비교는 각각의 심리검사들이 제공하는 규준을 통해 가능하다. 예를 들어, K씨가 특성불안과 상태불안으로 구성된 불안검사에서 상태불안 점수 T 70점, 특성불안 점수 T 50점을 받았다면, 특성불안은 다른 개인들의 점수와 비교할 때 평균 수준에 있음을 의미하고, 상태불안은 다른 개인들의 점수와 비교할 때 상위 약 2.28% 수준의 높은 상태에 있음을 의미한다. 다시 말하자면, K씨는 다른 사람들과 비교할 때 성격 특성으로서의 불안은 보통 수준이지만, 현재 직면한 상황에서 겪고 있는 상태불안은 다른 개인에 비해 매우 높은 수준이라는 것이다.

셋째, 심리검사는 개인이 자각하지 못하거나 개인의 내부에 억압되어 있는 심리적 특성이나 심리적 상태가 드러나게 해 준다. 일반 사람들이 심리검사를 받고 싶어 하는 이유는 바로 이 점을 기대하기 때문일 것이다. 실제 임상장면에서 보면, 심리검사를 통해 개인이 자각하지 못했던 특성이나 심리 상태가 드러나게 된다. 특히 로샤 검사 등 투사적 검사를 받게 되면 개인이 의식하지 못했던 심리적 특성과 심리적 상태가 드러나게 된다. 실제로 심리검사가 개인이 의식하지 못했던 심리적 특성이나 심리적 상태를 보여 줄 수 있는가? 이 질문에 대한 해답은 투사적 검사가 제시되는 제9장과 제10장, 특히 제9장에서 자세하게 다룰 것이다. 따라서 심리검사, 특히 투사적 심리검사가 '개인이 의식하지 못하고 있는' 심리를 드러내 주는지에 대해서는 제9장에서의 학습이나 실습을 통해 체험해 보기를 권한다.

지금까지 Rapaport와 Gill, Schafer(1968), Sechrest 등(1998)이 지적했던 심리검사의 기능 가운데 공통적인 기능에 대해 살펴보았는데, 이 외에도 심리검사의 여러 다른 기능이 지적되고 있다. 그 가운데 하나는 심리검사가 개인 내 비교를 가능하게 해 준다는 것이다. 예를 들면, 지능검사에서 암기나 학습을 통해 획득할 수 있는 정보에서는 높은 점수를 보이고 있지만 새로운 방식으로 문제를 해결하는 능력이나 사회적 상황에 대한 판단 능력에서는 낮은 점수를 보이고 있다면, 정보 수집이나 암기 능력은 높은 수준이지만 사회적 상황 판단 및 예견 능력, 상황적응 능력은 낮은 수준이라는 지적 능력에서의 특징을 알 수 있다. 이러한 결과는 개인 내 비교, 즉 개인의 지적 기능들 간의 차이를 나타내 준다.

또한 Sechrest 등(1998)은 심리검사의 경제성을 지적하고 있다. 심리검사의 경제성이란 오랜 시간 반복적인 관찰을 하지 않더라도, 1회 검사 시행만으로도 개인에 대한 많은 정보를 제공해 주는 것이다. 예컨대, 학교장면에서 담임교사가 학생들의 지적 능력이나 성격에 대한 정보를 원할 때 지속적인 행동관찰에 의한 평가는 시간이 오래 걸리는 반면, 심리검사는 단기간에 정보를 제공해 줄 수 있다. 이와 같이 심리검사는 면담이나 행동관찰처럼 시간이 걸리는 방법에 비해 짧은 시간에 정보를 제공해 줄 수 있다는 점에서 선호되는 경향이 있다.

한편, 심리검사는 심리적 현상에 대해 수량적인 꼬리표를 붙인다는 점에서 선호되는 경향이 있다. 예컨대, 심리검사는 A씨의 지적 능력에 대해 'IQ가 119로서 평균 상 수준에 속하고, 100명 가운데 16번째 순위를 나타내는 수준이다.'와 같은 설명을 해 주는데, 이런 방식은 '다소 머리가 좋은 편이다.'와 같은 설명보다는 객관적으로 그리고 구체적으로 개인의 지적 능력 수준을 기술해 준다는 점에서 선호된다. 그러나 이와 같은 수량적 꼬리표 붙이기는 위험성도 있다. 심리적 현상에 대해 수량적 꼬리표를 다는 것(labeling)은 일정한 근거에 의거해 개인들을 일정한 범주에 따라 분류하게 되는데, 정신장애와 관련해서는 심리검사 시행을 통해 어떤 개인이 어떤 유형의 정신장애를 앓고 있는지를 분류해 줌으로써 그 개인에게 정신장애 꼬리표가 붙여지게 된다. 이와 같은 꼬리표를 붙일 경우, 정신장애 꼬리표에만 관심을 갖도록 조장함으로써 그 개인이 지닌 다른 측면은 간과하게 만드는 경향이 있다. 다시 말하자면, 어떤 개인이 정신장애를 앓고 있다는 꼬리표를 달게 되면, 정신병 환자라는 측면만이 강하게 부각될 뿐 독특한 개인으로서 지니고 있는 다양한 측면은 관심을 끌지 못할 수 있다. 이러한 꼬리표 붙이기의 결과로 말미암아 정신장애인은 다른 사람에게 차별대우를 받게 되고, 열등감과 고립감을 경험하게 되는 낙인효과가 발생된다. 이와 같이 심리검사의 꼬리표 붙이기는 위험하고 파괴적인 낙인효과를 발생시킨다는 점에서 우려되고 있다(Sarason & Sarason, 1999).

이제부터는 심리평가에 비해 심리검사를 주로 사용하고 있는 산업체장면과 학교장면을 중심으로 심리검사의 기능에 대해 살펴보기로 하자. 먼저, 산업체장면과 더불어 학교장면에서의 심리검사 기능에 대해 살펴보자.

평정 평정은 개인의 수행 수준이 어떠한 위치에 있는지를 파악하기 위해 검사 자료를 이용하여 다른 개인들의 수행 수준이나 표준 수행 수준과 비교하는 것을 의미한다. 교육장면에서 대다수의 심리검사는 평정을 위해 사용되는데, 학점을 할당하는 과정에서 시험이 실시되는 경우가 대표적인 예이다(Friedenberg, 2004).

배치 심리검사는 특정한 교과과정이나 프로그램에서 요구하고 있는 적합한 기술이나 적성을 개인이 갖추고 있는지를 평가하여 적합한 곳에 배치하는 기능을 갖고 있다. Friedenberg(2004)는 교육장면에서는 학생에게 맞는 최적의 학습 내용을 결정해 주고, 기업체에서는 신입사원의 근무 부서를 정하는 경우 배치기능이 주요한 역할이라고 지적하였다.

선발 선발은 특별한 특성을 지니고 있거나 적합한 재능을 지닌 개인들을 선별하는 것을 의미한다. 심리검사는 많은 응시자 가운데 일정한 조건을 갖춘 응시자들을 선발하고자 하는 사립 중고등학교, 대학교, 대학원 등에서 지원자의 입학 결정을 내리기 위한 준거로 사용된다. 기업에서는 지원자가 특정 업무나 직책에 얼마나 적합한지를 평가하기 위해 심리검사가 사용되고, 그 결과 선별이 이루어진다(Friedenberg, 2004).

자격 인증 자격 인증이란 합격/실패를 가려 주는 심리검사의 기능을 의미한다. 예를 들면, 검사가 자동차를 운전할 수 있는 자격 여부를 운전과 관련된 문답식 문제에 의해 인증해 주는 경우이다. 이와 관련하여 자격이란 개인이 어떤 활동이나 특정 학문에 최소한의 기량이 있다는 것을 의미하고, 이와 유사하게 선택이란 개인이 대학에 입학한다거나 특정 직장을 다닐 수 있는 조건을 지니고 있음을 의미한다(Gregory, 2006).

성과 평가 개인뿐만 아니라 특정 프로그램, 제품 등에 대한 평가가 내려질 때 성과 평가가 이루어진다. 예를 들면, 특정 교육 프로그램이 효과가 있는지를 평가하기 위해 심리검사가 시행될 수 있으며(Gregory, 2006), 새로 개발된 약물이나 새로운 치료법의 효과를 측정하기 위해 심리검사가 사용될 수 있다. 산업상면에서도 여러 검사를 비교하여 직무 수행을 가장 잘 예측하는 검사도구가 무엇인지, 지원자들을 선발하기 위해 가장 좋은 검사는 무엇인지를 평가하는 데 심리검사가 사용된다(Friedenberg, 2004).

이상과 같이, 산업체와 학교에서 시행되는 심리검사는 평정, 배치, 선발, 자격 인증, 성과 평가의 기능을 가진 것으로 볼 수 있다.

2) 심리평가의 기능

이제부터는 심리평가의 기능에 관해 알아보자. 심리평가는 임상 영역에서 가장 집중적으로 활용되고 있고, 그 전문성도 다른 영역에 비해 가장 높은 것으로 알려지고 있다. 따라서 임상장면에서의 심리평가의 주요 기능에 대해 살펴보기로 하겠다.

문제의 명료화 임상장면에서는 개인이 스스로 찾아오는 경우도 있고 다른 전문가나 기관이 의뢰하여 방문하는 경우도 있지만, 심리평가의 주요 목적은 심리적 문제나 정신장애로부터 자유로울 수 있도록 도움을 받는 것이다. 따라서 문제의 원인이나 특징에 대해 정확하게 파악하는 것이 전문가에게 주어진 최우선적인 과제이다. 즉, 전문가는 심리적 문제나 정신장애를 다각적으로 평가하고, 이를 바탕으로 치료적 제안을 하게 된다. 거의 모든 경우 내담자나 환자는 문제의 원인이나 경과, 정신장애의 특징에 대해 정확하게 인식하지 못한다. 이러한 상황에서 내담자나 환자는 막연하게 고통을 호소할 뿐 심리평가 전문가에게 필요한 정확한 정보를 제공해 주지 못한다. 따라서 문제를 명료화하고 장애의 유형을 진단하는 동시에 심리적 문제나 정신장애의 발생 원인이나 선행요인, 진행 경로 및 그 영향 등에 대해 정확하게 밝혀내는 것은 전적으로 전문가의 몫이다. 심리평가는 전문가에게 요구되는 이러한 해답을 제공해 줌으로써 문제를 명료하게 밝혀 줄 수 있다. 물론 우울장애 진단검사, 게임중독검사 등 단일한 심리검사를 실시하는 것만으로도 증상의 특징과 문제의 내용이 밝혀지는 경우도 있지만, 일반적으로는 심리검사와 더불어 면담, 행동관찰 등이 병행되는 심리평가를 통하여 문제가 명료화될 수 있다.

수검자에 대한 이해 치료가 효율적으로 진행되기 위해서는 수검자에 대한 적절한 이해를 바탕으로 적절한 치료목표가 설정되어야 한다. 심리평가는 개인의 지적 능력과 적성, 인지적 특징, 성격, 대인관계 방식, 문제 해결 방식이나 방어 방식, 적응 방식 등 다양한 측면을 평가할 수 있도록 해 준다. 뿐만 아니라 심리평가에 의해 개인의 취약점과 더불어 강점이 밝혀진다면 개인에게 적절한 치료목표를 설정할 수 있다. 또한 심리평가는 개인의 인지적 · 정서적 · 성격적 · 행동적 측면을 종합적으로 이해할 수 있게 해 준다. 따라서 심리평가를 통해 제공되는 이러한 정보를 바탕으로 개인에 대한 명확하고 객관적인 이해가 가능하다.

치료계획 세우기　심리평가의 또 다른 기능은 적절한 치료계획을 세울 수 있는 근거를 제공하는 것이다. 치료계획이란 치료목표를 세우고 치료 유형을 선택하며 치료 전략을 세우는 일련의 과정으로서 치료가 시작되기 전에 이루어져야 한다. 심리평가는 치료를 준비하는 이러한 과정에서 적절한 판단을 내릴 수 있도록 정보를 제공해 준다. 예컨대, 심리평가에서 자기애적 성격장애를 지니고 있는 내담자에게 정신증적 증상이 진행되고 있음이 밝혀진다면, 심리치료 목표, 치료 유형, 치료 전략은 이러한 결과를 바탕으로 하여 결정된다. 만약 이러한 검토 없이 치료계획을 세우게 된다면, 적절하지 않은 치료목표, 유형 및 전략이 세워지는 위험이 뒤따르게 된다. 이러한 점에서 치료계획 세우기와 관련된 심리평가의 기능은 매우 중요하다.

치료 결과에 대한 평가　심리평가의 또 다른 기능은 치료 결과를 평가해 주는 것이다. 치료 종결 시 원래 목표했던 치료 효과가 나타났는지, 기대했던 긍정적 변화가 일어났는지를 평가하는 작업이 필수적으로 요구된다. 이를 위해 치료 시작 단계에서 시행했던 심리평가의 결과와 치료 중간이나 종결 단계에서 시행했던 심리평가의 결과를 비교해 봄으로써 치료 효과를 밝힐 수 있다. 예를 들면, 사회적 불안감 완화를 치료목표로 설정했다면, 치료 종결 시 사회적 불안이 완화되었는지, 불안이 완화됨으로써 일상생활에서 긍정적인 변화가 있었는지를 평가해 본다.

한편, Talbott, Hales와 Updofsky(1988)는 임상장면에서의 심리평가 기능에 대해 다음과 같이 세부적으로 제시하고 있다.

① 진단을 명료화하고 세분화한다.
② 증상이나 문제의 심각한 정도를 구체적으로 평가한다.
③ 개인의 강점(예: 지능, 성격 특성)을 평가한다.
④ 인지적 기능을 평가한다.
⑤ 적절한 치료 유형에 대해 제시한다.
⑥ 치료 전략을 판단하는 근거를 제시해 준다.
⑦ 수검자를 치료적 관계로 유도한다. 수검자가 자신의 자아 강도와 심리적 문제를 인식할 수 있도록 돕는다.

⑧ 치료 반응이나 치료 효과를 평가한다.

이러한 심리평가의 기능은 앞서 제시한 심리평가의 기능―문제의 명료화, 수검자에 대한 이해, 치료계획 세우기, 치료 결과에 대한 평가―과 일치한다고 볼 수 있다. 다시 말하면, 진단 명료화, 증상이나 문제의 심각도 평가는 문제의 명료화와 일치될 수 있다. 그리고 자아기능 평가 및 인지기능 평가는 수검자에 대한 이해라는 심리평가의 기능과 일치될 수 있다. 또한 치료 유형 제시와 치료 전략은 치료계획 세우기의 기능과 일치되고, 치료 효과 평가는 치료 결과에 대한 심리평가 기능에 해당된다. 이와 같이 살펴볼 때 Talbott 등(1988)이 제시한 심리평가의 기능 가운데 앞서 제시했던 심리평가의 네 가지 주요 기능과 일치되지 않는 기능은 치료적 기능이다. Talbott 등(1988)은 심리평가는 수검자가 자신의 자아 강도나 문제의 발생 원인에 대한 통찰을 가질 수 있도록 돕는다고 지적하고 있다. 이에 따라 앞서 제시한 기능 외에 다음과 같은 심리평가의 치료적 기능이 새로운 기능으로 추가될 수 있다.

치료적 기능　심리평가는 적절한 치료적 관계를 형성하도록 돕고, 수검자가 자신의 자아 강도나 문제의 발생 원인에 대해 통찰해볼 수 있도록 돕는다는 점에서 치료적 기능을 발휘할 수 있다. 이러한 심리평가의 기능은 치료적 변화가 일어날 수 있도록 돕는 핵심 요소라는 점에서 주목된다. Dewald(1971)는 정신치료의 목표를 달성하고 정신치료를 통해 안정되고 성숙한 적응이 이루어지기 위해서는 환자가 자신에 대해 새로운 통찰을 가질 수 있어야 한다고 지적하고 있다. 특히 통찰치료의 경우 환자가 자기관찰을 하면서 적극적으로 치료에 참여하는 것이 성공적인 치료를 위해 중요하다고 강조하였다. 치료과정에서 환자 자신의 통찰력이 효율적인 치료를 위해 요구된다는 점을 고려할 때, 심리평가는 그 결과를 환자에게 직접 알려 줌으로써 새로운 통찰을 유도하고 변화에 대한 동기를 자극할 수 있다는 점에서 치료적 기능을 지니고 있다고 기대할 수 있다.

통찰 기회의 제공　앞서 제시한 심리평가의 기능은 모두 전문가의 입장에서 기술된 것이라고 할 수 있다. 검사를 받는 수검자의 입장에서 심리평가의 기능을 살펴본다면, 심리평가는 수검자에게 통찰의 기회를 갖도록 해 준다는 점을 지적할 수 있다. Gregory(2006)는 심리평가가 자기이해(self-knowledge)를 도울 수 있는 강력한 자원을 제공할 수 있다고 강조하였다. 즉, 심리평가를 통하여 개인은 자기 자신을 통찰해 보는 기회를 갖게 됨으로써 자기통찰을 높일 수 있는 기회를 갖게 된다는 것이다. 실제로 보면, 개인이 적극적으로 심리평가과정에 참여하고 그 결과를 바탕으로 자신을 객관적·심층적으로 이해하고자 노력한다면, 심리평가를 바탕으로 하여 통찰을 할 수 있다. 바로 이 점이 가장 큰 소득이라고 볼 수 있다. 이러한 통찰은 결과적으로 개인의 삶의 영역에서 다양한 의사결정을 내리는 데 중요한 역할을 할 수 있다는 점에서 그 의미가 매우 크다. 심리평가를 통해 개인의 현실적인 자원과 잠재적인 자원에 대한 통찰을 얻게 되고 이러한 통찰이 다양한 상황에서 내려지는 개인의 의사결정에 중요한 역할을 하게 된다면, 이러한 기능의 중요성은 아무리 강조해도 지나치지 않을 것이다. 이와 같은 소득은 심리평가가 제공해 주는 정보를 개인 스스로가 진지하게 분석해 보고 자신의 심리적 특성이나 심리상태 및 심리적 문제와 연결 지어 봄으로써 얻게 된다. 다시 강조한다면, 개인은 심리평가가 제공해 주는 통찰의 기회를 적극 활용함으로써 적절한 의사결정을 내릴 수 있는 기회를 얻게 된다는 점이 치료자나 내담자의 입장에서 매우 중요한 소득이라고 볼 수 있다.

5. 심리평가의 기본적 입장

이제부터는 심리평가 전문가로서 지녀야 할 기본적인 입장에 대해 살펴보고자 한다.[4] 심리평가 전문가로서 염두에 두어야 할 심리평가에 대한 기본적인 입장을 심리검사를 중심으로 살펴보기로 한다. 심리검사는 심리평가의 기본적 요소인 동시에 심리평가의 중심 내용이라는 점에서 심리검사를 통해 심리평가의 기본적 입장을 살펴볼 수 있기 때문이다. 또한 심리검사에 대한 잘못된 인식에 대해서도 살펴봄으로써 심리평가 전문가로서 지녀야 할 기본적 태도에 대해 검토해 보고자 한다. 이와 같은 과정은 심리검사의 기본적 입장과 심리검사의 윤리적 측면에 대해 생각해 볼 수 있는 기회를 준다는 점에서 매우 중요하다. 미국교육학회, 미국심리학회와 미국교육측정학회(AERA, APA, & NCME, 1985; 한국심리학회, 1998b 재인용)는 심리검사에 대한 윤리강령을 중심으로 표준서를 마련하였다. 이러한 표준서는 심리검사가 개인에게 도움을 줄 수도 있지만 자칫 해를 가할 수도 있는 양날의 검이라는 인식을 바탕으로 하고 있다. 심리평가의 기본적 입장과 잘못된 인식을 중심으로 전문가로서 지켜야 할 윤리에 대해 먼저 살펴보고자 한다.

1) 전문가로서 지녀야 할 기본적 태도

첫째, 일회적 검사 시행을 통해 수검자에 대한 객관적 정보를 제공해 주는 심리검사의 장점이 온전하게 발휘될 수 있으려면 심리검사가 일종의 현장 실험으로 비유될 수 있을 만큼 검사의 실시, 채점 및 해석 과정이 철저하게 전문적으로 시행되어야 한다. 따라서 심리검사를 시행

---

4) 임상심리 전문가 자격규정에 대해서는 한국 임상심리학회 홈페이지에 게재되어 있다.

하는 동안 심리평가 전문가는 실험심리학자가 그러하듯 열정적으로 탐색하는 동시에 객관적인 태도를 취해야 한다. 검사자가 이러한 전문가적 태도를 취할 수 있느냐는 철저한 훈련과정을 통해 심리검사에 대한 이론과 기술을 획득했는가, 그 과정에서 검사자 자신이 심리검사에 대해 진실로 신뢰감을 갖느냐에 따라 영향을 받게 된다.

둘째, 심리검사를 시행하는 전문가는 수검자가 존엄한 인간임을 자각하고 있어야 한다. 또한 심리검사의 목적이 한 인간의 복잡한 심리적 세계를 이해하고 그가 건강하고 행복한 삶을 살아갈 수 있도록 돕는 것임을 잊지 말아야 한다. 이와 더불어 심리검사는 수검자를 돕기 위한 목적으로 시행되므로 이러한 목적에 따라서만 그 결과가 사용되어야 한다는 점 또한 명심해야 한다.

셋째, 심리검사 결과를 충분히 검토했다 하더라도 그 결과가 실제가 아닌 하나의 가설일 수 있으며, 이러한 이유로 검사자는 검사 결과의 타당성에 대해 의문이 제기될 수 있다는 점을 인정할 수 있어야 한다. 다시 말하면, 심리검사가 완벽한 도구가 아니라는 점을 인식할 수 있어야 하고, 검사 결과의 해석에 오류가 있을 수 있음을 수용할 수 있는 겸허한 자세를 지녀야 한다. 이 책에서의 학습을 통해 심리검사는 개인을 이해하는 데 매우 유용하지만 이와 동시에 제한점을 지닌 도구라는 것을 인식할 수 있게 될 것이다. 이러한 통찰을 바탕으로, 심리검사가 전문적으로 사용될 수 있기 위해서는 검사의 장점을 충분히 활용하는 동시에 제한점을 극복할 수 있도록 심리검사 전문가가 부단히 노력해야 한다.

넷째, 심리검사 전문가는 심리검사 결과가 수검자를 이해하고 문제 해결에 도움을 줄 수 있는 유용한 정보를 제공할 수 있도록 끊임없이 노력해야 한다. 전문적인 수준에서의 심리검사 결과는 수검자의 특성과 상태에 관한 객관적인 정보뿐만 아니라 문제 발생의 원인을 밝혀 주는 심층적인 정보도 제공할 수 있어야 한다. 그리고 무엇보다 검사를 통해 제공되는 정보가 수검자의 현실을 있는 그대로 반영할 수 있어야 한다. 이를 위해 검사자는 치료 경험, 심층면담, 사례분석, 임상연구 등을 통해 검사 결과의 타당성을 검증하려고 노력해야 할 것이다. 예를 들면, 다면적 인성검사 MMPI를 통해 자살 가능성이 높다는 해석을 내려졌을 경우 그러한 해석의 타당성을 검증해 보기 위해 심층면담, 사례분석, 치료과정을 통해 자살의 위험성에 대한 평가를 내리는 것이 타당한지를 검증해 보려는 노력을 해야 할 것이다. 뿐만 아니라 임상연구를 통해서도 그와 같은 해석의 근거를 검증해 보려는 노력을 기울여야 한다.

마지막으로는 Anastasi와 Urbina(2003)가 지적한 심리검사의 올바른 사용에 대해 귀를 기울일 필요가 있다. Anastasi와 Urbina는 심리검사란 일종의 도구임을 일깨우면서, 검사라는 도구를 올바르게 사용해야 할 필요성을 강조하고 있다. "다른 모든 도구와 마찬가지로, 심리검사는 어떻게 사용하는가에 따라 이로울 수도 있고 해로울 수도 있다. 심리검사가 제공하는 이로운 점을 충분히 취하려면 심리검사가 하나의 도구라는 사실을 잊어서는 안 된다." 이러한 지적은 심리검사를 충분히 효율적으로 사용하려면 그것을 정확하게 이해하고 올바르게 사용해야 함을 강조하고 있다. 이는 심리검사의 올바른 사용과 잘못된 사용에 대한 경고를 해 주고 있다. 예컨대 개인의 적성을 알아보고자 심리검사를 시행하는 경우, 선택된 검사가 적성을 평가하기 위한 목적에 적합한지에 따라 개인에게 유용한 정보를 제공해 줄 수도 있고 그릇된 정보를 제공해줄 수도 있다. 이러한 상황에서 심리검사를 통해 올바르지 않은 정보가 제공된다면 개인에게 피해를 줄 수 있다. 심리검사를 제대로 이해하고 올바르게 사용함으로써 그 이득이 최대화된다는 사실은 심리검사의 본질을 정확하게 이해하고 올바르게 심리검사를 사용해야 할 필요성을 강조해 준다.

2) 심리검사에 대한 잘못된 인식

심리검사에 대한 개인적인 관심과 사회적인 요구가 급증하고 있음에도 불구하고 심리검사에 대한 올바른 이해가 부족한 경우가 흔히 있다. 또한 자발적으로 심리검사를 받아 보고 싶어 하는 경우도 많지만 심리검사에 대한 저항과 불안이 있는 것도 사실이다. 이런 까닭에 심리검사를 받아 보도록 요청하면, 이를 심각하게 받아들이거나 부담스럽게 생각하게 된다. 혹은 이와 반대로 심리검사에 대해 지나치게 높은 기대를 갖기도 한다. 이런 기대를 하는 경우, 심리검사가 모든 해답을 제공해 줄 것이라고 생각하게 된다. 전문가들도 마찬가지로 심리검사에 대해 이와 유사한 인식을 가질 수 있다. 특히 수련과정에 있는 수련생이나 준전문가들의 경우, 심리검사에 대한 오해나 잘못된 견해를 가질 수 있다. 최근 우리 사회는 심리검사의 사용이 급증되고 있는 상황이다. 이러한 상황에서 심리검사에 대한 오해와 잘못된 인식은 바람직하지 못한 영향을 미치게 될 것이라는 점에서 우려된다. 따라서 심리검사에 대한 왜곡된 인식에 대해 살펴본 다음, 이러한 왜곡된 인식이 가져올 수 있는 부정적인 결과에 대해 살펴보기로 하자.[5]

첫째, 심리검사는 전문 지식이 없더라도 사용할 수 있다는 생각이다. 심리검사에는 검사 매뉴얼(지침서)이 있고, 그에 따라 시행하고 채점하고 결과를 해석해 낼 수 있는 기계적인 작업이므로 누구라도 쉽게 다룰 수 있다고 생각한다. 이러한 경우, 전문적인 훈련이나 이론적 지식이 없더라도 약간의 훈련만 받으면 된다고 생각하게 된다. 이러한 인식은 실제적으로 상당히 넓게 퍼져 있는 것으로 나타나고 있다. 이러한 잘못된 인식이 심리검사의 수요가 급증하도록 만드는 중요한 요인으로도 작용할 수 있다는 점에서 우려된다. 이러한 인식은 분명 수정되어야 할 잘못된 인식이다. 심리검사는 그렇게 단순한 작업도, 기계적인 작업도 아니다. 심리검사를 현장에서 효과적으로 사용할 수 있기 위해서는 검사 이론 및 실제에 대한 전문 지식과 훈련이

- - - - - - - - - - - - - -

5)『심리평가의 실제』(박영숙, 2004, p. 32)에서 인용되었음.

요구될 뿐만 아니라 정상 및 비정상 심리 이론과 더불어 전문적인 임상가로서의 훈련과 경험이 요구된다. 이러한 점에서 심리검사 시행이 매우 단순하게 보일지라도, 심리검사를 적절하게 시행하고 전문적으로 해석하며 효율적으로 문제 해결을 지원하는 작업은 고도의 전문적인 능력이 요구된다는 점을 명심해야 한다.

둘째, 심리검사에 대한 왜곡된 인식은 심리검사 시행이 수검자에게 별다른 영향을 미치지 않는다는 인식이다. 즉, 심리검사가 긍정적으로나 부정적으로 내담자에게 큰 영향을 미치지 않을 것이라고 생각하는 경향이 있다. 그러나 실제 장면에서는 그렇지 않은 경우가 대부분이다. 심리검사 실시가 기계적인 단순한 과정인 것처럼 보일지라도, 심리검사를 받게 되는 개인의 입장에서는 그 의미가 매우 크다. 특히 자발적으로 검사를 받는 것이 아니라 치료자나 상담자 또는 기관으로부터 요청을 받고 검사를 받는 경우, 개인이 지키고자 했던 사적인 영역을 침범받게 된다. 이런 과정에서 검사 시행은 긍정적으로 영향을 미칠 수도 있지만 부정적으로도 영향을 미칠 수 있다. 따라서 심리검사는 그럴 만한 합리적인 이유가 있을 때에만 의뢰되어야 하며, 환자나 내담자에게 이익이 될 수 있는 방향으로 사용되어야 한다. 환자나 내담자에게 이익이 된다는 것은 심리검사 시행을 비롯한 모든 절차가 전문적으로 도움을 줄 수 있는 방향으로 진행되어야 한다는 것이다. 즉, 검사 의뢰자나 검사자의 입장에서 필요해서가 아니라 수검자를 위해 필요한 경우에 한해서만 시행되어야 한다는 것이다.

셋째, 심리검사는 상담이나 치료와는 별개의 과정이라는 인식이다. 즉, 심리검사란 검사 결과를 알려 주는 것으로 끝난다는 것이다. 이러한 인식은 전문가들에게도 일반화된 인식이다. 그러나 이러한 인식의 타당성은 재검토될 필요가 있다. 실제 장면에서의 경험에 의하면, 전문가가 시행하는 심리검사 과정 자체는 치료과정으로도 작용할 수 있다. 즉, 심리검사를 시행하는 과정 자체가 지지적으로나 통찰적으로 영향을 미침으로써 치료적 동기를 부여할 수 있다. 실제로 많은 환자나 내담자는 심리검사가 자신에게 도움을 줄 것이라고 기대하고, 심리검사 시행과정을 통해 통찰의 기회를 가질 수 있게 된다. 물론 심리검사에 대해 방어적이거나 저항적인 경우도 있지만, 이런 경우에도 방어와 저항의 의미를 탐색해 보는 과정을 통해 통찰이 생기기도 한다. 뿐만 아니라 심리검사 결과를 내담자나 환자에게 알려 주는 과정에서 치료적인 작업이 촉진될 수도 있다. 물론 이러한 과정이 개인정신치료만큼 직접적으로 치료적 효과를 가져오지는 않지만, 치료 동기를 부여하고 통찰을 갖도록 하는 데 영향을 미칠 수 있다.

넷째, 심리검사는 표준 배터리검사로 시행하는 것이 바람직하다는 인식이 일반적이다. 그러나 심리검사를 배터리로 실시하기보다는 문제의 성질에 따라 적절한 심리검사가 선택적으로 실시되는 것이 바람직하다. 과거에는 심리검사란 반드시 표준 배터리로 실시하는 것이 바람직하다는 견해가 지배적이었지만, 이러한 인식이 변화하고 있다. 예를 들어 보자. 심리검사가 의뢰된 목적이 기억장애가 뇌손상으로 인한 지적 능력의 퇴보 현상인지, 아니면 스트레스로 인한 일시적인 기억장애인지를 평가해 달라는 것이었다면, 표준 배터리검사를 일괄적으로 시행하기보다는 의뢰된 문제와 관련되는 심리검사를 선정하여 시행하는 것이 바람직하다. 이러한 과정에서 심리검사를 시행하는 전문가가 어떤 심리검사를 시행해야 하는지를 선택하게 된다.

지금까지 살펴본 내용을 정리해 보면, 심리검사에 대해 올바른 인식을 가져야 할 필요가 있다는 것이다. 왜냐하면 심리검사는 수검자에게 어떤 방향으로든 영향을 미칠 수 있으며, 경우에 따라서는 치료를 촉진할 뿐만 아니라 심리검사 시행 자체가 치료적 과정이 될 수 있기 때문이다. 이러한 심리검사 기능이 제대로 발휘되기 위해서는 심리검사가 올바르게 인식되고 적절하게 사용해야 한다는 점에서 심리평가 전문가로서의 전문성과 책임, 그리고 윤리의식은 아무리 강조해도 지나치지 않을 것이다.

6. 심리검사의 역사적 발달

이제부터는 심리검사가 발달해 온 역사에 대해 살펴보기로 하자.

심리검사의 발달은 1880년대부터 개인차에 대한 관심, 지능에 관한 관심에서 출발한 것으로 알려지고 있다. 이러한 출발점에는 Francis Galton이 있었다. 그는 1884년부터 시각, 청각, 반응시간, 감각-운동 기능을 측정하기 시작하여, 감각-운동 기능이 지능의 지표라는 판단을 내리게 되었다. 이러한 과정에서 Galton은 감각-운동 기능에 있어서 개인차가 존재한다는 점에 관심을 갖게 되었다(Galton, 1883; Kaplan & Saccuzzo, 1993).

이후 James McKeen Cattell에 의해 정신검사(mental test)라는 용어가 처음으로 사용되면서 심리검사의 개념이 소개되기 시작했다(Cattell, 1890; Anastasi, 1982 재인용). Cattell은 자극에 대한 반응시간이 인간의 의식 현상을 밝혀 줄 것이라는 기대에 따라 자극에 대한 반응시간을 측정하기 시작하였고, Galton의 영향을 받게 된 이후로는 자극에 대한 반응시간과 신체 반응에서의 개인차를 측정함으로써 개인의 지능에 대해 알아보고자 하였다. 그리고 연구 결과를 학술지에 발표하면서 정신검사라는 용어를 최초로 사용하게 되었다.

한편, 최초의 심리검사는 프랑스의 심리학자 Alfred Binet가 개발하였다. Binet는 지능과 관련된 다양한 연구를 바탕으로 1905년 정신지체 아동을 평가할 수 있는 최초의 아동용 지능검사를 개발하였다. 그가 개발한 최초의 심리검사, 아동용 지능검사는 이해력, 추리력, 판단력, 감각운동, 지각능력 등 광범위한 능력을 측정할 수 있도록 구성되었다(Hersen, Kazdin, & Bellack, 1983).

이와 같은 초기 발달 단계를 보면, 심리검사는 두 가지 현상에서 출발하였는데, 첫째는 개인차 현상에 주목하면서 감각-운동 반응을 통해 개인차를 측정하고자 하는 시도에서 출발하였고, 둘째는 지능에 대한 관심에 따라 지능의 지표라고 제안되었던 이해력이나 추리력 등 광범위한 지적 기능들을 측정하면서 출발되었다. 초기 단계에서의 심리검사는 제한적인 감각-운동 반응을 측정하는 수준에 머물렀고, 사회적 관심을 받지는 못하였다.

이에 반해 심리검사의 다음 단계에서의 발달은 사회적 요구에 따라 체계적인 심리검사가 개발되고 대규모적으로 사용되기 시작하면서 이루어졌다는 점에서 주목된다. 제1차 세계대전 당시 군대에서 신병들의 정신능력과 더불어 적성을 평가하기 위한 집단용 심리검사가 필요하다는 요청에 따라 1917년 Yerkes가 Terman, Goddard와 함께 지필지용 군대용 알파검사(Army Alpha)를 제작하여 신병들을 평가할 수 있는 집단정신검사로 사용하였고, 문맹자를 위해서는 그림을 바탕으로 제작한 군대용 베타검사(Army Beta)를 사용하였다(Kaplan & Saccuzzo, 1997).

이와 같이 군대를 중심으로 집단용 심리검사가 대규모적으로 사용되었던 제1차 세계대전 이후 집단검사는 성취검사, 적성검사, 흥미검사 등으로 확대되었고, 그 결과 집단용 심리검사는 군대뿐만 아니라 학교장면이나 산업장면에서도 광범위하게 사용되었다. 특히 집단용 성취검사가 가장 주목받게 되었는데, 표준화 검사의 특성상 검사 시행과 더불어 채점이 쉽고, 검사자의 주관적 판단이 배제될 수 있으며, 객관성이 보장된다는 장점에 따라 그 사용이 급격하게 증가하였다(Kaplan & Saccuzzo, 1997).

이후 David Wechsler가 개발한 Wechsler-Bellevue Intelligence Test: W-B)가 1939년에 개발되었는데, 이 검사는 언어적 지능과 더불어 언어적 능력과 관련 없이 수행 가능한 동작성 지능검사가 포함되어 있고, 언어성 IQ, 동작성 IQ, 전체지능 IQ 등 IQ 점수가 다양하게 산출되었다. 뿐만 아니라 개인의 지적 능력의 특징에 대한 분석이 가능하다는 점에서 주목을 받으면서 널리 사용되었다(Goldstein & Hersen, 1990).

지능검사의 발달에 이어 1920년대부터 1940년대에는 집단용 성격검사들이 지필지검사(paper and pencil test)로 개발되었다. 특히 주목되는 점은 1942년 개발된 미네소타 다면적 인성검사(Minnesota Multiphasic Personality Inventory: MMPI)이다. 이 검사는 그 이전에 개발되었던 검사와는 다른 접근방식으로 성격검사의 새로운 장을 열었다(Kaplan & Saccuzzo, 1997). 새로운 접근방식이란 검사 반응의 의미가 경험적인 연구를 바탕으로 해석되어야 한다는 과학적인 입장이 이 검사의 기본적인 제작방식으로 채택된 것이다. 이에 따라 검사개발자들은 과학적인 연구를 거쳐 검증된 검사 반응 내용을 중심으로 검사 결과를 해석하였다. 이러한 새로운 입장에 따라 MMPI에 관한 수많은 연구가 진행되었고, 그 결과 검사 점수의 의미는 과학적인 연구결과를 바탕으로 제시되었다. 이러한 새로운 접근방식으로 인해 MMPI는 현장 전문가들뿐만 아니라 과학적 연구자들로부터 큰 호응을 받게 되었고, 최근까지 세계적으로 가장 널리 사용되는 성격검사가 되었다.

집단용 성격검사들이 개발되던 1930년 후반부터는 투사적 검사라는 새로운 형식의 성격검사가 소개되기 시작하였다. 투사적 검사라는 용어가 주목을 받기 시작한 것은 Murray(1938) 가 모호한 자극이 검사 자극으로 주어질 때 그 자극을 해석하는 과정에서 투사적 과정이 일어 난다는 지적을 하면서부터였다(Bellak & Abrams, 1997 재인용). Murray는 모호한 자극이 입력 될 때 이런 자극을 해석하는 과정에서 개인의 욕구, 관심 및 전반적인 성격구조가 반영되는 투 사적 과정이 일어난다고 제안하였다. 또한 Frank(1939)는 투사적 개념을 확대하였는데, 투사 적 과정을 자극할 수 있는 다양한 기법을 '투사적 방법(projective method)'이라고 정의 내렸다 (Exner, 1993 재인용). 이에 따라 투사적 검사는 모호한 자극을 사용하여 개인의 욕구나 관심, 그 리고 전반적인 성격구조가 검사 반응에 나타나도록 하는 다양한 기법을 의미하게 되었다. 이 러한 투사적 검사가 실제적으로 사용되기 시작한 것은 1935년 Morgan과 Murray가 주제통각 검사(Thematic Apperception Test: TAT)를 소개하면서부터라고 할 수 있다. 왜냐하면 모호한 사 회적 상황에 직면하면 개인의 성격구조가 투사된다는 가정을 전제로 하여 TAT가 개발 되었기 때문이다. 일반적으로 투사적 검사 가운데 가장 대표적인 로샤 검사(Rorschach test)는 1921년 Hermann Rorschach에 의해 10개의 잉크반점 카드가 소개되었지만, 그 당시 Rorschach는 자 신이 사용했던 10개 잉크반점 카드가 지각과정을 밝혀 줄 수 있는 연구도구라고 기대하였다는 점에서 투사적 성격검사로서 출발하였던 것은 아니었다. Rorschach는 정신분열증 환자와 정 상인의 지각과정의 차이를 밝히고자 하는 연구도구로서 잉크반점 카드검사를 사용하기 시작 했다. 로샤 검사가 실제로 투사적 성격검사로서 소개되고 사용되기 시작한 것은 Rorschach 이 후의 여러 연구자에 의해 이루어졌다(Exner, 2003 재인용). 10개 잉크반점 카드가 지각과정뿐만 아니라 개인의 욕구, 정서, 갈등, 성격구조 등을 투사해 주는 기능을 갖고 있다고 알려진 것은 Rorschach 이후의 연구자들—Beck, Klopfer, Rapaport, Schafer 등—에 의해서였다. 이들은 로 샤 검사의 채점과 해석에 대한 연구와 임상 경험을 거치면서 로샤 검사가 가장 대표적인 투사 적 검사로 발달될 수 있도록 기여하였다. 로샤 검사의 발달과정, 성격검사로서의 기능에 대해 서는 제10장 '투사적 검사 I: 로샤 검사'에서 자세하게 소개될 것이다.

가장 대표적인 투사적 성격검사로 알려진 로샤 검사와 TAT는 1940년대 초부터 1950년대 말까지 임상현장에서 가장 많이 사용되었고, 내담자나 환자 개인의 독특성을 밝혀 줌으로써 큰 영향력을 발휘하였다. 1940년대에는 투사적 검사를 중심으로 사례분석, 연구논문, 전문 가 논평이 넘쳐났다(Exner, 1993). 투사적 성격검사는 로샤 검사와 TAT 외의 다양한 여러 검사 가 연속적으로 소개되었다. 인물화 검사(Draw-A-Person Test: DAP; Machover, 1948), 그림이 야기짓기검사(Make-A-Picture-Story: MAPS; Shneidman, 1947), 4개 그림검사(Four Picture Test: VanLennep, 1951), 문장완성검사(Sentece Completion Test: SCT; Rohde, 1957), 홀츠만 잉크반점 검사(Holtzman Inkblot Test: Holtzman, 1958)가 그 예이다(Goldstein & Hersen, 1990).

1950년대 이후 투사적 검사들은 과학적 검증에 취약하다는 비판을 강하게 받으면서 쇠퇴하기 시작하였고, 아직까지 건재하게 남아 있는 투사적 성격검사로는 로샤 검사가 대표적이다(투사적 검사에 대한 과학적 입장에서의 비판과 로샤 검사가 이러한 과학적 검증을 견뎌 내고 건재하게 된 이유 등에 대해서는 제10장에서 제시되고 있다).

신경심리검사(neuropsychological assessment)는 뇌의 손상이 행동으로 표현되는 양상을 진단하기 위한 검사로서 Halstead가 시카고 신경심리연구소를 설립하고, 어떤 행동들이 측정되어야 하는지를 결정하기 위해 작업현장이나 사회적 상황에서 뇌손상을 입은 환자들을 관찰하기 시작하면서 출발되었다(Hersen et al., 1983). Halstead는 임상 연구과정을 거쳐 7개 검사로 구성된 신경심리검사 배터리(Halstead Neuropsychologic Battery)[6]를 1947년에 완성하였다.

이후 1960년대부터 신경심리학적 연구들이 비약적으로 진행되면서 뇌와 행동과의 관계에 대한 이해가 급증하게 되었고, 이러한 발전과 더불어 심리검사에 관한 이론과 기법을 갖춘 심리학자들이 신경학 분야에서 집중적인 훈련을 거쳐 신경학이나 신경외과 분야에서 신경심리학자로 활동하게 되었다. 그 결과, 종합적인 뇌기능을 측정하는 신경심리검사 배터리와 개별 영역의 뇌기능을 측정하는 신경심리검사가 표준화되었다. 표준화된 신경심리검사로는 Halstead-Reitan Neuropsychological Battery(HRNB: Reitan & Wolfson, 1993), Luria- Nebraska Neuropsychological Battery(LNNB: Golden, Purisch, & Hammeke, 1985)가 대표적이며, 개별적인 신경심리검사로는 캘리포니아 언어학습검사(California Verbal Learning Test: Delis, Kramer, Kaplan, & Ober, 1987), 웩슬러 기억검사(Wechsler Memory Scale: WMS-R; Wechsler, 1987), 위스콘신 카드분류검사(Wisconsin Card Sorting Test: WCST; Grant & Berg, 1948), 수정된 카드분류검사(Modified Card Sorting Test: Nelson, 1976), 보스턴 실어증 진단검사(Boston Diagnostic Aphasia Examination: Goodglass & Kaplan, 1983), 기호-숫자 변형검사(Symbol Digit Modalities Test: Smith, 1982), 행동 부주의 검사(Behavioural Inattention Test: Wilson, Cockburn, & Halligan, 1987) 등 다양한 신경심리검사가 표준화되어 사용되고 있다(Lezak, 1995).

지금까지 심리검사가 발달되어 온 역사를 지능검사, 성격검사, 투사적 검사, 신경심리검사를 중심으로 간략하게 살펴보았다. 심리검사는 심리적 특성이나 심리적 상태에 있어서 개인차가 존재한다는 인식에 따라 심리적 측정을 통해 개인을 이해하고 개인의 문제를 해결하는 데 도움을 주고자 하는 목적에서 발전해 왔는데, 최근 몇 가지 변화가 주목되고 있다.

----

6) 검사 배터리에는 범주검사(Category Test), 촉각수행검사(Tactile Performance Test), 언어음성 지각검사(Speech Sounds Perception Test), 파도리듬검사(Seashore Rhythm Test), 손가락 두드리기검사(Finger Occilation Test), 결정적 명멸융합검사(Critical Flicker Fusion Test), 시간지각검사(Time Sense Test)가 포함되어 있다.

첫째, 심리검사 결과가 치료나 실제적인 문제 해결 과정에서 매우 중요한 역할을 하고 있다는 것이다(Goldstein & Hersen, 1990). 이러한 추세는 지능검사나 성격검사, 투사적 검사뿐만 아니라 신경심리검사에서도 마찬가지이다. 특히 신경심리검사와 같은 경우, 뇌손상 환자에 대한 신경심리검사를 통해 기능적 영역과 기능 손상 영역을 정확하게 파악함으로써 환자의 재활에 실질적으로 도움을 주고 있다. 특히 전반적인 수명 연장과 더불어 증가되는 치매 진단을 위해 신경심리검사가 활용되고 있다. 이와 같이 심리검사를 통해 개인을 이해할 뿐만 아니라 문제 해결 과정에서 심리검사를 실질적으로 활용하고 있는 변화는 매우 바람직하다. 심리검사를 시행하는 전문가와 치료하는 전문가가 분리되어 있을 경우, 심리검사 결과가 실제적인 문제 해결 과정에 활용되지 못할 수 있기 때문에 이러한 변화는 심리검사의 제한적 활용이라는 문제를 방지하고 심리검사의 효율성을 높일 수 있다. 이러한 점을 고려하여 제14장에서 심리평가의 활용을 집중적으로 다루고 있다.

두 번째로는 심리검사의 실시, 채점, 해석을 컴퓨터와 연결하여 자동화하려는 시도가 이루어지고 있다. 이러한 심리검사의 자동화 추세로 인해 최근 국내에서도 다면적 인성검사(MMPI-2: 김중술, 한경희, 임지영, 이정흠, 민병배, 문경주, 2005), 청소년용 다면적 인성검사(MMPI-A: 김중술, 한경희, 임지영, 이정흠, 민병배, 문경주, 이주영, 2005), 기질 및 성격검사: 청소년용(오현숙, 민병배, 2004), 기질 및 성격검사: 성인용(민병배, 오현숙, 이주영, 2007)이 온라인검사로 실시되고 있다. 현재 심리검사의 자동화는 검사 실시 및 채점 단계까지 이루어지고 있다. 이러한 시도는 심리검사를 효율적으로 활용할 수 있는 방법이라는 점에서 주목을 받고 있다. 이와 더불어 MBTI(한국판: 김정택, 심혜숙, 1990), 한국판 스트롱 직업흥미검사(김정택, 김명준, 심혜숙, 2001) 등이 자동화 시스템에 따라 시행되고 있다. 이러한 자동화에 따른 기능적·역기능적 결과에 대한 검증이 이루어진다면 더욱 발전된 방향에서 심리검사가 사용될 수 있을 것으로 기대된다.

세 번째로는 개인의 심리적 특성이나 상태에 대한 간접적인 평가 방식에서 벗어나 직접적인 평가 방식을 사용하고자 하는 변화가 있다. 이 책 제2장 '심리검사의 측정 이론'을 학습하게 되면, 심리검사가 개인의 심리적 특성이나 상태에 대한 간접적인 측정 방식이라는 점을 이해하게 될 것이다. 예컨대 불안이라는 심리적 현상을 불안검사라는 도구를 사용하여 간접적으로 측정하는 방식이 아닌 행동관찰을 통한 행동평가와 같은 직접적인 평가 방식으로 개인을 이해하고자 한다는 것이다. 이러한 변화는 심리검사가 갖고 있는 제한점을 보완하고자 하는 시도이다. 이 책에서는 이러한 점을 고려하여 심리검사를 사용하면서 행동관찰이나 면담을 병행하는 방식이 개인을 정확하게, 전체적으로 이해할 수 있게 해 준다는 입장을 강조하고 있다.

이와 같은 심리검사에서의 변화는 심리검사가 완벽한 도구가 아닌, 계속 개선되고 발전해 나가야 할 도구로서 심리검사 전문가의 유능성이 그 효과를 좌우하는 데 결정적인 역할을 하고 있음을 제시해 주고 있다. 이러한 상황에도 불구하고 심리검사는 다양한 의사결정이 시시각각으로 요구되는 현실 속에서 개인적으로나 사회적으로 중요한 의사결정을 내리는 데 전문적인 도움을 주는 도구로서 앞으로도 지속적으로 발전되고 활용될 것으로 기대된다.

끝으로 심리검사의 개발 및 주요 활동을 정리해 제시하면 〈표 1-1〉과 같다.[7]

● **표 1-1** 심리검사와 관련된 주요 사건들

연도	검사개발자	주요 사건들
1884	F. Galton	• 런던에서 심리학적 측정 실험실 개설
1890	M. Cattell	• 정신검사 시도
1904	C. E. Spearman	• 지능의 이요인론 제시
1905	Binet-Simon	• 최초의 지능검사인 비네-시몽 지능검사 제작
1905	C. Jung	• 단어연상검사의 임상적 적용
1917	A. Otis & R. M. Yerkes	• 군대용 알파, 베타 집단지능검사 제작
1920	R. S. Woodworth	• 최초의 성격검사 제작
1921	H. Rorschach	• 최초의 투사적 검사인 로샤 검사 소개
1923	T. L. Kelley	• 스탠퍼드 성취검사 제작
1926	F. Goodenough	• 인물화 검사 소개
1927	E. K. Strong, Jr.	• 스트롱 직업흥미검사(남성용) 개발
1936	E. Doll	• Vineland Social Maturity Scale 소개
1938	H. Murray	• 주제통각검사(TAT) 개발
1939	D. Wechsler	• 웩슬러-벨뷰 지능검사 개발
1943	Hathaway & McKinley	• 미네소타 다면적 인성검사(MMPI)
1949	D. Wechsler	• 아동용 웩슬러 지능검사 제작
1920~1940		• 지능검사, 적성검사, 흥미검사, 성취검사 등 객관적 심리검사의 표준화가 급속히 발전됨
1955	D. Wechsler	• 성인용 웩슬러 지능검사 제작
1960		• 객관적 검사의 컴퓨터 자동 전산화 작업 시작
1970~80		• 지능검사, 적성검사, 흥미검사, 성취검사 등 객관적 검사의 재표준화 작업 확산 • 아동용 웩슬러 지능검사(1974), 쿠더 직업흥미검사(1977), MMPI(1989) 등
1974~2003	J. E. Exner, Jr.	• 로샤 검사의 종합체계 발전

- - - - - - - - - - - - -
7) 저자에 의해 쓰여진 『심리평가의 실제』(박영숙, 2004, p. 28)에서 인용되었음.

요약

1. 개인은 심리검사를 통해 자신을 통찰함으로써 자신의 장점과 단점을 파악하고, 보다 성숙하고 건강한 방향으로 변화하고자 하며, 심리적 문제에 대한 적절한 해결법을 찾고자 한다.

2. 교육, 산업, 상담, 임상, 장애인복지, 군대 등 다양한 사회기관들에서 업무의 효율화를 도울 수 있는 심리검사들이 시행되고 있다.

3. 심리검사는 행동 표본을 표준 절차에 따라 측정하는 표준화된 객관적 측정도구이다.

4. 심리검사는 개인에 대한 객관적인 정보를 제공해 주고, 개인 간 비교를 가능하게 해 주며, 개인의 내면적인 심리적 특성이나 상태가 드러날 수 있게 해 준다.

5. 심리평가는 심리검사, 면담, 행동관찰, 기타 여러 방법에 의해 이루어지며, 다양한 방식으로 자료를 수집하고 그 자료들을 종합적으로 해석해 내는 전문적인 작업이다.

6. 심리평가는 개인의 문제를 명료화해 주고, 수검자의 지적 능력, 인지적 특성, 성격, 대인관계 및 문제 해결 방식, 적응 방식 등에 대한 다양한 정보를 제공해 줌으로써 수검자를 이해할 수 있도록 해 준다. 또한 치료계획을 세우고 치료 결과를 평가할 수 있도록 해 주며 수검자에게 통찰의 기회를 제공해 줌으로써 치료적 기능을 발휘한다.

7. 심리평가자는 심리평가를 전문적으로 시행할 수 있도록 해야 하며, 수검자의 문제 해결에 도움을 줄 수 있는 유용한 정보를 제공함으로써 수검자가 행복한 삶을 살아가도록 도울 수 있어야 한다. 또한 심리검사가 하나의 도구임을 명심하고 올바르게 사용할 수 있어야 한다. 뿐만 아니라 심리평가나 심리검사 결과가 항상 완벽할 수는 없음을 인정하는 겸허한 자세를 지녀야 한다.

8. 심리검사는 개인차와 지능에 대한 관심에서 시작되었는데, 발달 초기에는 주로 감각-운동 반응을 통해 개인차를 측정하였다. 이후 군대에서 심리적 평가에 대한 필요성이 절실해지면서 군대를 중심으로 집단용 심리검사가 대규모적으로 사용되었다. 이후 웩슬러 지능검사를 통한 개인의 지적 능력에 대한 측정이 시작되었고, MMPI 성격검사가 주목받았으며, 1930년 후반부터는 투사적 검사들이 활용되기 시작하였다. 1947년 완성된 Halstead 신경심리검사 개발을 시작으로 신경심리검사들이 뇌기능 손상 영역을 진단할 수 있도록 개발됨으로써 뇌손상 환자들의 재활에 도움을 주게 되었다. 최근에는 국내에서 MMPI-2, 기질 및 성격검사(Temperament and Trait Assessment: TCI) 등을 중심으로 검사 실시 및 채점이 자동화됨으로써 심리검사의 활용이 효율적으로 이루어지고 있는 추세이다.

참고문헌

김계현, 황매향, 선혜연, 강영빈(2004). 상담과 심리검사. 서울: 학지사.

김영빈, 김계현(2000). 청소년상담에서의 심리검사 활용. 상담 및 심리치료, 13(3), 149-162

김영환, 김재환, 김중술, 노명래, 신동균, 염태호, 오상우(1989). 다면적 인성검사. 서울: 한국가이던스.

김영환(1994). 발달장애아의 지도프로그램. 서울: 특수교육.

김영환, 문수백, 홍상황(2005). 심리검사의 이론과 실제. 서울: 학지사.

김재은, 이근후, 김정규, 박영숙(1991). 이화방어기제검사 실시요강. 서울: 하나의학사.

김정택, 심혜숙(1990). 16가지 성격의 유형. 서울: 한국심리검사연구소.

김정택, 김명준, 심혜숙(2001). 한국 스트롱 직업흥미검사. 서울: 심리검사연구실

김중술, 한경희, 임지영, 이정흠, 민병배, 문경주(2005). MMPI-2. 서울: (주) 마음사랑.

김중술, 한경희, 임지영, 이정흠, 민병배, 문경주, 이주영(2005). MMPI-A. 서울: (주) 마음사랑.

류명수(2001). 군 인성검사 시스템의 신뢰성에 관한 실증적 연구. 경북대학교 경영대학원 석사학위청구논문

류명수(2004). 육군인성검사 현황 및 발전 방안. 육군 교육사령부 2004년도 세미나자료집.

민병배, 오현숙, 이주영(2007). 기질 및 성격검사. 서울: (주) 마음사랑.

민병배, 오현숙, 이주영, 문경주, 이정흠, 문혜신, 이주영(2007). TCI 한국판 기질 및 성격검사-성인용. 서울: (주)마음사랑.

박영숙(2004). 심리평가의 실제. 서울: 하나의학사

염태호(1996). 임상심리학회 30년사. 한국임상심리학회.

염태호, 박영숙, 오경자, 김정규, 이영호(1992). K-WAIS 실시요강. 서울: 한국가이던스.

오현숙, 민병배(2004). JTCI 한국판 기질 및 성격검사-청소년용. (주)마음사랑.

이정흠(1999). 심리평가(p. 32). 한국임상심리학회, 99 정신보건임상심리사 공동교육.

이종구, 남원모, 박지훈, 임현식, 윤희현(2006). 군인성검사 평가. 2006년 한국심리학회 학술대회 포스터 발표 자료집.

전용신, 서봉연, 이창우(1963). KWIS 실시요강. 서울: 중앙적성연구소.

정범모, 이정균, 진위교(1967). MMPI, 다면적 인성검사, 검사법요강. 서울: 코리안 테스팅센터.

정원식(1976). 지력과 정의의 교육. 서울: 배영사.

탁진국(1996). 심리검사. 서울: 학지사.

한국심리학회(1998a). 군 인성검사 개발 연구 최종보고서. 서울: 한국심리학회.

한국심리학회(1998b). 심리검사 제작 및 사용 지침서. 서울: 중앙적성출판사.

한국장애인고용촉진공단(1995). 장애인 직업상담 평가. 서울: 한국장애인고용촉진공단.

한국장애인고용촉진공단(2000). 장애인 고용. 서울: 한국장애인고용촉진공단.

한양대학교 학생생활연구소(1990). 심리검사의 활용. 서울: 한국가이던스.

현광섭(2003). 군복무 이상자에 대한 추적 연구. 가톨릭대학교 대학원 석사학위청구논문.

Aiken, L. R., & Groth-Marnat, G. (2005). *Psychological Testing and Assessment* (12th ed.). Boston: Allyn & Bacon.

American Education Research Association(AERA), American Psychological Association, & National Counsil on Measurement in Education(NCME). (1985). *Standards for educational and psychological testing*. Washington, DC: American Psychological Association.

Anastasi, A. (1982). *Psychological Testing* (5th ed.). New York: Macmillam Publishing Co., INC.

Anastasi, A., & Urbina, S. (2003). 심리검사(김완석, 전진수 역). 서울: 율곡출판사. (원전은 1997년에 출판).

Bellak, L., & Abrams, D. M. (1997). The TAT, the CAT., and the SAT. in Clinical Use.(6th eds). Boston: Allyn and Bacon.

Cohen R. J., Serdlik, M. E., & Smith D. K. (1992). *Psychological Testing and Assessment: An Introduction to Test and Measurement*(2nd ed.). California: Mayfield Publighing Company.

Cohen R. J., Swerdik & Sturman(2013).

Cronbach, L. (1984). *Essentials of Psychological Testing* (4th ed.). New York: Harper & Row.

Dalrymple, N. (1995). 중복장애아를 위한 심리적 검사(박경의 외 역). 서울: 원광장애인종합복지관.

Delis, D. C., Kramer, J. H., Kaplan, E., & Ober, B. A. (1987). *California Verbal Learning Test, Form II* (Research ed.). San Antonio, TX: The Psychological Corporation.

Dewald, P. A. (1971). *Psychotherapy: A Dynamic Approach* (2nd ed.). New York: Basic Books Inc, Publishers.

Exner, J. E. (1993). *The Rorschach: A Comprehensive System. Vol 1: Basic Foundations* (3rd ed.). New York: John Wiley & Sons, Inc.

Exner, J. E. (2003). T*he Rorschach: A Comprehensive System. Vol 1: Basic Foundations* (4th ed.). New York: John Wiley & Sons, Inc.

Freeman., F, S. (1962). *Theory and Practice of Psychological Testing*. New York: Holt.

Freiedenberg, L. (2004). 심리검사 설계, 분석, 및 활용(김명소, 오동근 역). 서울: 시그마프레스. (원전은 1995년에 출판).

Golden, C. K., Purisch, A. D., & Hammeke, T. A. (1985). *Luria-Nebraska Neuropsychological Battery: Form I and II* . Los Angeles: Western Psychlogical Service.

Goldstein, G. (1990). Historica Perspective. In G. Goldstein & M. Hesen. *Handbook of Psychological Assessment*. New York: Pergamon Press.

Goldstein, G., & Hersen, M. (Eds.) (1990). *Handbook of Psychological Assessment*. New York: Pergamon Press.

Goldfinger, K, & Pomerantz, A. M. (2014). *Psychological Assessement and Report Writing*

Goodglass, H., & Kaplan, E. (1983). *Assessment of aphasia and related disorder* (2nd ed.). Philadelphia: Lea and Febiger. Distributed by Pyshological Assessment Resources, Odessa, FL.

Grant, D. A., & Berg, E. A. (1948). A Behavioral analysis of the degree of reinforcement and ease of shifting to new responses in a Weigl-type card sorting problems. *Journal of Experimental Psychology, 38*, 404-411.

Gregory, R. J. (2006). *Psychological Testing: History, Principles, and Applications* (5th ed). Boston: Allyn and Bacon.

Hales, R. E., Yudofsky, S. C. & Talbott, J. A. (1994). *Textbook of Psychiatry* (2nd ed.). Washington, DC: American Psychiatric Press.

Halleck, S. L. (1991): *Evaluation of the Psychiatric Patient: A Primer.* New York: Plenum.

Hersen, M., Kazdin, A. E., & Bellack, A. S. (1983). *The Clinicla Psychology Handbook.* New York: Pergamon Press.

Holtzman, W. H. (1961). Holtzman Inkbloa technique administration and sorting guide. New York: Psychological Corporation.

Kaplan, R. M., & Saccuzzo, D. P. (1993). *Psychological Testing: Principles, Applications, and Issues* (3rd ed.). Books/Cole Publishing Company, a Division of Wadsworth, Inc.

Kaplan, R. M., & Saccuzzo, D. P. (1997). *Psychological Testing: Principles, Applications, and Issues* (3rd ed.). Books/Cole Publishing Company.

Kaplan, R. M., & Saccuzzo, D. P. (2001). *Psychological Testing: Principles, Applications and Issues* (5th ed.). Belmont, CA: Wadsworth/Thompson Learning.

Knoff, H. M. (Ed.). (1986). *The Assessment of Child and Adolescent Personality.* New York: The Guilford Press.

Lazak, M. D. (1995). Neuropsychological Assessment. (3rd ed.). New York: Oxford University Press.

Machover, K. (1948). *Personality Projection in the Drawing of the Human Figures.* Springfield, III.: Chas. C. Thomas.

Maloney, M. P., & Ward, M. P. (1976). *Psychological Assessment.* New York: Oxford University Press.

Matarazzo, J. D. (1990). Psychological Assessment versus Psycholgical Testing: Validation from Binet to School, Clinic, and Courtroom. *American Psychologist, 45*, 999-1017.

Nelson, H. E. (1976). A modified card sorting test sensitive to frontal lobe defects. *Cortex, 12*, 313-324.

Newmark, C. S. (1996). *Major Psychological Assessment Instrument* (2nd ed.). Boston: Allyn and Bacon.

Norman, T. (1976). *Psychological Report Writing.* New Jersey: Prentice-Hall Inc.

Nunnally, J. C. (1970). *Introduction to Psychological Measurement.* New York: Mcgraw-Hill Book Company.

Othmer, E., & Othmer, S. C. (1989). *The Clinical Interview Using DSM-III-R.* Washington, DC:

American Psychiatric Press.

Pietrofesa, J., Hoffman, A., & Splete, H. (1984). *Counseling: The Introduction.* Boston: Houghton Mifflin.

Rapaport, D., Gill, M, M., & Schafer, R. (1968). *Diagnostic Psychological Testing.* New York: International Universities Press, INC.

Reitan, R. M., & Wolfson, D. (1993). *The Halstead-Reitan Neuropsychological Test Battery: Theory and Clinical Interpretation.* Tucson, AZ: Neuropsychology Press.

Rohde, A. R. (1957). *The sentence completion method.* New York: Ronald Press.

Rozensky, R. H., Sweet, J. J., & Tovian, S. M. (1997). *Psychological Assessment in Medical Setting.* New York: Plenum Press.

Ryff, C. D. (1948, January). Happiness is everything, or is it? Explorations on the meaning of psychological well-being. *Journal of Personality and Social Psychology, 57*(6), 1069-1081. doi:10.1037/0022-3514.57.6.1069.

Sarason, I. G., & Sarason, B. R. (1999). *Abnormal Psychology* (9th ed.). New Jersey: Prentice-Hall, Inc.

Sechrest, L., Stickle, T. R., & Stewart, M. (1998) The Role of Assessment in Clinical Psychology. In A. S. Bellack & M. Hersen (Eds.). Elsevier Science Ltd.

Shea, S. C. (1988). *Psychiatric Interview: The Art of Understanding.* Philadelphia, PA: WB Saunders.

Shneidman, E., S. (1947). The make a Picture Story (MAPS). Projective Personality test. J Consult. Psychol., ll:315-325

Smith A. (1982). *Symbol Digit Modalities Test (SDMT) Manual.* Los Angeles: Western Psychological Service.

Talbott, J. A., Hales R. E., & Updofsky. S. C. (1988). *The American Psychiatric Press Textbook of Psychiatry.* Washington, DC: A Press, Inc.

Thornkdike, R., & Hage, E. (1986). *Measurement and Evaluation in Psychology and Education* (4th ed.). New York: Wiley.

Todd, J., & Bohart, A. C. (1999). *Foundations of Clinical and Counseling Psychology.* Addison-Wesley Educational Publishers Inc.

VanLennep, D. J. (1951). The four-picture test. In G. Goldstein & M. Hersen(Eds.). *Handbook of Psychological Assessment* New York: Pergamon Press.

Walsh, W.B.& Betz, N, E (2000). Tests and assessment (4th ed). Upper Saddle River, NJ: Prentice-Hall.

Walsh, W. B., & Betz, N. E. (2001). *Tests and Assesment* (4th ed.). New Jersey: Prentice-Hall, Inc.

Wechsler, D. (1987). *Wechsler Memory Scale manual.* San Antonio, TX: The Psychological Corporation.

Wilson, B., Cockburn, J., & Halligan, P. (1987). *Behavioural Inattention Test*. Titchfield, Fareham, Hants, England: Thames Valley Test Co.: Gaylord, MI: National Rehabilitation Service.

Wise, P. S. (1989). *The Use of Assessment Techniques by Applied Psychologists*. Belmont, CA: Wadsworth.

한국 임상심리학회 홈페이지: http://www.kcp.or.kr/sub03_1_2.asp?menuCategory=3

Chapter 02
심리검사의 측정 이론

이순묵

※ 이 장에 나오는 통계적 개념에 대해서는 학부 수준
의 기초 통계 서적을 참고할 것이 권고된다.

학/습/목/표

1. 측정과 검사의 차이를 이해하기

2. 측정된 자료가 가지는 네 가지 측정 수준에 대해 이해하기

3. 규준참조검사와 준거(영역)참조검사의 상이한 정의 및 용도 이해하기

4. 검사의 표준이 가지는 의미 이해하기

5. 문항분석으로부터 얻을 수 있는 정보 이해하기

6. 신뢰도의 개념 이해하기

7. 타당도의 개념 이해하기

인간 행동에 대한 양적 연구에서 가장 많이 사용되는 자료 수집의 도구는 검사(test)라고 할 수 있다. 검사를 통해서 개인별로 수량화된 자료를 수집하는데, 그 과정이 측정이다. 검사라고 하면 어떤 속성을 측정할 때 사용하는 "모든 종류의 도구, 기술 및 절차"를 말한다(Cascio, 1987, p.128). 예로서, 지능검사, 적성검사, 성격검사, 동기검사, 대입수학능력시험, 사법시험, 공무원시험, 자격시험, 연수원에서의 졸업시험, 대학 4학년이 치르는 졸업시험, 정치여론조사, 사회분위기에 대한 설문, 그리고 수업시간에 보는 필기/실기 시험은 물론 입사시험의 일부인 실적물(예: 광고 제작, 연구 보고서 제출, 제작물 제출)에 대한 점수화, 주제발표의 우열을 가리는 채점, 역할 연기에 대한 점수화, 면접 시의 전반적인 태도에 대한 채점 등이 모두 검사이다. 모두가 인간의 속성을 측정하기 위한 도구, 기술 및 절차로서 검사의 정의에 부합된다. 많은 경우, 개인의 특성이나 속성은 궁극적으로 그에 대한 검사 점수가 제시될 때 비로소 측정되었다고 할 수 있다. 따라서 심리검사는 측정 이론과 함께 발전해 왔고, 개인의 속성들을 정확하게 평가하여 개인이나 집단의 복지, 진로 선택, 이해관계가 있는 의사결정에 타당하게 사용되는 것에 중점을 두게 되었다. 심리검사는 측정 대상인 심리적 속성들과 그에 대한 측정의 방법으로 구성된다. 이 장은 측정의 개념부터 시작해서 측정과 검사 그리고 검사의 세부적 내용을 다루는 순으로 진행한다.

1. 측정의 개념

1) 측정의 정의

측정(measurement)은 어떤 규칙에 따라 경험체계에 숫자를 부여하는 작업이다(이순묵, 2002). 경험체계는 우리가 경험하는 개인, 사물 또는 집단들 자체의 속성 또는 그들 간의 관계를 의미한다. 수리체계는 경험체계 내에 있는 측정의 대상에 부여된 숫자들의 집합 또는 숫자들 간의 관계이다. 예를 들어, 개인의 학업에 대한 열정, 성적, 가정환경, 가스불의 뜨거움을 뇌에서 느끼는 정도, 소방관이 소방 호스를 정확히 사용하는 능력, 친구 간의 관계, 교사-학생 관계, 통치자-국민 관계 등은 모두 개인이나 사물의 속성 또는 속성 간의 관계이므로 경험체계이다. 이러한 대상에 숫자를 부여하여 수리체계를 산출하고자 할 때, 자의적으로 하지 않고 어떤 규칙을 따르는 일관성을 유지하면 측정이라고 한다. 그리고 측정의 결과로 숫자의 집합을 얻게 된다. 예를 들어, 민수의 학업 동기를 5점 척도로 된 10개 문항을 사용해서 측정한 결과 45점이었고, 심리학 시험의 성적은 8.0(10점 만점)이었으며, 가정환경은 2점(3=상, 2=중, 1=하), 옆집의 정은이와의 관계는 4점(1=매우 먼 관계, 2=먼 관계, 3=그저 그런 관계, 4=가까운 관계, 5=매우 가까운 관계), 학교에서 선생님과의 관계는 3점이었다고 한다면 이 모든 것이 숫자 부여이다. 대학에서 기말 성적을 매길 때 우수하면 A(4.0), 평균이면 B(3.0), 노력이 필요하면 C(2.0), 노력해도 어려운 수준이면 D(1.0)를 준다고 할 때, 4학년 졸업 시에 평점이 3.5인 학생이 1.5인 학생보다 매우 잘했다는 관계를 이야기할 수 있다. 측정이 끝나면 결과로 얻은 수리체계의 양호도를 평가하게 되는데, 그러한 목적으로 '신뢰도'와 '타당도'라는 개념이 사용된다.

2) 측정의 수준

측정이 끝나고 그 '결과'가 숫자로 보고될 때 그 숫자들은 과연 어떤 성질을 가지는지 알아보기로 한다. 측정 결과로 얻은 상이한 숫자들이 가지는 성질을 측정 수준이라 한다. 여기에는 크게 나누어 '수량척도 수준'과 '비수량척도 수준'이 있다. 수량척도 수준이라면 보통 비율척도(ratio scale) 수준과 등간척도(interval scale, 동간척도라고도 함) 수준에 대해서 이야기하며, 비수량척도 수준이라면 순서척도(ordinal scale, 서열척도라고도 함) 수준과 구분척도(nominal scale, 명명척도라고도 함) 수준에 대해서 이야기한다(Stevens, 1946). 혼동되지 않을 경우, 척도 수준에서 '수준'이란 단어는 생략한다.

우선, 비율척도부터 알아보자. 사람의 키를 잴 때의 cm 또는 피트 등의 척도가 사용될 경우, 인혜의 키가 200cm이고 다혜의 키가 150cm이면 200과 150의 비율(ratio)은 4대 3이다. 그런데 이 비율은 척도를 cm 자에서 m 자로 또는 피트 자로 바꿔도 변하지 않는다. 즉, 200cm와 150cm는 두 사물이 가지는 속성(여기선 두 사람의 키) 수준의 비율을 알려 주는 측정 결과이므로 '비율척도 수준'의 측정이라고 말한다.

반면, 등간척도는 속성 수준의 비율을 알려 주기에는 미흡하다. 전형적인 등간척도에는 일반적인 온도계가 있다. 사물들의 온도를 재는 과정에서 온도계라는 척도의 어느 위치에(예: 20° 근방과 40° 근방) 해당되는가에 관계없이, 한 눈금의 차이는 동일한 정도의 온도차를 나타낸다. 월요일, 화요일, 수요일 그리고 목요일에 온도를 잴 때 각각 섭씨 20°, 21°, 40° 및 41° 등의 측정 결과가 나왔다면, 그에 기초해서 '40°가 20°보다 2배 더 덥다.'라는 비율척도 수준의 해석을 하면 안 된다. 단지 '20°와 21°에서 보는 1단위의 눈금 차이가 나타내는 온도차와, 40°와 41°에서 보는 1단위의 눈금 차이가 나타내는 온도차는 같다.'라는 해석을 할 수 있다. 즉, 월요일과 화요일의 온도 차이는 수요일과 목요일의 온도 차이와 같다. 다시 말해, 이러한 측정에서는 온도의 비율이 아닌 온도 차이의 비율을 이야기할 수 있다.

비율척도나 등간척도 수준에서 쟀을 경우 경험체계 내에서 사물 또는 속성의 크기(size, magnitude)에 대한 수량적 계산을 통한 해석(비율척도는 크기의 비율, 등간척도는 크기 차이의 비율)이 가능하기 때문에, 이 수준에서의 측정을 가리켜 '수량척도 수준'의 측정이라고 한다. 수량척도 수준에서 측정된 자료는 수량 자료(quantitative data)라고 부른다(Young, 1981).

비율척도와 등간척도의 차이는 전자에서 진정한 0점이 있고 후자에서는 그것이 없다는 것이다. 보통은 길이, 무게 및 시간이 비율척도로 측정 가능한 대상이다. 길이를 어떤 잣대(미터, 센티미터, 마일, 리)로 재든 0은 동일하다. 0은 곧 '길이'라는 속성이 발생하지 않는 상황을 의미한다. 0을 나타내는 점에서부터 어떤 잣대로 재든, 한 단위의 길이를 두 번 이으면 두 단위의 길이가 된다. 그러나 온도계를 만들 때 섭씨체계와 화씨체계에서 0점은 실제 경험에서 서로 다른 내용을 가리킨다. 또한 온도가 0이라고 해서 '온도가 없다.'는 것은 아니다. 온도라는 속성이 발생하지 않는 것을 정의할 수가 없으므로 0점은 온도계를 만드는 사람에 따라 임의로 설정된다. 따라서 섭씨체계에서의 0점은 물이 어는 점이고, 화씨체계에서의 0점은 물이 어는 온도보다 훨씬 차가운 점이다. 즉, 온도계를 만드는 사람이 임의로 0점을 정하고, 눈금을 매김에 있어서 온도계상의 어느 위치에서 관찰하는 1도 차이도 실제로 따뜻함이나 차가움에서 동일한 차이를 나타내도록 한 것이다. 그러니까 온도 차이를 가지고 '차이가 없다.' '온도 차이가 몇 배다.'라고 할 수는 있어도, 두 사물에 대해서 온도계를 읽은 값을 가지고 '온도가 몇 배다.'라고 할 수는 없다. 이러한 원리에 충실할 경우, 등간척도 수준의 숫자에 대하여 합산(+)과 감산(-)을 할 수가 있고, 비율척도 수준의 숫자에 대해서는 +, - 를 넘어 곱하기(×)와 나누기(/)까지 해도 그 결과는 경험체계의 현실을 표현한다고 본다. 즉, 비율척도로 갈수록 허용되는 수리적 연산의 강도가 높아진다고 할 수 있다.

이번엔 비수량척도 수준인 순서척도와 구분척도에 대해서 설명한다. 우선, 순서척도에 대하여 알아보자. 어떤 반에 있는 30명의 노래 실력에 따라서 점수를 줄 때 제일 못하는 사람부터 제일 잘하는 사람까지 1점에서 30점까지 점수를 준다면 못하는 사람보다는 잘하는 사람이 항상 높은 점수를 받는다. 이 점수들은 서열에 대한 점수이다(Guilford, 1954). 이때 '가수'라는 학생이 점수 30을 부여받고 '음치'라는 학생이 점수 1을 부여받았다고 하면, 가수의 능력이 음치의 30배라는 식의 '비율척도 수준'의 해석을 할 수 없다. 또한 노래 점수 1을 받은 학생과 2를 받은 학생의 노래 실력 차이가 노래 점수 29를 받은 학생과 30을 받은 학생의 노래 실력 차이와 같다는 식의 '등간척도 수준'의 해석도 할 수 없다. 여기서 노래 점수에 대한 해석은 단지 '누가 누구보다 낫다.'는 순서(order)에 관한 것일 뿐, 수리적 연산이 가능한 어떤 '크기'를 나타내는 것은 아니다. 이렇게 서열에 대한 점수만을 제공하는 측정 결과를 '순서척도 수준'의 측정이라고 한다. 순서척도 수준의 숫자에 대해서 허용되는 수리적 연산은 숫자 간의 크기 비교일 뿐(> 또는 <) 등간척도 이상에서 허용되는 연산인 +, -, ×, / 등을 할 수가 없다. 순서척도의 값은 수량 값을 표현하지 않기 때문이다. 따라서 여러 개의 숫자가 있을 때 어떤 숫자가 중앙에 있는 값(중앙값, median)이라는 표현은 가능해도 +, - 조차 허용되지 않으므로 평균이라는 통계적 표현도 제시할 수 없다.

끝으로, '구분척도 수준'의 측정을 소개한다. 축구팀에서 골키퍼를 1번, 공격수를 11번이라 할 경우 1과 11이라는 숫자는 두 사람의 선수로서의 기량의 크기(비율척도나 등간척도)를 나타내지 않고, 1번 선수가 11번 선수보다 실력이 낮다는 순서척도 수준의 의미도 없다. 그것은 단지 팀 내에서 두 선수를 구분하기 위한 것이다. 따라서 축구선수의 등번호 부여는 '구분척도 수준'의 측정을 나타낸다. 구분척도 수준의 숫자가 여러 개 있을 때 허용되는 수리적 연산은 매우 약하다. 단지 어떤 숫자가 가장 많이 발견된다는 최빈값(mode)을 이야기할 수는 있지만, 순서척도 이상에서 허용되는 어떤 연산이나 통계적 표시도 불가능하다. 순서척도와 구분척도 수준의 측정 결과에 대해서는 크기에 대한 수량적 계산을 하지 못하고 단지 순서에 대한 서술 또는 대상을 구분하는 정도의 내용밖에는 이야기할 수 없으므로, 이 두 척도 수준의 측정을 비수량척도 수준의 측정이라고 한다. 비수량척도 수준에서 측정된 자료는 비수량 자료(qualitative data)라고 부른다(Young, 1981).

지금까지 측정의 수준을 정의하면서 사용한 '척도'라는 단어의 의미는 측정 결과의 숫자들이 허용하는 수리적 연산의 수준을 가리키는 개념이다. 그런데 그러한 수준을 가지는 논리에 따라 제작된 도구 역시 그러한 측정 수준의 척도라고 부른다. 즉, 척도라는 용어는 허용되는 연산의 수준을 가리킬 수 있고, 특정한 수준의 연산을 허용하는 도구를 가리킬 수도 있다.

2. 측정과 검사

측정의 대상을 인간들이 가지는 속성, 관계, 행동으로 제한하여 도구를 만들 때 그 도구를 가리켜 심리검사라고 한다. 이제부터는 심리검사를 줄여서 검사로 부르기로 한다. '검사'를 사용해서 속성, 관계 또는 행동을 '측정'한 결과는 자료 수집이 된다. 속성이나 관계도 심리학에서 이야기하는 넓은 의미의 행동('행동과학'이라고 할 때의 행동)에 포함되므로 앞으로 측정의 대상을 '행동'으로 부르기로 한다. 심리학에서 행동이란 외적 행동과 내적 행동 모두를 포함한다. 말하기, 글쓰기, 협동하기, 물건 옮기기와 같은 외적 행동만이 아니라 의견, 사고, 판단, 선택, 의사결정과 같은 내적 행동까지 측정의 대상이다.

검사를 정의할 때 "개체의 행동에 대한 표본을 얻기 위한 수단"이라고 하기도 하고(Allen & Yen, 1979, p. 1), 어떤 행동이나 속성을 측정할 때 사용하는 "모든 종류의 도구 기술 및 절차"라고 하기도 한다(Cascio, 1987, p. 128). 검사를 사용해서 개체의 행동을 측정하고자 할 때, 그 개체가 존재하는 전체기간 동안을 모두 관찰한다는 것은 불가능하므로 오차를 감수하고 표본만을 취해서 측정을 하게 된다. 개체에는 개인만이 아니라 개인 행동의 집합체로 정의될 수 있는 집단, 기관, 조직 또는 사회도 포함된다. 측정은 심리학의 기초 분야인 인지심리학이나 사회심리학에서만 중요한 것이 아니고 응용 분야인 조직심리학, 산업심리학, 상담심리학, 임상심리학 및 사회문제 심리학에서도 필수적인 자료 수집 과정이기 때문이다. 따라서 검사를 보다 포괄적으로 정의하자면 '개체 행동의 표본을 측정하기 위한 모든 종류의 논리, 절차 또는 도구'라고 할 수 있다. 여기서의 행동은 눈으로 관찰되는 외적인 행동뿐 아니라 사고, 느낌, 동기와 같은 내적인 행동까지 포함한다.

그런데 검사라고 하면 여러 가지 의미가 혼용되고 있다(이순묵, 2002, p. 31 참조). 검사 논리 (logic), 검사도구(instrument), 검사 실시(administration), 검사 점수(score) 및 검사 관행(practice) 을 모두 '검사'로 부르는 경우가 있으므로, 독자는 맥락에 따라서 그 의미를 파악해야 한다. 검사 논리는 행동의 표본을 측정하는 논리나 이론 또는 방법이라고 하는 추상명사이다. 예로서, 지능검사의 의미, 적성검사에 대한 비평, 성취도 검사의 필요성이라고 할 때는 각각 지능, 적성, 성취도를 측정하는 논리나 방법을 가리킨다. 검사도구는 검사 논리나 방법에 따라서 구체화된 가시적 도구를 가리킨다. 예로서 고대-비네 검사, 인터넷중독 진단검사A, 학기말 시험지 등은 모두 검사도구이다. 검사 실시는 검사에 필요한 준비, 검사 결과의 통보라고 할 때 사용되는 검사의 의미이다. 검사 점수는 검사의 신뢰도, 검사의 타당도 또는 검사 간의 관계라고 할 때 사용되는 검사의 의미이다. 검사 관행은 검사에 관한 법규, 심리검사의 전문성 등의 서술에서 사용되는 검사의 의미로서 논리, 도구 만들기, 실시, 점수 계산, 해석 및 의사결정을 위한 사용까지의 전반적인 관행을 가리킨다. 검사에 대하여 이렇게 다양한 의미가 있는 가운데 '검사 논리'가 비교적 측정과 가까운 개념이기 때문에 검사와 측정을 같은 것으로 이해하는 경우도 있으나, 측정은 보다 기본적 개념이고 검사는 측정을 구현하기 위한 실제적인 개념이다.

3. 검사의 해석 및 사용목적에 따른 구분

검사는 여러 가지로 구분할 수 있다. 검사를 사용하여 연구하고자 하는 대상에 따라 집단 연구용 검사와 개인추론용 검사로 나눌 수 있다. 전자는 일반적으로 어떤 집단에 대한 학술연구 목적으로 대량 자료 표본을 수집하여 그 집단에 대한 추론을 위해 사용되는 검사이고, 후자는 산업/조직/임상/상담/건강 현장에서 개인의 상태나 특질에 대한 파악 또는 의사결정을 위해 사용되는 검사이다. 또한 어떤 수행(performance)을 보느냐에 따라서 최대수행 검사와 평소수행 검사로 나눌 수 있다. 최대수행을 평가하기 위해서는 제작된 과제(실제, 필기)의 수행을 요구하게 되고, 평소수행은 자기보고나 타인에 의한 오랜 관찰 등을 통해서 평가한다. 실시방법에 따라서는 개인적으로 실시되는 개인검사와 집단으로 실시가 가능한 집단검사로 나눌 수 있다. 인지능력을 검사할 때는 시간 제한 유무에 따라 속도검사(speed test)와 총량검사(power test)로 나눌 수 있으며, 실시 및 채점 절차의 표준화 여부에 따라 표준화 검사와 비표준화 검사로 나눌 수 있다.

그러나 이 장에서는 임상/상담 현장에서 많이 사용되는 개인추론용 검사에 대한 분류 가운데 상대평가를 목적으로 하는 경우와 절대평가를 목적으로 하는 경우(이순묵, 2005)에 대해서 알아보았다. 개인의 점수를 해석하기 위해서 비슷한 또래의 점수와 비교하는 것이 상대평가의 특징이라면, 정의된 영역에서의 기준점수와 비교해서 해석하는 것이 절대평가의 큰 특징이다. 검사 이론에서 상대평가 목적의 검사는 규준참조검사, 절대평가 목적의 검사는 준거(영역)참조검사로 부른다.

1) 규준참조검사

규준참조검사(norm-referenced test)를 설명하기 위하여 민병배, 오현숙, 이주영(2007)이 Cloninger와 동료들(Goth, Cloninger, & Schmeck, 2003)의 성격검사인 기질 및 개성검사(Temperament Character Inventory-Revised and Shortened: TCI-RS)를 한국판으로 번안하여 표준화한 교본을 참조한다. 이 교본에서는 성격 특질(personality traits)을 두 가지로 나누어 이야기하고 있다. 즉, 타고난 기질(temperanent)과 그것을 바탕으로 환경 속에서 형성된 개성(character)이다. 이 성격검사(TCI-RS)의 한국판을 편의상 TCI 한국판검사로 부르기로 한다. 이 검사에 대한 주요 정보는 〈표 2-1〉에 제시되어 있다.

● 표 2-1 TCI 한국판검사 교본에 실린 주요 정보

원본	2005년의 독일판 TCI-RS에 대한 영어판
한국판 표준화 대상 모집단	우리나라 성인
규준집단	일반 성인 집단 2,021명, 대학생 집단 761명
규준자료 수집시기	2006년
번역의 타당도	• 2005년 독일판 TCI-RS(140문항)의 영어판을 가지고 한국판을 표준화하기로 결정 • 영어, 한국어 이중언어 사용자에 의한 우리말 번역 • 1차 예비설문지를 일반 성인 88명과 대학생 12명에게 실시하여 문항분석 • 1차 예비설문지에 대한 문항분석 결과로 9개 문항 수정 기술 • 2차 예비설문지(140문항)를 일반 성인 45명에게 실시하고 문항분석. 모두 최종문항으로 결정 • 최종문항을 또 다른 이중언어 사용자가 영어로 역번역 • 척도의 원저자들에게 보내어 역번역 평가 및 승인 받음.

척도 구성	• 기질의 범주에 자극추구(NS), 위험회피(HA), 사회적 민감성(RD), 인내력(P)의 척도가 있고, 개성의 범주에 자율성(SD), 연대감(C), 자기초월(ST) 척도가 있음. 각 척도에는 3~5개씩의 하위척도가 있음. • 예로서, 자극추구 척도에는 다음의 네 가지 하위척도가 있음. ① 탐색적 흥분, ② 관습적 안정성/충동성, ③ 심사숙고/무절제, ④ 자유분방/질서정연

● 표 2-2   TCI 한국판검사의 자극추구 척도에 대한 규준

척도	남자(n=980)		여자(n=1,041)		전체(n=2,021)	
	M	SD	M	SD	M	SD
자극추구	29.59	9.19	25.84	9.69	27.66	9.63
• 탐색적 흥분/관습적 안정성	10.09	3.17	8.92	3.18	9.48	3.23
• 충동성/심사숙고	7.40	3.16	6.59	3.29	6.99	3.26
• 무절제/절제	6.29	3.19	5.72	3.24	6.00	3.23
• 자유분방/질서정연	5.81	3.21	4.61	3.17	5.19	3.24

주: M=중앙값, SD=표준편차
출처: 민병배, 오현숙, 이주영(2007), p. 37. 저자의 서면 허락하에 게재.

개인추론용 검사의 사용에서 상대평가를 하려면 검사를 적용받는 대상자 집단의 점수분포가 있어야 하고, 개인의 점수를 그 분포에 비추어 상대적 위치를 파악해야 한다. 이때 대상자 모집단의 분포를 규준(norm)이라고 한다. 물론 현실에서는 대상자 모집단을 대표할 만한 표본을 구해 규준을 추정한다. 이때의 표본은 정확히 말하면 규준추정용 집단이지만 통상 규준집단이라고 한다. 이 집단에서 추정된 분포를 검사 사용에 편리하게 표로 나타낸 것을 규준표라고 한다. 성격검사의 규준(정확하게는 '추정된' 규준)의 일부는 〈표 2-2〉, 규준표는 〈표 2-3〉에 제시되어 있다.

〈표 2-2〉의 규준은 기질을 측정하기 위한 4개 척도 중 자극추구 척도와 그 하위척도에 대하여 남/녀, 그리고 전체에서의 평균점수 및 표준편차로 구성되었다. 규준은 점수분포이므로 분포의 특징을 나타내는 평균, 표준편차 그리고 분포의 모양(예: 정규분포, 비대칭분포 등)이 제시되어야 하는데, 검사의 저자들이 분포의 모양에 대해서는 보고하지 않았다. 심리학에서 다루는 많은 개념이 자연 상태에서는 봉우리가 하나이고 대칭이면서 종(bell) 모양의 분포(정규분포 또는 정상분포라고 함)를 따른다는 가정을 암묵적으로 수용하고 있는 것으로 보인다. 〈표 2-2〉의 규준을 참조하는 것이 곧 개인의 점수를 해석하기 위한 절차이므로 규준참조검사라고 한다. 그런데 통계에 익숙한 독자들에게는 이 표의 규준이 분포의 특징을 잘 나타내는 것으로 보이지만, 일반 응용장면에서는 그에 기초하여 보다 사용에 편리한 표, 즉 규준표를 만들어 제공

하게 된다. TCI 한국판검사의 대학생용 규준표의 일부는 〈표 2-3〉에 제시되어 있다. 통상적으로 규준표에는 원점수, 표준점수, 백분위점수(백분위서열이라고도 함) 등이 기재되어 있어, 개인의 점수를 그가 속한 집단 내 다른 사람들의 점수에 비추어 비교할 수 있도록 해 준다.

● 표 2-3 TCI 한국판검사 대학생용 규준표의 일부

원점수	NS	HA	RD	P	SD	C	ST	원점수
88						86		88
87						85		87
86						84		86
85						83		85
84		85				82		84
83		84				81		83
82		83				80		82
81		83				78		81
80	91	82	84	86	83	77		80
79	90	81	83	85	82	76		79
78	89	80	82	84	81	75		78
77	88	79	81	83	80	74		77
76	87	79	80	82	79	73		76
75	86	78	79	81	79	72		75
74	85	77	78	80	78	71		74
73	84	76	77	79	77	70		73
72	83	75	76	78	76	69		72
71	82	75	75	77	75	68		71
70	81	74	74	76	74	67		70
69	80	73	73	75	73	66		69
68	79	72	72	74	72	64	84	68
67	78	71	71	73	71	63	83	67
66	78	71	70	72	70	62	83	66
65	77	70	69	71	69	61	82	65
64	76	69	68	70	69	60	81	64
63	75	68	67	69	68	59	80	63

62	74	67	66	67	67	58	79	62
61	73	67	65	66	66	57	78	61
⋮	⋮	⋮	⋮	⋮	⋮	⋮	⋮	⋮
45								

주: 공란은 점수가 발생하지 않는 구간. 예로서, NS에서 원점수 80이 최고점수. 이때의 T점수는 91점임.
　　NS=적극 추구, HA=위험 회피, RD=사회적 민감성, P=인내력, SD=자율성, C=연대감, ST=자기초월
출처: 민병배, 오현숙, 이주영(2007), p. 100. 저자의 서면 허락하에 게재.

〈표 2-3〉에서 각 척도에 대한 영어 약어는 〈표 2-1〉에 제시되어 있다. 〈표 2-3〉에 기재되어 있는 T점수는 평균이 50이고 표준편차가 10인 표준점수이다. 통상 표준점수라고 하면 평균이 0이고 표준편차가 1인 경우(Z점수)를 많이 언급하지만 음수가 있어서 해석에 불편을 주는 것은 물론 평균이 0점이라고 할 때의 느낌이 오해를 불러올 수 있어서 평균을 50점으로 옮긴 것이다. 또한 보통의 표준점수(Z점수)에서는 소수점이 있을 수 있는데, 그것이 주는 불편함을 없애고자 10을 곱하여 편리하게 한 것이 표준점수로서의 T점수 방식이다. 정규분포에서는 –2 표준편차와 +2 표준편차 사이에 모집단 인구의 대략 95%가 포함된다. 나머지 5%에 포함되는 점수는 극단적인 값으로 볼 수 있다. T점수 역시 정규분포를 가정하고 있으므로 평균점수인 50점으로부터 좌우로 2 표준편차, 즉 20점 밖으로 떨어진 점수는 극단적인 경우라고 볼 수 있다.

〈표 2-3〉을 사용하면 원점수가 45점에서 88점 사이에 있는 개인들에 대한 상대비교가 가능하다. 예로서, 원점수 70을 따라서 오른쪽으로 각 척도의 T점수를 읽을 수가 있다. 자극 추구(NS), 위험 회피(HA), 사회적 민감성(RD), 인내력(P), 자율성(SD), 연대감(C)에서 원점수로 70을 받으면 T점수로는 각각 81점, 74점, 74점, 76점, 74점, 67점을 받게 된다. 이 T점수로 70점을 넘는 경우는 극단적인 경우가 된다. 이런 점수를 받는 사람은 각 척도를 적용하는 대상 모집단에서 극단적인 사람이라고 할 수 있다. 참고로 자기초월(ST) 척도의 원점수는 최고가 68점이고 T점수로는 84점이다.

2) 준거(영역)참조검사

준거참조검사(criterion-referenced test) 또는 영역참조검사(domain-referenced test)의 개념은 규준참조검사에 비해 최근에 도입되고 있는 개념이다. 여기서 준거는 검사가 예측하고자 하는 결과(outcome)를 가리키며 영역은 내용(content) 영역을 가리킨다. 절대평가를 목적으로 하는 이 검사는 개인 간 비교평가를 위한 척도가 아니라, 개인들이 알아야 하는 영역(예: 국어)에서 무엇을 알고 있으며(예: 문법, 어휘), 무엇을 할 수 있는지(예: 쓰기, 말하기)를 평가하기 위한 것

이다. 또는 어떤 심리적 개념(예: 성실성)의 영역(전체 범위)을 재는 잣대에서 개인이 어느 위치에 있는지를 평가하기 위한 검사이다. 규준참조검사에서는 개인을 규준집단에 비교하여 상대적 위치를 평가한다. 반면에, 준거(영역)참조검사에서는 개인이 알고 있거나 행동하는 정도를 해당 영역과 비교하여 영역상의 위치 또는 절대적 위치를 평가한다. 이러한 기능의 검사는 교육학에서 준거참조검사라는 이름으로 먼저 사용되었고 그 후 유사한 용어로서 내용참조검사, 목표참조검사라는 명칭이 등장했으나, 검사 제작 시의 내용 영역을 강조하는 관점에서는 영역참조검사라는 용어가 사용된다(Anastasi & Urbina, 1997, p. 76 참조). 준거(영역)참조검사에서는 많은 경우 개인을 몇 개의 유한한 범주에 분류하거나 등급화 또는 진단을 하게 된다. 그러한 예로서 이순묵, 반재천, 이형초, 최윤경, 이순영(2007)이 개발한 성인용 인터넷중독 척도가 있다. 준거(영역)참조검사에서 범주나 등급의 수효는 통상적으로 2개일 수도 있고 다수일 수도 있다. 합격(1)/불합격(0)의 판정에는 2개의 범주가 사용되고 환자에게 심각함(3)/ 증상 진행 중(2)/건강(1)이라고 할 때는 3개의 범주, 인터넷중독검사에서 건강(1)/자기관리요망(2)/상담요망(3)/치료요망(4)이라는 진단을 내리면 4개의 범주가 사용되는 것이다. 이러한 준거(영역)참조검사에서는 검사를 적용받는 개체들 간의 상대적 비교는 의미가 없고, 영역 내 척도에 비추어 각 개체의 위치를 절대적으로 평가하는 것이 목적이다. 범주를 가르기 위해서 범주 사이에 가름점수, 분할점수 또는 경계선점수를 설정하는데, 모두 기준점수(cut score, standard)와 같은 의미이다. 〈표 2-4〉는 이형초, 최윤경, 이순묵, 반재천, 이순영(2007)이 제시한 성인용 인터넷중독 척도(자기평가용)에서의 4개 범주 및 3개 기준점수를 보여 준다.

● 표 2-4 성인용 인터넷중독 척도(자기평가용)에서의 분류 기준

범주	점수 범위	기준점수	설명
일반사용자군	0~42	–	인터넷을 흥미, 욕구, 목적에 맞게 사용. 사용시간 조절 가능. 인터넷 사용으로 인한 정서, 행동, 직업, 대인관계에 별다른 영향 받지 않음.
자기관리요망군	43~53	43	목적 외의 사용시간 증가. 문제발생 가능성 있으나 현재는 뚜렷한 문제 없음. 인터넷을 사용 못할 경우 궁금, 답답, 시간의 대부분을 인터넷으로 해결하는 경향
전문상담요망군	54~66	54	현실의 대인관계가 현저히 감소. 사이버 세계가 대인관계의 중심. 인터넷 과다사용으로 일상생활에 문제 발생. 인터넷 사용 못하는 상황 회피. 인터넷을 사용 못 하면 불안, 초조, 짜증, 분노, 수면부족, 피로감, 금전적 소비 증가. 인터넷 사용을 축소/은폐 시도. 최소한의 사회생활 은 하지만 사용 이전에 비해 뚜렷한 생활 변화

집중치료요망군	67점 이상	67	인터넷 사용을 조절할 수 없는 상태에 이름. 식음전폐, 씻지도 않음, 며칠씩 외박, 현실과 사이버 세상을 구분 못함. 인터넷을 못하면 심각한 불안, 초조, 짜증, 분노, 폭력적 말과 행동. 가족갈등과 대인관계 문제 빈번. 학교 및 직장에서 퇴출. 인터넷이 생활중심, 가족이나 주변인들 간에 사회적 역할 못함.

출처: 이형초 외(2007), 〈표 1〉에서 요약.

　국내에서 제작된 심리검사에서 점수 산출 및 해석 방식은 주로 규준참조 방식이었고 준거(영역)참조 방식은 예외라고 할 만큼 적었다(예: 김종남, 이홍표, 이순묵, 2011; 이순묵 외, 2007; 이형초 외, 2007). 앞의 〈표 2-3〉에서 제시된 검사 역시 규준에 기초하여 해석하는 규준참조검사이다. 규준참조 방식과 준거(영역)참조 방식의 두 가지 해석방식 중 어느 것을 선택하느냐에 따라 검사 제작방식도 달라질 수 있다. 인터넷 중독을 측정하는 규준참조 방식 검사를 만든다고 하자. 이때 전국의 사용자 가운데 전형적인 표본을 뽑아 규준을 만들고 그에 따라 개인의 인터넷 사용 정도가 규준집단에 비추어 어느 정도에 위치한다는 정보를 제공하는 것이 목적일 수 있다. 한편, 이순묵 등(2007)은 인터넷중독 전문가들이 모여서 관련 영역을 4개의 진단 범주(예: ① 건강, ② 자기관리요망, ③ 상담요망, ④ 치료요망)로 나누고, 각 범주 간 경계가 되는 기준점수를 설정하고, 그 기준에 따라 개인을 어떤 범주라고 진단하는 것이 목적이 될 수도 있다. 전자가 심리검사에서 기존에 널리 정착된 규준참조 방식이라면 후자는 준거(영역)참조 방식이다. 현재 국내에 수백 개의 국가공인 자격이 있고, 각 자격을 검증하기 위한 자격시험 내지 심사제도가 있다. 이들 시험이나 제도에서 일정한 기준점수를 사용해서 응시자나 자격부여 대상자들을 범주화하고 있는데, 이것이 바로 준거(영역)참조검사이다. 따라서 검사를 사용하면서 기준점수를 참조하는 방식이 심리학 밖의 영역에서는 이미 수많은 경우에 정착되어 있음을 알 수 있다.

　규준참조검사와 준거(영역)참조검사가 명확하게 분리되는 것은 아님을 언급하고자 한다. 당연히 두 검사 방식을 복합해서 검사가 사용되는 경우도 많이 있다. 예를 들어, 어떤 기능 자격시험의 경우 검사 문항을 중심으로 해서 '이 정도는 알아야 자격이 있다고 본다.'는 의미에서 높은 기준점수를 설정하였는데 합격자가 너무 적었다고 하자. 그러면 그 자격증 소지자의 공급에 문제가 생기고 다음 연도의 시험에서는 '상위 몇 퍼센트가 합격하되 합격 점수는 최소한 85점 이상으로 한다.'는 어려운 주문이 나올 수가 있다. 이 주문에는 상위 몇 퍼센트라는 상대평가의 기능도 있고, 합격을 위한 최소 수준이라는 절대평가의 기능도 있다. 일종의 복합적 검사 시스템인 것이다(예: 이순묵 외, 2001). 1970년대 이후로 규준참조검사와 준거(영역)참조검사 중 어느 것이 나은지에 대한 논쟁이 있어 왔지만, 두 종류의 검사 모두가 수검자에 대한 중요한 정보를 제공한다. 따라서 이 두 방식 각각의 장단점을 알고, 상황에 맞게 선택하거나 복합적으로 사용해야 할 것이다.

4. 검사의 표준, 표준화 검사

검사는 어떤 목적을 위해 특정 집단에게 사용된다. 그 검사의 사용이 원래의 목적에 맞는 정도를 타당도라고 한다. 그런데 검사 가운데 전천후적으로 타당한 검사는 없다. 하나의 검사가 모든 목적에 맞을 수 없으며, 모든 집단에게 적절하게 사용될 수 있는 검사도 없기 때문이다. 검사의 타당도를 확보하기 위해서는 검사의 관행에 일정한 표준을 정한다. 검사의 표준은 검사의 관행, 즉 제작, 실시, 채점, 해석 등 검사와 관련된 전 과정에 걸쳐서 지켜야 할 필요사항이다. 따라서 표준은 타당한 검사가 되기 위한 조건이다. 표준에 따라 제작되고 사용될 때 '표준화 검사'라고 할 수 있다.

1) 검사의 표준

검사가 학문 분야인 동시에 하나의 산업으로 자리 잡고 있는 미국에서 심리검사 표준서는 1954년 이래 무려 7차례(1954, 1955, 1966, 1974, 1985, 1999, 2014)나 거듭 개정되어 왔다. 한국심리학회에서는 미국의 1985년판 표준서를 참조하여 1998년에 『심리검사 제작 및 사용 지침서』를 출판하였는데, 앞으로 이론과 실제에서의 변화를 반영하여 엄격한 심의/인정 기준으로 발전할 것이 기대된다. 이 장에 나오는 심리검사 표준서(AERA, APA, & NCME, 2014)는 보다 엄격한 기준으로 정착한 미국의 표준서를 가리킨다. 표준서가 개정됨에 따라서 표준도 변화를 거쳐 왔다.

그런데 표준은 타당도를 확보하기 위한 것이므로, 표준서의 변화에는 타당도 개념의 변화가 중요한 이유가 된다. 그러면 타당도의 정의가 1985년, 1999년 그리고 2014년의 표준서에서 어떻게 변화되었는지 살펴보기로 한다.

- 1985년: 타당도는 "검사 점수에서 도출된 특정 추론의 적절함, 의미 있음, 그리고 유용함"으로 정의되어(AERA, APA, & NCME, 1985, p. 9), 검사 점수가 해석을 위해 올바른 정도를 나타내는 것으로 개념화되었음.
- 1999년: 타당도는 "검사의 사용 제안(proposal)에 수반하는 특정의 점수 해석에 대해서 축적된 증거와 이론이 지지하는 정도"로 정의되어(AERA, APA, & NCME, 1999, p. 9), 검사의 사

용을 제안하는 취지에 비추어 평가할 때 점수해석이 지지되는 정도로 개념화되었음. 제안
된 취지에 비추어 검사의 사용을 평가한다는 것은 표준서의 이전 판들에서 점수에 대한 올
바른 해석을 '개발'하는 것이 중심이 된 추세에서 그러한 점수 해석에 대하여 어느 정도 객
관적 평가를 통해서 타당도가 확보된다는 추세로 현저하게 바뀐 것을 의미함. 평가를 통
해서 그 해석이 타당한지에 대한 찬성과 반대가 분명해지는 과정을 "건전한 타당도 논변
(argument)"이라고 하였음(AERA et al., 1999, p. 9).

- 2014년: 타당도의 정의가 1999년 판과 동일하지만, 검사의 타당도를 확보하는 과정인 타
  당화에 대하여 '타당도 논변'에 기초한다는 관점을 보다 강화하였음.

1985년까지만 해도 검사 점수에 대하여 적절하고 의미 있고 유용한 해석이 제공되는 정도를
중심으로 타당도가 논의되었으나, 1999년 표준서에서 타당도의 정의는 올바른 점수 해석을 넘
어서 '검사의 사용이 제안된 취지'가 중심이 된다. 점수에 기초한 추론은 점수에 따라 정확하게
개인들의 서열을 매기거나 내용 영역에서의 숙달도에 대한 등급을 판정하는 것이다. 검사의
사용에 대한 취지가 지지되는가는 점수 해석에 대한 평가를 통해서 알 수 있다. 예로서, 사법
시험을 통해서 개인의 역량이 차별화되어 상위 몇 %의 지원자를 합격시키는 것(점수 해석)으로
했을 때, 과연 그들이 투명하고 공정하게 법조인의 역할을 하는지에 대한 평가가 긍정적으로
나와야 법조인 선발에 현행 시험이 사용되는 취지가 지지된다. 산업장면에서 입사시험 결과로
상위의 지원자들을 합격시키는 것(점수 해석)으로 한다면 합격자들이 입사 후 사원으로서의 수
행을 잘할 때 입사시험 사용의 취지가 성취된다.

그런데 점수 해석의 타당도에 대한 논변은 해당 검사의 타당도에 대하여 다양한 각도에서
의문이 제기되고, 그에 대한 수용 또는 반론이 이루어지고 있다. Cronbach(1988)가 제시한 다
섯 가지 각도 또는 관점 가운데 네 가지를 소개한다(마지막인 경제적 관점은 생략).

(1) 실무적 관점

검사의 제작과정에서 우선적 절차는 측정되는 개념에 대하여 측정의 작업이 가능한 실무적
정의(operational definition)를 제시하는 것이다. 그 정의의 내용은 검사 응답자가 수행하는 행
동 영역(behavior domain)을 구체적으로 표현한 것이다. 대부분의 검사 개발에서 검사의 실무
에 문제가 없도록 문항이 만들어지고, 실시되며, 채점 및 해석이 되도록 노력한다. 검사 실무에
서는 그렇게 구체화된 내용이나 형식에 맞추어 행동의 표본이 수집되면 그 검사(절차)가 타당
하다고 할 수 있다.

실무적 정의에서의 내용 결핍은 검사에서 측정하고자 하는 것이 올바르게 측정되지 않아,
검사 점수가 진실(truth)과 괴리된다는 지적을 받게 되고 검사의 타당도가 위협받는다. 실무적

관점(operationist perspective)에서는 이런 경우가 발생하지 않도록 노력한다. 그러나 실무적 정의가 과도할 경우 검사 점수는 무관한 내용 때문에 그 가치(worth)가 제한된다.

(2) 기능적 관점

실무적 관점에서는 검사 점수가 진실과 괴리되지 않는 정도를 타당도의 중심 개념으로 본다면, 기능적 관점(functional perspective)에서는 검사 점수의 가치를 중심으로 타당도를 판단한다. 여기서 가치는 검사에 대해서 제안된 사용이 잘 이루어지는 정도 또는 사용의 목적을 달성하는 정도를 가리킨다. 물론 가치 개념은 진실 개념보다 넓은 개념이다.

아동의 지능검사 점수를 아동에게 정확히 알려 주는 검사 관행은 그들의 발전과 사회의 분위기에 부적 효과를 가져오므로 기능적 관점에서 타당하지 않다. 검사는 학생의 발전과 사회의 개선에 기여해야 하기 때문이다. 그래서 검사가 개인이나 집단에게 실시되었을 때 그 결과에 부적 효과 없는 정도까지 고려되어야 온전한 타당도의 개념이 될 수 있다(Messick, 1988). 시험에서 점수가 높아 선발된 관리나 근무자가 근무과정에서 조직이나 회사에 부적 결과를 가져오는 행동을 자주 보인다면 그 검사는 기능적 관점에서 타당도가 낮은 것이다.

(3) 정치적 관점

정치적 관점(political perspective)은 진실이나 가치보다는 정치적·법적 과정에서의 공정성을 중심으로 타당도를 판단한다. 정치적 관점에서는 이해관계자들의 신념이 일치하는 것을 추구하기보다는 검사 결과가 각 이해집단에게 어떻게 영향을 미치는가에 대한 민감성을 검토한다. 미국의 경우 채용장면의 인지능력검사에서 흑인이 백인에 비해 불리한 점수를 받는 것을 감안하는 긍정적 조치(affirmative action)를 통해 정치적 관점에서 타당도 있는 채용검사가 이루어지도록 노력하였다.

채용장면에서 고용주가 관심을 두는 준거(예: 업무 수행)에서 높은 점수를 받는 사람에게만 중점을 둔다면(현재 국내 실정) 어떤 유형의 지원자들이 그 검사에서 낮은 점수를 받게 될 것인지에 대해서는 간과하게 되고 검사 후에 파악되는 준거(예: 집단 간 또는 집단 내 합격률) 측면에서 그 검사는 불공정하므로 정치적 관점에서 타당도가 낮게 된다.

(4) 설명적 관점

설명적 관점(explanatory perspective)에서 설명은 검사가 측정하고자 하는 이론적 개념을 설명하는 것을 말한다. 그 설명을 위해 '충분한' 근거 자료가 수집되면 타당도 있는 검사라고 한다. 그런데 충분한 설명을 정의하는 두 가지 접근으로서 소극적 접근(weak program)과 적극적 접근(strong program)이 있다(Cronbach, 1988). 소극적 접근은 표준서의 3판까지에서 지배적인 접근이라면, 4판(1974)부터는 적극적 접근을 택하여 검사의 타당도를 확보할 것을 권하고 있다. 소극적 접근은 검사 점수를 다른 변수들과 상관짓고, 가급적 다양한 탐색(예: 탐색적 요인분석, 사례연구 등)을 통해 점수 해석에 도움이 되는 설명을 제공하는 것을 말한다. 검사 점수 간의 관계에 대한 특별한 가설이 없이 상관계수나 검사 관련 정보가 많을수록 좋다는 입장이다. 그러나 적극적 접근은 검사에서 측정하고자 하는 개념이 가지는 이론적 관계를 가급적 명시적으로 제시하고, 그에 도전하는 주장이 가능한지 진지하게 탐색하는 것이다. 즉, 검사 점수와 관련하여 예측되는 관계를 가설화하고 요인분석, 구조방정식 모형, 실험분석 등을 사용해서 그 가설이 지지되는지 또는 기각되는지를 파악한다.

'타당도 논변'에서 이야기하는 타당도는 점수 해석의 타당도이므로 점수에 기초한 진술이 제시되면서 그에 대한 찬반의 논변이 시작된다. 그 논변은 소극적 접근보다는 적극적 접근에서 더욱 치열하다.

2) 표준서에서 요구되는 검사의 표준

1985년의 표준서를 보면, 검사의 표준은 핵심(primary) 표준과 권고(secondary) 표준으로 나뉘었으나, 1999년에는 권고 표준의 존재가 중요하지 않은 것으로 오도되는 것을 방지하기 위하여 각 표준이 적용되는 조건이나 상황을 명시하였다. 따라서 핵심과 권고의 구분 없이 해당 조건에서는 모든 표준이 같은 정도로 중요한 것으로 제시되었다. 1999년 표준서에서 또 하나의 특징은 기술적 표준이 확장되어 과거의 실시 절차 표준들을 모두 포함하게 된 것이다. 그리고 과거의 사용 전문성 표준이 수검자에 대한 공정성 표준과 사용자에 대한 사용상 표준으로 분화되었다. 1999년 표준서에서의 추세는 2014년 표준서에서도 지속되었고, 공정성에 대한 강조를 대폭 증강하여 이전 판에서는 2부에서 다루었던 것을 1부(기초 이론)로 옮겨 타당도 이론과 신뢰도 이론에 이어서 다루고 있다. 공정성 표준은 미국 사회의 차별문제에 대한 민감도를 반영하고 있다. 물론 우리 사회에도 500개 이상의 국가공인 자격이 있고, 그러한 자격을 평가하는 시험(검사)이나 고용장면 또는 일반 사회장면에서 차별이나 인권 문제를 배제할 수 없다. 따라서 앞으로 우리의 검사 관행 역시 표준에 비추어 검토 및 비평을 받아야 할 것이다. 즉, 검사의 관행은 검사의 표준들을 충족시켜야 한다. 표준화 검사 역시 이러한 표준에 준해서 제작되고 사용되는 검사를 가리킨다. 따라서 표준화 검사의 질적 수준을 확보하기 위해서는 검사 관련 교본에 〈표 2-5〉에서와 같은 항목들의 제시가 있어야 한다(AERA, APA, & NCME, 2014, 7장). 이하에서 인용되는 표준은 모두 2014년 표준서의 표준들이다.

● 표 2-5 　표준화 검사에 제시되어야 하는 항목

---

1. 검사의 성격, 구성개념 및 검사규모
    검사의 성격: 사용목적과 해석
    검사 대상 모집단
    차원 및 문항 수

2. 타당화에서 사용된 표본과 장면
    표본 크기
    표집 방식

3. 검사의 타당도와 측정의 신뢰도
    문항수준에서의 정보
    신뢰도와 측정의 오차
    타당도

4. 공정성

5. 규준, 기준점수, 변환점수
    규준수효, 기준점수의 수효
    규준제작 또는 기준점수 설정 연도
    규준 제작 또는 기준점수 설정 후 경과기간
    변환점수 산출의 논리
    복수의 양식일 경우 검사동등화의 질차

6. 실시 및 채점 절차, 보고, 해석

7. 검사의 실시 및 해석을 하는 사람의 자격 명시

8. 검사의 과학적 기초 및 논리를 지지하는 내용 및 증거

출처: AERA, APA, & NCME(2014).

(1) 검사의 성격, 구성개념 및 규모

검사 점수는 어떤 집단을 대상으로 어떻게 해석 및 사용되는지와 어떤 구성개념(construct)이 평가되는지를 분명히 하여야 한다(표준1.1). 여기서 구성개념은 검사를 사용해서 측정하고자 하는 심리적 개념이나 특성을 가리킨다. 이것은 물리적으로 검증이 가능한 성질에 대비한 개념이다. 창 유리가 약한지는 돌을 던져 보면 알고, 찬물이 차가운지는 손을 넣어 보면 안다. 그러나 사랑이란 개념은 물리적으로 만져 볼 수 없다. 사랑이란 구성개념은 인류가 오랜 세월 의사소통하는 가운데 공통의 의미가 점차로 누적되고 구성되어 오늘날과 같이 정의된, 즉 구성된 개념이다. 동기, 증오, 느낌, 감정 등 인간의 사고와 행동을 나타내는 개념들은 물리적 개념이 아닌 구성개념이다. 이 구성개념을 대상집단(population)에서 측정한 결과의 점수에 대한 해석 및 사용을 어떻게 하는가는 검사의 성격을 분명히 해 준다.

그런데 해당 구성개념에 대한 평가를 제공하기 위해서 검사는 적절한 규모를 갖춰야 한다.

규모는 시간적·공간적·내용적으로 정의되는데 문항/항목의 수효, 걸리는 시간, 사용된 지면이나 공간, 내용적 복잡도 등을 의미한다. 목적이 다양하고 전 국민을 대상으로 할수록 검사의 규모는 커진다. 즉, 다양한 차원과 많은 문항을 필요로 하게 된다. 목적이 단순하고 국지적 인구집단을 대상으로 할수록 소수의 차원과 적은 수의 문항으로 가능할 것이다.

(2) 타당화에 사용된 표본과 장면

검사 결과를 적용하고자 하는 대상 모집단이 정의되고(예: 성인용 성격검사에서 성인) 모집단 내에서 질적으로 다를 것으로 예상되는 하위집단이 구분되면(예: 성인용 성격검사에서 일반 성인, 대학생), 각 하위집단별로 규준이나 기준점수를 설정한다. 그러기 위해서는 표본이 필요한데, 표본의 크기 설정을 위해서는 표집 이론(sampling theory)이라는 통계 이론과 주어진 검사 문항으로부터 구성개념을 도출하기 위한 심리측정 이론이 필요하다. 우선 통계 이론에 의하면 모집단에 있는 하나의 값(예: 평균, 비율)을 추정하기 위해 표본을 사용할 때 추정치가 가지는 오차를 감소시키는 것이 중요한데, 1,000명이 넘으면 추정의 오차가 충분히 작아져서 굳이 그 이상의 표본을 구하지 않아도 된다. Alreck과 Settle(1985)은 대상 모집단의 크기 1/10과 1,000 가운데 작은 숫자를 표본 크기로 할 것을 권한다. 만일에 모집단 크기가 대략 3,000명이면 300 명 크기의 표본을 구할 것을 의미한다.

물론 모집단의 크기가 작은 경우가 있을 수 있다. 예를 들어, 인구집단 가운데 특수한 집단의 경우(예: 유아, 장애인, 환자), 모집단 크기도 작고 충분한 표본을 구하기가 매우 어려운 것도 현실이다. 그러나 일반적인 경우, 즉 모집단이 충분히 큰 경우에 규준 제작이나 기준점수 설정을 위한 표본에서 그 크기가 몇 십 명 내지 100~200명 정도밖에 안 되면 미흡하다고 할 수 있다. 심리측정 이론의 관점에서 볼 때는 규준이나 기준점수를 설정하는 과정에서 상관분석, 회귀분석, 요인분석 등의 자료 처리를 통해서 하나의 구성개념을 측정하는 척도 내 문항들의 양호도(품질) 내지 문항들 간에 기대되는 관계가 지지되는지를 검토해야 한다. 그러한 심리측정적인 작업을 위해서는 적절한 크기의 표본이 필요하다. 특히 검사가 다수의 구성개념을 측정하고자 할 때를 보자. 이때 각 구성개념이 자체로서 수렴하면서 서로 간에 변별되는지 확인하기 위한 절차인 요인분석에서 문항 수에 대한 표본의 배수는 최소한 5배(Gorsuch, 1974) 내지 10배(Nunnally, 1978)는 되어야 한다. Guilford(1954)는 집단이 아무리 작아도 200명은 넘어야 무리 없는 요인분석이 가능하다고 주장하였다. 표본 크기를 설정할 때는 이렇게 심리측정적인 측면도 고려해야 한다.

표준화 검사에서 표본에 대한 정보에는 어떤 장면에서 표집이 되었는가도 포함되어야 한다 (표준 7.5). 장면에는 학교장면, 실생활 장면, 고용장면, 업종에 따라 정의되는 장면, 병원장면 등 다양한 장면이 있는데, 통상 인구통계 정보, 직업상 위치, 학년 등의 세부 정보의 형태로 보고되어야 한다.

다음으로는 표집 방식이 고려되어야 하는데, 이것은 심리검사 제작 시에 개발자들이 가장 소홀히 하는 측면이기도 하다. 검사 결과를 적용하고자 하는 모집단은 검사 결과를 일반화하려는 전체 대상집단이다. 따라서 검사 제작 시의 규준이나 기준점수 설정을 위한 대상 모집단이 결정되면 가급적 그 집단을 대표할 수 있는 전형적 표본을 구해야 한다. 여건이 좋으면 모집단 내 구성원들이 표본에 포함될 확률이 알려져 있는 확률표집(random sampling)이 가능하겠으나, 현실적으로는 그렇지 못한 비확률표집(non-random sampling)을 많이 사용하고 있다. 확률표집의 예로는 난수표(random number table)를 사용해서 모집단 내 어떤 개인도 표본에 포함될 확률을 동일하게 하는 단순확률표집(simple random sampling)이 있고, 모집단 내 복수의 하위집단(예: 남/여)이 있을 때 각 하위집단별 인구비례(예: 4 대 6), 표본 크기(예: 400명, 600명)를 정하고 그 안에서 단순확률 표집을 하는 층화표집(stratified sampling)이 있다. 비확률 표집의 예로는 어떤 사람이건 편하게 눈에 띄는 사람을 표본에 포함시키는 편의표집(convenience sampling)이 있고, 연구자가 판단할 때 자신이 가지고 있는 특정의 연구목적을 위해서 가장 중요하거나 적합하다고 생각되는 사람들을 의도적으로 찾아서 표본에 포함하는 목적표집(purpose sampling)이 있다. 검사 개발 시 연구자는 확률표집과 비확률표집이 가져오는 비용과 효과성을 감안하여 최적의 표집 방식을 택해야 할 것이다.

(3) 타당도와 신뢰도

검사 제작 및 평가에서 가장 중요한 이론은 타당도와 신뢰도에 대한 것이다. 신뢰도는 측정 결과로 얻은 점수의 반복 가능성을 중심으로 한 개념이고, 타당도는 점수의 해석에 관련된 양호도이다. 신뢰도는 검사의 사용방식이 규준참조 방식인지 준거(영역)참조 방식인지에 따라서 구체적 개념이 많이 다르다. 타당도는 개념은 하나인데 그것을 보이기 위한 증거는 다양하게 정의되므로 새로운 절에서 자세히 설명하기로 한다.

(4) 검사의 공정성

검사의 공정성(fairness in testing)은 실무적 관점에서의 타당도에서 중요한 위치를 차지하는 개념인데 크게 두 가지로 볼 수 있다. 첫째는 측정의 공정성이고, 둘째는 응답자에 대한 처우의 공정성이다(AERA et al., 2014). 측정의 공정성은 검사의 특성 가운데 측정되는 구성개념과 무관한 부분이 응답자 집단별로 상이한 의미를 가지고 기능하게 되는 것을 의미한다. 즉, 그 무관한 부분 때문에 검사 결과가 집단에 따라 다르게 나오면 측정에서의 편향(bias) 또는 차별적 기능(differential functioning)이라고 한다. 이런 경우는 문항 또는 검사 차원에서 발견되기도 한다. 즉, 문항차별기능(Differential Item Functioning: DIF)은 문항 점수 수준에서 집단별로 달리 기능하는 것이고, 검사차별기능(Differential Test Functioning: DTF)은 검사 점수 수준에서 집단별로 차별적 기능이 있는 것이다. 미국의 경우 성별집단이나 인종집단별로 차별적 기능을 하는 경우가 문제가 된다. 국내에서는 주로 성별집단 간 차별적 기능이 없는 문항으로 구성된 검사를 제작하기 위해 노력하거나(예: 김교헌, 권선중, 김세진, 이순묵, 2011; 이순묵 외, 2001), 이미 제작된 자료에서 남녀 간에 측정동등성(동일성) 검증을 통해 문항들이 집단 간에 차별적 기능을 하는지를 검토하고 있다(예: 김아영, 차정은, 권선중, 이순묵, 2011; 이순묵 외, 2012; 이순묵, 이찬순, 이현정, 여성칠, 2012).

응답자에 대한 처우의 동등성은 검사 실시과정에서 응답자들이 측정 대상인 구성개념의 척도에서 자신들의 수준이 어디에 있는지를 보여 줄 수 있는 기회를 최대한 보장하자는 개념이다(AERA et al., 2014). 전통적으로는 검사 문항, 실시 조건, 채점 절차에서의 표준화가 그러한 목적에 부응하는 노력이었다. 정보기술이 비약적으로 발전한 오늘날에는 그러한 기술에 익숙한 정도가 응답자들 간에 유사하며, 응답자들에게 제공된 컴퓨터나 전자적 도구들이 비슷한 수준의 성능일 것이 요구된다. 또한 검사의 표준화된 실시 절차는 검사개발자에 의해서 문서화되고 준수되어야 한다.

(5) 규준, 기준점수, 변환점수, 검사의 동등화

검사를 적용하는 대상 모집단이 정의되면 모집단(예: 고등학생) 내에서도 점수분포가 다를 것으로 예상되는 하위집단(예: 남/여, 1/2/3학년)별로 규준이나 기준점수가 달리 설정되어야 한다. 또한 검사의 사용자가 볼 때 얼마나 오래전에 또는 최근에 규준이나 기준점수가 설정되었는지를 알 수 있어야 한다. 미국의 검사기업들에서는 제작 후 5~10년 사이에 규준을 검토하고, 필요한 경우 규준을 개정한다. 시간이 지나면 인지능력검사의 경우 문제가 쉬워지고, 성격검사의 경우 구성개념이나 문항에 대한 수검자의 이해가 변화할 수 있기 때문이다. 기준점수에서도 사회적 요구가 달라지거나 어떤 역량을 측정하는 기술에서의 변화가 있으면 다시 설정해야 하는 경우가 생길 것이다. 그래서 상대평가용 규준을 작성하기 위한 자료 수집 날짜를 명시해야 한다(표준5.9, 표준7.2). 또한 절대평가용 기준점수가 설정될 경우, 그 절차가 상세하게 제시되어야 한다(표준5.21). 규준과 기준점수에 대한 자세한 내용은 새로운 절에서 제시할 것이다.

모든 규준표에는 일차적으로 원점수가 기재되고 그것의 해석을 돕기 위한 비교 정보를 가지고 있는 변환점수(transformed score, scaled score)가 기재된다. 변환점수는 원점수가 가지고 있는 개인에 대한 정보를 유지하면서, 규준집단 내의 상대적 위치를 쉽게 파악할 수 있는 비교 정보가 포함되도록 원점수에 일정한 변환을 하여 얻은 점수이다. 변환은 원점수의 점수분포, 즉 규준에 개인 간 상대비교를 위한 정보를 포함시키는 작업인데, 여기에는 다양한 방식이 있다. 따라서 여러 가지 변환점수(예: 백분위점수, 표준점수, T점수, 편차점수 IQ, 나이점수, 학년점수)는 규준의 다양한 형태를 나타낸다(Anastasi & Urbina, 1997).

원점수의 변환을 필요로 하는 특수한 예로서 검사의 동등화를 이야기할 수 있다. 예를 들어, 하나의 동일한 구성개념을 측정하는 데 복수의 검사형 또는 검사 양식(form)이 있다면, 각 양식에서 산출된 점수 간에 동등한 의미를 가지는 점수의 짝을 찾아내는 것이 중요한 과제이다. 이런 문제를 다루기 위한 통계 절차를 검사의 동등화라고 한다. 교본에는 검사 양식 간 점수동등성을 확보하는 방법에 대한 기술적 정보가 제시되어야 한다(표준5.13).

예로서, 입사 시의 적성검사에서 작년과 올해 사이에 같은 문제를 쓸 수는 없으므로 매년 상이한 양식이 만들어지는데, 연도는 달라도 양식 간에는 동등화가 되어야 각 연도의 지원자들이 얻은 점수를 동일한 구성개념(여기서는 '적성')에 기초한 것으로 취급할 수 있다. 미국의 경우 대입수능시험인 SAT(Scholastic Aptitude Test), 대학원 입학자격시험인 GRE(Graduate Record Examination), 외국인을 위한 영어능력시험인 TOEFL(Test of English as a Foreign Language)에서 매회 다른 양식을 실시하고 있는데, 측정되는 구성개념, 형식, 난이도 등은 유사하되 문항들은 전혀 다르다. 공정성과 보안 유지를 위해서 양식을 매회 바꾸는 것이다. 그런데 지원자 가운데 각기 다른 기간에 TOEFL 시험을 본 두 사람의 원점수가 서로 다를 수 있어도 자기 집단의 점수 자료에 기초하여 변환점수로서 각기 90점이 나왔다면, 두 사람의 원점수가 같은 수준의 영어 실력을 의미한다고 해석한다. 이러한 해석의 기저에는 측정되는 구성개념의 관점에서 어떤 수준에 있는 한 사람이 두 개의 양식에서 각기 어떤 점수를 받게 될지에 대한 확인이 가능하다는 가정이 들어 있다. 이러한 가정이 올바른 가정이 되도록 하는 과정이 '검사의 동등화'이다 (Holland & Rubin, 1982).

(6) 실시 및 채점 절차의 구체화

검사의 실시 및 채점 절차의 구체화는 검사 사용의 일관성을 위해서 매우 중요하다. 개발자는 검사 교본에 실시 및 채점의 표준화된 절차를 제시하고, 실시자는 그것을 따라야 한다(표준 6.1 참조). 예로서, 검사 시작 전에 수검자에게 하는 지시사항, 검사시간, 문항에 대한 응답자의 반응 양식, 검사 대상에 따른 양식 및 장비/도구, 채점의 요강 등이 명시되어야 하고 검사 때마다 동일한 절차가 사용되어야 규준이나 기준점수의 활용이 가능하고, 개인에게 제시하는 변환 점수의 산출이 가능하다. 검사를 실시할 때 산만하지 않고 쾌적한 곳에서 하며, 부정행위가 발생하지 않도록 하고, 검사지나 답안지에 대해 필요한 보안을 유지하며, 검사 실시 중에 표준화된 절차의 변경 또는 어려움이 발생하면 반드시 기록하여 추후에 그 검사장에서 산출된 점수들이 적절히 검토될 수 있도록 해야 한다.

(7) 검사의 실시 및 해석을 하는 사람의 자격 명시

검사에 따라서는 실시 및 해석을 위해 상이한 수준의 전문성과 훈련을 필요로 한다. 따라서 검사 교본에는 사용자나 해석자의 자격이 명시되어야 한다. 다시 말해, 검사를 실시하고 점수를 정확하게 해석하는 데 필요한 자격이 명문화되어야 한다(표준7.7). TCI 한국판검사(민병배 외, 2007)에서는 검사의 구입, 실시 및 해석을 위한 자격으로, 첫째, 한국심리학회의 공인 임상심리 전문가, 상담심리 전문가, 발달심리 전문가 또는 정신과 전문의일 것을 명시하고 있다. 둘째, 정신건강 서비스 관련학과 대학원 재학생 이상, 정신건강 서비스 관련 각종 자격증 소지자, 초·중·고등학교 상담교사 또는 정신과 전공의로서 소정의 교육과정을 이수한 자로 하고 있다. 즉, 첫째 조건에 미달하는 사용자 가운데, 둘째 조건에 해당되어도 소정의 교육과정을 이수하는 것이 필수조건이다.

(8) 검사의 과학적 기초 및 논리를 지지하는 내용 및 증거

검사 관련 문서(예: 사용자 교본, 연구자 교본, 검사 자료, 보조자료)에는 검사의 일반적 사용 및 특정의 사용에 관하여 수행된 연구가 있으면 그중 대표적인 것을 인용해야 하며(표7.3), 검사의 출판자가 가지고 있는 "출판되지 않은 연구"에 대해서 검사 사용자나 연구자가 요청할 시 그러한 "연구의 요약물을 제공"할 수 있어야 한다(AERA, APA, & NCME, 2014, p. 126.). 이러한 표준은 검사의 과학적 기초 및 논리가 지지되고 있는지에 대해서 사용자나 연구자가 판단할 수 있도록 해 줄 것이다. TCI 한국판검사(민병배 외, 2007)에서는 검사의 과학적 기초로서 원본 검사의 저자인 Goth, Cloninger와 Schmeck의 심리생물학적 인성모형을 제시하고 있다.

3) 표준화 검사

Wolman(1989)의 『행동과학 사전(Dictionary of Behavioral Science)』에 제시된 '표준화 검사'의 정의는 다음과 같다.

> 경험적으로 제작되었고, 실시 및 사용을 위한 분명한 지침이 있으며, 적절한 규준 및 신뢰도와 타당도의 자료가 제시되는 검사(p. 342)

이 정의는 1985년 표준서에 준한 것으로서 1999년판 이후부터 뚜렷하게 언급되고 있는 점수 해석의 타당도 및 준거참조검사에 대한 내용이 누락되어 있다. 따라서 이후의 발전을 반영하는 다음 두 가지를 추가할 수 있다. 첫째는 '실시 및 사용을 위한 분명한 지침'을 '실시, 사용 및 해석을 위한 분명한 지침'으로 바꾸어야 한다. 둘째는 '적절한 규준'을 '적절한 규준 및 기준점수'로 바꿀 수 있을 것이다. 검사의 사용목적이 크게는 규준참조 평가와 준거(영역)참조 평가라고 할 수 있으므로 표준화의 정의 역시 그러한 목적에 맞는 폭을 가져야 할 것이다. 이전부터 익숙하게 다루어 온 규준참조검사에서는 규준 설정 또는 제작이 표준화를 위한 중요한 절차였다면, 준거(영역)참조검사에서는 기준점수 설정이 표준화를 위한 중요한 절차이다. 검사 제작 후 개발자는 최소한 두 가지 이상의 교본(예: 연구자 교본과 사용자 교본)을 통해 자신이 준수한 표준화의 절차와 결과 그리고 사용자를 위한 안내를 제공한다. 앞서 제시한 Wolman의 표준화 검사 정의에서 '경험적 제작' 그리고 '신뢰도와 타당도'의 내용이 연구자 교본에 포함되고, '실시, 사용 및 해석을 위한 지침' 그리고 '적절한 규준'의 내용은 사용자 교본에 포함된다. 간단한 검사일 경우 두 가지 교본이 하나로 제시될 수 있고, 복잡한 검사일 경우 연구자들에게 제공하는 기술적 내용이 매우 정교하여 교본을 넘어 몇 권의 연구 보고서로 제시될 수 있다.

개인 간의 점수가 비교 가능하기 위해서는 검사의 개발과정이 기술적으로 정교해야 함은 물론 검사 실시와 채점의 조건이 모두에게 동일하도록 통제되어야 할 것이다. 수검자에 대한 지시사항, 시간, 채점 및 해석 절차를 포괄적으로 정의하는 것을 넘어서, 실시자의 말하는 속도, 억양, 얼굴 표정, 수검자의 질문을 어떻게 다루는가, 검사의 제반 장면에 대한 대처 등이 일관성 있게 이루어져야 한다.

채점 결과로 얻은 점수의 해석을 위해서 규준이나 기준점수가 필요한데, 이들을 확보·설정하기 위해서는 검사 결과를 일반화하고자 하는 대상 모집단으로부터 대표적이고 충분히 큰 표본을 구해서 검사를 실시해야 한다. 이때의 표본을 표준화 집단이라고 한다. 이것은 규준참조 검사에서는 규준집단이 되고 준거(영역)참조검사에서는 전문가들이 설정한 기준점수가 적절한지의 검증을 제공하는 기준점수 타당화 집단이 된다.

5. 규준

1) 규준 및 규준표

어떤 검사를 적용하고자 하는 대상 모집단에서 얻은 정상적이고 전형적인 수행 결과를 검사의 규준(norm)이라 한다(Anastasi & Urbina, 1997). 이 결과는 점수집단이므로 하나의 분포를 이루며 어떤 식으로든 요약을 필요로 한다. 따라서 규준은 규준집단 점수의 분포 또는 그에 대한 요약이나 표가 되는데, 가장 간단한 요약은 평균과 표준편차를 제시하는 것이다. 표로 나타내면 규준표가 된다. 여기에는 원점수는 물론 백분위점수, 표준점수와 같은 변환점수를 제시하는 것이 일반적이다.

규준표에 포함되는 변환점수 가운데 백분위점수를 보자. 검사에서 얻은 원점수들을 100개의 구간으로 나누면 각각의 눈금은 1 백분위 서열, 2 백분위 서열, …… 99 백분위 서열로 해석된다. 따라서 80 백분위 서열에 있는 사람은 자기 점수 위로 20%, 아래로 80%가 있는 것이다. 규준표에 포함되는 또 하나의 변환점수인 표준점수는 백분위점수보다 복잡한 개념이므로 다음 절에서 설명한다.

검사가 사용될 목적에 따라서 적용 대상인 모집단이 달리 정의된다. 모집단이 달라지면 거기서 추출되어야 할 전형적인 표본 집단인 규준집단 및 기준점수 타당화 집단도 달라진다. 예로서, 규준참조검사를 다양한 상황에서 사용하고자 하면 상황에 관련된 집단들에 각각 별도의 규준이 작성되어야 한다. 지능검사라면 보통은 남녀 및 연령에 따른 규준을 작성하게 된다.

2) 변환점수

수검자의 원점수로는 해석을 위한 정보가 풍부하지 않다. 규준참조검사에서는 점수의 해석을 위해서 보다 풍부한 정보를 포함시킬 목적으로 원점수를 변환해서 얻는 점수를 변환점수(transformed score, scaled score)라고 한다. 백분위점수나 표준점수는 모두가 일종의 변환점수이다. 따라서 변환점수의 산출은 수검자 간 상대비교를 보다 쉽게 할 수 있도록 원점수를 변환하는 절차인데, 변환점수와 원점수의 관계가 1차식으로 표현되는 선형변환과 그렇지 않은 비선형변환이 있다.

선형변환에서는 변환점수와 원점수가 다음과 같이 표현된다.

$$\text{변환점수} = (\text{가중치}) \times \text{원점수} + \text{상수}$$

예로서, 표준점수 Z와 원점수 X는 다음과 같은 관계를 가진다. 여기서 원점수 X의 평균은 $\overline{X}$, 표준편차는 S_x 이다

$$Z = \frac{X - \overline{X}}{S_x} = (\frac{1}{S_x})X + (-\frac{\overline{X}}{S_x}) = (\text{가중치}) \times \text{원점수} + \text{상수}$$

이러한 Z점수는 평균(mean)이 0이고 분산(variance, 변량으로 번역하기도 함)은 1이 된다. 만일에 원점수 X가 정규분포를 따르면 표준점수 Z는 표준정규점수라고 불린다.

표준점수 Z를 선형 변환하여 또 다른 변환점수를 만들 수 있는데, 그중 널리 쓰이는 것이 T점수이다. T점수와 표준점수 Z의 관계는 다음과 같다.

$$\text{T점수} = (10) \times Z + 50$$

T점수의 평균은 50이고 표준편차는 10이다. 우리는 Z점수가 통상적으로 −2와 +2 사이에 있으면 95%의 사례가 포함될 것을 알고 있는데, 이때의 T점수는 어떤 범위에 있을까? 위의 식(T와 Z의 관계식)에서 Z값 대신 −2와 +2를 대입하면 T점수는 30과 70 사이에 있게 된다. 따라서 T점수가 50을 중심으로 해서 30과 70을 벗어나면 극단이라고 할 수 있는 낮은 점수와 높은 점수로 해석되는 것이다.

오늘날 지능검사에서 제시하는 IQ 점수는 편차점수 IQ(deviation IQ)라고 하는데, 이것은 통상적으로 평균을 100으로 하고 표준편차가 15(웩슬러 지능검사) 또는 16(스탠퍼드−비네 지능검사)이 되도록 원점수를 선형 변환한 점수이다. 지능은 정규분포를 따르는 것으로 간주되므로 편차점수인 IQ 점수 역시 정규분포를 따르는 점수로 간주하고 해석하면 된다.

비선형적 변환에는 백분위점수(percentile score), 스테나인(stanine, standard nine) 점수가 있다. 백분위점수는 앞서 제시한 바와 같이 원점수의 분포에서 점수들을 100개의 동일한 구간으로 나누어 1 백분위점수, 2 백분위점수 등으로 변환점수를 매긴 것이다. 백분위 점수는 점수분포의 중앙에 밀집한 사람들을 보다 잘 구분해 주는 기능이 있다. 예를 들어, 원점수([그림 2-1]에서 스테나인 점수)가 1에서 9라고 하고, 분포의 모양이 종 모양 대칭이라고 하자([그림 2-1] 참조).

이때 원점수 4점 이하가 40%이고 원점수 5점 이하는 60%가 되는데, 원점수 차이는 1인데 백분위점수로는 20의 차이가 난다. 백분위점수가 점수를 더 잘게 쪼개어 차이를 보다 잘 부각시켜 주는 것이다. 이러한 측면은 분포의 중앙에 있는 점수 간 차이를 과장하는 경향도 함께 보여 주고 있다(Anastasi & Urbina, 1997, p. 59 참조). 즉, 실제 점수 간 차이는 미미해도 점수별로 상이한 백분위점수가 매겨지고, 두 점수 간에 백분위점수로는 큰 차이가 있는 듯이 보고될 수 있다. [그림 2-1]에서의 1에서 9까지를 스테나인 점수라고 한다. 이것은 원점수가 정규분포를 따를 때 백분위점수로 변환한 다음 이 그림에서와 같은 비율을 가지는 9개 구간으로 나누어 각 구간의 점수에 1~9를 부여한 것이다. 이것은 제2차 세계대전 때 미 공군에서 개발된 것

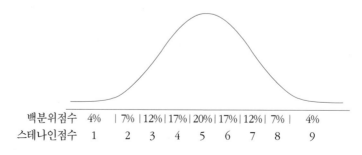

[그림 2-1] 정규분포의 모양과 스테나인 점수의 부여

인데, 그 변형으로서 10개의 구간으로 나누어 스텐(sten, standard ten) 점수를 주는 방식도 있다 (Anastasi & Urbina, 1997).

3) 규준의 종류

(1) 범위(scope)

검사 적용 대상이 국가 전체를 포함한다면 전국 규준이 필요하다. 예로서, 전국의 중학생을 대상으로 한 지능검사를 개발한다면 규준을 세부화해서 제시할 것이고(예: 성별, 지역별, 학년별) 전체적으로는 전국에서 몇 천 명의 중학생을 규준 제작을 위한 표본으로 필요할 것이다. 그러나 어느 대학교나 회사에서 그 조직에서 필요한 규준참조적(상대평가용) 검사를 제작한다고 할 때는 그 조직 내에서 규준집단을 정의할 수밖에 없고, 이때의 규준은 국지적(local) 규준이 된다. 규준의 범위에 대한 결정은 점수분포가 같은지 또는 다른지에 따라서 이루어진다. 점수분포가 같은데 굳이 여러 개의 모집단으로 나눌 필요가 없고, 또 상이한 집단 간에 점수분포가 다른데 하나의 규준표를 제작해도 안 될 것이다. 점수분포를 비교할 때 분포의 모양(예: 정규분포, t분포, F분포)과 분산(variance)이 같으면서 평균 차이가 현저하지 않으면 하나의 집단으로 볼 수 있다.

예로서, 중학생을 대상으로 하는 지능검사라고 해도 중학생 전체를 모집단으로 할 수도 있고, 1, 2, 3학년 그리고 남녀를 모두 별도의 모집단으로 할 수도 있다. 만일에 중1 남, 중1 여, 중2 남, 중2 여, 중3 남, 중3 여 가운데 점수분포가 동일할 것으로 생각되는 집단이 있으면 합쳐서 하나의 모집단으로 간주하고 규준을 준비할 수 있다. 규준표를 제작할 시 성별과 연령에 따른 구분은 대체로 상이한 모집단을 정의하는 것으로 보고 규준표를 달리 제작하는 것이 관행이긴 하나, 개발자로서는 점수분포가 과연 다른지를 검토할 필요가 있다.

(2) 제시되는 형식

앞에서 백분위점수, Z점수, T점수, 편차점수 IQ 및 스테나인 점수가 규준표에 제시되는 변환점수라고 설명한 바 있다. 즉, 규준 제시 형식을 보면, 간단하게 평균, 표준편차, 분포의 모양만으로 제시할 수도 있고, 원점수에 대응되는 각종 변환점수를 포함하는 규준표로 제시할 수도 있다. 규준표에서 가장 많이 보고되는 변환점수는 백분위점수이다. 어떤 사람이 백분위점수 70을 얻었으면 그가 받은 원점수 아래로 70%의 사람이 있고 그 위로 30%의 사람이 있음을 의미한다. 규준표 사용 시에 개인의 원점수를 상이한 집단에 비추어 해석하고자 한다면, 해당 집단에 대한 규준표에서 백분위점수를 읽어야 할 것이다. 예를 들어, 어떤 남학생의 영어 원점수가 남학생 규준집단에서는 70 백분위점수를 받았어도 여학생 규준집단에서는 65 백분위점수를 받을 수 있다.

원점수에 대한 변환점수로서 백분위점수, Z점수, T점수, 편차점수 IQ, 스테나인 점수를 사용하여 집단 내 개인의 위치를 알려 주는 방식은 '집단 내 규준'을 제시하는 것이라고 할 수 있다. 그에 비해 나이점수, 학년점수를 사용해서 아동의 발달 경로를 나타내는 방식은 '발달적 규준'을 제시하는 것이라고 할 수 있다(Anastasi & Urbina, 1997). 나이점수(age norms)는 주로 월령(monthly age)이나 연령(yearly age)에 따라 현저한 발달적 차이를 보이는 속성을 측정하는 검사의 규준에서 제시되는 변환점수이다. 예로서 어휘의 경우 18개월, 24개월, 30개월에 따라서 남녀 간에 현저한 차이를 보이는데, 그중에서 문법어의 월령별 남녀 평균 및 표준편차를 제시하면 〈표 2-6〉과 같다(장유경, 이순묵, 최유리, 2007). 그리고 이 표를 기초로 그래프를 그리면 [그림 2-2]와 같다.

● 표 2-6 각 월령에서 문법어의 평균과 표준편차

	18개월		24개월		30개월	
	평균	표준편차	평균	표준편차	평균	표준편차
남아	1.8(181)	3.4	15.5(180)	19.0	45.3(168)	25.5
여아	3.5(136)	6.2	26.5(140)	21.1	54.8(129)	21.1

주: 괄호 안은 표본 크기.

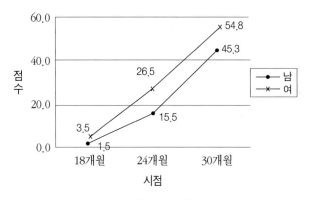

[그림 2-2] 남녀 월령별 문법어 점수(평균)

[그림 2-2]를 보면 24개월 남아의 문법어 점수가 평균(15.5점)을 2 표준편차 정도 상회하면 30개월 남아의 평균점수를 넘는다. 그러면 이 남아의 월령점수는 24가 아닌 30이 된다. 즉, 어느 유아가 자신의 신체 나이(physical age)와 관계없이 다른 신체 나이에 있는 유아들의 평균점수에 근접하면, 이 유아들의 '나이'가 그 유아의 '나이점수'가 된다. 그런데 주의할 것은 30개월

남아 가운데 평균(45.3)보다 1 표준편차(25.5) 아래에 있는 아이는 19.8로서 24개월 남아의 평균에 근접한다. 즉, 30개월 남아의 평균에서 아주 멀지 않은 유아의 점수가 24개월 유아의 평균에 근접한다는 것은 나이점수를 부여할 때 주의할 것을 시사한다. 즉, 나이점수는 평균을 중심으로 부여하긴 하지만 각 나이에서의 점수에 상당한 변산이 있고, 상이한 나이에서의 점수 변산 간에 중복이 있음을 명심해야 한다. 하나의 신체 나이에 있는 유아들의 점수는 그 나이의 전형적인 점수에도 포함되지만 다른 나이의 전형적인 점수에도 해당될 수 있는 것이다.

학년점수(grade norms) 역시 학교장면에서 사용되는데, 이 경우 나이가 아닌 학년에 따른 평균점수에 기초해서 어느 개인의 점수를 변환하여 보고하게 된다. 즉, 실제 학년은 3학년이지만 특정 과목에서 그 아동이 5학년의 평균점수에 가까운 점수를 얻었다면 그 과목에 한해서 학년점수는 5가 되고, 그 과목의 수업은 5학년에 가서 들어도 좋다는 권고를 할 수 있는 것이다.

(3) 검사의 동등화

미국의 경우 대입수능시험인 SAT를 응시자가 여러 번 볼 수 있게 되어 있다. 그러나 볼 때마다 문제는 다르다. 이렇게 복수의 검사형 또는 검사 양식을 필요로 하는 경우는 많은 수검자가 최대한 좋은 점수를 받고자 하는 인지능력검사인 경우가 대부분이다. 이때 상이한(유사한) 두 검사 양식 간에 동등한 의미를 가지는 점수들끼리의 짝을 찾아내기 위한 통계적 절차를 검사의 동등화라고 한다. 예로서, 전년도 양식에서 받은 X라는 점수가 금년도 양식에서는 Y라는 점수와 동일하다면 작년 응시자와 금년 응시자를 비교하는 것이 어렵지 않다.

입사시험의 경우 매년 상이한 양식이 사용되고 있고 검사 점수 역시 매년 다르다. 인사 담당자로서는 매년 사람과 검사가 다르므로 검사의 난이도가 변한 것인지, 아니면 지원자의 역량 수준이 변한 것인지를 파악하기가 어렵다. 이런 경우 검사의 동등화가 되어 있으면 난이도가 통제되므로 연도가 다른 지원자들의 역량 수준에 대한 비교가 훨씬 쉬워진다. 동등화를 위해서는 꾸준히 새로운 양식이 개발되고 구양식이 퇴출되는 과정에서 양식 간에 내용과 형식이 동일하게 유지되어야 한다. 즉, 양식 간에 구조, 허용시간, 문항 형태 그리고 검사되는 내용에 있어서 대등하면 검사 양식이 '평행'하다고 한다. 동등화의 바람직한 조건은 두 양식이 평행한 것인데, 아무리 노력을 해도 양식 간에 난이도까지 동등하기는 어렵다. 그러면 양식 간에 이러한 난이도의 차이를 감안해서 각 양식에서 얻어지는 점수들에 통계적 조정을 하여 두 양식에서 얻은 점수들 사이에 동등한 의미를 가지는 점수의 짝들을 찾게 된다.

가급적 평행한 두 개의 양식으로 수집된 점수집단 X, Y가 있을 때 통계 절차로는 선형적 동등화와 동일백분위의 두 가지 동등화 방식이 있다. 선형적 동등화는 두 양식의 점수 간에 1차식의 관계가 맺어지는 경우이다. 여기서는 두 양식 X와 Y를 사용해서 얻은 점수집단에서 집단 내 점수들을 표준점수[(원점수-평균)/표준편차]로 바꾼다. 표준점수가 같으면 원점수의 상대적 위치가 같다고 해석한다. 따라서 양식 X에 기초한 Zx와 양식 Y에 기초한 Zy 간에 같은 값이 될 때의 X값과 Y값은 동등한 의미를 가진다. 이런 방식으로 X집단과 Y집단 간에 동등한 점수 짝을 찾는 것이 선형적 동등화이다. 이때 X와 Y 간에는 1차식의 관계가 생기므로 선형적(1차식의) 동등화라고 한다.

동등화되는 각 양식에서 문항난이도 분포 및 원점수 분포의 모양이 상당히 같으면 선형적인 변환이 적당한 방식이다. 만일에 원점수의 분포가 상당히 다르면, 동일백분위 방식이 더 적당하다. 동일백분위 방식은 주어진 백분위 서열에 대응하는 원점수들을 동등하다고 보는 방식이다. 예컨대, 2% 위치, 5% 위치, 10, 25, 50, 75, 95, 98% 등의 위치에 대응하는 점수들을 X와 Y 간에 짝짓는 것이다. 어떤 방식으로든 동등화가 끝나면 양식 X, Y 사이에 동등한 의미를 가지는 원점수의 짝을 찾아 2차원 평면상에 산포도를 그려서 동등화의 결과를 검토할 수 있다.

일반적인 성격검사나 임상용 검사에서는 인지능력보다는 성격이 중심이 된다. 이때는 복수의 양식이 필요하기보다는 좋게(예: 입사시험 합격을 위해서) 또는 나쁘게(예: 군대 면제를 위해서) 꾸미는 거짓 응답을 걸러내기 위한 대책이 더 필요하다. 따라서 검사의 동등화는 상대적으로 관심 주제가 아닐 수 있다. 그러나 두세 개의 동형검사를 개발했다면 그들 간의 동등화를 생각해 볼 수 있다.

6. 기준점수 설정

준거(영역)참조검사의 목적은 개인 간의 비교가 아니라 영역 내 척도에 비추어 개인의 위치를 정하는 것이다. 즉, 준거(영역)참조검사에서는 영역에서의 척도에서 몇 개의 구간을 정하고 각 구간을 나누는 분할점에서의 점수(기준점수)를 설정한 다음 개인의 점수를 그 기준과 비교함으로써 개인에 대한 위치를 알려 줄 수 있다. 구간을 몇 개(2분, 3분, 4분 등)로 하느냐에 따라서, 기준점수는 1개일 수도 있고 여러 개일 수도 있다(예: 상/중/하이면 2개 기준점수, 건강/관리요망/상담요망/치료요망이면 3개 기준점수).

기준점수 설정에서 검사 내용을 중심으로 할 수도 있고, 응답자의 점수분포를 기반으로 할 수도 있으며, 이 두 가지를 모두 사용하는 것이 적절할 수도 있다. 여기서는 검사 내용 중심의 경우를 보기로 한다. 이때 일반적으로는 Angoff(1971)의 방법이 널리 쓰인다. 면허시험, 자격시험 또는 임상적 진단검사와 같은 경우 검사 내용에 기초해서 수검자를 분류해야지, 응답자 간의 상대적 위치에 기초해서 분류하는 것은 의미가 없다. 또한 수검자 집단의 특성에 무관하게 안정된 기준점수가 필요하다. 원래 Angoff의 방법은 검사 점수에 기초한 이분 결정(합격/불합격, 입원 여부, 치료 여부 등)을 위해 개발된 것이다. 그러나 분류를 위한 범주가 2개를 초과할 경우에도 이 방법을 응용하여 범주 간 경계선에 기준점수를 설정할 수 있다(예: 이순묵 외, 2007).

우선, 이분 채점되는(맞음=1, 틀림=0) 문항들로 구성된 검사 점수에 기초해서 이분 결정을 하는 경우(예: 합격/불합격)의 예를 보기로 하자. 이때 분할점이 하나이므로 기준점수는 한 개이다. 그렇다면 합격집단에 속하는 마지막 사람의 점수가 기준점수가 되어 분류 결정을 하게 된다. 따라서 검사 문항이 10개 있으면 문항별로 합격집단에 속하는 마지막 사람이 맞을 확률을 전문가들에게 구해서 중앙값(mode)을 구한다. 이 중앙값을 10개 문항에 대해서 합하면 그 검사에서 합격될 사람이 받을 최소점수가 된다. 이것이 기준점수이다. 이 방식은 이분채점이 아닌 다분채점이 되는 문항들로 구성된 검사 점수에 기초하여 수검자들을 다수의 범주에 분류하는 경우에도 응용할 수 있다.

다수의 범주에 분류할 때도 두 범주 간 경계에 있는 기준점수는 두 범주 중 상위 범주에 속하는 마지막 사람의 점수이다. 예를 들어, 4점(0, 1, 2, 3) 척도로 구성된 20개의 문항이 하나의 검사가 되고(60점이 만점), 그 검사 점수에 기초해서 수검자들을 4개 범주에 분류하는 준거(영역)참조검사가 있다고 하자. 필요한 기준점수는 3개이다(기준점수 1, 2, 3). 이때의 기준점수 설정은 다음과 같이 한다. 범주 0과 1 가운데 상위범주에 해당되는 사람 중 마지막 사람이라면 각 문항에서 몇점을 받을 것인지 파악해야 한다. 이런 식으로 20개 문항에서 받을 점수를 구하면 기준점수 1이 된다. 좀더 구체적으로 하기 위해, 기준점수 1에 위치하는 사람이 100명이 있다고 할 때 그들이 문항 1의 4개 눈금인 0점, 1점, 2점, 3점에 각각 몇 명씩 해당될지를 전문가들에게 물어보고 그것을 확률로 바꾸어 기준점수 1에 있는 사람이 그 문항에서 받을 기대점수를 구한다. 예컨대 전문가들에게서 구한 중앙값으로 보아 0점을 받을 확률이 0.2, 1점을 받을 확률이 0.3, 2점을 받을 확률이 0.4, 3점을 받을 확률이 0.1이면, 기준점수 1에 있는 사람이 그 문항에서 받을 점수의 기대치는 $0 \times (0.2) + 1 \times (0.3) + 2 \times (0.4) + 3 \times (0.1) = 1.4$이다. 이 과정을 전체 문항에 대해서 실시하면 첫 번째 분할점에 있는 사람이 얻을 검사 점수인 기준점수 1이 된다. 기준점수 2와 3에 대해서도 같은 방식으로 구한다. 이런 과정이 성공적이 되려면 충분한 수의 전문가(예: 10명 이상)가 필요하고, 독립적으로 의사결정을 한 다음 합의를 도출하는 과정에 대해 전문가들 스스로 많은 경험을 가지고 있어야 한다.

인터넷 중독 영역에서 4점 척도로 된 20개 문항을 사용해서 대상자들을 4개 범주로 나누는 준거(영역)참조검사가 위의 방식으로 개발된 바 있다(이형초 외, 2007). 이 검사에서 4개 범주 및 3개 기준점수는 앞의 〈표 2-4〉에 제시되어 있다.

7. 문항 수준에서의 정보

1) 문항분석

일단 검사를 실시한 결과로 각 문항에 대한 많은 응답자의 응답이 측정 자료로 제시된다. 이를 문항반응 자료(item response data: [그림 2-3] 참조)라 부른다. 응답자가 모든 문항에 대해서 얻은 점수를 합하거나 평균하여 종합한 점수를 검사 점수라 한다.

문항반응 자료에 근거하여 신뢰도를 계산했을 때 자료의 신뢰도가 너무 떨어질 경우 문항 분석을 할 근거가 없는 셈이다. 문항반응 자료와 검사 점수는 검사에 대한 전반적인 내용을 알려 주며, 문항반응 자료를 근거로 한 문항의 난이도와 변별도는 각 문항에 대한 개별적인 정보를 제공한다. 문항반응 자료에 기초하여 주어진 검사가 몇 개의 구성개념을 측정하는지를 검토하는 한편, 어떤 문항들이 다른 문항들과 다른지에 대한 대략적인 정보 역시 얻을 수 있다. 검사 점수를 가지고 검사에 대한 전반적인 내용을 얻으려면 검사 점수분포에 대한 그림을 그린다.

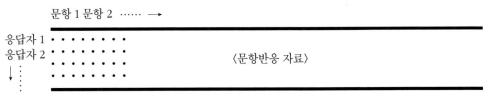

[그림 2-3] 문항반응 자료

(1) 검사 점수의 분포

자연 상태에서 어떤 구성개념에 대하여 응답자들을 측정한 결과의 검사 점수([그림 2-4]의 X축)에 대하여 점수분포가 정규분포를 따를 것이라고 생각할 때, 검사 점수가 정규분포에서 크게 벗어나면 그 검사에 문제가 있음을 나타내는 것이다. 검사 점수가 [그림 2-4]의 그래프와 같이 여섯 가지 모양으로 나타날 경우에 대해서 해석해 보기로 한다.

[그림 2-4]의 (a) 그림은 정적 편포 또는 오른쪽 눌림(positive-skewness)을 보인다고 하며 바닥 효과가 있을 가능성이 있다. 검사 문항들이 전반적으로 어려워서 낮은 점수의 사람들을 세밀하게 구분하지 못하는 경우인지 검토해 볼 일이다. 낮은 점수에도 여러 층이 있는데, 속성이 아주 낮은 사람은 물론 약간 낮은 사람까지도 다 같이 바닥(floor)점수를 받고 있을 가능성이 있다. 응답자들이 문항들에 동의하기 어렵거나, 시험에서 문제가 어려운 경우에 발생한다.

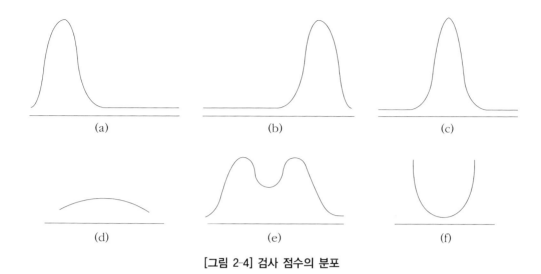

[그림 2-4] 검사 점수의 분포

(b) 그림은 부적 편포 또는 왼쪽 눌림(negative-skewness)을 보인다고 하며 천장 효과일 가능성이 있다. 즉, 검사 문항들이 전반적으로 높은 점수의 사람들을 잘 구분하지 못하고 있는지 검토해 볼 일이다. 높은 점수에도 여러 층이 있는데, 속성이 아주 높은 사람은 물론 약간 높은 사람까지도 다 같이 천장(ceiling)점수를 받고 있을 가능성이 있다. 문항들에 동의하기가 쉽거나 시험에서 문제가 쉬운 경우에 발생한다.

(c) 그림은 뾰족한(leptokurtic) 또는 급첨(急尖)의 분포를 보이고 있는데, 이때는 검사 문항들이 전반적으로 중간 점수의 사람들을 잘 구분하지 못했을 가능성이 있다. 아마도 문항의 반 정도는 아주 쉽고 나머지 반은 아주 어려울 수 있다. 꽤 많은 사람이 높지도 낮지도 않은 중간 점수를 얻는 경우이다. 이럴 경우에는 중간 정도로 어려운 문항들을 많이 추가해야 할 것이다.

(d) 그림은 납작한(platykurtic) 또는 평첨의 분포를 보이고 있는데 검사 문항들이 전반적으로 중간 정도로 어렵고 숙성 수준이 높은 사람들과 낮은 사람들을 잘 구별해 주는 좋은 문항들임을 보여 준다. 특히 속성의 수준이 중간 정도인 사람들을 (c) 그림의 경우보다 잘 구분해 주고 있다.

(e) 그림은 두개의 봉우리(bimodal)를 가지는 분포인데, 응답자들이 서로 다른 두 개의 그룹으로 나뉠 수 있음을 보여 준다.

마지막으로, (f) 그림은 U자형 또는 V자형 분포이다. 아주 드물기는 하지만, 문항들이 중간 정도로 어렵고 속성 수준에 따라 응답자들을 차별화하는 기능이 극히 좋은 경우이다. 즉, 중간 점수를 얻는 사람이 거의 없다는 것이다. 만일 어떤 점수(X1) 이하와 어떤 점수(X2) 이상인 사람들을 잘 구분하는 것이 목적이라면 이런 검사가 이상적이다. 그러나 속성 수준이 중간 정도인 사람들(검사 점수가 X1과 X2 사이)에 대한 정보는 거의 제공되지 않는다.

(2) 문항의 난이도

문항 점수에 근거하여 각 문항이 얼마나 어려운지를 나타내는 난이도를 구할 수 있다. 문항의 난이도는 이분 채점(예: 맞음/틀림, 해당됨/해당 안 됨, 동의/반대)이 되는 문항에 대해서 제공되는 것으로서, 전체 응답자 중 문항 i에 정답을 낸 또는 동의를 표시한 사람의 비율로 정의하며 정답률이라고도 한다. 문항의 난이도는 검사가 수검자들의 수준에 적합한지 검토하는 데 쓰인다. 이 비율은 너무 높아도, 너무 낮아도 좋지 않다. 너무 높으면 너무 쉬운 문항이고, 너무 낮으면 너무 어려운 문항이다.

$$\text{문항 정답률 } p = \frac{\text{문항에 정답(찬성, 동의)을 한 사람 수}}{\text{그 문항에 응한 사람 수}}$$

회사에서 신제품을 출시하고 그 제품에 대해서 목표로 한 이미지가 나왔는지 또는 원래의 낡은 이미지가 그대로 있는지를 검증하기 위해서 소비자들에게 다지선택형 설문을 하여 조사할 수 있다. 이때 소비자들이 선택한 답이 과연 회사에서 목표로 하는 이미지였는지 아닌지를 이분 채점할 수 있다. 어떤 문항에 대한 전체 응답자가 100명인데 그중 60명이 회사에서 목표로 하는 이미지를 답으로 골랐으면 정답률은 0.6이 된다. 그러나 다지선택형이 아닌 평정척도일 경우 문항의 정답률이란 개념은 없고, 대신에 응답자들이 그 문항에서 보인 점수 평균의 낮고 높음이 그 문항의 난이도로 해석된다. 5점 척도로 작성된 문항에서 응답자 평균이 4.8이라면 그 문항이 해석되는 방향에서 볼 때 응답자들이 매우 높은 수준에 있는 것이다. 즉, 문항에 동의하기가 쉬웠다고 할 수 있다. 또는 대부분의 응답자의 상태가 그 문항에 잘 해당되는 경우라고 볼 수 있다.

(3) 문항의 변별도

문항 점수에 근거하여 그 문항이 응답자들을 얼마나 잘 구분하는지를 나타내는 변별도를 구할 수 있다. 문항의 변별도로서 문항-총점 상관(item-total correlation)이 있다. 여기서 '문항'은 문항 점수의 준말이며, '총점'은 전체 문항에서의 점수에 기초한 검사 총점 또는 검사 점수를 가리킨다. 따라서 문항-총점 상관은 문항 i와 검사 점수 X 간의 상관이다. 모든 응답자에 대해 문항 i에서의 점수와 검사 점수라는 두 변수 간 상관계수를 구한 것이다. 문항 i가 정상적인 문항이면 문항과 검사 점수의 상관계수는 반드시 양수이다. 이 상관계수가 낮으면 이 문항에서 응답자가 보이는 높은 점수 또는 낮은 점수는 그 사람의 검사 점수와 아무런 연관이 없다는 것으로 해석된다. 즉, 그 문항에서 잘하고 못한 것만 보고서도 그 응답자의 전반적 점수가 좋은지 나쁜지를 가려내기 어렵다는 것이다. 그러나 이 상관계수가 높으면 이 문항에서의 높은 점수는 곧 높은 검사 점수를 보일 가능성이 큼을 나타낸다. 따라서 문항 i에서의 점수는 측정되는 구성개념에서 응답자의 수준을 판단 또는 변별하는 간단한 척도가 될 수 있으므로 변별도가 높은 문항이라고 한다. 앞서 설명한 문항의 난이도는 너무 어렵거나 쉬운 것이 바람직하지 않은 반면에, 변별도는 높을수록 좋다.

2) 문항의 차별적 기능

어떤 검사를 실시하여 어느 집단이 다른 집단보다 '낮다/못하다', 속성에 있어서 '낮다/높다' 하는 결론을 내리려면 문항들이 특정 집단에 불리/유리하게 '편향'되어 있지 않은 것이 필요하다. 편향 또는 문항의 차별적 기능은 "응답자 집단에 따라 동일한 문항에 대해 다르게 반응하는 것"을 가리킨다(Holland & Thayer, 1988, p.129). 달리 표현하면, 그것은 응답자 집단과 문항 간의 상호작용이다. 이와 같은 상호작용은 문항 또는 응답자 집단에 대한 연구에 도움이 된다. 그래서 문항 편향(item bias)이라는 말 대신에 보다 중립적인 용어인 문항차별기능(DIF)으로 부르는 경향이 있다.

응답자 집단에 따라 동일한 문항에 대해 다르게 반응한다 함은, 두 집단의 사람들이 검사에서 측정하고자 하는 구성개념에서 같은 수준에 있으나 단지 소속집단이 다르다는 것만으로 그 문항에 정답(선택 또는 찬성)을 할 확률이 다름을 의미한다. 이러한 상호작용이 특정 응답자 집단(예: 여성, 소수인종)에게 불리한 영향을 준다면 차별적 기능은 곧 편파(편향에 대한 강한 표현)로 이해된다.

문항들이 편파되어 있으면 검사의 실시 결과 역시 편파된 점수를 보일 것이다. 즉, 검사 편파를 보일 것이다. 그런데 단순히 검사 점수(평균, 표준편차, 편포도 등)에서 집단 간 차이가 있다는 것만 가지고는 검사 편파라고 보기 어렵다. 집단 간에 진정한 의미에서 수준 또는 역량 차이가 있어서 그런 결과가 나올 수도 있기 때문이다.

3) 검사의 차원성

하나의 구성개념을 측정하는 문항들 간에는 하나의 차원을 공유하므로 어느 정도의 상관이 있어야 한다. 즉, 문항은 달라도 그 차원을 향해서 각 문항 점수들은 수렴해야 할 것이다. 그런데 앞서 설명한 개별 문항에 대한 문항분석만 가지고는 검사개발자가 목표로 하는 하나의 구성개념이 측정되고 있는지 아닌지를 확인하기 어렵다. 예로서, 개발자는 하나의 속성 또는 구성개념을 측정하고자 함에도 불구하고 검사 내 많은 문항이 각각 2개 이상의 구성개념을 측정하면서 문항과 총점 간의 상관계수는 높게 나올 수 있다. 그러면 문항의 변별도가 좋다는 생각에 검사가 잘 제작되었다고 성급한 판단을 내릴 수 있다. 이와 같이 개별 문항에 대한 문항분석만으로는 개발자를 오도할 수 있다.

하나의 검사를 개발하거나 사용하는 사람의 입장에서는 하나의 검사가 몇 개의 차원으로 이루어졌는지에 관심을 가진다. 즉, 몇 개의 구성개념을 측정하고 있는지를 알아야 한다. 또한 검사 내 다수의 문항은 목적한 바의 구성개념을 측정하는 방향으로 수렴하며, 각 구성개념 간에 변별된다고 볼 수 있는지를 판단해야 한다. 이러한 차원성의 구조는 척도를 개발함에 있어서 필수의 계획이지만, 응답자들이 과연 그렇게 인식하고 응답하는지는 수집된 자료를 검토해 보아야만 알 수 있다.

검사에서는 하나의 구성개념을 측정하는 것을 목표로 할 수도 있고, 하나의 상위개념 밑에 여러 개의 하위개념이 동시에 하나의 구조를 이루고 있는 것을 가정할 수도 있다. 어떤 경우든 각각의 구성개념을 나타내는 차원성의 검토를 필요로 한다. 검사의 차원성을 검토하기 위해서는 대체로 주성분분석, 공통요인분석, 다차요인분석(higher-order factor analysis), 쌍요인분석(bifactor analysis)의 방식을 통해 탐색하게 된다. 이들 통계방법은 이 장의 범위를 초월하므로 설명은 생략한다. 그러나 어떤 방식이건 문항 간의 상관을 기초로 차원성을 검토하게 된다.

8. 신뢰도와 측정의 표준오차

검사의 신뢰도는 점수의 반복 가능성을 말한다. 그런데 신뢰도는 검사의 사용목적이 규준참조검사인지 또는 준거(영역)참조검사인지에 따라서 구체적 개념이 다르다.

1) 규준참조검사의 신뢰도

지금까지 검사를 실시해서 얻은 점수를 검사 점수로 언급하였으나, 검사의 신뢰도에 대한 문헌에서는 그것을 관찰된 점수 또는 관찰점수라고 한다. 이것은 검사를 사용해서 측정하고자 하는 속성의 점수 또는 진점수(true score)에 대비되는 용어이다. 전통적인 검사 이론에서는 관찰점수 X를 진점수 T와 오차점수 E로 구분한다. 여기서 오차점수는 진점수를 측정하는 과정에서 불필요하게 편입되어 관찰된 점수에 포함되는 부분이다. 예를 들어, 창의성을 측정하는 검사에서 어떤 수검자는 어제 친구와 심하게 싸운 일로 창의성 발휘에 영향을 받을 수 있고, 그날 따라 검사시간 중에 비가 와서 수검자들이 기분에 영향을 받을 수가 있다. 이런 우발적인 사건이 점수에 영향을 미치는 부분이 오차점수이다. 그렇다면 관찰점수에서 체계적인 부분이 진점수이고 비체계적인 부분이 오차점수이다. 그리고 체계적인 부분이 차지하는 비율이 규준참조검사에서의 신뢰도이다.

신뢰도를 검사 점수의 반복 가능성이라고 할 때 규준참조검사에서의 '반복'이란 서열이 일관되게 주어지는 것을 가리킬 뿐, 반복되어 측정된 점수 자체의 일치를 가리키지는 않는다. 즉, 규준참조검사에서의 신뢰도는 (서열의) 일관성의 신뢰도이다. 예로서 검사 점수 X와 Y 간 상관을 구할 때, 변수 X에 상수를 곱한 다음 또 다른 상수를 더해서 얻은 변수를 X'라고 하자. 이때 X와 X'의 값은 일치하지 않지만, 각 수검자가 X에서 가지는 상대적 위치(서열)와 X'에서 가지는 상대적 위치(서열)는 유지된다. 또한 상관(X, Y) = 상관(X', Y)이 되는데 이것은 상관이나 공분산을 기반으로 한 신뢰도 지수들(예: α계수, Spearman-Brown 반분계수, 평정자 간 상관)이 모두 서열의 일관성에 대한 신뢰도임을 나타낸다.

즉, 일관성의 신뢰도는 개인들에 대한 상대적 차별화 또는 서열이 일관성 있게 나타나는지를 평가하는 것이다. 채점을 누가 하느냐에 관계없이 대상들에게 주어진 점수의 서열이 일정하면 상대비교의 정보는 일관성이 있는 것이다. 이런 의미에서의 신뢰도를 나타내는 지표 중 하나로서 두 명의 채점자(평정자) 간 상관계수가 쓰이는데, 상관계수는 두개의 점수 집합 간에 일치가 아닌 일관성을 나타낸다. 예로서, 100명의 근무자의 성실성을 측정하기 위해서 상사가 평정한 점수가 있고 고객이 평정한 점수가 있다면 두 개의 점수 집합이 있는 것이다. 만일에 점수집합 내 점수의 서열이 두 집합 간에 같으면, 집합 간 점수는 달라도 상관계수는 만점인 1.0이다. 즉, 일관성 측면에서의 신뢰도는 완벽하다.

규준참조검사에서 신뢰도 산출을 목적으로 각 점수의 요약을 할 때 분산(variance)을 계산한다. 'variance'는 점수가 상이한 값으로 산포되어 있는 정도로서 학자에 따라서는 변량으로 번역하기도 하는데, 통계용어이므로 여기서는 통계학계에서의 관행을 따라 분산으로 번역한다. 검사 점수의 일관성 또는 반복 가능성에 대하여, 수학적으로는 검사 점수의 분산 가운데 체계적인 부분, 즉 진점수의 분산이 차지하는 비율로 정의해 왔다. 그 비율, 즉 일관성의 신뢰도 수준에 대하여 철칙은 없으나 대체로 집단연구에서는 0.6 이상, 개인의 경력이나 이해가 걸린 검사에서는 적어도 0.8 이상을 요구한다.

그런데 진점수는 눈에 보이지 않는 점수이지만, 두 개의 검사 X와 X'가 절대적으로 대등할 경우(전문용어로는 평행하다고 함) 진점수 분산의 비율은 두 평행한 검사 간 상관계수와 동일하다. 상관(X, X') = 진점수 분산/검사 점수 분산. 이것을 평행성(parallelism)의 원리라고 하는데, 이 원리에 준하여 현실에서 일관성의 신뢰도를 산출하는 세 가지 방식이 있다(Allen & Yen, 1979).

(1) 검사-재검사 신뢰도

검사-재검사 신뢰도는 하나의 검사를 동일한 수검자에게 2회 실시했을 때 같은 결과가 산출

되는 정도이다. 즉, 하나의 검사를 실시한 후에 시간 간격을 두고 다시 한 번 그 검사를 실시하는데 1차 실시에서 나온 검사 점수와 2차 실시에서 나온 검사 점수 간의 상관계수가 재검사 신뢰도이다. 이때 상관계수의 크기는 두 검사 간의 시간에 걸친 안정성을 의미하므로 안정성 계수(stability coefficient)라고도 한다. 이 방식에 따른 신뢰도 계산이 의미 있는 경우는 비교적 안정된 특성을 측정할 때이다. 지능검사나 능력검사의 경우가 그 예이다. 이 신뢰도가 높은 것은 수검자들이 2회에 걸친 실시 상황에서 발생하는 일시적 스트레스, 피로, 정신산란 등에 크게 영향을 받지 않음을 의미한다. 주의할 것은 두 시점에서 같은 검사를 사용할 때의 시간 간격이 적절한가 하는 것이다. 수검자가 1차 검사 시 자신의 응답을 2차 검사 시에도 기억하고 있을 정도로 그 간격이 짧으면 안 되며, 측정 대상인 구성개념이 변할 정도의 긴 간격이어서도 안 된다. 예컨대, 어떤 수검자가 월요일에 지능검사를 받았는데 이틀 후에 같은 검사를 다시 받았다고 하자. 이 정도의 짧은 시간 간격이 있을 때 유사한 점수가 나오는 것은 당연한데, 이는 1차 검사 시에 자신의 답을 2차 검사 시까지 기억하고 있기 때문이라고 할 수 있다. 이것을 이월 효과라고 한다. 즉, 연구자의 의도와 달리 두 검사 점수 간 높은 상관은 신뢰도가 아닌 이월 효과로 해석될 수 있다.

(2) 대형검사 신뢰도

대형검사(alternate forms)는 동일한 개념을 재는 대안적 형태의 검사 양식을 의미한다. 서로 대안적인 형태의 검사 양식 간에 유사한 면은 있으나 동일하지는 않다. 동일하면 재검사가 될 것이다. 대형검사 신뢰도를 구할 때는 하나의 개념에 대한 두 개의 상이한 양식이 '동시에' 실시된다. 이때 두 양식에서 얻은 점수 간 상관계수가 대형검사 신뢰도이다. 두 검사 양식은 문항 수, 내용, 검사시간, 방식 등에서 대등할수록 바람직하다. 대등한 정도를 평행성이라 하고 서로 대등한 검사를 평행검사라 한다. 평행검사는 대형검사의 이상적인 경우이다. 그러나 현실적으로 완전히 평행한 두 검사를 만드는 것은 어렵다. 따라서 실제로 2차 검사는 1차 검사에 아주 평행하기가 어렵고 어느 정도 평행하거나 동일한 속성을 재는 정도에 그치게 된다.

대형검사의 실시는 재검사의 경우와 달리 간격을 두지 않아도 된다. 동일한 검사가 아니므로 이월 효과에 대한 우려는 감소된다. 그러나 두 개의 양식을 개발하는 것은 비용이 많이 들고 비현실적인 경우가 많다. 검사가 하나 있을 때, 단지 신뢰도만 구하고자 대안적인 양식을 만들기는 쉽지 않다. 또한 대안적 양식을 실시할 때 반응 양식(style), 검사 시의 기분, 속성 간 유사성 등으로 인한 이월 효과를 유발할 수가 있다.

대형검사 신뢰도는 두 개의 검사 점수 집합 X와 Y 간 상관인데 그 의미가 불분명할 수 있다. 실제로 검사 점수 X와 Y는 각기 나름대로의 신뢰도가 있고 그 값이 반드시 같을 필요는 없다. 또한 X와 Y 간 상관으로 나타나는 대형검사 신뢰도는, 두 양식 가운데 신뢰도가 낮은 쪽의 신

뢰도보다는 큰 값이고 신뢰도가 높은 쪽의 신뢰도보다는 낮은 값이다. 따라서 X와 Y가 평행할
수록 대형검사 신뢰도의 의미는 분명해진다.

(3) 내적 일관성 신뢰도

내적 일관성 신뢰도는 검사가 1회 사용된 결과에 기초한 신뢰도이다. 이 방식은 검사 내 문
항들 간에 서로 일관성 있는 결과를 제시하는 정도에 기초한다. 예로서 어떤 검사가 동기화
를 측정하기 위해 20개 문항으로 구성되어 있을 때 그 검사를 가급적 평행한 두 부분으로 나누
면 두 개의 반쪽 검사가 된다. 이 두 반쪽 검사의 점수 간에 상관계수(r)를 구하면 '검사–재검사'
의 상황이 되어 반쪽 검사의 신뢰도가 된다. 이 값을 수정해서 전체 검사의 신뢰도를 추정하면
Spearman-Brown 반분계수라는 내적 일관성 신뢰도가 된다[2r/(1+r)]. 통상은 검사 내 문항들을
홀수와 짝수로 나누어 반분계수를 구하지만, 검사를 반분할 수 있는 방법은 한 가지가 아니다.

또는 검사 내 개별 문항들에 대한 응답이 얼마나 일관성 있는지의 정도에 기초해서 α계수
(Cronbach, 1951; Guttman, 1945)라는 내적 일관성 신뢰도를 구할 수가 있다. n개의 문항으로 된
검사에서 문항 점수의 총합을 검사 점수라고 한다. 이때 검사 점수의 분산이 있고, 검사 내 각
문항별로 문항 점수의 분산이 있다. 문항 점수의 분산을 구해서 모두 합한 값을 W라 하고 검사
점수의 분산을 V라 하면 α계수는 다음과 같다.

$$\frac{n}{n-1} \times \frac{V-W}{V}$$

여기서 문항이 모두 이분 문항(예, 아니요)이면 α계수 공식은 Kuder와 Richardson(1937)의 20
번째 공식(KR-20)과 같아진다. 앞서 검사를 반분하는 방법이 한 가지가 아님을 언급하였는데,
그렇기에 반분계수 값이 여러 가지로 나올 수 있다. α계수는 하나의 검사를 반분할 수 있는 가
능한 모든 경우에 대해서 산출되는 반분계수들의 평균이다. α계수의 또 다른 특징은 비슷한 문
항의 수가 증가할수록 계수의 값이 증가한다는 것이다. 즉, 문항 수가 적은 검사에서 α계수가
작게 나왔을 경우, 비슷한 문항을 늘리면 α계수 역시 향상될 수 있다. 문항 수가 많고 α계수가
1.0에 가까운 검사에서는 문항 수를 간단하게 하면서 약간의 신뢰도를 희생시킬 수가 있다. 문
항을 몇 배수로 늘리거나 몇 분의 1 배수로 줄일 때 기대되는 α계수의 값은 다음의 Spearman-
Brown 예언 공식으로 쉽게 추정할 수 있다.

$$\frac{nr}{1+(n-1)r}$$

(r = 원척도의 α계수 값, n = 문항 수의 증가 또는 감소를 나타내는 배수)

(4) 평정자 간 신뢰도

평정자 간 신뢰도(interrater reliability)는 측정 대상에 대하여 복수의 평정자가 일관성 있게 측정하는 정도이다. 예로서, 입사 지원자들을 면접할 때 면접관이 한 명이 아니라 다수이고 그들 간에 일관성이 있으면 신뢰도가 높다고 할 수 있다. 그런데 이때의 평정자 간 신뢰도는 의미상 대형검사 신뢰도와 유사하다. 즉, 각 평정자의 평가는 지원자의 자격 수준을 재는 상이한 형태의 검사 양식으로 볼 수 있는 것이다. 만일에 평정자의 수가 2명이면 두 평정자가 매긴 점수 간의 상관이 평정자 간 신뢰도인데, 3명 이상이면 평정자 간 일관성에 대한 급내상관(intraclass correlation)을 구하게 되고(김지윤, 여성칠, 이순묵, 2009), 이것이 평정자 간 일관성의 신뢰도가 된다.

(5) 측정의 표준오차

앞에서 신뢰도 산출을 목적으로 검사 점수의 요약을 할 때 분산을 계산함을 언급하였다. 이 분산은 관찰점수, 진점수 그리고 오차점수에 대해서 정의된다. 관찰점수의 분산(V)에서 진점수 분산이 아닌 부분이 오차점수의 분산이며, 측정오차 분산이라고도 한다. 이 측정오차 분산도 일종의 분산이므로 제곱근을 구하면 표준편차가 되는데, 검사 이론에서는 전통적으로 측정의 표준오차로 불러왔다. 검사 점수 X의 신뢰도를 r_{xx}라 하고 검사 점수(관찰점수) 분산을 V라 하면 측정오차 분산은 $V(1-r_{xx})$로 관찰점수 분산에서 비체계적 부분이다. 이것의 제곱근인, 측정의 표준오차(Standard Error: SE)는 $\sqrt{V(1-r_{xx})}$로 구할 수 있다.

측정의 표준오차는 진점수를 추정하는 데 사용된다. 즉, 어떤 개인의 검사 점수 X가 x로 나왔다고 하고 그의 진점수가 T라고 하자. 진점수 T는 그 개인에게 동일한 검사를 무한히 반복했을 때 얻을 수 있는 평균값이다. 현실에서 그러한 반복검사는 불가능하므로 T는 눈에 보이는 값이 아니며 단지 추정일 뿐이다. 반복해서 구하는 검사 점수 X가 정규분포를 따른다고 하고 그러한 분포가 그 검사를 받는 모든 사람에게 동일하다고 하면, 관찰점수로서 x를 받은 사람의 진점수 범위는 다음과 같이 x(관찰점수)와 SE(측정의 표준오차)를 사용해서 구한다.

$$x-1.96\text{SE} \leq T \leq x + 1.96\text{SE}$$

여기서 1.96은 표준정규분포(평균 0, 분산이 1인 정규분포)에서 추정을 할 때 신뢰수준 95%에 대한 임계치이다. 즉, 개인의 관찰점수에 ±1.96SE를 하면 그의 진점수가 들어 있을 구간의 하한값과 상한값을 얻는다. 그리고 위의 공식에 따라 얻어진 구간이 진점수를 포함할 확률, 즉 통계적 신뢰수준은 95%이다.

2) 준거(영역)참조검사의 신뢰도

준거(영역)참조검사에서는 규준참조검사에서의 신뢰도 개념인 '측정 결과의 일관성'을 넘어서 '분류의 일치도' 개념으로 들어간다. 준거(영역)참조검사에서는 기준점수에 근거해서 개인을 특정 범주에 분류, 진단 또는 등급화하는 의사결정을 한다. 이것은 개인을 특정 범주에 분류하는 것이므로 범주화 결과 또는 분류의 일치도가 점수의 반복 가능성을 정의하는 기초가 된다. 따라서 수검자의 상대적 서열이 일관성 있게 유지되는 것을 중심으로 산출되는 일관성의 신뢰도로 널리 쓰이는 α계수는 해당되지 않는다. 오히려 일치도의 신뢰도를 보고해야 한다. 앞서 평정자 간 신뢰도에서도 일관성이 아닌 일치도를 보자면, 일관성의 급내상관과 달리 일치도에 대한 급내상관을 보고해야 한다(김지윤 외, 2009; McGraw & Wong, 1996).

분류에는 2등급 분류도 있으나 4등급, 5등급 등 여러 등급으로 하는 경우도 있다. 따라서 분류 결과 또는 기준점수를 중심으로 검사의 신뢰도가 정의되는데, 여기에는 Cohen(1960)의 K(kappa), 일치도의 급내상관계수(김지윤 외, 2009; McGraw & Wong, 1996) 그리고 Brennan(1984)의 의존가능도계수(dependability index)가 있다. 이 중에서 카파와 급내상관계수는 범용 소프트웨어(예: SPSS)에서도 비교적 쉽게 구할 수 있다. 또한 동일한 자료에 대해서 규준참조검사의 신뢰도에 비해 준거참조검사의 신뢰도는 보다 엄격하고 낮은 값이 나올 수 밖에 없다. 그것은 일관성의 신뢰도 개념에서는 들어 있지 않은 평정자 간의 일치도가 추가로 신뢰도의 계산에 포함되기 때문이다.

9. 타당도 증거

검사의 타당도 정의가 어떻게 변화해 왔는가 그리고 타당도의 논변은 어떤 관점에서 제기되는가에 대해서는 앞서 논의한 바 있다. 그런데 과거에 검사의 타당도를 내용타당도, 구성개념타당도, 준거타당도와 같이 서로 다른 세 가지 타당도를 부르던 관행이 있었으나, 1980년대 중반부터는(AERA et al., APA, & NCME, 1985; Messick, 1988) 하나의 개념으로 보고 과거의 세부적 타당도들은 타당도를 위한 증거로 보는 관점이 지배적이 되었다. 검사가 타당함을 보이는 증거가 충실할수록 검사가 잘 타당화되었다고 한다. 가장 최근의 검사 표준서(AERA et al., 2014)에서 요구하는 타당도 증거는 크게 네 가지(내용 관련, 구성개념 관련, 준거 관련, 결과 관련)로 볼 수 있다. 이 중에서 구성개념 관련 증거가 가장 중요하게 간주되면서 인지과정 관련 증거, 내적 구조 관련 증거, 다른 구성개념들과의 관계 증거로 세분화되었다.

1) 내용 관련 증거

내용 관련(content-oriented)의 타당도 증거는 측정 대상인 속성의 전체 영역에서 대표적이고 중요한 표본이 검사에 문항으로 들어 있는 정도를 가리킨다. 교육장면에서의 시험이나 기술자격시험에서 문항들이 학습의 범주를 벗어나거나, 자격 있는 사람이 되기 위해 요구되는 지식/기술의 영역 또는 범주를 벗어나면 내용 관련의 타당도 증거가 부족한 검사라고 할 수 있다.

속성의 전체 영역은 검사에서 다루고자 하는 문항들이 무수히 있는 문제은행이라고 볼 수 있다. 능력이나 숙달과 같은 인지역량에 대한 검사라면 내용 관련의 타당도 증거를 확보하기가 비교적 용이하지만 성격, 적성과 같이 포괄적인 속성을 재는 검사일 경우 그러한 속성의 전체 영역이 무엇인지 기술하는 것부터가 어려운 일이다. 따라서 내용 관련의 타당도 증거 여부에 대한 접근은 대체로 전문가들이 검사의 내용을 보고서 내리는 질적 판단에 의존한다.

교과목으로 되어 있는 영역을 다루는 검사라면 내용 관련의 타당도로서 논리적 표집타당도 (logical sampling validity)를 추구할 수 있다. 예컨대 역사 과목에서 성취도검사를 실시할 경우, '역사'라는 내용을 논리적으로 세분해 보면 고대사, 중세사 및 근대사로 나누어 볼 수 있다. 또한 교과과정에서 이 세 부분에 할당되는 시간을 참조하면 각 부분에 대한 가중치를 매길 수 있다. 이 가중치를 반영하여 문항의 수를 조정하고 채점 시의 점수할당 기준을 적절하게 설정할 수 있다. 이것이 논리적 표집의 청사진인 것이다.

내용 관련 타당도와 혼동되어 온 타당도 개념으로 안면타당도(face validity)가 있다. 안면타당도는 검사의 제목, 지시사항, 문항, 용어 사용 또는 외관 등에서 '수검자'가 보기에 진지하게 만들어진 것으로 보이는 정도이다. 이것은 수검자의 판단에 의존하는 타당도이다. 요즈음에도 널리 쓰이고 있는 이 개념은 1940년대에는 '내용타당도'의 한 예로 사용되었으나 지금은 내용 관련의 타당도 증거와 분리해서 언급하는 경향이 많다. 그렇다고 해서 안면타당도가 중요하지 않다는 것은 아니다. 이것이 충족되지 않을 경우 검사가 수용되지 않고 반응률이 저하됨은 물론 검사 자체가 거부되거나 사회적 문제가 될 수도 있다.

2) 구성개념 관련 증거

검사가 측정하고자 하는 이론적 개념을 어느 정도 측정하느냐 하는 것이 구성개념 관련(construct-related)의 타당도 증거가 된다. 내용 관련 타당도 증거의 정도가 문항들의 구성에 대한 질적 판단을 가리킨다면, 구성개념 관련의 타당도 증거는 그 문항들을 사용해서 측정하고자 하는 이론적 개념에 대하여 그 존재를 계량적으로 확인 가능한 정도가 된다. Cronbach(1988)는 구성개념 관련의 타당도 증거를 보이기 위한 노력을 소극적 접근과 적극적 접근으로 나누었다. 소극적 접근은 단순히 탐색적인 모든 노력을 의미한다. 어떤 검사 점수가 다른 변수와의 상관이 있으면 무엇이든 대환영이다. 즉, 1954년과 1966년의 표준서에서 보는 바와 같이 '검사의 개발자가 보다 많은 정보를 제공할수록 좋은 것'이다. 어떤 형태건 검사 결과의 해석에 도움이 되면 대환영이다.

적극적 접근은 1974년 이후 최근까지의 검사 표준서에서 제시된 바와 같이 검사 결과에 대해 연구자의 '이론적 방향'이 제시하는 바를 가급적 분명히 하고 그것을 부정하는 증거가 있는 지를 찾아보는 것이다. 또는 다른 가설을 세워 보고 연구자의 가설이 그 경쟁 가설보다 더 그럴듯한 지를 검토하는 것이다.

여러 가지 예를 통해 적극적 접근의 방법을 알아보기로 한다. 어느 검사도구가 한국과 미국 간 행정협정에 대한 의견을 조사하는 것이라면 친미적인 응답자 집단과 반미적인 집단, 중도적인 집단 간에 뚜렷한 점수 차이가 나와야 할 것이다. 또한 Messick(1975)이 보이는 바와 같이, 특정 개념(예: 동기)의 서로 다른 조건(예: 동기의 고저)이 조성된 상태에서 두 집단이 실험을 거쳤을 때 실험 후 종속변수(예: 동기부여 결과로 관찰되는 행동)를 측정한 결과의 평균 및 분포가 집단 간에 다르면 그 측정은 실험에서 조성된 특정 개념을 잘 포착하고 있는 것이다.

1999년과 2014년 검사 표준서에서는 구성개념 관련 증거를 인지과정 관련 증거, 내적 구조 관련 증거, 개념적으로 관계 있는 구성개념들과의 관련 증거로 세분화하였다. 우선, 인지과정은 수검자나 응답자들에게 그들이 문제에 답하는 전략에 대해서 또는 특정 문항에 대한 반응을 어떻게 했는가를 물어보면 알 수가 있다. 글로 쓰는 과제일 경우 반응이 진행되는 과정을 기록으로 남기거나 컴퓨터상에서 반응시간이나 눈동자의 움직임을 기록함으로써 해당 문항에 대하여 어떤 인지과정을 거치는지 그리고 그 과정이 과연 측정 대상인 구성개념과 관련되는지를 검토할 수 있다.

검사의 내적 구조 확인은 단일 집단에 대한 요인분석을 하여 요인타당도를 보이거나 복수의 집단(예: 남, 여)에 걸쳐 요인구조가 안정되거나 변화하는 것을 파악하는 것이다. 검사 점수를 기반으로 한 내적 구조가 검사에서 기대되는 구성개념을 확인해 준다면 내적 구조 관련의 타당도 증거가 확보되는 것이다.

끝으로 개념적으로 관계 있는 구성개념들과의 관련성을 검토하는 것은 Cronbach(1988)가 제시한 '구성개념 타당화의 적극적 방식'의 전형적인 예가 된다. 여기서 개념적 관계라 함은 유사한 관계와 상이한 관계를 의미하며 전자와는 관계가 높아야 하고 후자와는 관계가 낮아야 할 것이다. 이러한 이론적 예측을 다특성다방법(multitrait-multimethod: MTMM) 접근으로 또는 변수 간 함수적 관계를 보이는 구조방정식 모형을 적용하여 확인하면 구성개념 관련의 타당도 증거가 확보되는 것이다.

3) 준거 관련 증거

검사 점수가 준거에 관계되어 있는 정도가 준거 관련(criterion-related)의 타당도 증거이다. 여기서의 준거는 준거참조검사에서의 준거 영역과 같은 의미인데, 타당화의 맥락에서는 검사 점수를 사용해서 알아보고자 하는 행동(영역)을 가리킨다. 알아본다는 것은 나중에 발생할 준거를 미리 알아보는 경우가 있고, 현재 접근 가능한 준거와 비교해 보는 경우가 있다. 전자에서 추구하는 것을 예측타당도(predictive validity), 후자에서 추구하는 것을 공시타당도(concurrent validity)라고 한다.

검사의 예측타당도를 검증하기 위해서는 준거변수가 미래에 측정될 때까지 기다려야 하는 어려움이 있다. 물론 일단 예측타당도가 확보되면 강한 주장을 할 수가 있다. 그러나 이 경우에도 검사의 사용자는 그 검사가 무엇을 예측하는지를 정확히 이해해야 한다. 검사의 역사에서 예측타당도와 관련하여 가장 많은 논란이 있었고 이제는 확고하게 그 타당도가 지지되고 있는 검사는 일반인지 능력검사이다. 학습이나 업무 수행장면에서 이 검사가 매우 널리 쓰이는데, 1900년대 초에 프랑스의 Binet가 개발한 지능검사가 그 시초라고 할 수 있다. 그 후 많은 영역에서 일반인지 능력을 측정하는 검사가 사용되고 있는데 국내에서도 기업체의 입사시험에서 적성검사의 많은 부분, 교육장면의 많은 지능검사, 5급 공무원 적성검사의 상당 부분이 그에 해당된다.

심리학에서는 인간의 행동을 예측하는 데 있어서, 일반인지 능력 이외에도 매우 많은 구성개념이 있다. 동기, 성격, 태도, 가치관, 목표지향성 등 개인차를 구분하기 위한 많은 개념이 행동에 대한 예측변수로 쓰이고 있다. 그런데 이들 개념을 측정하기 위해서 검사가 필요하고, 그 검사가 타당하기 위해서는 검사 점수가 미래의 행동과 의미 있는 관련이 있다는 것을 보여야 하는데, 일반적으로 이는 검사 점수와 행동 간의 상관계수에 의해서 가능하다.

조직장면에서의 예측타당도를 보자. 제2차 세계대전 때 미 해군에서는 병사들에게 함포조수(함포사수의 보조원) 학교 입교 전에 실시하여 얻은 언어이해 및 읽기이해 검사 점수가 입교 후 병사들의 수행에 대한 가장 좋은 예측변수로 보고되었다. 상식적으로 볼 때 읽기 능력과 함포 관련 기술은 서로 관련이 없는 것 같은데도 이런 결과가 나왔다. 조사를 해 보니 그 예측타당도를 산출할 시에 준거가 잘못되었다. 즉, 언어 이해에 관련된 것을 준거로 사용한 것이었다. 실제로 함포를 쏠 때의 행동이 준거라야 할 것인데 언어 이해가 준거로 사용된 것이다. 그래서 실제 '업무 수행'을 준거로 했더니 언어검사의 예측타당도는 급격히 떨어지고 기계적성검사가 업무 수행에 대한 최고의 예측변수가 되었다(Frederickson, 1984). 올바른 준거가 설정되니까 그에 맞는 검사, 즉 예측타당도 있는 검사가 선정된 것이다. 준거 설정의 정확도가 얼마나 중요한지 알 수 있는 예이다.

검사 점수가 그와 동시에 구해지는 또는 현재 접근 가능한 준거변수와 크게 상관되어 있으면 공시타당도가 높다고 한다. 어떤 축소형 또는 단축 검사를 개발했을 때는 그것의 원본 또는 확대형 검사 점수를 준거변수로 간주하여 상관관계를 보아야 한다. 의사가 환자와의 장시간 면접 및 검토를 거쳐서 산출하는 진단 대신에 간단한 몇 개의 질문으로 구성된 단축형 진단으로 대체하고자 할 때 그 단축형 진단은 공시타당도를 가진 것이어야 한다.

4) 결과 관련 증거

1970년대부터 Cronbach와 Messick은 검사와 관련된 사회적 결과(consequence)에 대해 연구할 필요를 공감하면서 그것을 타당도의 범주에 포함시킬 것인지 아닌지에 대해서는 의견을 달리하였다. Cronbach는 포함시키지 않았고 Messick은 포함시키고자 하였다. Cronbach(1988)가 언급한 타당도에 대한 기능적 관점에서 볼 때, 어떤 입시제도에서 고등학생들이 폭넓은 교양보다는 일부 핵심 과목의 숙달에만 중점을 두는 문제가 발생한다면 검사의 역기능이라고 할 수 있다. 또는 입사시험을 치렀는데 이미 어렵다는 소문이 나서 어느 성(남성, 여성) 집단은 지원을 하고 합격자도 많으나 다른 성 집단은 지원도 적고 합격자도 적다면 정치적 문제가 되기도 한다. 뜻하지 않게 한 집단이 차별을 받은 결과이기 때문이다. 이런 결과에 대해 과연 검사가 어디까지 책임질 것인가? 그런 결과의 원인을 추적해 보고자 할 때 검사가 측정하고자 하는 개념을 과소표상했기 때문이라면 검사의 타당도에 문제가 있다고 할 수 있다. 그러나 단지 검사가 측정하고자 하는 구성개념에 무관한 다른 특성(예: 어렵다는 입소문)이 수검자 집단에 민감하게 작용하여 그런 결과가 나왔다면 그것이 검사의 경험적(계량적) 타당도를 위협하지는 않는다. 그러나 검사에 대한 평가가 좋을 수는 없다(Messick, 1988). 따라서 검사는 "타당하지 못함(invalidity)"으로 평가될 수 있다(예: AERA, APA, & NCME, 1999, p. 16). 즉, Cronbach와 Messick의 논쟁에 대하여 1999년 검사 표준서에서는 비록 검사에 무관한 부분 때문에 생긴 결과라 해도 일단은 타당화에서 다루어 주기로 한 것이다. 물론 그렇게 추적이 될 수 없는 경우 "타당도의 영역 밖이지만 정책 결정에는 중요한 정보가 된다"(AERA, APA, & NCME, 1999, p. 16). 결과적으로 검사 타당도의 의미는 정책 결정이라는 맥락 속에서 정책 당사자들의 판단에 의해 영향을 받을 수 있다.

검사에 비해 일상적으로 정책 결정에 관련된다고 할 수 있는 프로그램 평가의 영역에서는 이해당사자들의 정책적 복안을 파악해야 하는데, 검사도 그런 면이 있을 수 있다(Kane, 2006). 즉, 검사를 통해서 어떤 결과를 이루고자 한다면 검사가 활용되는 장(field)의 맥락에 대한 평가가 필요하다. 따라서 현재의 타당화 개념이 아직은 경험적(측정기반) 평가를 중심으로 하지만 점차로 판단적 평가(예: 정책 당사자들의 평가)까지 타당도의 의미 구성에 포함될 것으로 전망

된다.

5) 검사의 신뢰도가 타당도로 간주되는 경우

신뢰도가 검사 점수의 반복 가능성을 의미한다면, 타당도는 검사 점수를 기반으로 한 추론이 지지되는 정도이다. 그 추론은 구성개념에 대한 것일 수도 있고 준거에 대한 것일 수도 있다. 그런데 검사 점수가 곧 그 구성개념이나 준거에 대한 측정 결과라면, 그 점수의 신뢰도 논의는 곧 구성개념이나 준거에 대한 추론이 된다. 그렇다면 신뢰도가 좋을 경우 구성개념이나 준거 관련의 타당도 증거가 된다.

창의성 연구에서 창의적 산물들을 보고 거기 담겨 있는 창의성을 다수의 전문가가 평가하는 합의적 평가기법(Consensus Assessment Technique: CAT; Amabile, 1996)이 있다. Amabile(1996)의 연구에서, 참여자들이 산출한 산물들의 창의성에 대하여 복수의 평가자들에 의한 평정결과를 기반으로 한 평정자 간 신뢰도가 창의성에 대한 구성개념 관련의 타당도 증거라는 의미이다.

이와 마찬가지로 준거가 관련된 장면에서의 신뢰도는 곧 준거 관련의 타당도 증거가 된다. 예로서, 임상장면에서 다수의 내담자에 대하여 두 사람의 임상가(두 명의 전문가 간 일치)가 우울증 여부를 판단한 결과의 일치도는 일종의 신뢰도이다. 이때의 일치도는 준거 관련의 타당도 증거가 된다.

준거참조검사의 신뢰도로서 분류에 대한 일치도를 논의한 바 있다. 만일에 내담자에 대한 전문가의 분류(준거로 간주)와 견습 중인 준전문가의 분류가 모두 이분적인 경우라면 신호탐지 이론에서 유래한 반응작용곡선(Response Operating Curve: ROC) 분석(송상욱, 2009; Hisao, Bartko, & Potter, 1988)을 통해 준전문가에 의한 판단의 타당도를 검토할 수 있다. 즉, 전문가가 내담자에게 우울증이 있다고 판단할 때 준전문가도 그렇다고 판단한 비율인 민감도(sensitivity)가 높고, 전문가가 우울증이 아니라고 판단할 때 준전문가도 아니라고 판단한 비율인 특이도(specificity)가 높을수록 준전문가의 판단은 타당하다고 할 수 있다. 이것은 신뢰도가 준거관련 타당도로 해석되는 경우이다.

요약

1. 검사는 어떤 속성을 측정할 때 사용되는 모든 종류의 도구, 기술 및 절차이다.
2. 측정(measurement)이란 일정한 규칙에 따라 재고자 하는 속성에 숫자를 부여하는 과정

이다.

3. 검사를 검사의 해석 및 사용목적에 따라 구분하면 상대평가 목적의 규준참조검사와 절대평가 목적의 준거(영역)참조검사로 나눌 수 있다.

4. 규준참조검사에서는 모집단에서 얻은 표본의 점수분포에 비추어 개인 점수의 상대적 위치를 파악한다(표본이 충분히 클 것이 가정됨).

5. 준거(영역)참조검사에서는 측정하고자 하는 속성의 영역상에서 개인의 절대적 위치를 파악한다.

6. 신뢰도는 점수의 반복 가능성을 말한다.

7. 규준참조검사에서의 신뢰도는 평행한 두 검사 간의 일관성, 즉 상관으로 산출된다.

8. 준거(영역)참조검사에서의 신뢰도는 개인을 특정 범주에 분류할 때 그 분류가 일치되는 정도를 의미한다.

9. 전통적으로 검사가 측정하고자 목적한 바를 잴 때 타당도가 있다고 말한다.

10. 타당화라고 하면 검사의 타당도에 대한 평가인데, 아직은 측정 기반의 경험적 평가를 중심으로 한다. 그러나 가까운 미래에 결과 관련 증거처럼 판단적 증거도 타당도의 증거로 간주될 것이라는 전망이 가능하다.

11. 문항반응 자료에서 검사 점수는 검사에 대한 전반적인 정보를 제공한다.

12. 문항반응 자료에서 각 문항의 난이도와 변별도는 검사 내 문항별 정보가 된다.

참고문헌

김교헌, 권선중, 김세진, 이순묵(2011). 저수준 도박행동 연구를 위한 개념화 및 척도 개발. 한국심리학회지: 일반, 30(2), 599-628.

김아영, 차정은, 권선중, 이순묵(2011). CPGI의 한국판 제작 및 타당화. 한국심리학회지: 일반, 30(4), 1011-1038.

김종남, 이홍표, 이순묵(2011). 문제 도박의 조기 탐지 및 대처를 위한 가족용 척도의 개발. 한국심리학회지 일반, 30(1), 135-168.

김지윤, 여성칠, 이순묵(2009). 급내 상관과 일반화가능도 이론 간의 이론적 경험적 비교. 한국심리학회지: 일반, 28(3), 659-686.

민병배, 오현숙, 이주영(2007). 기질 및 성격검사 매뉴얼. 서울: (주) 마음사랑.

송상욱(2009). Receiver Operating Characteristic(ROC) Curve를 이용한 민감도와 특이도 측정. *Korean Journal of Family Medicine, 30*(11), 841-842.

이순묵(2002). 사회과학을 위한 측정의 원리. 서울: 학지사.

이순묵(2005). 인사평가에서 상대평가와 절대평가의 논리. 한국기업의 인적자원관리. 박기찬(편), (pp. 130-158). 서울: 박영사.

이순묵, 김교헌, 권선중, 김세진, 이경희, 이현정, 여성칠(2012). 캐나다 문제도박척도(CPGI)의 기능평가를 위한 다집단 분석. 한국심리학회지: 임상, 30(4), 217-251.

이순묵, 김청택, 김명소, 설현수, 유태용, 이도형, 임대열(2001). 영역참조적 검사제작의 논리와 적용. 한국심리학회지: 일반, 20(2), 305-325.

이순묵, 반재천, 이형초, 최윤경, 이순영(2007). 인터넷 중독 진단방식의 전환: 규준참조평가에서 영역참조평가로. 한국심리학회지: 임상, 26(1), 213-238.

이순묵, 이찬순, 이현정, 여성칠(2012). 캐나다 도박행동 척도에서 개념적 구조 및 심리측정적 특성의 일반화 가능성: 남녀간 다집단 분석. 한국심리학회지: 일반, 31(1), 1-26.

이형초, 최윤경, 이순묵, 반재천, 이순영(2007). 성인 인터넷 중독 진단척도 개발 및 타당화 연구. 한국심리학회지: 임상, 26(3), 765-791.

장유경, 이순묵, 최유리(2007). 초기 어휘습득에서의 성차와 어휘종류의 영향. 한국심리학회지: 일반, 26(2), 115-136.

Allen, M. J., & Yen, W. M. (1979). *Introduction to Measurement Theory*. Monterey, CA: Brooks/ Cole Publishing.

Alreck, P. L., & Settle, R. B. (1985). *The survey research handbook*. Homewood, IL: Irwin.

Amabile, T. M. (1996). *Creativity in context*. Boulder, CO: Westview Press.

American Educational Research Association(AERA), American Psychological Association(APA), & National Council on Measurement in Education(NCME). (1985). *Standards for Educational and Psychological Testing*. Washington DC: Author.

American Educational Research Association(AERA), American Psychological Association(APA), & National Council on Measurement in Education(NCME). (1999). *Standards for educational and psychological testing*. Washington, DC: American Educational Research Association.

American Educational Research Association(AERA), American Psychological Association(APA), & National Council on Measurement in Education(NCME). (2014). *Standards for educational and psychological testing*. Washington, DC: American Educational Research Association.

Anastasi, A., & Urbina, S. (1997). *Psychological Testing* (7th ed.). Upper Saddle River, NJ: Prentice-Hall.

Angoff, W. H. (1971). Scales, Norms, and Equivalent Scores. In R. L. Thorndike (Ed.), *Educational Measurement* (2nd ed., pp. 508-600). Washington, DC: American Council on Education.

Brennan, R. L. (1984). Estimating the Dependability of the Scores. In R. A. Berk (Ed.), *A Guide to Criterion-Referenced Test Construction* (pp. 292-334). Baltimore: Johns Hopkins University Press.

Cascio, W. F. (1987). *Applied Psychology in Personnel Management* (3rd ed.). NJ: Prentice-Hall.

Cohen, J. (1960). A Coefficient of Agreement for Nominal Scales. *Educational and Psychological measurement, 20*, 37-46.

Cronbach, L. J. (1951). Coefficient Alpha and the Internal Structure of Tests. *Psychometrika, 16*, 297-334.

Cronbach, L. J. (1988). Five Perspectives on Validity Argument. In H. Wainer & H. I. Braun (Eds.), *Test Validity* (pp. 3-17). Hillsdale, NJ: LEA.

Fredericksen, N. (1984). The Real Test Bias: Influences of Testing on Teaching and Learning. *American Psychologist, 39*, 193-202.

Gorsuch, R. L. (1974). *Factor Analysis*. Philadelphia: W. B. Saunders.

Goth,, K., Cloninger, C. R., & Schmeck, K. (2003). *Das Junior Temperament und Charakter inventar fur Erwachsene-TCI R Kurz*. Klinik fur Psychiatrie und Psychotherapiedes Kindes und Jungendalters der J. W. Goethe. Universitat Frankfurt.

Guilford, J. P. (1954). *Psychometric Methods*. New York: McGraw-Hill.

Guttman, L. (1945). A Basis for AnalyZing Test-Retest Reliability. *Psychometrika, 10*, 255-282.

Holland, P. W., & Rubin, D. B. (1982). Introduction: Research on Test Equating Sponsored by Educational Testing Service, 1978-1980. In P. W. Holland & D. D. Rubin (Eds.), *Test Equating* (pp. 1-8). New York: Academic Press.

Holland, P. W., & Thayer, D. T. (1988). Differential Item Performance and the Mantel-Haenszel Procedure. In H. Wainer & H. I. Braun (Eds.), *Test Validity* (pp. 129-145). Hillsdale, NJ: LEA.

Hsiao, J. K., Bartko, J. J., & Potter, W. Z. (1988). Diagnosing diagnoses. *Archives of General Psychiatry, 46*, 664-667.

Kane, M. T. (2006). Validation. In R. L. Brennan (Ed.), *Educational Measurement* (pp. 17-64). Westport, CT: American Council on Education and Praeger Publishers.

Kuder, G. F., & Richardson, M. W. (1937). The Theory of Estimation of Test Reliability. *Psychometrika, 2*, 151-160.

McGraw, K. O., & Wong, S. P. (1996). Forming inferences about some intraclass correlation coefficients. *Psychological Methods, 1*(1), 30-46.

Messick, S. (1975). The Standard Problem: Meaning and Values in Measurement and Evaluation. *American Psychologist, 30*, 955-966.

Messick, S. (1988). The once and future issue of validity: assessing the meaning and consequences of measurement. In H. Wainer & H. I. Braun (Eds.), *Test Validity* (pp. 33-45). Hillsdale, NJ: LEA.

Nunnally, J. C. (1978). *Psychometric Theory* (2nd ed.). New York: McGraw-Hill.

Stevens, S. S. (1946). On the Theory of Scales of Measurement. *Science, 103*, 667-680.

Wolman, B. B. (1989). *Dictionary of Behavioral Science*. San Diego, CA: Academic Press.

Young, F. W. (1981). Quantitative Analysis of Qualitative Data. *Psychometrika, 46*, 357-388.

Chapter 03

심리검사의 개발

김은주

학/습/목/표

1. 심리검사의 개발과정을 이해하기

2. 구성개념을 대표하는 행동유형을 규정하는 방법을 이해하기

3. 문항 개발과정을 이해하기

4. 문항분석의 목적과 분석방법에 대해 이해하기

5. 검사 매뉴얼에 제공되어야 할 정보에 대해 이해하기

1. 심리검사 개발과정에 대한 이해

심리검사란 심리학적인 추상적 구성개념을 측정하기 위해 개인의 대표적인 행동을 표집하여 간접적으로 측정하는 도구이다. 예를 들면, 개인의 스트레스 정도는 몸무게나 키와 같이 직접 측정할 수 없는 추상적 개념이므로, 우리는 스트레스로 인해 나타날 수 있는 대표적인 행동들, 즉 잠을 잘 못 잔다거나 사소한 일에도 화를 잘 내는 것과 같은 대표적인 행동 표본을 추출하여 개인의 스트레스 정도를 간접적으로 측정할 수 있다.

개인의 심리적 특성이라는 추상적 개념을 간접적으로 측정할 수 있는 심리검사의 매우 중요한 기준은 측정 결과의 정확성과 일반화 가능성이다. 잘못 개발된 심리검사는 그 결과가 정확하지 않기 때문에 그 결과를 신뢰할 수 없고 일반화할 수도 없다. 그러나 심리적 구성개념은 간접적으로 평가할 수밖에 없는 추상적 개념이므로 이러한 변인을 측정하기 위한 도구를 고안하는 데는 몇 가지 어려운 문제가 있다(Crocker & Algina, 1986).

검사개발자는 모든 심리적 평가의 공통적인 다음 다섯 가지 측정의 문제점을 해결하기 위해 노력해야 한다.

① **어떤 구성개념에 대해서도 보편적으로 받아들여지는 유일한 측정 방법은 존재하지 않는다.** 심리적 구성개념에 대한 측정은 항상 간접적이며 그 구성개념과 관련되어 있다고 생각되는 행동을 바탕으로 이루어진다. 따라서 동일한 개념을 측정하고자 하는 서로 다른 이론가가 있다면, 비록 측정하고자 하는 개념은 동일해도 그 개념에 대한 조작적 정의나 그것을 대표하는 행동들이 서로 다를 수 있고, 이로 인해 측정 절차 역시 달라서 상이한 결론으로 이어질 가능성도 얼마든지 있다.

② **심리측정은 보통 제한된 표본의 행동들을 근거로 한다.** 개인의 스트레스를 측정하기 위해 스트레스와 관련된 모든 행동을 다 관찰하는 것은 현실적으로 불가능하다. 이 때문에 어떤 심리적 영역에 대한 적절한 표본이 되기 위해 필요한 문항의 수와 내용의 다양성을 결정짓는 문제는 측정 절차를 개발할 때 주요한 고려사항이다.

③ **측정은 항상 오차 가능성이 있다.** 대부분의 심리측정은 제한된 표본의 관찰에 바탕을 두고 있는 일정한 한 시점에서만 행해지는 것이 보통이다. 만일 학생들이 나눗셈의 시험을 두 번 치르게 된다면 피곤, 권태, 망각, 추측, 실수, 잘못된 채점 등의 이유로 두 번의 점수가 동일할 가능성은 거의 없다. 만일 상이한 유형의 시험을 보게 된다면 위의 요인들뿐만 아니라 내용의 다양성으로 인해 두 유형의 검사에서 각기 다른 점수를 얻게 될 것이다. 내용이나 시간상의 차이 때문에 발생하는 점수들 간의 비일관성은 오차로 간주되어야 한다. 그러므로 심리측정에서 지속적으로 존재하는 문제점은 '일련의 관찰에 존재하는 오차의 정도를 어떻게 추정하느냐' 하는 것이다.

④ **측정척도상에 잘 정의된 단위가 없다는 것은 여전히 또 하나의 문제를 제기한다.** 수검자가 수리능력검사에서 답을 하나도 못 맞혔다면 이는 수검자가 이러한 능력이 전혀 없음을 나타내는 것일까? 만일 A가 다섯 문제를, B가 열 문제를, C가 열다섯 문제를 맞혔다면 A와 B 사이의 능력 차이가 B와 C 사이의 능력 차이와 같다고 결론 내릴 수 있을까? 검사가 측정하고자 하는 능력 차원에서 세 학생은 동일한 간격을 두고 떨어져 있는가? 측정척도의 특성 단위를 결정하고 도출된 수치를 해석하는 일은 복잡한 문제이며 심리측정도구가 개발되고 채점체계가 고안될 때마다 고려되어야만 하는 문제이다.

⑤ **심리학적 구성개념은 조작적 정의의 측면에서만 정의될 수 없고 다른 구성개념 혹은 관찰 가능한 현상과의 관계를 입증해야만 한다.** 심리측정은 관찰 가능한 반응을 근거로 삼지만 이론적 구성개념에 비추어 해석할 수 없다면 의미나 유용성은 없다. 이러한 이유로 Lord와 Novick(1968)은 심리측정을 밑받침하고 있는 구성개념은 두 수준으로 정의하는 것이 중요하다고 역설하였다. 첫째, 이미 지적한 바와 같이 구성개념은 관찰 가능한 행동의 측면에서 정의되어야 한다. 이러한 유형의 정의에는 측정이 어떻게 행해질 것인가가 명시되어 있다. 둘째, 구성개념은 이론적 체계 내의 다른 구성개념들과의 논리적 혹은 수학적 관계의 면에서 정의되어야 한다. 이 두 번째 유형의 정의는 얻어진 측정치를 해석하기 위한 기초가 된다. 이러한 관계성이 경험적으로 입증될 수 없다면 얻어진 측정치는 가치가 없다. 현실적으로 일단의 심리측정치가 다른 구성개념과 사상의 측정치와 어떠한 관계에 있느냐에 대한 증거를 수집하는 것이 검사 개발에서의 과제이다.

앞서 지적한 바와 같이 심리학적으로 측정하려는 대상이 대부분 구성개념이므로 간접적 측정이 불가피하며, 또한 측정 조건에 따라 측정 대상의 측정치가 달라질 수 있음을 고려할 때 심리검사의 개발과정은 매우 중요하다. 따라서 전문가들은 사용하고자 하는 심리검사의 개발과정을 명확히 이해함으로써 각 검사가 가지고 있는 나름의 한계와 장점들을 정확하게 파악하고 이를 고려하여 실제 심리검사의 선정, 시행 및 해석 과정에서 이러한 지식과 이해를 활용해야 할 것이다.

이 장에서는 『Handbook of Psychological Assessment(심리평가핸드북)』(Goldstein & Hersen, 1990), 『심리검사 제작의 이론과 실제』(박동건, 1992), 『심리검사 제작 및 사용지침서』(한국심리학회, 1998), 『문항제작 및 분석의 이론과 실제』(성태제, 2004), 『심리평가의 실제』(박영숙, 1994), 『심리검사』(탁진국, 2007)에 제시되어 있는 심리검사 개발의 전반적인 내용들을 기초로 하여 일반적인 심리검사 개발과정의 각 단계들을 기술하고 어떤 부분들을 주의해야 하는지, 검사를 사용하고 해석할 때 참고해야 할 주요 사항들은 무엇인지를 기술한다. 또한 심리검사 개발과정에 대한 보다 쉬운 이해를 돕기 위해서 대학생의 진로탐색검사 개발과정을 예로 들어 설명한다.

일반적인 심리검사의 개발과정을 간단하게 도식화하면 [그림 3-1]과 같다.

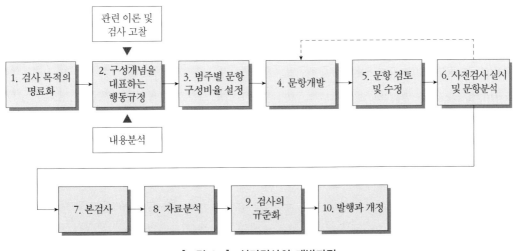

[그림 3-1] 심리검사의 개발과정

2. 검사의 사용목적 명료화

검사 개발의 첫 단계는 개발하고자 하는 검사를 어떤 목적으로 사용할 것인가를 명확히 하는 것이다. 검사의 사용목적이 명확해야 그에 따라 검사 개발의 기본 방향이 결정되고 이를 충족시킬 수 있는 검사를 만들 수 있게 된다. 예를 들어, 언어능력을 측정하는 검사의 경우 그 검사의 사용목적이 언어능력이 뛰어난 학생들을 선별하기 위한 것이라면 검사는 중간 정도 난이도의 문항들로 구성되어야 수검자 점수의 변량을 최대화시켜 언어능력이 뛰어난 학생들을 선별할 수 있게 된다. 반면에, 검사의 사용목적이 언어능력이 낮은 학생들이 어떤 부분에 특히 취약한지를 알아보기 위한 것이라면 언어능력을 구성하는 다양한 영역에 대해 대체로 쉬운 문항들로 구성되어야 수검자가 어떤 영역에서 취약한지를 명확히 알 수 있게 된다.

또한 다른 사람들과 비교함으로써 상대적인 정보를 얻고자 하는 검사가 있다. 상대적인 비교가 주요 목적인 이러한 검사를 규준참조검사(norm-reference test)라고 하고 대표적인 예가 성취 및 적성 검사이다. 우리가 흔히 말하는 지능검사 역시 학교에서 집단으로 검사를 실시하게 되는 경우 평균이 100, 표준편차가 10인 표준점수로 상대적인 비교가 가능한 결과로 제시되는 규준참조검사의 대표적인 예라고 할 수 있겠다.

이러한 검사들은 수검자의 결과를 다른 사람들의 결과와 비교하여 상대적으로 해석한다. 반면, 연구자가 미리 설정한 기준점수와 비교하여 그 점수보다 높은지 또는 낮은지의 정보를 얻는 것이 주목적인 검사가 있다. 이러한 검사를 준거참조검사(criterion-reference test)라고 한다. 예를 들면, 개인이 다른 사람들과 비교하여 얼마나 잘했는지에 관한 상대적인 정보보다는 일정 기준점수에 도달한 사람들이 몇 명이나 되는지의 정보가 더 중요한 한자능력검사나 일정 점수를 기준으로 하여 그보다 높은 경우 특정 문제행동이 있음을 진단하는 인터넷중독검사 및 ADHD(주의력결핍 과잉행동장애)검사 등이 대표적인 준거참조검사이다.

대학생 진로탐색검사의 개발에 있어 검사 점수의 사용목적이 점수를 통해 현재 개인이 다른 사람들과 비교했을 때 진로탐색 행동을 어느 정도 했는지, 어떤 부분의 탐색행동이 부족한지를 명확히 하여 앞으로의 진로 준비에 있어 무엇을 보완해야 하는지를 알기 위함이라면, 주요 구성개념은 대학생의 진로 탐색이고 이 점수를 통해 개인의 상대적인 진로탐색 행동의 수준을 파악하고자 하므로 규준참조검사로 개발해야 한다.

이렇듯 '검사의 결과 점수를 어떤 목적으로 어떻게 사용할 것인가'는 검사의 개발 방향과 검사를 개발할 때 고려해야 할 주요 기준(예: 문항 개발방법 및 채점 방식 등)을 결정하는 핵심 요소로서 검사 개발의 출발점이 된다.

3. 구성개념을 대표하는 행동규정

검사 개발의 2단계는 검사가 측정하려고 하는 구성개념을 대표하는 행동유형을 규정하고 이를 구체적인 검사 문항으로 만들어 내는 것이다. 검사개발자는 구성개념을 정교화하는 몇 가지 유형의 행동을 개념화하고 이들 행동을 입증할 수 있는 문항들을 생각해 내야 한다. 이러한 과정에서 검사개발자는 중요한 요소들을 모르고 포함시키지 않거나 주관적이고 엉뚱한 요소들을 포함시킬 수도 있다. 이러한 문제를 보완하고 검사개발자의 구성개념에 대한 제한된 관점이나 주관적 관점을 확장하고 검증하는 데 다음과 같은 몇 가지 방법이 있다.

1) 내용분석

내용분석은 구성개념에 대해 사람들에게 개방형 질문지에 응답하게 하고 사람들의 반응을 몇 개의 범주로 구분하는 방법이다. 사람들이 현저하게 많이 체크한 범주가 구성개념의 주요 요소가 된다.

〈표 3-1〉은 대학생의 진로탐색검사 개발에 있어 학생들에게 "대학 졸업 후 진로를 위해 대학 입학부터 현재까지 어떤 활동들을 했습니까?"라는 질문에 자유롭게 응답하게 한 후 학생들의 반응들을 범주화함으로써 구성개념의 주요 요소들을 분류한 예이다.

● 표 3-1 대학생 진로탐색에 대한 주요 요소 분류 예

	주요 요소 분류	개방형 설문 반응 예
자기탐색	1. 상담 및 프로그램 참여	• 멘토와 상담/개인상담 • 자기탐색 및 이해에 관련된 수업수강 • 성격 관련 수업수강 • 자기탐색 프로그램 참여 • 대학 참여 프로그램 참여 • 과 내 멘토링 참여/멘토 프로그램 참여 • 관심 있는 수업수강/직업지도 프로그램 참여
	2. 심리검사	• 성격검사/흥미검사/인지능력검사 • 직업적성검사/노동부 직업 관련 검사
	3. 자기탐색활동	• 사색/나에 대한 고찰/매일 나에 대한 생각 • 일기/나에 대해 노트에 정리/자신에 대한 정리 • 나에 대해 진지하게 생각해 봄 • 자기탐색 – 잘하는 것, 좋아하는 것, 하고 싶은 것, 장점/단점 등 • 해 보고 싶은 것에 대한 목록 작성 • 나의 적성에 대해 탐색/나의 능력 확인 • 가치관과 비전 정하기/사명에 대한 생각 • 나에 대해 집중하는 시간 • 나의 미래계획 세워 보기 • 관심 있는 것에 대한 생각
	4. 중요한 타인과의 대화	• 친구와의 대화/가족과의 대화/사람들과의 대화 • 선배와의 면담/교수님과의 상담 • 지인들의 피드백/주위 사람들에게 나에 대한 질문
직업탐색	1. 상담 및 프로그램 참여	• 교내 커리어 관련기관 전문가와의 상담 • 멘토와의 상담 · 관련 행사참여/교내 커리어 프로그램 참여 • 커리어 관련 수업/강의/강연회 수강 • 학교 내 선배와의 대화 행사 참여 • 취업특강 참여/직업소개 프로그램 참여/취업설명회 참석 /커리어 캠프 참석 • 직업분야의 전문가들 특강 참여
	2. 인터넷	• 인터넷 검색 • 관련회사 홈페이지 방문/관련 카페 정보 수집 • 인터넷을 통해 관련분야 사람들의 인터뷰 보기 • 취업 관련 사이트 가입
	3. 자기탐색활동	• 흥미 관련 직업에 대한 탐색 • 선배들의 진로분야 조사 • 전공 관련 직업분야에 대한 조사 • 관심 있는 직업분야에 대한 구체적인 정보 수집

	• 관련분야 직업의 자격 조건 조사 • 전공 관련 자격증 검색 • 다양한 직업분야의 실무자 정보 수집 • 최근 직업현황에 대한 정보 수집 • 책을 통한 정보 수집/직업소개 전문도서 읽기 • 직업에 관한 소개기사 읽어 보기 • 관련 신문 및 잡지 구독/관련서적 읽기 • 대중매체를 통한 정보 수집
4. 관련 분야에 관한 직접 정보 수집	• 전문가에게 이메일 질문, 문의전화 또는 방문 • 친구/선배/부모/교수님과의 대화 • 취업한 선배들과의 면담 · 주변 사람들에게 질문/주변인의 조언 적극 활용 • 여러 직업인과의 만남/실무자와의 대화 • 관련 직업분야 담당자와의 대화 • 해당 분야 취업자와의 인터뷰/직접조사계획

2) 문헌연구

검사개발자는 검사를 통해 측정하고자 하는 구성개념에 대해 이전 연구들을 참고하여 검사의 주요 행동 범주에 관한 정보를 획득할 수 있다. 대학생 진로탐색에 관한 문헌연구들을 살펴보면, 청년후기에 속하는 대학생들이 달성해야 할 가장 중요한 진로발달 과제는 직업을 선택하고 그에 따른 준비를 하는 것이다(Dayton, 1981; Havighurst, 1970). 이에 관한 다양한 이론을 근거로 하여 검사개발자는 대학생들의 진로탐색에 관한 최종 주요 행동 범주를 자기탐색과 직업탐색으로 규정할 수 있다.

3) 전문가의 판단

구성개념을 대표하는 행동들을 규정하는 또 다른 방법은 구성개념에 대한 직접적인 경험을 가지고 있는 전문가들로부터 정보를 수집하는 것이다. 즉, 대학생들의 진로탐색과 관련하여, 대학생들을 대상으로 진로를 연구하는 전문가 및 상담가들로부터 학생들이 졸업 후 진로를 탐색하기 위해 어떤 활동들을 하는지의 정보를 토대로 자기탐색과 직업탐색 및 각각의 하위영역에 대한 행동유형을 개념화할 수 있다.

4) 관찰법

그 외 검사개발자는 직접관찰을 통해 구성개념에 부합하는 행동을 찾아낼 수 있다. 즉, 대학생들이 진로를 탐색하기 위해 어떤 행동들을 하는지 대학생들의 행동을 관찰함으로써 필요한 정보들을 얻을 수 있다.

이상의 여러 가지 방법 중에서 하나 또는 그 이상의 방법을 활용하여 검사개발자는 측정하고자 하는 구성개념의 주요 행동 범주를 규정할 수 있다.

대학생의 진로 탐색에 관한 검사 개발을 예로 들어 설명하면, 대학생의 진로탐색 행동의 대표 행동을 규정하기 위해 우선 개방형 질문지를 통한 대학생들의 자기보고식 경험 자료를 수집하고 이를 유목화한다. 이러한 유목 분류의 신뢰성을 검증하기 위해 검사개발자는 2인 이상의 전문가로부터 유목 분류가 제대로 되었는지에 대한 피드백을 받는다. 즉, 전문가들에게 각 분류에 대한 적합성을 체크하게 하고 그들의 일치율을 통해 검사개발자는 유목 분류의 신뢰성을 검증할 수 있다. 이러한 내용분석 방법과 함께 문헌조사를 통해 대표 행동을 확인하고 내용분석과 문헌조사를 토대로 최종 행동을 결정할 수 있다.

4. 범주별 문항 구성 비율 설정

개발하고자 하는 검사의 목적과 구성개념의 주요 행동 범주를 결정하였다면, 다음 단계는 검사에서 이들 구성요소 각각의 상대적 비중을 고려하여 범주별 문항 구성 비율에 대한 계획

● **표 3-2** 대학생 진로탐색 범주별 문항 구성 비율의 예

주요 요소 분류		문항 구성 비율
자기탐색	1. 상담 및 프로그램 참여	20%
	2. 심리검사	15%
	3. 자기탐색활동	10%
	4. 중요한 타인과의 대화	5%
직업탐색	1. 상담 및 프로그램 참여	10%
	2. 인터넷	10%
	3. 자기탐색활동	15%
	4. 관련분야에 관한 직접 정보 수집	15%

을 수립해야 한다. 검사개발자가 중요하다고 생각하는 행동 범주에 대해서는 그 중요도에 비례하여 문항 구성 비율을 설정한다.

대학생 진로탐색검사의 경우, 주요 행동 범주를 〈표 3-2〉와 같이 자기탐색의 4개 범주와 직업탐색의 4개 범주의 총 8개 범주로 구성하였다면 각 범주에 대해 대학생들의 진로탐색에 있어 중요한 정도에 비례하여 문항들의 비율을 조정할 수 있다.

5. 문항 개발

검사개발자가 해야 할 주요한 결정은 ① '무엇을 측정할 것인가?'와 ② '어떻게 그것을 측정할 것인가?'이다. 이전 과정을 통해 검사개발자는 무엇을 측정할 것인가에 대한 답을 찾았고, 이후 실제로 문항을 구성하는 동안 어떻게 그것을 측정할 것인가에 대해 더 많은 노력을 기울여야 한다. 검사 개발의 4단계는 문항개발 단계로서, 구성개념을 측정하기 위한 문항 개발을 위해 검사개발자가 거쳐야 할 과정을 세분화하면 다음과 같다.

1) 적절한 문항반응 양식 결정

측정하고자 하는 검사에 적절한 문항반응 양식을 결정하기 위해 검사개발자는 다양한 문항반응 양식의 특징과 한계를 잘 알아야 한다. 다양한 문항반응 양식의 종류와 특징을 살펴보면 다음과 같다.

(1) 진위형

진위형은 하나의 문항에 대해 '예-아니요' 또는 '맞다-틀리다'로 선택하게 하는 방법이다. 진위형 검사 문항의 예는 다음과 같다.

각 문항을 읽어 보고 자신에게 맞는 문항은 '예', 그렇지 않은 문항은 '아니요'에 표시(○)하십시오.

	예	아니요
1. 나의 진로문제에 관해서 진지하게 의논하거나 상담할 사람이 없다.	□	□
2. 진로 선택을 위해 여러 종류의 직업 정보를 얻을 필요는 없다고 생각한다.	□	□
3. 진로 및 진학 문제가 앞으로의 내 삶에 중요한 문제라고 생각한다.	□	□

---

(2) 중다선택형

중다선택형은 하나의 문항에 대해 네 가지 또는 그 이상의 선택 중에서 하나를 선택하게 하는 방법이다.

다음 문제를 읽고 해당하는 답을 선택하십시오.

1. 중간 관리자에게 요구되는 특성과 관계가 없는 것은 어느 것인가?
    ① 입무관리 능력
    ② 기획 및 조직화 능력
    ③ 갈등관리 능력
    ④ 기계추리 능력

---

(3) 리커트 양식

리커트 양식은 측정하려는 구성개념에 관한 긍정 또는 부정의 내용을 담은 문항을 제시하고 수검자들이 이 문항에 대해 어느 정도 동의하는지를 5점 또는 7점 척도를 이용하여 응답하게 하는 방법이다.

다음은 여러분의 진로결정에 관한 내용입니다. 각 문항을 잘 읽고 자신에게 가장 적합하다고 생각되는 정도에 표시(○)하여 주십시오.

	전혀 그렇지 않다	그렇지 않은 편이다	그저 그렇다	대체로 그런 편이다	매우 그렇다
1. 나는 졸업 후에 구체적으로 무엇을 할 것인지를 결정하였다.	1	2	3	4	5
2. 나는 졸업 후의 진로에 대해 확신을 가지고 있다.	1	2	3	4	5
3. 나는 나의 진로결정에 대해 편안함을 느낀다.	1	2	3	4	5

---

(4) 양극형용사 체크 양식

양극형용사 체크 양식은 각 문항에서 진술문이 아니라 의미가 서로 반대되는 한 쌍의 형용사가 양극에 주어지며 그 사이에 5점 또는 7점의 연속선이 있어서 수검자가 응답하도록 하는 방법이다.

다음 양끝에 주어진 형용사를 잘 읽고 자신의 성격이 어느 형용사와 더 부합하는지 그 정도에 따라 적당한 곳에 표시(V) 하십시오.

　① 강직하다　　　＿＿　＿＿　＿＿　＿＿　＿＿　융통적이다

　② 수줍음이 많다　＿＿　＿＿　＿＿　＿＿　＿＿　활달하다

　③ 주장적이다　　＿＿　＿＿　＿＿　＿＿　＿＿　수용적이다

(5) 개방형

이상의 네 가지 방법은 수검자의 반응을 제한하는 제한형인 데 반해, 개방형(open-ended)은 주어진 문항에 대해 수검자가 자유롭게 응답하게 하는 방법이다.

졸업 후 자신의 진로목표를 달성하기 위해 현재 하고 있는 구체적인 준비행동 또는 앞으로 해야 하는 구체적인 준비행동은 무엇인지 자유롭게 기술해 주시기 바랍니다.

＿＿＿＿＿＿＿＿＿＿＿＿＿＿＿＿＿＿＿＿＿＿＿＿＿＿＿＿＿＿＿＿＿＿

＿＿＿＿＿＿＿＿＿＿＿＿＿＿＿＿＿＿＿＿＿＿＿＿＿＿＿＿＿＿＿＿＿＿

＿＿＿＿＿＿＿＿＿＿＿＿＿＿＿＿＿＿＿＿＿＿＿＿＿＿＿＿＿＿＿＿＿＿

궁극적으로 검사의 문항반응 양식으로는 검사에서 측정하고자 하는 구성개념을 가장 잘 측정할 수 있는 방법을 선택해야 한다. 이를 위해 검사개발자는 한 문항에서 얻을 수 있는 정보와 실제로 검사를 실시하고 채점 및 활용하는 전 과정에 있어 문항반응 양식의 장점과 한계점을 명확히 해야 한다.

진위형이나 중다선택형 등의 제한형 문항은 집단용 검사에서 보편적으로 쓰이고 개방형 문항은 수검자의 투사적 반응을 잘 유도한다는 장점을 지니고 있으나 반드시 개인을 대상으로 하여 실시하고 채점해야 하는 제한점이 있다. 따라서 개방형 문항을 개발할 때에는 문항 선정에 더 많은 주의를 기울여야 한다. 그러나 반응 유형에 따라 문항 내용이나 문항 제시 방식이 반드시 제한되는 것은 아니다. 예를 들면, 로샤 검사와 같은 잉크반점검사는 주로 개방형이지만 중다선택형으로 만들 수도 있다.

문항반응 양식에 따라 한 문항에서 얻을 수 있는 정보의 양에도 차이가 있다. 수검자가 반응하는 과정을 관찰하고 분석하고자 할 때는 개방형 문항이 더 적절하지만 반응과정보다 반응 내용 및 정도에 더 관심이 있다면 진위형이나 중다선택형 문항이 더 유용하다.

문항반응 양식을 구분하는 또 다른 방법은 객관적 문항과 투사적 문항으로 구분하는 것이다. 객관적 문항에는 진위형 문항, 중다선택형 문항이 포함되며 이러한 객관적 문항에는 모두 정답이 제시되어 있다. 반면, 투사적 문항은 검사 자극이 애매하고 불명확해서 정답이 없기 때문에 의미 있는 채점과 해석을 위해서 반드시 체계적인 채점 방식이 요구된다. 때로는 이러한 투사적 검사를 표준화된 검사에서 제외하는 경우도 있으나 투사적 검사가 표준화 검사로서의 조건을 지니고 있는 한 표준화 검사에서 제외시킬 이유는 없다.

중다선택형 문항은 채점이 용이하고 신뢰도가 높으며 광범위한 영역에서 추출된 문항이라는 장점을 갖고 있지만 수검자의 추측과 무선적인 반응으로 인해 해석상의 오류를 범하기 쉽고 검사 제작에 많은 시간이 소요된다는 단점을 갖고 있다. 진위형도 중다선택형과 동일한 단점을 갖고 있다. 개방형 또는 투사적 문항은 제작이 용이하고 추측에 의한 응답을 방지해 주며 문제 해결 과정을 전문가가 관찰할 수 있다는 장점을 갖고 있지만, 반드시 일정한 채점체계에 대한 전문적인 훈련이 되어 있어야 하며 채점에 오랜 시간이 소요된다는 단점을 갖고 있다.

2) 문항 작성

문항 개발을 위해 문항반응 양식이 결정되었다면, 다음은 구체적인 문항을 작성해야 한다. 문항을 작성할 때 주의해야 할 점은 다음과 같다(박동건, 1992).

- 명확하고 간단한 문항을 쓴다. 긴 문장이나 이중부정, 포괄적인 형용사(예: 나쁜 사람), 추상 명사(예: 물질만능주의, 외설), 문화적으로 생소한 표현들을 피한다.
- 각 문항은 단일한 개념을 지니고 있어야 한다. 경우에 따라서 또는 수검자에 따라서 2개 이상의 의미로 해석되거나 지칭 대상이 애매한 문장은 피한다.
- 문장은 현재의 시제로 쓴다.
- 긍정과 부정의 느낌을 표현하는 문장들의 수가 거의 같도록 한다.
- 전체 긍정어 또는 부정어(항상, 모두, 절대로, 아무도 등)를 포함하는 문장은 피하는 것이 좋다.
- 이해하기 쉬운 단어를 사용한다.
- 특정한 성별이나 계층 혹은 특정한 민족 중심적 표현은 피한다. 예를 들어, 우리나라, 우리 남성들보다는 한국, 남성들이 더 객관적이고 유도성이 적은 문항이다.
- 문항의 방향성을 적절히 배열해야 한다. 긍정적인 응답과 부정적인 응답으로 어느 한쪽에 치우치면 응답자의 개인적인 응답 경향성(긍정 또는 부정하는 경향)에 의해 편향된 응답을 하게 될 수도 있다. 반면, 문항의 방향성이 지나치게 자주 바뀌도록 문항들이 배열되어 있으면 응답자를 혼란스럽게 만들 수 있다.

모든 문항은 검사가 측정하고자 하는 것을 반영해야 한다. 흔히 연구자들이 간과하기 쉬운 사실 중의 하나는 각각의 문항이 하나의 '척도' 혹은 '검사'라는 것이다. 따라서 여러 개의 문항이 모여 보다 신뢰할 만한 척도를 구성하지만, 각 개별적인 문항도 하나의 척도 혹은 검사가 갖추어야 할 신뢰도와 타당도를 구비하여야 한다.

이론적으로, 검사를 구성하는 문항들은 많은 문항 전집에서 무작위 추출된 것으로 간주된다. 문항 전집은 구성개념의 모든 요소를 총체적으로 반영하는 가능한 모든 문항의 전체 집단을 의미하는 이론적인 개념이다. 그런데 '무작위 추출'이라는 가정이 필요한 이유는 선정된 문항들이 범문항 집단의 성향을 편파 없이 반영해야 하기 때문이다. 따라서 검사개발자는 문항을 제작할 때 자신이 측정하고자 하는 구성개념을 반영할 것으로 생각되는 범문항 집단의 전체적 성향을 염두에 둘 필요가 있다. 물론 이것이 쉬운 일은 아니지만 편중되지 않은 문항들을 선정하기 위해서 범문항 집단의 전체적인 성향에 대한 사전 검토 혹은 계획이 필수적이다. 예를 들어, 대학생들의 진로탐색검사를 개발하는 데 있어 진로탐색이라는 구성개념의 전체적인 특성을 고려하지 않고 단지 자신에 대한 탐색에만 편중된 문항을 개발하게 된다면 이 검사는 대학생의 진로탐색 전체에 대한 정확한 정보를 제공해 주는 데 한계를 갖게 된다. 따라서 대학생의 진로탐색이라는 구성개념의 전체적인 성향에 대한 문헌연구 및 관찰, 개방형 설문조사 활동이 사전에 충분히 고려되어 대학생의 진로탐색 전체를 포괄하는 문항이 개발되어야 한다.

또한 하나의 검사를 구성하는 문항들은 모두 동일한 구성개념을 반영해야 하므로 내용적으로 중복되지 않을 수 없다. 문항 내용의 중복성은 측정 이론의 가장 기본적인 가정 중의 하나이다. 이러한 내용적 중복성에 의하여 특정한 문항이 가지는 특수성(예: 특정한 단어 혹은 어법)에 의해 유발되는 반응의 편파가 궁극적으로 상쇄되어 신뢰할 만한 측정치를 산출할 수 있게 된다. 따라서 개발자는 표현 양식은 다르지만 내용에 있어서 중복되는 문항들을 제작해야 할 필요가 있다.

그렇다면 측정하고자 하는 구성개념을 효과적으로 측정하는 데 가장 적절한 문항 수는 과연 무엇일까? 검사에 포함되는 문항의 개수에 대한 이론적 원칙은 '다다익선(多多益善)'이다. 특히 검사의 신뢰도(내적 일관성)는 문항 수에 비례한다. 앞에서 한 개의 문항이 한 개의 척도라는 말을 하였는데, 특정한 현상을 여러 개의 척도로 측정하는 것이 하나의 척도로 측정하는 것보다 신뢰할 만한 것은 당연한 것이다. 다만 이 원칙은 각 문항이 신뢰할 만하고 타당하다는 전제를 필요로 한다. 또 한 가지의 전제는 수검자가 모든 문항에 대해 성실하고 적극적으로 응답한다는 것이다. 그런데 만약 문항이 너무 많아서 수검자가 피로해지거나 관심을 상실하면 오히려 신뢰할 수 없는 응답들이 많아질 것이다. 또한 수검자의 이해력과 주의력이 제한된 경우에는 신뢰할 수 있는 측정을 위하여 극히 소수의 문항으로 단시간 내에 측정을 완수해야 할 필요가 있을 수도 있다. 따라서 적절한 문항의 개수는 각 문항의 복잡성 및 난이도, 측정 상황, 수검자의 성향 등을 고려하여 결정하여야 한다.

일반적으로 예비문항을 제작할 시에는 완성된 척도 혹은 검사에 포함될 문항보다 많은 수의 문항들이 제작된다. 이 역시 이론적으로 많을수록 좋지만 제작의 난이도 등을 고려하여 최소한 최종 문항 수의 1.5~3배 정도는 예비적으로 제작할 것을 권유한다.

검사 문항에 대한 응답이 개발자가 생각하는 구성개념이 아닌 다른 요인들에 의해 이루어지는 경우도 있다. 이러한 가외요인들은 검사의 타당도를 침해하는 주범이다. 이러한 가외요인들 중 가장 대표적인 것이 '사회적 바람직성(social desirability)'과 '위장(malingering)'이다. 사회적 바람직성은 사회적으로 바람직하다고 여겨지는 응답을 하려는 경향성을 말하고, 위장은 특정한 특질이 있는 것으로 보이기 위하여 거짓 반응을 하는 것을 말한다. 그러나 반응 편파를 유발하는 요인이 사회적 바람직성과 위장뿐인 것은 아니다. 검사에 응답하기 위해서 수검자는 특정한 대상이나 상태에 대한 '판단'을 해야 한다. 그러한 판단이 상대적인 판단인 경우, 수검자가 마음속에서 사용하는 판단 기준이 개발자가 생각하는 그것과 다를 수 있다. 예를 들어, '나는 섬세하다.'라는 문항에 응답할 때 많은 수검자는 비교 대상을 필요로 한다. 개발자는 모든 수검자가 일반적인 사람들의 평균치를 비교 대상 혹은 판단 기준으로 사용할 것이라고 예상하는 반면, 실제 수검자들은 자신의 성별집단 혹은 다른 특정한 집단을 비교 대상으로 사용한다면 개발자의 관점(이론적인 관점)에서 반응 편파가 발생하게 된다.

개발하려는 검사에 이러한 반응 편파들이 개입되는 것을 최소화하기 위하여 사회적 바람직성과 위장 경향성을 측정하는 문항을 포함시킨 후 그 문항들과 높은 상관을 가지는 문항들을 제거하는 과정이 필요할 수 있다. 판단 기준에 의한 반응 편파는 파악하기 더 힘들지만 판단 기준을 묻는 문항을 포함시켜서 어느 정도의 탐문은 가능하다. 또한 문항들이 일률적으로 동일한 대상에 대한 판단일 때는 이러한 반응 편파의 개입이 거의 확실시된다. 만약 판단 기준에 의한 반응 편파가 확실할 때는 문항들의 표현을 체계적으로 바꾸거나 총점 산출에서 편파의 수정을 고려하는 방안을 모색할 필요가 있다.

6. 문항의 검토 및 수정

문항들이 개발되면 해당 분야의 전문가들에게 문항에 대한 검토를 의뢰한다. 이러한 전문가 검토의 일차적인 목적은 검사의 '내용타당도(content validity)'를 확보하기 위한 것이다. 따라서 전문가들은 측정 이론에 특별한 조예가 깊거나 검사 개발의 경험이 많은 사람들이어야 할 필요는 없지만 개발자가 측정하고자 하는 현상 혹은 구성개념을 잘 알고 있어야 한다.

전문가들에게 검토를 의뢰할 때는 그들이 사용할 수 있는 검토 기준을 명확히 제공해야 한다. 명확한 검토 기준을 제공함으로써 전문가들은 개발자에게 꼭 필요한 조언을 빠짐없이 체계적으로 할 수 있다. 전문가들에게 제공되는 일반적인 검토 기준은 다음과 같다.

- 구성개념의 타당성: 각 문항이 구성개념과 얼마나 밀접한 관련성을 가지고 있는지 파악하기 위해 전문가들은 각 문항의 의미와 구성개념의 속성을 모두 고려해야 하므로 이 단계에서 문항의 타당성뿐만 아니라 검사개발자가 개념화한 구성개념의 타당성도 함께 검토된다. 따라서 개발자는 전문가들에게 구성개념에 대한 자신의 생각 혹은 자신이 선택한 이론을 가능한 한 세밀하게 주지시켜야 한다. 만약 개발하고자 하는 검사가 여러 개의 국면 혹은 하위검사로 구성된 경우에는 각 문항이 어떤 국면에 속하는 것인지를 전문가들에게 알려 주지 않고 그들로 하여금 결정하게 하는 것도 좋은 방법이다.
- 문항의 간결성과 명확성: 문항의 간결성과 명확성은 곧바로 검사의 신뢰도와 직결된다. 문항이 복잡하거나 애매하면 응답이 구성개념 이외의 다른 요인들에 의한 오차에 오염되기 쉽기 때문이다. 따라서 전문가들에게 표현의 어색함, 의미의 혼돈성 등을 평정하게 한다.
- 검사의 내용타당도: 개발자가 생각한 구성개념의 내용과 준비한 예비문항들에 누락된 중요 부분이 있는 경우, 전문가들은 좋은 조언자가 될 수 있다. 이러한 조언은 검사의 내용타당도를 높이는 데 큰 기여를 할 수 있다.

7. 사전검사 실시 및 문항분석

문항에 대한 검토가 끝났으면 다음 단계로 전체 문항에 대해 수검자들을 대상으로 사전검사를 실시하여 어떤 문제점은 없나를 파악하는 과정을 거치게 된다. 이 과정에서 사전검사를 실시하기 전에 소수의 수검자를 대상으로 기초검사를 실시하여 실제 수검자들에게 검사를 실시하는 데 있어 어떤 문제점은 없나를 먼저 파악하기도 한다. 일반적으로 기초검사는 예비문항이 완성된 후 사전검사 전에 소수의 인원을 대상으로 검사 지시어나 문항에 대한 피드백 및 검사 소요시간 등의 정보를 얻기 위해 실시되곤 한다. 이를 목적으로 하는 기초검사의 경우, 검사개발자는 수검자의 반응을 잘 관찰해야 한다. 예를 들면, 검사 문항에 성실히 응답하는지, 답을 자주 바꾸거나 중간에 집중을 잃고 힘들어하지는 않는지 등의 수검자 행동을 자세하게 관찰해야 한다.

기초검사 후에는 수검자에게 직접 검사에 관한 전반적인 피드백을 받는 절차도 중요하다. 혹 각 문항에 대해 이해되지 않는 것이 있었는지, 검사 실시시간이나 지시문에 대해 명확하게 이해하기 쉬웠는지 등에 대한 피드백과 함께 검사를 향상시킬 수 있는 제안사항들에 대해서도 정보를 얻을 수 있다. 이러한 기초검사를 통해 수집된 정보에 근거하여 보다 효과적이고 안전한 사전검사를 준비할 수 있다.

궁극적으로 심리검사를 통해 얻고자 하는 정확한 결과 정보를 얻기 위해서는 자극요소로서의 문항이 측정하고자 하는 구성개념을 잘 반영하고 있는가도 중요하지만, 그것이 제대로 기능하기 위해 검사를 실시하는 상황에 대한 부분들도 철저하게 고려되고 점검되어야 한다. 예를 들어, 수검자의 연령에 따라 검사시간, 문항의 글자 크기, 지시방법 및 응답방법 등이 고려되지 못한다면 아무리 좋은 문항이라고 하더라도 정확한 반응을 유도하기가 어려워진다.

따라서 기초검사를 포함하는 사전검사 단계는 문항에 대한 점검뿐만 아니라 검사 실시에 대한 전반적인 모든 사항을 점검하는 단계이다. 또한 사전검사의 수검자 반응을 분석하여 각 문항에 대한 간단한 기술 통계치를 얻는 것이 바람직하다. 일반적으로 사전검사 후에 실시하는 기술 통계치는 다음과 같다.

- 문항-총점 상관: 이 결과를 통해 해당 문항이 다른 문항들 전체와 일관성을 갖는지를 확인한다. 만약 이 상관계수가 낮다면 해당 문항이 전체 문항과 다른 속성을 가지고 있음을 암시한다.
- 문항 난이도: 난이도가 높은 문항과 낮은 문항이 고르게 섞여 있어야 수검자들을 고르게 변별할 수 있다.
- 문항 반응분포: 문항의 변량(점수분산)이 큰 문항이 바람직하다. 변량이 적다는 것은 수검자들의 응답이 거의 동일함을 의미한다.
- 요인분석: 이 결과를 통해 검사개발자가 의도했던 구성개념이 제대로 나오는지를 통계적으로 검증할 수 있다.
- 문항 편파성: 문항이 특정 집단에 유리하거나 혹은 반대로 특정 집단에 불리하게 만들어진 경우 집단 간 상관 등에서 차이가 나게 된다. 따라서 문항의 편파성을 확인하기 위해 성별이나 학년 또는 기타 관련 집단으로 수검자들을 분류하고 해당 집단과 문항의 상관을 분석해 봄으로써 문항 편파성을 검증할 수 있다.

검사개발과정에서 이전 단계인 전문가에 의한 문항검토 단계와 사전검사를 통해 문항들을 점검하고 간단한 기술 통계치의 결과를 통해 각 검사 문항들이 제대로 기능하는지를 확인하는 이 단계를 통해 상당 부분의 문항들은 수정 및 보완되거나 제거된다.

8. 본검사 실시

이상의 과정을 통해 예비문항들이 준비되었다면 이제 본격적인 문항분석을 통해 개발하고자 하는 검사가 잘 만들어졌는지를 확인해야 한다. 이때 중요한 것은 이를 검증하기 위한 자료를 수집하기 위해 '누구를 추출할 것인가?' '어떻게 추출할 것인가?' 그리고 '얼마나 추출할 것인가?'를 고려하는 것이다.

1) 표집

(1) 표집 대상

표집 대상을 선정하기 위해서는 개발된 검사를 적용할 모집단이 누구인가를 명확히 정의한 다음 그 모집단을 잘 대표할 수 있는 대상으로 하여 표본집단을 선정해야 한다. 예를 들어, 청소년 대상의 검사를 개발하고자 한다면 모집단은 우리나라 청소년 전체이고 이를 잘 대표할 수 있는 표본을 선정하기 위해서는 일부 지역 또는 특정 학년이나 성별만을 표집해서는 안 된다. 간혹 검사 개발 매뉴얼을 확인해 보면, 검사 대상자는 청소년이라고 하지만 실제 검사분석을 위한 표집에서는 편의성 문제로 인해 중학교 특정 학년만을 표집하였거나 특정 지역에 거주하는 학생들만을 표집하는 경우가 있다. 이는 검사의 대상으로 지정된 청소년들을 대표하는 표집이 아니므로, 제한된 대상만을 표집하여 개발된 검사 결과를 우리나라 청소년들에게 일반화하기에는 한계가 있다. 이렇듯 수검자의 특성을 정확하게 파악하기 위한 심리검사를 개발하기 위해서는 검사개발과정에서 모집단을 잘 대표할 수 있는 대상을 선정하여 자료를 수집해야 한다.

(2) 표집방법

'누구를 표집할 것인가?'가 명확해졌다면 그다음은 그들을 대상으로 '어떻게 표집할 것인가?'의 문제에 대해 고민해 보아야 한다. 일반적으로 표집은 모집단으로부터 그 집단을 가장 잘 대표할 수 있는 대표성 표본을 무작위 추출한다는 일반 원칙이 준수되어야 한다. 이때 대표성 표본이란 모집단의 다양한 성향이 골고루 반영되는 표본을 말한다. 무작위 추출이란 모집단의 모든 구성원이 동일하게 표집될 확률을 가지고 추출되는 것을 말한다. 모집단, 대표성 표본, 무작위 추출의 구체적 내용과 정의는 연구와 상황에 따라서 조금씩 달라질 수 있지만 기본적인 원칙은 언제 어디서나 지켜져야 한다.

(3) 표집 수

표집에 있어 일반적인 원칙이 존재하지 않는 물음이 바로 '얼마나 많이 추출할 것인가?'이다. 이 문제는 최소한 두 가지를 고려하여 결정해야 한다. 첫째는 검사의 신뢰도와 타당도로, 이는 문항 간 상관계수로 좌우된다. 표본의 크기가 작으면 문항 선정과정에서 좋은 문항이 탈락될 수도 있으므로 표본의 크기는 상관계수의 안정성을 확보할 만큼 커야 한다. 둘째는 모집단에 대한 대표성으로, 표본의 크기는 모집단의 여러 가지 구성인자의 비율이 표본에 골고루 반영됨으로써 모집단의 대표성을 확보할 정도로 커야 한다.

이러한 조건들을 고려하여 표집을 하게 된다면 그야말로 표집은 많을수록 좋지만 시간 및 비용상의 문제 때문에 적정 크기의 표집 수를 선택할 수밖에 없다. 일반적으로 권고되는 표집 크기는 200명 정도이면 무난하다고 보는 견해가 있고(Crocker & Algina, 1986), 예비조사에 포함된 문항 수의 5~10배 정도의 인원을 표본집단으로 선정하면 된다는 견해도 있다(Nunnally, 1970). 또한 어떤 문항분석 절차를 사용할 것인가에 따라서도 필요한 표집 수의 크기가 달라질 수 있으므로, 검사개발자는 이러한 사항들을 염두에 두어 표집 수를 최종 결정해야 한다.

2) 검사환경

검사개발과정에서 검사환경은 수검자의 문항에 대한 반응에 영향을 미치므로 중요하게 고려되어야 한다. 검사 시 물리적 환경이 열악한 경우, 직·간접적으로 수검자에게 영향을 주게 되고 궁극적으로 검사 점수에도 영향을 미치게 된다. 일반적으로 검사 실시에 앞서 검사자가 고려해야 할 물리적 환경은 다음과 같다.

- 검사 실시 시기 및 시간: 수검자가 심리적으로 안정된 상태에서 실시하는 것이 바람직하기 때문에 오전 중에 실시하는 것이 좋다. 또한 수검자의 집중시간을 고려하여 너무 많은 문항으로 인해 수검자의 피곤이 검사 결과에 영향을 미치지 않도록 검사시간 또한 조정해야 한다.
- 소음: 외부의 소음으로 인해 수검자들의 정신이 산만해지지 않도록 하기 위해 검사는 외부의 소음으로부터 안전한 장소에서 진행되어야 한다.
- 책상 및 의자: 수검자들이 편안한 자세로 검사에 응할 수 있도록 개인용 책상과 의자가 확보되어야 하고, 책상의 경우 움푹 파이거나 울퉁불퉁함이 없도록 해야 한다.
- 필기구: 필기구를 갖고 오지 않은 수검자들을 위해서 여분의 연필이나 볼펜, 지우개 등을 준비하도록 한다.
- 실내 온도 및 채광: 검사 장소로 너무 춥거나 더운 곳 그리고 너무 어두운 곳도 피해야 한다.

창밖에 수검자의 주의를 분산시킬 수 있는 것들이 있다면 검사에 집중할 수 있도록 블라인드나 커튼을 치고 실내 등을 통해 밝기를 조절하도록 한다.

이상과 같은 물리적 환경 외에도 검사자와 수검자 간에 편안한 분위기를 형성하여 수검자들이 제대로 응답할 수 있도록 해야 한다. 검사자는 심리검사의 목적 및 활용 방안에 관해 수검자에게 알려 주고 검사 결과가 악용되지 않을 것임을 명백히 해야 한다. 또한 수검자가 검사 실시 요령을 충분히 이해했는가를 파악하고 성격검사의 경우 허위로 응답하지 않도록 주의를 환기시킬 필요가 있다.

검사 실시과정에서 검사실시자가 주의해야 할 구체적인 사항은 다음과 같다. 검사 실시 요령은 검사지 내에 인쇄되어 있으므로 이를 수검자에게 읽어 주도록 한다. 중요한 것은 모든 수검자가 응답 요령을 숙지하는 것이므로 시간이 좀 걸리더라도 모두가 정확히 이해했는가를 파악한 후에 다음 단계로 넘어가는 것이 좋다. 특히 능력검사처럼 연습문제가 있는 경우에는 반드시 그 문제를 수검자와 같이 풀어 보고 모든 수검자가 검사 실시방법을 이해한 후에 다음으로 넘어가도록 한다. 또한 성격검사의 경우 각 문항에 너무 오랜 시간을 보내지 않고 또 허위로 반응하지 않도록 주의사항을 알려 준다.

● 표 3-3 검사 지시문 예

일러두기
검사를 시작하기 전에 주의 깊게 읽고 난 후 응답하십시오.

- 이 검사는 개인마다 타고난 심리적 경향과 그 경향이 지니는 성격의 역동을 알아내어 자기와 타인을 이해하고 가정과 사회와 학교와 직장 및 실생활에 도움을 주고자 하는 데 그 목적이 있습니다.
- 이 검사의 문항에는 '맞는 답'과 '틀린 답'이 없습니다. 각 문항을 읽은 다음 자신에게 습관처럼 편안하고 자연스럽고 자주 쓰는 것, 즉 자신에게 좀 더 가깝다고 생각되는 것을 골라 별도의 답안지에 표시하시면 됩니다.
- 시간 제한은 없으나 어느 한 문항을 너무 오래 생각하지 마십시오. 의식적으로 일관성 있게 응답하려 하지 말고 자연스러운 마음가짐을 가지고 응답하도록 하십시오.
- 자신이 이상적으로 바라는 것에 답하지 마시고, 자신이 습관처럼 편안하고 자연스럽게, 자주 느끼고 행동하는 것에 표시하십시오.

9. 자료분석

검사 실시를 통해 자료를 얻으면 문항분석을 하여 문제가 있는 문항을 제거 또는 수정한 후,

검사의 신뢰도와 타당도를 분석하여 검사가 원래 목적에 적합하게 잘 만들어졌는지를 확인한다. 검사의 신뢰도와 타당도는 제2장에 제시되어 있으므로 그에 대한 자세한 내용은 제2장을 참조하기 바란다.

검사개발자의 목표는 최소 개수의 문항으로 일정 수준 이상의 타당도와 신뢰도를 가진 검사를 만드는 것이다. 이러한 목표를 달성하기 위해서 처음에는 많은 수의 문항을 갖고 자료를 수집한 다음, 그 자료를 분석하여 신뢰도와 타당도를 높이는 데 가장 많이 기여하는 문항들을 필요한 개수만큼 선정하게 된다. 이처럼 각 검사 문항들에 대한 수검자의 반응을 통계적으로 분석하여 각 문항의 적절성 여부를 평가하는 과정이 문항분석이다.

문항분석의 일차적 목적은 적합한 문항과 그렇지 않은 문항을 가려내는 것인데, 문항 선별을 위하여 최소한 다음과 같은 통계지수들이 고려된다.

1) 문항-총점 상관계수

문항-총점 상관계수는 두 종류가 있다. 하나는 해당 문항이 제외된 총점과의 상관계수이고, 다른 하나는 모든 문항이 포함된 총점과의 상관계수이다. 일반적으로는 전자가 많이 사용되지만, 문항 수가 많을 때는 두 종류의 상관계수를 구별하는 것이 거의 의미가 없다. 어떤 상관계수를 사용하건, 문항-총점 상관계수는 해당 문항이 다른 문항들 전체와 일관성을 가지는지의 여부를 판단하는 데 사용된다. 이 상관계수가 낮으면 해당 문항이 다른 문항들과 다른 성향을 가지고 있음을 암시한다.

2) 문항변량(분산)

각 문항의 변량은 바로 그 문항이 제공하는 수검자들에 대한 정보이다. 따라서 변량이 큰 문항이 선호된다. 변량이 작다는 것은 해당 문항에 대한 수검자들의 반응이 거의 동일함을 뜻하므로 수검자들에 대한 변별력이 약함을 의미한다.

표준편차는 개개 편차점수(X=개인점수-평균)를 자승함으로써 -부호를 합법적으로 없앤 것으로, 편차점수의 제곱의 합($\sum X^2$)을 사례 수로 나눈 것을 변량(분산)이라 한다. 이 변량은 여러 종류의 요인이 검사수행의 개인차에 기여하는 바를 분류하는 데 매우 유용한 정보이다.

3) 문항평균

문항에 대한 응답평균이 반응 범주들 중 중간 범주에 위치하는 문항이 극단 범주에 위치하는 문항보다 선호된다. 일반적으로 평균이 반응 범주들 중 극단에 위치하는 문항들은 작은 변량을 가지게 된다. 문항이 '예/아니요'로 응답하게 되는 진위형 문항의 경우, 긍정 반응률이 0.5에 가까운 문항이 0.0이나 1.0에 가까운 문항보다 일반적으로 더 선호된다. 그러나 이것은 일반 원칙이며 모든 문항이 중간반응 범주 혹은 긍정 반응률 0.5를 가져야 하는 것은 아니다. 문항평균은 문항의 '난이도'를 반영한다. 따라서 긍정적으로 반응하기가 어려운 문항과 쉬운 문항이 적절히 섞이는 것이 좋다. 그 이유는 검사가 능력이나 특성이 높은 수검자들과 낮은 수검자들에게 균일한 변별력을 가지기 위해서는 난이도가 높은 문항과 낮은 문항이 고루 섞여 있어야 하기 때문이다. 다만, 다른 모든 조건이 동일하다면 문항평균 혹은 긍정 반응률은 중간 정도가 되는 것이 바람직하다.

4) α계수

α계수는 총점변량 중에 진점수 변량이 차지하는 비율이며, 문항 간 상관계수에 좌우된다. 즉, α계수는 문항들의 내적 일관성을 나타내는 지수이며, 문항들이 서로 높은 상관관계를 가질수록 α계수는 1.00에 가까워진다. 일반적으로 0.7보다 낮은 α계수는 문항들의 일관성이 지나치게 낮음을 의미한다. 이런 경우에는 문항들을 재생산하거나 문항 수를 늘리는 방안을 검토할 필요가 있다.

다른 모든 조건이 동일하다면 α계수는 문항 수를 늘리면 증가하게 되는 문항 수의 함수이다. 따라서 0.9보다 높은 α계수는 문항 수를 줄이는 것이 좋음을 의미한다. 만족스러운 신뢰도(내적 일관성)를 확보하였다면 가능한 한 짧은 검사가 선호되기 때문이다.

각 문항의 신뢰도를 가늠하는 지수가 문항을 제외한 α계수이다. 모든 문항을 포함시켜서 α계수를 산출하고, 특정한 문항을 제외한 후 α계수를 산출하여 문항이 제외된 경우에 α계수가 증가하는지 또는 감소하는지를 파악하여 그 문항의 신뢰도에 대한 기여도를 판단한다. 문항이 제외된 α계수가 포함된 α계수보다 작으면 문항의 기여도가 큰 것이고, 그것이 크면 문항의 기여도가 작거나 부정적임을 의미한다. 따라서 문항을 제외한 α계수는 좋은 문항과 나쁜 문항을 선별해 내는 데 매우 유용한 지수이다.

적정한 α계수의 크기에 대해서는 획일적인 원칙이 존재하지 않는다. 그러나 최소한 한가지의 일반 원칙을 염두에 두어야 한다. 적정한 α계수의 크기는 검사의 용도와 밀접한 관계가 있다. 만약 검사가 집단 비교 혹은 이론/가설 검증의 목적으로 사용된다면 0.8 정도의 α계수는 만족할 만한 것으로 사료된다. 그러나 만약 검사가 한 개인에 대한 판단을 위하여 사용된다면 훨씬 높은 정밀도를 요구한다.

〈표 3-4〉는 우리나라 대학생의 진로탐색 행동을 5점 척도로 측정하는 예비검사에 대한 문

항분석 결과 평균, 표준편차, 문항-총점 상관, 해당 문항을 제거했을 때의 α계수 값의 예가 제시되어 있다. 문항 3과 문항 4의 경우 평균이 각각 1.615와 4.631로 1점부터 5점까지의 5점 척도에서 문항의 반응 범주들의 극단에 위치하고 있고, 변량 역시 각각 0.235와 0.313으로 수검자들에 대한 변별력이 약하므로 좋지 않기에 제거되어야 할 문항들이다. 또한 문항 5의 경우는 문항-총점 상관이 0.3 이하로 매우 낮은데, 이는 문항 5가 다른 문항들 전체와 일관성이 낮음을 의미하므로 제거되어야 한다. 이 문항들의 전체 내적 합치도, 즉 Cronbach α계수가 0.923이라고 할 때 문항 6의 경우는 이 문항을 제거했을 때의 α계수가 오히려 증가하므로 신뢰도에 대해 부정적인 기여를 하는 좋지 않은 문항이다. 반면, 문항 9의 경우는 이 문항을 제외하면 α계수는 낮아지므로 좋은 문항임을 알 수 있다.

● **표 3-4** **문항분석 결과표의 예**

	평균	표준편차	문항-총점 상관	문항제거 시 검사의 신뢰도
문항 1	3.358	1.098	0.634	0.923
문항 2	3.177	1.096	0.551	0.922
문항 3	1.615	0.235	0.249	0.922
문항 4	4.631	0.313	0.227	0.923
문항 5	2.916	1.113	0.214	0.923
문항 6	2.876	1.051	0.305	0.925
문항 7	3.101	1.013	0.578	0.922
문항 8	1.179	1.174	0.514	0.923
문항 9	2.336	1.205	0.524	0.920
문항 10	2.157	1.162	0.551	0.923

궁극적으로 검사개발자는 적정한 신뢰도의 수준과 수검자의 심리적·신체적 부담을 고려하여 적절한 검사 길이(문항 수)를 결정해야 한다. 검사개발자가 최종적으로 고려해야 할 사항은 검사의 길이이다. 앞서 언급한 바와 같이 검사의 신뢰도는 문항 수에 영향을 받는다. 따라서 문항-총점 간의 상관계수가 평균치 이상인 문항들이 많을수록 검사의 신뢰도는 증가한다. 그러나 너무 긴 검사는 수검자를 지치게 하여 성실치 못한 응답을 유발함으로써 신뢰도를 저하시킬 수 있다. 따라서 검사개발자는 적정한 신뢰도의 수준과 수검자의 심리적·신체적 부담을 고려하여 적절한 검사의 길이를 결정하고 적합한 문항과 적합하지 않은 문항을 선별하여 최종 문항을 선정해야 한다.

10. 검사의 규준화

다른 사람들에게서 관찰된 점수들이 서로 비교 가능해지려면 검사 조건들이 모든 사람에게 동일해야 한다. 검사 조건의 균일성 확보를 위해 검사개발자는 새로 개발한 검사를 실시하는 세부적인 지시사항들을 작성해야 한다. 이와 같은 표준화 작업은 이용할 정확한 검사 자료, 시간 제한, 구두 지시문, 예비실험, 수검자의 질문을 처리하는 방법 그리고 검사 시행 시의 세밀한 부분까지를 모두 포함하는 것이다. 예를 들어, 100m 달리기 시합을 통해 개인의 단거리 달리기 능력을 측정한다고 했을 때, 누군가는 5m 앞에서 뛰고 누군가는 10m 앞에서 뛰게 하거나, 누군가는 운동화를 신고 뛰게 하고 다른 누군가는 맨발로 뛰게 한다면 그에 따른 결과를 가지고 개인의 단거리 달리기 능력을 확정 지을 수는 없다. 따라서 심리검사의 중요한 조건 중의 하나는 표준화이며, 이러한 표준화 과정을 거쳐야만 궁극적으로 개인의 검사 점수들을 비교하는 것이 의미 있다.

규준이란 개인이나 집단의 검사 점수를 그 개인이나 집단이 속해 있는 모집단에 비추어 해석하는 기준을 제공해 준다. 예를 들어, 수학 성적 70점은 과연 높은 점수인지, 낮은 점수인지를 알려면 수검자의 반평균 혹은 전체평균을 확인함으로써 70점의 상대적인 의미를 확인할 수 있다. 이렇듯 규준에 비추어 개인의 원점수는 다른 사람들과의 비교 정보가 함유된 점수로 전환된다.

주어진 검사를 사용하는 데 적용할 수 있는 규준은 전국 규준, 지역별 규준, 국지적 규준 등 다양하다. 전국 규준은 전국에 걸친 다양한 지역으로부터의 표본과 수검자의 점수를 비교하는 데 유용하나 일반적으로 전국 규준을 작성하는 것은 어렵고 비용이 많이 드는 작업이다. 또한 수검자의 검사 점수를 전국적으로 선발된 표본과 비교하는 것보다는 교내, 학교체제 혹은 지역 내의 다른 학생들과 비교하는 것이 더 유용할 때가 있다. 예를 들어, 학교 내에서의 선발이나 배치에는 이러한 이유로 국지적 규준을 사용하게 된다.

개인의 원점수를 규준표에 의해 전환하여 표준점수로 제시할 때에는 특정 규준집단의 본질(연령, 성, 민족, 교육과 사회경제적 계층, 지리적 위치 등)에 대한 정보를 포함시켜야 한다. 예를 들면, 초등학교 저학년의 영어 어휘 능력에 대한 결과를 설명할 때에는 결과 프로파일에 수검자의 원점수가 누구의 검사 결과와 비교하여 제시되었는지가 명확하게 설명되어야 한다. 또한 규준이 언제 획득되었는지를 점검하는 것도 매우 중요한 일이다.

규준집단은 어떤 개인이나 집단의 검사 결과를 그 개인이나 집단이 속해 있는 모집단에 비추어 해석하는 기초를 제공한다. 이때 규준표를 작성하는 방법에는 다음과 같은 유형이 있다.

- 연령 및 학년 규준: 수검자의 점수를 특정한 연령이나 학년에 있는 수검자들의 전형적인 점수에 준하여 의미를 해석하고자 하는 경우에 해당한다. 이때 연령 및 학년 점수로 전환하는데, 연령 기준과 학년 기준의 가장 큰 단점은 심리적·교육적인 측면에서 보면 연령 혹은 학년의 전체 범위가 동일하지 않다는 것이다. 즉, 초등학교 2학년에서 두 달 동안의 발달은 5학년에서 두 달 동안의 발달과 교육적으로 동등하지 않다는 것이다. 그러나 연령과 학년 기준은 초등학교 수준에서 여전히 사용되고 있다.
- 정신연령 규준: 여러 지능검사에서 사용되는 연령 기준의 한 형태이다. 수검자의 정신연령 점수는 검사에서 중앙치 점수가 그 수검자의 점수와 같은 표준화 집단 내에서의 하위집단 아동들의 연령에 부합하는 것이다. 이는 연령보다 정신연령에 의해 지체된 집단의 아이들을 교육할 목적으로 많은 특수교육에서 사용되어 왔다.
- 백분위 규준: 특정 원점수가 부합하는 백분율 표로 구성되어 있다. 수검자의 점수를 그 집단에서 그 사람보다 점수가 낮은 사람들의 비율로 나타낸 것이다. 백분위는 개인의 점수가 규준집단 내의 다른 사람들과 비교해서 어느 수준에 있는지를 가장 이해하기 쉽게 알려 준다는 장점이 있다. 그러나 한 가지 주의해야 할 점은 백분위는 원점수와 선형관계에 있는 것이 아니라는 점이다. 즉, 원점수에서 1점의 차이는 백분위에서 전혀 다른 차이를 가져올 수 있다.

많은 검사는 편포된 점수분포를 가진다. 점수분포가 편포되어 있는 경우는 정상분포하는 경우에 비해서 특정한 점수가 차지하는 위치의 의미를 명확하게 규정하기 어려운 문제가 발생한다. 예를 들어, 점수가 정상분포되어 있으면 특정한 점수를 표준점수(Z-score)로 변환함으로써 전집에서의 비교적 정확한 백분위를 이론적으로나마 추정할 수 있다. 이것이 정규화 표준 점수(normalized Z score)이다.

표준검사의 변형이란 가장 일반적이고 쉽게 사용할 수 있는 방법이 원점수를 선형 변환하거나 정상화하여 Z점수(평균이 0, 표준편차가 1)로 나타내는 것이다. 일단 원점수가 Z점수로 변환되면, 그것을 다시 선형 변환하여 의미 파악이 수월한 수치로 바꾸는 경우가 있다. 대표적인 변환이 평균이 50이고 표준편차가 10이 되는 분포인 T점수이다.

준거검사의 경우, 규준이 타당하지 않으면 검사 자체가 타당하기 어렵다. 따라서 준거검사를 제작할 때에는 규준이 타당하도록 신중을 기해야 하며, 이를 위해서는 그 분야에 상당한 연구가 축적되어 있어야 한다.

검사의 표준화 및 규준에 대한 보다 자세한 설명은 제2장의 관련 내용을 참조하기 바란다.

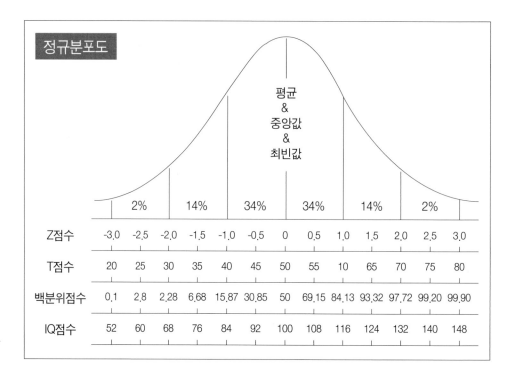

[그림 3-2] 정규분포도에 따른 표준점수와 백분위점수

11. 발행과 개정

검사의 개발과정이 마무리되어 출판되거나 실제 사용을 위해 공개될 시점이 되면 검사 매뉴얼이 작성되어야 한다. 검사 매뉴얼에는 검사 목적부터 시작하여 검사의 이론적 배경, 검사개발과정, 검사 실시, 채점 및 해석방법, 신뢰도 및 타당도, 측정의 표준오차, 규준표나 기준점 등이 제시되어 있어야 한다. 또한 검사 매뉴얼에는 사용된 척도와 과정에 대한 보고가 있어야 하고 원점수로부터 어떤 절차에 의해 환산점수가 나왔는지에 대해서도 자세하게 설명해 놓아야 한다.

검사 매뉴얼은 해당 검사를 지지하도록 꾸민 홍보책자가 아니라 그 검사에 관해 이미 밝혀진 것들을 사실 그대로 나열한 것이어야 한다. 따라서 검사 매뉴얼에는 시행과 채점 그리고 규준에 관한 충분한 정보는 물론이고, 검사 자체에 관한 평가를 가능하게 하는 데 필요한 자료들도 함께 제시되어야 한다. 또한 검사 매뉴얼에는 검사의 실시 및 해석을 위해 필요한 특별한 자격도 기술해 놓아야 하고 그 검사를 사용하는 데 있어서 요구되는 특정의 훈련, 자격, 필요한 경험에 관해 명시해 놓아야 한다. 이는 수검자를 부당한 검사 사용으로부터 보호하기 위한 것일 뿐 아니라 검사 자료의 보안과 오용 예방을 위한 검사 배포의 제한 역할도 할 수 있기 때문이다. 물론 필요한 자격 조건은 검사 유형에 따라 다를 수 있다. 예컨대, 개인의 지능검사나 성격검사를 위해서는 비교적 장기간의 집중적인 수련과정과 훈련을 받은 경험이 요구된다. 반면에, 교육성취나 직무 능력 등의 검사들에서는 특수한 최소한의 심리적 훈련만으로도 충분하다. 훈련을 잘 받은 사람들은 검사하고자 하는 특정 목적과 검사를 받는 사람 모두에 적합한 검사를 선정할 수 있다.

한편, 오래전부터 유용하게 사용된 검사가 단순히 오래되었다는 이유로 수정될 필요는 없으나 처음에 작성한 규준표를 그대로 영원히 사용해서는 안 된다. 시대가 변화함에 따라 검사 대상자들의 점수분포가 달라질 수 있다. 따라서 규준표도 시대의 변화에 맞게 새로운 집단으로부터 자료를 얻어서 다시 수정해야 한다. 몇 년마다 개정을 해야 하는지에 대해서는 정해진 규칙은 없지만, 지능검사의 경우 정신지체를 판별하는 일관성 있고 신뢰할 수 있는 기준점수를 갖기 위해서 적어도 7년마다 재표준화해야 한다는 주장도 있다.

지금까지 심리검사의 기본적인 개발과정과 각 단계에서 개발자가 고려해야 할 사항들에 대해 기술하였다. 개인이 심리검사를 개발하는 과정에 직접 참여하게 되는 경우는 그리 흔하지 않지만, 사람들은 살면서 한 번쯤은 심리검사를 경험해 보게 되고 그 결과를 접하게 된다. 예전에는 심리검사가 사람들을 진단하는 데 있어 가질 수 있는 위험에 대한 지나친 염려로 인해 심리검사의 사용 자체를 반대하는 사람도 있었으나, 최근에는 단지 진단의 목적으로만 끝나는 것이 아니라 차별적인 진단에 따른 차별적인 처치를 위해서 다양한 분야에서 다양한 목적으로 심리검사가 활용되고 있다. 예를 들어, 학습유형검사는 수검자에게 적합한 학습유형이 무엇인지를 차별적으로 진단해 줌으로써 각 유형에 따라 효과적인 학습방법을 제시해 주어 보다 효과적인 학습을 가능하게 한다.

이 장에서 기술한 심리검사 개발과정의 기본 개념들은 전문가가 심리검사를 개발할 때뿐만 아니라 각 검사의 한계와 특성 및 장점에 대한 정확한 이해를 토대로 개인에게 적합한 심리검사를 선정하고 사용 및 해석할 때에도 반드시 고려되어야 할 주요 개념들이다.

요약

1. 심리검사의 개발과정은 다음과 같다.

   ① 검사 목적의 명료화 → ② 구성개념을 대표하는 행동규정 → ③ 범주별 문항 구성 비율 설정 → ④ 문항 개발 → ⑤ 문항 검토 및 수정→ ⑥ 사전검사 실시 및 문항분석 → ⑦ 본검사 → ⑧ 자료분석 → ⑨ 검사의 규준화 → ⑩ 발행과 개정

2. 검사 개발의 첫 단계는 개발하고자 하는 검사 점수를 어떤 목적으로 사용할 것인가를 명확히 하는 것이다.

3. 구성개념을 대표하는 행동유형을 규정하는 방법으로는 내용분석, 문헌연구, 전문가의 판단, 관찰법 등이 있다.

4. 문항 개발을 위해 검사개발자는 적절한 문항반응 양식을 선정하고 문항 개발 시 주의해야 할 점들을 고려하여 구체적인 문항을 작성해야 한다.

5. 문항 작성이 완료되면 전문가 검토를 통해 구성개념의 타당성과 문항의 간결성 및 명확성, 검사의 내용타당도 등을 확보해야 하고, 전문가들에게 검토를 의뢰할 때에는 검토 기준을 명확히 제시해야 한다.

6. 기초검사 및 사전검사는 검사 문항에 대한 점검뿐만 아니라 검사 실시에 대한 전반적인 사항들을 모두 점검하는 단계이다. 검사개발자는 수검자의 반응을 잘 관찰함으로써 검사의 운영, 검사 지시어, 문항에 대한 피드백, 검사 소요시간 등의 정보를 얻을 수 있다.

7. 표집 시에는 표집 대상, 표집방법, 표집 수를 고려해야 한다.

8. 문항분석의 일차적 목적은 적합한 문항과 그렇지 않은 문항을 가려내는 것이고, 이러한 문항 선별을 위해 문항-총점 상관계수, 문항변량, 문항평균, α계수 등의 통계분석이 이루어진다.

9. 규준이란 어떤 개인이나 집단의 검사 점수를 그 개인이나 집단이 속해 있는 모집단에 비추어 해석하는 기준을 제공해 주는 것으로, 연령 및 학년 규준, 정신연령 규준, 백분위 규준 등이 있다.

10. 검사개발과정이 마무리되면 검사 매뉴얼에 검사 목적, 검사의 이론적 배경, 검사개발과정, 검사 실시, 채점 및 해석방법, 신뢰도와 타당도, 측정의 표준오차, 규준표나 기준점뿐만 아니라 사용된 척도와 과정에 대한 보고, 검사 결과 점수의 산출방법, 검사 시행과 채점, 검사 실시 및 해석을 위해 필요한 자격 등에 대한 정보들이 제시되어야 한다.

참고문헌

박동건(1992). 심리검사 제작의 이론과 실제. 서울: 한국심리학회.

박영숙(1994). 심리평가의 실제. 서울: 하나의학사.

성태제(2004). 문항제작 및 분석의 이론과 실제. 서울: 학지사.

탁진국(2007). 심리검사. 서울: 학지사.

한국심리학회(1998). 심리검사 제작 및 사용지침서. 서울: 중앙적성출판사.

Crocker, L., & Algina, J. (1986). *Introduction to classical and modern test theory*. Fort Worth: Holt Rinehart and Winston Inc.

Dayton, C. W. (1981). The young person's job search: Insights from a study. *Journal of Counseling Psychology, 28*(4), 321-333.

Goldstein, G., & Hersen, M. (1990). *Handbook of Psychological Assessment*. New York: Pergamon Press.

Havighurst, R. J. (1970). *Developmental tasks and education* (3rd ed.). New York: Harper & Row.

Lord, F. M., & Novick, M. R.(1968). *Statistical theories of mental test scores*. Reading, MA: Addison-Wesley.

Nunnally, J. C. (1970). *Introduction to psychological measurement*. New York: McGraw-Hill Book Company.

Chapter 04

심리평가의 시행

박영숙

학/습/목/표

1. 심리평가 시행과정에서 임상심리 전문가의 역할 이해하기

2. 심리평가 시행과정에 대해 이해하기

3. 심리평가 결과에 대한 종합적인 해석 이해하기

4. 심리평가 결과에 대한 상담 이해하기

5. 심리평가 사용 시 지켜야 할 윤리사항 이해하기

이 장에서는 심리평가 시행과정에 대해 살펴보면서 내담자의 독특한 반응들을 바탕으로 내담자 개개인의 독특한 심리적 상태에 대해 해석하는 임상심리 전문가의 역할에 대해 살펴보고자 한다.

심리평가 시행은 넓은 의미와 좁은 의미에서 정의된다. 넓은 의미에서 심리평가 시행은 심리검사 실시 준비부터 시작하여 검사 실시 및 행동관찰 면담, 심리검사 반응 채점, 심리검사 결과 해석의 순으로 진행된다. 특히 심리검사 실시과정에서 행동관찰 면담이 집중적으로 실시된다. 심리검사 결과 해석도 심리검사 반응뿐만 아니라 검사 실시과정에서 관찰된 행동 특징, 면담 내용까지 포함하여 종합적인 해석이 내려진다. 이러한 작업 이후에 심리평가를 의뢰한 전문가에게 보내게 될 보고서를 작성한다. 만약 피검사자 자신이 직접 심리평가를 신청한 경우에는 피검사자에게 심리평가 과정에서 정리된 결과를 알려 준다. 이와 같이 심리평가는 심리검사 실시, 채점 및 검사 결과 정리, 보고서 작성이 완료되면 심리평가 의뢰자에게 심리평가 결과를 알려 주는 과정으로 진행된다.

심리검사 실시과정은 심리평가 실시과정과는 차이가 있다. 심리검사는 다양한 심리검사를 종합적으로 실시하는 것이 아니라 특정 심리검사를 중심으로 실시하게 된다. 예를 들면, 성격검사, 적성검사, 지능검사 가운데 개별적으로 심리검사를 시행하는 경우이다. 이와 같이 단일 심리검사를 시행하건 심리평가 과정으로 심리검사들을 종합적으로 시행하건 간에 심리검사나 심리평가의 시행 결과에 관심을 갖게 된다. 그 이유는 다른 방법으로는 제공받기 어려운, 전문적이고 유용한 정보를 제공받을 수 있다는 기대 때문이다.

그러나 심리검사를 실시하건 심리평가를 시행하건 간에 중요한 점은 심리검사나 심리평가 시행이 적절하게 이루어져야만 신뢰할 만한 결과를 얻을 수 있다는 점이다. 이와 같이 심리검사나 심리평가는 시행과정 자체가 매우 중요하다는 점이 인식되어야 한다. 그 이유는 개인 특유의 심리적 특성이 온전하게 드러나기 위해서는 심리검사나 심리평가 과정이 올바르게 이루어져야 하기 때문이다. 이에 따라 심리검사나 심리평가가 어떻게 실시되어야 하는지에 대해 수련과정에서 충분한 훈련과 지도를 받아야 한다. 이와 같이 심리검사는 실시과정 자체가 매우 중요하며 표준 방식에 따라 올바르게 시행되어야 하며, 이와 더불어 검사자와 피검자관계에서 라포 형성이 매우 중요하다는 점이 인식되어야 한다. 다시 말하자면, 피검사자와 검사자의 협력적인 관계 속에서 심리검사가 실시되어야 한다. 특히 투사적 검사의 경우 검사 시행과정에 주의를 기울여야 한다. 그 이유는 투사적 검사는 객관적 검사에 비해 검사 실시과정에서 전문가의 행동 특성이나 반응, 그리고 수검자의 태도, 검사자와 수검자의 관계에 따라 검사 반응이 크게 영향받기 때문이다(Weiner, 1998).

1. 심리평가 시행과정에서 임상심리 전문가의 역할

심리검사 시행과 관련하여 '누가 심리검사를 시행할 수 있는가?' '심리검사를 시행할 수 있으려면 어떤 훈련과 자격 조건을 갖추어야 하는가?'에 대한 질문이 제기된다. 이 질문이 중요한 이유는 심리검사는 양날의 칼과 같아서 검사가 적절하게 시행되었을 경우에는 개인에게 큰 도움을 주지만, 잘못 시행되었을 경우에는 개인에게 해로운 영향을 미칠 수 있기 때문이다. 왜냐하면 앞서 지적된 바와 같이 심리검사 결과가 내담자의 심리적 상태를 정확하게 반영하지 못함으로써 적절한 도움을 제공해 주지 못할 뿐만 아니라 해로운 영향을 미칠 수 있기 때문이다. 일반적으로 심리검사에 대한 수요가 급증되면서 심리검사의 적용 범위가 확대되고 검사의 종류가 다양해지는 상황에서 심리검사가 잘못 사용된다면, 이로 인해 해로운 영향을 미치는 범위가 크게 확산될 수 있다. 이런 점을 고려하여 심리검사를 다룰 수 있는 전문가의 자격에 대해 검토해 보고자 한다.

한국심리학회(1998)에서는 심리검사를 시행할 수 있는 전문가의 자격을 다음과 같이 제시하고 있다. "검사를 실시하는 전문가는 일정 기준 이상의 전문성을 유지해야 한다. 그리고 자신이 실시한 검사 결과에 대해 책임을 져야 한다. 또한 검사의 제작, 타당도, 신뢰도 그리고 검사에 관한 연구들에 대한 충분한 지식을 갖추고 있어야 하며, 일정 수준 이상의 교육과 훈련을 받아야 하며, 이와 더불어 심리검사 실시 경험이 있어야 한다. 특히 검사 결과를 근거로 하여 개인에 관한 판단과 특정한 결정이 내려져야 하는 경우 검사 사용자는 검사 실시나 해석에 관한 전문가 자격 조건을 충분히 갖추고 있어야만 한다"(한국심리학회, 1998).

이에 비해 미국심리학회에서는 심리검사자의 자격을 매우 구체적으로 제시하고 있다. 예컨대, 심리검사의 전문성 및 난이도에 따라 A 수준, B 수준, C 수준으로 구분하고, 각 수준에 따라 요구되는 검사자의 자격을 명시하고 있다(APA, 1953; Gregory, 2000 재인용). 미국심리학회에서 제시하는 검사 수준에 따른 검사자의 자격 요건은 다음과 같다.

- • A 수준: 이 수준에 속하는 검사들은 검사 요강에 제시되어 있는 검사 시행에 관한 최소한의 훈련을 받고 검사를 시행할 수 있는 집단용 심리검사들이다. 이 검사는 심리학을 전공한 심리학자가 아닌 현장 실무자들, 예컨대 회사관리자나 교육행정가 등도 일정한 훈련을 거쳐 시행할 수 있다. 집단으로 시행되는 학력성취도검사나 직업성숙도검사 등이 이 범주에 속한다.

- • B 수준: 정상인을 대상으로 하는 적성검사와 성격검사 등이 이 범주에 속한다. 이 수준에 속한 심리검사를 시행하기 위해서는 대학에서 고급 심리검사 및 심리학, 통계학을 수강한 후

전문 심리학자로부터 수련교육을 받고 심리검사 시행에 관한 훈련을 받은 경험이 요구된다.

- • C 수준: 검사에 관한 사전 지식 및 교육 · 훈련, 경험이 가장 높게 요구된다. 개인용 지능 검사, 투사적 검사, 신경심리검사 등이 이 범주에 속하는 심리검사이다. 이러한 심리검사들을 수행하고 채점하고 해석할 수 있으려면 일정 기간 동안 수련교육 및 검사 시행 경험 그리고 심리검사 시행에 관한 수련교육을 받아야 하고, 검사 시행 경험을 쌓아야 하며, 이와 더불어 심리검사 전문가 자격이 필수적으로 요구된다. 또한 최소한 임상심리학 전공으로 석사학위를 취득해야 한다.

이와 같이 미국심리학회에서는 검사 난이도에 따라, 그리고 검사의 전문성 수준에 따라 검사자의 자격 조건을 구체적으로 제시하고, 검사자의 교육과 수련, 검사 시행 경력, 자격증 등급에 따라 심리검사를 차별적으로 시행할 수 있음을 명시하고 있다.

심리검사를 시행할 수 있는 자격에 관한 엄격한 기준이 요구되는 이유는 앞서 지적된 바와 같이 심리검사가 기능적 측면뿐만 아니라 역기능적 측면도 지니고 있기 때문이다. Kaplan과 Saccuzzo(2005)는 심리검사가 개인에 관한 판단이나 의사결정과정에서 중요한 역할을 하게 되므로, 검사를 사용하는 전문가는 심리검사 결과의 정확성이나 타당성에 대한 책임이 있음을 인식해야 한다고 강조하고 있다. 심리검사는 다양한 사회 영역에서 실시되고 있는데, 예를 들면 취업 결정, 업무 배치, 정신장애 치료 여부, 적성평가, 장애자의 재활치료에서 치료목표 설정 등 다양한 의사결정과정에서 심리검사는 결정적인 영향을 미치게 된다. 구체적인 예로, 살인을 저지른 피의자에 대한 정신감정 결과에 따라 법적 처벌이 내려지기도 하고 정신장애로 인한 사고일 경우 정신의학적 치료를 받도록 치료감호가 판결되기도 하는데, 이와 같은 판결에 심리검사 결과가 중요한 영향을 미치게 된다. 국내에서도 살인을 저지른 피의자가 범행 당시 어떤 심리적 상태였는지를 판정하기 위해 정신감정과 심리검사가 의뢰되고, 정신감정과 심리검사 결과를 근거로 법적 처벌이 내려지거나 치료감호가 판결되고 있는 상황이다.

이와 관련하여 생각해 볼 점은 검사도구의 판매도 자격증이 있는 전문가에게만 허용되어야 한다는 점이다. 실제적으로 심리검사를 판매하는 경우 검사 구입자의 전문가 자격증을 엄격하게 확인한 후에 검사도구를 판매해야 하지만, 그렇지 않은 경우가 적지 않다. 이런 경우, 검사지나 검사도구가 오용될 수 있다.

한 사례를 보면, 30대 주부가 아들을 데리고 임상심리 클리닉을 방문하여 아들에게 지능검사를 받아 보게 하고 싶다고 하였다. 검사를 받고자 하는 이유는 아들의 지능 수준에 대해 알아보고 싶다는 것이었다. 면담을 마친 후 진행된 지능검사에서 그녀의 아들은 모든 문항에 대해 거의 완벽하게 정답을 알아맞혔고, 그 결과 지능이 최우수 수준에 속한 것으로 나타났다. 그런데 다음 날 한 노인이 찾아와서는 놀라운 사실을 털어놓았다. 어제 지능검사를 받았던 소년은 노인의 손자이고 소년을 데리고 온 부인은 며느리인데, 며느리가 다시 찾아온다면 그녀에게 조언을 해 달라면서 이야기를 털어놓았다. 노인의 며느리가 지능검사도구를 구입하여 아들에게 지능검사를 반복적으로 연습시키고 나서, 지능검사 점수가 변화되었는지 학원에 가서 정기적으로 확인받고 있다는 것이었다. 그 부인이 임상심리 클리닉을 찾아온 이유는 전문가가 시행한 지능검사 결과를 통해 아들의 지능점수가 높아졌는지를 확인해 보려고 했다는 것이었다. 그녀는 지능지수가 높아지면 실제 지적 능력이 높아진다는 믿음을 가지고 그와 같은 행동을 계속하고 있다는 것이다. 이와 같이 전문가가 아닌 입장에서 심리검사에 대한 잘못된 믿음을 가지고 검사도구를 잘못 사용하면 심각한 문제가 발생하게 된다. 따라서 검사도구의 판매조차도 전문가에게만 허용되어야 한다.

2. 심리평가 시행과정

심리평가 시행과정은 다음과 같은 단계들을 거치면서 진행된다.

• **1단계**   첫 번째 단계에서는 심리평가 의뢰서에 기록되어 있는, 심리평가 의뢰 이유, 의뢰를 통해 알고자 하는 내용에 대해 정리해 본다. 의뢰서에는 내담자에게 현재 어떤 상황이 일어나고 있는지, 어떤 환경에서 내담자의 상황이 시작되었는지, 그 결과 발생된 문제가 내담자에게 어떤 영향을 미치고 있는지에 대해 알 수 있게 된다. 임상심리학자는 이런 정보들을 바탕으로 내담자에게 어떤 상황에 진행되고 있는지 가설을 세워 본다. 심리평가 의뢰 사례를 살펴보자.

〈사례〉

여고생 K양은 고3이 되면서부터 말없이 집을 나가서 며칠씩 집에 들어오지 않고, 학교 가기를 거부하기 시작했다고 합니다. 가출행동이 시작될 당시 특별한 환경적 변화나 가족들과의 문제는 없었고, 학교생활에서도 평소와 다른 경험을 했다거나 특별한 변화를 겪지는 않았다고 합니다. 가출 후 집에 돌아와서는 거의 말을 하지 않았고 어디서 어떻게 지냈느냐는 질문에 대해서도 응답하지 않는다고 합니다. 가족들은 K양이 학교 공부에 대한 스트레스를 많이 받는 것 같고 평소에도 말이 없는 편이지만, 가족들과 전혀 대화하지 않게 되고 이유 없이 반복적으로 가출을 하고 학교에도 가지 않으려고 하는 이유를 알 수 없어서 K양에게 어떤 도움도 주기가 어렵다고 호소하고 있습니다. K양의 현재의 심리상태와 기능에 대해, 그리고 이런 문제를 발생시키고 있는 심리적 상황을 이해하는 데 도움을 받고자 심리평가를 의뢰합니다.

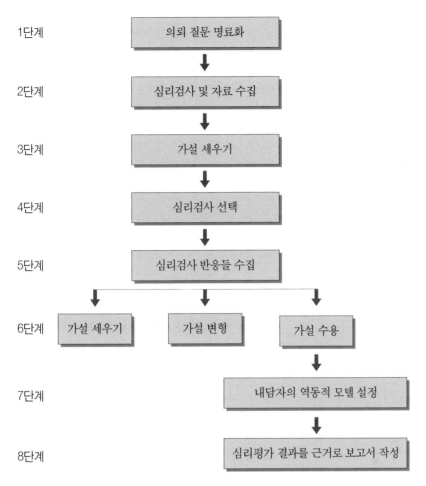

1단계   의뢰 질문 명료화

2단계   심리검사 및 자료 수집

3단계   가설 세우기

4단계   심리검사 선택

5단계   심리검사 반응들 수집

6단계   가설 세우기   가설 변형   가설 수용

7단계   내담자의 역동적 모델 설정

8단계   심리평가 결과를 근거로 보고서 작성

[그림 4-1] 심리평가 반응을 해석하는 과정에서 개인의 심리상태에
대한 가설을 검증해 나가는 단계적인 과정

출처: Wright.(2010), P. 35에서 발췌.

의뢰서에 기술된 내용을 중심으로 임상심리 전문가는 의뢰 이유 및 의뢰를 통해 알고자 하는 내용을 정리해 본다. 앞서 제시된 사례의 경우 심리평가가 의뢰된 이유는 반복적 가출행동, 가출 이유에 대한 무응답, 가족과 대화하지 않는 행동, 학교 등교 거부와 같은 내담자의 행동이 어떤 심리적 상태를 나타내고 있는지에 대해 알아보기 위해서였다.

• **2단계**   임상적 면담이나 다른 정보 출처(예: 부모나 교사로부터 제공받은 정보, 또는 과거 기록이나 과거의 보고서)로부터 제공되는 정보들을 수집하여 분석해 본다(자료 수집). 의뢰서에 제기된 질문 역시 자료의 일부에 속한다. 자료 수집을 하면서 임상심리 전문가는 면담을 통해 수집되는 자료가 어느 정도 제한점이 있음을 알고 있어야 한다. 면담을 통해 내려지는 가설 설정을

위해 내담자의 인지적·정서적·성격적·학문적·신경심리학적 기능과 더불어 기타 영역에 대한 정보들이 수집된다.

- **3단계** 1단계와 2단계에서 수집된 정보들을 바탕으로 3단계에서는 특정 요인들(상황, 내적 정신역동 요인)에 대한 가설을 설정하는 데 주력한다.

- **4단계** 4단계는 선택된 가설을 검증할 수 있도록 심리검사를 선택하여 검사를 실시하는 단계이다.

- **5단계** 5단계에서는 선택된 심리검사를 시행하고 검사 반응들을 수집하면서 가설을 검증할 수 있도록 준비한다.

- **6단계** 가설을 검토하면서 임상가는 설정된 가설을 기각할 것인지, 가설을 수용할 것인지, 또는 가설을 변경할 것인지에 대해 판단해 본다.

- **7단계** 7단계에서는 6단계에서 내려진 판단을 근거로 하여 내담자에 대한 가설 검증이나 가설 기각 또는 가설 수용이나 가설 변경 과정을 거친 후 가설이 구체화되고, 이를 바탕으로 내담자의 심리적 상태에 관한 정신역동적 모델을 설정해 본다.

- **8단계** 심리평가 결과를 정리하면서 내담자와 현재의 심리상태에 대한 제안점들을 정리하고, 이러한 심리평가 내용들을 심리평가 보고서에 기록한다.

3. 심리평가 자료의 해석

앞서 제시된 심리평가의 단계들에 대해 설명하기 전에 지적하고자 하는 점은 3단계에서의 개인 면담이 심리검사 실시 전에 시행될 수도 있고, 심리검사 실시 후에 시행될 수도 있다는 점이다. 앞서 제시된 방식에 따르면, 심리검사를 시행하기 전에 수검자의 개인적 정보를 수집하게 된다. 이러한 진행 방식이 의미가 있는 이유는 심리검사를 실시하기 전에 개인에 관한 정보를 수집함으로써 검사를 통해 밝혀내야 할 문제 발생 원인이나 문제 발생에 영향을 미친 촉발요인에 대한 가설을 미리 설정해 볼 수 있기 때문이다. 그리고 이런 과정을 통해 설정된 가설을 심리검사를 통해 검증해 볼 수 있다. 그러나 임상 경험에 의하면, 이러한 방식은 장점도 있지만 단점도 있다. 그 이유는 심리검사가 실시되기 전에 수검자에 관한 정보가 미리 수집될 경우, 심리검사 실시 이전에 수집된 정보가 심리검사 과정에서 영향을 미칠 수 있기 때문이다. 예를 들면, 심리검사를 시행하기 전에 수검자의 성격 특성이나 정서상태, 대인관계 방식 등에 관한 정보를 미리 알게 되었을 경우 이러한 정보가 심리검사 실시나 검사 결과 해석에 영향을 미칠 수 있다는 것이다. 이와같이 검사 전에 수집된 정보가 검사에 영향을 미친다는 것은 객관성을 상실하게 됨을 의미한다. 심리검사 실시 전에 수집된 정보가 심리검사 실시에 영향을 미칠 수 있다면 심리검사 결과의 타당성에 문제가 생기게 된다. 앞서 지적된 바와 같이 심리검사는 개인의 있는 그대로의 반응이 검사 실시과정에서 반영될 수 있어야 하고, 이를 위해서는 수검자가 솔직하게 응답해야 할 뿐만 아니라 검사자는 수검자에 대한 편견이나 선입견을 갖지 않은 상태에서 검사를 시행할 수 있어야 한다. 예를 들면, 지능검사를 시행할 경우 검사자가 수검자의 지능에 대해 어떤 가설이나 선입견을 미리 갖고 있다면 이러한 상황이 지능검사 시행에 영향을 미칠 수 있다. 이러한 점에서 검사 실시 전에 개인력이나 과거력에 관해서 미리 면담하는 것은 바람직하지 않은 결과를 초래할 수 있다. 특히 전문가로서의 경험이 충분히 축적되지 않은 상태일수록 이런 위험은 커지게 된다. 이러한 이유로 이 장에서는 심리검사를 실시한 다음에 수검자의 과거력과 개인력을 수집하는 것이 바람직하다는 판단 아래 수검자의 과거력 및 개인력을 심리검사 실시 후에 수집하도록 제안하고 있다. 그렇게 할 경우, 수검자의 과거력이나 개인력의 정보를 알지 못하는 상태에서 검사를 실시하고 해석함으로써 사전 정보에 의해 영향을 받지 않고 검사 결과를 해석할 수 있다. 이러한 수정된 방식에 대해 반대하는 의견이 제기될 수 있다. 왜냐하면 이와 같은 검사 방식은 개인에 관한 편견이나 선입견 없이 검사를 실시할 수 있다는 장점이 있지만, 사전 정보나 가설이 있을 경우 검사 도중에 수검자에게 의미가 있을 것으로 추정되는 부분에 집중적으로 접근할 수 있는 기회를 가질 수 있는 데 반해, 그러한 정보가 없는 상태에서는 그러한 기회를 놓칠 수 있기 때문이다.

저자의 생각으로는 두 가지 방식 중 심리검사를 사용하는 전문가의 입장에 따라 선택할 수 있을 것으로 판단된다. 즉, 경험이 풍부한 전문가의 경우에는 사전 정보를 수집하고 이를 바탕으로 가설을 설정한 후 검사를 실시하는 것이 풍부한 자료를 수집할 수 있다는 점에서 유리할 수 있다. 반면, 경험이 풍부하지 않은 경우 사전 정보의 영향을 받지 않은 상태에서 있는 그대로의 수검자의 반응을 충실하게 끌어낸 다음에 수검자의 개인력을 수집하는 것이 적절할 것으로 판단된다.

지금부터는 수정된 방식에 따라 심리검사의 시행 단계를 설정하고, 각 단계별 진행 방식에 대해 살펴보기로 한다.

① 심리검사 전 면담
② 심리검사 선정
② 심리검사 실시 환경 조성
④ 심리검사 실시 및 행동관찰
⑤ 심리검사 채점과 심리검사 결과 해석
⑥ 심리검사 후 면담: 과거력 및 개인력 조사
⑦ 종합평가 및 진단
⑧ 심리검사 결과 상담

1) 심리검사 전 면담

심리검사가 실시되기 전에 시행되는 면담에서는 심리검사가 의뢰된 상황부터 알아본다. 그 이유는 검사가 의뢰된 상황에 따라 심리검사 시행이 달라질 수 있기 때문이다. 실제 장면에서 보면, 심리검사가 의뢰된 상황에 따라 수검자의 동기와 태도가 달라지는 경향이 있다. 이런 이유로 심리검사가 의뢰된 상황에 대해 먼저 물어보는 것이 바람직하다.

심리검사가 의뢰되는 방식으로는 두 가지가 있다(오현숙, 2008). 첫째는 의뢰자가 구체적인 검사 동기와 목적에 따라 의뢰하는 경우이다. 이런 경우 검사 의뢰자는 수검자를 고용한 고용자이거나, 법정대리인, 또는 수검자에 대해 책임을 지고 있는 집단이나 심리검사 보고서에 담겨진 검사 결과를 사용하는 사람들이다. 물론 수검자 당사자나 그의 가족이 검사를 의뢰하기도 한다. 그러나 대부분의 경우 수검자와 관련되는 기관이나 관계자들이 수검자의 심리검사를 의뢰한다. 예를 들면, 법원에서 형법상의 감형과 가석방을 결정하기 위해 의뢰하거나, 피고인에 대한 정신감정에 대한 자료를 받아 보려고 심리검사를 의뢰한다. 또한 학교나 기업체 등에서 검사를 의뢰하기도 한다. 이와 같이 명백한 목적을 갖고 검사를 의뢰하는 경우, 검사 의뢰서에 구체적으로 검사 목적을 명시하게 된다. 예를 들면, 수검자가 문제행동을 했던 당시 온전한 판단 능력을 갖고 있었는지, 아니면 심리적 혼란 상태였는지, 평소 지적인 능력의 제한은 없었는지 등을 평가해 달라는 구체적인 요청을 한다. 검사자는 이와 같은 의뢰자의 요구에 맞추어 검사를 시행하게 된다.

검사를 의뢰하는 두 번째 경우는 내담자나 그의 가족이 내담자의 심리적 문제를 상담하기 위해 상담자나 치료자를 찾아갔다가 심리검사를 받아 볼 것을 권유받고 방문하는 경우이다. 이 경우 검사를 의뢰한 상담자나 치료자는 심리검사를 통해 알아보고자 하는 구체적인 질문이 있다기보다는 내담자의 심리적 특성과 더불어 문제 발생의 원인에 관한 정보를 얻고자 한다. 이런 경우 내담자는 심리검사를 통해 자발적으로 알아보고자 하는 구체적인 내용도 없을 뿐만 아니라 검사를 자발적으로 받아 보고 싶어 하지 않는 경우가 대부분이다. 왜냐하면 고통스러운 문제를 해결하기 위해 도움을 받고자 치료자나 상담자를 찾아갔다가 심리검사를 받아 볼것을 권유받은 상태여서, 검사의 필요성이나 검사 실시에 대한 자발적인 동기를 갖고 있지 않기 때문이다.

이와 같이 검사 의뢰 상황은 수검자의 검사 동기나 태도에 영향을 미치게 된다. 구체적으로 살펴보면, 법정이나 보험회사에서 수검자에게 심리검사가 필요한 이유를 자세하게 설명하면서 검사를 의뢰할 경우, 수검자는 자신이 왜 심리검사를 받아야 하는지를 인식하고 검사에 대해 적극적인 동기를 가질 수 있다. 이에 반해, 어려움을 겪고 있는 심리적 문제를 해결하기 위해 상담실이나 치료기관을 방문했는데 별다른 설명 없이 심리검사를 권유받게 되면, 수검자는 자신이 왜 심리검사를 받아야 하는지 잘 이해하지 못하게 된다. 따라서 심리검사에 대한 자발적인 동기가 낮을 뿐만 아니라 검사에 대한 태도가 소극적이거나 방어적일 수 있다. 검사자는 검사 의뢰 상황에 따라 심리검사 필요성에 대한 수검자의 인식이나 동기, 태도, 목적에 있어서 차이가 있음을 고려하여 이러한 상황에 대해 적절하게 대처할 수 있어야 한다. 따라서 검사자는 면담을 시작하기 전에 검사 의뢰 상황에 대한 정확한 정보를 갖고 있어야 한다.

심리검사를 시작할 때 심리검사가 의뢰된 상황에 대해 질문한 다음 면담이 계속되는데, 검사 실시 전에 시행되는 면담 목적은 다음과 같다(Rauch-Fleish, 2005; 오현숙, 2008 재인용). 첫째, 검사자와 수검자가 검사 전에 서로 친숙해지고 불안감이 없는 검사환경을 만들기 위해서이다. 심리검사가 시행되는 경우, 친숙한 검사자-내담자의 관계 형성이나 안정되고 편안한 검사환경이 이뤄지지 않은 상태에서는 솔직하고 있는 그대로의 반응을 수검자에게 기대하는 것이 무리일 수 있다. 검사자는 훈련된 전문가로서 짧은 시간에 새로운 내담자에게 적응하는 것이 익숙해져 있지만, 내담자는 이와는 다른 입장에 있기 때문이다. 이들은 자신이 직면하고 있는 문제나 해명되어야 하는 문제로 인해 심리검사를 받아야 하는 상황에서 심리적으로 긴장감을 느끼게 된다. 특히 검사 의뢰자가 수검자의 의견과 상관없이 검사를 의뢰한 경우, 수검자는 타의에 의해 검사를 받아야 한다는 압박감을 느끼면서 낯선 검사자 앞에서 자신의 사적인 영역의 내용들을 공개해야 하는 입장에 처하게 된다. 이런 경우 수검자는 매우 불안하고 당황스러운 처지에 놓이게 되므로, 수검자가 편안한 마음으로 심리검사를 받을 수 있는 환경이 이루어질 수 있도록 검사자와 내담자 간에 친숙한 유대감이 형성되어야 한다. 이와 같이 검사자와 수검자 간 협력적인 관계가 이루어지는 것이 검사 전에 이루어져야 할 첫 번째 목표이다.

검사 전 면담에서 검사자와 수검자 사이에 이루어지는 관계 형성 못지않게 중요한 두 번째 목표는 검사자와 수검자가 공동으로 심리검사에 관한 업무적 관계를 분명히 하는 것이다. 예컨대, 심리검사를 통해 알고자 하는 것이 무엇인지에 대한 수검자의 생각을 질문해 보면서, 검사자와 수검자가 검사 목적에 대해 합의점을 찾아보는 과정이 필요하다. 이와 같은 검사 목적에 대한 합의는 검사 의뢰자가 수검자 당사자이든, 아니면 수검자가 아닌 타인이든지 간에 심리검사가 효율적으로 이루어지기 위해서는 필요하다. 또한 검사 의뢰가 분명한 목적을 가지고 있는 경우든 그렇지 않은 경우든 심리검사 목적에 대한 합의점을 찾아보려고 노력해야 한다. 검사 목적에 대한 공동 합의는 수검자가 검사 의뢰자가 아니고 다른 사람이 검사를 의뢰한 경우에도 중요하다. 앞서 지적된 바와 같이 형사문제나 보험문제로 법원이나 보험회사가 검사를 의뢰할 경우, 수검자에게 검사를 받아야 할 이유를 충분히 설명해 주지 못한다면 왜 자신이 검사를 받아야 하는지 잘 알지 못하므로 검사에 대한 동기를 갖지 못하게 된다. 그 결과, 검사 실시에 대해 수동적이거나 방어적인 태도를 취하게 된다. 이런 경우 검사를 받아야 하는 목적과 이유에 대해 검사자와 수검자가 의견이 일치하게 된다면, 검사 시행이 훨씬 더 협조적으로 이루어질 수 있다. 이러한 과정을 통해 검사 목적에 대한 합의가 이루어지면 검사자는 심리검사를 선정할 수 있게 되고, 수검자의 입장에서는 검사에 대한 잘못된 기대나 방어적 태도를 버리고 적극적인 동기를 가질 수 있게 된다. 뿐만 아니라 검사 결과를 제시하는 과정에서도 검사자는 합의된 목적에 따라 수집된 심리검사 결과를 제공할 수 있게 된다. 이러한 과정을 통해 수검자의 입장에서는 심리검사를 실시하는 구체적인 목표를 갖게 되며, 이에 따라 협조적으로 심리검사에 반응하게 된다. 이와 같이 검사자와 수검자가 공동의 목적을 갖는 것은 검사 시행에 있어서 중요하다.

세 번째 목표는 검사 동기를 높이고자 하는 것이다. 즉, 수검자가 검사에 대한 관심과 기대를 갖고 진지하게 응답할 수 있도록 하기 위함이다. 검사 동기를 갖고 적극적으로 심리검사를 받는 경우는 그렇지 않은 경우에 비해 검사의 반응과 결과에 있어 큰 차이가 있다. 따라서 검사에 대한 동기를 높이기 위해 검사 전 면담 실시는 중요하다. 실제적으로 검사에 대한 동기를 갖고 열심히 응답할 경우 검사 반응은 수검자의 있는 그대로를 잘 반영해 주지만, 형식적으로 응답하거나 방어적으로 응답할 경우 있는 그대로를 제대로 반영해 주지 못하게 된다. 이러한 점에서 수검자가 자발적인 검사 동기를 갖고 있는지의 여부는 심리검사를 통해 내담자의 감정 상태와 심리적 상태를 충분히 알아낼 수 있을지를 결정하는 데 중요하다. 따라서 검사자는 검사를 시작하기 전 수검자가 검사 동기를 갖고 있는지를 살펴보고, 검사 동기가 충분하지 않을 경우 동기를 가질 수 있도록 도와주어야 한다. 물론 수검자 스스로가 높은 동기를 갖고 검사를 받는 경우도 있지만, 검사에 대한 동기를 갖지 못한 상태에서 검사를 받으러 오는 경우가 훨씬 더 많다.

수검자가 검사 동기를 가질 수 있기 위해서는 자신이 처한 상황을 인식하면서 도움받고 싶다는 기대를 갖고 있어야 한다. 이와 더불어 심리검사가 제공해 줄 수 있는 정보에 대해 인식하고 있을수록 수검자의 동기는 높아지게 된다. 또한 심리검사를 실시하면서, 검사 실시 후에 심리검사 결과에 대해 알려 주겠다고 심리검사자가 제안하면 수검자의 동기는 높아지게 된다.

지금부터 심리검사 실시 이전의 면담이 어떤 내용을 중심으로 진행되는지 살펴보기로 하자. 검사 전 면담 내용은 Garfield(1988)가 사례 면담 목적으로 사용했던 항목들을 중심으로 살펴보고자 한다.

첫째, 수검자의 인적 사항에 대해 질문한다. 면담을 시작하면서 검사자는 수검자의 이름, 나이, 출생일, 결혼 상태, 직업, 학력, 주소, 연락처 등에 대해 묻는다.

둘째, 수검자가 겪고 있는 심리적 문제에 대해 질문한다. 그의 문제가 언제부터 시작되었는지, 문제가 발생된 후 지금까지 어떤 과정을 거쳐 왔는지, 문제가 수검자에게 어떤 영향을 미치고 있는지, 수검자는 자신의 문제를 얼마나 심각하게 받아들이고 있는지, 문제 해결에 대한 동기는 어느 정도인지, 수검자 스스로는 문제를 어떤 방식으로 해결해 보려고 했는지, 그 효과는 어떠했는지 등에 대해 질문한다. 또한 현재 겪고 있는 심리적 문제가 일어나게 된 원인이나 문제 발생에 영향을 준 촉발요인, 그리고 환경요인은 무엇이었는지에 대해 물어본다. 그리고 수검자가 현재 도움을 요청하는 이유가 무엇인지에 대해서도 질문해 본다. 이런 질문을 통해 수검자가 상담이나 치료를 요청하는 이유를 탐색해 보는 것이 중요한데, 이것이 도움을 요청하는 동기와 현재 수검자가 처한 문제 상황의 심각도나 의미를 파악하는 데 도움이 되기 때문이다. 이런 질문들은 수검자의 문제 상황을 정확하게 파악하도록 도와줌으로써 검사를 통해 제공해 주어야 할 정보가 무엇인지, 이를 위해 어떤 심리검사를 선정해야 하는지를 판단하는 데 도움을 준다.

셋째, 심리검사를 통해 수검자가 알고자 하는 점과 기대하는 점이 무엇인지에 대해 질문한다. 이 질문은 심리검사에 대한 수검자의 욕구나 기대를 알아봄으로써 수검자가 적극적인 동기를 갖고 검사과정에 참여하도록 도와줄 수 있다는 점에서 의미가 있다. 그러나 실제 상황에서는, 특히 임상장면에서는 대다수의 수검자가 자발적인 검사 동기를 갖고 있거나 검사에 대한 기대를 갖고 있지 않다. 이럴 경우 검사자는 어떻게 해야 하는가? 앞서 언급한 바와 같이 수검자들은 검사를 원해서가 아니라 문제에 대한 도움을 받고 싶어서 상담실이나 치료실을 방문했다가 심리검사를 권유받게 되는 경우가 대부분이다. 이러한 상태에서 수검자는 심리검사에 대한 자발적인 동기를 갖고 있지 않은 경우가 많다. 왜냐하면 당장 도움을 받고 싶은 상태이므로 심리검사를 실시해야 하는 상황을 별로 원치 않을 수 있기 때문이다. 이런 경우 어떤 심리적 문제나 증상이 일어나고 있는지, 어떤 문제에 직면해 있는지를 정리해 주면서, 그것을 해결하는 데 심리검사가 도움을 줄 수 있음을 알려 줌으로써 심리검사의 필요성을 인식시키고 동기를 갖도록 돕는 것이 효과적이다.

이상과 같이 검사 전 면담을 통해 심리검사가 의뢰된 목적이나 심리검사를 통해 알고자 하는 정보가 무엇인지를 알 수 있으며, 이와 더불어 수검자의 동기, 욕구, 기대, 태도 등을 파악할 수 있다. 또한 이러한 사전 면담을 통해 어떤 심리검사를 선택하는 것이 적절한지를 판단하는 데 도움이 될 수 있다.

2) 심리검사 선정

심리검사 실시에 앞서 검사가 의뢰된 목적을 살펴보고, 어떤 내용의 검사를 시행할 것인지를 결정하고 그에 따라 적절한 심리검사를 선정하게 된다. 구체적으로 심리검사를 선택하는 과정은 2단계로 진행된다. 첫 단계에서는 검사의 내용을 중심으로 검사 목적에 따라 가장 만족스러운 해답을 줄 수 있는 심리검사를 선택하고, 다음 단계에서는 검사의 심리측정적 요건을 중심으로 선택한다. 이제부터 검사의 내용을 중심으로 심리검사를 선정하는 방법과 검사 요건을 중심으로 심리검사를 선정하는 방법에 대해 살펴보자.

(1) 검사 내용에 따른 심리검사의 선정

검사자는 검사 목적에 적합한 검사를 고르기 위해 검사에서 측정하고 있는 내용을 일차적으로 검토하게 된다. 예를 들면, 수검자가 겪고 있는 불안이나 우울이 어느 정도 심각한지, 그리고 수검자가 어떤 정신병리적 상태에 있는지를 알아보고자 하는 진단 목적으로 검사가 의뢰된 경우에는 진단용 심리검사를 선정한다. 정신장애 진단용 검사로는 다면적 인성검사(Minnesota Multiphasic Personality Inventory: MMPI), 간이정신진단검사(Questionnaire of Symptom Checklist-90: SCL-90), 정신병리와 성격을 평가해 주는 성격평가 질문지(Personality Assessment Inventory: PAI) 등이 있는데, 이러한 심리검사들의 구성 내용 및 특징을 검토하여 선정한다. 만약 수검자의 지능 수준이나 인지적 특징에 대한 정보를 얻고자 의뢰된 경우에는 지능검사나 인지검사의 구성 내용에 대해 살펴보고 적절한 검사를 선정한다. 만약 뇌손상 여부 및 뇌손상으로 인한 인지기능장애에 관한 정보를 얻고자 의뢰된 경우에는 신경심리검사들 가운데 가장 적절한 답을 줄 수 있는 검사를 선택한다. 이와 같은 심리검사 선정을 적절하게 할 수 있으려면 검사자가 사용 가능한 모든 심리검사에 대해 잘 알고 있어야 하는데, 특히 각 검사들의 내용 구성 및 특징에 대해 세부적으로 알고 있어야 한다. 그렇지 못할 경우, 심리검사를 시행하더라도 검사 목적을 충족시킬 수 있는 핵심적인 정보를 제공받지 못하게 됨으로써 실질적인 도움을 얻지 못하게 된다. 따라서 검사자는 가능한 한 많은 심리검사 내용과 특징, 장점, 활용 가치 등에 대해 정확한 정보를 갖고 있어야 한다.

검사 내용을 중심으로 심리검사들은 다음과 같은 유형으로 분류된다(Goldstein &Hersen, 1990).

① 지능검사
② 성취 및 적성, 흥미검사
③ 성격검사
④ 적응검사
⑤ 정신장애 진단검사
⑥ 신경심리검사

검사 내용을 중심으로 분류되는 심리검사 유형은 연구자에 따라 차이가 있다. Irle(1956)은 심리검사를 일반지능검사, 적성검사, 능력검사 및 성격검사로 분류하고, Anastasi(1969)와 Cronbach(1960)는 이와 유사하게 구분하고 있다. 이에 비해 Heiss(1964)는 능력검사와 성격검사 두 개의 큰 범주로 분류하고 있다. 앞에 제시된 Goldstein과 Hersen의 분류 방식이 가장 보편적인 방식으로 추천될 수 있다.

검사 전문가가 심리검사 내용에 대해 알아야 하는 이유는 검사 목적이나 검사를 통해 내담자에게 알려 주어야 할 내용을 기준으로 어떤 검사가 가장 적절한지를 판단할 수 있어야 하기 때문이다. 예를 들어, 수검자의 성격 특성에 관한 정보를 얻기 위해 심리검사가 의뢰되었을 경우 검사자는 수검자에게 필요한 성격에 관한 정보를 가장 적절하게 제공해 줄 수 있는 성격검사를 선택해야 한다. 이를 위해서는 다양한 성격검사에 대한 정보를 정확하게 파악하고 있어야 한다. 다시 말하면, 수검자마다 알아보고자 하는 성격에 관한 정보에 차이가 있을 수 있으므로 이러한 요구를 충족시켜 줄 수 있는 성격검사를 선택할 수 있어야 한다. 구체적인 예로, 수검자에게 성격적 문제나 성격장애가 있는지 또는 선천적인 성격, 즉 타고난 기질적 특성은 어떠한지에 관한 정보를 얻기 위해 검사가 의뢰된 경우라면, 이런 목적을 충족시킬 수 있는 성격검사를 선택해야 할 것이다. 이러한 선택을 할 수 있으려면, 검사자는 다양한 특징을 지닌 여러 성격검사들 가운데 가장 적절한 해답을 제공해 줄 검사를 선정할 수 있도록 각 성격검사에 대해 정확하게 알고 있어야 할 것이다. 이와 같이 검사자는 각 심리검사의 이론적 배경이나 검사의 구성 내용, 검사를 통해 알 수 있는 내용에 대해 정확한 지식과 정보를 갖고 있어야만 적절한 검사를 선정할 수 있다. 다른 예를 들어 보면, 개인의 지적 능력 특성에 대해 알아보고자 검사가 의뢰된 경우 선택 가능한 여러 지능검사 가운데 수검자에게 가장 필요한 정보를 제공해 줄 수 있는 지능검사를 선택해야 한다. 이를 위해 검사자는 각 지능검사의 이론적 배경이나 구성 내용에 대해 구체적으로 알고 있어야 한다. 예컨대, 웩슬러 지능검사(Wechsler Adult Intelligence Scale: WAIS)는 종합적 적응능력을 중심으로 언어성, 동작성 지능에 관한 다양한 정보를 제공해 줄 수 있는 반면, 카우프만 지능검사(Kaufman Assessement Battery for Children: K-ABC)는 인지적 정보처리과정에서의 순차적 정보처리 능력과 동시적 정보처리 능력을 중심으로 지능에 관한 정보를 제공해 줄 수 있는데, 이러한 차별화된 지능검사 이론과 검사의 구성 내용을 판단하여 가장 적합한 지능검사를 선택할 수 있어야 한다.

이와 같이 검사자가 심리검사들이 제공해 줄 수 있는 내용에 대한 구체적인 정보를 갖고 있을 경우 적절한 검사를 선정할 수 있으므로, 검사자는 심리검사의 내용에 관한 지식과 경험을 충분히 지니고 있어야 한다.

심리검사의 유형은 검사의 내용에 따른 분류 방식 외에도 연구자들마다 다양한 방식으로 제시될 수 있다(오현숙, 2008). 즉, 검사 유형이 검사의 매체를 중심으로 분류될 경우 종이와 필기도구를 사용하는 지필검사, 그림을 이용한 그림검사, 도구를 직접 다루는 수행검사로 분류될 수 있고, 언어 사용 여부에 따라 분류될 경우 언어검사, 비언어검사로 분류될 수 있다. 그리고 시간 제한 여부에 따라 분류될 경우 속도검사(시간 제한 있음: 보통 쉬운 문항으로 구성), 역량검사(시간 제한 없음: 보통은 어려운 문제로 구성)로 구분되기도 한다. 검사 대상자 범위를 고려하여 개인검사와 집단검사로 나누기도 한다. 마지막으로는 검사의 측정 내용과 검사 제작방법에 따라 투사적 검사(projective tests)와 객관적 검사(objective tests)로 분류되는데, 이 두 가지 유형은 반응 방식이나 채점 및 해석 과정에서 큰 차이가 있으므로 검사자는 이 유형의 검사들을 적절하게 사용할 수 있기 위해 다양한 정보를 가지고 있어야 한다. 투사적 검사와 객관적 검사에 대해서는 이 장의 후반부에서 자세하게 다룰 것이다.

(2) 검사 요건에 따른 심리검사의 선정

지금부터는 제2장 '심리검사의 측정 이론'에서 다루었던, 심리검사 요건이 검사의 시행장면에서 어떻게 적용되는지, 심리검사 선정에 심리검사 요건이 어떻게 검토되는지에 대해 설명하고자 한다. 제2장에서 설명되었던 심리검사의 요건을 반복적으로 설명하지는 않고 심리검사의 적절한 선정 기준으로 검사 요건이 어떻게 적용되는지에 대해 설명할 것이다.

심리검사를 선정할 때 어떤 검사가 검사 의뢰자의 질문에 답하는 데 가장 적절할 것인지가 판단 기준이라는 점을 앞서 밝혔다. 다음으로 중요한 기준은 심리검사의 요건이라고 할 수 있다. 심리검사의 요건은 심리검사 전문가가 검사 의뢰자에게 심리검사 결과를 과학적인 근거를 바탕으로 제공할 수 있게 해 준다. 타당성이 매우 낮거나 일관성이 결여되어 있거나 신뢰도가 낮은 심리검사는 신뢰성 있는 정보를 제공해 주기 어렵다. 일반적으로 심리검사의 요건으로는 타당도, 신뢰도, 객관도를 중요시하고 그 외 경제성, 실용성 또한 중요하게 다루어진다. 따라서 검사자는 심리검사를 선정할 때 다음과 같은 기준을 충분히 고려하여 심리검사를 선택해야 한다(박영숙, 2004).[1]

---

1) 『심리평가의 실제』(박영숙, 2004, p. 104)에서 인용함.

첫째, 표준화 검사의 경우 검사의 신뢰도를 검토해 보아야 한다. 표준화된 검사는 검사 요강에 각 신뢰도계수가 제시되어 있기 때문에 이러한 검토가 가능하다. 이상적으로는 신뢰도 계수가 .80 이상이 요구되고, 특히 재검사 신뢰도가 검토되어야 한다. 그러나 현실적으로는 신뢰도계수가 .70 이상인 경우라도 검사를 선정하는 데 큰 무리는 없다.

둘째, 표준화 검사일지라도 검사의 타당도가 검사 요강에 제시되지 않는 경우가 있다. 이는 신뢰도 측정에 비해 타당도 검증이 쉽지 않으므로 검사의 타당도가 집중적으로 검증되지 않은 채 표준화 검사로 사용되는 경우가 있기 때문이다. 검사의 타당도가 충분하지 않을지라도 신뢰도가 적절하다면 어떤 특성이건 간에 신뢰할 만한 수준에서 측정되고 있으므로 검사의 요건을 충족시키고 있다는 의견도 있지만 사실은 그렇지 않다. 특정 검사의 타당도는 타당도계수로 단순하게 평가되는 것이 아니다. 검사의 타당도는 타당도 검증이 가능한 방식으로 검사 결과를 다각적으로 검토함으로써 검증될 수 있다. 실제로 타당도 조건이 충분하게 충족되는 심리검사는 신뢰도가 충족되는 심리검사에 비해 흔하지 않은 편이다. 따라서 신뢰도와 더불어 타당도가 충족되는 심리검사를 가능한 범위 내에서 선택하도록 노력해야 할 것이다.

셋째, 심리검사의 실용성을 고려해 보아야 한다. 즉, 검사의 시행과 채점의 간편성, 시행시간, 심리검사지의 경제성 등을 검토하여, 가능하면 시행과 채점이 간편하고 시행시간도 적절하며 검사지 비용도 현실적인 검사를 선정해야 할 것이다.

지금까지 심리검사 선정에 대해 살펴보았다. 이제 심리검사 선정 작업에 필요한 기초 지식을 얻기 위해 객관적 검사와 투사적 검사에 대해 살펴보기로 하자. 검사 선정에 있어서 객관적 검사와 투사적 검사의 검토가 필요한 이유는, 두 가지 유형의 검사가 지니고 있는 특징을 이해하고 적절하게 활용함으로써 보다 유용한 정보가 제공될 수 있기 때문이다.

(3) 투사적 검사와 객관적 검사

투사적 검사에 대해 설명하기에 앞서 투사적 지각과정에 대해 살펴보고자 한다. 그 이유는 투사적 지각과정이 투사적 검사의 바탕을 이루고 있기 때문이다. 즉, 투사적 검사가 개인의 심리적 특성을 분석해 주는 도구로서 존재할 수 있는 근거를 투사적 지각에서 찾을 수 있다.

분석심리학적 입장에서는 투사적 지각과정에 대해 잘 설명해 주고 있다.

"무의식에 있는 것은 무엇이나 밖으로 투사될 수 있고, 이에 따라 내 마음속에 담겨 있으나 내가 모르고 있는 마음의 부분은 밖에서 지각되는 것이다. 투사(投射, projection)는 안에 있으나 밖에 있는 것처럼 보이는 경우인데…… 내 마음속에 있는데 모르고 있으면 밖으로 투사되어 밖에 있는 사람이나 사물에서 자기 마음의 일부를 보게 된다. 분석심리학에서는 무의식에 있는 것은 무엇이나 밖으로 투사될 수 있다고 본다. 다시 말하자면, 내가 지니고 있으나 모르고 있는 마음의 부분은 대체로 밖에서 지각된다는 것이다"(한국 융연구원, 2000).

이와 같이 개인이 의식하지 못하는 상태에서 자신의 내면적 모습들이 외부로 투사되고, 외부로 투사된 자신의 모습들을 자신의 것이 아닌 외부의 것으로 지각하게 되는 과정이 바로 투사적 지각과정이다. 이러한 투사적 지각과정이 투사적 검사가 심리검사로 활용되는 근거를 제시해 주고 있다.

한편, 투사적 지각과정과 관련하여 Murray(1938)는 외적 자극이 모호할수록 자극을 지각하는 과정에서 개인의 욕구 및 관심 그리고 개인의 심리적 구조에 의해 강하게 영향을 받는다고 하였다. 최초로 투사적 검사라는 명칭을 사용했던 Frank(1939)는 외적 자극이 모호한 특징을 갖고 있을 경우, 사람들은 그 자극을 지각적으로 입력하고 인지적으로 해석하는 과정에서 자신의 욕구와 관심 그리고 심리적 내용을 반영하게 된다는 '투사적 가설'을 제시하면서, 자극조건이 모호할수록 투사적 현상이 잘 일어난다는 점을 지적하였다. 이와 더불어 심리검사가 모호한 자극조건을 갖고 있을 경우 검사 반응에 개인의 내적 욕구와 관심, 심리적 구조가 잘 반영되므로, 이러한 조건을 갖춘 심리검사들을 '투사적 기법(projective methods)'으로 명명하고 이를 새로운 검사법으로 소개하였다.

정리해 보면, 투사적 검사란 모호한 시각적 자극을 제시함으로써 그 자극을 지각하는 과정에서 개인의 욕구와 관심, 성격구조 등이 반영될 수 있도록 제작된 심리검사라고 정의 내릴 수 있다. 투사적 검사와 관련하여 지적되어야 할 점은 투사라는 개념이 정신분석에서의 방어기제, 투사와 혼돈될 수 있다는 점이다. 앞서 Murray가 제시한 투사가 일반적인 개인적 반응 전반에 확대적으로 적용되는 개념이라면, 정신분석적 개념에서의 투사는 내적으로 경험된 갈등이나 불안과 관련되는 심리적 상태가 방어기제에 의해 방어되는 경우라는 차이가 있다.

투사적 검사는 개인의 독특한 심리적 특성을 투사할 수 있도록 모호하고 불분명한 시각적인 자극을 사용하고, 검사 지시는 가능한 한 단순하게 제시된다. 가장 잘 알려진 투사적 검사인 로샤 검사를 보면, 모호한 잉크반점으로 구성되어 있고, 검사자가 수검자에게 생각나는 대로 자유롭게 응답하라고 요청하고, 지시를 받은 수검자는 떠오르는 대로 응답하게 된다. 이와 같이 투사적 검사는 검사 자극이 분명한 형태를 갖추고 있지 않고, 개인의 독특하고 다양한 반응이 허용되도록 검사 지시가 단순하게 제시되며, 응답은 구체적인 형식을 따르는 것이 아니라 자유롭게 하도록 되어 있다. 이러한 특징을 지닌 투사적 검사는 비구조적 또는 비구조화된 검사(unstructured test)이다. 이에 비해 객관적인 검사는 구조화된 검사(structured test)이다. 구조화된 검사는 검사 목적에 따라 알아내고자 하는 주제가 결정되어 있고, 그에 따라 검사 과제가 결정되며 검사 지시, 응답 방식, 채점 방식 등이 일정한 방식에 따라 구성된다는 특징이 있다. 예컨대, 성격에 대해 알아보고자 할 경우 성격에 관한 일정한 문항들로 검사가 구성되고, 검사시행 절차와 응답 방식 및 채점 방식이 검사마다 일정하게 정해져 있다. 이러한 객관적 검사는 개인의 독특성보다는 개인들이 공통적으로 지니고 있는 심리적 특성이나 행동에 대해 개인 간 비교를 하려는 목적을 지니고 있다.

다음은 투사적 검사와 객관적 검사의 장점과 단점에 대해 살펴보자. 투사적 검사의 장점은 다음과 같이 지적될 수 있다(Kline, 1993).

- 검사 반응이 독특하다. 투사적 검사는 객관적 검사와는 다르게 개인의 독특한 반응을 나타나게 해 준다는 점에서 개인을 이해하는 데 유용하다.
- 방어가 어렵다. 투사적 검사는 모호하고 생소하고 불분명한 자극을 제시하므로 수검자가 그에 대해 적절한 방어를 하기가 어렵다. 객관적 검사와 비교해 보면, 수검자는 객관적 검사의 문항을 읽으면서 그 내용을 이해할 수 있고 그에 따라 방어적으로 응답할 수 있지만, 투사적 검사에서는 자신의 의도에 맞추어 방어적으로 응답하기가 어렵다.
- 검사의 반응이 풍부하다. 투사적 검사는 검사 자극이 모호하고 검사 지시가 일정한 응답 방식을 요구하지 않으므로 독특하고 다양하고 풍부한 내용의 반응이 드러나기 쉽다는 점에서 개인의 심리적 특성을 잘 반영해 줄 수 있다.
- 개인의 무의식적 내용이 반영된다. 수검자의 무의식적 심리상태가 잘 반영될 수 있는 이유는 투사적 검사가 생소하고 모호한 자극을 제시함으로써 의식되지 않던 사고나 감정이 표현될 수 있도록 해 주기 때문이다.

한편, 투사적 검사의 단점은 다음과 같이 지적되고 있다(Eysenck, 1959; Vermon, 1963).

- 투사적 검사는 신뢰도가 낮다. 이는 검사 반응의 일관성이 결여되어 있다는 투사적 검사의 특징에 기인한다. 특히 투사적 검사의 반응이 개인의 지속적인 특성을 반영하는 것이 아니라 정서적 상태나 심리적 상태를 반영하는 경우 반응의 일관성이 부족하게 되고, 이로 인해 투사적 검사의 신뢰도가 저하되는 경향이 있다.
- 투사적 검사는 타당성 문제가 있다. 투사적 검사 반응이 어떤 의미를 담고 있는지에 대해, 즉 투사적 검사 해석의 근거가 과학적으로 충분히 검증되지 않았다는 점이 지적되고 있다. 이는 투사적 검사가 심리검사로서 지속적으로 사용될 수 있는지 여부를 결정할 수 있는 매우 중요한 문제 제기이다. 이러한 논쟁점에 대해서는 제10장 '투시적 검사 I: 로샤 검사'에서 투사적 검사의 특징과 속성과 관련하여 자세하게 설명될 것이다.
- 검사 반응이 상황에 따라 영향을 받는다. 즉, 검사자의 성, 태도, 수검자에 대한 선입견 등

이 검사 반응에 영향을 미침으로써 수검자의 특성 외 검사 시행의 상황적 조건이 영향을 미칠 수 있다.

이러한 투사적 검사의 단점에 관한 지적에 대해 Holzberg(1977)와 Weiner(1977)는 그것이 투사적 검사가 지니고 있는 특수성을 고려하지 못한 결과이며, 투사적 검사의 독특한 검사 조건에서 비롯된 것이지 실제적인 문제점이 아니라고 주장하면서 반박하고 있다.

이번에는 객관적 검사의 장점에 대해 살펴보자. 객관적 검사는 질문지로 구성되어 있는 표준화된 심리검사이다. 객관적 검사의 장점은 다음과 같이 지적되고 있다.

- 검사 실시가 간편하다. 객관적 검사는 검사 실시와 채점의 표준 절차가 마련되어 있고, 객관적 근거에 따라 해석이 이루어진다는 점에서 검사 사용이 간편하다.
- 검사의 신뢰도가 검증되어 있다. 객관적 검사는 검사 제작과정에서 신뢰도가 검증되므로 대부분의 표준화된 심리검사는 적절한 신뢰도를 갖추고 있다고 볼 수 있다.
- 객관성이 보장되어 있다. 객관적 검사는 투사적 검사에 비해 검사자나 검사 상황이 검사 반응에 미치는 영향이 적고 개인 간 비교가 객관적으로 제시될 수 있다는 점에서 객관성이 보장된다.

한편, 객관적 검사의 단점은 다음과 같이 지적되고 있다.

- 사회적 바람직성(desirability)이다. 즉, 검사 문항이 담고 있는 내용이 사회적으로 바람직할수록 수검자들은 긍정적으로 반응하는 경향이 있고, 이러한 반응 경향성을 통제하기 어렵다.
- 반응 경향성이다. 객관적 검사에 대한 응답 방식은 개인마다 특정한 흐름이 있는데, 예컨대 긍정적인 방향으로 응답하거나 부정적인 방향으로 응답하거나 아니면 중간 상태로 응답하는 등 개인의 독특한 반응 경향성에 따라 검사 반응이 영향을 받게 된다.
- 문항 내용이 제한되어 있다. 객관적 검사는 알아내고자 하는 행동을 대표적으로 나타내는 문항을 중심으로 구성되므로 개인에게 의미 있는 독특한 내용은 제시되지 못한다. 예컨대, 편집증적 증상을 지닌 개인들에게 공통적인 문항이 선택되고 이런 대표적 문항으로 편집증 척도가 구성되므로 개인이 갖고 있는 독특한 편집증 내용은 검사 문항에 포함되지 못하게 된다.

이와 같이 투사적 검사와 객관적 검사는 장점과 단점을 지니고 있으므로 검사자는 이를 모두 고려하면서 검사를 사용해야 한다. 투사적 검사와 객관적 검사를 함께 사용한다면 각 검사가 상호 보완적인 효과를 보이게 된다.

3) 검사환경의 조성[2]

심리검사를 시행할 때 수검자가 편안하게 검사를 받으면서 '있는 그대로의 반응'을 할 수 있기 위해서는 적절한 검사환경이 제공되어야 한다. 이를 위해 검사자는 수검자와 만나는 첫 순간부터 적절한 관계 형성이 이루어질 수 있도록 노력해야 한다.

(1) 라포 형성

검사자는 수검자를 만나는 초기 단계에서 라포 형성에 주의를 기울여야 한다. 라포 형성이란 상담자와 내담자 또는 치료자와 환자 사이에서 '동일한 목적을 갖고, 잘 소통하며 협력하는 편안한 관계'를 맺는다는 의미를 담고 있다(Trout & Rosenfeld, 1980). 라포 형성은 작업 동맹(working alliance)이라는 용어와 동의어로 사용되기도 하는데 협동, 상호관계, 연대적 관계라는 의미를 지니고 있다(Horvath & Symonds, 1991).

라포 형성 및 작업 동맹이 중요한 이유는 성공적인 상담이나 심리치료 결과를 가장 잘 예측해 주는 것은 치료자의 이론적 접근이나 대처기술이 아닌 라포 형성 또는 작업 동맹이기 때문이다(Sharpley, Halar, Rabinowicz, Weiland, & Stafford, 2001). 상담이나 치료에서 성공적인 결과를 얻기 위해서는 적절한 관계 형성이 이루어져야 하듯이, 심리검사에서도 최적의 심리검사가 실시되기 위해서는 초기 단계에서 검사자와 수검자 사이에 라포 형성이 적절하게 이루어져야 한다. 심리검사 시행에서 라포 형성을 이루기 위해 검사자는 수검자에게 심리검사에 대해 관심을 갖도록 지지해 주고, 협조적 태도를 갖도록 격려해 주며, 검사 지시를 적절하게 따르고 있음을 알려 주어야 한다(Anastasi, 1982). 또한 능력검사의 경우 수검자가 주어진 과제에 집중하면서 최대의 능력을 발휘하도록 검사환경을 조성해 주어야 한다. 성격검사에서는 수검자에게 일상적인 행동에 대해 있는 그대로 솔직하게 응답할 것을 요구한다. 또한 투사적 검사에서는 수검자가 자신의 반응을 검열하거나 억제하지 않고 연상되는 그대로 응답하도록 격려해 준다. 나아가서 검사자는 모든 종류의 심리검사를 시행하면서 수검자로 하여금 있는 그대로 반응하도록 격려한다. 실제로 어떤 노련한 전문가라 할지라도 수검자가 협조하지 않는다면 심리검사를 통해 얻을 수 있는 정보는 매우 제한되기 마련이다. 따라서 검사를 시행하는 전문가는 수검자에게 동기를 부여하고 검사 시행에 대한 수검자의 참여도를 높일 수 있는 기술을 습득하도

---

2) 『심리평가의 실제』(박영숙, 2004, pp. 105-111)에서 인용함.

록 노력해야 할 것이다.

그렇다면 구체적으로 어떤 행동이나 태도가 라포 형성에 도움되는가? Tepper와 Hasse(1978)는 상담자의 얼굴 표정이나 눈 맞춤, 말의 억양, 자세 등의 비언어적 행동이 라포 형성에 촉진적인 역할을 한다고 지적하고 있다. 즉, 언어적 메시지보다 비언어적 행동이 주는 메시지가 상담자와 내담자의 관계 형성에 더 큰 영향을 미친다는 것이다.

한편, 구체적인 심리검사 시행장면에서 검사자의 어떤 행동이나 태도가 라포 형성에 도움을 줄 것인가를 살펴보면, 내담자의 특성이나 동기, 검사 상황에 따라 차이가 있으므로 일반적인 해답을 제시하기는 어렵지만 몇 가지 방법은 다음과 같다. 첫째는 수검자의 동기 수준을 파악하고 그에 맞추어서 수검자의 협조를 끌어낸다. 임상 경험에 의하면, 상담이나 치료에 대한 동기가 강할수록 심리검사에 대한 동기가 높고, 상담이나 치료에 대한 동기가 약할수록 심리검사에 대한 동기도 낮은 경향이 있다. 이러한 점을 고려하여 검사자는 수검자에게 어떤 방식으로 라포 형성을 할 것인지를 결정하기 전에 상담이나 치료에 대한 수검자의 동기 수준을 먼저 알아보는 것이 필요하다. 이를 위해서 치료를 받으러 오게 된 이유, 현재 직면하고 있는 주요 문제와 이로 인한 수검자의 심리적 불편감 등에 대해 질문해 본다. 이러한 질문은 수검자가 당면하고 있는 주요 문제를 알려 줄 뿐만 아니라, 그가 치료의 필요성에 대해 어떻게 생각하고 있는지에 대해서도 알려 준다. 그리고 이를 통해 심리검사에 대한 동기 수준을 살펴볼 수 있다. 이러한 과정에서 드러나는 수검자의 응답 태도에서 수검자의 동기 수준을 파악 할 수 있다. 이러한 과정을 통해 치료나 상담에 대한 동기 수준이 적절하다고 판단되면, 심리검사에 대한 동기 수준도 적절할 가능성이 높으므로 심리검사를 시작할 수 있다. 반면에 수검자의 동기가 매우 약하거나 동기를 전혀 갖고 있지 않다고 판단될 경우, 검사자는 수검자의 동기를 유발하기 위한 개입을 검사 실시에 앞서 시도하는 것이 필요하다. 예를 들면, 수검자가 직면한 상황에서 검사가 필요한 이유, 검사를 통해 수검자가 얻게 될 이득에 대해 설명해 줄 수 있다. 이러한 설명을 통해 수검자가 검사에 대한 태도를 바꾸어서 적극적인 태도를 보이기도 하지만, 일부 수검자는 검사에 대한 강한 거부감을 계속 나타낼 수 있다. 만약 검사자의 시도에도 불구하고 수검자가 계속 검사에 대한 강한 거부감을 나타낸다면, 검사 시행을 보류하는 것을 검토해 보아야 한다. 왜냐하면 수검자가 동의하는 것이 검사 시행의 기본 요건이기 때문이다. 수검자가 동의하지 않는 상태에서 검사를 강제로 시행할 수는 없으며, 만약 강제로 시행한다면 검사 시행의 윤리에 어긋나게 된다. 뿐만 아니라 비협조적 상태에서 시행되는 심리검사에서는 방어적인 반응만 나타나므로 의미가 없게 된다. 따라서 수검자에게 충분한 설명을 해 주면서 수검자가 동기를 가질 수 있도록 노력하는 것이 필요하지만, 수검자의 태도에 따라서는 검사 시행을 강요하지 말아야 하는 상황이 있음을 기억해야 할 것이다.

한편, 라포 형성이 적절하게 이루어질 수 있기 위해서는 수검자가 검사과정에서 경험할 수 있는 정서를 검사자가 충분히 이해하고 그에 대해 적절하게 대처할 수 있어야 한다. 따라서 수검자가 검사과정에서 경험하게 되는 정서상태나 심리적 상황에 대해 살펴보기로 하자.

(2) 수검자 변인

심리검사를 받는 동안 수검자의 심리상태에 따라 검사 반응이 영향을 받을 수 있으므로 검사자는 검사가 진행되는 동안 수검자의 정서상태에 대해 알고 있어야 한다. 뿐만 아니라 수검자의 신체적 상태 역시 영향을 줄 수 있으므로 이에 대해서도 관심을 가져야 한다. 이러한 점은 심리검사에만 의존하여 해석을 내리는 것이 아니라, 다양한 방식으로 얻은 자료들을 종합하여 해석을 내리게 되는 심리평가의 과정에서 더욱 중요하다.

심리검사를 받는 동안 개인들은 여러 가지 정서를 갖게 되는데, 가장 흔한 정서 반응은 검사에 대한 불안이다. 검사를 통해 어떤 판정을 받게 될지 모른다는 두려움 때문에 불안해지면, 수검자는 검사를 거부하거나 방어적인 태도를 취하게 된다. 특히 심리검사를 받도록 강요받은 상태에서는 더욱 그러하다. 수검자가 자발적으로 검사를 받고자 했던 경우라 할지라도 자신의 상황이 노출될 것이라는 두려움으로 검사 협조에 대해 양가적인 태도를 취하게 된다. 즉, 협조적이지만 한편으로 거부적이기도 하다. 뿐만 아니라 검사에 대해 지나친 기대를 갖고 있는 경우 검사에 대해 강한 긴장감을 느낄 수 있다. 이러한 수검자의 정서상태는 검사 반응에 영향을 미칠 수 있다. 특히 능력검사를 시행하는 경우, 수검자는 자신의 능력을 검증하는 시험이라고 느끼게 되므로 자존심에 위협감을 느끼게 되거나 시험불안(test anxiety)과 유사한 정서를 갖게 된다. 검사자는 수검자의 저항과 두려움을 이해하고 수검자에게 검사를 받을 때 이러한 정서상태가 일어날 수 있음을 설명해 주고, 수검자가 저항과 불안을 해소할 수 있도록 도와주어야 한다. 이를 위해 검사 결과에 영향을 미치지 않는 범위에서 검사를 준비할 수 있도록 간단한 질문을 제시하거나, 수검자에게 응답 연습을 해 보는 기회를 제공하거나, 과거에 심리검사를 받아 본 경험이 있는지, 그때는 어떠했는지 등을 질문하면서 검사에 대해 편안한 마음을 갖도록 해 준다. 특히 능력검사에 대해 수검자는 자존감에 위협감을 느끼거나 불안을 느낄 수 있음을 인식하고 이에 대처해야 한다. 이런 경우 누구라도 모든 문제에 정답만을 알아맞히기는 어렵고, 쉬운 문제도 있고 어려운 문제도 있으므로 편안한 마음으로 응답하면 된다고 격려해 준다. 일단 검사를 시작하면 가능한 한 표준 절차를 따라야 하므로 검사를 시작하기 전에 수검자의 마음이 편안해질 수 있도록 도와주어야 할 것이다. 이러한 준비과정을 거쳤음에도 불구하고 수검자가 검사를 받는 과정에서 특별한 심리적·신체적 상태를 보인다면, 검사자는 이러한 상태가 검사 결과에 어느 정도 영향을 미칠 수 있음을 알고 그러한 상태를 기록해 두었다가 해석과정에서 반영해야 할 것이다.

이와 같은 검사자의 개입에도 불구하고 수검자가 지나치게 긴장되어 있거나 저항을 느끼는 상태가 계속되면서 검사가 진행된다면, 수검자의 일상적인 행동을 표집하고 검사 결과를 통해 평상시의 행동을 파악해 본다는 원칙에서 벗어날 수 있다. 왜냐하면 수검자가 지나치게 긴장하거나 저항하는 상태에서 표집된 행동은 수검자의 일상적인 자연스러운 행동을 대표한다고 보기 어렵기 때문이다. 이런 경우는 수검자의 정서상태에 따라 발생된 평상시의 행동이 아닌 행동이 표집될 가능성이 있으므로 검사 결과의 신뢰도가 충분하지 않다는 점을 인식해야 하고, 검사 결과를 해석할 때 이러한 상황을 고려해서 해석해야 할 것이다. 임상 경험으로는 수검자의 저항이 매우 강한 경우는 무리하게 검사를 진행하기보다는 일단 검사를 중단하거나 보류하는 것이 바람직하다. 그러나 이와 같은 경우라 할지라도 검사자는 검사의 필요성을 수검자에게 충분히 설명하고, 재검사의 기회를 다시 만들어 보자고 권하면서 검사를 중단하는 것이 바람직하다. 왜냐하면 검사에 강하게 저항하는 경우는 수검자 자신이 검사를 받고자 하는 경우가 아니라 대부분 기관의 요구에 따라 의뢰된 경우로서, 비록 외부 기관에 의해 의뢰되긴 하였지만 수검자 자신을 위해서도 심리검사가 필요하기 때문에 검사자는 수검자의 협조를 구하여 검사 시행을 완료하도록 노력해야 할 것이다.

한편, 예상치 못한 상황으로 인해 협조가 이루어지지 않는 경우가 있다. 예를 들면, 검사를 하면서 수검자가 검사자로부터 지시받고 있다는 느낌을 갖게 되거나, 검사가 일종의 놀이나 유희 같은 것이라는 인상을 갖게 되면서 진지하게 반응하지 못하게 되는 경우이다. 특히 후자의 경우는 지능검사에 대해 수검자들이 불만을 나타내는 상황에서 발생된다. 이러한 경우 검사자는 수검자가 협조적인 태도와 동기를 가질 수 있도록 설명해 주어야 한다. 즉, 신뢰할 수 있는 심리검사 결과는 성실한 수검자의 태도에서 나오며, 결과적으로 수검자에게 도움이 될 수 있음을 인식시켜 주어야 한다. 검사자가 이런 노력을 하게 되면, 대부분의 수검자는 전문적인 심리평가가 올바른 진단을 내리고 치료법을 결정하는 근거를 제공해 줌으로써 자신에게 도움이 된다는 점을 이해하고 진지한 태도로 응답하게 된다. 주목할 만한 또 다른 경우는 증상을 위장하거나 과장하려는 태도이다. 특히 보험 보상문제가 걸려 있거나 재판 판정을 받는 경우 이런 태도가 나타나는 경향이 있다. 이러한 방어적 태도는 객관적 심리검사에 포함되어 있는 검사태도 척도로 평가할 수 있으므로, 검사자는 객관적 검사에서의 방어 척도 결과를 살펴봄으로써 피검자의 태도와 동기를 가늠해 볼 수 있다. 이와 같은 수검자의 신체적·심리적 상태를 고려하면서 수검자로 하여금 적절한 동기를 갖고 편안한 심리상태에서 자발적으로 참여할 수 있도록 충분한 준비과정을 거친 후 검사를 시행하는 것이 바람직하다.

심리검사 반응은 수검자의 특성에 따라서만 결정되어야 하지만 실제 상황에서는 다른 조건, 예를 들면 검사실 환경이나 검사자의 행동 특성 및 태도, 검사자와 수검자 간의 관계, 수검자의 신체적·심리적 상태에 의해서도 영향을 받는다. 검사자가 표준화된 검사 실시 조건을 따를수록 수검자는 자신의 특성에 따라서 응답할 가능성이 높고, 다른 요인에 영향을 받을 가능성은 줄어든다. 따라서 검사자는 표준화된 검사 실시 방식을 따르도록 한다. 표준화된 심리검사는 모든 수검자가 동일한 조건에서 심리검사를 받을 수 있도록 검사 시행과 관련된 여러 지침을 제시하고 있다. 검사 시행의 표준 절차에 따라 진행되면, 수검자의 심리적 특성에 따라 반응이 결정될 가능성이 높아지게 된다. 심리검사를 시행하다 보면 의도하지 않았던 상황이 발생하는데, 예를 들면 검사 도중에 갑자기 연필이 부러져 버린다거나 검사실에 누군가가 들어온다거나 하는 상황이 벌어질 수 있는데, 이는 검사 실시에 방해가 된다. 심리검사에서는 가능한 한 방해요인들이 제거되어야만 하므로 이런 상황이 발생하지 않도록 미리 조치를 취하는 것이 필요하다. 특히 투사적 검사의 경우, 검사자의 지시 방법이나 검사 시행 방법의 차이에 따라 검사 반응의 양과 내용에서 차이가 나타날 수 있으므로 표준 절차를 따르는 것이 매우 중요하다. 이와 관련하여 지적할 점은 라포 형성과정에서 수검자의 동기를 높이고자 하는 검사자의 행동이 검사 시행의 표준 방식을 벗어나서는 안 된다는 것이다. 그럼에도 불구하고 검사자는 표준 절차에 어긋나더라도 심리검사를 적절하게 수행할 수 있기 위해 다양한 시도를 하게 된다. 예를 들면, 표준 절차에는 없는 연습문제를 풀어 보게 한다든지, 힌트를 준다든지 하는 경우가 있을 수 있다. 특히 나이 어린 아동이나 학습장애 아동 또는 정서적 문제가 있는 성인을 대상으로 라포 형성을 위해 표준 절차를 벗어나는 시도를 했을 경우, 검사자는 검사 결과를 해석할 때 이러한 점을 고려하여 해석해야 한다. 즉, 표준 검사 방식으로 진행했을 때의 수검자의 반응과 검사자가 특별한 배려행동을 했을 때의 수검자 반응의 차이를 구별하고, 이러한 행동 차이의 의미를 해석해야 한다.

(3) 검사자 변인

심리검사 반응에 영향을 미치는 검사자 변인에 관한 연구들이 투사적 검사와 개인용 지능검사를 중심으로 진행되어 왔다(Masling, 1960; Sattler, 1970, 1982; Sattler & Theye, 1967). 이러한 연구들에 의하면, 검사 과제가 잘 구조화되고 학습된 기능을 다루고 있는 경우에 비해 검사가 비구조적이거나 자극이 모호하거나 반응하기 어렵거나 새로운 과제일 경우 검사자의 영향을 많이 받는다. 또한 정서적으로 불안정하고 혼란된 수검자일수록 영향을 많이 받는다. 이와 같이 특정한 검사뿐만 아니라 전반적인 심리검사를 받을 때 검사자의 영향을 다양하게 받는다는 연구 결과가 보고되어 왔다(Cohen, 1965; Masling, 1960). 심리검사 결과에 영향을 미치는 검사자 변인으로는 검사자의 연령, 성, 인종, 직업적 지위, 수련과 경험, 성격 특징, 외모 등이 제시되고 있다. 또한 검사 시행 전이나 중간 과정에서의 검사자 행동이 검사 반응에 영향을 미치는 것으로 보고되고 있다. 예를 들면, 지능검사 시행에 있어서 검사자의 부드러운 태도와 냉정한 태도, 엄격하고 딱딱한 태도와 자연스러운 태도가 지능검사 반응에 유의한 영향을 미친다는 것이다. 또한 검사자와 수검자 간 상호작용이 영향을 미친다고 알려지고 있다. 예컨대, 동일한 검사자의 성격이나 태도라 할지라도 수검자의 성격에 따라 다른 효과가 나타난다는 것이다(Exner, 1966). 뿐만 아니라 검사자 자신의 기대가 반응 결과에 영향을 미친다는 보고도 있는데, 로샤 검사를 받는 대학원생들에게 그들의 능력이 높을수록 동물반응이나 인간반응이 높게 나타난다고 알려 주었을 경우, 그들은 바람직한 반응에 대한 기대를 갖게 되고 이에 따라 바람직한 방향으로 반응이 증가되는 결과를 나타냈다(Masling, 1960). 이러한 연구들은 검사 반응에 대한 검자사의 기대에 따라 수검자의 반응이 영향을 받는다는 증거를 제시하고 있다.

이러한 결과들은 검사자의 성격 특징이나 태도뿐만 아니라 연령이나 성과 같은 일반적 특성 역시 영향을 미친다는 점을 나타내 준다. 그렇다면 검사자는 심리검사 시행에 있어서 어떤 태도를 갖는 것이 바람직한가? 그 해답을 간략하게 제시하기는 어렵지만, 중요한 점은 검사자가 검사 결과에 영향을 미칠 수 있음을 인식하고, 어떤 수검자에게나 일관성 있게 라포 형성에 도움이 될 수 있는 태도를 보여 주어야 한다는 것이다. 그리고 이런 태도를 자연스럽게 익힐 수 있도록 노력해야 한다. 물론 검사자의 경험이 많아질수록 바람직한 태도가 자연스럽게 형성되겠지만, 수련과정에서도 이러한 태도를 익히려고 노력해야 할 것이다.

무엇보다 중요한 점은 검사자의 비언어적 행동이 수검자의 동기를 높여 주는 데 효과적이라는 점을 인식하는 것이다. 검사자가 잘 훈련된 전문가다운 능숙한 방식으로, 진지한 태도로 검사를 시행해 나갈 때 수검자에게 안정감과 신뢰감을 줄 수 있고 진지한 분위기를 형성하는 데 도움을 줄 수 있음을 명심해야 한다. 따라서 검사자는 심리검사가 매우 중요한 과정임을 인식하고 심리검사를 통해 수검자를 도울 수 있다는 점을 스스로 확신해야 한다. 저자의 경험으로는 이러한 임상가의 바람직한 태도가 하루 아침에 형성되지 않으며, 많은 시간과 노력을 투자하고 현장 경험이나 연구를 통해 심리검사의 전문성에 대한 신뢰감을 갖게 될 때 이루어질 수 있다. 심리검사의 시행이 단순하고 기계적인 과정이 아니라 수검자에게 유익한 결과를 가져다 줄 수 있는 과정이라는 점을 검사자가 충분히 인식하고 있을 때 심리검사에 대한 진지한 태도를 갖게 된다. 또한 심리검사는 검사자의 입장에서 볼 때 많은 경험을 쌓을 수 있는 통로이기도 하다. 이와 같이 전문가로서 진지하게 심리검사를 시행할 수 있으려면 심리검사의 기능을 깨닫고 이를 충분히 활용할 수 있도록 경험을 쌓는 노력이 요구된다.

(4) 검사 상황 변인

심리검사가 시행되는 상황이나 조건 역시 검사 결과에 영향을 미친다는 점을 인식하고 심리검사를 표준 양식에 따라 시행하려고 노력해야 한다. 이러한 인식에 따라 표준화된 심리검사들은 검사 시행의 표준 조건을 제시하고 이러한 표준 조건을 엄격히 준수할 것을 요구하고 있다. 표준화된 시행과정은 언어적 지시, 시간, 검사 자료뿐만 아니라 검사환경도 포함한다. 현실적으로 심리평가가 시행되는 심리검사실이 적절한 환경을 갖추기는 어렵겠지만, 적절한 검사환경에 대해 검토해 보기로 하자.

심리평가가 시행되는 공간은 지나친 소음과 자극으로부터 보호되어야 하며, 적절한 채광과 통풍, 안정된 좌석이 요구된다. 그리고 심리검사가 시행되는 동안 '심리평가 시행 중'이라는 표지판을 검사실 문 앞에 걸어 둠으로써 외부 간섭을 차단하도록 한다.

또한 세부적인 검사 조건 역시 수검자의 반응에 영향을 미친다. 예를 들면, 응답지의 종류, 응답 방법의 차이(TAT와 같은 투사적 검사에서 말로 응답하는 경우와 종이에 응답을 기록하는 경우), 심리검사를 받는 수검자의 수—1인이 검사받는 경우와 2인 이상의 집단으로 검사를 받는 경우 — 등 여러 세부적인 심리검사 시행 조건이 검사 결과에 영향을 미친다(Bell, Hoff, & Hoyt, 1964; Kirchner, 1966).

다른 검사 실시 조건으로는 검사 시행시간과 수검자의 정서적 안정도나 피로감 등이 고려되어야 한다. 특히 심리검사가 수검자의 지적 능력이나 지각적 예민도 등 인지적·지적·신경심리적 평가를 위해 시행되는 경우라면, 수검자가 피로하지 않고 정서적으로 불안정하지 않은 상태에서 검사가 시행되어야 한다.

이상과 같이 살펴본 바에 의하면 검사 시행이 표준 절차에 따라 진행되어야 하며, 검사 반응에 영향을 미칠 수 있는 조건들을 통제하려고 노력해야 한다. 그리고 앞서 지적된 바와 같이 검사를 진행하는 과정에서 표준 절차에서 벗어난 경우, 아무리 사소하더라도 그것을 기록해 두어야 하고, 검사 결과를 해석할 때 그러한 상황을 고려하여 해석하여야 한다. 때로 숙련된 검사전문가는 수검자의 독특한 반응을 알아보기 위해 표준 절차를 벗어나 검사를 시행하는 경우가 있을 수 있다. 예를 들어, 수검자가 로샤 반응의 2번 카드에서 매우 독특한 반응을 보일 경우, 그 의미를 알아보기 위해 응답한 독특한 반응이 아닌, 2번 카드에 대한 자유연상을 하도록 요청한다면 이는 표준 절차에서 벗어나게 된다. 이러한 경우 표준 절차를 따르지 않았기 때문에 해석은 표준 절차를 따른 경우와 동일하게 해석될 수 없으므로 개인의 독특한 반응 중심으로 해석하는 방식이 바람직하다.

4) 검사 실시와 행동관찰

(1) 검사의 준비
적절한 심리검사 시행을 위해 검사를 실시하기 전에 다음과 같은 준비를 한다.

첫째, 검사자는 심리검사를 편안하고 자연스럽게 시행할 수 있도록 검사 시행에 대해 숙달되어 있어야 하고, 지시 내용이나 시행 지침 등을 숙지하고 있어야 한다.

둘째, 검사를 시작하기 전에 검사도구가 잘 챙겨져 있는지 점검하고 부족한 도구가 없도록 주의한다. 검사가 시작되고 난 다음 부족한 심리검사도구가 발견된다면(예: 반응시간을 측정할 초시계가 없다거나 연필이나 지우개 등이 준비되어 있지 않은 경우) 검사자는 당황하게 되고, 이러한 상황은 검사 실시에 영향을 미치게 된다.

셋째, 검사 의뢰 목적에 따라 검사 계획을 세우고 검사 실시에 필요한 검사도구들을 미리 갖추어 놓고 검사를 시작해야 한다.

(2) 검사의 구성과 실시

심리검사는 개별적인 검사를 중심으로 시행될 수도 있지만 심리검사 배터리(psychological test battery)로 실시되기도 한다. 검사 배터리로 시행될 경우 3개 이상 또는 5개 이상의 검사가 한 세트로 묶여서 시행된다. 심리검사 배터리를 시행하는 합리적 근거로는 두 가지 이유가 제기되고 있다(Rapaport, Gill & Schager, 1977). 첫째, 어떤 검사도 모든 영역을 다룰 수 있을 만큼 평가 영역이 넓지 못하기 때문에 여러 심리검사를 함께 사용함으로써 수검자의 다양한 특성과 기능에 관심을 기울일 수 있고, 개인에 대한 폭넓은 자료를 수집할 수 있다. 둘째, 다양한 심리검사는 어느 정도 평가 영역이 중첩되기 때문에 단일한 검사로부터 얻은 결과의 타당성이 다른 검사 결과를 통해 검증될 수 있다. 즉, A라는 심리검사의 결과가 B라는 다른 검사에서도 동일하게 나타날 경우 A의 결과가 타당하다는 검증이 가능해진다는 것이다. 이와 같이 심리검사 배터리는 측정 오차를 최소화하고 검사 결과의 정확도를 최대화한다는 장점이 제시되고 있다. 이러한 입장을 지지하는 심리학자들은 배터리검사의 실시가 행동의 여러 측면—인지, 정서, 행동, 성격, 대인관계 등—에 대한 측정을 가능하게 해 주며, 단일 심리검사로부터 얻은 자료는 추론의 여지가 많은 반면, 다양한 심리검사로부터 얻은 자료는 해석의 타당성이 보장될 수 있다는 주장을 제기하고 있다.

그러나 배터리 심리검사에 반대하는 연구 결과도 제시되고 있다(Gage, 1953; Giedt 1955; Kelly & Fiske, 1950; Kostlan, 1954). 배터리검사에 대해 반대하는 이유를 보면, 배터리검사를 시행한 후 수집된 검사 자료를 모두 사용하는 것이 아니며 일부 검사 결과만을 선택적으로 사용한다는 것이다. 그리고 심리검사의 예견 능력은 배터리검사의 자료를 합친다고 해서 증가하는 것은 아니라는 것이다. 따라서 배터리검사 시행에 소모된 시간과 노력에 비해 효용성이 충분하지 못하다는 점이 지적되고 있다. Exner(1986)는 심리검사 배터리의 사용이 모든 경우에 적절한 것은 아니며, 배터리검사를 사용하더라도 항상 동일한 심리검사로 구성해야 할 필요는 없다고 주장하였다. 그는 평가 과정에서 가장 중요한 결정은 어떤 심리적 측면을 측정하는 심리검사를 시행하느냐이며, 이러한 결정은 심리검사 실시 목적에 따라 결정되어야 한다고 강조하였다. 또한 심리검사에 대한 환자의 반응에 따라 새로운 심리검사를 추가할 수도 있고, 이미 선정한 심리검사를 취소할 수도 있다고 하였다. 즉, 검사를 시행하는 도중에 검사 배터리에 포함된 심리검사를 바꿀 수 있다는 것이다. 예를 들어, 웩슬러 지능검사를 시행하는 과정에서 환자가 예기치 않게 정신증적 반응을 명백하게 보인다면, 정신증 여부를 진단하고자 했던 평가 목적은 이미 달성된 상태이므로 더 이상 진단을 위한 심리검사는 시행할 필요가 없게 된다는 것이다. 일반적으로 대부분의 심리검사자는 다면적 인성검사 MMPI와 투사적 검사 로샤 검사가 상호 보완적이라는 이유에서 두 가지 심리검사를 동시에 시행하는 경향이 있다(한 검사는 자기보고식 검사이고 다른 한 검사 검사는 지각-인지 중심 검사이다). 분명 두 가지 검사가 상호 보완적이기는 하지만, 때로는 MMPI만으로도 충분한 경우가 있고 로샤 검사만으로도 충분한 경우가 있으므로 검사 배터리를 구성할 때 반드시 두 유형의 검사를 함께 사용할 필요는 없으며, 경우에 따라서는 한 가지 검사만 시행하는 것이 더 적절할 수 있음을 기억해야 한다. 이와 관련하여 Exner(1986)는 불행하게도 검사자들은 의뢰받은 검사 목적과 관계없이 일괄적으로 표준 배터리검사를 사용하는 경향성이 있음을 지적하면서 이를 개선할 필요가 있다고 주장하였다. 그는 배터리검사를 시행할 경우 심리검사의 목적이나 효용성에 비추어 볼 때 검사에 소모되는 시간이 지나치게 낭비적이며 또한 검사자가 시행된 심리검사 결과를 충분히 활용하지 않을 경우 낭비가 심각하다는 점을 지적하였다. 이러한 점을 고려한다면 심리검사 배터리를 사용할지의 여부는 의뢰받은 심리검사 실시 목적과 수검자의 문제에 따라 결정되어야 하며, 일단 배터리검사가 시행된다면 어떤 종류의 검사를 사용할 것인가가 충분하게 검토되어야 할 것이다.

 심리검사 배터리 사용과 관련하여 결정해야 할 점은 시행될 심리검사의 순서이다. 검사의 순서에 따라 심리검사 반응이 달라진다는 연구들이 있었다. Castle(1946; Exner, 1986 재인용)은 검사의 시행 순서에 따라 로샤 검사의 인간반응 빈도가 변화된다고 보고하였고, Grisso와 Meadow(1967)는 웩슬러 지능검사가 로샤 검사의 앞이나 뒤에 시행될 때 지능검사의 결과가 달라진다고 보고하였다. Exner와 Hark(1980)는 이전 심리검사를 시행한지 얼마나 지나서 로샤 검사를 시행했느냐에 따라 반응 수가 달라진다고 보고하면서, 로샤 검사는 어떤 검사에 의해서도 영향을 받고, 특히 감정적으로 압력이 가해지는 심리검사 시행 직후에 시행하는 것은 바람직하지 못하다고 지적하였다. 예를 들면, MMPI 시행 직후 로샤 검사를 시행하게 되면 로샤 검사 반응이 감소된다는 것이다.

 현재 임상장면에서 완전한 배터리검사를 시행할 경우 대체로 검사 실시의 순서는 다음과 같다. 첫 번째로는 벤더-게슈탈트검사(Bender-Gestalt Test), 인물화 검사 등 주로 간단하면서 검사자와 수검자 사이에 거리가 유지되는 검사를 우선적으로 시행한다. 두 번째로는 최대의 능력이 요구되는 지능검사나 신경심리학적 검사 등이 시행된다. 세 번째로는 로샤 검사나 주제통각검사와 투사적 검사가 시행된다. 그리고 자기보고식 검사 MMPI나 문장완성검사 등은 이러한 배터리검사가 시행되기 전에 실시되거나, 아니면 다른 심리검사들이 시행되고 난 다음에 시행된다. 임상 경험에 의하면, 검사 시행 첫날에 지능검사를 시행하고, MMPI와 문장완성검사는 과제로 주고, 시행 첫날 실시되었던 검사 결과를 살펴본 다음, 로샤 검사나 주제통각검사 등 투사적 검사를 시행하는 것이 비교적 효율적인 방법이라고 추천될 수 있다. 그러나 이 방법은 수검자를 2회에 걸쳐 만나 보아야 하는 부담이 있다는 단점이 있다. 그러나 실제로 동일한 수검자를 두 번에 걸쳐 면담하고 행동관찰하면서 시행하는 것은 수검자를 자세하고 정확하게 이해할 수 있게 해 준다는 장점이 있으므로 이 방법이 선택될 가치가 있다고 보인다.

(3) 행동관찰

행동관찰은 개인을 이해하는 데 매우 중요한 자료를 제공한다. "정신장애를 앓고 있는 개인을 평가함에 있어서 행동관찰을 대체할 방법은 아직 없다."라는 Burdock과 Zubin(1985)의 주장은 개인의 심리적 특성을 이해함에 있어서 행동관찰이 매우 유용하다는 점을 강조하고 있다. 심리평가에 있어서 행동관찰이 중요한 이유는 개인의 행동은 검사 반응에 비해 위장되기 어렵다는 점 때문이다. 그리고 심리검사는 개인을 이해하는 간접적인 도구인 반면, 행동관찰은 직접적인 평가이기 때문이기도 하다. 심리검사가 간접적인 평가라는 점은 앞서 제2장과 제3장을 학습하면서 이해되었을 것이다. 다시 정리해 본다면, 심리검사는 측정하고자 하는 추상적인 개념(구성개념)을 조작적으로 정의하고, 이론적 배경에 따라 문항을 개발한 다음, 그 문항들을 통해 개인의 심리적 특성을 평가하게 된다는 점에서 간접적인 평가인 것이다. 행동관찰과 심리검사를 비교해 본다면, 행동관찰은 개인의 사교성을 행동을 통해 직접 관찰하는 반면, 심리검사는 사교성의 이론에 따라 정의 내린 다음 문항들을 선정하고 일정한 절차에 따라 제작된 검사를 사용하여 개인의 사교성을 평가하게 된다. 이와 같이 비교해 볼 때, 행동관찰은 방어되지 않은 개인의 심리적 특성을 직접 관찰할 수 있다는 점에서 개인에 관한 보다 직접적인 자료를 제공해 줄 수 있다고 보인다.

심리검사 과정에서 행동관찰은 검사 시작부터 종료할 때까지 검사자가 수검자를 관찰하면서 이루어진다. 실제적으로 검사과정에서 관찰되는 수검자의 행동 특징은 검사 결과를 해석하는데 중요한 정보를 제공해 준다. 예를 들면 지능검사에서 지나치게 긴장하면서 쉬운 문항부터 실패가 나타나는 경우, 이러한 결과가 과연 지적 능력의 제한에 따른 것인지, 아니면 정서적 긴장 때문인지에 대한 의문을 갖게 한다. 따라서 검사자는 검사를 진행하면서 이러한 점에 주목하면서 관련 정보들을 탐색해 본다. 객관적 검사에서도 보통은 1시간에 걸쳐 응답할 내용을 10분 만에 응답한다면, 이는 검사에 대한 수검자 태도의 성실성에 의문을 갖게 하거나 방어적 태도에 주목하게 만든다. 그리고 이러한 행동관찰 내용은 검사 반응을 해석함에 있어서 유용한 정보를 제공해 준다. 특히 지능검사에서 수검자의 행동이 시행착오에 의존한다거나 실패를 견디지 못하고 쉽게 포기하는 경우가 있다거나 또는 매우 침착하게 과제를 풀어 나간다거나 실패 후에도 적극적으로 도전하는 경우는 동일한 검사 점수를 얻었다 하더라도 과제를 해결하는 수검자의 행동 방식에 차이가 있음을 알 수 있게 해 준다. 즉, 전자의 경우는 충동적이고 쉽게 포기하는 경향성을 나타내는 반면, 후자의 경우는 심사숙고하고 전략적이면서 인내하는 경향성을 나타내 주고 있다.

그렇다면 검사를 진행하면서 어떤 방식으로 행동관찰을 할 것인가? Garfield(1983/1988)는 수검자의 체격이나 옷차림새, 외모, 행동 방식, 검사자와의 상호작용 방식—협조성, 검사자와 관계 맺는 능력, 순종성 등—을 관찰하고 그 결과를 요약하도록 제안하였다. 세부적으로 보면, 행동관찰을 하게 되는 내용은 다음과 같다. 첫째, 심리검사에 대한 정서적 반응을 보이는지 관찰해 본다. 그 이유는 상당수의 수검자는 검사를 시작하면서 긴장하거나 불안해하는 정서적 반응을 보이는 경향이 있기 때문이다. 수검자가 정서적 반응을 보일 경우, 그 반응이 지속되는지 아니면 어느 정도 시간이 지나면서 안정되고 편안해지는지를 관찰해 본다. 둘째, 검사에 대한 수검자의 태도를 관찰해 본다. 심리검사에 대해 방어적인지 아니면 솔직한지, 진지하고 협조적인지 아니면 무성의하거나 불성실한지 등을 관찰한다. 그 이유는 이러한 태도에 따라 심리검사 반응이 영향을 받을 수 있기 때문이다. 셋째, 그 외 검사가 진행되면서 나타나는 수검자의 전반적인 행동 특징을 관찰해 본다.

5) 검사 채점 및 결과 해석

심리검사 채점은 객관적 검사의 경우 검사 요강에 채점 방식이 제시되어 있으므로 그에 따르면 된다. 특히 객관적 심리검사의 경우 검사자가 검사 결과를 직접 채점하는 방식에서 자동 프로그램으로 채점하는 방식으로 바뀌고 있다. 이에 비해 투사적 검사의 경우 검사 채점은 각 투사적 검사마다 채점 방식의 지침이 제시되어 있기는 하지만, 고도의 훈련이 요구되는 난이도가 매우 높은 작업이다. 따라서 투사적 검사는 수련과정을 통해 검사를 실시하고 채점하는 방식을 숙달해야 한다. 채점 방식을 정확하게 익히는 것은 검사 결과를 채점하는 과정에서뿐만 아니라 검사를 시행하는 과정에서도 필요하다. 왜냐하면 검사를 시행하면서 수검자의 반응 특징을 파악할 수 있다면, 검사자는 검사를 실시하면서 주목해야 하는 수검사자의 특징을 발견하고 그것을 검토해 볼 수 있는 기회를 갖게 되기 때문이다. 다시 말하자면, 검사 반응과정에서 수검자가 반복적으로 특이반응을 나타낼 경우, 그 반응의 의미를 검토하기 위해 표준 절차에 따라 검사를 끝마친 다음에 그 의미를 확인해 보는 시도를 해 볼 수 있다. 예를 들면, 지능검사에서 어휘검사를 시행할 때 수검자가 반복적으로 낮은 점수를 받게 되는 반응을 할 때 이러한 반응이 왜 일어나는지를 검사과정에서 주의 깊게 살펴봄으로써 검사 반응 해석에 도움이 되는 정보를 얻을 수 있게 된다. 예를 들면, 어휘를 이해하고 표현하는 능력에서의 제한 때문인지, 검사에 대한 불성실하거나 방어적인 태도 때문인지, 어휘 과제에 대한 특별한 경험 때문인지, 그 반응이 특정 단어에 한정된 것인지 여부를 살펴볼 수 있는 기회를 갖게 된다. 또는 투사적 검사에서 어떤 유형의 특이반응을 했을 경우, 유사한 의미를 담고 있는 특이반응이 반복적으로 나타나고 있는지 살펴봄으로써 의미 있는 해석 자료를 얻을 수 있다. 구체적으로 살펴보면, 수검자가 인물화 검사에서 자존감과 관련된 특이반응을 나타내는 경우, 다른 투사적 검사에서도 동일한 의미를 담고 있는 반응이 반복되고 있는지 살펴봄으로써 유용한 해석적 자료를 얻게 된다. 이와 같이 검사자는 모든 심리검사에 대한 채점을 정확하게 익히고 검사 반응 과정에서 반응 내용들을 살펴봄으로써 그 의미를 보다 정확하게 검토해 볼 수 있는 기회를 갖게 된다.

앞에서 언급한 바와 같이 객관적 검사의 경우 검사 요강에 채점 방식이 소개되어 있거나 자동 채점하도록 되어 있고, 투사적 검사의 경우 집중적인 수련교육을 통해 채점 방식을 익혀야 한다. 이러한 상황이므로 이 장에서 검사의 채점 방식에 대해 소개할 내용은 매우 제한적이다. 채점과 관련하여 기억해야 할 점은 부정확한 채점으로 인해 검사 해석에 큰 오류가 발생되기 때문에 채점의 정확성에 대해서는 아무리 강조해도 지나치지 않다는 점이다.

한편, 투사적 심리검사 결과를 해석하는 방식은 객관적 심리검사와는 다르게 검사 요강에 표준적인 방식으로 소개되기 어렵기 때문에 수련교육을 통해 습득해야 하고, 전문가 자격을 취득한 이후에도 현장 경험을 통해 끊임없이 숙련되어야 하는 고도의 전문적인 작업이다. 이는 객관적 심리검사나 투사적 심리검사 모두에 해당된다고 볼 수 있다. 예를 들면, MMPI에서는 특정한 형태의 반응 결과를 해석함에 있어서 검사자가 수련교육을 통해 배웠거나, 직접적인 경험을 통해 알게 되었거나, 연구를 통해 밝혀진 결과에 따라 해석하게 될 경우 전문성에 따라 큰 차이가 나게 된다. 투사적 검사의 경우 더욱 그러하다. 예를 들면, 인물화 검사에서 수검자는 일반적으로 자신의 성에 따라 인물을 그리는 순서를 결정하므로 여성 수검자들은 여성을 먼저 그리고 남성 수검자들은 남성을 먼저 그린다. 그러나 이러한 일반적 순서와는 다르게 이성의 인물을 먼저 그리는 경우에 대한 해석은 검사자의 수련교육이나 전문가로서의 경험이나 연구 결과에 따라 큰 차이가 있다. 이러한 점에서 심리검사 전문가는 다양한 방식의 심리검사 경험을 통해 해석의 전문성을 높이도록 노력해야 한다. 특히 검사자가 검사 결과를 해석한 다음 검사 후 면담을 통해 수검자를 집중적으로 이해하려고 시도한다면 검사 해석의 타당성이 높아질 것으로 기대된다. 따라서 심리검사 결과를 해석하고 나면 검사자의 역할이 끝나는 것이 아니라, 해석된 내용이 과연 타당한 것이었는지를 검증하는 작업이 이어져야 한다는 점을 기억해야 한다. 이와 같이 검사 전문가는 자신이 내린 해석의 타당성을 스스로 검증해 보는 노력을 기울여야 한다. 이를 위해 심리검사가 종결되고 검사 결과에 대한 해석이 내려진 이후에도 수검자와의 면담을 통해 검사 결과의 해석이 타당한 것이었는지 살펴보는 노력이 필요하다. 이런 노력이 심리검사 해석의 타당성과 전문성을 높일 수 있는 기회를 제공해 줄 수 있으므로, 검사 실시 후 검사 해석의 타당성 검증 작업에 노력을 기울여야 한다.

6) 검사 후 면담: 과거력과 개인력 조사[3]

심리검사를 실시하고 나서 시행되는 검사 후 면담의 목적은 수검자의 개인력과 과거력에 관한 정보를 통해 독특한 개인으로서의 수검자를 이해함으로써 심리검사 결과를 종합적으로 정리할 수 있기 위해서이다. 검사 후 면담이 요구되는 이유는 검사 목적에 따라 심리검사를 선정하고 실시했다 하더라도 수검자의 개인력이나 과거력을 충분히 알고 있지 못한다면 검사 결과를 해석하는 데 제한이 있기 때문이다. Rauch-Fleisch(2005)는 검사 후 면담을 통해 수집한 정보가 심리검사 결과를 해석함에 있어서 필요한 이유를 사례를 통해 설명하고 있다(오현숙, 2008 재인용). 사례를 살펴보면, 지능검사 결과 지능지수가 75로 밝혀진 55세의 중년 남자의 경우 동일한 지능지수에 대해 여러 가지 해석이 내려질 수 있다. 즉, DSM-IV(미국정신의학 진단편람)에서는 지능지수 70까지를 가벼운 정도의 지적장애라고 진단 내리므로 정신지체에 가까운 지적인 수준이라고 단순하게 해석될 수 있다. 또는 인지장애의 일종으로 뇌 질환이 진행되거나 뇌손상에 의한 치매(dementia)라고 해석될 수도 있다. 이러한 가능한 여러 해석은 내담자의 개인력이 밝혀질 때 비로소 확정적인 평가로 바뀌게 된다. 즉, 과거력 수집을 통해 그가 이전에도 지능지체 상태였는지, 아니면 특정한 사고를 겪은 후에 지적 저하가 발생한 것인지에 대한 정보를 수집한다면, 그 결과 지능검사 결과가 수검자에게 적절하게 해석될 수 있게 된다. 이런 경우 수검자의 과거력이 알려지지 않았다면, 정신지체 또는 치매 가능성 상태라는 잠정적인 두 가지 진단이 내려지게 되는데, 수검자의 과거력이 수집되어 정보가 알려지게 되면 적절한 진단이 확정적으로 내려질 수 있다.

검사 후 면담에 대해 설명하기에 앞서 면담 방식에 대해 살펴보기로 하자. Shea(1990)는 면담 방식을 분류하는 기준으로 표준화(standardization) 면담 방식과 면담 계획(scheduling) 방식으로 분류하고 있다. 표준화 면담 방식은 면담과정에서 밝혀야 할 정보 영역이나 항목이 구체화되어 있음을 의미한다. 이에 비해 면담 계획이란 면담과정에서 사용되는 말과 면담 순서가 미리 결정되어 있지 않고 면담 과정에서 결정해 나가는 방식이다.

이러한 기준에 따라 면담 방식을 구분해 보면 다음과 같다. 첫째, 구조화된 면담(structured interview)은 면담을 통해 밝혀야 할 내용이 명확하게 결정되어 있고, 면담을 진행하는 순서나 사용되는 언어 역시 구체적으로 지시되어 있는 면담 방식이다. 즉, 면담에서 수집되어야 할 정보 영역이 상세하게 정해져 있고 자료 수집의 구체적인 방식, 즉 사용되는 언어, 질문 순서가

---

3) 저자의 『심리평가의 실제』(박영숙, 2004, pp. 43-50)에서 발췌함.

명료하게 지정되어 있을수록 구조화된 면담에 속한다. 따라서 구조화된 면담은 표준화된 면담 내용이 상세하게 결정되어 있는 경우이다.

둘째, 반구조화 면담(semistructured interview)은 탐색되어야 할 질문의 내용 범위는 구체화되어 있지만, 자료를 수집하는 과정에서 사용되는 언어나 자료 수집 방식은 상세하게 제시되어 있지 않다. 예를 들면, 면담을 시작할 때 내담자가 고통을 겪고 도움을 청하는 주요 호소(chief complaints)에 대해 질문하고 난 다음 심리적 문제가 발생하게 된 경위를 질문하도록 정해져 있어서 탐색되어야 할 내용 영역은 결정되어 있지만, 구체적으로 어떻게 질문할지, 즉 구체적인 질문 내용은 정해져 있지 않고 면담자의 결정을 따르게 되는 경우이다. 따라서 반구조화 면담은 면담 내용이 명료하게 제시되어 있지만, 면담 계획은 대략적으로만 결정되어 있다.

셋째, 개방식 면담(flexibly structured interview)은 면담에서 질문해야 하는 내용이나 면담의 목적은 정해져 있지만, 구체적인 질문 항목이나 면담을 진행하는 방식은 전적으로 면담자에게 맡겨져 있는 경우이다. 이 경우 면담자는 면담을 진행하면서 내담자의 이야기 흐름을 따라가면서 질문을 선택하고 면담을 이어 간다. 이 경우 면담자에 따라, 또는 면담자와 내담자의 관계에 따라, 또는 면담 상황에 따라 면담 내용이 결정되도록 남겨져 있다.

앞으로 제시될 검사 후 면담에서는 수집되어야 할 내용 영역은 제시되지만 구체적인 면담의 진행 순서나 면담 시 사용될 언어, 즉 면담 계획에 대해서는 소개되지 않고 있다. 따라서 면담의 표준화 조건은 충족되지만 면담 계획의 조건은 충족되지 못한 면담 방식이다.

검사 후 면담은 수검자의 과거력과 개인력을 중심으로 진행된다는 점에서 심리치료에서의 면담과 그 내용이 일치한다. 심리치료에서도 내담자나 환자를 이해하고 문제 발생 배경을 파악함으로써 상담이나 치료목적을 설정하기 위해 개인의 과거력과 개인력을 조사한다는 점에서 검사 후 면담과 공통점이 있다. 구체적으로는 과거력과 개인력을 통하여 개인의 성격, 대인관계 방식, 환경과의 상호작용 등에 대해 이해하고자 하고(Saul, 1972/1992), 이러한 정보를 바탕으로 상담이나 치료목표를 설정하게 된다. 이러한 점에서 지금부터 설명할 검사 후 면담은 심리치료에서의 면담과 그 내용이 동일하다고 볼 수 있다.

개인의 과거력 및 개인력 조사는 다음의 발달 단계별로 구분되어 진행된다.

① 출생 전, 출생 시(prenatal history)
② 유아기 및 초기 아동기 발달(infancy and early childhood development: 3세 이전)
③ 중기 아동기(middle childhood: 3∼11세)
④ 후기 아동기 및 청소년기(late childhood and adolescence)
⑤ 성인기(adult history)

단계별로 수집해야 할 내용을 간략하게 기술해 보면 다음과 같다.

출생 전 단계에서는 출생 전 부모가 원했던 아이였는지, 원하지 않았던 아이였는지, 그리고 출생 당시 어머니의 신체적·심리적 건강 상태는 어떠했는지가 검토된다. 출생 후 3세까지 유아기와 초기 아동기에는 어머니와의 관계가 중요하다. 이 시기에 어머니와의 애착이 안정적이었는지, 어머니 곁을 떠나 있을 경우 분리불안은 없었는지, 그 외 다른 임상적 증상은 없었는지, 형제관계는 어떠했는지, 초기 아동기의 성격 특징은 어떠했는지가 검토된다. 그 외 검토될 주요 내용은 섭식 습관(feeding habits), 초기 발달적 활동, 즉 걷고 말하기 등 운동 및 언어발달, 배변훈련(toilet training), 행동장애 증상, 반복적인 꿈과 공상 등이다.

3~11세까지의 중기 아동기에는 성 정체성 동일시(gender identification), 가정에서의 훈련과 처벌, 초기 학교 경험(특히, 어머니와의 분리 경험을 포함한), 친구관계 및 놀이집단 참여 방식, 학습성취나 학습장애에 관한 정보가 탐색된다. 그리고 이 시기에 악몽, 야뇨증, 공포증 또는 지나친 자위행위와 같은 행동장애 유무가 검토된다.

후기 아동기에는 다양한 내용이 검토된다. 특히 가족으로부터의 독립과 이상적 자아상이 주요한 발달 과제라고 볼 수 있다. 그 외에도 학교에서의 적응력, 교사와의 관계, 취미나 운동, 정서나 행동장애 유무 등이 검토된다. 이 시기의 주요 내용 영역은 사회적 관계, 학교에서의 적응력, 인지 및 운동 발달, 성취 관련 정보 등이 포함된다.

성인기는 직업활동, 결혼이나 친밀한 이성관계, 군대생활, 교육, 종교, 사회적 활동, 현재의 생활 조건 등이 검토된다.

한편, 개인의 과거력 및 개인력 정보 수집에 관한 다른 입장을 살펴보면, 권석만(2003)은 출생 시부터 유아기, 아동기, 청소년기, 성인기 등 현재까지 살아온 과정을 상세하게 탐색할 것을 제안하고 있다. 특히 인생의 주요 발달 기점(developmental milstone)에서 적응과정에 초점을 맞추도록 제안하고 있는데, 예를 들어 유아기의 이유과정, 배변훈련, 언어발달, 초등학교 및 중·고등학교 입학, 사춘기, 결혼, 첫 직장에서의 적응 등 삶의 중요한 고비에서 어떻게 적응해 왔는지 탐색하는 것이 요구된다고 기술하고 있다. 이러한 정보 수집은 삶의 발달기적 주요 시점에서 일반적으로 경험될 수 있는 발달 과제나 생활 경험 중심으로 면담하는 방식이 제안되고 있다.

Garfield(1983/1988)는 현재의 생활, 발달적인 개인력, 가족 배경을 중심으로 면담하는 방식을 다음과 같이 소개하고 있다.

〈현재의 생활 상황〉
① 직계가족-부모, 자녀, 형제 등
② 주거환경

③ 현재의 직업이나 직장 관련 업무 및 인간관계 상황

④ 경제적 문제

⑤ 현재 상황에 대한 개인의 판단

⑥ 특수한 스트레스, 긴장 및 사건들

〈발달적인 개인력〉

① 출생과 초기 발달

② 건강과 관련된 발달사

③ 가족관계

④ 교육적 발달

⑤ 사회적 발달 및 취미의 발달

⑥ 직업력

⑦ 성적 적응 및 결혼 적응

〈가족 배경〉

① 가족원 소개-부모, 조부모, 형제, 기타 친척들

② 주요 가족관계-부모와의 갈등, 부모의 사망, 형제 간 경쟁, 지배적이거나 지나치게 과보
   호적인 어머니, 부모의 학대 등

Garfield는 가족력이 개인의 문제를 이해하는 데 도움이 되는 의미 있는 자료여야 하며, 무의미한 양적인 자료를 단순하게 수집하는 것은 의미가 없음을 강조하였다. 가족력은 가족 가운데 정신장애가 발생했던 가족에 관한 자료를 수집하는데, 이는 수검자가 현재 겪고 있는 정신적 문제의 유전적 가능성을 검토해 보기 위해 필요하다. 또한 수검자의 성장과정에서 가족의 역할 및 영향력에 대해서도 검토하게 된다.

한편, Saul(1972/1992)은 개인의 장점과 단점을 포함하여 개인의 성격을 파악하기 위한 정신역동적 면담을 제안하면서 다음과 같은 내용으로 면담을 진행할 것을 제안하고 있다. 정신역동적 면담은 일반적으로 정신치료 초기 단계에서 개인의 핵심적 갈등 영역이나 감정 양식을 발견하기 위해 진행된다. 정신역동적 면담에서 수집해야 할 내용은 다음과 같다.

〈회상 자료〉

• 개인의 주요 호소, 정서적 문제와 관련이 있는 주변 환경

• 일상적인 습관, 일상적인 하루의 일정

- 주요 증상 또는 심리적 문제의 시작 및 경과
- 정서적 관계-출생 후부터 현재까지 가족관계에서의 정서적 관계
- 의학적인 측면에서의 과거력, 증상, 심리적 문제와 신체적 문제

〈의식 수준에서의 정서적 태도〉
- 타인에 대한 정서적 반응 양식-과거에서부터 현재까지, 특히 초기 아동기 감정 양식
- 자기 자신, 자신의 문제에 대한 태도
- 미래, 기대, 야망 등에 대한 견해
- 성격에서의 주요점
  - 성: 정서적·감각적인 수준에서의 성
  - 의존과 독립
  - 사랑과 관심에 대한 욕구
  - 열등감, 이기주의, 자기애적 특성, 부모나 형제 간 경쟁의식
  - 초자아, 수치감과 죄의식
  - 적대감
  - 퇴행 등 도피(회피)기제
  - 핵심적 갈등, 성격의 핵심을 이루는 아동기 감정 양식
  - 자아기능, 현실 지각, 주요 방어기제, 탐미적이거나 지적인 능력, 판단, 의지, 자아강도
- 긍정적 측면-개인의 능력, 재능, 잠재력, 자원 등

지금까지 심리검사 후 면담에서 수집하는 항목에 대해 대략적으로 소개하였다. 상세한 면담 내용은 Dewald(1978) 『The Theory and Practice of Individual Psychotherapy』, Saul(1992) 『Psychodynamically Based Psychotherapy』, 권석만(2003) 『현대 이상심리학』 등을 참고하기 바란다.

7) 종합평가 및 진단

지금까지 살펴본 심리검사 시행과정을 정리해 보면, 심리검사 전 면담, 검사 계획과 선정, 검사 환경 조성을 거쳐 심리검사를 실시하면서 행동관찰이 진행된다. 그리고 심리검사 결과를 채점하고 해석하는 과정으로 진행된다. 이어서 검사 후 면담을 실시하여 수검자에 관한 정보를 수집한다. 종합평가에서는 이 모든 과정에서 수집된 자료들을 정리하고 종합하여 해석을 하고 진단 내리는 작업을 하게 된다. 이러한 과정에서는 매우 복잡하고 전문성이 요구되는 작

업이 진행된다. 이 장에서 이러한 전문적이고 통합적인 작업을 상세하게 설명하기는 무리이므로 간략하게 설명하고자 한다.

종합평가에서는, 첫째, 심리검사를 통해 수집된 자료들을 주제별로 분류해 본다. 예를 들면 성격에 관한 내용, 대인관계에 관한 내용, 지적 · 인지적 영역에 관한 내용, 정서적 영역에 관한 내용 등 주제별로 자료를 분류한다. 둘째, 각 주제 영역에서 자료들이 공통적으로 담고 있는 내용들을 정리한다. 주제별 자료에서는 공통점뿐 아니라 차이점이 발견될 수 있는데, 차이점도 찾아보고 그 의미를 해석한다. 예를 들면, 객관적 성격검사에서는 억압적이고, 특히 공격적 성향이 강하게 억압되고 자기주장이 매우 낮은 상태로 평가되고 있는 데 비해 투사적 검사에서는 공격적 정서가 매우 불안정한 정서상태라고 밝혀진다면, 이와 같이 차이가 나타나는 검사 결과의 의미를 탐색해 본다. 셋째, 주제별 내용들을 정리하여 종합적으로 연결해 본다. 그리고 종합적으로 정리된 전체 내용 가운데 핵심적인 내용 또는 특징적인 내용을 찾아본다. 뿐만 아니라 심리적 문제나 정신장애의 발생에 영향을 미쳤던 요인들을 찾아본다. 넷째, 종합된 내용들 가운데 수검자에게 장점으로 작용할 수 있는 특성과 더불어 취약성을 구별한다.

이상과 같은 과정을 거치면서 전체 심리검사 시행에서 분석된 자료들과 검사 후 실시된 면담 내용들을 연결하여 종합적으로 정리된 내용을 심리검사 보고서에 기술한다. 그리고 검사를 시행했던 심리검사 전문가는 심리검사 보고서를 검사 의뢰인이나 의뢰기관에 제시한다. 이와 같은 심리검사 결과의 종합과정에 대해서는 제14장 '심리검사 결과의 활용'에서 자세하게 설명하게 될 것이다.

4. 검사 결과 상담

심리검사의 마지막 단계에서는 심리검사 결과를 수검자에게 알려 주는 작업이 진행된다. 이러한 작업은 심리검사가 실시되는 상황에 따라 달라지는데, 상담이나 치료를 진행하는 전문가와 심리검사를 실시하는 전문가가 분리되어 있는 경우에는 검사 결과가 상담자나 치료자에게 보고되고 수검자에게는 보고되지 않는 경우가 대부분이다. 또한 검사 의뢰자와 수검자가 분리되어 있는 경우도 마찬가지이다. 예를 들어, 정신과 의사가 심리검사를 의뢰하고 수검자는 이러한 의뢰에 따라 심리검사를 받게 되는 경우, 심리검사 결과는 정신과 의사에게만 보고되고 수검자에게는 설명되지 않는 경우가 대부분이다. 반면에 심리검사를 시행하는 검사자와 상담이나 치료를 실시하는 치료자가 동일한 경우, 심리검사 결과를 수검자에게 직접 알려 주게 된다. 왜냐하면 상담자나 치료자는 검사 시행을 통해 수검자를 이해하려는 목적도 갖고 있지만, 이와 동시에 수검자가 상담이나 치료에 적극적으로 참여하도록 독려하고자 하는 목적도 갖고 있기 때문이다. 그러나 현장에서 심리검사 전문가는 심리검사를 시행하는 역할만 담당하고 상담이나 치료는 별도의 상담자나 치료자가 시행하도록 역할이 분리되어 있는 경우가 대부분이다. 따라서 심리검사 결과는 수검자나 가족에게 직접 보고되지 않는 경우가 드물지 않다.

그러나 이러한 방식은 점차 변화하고 있는데, 이런 변화는 심리검사 윤리 조항이 주도하였다(Maruish, 1998). 미국심리학회에서는 윤리 조항으로 심리검사를 시행한 검사자는 수검자에게 검사 결과에 대한 피드백을 반드시 알려 주어야 한다고 명시하고 있다. 또한 검사 채점이나 해석이 보조자 또는 자동 프로그램에 의해 이루어지는 경우일지라도, 반드시 수검자에게 검사에 대한 피드백을 제공해 주어야 한다고 강조하고 있다. 수검자에게 검사 결과를 알려야 하는 이유는 그 과정 자체가 수검자에게 다양한 효과를 나타내주기 때문이다.

Finn과 Butcher(1991)는 검사 결과를 알려 주는 것이, 첫째, 수검자의 자존감을 높이고, 둘째, 수검자로 하여금 희망을 갖게 해 주는 동시에 소외감으로부터 벗어나게 해 주고, 셋째, 자신에 대한 통찰을 갖게 해 주고, 넷째 치료나 상담에 적극적으로 참여할 수 있게 해 준다고 강조하였다. 이와 같은 이유로 심리검사 결과를 수검자에게 알려 주는 피드백 과정이 중요하다고 지적되고 있다. 그러나 실제로는 심리검사 결과를 수검자 본인에게는 알려 주지 않고, 검사 의뢰자나 상담자, 치료자에게만 알려 주는 상황이 드물지 않다. 이러한 방식은 앞으로 개선되어야 할 것이다.

심리검사 결과에 대해 알려 줄 경우 어떤 방식으로 알려 주어야 하는지에 관한 구체적인 설명은 제14장에서 자세하게 다룰 것이다. 제14장에서는 심리검사 결과를 수검자에게 알려 주는 과정을 일종의 상담과정으로 설정하고, 구체적인 진행 방법에 대해 설명할 뿐만 아니라 사례도 제시한다. 따라서 검사 결과를 수검자 본인에게 알려 주는 방식에 대한 자세한 내용은 제14장에서 학습하게 될 것이다.

5. 검사 사용과 윤리사항

지금부터는 검사 사용과 관련된 윤리사항에 대해 살펴보겠다. 이 내용은 검사자가 심리검사를 사용하는 과정에서 지켜야 할 의무 조항이나 전문가로서 지켜야 할 윤리사항에 관한 것이다. 심리검사 사용과 관련하여 검사자가 지켜야 할 윤리사항은 한국심리학회(1998)에서 제작한 『심리검사: 제작 및 사용 지침서』를 중심으로 살펴보고자 한다. 한국심리학회에서는 검사 사용의 일반적인 고려사항으로 검사의 선택, 검사의 실시, 검사의 채점 및 해석과 더불어 검사자의 자격과 책임감에 대해 제시하고 있다. 검사의 선택, 실시, 채점 및 해석은 앞서 검사 시행과정에서 이미 설명하였으므로 검사자의 자격 및 책임감에 대해 살펴보기로 하자. 검사자의 자격에 관해서는 이 장의 시작 부분에서 '누가 심리검사를 실시할 수 있는가?'라는 질문에 대한 답변으로 제시되었으므로 가능한 한 중복을 피하면서 설명하고자 한다.

고려사항 1. 검사자의 전문가로서 자격 조건　검사를 실시하는 검사자는 일정 기준 이상의 전문성을 갖추고 있어야 한다. 그들은 자신이 실시한 검사 결과에 대해 책임을 져야 한다. 이를 위해 검사 제작, 타당도, 신뢰도 그리고 검사에 관한 연구들에 대한 충분한 지식이 요구되며, 일정 수준 이상으로 검사 사용의 경험이 있어야 하며, 교육과 훈련을 받아야 한다(한국심리학회, 1998).

검사자가 이러한 조건을 갖추어야 하는 이유는 심리검사의 이론적 배경, 검사 구성의 내용, 검사가 갖고 있는 장점과 한계점 등에 대해 정확하게 알지 못한다면, 검사 결과를 지나치게 과장되게 해석한다거나 검사 결과를 정확하게 이해하지 못함으로써 올바르게 해석하는 데 실패할 수 있기 때문이다. 또한 검사를 전문적인 수준에서 올바르게 사용하기 위해서는 충분한 검사 경험을 쌓고 수련교육을 받아야 하기 때문이다. 이러한 검사자의 자격 조건은 아무리 강조해도 지나치지 않을 만큼 중요하다. 만약 검사자가 검사 경험을 충분히 쌓지 못하거나 수련교육을 제대로 받지 못한다면, 검사 실시, 채점 및 해석 과정에서 검사를 잘못 사용하게 될 뿐만 아니라 그와 같은 잘못 자체를 인식하지 못하게 되는 심각한 실수를 범하게 된다. 따라서 검사 사용과 관련된 가장 중요한 윤리사항은 검사자가 전문가로서 자격 조건을 갖추어야 한다는 것이다.

고려사항 2. 검사자의 책임 의식　전문가로서 검사자는 심리검사를 통해 다른 사람의 삶에 영향을 줄 수 있기 때문에 사회적으로 무거운 책임을 지니고 있음을 알아야 한다. 검사자는 자신의 이러한 영향을 오용할 수 있는 개인적 · 조직적 · 재정적 또는 정치적 상황이나 압력에 대해 경계해야 한다.

따라서 검사 전문가는 심리검사 결과가 수검자 개인의 삶에 직접적인 영향을 줄 수 있음을 인식하고 전문가로서 자신이 제시한 해석 결과에 대해 책임을 져야 한다. 또한 심리검사 결과는 상담이나 치료적 목적을 달성하기 위해서만 사용되어야 하며 그 외 목적으로는 사용되지 않아야 한다. 특히 외부 압력에 따라 수검자의 검사 결과가 오용되어서는 안 되며, 만약 이러한 부적절한 상황이 발생할 경우 검사자는 전문가로서 책임을 져야 한다.

고려사항 3. 개인의 사생활권 보호　심리검사는 개인의 사생활권 문제와 관련되어 있으므로 검사를 시행하기 전 검사자는 검사 목적, 내용, 필요성 등에 대해 수검자에게 충분히 설명한 후 수검자의 동의를 얻어야 한다.

실제 심리검사는 수검자가 감추고 싶어 하는 측면을 드러낼 수 있으며 개인에 관한 다양한 정보를 수집할 수 있는 도구이기 때문에 수검자의 동의를 반드시 얻은 다음에 시행해야 한다. 일반적으로 학교장면에서 정신건강 문제를 갖고 있는 정신건강 위험군 학생을 선별하기 위한 검사과정에서도 학부모나 학생 당사자의 동의를 얻은 후에야 심리검사를 시행하고 있다.

고려사항 4. 개인 정보에 대한 비밀보장의 의무   검사자는 검사과정에서 수검자로부터 얻은 정보에 대한 비밀보장의 의무가 있다.

검사자는 수검자나 수검자의 가족 또는 법적 대리인에게만 수검자에 대한 정보를 제공해야 하며 그 외 다른 사람이나 기관에게 정보를 제공해서는 안 된다. 왜냐하면 심리검사 결과는 수검자 개인의 사적 비밀에 해당되기 때문이다. 앞서 예시한 학교장면에서의 정신건강 선별검사를 시행했을 경우, 검사 결과는 학부모에게 알려 주는 데 그쳐야 한다. 만약 담임교사가 학생의 심리검사 결과를 알고자 하는 경우, 원칙적으로는 학부모나 학생으로부터 허락을 받아야 한다는 점을 명심해야 할 것이다. 이와 관련하여 예외적인 상황은 심리검사 결과를 제공하지 않으면 타인에게 명백한 위험이 초래되는 특수한 경우이거나 정보를 제공하도록 법적으로 요청되는 경우이다. 다시 한번 강조한다면, 검사자는 수검자의 심리검사 정보를 원칙적으로 수검자 자신이나 수검자가 미성년자일 경우 그의 부모 또는 법적 대리인의 동의 없이는 외부로 노출시킬 수 없다. 이와 더불어 검사자는 기록을 보관하고 파기할 때에도 수검자 개인의 비밀보장을 유지할 수 있도록 노력해야 한다. 왜냐하면 검사 기록을 안전하게 관리하지 못하거나 일정 기간이 지나서 검사 결과를 파기하게 될 때, 소홀하게 파기할 경우 개인의 정보가 유출될 수 있기 때문이다. 이와 같이 검사자는 심리검사 결과가 수검자 개인의 사적인 정보라는 점을 충분히 인식하여 비밀보장을 위해 노력해야 한다. 뿐만 아니라 검사를 시행하면서 수검자에게 비밀보장의 약속을 하고 이를 지켜야 한다.

요약

1. 심리평가 과정은 검사 전 면담, 검사 계획과 심리검사 선정, 검사환경 조성, 검사 실시와 행동관찰, 검사 채점 및 결과 해석, 검사 후 면담(과거력 및 개인력 조사), 종합평가 및 진단, 심리검사 결과에 대한 면담 등으로 이어진다.
2. 심리검사를 시행할 수 있는 전문가 자격과 관련하여 한국심리학회에서는 검사자가 지녀야 할 조건—검사 제작, 타당도, 신뢰도, 검사 관련 연구에 대한 전문적 지식—을 제시하고 있다. 또한 전문가로서 검사 결과에 대한 책임을 강조하고 있다. 미국심리학회에서는

심리검사 전문가의 전문성 수준을 심리검사 전문가가 다룰 수 있는 심리검사의 난이도에 따라 전문가 A 수준, B 수준, C 수준으로 명시하고 있다. 이와 같이 심리검사 전문가의 자격이 엄격하게 요구되는 이유는 심리검사가 기능적 측면뿐만 아니라 역기능적인 부작용이 나타날 수 있기 때문이다.

3. 심리평가가 이루어지는 단계를 살펴보면, 심리검사 실시 전 면담, 검사 계획 및 검사 선정, 과거력 및 개인력 조사, 검사환경 조성, 검사 실시 및 행동관찰, 검사 반응의 채점, 결과 해석 및 진단이 종합되면, 검사 결과를 내담자에게 알려 주는 면담이 이루어진다.

4. 심리검사가 시작되는 단계에서는 '라포'—검사자와 내담자가 편안한 상태에서 동일한 목적을 갖고, 잘 소통하며 협력하는 관계—가 이루어져야 한다.

5. 수검자의 심리적 상태가 심리검사 결과에 영향을 미칠 수 있으므로 검사자는 검사가 실시되는 동안 수검자의 정서적·신체적 상태에 대해 알고 있어야 하고, 심리검사에 대한 내담자의 저항, 두려움, 긴장감을 이해하고 이를 해소할 수 있도록 도와주어야 한다.

6. 심리검사 전문가의 성격 특징이나 태도뿐만 아니라 일반적 특성 역시 심리검사 시행과정 및 결과에 영향을 미치므로 검사자는 전문가로서 진지한 태도를 보여야 한다.

7. 심리검사는 표준적 절차와 조건을 따라야 한다. 또한 심리검사 실시에 적합한 환경을 제공해야 한다.

8. 심리검사가 실시되는 동안 이루어지는 행동관찰은 수검자의 방어되지 않은 심리적 특성을 직접 관찰할 수 있게 해 줌으로써 중요한 자료를 제공해 준다.

9. 검사자는 심리검사 반응 내용에 대한 채점 방식을 정확히 알고 있어야 하는데, 이러한 경우 심리검사를 시행하면서 수검자의 반응 특징을 파악하고 검토할 수 있음으로써 보다 정확한 검사 결과를 도출해 낼 수 있다.

10. 심리검사 시행 후 면담을 실시하면 수검자를 보다 깊이 있고 다각적으로 이해할 수 있게 되고, 이에 따라 심리검사 결과를 더욱 종합적으로 해석할 수 있게 된다.

11. 심리검사와 면담, 행동관찰에 의해 수집된 자료들을 종합하여 심리평가 결과를 정리한다.

12. 심리검사 시행 후 검사자는 수검자에게 검사 결과를 알려 주어야 한다. 그 이유는 이러한 과정이 수검자에게 자신을 성찰할 수 있는 다양한 긍정적인 효과를 가져다주기 때문이다.

13. 심리검사를 다루는 전문가는 전문가로서 갖추어야 할 자격을 충분히 갖추어야 한다. 이를 위해서는 전문적인 지식과 교육·훈련과 더불어 임상 경험이 있어야 한다. 또한 심리검사 전문가는 책임 의식이 있어야 수검자의 사생활권을 보호하고 비밀을 보장할 의무가 있다.

참고문헌

권석만(2003). 현대이상심리학. 서울: 학지사.

박영숙(2004). 심리평가의 실제. 서울: 하나의학사.

오현숙 (2008). 심리검사의 시행(미발표 원고).

한국심리학회(1998). 심리검사 제작 및 사용 지침서. 중앙적성출판사.

한국 융연구원(2000). 투사란? 한국 융연구원 회보 '길', 제1권, 제1호.

Anastasi, A. (1969). *Psychological Testing*. New York: Macmillan.

Anastasi, A. (1982). *Psychological Testing* (5th ed.). New York: Macmillan.

Bell, F. O., Hoff, A. L., & Hoyt, K. B. (1964). Answer Sheets Do Make A Differences. *Personnel Psychology, 17*, 65-71.

Burdock, E., & Zubin, J. (1985). *Objective Evaluation in Psychiatry. Psychiatric Reference and Record Book*(2nd ed.). New York: Roerig Laboratories, Inc.

Cohen, E. (1965). Examiner Differences with Individual Intelligence Tests. *Perceptual and Motor Skills, 20*, 1324.

Cronbach, L. J. (1960). *Essentials of Psychological Testing*. New York: Harper & Row, Publishers.

Cronbach, L. J., & Meehl, P. E. (1955). Construct Validity in Psychological Tests. *Psychological Bulletin, 52*, 281-302.

Dewald, P. A. (1978). 정신치료의 이론과 실제[*The Therapy and Practice of Individual Psychotherapy*]. (김기석 역). 서울: 고려대학교 출판부. (원전은 1974년에 출판).

Exner, J. E. (1966). Variation in WISC Performances as Influenced by Differences in Pretest Rapport. *General Psychology, 74*, 299-306.

Exner, J. E. (1986). *The Rorschach: A Comprehensive System, Vol 1*. New York: A Wiley-Interscience Publication.

Exner, J. E., & Hark, L. J. (1980). But It's Only An Inkblot. *Journal of Personality Assessment, 50*, 455-471.

Eysenck, H. J. (1959). Les structures rythmiques. *Journal of Psychosomatic Research, 4*, 52.

Finn, S. E., & Butcher, J. N. (1991). Clinical objective personality assessment. In M.

Frank, L. K. (1939). Projective Methods for The Study of Personality. *Journal of Psychology 8*, 389-413.

Gage, N. L. (1953). Explorations in the Understanding of Others. *Educational and Psychological Measurement, 13*, 14-26.

Garfield, S. L. (1988). 임상심리학(김중술, 원호택 역). 서울: 법문사. (원전은 1983년에 출판).

Giedt, F. H. (1955). Comparison of Visual, Content, and Auditory Cues in Interviewing. *Consulting*

Psychology, 18, 407-416.

Goldstein, G., & Hersen, M. (1990). *Handbook of Psychological Assessment*. New York: Pergamon Press.

Gregory, R. J. (2000). *Psychological Testing: History, Principles, and Applications* (5th ed). Boston: Allyn and Bacon.

Grisso, J. T., & Meadow, A. (1967). Test Interference in A Rorschach-WAIS Administration Sequence. A Wiley-Interscience Publication. In J. E. Exner (1986), *The Rorschach: A Comprehensive System vol 1*. New York: A Wiley-Interscience Publication.

Heiss, R. (1964). *Handbuch der Psychologie, Bd. 6: Psychologische Diagnostik*. Goettingen.

Hersen, A. E., Kazdin, & Bellak, A. S. (Eds.). *The Clinical Psychology Handbook* (2nd ed., pp. 362-373). New York: Pergamon.

Holzberg, J. D. (1977). Reliability re-examined. In M. A. Rickers-Ovsiankina, *Rorschach Psychology* (2nd ed.). Huntington, New York: Krieger.

Horvath, A. O., & Symonds, B. D. (1991). Relation between working alliance and outcome in psychotherapy: meta-analysis. *Journal of Counseling and Psychotherapy, 38*, 139-149.

Irle, M. (1956). Die Klassifikation von Tests. *Diagnostica, 4*.

Kaplan, R. M., & Saccuzzo, D. P. (2005). *Psychological Testing: Principles, Applications, and Issues* (5th ed.). Pacific Grove, CA. Books/Cole.

Kelly, E. L. & Fiske, D.W. (1950). The Prediction of Successing the V.A. Training Program in Clinical Psychology. *American Psychologist, 4*, 395-406.

Kirchner, W. L. (1966). A Note on the Effect of Privacy in Raking Typing Tests. *Journal of Applied Psychology, 50*, 373-374.

Kline, P. (1993). *The Handbook of Psychological Testing*. London and New York: Routledge,

Kostlan, A. A. (1954). A Method for the Empirical Study of Psycodiagnosis. *Consulting Psychology, 19*, 83-88.

Maruish, M. E. (1998). Therapeutic assessment: linking assessment and treatment. In A. S. Bellak, & M. Hersen (Eds.), *Comprehensive Clinical Psychology* (pp. 526-559).

Masling, J. (1960). Differential Indoctrination of Examiners and Rorschach Reponses. Consulting *Psychology, 29*, pp.298-301.

Murray, H. A. (1938). *Exploration in personality*. New York: Oxford Unversity Press.

Rapaport, D., Gill, M. M., &Schafer, R. (1977). *Diagnostic Psychological Testing, Vol 2*. Chicago : Year Book Publishers.

Rauch-Fleish, U. (2005). Testpsychologie, Vandenhoeck & Ruprecht Verlag, Goettingen.

Rickers-Ovsiankina, M. (1977). *Rorschach Psychology* (2nd ed.). Huntington, NY: Krieger.

Sattler, J. M. (1970). Racial "Experimenter Effects" in Experimentation, Testing, Interviewing and Psychology. *Psychology Bulletin, 73*, 137-160.

Sattler, J. M. (1982). Age Effects on the Wechsler Adult Intelligence Scale Revised Tests. *Journal of Consulting and Clinical Psychology, 50*, 785-786.

Sattler, J. M., & Theye, F. (1967). Procedural, Situational and Interpersonal Variables in Individaul Intelligence Testing. Psychological Bulletin, 68, 347- 360.

Saul, L. J. (1992). 정신역동적 정신치료[Psycho-Dynamically Based Psychotherapy](이근후, 박영숙 역). 서울: 하나의학사.(원전은 1972년에 출판).

Sharpley, C. F., Halar, J., Rabinowicz, T, Weiland, B., & Stafford, J. (2001). Standard posture, postural mirroring and client-percieved rapport. *Counseling Psychology Quarterly, 14*, 267-280.

Shea, S. C. (1990). Comtemporary Psychiatric Interwiewing: Integration of DSM-Ⅲ-R, Psychodynamic Concerns, and Mental Status. In G. Goldstein, & M. Hersen, (1990). *Handbook of Psychological Assessment*. New York: Pergamon Press.

Tepper, D. T., Jr., & Hasse, R. F. (1978). Verbal and nonverbal communication of facilitative conditions. Journal of Counseling Psychology, 25, pp.35-44.

Trout, D. L., & Rosenfeld, H. M. (1980). The effect of postural lean and body congruenceon the judgement of psychotherapeutic rapport. *Journal of Clinical Psychology, 45*, 176-190.

Vermon, P. E. (1963). *Persoanality Assessment*. London: Methuen.

Weiner, I. B. (1977). Approaches to Rorschach Validation. In M. Rickers-Ovsiankina, *Rorschach Psychology* (2nd ed.). Huntington, NY: Krieger.

Weiner, I. B. (1977). *Principle of Rorschach interpretation*. Mahwah, New Jersey: Lawrence Erlbaum Association, Publisher.

Weiner, I. B. (1998). Persoanlity and Clinical Psychology Series. Mahwah, New Jersey: Lawrence Erlbaum Associates, Publishers.

Wright, A. J. (2010). Conducting Psychological Assessment: A Guide for Practitioners. Hoboken, NJ: wiley.

제2부
객관적 검사

Chapter 05
지능검사

최윤경

학/습/목/표

1. 지능의 다양한 정의와 이론적 모델 이해하기

2. 지능에 대한 유전과 환경의 영향 이해하기

3. 지능지수(IQ)와 학력, 직업, 연령의 관계 이해하기

4. 지능검사의 발달과 역사 이해하기

5. 지능검사의 목적과 철학 이해하기

6. 성인용 웩슬러 지능검사의 검사 구성, 실시방법과 해석 살펴보기

　지능 혹은 IQ만큼 일반인들에게 친숙한 심리학적 개념도 없을 것이다. 누구나 학창 시절 학교에서 단체로 실시하는 지능검사를 받아 본 경험이 있을 것이다. 지능검사 결과는 학업성취와 비교함으로써 교사가 학습 및 진로 지도를 하는 자료로 주로 활용되고 있으며, 임상 및 상담 장면에서 다양한 목적으로 활용되고 있다. 지능검사 결과는 한 사람의 인생에 엄청난 영향을 미치기도 한다. 이와 관련해서 유명한 심리치료자 R. Corsini의 에피소드를 한 가지 소개하고자 한다. Corsini가 오래전 뉴욕의 에버른 교도소에서 근무할 때 가출옥을 앞둔 한 남자가 그를 찾아와서 "선생님 덕분에 제 인생이 바뀌었습니다."라고 감사의 인사를 했다고 한다. 그는 자신이 그토록 훌륭한 상담을 했다면 내담자를 기억할 텐데, 아무리 생각해도 그에 대한 기억을 떠올릴 수 없었다. 결국 Corsini는 '그게 정말 자신이었는지'를 반문했고, 그 남자는 '틀림없다'고 확신하면서 자신의 인생을 바꿔 놓은 그의 말을 결코 잊지 않을 것이라는 말을 덧붙였다. 그 남자에게 깊은 영향을 준 말은 다름 아닌 "당신 IQ가 높군요."라는 한마디였다. 그 말을 듣기 전까지 그는 자기 자신에 대해 멍청하고 제정신이 아닌 사람이라고 생각하고 있었고, 이러한 부정적인 자기개념은 어린 시절부터 주변 사람들에게 귀가 따갑게 들어 온 이야기를 내재화한 것이었다. 그러나 지능이 높다는 그 말을 들은 후 여러 가지 변화가 일어났다. 그는 수감 생활 중에 기술을 배우고 고등학교 과정을 마치고 다시 교회에 다니기 시작하였으며 출소 후 대학에 가겠다는 목표와 희망을 가지게 되었다. 사실, 이것은 심리치료로 인한 변화라기보다 예상치 못한 상황에서 의외의 변화였기 때문에, Corsini가 심리치료의 특이한 예라고 소개했던 사례였지만 지능의 영향력 측면에서도 상당한 함의를 지니고 있다.

　물론 이렇게 긍정적인 효과만 있는 것이 아니다. 정신과에서 만났던 한 환자는 학창 시절 집단지능검사를 받은 후 IQ 점수가 너무 낮게 나와서 친구들에게 놀림을 받고 오랫동안 마음의 상처를 받았다고 울면서 고백하였다. 이 환자는 개인용 지능검사에서 IQ가 평균 범위라는 것이 밝혀지면서 늦게나마 마음의 고통에서 벗어날 수 있었다. 이처럼 IQ 점수가 능력에 관한 선입견이나 편견을 가지게 함으로써 당사자에게 지울 수 없는 상처를 남기거나 낙인을 찍는 부작용을 초래하기도 한다.

　그렇다면 과연 지능검사가 필요한가? 더욱이 학습장면을 떠난 성인에게 지능을 평가하는 것은 필요한 일인가? 임상현장에 몇몇 환자는 '마음이 괴롭고 힘들어서 왔는데 왜 이런 (지능)검사를 받아야 하는가?'라고 항변하면서 검사를 거부하기도 한다. 실제로 병원이나 상담기관에서 실시하는 종합심리검사 배터리에는 지능검사가 포함되어 있는 경우가 많다. 이렇게 지능검사, 엄밀히 말하자면 개인용 지능검사가 중요하게 활용되고 있는 이유는, 지능검사는 단지 지능 수치만을 측정하는 것이 아니라 개인의 성격을 반영하는 역동적인 도구로 활용될 수 있기 때문이며, 다양한 정신장애의 예후에 영향을 미치는 수많은 요인 중 공통요인이 바로 지능이기 때문이다.

이렇듯 지능은 개인의 학습이나 적응, 정신장애의 예후 측면에서 중요하며 개인차를 설명하고 인간의 행동을 이해하려고 할 때도 필수적이다. 이 장에서는 지능과 지능이론에 대해 살펴보고, 개인용 지능검사 가운데 가장 보편적으로 활용되고 있는 웩슬러 지능검사의 발달과 역사, 특징, 실시 및 해석방법을 간략하게 소개하고자 한다.

1. 지능의 본질

지능(intelligence)은 '내부(inter)'와 '함께 모으고 선택하고 분별한다(leger)'는 의미를 담고 있는 용어로, 지난 수십 년간 심리학적 연구문헌에서 중요하게 다루어 온 연구 주제이다. 현재는 인지심리학을 비롯하여 임상심리학, 신경심리학, 생물심리학, 행동유전학, 교육학, 학교심리학, 사회학 그리고 일상생활에 이르기까지 광범위한 분야에서 관심을 가지고 있다(Kaufman & Lichtenberger, 2006).

1) 지능의 정의

지능은 직접 측정하기 어려운 추상적인 개념으로, 기껏해야 관찰 가능한 행동이나 반응으로부터 간접적으로 추론할 수 있을 뿐이다. 사실 지능이 무엇인지 명확하게 정의하고 학자들 간에 그에 대한 합의를 도출하기 전에, 실용적인 목적에서 지능을 측정하기 위한 시도가 이루어졌다. 다른 심리학적 개념처럼 조작적 정의를 내리고 이를 측정하려고 시도한 것이 아니라, 지능을 측정하기 위한 노력에 의해 지능검사 및 지능에 관한 이론이 생겨났다고 할 수 있다. Boring(1923)은 지능이란 그 자체가 무엇이든 지능검사로 측정된 것이라고 정의하기도 하였다. 아직까지 지능에 대한 정확한 정의를 내리지 못한 채 논쟁이 지속되고 있으나, 웩슬러 지능검사와 더불어 지능에 대한 Wechsler의 정의가 비교적 보편적으로 사용되고 있다.

> 지능이란 목적에 적합하게 행동하고 합리적으로 생각하며 자신의 환경을 효율적으로 다룰 수 있는 개인의 총체적이고 종합적인 능력이다(Wechsler, 1958, p. 7).

지능이라는 심리학적 구성개념은 임상적 입장과 이론적 입장에 따라 각기 다른 방향으로 발전되어 왔다. 임상적 입장은 Binet, Terman, Wechsler, Bayley 등을 중심으로 발전하였고, 이론적 입장은 Spearman, Thorndike, Thurstone, Cattell, Guilford 등을 중심으로 발전하였다(박영숙, 1994). 임상적 입장은 지능검사의 발달과 역사 부분에서 다루기로 하고, 여기에서는 대표적인 지능 이론가들의 개념들을 소개하고자 한다.

먼저, Spearman(1904)은 상관관계 연구를 통하여 지능의 구조를 밝히고자 하였다. 그는 지능이란 모든 개인이 공통적으로 가지고 있는 일반요인(g 요인)과 언어나 숫자처럼 특정한 한 분야에 대한 능력인 특수요인(s 요인)으로 구성되어 있다는 2요인설을 주장하였다([그림 5-1] 참조). 한편, Thorndike, Lay와 Dean(1909)은 다양한 검사 간에 상관관계를 발견하지 못하고 지능이란 특수능력, 즉 s 요인의 총합체라고 정의하고, 특수능력은 추상적, 언어적 지능과 실용적 지능, 사회적 지능으로 분류될 수 있다고 하였다.

이후 Thurstone과 Thurstone(1941)은 Spearman과 Thorndike의 이론적 입장을 정리하면서 지능의 다요인설을 주장하였다. 그는 기본적인 정신능력(primary mental ability)으로 언어(V 요인), 단어 유창성(W 요인), 수능력(N 요인), 기억(M 요인), 공간관계인식(S 요인), 지각속도(P 요인) 및 논리적 능력(R 요인)을 제시하였다.

지능에 관한 Guilford와 Hoepfner(1971)의 모형은 좀 더 복잡해진다. 그는 지능이란 다양한 방법으로 상이한 종류의 정보를 처리하는 능력들의 체계적인 집합체라고 개념화하고 요인분석을 통하여 지능구조의 3차원 모델을 제시하였다. 즉, 지능은 내용, 조작 및 결과 차원으로 구성되어 있고, 내용은 네 가지(그림, 상징, 의미, 행동), 조작은 다섯 가지(평가, 수렴적 조작, 확산적 조작, 기억, 인지), 결과는 여섯 가지(단위, 분류, 관계, 체계, 전환, 함축)로 구성되어 있으므로, 이들을 조합할 경우 4×5×6=120가지 다른 종류의 지적 능력이 산출된다는 것이다.

이러한 지능의 구조단위 가운데 수렴적 사고와 확산적 사고의 개념을 알아두는 것이 유용하

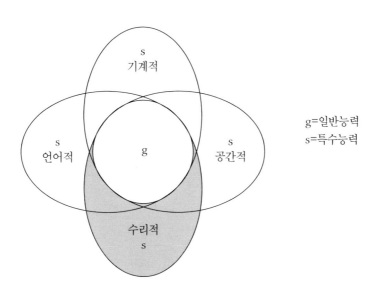

[그림 5-1] Spearman의 g 요인과 s 요인

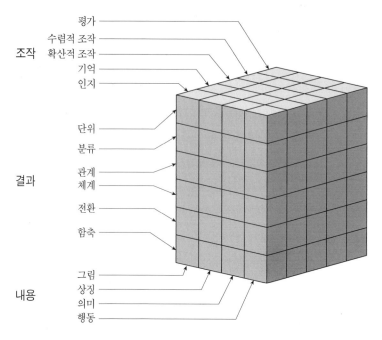

[그림 5-2] Guilford의 지능구조 입체모형설

출처: Guilford (1966).

다. 수렴적 사고가 문제 해결 상황에서 기존에 알고 있던 지식들로부터 가장 적합한 답을 찾아내는 사고라면, 확산적 사고는 다양한 문제해결 방식을 도출해 내는 사고로 창의성과 밀접한 관계가 있다. 따라서 지능검사에서 수행하는 과제는 대개 정답이 분명하기 때문에 대부분 확산적 사고가 아닌 수렴적 사고를 측정하고 있는 셈이다.

　지능에 대한 수많은 정의를 종합해 볼 때 세 가지 정도로 요약할 수 있다. 첫 번째는 지능이란 잘 판단하고 이해하고 추리하는 일반능력 또는 학습능력이라는 입장으로, 최초의 지능검사를 제작한 Binet가 대표적이다. 두 번째는 지능이란 새로운 상황이나 문제, 환경에 적응하는 능력이라는 입장으로, Stern, Pintner, Colvin, Piaget 등이 여기에 속한다. 세 번째는 지능이란 추상적인 사고능력과 이를 구체적인 사실들에 관련시킬 수 있는 능력이라고 보는 입장으로, Thurstone과 Terman의 정의가 여기에 해당된다.

2) 지능연구

(1) 유전 vs. 환경

전문가들은 물론, 일반인들 사이에서도 지능이 유전 혹은 환경에 의해서 결정되는지에 관한 논쟁이 오랫동안 지속되었지만 결론을 내리는 것은 그렇게 간단하지 않다. 흔히 부모의 지능이 우수하면 그 자녀들의 지능도 우수하다고 생각한다. 그렇다고 후천적인 환경과 교육의 영향을 무시할 수 없는 것 또한 사실이다. 과연 개인의 지능을 결정하는 데 있어 유전과 환경은 얼마나 중요한가? 지능을 연구하는 학자들도 바로 이러한 질문에 대한 해답을 얻고자 하였다.

1930년대에는 유전론자와 환경론자 사이에 지능에 관한 열띤 논쟁이 전개되었다. Terman(1925)을 위시한 유전론자들은 지능이란 유전에 의해 고정되는 것이고 지능검사 점수는 이러한 개인적 능력의 지표가 된다고 주장하였다. 반면, Wellman(1945)을 중심으로 한 환경론자들은 일부 수검자의 경우 검사를 받을 때마다 지능지수에 차이를 보이기 때문에 지능지수는 개인의 사회적 능력의 지표가 되지 못한다고 주장하였다.

유전과 환경의 역할에 대한 증거는 다양한 연구에서 찾을 수 있다. 예를 들면, 단일 유전자 이상이나 염색체 이상(예: 다운 증후군, 터너 증후군)이 있는 사람들의 지능검사 프로파일에서 특징적인 패턴을 찾고자 하는 시도가 있었고, 쌍생아나 입양아를 대상으로 수많은 상관연구가 시행되기도 하였다.

Kaufman과 Lichtenberger(2006)는 지난 7, 80년에 걸쳐 전 세계적으로 수행된 연구들로부터 상관계수를 요약하였다(〈표 5-1〉 참조). 함께 양육된 일란성 쌍생아의 IQ 간의 평균상관이 .86인데, 이는 웩슬러 지능검사의 검사-재검사 신뢰도계수 .95와 크게 다르지 않은 수치이다. 반면, 함께 양육된 이란성 쌍생아의 IQ 간의 평균상관은 .55에 불과하고, 따로 양육된 일란성 쌍생아들이 .70대의 상관을 보이는 것은 IQ에서 유전의 중요성을 시사한다. 반면, 이란성 쌍생아가 함께 양육되었을 때 IQ 간의 상관(.55)은 따로 양육되었을 때(.35)에 비해 훨씬 높은데, 이는 환경의 역할 또한 상당함을 시사한다. 그 밖에 형제나 부모-자녀 간에도 함께 지냈는가, 아니면 따로 지냈는가에 따라 유사한 상관 패턴이 나타나고 있어, 환경이 IQ를 결정하는 데 중요한 역할을 한다는 것을 알 수 있다.

입양아 연구도 IQ에서 유전과 환경의 영향력을 밝히는 데 기여하였다. 예컨대, 텍사스 입양아 연구(Loehlin, Horn, & Wilerman, 1997)에 따르면, 입양아와 생모의 IQ 상관(.32)은 입양아와 양부(.14) 및 입양아와 양모(.12)의 상관보다 높은 것으로 나타나, 유전의 영향이 상대적으로 큼을 시사한다. 이는 생모가 자신의 아이를 생후 며칠 만에 입양을 보낸 이후로 거의 접촉이 없었다는 측면에서 더욱 흥미롭다. 더욱이 입양아가 어릴 때보다 성장했을 때 생모 대 양부모와의 상관의 차이가 더욱 뚜렷해지는 결과를 보이고 있다. 이러한 연구들을 종합하면, IQ에서 유전의 영향력은 약 50%로 추정되고 있어, 환경적 요인이 절반 정도의 역할을 할 수 있다는 여지를 남겨 두고 있는 셈이다. 또한 자궁 내 환경이 과거 연구에서 유전의 영향으로 잘못 간주되었을 가능성이 있다.

● 표 5-1　유전적 연관성이 다른 사람들의 IQ 간 평균 상관관계

관계	사례 수(쌍)	상관계수
동일 인물(두 번 검사한 경우)	747	.95
일란성 쌍둥이(함께 양육)	4,672	.86
일란성 쌍둥이(따로 양육)	158	.76
이란성 쌍둥이(함께 양육)	8,600	.55
이란성 쌍둥이(따로 양육)	112	.35
유사 쌍둥이(비혈연 형제, 동갑, 초기 유아기부터 함께 양육된 경우)	90	.26
형제(함께 양육)	26,473	.47
형제(따로 양육)	203	.24
비혈연 형제-함께 양육-아동	689	.28
비혈연 형제-따로 양육-성인	398	.04
이복형제	200	.31
사촌	1,176	.15
부모-자녀(동거)	8,433	.42
부모-자녀(별거)	814	.22
양부모-자녀(동거)	1,397	.19
평균 부모(mid-parent)*-자녀(동거)	992	.50
평균 양부모(mid-adoptive parent)*-자녀(동거)	758	.24
비혈연 관계(따로 양육)	15,086	-.01

* 유전연구에서 성차의 영향을 통제하기 위한 방법으로, (양)아버지와 (양)어머니의 측정치의 평균을 의미함.
출처: Kaufman & Lichtenberger (2006).

(2) IQ와 학력/학업성취

　　학력/학업성취는 사회경제적 수준과 밀접한 관련이 있고 때로는 사회경제적 수준을 추정할 수 있는 중요한 변인이다. WAIS-III를 사용한 연구에서 학력과 전체검사 IQ의 상관은 .57이고 학력과 언어성 IQ 및 동작성 IQ[1]의 상관은 각각 .58과 .47이었다. 학력집단 간 IQ의 차이를 살

----

1) 웩슬러 지능검사 3판까지 IQ 점수는 언어성 IQ와 동작성 IQ로 구성되었다.

퍼보면, 대졸자의 경우 평균 IQ가 116.8인 데 반해, 8년 미만의 교육을 마친 사람의 경우는 IQ가 80.5로, 상당히 큰 점수 차이가 있는 것으로 나타났다. 이러한 점수 차이는 동작성 IQ보다는 학업성취와 상관이 높은 언어성 IQ에서 더욱 두드러지게 나타났다. 그러나 학력이 감소함에 따라 동작성 IQ 또한 크게 감소한다는 사실에서, IQ와 학력의 상관은 단순히 특정 지식과 기술을 공식적으로 배운 것의 직접적인 함수는 아니라고 추론할 수 있다.

학력과 IQ, 특히 언어성 IQ 간에 강한 관련성이 있지만, 이러한 관계를 인과적으로 해석할 수 없다는 사실을 기억하는 것이 중요하다. 예컨대, 학력이 높을수록 IQ, 특히 언어성 IQ가 높다고 할 수 있지만, 거꾸로 IQ가 높은 사람이 그렇지 못한 사람보다 학교를 더 오래 다닌다고도 말할 수 있다. 더욱이 동일한 학력을 가진 사람들 내에서도 IQ의 상당한 개인차가 존재한다.

(3) IQ와 직업

직업은 학력과 마찬가지로 한 개인의 사회경제적 수준을 파악하는 데 사용될 수 있는 중요한 변인이다. 〈표 5-2〉는 Wechsler(1981)가 WAIS-R을 표준화하기 위하여 층화 표집한 다섯 가지 직업군의 평균 IQ 범위를 잘 보여 준다. 두 가지 극단적인 직업군에서 평균 IQ는 언어성 IQ에서 26점, 동작성 IQ에서 20점 그리고 전체검사 IQ에서 25점의 차이를 나타내었는데, 이는 거의 2 표준편차에 육박할 정도로 큰 차이이다.

물론 동일 직업군 내에서도 개인차는 존재한다. 〈표 5-2〉는 직업군에 따른 IQ의 범위와 더불어, 상위 5%와 하위 5%에 해당하는 IQ 점수를 제시하고 있다. 각 직업군 내에서도 상당한 IQ의 변이가 있지만 각 직업군에서 IQ 범위의 하한선에는 서열이 있음을 알 수 있다. 이러한 관련성으로부터 Brody(1985)는 "지능검사 점수는 직업적 성공에 역치 변인[2]으로 작용한다. 낮

● 표 5-2 직업군에 따른 IQ

직업군	평균 IQ 수준	범위	5th%ile	95th%ile
전문직과 기술직	110~112	81~148	92	136
경영자, 사무직, 판매직	103~104	73~137	86	125
숙련된 노동자	100~102	72~131	81	119
반숙련 노동자	92~94	56~135	70	117
막노동자	87~89	53~126	65	115

출처: Kaufman & Lichtenberger (2006).

- - - - - - - - - - - - -
2) IQ 점수가 직업적 성공에 필요한 최소한의 조건으로 작용함을 의미한다.

은 점수를 받은 사람은 명망 있는 직업에 속할 확률이 낮다."라고 결론을 내리기도 하였다(p. 362). 어떤 종류의 IQ 검사가 실시되었든 상관없이, 임상가는 해석과정 동안에 수검자의 직업이 IQ 점수에 상당한 영향을 미칠 수 있음을 명심해야 한다.

(4) IQ와 연령

과거 비네 검사에서는 아동의 연령이 증가함에 따라 지능이 직선적으로 증가한다고 가정했다. 과연 나이가 들면 지능도 증가하는가 아니면 감소하는가? 아동이 아닌 노인이라면 어떠한가? 노화에 따라 지능이 감소하는가? 많은 지능 연구자는 Cattell(1971)의 유동지능과 결정지능의 개념으로 이러한 문제를 이해하고 있다.

유동지능(fluid intelligence)이란 유전적·선천적으로 주어지는 능력으로, 중추신경계의 성숙에 비례하여 발달하거나 쇠퇴하는 특성이 있다. 예컨대, 유동지능은 속도, 기계적 암기, 지각능력, 일반적 추론능력과 같이 새로운 상황에서의 문제해결 능력으로, 웩슬러 지능검사에서는 동작성 IQ가 유동지능과 관계가 있다. 이에 비해 결정지능(crystallized intelligence)은 환경이나 경험, 문화적 영향에 의해서 발달되는 지능으로, 유동지능을 바탕으로 후천적으로 발달한다. 따라서 결정지능은 개인의 노력 여하에 따라 나이가 들어서도 계속 발달할 수 있다. 예컨대, 언어이해력, 논리적 추리력, 상식 등이 이에 속한다. 웩슬러 지능검사에서는 동작성 IQ에 비해 언어성 IQ가 결정지능을 잘 반영하는 것으로 알려져 있다. 연령에 따른 유동지능과 결정지능의

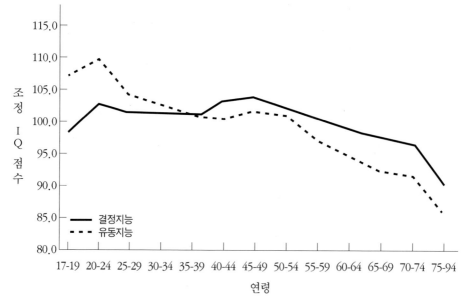

[그림 5-3] Kaufman 지능검사에서 17~94세 성인들의 유동지능과 결정지능
출처 : Kaufman & Horn (1996).

패턴은 [그림 5-3]에서 잘 보여 주고 있다. 연령에 따라 유동지능이 감소하지만 결정지능은 오히려 증가하기 때문에 전체지능은 거의 변함이 없는 패턴을 보인다.

현재까지 진행된 연구들을 종합하여 지능의 개념을 정리해 보면, 지능이란 유전적 · 환경적 결정요인을 지니고 있으며 지능검사를 통하여 측정되는 개인의 지능은 유전적 결정요인뿐만 아니라 초기 교육적 환경, 후기 교육과 직업 경험, 현재의 정서적 상태 및 기질적 · 기능적 정신장애, 검사 당시의 상황요인과 상호작용한 결과로 나타나는 개인의 전체적이고 잠재적인 적응능력이라고 볼 수 있다(박영숙, 1994).

2. 지능검사

1) 발달과 역사

지능을 측정하기 시작한 역사는 동양의 경우 3천여 년 전에 공무원을 뽑기 위한 시험을 실시한 시점으로, 서양의 경우 런던에 있던 Galton의 인류측정학 연구실에서 개인차를 측정하던 시기와 1884년 런던에서 열린 만국박람회에서 다양한 측정을 한 시점으로 거슬러 올라갈 수 있다(이순묵, 2005). 그러나 1905년 프랑스의 Binet가 일반 아동으로부터 정신지체 아동을 선별하여 특수교육을 시키기 위한 목적에서 제작한 비네 검사(Binet Scale)가 최초의 체계적인 지능검사라는 견해가 일반적이다. 최초의 비네 검사는 난이도에 따라 배열된 30문항으로 구성되었고, 1908년에 개정된 비네 검사에는 정신연령(mental age)의 개념이 도입되었다. Binet는 지능이 연령에 따라 발달한다고 가정하고 각 연령대의 아동들이 평균적으로 풀 수 있는 문항들로 규준을 작성하고, 아동이 규준의 어디까지 문제를 풀 수 있는지를 측정함으로써 지능을 평가하였다. 예컨대, 한 아동이 12세 아동들이 평균적으로 풀 수 있는 문항을 풀 수 있다면 그 아동의 실제 나이와 상관없이 정신연령은 12세가 된다.

1916년 미국 스탠퍼드 대학의 Terman은 비네 검사를 번역하고 미국 문화에 맞게 수정하여 스탠퍼드-비네 검사(Stanford-Binet Scale)를 발표하였다. 스탠퍼드-비네 검사에는 지능지수(Intelligence Quotient: IQ)의 개념이 처음 사용되었는데, 여기서 지능지수는 다음과 같이 정의된다.

$$지능지수(IQ) = \frac{정신연령(Mental\ Age: MA)}{신체연령(Chronological\ Age: CA)} \times 100$$

예컨대, 신체연령이 10세인 아동의 정신연령이 12세라면 IQ는 120인 반면, 정신연령이 8세라면 IQ는 80이 된다. 이때 지능지수(IQ)는 나중에 소개될 웩슬러 검사의 IQ와 구별하기 위해 비율 IQ라고 한다. 국내에서는 1971년 고려대학교 심리학과의 전용신 교수가 스탠퍼드-비네 검사를 번안하여 '고대 비네 검사'라는 이름으로 표준화하였다.

한편, 전쟁은 심리학 분야가 성장·발달하게 된 기회로 작용했다. 제1차 세계대전을 전후하여 집단검사에 대한 시대적·사회적 요구가 있었고 이에 부응하여 집단용 지능검사가 개발되었다. 즉, 군대에서 신병을 적재적소에 신속하게 배치하기 위한 목적에서 집단용 지능검사의 필요성이 제기되었고, 미 육군에서 스탠퍼드 대학의 Otis에게 집단용 지능검사를 의뢰하였다. 이러한 과정에서 비네 검사를 지필검사로 개정한 군대용 알파검사(Army Alpha)가 제작되었고 이후에 영어를 모르는 외국인이나 문맹자들에게 시행할 수 있는 비언어검사인 군대용 베타검사(Army Beta)가 제작되었다.

이후 Wechsler(1939)는 1930년대 당시 표준화된 검사들을 검토하고 그중 열한 가지 소검사를 선택하여 성인용 지능검사 배터리를 구성하였다. Wechsler가 이처럼 여러 개의 소검사를 포함시킨 것은 '지능이란 본질적으로 총체적인 것이고 더 포괄적인 성격의 한 부분'이라는 지능에 관한 그의 개념에서 비롯되었다. 대부분의 언어성 소검사, 예컨대, 이해, 산수, 숫자, 공통성, 어휘는 스탠퍼드-비네 검사에서, 그리고 상식과 일부 이해 소검사는 군대용 알파검사에서 차용하였다. 동작성 소검사는 여러 검사를 바탕으로 구성되었는데, 차례 맞추기는 군대용 집단검사(Army Group Examinations)에서, 토막짜기는 Koh의 블록 디자인(Block Design)에서, 기호쓰기는 군대용 베타검사에서, 빠진곳찾기는 힐리 그림 완성검사(Healy Picture Completion)에서, 마지막으로 모양맞추기는 핀더패더슨 검사(Pinther-Paterson Test)에서 차용하였다. 이것이 바로 오늘날 가장 널리 사용되고 있는 웩슬러 성인용 지능검사(Wechsler Adult Intelligence Scale: WAIS)의 초기 형태인 웩슬러-벨뷰 지능검사(Wechsler-Bellevue Intelligence Scale: WBI)이다.

웩슬러 지능검사의 가장 큰 특징 가운데 하나는 스탠퍼드-비네 검사와 달리 편차 IQ(deviation IQ)의 개념을 도입한 것이다. 기존의 비율 IQ는 연령이 증가함에 따라 지능이 계속해서 발달한다는 것을 전제로 하지만 지능은 실제로 일정 연령 이후에는 직선적인 증가를 보이지 않는다. Wechsler는 연령에 따른 지능의 증가를 가정하지 않고 지능점수의 상대적 위치에 따라 지능을 수량화할 수 있는 방법을 도입하였다. 즉, [그림 5-4]와 같이, IQ 점수가 정규분포를 보인다고 가정하고 각 개인의 점수를 평균이 100, 표준편차가 15인 표준점수로 변환하였는데, 이것이 바로 편차 IQ이다. 편차 IQ를 구하는 공식은 다음과 같다.

$$지능지수(IQ)=100+15 \times \frac{X-M}{SD}$$

(X: 개인의 점수, M: 해당 연령규준의 평균, SD: 해당 연령규준의 표준편차)

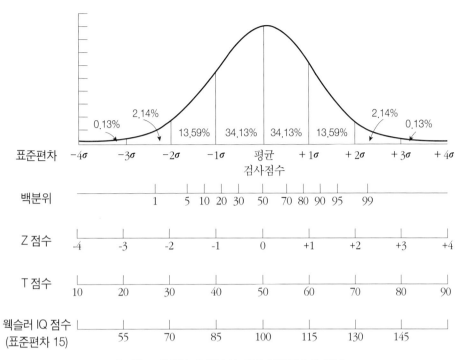

[그림 5-4] 웩슬러 점수와 다른 표준점수의 관계

출처: Groth-Marnat (2009).

편차 IQ 점수는 규준집단에서 수검자의 상대적 위치에 대한 정보를 제공하기 때문에 개인 간 비교가 용이하다. 예컨대, 어떤 사람의 IQ가 70이라는 것은 평균(IQ=100)으로부터 2 표준편차만큼 저하되어 있으므로 해당 연령집단에서 하위 2.27% 이내에 속할 정도로 지적 능력이 저하되어 있음을 의미한다. 반면, 어떤 사람의 IQ가 130이라는 것은 평균으로부터 2 표준편차만큼 상승해 있으므로 해당 연령집단에서 상위 2.27% 이내에 속할 정도로 지적 능력이 아주 우수함을 의미한다.

이후 웩슬러 지능검사는 여러 차례 개정이 거듭되었으며(WBII, 1946; WAIS, 1955; WAIS-R, 1981; WAIS-III, 1997), 현재 미국에서는 웩슬러 성인용 지능검사 제4판(WAIS-IV, 2008)이 사용되고 있다. WAIS-IV는 WAIS-III의 개정판으로, 개정목표는 동시대적인 규준을 만들고 심리측정적 속성과 임상적 활용을 개선하고 사용하기에 보다 편리한 도구를 만드는 것이었다(황순택, 김지혜, 박광배, 최진영, 홍상황, 2012a; 2012b). WAIS-IV는 검사의 구조를 단순화하고 인지능력에서 좀 더 독립적인 영역에 관한 수행을 나타내 줄 수 있는 지수점수(index score)[3]를 강조했다

---

3) WAIS-IV는 4요인 모델로 가장 잘 설명되며, 전체검사 IQ 점수뿐만 아니라 네 가지 지수점수, 즉 언어이해(Verbal Comprehension), 지각추론(Perceptual Reasoning), 작업기억(Working Memory) 및 처리속도(Processing Speed) 점수를 산출한다.

는 특징이 있다.

국내에서는 이진숙과 고순덕(1952)이 웩슬러-벨뷰 지능검사(WBI)를 표준화하였으나 널리 상용화되지는 못하였다. 그 이후에 전용신, 서봉연, 이창우(1963)가 12~64세의 청소년 및 성인을 대상으로 WAIS를 표준화하여 한국판 웩슬러 지능검사(Korean Wechsler Intelligence Scale: KWIS)를 출판하였다. KWIS는 30여 년 이상 임상장면에서 널리 활용되었고 1992년에 이르러서야 개정 작업이 이루어졌다. 염태호, 박영숙, 오경자, 김정규, 이영호(1992)가 WAIS-R(1981)을 번안하고 국내 실정에 맞게 보완하여 K-WAIS(Korean-Wechsler Intelligence Scale)를 제작하였다. K-WAIS는 임상현장에서 20년 가까이 사용되었으나 연령 범위가 만16~64세로 제한되어 있고 일부 연령대의 규준에 대한 문제점이 제기되면서 검사 개정의 필요성이 대두되었다(황순택, 2006). 최근 황순택 등(2012a; 2012b)에 의해 WAIS-IV가 국내에 표준화되어 사용되고 있다. K-WAIS-IV(2012a; 2012b)는 16세 0개월부터 69세 11개월까지 청소년과 성인의 인지능력을 개별적으로 평가하도록 제작되었으며, 일반적인 지적 능력과 더불어 다양한 지수점수를 제공한다. K-WAIS-IV에 대한 설명은 다음 절에서 자세하게 다룰 것이다.

2) 지능검사의 목적

웩슬러 지능검사는 임상이나 상담, 교육 등의 장면에서 다양한 목적에서 시행되고 활용될 수 있다. 그 목적은 대략 다음 다섯 가지 정도로 요약될 수 있다.

① 지능검사를 통해 개인의 전반적인 지적 능력을 평가한다. 웩슬러 지능검사는 일차적으로 개인의 지적 능력의 수준을 평가한다. 물론 지능검사는 개인의 성격이나 불안, 끈기, 목표 자각 및 의욕적 성향과 같은 비지능적인 요인에 관한 다양한 부가 정보를 제공하지만 기본적으로 지적 잠재력을 측정할 수 있는 IQ 점수를 산출한다. 웩슬러 지능검사에서 산출된 IQ는 편차 IQ이므로 해당 연령대에서 지적 능력의 상대적인 위치에 관한 정보를 제공하며, 이로써 개인 간 비교가 가능해진다. 이러한 IQ 점수는 내적 동기가 함께 고려될 때 학업이나 직업적 성취를 예견하는 데 활용될 수 있다. 예를 들어, 어떤 사람의 IQ가 110이라면 이는 '평균상 수준(IQ 110~119)'에 해당되며, 100명 가운데 상위 25위에 해당한다.

② 지능검사 프로파일을 통해 개인의 인지적 특성을 파악한다. 지능검사는 개인의 전반적인 지적 능력을 평가함으로써 개인 간 비교를 할 수 있을 뿐만 아니라 소검사 프로파일 분석을 통해 인지적 강점과 약점을 파악함으로써 개인 내 비교를 할 수 있다. 소검사의 점수 분산을 근거로 형태분석을 실시하고 이러한 결과를 바탕으로 적응적 또는 부적응적 측면에 대한 정보를 수집하여 적절한 지적 활동 영역을 탐색하거나 지적 성취를 효율적으로

계획하도록 도울 수 있다.

③ 지능검사 결과를 바탕으로 임상적 진단을 명료화한다. 지능검사 결과는 지적 능력뿐만
아니라 개인의 성격 특성이나 불안이나 끈기, 목표 자각, 의욕적 성향 등의 비지능적 요인
에 영향을 받을 수 있다. 따라서 지능검사의 결과를 면밀하게 분석할 경우, 수검자의 성
격적 · 정서적 특징을 파악할 수 있으며, 이는 심리적 장애를 진단하고 평가하는 데 도움
이 된다. 양적 분석을 넘어서 검사 반응에 관한 질적 분석은 매우 유용한 정보를 제공하
기도 한다. 예컨대, 대부분의 문항에서 불필요한 부분까지 매우 자세하게 설명하거나 여
러 가지 가능한 답변을 나열하는 경우, 강박적 성향에 대한 가설을 세울 수 있다. 또한 교
통사고 보상문제로 검사를 받게 된 한 수검자가 쉬운 문항에서는 엉뚱하게 틀린 답을 말
하고 어려운 문항에서는 정답을 말하는 것과 같은 비일관성을 보인다면 꾀병 가능성을
고려하면서 이를 뒷받침할 수 있는 다른 정보를 수집해야 할 것이다.

④ 지능검사 결과를 바탕으로 기질적 뇌손상의 유무, 뇌손상으로 인한 인지적 손상을 평가
한다. 지능검사가 특정 뇌기능을 측정하기 위한 신경심리검사는 아니지만 신경심리검사
가 발달하기 전에는 신경심리검사의 기능을 대신하기도 하였다. 지능검사만으로 기질적
뇌손상의 유무 또는 뇌손상으로 인한 인지적 손상을 평가하는 데는 한계가 있지만, 뇌손
상의 어떤 특징들은 지능검사에서 표현되기도 한다. 예컨대, 언어이해지수와 지각추론
지수의 차이가 30점 이상 크게 나타날 경우 뇌손상 가능성을 의심할 수 있으며, 소검사들
가운데 기호쓰기는 뇌손상에 민감한 것으로 알려져 있다.

⑤ 지능검사 결과를 바탕으로 합리적인 치료목표를 수립한다. 임상 및 상담 장면에서 수검
자에게 다양한 치료 방법 가운데 어떤 것을 선택할 것인가, 선택한 치료 방법을 적용할 때
예상되는 결과는 무엇인가, 치료 효과를 방해하는 요인은 무엇인가 등의 질문에 답을 하
는 것은 중요한 문제이다. 지능검사 결과는 이러한 문제에 대한 해답을 제공하기도 한다.
예컨대, 통찰 지향적 심리치료를 시행하려면 과거 경험과 현재의 정서적 어려움의 연관
성을 탐색하고 행동의 의미를 파악하는 추상적 사고능력이 요구되기 때문에 지능검사를
통해 이러한 능력을 평가할 수 있다. 만일 지적 능력이 제한되어 있고 적응기능이 떨어진
다면 정신분석이나 인지치료와 같은 통찰 지향적 치료보다는 다른 치료, 예를 들어 바람
직한 행동에 대해 적절한 강화를 제공하는 행동수정이 더 적합할 수 있다.

3) 지능검사의 철학

(1) 기본 가정

지능검사를 실시하고 활용할 때 명심해야 할 것은 지능검사에서 측정한 점수가 바로 지능은 아니라는 사실이다. 왜냐하면 현재의 지능검사는 개인의 능력 자체를 측정한다기보다는 개인이 현재까지 학습해 온 것을 측정하기 때문이다. 따라서 지능검사는 능력검사보다는 일종의 성취검사로 간주하는 것이 더 타당하다. 또한 지능검사는 인지적 능력이나 지적 기능의 효율성뿐만 아니라 비지능적 요인, 예컨대 불안, 끈기, 목표 자각, 동기, 성격 특성이나 정신병리의 영향을 받는다. 예를 들어, 동일하게 IQ가 100으로 측정된 두 사람을 생각해 보자. 한 사람은 수행불안이 너무 높아서 지능검사를 받는 동안 자신의 능력을 충분히 발휘하지 못했고 검사자가 격려하면서 추가 질문을 할 때면 더욱 위축되어 아는 것도 제대로 대답하지 못했다. 반면, 다른 한 사람은 끈기와 의욕을 가지고 어려운 문항도 포기하지 않았고 특히 시간제한이 없는 소검사에서 자신이 알고 있는 모든 것을 상세하게 이야기하였다. 이 경우, 두 사람의 IQ 점수가 같더라도 지능이 같다고 말하기 어려울 것이다. 이처럼 비지능적 요인이 IQ 점수에 영향을 미치기 때문에 IQ 점수를 해석할 때 양적 분석과 더불어 질적 분석이 병행되어야 한다. 또한 지능검사에 대한 요인분석을 한 결과에 따르면 지능의 전체 변량 중 일부만이 설명 가능하기 때문에 지능검사 점수가 곧 지능이라는 무리한 해석을 하지 않도록 주의해야 한다.

(2) 지능검사의 철학

개인용 지능검사를 임상적으로 해석하고자 할 때 기본적인 철학은 웩슬러 지능검사에만 해당하는 것이 아니라 다른 지능검사나 신경심리검사에도 적용될 수 있다. 이는 임상적 접근에 근거하는 기본적인 가정과 방법론을 요약한 것이라 볼 수 있다. Kaufman과 Lichtenberger(2006)가 제시한 지능검사의 기본 철학은 다음과 같이 다섯 가지로 요약될 수 있다.

① 지능검사는 개인이 학습한 것을 측정한다. 이 개념은 지능검사에 대한 Wesman(1968)의 소개에서 유래한 것으로, 지능검사의 과제는 그것이 언어적이든 비언어적이든, 모두 문화 내에서 학습된 것이라는 개념이다. 공식적인 학습은 주로 학교에서 이루어지며, 그 밖에 가정에서도 학습이 일어나고, 일상생활을 통해 우연히 일어나는 학습도 있다. 즉, 지능검사는 지금까지 오랜 시간에 걸쳐 개인이 학교 안팎에서 학습한 것을 측정하는 것으로, 발달된 능력(developed abilities)을 평가하며(Anastasi, 1988), 일종의 성취검사로 간주하는 것이 가장 적절하다. 물론 지능에서 환경과 유전의 영향을 고려하는 것이 이론적으로는 중요하지만 해당 개인에게서 환경과 유전의 상호작용을 고려하는 것은 너무 복잡하

고, 더욱이 개인의 검사 프로파일을 해석할 때는 실용적이지 못하다.

② 지능검사는 학습한 모든 것을 망라하는 것이 아니라 행동의 표본이다. 지능검사에서 개개의 소검사는 지능의 본질적인 구성요소를 반영하는 것이 아니라 다소 임의적인 행동의 표본이다. 예컨대, 공통성을 찾고 추상적인 도형을 보고 토막을 맞추고 거꾸로 따라 외우기를 하는 방법을 안다고 해서 일반적인 의미에서 더 똑똑하다고 보기는 어렵다. 다만 그런 과제에서의 성공으로부터 무엇을 추론할 수 있는가 하는 것이 중요하다. 더욱이, 지능검사가 모든 능력을 측정하지 않기 때문에 검사 결과를 일반화하는 데 신중해야 하고 아무리 포괄적인 지능검사라 할지라도 전체 IQ 점수가 곧 개인의 총체적인 지적 성취능력이라 할 수 없다는 것을 명심해야 한다.

③ 지능검사는 고정된 실험 조건에서 정신기능을 평가한다. 표준화 실시 및 채점이란 검사자가 누군가에게 지능검사를 실시할 때마다 사례 수 N=1인 실험을 수행하는 것을 의미한다. 따라서 지능검사 결과가 유의하려면 검사자가 실시 및 채점 요강을 충분히 숙지한 상태에서 검사를 실시하고 채점해야 한다. 예컨대, 실시 및 채점요강에 적힌 대로 검사 지시를 하고, 반응에 대한 탐색이 필요할 때 적절하게 개입하고, 반응시간을 정확하게 측정해서 기록하고, 표준 절차에 따라 채점해야 한다. 검사를 실시할 때 시간을 측정하고 정확한 단어를 사용해야 하고 수검자가 말한 것은 모두 기록된다는 측면에서 검사 상황은 다분히 인위적인 상황이라 할 수 있다. 우수한 시공간능력과 조작기술을 가진 사람도 시간 압력에 따른 불안 때문에 토막짜기에서 느리고 비효율적인 수행을 보일 수 있다. 일반 지식과 사회적 상식이 풍부한 사람도 문제를 잘못 이해해서 상식과 이해문제의 일부 문항에서 오답을 말할 수 있다. 검사자는 제한시간을 2~3초 넘겼을 때 점수를 주거나, 답을 알고 있을 것이라 확신하는 수검자에게 문제를 쉽게 풀어서 다시 말해 주고픈 유혹을 받기 쉽다. 그러나 좋은 검사자는 규준집단은 그런 도움을 받지 않았다는 사실을 생각하면서 이러한 유혹에 저항할 것이다. 검사자는 표준 절차에 따라 지능검사를 실시·채점하고, 수검자의 실패 혹은 혼란의 이유를 알고자 한다면 점수가 기록된 후에 한계검증(testing the limits)[4] 절차를 시행한다.

④ 지능검사는 정보처리 모형으로 해석할 때 유용성이 최적화된다. 평가에서 검사자의 임무 가운데 하나는 특정 영역의 기능장애를 확인하는 것이다. 정보처리 모형은 임상가가 이러한 임무를 수행하는 데 특히 유용한 모형으로, 일반적인 학습과정과 특정 인지적 과

----

[4] 한계검증이란 표준적인 검사 시행이 끝난 후 수검자의 답변과 관련된 질문을 하는 것으로, 채점에는 반영이 되지 않지만 수검자에 대한 부가적인 정보를 얻을 수 있는 절차이다. 예컨대 산수문제에 오답을 한 경우, 수검자에게 그 답이 나온 계산과정에 대해 말하도록 요구할 수 있다.

[그림 5-5] 정보처리과정 모형
출처: Kaufman & Lichtenberger (2006)에서 인용

제에 적용될 수 있다(Kaufman & Lichtenberger, 2006). [그림 5-5]의 정보처리과정 모형이 보여 주듯이, 정보처리는 입력, 통합, 저장 및 산출의 4단계를 거치게 된다. 지능검사의 각 소검사는 정보처리 4단계로 개념화될 수 있다. 개인이 가진 상식을 묻는 상식 소검사를 예로 들면, 언어 자극의 청각적 지각을 통해 입력이 이루어진다(입력 단계). 상식 소검사에서의 수행은 단어 이해, 결정지능, 획득된 지식, 문화적 영향을 받은 지식, 정보의 축적, 사실에 입각한 지식의 범위, 장기기억 등의 영향을 받으며(통합 및 저장 단계), 수검자는 단순 음성 반응을 통해 반응을 산출한다(산출 단계). 이러한 정보처리 모형은 IQ 점수와 척도 점수를 해석하는 개념적 틀로 사용되며, 소검사 점수들은 재구성되어 인지적 강점과 약점으로 전환되기도 한다.

⑤ 지능검사에서 도출된 가설은 다양한 출처의 자료로 지지되어야 한다. 지능검사 점수는 배경 정보, 행동관찰 및 문제해결 방식의 맥락에서 해석될 때 그 의미가 최적화된다. 외국에서 학창 시절을 보냈거나 청각장애를 가지고 있는 수검자에게 웩슬러 지능검사의 언어이해지수는 결정지능의 좋은 측정치라고 할 수 없다. 또한 지각추론지수는 심한 관절염이나 시각장애를 가지고 있는 수검자에게는 적절하지 않다. 아울러 주의산만이나 수학성적의 부진, 뇌손상, 피로감, 지루함, 지나친 수줍음, 기괴한 사고과정과 같은 좀 더 미묘한 이유로 인해 특정 소검사는 수검자의 지적 기능을 타당하게 측정하지 못할 수 있다. 따라서 검사자는 수검자를 좀 더 잘 이해하기 위해서 IQ 검사 프로파일을 배경 정보, 임상적 행동관찰 및 다른 검사 결과와 통합할 수 있어야 한다.

3. 지능검사의 실제: 성인용 웩슬러 지능검사

여기에서는 국내에서 활용되고 있는 성인용 지능검사인 K-WAIS-IV(2012a, 2012b)를 중심으로 검사의 구성, 실시 및 채점, 해석에 대해 살펴보고자 한다.

1) 검사 구성

K-WAIS-IV는 10개의 핵심 소검사와 5개의 보충 소검사를 포함해서 총 15개의 소검사로 구성되어 있다. K-WAIS와 비교할 때 K-WAIS-IV에서는 2개의 소검사, 즉 차례맞추기와 모양맞추기가 삭제되었고 6개의 소검사, 즉 행렬추론, 동형찾기, 순서화, 퍼즐, 무게비교, 지우기가 새로이 추가되었다. K-WAIS-IV는 10개의 핵심 소검사를 먼저 실시하고 그 뒤에 보충 소검사를 실시하며, 불필요한 소검사는 생략하여 실시함으로써 시간과 노력을 절약할 수 있도록 되어 있다.

K-WAIS-IV는 10개의 핵심 소검사를 조합하여 전체지능지수(Full Scale IQ: FSIQ)와 4개의 지수점수, 즉 언어이해, 지각추론, 작업기억, 처리속도 지수점수를 산출한다. 보충 소검사는 측정하는 인지기능의 범위를 확장하고 추가적인 임상 정보를 제공하며 필요에 따라 핵심 소검사를 대체할 수 있다. 각 지수점수를 산출할 때 하나의 소검사 대체만 허용되며 전체 지능지수를 산출할 때에는 최대 2개의 소검사 대체만 허용된다. 〈표 5-3〉에서는 K-WAIS-IV 지수점수의 소검사 구성과 표준적인 실시 순서를 제시하였다. 이 절에서는 K-WAIS-IV 실시 및 채점 요강(황순택 외, 2012b), 기술 및 해석 요강(황순택 외, 2012a)에 따라 각 지수척도와 소검사의 특징을 간략하게 설명하고 각 소검사와 관련된 능력들을 요약하여 제시하고자 한다. 웩슬러 지능검사의 실시 및 해석에 관한 좀 더 상세한 정보와 지식을 얻고자 한다면 Kaufman과

• 표 5-3 K-WAIS-IV 지수점수의 소검사 구성 및 표준적인 실시 순서[5]

소검사 지수척도	핵심 소검사	보충 소검사
언어이해	2. 공통성(Similarity: SI) 5. 어휘(Vocabulary: VC) 9. 상식(Information: IN)	13. 이해(Comprehension: CO)
지각추론	1. 토막짜기(Block Design: BD) 4. 행렬추론(Matrix Reasoning: MR) 8. 퍼즐(Visual Puzzles: VP)	12. 무게비교(Figure Weights: FW) 15. 빠진곳찾기(Picture Completion: PC)
작업기억	3. 숫자(Digit Span: DS) 6. 산수(Arithmetic: AR)	11. 순서화(Letter-Number Sequencing: LN)
처리속도	7. 동형찾기(Symbol Search: SS) 10. 기호쓰기(Coding: CD)	14. 지우기(Cancellation: CA)

5) 소검사 명 앞의 숫자는 표준적인 실시 순서를 의미한다.

Lichtenberger(2006), Groth-Marnat(2009)의 저서를 참고하기 바란다.

(1) 언어이해지수(VCI)

언어이해지수(Verbal Comprehension Index: VCI)를 산출하는 핵심 소검사는 공통성, 어휘 및 상식이며, 이해는 핵심 소검사를 대체할 수 있는 보충 소검사이다. VCI는 순수한 언어능력의 측정치로, 단어 의미에 대한 이해력, 언어적 정보를 개념화할 수 있는 능력, 언어적 정보와 관련된 실제적 지식의 정도, 언어 표현력을 반영한다. VCI는 다른 지수척도에 비해 문화적 요인의 영향을 받기 쉬우며, 지각추론지수(PRI)에 비해 유의하게 높은 경우 다양한 해석이 가능하다. 예를 들면, 높은 학력, 과도한 성취 경향, 우울증으로 인한 정신운동 속도의 지연, 실제적 과제 수행의 어려움, 비언어적 능력의 결함, 시각-운동 통합의 부족, 빠르고 충동적인 수행으로 인한 오류 증가 등으로 설명될 수 있다. 더욱이 일반적으로 IQ가 높은 고학력의 전문직 종사자들은 상당히 높은 VCI 점수를 나타낸다.

① 공통성(SI)

공통성(Similarity: SI) 소검사에서 수검자는 두 개의 사물이나 대상, 개념 간에 공통점을 기술해야 한다. 각 문항에 대한 수검자의 반응은 2, 1, 0점 가운데 하나로 채점되며, 검사자의 판단이 필요하지만 채점이 비교적 쉬운 편이다. 공통성은 유사성 및 관계 파악능력과 추상적 사고능력을 측정하며, 유동지능을 잘 반영하는 소검사의 하나로 간주된다. 공통성 소검사와 관련된 능력은 다음과 같다.

- 논리적이고 추상적인 추론능력
- 언어적 개념 형성 또는 개념적 사고
- 본질과 비본질(또는 핵심과 지엽적 측면)을 변별하는 능력
- 언어능력과 결합된 연상능력

② 어휘(VC)

어휘(Vocabulary: VC) 소검사는 그림 문항과 언어 문항으로 구성되어 있다. 그림 문항에서 수검자는 시각적으로 제시되는 물체의 이름을 말해야 하며, 수검자의 반응은 정답 여부에 따라 1점 또는 0점으로 채점된다. 언어 문항에서 수검자는 인쇄된 글자와 함께 구두로 제시되는 단어의 뜻을 말해야 한다. 반응은 개념의 적절성에 기초하여 2, 1, 0점 가운데 하나로 채점되며, 때로는 반응 내용이 매우 중요한 질적 분석의 기초가 된다. 예컨대, 반응 내용은 공포나 흥미, 배경, 사고 집착, 기괴한 사고과정을 반영한다. 어휘는 전체검사 IQ와 상관이 가장 높은 소검사

로, 학습능력과 일반 개념의 정도를 측정한다. 또한 일반지능을 나타내는 중요한 지표로 간주되어 수검자의 병전 지능(premorbid intelligence)을 추정할 때 사용되지만 역설적이게도 단축형 지능검사를 실시할 때 가장 많이 생략되는 소검사이기도 하다. 그 이유는 소검사들 가운데 실시하는 데 가장 오랜 시간이 걸리고 채점하기도 쉽지 않기 때문이다. 어휘 소검사와 관련된 능력은 다음과 같다.

- 언어 발달의 정도
- 단어 지식과 언어적 개념 형성
- 언어 사용 및 축적된 언어 학습 능력
- 최적의 지적 효율성에 대한 대략적인 측정치
- 우수한 학업성취 및 교육적 배경
- 수검자가 획득한 사고, 경험 및 관심사의 범위

③ 상식(IN)

상식(Information: IN) 소검사에서 수검자는 폭넓은 영역의 일반 지식에 관한 질문에 답을 해야 한다. 수검자의 반응은 정답 여부에 따라 1점 또는 0점으로 채점된다. Wechsler는 상식 소검사의 문항을 선택할 때 전문적이고 학문적인 지식이나 역사적인 날짜, 유명인의 이름을 피하려고 노력하였고, 따라서 상식 소검사는 일반적으로 평균적인 기회를 가진 평범한 개인이 획득할 수 있는 지식을 측정하는 문항으로 구성되었다. 상식 소검사는 웩슬러 소검사들 가운데 일반지능의 가장 좋은 측정치 중의 하나로, 전체 지능지수와 높은 상관을 보이며, 개인이 소유한 기본 지식의 정도를 측정한다. 상식 소검사와 관련된 능력은 다음과 같다.

- 일반적인 사실적 지식의 범위
- 과거의 학습 또는 학교교육
- 지적 호기심 또는 지식을 얻고자 하는 욕구
- 일상 세계에 대한 관심
- 장기기억

④ 이해(CO)-보충 소검사

이해(Comprehension: CO) 소검사는 수검자에게 일반적 원리와 사회적 상황에 대한 이해에 근거하여 질문에 답할 것을 요구한다. 여기에는 일상 경험의 응용능력이나 도덕적·윤리적 판단능력에 대한 측정이 포함된다. 각 문항은 2, 1, 0점 가운데 하나로 채점되며, 반응을 정확하게 채점하기 위해서 실시 단계에서 중립적인 태도로 추가적인 탐색 질문을 하는 것이 필요할 수 있다. 대부분 개방형 질문으로 되어 있어서 수검자가 다양한 반응을 할 수 있기 때문에, 어휘 소검사와 마찬가지로 실시하는 데 시간이 걸리고 채점하기가 어렵다. 이해 소검사에서 낮은 점수는 빈약한 사회적 판단력이나 초자아의 약화, 사회적 둔감성을 시사한다. 또한 이해 소검사에는 속담문제가 포함되어 있는데, 이는 사회적 판단력보다는 추상적 사고능력을 평가하며, 속담문제에서 인지적 왜곡이나 연상이완의 가능성이 표현되기도 한다. 이해 소검사와 관련된 능력은 다음과 같다.

- 실제적 지식의 표명
- 사회 성숙도
- 관습적인 행동 규준에 관한 지식
- 과거 경험을 평가하는 능력, 즉 적절한 선택, 조직화 그리고 사실과 관계에 대한 강조
- 추상적 사고와 일반화
- 사회적 판단력, 일반 상식, 실제 사회적 상황에서의 판단력
- 사회적 환경에 대한 이해력, 예컨대 도덕적 행동양식, 사회적 규칙 및 규제에 대한 정보와 지식
- 일상 세계에 대한 경계, 이해력 및 현실 인식

(2) 지각추론지수(PRI)

지각추론지수(Perceptual Reasoning Index: PRI)를 산출하는 핵심 소검사는 토막짜기, 행렬추론 및 퍼즐이며, 무게비교와 빠진 곳 찾기는 핵심 소검사를 대체할 수 있는 보충 소검사이다. PRI는 순수한 지각능력의 측정치로, 비언어적이고 유동적인 추론능력, 비언어적 정보에 주의를 기울이고 정확하게 반응하는 능력, 시공간적 통합능력 등을 반영한다. 각 소검사에서 문제를 해결하기 위해서는 정규 교육과정에서 배우지 않은 시공간 및 시각운동 기술이 필요하며, 따라서 언어이해지수(VCI)에 비해 학력이나 문화적 요인의 영향을 덜 받는다. PRI가 VCI보다 유의하게 높을 경우, 우수한 지각적 조직화 능력, 낮은 학업성취, 행동화 경향성(특히 비행 청소년), 생각보다는 행동하는 경향, 상대적으로 낮은 사회경제적 지위, 언어능력의 결함, 청각적 개념적 처리의 부족, 축적된 지식에 기초한 문제 해결보다 즉각적 문제 해결을 하는 경향 등 다양한 해석이 가능하다.

① 토막짜기(BD)

토막짜기(Block Design: BD) 소검사에서 수검자는 기하학적 모형과 그림 또는 그림만 보고

빨간색과 흰색으로 이루어진 정육면체 토막을 사용해서 똑같은 모양을 만들어야 한다. 과제를 수행하는 데 시간제한이 있으며, 빠르고 정확하게 수행할 경우 보너스 점수가 주어진다. 이 검사는 지각구성 능력과 공간적 표상능력, 시각-운동 협응능력을 측정하며, 유동지능을 잘 반영한다. 또한 일반지능과 상관이 높아서 상식 및 어휘 소검사와 더불어 병전 지능을 추정하는 데 사용된다. 토막짜기는 우반구 손상, 특히 우측 두정엽 손상에 민감하며, 알츠하이머병 환자들이 가장 낮은 수행을 보이는 소검사 중 하나이다. 토막짜기 소검사와 관련된 능력은 다음과 같다.

- 전체를 부분으로 분석하는 능력
- 공간적 시각화
- 비언어적 개념 형성
- 시각-운동 협응 및 지각적 조직화
- 지속적 노력, 집중력
- 시각-운동-공간 협응, 조작적 · 지각적 속도

② 행렬추론(MR)

행렬추론(Matrix Reasoning: MR) 소검사에서 수검자는 일부가 빠져 있는 행렬 매트릭스를 보고 이를 완성할 수 있는 반응 선택지를 골라야 한다. 수검자가 약 30초 이내에 반응하지 않을 때 반응을 촉구할 뿐 시간을 제한하지 않으며, 수검자는 단지 정답을 지적하면 된다. 따라서 생각이 깊고 신중한 문제해결 양식을 가진 수검자나 시각-운동 협응에 어려움이 있는 수검자에게 불리하지 않은 소검사이기도 하다. 행렬추론 소검사에서 수행은 유동지능, 시각지능, 부분과 전체의 관계를 파악하는 능력, 동시적 처리, 지각적 조직화 능력 등을 반영한다. 이 소검사에서 낮은 점수는 빈약한 시각적 개념 형성, 시각적 추론능력 부족 또는 경직성, 집중곤란을 반영한다. 행렬추론 소검사와 관련된 능력은 다음과 같다.

- 시공간적 추론
- 추상적 추론
- 시각적 조직화
- 시공간 정보에 대한 동시적 처리
- 전체를 부분으로 분석하는 능력

③ 퍼즐(VP)

퍼즐(Visual Puzzles: VP)은 WAIS-IV에서 새로 도입된 소검사로, 수검자는 완성된 그림을 보고 여섯 개의 조각난 퍼즐 가운데 그 그림을 만들 수 있는 세 개의 퍼즐을 제한시간 내에 찾아야 한다. 이 소검사는 퍼즐 맞추기와 유사하지만 수검자가 실제로 퍼즐 조각을 조작하거나 맞춰 볼 수는 없다. 퍼즐 소검사를 수행하는 동안, 완성된 그림을 분석하고 조각난 퍼즐을 통합해야 하고, 이 과정에서 시지각, 광범위한 시각지능, 유동지능, 동시적 처리, 공간적 시각화 및 조작, 부분들 간 관계를 예측하는 능력이 요구된다. 퍼즐 소검사와 관련된 능력은 다음과 같다.

- 시각 재인
- 부분과 전체의 관계에 대한 지각
- 시공간적 추론
- 전체를 부분으로 분석하는 능력
- 지속적인 시각적 주의력 및 집중력
- 유동적 추론

④ 무게비교(FW)-보충 소검사

무게비교(Figure Weights: FW)는 WAIS-IV에서 새로 도입된 소검사로, 수검자는 양쪽 무게가 달라 균형이 맞지 않는 저울 그림을 보고 균형을 만드는 데 필요한 반응을 제한시간 내에 찾아야 한다. 이 소검사는 수학적 추론을 비언어적으로 측정하며, 귀납적 및 연역적 추론을 필요로 한다. 무게비교 소검사는 지속적인 주의집중력을 요한다는 측면에서 산수 소검사와 유사하지만, 산수 소검사가 작업기억과 관련된 반면 무게비교는 문항이 시각적으로 제시되므로 기억의 영향력이 최소화된다. 언어적 · 비언어적 수학적 추론능력을 알기 위해 산수 소검사에서의 수행과 비교하는 것이 유용할 수 있다. 무게비교 소검사와 관련된 능력은 다음과 같다.

- 비언어적 수학적 추론
- 양적 추론
- 유추적 추론
- 시각적 조직화 및 집중력
- 끈기

⑤ 빠진 곳 찾기(PC)-보충 소검사

빠진 곳 찾기(Picture Completion: PC) 소검사에서 수검자는 중요한 부분이 빠져 있는 그림을 보고 빠진 부분을 제한시간 내에 찾아야 한다. 이 소검사는 사물의 본질적인 부분과 비본질적인 부분을 구별하는 능력과 시각적 예민성을 측정한다. 검사를 실시할 때 수검자의 반응을 축어적으로 기록해야 하며, 때로는 이 소검사에서 특이한 반응이나 오류에 대한 내용분석이 중요하며, 반응시간이 지나치게 길거나 짧은 경우도 주목해야 한다. 빠진 곳 찾기 소검사와 관련된 능력은 다음과 같다.

- 시각적 주의
- 시각적 재인 및 확인(시각적 장기기억)
- 환경적 세부사항에 대한 인식; 현실 접촉
- 부분에 대한 전체의 지각; 시각적 개념화 능력
- 본질과 비본질을 구별하는 능력
- 시각적 조직화 능력과 결합된 시각적 집중력

(3) 작업기억지수(WMI)

작업기억지수(Working Memory Index: WMI)를 산출하는 핵심 소검사는 숫자와 산수이며, 순서화는 핵심 소검사를 대체할 수 있는 보충 소검사이다. WMI는 주로 주의력, 집중력 및 단기기억과 관련이 있으며, 짧은 시간 동안 정보를 유지하고 조작하는 능력, 연속능력, 인지적 유연성을 측정한다. WMI는 시각적 요소보다는 청각적/언어적 측면의 작업기억과 관련이 있으며, 다른 종류의 기억에 전제조건이 된다. WMI에서 높은 점수를 받으려면 검사에 대한 동기 수준이 높아야 하며, WMI에서 낮은 점수는 다른 검사에서의 수행을 저하시킬 수 있다. 그러므로 수검자의 전반적인 잠재력을 추정할 때 WMI가 고려되어야 한다. 또한 WMI를 구성하는 숫자와 산수 소검사는 뇌손상과 지적장애, 학습장애에 민감한 소검사로 간주된다.

① 숫자(DS)

숫자(Digit Span: DS) 소검사는 서로 다른 세 개의 검사, 즉 바로 따라하기와 거꾸로 따라하기, 그리고 숫자 순서대로 따라하기로 구성되어 있다. 숫자 바로 따라하기는 점차로 자릿수가 증가되는 일련의 숫자를 듣고 동일한 순서로 따라하는 즉각적인 회상 과제이며, 숫자 거꾸로 따라하기는 역순으로 반복하여 집중력의 범위를 측정하는 과제이다. WAIS-IV에서 처음 도입된 숫자 순서대로 따라하기는 작업기억과 정신적 조작을 측정하며, 수검자는 검사자가 읽어 준 일련의 숫자를 작은 숫자부터 차례로 기억해야 한다. 숫자 소검사는 불안이나 긴장의 증가로 인해 저하될 수 있다. 숫자 바로 따라하기는 비교적 안정적인 데 반해, 숫자 거꾸로 따라하기와 순서대로 따라하기는 뇌손상과 같은 병리에 민감하며, 특히 숫자 순서대로 따라하기는 알츠하이머병과 외상성 뇌손상의 영향에 민감하다. 숫자 소검사와 관련된 능력은 다음과 같다.

- 즉각적인 기계적 회상
- 가역성(reversibility), (바로 따라 외우기에서 거꾸로 따라 외우기로) 사고 패턴을 전환할 수 있는 능력
- 집중력과 주의력
- 청각적 연속능력(sequencing)
- 기계적 학습

② 산수(AR)

산수(Arithmetic: AR) 소검사에서 수검자는 일련의 산수문제를 암산으로 풀어야 한다. 모든 문항에 시간제한이 있으며, 각 반응은 보너스 점수 없이 0점 또는 1점으로 채점된다. 반응시간을 측정하고 오답을 기록하는 것은 질적 분석에 매우 중요하다. 산수 소검사는 수 개념의 이해와 주의집중력을 측정하며, 여기서 좋은 점수를 받으려면 집중력, 문제의 본질을 분석할 수 있는 능력, 암산능력, 계산과정에서 나온 수치를 기억하는 능력이 필요하다. 충동적이고 성급하거나 집중력이 부족한 수검자 혹은 '수학 공포증'이 있는 수검자는 이 소검사에서 좋은 점수를 받기 어렵다. 산수 소검사와 관련된 능력은 다음과 같다.

- 계산능력
- 청각적 기억
- 연속적 능력
- 수리적 추론 및 계산의 속도
- 집중력과 주의력/낮은 주의 산만
- 현실 접촉과 정신적 경계(alertness), 외부 세계와 능동적 관계
- 학업능력(산수문제의 전반부)/획득된 지식
- 논리적 추론, 추상화 및 수리적 문제 분석력(산수문제의 후반부)

③ 순서화(LN)-보충 소검사

순서화(Letter-Number Sequencing: LN) 소검사에서 수검자는 검사자가 읽어 주는 일련의 숫자와 글자를 듣고 숫자와 글자를 순서대로 회상해야 한다. WAIS-IV는 알파벳을 글자로 사용

했는데, K-WIAS-IV는 요일 이름을 사용하였다. 영어 알파벳에 상응하는 한글 자음의 발음은 변별하기 어렵고 순서가 알파벳만큼 보편적이지 않기 때문에 저자들은 한글 자음이 적합하지 않다고 판단하고 이를 요일 이름으로 대체하였다고 한다. 순서화 소검사와 관련된 능력은 다음과 같다.

- 청각적 단기기억
- 연속적 능력
- 집중력과 주의력

(4) 처리속도지수(PSI)

처리속도지수(Processing Speed Index: PSI)를 산출하는 핵심 소검사는 동형찾기와 기호쓰기이며, 지우기는 핵심 소검사를 대체할 수 있는 보충 소검사이다. PSI는 비언어적 문제를 해결하는 데 걸리는 정신 및 운동 속도와 더불어, 적절한 전략을 계획하고 조직화하고 발달시킬 수 있는 능력을 측정한다. 속도와 집중력은 양호한 수검 태도를 필요로 하기 때문에, WMI와 마찬가지로 PSI는 검사 동기가 낮을 때 수행이 저하될 수 있다. 따라서 WMI와 PSI는 일종의 타당도 요인으로 간주되기도 한다. 처리 속도는 노화(특히 운동 통제력 약화 및 감각 예민성의 문제)와 관련이 있으며, 처리 속도의 저하는 기억력과 공간능력을 포함한 다른 인지적 수행 영역에서의 변화와 밀접한 관련이 있는 것으로 알려져 있다. 특히 치매, 외상성 뇌손상, 주의력결핍과잉행동장애(ADHD), 학습장애와 관련이 있다.

① 동형찾기(SS)

동형찾기(Symbol Search: SS) 소검사에서 수검자는 탐색 기호들 중에 표적 기호와 동일한 것이 있는지를 제한시간 내에 찾아야 한다. 동형찾기는 처리 속도를 측정하기 위해 고안된 검사로, 이 소검사에서 수행은 처리 속도뿐만 아니라 시각적 단기기억, 시각-운동 협응능력, 인지적 유연성, 시각적 변별력, 정신운동 속도, 정신적 조작 속도, 주의력, 집중력 등을 반영한다. 이 소검사에서 낮은 점수는 정신적 처리 속도의 지연, 시지각의 어려움, 낮은 동기 수준, 불안, 시각적 단기기억 저하, 완벽주의적이고 강박적인 문제해결 양식 등을 반영한다. 동형찾기 소검사와 관련된 능력은 다음과 같다.

- 시각적 탐색의 속도
- 정보처리 속도

- 계획력
- 정보의 부호화
- 시각-운동 협응능력
- 학습능력

② 기호쓰기(CD)

기호쓰기(Coding: CD)는 1에서 9까지 숫자와 특정 기호가 짝지어 제시된 것을 보고 가능한 한 정확하고 빠르게 숫자에 해당되는 기호를 찾아 적어 나가는 과제이다. 이 소검사는 연필과 지우개를 사용하여 검사용지에 실시한다. 이 소검사는 단기기억 능력 및 민첩성, 시각-운동 협응능력을 측정한다. 기호쓰기 소검사에서 높은 점수를 받으려면 지속적인 집중력, 빠르고 기민한 반응, 양호한 미세운동 조절력이 필요하다. 이 소검사는 읽기, 쓰기 경험이 풍부한 수검자에게 유리하며, 불안, 우울, 혼란, 우유부단, 완벽주의 등에 의해 저하될 수 있다. 또한 기호쓰기는 웩슬러 지능검사 가운데 뇌손상에 가장 민감한 소검사로 알려져 있다. 기호쓰기 소검사와 관련된 능력은 다음과 같다.

- 정신운동 속도
- 지시를 따르는 능력
- 사무적 과제의 속도 및 정확성
- 시각적 단기기억
- 필기기술
- 친숙하지 않은 과제를 학습하는 능력, 새로운 시각적 자극에 대한 학습 및 반응 능력
- 약간의 유연성, 정신적 세트를 전환하는 능력
- 지속적 노력, 주의력, 집중력 및 정신적 효율성
- 새로운 시각적 학습 자극에 대한 모방능력 및 연합학습
- 연속적 능력

③ 지우기(CA)-보충 소검사

지우기(Cancellation: CA)는 WAIS-IV에서 새로 도입된 소검사로, 수검자는 조직적으로 배열되어 있는 도형들 속에서 표적 자극과 형태와 색상이 동일한 도형을 찾아 사선(/)을 그어 표시해야 한다. 이 소검사를 성공적으로 수행하려면 수검자는 도형을 훑어보고 정확한 도형을 인식하여 사선을 그어야 하는데, 여기에는 표적 도형을 기억하고 계속해서 주의를 유지하는 능력이 요구된다. 지우기 소검사는 시각적 무시, 반응 억제, 운동 보속증을 측정하는 신경심리검

사로 널리 사용되어 왔다. 이 소검사에서 수행은 처리 속도, 시각적 선택적 주의력, 경계능력, 지각 속도, 시각-운동 협응을 반영하며, ADHD 또는 외상성 뇌손상에서 일어나는 주의 산만을 측정하는 데 유용하다. 지우기 소검사와 관련된 능력은 다음과 같다.

- 지각적 재인
- 지각적 변별력
- 지각적 주사(scanning)능력
- 속도와 정확성
- 주의력과 집중력
- 시각운동 협응

2) 평가과정

(1) 의뢰

지능검사도 다른 검사와 마찬가지로 검사를 실시하는 목적에 맞게 실시되어야 한다. 검사자는 지능검사의 결과가 어떤 곳에 어떤 용도로 사용될 것인지를 파악해야 하며, 따라서 단순히 기계적으로 검사를 실시하는 것이 아니라 평가면담과 행동관찰, 때로는 다른 심리검사로부터 정보를 얻는 것이 웩슬러 지능검사의 결과 해석을 더욱 풍부하게 해 줄 것이다.

(2) 면담 및 행동관찰

웩슬러 지능검사는 일대일로 시행되는 개인용 검사이며, 일종의 수행 과제라고 할 수 있다. 질문에 답을 하거나 어떤 도구를 사용해서 문제를 해결하는 과정은 수검자의 지적 능력뿐만 아니라 다양한 비지능적 요인(예: 불안, 끈기)을 관찰할 수 있는 기회가 되기도 한다. 검사를 수행하는 동안 특이한 언어 습관이나 태도, 행동 등은 반드시 기록해 두어야 한다.

(3) 실시

어떤 검사가 표준화되었다는 것은 그 검사의 실시와 채점까지도 표준화되었음을 의미한다. 『K-WAIS-IV 실시 및 채점요강』(황순택 외, 2012b)은 검사의 실시와 채점에 관한 일반적인 지침을 제공하고 있다. 지능검사를 제대로 실시하기 위해서 검사자는 K-WAIS-IV 실시 요강을 보지 않고도 검사를 능숙하게 시행할 수 있을 정도로 시행 절차와 문항 내용을 암기하고 검사도구와 채점 원칙에 익숙해야 한다. 그렇게 하면 검사를 시행하는 동안 수검자의 행동을 관찰할 수 있다는 이점이 있다. 지능검사가 철저하게 표준 절차에 따라 시행된다면 이는 사례 수 N=1인 일종의 통제된 실험과 유사하다고 할 수 있다(Kaufman & Lichtenberger, 2006).

실시 요강에서 제시하고 있는 지침에도 불구하고 초심자는 물론 숙련된 임상가들조차 실시와 채점에서 오류를 범하는 경우가 있다. 특히 심리검사를 처음 배우는 초심자는 반드시 임상심리 전문가에게 실시, 채점 및 해석에 관한 지도감독을 받아야 한다. 지능검사의 실시과정에서 흔히 범할 수 있는 오류에는 다음과 같은 것들이 있다.

- 시간을 정확하게 측정하지 않는 것
- 반응을 제대로 기록하지 못하는 것
- 실시 요강대로 지시를 반복하지 못하는 것
- 검사 자극을 제대로 다루지 못하는 것
- 필요할 때 추가 질문을 하지 않는 것
- 지나치게 격려하는 것

지능검사를 실시할 때 대부분의 오류는 숫자, 어휘 및 빠진 곳 찾기 소검사에서 발생한다고 한다. 전반적으로 가장 빈번한 오류는 수검자의 반응을 제대로 기록하지 않는 것이고, 그다음은 수검자의 반응에 너무 많은 점수를 주는 것, 실시요강에서는 추가 질문이 필요하다고 했는데 질문을 하지 않는 것 순으로 흔하다고 한다. 만일 실시 연습을 많이 하면 이러한 오류를 줄일 수 있을까? Slate, Jones와 Murray(1991)는 학생들이 연습을 하면 반응을 제대로 기록하는 것은 나아질 수 있지만 연습만으로 완벽해질 수 없다고 조언하고 있다. 전문가의 지도감독을 받지 않는다면 연습을 반복하는 것이 검사 실시에 능숙해지는 것이 아니라 오류를 범하는 연습을 하는 것일 수도 있다.

검사 장소 지능검사를 실시하는 장소는 조명과 통풍이 적절하고 수검자가 방해를 받지 않는 조용한 곳이어야 한다. 아울러 수검자의 주의를 분산시키는 자극이 없는 곳이 좋다. 만일 특정 소검사를 실시하는 동안 검사실 밖의 소음으로 인해 수검자가 방해를 받은 것 같다면 검사 기록지의 여백에 이를 기록해 두고 나중에 결과를 해석할 때 참고한다.

라포 형성 다른 심리검사와 마찬가지로, 지능검사에서도 수검자와의 라포 형성이 중요하다. 검사자는 수검자가 자신의 잠재능력을 최대한 발휘할 수 있도록 검사 환경과 분위기를 조성해야 한다. 예컨대, 성취 동기가 부족하고 쉽게 포기하는 수검자는 최선을 다하도록 격려하고, 평가 상황에서 지나치게 긴장하고 불안해하는 수검자는 마음 편하게 검사에 집중할 수 있도록 도와야 한다. 검사에 대한 수검자의 관심을 유발하고 침착하고 차분하게 과제를 제시하며 각 소검사들을 부드럽게 연결시켜 주는 것 등은 수검자와 라포를 형성하고 유지하는 데 필요한 요소들이다. 사전 설명 없이 곧바로 검사를 시작해서는 안 되며, 먼저 수검자가 알아 두어야 할 일반적인 사항을 설명해 주는 것이 좋다.

사전 준비 검사를 실시하기 전에 초시계, 검사도구 및 검사 기록지 등을 준비해 놓는다. 검사도구는 실시하기 편하도록 미리 순서대로 정리를 해 놓는다. 검사도구는 그 검사를 위해 필요할 때까지는 수검자의 시야에 보이지 않도록 하는 것이 좋다. 그러나 검사도구를 숨기려는 의식적인 행동을 함으로써 수검자를 경계하게 만들거나 의심을 품게 해서는 안 된다.

검사 지시 지능검사를 실시할 때 수검자에게 앞으로 수행하게 될 검사에 대해 소개를 한다. Rapaport, Gill과 Schafer(1968)는 검사를 시작하기 전 미리 지능검사를 시행할 것이라 알려 주되, 단순히 지능을 알기 위해서가 아니라 문제 해결을 위한 해답을 찾고자 시행하는 것이라고 말해 줄 것을 권하였다. 검사자는 다음과 같이 지능검사를 소개할 수 있다.

> "지금부터 일종의 지능검사를 실시하게 될 것입니다. 이것은 단순히 지능지수를 알기 위한 것이 아니라 다양한 문제해결 과정에서 인지기능을 평가하기 위한 것입니다. 이 중에는 질문에 답을 해야 하는 과제도 있고, 어떤 도구를 사용해서 동작으로 문제를 풀어야 하는 과제도 있습니다. 제가 지시하는 대로 잘 따라오시면 크게 어려움은 없을 것입니다. 가능한 한 최선을 다하시기 바랍니다."

하나의 소검사를 끝내고 다른 소검사를 시작할 때는 "이번에는 다른 종류의 검사를 해 보겠습니다."처럼 부드럽게 연결시켜 주는 언급이 필요하다. 분명치 않거나 모호한 반응에 대해서는 유도질문은 피하고 중립적인 진술이나 질문을 사용해서 탐색해야 한다. 예컨대, "더 자세하게 말씀해 주십시오." 혹은 "그게 무슨 의미인가요?"와 같은 질문이 적절하다.

검사를 실시하는 동안 일부 수검자는 자신의 응답이 맞았는지 여부를 질문하는 경우가 있다. 수검자를 격려하는 것이 바람직하지만, 수검자가 자신의 답이 맞는지 묻거나 정답을 궁금해하더라도 정답 여부 혹은 정답 내용을 직접 가르쳐 주지 않는 것이 원칙이다. 만일 수검자가 심하게 당황하고 그것이 이후 수행에 영향을 미칠 것으로 판단된다면 "어려운 문항이 많아서 모든 문항에 정답을 할 수는 없을 것입니다."라고 말하고 격려하면서 다음으로 넘어간다.

검사시간 K-WAIS-IV의 15개 소검사를 모두 실시하는 데는 평균 80분 정도 소요되며, 10개의 핵심 소검사만을 실시할 경우 20~30분 단축될 것으로 기대된다. 물론 수검자의 성취동기와 협조도, 주의력이나 피로도, 정서 상태 등에 따라 소요되는 시간에 개인차가 존재한다. 가급적이면 한 번에 전체 검사를 모두 실시하는 것이 바람직하지만, 만약 그것이 불가능하다면 두 번이나 그 이상으로 나누어 실시할 수도 있다. 검사를 나누어 실시할 경우, 그 간격이 너무 길지 않는 것이 좋다. 예컨대, 정신과 입원환자에게 검사의 전반부를 실시하고 난 후 한 달 지나 검사의 후반부를 실시한다면 환자의 상태가 변화하여 프로파일을 해석하기가 곤란한 경우가 발생할 수 있다.

시간 제한이 없는 검사는 수검자가 응답할 수 있을 만큼 충분한 시간을 줘야 한다. 시간 제한이 있는 소검사의 경우, 이를 지키는 것이 원칙이다. 다만, 정신운동 속도가 느린 우울증 환자 또는 치매가 의심되는 노인 환자의 경우처럼 과제를 해결할 수 있는 능력의 유무를 확인하는 것이 중요한 상황에서는 시간을 더 주고 관찰하는 것이 필요하다. 이 경우에도 채점은 표준 절차를 따른다.

(4) 채점

채점의 일반적인 원칙은 『K-WAIS-IV 실시 및 채점요강』(황순택 외, 2012b)을 따른다. 공통성, 어휘 및 이해 소검사는 어느 정도 채점자의 주관적인 평가와 판단을 요구하기 때문에 채점 오류가 일어나기 쉽다. 채점과정에서 일반적으로 발생하는 오류는 기준보다 관대하게 또는 엄격하게 채점하는 것으로 구분된다. 이러한 오류가 발생하는 원인은 채점 기준 자체의 모호성, 반응을 채점하기 위한 가장 효율적인 방식에 대해 검사자에게 제공된 지시문의 모호성, 검사자의 경험의 차이, 검사자의 성격 특성 등이다. 검사자의 오류는 무작위로 발생하기보다는 후광 효과(halo effect)[6]를 반영하는 경향이 있다.

(5) 해석

지능검사의 타당한 해석은 앞서 서술한 실시 및 채점이 적절하게 이루어졌다는 것을 전제로 한다. 『K-WAIS-IV 기술 및 해석요강』(황순택 외, 2012a)에서는 프로파일 기본적 분석을 통해 보고서 작성이 용이하도록 10단계의 절차를 제안하고 있다. 또한 웩슬러 점수 해석에 대한 순차적 수준 접근은 관련 배경 정보와 더불어 점수의 패턴에 기초한 가설을 확증, 반증 혹은 수정할 수 있는 해석 절차이다(Groth-Marnat, 2009). 해석은 크게 양적인 분석과 질적인 분석으로 구분되며, 두 가지를 적절하게 통합하고 면담을 통해 얻은 정보가 부가된다면 풍부한 해석이 가

---

6) 어떤 대상에 대해 일반적으로 좋거나 나쁘다고 생각하고 그 대상의 구체적인 행위들을 이러한 일반적인 생각에 근거하여 평가하는 경향으로, 여기서는 수검자에 대한 일반적인 평가에 근거하여 지능검사를 지나치게 관대하게 혹은 엄격하게 채점하는 경향을 말한다.

능하다.

① 양적 분석

양적 분석은 지능검사 결과 얻어진 수치를 분석하는 것으로, K-WAIS-IV를 실시하면 전체 지능지수(FSIQ)와 일반능력지수(Global Ability Index: GAI), 네 가지 지수 점수, 그리고 소검사의 환산점수를 얻을 수 있다. 이를 바탕으로 전체적인 것에서 세부적인 것으로 분석을 한다. 대개 현재 지능을 먼저 파악한 후 병전 지능을 추정하며, 네 가지 지수 점수를 비교하고, 소검사 프로파일을 분석하는 순서로 해석을 한다.

● 표 5-4　K-WAIS-IV 해석 절차

순차적 해석 절차	프로파일 기본적 분석
• 수준I: FSIQ의 해석 　- IQ의 백분위와 진단분류를 결정함.	• 단계1: FSIQ의 보고 및 기술
• 수준II: 지수점수 및 CHC 군집 해석 　- 지수점수 간 차이가 유의한 경우 수검자의 개인적 강점 및 약점 해석 　- 규준적 해석 　　a. 지수점수 　　b. CHC 군집	• 단계2: VCI의 보고 및 기술 • 단계3: PRI의 보고 및 기술 • 단계4: WMI의 보고 및 기술 • 단계5: PSI의 보고 및 기술 • 단계6: 지수수준에서의 차이값 비교의 평가 • 단계7: 강점과 약점의 평가
• 수준III: 소검사 변산 분석	• 단계8: 소검사 수준에서의 차이값 비교의 평가
• 수준IV: 질적/과정 분석	• 단계9: (선택적) 소검사 내 점수패턴 평가 • 단계10: (선택적) 과정분석의 수행
• 수준V: 소검사내 변산 분석	

주: FSIQ=전체지능지수(Full Scale IQ), VCI=언어이해지수(Verbal Comprehension Index), PRI=지각추론지수(Perceptual Reasoning Index), WMI=작업기억지수(Working Memory Index), PSI=처리속도지수(Processing Speed Index), CHC=Cattell-Horn-Carroll.

출처: Groth-Marnat, 2009; Kaufman & Lichtenberger, 2006; 황순택 외, 2012a, p.77-83.

현재 지능의 파악　지능검사를 실시하면 FSIQ와 GAI가 산출된다. FSIQ는 개인의 전반적인 정신능력의 추정치로, 연령 규준과 비교해서 IQ 점수의 상대적인 위치를 나타낸다. GAI는 WMI와 PSI가 손상에 민감하기 때문에, VCI와 PRI에 포함된 소검사들(SI, VC, IN, BD, MR, VP)을 사용해서 추정한다. GAI는 전반적인 지능 측정치의 대안으로 활용되며, g요인의 지표라고 할 수 있다. FSIQ와 GAI의 차이는 뇌손상이나 연령에 민감한 소검사가 전반적인 기능 수준을 저하시키는 정도를 반영한다. GAI가 고차적인 사고에 관한 중요한 정보를 제공한다면, 인지효능지수(Cognitive Proficiency Index: CPI)는 인지적 정보를 처리하는 효율성에 관한 정보를 제공한다. CPI는 WMI와 PSI에 포함된 네 개의 소검사(DS, AR, SS, CD)로 산출된다. CPI는 WMI와 PSI의 개별 소검사들보다 인지적 처리 효율성의 요약인 동시에, 개별적인 지수 점수보다 더 신뢰할 만하다. GAI와 CPI를 비교함으로써 일반적인 능력에 비해 새로운 정보를 얼마나 효율적으로 처리할 수 있는지에 대한 정보를 제공한다. 대체로, FSIQ가 낮은 경우에는 GAI<CPI 프로파일이 더 많고, FSIQ가 높은 경우에는 GAI>CPI 프로파일이 상대적으로 더 많은 경향이 있다.

모든 측정에는 오차가 있고, 지능검사도 예외가 아니다. 따라서 지능검사 결과를 해석할 때에는 IQ 수치 자체보다는 IQ 점수의 의미를 파악하고 그것을 전달하는 것이 중요하다. 대개는 IQ가 속한 범위를 기술하고 백분위와 표준오차범위를 밝히는 방식으로 설명한다. 예를 들어, 다음과 같은 방식으로 평가 보고서를 기술할 수 있다.

> 수검자는 지능검사(K-WAIS-IV)를 시행한 결과, 전체 지능지수(FSIQ) 120으로 '우수 수준'에 해당되는 지적 기능을 나타내고 있다. 이는 백분위 91%ile로, 100명 가운데 상위 9%에 해당되며, 오차범위를 고려할 때 전체지능지수가 속하는 범위는 111~129이다.

이 예에서처럼, 수검자의 전체 IQ가 120이라는 것보다는 '우수 수준'이라고 범위를 밝히는 것이 더 중요하다. IQ에 대한 분류는 〈표 5-5〉를 참조하라. 또한 백분위[7]와 표준오차범위를 언급해야 하는데, 95% 신뢰구간에서 오차범위는 측정된 IQ±1.96×SEM에 해당한다. SEM이란 측정표준오차(Standard Error of Measurement: SEM)를 의미한다. 『K-WAIS-IV 기술 및 해석요강』(황순택 외, 2012a)은 각 연령집단에 따른 소검사 점수, 과정점수, 조합점수의 SEM을 제시하고 있다. FSIQ의 전체 평균 SEM은 2.88이다.

『K-WAIS-IV 실시 및 채점요강』에서는 전체검사 IQ가 70 미만일 경우 지적 능력이 '매우 낮은 수준'으로 분류하고 있으나, 지능의 구체적인 수준에 따라 일상기능이나 그 잠재력에는 차이가 있다(〈표 5-6〉 참조). 임상장면에서 K-WAIS-IV를 실시하여 산출된 IQ 점수는 지적장애가 있는 수검자의 장애등급을 분류하는 기본 자료로 활용된다.

---

7) 백분위란 전체 사례 중 해당 점수 미만에 놓여 있는 사례의 비율(백분율)을 말한다.

● 표 5-5   지능의 진단적 분류

조합점수 범위	기술적 분류	백분율	
		이론적 정규분포	실제 표본
130 이상	최우수(very superior)	2.5	2.3
120~129	우수(superior)	7.2	6.8
110~119	평균상(high average)	16.6	17.1
90~109	평균(average)	49.5	50.2
80~89	평균하(low average)	15.6	15.0
70~79	경계선(borderline)	6.5	6.1
69 이하	매우 낮은(extremely low)	2.1	2.5
			100.0

출처: 황순택 외(2012a), p. 76.

● 표 5-6   지적장애의 분류

IQ	분류	비율(%)	학령전기(0~5세) 성숙과 발달	학령기(6~20세) 훈련과 교육	성인기(21세 이상) 사회-직업 적합성
50~69	경도(3급)	80~85	감각운동에서 약간의 지연	초등 6년 수준의 교육 가능	사회, 직업 기능 수행, 때로 지도감독 필요
35~49	중등도(2급)	12	사회적 민감도 저하, 지연	초등 2년 수준의 교육 가능, 직업훈련 가능	보호 환경에서 비숙련 직업 수행, 대개 감독 필요
20~34	중증(1급)	7	운동발달 지연, 언어지연 미약	기본 신변관리, 직업훈련 불가	전적인 감독하에 자기유지 가능
20 미만	심도(1급)	1	뚜렷한 지연	신변관리에서 보조 필요	제한적인 신변관리, 전적인 보호 필요

출처: 대한신경정신의학회(1997).

병전 지능의 추정   검사목적에 따라 현재 측정된 지능 수준이 수검자가 원래 보유하고 있던 지능 수준과 유사한지 혹은 차이가 있는지를 밝혀야 하는 경우가 있다. 만일 병전에 지능검사를 한 결과가 있다면 그 결과와 현재 지능검사의 결과를 비교하는 것이 가장 정확할 것이다. 그러나 병전 지능에 대한 검사 자료가 없는 상태에서 병전 상태를 추정해야 하는 경우가 많다.

병전 지능을 추정하기 위해 흔히 사용되는 방법은 현재 실시한 지능검사의 소검사 가운데 정신병리 또는 뇌손상에 비교적 영향받지 않고 점수가 가장 안정적인 소검사를 토대로 추정하는 것이다. 즉, 어휘, 상식, 토막짜기 소검사의 환산점수로 병전 지능을 추정한 다음, 현재 지능과 비교하여 현재 지능이 15점 이상 저하되어 있다면 수검자에게 유의한 지능 저하가 있는 것으로 가설을 세울 수 있다. 물론 이러한 방법을 기계적으로 적용하기보다는 수검자의 연령, 학력, 학교 성적, 직업 등을 함께 고려하여야 한다. 병전 지능을 추정했다면 다음과 같이 기술할 수 있다.

> 일반지능과 상관이 높고 점수가 비교적 안정적인 어휘, 상식 및 토막짜기 소검사에서의 수행 및 수검자의 연령과 학력 등으로 미루어 보아, 병전 지능은 125로 추정된다. 현재 지능(IQ=120)과 병전 지능 간에 유의한 차이는 나타나지 않았다.

지수점수와 부가적인 군집의 비교 FSIQ를 해석한 후에는 네 가지 지수점수(또는 부가적인 군집)를 비교한다. 일반적으로 지수점수들(또는 부가적인 군집) 간 차이가 유의하지 않으면 전반적인 측정치(FSIQ, GAI)가 수검자의 지적 능력을 잘 대표하는 반면, 차이가 유의하면 전반적인 측정치보다는 지수점수(또는 부가적인 군집)가 더 중요하므로 이를 중심으로 해석해야 한다.

지수점수는 해석에서 핵심적인 부분이다. FSIQ의 해석은 너무 일반적이어서 내담자의 강점과 약점에 관한 충분한 정보를 제공하지 못하는 반면, 개별 소검사는 너무 지엽적이고 신뢰도와 타당도가 낮아서 문제가 될 수 있기 때문이다. 지수점수를 해석할 때는 그것이 단일 능력을 잘 대표하는지를 고려하는 것이 중요하다. 여기서 단일 능력이란 지수점수에 포함된 소검사 환산점수들 간 차이가 5점 미만이어야 함을 의미한다. 지수점수에 포함된 소검사의 최고치와 최저치의 차이가 5점 이상이면 지수점수는 해당 능력을 대표하지 못하기 때문에 해석하지 않는다.

지수점수를 해석할 때 개인 간 비교와 개인 내 비교를 시도한다. 예를 들어, VCI와 PRI가 25점 차이로 유의한 경우, 개인 간 비교와 개인 내 비교가 가능하다. VCI는 125, PRI는 100인 경우, PRI는 개인 내에서 약점이지만 PRI는 여전히 평균 범위에 속하기 때문에 수검자는 일상기능에 큰 어려움이 없다. 그러나 VCI는 100, PRI는 75인 경우에는 PRI가 수검자의 여러 능력 중에서 약점인 동시에 규준에 비해서도 약점이 되며, 이는 일상기능에 어려움이 있을 가능성을 시사한다.

『K-WAIS-IV 기술 및 해석요강』(황순택 외, 2012a)에는 15%와 5% 유의도 수준에서 요구되는 지수점수들 간 최소한의 점수 차이가 연령집단별로 제시되어 있다. 일반적으로 5% 유의도 수준에서 요구되는 각 지수점수의 차이는 연령별로 다르다. 지수점수 간의 차이가 통계적으로 유의할지라도, 그것이 임상적으로 유의한 차이인가 하는 것은 또 다른 문제이다. 일반 집단에서도 지수점수 간에 유의한 차이를 보이는 경우가 드물지 않기 때문이다. 따라서 일반 집단에서 관찰된 지수점수의 차이가 얼마나 빈번하게 나타나는지, 즉 기저율(base rate)을 고려해서 해석해야 한다. 예컨대, 사회경제적 수준이 높거나 지능지수 자체가 높은 개인은 PRI보다 VCI가 더 높은 경향이 있으며, 기술이 없는 육체노동자의 경우 VCI보다 PRI가 더 높은 경향이 있다. 어떤 수검자가 이러한 패턴과 반대되는 결과를 보인다면 그 결과는 의미 있게 해석해야 할 것이다.

일반적으로 VCI와 PRI 간에 차이가 크면 클수록 비정상적인 것으로 간주하고 뇌손상이나 정신장애의 가능성에 대한 가설을 세울 수 있다. VCI가 PRI보다 높은 경우, 학력이 높고 환경으로부터 경험이나 지식의 습득과 같은 교육적 요소에 의한 지적 활동이 지배적이고 새롭고 낯선 상황에 대한 순발력이나 즉각적인 대응력은 부족한 편이다. 반면, VCI에 비해 PRI가 높은 경우 학업으로 습득된 지식은 부족하지만 일상생활에서의 대처능력은 상대적으로 높은 경향이 있다.

CHC 군집(Cattell-Horn-Carroll Grouping)은 15개의 소검사가 모두 실시되었을 때 또 다른 해석적 접근을 제시한다. FSIQ와 지수점수와 마찬가지로, CHC 군집 또한 단일 능력을 대표하는지를 먼저 탐색한 후 각 군집을 구성하는 소검사 점수들 간의 차이가 5점 미만일 때 해석을 시도한다. CHC 군집을 해석할 때도 개인 간 비교(규준적 비교)와 개인 내 비교를 할 수 있다. CHC 군집에 기초한 해석은 〈표 5-7〉을 참조하라.

● **표 5-7** CHC(Cattell-Horn-Carroll) 군집

CHC 군집	K-WAIS-IV 소검사
유동적 추론(Fluid Reasoning)	행렬추론+무게 비교
언어적 유동적 추론(Verbal Fluid Reasoning)	공통성+이해
어휘 지식(Lexical Knowledge)	어휘+공통성
일반 지식(General Information)	이해+상식
시각적 처리(Visual Processing)	토막짜기+퍼즐
정신적 조작(Mental Manipulation)	순서화+숫자
시각적 운동 속도(Visual Motor Speed)	토막짜기+기호쓰기+동형찾기
시각적 운동 속도와 상관없는 문제해결 (Problem-Solving without Visual Motor Speed)	행렬추론+퍼즐 또는 행렬추론+퍼즐+ 빠진 곳 찾기+무게비교
장기기억(Long-Term Memory)	어휘+상식
단기기억(Short-Term Memory)	순서화+숫자

소검사 프로파일 분석 FSIQ, 지수점수와 군집을 해석한 다음 단계는 소검사 프로파일을 분석하는 것이다. 소검사의 변산성을 분석함으로써 수검자의 인지적 강점과 약점을 파악할 수 있고 지수점수를 해석하는 데 유용한 정보를 얻을 수 있다.

소검사 프로파일을 분석하기 위해서는 먼저 강점과 약점을 판단할 수 있는 기준선을 설정해야 한다. 네 가지 지수점수들 간 차이가 유의하지 않다면, FSIQ는 수검자의 지적 능력을 잘 대표한다고 가정할 수 있다. 그런 경우에는 10개의 핵심 소검사의 환산점수를 평균한 값이 강점과 약점을 평가할 수 있는 기준이 된다. 일반적으로 소검사 환산점수가 이 평균치보다 3점 이상 높으면 강점으로, 3점 이하 낮으면 약점으로 평가한다. 『K-WAIS-IV 실시 및 채점요강』(황순택 외, 2012b)은 통계적 유의성에 도달하는 데 필요한 최소 차이값을 제시하고 있다.

만일 VCI와 PRI 간 차이가 유의할 경우, 10개 핵심 소검사 환산점수의 평균치는 기준이 되기에 부적합하다. 예컨대 VCI가 PRI보다 유의하게 높을 경우, 전체 평균치를 기준으로 삼는다면 VCI에 포함된 대부분의 소검사는 강점으로, PRI에 포함된 대부분의 소검사는 약점으로 평가될 가능성이 있다. 따라서 VCI와 PRI 간 차이가 유의하다면 VCI 소검사들의 평균치와 PRI 소검사들의 평균치를 각각 기준으로 하여 각 소검사의 강점과 약점을 해석한다.

과정점수 차이 분석(선택적) K-WAIS-IV에서는 몇 가지 과정점수(process scores)를 포함하고 있다. 과정점수는 소검사 수행에 영향을 주는 인지능력에 대한 보다 자세한 정보를 제공하기 위해 만들어진 것으로, 추가적인 실시 절차 없이 해당 소검사의 수행으로부터 도출된다. 과정점수는 FSIQ, 지수점수 또는 부가적인 군집점수를 산출하는 데 사용되지 않으며, 소검사 점수나 조합점수를 대체할 수 없다. 과정점수를 산출하는 데 시간이 소요되므로 부가적인 정보를 제공할 것이라는 충분한 이유가 없다면 과정분석을 꼭 해야 하는 것은 아니다. 즉, 과정분석은 선택적 절차이다. K-WAIS-IV에 포함된 과정점수를 살펴보면 다음과 같다.

- 시간 보너스 없는 토막짜기(Block Design No Time Bonus: BDN)
- 숫자 바로 따라하기(Digit Span Forward: DSF)
- 숫자 거꾸로 따라하기(Digit Span Backward: DSB)
- 숫자 순서대로 따라하기(Digit Span Sequencing: DSS)
- 최장 숫자 바로 따라하기(Longest Digit Span Forward: LDSF)
- 최장 숫자 거꾸로 따라하기(Longest Digit Span Backward: LDSB)
- 최장 숫자 순서대로 따라하기(Longest Digit Span Sequencing: LDSS)
- 최장 순서화(Longest Letter-Number Sequence: LLNS)

과정점수는 검사자가 개별 소검사의 의미를 좀 더 상세하게 이해할 수 있도록 하기 때문에, 과정점수의 차이 분석은 임상적으로 특히 중요하다. 예를 들어, 토막짜기에서 수행 속도의 영향을 알고자 한다면 토막짜기와 시간 보너스 없는 토막짜기에서 환산점수를 비교하는 것이 도움이 된다.

② 질적 분석

질적 분석은 지능검사를 실시하는 과정에서 수검자의 특이한 반응, 언어 표현, 행동 등을 분석하는 것으로, 양적 분석만으로는 평가하기 힘든 성격 특성이나 심리적 상태, 정신병리적 특성 등에 관한 정보를 제공한다. 양적 분석과 질적 분석이 통합될 때 비로소 풍부한 해석이 가능해진다. 질적 분석에서는 다음과 같은 반응에 주의를 기울여야 한다.

- 검사 반응의 비일관성. 일반적으로 수검자들은 쉬운 문항에서 성공하고 어려운 문항에서 실패할 것으로 예측할 수 있다. 지능검사의 문항은 난이도 순으로 배열되어 있으므로 반응의 비일관성을 쉽게 확인할 수 있다.
- 반응 내용이 드물거나 기괴한 경우. 예컨대, 검사에서 요구하는 응답에서 벗어난 반응을 하거나 사용하는 어휘가 비전형적인 경우
- 반응 패턴이 비전형적인 경우. 예컨대, 숫자에서 바로 따라하기보다 거꾸로 따라하기를 훨씬 더 잘하는 것, 빠진 곳 찾기에서 엉뚱한 부분을 말하는 것 등
- 응답하는 방식의 특징. 예컨대, 불필요한 부분까지 구체적이고 세밀하게 설명하거나, 숫자나 산수에 강한 거부감을 표현하거나 정답을 말하는 것이 아니라 근사치를 이야기하는 것, 감정이 섞인 응답을 하는 것 등
- 반응시간. 예컨대, 질문이 미처 끝나기도 전에 대답을 하거나 지시를 충분히 듣지 않고 행동부터 시작하는 것, 반응하는 데 시간이 오래 걸리는 것 등
- 검사에 임하는 태도. 예컨대, 지나치게 긴장하거나 불안해하는 것, 좀 더 깊이 생각을 해야 하거나 어려운 문항에서 쉽게 포기하는 것, 성급하고 충동적으로 행동하는 것 등

요약

1. 지능의 정의는 임상적·이론적 입장에 따라 다른 방향으로 발전되어 왔다. Spearman은 지능이란 일반요인(g 요인)과 특수요인(s 요인)으로 구성되어 있다고 주장하였고,

Thorndike는 특수 능력(s 요인)의 총합체가 지능이라고 하였다. 이후 Thurstone은 기본적인 정신능력은 언어요인, 단어유창성, 수능력, 기억, 공간관계 인식, 지각속도 및 논리적 능력으로 구성되어 있다는 지능의 다요인설을 주장하였고, Guilford는 지능구조의 3차원 모델에서 내용, 조작 및 결과 차원에 따라 120가지 다른 종류의 지적 능력이 산출될 수 있다고 제안하였다.

2. 지능이 유전에 의해 결정되는가 혹은 환경에 의해 결정되는가에 대한 논쟁이 오랫동안 지속되어 왔다. 유전적 연관성이 다른 관계에서 IQ의 상관연구를 종합한 결과, IQ에서 유전의 영향력은 약 50%로 추정되었다. 이는 환경적 요인 또한 절반 정도의 기여를 할 수 있음을 시사한다.

3. 학력과 직업은 한 개인의 사회경제적 수준을 파악하는 데 사용될 수 있는 주요 지표로, IQ와 높은 상관이 있는 것으로 알려져 있다. 이러한 관련성이 인과관계는 아니지만 수검자의 학력과 직업이 IQ 점수에 영향을 미칠 수 있음을 고려하여 해석해야 한다.

4. 유동지능은 유전적·선천적으로 주어지는 능력으로, 중추신경계의 성숙에 비례하여 발달하거나 쇠퇴하는 특성이 있다. 이에 비해 결정지능은 환경이나 경험, 문화적 영향에 의해서 발달하는 지능으로, 유동지능을 바탕으로 후천적으로 발달한다. 노화에 따라 유동지능은 감소하지만 결정지능은 오히려 증가하거나 유지될 수 있다.

5. Binet(1905)는 정신지체 아동을 선별하여 특수교육을 시키기 위한 목적에서 최초의 지능검사인 비네 검사를 제작하였다. 비네 검사에는 연령 규준에 따른 정신연령의 개념이 도입되었고, 스탠퍼드-비네 검사에서는 IQ의 개념이 처음 도입되었다. 한편, 전쟁으로 집단용 지능검사의 필요성이 제기됨에 따라 군대용 알파와 군대용 베타검사가 제작되었다. 이후 Wechsler(1939)는 언어성 소검사와 동작성 소검사로 구성된 웩슬러 성인용 지능검사를 표준화하였다. 웩슬러 지능검사에서 IQ는 각 개인의 점수를 평균이 100, 표준편차가 15인 표준점수로 변환한 것(편차 IQ)으로, 개인 간 비교가 용이하다.

6. 지능검사는 지금까지 개인이 학습한 것을 측정하며, 일종의 성취검사로 간주될 수 있다. 지능검사에서 측정하는 것은 학습한 모든 것을 망라하는 것이 아니라 행동의 표본이며, 따라서 검사 결과를 일반화하는 데 신중해야 한다. 지능검사는 고정된 실험 조건에서 정신기능을 평가한다. 또한 지능검사는 정보처리 모형으로 해석할 때 유용하며, 지능검사에서 도출된 가설은 다양한 출처의 자료로 지지되어야 한다.

7. 웩슬러 지능검사는 전 세계적으로 가장 널리 사용되는 지능검사로, 수차례 개정을 거듭하여 현재는 웩슬러 지능검사 제4판(WAIS-IV)이 표준화되어 있다. K-WAIS-IV는 네 개의 지수척도, 즉 언어이해, 지각추론, 작업기억 및 처리속도로 구성되어 있고, 각 지수척도는 핵심 소검사와 보충 소검사로 구성되어 있다. K-WAIS-IV는 전체 지능지수와 네 개의 조

합지수, 일반능력지수, 과정점수, 소검사 환산점수를 제공한다. 이러한 점수들에 대한 양
적 분석과 수검자의 특이한 반응이나 언어 표현, 행동 등에 대한 질적 분석이 통합될 때
풍부한 해석이 가능해진다.

참고문헌

대한신경정신의학회(1997). 신경정신의학. 서울: 하나의학사.

박영숙(1994). 심리평가의 실제. 서울: 하나의학사.

염태호, 박영숙, 오경자, 김정규, 이영호(1992). K-WAIS 실시요강. 서울: 한국 가이던스.

이순묵(2005). 지능측정의 미래. 교육심리연구, 19, 263-289.

이진숙, 고순덕(1953). 웩슬러 · 벨뷰우 지능검사 개정판. 서울: 중앙교육연구소.

전용신, 서봉연, 이창우(1963). KWIS 실시요강. 서울: 중앙교육과학사.

황순택(2006). K-WAIS는 타당한 검사인가? 한국심리학회지 임상, 25, 849-863.

황순택, 김지혜, 박광배, 최진영, 홍상황(2012a). K-WAIS-IV 기술 및 해석요강. 대구: 한국심리주식회사.

황순택, 김지혜, 박광배, 최진영, 홍상황(2012b). K-WAIS-IV 실시 및 채점요강. 대구: 한국심리주식회사.

Anastasi, A. (1988). *Psychological testing*. New York: MacMillan Publishing Company.

Boring, E. G.(1923). Intelligence as the tests it. *New Republic, 36*, 35-37.

Brody, N. (1985). The validity of tests of intelligence. In B. B. Wolman(Ed.), *Handbook of intelligence* (pp. 353-390). New York: John Wiley & Sons.

Cattell, R. B. (1971). *Abilities: Their structure, growth and action*. New York: Houghton Mifflin.

Groth-Marnat, G. (2003). *Handbook of psychological assessment* (4th ed.). NY: Wiley & Sons Inc.

Groth-Marnat, G. (2009). *Handbook of psychological assessment* (5th ed.). NY: Wiley & Sons Inc.

Guilford, J. P. (1966). Intelligence: 1965 Model. *American Psychologist, 21*, 20-26.

Guilford, J. P., & Hoepfner, R. (1971). *The analysis of intelligence*. New York: McGraw-Hill.

Horn, J. (1970). Organization of data on life-span development of human abilities. In R. Goulet & P. Baltes (Eds.), *Life-span developmental psychology: Research and theory*. New York: Academic Press.

Kaufman, A. S., & Horn, J. K. (1996). Age changes on tests of fluid and crystallized ability for women and men on the Kaufman Adolescent and Adult Intelligence Test (KAIT) at ages 17-94 years. *Archives of Clinical Neuropsychology, 11*(2), 97-121.

Kaufman, A. S., & Lichtenberger, E. O. (2006). *Assessing adolescent and adult intelligence* (3rd ed.). NY: Wiley.

Loehlin, J. C., Horn, J. M., & Willerman, L. (1997). Heredity, environment and IQ in the Texas adoption study. In R. J. Sternberg & E. L. Grigorenko (Eds.), *Intelligence: Heredity and environment* (pp. 105-125). New York: Cambridge University Press.

Rapaport, D., Gill, M., & Schafer, R. (1968). *Psychological diagnostic testing*. New York: International Universities Press.

Slate, R. J., Jones, C. H., & Murray, R. A. (1991). Teaching administration and scoring of the Wechsler Adult Intelligence Scale-Revised: An empirical evaluation of practice administrations. *Professional Psychology, 22,* 375-379.

Spearman, C. (1904). "General intelligence", objectively determined and measured. *American Journal of Psychology, 15,* 201-293.

Terman, L. (1925). *Genetic studies of genius, volume 1: Mental and physical traits of a thousand gifted children*. Stanford, CA: Stanford University Press.

Thorndike, E. L., Lay, W. & Dean, P. R. (1909). Relation of accuracy in sensory discrimination to general intelligence. *American Journal of Psychology, 20,* 364-369.

Thurstone, L. L., & Thurstone, T. G. (1941). *Factorial studies of intelligence*. Chicago: University of Chicago Press.

Wechsler, D. (1939). *The measurement of adult intelligence*. Baltimore: Williams & Wilkins.

Wcchsler, D. (1946). *Wechsler-Bellevae Intelligence Scale, Form II*. SanAntorio, TX: Psychological Corporation.

Wechsler, D. (1955). *Manual for the Wechsler Adult Intelligence Scale*. New York: The Psychological Corporation.

Wechsler, D. (1958). *The measurement and appraisal of adult intelligence*. Baltimore: Williams and Wilkins.

Wechsler, D. (1981). *Wechsler Adult Intelligence Scale-Revised*. San Antonio, TX: Psychological Corporation.

Wechsler, D. (1997). *WAIS-III administration and scoring manual*. San Antonio, TX: Psychological Corporation.

Wellman, B. (1945). IQ changes of preschool and non-preschool groups during the preschool years: A summary of the literature. *Journal of Psychology, 20,* 247- 268.

Wesman, A. G. (1968). Intelligence testing. *American Psychologist, 23,* 267-274.

Chapter 06

신경심리검사

최윤경

학/습/목/표

1. 신경심리검사의 목적 이해하기

2. 신경심리검사에서 고정된 배터리 접근과 가설검증 접근 이해하기

3. 신경심리검사의 평가시기 이해하기

4. 신경심리검사의 면담과 행동관찰, 실시 및 해석 과정 이해하기

5. 인지기능 영역에 따른 신경해부학적 특징과 대표적인 검사 살펴보기

6. 선별검사의 목적과 검사 종류 이해하기

9세 때 자전거 사고를 당한 이후로 간질을 앓게 된 한 환자가 뇌수술을 받았다. 의사는 간질의 병소로 밝혀진 양반구의 내측 측두엽(medial temporal lobe)의 일부를 제거하는 수술을 시행하였고, 이 수술로 해마와 편도체를 비롯하여 해마 주변 피질의 2/3 정도가 소실되었다. 뇌수술이 간질 발작의 빈도를 감소시켰기 때문에 성공적인 것처럼 보였으나 환사는 뜻밖의 후유증을 경험하게 되었다. 그는 수술 이전의 옛날 일들은 비교적 잘 기억했으나 수술 전후 시기의 기억이 손상되었다. 특히 〈메멘토(Memento)〉라는 영화의 주인공처럼, 새로운 사건에 대한 장기기억을 형성하지 못하는 심한 선행성 기억상실증을 보였다.

이 사례는 인지심리학 교과서에서 자주 등장하는 Henry Gustav Molaison이라는 실제 환자의 사례로, 우리에게는 H.M.으로 더 잘 알려져 있다. H.M.은 첫 사례가 보고된 1957년부터 2008년 사망하기까지 광범위하게 연구되었고, 뇌구조와 기억 간의 관계를 설명하는 이론의 발달에 지대한 공헌을 하였다.

병원에 근무하는 심리학자들은 정신장애 환자뿐만 아니라, H.M.과 같은 뇌손상 환자들을 종종 만나게 된다. 뇌졸중이나 간질, 뇌종양이 있다는 사실을 처음부터 알고 만나는 환자도 있고, 교통사고나 만성 알코올 중독처럼 뇌손상의 가능성이 높은 환자도 있으며, 인지와 행동의 뚜렷한 변화를 토대로 뇌손상을 의심할 수 있는 환자도 있다. 이러한 다양한 환자의 뇌손상 여부를 선별하고 그 심각도를 평가하는 것은 심리학자의 중요한 역할 가운데 하나이다.

신경심리평가는 개인의 인지, 감각, 운동, 정서 및 사회적 행동을 검사함으로써 뇌를 평가하는 방법이라고 할 수 있다. 서구에서는 1940년대부터 뇌손상 가능성을 선별·평가하고자 하는 목적에서 다양한 신경심리검사가 개발되어 사용되어 왔으나 국내에서는 그 역사가 상대적으로 짧다. 미국의 경우, 심리학자에게 평가를 의뢰한 목적의 20~30%가 뇌손상 가능성에 관한 정보를 얻기 위한 것이라는 통계(Camara, Nathan, & Puente, 2000)는 신경심리평가의 중요성을 나타내는 단적인 예라고 하겠다. 이 장에서는 심리학 및 인접 분야를 전공하는 학생들이 신경심리평가가 무엇이고 그것이 실제 임상장면에서 어떻게 활용되고 있는지 이해할 수 있도록 신경심리평가의 발달과 역사, 평가의 본질, 평가과정 및 대표적인 검사를 간략하게 소개하고자 한다.

1. 발달과 역사

기원전 5세기 히포크라테스가 뇌를 '지식의 기관'이라 언급한 이래로, 뇌와 행동 간의 관계를 연구하려는 수많은 노력이 지속되어 왔으나, 미국의 Halstead, Reitan, Goldstein, 프랑스의 Rey 그리고 러시아의 Luria와 같은 연구자들이 활발하게 활동한 1950년대에 이르러서야 신경심리검사가 본격적으로 자리를 잡기 시작하였다. 신경심리검사는 1970년대 이후에야 표준화되기 시작하였고, 그 이전에는 일반적인 심리검사가 신경심리평가 목적으로 사용되었다. 특히, 지능검사는 뇌손상의 유무를 판별하고자 하는 목적으로 사용됨으로써 신경심리검사의 역할을 대신하기도 하였다(Lezak, 1995).

신경심리검사는 크게 두 가지 흐름에 따라 발달되어 왔다. 첫 번째 흐름은 실험적·통계적인 입장을 중시하는 미국 심리학의 전통을 따른 것으로, 이에 해당되는 신경심리검사들은 개별 환자들의 수행을 비교하고 정상 수행과 손상을 구별할 수 있는 규준(norm)과 절단점수(cutoff score)를 제공한다. 할스테드-라이탄 신경심리검사 배터리(Halstead-Reitan Neuropsychological Test Battery: HRNTB)는 이러한 전통에 부합하는 가장 대표적인 검사로, 각 소검사에 대한 절단점수가 설정되어 있고 손상지표(Impairment Index)를 산출한다. HRNTB는 3L-Lesion detection(손상 탐지), Localization(국재화) 및 Lateralization(편측성)-을 강조하는 전통에 따라 뇌손상의 유무뿐만 아니라 손상의 위치와 본질에 대해서도 유용한 정보를 제공하는 것으로 알려져 있으나(Reitan, 1955) 확산적 뇌손상(diffuse impairment)에 대한 관심은 상대적으로 부족했다는 평가를 받고 있다(Groth-Marnat, 2003).

두 번째는 러시아의 Luria와 프랑스의 Rey를 주축으로 발달된 흐름으로, 임상적 사례에 대한 면밀한 관찰과 상세한 개인력 청취를 통해 질병 특정적인 징후(pathognomonic sign) 또는 질적인 접근을 강조하는 입장이다. 그들은 개인이 획득한 점수보다는 그 개인이 왜 특정 방식의 수행을 보이는가에 관심을 가졌다. 특히 Luria는 공식적인 심리측정적 자료보다 임상가의 전문성과 관찰을 강조하였다. 이후, Golden, Purisch와 Hammeke(1985)가 Luria의 평가 절차를 루리아-네브라스카 신경심리검사 배터리(Luria-Nebraska Neuropsychological Battery: LNNB)로 표준화함으로써 질적 분석뿐만 아니라 양적 분석이 가능해졌다.

초기 검사 절차와 종합 신경심리검사 배터리의 발달과 더불어, 선별검사 도구 또한 개발되었다. 벤더 도형검사(Bender Visual Motor Gestalt Test)나 간이 정신상태검사(Mini-Mental Status Examination: MMSE)가 대표적이다. 초기 선별검사의 주된 목표는 기질적 장애와 기능적 장애를 변별하는 것이었다. 최근에는 기질적 장애와 기능적 장애 간의 구분이 점차 모호해지고 있기 때문에, 이러한 평가목표 및 기본 전제의 적절성이 의문시되고 있는 실정이다. 예를 들어, 조현병이 과거에는 기능적 장애로 간주되었지만 최근의 연구 결과에 따르면 조현병은 뇌의 생화학적·구조적 이상과 관련이 있는 것으로 밝혀지고 있다. 또한 첨단 뇌영상 기법의 발달로 신경심리평가에서 뇌손상 유무를 밝히는 진단적 목적이 덜 강조되고 있기도 하다. 실제로 신경과나 정신과에서 환자에게 뇌손상이 있다는 사실을 이미 알고 있는 상태에서 신경심리평가를 실시하는 경우가 빈번하다.

이 시점에서 첨단 과학기술의 발전에 힘입어 개발된 뇌영상 기법이 행동과학 분야에 미친 영향을 언급하지 않을 수 없다. 과거에는 환자가 사망한 후 뇌를 부검하는 것이 뇌손상 여부와 부위를 알 수 있는 유일한 방법이었다. 만일 환자가 연구자보다 오래 살거나 환자 가족이 부검을 거부하는 것 같은 현실적인 문제가 발생한다면 부검마저도 불가능하였다. 그러나 첨단 뇌영상 기법의 발달로 뇌의 내부 구조와 혈관을 영상으로 볼 수 있게 되면서 살아 있는 인간의 뇌를 연구할 수 있게 되었으며 뇌손상의 진단이 훨씬 쉽고 정확해졌다. 뇌손상을 탐지할 수 있는 도구들 가운데 EEG[1]는 1910년대 개발된 이후 오늘날까지 뇌기능을 연구하고 간질과 같은 신경학적 장애를 진단하는 데 유용하게 활용되고 있다. 1970년대 초반에는 CT[2]가 개발되었고 이후에 PET,[3] MRI,[4] fMRI[5] 등의 기술적인 발전을 이루었다. 이러한 첨단 뇌영상 기법을 활용하면 뇌손상 유무는 물론이고 손상의 크기, 병소의 위치 등에 관한 정보를 비교적 손쉽게 얻을 수 있다. 그렇다고 해서 신경심리검사의 필요성이 사라진 것은 아니지만, 기술문명의 발달로 신경심리평가의 초점이 달라졌다고 할 수 있다. 과거에는 뇌손상 여부의 진단이 신경심리평가의 주된 목적이었다면 최근에는 주의력이나 기억력, 시공간능력과 같은 특정 기능이나 영역에 대한 평가가 강조되고 있으며, 뇌손상이 일상생활에 미치는 영향처럼 뇌와 행동 간의 관계를 규명하는 것에 대한 관심이 증가하고 있다.

한편, 신경심리검사가 임상 실제에서 활용될 때는 단일 검사만을 실시하기보다는 다양한 기능과 영역을 평가하기 위하여 몇몇 검사를 배터리로 묶어서 사용하는 것이 일반적이다. 특정 장애를 진단하는 데 유용한 것으로 알려진 검사 배터리가 개발되기도 하였는데, 예를 들면, CERAD(Consortium to Establish a Registry for Alzheimer's Disease) 신경심리평가 배터리(Morris et al., 1989) 또는 치매평가 배터리(Dementia Assessment Battery; Corkin, Growdon, Sullivan, Nissen,

1) 뇌파검사(Electroencephalography: EEG)는 뇌의 전기적 활동을 기록하는 장치로 수면연구, 마취 정도의 모니터링, 간질과 뇌손상의 진단 및 정상인의 뇌기능 연구에 유용한 도구이다.
2) 컴퓨터 단층촬영술(Computerized Tomography: CT)은 엑스레이를 이용하여 짧은 시간에 뇌 단면을 촬영하는 기법으로, 두개골의 미세한 골절이나 석회화된 병변, 뇌출혈 등을 진단하는 데 유용하다.
3) 양전자 단층촬영술(Positron Emission Tomography: PET)은 포도당과 유사한 방사성 의약품을 혈관에 주사한 후 이 물질이 흡수되어 방출하는 양전자를 측정하는 기법으로, 활성화된 뇌 영역은 그렇지 못한 뇌 영역에 비해 포도당을 더 많이 사용할 것이고, 따라서 더 많은 방사성 물질이 집중될 것이라는 가정에 기초한다. SPECT(Single-Photon Emission Computerized Tomography)는 PET의 이형으로 PET에 비해 정확성이 떨어진다.
4) 자기공명영상(Magnetic Resonance Imaging: MRI)은 자기장을 이용하여 뇌의 단층영상을 촬영하는 장치로, 자기장 안에서 막대자석이 회전하는 것처럼 수소원자가 움직인다는 원리에 기초한다. MRI는 3차원 뇌영상이 가능하고 필요한 각도의 영상을 볼 수 있다는 장점이 있고, CT상에서 잘 보이지 않는 뇌조직에 대한 높은 해상도의 영상을 제공한다.
5) functional MRI는 MRI처럼 뇌구조에 대한 정확한 영상을 제공할 뿐만 아니라 PET처럼 방사성 의약품을 주입하지 않고도 활성화된 뇌 영역에 대한 정보를 제공하는 첨단 의학장비이다.

& Huff, 1986)는 치매에서 중요한 기능과 영역을 평가하고 모니터하기 위해 개발되었다.

한편, 시간이 흐름에 따라 특정 영역의 인지적 손상을 측정하는 것만으로는 충분치 않고 신경심리평가 결과의 활용이 주요 이슈가 되었다. 이는 환자가 직장으로 복귀할 수 있는지, 재활치료에 얼마나 잘 반응할 것인지 또는 환경적 지지가 필요한지와 같은 질문에 답할 수 있어야 한다는 입장이다. 이를 위해서 임상가가 검사 자료는 물론 환자의 특성을 고려하여 검사에서 나타난 손상이 환자의 일상생활에서 어떤 의미를 가지는지를 보다 잘 이해할 수 있어야 한다(Groth-Marnat, 2003). 임상가는 검사 이외에 다른 정보들, 예컨대 가족들의 평가나 병동 관찰, 시뮬레이션과 같은 다양한 분석방법을 활용할 수 있다(Knight & Godfrey, 1996; Sbordone & Guilmette, 1999). 환자와 그 가족들의 관심과 요구에 따라 신경심리평가가 단순히 뇌손상을 진단하는 데 머물지 않고 뇌손상의 심리사회적 결과를 평가하여 이를 치료적으로 활용하는 문제로 관심의 폭이 확대되기 시작하였다.

국내에서는 1990년대 후반에 이르러서야 표준화된 신경심리검사 도구들이 출판되기 시작하였고 그 이후로 신경심리검사의 활용이 본격화되었다. 신경심리검사의 개발과 더불어 다양한 목적에서 신경심리평가에 대한 수요가 증가하고 있는 추세이므로, 신경심리평가를 비롯하여 뇌손상 환자의 연구, 재활 및 치료를 담당하는 임상 신경심리학 분야에 대한 관심이 더욱 증가하고 신경심리학자의 역할과 전문성이 더욱 중요해질 것이라 예상된다.

2. 신경심리평가의 본질

임상장면에서는 다양한 환자가 다양한 목적을 위해 신경심리평가를 받게 된다. 실제로 뇌손상 환자들을 평가해 보면 행동의 범위가 넓고 문제가 다양하며 환자들의 능력이 천차만별이라는 사실에 직면하게 된다. 신경심리평가를 좀 더 유용하게 활용하려면 신경심리평가의 목적은 무엇인가 그리고 누가, 언제, 어떤 검사를 실시할 것인가에 대해 살펴볼 필요가 있다.

1) 목적

신경심리평가의 목적은 크게 진단, 환자 관리 및 치료계획의 수립, 재활 및 치료 평가 그리고 연구의 네 가지로 구분할 수 있다. 이들 각각을 살펴보면 다음과 같다.

(1) 진단
신경심리평가는 뇌손상이나 뇌기능장애의 진단을 목적으로 사용할 수 있다. 예를 들어 환자의 증상이 뇌손상으로 인한 것인지 알고자 할 때, 환자에게 신경학적 질환이 있는지 확인하고자 할 때, 신경학적 질환들 가운데 감별진단이 필요할 때(예: 알츠하이머형 치매와 혈관성 치매의 감별진단), 또는 손상을 입은 반구 또는 병소의 위치를 파악하고자 할 때, 신경심리검사가 활용될 수 있다. 앞서 언급했던 것처럼 첨단 뇌영상 기법이 발달하면서 신경심리평가가 진단 이외의 목적으로 활용되는 경우가 더 많지만 뇌영상 기법만으로 진단을 내리는 것이 충분치 않은 것 또한 사실이다. 뇌영상 기법으로 쉽게 탐지되지 않는 질환들, 예컨대 중독성 뇌장애나 알츠하이머병과 관련된 초기 치매, 가벼운 두부 외상의 경우, 신경심리검사가 진단을 내리는 데 매우 중요한 역할을 담당할 수 있다. 비록 신경심리검사가 일차적인 진단도구로서 한계가 있지만 환자의 상태를 예측하거나(Benton, 1985; Boll, 1985), 특정 질환이 의심되는 환자를 선별하여 더욱 정밀한 신경학적 검사나 다른 신경심리평가를 받도록 하는 데 도움이 될 수 있다.

(2) 환자 관리 및 치료계획의 수립

신경심리평가에서 얻은 환자의 강점 및 약점에 관한 정보는 환자를 관리하고 치료계획을 수립하는 데 사용된다. 환자의 능력과 한계뿐만 아니라 인지 및 정서 상태, 성격 특성에 관한 정확한 정보가 필수적이며, 뇌손상으로 인해 환자가 겪고 있는 심리적 변화와 이러한 변화가 환자의 행동에 미치는 영향을 이해하고 있어야 한다. 특히 많은 환자가 뇌손상 이후에 정서적 문제를 경험한다. 이전에 익숙했던 습관이나 생각, 느낌을 생소하고 혼란스럽게 느끼거나 잦은 실수로 인해 당황하게 되는 것은 뇌손상 환자들이 공통적으로 겪는 문제들이다. 이런 경우, 심리치료나 상담을 권유하기도 하고 심리검사 결과를 자세하게 설명해 주는 것만으로도 환자의 불안과 혼란이 감소하기도 한다. 그러나 뇌손상의 특성 자체가 이러한 치료적 개입에 필요한 능력을 제한할 수 있다. 예컨대, 인지적 경직성(cognitive rigidity)은 환경적 변화에 유연하게 대처하는 데 어려움을 초래하고, 학습능력의 결함은 새로운 지식을 습득하거나 대인관계 기술을 배우는 것을 방해하며, 자각능력의 결함은 자신의 상태를 제대로 인식하지 못함으로써 현실적인 목표를 세우는 데 어려움을 야기할 수 있다.

환자 가족들 또한 환자의 상태를 정확히 알아야 적절하게 대응할 수 있다. 예를 들어, 환자가 뇌손상으로 인해 무기력하고 직업을 가지지 못하는 상황인데, 가족들이 이런 상황을 이해하지 못한다면 환자가 게으르고 의지가 약하다고 비난할 것이다. 혹은 환자가 뇌손상으로 인해 조급하고 충동적으로 행동하는 것인데, 가족들이 이를 이해하지 못하고 환자를 자극하는 언행을 보인다면 가족 내 긴장이나 갈등이 고조될 것이다. 요컨대, 환자에 대한 정확한 평가가 선행되어야 효율적인 환자 관리 및 합리적인 치료계획 수립이 가능하다.

(3) 재활 및 치료 평가

최근 신경심리학적 치료의 유용성에 대한 인식이 높아지고 환자나 가족들의 요구가 증가함에 따라 뇌손상 환자의 치료 및 치료연구가 증가하고 있다. 이러한 변화에 맞춰 치료 효과를 민감하게 측정할 수 있는 신경심리평가에 대한 요구도 늘어나고 있는 실정이다. 재활 및 치료를 담당하는 전문가들은 환자의 현재 신경심리학적 상태를 평가함으로써 환자의 욕구와 능력에 맞는 치료목표를 설정하고 재활 프로그램을 적용할 수 있으며, 수행 실패를 검토하고 이를 토대로 수행을 향상시킬 수 있는 방법을 분석할 수도 있다. 또한 일정한 간격으로 신경심리검사를 반복 실시하여 얻은 자료를 통해 재활 및 치료 프로그램의 효과를 검증할 수 있을 뿐만 아니라, 어느 프로그램이 어떤 측면에서 가치가 있고 유용한지에 관한 정보를 얻을 수 있다.

(4) 연구

신경심리검사는 뇌와 행동 간의 관계를 밝히고자 하는 연구목적으로 사용되어 왔다. 신경심리검사는 비교적 정확하고 민감한 지표를 제공하기 때문에 외과적 수술이나 약물치료, 재활훈련의 효과를 측정하는 것처럼 작지만 매우 미세한 행동 변화를 탐지하는 데 좋은 도구가 될 수 있다.

임상 실제에서 환자들을 접하다 보면 앞서 언급한 것처럼 평가의 목적을 어느 한 가지로 정의하기 어려운 경우가 많다. 처음에는 진단목적으로 평가가 의뢰되었으나 검사를 실시하는 과정에서 직장이나 가정에서의 문제나 환자 관리의 어려움과 같은 새로운 문제가 제기될 수 있으며, 이에 따라 평가의 목적을 재조정하는 것이 필요할 수 있다. 또한 한 가지 이상의 목적을 가지고 신경심리검사를 시행하게 되는 경우가 많다. 가장 대표적인 예는 법적 소송이나 재판에 필요한 자료를 얻기 위해 신체감정이나 정신감정을 받는 경우이다. 이때 임상가는 신경심리검사를 통해 환자의 뇌손상의 정도와 유형을 평가하고 향후 요구되는 관리 수준이나 재활 가능성을 추정한다.

2) 어떤 검사를 실시할 것인가-두 가지 접근

신경심리평가에 접근하는 전략에는 두 가지 접근, 즉 고정된 배터리 접근과 융통성 있는 가설 검증 접근이 있으며, 이들은 각기 장단점을 지니고 있다(Groth-Marnat, 2003). 먼저, 고정된 배터리 접근(fixed battery approach)은 실시해야 하는 검사의 종류와 절차가 미리 정해져 있는 경우로, 검사자는 모든 환자에게 미리 정해진 검사 배터리를 실시하게 된다. 예컨대, 할스테드-라이탄 신경심리검사 배터리(HRNTB)는 7개의 소검사로 구성되어 있는데, 검사자는 신경심리평가를 의뢰받은 모든 환자에게 검사목적이나 손상의 심각도와 상관없이 7개의 소검사를 모두 실시한다. 대개 이러한 검사 배터리들은 거의 모든 뇌기능을 포괄하는 다양한 소검사를 포함하고 있어 광범위한 행동 스펙트럼에 대한 강점과 약점을 평가할 수 있다. 또한 규준 정보를 이용할 수 있고 관련 연구가 확립되어 있는 경우가 많으며, 연구용으로도 쉽게 활용할 수 있다. 아울러 검사 전문요원(technician)이 일정 기간 전문적인 훈련을 받으면 비교적 쉽게 실시할 수 있으며, 학생들이 배우기 쉽다는 장점을 지니고 있다. 반면, 모든 수검자에게 동일한 검사 배터리를 실시하도록 되어 있으므로 수검자는 특정 영역에 문제가 없는데도 단지 배터리에 그 영역을 측정하는 검사가 포함되어 있기 때문에 불필요한 검사를 받을 수 있으며, 이는 시간과 비용 측면에서 비효율적일 수 있다. 또한 특정 검사 점수에 대한 근본적인 원인을 간과할 수 있으며, 환자의 독특한 측면이나 의뢰 사유를 충분히 고려하지 않고 신경심리검사 배터리에만 의존할 수 있다는 한계가 있다.

이에 반해 가설검증 접근(hypothesis-testing approach)은 좀 더 융통성이 있는 질적인 접근이라 할 수 있다. 임상가는 검사를 시작하기 전 또는 평가를 하는 동안 환자에 대해 얻은 정보를 토대로 뇌손상의 원인과 본질에 대한 가설을 세우고 이러한 가설에 기초하여 검사를 선택한다. 비교적 온전한 영역은 간단히 검사하고 넘어가는 반면 문제 영역은 초점을 맞추어 자세하게 검사하는 방식으로 접근한다. 예를 들어, 뇌졸중 환자가 의사소통에 어려움이 없고 좌측 편마비를 보이는 경우(즉, 우반구 손상 의심), 언어기능을 검사하느라 오랜 시간을 허비하기보다는 시공간능력을 측정하는 여러 검사를 좀 더 집중적으로 실시함으로써 손상의 본질을 파악하고자 할 수 있다. 평가를 시작하기 전, 환자에 대해 많은 정보를 파악할수록 구체적인 가설을 설정할 수 있다. 이러한 접근의 장점은 환자 및 의뢰 사유의 특성을 충분히 고려하여 개별 환자에게 적절한 검사를 선택ㆍ실시할 수 있고 온전한 영역을 검사하느라 시간을 허비하지 않는다는 측면에서 시간 효율적이라는 것이다. 또한 최종 검사 점수보다 검사를 수행하는 동안 관찰된 행동이나 환자가 보인 오류에 초점을 맞추고 검사 점수에 영향을 미치는 요인을 고려하여 환자의 수행을 평가한다. 그러나 이러한 접근은 환자의 약점에 지나치게 초점을 맞추게 될 뿐만 아니라 매우 제한된 영역에 관한 정보를 제공한다. 또한 임상가의 전문성에 지나치게 의존하기 때문에 상당한 지식과 경험, 전문적인 훈련이 필요하며, 환자마다 실시하는 검사의 종류가 달라지기 때문에 검사 자료를 연구에 활용하는 데 어려움이 있고, 광범위하게 연구된 바 없다는 단점이 있다.

이렇게 상반된 측면들이 있음에도 불구하고 양적인 심리측정적 전략과 질적인 가설검증 전략을 통합하려는 시도들이 있다. 실제 임상장면에서 대부분의 임상가들은 두 가지 전략을 혼합해서 사용한다. 즉, 비교적 짧게 '고정된(fixed)' 또는 핵심 배터리를 근간으로 하되, 환자의 독특성이나 의뢰 사유의 특성에 기초하여 부가적인 검사를 융통성 있게 추가함으로써 '융통성 있게 고정된(flexible-fixed)' 배터리를 사용한다. 또한 환자의 검사 반응에 기초가 되는 질적 과정을 이해하는 데 도움이 될 수 있는 객관적이고 상세한, 전산화된 채점체계가 개발되고 있다. 예를 들어, 캘리포니아 언어학습검사(California Verbal Learning Test)의 경우, 학습된 언어 자료의 전체 양을 측정할 뿐만 아니라 수많은 지표를 통해 의미학습과 계열학습 전략의 사용 여부, 계열위치 효과, 학습 속도, 순행성 및 역행성 간섭의 정도, 단기지연과 장기지연의 정보파지 정도, 단서에 의한 회상의 향상 정도, 재인능력과 회상능력의 비교 등, 학습 및 기억에 관한 질적인 분석이 가능하다.

3) 언제 검사를 실시할 것인가

적절한 평가시기와 실시할 검사의 종류는 뇌손상의 유형이나 평가의 목적에 따라 달라질 수 있다. 두부 외상이나 뇌졸중과 같은 급성장애의 경우, 초기 단계에는 환자의 상태가 급변하고 불안정할 뿐만 아니라 신체적 쇠약이나 피로감이 검사 수행에 영향을 미칠 수 있기 때문에, 종합 신경심리평가보다는 간편검사를 실시하는 것이 유용할 수 있다. 적어도 발병한 지 3~6개월이 지나 환자의 감각이나 원기가 회복된 후 종합 신경심리평가를 실시하는 것이 일반적이며, 이러한 평가 결과는 재활 및 치료계획을 수립하는 데 활용된다. 퇴행성 질환이나 뇌종양과 같은 진행성 장애의 경우 초기 단계에서 실시된 신경심리평가는 진단을 내리는 데 도움이 되며, 진단을 확정 짓거나 심리적 원인을 감별하기 위해서는 첫 평가를 시행한 지 6~8개월이 경과한 후에 재검사가 필요할 수 있다. 특히 인지기능이 점진적으로 감퇴하는 치매의 경우, 12~18개월이 경과한 후 재검사를 실시하여 그 변화를 살펴보는 것이 유용하다.

치료 효과를 평가하기 위해서 일정 기간이 경과한 후 재검사를 실시하거나 질병의 경과나 질병으로부터 회복된 정도를 평가하기 위해서 일정한 시간 간격을 두고 추적검사를 실시할 수 있다. 이렇게 반복해서 검사를 시행할 경우에는 연습 효과를 고려해야 한다. 특히 속도검사나 기억검사, 익숙하지 않거나 흔치 않은 반응을 요하는 검사, 하나의 정답이 있는 검사에서는 연습 효과가 나타나기 쉽다. 반대로 이러한 검사에서 연습 효과가 나타나지 않는 것은 오히려 임상적으로 의미가 있는 것으로 해석되기도 한다. 예를 들어, 치매가 의심되는 환자가 연습 효과가 나타날 것으로 기대되는 검사에서 오히려 점수가 하락한다면 이는 퇴화과정을 시사하는 결과로 간주될 수 있다.

4) 누가 검사를 실시할 것인가

실제 임상장면에서는 다양한 영역의 전문가들이 다양한 목적에서 신경심리검사를 실시하고 있다. 대개는 신경심리평가에 대한 임상적 훈련을 받은 심리학자가 신경심리검사를 실시하지만 장면에 따라 대체 인력들이 활용되기도 한다. 예컨대, 평가를 담당할 마땅한 전문가가 없기 때문에 혹은 전문가가 있지만 신경심리평가를 의뢰하여 실시하기까지 오랜 시간이 걸리기 때문에 담당 주치의가 환자의 침상에서 간편검사를 직접 실시하는 경우도 있고, 신경심리학이나 평가에 대한 전문 지식과 경험이 부족한 검사 전문요원들이 간단한 훈련을 받은 후 투입되는 경우도 있다. 누가 검사를 실시하든 간에, 평가자가 최소한의 자격 요건을 갖추는 것은 중요하다. 임상적 평가를 적절하게 수행하기 위해서는 신경병리학, 인지심리학 및 임상심리학에 관한 전문 지식과 기술이 필요할 뿐만 아니라, 선임 전문가의 지도감독하에 충분한 임상적 훈련과 슈퍼비전을 받는 것이 필수적이다.

3. 평가과정

임상 실제에서는 의뢰, 면담 및 행동관찰, 검사 실시, 해석 등 일련의 과정을 통해 평가가 이루어진다. 각 과정을 차례대로 살펴보면 다음과 같다.

1) 의뢰

뇌손상이나 뇌기능장애를 가진 환자를 직·간접적으로 진료하게 되는 병원 의료진이 신경심리학적 평가를 의뢰하는 것이 가장 흔하며, 그 외에 법원이나 산재관리공단, 보험회사 등에서 신경심리평가를 의뢰하기도 한다. 다른 일반적인 심리평가와 마찬가지로 신경심리평가에서도 환자의 협조가 매우 중요하며, 평가를 어떤 방식으로 의뢰하는가에 따라 환자의 협조 정도가 달라지기도 한다. 그렇다면 평가를 의뢰하는 사람은 어떻게 해야 하는가?

첫째, 신경심리평가가 유용하려면 무엇보다 적절한 환자를 선택해야 한다. 타당한 평가를 위해서는 환자로부터 최상의 수행을 이끌어 내야 하는데, 환자가 매우 혼란스러운 급성 상태이거나 비협조적이거나 혹은 심하게 우울하거나 불안한 상태라면 만족스러운 평가를 수행하기 어렵다. 이러한 경우에는 환자의 상태가 어느 정도 호전된 후 평가를 실시하는 것이 바람직하다.

둘째, 환자의 협조를 얻고 불필요한 불안을 해소시키기 위해 환자를 준비시켜야 한다. 가능하다면 평가를 의뢰하는 사람이 환자와 그 가족에게 검사의 목적이 무엇이고, 어떻게 검사가 활용될 것인지, 어떤 위험이 있는지 등에 대해 상세하게 설명하고 환자 또는 가족들에게 선택의 여지가 있음을 알려 주는 것이 바람직하다. 환자가 평가의 목적과 본질을 잘 이해하고 있다면 협조도가 높아질 것은 의심할 여지가 없다.

셋째, 평가를 의뢰하는 사유를 명확하고 구체적으로 공식화할 수 있어야 한다. 의뢰 사유가 명확할수록 유용한 정보를 제공하는 평가가 수행될 수 있다. 평가 의뢰서에는 환자에 대한 기본적인 인적 사항, 평가를 의뢰하는 사유, 문제에 대한 기술 및 관련 병력과 같은 정보가 포함되어야 한다.

2) 면담 및 행동관찰

평가는 임상가가 환자를 처음 본 순간부터 시작된다고 해도 과언이 아니다. 환자의 용모나 위생 상태, 시선 접촉, 얼굴 표정, 신체적 특징이나 자세, 걸음걸이 등은 환자의 상태에 대한 많은 정보를 제공한다. 검사가 유용한 것은 사실이나, 임상적인 면담을 적절하게 수행하는 것은 임상가에게 강력한 평가도구가 될 수 있다. 검사가 표준화된 조건에서 N=1인 일종의 행동적 실험을 시행하고 규준을 사용해서 결과를 해석하는 것이라면, 면담과 행동관찰은 검사 결과의 신뢰성을 판단하고 이를 좀 더 정확하고 유용하게 해석할 수 있도록 부가적인 정보를 제공하는 방법이라고 할 수 있다. 예를 들어, 금전적 보상이라든가 형벌을 피하려는 의도를 가지고 검사에 임하는 꾀병 환자가 기억검사에서 '모른다' 혹은 '기억나지 않는다'는 답으로 일관한다면 당연히 기억검사에서 낮은 점수를 받을 것이다. 그러나 이 점수를 곧이곧대로 해석하지 않는데, 그 이유는 임상가들이 검사 점수뿐만 아니라 환자와의 면담 자료나 행동관찰을 모두 통합해서 해석하기 때문이다. 따라서 임상가는 검사에서 표현되지 않은 정보를 이끌어 낼 수 있도록 면담 및 상담 기술에 대한 훈련과 경험이 필요하다. 특히 정상인이나 정신장애 환자가 아닌 뇌손상이 있거나 의심되는 환자를 평가하기 위해서는 뇌의 기능적 조직화([그림 6-1] 참조) 및 신경심리학적 손상을 반영하는 행동의 특성(〈표 6-1〉 참조)을 이해하고 있어야 한다. 예컨대, 대뇌피질은 크게 전두엽, 측두엽, 두정엽 그리고 후두엽으로 구분된다. 전두엽에 해당되는 일차운동피질은 자발적인 운동을 담당하고 운동연합피질은 자발적 운동에 대한 생각과 계획, 사고, 성격과 관련이 있다. 전두엽의 일부인 브로카(Broca) 영역은 언어의 생성과 관련이 있다. 측두엽의 일차청각피질은 청각을 담당하고 청각연합피질은 청각 중에서 고차적인 처리, 특히 베르니케(Wernicke) 영역은 언어 이해와 관련이 있다. 두정엽에 해당되는 일차체감각피질은 신체감각과 고유수용성감각[6]을 담당하며, 체감각연합피질은 감각 정보를 통합하는 기능을 한다. 후두엽에 해당하는 일차시각피질은 시각을 담당하고, 시각연합피질은 시각 중에서도 고차적

- - - - - - - - - - - - -

6) 고유수용성 감각(proprioception)이란 몸의 움직임, 자세나 운동의 상태, 근육의 수축 정도를 의식하지 않은 채 감지하여 신체 부위, 동작의 범위와 속도를 조절하는 감각이다. 예를 들어, 손과 발을 어떤 자세나 속도로 움직여야 하는지 의식하지 않더라도 자연스럽게 균형을 잡고 길을 걷고 계단을 오르내릴 수 있는 것은 고유수용성 감각이 있기 때문이다.

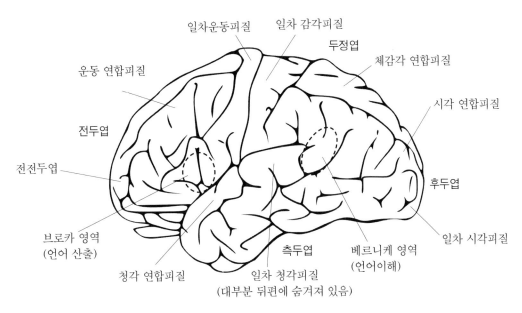

일차운동피질　일차 감각피질
두정엽
운동 연합피질　　　　　　　　체감각 연합피질
시각 연합피질
전두엽
전전두엽
후두엽
브로카 영역　　　　　　　　　　　　일차 시각피질
(언어 산출)
청각 연합피질　　측두엽　　베르니케 영역
일차 청각피질　(언어이해)
(대부분 뒤편에 숨겨져 있음)

[그림 6-1] 대뇌의 기능적 조직화

인 처리를 담당한다. 물론, 뇌손상의 지표가 될 수 있는 증상 및 징후의 목록 가운데 어느 한 가지가 존재한다고 해서 뇌손상으로 진단하는 것은 무리가 있으며, 다른 부가적인 증거들이 필요하다.

뇌손상이 있거나 의심되는 환자에 대한 면담의 주요 목적은 환자와 가족의 주 호소문제를 이끌어 내고, 이러한 문제가 일어난 상황을 이해하며, 문제에 대한 환자의 태도를 평가하는 것이다. 때로 문제에 대한 환자의 태도가 중요한 진단적 정보를 제공하기도 한다. 예를 들어, 우반구 뇌졸중이나 알츠하이머병, 전두엽 손상이 있는 환자는 뇌손상으로 초래된 문제들을 인식하지 못한다. 뇌손상이 있거나 의심되는 환자에 대한 면담은 주 호소문제, 과거 및 현 병력, 기타 의학적 병력, 환자의 개인력, 가족력 등에 대한 정보를 수집하는 일반 평가면담과 유사하지만 다음 사항에 대해 좀 더 주의를 기울이는 것이 필요하다.

병전 지적 수준 　환자가 어떤 손상을 입었는가도 중요하지만 병전에 어떤 기능을 하던 사람이었는지 또한 중요하다. 환자가 병전에 비해 얼마나 기능이 저하된 것인지 판단하는 것은 임상가의 몫이다. 그러나 문제는 임상가들이 대개 환자의 병전 지적 수준에 대한 아무런 정보가 없이 이미 뇌손상이 있거나 의심되는 상태의 환자를 만나게 된다는 것이다. 따라서 환자의 병전 지적 수준을 추정할 수 있는 객관적인 정보를 최대한 수집해야 한다. 환자의 최종 학력이나 학창 시절의 학업 성적, 직업적인 성취에 대한 정보는 병전 지적 수준을 가늠하는 좋은 지표가

● 표 6-1   뇌손상의 지표가 되는 행동 변화

기능적 구분[a]	증상과 징후	기능적 구분[a]	증상과 징후
말하기와 언어	• 구음장애(dysarthria) • 비유창성(dysfluency) • 말수의 현저한 변화 • 착어증(paraphasias) • 단어 찾기 곤란	시공간 능력	• 손을 사용하는 기술의 감소 또는 왜곡 (예: 기계수리, 바느질) • 공간 지남력 상실 • 공간적 판단력 손상 • 좌우 지남력 손상
학업능력	• 읽기, 쓰기, 계산하기 및 숫자를 다루는 능력에서 변화(예: 읽기 곤란, 이해력 저하, 쓰기에서 철자 또는 숫자의 빈번한 역전)	정서	• 감정폭발과 반사회적 행동을 동반한 정서조절력의 약화 • 우울증이 없음에도 대인관계에서 공감능력이나 흥미의 감소 • 알려진 촉발요인 없는 정동의 변화 (예: 불안정성, 무감각, 부적절성) • 알려진 촉발요인 없는 성격 변화 • 알려진 촉발요인 없는 과민성(irritability) 증가
사고	• 언어 또는 행동에서의 보속증 • 단순화되거나 혼란된 정신적 추적, 추론 및 개념형성 능력		
운동	• 편측화된 약화 또는 서투름 • 미세운동 협응의 손상(예: 글씨쓰기에서의 변화) • 진전(tremors)		
지각	• 복시(diplopia) 또는 시야의 변화 • 부주의(대개 좌측 자극을 지각하거나 재생할 때) • 체감각의 변화(특히 편측화되거나 한쪽 사지에 국한됨)	태도[b]	• 욕구 및 욕구충족 행위의 변화(먹기, 마시기, 놀기, 성행위) • 몸치장 습관의 변화(지나치게 신경을 쓰거나 부주의함) • 과다 또는 과소 활동 • 사회적 부적절성

a. 정서장애를 보이는 많은 사람이 기억 결함을 호소하는데, 이는 대부분 뇌기능장애보다는 자기몰두, 주의 산만 또는 불안 때문일 수 있다. 다양한 이유로 기억이 저하될 수 있으므로 기억력 저하 자체가 신경병리의 좋은 지표는 아니다.
b. 이러한 변화들이 우울증이 없다면 신경심리학적으로 관련이 있을 가능성이 높지만 우울증으로 잘못 진단될 수도 있다.
출처: Lezak (1995).

된다. 때에 따라서는 학창 시절 생활기록부나 성적표와 같은 객관적인 자료를 요청하는 것이 필요할 수도 있다.

손잡이   일반적으로 성인을 대상으로 손잡이를 조사하면 90~95%가 오른손잡이로 나타난다. 그러나 초기 아동기 70%, 아동기와 10대 86~90% 그리고 중년층과 노년층 86~99%로, 오른손잡이의 비율은 연령이 증가함에 따라 높아지는 양상을 보인다. 연령에 따른 오른손잡이의 비율 차이는 손잡이가 원래 유전적으로 결정되지만 왼손잡이를 억지로 교정했거나 왼손잡이가 오른손잡이 위주의 환경에 적응하다 보니 오른손잡이의 비율이 점차 높아지기 때문일 수 있다. 아니면 손잡이를 측정하는 방법의 차이로 인해 연령에 따른 손잡이의 차이가 나타나는 것일 수도 있다. 이렇게 손잡이가 중요한 이유는 어느 손이 우세한가에 따라 뇌의 신경해부학적 특성이나 인지기능의 패턴이 달라지기 때문이다. 오른손잡이의 95% 이상은 좌반구가 언어를 담당하지만 왼손잡이나 양손잡이의 1/4~1/3은 실어증 및 우반구 손상과 관련이 있었으며, 이들 중 약 반수는 좌·우 반구가 모두 언어기능을 담당하는 것으로 보인다. 언어기능의 결함은 개인의 삶에 막대한 영향을 미칠 수 있으므로 언어우세 반구를 확인하는 것은 외과적인 수술이 예정된 경우 특히 중요하며, 이때 손잡이 검사는 필수적이다.

● 표 6-2 손잡이검사

- 글씨는 어느 손으로 쓰십니까?
- 음식을 드실 때 어느 손으로 젓가락과 숟가락을 쥐십니까?
- 목표를 맞추기 위해서 어깨 너머로 공을 던질 때 어느 쪽 손으로 던지십니까?
- 도마 위에 있는 야채나 고기를 썰 때 칼은 어느 쪽 손으로 잡으세요?
- 종이를 자를 때 가위는 어느 쪽 손으로 드십니까?

출처: 강연욱, 나덕렬(2003).

주요 의학적 병력 인지기능에 영향을 미칠 수 있는 주요 의학적 질병, 예를 들면 당뇨병, 고혈압, 심혈관계 질환에 대한 병력과 치료력에 관한 정보를 얻어야 한다. 이러한 질병은 신경학적 질환의 위험요인이기도 하다.

신경학적 또는 정신과적 병력 파킨슨씨병이나 두부 외상과 같은 신경학적 질환은 물론이고 인지기능에 영향을 미칠 수 있는 주요우울증이나 조현병과 같은 정신과적 상태에 관한 정보 또한 중요하다. 알코올을 비롯한 물질 사용에 관한 병력도 상세하게 검토해야 한다.

투약 관련 정보 환자가 현재 복용하고 있는 약의 종류, 용량, 복용기간에 관한 정보도 필수적이다. 여기에는 의사로부터 처방받은 약은 물론 처방전 없이 살 수 있는 약이나 영양제, 건강보조식품, 한약, 다이어트 약 등이 모두 포함된다. 간질 치료에 사용되는 일부 항경련제는 운동속도, 주의력, 기억력을 저하시키고 장기적으로 사용할 경우 중추신경계에 영구적인 영향을 줄 수도 있다. 그렇기에 신경심리평가를 실시할 때 투약 관련 정보는 매우 중요하다. 특히 신체적 질환의 가능성이 높은 노인들의 경우 서너 가지 이상의 약이나 영양제를 복용하고 있는 경우가 흔하므로 정보를 주의 깊게 수집해야 한다.

가족력　중추신경계에 영향을 미칠 수 있는 일부 질환은 유전적 성향이 강하다. 따라서 가족들의 주요 내과질환, 신경학적 질환 및 정신과 질환에 대한 병력은 물론 사망 원인을 상세하게 조사해야 한다.

　이상의 정보를 얻기 위하여 면담을 진행하다 보면 자연스레 환자의 정신상태검사가 이루어지게 된다. 특히 면담을 하면서 주의 깊게 관찰하고 평가해야 하는 부분은 〈표 6-3〉에 제시되어 있다. 때로는 환자가 제공하는 정보의 신뢰도와 타당도가 의심스러울 수 있다. 예컨대, 환자가 기억력장애나 주의력장애와 같은 인지적 결함을 가지고 있거나 정신병적 혼란을 나타내고 있어 정확한 정보를 제공하기 어려울 수도 있고, 금전적 이득이나 보상 때문에 혹은 의심이 많아서 중요한 정보를 고의적으로 은폐할 수도 있다. 어떤 경우든, 환자의 가족이나 주변 사람들, 다른 의료진이나 의무 기록 등 다양한 출처의 객관적인 정보를 얻는 것이 필수적이다.

● **표 6-3**　뇌손상 환자의 정신상태검사에 유용한 면담 및 관찰 사항

- 환자는 대화에 주의를 기울이고 지속적으로 대화를 따라올 수 있는가?
- 환자는 노력을 기울이지 않고도 질문을 바로 이해하는가?
- 환자는 분명하고 상세하게 개인력을 자발적으로 이야기하는가?
- 환자는 동반한 보호자를 반복해서 쳐다보면서 질문에 답을 하는가?
- 환자의 반응 속도는 어떠한가? 환자는 결함을 인식하고 이에 적절하게 반응하는가?
- 환자의 정동은 어떠한가?
- 환자의 사회적 행동의 질은 어떠한가? 농담을 잘하는가? 지나치게 친근한가? 의심이 많은가? 아니면 무감각한가?
- 사회적 세련미나 교양이 유지되고 있다고 해서 뇌손상의 가능성을 간과하지 말라.

출처: Grabowski, Anderson, & Gooper (2002).

3) 검사 실시

　검사를 실시하기 전, 환자와 보호자에게 검사의 목적, 절차 및 결과의 활용에 대해 간단하게 설명을 하는 것은 검사에 임하는 환자의 동기를 유발하는 데 도움이 된다. 간단한 정신상태검사와 면담을 통해 얻은 정보를 근거로 환사의 상태에 대한 잠정적인 가설을 세우고 검사를 실시한다. 초심자들은 아마도 고정된 배터리 접근을 선호할 것이다. 그러나 미리 정해 놓은 검사만을 실시할 경우 배터리에 포함되지 않은 영역에 대해서는 평가가 이루어질 수 없음을 기억해야 한다. 따라서 '융통성 있는' 배터리 접근으로 배터리에 포함되지 않았지만 손상이 의심되는 영역을 평가하는 검사를 실시함으로써 환자에 대한 이해의 폭을 넓힐 필요가 있다.

불가피한 상황이 있기는 하나, 보호자를 검사실 밖으로 내보낸 상태에서 검사를 실시하는 것이 일반적이다. 보호자가 지켜보는 가운데 검사를 실시하는 것은 검사 결과에 영향을 미칠 수 있다. 예를 들어 보호자가 옆에서 지켜보는 가운데 치매 노인을 검사한다면, 보호자는 쉬운 것도 대답하지 못하는 환자를 보고 충격을 받을 수도 있고 답답해하면서 정답을 가르쳐 주는 것과 같이 평가에 개입할 수도 있다. 보호자가 계속 환자 곁에 머물려고 한다면 '검사가 끝난 후 만나 뵙겠다.' 혹은 '보호자의 도움이 필요하면 부르겠다.'면서 보호자를 설득해야 한다.

평가 상황에서 검사자는 환자의 능력을 최대한 이끌어 내야 한다. 환자가 지나치게 피로해하거나 불안해하는 것은 아닌지, 연속적인 수행 실패에 위축되어 다음 수행이 영향을 받는 것은 아닌지 주의 깊게 살피면서 환자가 잠재력을 최대한 발휘할 수 있도록 적절한 지지와 격려를 제공해야 한다.

4) 해석

두 명의 환자가 동일한 검사에서 동일한 점수를 얻었다면 동일하게 해석해야 하는가? 혹은 기대 범위에서 벗어난 점수는 '손상'이라 해석해야 하는가? 다른 심리검사와 마찬가지로, 신경심리검사를 해석할 때 이러한 의문을 가질 수 있다. 평가 결과를 적절하게 해석하기 위해서는 규준이나 절단점수를 사용한 개인 간 비교뿐만 아니라 병전-병후 기능을 비교하는 개인 내 비교가 이루어져야 한다.

먼저, 규준이나 절단점수는 개인 간 비교를 위한 기준이 된다. 소수의 사람만이 만점을 받을 것이고 대부분의 점수는 중간 범위에 군집되어 정규분포를 이룰 것이라는 기대하에 만들어진 검사에서는 평균에서 이탈된 정도를 기준으로 하여 손상을 판단한다. 대개 평균보다 2SD(표준편차) 이하의 점수를 받을 경우 뇌손상 가능성이 있는 것으로 해석한다. 일부 검사는 절단점수를 제시하기도 한다. 예컨대, 일부 주의력검사(vigilance test)에서는 1~2개의 오류는 정상 범위로 간주하나 그보다 많은 오류는 주의력에 손상이 있는 것으로 판단한다. 혹은 동일 문화 내의 정상 성인이라면 모두 완벽하게 수행할 수 있는 인지적 또는 감각운동 과제에서 수행 실패를 보인다면 뇌손상의 가능성이 있는 것으로 해석하기도 한다. 이러한 비교는 모두 다른 사람들의 수행을 반영한 외부 기준과의 비교라는 측면에서 개인 간 비교로 간주할 수 있다.

사실 신경심리평가에서는 다른 사람들과 비교하기보다 뇌손상을 전후해서 개인에게 어떤 변화가 일어났는지를 비교하는 것이 더 중요한 경우가 많다. 그 이유는 병전과 병후의 기능 차이를 평가하는 것이 개인에 대한 더 많은 정보를 제공하기 때문이다. 그러나 평가장면에서는 뇌손상이 일어난 이후에 환자를 만나는 경우가 많다. 즉, 병전 상태에 대한 검사 자료는 없고 병후 상태에 대한 검사 자료만 존재하는 셈이다. 따라서 병전 기능을 정확하게 추정하는 것이 중요하다. 병전 기능은 성별, 연령, 학력, 직업 등의 인구통계학적인 변인과 병전의 기능 수준을 고려하여 추정한다. 또한 웩슬러 지능검사를 실시한다면 뇌손상에 비교적 영향받지 않는 상식, 어휘, 토막짜기와 같은 소검사 점수를 이용하여 병전 지능을 추정하게 된다.

또 한 가지 해석에서 명심해야 할 것은 환자가 어느 한 가지 검사에서 빈약한 수행을 보였다고 해서 뇌손상이 있는 것으로 단정하는 우를 범하지 않아야 한다는 점이다. 결과를 해석할 때는 신중하고 보수적인 접근이 필요하다. 이를 위해서 유사한 기능을 측정하는 다른 종류의 검사를 실시하여 손상이 일관성 있게 나타나는지 검증하는 것이 필요하다. 또한 뇌영상검사의 결과나 환자의 임상 양상, 일상기능 등을 고려하여 신경심리학적으로 의미 있는 반응 패턴이 나타나는지 탐색해야 할 것이다.

4. 주요 검사 소개

신경심리검사를 제대로 활용할 수 있으려면 검사의 실시와 채점뿐만 아니라 각 검사가 어떤 인지 영역과 관련이 있는지를 이해해야 한다. 여기서는 주요 인지기능 영역에 따라 대표적인 신경심리검사를 살펴본 후, 국내에서 표준화되어 활용되고 있는 몇 가지 신경심리검사 배터리를 소개하고자 한다.

1) 인지기능 영역에 따른 검사 종류

(1) 지능

① 일반적 개념

지능검사는 종합심리검사 배터리에 빈번하게 포함될 뿐만 아니라 과거 신경심리검사가 개발되기 이전에는 신경심리평가의 역할을 대신하였다. 지능검사는 성인의 일반적인 지적 능력을 측정하기 위한 목적으로 가장 널리 사용되고 있으며, 일반 성인들의 학업 및 직업 수행이나 정신과 환자들의 질병 예후를 예측하는 데 유용하다. 신경심리 영역에서 지능검사를 사용하는 것에 대해서는 상당한 논란이 있었다. 초창기에는 지능이란 나이가 들면서 증가하고 뇌손상이나 질병에 의해 손실된 뇌병변의 크기에 비례하여 감소하는 것으로 인식하였으나, 지능검사를 통해 측정되는 행동들이 단일한 기능이 아니라 다양한 인지기능이라는 것이 밝혀지면서 지능의 본질을 재정의하게 되었다.

② 대표적인 검사

• 웩슬러 지능검사: 웩슬러 지능검사는 산수, 추상적 사고 또는 시공간 조직화처럼 비교적 뚜
렷한 인지 영역을 평가하기 위해 고안되었으며, 전체검사 IQ는 물론이고 지수점수, 소검사
평가치를 포함하여 다양한 인지능력에 대한 점수를 제공한다. 전체검사 IQ 점수는 10개의
핵심 소검사에서 수행에 근거하여 산출되는 일종의 요약 점수로 웩슬러 지능검사에서 가
장 안정적이고 잘 타당화된 측면이라고 할 수 있다. 뇌손상이 웩슬러 지능검사에서 전체검
사 IQ에 영향을 미칠 수 있으나 IQ 점수 자체가 뇌손상의 본질에 대한 단서를 제공하지 않
기 때문에 오용되지 않도록 주의해야 한다. 실제로 전체검사 IQ를 해석할 때 지수점수 또
는 소검사 환산점수들 간에 차이가 클 경우에는 IQ 점수 자체가 수검자의 지능을 잘 반영
한 점수라고 보기 힘들다. 이때 지능검사는 오히려 다양한 변인(예: 정서적 불안정, 주의력
저하)의 영향을 받았을 가능성이 높다고 할 수 있다.

　웩슬러 지능검사를 신경심리학적으로 활용한 임상가들은 각 소검사들이 다양한 뇌손상
에 차별적으로 민감하다고 가정하고 뇌손상의 위치나 심각도에 따른 네 가지 지수점수의
차이 혹은 소검사 패턴의 차이에 주의를 기울였다. 예를 들어, 외상성 뇌손상을 경험한 환
자들의 언어능력이 상대적으로 유지된다거나, 좌반구 또는 우반구 손상이 지능검사에 차
별적인 영향을 미친다는 연구에 기초하여 언어이해지수와 지각추론지수의 차이를 살펴보
는 것이 대표적이다(Lezak, Howieson, & Loring, 2004). 이는 좌반구 손상은 언어이해지수의
저하를 초래하고 우반구 손상이나 확산적 손상은 지각추론지수의 저하를 초래한다는 논
리적 근거에서 비롯되었다. 언어이해지수와 지각추론지수의 점수 차이가 클수록 뇌손상
가능성이 크다고 볼 수 있으나 정상인에서도 차이가 유의하게 큰 사례가 상당수 있으므로,
지수점수의 차이만을 가지고 획일적으로 해석하지 않도록 주의해야 한다. 지수점수 외에
도 다양한 그룹핑,[7] 소검사 척도 점수의 패턴을 분석하는 것이 뇌손상의 유무나 본질을 밝
히는 데 유용할 수 있다. 웩슬러 지능검사의 소검사 가운데 기호쓰기는 뇌손상에 가장 민
감한 소검사로 알려져 있으나, 뇌손상의 위치나 양상에 따라 웩슬러 지능검사의 소검사 수
행 패턴이 달라질 수 있다. 아울러 수검자의 성별이나 교육 수준과 같은 인구통계학적 변
인뿐만 아니라 검사를 수행하는 동안 성취 동기의 수준, 행동관찰 또한 고려해야 한다. 웩
슬러 지능검사에 대한 자세한 해석은 제5장 '지능검사'를 참조하기 바란다.

• Raven의 진행성 색채 매트릭스(Progressive and Coloured Progressive Matrices): 문화에 영

----

7) 웩슬러 지능검사에서 특정 인지 영역을 공통적으로 측정하는 소검사들을 묶어서 해석하는 것을 의미한다. 예컨
대, 숫자, 산수, 빠진 곳 찾기 및 기호쓰기 소검사는 주의집중을 공통적으로 측정하므로, 수검자의 주의집중을
평가하고자 한다면 네 가지 소검사의 수행을 분석한다(자세한 내용은 제5장 참조).

향을 받지 않는 일반적인 지능검사로, 일종의 문제 해결능력을 측정하는 시지각과제로 구성되어 있다. 초반부의 문항들은 단순한 무늬 맞추기(pattern matching)이지만 검사가 진행됨에 따라 문항은 점점 복잡해지고 유추와 추리를 요구한다.

(2) 주의력과 정신처리 속도

① 일반적 개념
주의력이란 감각 정보, 운동 프로그램, 기억, 내적 표상에 대한 정신적인 스포트라이트(mental spotlight)를 의미한다. 우리를 둘러싸고 있는 환경에는 엄청난 양의 정보가 존재하기 때문에 그것을 여과하여 부적절한 정보는 무시하고 중요한 정보를 선택하여 주의를 기울이는 것이 필요하다. 또한 한 곳에서 다른 곳으로 주의를 전환할 수 있는 능력이 중요한데, 만일 한 곳에 주의가 고정되어 있을 경우 변화를 다루지 못하고 보속증이란 증상을 나타낼 수 있다. 보속증은 새로운 과제에 주의를 전환하지 못하고 이전에 한 말이나 동작을 계속 반복하는 것을 말한다. 이와 달리 주의의 초점이 너무 쉽게 전환되는 경우에는 주의가 산만해질 수 있다. 따라서 일상생활에 적절하게 기능하기 위해서는 주의집중과 주의전환 간에 균형이 필요하다.

이러한 주의력은 모든 정신활동에 기본이 되는 능력으로 뇌손상에 꽤 민감하다. 주의력 손상은 뇌손상과 관련해서 가장 빈번하게 보고되는 증상 가운데 하나이다. 주의력 손상을 측정하는 가장 쉬운 방법은 단순히 반응시간을 측정하는 것이었으나, 측정방법이 다양해지면서 부적절한 자극을 효과적으로 여과하거나 주의를 전환하는 능력을 측정하는 검사가 개발되었다.

② 신경해부학적 특성
뇌간에서 피질에 이르는 망상활성체는 각성 및 의식에 관여하는 것으로 알려져 있다. 피질하 구조, 특히 대상피질(cingulate cortex)은 입력되는 정보를 조절하는 기능을 담당하며, 두정엽은 선택적 주의, 전두엽은 주의 자원을 배분하는 기능을 담당한다. 이처럼 상당히 많은 뇌 영역이 주의력에 관여한다. 따라서 뇌손상이 있는 환자의 경우 주의집중이나 주의전환에 어려움을 나타내는 경우가 빈번하다.

③ 대표적인 검사
- 선로잇기검사(Trail Making Test): 집중력과 정신적 추적능력을 측정하기 위한 검사로 A형과 B형의 두 부분으로 구성되어 있다. A형에서 수검자는 가능한 한 빠르고 정확하게 숫자를 순서대로 연결하라는 지시를 받지만 B형에서는 숫자와 알파벳을 번갈아 가면서 연결해야 한다. 즉, 1 → A → 2 → B → 3 → C → 4 → D ……와 같이 연결해야 한다. 과제를 완수하

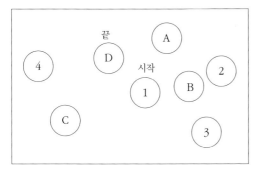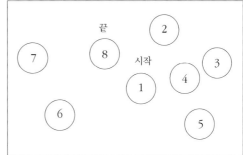

[그림 6-2] 선로잇기 검사: A형(좌)과 B형(우)

출처: Lezak et al. (2004).

는 데 걸린 시간을 측정하며 수검자가 범한 오류들이 기록된다.

• 웩슬러 지능검사의 소검사들: 웩슬러 지능검사의 작업기억지수(WMI)에 포함되는 숫자, 산수, 순서화와 때때로 기호쓰기는 주의력을 요구하는 과제들이다. 숫자에서 숫자 바로 따라하기에 비해 숫자 거꾸로 따라하기와 순서대로 따라하기는 더 큰 집중력을 요한다. 따라서 뇌손상이 의심될 경우, 소검사 점수는 물론이고 최장 자릿수까지 비교할 필요가 있다. 이 소검사들은 주의력을 측정하는 동시에 기억, 처리 및 학습과 관련이 있기 때문에 기억과 학습 부분에서도 언급될 것이다.

(3) 기억과 학습

① 일반적 개념

기억 및 학습의 유형과 절차는 매우 복잡하다. 기억 단계를 등록 또는 감각기억, 단기기억 및 장기기억으로 구분하는 것은 임상적 목적에서 기억장애를 개념화하고 이해하기 위한 적절한 참조틀을 제공한다. 등록 또는 감각기억은 입력 정보를 짧은 순간(최대 1~2초) 감각 저장소에 보유하는 것으로, 지각된 정보가 기억체계에 들어오는 선택 및 부호화 과정이라고 할 수 있다. 단기기억은 등록과정을 거쳐 입력된 정보를 일시적으로 보유하는 것으로, 한 번에 7±2 정도의 정보를 다룰 수 있다. 단기기억의 정보는 시연(rehearsal)을 할 경우 영구적으로 저장될 가능성이 높아지며, 그중 일부는 응고화를 거쳐 장기기억으로 넘어간다. 장기기억으로 정보가 저장되는 과정, 즉 응고화는 빠르게 일어날 수도 있고 적극적 노력이 없으면 상당한 시간이 걸릴 수도 있다.

장기기억은 정보, 대상 및 사건에 대한 학습을 의미하는 서술기억(declarative memory)과 자동적이고 습관화된 반응을 의미하는 절차기억(procedural memory) 또는 암묵기억(implicit

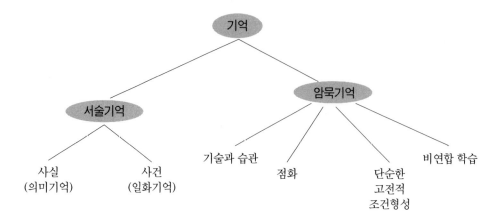

[그림 6-3] 장기기억의 분류

출처: Squire (1992).

memory)으로 구분된다. 대부분의 기억 이론과 연구들은 서술기억에 초점을 맞추어 왔다. 서술기억은 사건에 관한 기억인 일화기억(episodic memory)과 사실에 관한 기억인 의미기억(semantic memory)으로 다시 세분된다. 때로는 학습, 기억되는 정보의 종류에 따라 언어기억과 시공간기억, 촉각기억, 후각기억으로 분류되기도 한다.

대부분의 뇌손상 환자는 손상 이전에 학습한 정보는 보유하고 있지만 새로운 정보를 학습하는 데는 어려움을 보인다. 일반적으로 학습 및 기억 능력을 평가할 때 고려하는 측면은 다음과 같다. 첫째, 수검자가 새로운 정보를 획득하고 기억할 수 있는가, 둘째, 정보가 얼마나 빠르게 망각되는가, 셋째, 간섭 정보가 학습을 얼마나 방해하는가, 넷째, 결함이 특정 영역에 한정되어 있는가 아니면 확산되어 있는가, 다섯째, 시간이 흘러도 결함이 안정적인가 아니면 변화무쌍한가.

② 신경해부학적 특성

신경해부학적으로 단기기억은 전두엽의 여러 영역과 관련이 있으며 장기기억은 내측 측두엽, 간뇌(시상), 기저전뇌, 전두엽과 관련된 것으로 알려져 있다. 기억되는 정보의 종류에 따라 언어기억은 좌반구 측두엽, 시공간기억은 우반구 측두엽과 관련이 있으므로 학습 및 기억 능력을 평가할 때 시공간 및 언어 정보에 대한 검사를 모두 실시할 필요가 있다.

③ 대표적인 검사

- 웩슬러 기억검사(Wechsler Memory Scale): 새로운 학습과 기억을 검사하기 위해 세계적으로 가장 널리 사용되는 기억검사 배터리 중 하나로 언어 및 시공간 정보에 대한 자유회상, 재

인을 측정하는 다양한 소검사로 구성되어 있으며 개인 정보의 회상, 주의력, 집중력, 정신적 추적과 관련된 정보를 포함하고 있다.

- **단기기억검사**: 일련의 숫자를 불러 준 후 따라 외우게 하는 숫자 외우기(Digit Span)는 단기기억을 측정하는 대표적인 검사이며, Corsi의 토막 두드리기 검사(Block Tapping Test)는 시공간적인 형태의 단기기억검사이다.
- **언어기억검사**: 대부분의 언어기억검사는 단어 목록과 같은 언어적 정보를 반복해서 불러주고 이에 대해 학습시킨 후(학습 시행), 즉각적으로 또는 일정 시간이 경과한 후 습득한 정보에 대한 자유회상(즉각 또는 지연 회상 시행) 및 재인(recognition)을 측정한다(재인 시행). 검사에 따라 간섭 과제를 사용하기도 하고 기억의 효율성을 측정하기 위해 기억 책략의 활용 정도를 평가하기도 한다. 기억해야 할 정보로 단어 목록이 아닌 줄거리 있는 이야기를 사용하기도 한다. 대표적인 언어기억검사에는 레이 청각언어학습검사(Rey Auditory Verbal Learning Test), 캘리포니아 언어학습검사(California Verbal Learning Test) 등이 포함된다.
- **시공간기억검사**: 시공간 기억은 시각적인 도형을 보고 따라 그리게 함으로써 학습을 시킨 후(학습 시행), 그림 자극을 제거하고 즉각적으로 회상하여 그리도록 하고(즉각회상 시행) 일정 시간이 경과한 후 다시 회상해서 그리도록 하는 방식으로 평가한다(지연회상 시행). 검사에 따라 시각 도형의 구성요소들에 대한 재인 과제를 실시하기도 한다(재인 시행). 대표적인 시공간기억검사로 벤더 도형검사, 레이-오스테리스 복합도형검사(Rey-Osterrieth Complex Figure Test) 등이 있다.

(4) 언어기능

① 일반적 개념

언어장애는 뇌손상, 특히 좌반구 손상과 빈번하게 관련되어 있다. 언어기능뿐만 아니라 언어기능과 빈번히 관련되는 학업기술 또한 평가해야 하는 경우가 많다. 실어증과 언어 산출의 문제가 흔한 장애이며 조음장애(발음 곤란), 언어 유창성의 상실, 단어 찾기 곤란, 문법과 구문 상실, 단어나 문장의 반복 곤란, 착어증, 이해 곤란, 읽기장애, 쓰기장애 등이 포함된다. 일반적으로 자발적 언어 표현, 따라 말하기(복창), 언어 이해, 이름대기, 읽기 및 쓰기에 대한 평가가 포함되며 이러한 영역에서 손상 패턴에 따라 실어증의 하위유형을 분류하기도 한다.

② 신경해부학적 특성

언어기능은 좌반구, 특히 외측구 주변 영역과 관련이 있다. 언어 표현은 브로카 영역, 언어이해는 베르니케 영역과 관련이 있는 것으로 알려져 있다. 좌반구뿐만 아니라 우반구도 언어

기능에 관여하는데, 운율이나 얼굴 표정, 제스처의 적절한 사용과 이해, 대화의 규칙 등 사회언어적인 측면은 우반구 외측구 주변 영역과 관련이 있다.

③ 대표적인 검사
- 보스톤 진단용 실어증검사(Boston Diagnostic Aphasia Examination): 실어증을 평가하기 위한 종합인어검사 배터리로 다양한 실어증 특성에 민감하고 광범위하기 때문에 치료계획을 수립할 때 유용하게 사용된다.
- 보스톤 이름대기 검사(Boston Naming Test): 매우 친숙한 대상에서 평소 접하기 힘든 대상에 이르기까지 60개의 그림(선화, line-drawings)을 보고 그 이름을 이야기하도록 되어 있으며, 이름을 말하지 못하면 의미 단서(예: 연필-'쓰기 위해 사용하는')와 음성 단서(예: 첫 음절 '연' 자로 시작)가 제시된다.
- 통제 단어연상검사(Controlled Oral Word Association): 단어 유창성을 평가하는 검사로 제한시간 내에 특정 범주(예: 동물)에 속하는 단어나 특정 철자로 시작되는 단어를 가능한 한 많이 말하도록 하는 검사이다.
- 토큰검사(Token Test): 실어증이 있는 환자의 언어 이해력을 민감하고 신뢰할 만하게 측정하는 대표적인 검사이다. 토큰검사에서는 아주 간단한 것(예: '빨간색 원을 짚으시오.')에서 구문이 매우 복잡한 것(예: '녹색 사각형 위에 빨간색 원을 놓으시오.' '노란색을 제외하고 모든 사각형을 짚으시오.')에 이르기까지 다양한 명령을 듣고 행동에 옮기도록 함으로써 언어 이해력을 측정한다.

(5) 시공간기능

① 일반적 개념
지각은 색이나 형태처럼 단순한 물리적 또는 감각적 특성들을 처리함으로써 외부 대상을 지각하고 공간적 위치를 파악하고 형태를 변별하고 정체를 파악하는 것으로 감각의 능동적 처리과정이라고 할 수 있다. 시공간기능은 지각능력과 구성능력으로 구성되며 운동기능의 영향을 받기 쉽다. Benton과 Tranel(1993)은 시공간기능의 장애를 시지각장애, 시공간장애 및 시운동장애로 구분하여 설명하였다. 시지각장애는 복잡한 자극의 변별, 시각 재인, 색채 인식, 전경-배경의 변별, 시각적 통합에서의 손상을 의미한다. 시공간장애에는 공간적 위치 탐지 손상, 지형학적 지남력 손상, 시야의 무시, 방향과 거리 감각의 손상이 포함된다. 그리고 시운동장애에는 안구운동, 조립, 글씨 쓰기나 그림 그리기의 손상이 포함된다. 환자에 따라 이러한 장애가 개별적으로 나타나기도 하고 한꺼번에 나타나기도 한다.

② 신경해부학적 특성

신경해부학적으로, 후두엽에서 측두엽에 이르는 복측 경로는 '무엇'에 관한 정보를 처리하고, 후두엽에서 두정엽에 이르는 배측 경로는 '어디'에 관한 정보를 처리한다. 의미 있는 시각 자극(예: 대상 재인)은 복측 경로에서 처리하고, 추상적인 시각 자극(예: 공간적 형태)은 배측 경로에서 처리한다. 시각 자극의 친숙도에 따라 처리하는 반구가 달라진다. 예를 들어, 친숙한 얼굴은 좌반구가 처리하고, 낯선 얼굴은 우반구가 처리한다. 아울러 시공간 과제의 효율적 수행에는 전운동피질과 운동피질 그리고 운동 및 동안 신경회로(시상, 기저핵, 소뇌 포함)와 같은 다양한 뇌 영역이 관여한다.

③ 대표적인 검사

- 벤더 도형검사: 시각적 구성능력을 평가함으로써 뇌손상에 대한 선별검사로 광범위하게 사용되고 있는 검사로, 수검자는 9개의 간단한 도형을 보고 그린 후 회상하여 그리라는 지시를 받는다. 따라 그린 그림에서 도형의 회전, 중복 곤란, 단순화, 파편화, 퇴영, 보속증, 충돌, 불능, 폐쇄 곤란, 시각운동 협응 곤란, 각도 곤란, 응집성 등, 도형의 형태가 적절하게 유지되지 못할 경우 뇌손상의 징후로 해석될 수 있다.
- 레이-오스테리스 복합도형검사: 시각적 구성능력과 시각적 기억력을 평가하는 검사로, 수검자는 복잡한 그림을 보고 따라 그리라는 지시를 받는다. 우반구 손상 환자는 파편화된 방식으로 접근함으로써 전반적인 도형의 형태가 붕괴된 그림이나 흔히 그림의 좌측 측면이 무시된 그림을 그리는 반면, 좌반구 손상 환자는 전반적인 형태는 유지되지만 세부 구성요소가 생략된 단순화된 그림을 그린다. 이러한 질적 평가뿐만 아니라 표준화된 채점체계를 사용한 양적 평가가 가능하다.
- 웩슬러 지능검사의 소검사들: 웩슬러 지능검사의 지각추론지수(PRI)를 산출하는 소검사들은 토막짜기를 제외하고 새로이 포함된 것들로, 신경심리평가를 위해 활용되려면 더 많은 연구와 더불어 신중한 접근이 필요하다. 토막짜기 소검사는 시공간 조직화 및 시각운동 협응을 측정하며 뇌손상, 특히 우반구 두정엽의 손상에 영향을 받기 쉬운 것으로 알려져 있다. 예를 들어, 우측 두정엽 손상이 있는 수검자는 토막짜기 소검사에서 수행이 빈약한데, 이는 방향 감각의 상실로 도형을 왜곡하거나 잘못 지각하기 때문이다. 반면, 좌측 두정엽 손상이 있는 경우 전반적인 형태를 정확하게 지각하나 문제 해결은 혼란되고 단순화될 수 있다. 또한 처리속도지수(PSI)에 포함된 지우기 소검사는 좌측 시야의 무시를 민감하게 측정하며, PRI 또는 PSI에 속한 소검사들을 실시할 때 나타난 오류에도 시야의 무시가 반영되기도 한다. 주의 깊은 행동관찰은 수검자의 결함을 이해하는 데 도움이 된다.
- 자유그림 과제: 사람이나 나무, 집, 자전거, 시계 또는 단순한 사각형이나 십자가를 그리도

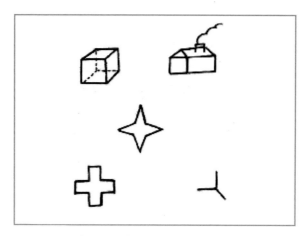

[그림 6-4] 자유그림 과제의 예

출처: Lezak et al. (2004).

록 하는 과제는 앞서 설명한 검사들에 비해 덜 구조화되어 있으나 시공간 구성능력을 평가할 수 있다. 이러한 검사에서는 백지에 특정 대상을 자유롭게 그리도록 하기 때문에 수검자가 활동을 시작하고 조직화하고 모니터할 것을 요구한다.

(6) 실행기능

① 일반적 개념

실행기능은 자기 행동을 효과적으로 조절하고 지시하는 능력으로 여기에는 추상적인 원리를 발견하는 추론능력, 계획을 세우고 그 계획에 따라 순서대로 일을 처리하는 능력, 융통성, 판단력 및 통찰력, 상황에 맞게 적절한 사회적 행동을 하는 능력 등이 포함된다. 실행기능이 손상되었지만 다른 인지기능은 온전해 보이기 때문에 그리고 얼마 전까지만 해도 실행기능을 측정할 수 있는 마땅한 검사가 부족했기 때문에, 그 중요성에도 불구하고 실행기능은 공식적인 심리학적 평가에서 간과되었다. 특히 지능검사의 전체검사 IQ는 실행기능의 손상을 민감하게 측정하지 못하기 때문에, IQ 점수만으로 환자가 회복되었다거나 실행기능이 양호하다고 결론을 내리지 않도록 주의해야 한다. 실행기능을 제대로 평가하기 위해서는 면담, 행동 관찰 및 실행가능 검사를 모두 활용하는 것이 필요하다.

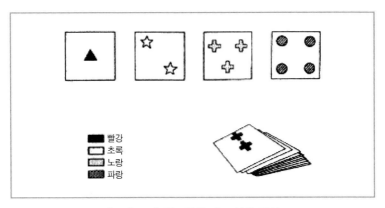

[그림 6-5] 위스콘신 카드 분류 검사

출처: Milner (1964).

② 신경해부학적 특성

실행기능은 전두엽과 관련이 있다. 이를 구체적으로 살펴보면, 배외측 영역은 계획을 세우고 실행하고 융통성 있게 대처하는 능력과 관련이 있으며, 안와전두 영역은 충동과 정서적 흥분을 억제하고 사회적으로 적절한 행동을 하도록 통제하는 기능과 관련이 있다. 아울러 내측 전두엽은 자동화된 반응을 억제하고 적절한 반응을 선택하는 기능, 의지와 관련이 있는 것으로 알려져 있다.

③ 대표적인 검사

• 위스콘신 카드분류검사(Wisconsin Card Sorting Test): 가장 널리 사용되고 있는 실행기능검사로, 특히 좌측 배외측 영역을 포함하는 전두엽의 손상에 민감한 것으로 알려져 있다. 수검자의 과제는 검사자의 피드백에 따라 규칙을 추론하여 카드를 분류하는 것으로 가능한 한 오류와 보속 반응[8]을 최소화해야 한다.

• 스트룹 검사(Stroop Test): 색상을 표현한 글자와 그 글자의 색상이 동일한 조건과 상이한 조건에서 글자의 색상을 말하도록 하는 과제로, 글자를 읽는 것이 자동화되어 있기 때문에 글자와 색상이 상이한 조건에서는 수행이 방해를 받는다.

• 유창성검사: 유창성검사는 제한시간 내에 특정 철자로 시작하는 단어(예: 'F' 'A' 'S'로 시작하는 단어)를 가능한 한 많이 말하거나 도안을 가능한 한 많이 그리도록 하는 검사이다. 수검자가 인지적 유연성이 높고 창의적으로 접근할 수 있어야 단어유창성과 도안유창성 검사에서 양호한 수행을 보일 수 있다.

- - - - - - - - - - - - -

8) 검사 상황에서 요구하는 지시나 질문이 달라졌음에도 불구하고 이전에 한 말이나 동작을 계속 반복하는 현상으로, 뇌손상 징후(sign)의 하나로 간주된다.

(7) 성격 및 정서적 행동

① 일반적 개념

신경심리평가에서 인지능력과 행동을 측정하는 것이 중요하지만 수검자의 정서적 상태와 적응 수준 또한 평가해야 할 영역이다. 이러한 정보는 적어도 세 가지 상황에서 중요하다. 첫째, 검사지는 신경심리학적 검사에서 비정상적인 결과가 중추신경계 결함 때문인지, 아니면 정서적 요인 때문인지 결정해야 하는 상황이다. 예를 들면, 임상장면에서 인지기능 저하가 초기 치매 때문인지 혹은 노인성 우울증 때문인지를 감별하는 것은 심리학자에게 흔히 요구되는 문제이다. 둘째, 뇌손상 환자가 우울증을 경험할 때 인지기능이 더 악화되는 것처럼, 정서적 문제가 기질적 손상을 복잡하게 만들 수 있기 때문에 정서적 상태에 대한 평가가 중요하다. 셋째, 전반적인 기능 수준과 관련된 예측이 필요한 경우이다. 심리사회적 적응과 재활 결과를 예측하는 데 인지적 결함의 심각도가 유용하기는 하나, 성격과 정서적 요인 또한 좋은 예측요인이라는 연구 결과가 있다. 이때 환자 자신을 비롯한 가족이나 주변 사람과의 면담이 매우 중요하다. 검사자는 환자가 자신의 결함을 과잉추정 혹은 부인하는지를 판단할 수 있어야 하고 환자의 병전 성격과 사회적 지지의 양과 정도에 관한 정보를 얻어야 한다.

② 신경해부학적 특성

다양한 정서적 요인과 성격 변인이 신경심리학적 손상과 관련되어 있다. 자기인식의 제한, 충동성, 경직성, 빈약한 사회적 인식은 전두엽 손상과 관련되어 있으며, 이러한 증상의 유무는 진단, 치료계획, 장단기 예측, 수검자 및 그 가족에 대한 피드백에 중요하다.

③ 대표적인 검사

- MMPI-2/MMPI-A: MMPI는 세계적으로 가장 널리 쓰이고 가장 많이 연구되어 있는 객관적인 성격검사이지만, 뇌손상의 유무 또는 위치를 진단하는 데에는 효과적이지 못하다. 그럼에도 불구하고 뇌손상 환자의 현재 적응 수준을 평가하는 데 유용할 수 있으며, 뇌손상 이전의 정신병리, 뇌손상으로 인한 성격 변화, 뇌손상에 대한 개인의 반응을 평가하는 데 도움이 된다. 아울러 MMPI의 타당도 척도들은 수검자가 증상을 과장할 가능성과 검사를 수행하는 동안의 협조 정도에 관한 정보를 제공한다.
- 벡 우울검사(Beck Depression Inventory: BDI-II): 우울증의 수준을 간편하게 측정할 수 있는 자기보고식 검사로, 우울증의 신체·정서적·인지적 증상을 측정한다. BDI-II에서는 BDI의 일부 문항이 삭제되고 대신, 초조, 집중 곤란, 무가치감, 의욕 저하 항목이 새로이 포함되었으며 수면과 식욕은 저하와 증가를 모두 측정할 수 있도록 수정되었다. BDI-II는 5분

정도면 간편하게 실시할 수 있어 뇌손상 환자의 우울증을 측정하는 도구로 선호된다. 노인의 우울증을 측정하기 위해서는 노인집단을 대상으로 표준화 및 타당화된 도구인 노인용 우울검사(Geriatric Depression Scale: GDS)가 사용될 수 있다.

2) 주요 신경심리검사

(1) 선별검사

선별검사는 신경심리검사 배터리에 비해 얻을 수 있는 정보의 양이 제한적이기는 하지만 실시와 채점이 빠르고 간편하여 뇌손상의 유무를 탐지하기 위한 검사로 두루 사용되고 있다. 전문가가 아니더라도, 간단한 교육과 훈련을 받으면 실시할 수 있을 뿐만 아니라 기능이 심하게 손상된 환자들에게도 적용할 수 있다는 장점이 있다. 먼저, 선별검사를 실시한 후 뇌손상이 의심될 때 뇌영상 촬영이나 종합 신경심리평가와 같은 정밀검사를 실시함으로써 시간과 비용을 줄일 수 있다. 현재 임상장면에서 많이 사용하는 선별검사로는 간이 정신상태검사(Mimi-Mental State Examination: MMSE), 하세가와 치매 척도(Revised Hasegawa's Dementia Scale: HDS-R), 몬트리얼 인지평가(Montreal Cognitive Assessment: MoCA), 벤더 도형검사(Bender Visual Motor Gestalt Test: BGT) 등이 있으며, 이 책에서는 대표적인 선별검사인 MMSE를 소개하고자 한다.

MMSE는 Folstein, Folstein과 McHugh(1975)가 개발한 검사로, 치매를 비롯하여 심각한 뇌손상이 있는 환자의 인지기능을 측정한다. 시간을 두고 반복 실시할 경우 질병의 진행과정 혹은 치료과정에 따른 인지기능의 변화를 살펴볼 수 있다는 장점이 있다. 현재 국내에는 강연욱, 나덕렬, 한승혜(1997)가 번안한 K-MMSE, 권용철과 박종환(1989)이 번안한 MMSE-K, 이동영 등(2002)이 번안한 MMSE-KC 등 여러 가지 번안판이 사용되고 있다. 〈표 6-4〉에 K-MMSE의 기록지가 예로 제시되어 있는데, K-MMSE는 시간 지남력, 장소 지남력, 기억등록, 주의집중 및 계산능력, 기억회상능력, 언어 능력 및 시공간 구성능력을 측정하는 30개의 문항으로 구성되어 있다. 수검자의 교육 수준, 나이 및 성별에 따라 K-MMSE 점수의 분포 양상이 달라지기 때문에, K-MMSE를 평가할 때는 이러한 변인들을 반드시 고려해서 해석해야 한다.

● 표 6-4 K-MMSE의 기록지

항목		반응	점수	
시간 지남력 (5)	연(1)			
	월(1)			
	일(1)			
	요일(1)			
	계절(1)			/5
장소 지남력 (5)	나라(1)			
	시/도(1)			
	무엇하는 곳(1)			
	현재 장소명(1)			
	몇 층(1)			/5
기억등록 (3)	비행기(1)			
	연필(1)			
	소나무(1)			/3
주의집중 및 계산 (5)	100-7(1)			
	-7(1)			
	-7(1)			
	-7(1)			
	-7(1)			/5
기억회상 (3)	비행기(1)			
	연필(1)			
	소나무(1)			/3
언어능력 (8)	이름대기(2): 시계, 볼펜			
	따라 말하기(1): 백문이 불여일견			
	명령시행(3): 종이를 뒤 집고, 반으로 접은 다음, 저에게 주세요.			
	읽기(1)			
	쓰기(1)			/8
그리기(1)	오각형(1)			/1
			총점:	/30

출처: 강연욱, 나덕렬(2003).

(2) 성인용 신경심리검사

① 한국판 웩슬러 기억검사 제4판(K-WMS-IV)

한국판 웩슬러 기억검사 제4판(Korean Wechsler Memory Scale-4th Edition: K-WMS-IV)은 WMS-IV를 최진영, 김지혜, 박광해, 홍순택, 홍상황(2012)이 국내에 표준화한 것으로, 기억기 능과 더불어 간이 인지 상태를 평가할 수 있는 검사 배터리이다. K-WMS-IV(2012)는 7개의 소 검사, 즉 간이 인지상태검사, 논리기억, 단어연합, 디자인, 시각재생, 공간 합산, 기호 폭으로 구성되어 있으며, 청각기억, 시각기억, 시각작업기억, 즉각기억, 지연기억 등 다양한 기억지수 가 산출된다. 검사를 실시하는 데 평균 60~90분 소요되며, 만 16세~69세 11개월의 청소년 및 성인에 대한 규준을 제공한다. K-WAIS-IV(2012)로 측정한 일반지능과 기억기능을 비교할 수 있다는 것이 장점이다.

② 한국판 기억평가검사(K-MAS)

한국판 기억평가검사(Korean version of Memory Assessment Scales: K-MAS)는 Williams(1991) 의 기억평가검사를 이현수, 박병관, 안창일, 김미리혜, 정인과(2001)가 국내에 표준화한 것으 로, 12개의 소검사, 즉 언어 기억범위, 시각 기억범위, 단어 습득, 단어 회상, 단어 지연회상, 문 장 즉각회상, 문장 지연회상, 얼굴 즉각기억, 얼굴 지연기억, 시각재생, 시각 즉각재인, 시각 지 연재인으로 구성되어 있다. 검사를 실시하는 데 평균 1시간 정도가 소요되며, 단기기억, 언어 기억, 시각기억, 전체기억 점수(MQ)가 산출된다.

③ 캘리포니아 언어학습검사(CVLT)

캘리포니아 언어학습검사(CVLT)는 국내에서 김정기와 강연욱(2000)이 표준화한 기억검사 로, 16개의 단어로 구성된 단어 목록에 대한 즉각 회상능력을 5회에 걸쳐 반복 측정하고 단기 및 장기 지연회상능력과 함께 재인능력을 평가하도록 되어 있다. 무엇보다 CVLT의 강점은 기 억 수행의 양적인 평가는 물론이고 기억에 관련된 다양한 과정에 대한 질적인 평가가 가능하 다는 것이다. CVLT는 수검자가 사용하는 기억 전략, 실수의 유형, 순행성/역행성 간섭의 정도, 학습 및 망각 속도, 단서의 활용 여부 등에 대한 정보를 제공한다.

④ 레이-킴 기억검사 II

레이-킴 기억검사 II는 Andre Rey가 개발한 청각언어학습검사(Auditory Verbal Learning Test: AVLT)와 복합도형검사(Complex Figure Test: CFT)를 김홍근(2013a)이 우리말로 번안하여 표준화한 레이-킴 기억검사의 개정판이다. 검사의 대상 연령은 만 16세에서 69세이며, 지연시간을 제외하면 검사를 실시하는 데 15~20분 정도 소요된다. 청각언어학습검사는 5회의 학습 시행, 지연회상, 지연재인을 실시하고, 복합도형검사는 그리기, 즉시회상, 지연회상을 실시하도록 되어 있다. 각 소검사의 수행은 평균 10, 표준편차 3인 환산척도로 전환되며, 언어기억지수, 그림기억지수, 즉시회상지수, 지연회상지수, 지연재인지수와 여러 개의 환산점수를 조합하여 IQ의 개념과 유사한 기억지수(Memory Quotient: MQ)를 산출한다. 그 밖에 레이-킴 기억검사는 백분위로 제시되는 차이척도를 제공하는데, 이는 기억검사에서 수검자의 수행 패턴을 파악함으로써 해석을 풍부하게 한다. 차이척도에는 청각언어학습검사의 학습기울기, 기억유지도 및 인출효율성, 복합도형검사의 그리기와 기억의 일치도, 그리고 언어기억과 시각기억의 일치도, 지능과 기억의 일치도가 포함된다.

⑤ 킴스 전두엽 관리기능검사 II

킴스 전두엽 관리기능검사 II(김홍근, 2013b)는 관리기능의 손상을 평가하기 위해 개발된 검사로, 킴스 전두엽 관리기능검사의 개정판이다. 검사의 대상 연령은 만 16세에서 69세이며, 검사시간은 약 25~30분이며 레이-킴 기억검사와 함께 사용하면 시간이 단축된다. 이 검사는 5개의 소검사, 즉 스트룹 검사, 단어유창성, 도안유창성, 청각언어학습검사(AVLT) 및 복합도형검사(CFT)로 구성된다. 킴스 전두엽 관리기능검사 II는 13개의 환산점수를 산출하며, 각각은 관리기능(스트룹 검사 간섭시간, 단어유창성 정반응, 도안유창성 정반응, AVLT 지연회상, CFT 계획성), 비교점수(스트룹 검사 단순시간, AVLT 지연재인, CFT 보고 그리기), 오류통제(스트룹 검사 단순오류, 스트룹 검사 간섭오류, 단어유창성 비어반응, 단어유창성 반복반응, 도안유창성 반복반응)로 범주화되며, 수행의 양적 측면과 질적 측면을 모두 평가한다. 전체점수는 결과 해석에서 가장 핵심적인 요소인 관리기능지수(Executive Function Quotient: EFQ)로 요약된다.

⑥ 벤튼 신경심리검사 배터리(BNA)

벤튼 신경심리검사(Benton Neuropsychological Assessment: BNA)는 Benton과 동료들(Benton, Hamsher, Varney, & Spreen, 1983)이 20여년에 걸쳐 뇌손상 환자의 인지적 처리과정을 이론적·경험적으로 검증한 결과를 토대로 제작한 신경심리학적 평가도구들로, 12개의 검사로 구성되어 있다(〈표 6-5〉 참조). BNA는 크게 지남력 및 학습 검사와 지각 및 운동 검사의 두 가지로 구성되어 있다. 국내에서는 박병관(1998)이 번안하여 신뢰도 및 타당도 연구를 수행하였고, 이 중 얼굴재인검사와 판토마임 재인검사는 국내 실정에 맞게 새로이 구성하여 제작하였다.

● 표 6-5 벤튼 신경심리검사의 구성

인지 영역	신경심리검사
지남력 및 학습 검사	1. 시간지남력검사(Temporal Orientation) 2. 좌우지남력검사(Right-Left Orientation) 3. 연속숫자학습검사(Serial Digit Learning)
지각 및 운동 검사	4. 얼굴재인검사(Facial Recognition) 5. 직선지남력판단검사(Judgment of Line Orientation) 6. 시각형태변별검사(Visual Form Discrimination) 7. 판토마임 재인검사(Pantomime Recognition) 8. 촉각형태지각검사(Tactile Form Perception) 9. 손가락 위치판단검사(Finger Localization) 10. 음소변별검사(Phoneme Discrimination)
	11. 3차원 토막구성검사(Three Dimensional Block Construction) 12. 운동지속력검사(Motor Impersistence)

(3) 노인용 신경심리검사 배터리

① 서울신경심리검사 2판(SNSB-II)

서울신경심리검사 2판(Seoul Neuropsychological Screening Battery-II: SNSB-II; 강연욱, 장승민, 나덕렬, 2012a)은 크게 다섯 가지 인지 영역, 즉 주의집중 능력, 언어 및 그와 관련된 기능들, 시공간기능, 기억력 및 전두엽 집행기능을 평가하는 다양한 검사로 구성되어 있다. 그 외에도, 짧은 시간에 치매를 선별하기 위해 국내외에서 널리 사용되고 있는 K-MMSE가 포함되어 있으며, 수검자의 인지기능에 영향을 미칠 수 있는 정서적 상태를 평가하는 노인용 우울검사(GDS)와 신체적 상태를 평가하는 바텔 일상생활수행척도(Barthel Activities of Daily Living: B-ADL), 일상기능을 평가하는 한국판 도구적 일상생활수행척도(Korean-Instrumental Activities of Daily Living: K-IADL), 수검자와 보호자의 보고를 종합하여 치매 심각도를 평가하는 임상적 치매평가척도(Clinical Dementia Rating Scale: CDR)과 전반적 퇴화척도(Global Deterioration Scale: GDS)가 포함되어 있다. 전체 검사를 실시하는 데 약 1시간 30분~2시간 정도 소요되며, 45세~90세의 중장년 및 노인에 대한 규준을 제공한다. 또한 SNSB-C(강연욱, 장승민, 나덕렬, 2012b)는 SNSB-II의 단축형으로, SNSB-II를 실시하기 어려운 상황에서 핵심 인지기능을 짧은 시간에 평가할 수 있다.

● 표 6-6 SNSB-II의 구성

인지 영역	신경심리검사
주의력	• Vigilance Test • Digit Span: Forward & Backward • Letter Cancellation
언어 및 관련 기능	• Spontaneous Speech/Comprehension/Repetition • Korean-Boston Naming Test(K-BNT) • Reading/Writing • Finger Naming/Right-Left Orientation/Calculation/Body Part Identification • Praxis Test: Buccofacial/Ideomotor
시공간 기능	• Rey Complex Figure Test(RCFT): Copy • Clock Drawing Test
기억력	• Seoul Verbal Learning Test-Elderly's version(SVLT-E) • RCFT: Immediate & Delayed Recalls/Recognition
전두엽 관리기능	• Contrasting Program/Go-No-Go Test • Fist-Edge-Palm/Alternating Hand Movement • Alternating Square & Triangle/Luria Loop • Controlled Oral Word Association Test(COWAT): 　- Semantic(Animal, Supermarket) 　- Phonemic(ㄱ, ㅇ, ㅅ) • Digit Symbol Coding(DSC) • Korean-Trail Making Test-Elderly's version(K-TMT-E) • Korean-Color Word Stroop Test(K-CWST)
기타 지표	• Korean-Mini Mental State Examination(K-MMSE) • Short Version of the Geriatric Depression Scale(SGDS) • Barthel-Activities of Daily Living(Barthel-ADL) • Korean-Instrumental Activities of Daily Living(K-IADL) • Clinical Dementia Rating Scale(CDR) • Global Deterioration Scale(GDS)

출처: 강연욱 외(2012a).

② 한국판 치매 평가 검사(K-DRS-2)

한국판 치매 평가 검사(Korean Dementia Rating Scale: K-DRS-2)는 Jurica, Leitten과 Mattis(2001)가 치매 환자의 진단 및 경과 측정을 위해 개발한 치매 평가 검사(Dementia Rating Scale)를 국내 실정에 맞게 재표준화한 검사(최진영, 2012)로, 치매 환자의 진단에 중요한 다섯 가지 영역의 인지기능, 즉 주의, 관리기능, 구성, 개념화 및 기억을 측정한다. 검사 소요시간은 대략 30분~1시간으로, 4개의 연령 수준(50~59세, 60~69세, 70~79세, 80~89세)과 4개의 학력 수준(문맹, 0~5세, 6~11세, 12년 이상)으로 세분화된 규준이 제공된다.

③ 치매 진단평가를 위한 한국판 CERAD 평가집(CERAD-K)

CERAD(Consortium to Establish a Registry for Alzheimer's Disease) 임상 및 신경심리 평가집은 알츠하이머병 환자의 평가, 진단 및 연구에 표준적인 평가도구와 진단방법을 사용함으로써 연구자 간에 협력 기반을 마련하고자 하는 목적에서 개발된 평가도구로, 치매 관련 연구 및 임상 진료용으로 약 40개국에서 사용되고 있으며, 국내에서도 한국판 CERAD 평가집 제2판(Korean version of the CERAD Assessment Packet: CERAD-K, 우종인 외, 2015)이 표준화되어 사용되고 있다. CERAD-K는 임상평가집과 신경심리평가집으로 구분된다. 먼저, CERAD 임상평가집은 임상가가 치매를 진단하는 데 필요한 최소한의 정보를 얻을 수 있도록 구성된 평가 항목들로, 반구조화된 면담, 신체 및 신경학적 검사, 간단한 인지기능검사, 임상병리 및 신경영상검사 등이 포함된다. CERAD 신경심리평가집은 거의 모든 알츠하이머병 환자가 일관되게 저하되는 인지기능인 기억력, 지남력, 언어능력 및 시공간능력을 측정하는 검사들로 구성되어 있다. CERAD 신경심리평가집은 치매와 관련이 깊은 인지기능을 비교적 포괄적으로 측정하면서도 전체 검사를 시행하는 데, 약 30분 정도로 짧은 시간이 소요된다는 장점을 지니고 있다.

④ 노인기억장애검사(EMS)

노인기억장애검사(Elderly Memory Disorder Scale: EMS; 최진영, 2007)는 치매, 특히 알츠하이머병의 정확한 진단을 위해 필요한 기억검사들을 중심으로 구성되었다. EMS는 구체적으로 일화기억에 대한 평가를 주목적으로 하여 세 개의 일화기억 측정도구, 즉 노인 언어학습검사(Elderly Verbal Learning Test), 이야기 회상검사(Story Recall Test), 단순 레이 도형검사(Simple Rey Figure Test)가 중심을 이루고 있다. 그 외에 작업기억 측정을 위해 숫자 폭 검사(Digit Span Test)와 시공간적 폭 검사(Spatial Span Test)가 포함되었으며, 의미기억과 더불어 개념화, 관리기능, 구성능력 및 시공간기능 등을 5분 이내의 짧은 시간에 평가할 수 있는 시계그리기 검사가 포함되었다. 또한 언어기능을 평가할 때 가장 기초가 되는 직면적 이름대기(confrontational naming) 수행을 평가하기 위하여 단축형 한국판 보스턴 이름대기 검사가 포함되었다. EMS는 55~84세 노인집단에 대한 규준을 제공하며, 전체 검사를 시행하는 데 대략 40~90분 정도 소요된다.

요약

1. 첨단 뇌영상 기법의 발달로 신경심리평가의 초점이 변화하였다. 과거에는 뇌손상의 진단이 주된 관심사였지만 최근에는 특정 인지기능에 대한 평가 및 뇌와 행동 간에 관계를 규명하는 데 관심이 증가하고 있다. 신경심리검사의 목적은 크게 네 가지, 즉 뇌손상이나 뇌기능장애의 진단, 환자 관리 및 치료계획의 수립, 재활 및 치료 효과의 평가, 그리고 뇌와 행동 간의 관계를 밝히고자 하는 연구로 구분될 수 있다.

2. 신경심리평가의 전략 중 고정된 배터리 접근은 실시해야 하는 검사의 종류와 절차가 미리 정해져 있는 경우로, 문제가 없는 영역에 대해 불필요한 검사를 실시할 수 있다는 한계가 있다. 반면에, 가설검증 접근은 수검자에 대해 얻은 정보를 토대로 뇌손상의 원인과 본질에 대한 가설을 세우고 이에 기초하여 검사를 선택하는 접근이다. 가설검증 접근을 하기 위해서는 임상가의 전문성이 필요하며 수검자마다 실시하는 검사의 종류가 달라지기 때문에 연구에 활용하는 데 어려움이 있다. 이러한 두 가지 접근을 통합하기 위한 시도로, 비교적 짧게 고정된 배터리를 토대로, 수검자의 독특성이나 의뢰 사유에 기초하여 필요한 검사를 추가하는 '융통성 있게 고정된' 배터리가 사용된다.

3. 뇌손상의 유형이나 평가목적에 따라 신경심리검사를 실시하는 시기와 검사의 종류가 달라질 수 있다. 두부 외상이나 뇌졸중과 같은 급성장애의 초기에는 환자의 상태가 불안정하고 신체적 쇠약이나 피로감이 검사 수행에 영향을 줄 수 있으므로, 간편 검사를 실시하는 것이 바람직하다. 치매와 같은 진행성 장애의 경우, 일정 시간이 경과한 후 재검사를 하여 그 변화를 살펴보는 것이 유용하다.

4. 뇌손상이 있거나 의심되는 환자를 평가할 때 주 호소문제를 비롯한 과거력에 대한 정보와 더불어 병전 지적 수준, 손잡이, 주요 의학적 병력, 신경학적 또는 정신과적 병력, 투약 관련 정보, 가족력에 대한 정보를 수집하고 환자의 가족이나 주변 사람들, 다른 의료진이나 의무 기록 등 다양한 출처의 객관적 정보를 얻는 것이 필수적이다.

5. 신경심리검사를 실시하기 전, 환자와 보호자에게 검사의 목적, 절차 및 결과의 활용에 대해 설명함으로써 검사에 대한 동기를 유발하고 환자가 평가 상황에서 잠재력을 최대한 발휘할 수 있도록 적절한 지지와 격려를 제공해야 한다. 평가 결과를 적절하게 해석하기 위해서는 규준이나 절단점수를 사용한 개인 간 비교뿐만 아니라 병전-병후 기능을 비교하는 개인 내 비교가 이루어져야 한다.

6. 인지기능 영역에 따른 대표적인 검사는 다음과 같다. 지능검사에는 웩슬러 지능검사, Raven의 진행성 색채 매트릭스 등, 주의력과 정신처리 속도검사는 선로잇기검사, 숫자 외

우기, 산수문제, 순서화, 기호쓰기 등, 기억검사에는 학습은 웩슬러 기억검사, 숫자 외우기, Corsi의 토막 두드리기 검사, 레이 청각언어학습검사, 캘리포니아 언어학습검사, 벤더 도형검사, 레이 복합도형검사 등, 언어기능검사에는 보스톤 진단용 실어증 검사, 보스톤 이름대기 검사, 통제 단어연상검사, 토큰검사 등, 시공간 기능검사에는 벤더 도형검사, 레이 복합도형검사, 토막짜기와 모양맞추기, 자유그림 과제 등, 실행기능검사에는 위스콘신 카드분류검사, 스트룹 검사, 유창성검사 등, 성격 및 정서적 행동을 측정하는 검사에는 MMPI-2/MMPI-A, 벡 우울증 검사II 등이 있다.

7. 선별검사는 뇌손상 유무를 탐지하기 위한 목적으로 간편하게 실시할 수 있다는 장점이 있다. 준전문가들도 간단한 교육과 훈련을 받은 후 실시할 수 있을 뿐만 아니라 기능이 심하게 손상된 환자들에게 적용할 수 있다. 또한 선별검사를 먼저 실시한 후 뇌손상이 의심될 때 정밀검사를 실시함으로써 시간과 비용을 줄일 수 있다. 대표적인 선별검사로는 간이정신상태검사, 하세가와 치매척도, 몬트리올 인지평가, 벤더 도형검사 등이 있다.

참고문헌

강연욱, 나덕렬(2003). 서울 신경심리검사(SNSB). 서울: 휴브알엔씨

강연욱, 나덕렬, 한승혜(1997). 치매환자들을 대상으로 한 K-MMSE의 타당도 연구. 대한신경과학회지, 15, 300-308.

강연욱, 장승민, 나덕렬(2012a). 서울 신경심리검사 2판(SNSB-II). 서울: 휴브알엔씨.

강연욱, 장승민, 나덕렬(2012b). 서울 신경심리검사 단축형(SNSB-C). 서울: 휴브알엔씨.

김정기, 강연욱(2000). 한국판 갤리포니아 언어학습검사(K-CVLT). 서울: 도서출판 특수교육.

권용철, 박종환(1989). 노인용 한국판 Mini Mental State Examination(MMSE-K)의 표준 연구-제1편: MMSE-K의 개발. 신경정신의학회지, 28, 125-135.

김홍근(2013a). Rey-Kim 기억검사 II 해설서. 대구: 도서출판 신경심리.

김홍근(2013b). Kims 전두엽-관리기능 신경심리검사 II 해설서. 대구: 도서출판 신경심리.

박병관(1998). 한국판 벤튼신경심리검사의 타당화 연구. 고려대학교 대학원 박사학위논문.

우종인, 김기웅, 김성윤, 우성일, 윤종철, 이강욱, 이군희, 이동영, 이정희, 주진형, 한설희(2015). 치매 진단 평가를 위한 한국판 CERAD 평가집 제2판(CERAD-K). 서울: 서울대학교 출판문화원.

이동영, 이강욱, 이정희, 김기웅, 주진형, 윤종철 등.(2002). Mini-Mental State Examination의 한국 노인 정상규준 연구. 신경정신의학, 41(3), 508-525.

이현수, 박병관, 안창일, 김미리혜, 정인과(2001). 한국판 기억평가검사: 전문가용 실시, 채점 요강. 서울: 한국가이던스.

최진영(2007). 노인 기억장애 검사(EMS): 실시 요강. 서울: 학지사.

최진영(2012). 한국판 치매 평가 검사(K-DRS-2): 전문가 요강. 서울: 학지사.

최진영, 김지혜, 박광배,황순택, 홍상황(2012). K-WMS-Ⅳ 기술 및 해석 요강. 대구: 한국심리 주식회사.

Benton, A. (1985). Some problems associated with neuropsychological assessment. *Bulletin of Clinical Neurosciences, 50*, 11-15.

Benton, A., Hamsher, K., Varney, N., & Spreen, O. (1983). *Contributions to neuropsychological assessment.* New York: Oxford University Press.

Benton, A., & Tranel, D. (1993). Visuoperceptual, Visuospatal, and visuoconstructive disorders. In K. M. Heilman & E. Valenstein(Eds.), *Clinical neuropsychology*(pp. 163-213). New York: Oxford University press.

Boll, T. J. (1985). Developing issues in clinical neuropsychology. *Journal of Clinical and Experimental Neuropsychology, 7*, 473-485.

Camara, W. J., Nathan, J. S., & Puente, A. E. (2000). Psychological test usage: Implications in professional psychology. *Professional Psychology: Research and Practice, 31*, 141-154.

Corkin, S., Growdon, J. H., Sullivan, E. V., Nissen, M. J., & Huff, F. J. (1986). Assessing treatment effects: A neuropsychological battery. In L. W. Poon (Ed.), *Handbook for clinical memory assessment of older adults* (pp.156-167). Washington, DC: American Psychological Association.

Folstein, M. F., Folstein, S. E., & McHugh, P. R. (1975). Mini-mental state. *Journal of Psychiatric Research, 12*, 189-198.

Golden, C. J., Purisch, A. D., & Hammeke, T. A. (1985). *Luria-Nebraska neuropsychological battery: Forms I and II.* Los Angeles: Western Psychological Services.

Groth-Marnat, G. (2003). *Handbook of psychological assessment* (4th ed.). New York: John Wiley.

Grabowski, T., Anderson, S. W., & Gooper, G. E. (2002). Disorders of cognitive function. In E. L. Mancall (Ed.), *Continumm: Lifelong learning in neurology* (Vol. 8). Philadelphia: Linpincott Williams and Wilkins.

Jurica, P. J., Leitten, C. L., & Mattis, S. (2001). *Dementia Rating Scale-2. Professional manual.* Florida: Psychological Assessment Resources.

Knight, R. G., & Godfrey, H. P. D. (1996). Psychosocial aspects of neurological disorders: Implications for research in neuropsychology. *Australian Psychologist, 31*, 48-51.

Lezak, M. D. (1995). *Neuropsychological assessment.* New York: Oxford University Press.

Lezak, M. D., Howieson, D. B., & Loring, D. W. (2004). *Neuropsychological assessment* (4th ed.). New York: Oxford University Press.

Mattis, S. (1988). *Dementia Rating Scale (DRS).* Odessa, FL: Psychological Assessment Resources.

Milner, B. (1964). Some effects of frontal lobectomy in man. In J. M. Warren & K. Akert (Eds.), *The frontal granular cortex and behavior.* NY: McGraw-Hill.

Morris, J. C., Heyman, A., Mohs, R. C., Hughes, J. P., van Belle, G., Fillenbaum, G., Mellits, E. D., Clark, C., & the CERAD Investigators. (1989). The Consortium to Establish a Registry for Alzheimer's Disease (CERAD). Part I: Clinical and neuropsychological assessment of Alzheimer's disease. *Neurology, 39,* 1159-1165.

Reitan, R. M. (1955). Certain differential effects of left and right cerebral lesions in human adults. *Journal of Comparative and Psychological Psychology, 48,* 474-477.

Sbordone, R. J., & Guilmette, T. J. (1999). Ecological validity: Prediction of everyday and vocational functioning from neuropsychological test data. In J. J. Sweet (Ed.), *Forensic neuropsychology: Fundamentals and practice* (pp. 227-254). Lisse: Swets & Zeitlinger.

Squire, L. R. (1992). Declarative and non-declarative memory: Multiple brain systems supporting learning and memory. *Journal of Cognitive Neuroscience, 4,* 232-243.

Williams, J. M. (1991). *Memory Assensment Scales.* Odessa, FL: Psychological Assessment Resources.

Chapter 07
다면적 인성검사(MMPI)

박기환

학/습/목/표

1. MMPI의 개발과정을 이해하기

2. MMPI-2의 개발과정 및 특징을 이해하기

3. 검사 실시 절차와 검사 채점의 특징 및 T점수의 의미를 이해하기

4. MMPI-2 타당도 척도의 특징을 이해하기

5. 임상척도의 구성 및 각 척도들의 해석적 특징을 이해하기

6. 재구성 임상척도, 내용척도, 보충척도, 성격병리 5요인 척도, 임상 소척도,
   결정적 문항, MMPI-2-RF의 특징을 이해하기

7. 해석할 때 고려해야 할 절차와 방법을 이해하기

8. 효과적인 검사 결과 피드백 방식 이해하기

9. 주요 해석방법으로서 2코드 유형 해석 살펴보기

10. 사례 풀이를 통한 해석 연습하기

1. 검사의 개발

1) MMPI의 개발

다면적 인성검사(Minnesota Multiphasic Personality Inventory: MMPI)는 미네소타 대학병원에서 일하던 임상심리학자 Stark Hathaway와 정신과 의사 J. Charnley McKinley가 1943년에 처음 출판하였다. 이들은 간편한 지필검사인 MMPI가 유용한 진단도구가 될 것으로 기대했다(Graham, 2006).

Hathaway와 McKinley는 경험적 제작 방식을 사용하여 검사척도들을 개발하였다. 이 방식은 집단 간에 차이가 나는 문항들을 경험적으로 결정하는 것인데, 지금은 흔한 방식이지만 MMPI 개발 당시에는 매우 새로운 방식이었다. 그때까지 대부분의 성격검사는 논리적 제작 방식에 따라 개발되었다. 이 방식은 검사 문항들을 안면타당도에 따라 합리적으로 만들거나 선택하며, 채점 방향도 어떤 반응이 측정하고자 하는 속성을 잘 반영하는지에 대한 검사개발자의 주관적 판단에 따라 결정되었다. 그러나 논리적 제작 방식으로 개발된 검사에서는 수검자가 검사 문항에 대한 반응을 자신이 원하는 방향으로 왜곡할 수 있다는 문제가 드러났다. 또한 검사개발자가 주관적으로 결정한 채점 방향이 실제 관찰되는 집단 간 차이와 일치하지 않는 경우들이 있었다. 따라서 경험적 제작 방식에서는 집단을 구분해 줄 수 있는 검사 문항들, 즉 경험적인 문항분석을 사용해 척도의 문항을 결정하고자 하였다.

Hathaway와 McKinley는 심리학 및 정신의학의 사례 보고서들과 교과서, 이전에 출판된 성격검사들로부터 성격을 기술하는 다양한 문장 1,000개가량을 뽑아낸 후, 내용이 서로 중복되지 않는다고 판단되는 504개를 선정하였다.

검사 개발의 다음 단계는 적절한 준거집단을 정하는 것이었다. 한 준거집단은 정상인이었고, 다른 한 준거집단은 정신과 환자들이었다. 그때 포함된 정신과 환자들의 진단은 건강염려증(hypochondriasis), 우울증(depression), 히스테리(hysteria), 반사회성(psychopathic deviate), 편집증(paranoia), 강박증(psychasthenia), 정신분열증(schizophrenia), 경조증(hypomania)이었다.

그다음으로는 정상인 집단과 각 진단별 정신과 집단에게 504문항을 제시하여 두 집단의 반응에서 유의하게 차이가 나는 문항들을 확인하였다. 이러한 확인과정을 통해 각 척도들이 구성되었다. 그리고 이처럼 개발한 척도들을 새로운 정상인 집단, 척도 관련 진단의 정신과 환자 집단, 척도와 관련되지 않은 진단의 정신과 환자들에게 실시하고 그 결과를 비교하여 교차타당도를 확인하였다.

그 후 다소 뒤늦게 임상척도 두 개가 추가되었다. 하나는 남성성-여성성(Masculinity-

Femininity: MF) 척도로서, 원래 동성애자를 구분하기 위해 개발되었으나 동성애자와 이성애자를 구분해 주는 문항들이 너무 적었던 관계로 남성과 여성의 특징을 구분해 주는 문항들을 추가하면서 척도의 구성개념을 확장하게 되었다. 다른 하나는 Drake(1946)가 개발한 내향성(Social Introversion: SI) 척도로서, MMPI의 기본척도 중 하나로 포함하게 되었다.

Hathaway와 McKinley는 자기보고식 검사에서 수검자들이 문항에 거짓으로 답하거나 왜곡해서 답할 수 있다고 보고, 일탈된 수검 태도를 탐지하기 위한 타당도 척도 네 개를 개발하였다. 이들 척도는 무응답(Cannot Say: ?)척도, 부인(Lie: L)척도, 비전형(Infrequency: F)척도, 교정(Correction: K)척도이다.

이와 같은 과정을 통해 MMPI는 최종 550개 문항으로 개발되었고, 응답의 신뢰도를 확인하기 위해 배치한 똑같은 내용의 16문항을 포함하여 총 566문항으로 구성되었다. 경험적 제작 방식으로 개발되었기 때문에 문항 내용만으로는 어떤 진단 특징을 측정하고자 하는 것인지 알기 어려운 경우도 있고, 특정 문항이 왜 그 척도에 포함되는지 혹은 그 문항이 왜 정상집단과 병리집단을 구분해 주는 문항인지 이해가 되지 않는 경우도 있다.

이러한 제작 방식에 대한 일부의 문제 제기도 있었지만, MMPI는 출판되자마자 임상장면에서 인정을 받기 시작했고, 수많은 연구와 경험적인 검증을 통해 임상장면뿐 아니라 학교, 교정시설, 군대, 특수기관과 같은 다양한 장면에서 가장 널리 사용되고 연구되는 심리검사로 자리 잡았다.

2) MMPI-2의 개발

MMPI가 1943년 개발된 이후 임상장면 이외의 장면들, 예를 들어 인사 선발, 입학, 징병과 같은 장면들에 사용되면서 성적인 적응, 신체적 기능, 종교적 문제에 관련된 문항들에 대한 의문이 제기되었다. 이러한 주제들이 의학적·정신과적 평가를 하는 데는 적절하여도 다른 장면에 쓰일 때는 필요 이상으로 사생활을 침범하고 불쾌감을 줄 수 있다는 것이다. 또한 MMPI 개발 이후 오랜 시간이 지나면서 미국 문화도 변해 갔고, 따라서 사람들이 문항에 응답하는 방식이 많이 달라져서 시대에 맞는 새로운 규준의 필요성이 대두되었다. 이뿐 아니라 성차별적 문구, 구식 관용적 표현들, 시대에 맞지 않는 문학 작품 및 오락문화와 관련된 문항들도 문제가 되었다. 자살, 약물문제, 치료 관련 행동 등의 임상적으로 중요한 내용 영역들을 추가적으로 포함할 필요성도 제기되었다.

이러한 문제 제기와 필요성에 따라 1980년대 초부터 미네소타 주립대 출판사와 MMPI 자문위원들은 MMPI의 재표준화 작업을 시작하였다. 원판 MMPI의 550개 문항(이 중 82개 문항은 앞서 언급한 이유들 때문에 수정되었고, 16개 중복문항은 삭제되었음)에 154개의 임시문항이 추가된 예비문항 704개로 연구를 수행하여 최종 567개의 문항을 확정하였고, 내용척도, 보충척도 등이 포함된 MMPI-2가 1989년 출판되었다. 이처럼 원판 MMPI의 문제를 개선하고 보다 향상된 형태로 MMPI-2가 개발되었지만, 개발의 기본적인 원칙은 원판 MMPI의 기본 타당도 척도와 임상척도의 틀을 그대로 유지함으로써 원판 MMPI와 연속성을 지닌 검사를 만드는 것이었다. 따라서 검사 결과의 해석에 있어 원판 MMPI에 적용되던 해석 내용들을 MMPI-2에도 그대로 적용할 수 있게 되었다.

3) MMPI-A의 개발

원판 MMPI는 본래 성인용으로 개발된 검사이지만, 이 성인용 MMPI는 출판 무렵부터 청소년에게도 그대로 사용되어 왔다. 그러나 MMPI는 성인을 대상으로 문항과 척도를 개발하고 규준을 작성한 검사이기 때문에 청소년에게 MMPI를 그대로 사용하는 것에 대해 우려하는 목소리가 많았다. MMPI의 일부 문항은 청소년에게 부적절한 문항을 담고 있었고, MMPI 문항에는 청소년기의 고유한 경험을 담은 문항들이 거의 포함되지 않았다. 또한 MMPI에는 청소년을 위해 특별히 개발된 척도가 포함되지 않았으며, 추후에 성인용으로 개발된 많은 보충척도에 대해서는 청소년의 규준 자료가 거의 존재하지 않았다.

원판 MMPI를 청소년에게 적용하는 데 따르는 이러한 문제 때문에 원판 MMPI를 대체할 새로운 MMPI-2의 개발과 병행하여 청소년을 위한 별도의 MMPI-A를 개발하게 되었다. MMPI-A는 MMPI-2와 마찬가지로 원판 MMPI의 기본 타당도 척도와 임상척도의 틀을 그대로 유지함으로써 원판 MMPI와 연속성을 지닌 검사이다. 그러나 MMPI-A는 문항과 척도의 측면에서 원판 MMPI와는 다른 모습을 지닌 검사이기도 하다. 먼저 문항의 측면에서 청소년에게 부적절한 문항들이 삭제되거나 청소년에게 맞게 수정되었고, 청소년에게 독특한 영역을 다루기 위한 새로운 문항들이 추가되었다. 또한 척도와 관련하여 MMPI-A에는 MMPI-2와 마찬가지로 새로운 타당도 척도, 내용척도, 보충척도 및 PSY-5 척도들이 추가되었는데, 내용척도와 보충척도 중에는 특별히 청소년을 위해 새로이 개발된 척도들이 포함되었다. 이와 같은 특징을 지닌 478문항의 청소년용 인성검사가 개발되었다. MMPI-A에 관한 좀 더 자세한 내용은 제13장을 참고하면 된다.

4) 국내에서의 MMPI

국내에서는 1963년에 정범모, 이정균, 진위교가 원판 MMPI를 처음 표준화하였으며, 1989년에 한국 임상심리학회가 원판 MMPI를 재표준화하였다. 재표준화는 실제 활용과정에서 드러난 기존 MMPI 문항의 번역상 문제와 사회적 · 문화적 변화를 반영하지 못하는 오래된 규준의 문제를 해결하기 위한 것이었다. 국내에서 재표준화가 이루어진 1989년에 미국에서는 원판 MMPI의 개정판인 MMPI-2가 출판되었으며, 여러 여건상 국내에서는 한국판 MMPI-2를 즉시 표준화하지 못하고 원판 MMPI를 계속 사용해 왔다.

그러다가 2005년에 이르러 1989년 미국에서 출판된 MMPI-2를 번역하고 2000년 대한민국 인구 및 주택 총조사에 기초하여, 전국 성인 1,352명을 대상으로 한국판 MMPI-2가 표준화되었다(김중술 외, 2005).

이후 임상집단 자료와 여러 타당화 자료가 수집되어 이에 대한 분석 결과들이 포함된 『MMPI-2 매뉴얼 개정판』(한경희, 김중술 외, 2011)이 출시되었으며, 2008년 미국에서 처음 출판되어 50개 척도 338문항으로 구성된 MMPI-2 재구성판(MMPI-2-RF)이 국내에는 2011년 소개되었다(한경희, 문경주, 이주영, 김지혜, 2011). 또한 미국에서 1992년에 개발된 MMPI-A를 국내에서는 2005년에 한국판 다면적 인성 검사-청소년용(한국판 MMPI-A)으로 표준화하였다(김중술 외, 2005).

2. 검사 실시 및 채점

MMPI는 다른 심리검사들에 비해 비교적 쉽게 실시할 수 있고 채점할 수 있는 검사이다. 이러한 점이 MMPI의 주요 장점이 되지만 검사자가 갖추어야 할 기본 조건이 있고, 실시와 채점에서 주의해야 할 사항들이 있다. 여기에서는 검사 실시와 관련한 조건부터 살펴본 후 채점에 대해서도 살펴보겠다.

1) 검사 실시

(1) 검사자의 자격

MMPI는 실시와 채점이 비교적 쉽고 간단하지만 적절한 해석을 위해서는 인간의 심리, 정신병리 및 심리측정에 대한 전문적인 지식을 갖추어야 하며, 검사의 윤리적 사용에 대한 이해와 태도가 필요하다. 김중술 등(2005)이 제안하는 검사자의 자격 조건을 살펴보면 다음과 같다.

① 심리측정적 자격 조건

최소한 심리검사에 대한 대학원 수준의 강의를 수강해야 한다. MMPI의 적절한 사용을 위해서 검사 이론에 대한 배경지식은 필수적이다. 여기서 말하는 배경지식에는 검사 규준의 역할과 규준에 대한 평가, 선택 및 적용에 대한 이해가 포함되며 검사 결과를 다양한 표준점수로 변환하고, 교정하고, 적절히 배치하여 요약하는 방법에 대한 기본적인 지식도 포함된다. 또한 이러한 점수들이 가지는 정확성의 한계와 그 측정치의 표준오차를 이해하는 것도 요구된다. 검사자는 특정한 평가 질문에 비추어 검사 결과를 해석하는 데 있어서 기저율이 결정과 분류의 정확성에 미치는 영향에 대해서도 알고 있어야 한다. 프로파일의 코딩, 결정 규칙들의 사용, 해석을 위해 추천되는 구분점수를 사용하는 것 등도 기본적인 심리측정적 원리와 이해를 필요로 한다.

② 성격과 정신병리에 대한 배경지식

최소한 대학원 수준의 정신병리에 대한 지식이 요구된다. 성격구조 및 역동, 정신병리를 숙지하는 것은 필수적이다. 해석적인 가설이 컴퓨터 자동 해석에서 나온 것이든 MMPI에 관한 표준적인 문헌 자료에서 나온 것이든, 검사자는 이러한 가설과 권고를 수검자의 배경과 특성에 대한 다른 정보와 통합할 수 있어야 한다. 수검자에 대한 정확하고 균형 잡힌 해석을 하기 위해서 검사자는 진단적 개념과 진단체계에 대해서 잘 알고 있어야 한다. 또한 검사 자체에 대한 자세한 지식과 인간 성격의 복합성에 대한 폭넓은 이해는 정확한 해석을 위해 반드시 갖추어야 할 부분들이다.

MMPI는 검사를 직접 실시하고 채점하는 사람과 이를 해석하고 사용하는 사람이 다른 경우도 있을 수 있다. 이 경우 실제 사용자는 MMPI를 실시하는 사람을 충분히 훈련시켜서 정확한 실시와 채점, 검사의 윤리적 사용이 가능하도록 준비시켜야 한다. 그리고 실시자에 대한 지속적인 지도감독을 통해 검사가 정확하게 실시되고 있는지, 실시 절차에 부적절한 부분은 없는지, 검사 결과의 타당성을 해치는 잠재적인 위험성은 없는지를 확인해야 한다.

③ 다른 분야 전문가들과의 효과적인 의사소통

이 사항은 자격 조건이라기보다는 MMPI 사용자가 유념하여야 할 문제이다. 많은 경우 MMPI는 관련 분야 전문가의 의뢰를 받아서 실시되며, 따라서 검사의 해석은 의뢰자의 질문을 감안하여 이루어져야 한다. 또한 검사를 통하여 얻은 정보와 결론은 다른 분야의 전문가, 즉 의뢰자가 이해하기 쉬운 방식으로 기술되고 요약되어야 한다. 단순히 검사 점수나 검사 프로파일의 코드 타입을 제시하는 것은 적절치 못하며, 특히 의뢰자가 심리검사 또는 성격 및 정신병리에 대한 충분한 이해를 갖지 못한 경우에는 더욱 그러하다. 정확한 실시와 적절한 해석에 못지않게 검사의 결과와 해석을 쉽게 요약된 방식으로 제시하고 전달하는 것이 중요하다.

(2) 수검자의 조건

MMPI에서 얻은 정보가 얼마나 유용할지는 수검자가 검사 지시를 얼마나 잘 이해하는지, 수검사에게 요구되는 바를 얼마나 잘 따르는지에 달려 있다. 또한 검사 문항이 의미하는 바를 잘 이해하고, 이를 자신의 경험이나 상태에 비추어 응답할 수 있는지, 그리고 자신의 답을 검사가 요구하는 방식으로 적절히 기록할 수 있는지도 중요하다.

우선, 수검자는 최소한 초등학교 6학년 수준 이상의 읽기 능력, 즉 독해력을 지니고 있어야 한다. 이 정도의 독해력을 지니고 있어야 검사 문항을 읽고 답하는 데 무리가 없는 것으로 본다. 둘째, 직절한 검사 수행을 방해하는 신체적 혹은 정서적 문제가 있는지를 확인해야 한다. 특히 주의해야 할 문제들은 시력 저하, 난독증, 수용적 실어증, 학습장애, 마약/알코올 중독 상태 혹은 그로 인한 금단 상태, 감염성 병원균에 중독된 상태, 기질성 섬망, 뇌손상 혹은 뇌진탕으로 인한 혼미, 간질 발작 후 혼동 상태, 장기간의 약물 처방으로 인한 신경학적 손상, 경직성 일화 또는 극심한 환각으로 인한 혼란 상태, 주요우울장애로 인한 극심한 정신운동성 지체, 조증으로 인한 극단적인 산만 등이다. 이와 같은 상태 혹은 이와 유사한 수준의 현실검증력장애는 MMPI 문항을 읽고 답하는 비교적 단순한 과제의 수행조차도 어렵게 할 수 있다.

물론 MMPI에는 수검자의 검사 자료가 해석 가능한 것인지를 확인하는 장치인 타당도 척도들이 있기는 하다. 하지만 검사를 실시하기 전에 미리 문제가 될 수 있는 요인들을 확인하여 필요한 조치를 취하거나 검사를 중지하는 것이 더 바람직하다. 집단검사를 실시할 경우 앞에서 언급한 문제들을 확인하기 어려울 수 있으므로, 이런 경우에는 검사 실시 후 타당도 척도들을 통해 확인해야 한다.

실시 가능한 수검자의 연령은 원판 MMPI의 경우 16세 이상부터이고, MMPI-2의 경우 19세 이상의 성인이 대상이며, MMPI-A의 경우는 중고등학생(12~18세)을 대상으로 한다.

(3) 검사환경 및 주의사항

① 검사환경

검사를 제대로 실시하기 위해서는 검사지와 답안지를 놓을 수 있는 충분한 공간이 있는 책상, 밝은 조명, 편한 의자 그리고 방해받거나 주의가 산만해지지 않는 조용한 장소가 필요하다. 그러나 이런 이상적인 검사환경이 갖춰지기 어려운 경우들도 있다. 병원 침대나 대기실에서 검사를 해야 하는 경우 딱딱한 재질의 받침을 제공하는 것이 필요하며, 특히 이런 경우에는 수검자가 주변 사람들의 방해를 받거나 불필요한 충고를 받지 않도록 예방 조치를 취해야 한다.

대규모 집단을 대상으로 실시하는 경우 협조적인 태도와 관심을 유지한 채 검사를 끝까지 할 수 있도록 별도의 조치를 강구해야 한다. 소규모 집단을 대상으로 실시하는 경우에는 검사자 혼자 실시할 수도 있지만, 일반적으로 20~25명당 추가적으로 한 명의 검사 보조자가 있는 것이 바람직하다.

② 주의사항

무엇보다 MMPI는 윤리적 기준에 맞게 사용되어야 한다. MMPI의 실시와 채점이 쉽다는 점이 때로는 오히려 심리검사에 요구되는 윤리적 기준을 간과하게 만들 수도 있다. MMPI를 실시할 때는 수검자가 집중할 수 있고, 방해받지 않도록 주의해야 한다. 수검자에게 검사 결과가 함부로 다루어지지 않으며 비밀이 보장된다는 것을 설명하고 충분히 안심시켜야 한다. 부주의한 실시와 채점, 검사 자료의 관리 소홀, 적절한 검사 실시에 요구되는 세심한 의사소통의 부족 등은 MMPI를 통해서 얻어지는 정보의 가치를 저하시킬 수 있다.

검사 실시자는 철저히 훈련되어야 하며, 타당하고 유용한 검사 자료를 얻어 내기 위해서 필요한 단계적인 절차가 무엇인지에 대하여 자세하게 교육받아야 한다. 특히 검사 실시자가 전문적인 훈련이나 경험이 부족하고, 심리측정이나 평가에 대한 배경지식이 없는 경우에는 더욱 그러하다. MMPI의 사용은 자격 있는 전문가의 지도감독하에 이루어져야 하며, 지도감독자는 정기적으로 검사 실시의 과정을 점검하여 적절한 기준이 유지되는지 확인해야 한다. 또한 MMPI를 수검자가 집에 가서 해 오도록 하는 것은 바람직하지 않으며, 적절한 관리와 확인이 가능한 장소에서 검사가 실시되어야 한다.

검사 실시에 소요되는 시간은 대략 60~90분 정도이다. 때로 수검자가 검사자에게 특정 문항의 내용에 대해서 설명을 요구하는 경우가 있다. 이런 경우, 단어의 간단한 정의나 속담을 다른 말로 바꾸어 설명해 주는 정도는 허용된다. 하지만 길게 대화하는 것은 피해야 하며, 보통의 경우 "본인이 이해하는 대로 답하시면 됩니다."라고 말하는 것만으로 충분하다. 수검자는 각 문항을 읽고 자신을 잘 나타내고 있거나 자신의 생각과 같으면 '그렇다'로, 그렇지 않으면 '아니다'로 응답하면 된다. 시간 제한은 없으나 너무 심사숙고하지 말고 가능한 한 빨리 읽고 응답하도록 한다.

2) 검사 채점

MMPI는 전통적인 지필검사 형태로 또는 컴퓨터를 사용하여 실시할 수 있다. 마찬가지로 채점도 채점판을 사용하여 수동으로 할 수도 있고, 컴퓨터 채점 프로그램을 활용할 수도 있다. 그러나 한국판 MMPI-2는 컴퓨터 채점 프로그램을 사용하여야 하며, 수동 채점을 위한 채점판은 제작되지 않았다. 왜냐하면 MMPI-2의 경우 채점되어야 하는 척도의 수가 너무 많을 뿐만 아니라, 일부 척도의 경우에는 채점방법이 복잡하여 수동 채점을 하는 경우 세심한 주의가 필요하고 사무적 실수의 가능성도 높기 때문이다.

컴퓨터 채점의 경우, 프로파일 양식지가 자동으로 출력되겠지만, 중요한 채점과정을 이해하고 있는 것이 나중에 해석의 깊이를 더해 줄 수 있기 때문에 주요 채점과정을 여기에서 설명해 두고자 한다.

K척도가 높은 경우에서처럼 방어적인 수검 태도는 임상척도의 점수를 낮추는 경향이 있기 때문에, 보다 정확한 해석을 위해서 임상척도의 점수를 적절히 조절하는 것이 필요하다. 이러한 조절을 위해 K 교정을 하게 되는데, K척도 점수가 어느 정도 반영되었을 때 각 임상척도들의 진단효율성이 최대가 되는지를 살펴본 결과, 각 임상척도에 적절한 K척도 점수의 가중치가 확인되었다(Meehl & Hathaway, 1946). 일부 임상척도는 K 교정을 하지 않은 원점수가 가장 진단적 예언력이 있는 것으로 나왔기 때문에 K 교정을 하지 않고, 척도 1(Hs), 4(Pd), 7(Pt), 8(Sc), 9(Ma)는 0.2에서 1.0까지의 가중치를 주어 K 교정 원점수(원점수+K 교정치)를 구한다. 가중치로 주어지는 K척도의 비율은 프로파일 양식지의 척도명에 표시되어 있다.

MMPI 척도 간의 비교를 가능하게 하기 위해서 각 척도들의 원점수 및 K 교정 원점수를 평균 50, 표준편차 10인 T점수로 변환시킨다. 평균에서 2 표준편차 이상인 70점을 임상적으로 의미 있는 점수로 간주한다. 검사 개발의 목적이 정신질환의 진단이었기 때문에 처음부터 진단을 위한 높은 점수에 관심이 있었고, 따라서 낮은 점수의 의미와 관련된 정보 및 해석은 상대적으로 매우 제한되어 있다. 그러나 낮은 척도 점수가 상당히 중요한 임상적 정보를 제공해 주는 경우도 있으므로 해석할 때 낮은 점수에 대해서도 주목할 필요가 있다. 원칙적으로는 T점수 70 이상이 임상적으로 주목해야 하는 점수이지만, MMPI-2에서는 의미 있게 높은 점수의 기준을 원판 MMPI보다 다소 내려 T점수 65로 제시하고 있고, 낮은 점수에 대한 해석은 매우 제한적으로 신중하게 하기를 제안하고 있다(Graham, 2006).

3. 검사 구성

앞서 설명한 것처럼 원판 MMPI는 4개의 타당도 척도와 10개의 임상척도를 기본척도로 하고 있고, 그 구성은 〈표 7-1〉과 같다. 임상척도 중 척도 5와 척도 0을 제외한 나머지 8개 척도의 명칭은 MMPI 개발 당시에 사용되던 정신과적 진단명들이다. 그러나 정신과적 진단체계는 지속적으로 변화해 왔기 때문에 현재 진단명과는 일치하지 않는 부분들이 있다. 또한 실제 임상장면에서 MMPI를 사용했을 때 어떤 임상척도에서 가장 높은 점수를 받았다 하더라도 해당 임상척도명과 일치하지 않는 진단을 받게 되는 경우가 자주 발생한다. 이런 문제로 인해 현재는 임상척도명을 직접 사용하는 대신 10개 임상척도에 일련번호를 붙여 사용하는 것이 일반적이다.

MMPI-2는 〈표 7-1〉에서 보는 것처럼 원판 MMPI의 기본척도를 그대로 유지하되 6개의 타당도 척도를 더 추가·보강했다는 특징을 갖고 있다. 이 절에서는 우선 MMPI-2의 타당도 척도와 임상척도를 소개하고, 이어서 MMPI-2의 나머지 척도, 즉 재구성 임상척도, 내용척도, 보충척도, 성격병리 5요인 척도, 임상 소척도, 결정적 문항을 소개하고자 한다. 그리고 최근 개발된 MMPI-2 재구성판에 대해서도 간략한 설명을 제시할 것이다.

● 표 7-1 원판 MMPI와 MMPI-2의 기본척도

타당도 척도	척도명	문항 수 (MMPI)	문항 수 (MMPI-2)
?	무응답(Cannot Say)		
L	부인(Lie)	15	15
F	비전형(Infrequency)	64	60
K	교정(Correction)	30	30
추가 타당도 척도			
VRIN	무선반응 비일관성(Variable Response Inconsistency)	–	67문항 쌍
TRIN	고정반응 비일관성(True Response Inconsistency)	–	23문항 쌍
F(B)	비전형-후반부(Back F)	–	40
F(P)	비전형-정신병리(Infrequency-Psychopathology)	–	27
FBS	증상 타당도(Symptom Validity)	–	43
S	과장된 자기제시(Superlative Self-Presentation)	–	50
임상척도			
1(Hs)	건강염려증(Hypochondriasis)	33	32
2(D)	우울증(Depression)	60	57
3(Hy)	히스테리(Hysteria)	60	60
4(Pd)	반사회성(Psychopathic Deviate)	50	50
5(Mf)	남성성-여성성(Masculinity-Femininity)	60	56
6(Pa)	편집증(Paranoia)	40	40
7(Pt)	강박증(Psychasthenia)	48	48
8(Sc)	정신분열증(Schizophrenia)	78	78
9(Ma)	경조증(Hypomania)	46	46
0(Si)	내향성(Social Introversion)	70	69

1) 타당도 척도

(1) 무응답척도

MMPI의 규준을 만들 때, 거의 모든 응답자들이 전체 문항에 응답을 했기 때문에, 어떤 수검자가 지나치게 많은 문항을 생략할 경우 채점과정에서 무응답 문항들은 수검자가 채점되지 않는 방향으로 응답한 것으로 간주되어 그 사람의 T점수는 낮아지게 된다. 따라서 검사 해석에 앞서, 무응답 문항이 많아서 해석의 타당성을 떨어뜨리는지 여부를 확인하여야 한다.

무응답(Cannot Say: ?)척도는 일반적 의미에서의 척도 점수라고는 할 수 없다. 수검자가 '그렇다' 혹은 '아니다'에 모두 체크했거나 모두 빈칸으로 내버려 둔 문항이 몇 개나 되는지를 단순히 개수로 표시한 것이다. 수검자가 문항에 응답하지 않는 이유는 다양할 수 있다. 독해 능력이 떨어지는 사람은 다소 복잡한 문항 내용을 제대로 이해하지 못해서 그럴 수 있고, 심한 정신병리상태로 인해 적절히 반응하는 것 자체가 힘들 수도 있으며, 자신의 특정한 문제가 노출되는 것을 꺼려서 특정 문항 내용에 대해서만 응답하지 않는 경우도 있을 수 있다. 그리고 매우 강박적인 태도로 인해 어떤 방향으로 응답해야 할지 결정을 하지 못하는 특징 때문에 그럴 수도 있다. 또한 부주의한 태도로 인해서 그럴 수도 있고, 문항 내용이 자신과 관련이 없다고 느끼는 경우에도 그럴 수 있다.

무응답 문항의 개수가 30개 이상이라면 검사 결과 자체를 무효로 볼 수 있다. 그러나 과다한 무응답 문항 수를 근거로 하여 프로토콜 전체를 무효라고 결론짓기 전에 두 가지 사항을 신중하게 고려해야 한다. 첫째, MMPI-2에서는 단축형 검사 실시를 용이하게 하기 위해서 원판 타당도 척도들(L, F, K)과 임상척도들은 최초 370문항 안에 모두 배치하였다는 점이다. 그러므로 무응답 문항이 많다고 해도 대부분의 무응답 문항이 370번 문항 이후에서 나타났다면, 무응답 문항 수가 많다는 이유만으로 전체 검사 결과의 타당성을 의심할 필요는 없다. 둘째, 한국판 MMPI-2 채점 프로그램에서는 각 척도마다 전체 문항 중 몇 퍼센트의 문항이 응답되었는지를 표시해 주고 있다는 점이다. 이 같은 정보를 살펴봄으로써 무응답 문항들이 실제로 각 척도에 영향을 미쳤는지, 영향이 있다면 어느 정도인지를 판단할 수 있다. 무응답 문항의 개수가 받아들일 만한 수준으로 판단된다면, 다음에는 비일관적 반응을 알아보는 두 가지 타당도 척도를을 검토해야 한다.

(2) 무선반응 비일관성(VRIN) 척도

무선반응 비일관성(Variable Response Inconsistency: VRIN) 척도는 원판 MMPI 타당도 척도를 보완할 목적으로 Tellegen(1982, 1988)이 개발했던 것들을 유사하게 따라 만든 것이며, 수검자가 문항 응답을 하면서 무선적으로 반응하는 경향을 탐지한다. VRIN 척도는 서로 내용이 유사하거나 또는 상반되는 문항 쌍으로 구성되어 있으며, 모두 49개의 문항 쌍으로 구성되어 있으나, 특정 문항 쌍의 경우 두 가지 반응 패턴(예: 그렇다-아니다, 아니다-그렇다) 모두가 비일관적인 반응으로 채점될 수 있기 때문에 비일관적인 반응 쌍은 총 67개이다. 문항 쌍의 예를 들면 다음과 같다(괄호 안은 채점 방향).

- 무엇인가에 대해 나는 자주 걱정을 한다(아니다)-닥칠지도 모르는 불행에 대해서 걱정을 많이 한다 (그렇다).
- 나의 아버지는 좋은 사람이다(그렇다)-나는 아버지를 사랑한다(아니다).
- 나의 아버지는 좋은 사람이다(아니다)-나는 아버지를 사랑한다(그렇다).

VRIN 척도 점수가 T점수 80 이상으로 높을 경우 수검자가 무선적인 방식으로 문항에 응답했다는 경고로 받아들일 수 있고, 프로파일의 해석이 불가능하다고 볼 수 있다. 이 척도는 다른 타당도 척도와 함께 고려되면 더 유용하게 사용될 수 있다. 예를 들어, F척도 점수가 높으면서 VRIN 척도 점수도 높다면 그 프로파일은 무작위 응답으로 인해 해석이 불가능함을 나타내는 것이다. 그러나 VRIN 척도 점수가 높지 않은 경우라면 F척도 상승이 무작위 응답 때문에 나타난 것이라고 결론짓기는 어려우며, 실제 정신병적 혼란이 있는 것인지 혹은 나쁘게 보이려고 시도한 반응인지를 판단해야 한다.

(3) 고정반응 비일관성(TRIN) 척도

고정반응 비일관성(True Response Inconsistency: TRIN) 척도도 또한 원판 MMPI 타당도 척도를 보완할 목적으로 Tellegen(1982, 1988)이 개발했던 것들을 유사하게 따라 만든 것이며, 수검자가 문항 응답을 하면서 모든 문항에 '그렇다'로 반응하거나 모든 문항에 '아니다'로 반응하는 경향을 탐지한다. TRIN 척도는 VRIN 척도와는 달리 내용이 상반된 문항 쌍으로만 구성되었다. 따라서 수검자가 특정 문항 쌍에 대하여 모두 '그렇다'라고 응답하거나 모두 '아니다'라고 응답한다면, 이는 문항의 내용에 비추어 불일치하는 비일관적인 반응을 한 것이 된다. TRIN 척도는 모두 20개의 문항 쌍으로 구성되어 있으나, 특정 문항 쌍의 경우 두 가지 반응 패턴(예: 그렇다-그렇다, 아니다-아니다) 모두가 비일관적인 반응으로 채점될 수 있기 때문에 비일관적인 반응 쌍은 총 23개이다. 문항 쌍의 예를 들면 다음과 같다(괄호 안은 채점 방향).

- 거의 언제나 머리가 온통 쑤시는 것 같다(그렇다)-거의 두통을 느끼지 않는다(그렇다).

TRIN 척도의 T점수는 항상 50점 이상이 되도록 환산된다. 예를 들어, 원점수가 평균으로부터 1 표준편차 높은 경우, 이는 '그렇다(True)'라고 응답하는 경향을 시사하는 것이며 T점수는 60T가 된다. 반대로, 원점수가 평균으로부터 1 표준편차 낮은 경우, 이는 '아니다(False)'라고 응답하는 경향을 시사하는 것이며 T점수는 60F가 된다. 'T' 또는 'F'라는 표시는 해당 MMPI-2 프로토콜에 나타난 고정반응 편향의 방향성을 나타내는 것이다.

TRIN 척도의 T점수가 80점 이상인 경우, 수검자가 '그렇다' 혹은 '아니다' 방향으로 응답하는 경향이 지나치게 강함을 시사하며, 해당 프로토콜의 해석 가능성에 의문을 제기할 수 있다. TRIN 척도 역시 다른 타당도 척도들과 함께 고려하면 더 유용하게 사용할 수 있다. 예를 들어, 방어성을 나타내는 지표인 L, K, S 척도(이들 척도는 주로 '아니다'로 반응하면 채점됨)의 점수가 높으면서 동시에 TRIN 척도의 점수가 '아니다(F)' 방향으로 높은 경우, 이들 지표는 방어성을 나타내기보다는 무조건 '아니다'라고 반응하는 경향을 나타낼 가능성이 높다. 반면, 방어성 지표가 높으면서도 TRIN 척도 점수는 평균 수준으로 나왔다면, 이들 방어성 지표는 실제 수검자의 방어성을 반영하는 것이다.

(4) 비전형(F) 척도

비전형(Infrequency: F) 척도는 규준집단에서 매우 낮은 빈도로 응답되는 60개의 문항으로 구성되어 있다. 문항의 예를 들면 다음과 같다(괄호 안은 채점 방향).

> • 나의 영혼이 가끔 내 몸을 떠난다(그렇다).
> • 누군가 내 마음을 움직이려고 한다(그렇다).

이 척도의 점수가 높다는 것은 수검자가 흔히 보통 사람들이 응답하는 방향으로 반응하지 않았다는 것을 나타낸다. F척도가 상승한 경우, 우선 VRIN 척도를 살펴보아야 한다. 무작위로 응답을 하게 되면 비전형적 응답의 수가 많아지게 되어 F척도의 점수는 상승하게 된다. 이때 VRIN 척도의 T점수가 80 이상 상승했다면, 무작위로 응답한 반응이 많다는 것이므로 그 프로토콜의 해석은 불가능하다. 하지만 VRIN 척도 점수가 보통 범위에 있다면, 무작위 응답에 의해서 F척도가 상승했을 가능성은 배제할 수 있다.

그다음으로는 TRIN 척도를 검토해야 한다. TRIN 척도의 T점수가 80 이상이라면, 고정반응 때문에 F척도 상승이 나타난 것으로 간주할 수 있으며, 프로토콜의 해석은 불가능하다. 만약 VRIN 척도와 TRIN 척도의 점수가 모두 평균 범위에 있다면, F척도 점수가 높게 나타난 것이 심각한 정신병적 문제 때문인지 아니면 자신을 나쁘게 보이려는 의도에 따른 것인지를 판단해야 한다. 심각한 정신병리를 지닌 사람이 자신의 상태를 있는 그대로 응답한 경우에는 F척도 점수가 높아질 수 있다. 이때 뒤이어 소개될 비전형-정신병리 척도[F(P)]를 활용하면 실제 정신병적 문제 때문인지, 아니면 나쁘게 보이려는 태도 때문인지를 구분하는 데 도움이 된다. 무선반응 또는 고정반응이 아닌 프로파일에서 F척도가 상승되어 있고 F(P)척도의 T점수가 100 이상이라면, 의도적으로 심각한 정신병적 문제를 과장해서 응답한 것이며 프로파일의 해석은 불가능하다. 그렇지만 F(P)척도의 T점수가 70 미만이라면, F척도의 상승이 실제로 심각한 정신병적 상태를 반영한 것이라고 볼 수 있으므로, 프로토콜의 타당성을 의심할 필요없이 결과를 해석해 볼 수 있다. F(P)척도가 70~99점 범위로 상승되어 있다면, '도움을 청하는' 의도로서 증상을 과장하고 있을 가능성이 있다.

(5) 비전형-후반부[F(B)] 척도

비전형-후반부[Back F: F(B)] 척도는 검사 후반부에서의 비전형 반응을 탐지하는 것이며, MMPI-2 검사를 실시하는 과정에서 발생하는 수검자의 수검 태도 변화를 알아내는 데에 도움이 된다. MMPI-2에서는 단축형 검사를 실시할 수 있게 하기 위해서 타당도 척도와 임상척도의 모든 문항을 검사의 전반부 370문항 이내에 위치시켰다. 당연히 F척도의 모든 문항도 검사의 전반부에 위치하게 되었고, F척도만으로는 수검자가 검사 후반부에서 어떤 수검 태도를 보였는지 파악할 수가 없게 되었다. F(B)척도는 검사 후반부에 위치한 40개의 문항으로 구성되어 있다. 이들 문항은 규준집단의 응답을 분석하여 비전형 반응 문항으로 선별된 것들이다. F척도 점수가 정상 범위 내에 있고 F(B)척도는 크게 상승한 경우에는 수검자의 태도가 검사과정에서 달라졌음을 반영하는 것일 수 있다.

F(B)척도의 T점수는 MMPI-2 실시과정에서 수검자의 수검 태도가 크게 변화되었는지를 파악하는 목적으로만 사용된다. 임상장면에서 MMPI-2가 사용되는 경우에는 F(B)척도 T점수가 110 이상이면서 F척도의 T점수보다 최소 30 이상 높게 나타났을 때에 태도 변화가 발생했다고 할 수 있다. 비임상장면에서는 F(B)척도의 T점수가 90 이상이면서 F척도의 T점수보다 최소 30 이상 높을 때에 유의미한 태도 변화로 간주한다. F(B)척도와 F척도 점수에서 유의미한 변화가 탐지되었을 때에는 MMPI-2의 후반부에 위치한 문항들에 기초한 척도들(주로는 내용척도)을 해석하는 데에 있어서 주의를 기울여야 한다.

(6) 비전형-정신병리[F(P)] 척도

Arbisi와 Ben-Porath(1995)는 규준집단과 정신과 외래환자들 모두가 매우 낮은 빈도로 반응을 보인 27개 문항을 선별하여 비전형-정신병리[Infrequency-Psychopathology: F(P)] 척도를 구성하였다. 따라서 정상인들이 거의 응답하지 않았기 때문에 선정된 F척도의 문항들과 비교할 때, F(P)척도의 문항들은 실제의 정신병리를 반영할 가능성이 훨씬 낮다.

F척도에서 설명했듯이, F척도가 상승하였으나 VRIN, TRIN 척도를 검토한 결과 무선반응이나 고정반응이 F척도 상승의 원인이 아니었을 경우, F(P)척도를 활용하게 된다. F(P)척도는 F척도의 상승이 실제 정신병적 문제로 인한 것인지, 아니면 의도적으로 자신을 부정적으로 보이려는 태도로 인한 것인지를 판별하는 데에 도움이 된다. 문항의 예를 들면 다음과 같다(괄호 안은 채점 방향).

• 누군가가 나를 독살하려고 한다(그렇다).
• 누구를 사랑해 본 적이 없다(그렇다).

---

(7) 증상 타당도(FBS) 척도

증상 타당도(Symptom Validity: FBS) 척도는 2008년에 미국판 MMPI-2에 추가되었고, 한국판 MMPI-2에는 2011년에 추가되었다(한경희, 문경주 외, 2011). F척도가 심각한 정신과적 증상의 과대보고는 잘 탐지했지만, 개인상해 소송이나 신체적 장애 신청장면에서의 신뢰할 수 없는 반응을 탐지하는 데는 타당하지 않았기 때문에, F척도를 보완하여 개인상해 소송장면에서 수검자들이 보이는 신뢰할 수 없는 반응을 탐지하기 위해 개발되었다. 1991년 개발 당시 척도명은 부정 가장 척도(Fake Bad Scale: FBS)였으나, MMPI-2에 포함되면서 약자는 유지하되 척도명은 증상 타당도(Symptom Validity)로 변경되었다(한경희, 김중술 외, 2011). 이 척도는 개인상해 소송 시 꾀병으로 판단된 사람과 꾀병이 아닌 것으로 판단된 사람의 반응을 비교하여 선정된 43개 문항으로 구성되었다. 문항의 예를 들면 다음과 같다(괄호 안은 채점 방향).

• 잠을 깊이 들지 못하고 설친다(그렇다).
• 아픈 데가 거의 없다(아니다).

---

(8) 부인(L)척도

부인(Lie: L)척도는 수검자가 방어적인 태도로 검사에 응답했을 가능성을 확인하기 위해 만들어진 척도이다. 이 척도에 포함된 문항들은 여러 가지 사소한 결점과 성격적 결함에 대해 묻는 것들로, 대부분의 사람은 별 망설임 없이 인정할 수 있을 만한 내용들이다. 문항의 예를 들면 다음과 같다(괄호 안은 채점 방향).

> • 가끔 화를 낸다(아니다).
> • 내가 아는 모든 사람을 다 좋아하지는 않는다(아니다).

L척도의 점수가 검사 상황에서의 허위 응답을 반영하기는 하나, 그렇다고 일상생활에서도 일반적으로 거짓말을 하거나 기만적인 태도를 보인다는 식으로 해석해서는 곤란하다. 다만, 특정 검사 프로토콜이 그러한 반응 태도 때문에 왜곡될 수 있음을 나타내는 지표로만 생각해야 한다. 모든 L척도 문항은 '아니다'로 응답한 경우에 채점되므로, L척도를 해석하기에 앞서 우선 TRIN 척도에 나타난 반응 경향을 살펴볼 필요가 있다.

L척도의 T점수가 80 이상이면 프로파일을 무효라고 볼 수 있는데, 이는 '아니다'로 반응하는 경향이 높기 때문이거나(TRIN 척도 80F 이상일 경우) 단순한 방식으로 사소한 결점까지도 부인하는 것과 같은 자신을 좋게 보이려는 태도가 반영되었기 때문이다. 임상장면이 아닌 경우, 특히 자신을 되도록 좋은 모습으로 보여 줄 필요성이 강한 상황일 때(예: 인사 선발, 보호감찰 평가) L척도가 다소 상승하는 정도는 흔한 일이므로 프로파일 전체의 유효성을 의심할 필요는 없다. 반면에, 임상장면에서는 편집증적 망상 등 정신병적 문제를 겪는 환자와 같이 예외는 있지만 대체로 자기 결점을 부인할 가능성은 적다. 매우 전통적이고 윤리적인 가정환경에서 성장하여 L척도 문항에 포함된 덕목을 특히 중시하는 가치관을 가진 수검자라면 L척도 점수가 다소 상승할 수 있는데, 이 경우는 좋게 보이려는 검사 태도 때문이라고 해석하기 어렵다.

(9) 교정(K)척도

교정(Correction: K)척도는 검사 문항에 방어적으로 응답하는 정도를 측정하고, 이러한 방어적 태도가 임상척도 점수에 미치는 영향을 교정하기 위해서 개발되었다. 이 척도는 L척도에 반영되는 것보다는 좀 더 세련되고 교묘한 방어성을 탐지하기 위한 것이다. K척도가 상승한 수검자들은 심각한 심리적 문제를 나타내지 않는 방향으로 반응했을 가능성이 크기 때문에 상승한 임상척도가 없다 하더라도 심리적 문제가 없다고 결론 내릴 수는 없다. 문항의 예를 들면 다음과 같다(괄호 안은 채점 방향).

> • 집안 식구들과 거의 말다툼을 하지 않는다(그렇다).
> • 처음 만나는 사람과 대화하기가 어렵다(아니다).

K척도 점수가 75T 이상이면(임상장면에서는 65T 이상) 자신을 좋은 방향으로 왜곡해서 대답

하는 긍정 왜곡(faking good)의 가능성이 있는데, K척도는 단 한 문항을 제외하고는 모두 '아니다' 방향으로 채점되므로 TRIN 척도의 점수를 같이 검토하는 것이 필요하다. 만약 TRIN이 80F 이상이면 전반적으로 '아니다' 패턴으로 응답한 경우로서, 프로토콜의 해석은 불가능하다. 만약 TRIN이 정상 범위라면 높은 K척도 점수는 수검자의 방어적인 태도를 반영하는 것으로서, 타당하지 않은 프로파일로 간주한다.

(10) 과장된 자기제시(S)척도

과장된 자기제시(Superlative Self-Presentation: S)척도는 수정된 형태의 경험적 방식을 사용하여 개발되었다. 우선 극단적으로 방어적인 태도를 보인 취업 응시자 집단(항공사 파일럿 응시자들)과 MMPI-2 규준집단의 반응을 경험적으로 비교하여, 두 집단 간에 반응률의 차이를 보이는 문항을 선별하여 예비척도를 구성하였다. 그다음에는 예비척도에 대한 문항분석과 내용분석을 통하여 척도의 동질성을 높이는 방향으로 수정을 하였다. S척도와 K척도는 높은 상관을 보이고 두 척도 모두 방어성을 측정하는 지표라는 점에서 동일하다. 하지만 K척도의 문항들은 검사의 앞부분에 국한되어 있으나 S척도 문항들은 검사 전반에 걸쳐 퍼져 있다는 점에서 차이가 있다.

L척도 및 K척도의 경우와 마찬가지로 S척도에 포함되는 50개 문항 가운데 44개 문항이 '아니다' 방향으로 채점되므로, S척도 해석도 TRIN 척도와 함께 고려되어야 한다. S척도 점수가 75T 이상이면(임상장면에서는 70T 이상), 긍정 왜곡의 가능성과 주로 '아니다'로 응답하는 경향을 시사한다.

2) 임상척도

임상척도의 점수가 어느 정도일 때 높은 점수 혹은 낮은 점수라고 정의할 수 있는가에 대해서는 문헌마다 차이가 있다. 원판 MMPI에서는 정규분포에서 +2와 -2 표준편차에 해당하는 70T와 30T를 기준점으로 적용하여 해석하는 것이 일반적이었다. 그러나 MMPI-2의 개발자 중 한 명인 Graham(2006)은 MMPI-2의 경우 65T 이상을 높은 점수로 간주하길 제안하였고, 낮은 점수에 대한 경험적 연구의 부족으로 낮은 점수에 대한 해석은 권장하지 않았다.

다음의 각 임상척도에 대한 설명은 주로 Graham(2006)을 참고하였는데, Graham은 65T 이상을 높은 점수로 제안하긴 하였지만 모든 임상척도에 동일한 기준을 적용하지 않았고, 각 임상척도의 높은 점수를 정의하는 T점수를 구체적으로 제시하고 있다는 점을 고려할 필요가 있다. 또한 Graham(2006)의 제안에 따라 낮은 점수에 대한 해석은 제시하지 않았다. 원판 MMPI와 관련된 낮은 점수의 해석은 김중술(1996)을 참고하기 바란다.

(1) 척도 1(건강염려증: Hs)

척도 1은 원래 건강염려증과 관련된 증상을 보이는 환자들을 진단하기 위해 개발되었다. 원판 MMPI의 척도 1은 33문항으로 구성되어 있었으나, MMPI-2에서는 32문항으로 이루어져 있다. 척도 1의 문항 예를 들면 다음과 같다(괄호 안은 채점 방향).

- 거의 언제나 온몸에 기운이 없다(그렇다).
- 식욕이 좋다(아니다).

척도 1이 80T보다 더 높은 사람들은 극적이면서도 기이한 신체적 염려를 지니고 있을 수 있다. 척도 3도 매우 높다면 전환장애의 가능성을 고려해야 한다. 척도 1과 함께 척도 8도 매우 높다면 신체적 망상을 지니고 있을 가능성이 있다.

척도 1이 60~80T인 사람들은 모호하고 불특정적인 신체적 불편감을 호소하는 경향이 있다. 또한 만성 통증, 두통, 위장계통장애, 만성적 쇠약감, 피로감, 수면 곤란 등을 호소할 수 있다. 실제로 신체적인 질병을 앓고 있는 환자는 대략 60 정도의 T점수를 얻는 경향이 있다. 따라서 척도 1에서 60T 이상의 점수를 보일 때는 신체적 질병으로 인한 염려 외의 심리적인 요소의 영향을 고려해야 한다.

척도 1이 높은 사람들(T>60)은 이기적이고 자기중심적이며 자기도취적인 경향을 보인다. 이들은 비관적이고 패배적이며 냉소적인 태도를 지니고 있다. 불평이 많고 다른 사람들에게 투덜거리듯 이야기한다. 다른 사람에게 요구하는 것이 많으며 적개심을 다소 간접적인 방식으로 표현하는 경향이 있다.

척도 1이 높은 사람들은 신체 증상의 원인에 대한 통찰이 결여되어 있으며, 심리학적인 해석을 거부한다. 이들은 자기 자신을 신체적으로 아픈 사람이라고 여기며, 자신의 증상에 대한 의학적인 설명과 치료를 추구하는 모습을 보인다. 따라서 전통적인 심리치료나 상담에는 적합하지 않은 사람들이다.

(2) 척도 2(우울증: D)

척도 2는 원래 우울 증상을 평가하기 위해 개발된 척도로서, 원판 MMPI의 60개 문항 중 57개 문항이 MMPI-2에 남아 있다. 척도 2의 문항들은 행복감 및 자기가치의 부인, 정신운동 지체, 주변 환경에 대한 흥미 상실과 같은 우울증의 다양한 특징을 포함하고 있다. 문항의 예를 들면 다음과 같다(괄호 안은 채점 방향).

> • 때때로 나는 정말 쓸모없는 인간이라고 느낀다(그렇다).
> • 힘이 넘칠 때가 가끔 있다(아니다).

척도 2가 높은 사람들, 특히 70T 이상으로 높은 사람들은 우울하고 슬프며, 울적하고 불행한 느낌을 호소하는 것과 같은 우울 증상을 보인다. 이들은 희망이 없다고 느끼고, 미래에 대해서 대체로 비관적이다. 흔히 자기 자신을 비하하고 죄책감을 느끼며, 활력이 없고 자주 울며, 정신운동 속도가 느려지는 모습을 보일 수 있다. 이들이 흔히 나타내는 다른 증상들로는 신체 증상 호소, 불면증, 피로감, 주의집중 곤란 등이 있다. 이들은 자신감이 매우 부족하고 불안정감을 많이 느낀다. 자신을 쓸모없는 사람이라고 느끼며, 다양한 상황에서 적절히 기능할 수 있는 능력이 없다고 느낀다. 척도 2가 높은 수검자에 대해서는 자살사고와 자살시도의 가능성에 대해서 꼭 검토할 필요가 있다.

척도 2의 높은 점수는 그만큼 개인적인 고통이 크다는 것을 나타내기 때문에, 점수가 높은 사람들은 일반적으로 심리치료나 상담의 예후가 좋은 편이다. 그러나 점수가 너무 높을 때에는 치료에 참여할 수 있는 최소한의 에너지도 없는 상태일 수 있다는 것을 고려해야 하며, 약물치료를 우선적으로 시행하여 어느 정도 증상이 호전된 후 심리치료를 하는 것이 효과적일 수 있다.

(3) 척도 3(히스테리: Hy)

척도 3은 심인성 감각장애나 운동장애를 보이는 환자들을 가려내기 위해 개발된 척도로서, 원판 MMPI의 60개 문항이 모두 MMPI-2에서도 유지되었다. 척도 3의 문항들은 주로 구체적인 신체 증상의 호소와 정서적 곤란이나 대인관계 곤란의 부인과 관련된다. 많이 호소하는 신체 증상으로는 수면 중 발작, 메스꺼움, 구토, 두통, 심장이나 가슴의 통증 등이 있다. 문항의 예를 들면 다음과 같다(괄호 안은 채점 방향).

> • 남이 나를 어떻게 생각하든 신경 쓰지 않는다(아니다).
> • 아무도 믿지 않는 것이 가장 안전하다(아니다)

척도 3의 점수가 T>80으로 현저하게 높은 사람들은 스트레스를 받으면 신체 증상을 나타내고, 이러한 증상을 이용하여 책임을 회피하는 경향이 있다. 신체 증상들은 스트레스를 받을 때 갑자기 나타났다가 스트레스가 줄면 갑자기 사라지는 특징을 보인다. 긴장이나 불안, 우울과 같은 정서적 고통은 잘 호소하지 않는 경향이 있다. 척도 3이 높은 사람들에게 자주 내려지는 임상적 진단은 전환장애, 신체화장애, 심인성 동통장애 등이다.

이 척도에서 점수가 높은 사람들은 심리적으로 미성숙하여 때로는 유아적으로까지 보이고, 감정 반응의 기복이 심한 편이다. 이들은 자기중심적이고 자기도취적이며, 타인으로부터 많은 관심과 애정을 갈구한다.

임상장면에서 척도 3이 높은 사람들은 다른 환자들보다 대인관계를 더 많이 갖는 경향을 보이지만, 그 관계는 피상적이고 미성숙한 경향이 있다. 이들이 다른 사람에게 관심을 보이는 이유는 사람들에게 진정한 관심이 있어서라기보다는 다른 사람들로부터 무언가를 얻어 낼 수 있기 때문인 것처럼 보인다.

척도 3이 높은 사람들은 치료 초기에는 비교적 순응적인 태도로 치료에 참여하지만, 자신의 문제를 심리적인 것으로 생각하지 않는 데다, 통찰도 부족하여 종국에는 심리치료에 잘 반응하지 않는 편이다.

(4) 척도 4(반사회적 성격: Pd)

척도 4는 반사회적 성격을 지닌 환자들을 진단하기 위해 개발된 척도로서, 원판 MMPI의 50개 문항이 모두 MMPI-2에서도 유지되었다. 척도 4의 문항들은 삶에 대한 불만족, 가족 문제, 일탈행동, 성문제, 권위와의 갈등과 같은 다양한 주제를 포함하고 있으며, 전반적으로 반항성이나 공격성의 정도를 측정하는 것으로 볼 수 있다. 문항의 예를 들면 다음과 같다(괄호 안은 채점 방향).

• 올바른 삶을 살아오지 못했다(그렇다).
• 법적인 일로 말썽이 난 적이 없다(아니다).

척도 4가 높은 사람들은 사회적 가치를 내면화하는 데 어려움이 있으며 법규나 규범에 반항적이다. 이들은 다양한 반사회적 행동을 보일 수 있고, 범죄행동을 저지르기도 한다. 이런 행동들로는 거짓말, 사기, 절도, 성적 일탈행동, 알코올 남용 등이 있다. 이들은 권위적인 인물에 대해 뿌리 깊은 적대감과 분노를 갖고 있으나, 이러한 감정이 외부적으로 나타날 때도 있고 나타나지 않을 때도 있다. 과거에 반사회적 행동을 저지른 경력이 없다면 이런 감정들이 자기 자신에게로 내향화되었을 가능성이 있다.

이 척도에서 점수가 높은 사람들은 계획성이 부족하고 충동적이며 좌절에 대한 인내력이 낮다. 이들은 경험을 통해서 무언가를 배울 줄 모르고, 동일한 문제를 되풀이하는 경향이 있다.

이들은 자기중심적이고 미성숙하며 이기적이다. 또한 허세를 부리며 자기과시적인 행동을 자주 한다. 이들은 전형적으로 외향적이며 사교적이고 말을 잘하는 편이어서 좋은 첫인상을 주지만, 타인의 욕구나 감정에 둔감하며 무책임하고 신뢰성도 부족하여 친밀한 관계 형성이 어렵다. 임상적으로는 반사회적 성격장애나 수동-공격적 성격장애의 진단이 가장 흔하다.

이들은 현재 자신에게 불편한 것(예: 수감, 이혼)을 면하려는 목적으로 치료장면에 오는 경우가 많기 때문에 자신의 문제에 대한 책임을 인정하지 않고 다른 사람들의 탓으로 돌리려 한다. 따라서 심리치료의 예후는 나쁘다.

저자의 경험상 대학생들에게서 척도 4의 점수가 높은 경우, 반사회적 경향보다는 가족관계에서의 불편감과 소외감이 영향을 미친 경우를 많이 보았으므로 일반 청소년 및 대학생에게 해석을 적용할 때는 신중할 필요가 있다. 척도 점수가 경미하게 상승된 정상인의 경우(56~64T)는 자기주장적이고 독립적이며 활동적인 성향이 있다고 할 수 있다.

(5) 척도 5(남성성-여성성: Mf)

척도 5는 원래 동성애자를 변별하기 위해서 개발되었으나, 실제적으로 변별이 잘 되지 않는 것으로 밝혀져 남성성과 여성성의 정도를 측정하는 척도로 개정되었다. 원판 MMPI의 60개 문항 중 56개 문항이 MMPI-2에서도 사용되었다. 척도 5의 문항들 중 명백하게 성적인 내용을 다루는 문항은 소수에 불과하고, 대부분의 문항은 본질적으로 성적인 주제가 아닌 직업 및 여가에 대한 관심, 걱정과 두려움, 지나친 민감성, 가족관계 등과 같은 다양한 주제로 구성되어 있다. 원점수를 구한 후, T점수는 남자와 여자에 따라서 반대로 전환된다. 남자의 경우 높은 원점수는 높은 T점수로 변환되지만, 여자의 경우 높은 원점수는 낮은 T점수로 변환된다. 문항의 예를 들면 다음과 같다(괄호 안은 채점 방향).

> • 꽃가게를 운영하고 싶다(그렇다).
> • 과학을 좋아한다(아니다).

척도 5가 높은 남성들은 전형적인 남성적 흥미가 부족하다. 이들은 심미적이고 예술적인 흥미를 가지고 있으며, 대부분의 남성에 비해 집안일이나 자녀 양육에 더 많이 관여하는 편이다. 또한 관계 형성에 관심이 많고 수동적이고 의존적인 양상을 보인다. 한편, 자신의 남성적 성역할에 부적절감을 느끼는 경우에도 척도가 상승하게 된다.

척도 5가 높은 여성들은 전통적인 여성적 역할에 거부감을 느끼고 있으며, 남성적인 스포츠나 취미에 흥미를 보일 수 있다. 이들은 일과 관련하여 성취 지향적이며, 자기주장적이고 경쟁적인 모습을 보인다.

척도 5가 낮은 남성들은 직업, 흥미, 기타 여러 활동에서 전형적인 남성적 역할이나 특성을 강조하면서 자기 자신을 매우 전통적인 남성의 모습으로 드러낸다. 이들은 신체적 힘이나 정력을 강조하며, 공격적이고 거친 모습을 보일 수 있다.

척도 5가 낮은 여성들은 전통적인 여성적 역할에 동일시하며, 아내나 엄마의 역할에서 만족을 얻는 경향이 있다. 이들은 수동적이고 의존적이며 복종적이고 유순한 특징을 보인다. 그러나 교육 수준이 높은 여성이 척도 5에서 낮은 점수를 보인다면 양성적인(androgynous) 생활 방식을 반영할 가능성이 높다.

(6) 척도 6(편집증: Pa)

척도 6은 관계사고, 피해의식, 과대한 자기개념, 의심, 지나친 예민성, 경직된 태도 등과 같은 편집증의 임상 특징을 평가하기 위해 개발된 척도로서, 원판 MMPI의 40개 문항 모두가 MMPI-2에서도 사용되었다. 척도 6의 문항들은 지나친 의심, 피해망상, 관계사고 등과 같은 정신병적 행동뿐 아니라 예민성, 냉소적 태도, 비사회적 행동, 지나친 도덕성, 타인에 대한 불평 등과 같은 주제들도 포함하고 있다. 따라서 정신병적 행동을 측정하는 문항들에 반응하지 않더라도 높은 점수를 받는 것이 가능하다. 문항의 예를 들면 다음과 같다(괄호 안은 채점 방향).

- 누가 내 뒤를 몰래 따라다닌다(그렇다).
- 나를 꼭 해치고 싶어 하는 적(원수)은 없다(아니다).

척도 6이 60~70T에 속하는 사람들은 분명한 정신병적 증상을 지닌 경우가 흔치 않으나 대인관계에서 예민하고 과도하게 반응하는 것과 같은 편집증직인 경향을 시사하는 특징들을 보인다. 이들은 자신들이 힘들고 불공평하게 살아가고 있다고 느끼며, 자신들의 어려움을 외부의 탓으로 돌리면서 합리화하는 경향을 보인다. 다른 사람들에게는 정서적으로 불안정하고 변덕스러운 사람으로 비쳐진다.

점수가 상승될수록 의심과 예민성도 점점 심해지는데, 척도 점수가 70T보다 높은 사람들은 피해망상, 과대망상, 관계사고 등과 같은 정신병적 증상을 보일 수 있다. 이들은 자신이 타인들로부터 정당한 대우를 받고 있지 못하다고 느끼며, 분개하거나 원한을 품고 있을 수 있다. 마치 '나는 당신을 위해 이 모든 것을 했는데 당신은 어떻게 내게 이럴 수 있나?'라는 심정과 같다. 이들의 대표적인 방어기제는 투사(projection)로서 자신의 문제를 인정하기보다는 남의 탓으로 돌린다. 임상장면에서는 정신분열증이나 편집(망상)장애의 진단을 받는 경우가 많다.

288

이 척도의 점수가 높은 사람들은 치료자와의 라포 형성이 어려울 뿐 아니라 투사와 합리화를 많이 하면서 자신의 정서적 문제에 대해서는 인정하지 않기 때문에 심리치료의 예후는 좋지 않다.

(7) 척도 7(강박증: Pt)

척도 7은 원래 개발 당시 신경쇠약(psychasthenia)을 진단하기 위한 것이었으나, 현대의 진단 범주로는 강박장애(obsessive-compulsive disorder)가 가장 유사한 진단명이다. 원판 MMPI의 48개 문항 모두가 MMPI-2에서도 사용되었다. 척도 7의 문항들은 강박적 사고, 두려움, 불안, 자신의 능력에 대한 의심과 회의, 불행감, 신체적 불편감, 주의집중 곤란 등과 같은 내용들을 포함하고 있다. 척도 7은 불안을 가장 잘 측정하는 대표적인 지표라고 할 수 있으며, 척도 2와 더불어 '정서적 고통' 척도로 알려져 있다. 문항의 예를 들면 다음과 같다(괄호 안은 채점 방향).

- 정신이 나가거나 자제력을 잃을까 봐 두렵다(그렇다).
- 가끔 중요하지도 않은 생각이 마음을 스치고 지나가 며칠이고 나를 괴롭힌다(그렇다).

척도 7이 높은 사람들은 지나치게 불안해하고, 긴장되어 있으며 초조해한다. 이들은 사소한 문제에 대해서도 걱정이나 두려움이 많고 혹시라도 어떤 일이 일어나지 않을까 미리 염려한다. 흔히 피로, 불면, 악몽, 주의집중 곤란 등을 호소하며 임상장면에서는 불안장애 진단을 받는 경우가 많다. 자신감이 부족하고 자기비판적이며 자신에 대한 의심과 회의로 괴로워한다. 또한 융통성이 없고 경직되어 있으며, 지나치게 도덕적이고 완벽주의적이어서 자신이나 타인의 수행에 대한 기준이 매우 높다. 따라서 자신의 기준에 도달하지 못할 때 죄책감을 느끼며, 목표를 이루지 못하면 우울해진다. 이 척도의 점수가 높은 사람들은 의존적이고, 자기주장을 잘 하지 않으며, 미성숙한 사람으로 평가받는 경향이 있다. 또한 우유부단하고 의사결정을 잘 하지 못한다. 주지화(intellectualization)의 방어기제를 많이 사용하며, 합리화(rationalization)와 취소(undoing)의 방어기제도 나타난다.

이 척도의 점수가 높은 사람들은 심한 불편감 때문에 치료에 대한 동기가 높을 수 있지만, 주지화하고 합리화하는 경향으로 인해 단기 심리치료에서는 좋은 효과를 얻기가 힘들다. 그러나 이들은 다른 환자들에 비해 더 오랫동안 치료를 받으면서 느리긴 하지만 꾸준히 좋아지는 특징을 보인다.

(8) 척도 8(정신분열증: Sc)

척도 8은 정신분열증 환자를 감별하기 위해 개발된 척도로서, 원판 MMPI의 78개 문항 모두가 MMPI-2에서도 유지되었다. 척도 8의 문항들은 기태적인 심리상태, 지각적 이상 경험, 피해망상, 환각 등과 같은 정신병적 증상뿐 아니라 사회적 소외, 가족관계 문제, 성에 대한 염려, 충동 통제 및 주의집중 곤란, 두려움, 걱정, 불만족감 등과 같은 다양한 주제를 포함하고 있다. 문항의 예를 들면 다음과 같다(괄호 안은 채점 방향).

- 나는 이상하고 기이한 생각을 가지고 있다(그렇다).
- 혼자 있을 때면 이상한 소리가 들린다(그렇다).

척도 8이 75T보다 높은 사람들은 심각한 정신적 혼란, 망상 수준의 기이한 사고, 환각, 판단력 상실 등의 문제를 보이는 정신병적 장애를 지니고 있을 수 있다. 그러나 척도 8이 높다고 해서 정신병적 상태로 단정해서는 안 된다. 급성적으로 심리적 혼란을 경험하고 있거나, 장애의 정도가 심각하지는 않지만 주관적으로 도움을 절실히 필요로 하는 사람들도 높은 점수를 얻을 수 있다.

척도 8이 높은 사람들은 주위 사람들로부터 소외/고립되고, 수용받지 못한다고 느낀다. 그러면서도 이들은 사회적으로 위축되어 있고 은둔적이며, 자신을 숨기는 경향이 있어 남들이 쉽게 다가가기가 어렵다. 이들은 스트레스를 받을 때 백일몽이나 공상에 빠져드는 경우가 많고, 현실과 공상을 구분하는 데 어려움을 느낄 수 있다.

이 척도가 높은 사람들은 열등감, 무능감, 부적절감, 불만족감을 느끼며 분노, 적대감, 공격성이 내재해 있으나, 이런 감정들을 적절히 표현할 줄 모른다. 성적인 집착이나 성역할의 혼란을 보이는 경우도 흔히 있다. 다른 사람들은 이들의 행동을 분위기에 맞지 않고, 평범하거나 관습적이지도 않으며 기괴하다고 생각한다.

척도 8이 높은 사람들은 만성적인 문제를 지니고 있고, 치료자와 관계를 형성할 수 있는 능력도 부족하기 때문에 심리치료의 예후는 나쁜 편이다. 만약 심리치료를 하게 된다면 통찰 지향적인 접근을 취하는 것보다는 구체적이고 실제적인 문제에 초점을 맞추는 것이 더 효과적일 수 있다.

(9) 척도 9(경조증: Ma)

척도 9는 원래 경조증 환자들을 감별하기 위해 개발된 척도로서, 원판 MMPI의 46개 문항 모두가 MMPI-2에서도 사용되었다. 척도 9의 문항들 중 일부는 과잉활동, 정서적 흥분성, 과대

사고와 같은 구체적인 경조증 증상을 다루고, 다른 문항들은 가족관계, 도덕적 가치 및 태도, 신체적 염려 등의 주제를 다룬다.

척도 9는 심리적·신체적 에너지의 수준을 보여 주는데, 점수가 높은 사람들은 에너지가 지나치게 많은 것이다. 이 척도의 점수가 높을 때는 다른 척도들에서 나타나는 특징들이 강하게 활성화된다. 예를 들어, 척도 4의 높은 점수는 반사회적 성향을 시사하는데, 만약 척도 9의 점수도 높다면 척도 4에서 시사되는 반사회적 성향이 더욱 분명하게 행동으로 발현될 가능성이 높다. 척도 문항의 예를 들면 다음과 같다(괄호 안은 채점 방향).

- 때때로 생각이 너무 빨리 떠올라서 그것을 말로 다 표현할 수 없다(그렇다).
- 한곳에 오래 앉아 있기 힘들 정도로 안절부절못할 때가 있다(그렇다).

척도 9가 높은 사람들은 에너지가 넘치고 말이 많으며, 생각보다 행동이 앞선다. 이들은 다양한 흥미를 지니고 있으며 한꺼번에 여러 가지 활동에 참여하지만 마무리는 잘 하지 못한다. 창의적이고 독창적이지만 쉽게 지루함을 느끼고 안절부절못하는 경향이 있으며, 좌절을 인내하는 능력이 매우 부족하다. 또한 비현실적이고 근거 없는 낙관성을 보이고 자신의 가치와 중요성을 과대평가하며, 자신의 한계를 인식하지 못한다. 자주 사용하는 방어기제는 부인(denial)과 행동화(acting-out)이다.

척도 9가 극단적으로 높다면(T>80), 조증 삽화의 가능성이 있다. 이렇게 높은 점수를 보이는 환자들은 목적이 없는 과잉활동을 보이고, 말의 속도가 빨라지며 환각이나 과대망상, 사고의 비약을 나타내고 정서적으로 매우 불안정하다.

척도 9가 높은 사람들은 치료자의 해석을 거부하고, 치료시간을 불규칙하게 빠뜨리며 치료를 조기에 종결하는 경향이 있다. 또한 치료자에게 적대감이나 공격성을 지니기도 하기 때문에 심리치료에 대한 예후는 좋지 않다.

척도 9가 40T보다 낮은 점수를 보이는 경우, 척도 2의 점수가 정상 범위에 있다고 하더라도 우울할 가능성을 고려해 보아야 한다. 저자의 경험에 따르면, 척도 9가 매우 낮고 척도 2가 정상 범위인 수검자들은 주관적으로 우울하다고 보고하지는 않지만, 쉽게 피로해지고 의욕이 없으며 주의집중이 잘 되지 않는 등의 우울 증상을 보고하는 경향이 있다.

(10) 척도 0(내향성: Si)

척도 0은 원래 내향성-외향성 차원과 관련된 질문지로부터 개발된 척도로서, 사회적 접촉이나 책임을 피하는 정도를 측정한다. 원판 MMPI의 70개 문항 중 한 개를 제외한 나머지 69개 문항이 MMPI-2에서도 유지되고 있다. 척도 0의 문항들은 사회적 참여의 정도를 다루는 문항 유형과 전반적인 신경증적 부적응 및 자기비하 양상을 다루는 문항 유형으로 구성되어 있다. 문항의 예를 들면 다음과 같다(괄호 안은 채점 방향).

- 남이 내게 말을 걸어오기 전에는 내가 먼저 말을 하지 않는 편이다(그렇다).
- 여러 클럽(동아리)에 가입하고 싶다(아니다).

척도 0이 높은 사람들은 사회적으로 내향적인데, 사회적 상황에서 불안정감과 불편감을 느끼며, 이성 앞에서 특히 더 그러한 특징을 보인다. 이들은 수줍음이 많고, 소심하며 앞에 나서지 않으려고 한다. 혼자 있을 때나 몇 명의 친한 친구와 있을 때만 편하게 느끼고, 사회적인 활동에 거의 참여하지 않으려고 한다. 이들은 자신감이 부족하고 남들이 자신을 어떻게 생각할지 매우 신경을 쓴다. 감정 억제가 심하며 감정을 직접적으로 표현하지 않는다. 대인관계에서는 수동적이고 순응적이며, 권위적인 인물의 의견은 그대로 받아들이는 경향이 있다. 신뢰감을 주고 믿음직스러운 면도 있지만, 어떤 문제를 다룰 때 지나치게 조심스럽고 관습적인 방식으로 접근하며, 사소한 결정도 쉽게 내리지 못해 어려움을 겪는다. 치료와 관련해서는 치료자와 치료 동맹을 잘 형성하지 못하고, 치료 회기 중에도 불편해하고 긴장되어 있기 때문에 치료 초기에 수검자와의 관계 형성이 지속적인 치료에 중요한 요소가 된다.

점수가 다소 상승된 경우(55T~64T) 대인관계 형성 능력은 있으나 일반적으로 혼자 있는 것을 더 좋아하는 특징을 보일 수 있다. 또한 내향적이지만 자율성이나 독립성을 적절히 갖추고 있는 정상 성인의 경우에서도 점수가 다소 상승되어 나타날 수 있다.

척도 0이 낮은 사람들은(45T 미만) 외향적이고 사교적이며, 말을 잘하고 자기주장적이다. 사람들과 같이 있으려는 욕구가 강해서 다양한 사람과 잘 어울린다. 또한 권력, 지위, 인정 등에 관심이 있으며 경쟁적인 상황을 즐기는 편이다.

3) 재구성 임상척도

원판 MMPI의 임상척도들을 제작할 때 경험적인 방식으로 문항을 구성했기 때문에, 같은 임상척도에 포함된 문항들의 내용이 상당히 이질적이며 임상척도 간의 상관도 높고 서로 독립적이지 않다는 문제가 발생하였다. 이렇게 높은 상관을 보이는 이유로는 한 개 이상의 척도에서 중복 채점되는 문항들이 있다는 것뿐 아니라 각각의 임상척도에 포함된 문항들 중 일부는 환자들이 공통적으로 치료받고 싶어 하는 정서적 고통 및 불행감과 관련이 있다는 것을 들 수 있다. 다시 말해, 수검자가 특정한 임상척도에서 높은 점수를 얻었을 때, 이 점수에는 그 특정한 척도에서 측정하고 있는 핵심적 구성개념과 관련된 특성(예: 우울한 기분)뿐만 아니라 공통적인 정서적 고통도 반영되어 있다고 할 수 있다. 이러한 기존 임상척도들의 제한점을 극복하고 보다 순수하게 정제된 해석을 하기 위해서, Tellegen 등(2003)은 재구성 임상척도(Restructured Clinical scales: RC)를 개발하였다. 이들에 따르면, 재구성 임상척도를 개발한 목적은 기본 MMPI-2 임상척도의 중요한 기술적 특성을 그대로 유지하면서도 변별력을 증가시키는 것이다.

최종적으로 만들어진 재구성 임상척도는 척도 5와 0을 제외한 임상척도에 대한 재구성 임상척도 8개와 의기소침(RCd) 척도를 포함하여 총 9개이다. 척도 5와 척도 0은 정신병리의 핵심적 요소를 평가하지 않는다고 판단하여 이들 두 척도에 상응하는 재구성척도는 제작하지 않았다.

임상척도에 비해 향상된 수렴타당도와 변별타당도를 가진 재구성 임상척도는 그동안 제기되어 온 임상척도 해석상의 모호함을 해결하는 데 많은 도움을 줄 것으로 기대된다. 그럼에도 불구하고 재구성 임상척도는 비교적 최근에 개발된 것으로, 이 척도를 임상적으로 활용할 수 있다는 연구 결과는 아직 충분하지 않다. 따라서 Tellegen 등이 제안하는 것처럼 만족스러운 연구 결과들이 보고되고 임상가가 재구성 임상척도에 충분히 익숙해지기 전까지는, 임상척도에서 얻어진 해석적 가설들을 명료화하는 데 초점을 두고 해석하는 것이 바람직하다.

대부분의 MMPI-2 척도에서와 마찬가지로 임상적으로 유의미한 상승은 T점수 65점 이상을 기준으로 하며, 이는 규준집단과 비교하여 대략 백분위 92, 즉 상위 8% 위치에 해당하는 것이다. 한 가지 주의사항은 내용척도처럼 재구성 임상척도의 문항 내용들은 명백한 것이어서 의식적·무의식적으로 응답을 가장하기 쉽다는 점이다. 타당도 척도가 검사 결과의 전반적인 타당도를 평가해 주기 때문에, 재구성 임상척도를 해석하기 전에 반드시 타당도 척도를 검토하여야 한다.

- RCd: 의기소침(Demoralization: dem, 24문항): 이 척도는 수검자가 경험하고 있는 전반적인 정서적 불편감의 지표이다. 이 척도의 점수가 높은 사람은 다른 재구성 임상척도, 임상척도, 내용척도들에서도 높은 점수를 보일 가능성이 크다. 이들은 낙심하여 기운이 없고 의기소침한 상태를 보인다. 또한 자존감이 낮고 비관적이며, 과거에 실패했기 때문에 미래도 실패할 것이라고 믿는 경향이 있다.
- RC1: 신체증상 호소(Somatic Complaint: som, 27문항): 이 척도는 임상척도 1 및 내용척도 HEA(건강염려)와 매우 유사한데, 이 척도의 점수가 높은 사람들은 신체적 건강에 대한 집착을 특징적으로 보인다. 이들은 만성 통증을 비롯한 여러 가지 신체적 불편감을 호소하고

신체기능에 집착하며, 심리적 혹은 대인관계적인 곤란을 겪을 때 신체 증상을 드러낸다.

- RC2: 낮은 긍정 정서(Low Positive Emotions: lpe, 17문항): 이 척도는 삶에 대한 긍정적인 정서적 관여의 감소를 측정한다. 따라서 이 척도의 점수가 높은 사람들은 불행감을 느끼며 의기소침해져 있고, 임상적 우울증을 겪을 위험성이 크다. 또한 매우 내향적인 편으로 사회적 상황에서 수동적이고 위축된 모습을 보이며, 종종 권태감과 고립감을 느낀다.

- RC3: 냉소적 태도(Cynicism: cyn, 15문항): 임상척도 3은 크게 두 가지 측면으로 구성되어 있는데, 그중 하나는 신체 증상 호소이며, 다른 하나는 타인을 지나치게 신뢰하는 특성이다. 신체 증상 호소라는 요소가 RC1 척도에서 평가된다면, RC3 척도는 두 번째 요소인 타인을 지나치게 신뢰하는 특성을 평가하는데, 임상척도 3과는 반대 방향으로 채점되므로 높거나 낮은 점수에 대한 해석이 임상척도 3과는 반대로 이루어진다. 이 척도의 점수가 높은 사람들은 다른 사람들이 믿을 만하지 못하고, 남을 배려하지 않고 자신만 생각하며 착취적이라고 생각한다. 반면, 이 척도의 점수가 낮은 사람들(T≤40)은 순진하고, 남에게 잘 속으며 지나치게 타인을 신뢰하는 사람일 가능성이 있다.

- RC4: 반사회적 행동(Antisocial Behavior: asb, 22문항): 임상척도 4와 비교할 때, RC4 척도는 반사회적 특성에 대한 보다 순수한 측정치이다. 이 척도의 점수가 높은 사람들은 사회적 규준이나 기대에 순응하지 않는다. 이들은 흔히 과거에 범법행위를 한 적이 있으며, 알코올이나 약물 남용의 위험성이 크다. 또한 남들에게 공격적으로 행동하는 경향이 있으며, 가족 갈등을 포함한 대인관계 갈등을 많이 보인다.

- RC6: 피해의식(Ideas of Persecution: per, 17문항): 임상척도 6에 비해서 의기소침 요인의 영향을 덜 받기 때문에, 이 척도는 피해의식에 대한 보다 순수한 측정치이다. 이 척도가 높은 사람들은 자신이 외부의 압력에 통제당하거나 희생당한다고 느낀다. 또한 타인의 동기를 지나치게 의심하며, 남들과 신뢰할 만한 관계를 맺지 못한다.

- RC7: 역기능적 부정 정서(Dysfunctional Negative Emotions: dne, 24문항): 이 척도의 점수가 높은 사람들은 불안과 짜증을 비롯한 다양한 부정적 정서를 경험한다. 이들은 매우 불안정하며 남들의 비판에 지나치게 예민하다. 또한 자신이 실패했다고 생각하는 일에 집착하고 그것을 과도하게 되새기며 반추한다.

- RC8: 기태적 경험(Aberrant Experience: abx, 18문항): 이 척도는 임상척도 8에 비해 의기소침 요인의 영향을 덜 받기 때문에, 정신병적 장애와 관련된 감각, 지각, 인지 및 운동의 장애를 더 집중적으로 측정한다고 볼 수 있다. 이 척도가 높은 사람들은 현실 검증력의 손상을 시사하는 환각, 망상, 기태적 감각 경험 등을 보고할 수 있다.

- RC9: 경조증적 상태(Hypomanic Activation: hpm, 28문항): 이 척도의 점수가 높은 사람들은 경조증적 상태에서 나타나는 다양한 특성을 보고한다. 이들은 지나치게 빠른 사고, 상승된

에너지 수준, 고양된 기분, 짜증스러움 등을 경험한다. 또한 자극추구적이고, 위험을 무릅쓰는 행동을 자주 하며, 충동 통제의 곤란을 보인다.

4) 내용척도

Wiggins(1966)는 MMPI의 문항 내용 분석을 토대로 13개의 내용척도를 개발하였다. 이후 Butcher, Graham, Williams와 Ben-Porath(1990)는 MMPI-2의 15개 내용척도를 개발하였으며, 척도 구성방법에서 Wiggins(1966)와 유사하게 이론적 방법과 경험적 방법을 결합하여 사용하였다. 경험적 관련성에 따라서만 문항을 선정한 임상척도와 달리, 내용척도는 특정 구성개념과 관련된 문항 내용을 반영하였다는 특징을 지니고 있다. MMPI-2의 내용척도는 개정과정에서 추가된 문항들 덕분에 원판 MMPI의 내용척도가 측정하던 내용 영역을 보다 폭넓게 평가할 수 있을 뿐만 아니라 이전 내용척도에는 없었던 새로운 내용 영역까지 평가할 수 있도록 고안되었다.

MMPI-2 내용척도 개발의 가장 중요한 목표는 개별 척도의 내적 일관성을 최대화하는 것이었지만, Ben-Porath와 Sherwood(1993)는 15개 내용척도 중 12개가 내용 소척도를 만들기 위해 문항들을 세분화하는 것이 가능하다고 주장하였다. 그러나 내용 소척도의 타당도 및 활용도에 관해서는 현재 제한적인 자료만 있다. 결과 해석에 있어 내용 소척도 점수가 내용척도의 해석에 어느 정도 의미를 더해 줄 수 있는지는 추후 보다 많은 연구를 통해 밝혀져야 할 것이다. 따라서 내용 소척도는 모척도인 내용척도의 해석을 돕기 위해 사용되어야 하며, 해석을 위해서는 항상 내용척도와 함께 사용하는 것이 바람직하다.

MMPI-2의 내용척도들은 증상적 행동을 측정하는 척도들(불안, 공포, 강박성, 우울, 건강염려, 기태적 정신상태), 외재화된 공격 성향을 측정하는 척도들(분노, 반사회적 특성), 성격요인을 측정하는 척도들(A 유형 행동, 냉소적 태도), 부정적 자기개념을 측정하는 척도(낮은 자존감), 기타 임상적 문제 영역들을 측정하는 척도들(사회적 불편감, 가정문제, 직업적 곤란, 부정적 치료 지표)로 이루어져 있다.

내용척도의 해석은 T점수가 65점 이상일 때만 적용할 수 있다. 또한 내용 소척도는 모척도의 점수가 60점 이상이면서 내용 소척도의 점수가 65점 이상일 경우에만 해석해야 한다(김중술 외, 2005). 내용척도를 해석할 때는 반드시 수검 태도를 고려해야 한다. 척도들이 주로 명백한 문항을 포함하고 있기 때문에, 척도 점수는 수검 태도와 관련하여 쉽게 왜곡될 가능성이 있다. 방어적인 태도를 보이는 사람들은 대부분의 척도에서 낮은 점수를 얻고, 자신의 문제를 과장하는 사람들은 대부분 척도에서 점수가 상승한다.

내용 척도 및 소척도들의 구성을 개관하면서 상승한 점수에 대한 해석을 간략히 제시하면 다음과 같다.

- 불안(Anxiety: ANX, 23문항): 소척도 없음. 불안하고 걱정이 많으며 주의집중이 어려움.
- 공포(Fears: FRS, 23문항): 일반화된 공포(FRS1), 특정 공포(FRS2). 다양한 두려움과 공포를 보이고 불안해 함.
- 강박성(Obsessiveness: OBS, 16문항): 소척도 없음. 결정을 내리기 어려워하고 자신감이 없으며 변화를 싫어함. 사소한 일도 반추하고 걱정하며 강박 증상을 보고하기도 함.
- 우울(Depression: DEP, 33문항): 동기 결여(DEP1), 기분부전(DEP2), 자기비하(DEP3), 자살사고(DEP4). 우울하고 슬퍼하며 죄책감, 실패감을 느낌. 피로감과 수면장애를 호소하며 자살사고나 자살시도가 있을 수 있음.
- 건강염려(Health Concerns: HEA, 36문항): 소화기 증상(HEA1), 신경학적 증상(HEA2), 일반적인 건강염려(HEA3). 신체기능에 집착하면서 다양한 신체 증상을 호소함. 스트레스가 생기면 신체 증상이 나타날 수 있음.
- 기태적 정신상태(Bizarre Mentation: BIZ, 24문항): 정신병적 증상(BIZ1), 분열형 성격 특성(BIZ2). 정신병적 사고, 환각, 피해망상 등을 보일 수 있음. 정동의 둔마와 대인관계에서의 철수가 나타남.
- 분노(Anger: ANG, 16문항): 폭발적 행동(ANG1), 성마름(ANG2). 분노나 적대감이 많으며 공격적이고 비판적임. 충동적이며 좌절을 견디는 힘이 약함.
- 냉소적 태도(Cynicism: CYN, 23문항): 염세적 신념(CYN1), 대인 의심(CYN2). 타인의 동기를 의심하고 대인관계에서 경계하고 믿지 못함. 적대적이고 타인의 작은 요구에도 분개할 수 있음.
- 반사회적 특성(Antisocial Practices: ASP, 22문항): 반사회적 태도(ASP1), 반사회적 행동(ASP2). 학교에서의 비행, 법적 문제 혹은 물질 남용과 관련된 과거력이 있을 수 있음. 자기중심적이고 권위에 대해 분개해하며 자신의 어려움을 타인의 탓으로 돌림.
- A 유형 행동(Type A Behavior: TPA, 19문항): 조급함(TPA1), 경쟁 욕구(TPA2). 일 지향적이고 정력적이며 기다리기 싫어하고 일이 끝날 때까지 계속 서두름. 적대적이고 쉽게 짜증을 내며 앙갚음하고자 함.
- 낮은 자존감(Low Self-Esteem: LSE, 24문항): 자기회의(LSE1), 순종성(LSE2). 부적절감을 느끼고 쉽게 포기하며 대인관계에서 소극적임. 비판과 거절에 지나치게 민감하고 칭찬을 받아들이는 것이 어려움.
- 사회적 불편감(Social Discomfort: SOD, 24문항): 내향성(SOD1), 수줍음(SOD2). 사회적 장면에서 어색해하고 혼자 있는 편임. 대인관계에서 민감하고 활력 수준이 낮으며 정서적으로

위축되어 있음.

- 가정문제(Family Problems: FAM, 25문항): 가정 불화(FAM1), 가족 내 소외(FAM2). 가족 간 불화, 가족 간 이해 및 지지 부족을 호소함. 가족들에게 화가 나고 적대감을 느낌. 신체적 학대의 과거력이 있을 수 있음.
- 직업적 곤란(Work Interference: WRK, 33문항): 소척도 없음. 직업 선택에 대한 스스로의 회의나 가족들의 불인정, 스트레스에 대처하지 못함, 주의집중 곤란, 의사결정 곤란, 불안정감, 실패한 느낌, 우울, 활력 부족, 신체 증상 및 수면장애 호소 등의 문제를 경험할 수 있음.
- 부정적 치료 지표(Negative Treatment Indicators: TRT, 26문항): 낮은 동기(TRT1), 낮은 자기개방(TRT2). 치료자 및 치료에 대한 부정적 태도, 자신의 문제를 이해하거나 나눌 수 있는 사람이 없다는 느낌, 삶에서 변화를 이끌어 낼 수 없다는 느낌이 있고, 문제에 부딪힐 때 쉽게 포기하며, 정서적 고통이 심함.

5) 보충척도

원판 MMPI의 출판 이후, 많은 연구자가 MMPI의 566문항을 다양하게 재조합하여 보충척도를 추가적으로 개발하였다. MMPI-2에서는 연구 자료를 참조하여 신뢰도와 타당도가 있는 보충척도들만을 남기기로 결정하였고 성역할, 물질 남용 및 부부문제를 측정하기 위한 척도들이 새로이 추가되었다.

보충척도는 타당도 척도와 임상척도를 대신하기 위한 것이 아니라, 이름 그대로 이들 기본 척도의 해석을 보충함으로써 MMPI가 평가할 수 있는 임상적 문제와 장애의 범위를 넓히는 데 그 목적이 있다.

모든 보충척도에 적용할 수 있는 절대적인 분할점(cut off score), 즉 임상적으로 중요한 증상이나 문제가 있음을 나타내는 단일한 T점수를 제시하기는 어렵다. 다만, 일반적으로 T점수 65 이상을 높은 점수로 간주할 수 있다. 반면, T점수 40 이하는 낮은 것으로 간주할 수 있지만, 많은 보충척도에 있어 낮은 점수에 대한 해석적 진술에 확신을 줄 만한 연구 자료가 충분하지 않기 때문에 낮은 점수를 해석할 때는 세부적인 해석 지침을 확인할 필요가 있다.

MMPI-2 보충척도들의 척도명과 문항 수와 함께 상승한 점수에 대한 해석을 간략히 제시하면 다음과 같다.

- 불안(Anxiety: A, 39문항): 불안하고 마음이 편치 않으며 자신감이 부족하고 복종적임. 억제되어 있고 과잉통제하며 이런저런 사소한 느낌에 휘둘림.
- 억압(Repression: R, 37문항): 내향적이고 관습적이며 수동적임. 신중하고 쉽게 흥분하지 않

으며 느리게 일함.

• **자아 강도(Ego Strength: Es, 52문항)**: 심리적으로 잘 적응하고 스트레스에 잘 대처함. 안정적이고 책임감이 있으며 인내력이 있음.

• **지배성(Dominance: Do, 25문항)**: 침착하고 자신감이 있으며 낙천적임. 현실적이고 성취 지향적이며 내적 자원이 있음.

• **사회적 책임감(Social Responsibility: Re, 30문항)**: 정의감이 강하고 성실하며 자신의 행동 결과를 기꺼이 수용하려 함. 일반적으로 세상에 대한 신뢰 및 자신감이 있으나, 자신이 짊어진 부담 및 의무 이행을 과도하게 강조함.

• **대학생활 부적응(College Maladjustment: Mt, 41문항)**: 대학생활의 일반적인 부적응을 시사하며, 무능감, 불안과 걱정, 비관주의, 지연행동 등과 관련됨. 스트레스가 많아지면 신체 증상을 보임.

• **외상후 스트레스 장애(Post-Traumatic Stress Disorder: PK, 46문항)**: 강한 정서적 고통감, 불안 및 수면장애 증상, 죄책감과 우울감, 침투사고, 정서적 및 인지적 통제력 상실에 대한 두려움 등을 보일 수 있음.

• **결혼생활 부적응(Marital Distress Scale: MDS, 14문항)**: 결혼관계에서의 부적응을 시사함. 전반적인 부적응과 우울 경험 및 타인으로부터의 거부감 등과 관련됨.

• **적대감(Hostility: Ho, 50문항)**: 냉소적이고 의심이 많으며 우호적이지 않음. 적대감을 다른 사람 탓으로 돌리며 사회적 지지가 부족하다고 느끼지만 이를 구하려 하지 않음.

• **적대감 과잉통제(Overcontrolled Hostility: O-H, 28문항)**: 보복을 하지 않고 화난 감정을 잘 표현하지 않지만 이따금 지나치게 공격적인 반응을 보일 수 있음. 충분한 돌봄을 받으며 지지적인 가족 분위기에서 성장했다고 기술함.

• **MacAndrew의 알코올 중독(MacAndrew Alcoholism: MAC-R, 49문항)**: 원점수 28점 이상은 물질 남용 문제를 시사함. 24~27점은 물질 남용을 시사하지만 비중독자가 중독자로 분류되는 오류 긍정이 많아질 수 있으므로 신중하게 해석해야 함. 24점 미만은 물질 남용 문제 가능성이 거의 없음을 시사함.

• **중독 인정(Addiction Admission Scale: AAS, 13문항)**: 물질 남용 문제를 솔직하게 인정함(T>60). 물질 남용을 부인하고 싶은 경우 쉽게 낮은 점수를 얻을 수 있기 때문에 낮은 점수의 해석은 타당도 척도 등을 참고해서 신중하게 해야 함.

• **중독 가능성(Addiction Potential Scale: APS, 39문항)**: 물질 남용 문제를 확인하는 데 MAC-R이나 AAS만큼 효과적이지 않음. 현재 남용 문제가 있나 없나를 떠나서 물질 남용의 가능성 혹은 취약성을 측정하는 척도이지만, 향후 남용의 가능성을 어느 정도 예측해 낼 수 있는지는 분명하지 않음.

- 남성적 성역할(Gender Role-Masculine: GM, 47문항)과 여성적 성역할(Gender Role-Feminine: GF, 46문항): GM척도가 높으면 전형적인 남성적 흥미와 활동을 선호하고, 자신감이 있으며, 두려움이나 불안을 부인하는 특징이 나타남. GF척도가 높으면 전형적인 여성적 흥미와 활동을 선호하고, 예민하며, 반사회적 행동을 부인하는 특징이 나타남. 이 두 척도의 타당도 자료는 매우 제한적이어서 주로 연구목적으로 사용되는 실험적 척도로 고려되어야 함.

6) 성격병리 5요인 척도

성격병리 5요인(PSY-5)척도 구성개념은 성격장애와 정상 성격에 대한 근본적인 주제를 다루는 연구들을 바탕으로 개발되었으며, 다섯 가지의 폭넓은 성격 영역을 다루고 있다. PSY-5 척도는 공격성, 정신증, 통제 결여, 부정적 정서성/신경증, 내향성/낮은 긍정적 정서성의 다섯 척도로 구성되어 있다.

개념적 차이가 있긴 하지만, PSY-5 모델은 5요인 이론(Five Factor Model, Widiger, & Trull, 1997), Tellegen의 다면적 성격질문지 상위요인(MPQ superfactors, Harkness, McNulty, & Ben-Porath, 1995; Tellegen, 1982), Zuckerman의 대안-5(Alternative-5, Zuckerman, Kuhlman, Joireman, Teta, & Kraft, 1993)와 같은 성격 특성 모델과 연계성을 가진다. 따라서 MMPI-2의 PSY-5 척도는 환자의 성격 특성에 대한 개념화를 신속하게 할 수 있도록 도와주고, 이러한 개념화는 다른 성격 특성 모델과 직접적으로 연결성을 가진다.

Harkness, McNulty, Ben-Porath와 Graham(2002)은 PSY-5 척도 점수를 해석하기 위한 임시 지침을 만들었다. 이 척도들은 점수가 높을 때(65T 이상) 해석을 할 수 있다. 그러나 통제 결여 (DISC) 척도와 내향성/낮은 긍정적 정서성(INTR) 척도는 낮은 점수(40T 이하)인 경우도 해석할 것을 권하고 있다.

- 공격성(Aggressiveness: AGGR, 18문항): 이 척도는 도구적인 공격성에 초점을 두고 있다. 이 척도에서 높은 점수를 받은 사람들은 다른 사람을 위협하는 것을 즐기고, 목표 달성을 위한 방법으로 공격성을 사용할 수 있다.
- 정신증(Psychoticism: PSYC, 25문항): 이 척도는 현실과의 단절을 평가한다. 기이한 감각 및 지각적 경험, 다른 사람과 공유되지 않는 믿음, 위험이나 손상에 대한 비현실적인 두려움 등이 단절의 예이다. 이 척도에서 높은 점수를 받은 사람들은 관계망상을 가지며 사고가 와해되고, 기이하고 혼란되어 있으며, 우회적이거나 탈선된 사고를 보이는 경향이 있다.
- 통제 결여(Disconstraint: DISC, 29문항): 이 척도의 통제 결여 정도는 감각 추구와 의미 있는

상관을 보이는 것으로 나타났다. 이 척도에서 높은 점수를 받은 사람들은 위험 추구적이고, 충동적이며 일상적인 일에 쉽게 지루해한다. 반면, 이 척도에서 낮은 점수를 받은 사람들은 통제된 성격 유형을 보이는데, 위험 추구 경향이 적고 충동성이 낮으며, 자제력이 있고 지루함을 잘 견딘다.

- 부정적 정서성/신경증(Negative Emotionality/Neuroticism: NEGE, 33문항): 이 척도가 높은 사람들은 입력되는 정보의 부정적 측면에 초점을 두고, 과도하게 걱정하며 최악의 시나리오를 상상하고, 자기비판적이며 죄책감을 느낀다. 또한 우울, 불안, 신체 증상 등을 보고하고, 친구가 적거나 없는 경향이 있다. 임상장면에서는 우울증이나 기분부전장애의 진단을 받는 경우가 많다.

- 내향성/낮은 긍정적 정서성(Introversion/Low Positive Emotionality: INTR, 34문항):이 척도가 높은 사람들은 기쁨이나 즐거움을 경험할 수 있는 능력이 거의 없고, 내향적이며 성취에 대한 욕구가 낮고, 우울하고 비관적이며 신체 증상을 보고한다. 이들은 기분부전장애와 우울증에 속하는 비율이 높다. 낮은 점수를 보이는 사람들은 기쁨과 즐거움을 느낄 수 있는 능력이 있고, 사교적이며 에너지가 넘친다. 극단적으로 점수가 낮은 경우 경조증의 증상을 보일 수 있다.

7) 임상 소척도(Harris-Lingoes 소척도)

MMPI는 개발 당시 척도의 동질성을 염두에 두지 않았기 때문에 임상척도들 대부분이 문항 내용 면에서 매우 이질적이었다. 따라서 임상척도 내 문항들의 하위범주를 체계적으로 분석함으로써 해석의 정확성을 높이려는 시도가 나타났는데, Harris와 Lingoes(1955, 1968)는 10개 임상척도 중 6개 척도(2, 3, 4, 6, 8, 9)의 소척도를 구성하였다. 1번과 7번 척도는 내용이 동질적이라고 보고 소척도를 개발하지 않았다. 그리고 5번과 0번 척도는 기본 임상척도로 간주하지 않았기 때문에 소척도를 개발하지 않았다. Harris와 Lingoes 소척도 각각은 임상척도의 문항 내용을 살펴보고 내용상 비슷해 보이거나 단일 특성을 반영하는 것으로 보이는 문항들을 묶어 구성하였다. Ben-Porath, Hostetler, Butcher와 Graham(1989)은 MMPI-2의 0번 소척도를 개발하였으며, 5번 소척도의 개발은 성공하지 못하였다.

임상 소척도는 타당도 척도 및 임상척도를 보충하기 위해서만 사용되어야 하는데, 소척도는 일반적으로 모척도가 65T 이상으로 상승한 경우에만 해석되어야 하며 해석은 모척도 점수가 왜 그렇게 상승했는지를 이해하는 것에만 국한되어야 한다. 몇몇 문항 수가 적은 소척도의 경우 규준집단의 평균점수가 비교적 높아 T65 이상을 얻는 것이 불가능하다(Hy1: 사회적 불안의 부인, Pd3: 사회적 침착성). 다만, 0번 소척도의 경우 65T 이상과 40T 미만 모두 해석 가능하다.

예를 들어, 척도 0이 높을 때 Si1(수줍음/자의식)은 높지만 Si2(사회적 회피)가 낮으면 사회적 불편감은 있지만 사회적 상황을 회피하려고 하지는 않을 가능성이 있다.

임상 소척도의 유용성을 살펴보면 다음과 같다. 첫째, 임상가가 과거력 및 다른 정보를 통해 기대한 것보다 높은 상승이 임상척도에서 나타날 때, 임상 소척도는 그 개인의 임상척도 점수가 왜 상승하는지 설명하는 데 도움을 줄 수 있다. 예를 들어, 주 증상이 우울인 환자가 척도 2, 7, 8이 상승했을 때, 척도 2와 7의 상승은 환자 과거력 및 임상관찰과 일치하지만, 정신분열증이나 사고장애의 과거력 혹은 임상적 징후가 없는 환자에게서 왜 척도 8이 상승했는지 의문이 들 수 있다. 이때 척도 8의 상승은 대부분 동기적 자아통합 결여 소척도(Sc4) 문항 때문일 수 있는데, 이 소척도는 우울감과 절망감, 인생살이가 힘들다고 느끼는지 여부를 평가한다(이훈진, 문혜신, 박현진, 유성진, 김자영, 2007). 둘째, 65~70T로 약간 높은 임상척도 점수를 해석하는 데 유용할 수 있다. 어떤 사람이 척도 4에서 T67을 받았다고 할 경우, 반사회적 특징을 지녔기 때문이라기보다는 Pd1(가정불화) 척도 점수가 높아서일 수 있으며, 이런 경우 일탈적인 비사회적 혹은 반사회적 행동에 대한 해석은 부적절하다. 그러나 Pd2(권위불화) 척도 점수가 높다면 비사회적 혹은 반사회적 행동의 가능성이 시사된다(이훈진 외, 2007).

다음은 각 소척도의 높은 점수에서 나타나는 특징들이다.

• 척도 2(D)

D1 (주관적 우울감)	불행감, 울적함, 우울감/주의집중 곤란/식욕 저하, 수면 곤란/열등감, 쓸모없는 느낌/친한 사람 외의 관계를 회피
D2 (정신운동지체)	꼼짝할 수 없다고 느끼고 틀어박혀 있음/일상생활의 문제를 처리할 힘이 없음/적대적이거나 공격적인 충동이 없음.
D3 (신체적 기능장애)	자신의 신체기능에 몰두/건강이 좋지 않음/다양한 신체증상을 경험
D4 (둔감성)	일상생활의 문제를 처리할 힘이 없음/긴장/집중 곤란/자신감 부족/일상에서 즐거움을 얻지 못함.
D5 (깊은 근심)	깊은 근심에 빠져 우는 경우가 많음/더 이상 살 가치가 없다고 생각/열등하고 불행하며 쓸모없다고 느낌.

• 척도 3(Hy)

Hy1 (사회적 불안의 부인)	T65 이상을 얻는 것이 불가능하므로 3번 척도 상승의 이유를 이해하는 데 도움이 안 됨.
Hy2 (애정욕구)	주목받고 사랑받고 싶은 욕구가 강하며, 자신의 감정이나 태도를 솔직하게 드러내면 이런 욕구가 충족되지 못하리라는 두려움/타인에 대한 부정적 감정이 없고 사람을 잘 믿음/불쾌한 대면을 피하려고 애씀.

Hy3 (권태-무기력)	불편해하고 건강이 좋지 않다고 느낌/허약하고 쉽게 피로감을 느끼거나 지침/특별한 신체증상을 호소하지 않음/불행감 및 우울감
Hy4 (신체증상 호소)	많은 신체증상 호소/심장이나 가슴통증을 경험/메스꺼움 및 구토, 시야 흐림, 떨림 등을 경험
Hy5 (공격성의 억제)	적대적·공격적인 충동이 일어나지 않음/범죄 및 폭력에 대한 기사에 흥미 없음/다른 사람들의 자신에 대한 반응에 민감/이 소척도의 내적 일관성이 너무 낮기 때문에 유용성은 의문

• 척도 4(Pd)

Pd1 (가정불화)	가정 및 가족 분위기가 유쾌하지 않음/가정을 떠나고 싶음/자신의 가정은 사랑, 이해 및 지지가 부족하다고 봄/자신의 가족들이 비판적이고 걸핏하면 싸우며, 적당한 자유 및 독립성을 보장하지 않는다고 느낌.
Pd2 (권위불화)	사회적으로 통용되고 부모님이 가지고 있는 규준 및 관습에 분개함/학교에서 말썽을 부리거나 법적인 문제를 일으킨 적 있음/옳고 그름에 대한 소신이 분명함/타인의 가치 및 규준에 크게 영향받지 않음.
Pd3 (사회적 침착성)	T65 이상을 얻는 것이 불가능하므로 4번 척도 상승의 이유를 이해하는 데 도움이 안됨.
Pd4 (사회적 소외)	소외감, 고립감, 소원함/사람들로부터 이해받지 못한다고 느낌/살면서 부당한 대우를 받는다고 느낌/자신의 문제와 결점들을 다른 사람 탓으로 돌림.
Pd5 (내적 소외)	불편하고 불행/정신집중 곤란/일상에서 재미나 보람을 찾지 못함/차분하게 마음잡기 힘듦.

• 척도 6(Pa)

Pa1 (피해의식)	세상을 위험한 곳으로 봄/살면서 부당한 대우를 받고 있다고 느낌/타인을 의심하고 믿지 못함/자신의 문제에 대해 다른 사람을 비난함/다른 사람이 자신을 통제하려 한다고 느낌.
Pa2 (예민성)	다른 사람보다 과민하거나 흥분을 잘함/외롭고 이해받지 못한다고 느낌/기분전환을 위해 위험하거나 자극적인 행위를 찾음.
Pa3 (순진성)	다른 사람에 대해 매우 낙관적인 태도를 취함/사람들이 정직하고 관대하며 이타적이라고 봄/도덕적 기준이 높음/적대감 및 부정적 충동이 일어나지 않음.

• 척도 8(Sc)

Sc1 (사회적 소외)	살면서 부당한 대우를 받고 있다고 믿음/사람들로부터 이해받지 못한다고 믿음/다른 사람들이 자신에게 원한을 품고 있고 해를 입히려 한다고 믿음/외로움과 공허감/누구와도 사랑을 해 본 적 없음/가족에 대한 적대감과 증오심/대인관계 회피

Sc2 (정서적 소외)	우울 및 절망감/냉담하며 겁먹음/가학적 혹은 피학적 욕구
Sc3 (자아통합 결여, 인지적)	미칠지도 모른다고 느낌/생각이 이상하게 흘러가며 비현실감이 듦/정신집중 및 기억에 어려움.
Sc4 (자아통합 결여, 동기적)	우울 및 절망감/일상적인 일 처리에 어려움/일상에서 재미와 보람을 찾지 못함/죽어 버렸으면 하는 마음
Sc5 (자아통합 결여, 억제부진)	감정과 충동을 통제하지 못한다고 느낌/안절부절못하고 과잉행동을 보이며 짜증을 부림/웃음과 울음을 참지 못하는 때가 있음.
Sc6 (기태적 감각 경험)	자신의 몸이 이상하고 유별나게 변하고 있다는 느낌/환각, 이상한 사고 내용을 경험하고, 외부의 어떤 힘이 작용한다고 생각

• 척도 9(Ma)

Ma1 (비도덕성)	사람들을 이기적이고 정직하지 못하며 기회주의적이라고 보면서, 그런 사람들처럼 행동하는 게 정당하다고 느낌/다른 사람들을 조종하고 착취함으로써 대리만족을 얻음.
Ma2 (심신운동항진)	말 속도, 사고과정 및 근육운동이 빨라짐/긴장감을 느끼고 안절부절못함/이유 없이 흥분하거나 기분이 고양됨/해롭거나 충격적인 무엇인가를 하려는 충동
Ma3 (냉정함)	사회적 장면에서 불안을 경험하지 않음/주변에 사람들이 있으면 편안함/다른 사람의 견해, 가치, 태도에 아랑곳하지 않음.
Ma4 (자아팽창)	자신은 중요한 사람이라고 생각/다른 사람들이 요구를 할 경우, 특히 요구하는 사람이 자신보다 무능하다고 느끼는 경우 분개함/부당하게 취급받는다고 느낌.

• 척도 0(Si)

Si1 (수줍음/자의식)	• 높은 경우: 사회적 장면에서 수줍어하고 불안해하며 불편감 느낌/쉽게 당황함/말수가 많지 않거나 붙임성이 없음/자신감이 부족하여 쉽게 포기함. • 낮은 경우: 외향적/말수가 많고 붙임성 있음/자기확신이 있어 쉽게 포기하지 않음.
Si2 (사회적 회피)	• 높은 경우: 많은 사람과 함께하는 자리를 즐거워하지 않음/다른 사람과 함께 있게 되는 상황을 적극적으로 피함/수줍어함. • 낮은 경우: 많은 사람과 함께하는 자리를 즐김/다른 사람들과의 사회적 접촉을 주도함.
Si3 (내적/외적 소외)	• 높은 경우: 자존감 낮음/활동에 대한 관심 부족/자신의 생활여건을 변화시키는 것이 불가능하다고 느낌/대인관계에서 민감함/불안정감 • 낮은 경우: 자존감 높음/여러 활동에 관심을 나타냄/자신의 생활여건을 변화시킬 수 있다고 느낌.

8) 결정적 문항

질병특유 문항(pathognomonic items), 중지 문항(stop items)이라고도 불려 온 결정적 문항은 채점을 통해 척도를 해석하는 방식이 아니고, 정신병리의 특징을 잘 나타내 주는 문항의 내용을 토대로 단일 문항 혹은 몇 개의 문항 군집의 의미를 해석하는 것이다.

결정적 문항의 초기 형태는 Grayson(1951)의 38문항과 Caldwell(1969)의 69문항으로서 둘 다 직관적으로 문항을 개발하였다. 이후 Koss, Butcher와 Hoffman(1976), Lachar와 Wrobel(1979)은 보다 종합적인 형태로 결정적 문항을 개발하였으며, 직관적 절차와 경험적 절차를 모두 사용하였는데, 이 두 형태는 문항이 다소 많고 척도F 및 척도 8과 많은 문항 중복이 있긴 하지만, Grayson(1951)과 Caldwell(1969)의 문항보다 더 타당한 것으로 받아들여진다. MMPI-2에는 6개 영역, 78문항의 Koss-Butcher 결정적 문항[급성불안상태(Acute Anxiety State), 우울 자살사고(Depressed Suicidal Ideation), 위협적 폭력(Threatened Assault), 알코올 중독으로 인한 상황적 스트레스(Situational Stress Due to Alcoholism), 정신적 혼란(Mental Confusion), 피해의식(Persecutory Ideas)]과 11개 영역, 107문항의 Lachar-Wrobel 결정적 문항[반사회적 태도(Antisocial Attitude), 가족 갈등(Family Conflict), 신체 증상(Somatic Symptoms), 성적 관심과 도착(Sexual Concern and Deviation), 불안과 긴장(Anxiety and Tension), 수면장해(Sleep Disturbance), 일탈 사고와 경험(Deviant Thinking and Experience), 우울과 염려(Depression and Worry), 일탈 신념(Deviant Beliefs), 물질남용(Substance Abuse), 분노문제(Problematic Anger)]이 체크되도록 포함되어 있다.

결정적 문항은 척도처럼 받아들여져서 해석되어서는 안 되고, 문항 내용과 관련된 주제에 대한 단서를 제공하는 정도로 보아야 한다. 결정적 문항은 단일 문항 반응이 갖는 오류의 취약성 때문에 많은 문항의 총점으로 해석하는 척도만큼 신뢰할 수 없고, 정상인과 정신과 환자를 잘 변별하지 못한다는 지적이 있다. 결정적 문항은 대부분 문항이 '그렇다' 방향으로 채점되므로, 증상을 인정하는 반응 태세와 부정 왜곡에 영향을 받기 쉽기 때문에 해석에 주의가 필요하다. 따라서 임상가는 결정적 문항의 내용이 담고 있는 주제에 주목하여 추가적인 면담에서 관련 정보를 탐색하고 확인하려는 태도를 가져야 한다.

결정적 문항을 청소년들에게 적용할 때는 특별한 주의가 필요하다. 청소년 임상군 및 청소년 일반군은 성인 일반군보다 평균 두 배 많은 결정적 문항에 체크를 하는 것으로 알려져 있다. 또한 청소년 일반군과 성인 임상군은 거의 비슷한 문항 수에 체크하므로, 집단 구분을 결정적 문항만으로 해서는 안 된다는 것을 시사한다.

9) MMPI-2 재구성판(MMPI-2-RF)

MMPI-2-RF는 MMPI-2의 338문항 버전으로 임상적으로 중요한 특성을 포괄적으로 평가하기 위해 개발되었다(한경희, 문경주 외, 2011). MMPI-2-RF에서는 MMPI-2 문항의 임상적 의미를 효과적으로 측정해 낼 수 있는 총 50개의 척도가 개발되었으며 8개의 타당도 척도와 42개의 주요 척도로 구성되었다. 주요 척도에는 3개의 상위차원 척도와 9개의 재구성 임상척도, 23개의 특정문제 척도와 2개의 흥미 척도, 5개의 성격병리 5요인 척도가 포함되어 있다. MMPI-2-RF가 MMPI 및 MMPI-2와 구별되는 가장 중요한 점은 재구성 임상척도의 개발방식처럼 연구 자료와 구성개념에 기반을 두고 개발되었다는 점과 경험적인 방식에 의해 개발된 임상척도가 포함되지 않았다는 점이다. 따라서 MMPI-2-RF는 MMPI-2를 대체할 수 있는 검사이기보다 또 다른 대안을 제시해 주는 검사로 이해될 필요가 있다(한경희, 문경주 외, 2011). 미국과는 다소 다른 통계적 분포를 보이는 척도들이 있으므로 국내에서 MMPI-2-RF를 적절히 사용하기 위한 해석적 기준 및 내용에 대한 추가적인 연구들이 필요해 보인다.

한편, 최근의 국내 연구(문경주, 육근영, 한경희, 김지혜, 2015)는 양극성장애, 주요우울장애, 조현병 집단을 MMPI-2-RF의 세 가지 상위차원 척도가 특히 잘 변별함을 보여 주었는데, 양극성장애의 경우 행동화 및 흥분 경향성 관련 척도(BXD, RC4, RC9, ACT)에서, 주요우울장애의 경우 정서적/내재화 및 신체적 불편감과 관련한 척도(EID, MLS, HLP)에서 유의미한 상승을 보였고, 조현병의 경우 사고문제와 관련된 척도(THD, RC6, RC8)가 주요우울장애에 비해 높은 경향을 보였다. 이러한 연구 결과는 MMPI-2-RF의 진단적 효용성을 시사하는 것으로 향후 관련 연구들이 지속적으로 이루어질 필요가 있다.

MMPI-2-RF를 구성하는 척도들을 간략히 소개하면 다음과 같다.

• 타당도 척도(Validity Scales: V, 8개)

비일관적 반응탐지척도	1. VRIN-r(Variable Response Inconsistency, 무선반응 비일관성) 2. TRIN-r(True Response Inconsistency, 고정반응 비일관성)
과대보고 탐지척도	3. F-r(Infrequent Responses, 비전형 반응) 4. Fp-r(Infrequent Pychopathology Responses, 비전형 정신병리 반응) 5. Fs(Infrequent Somatic Responses, 비전형 신체적 반응) 6. FBS-r(Symptom Validity, 증상 타당도)
과소보고 탐지척도	7. L-r(Uncommon Virtues, 흔치 않은 도덕적 반응) 8. K-r(Adjustment Validity, 적응 타당도)

- 상위차원 척도(Higher-Order Scales: H-O, 3개)

1. EID(Emotional/Internalizing Dysfunction, 정서적/내재화 문제)
2. THD(Thought Dysfunction, 사고문제)
3. BXD(Behavioral/Externalizing Dysfunction, 행동적/외현화 문제)

- 재구성 임상척도(Restructured Clinical Scales: RC, 9개)

척도명과 그 구성은 MMPI-2와 동일하다.

- 특정문제 척도(Specific Problems Scales: SP, 23개)

신체/인지 증상 척도	1. MLS(Malaise, 신체적 불편감) 2. GIC(Gastrointestinal Complaints, 소화기 증상 호소) 3. HPC(Head Pain Complaints, 두통 호소) 4. NUC(Neurological Complaints, 신경학적 증상 호소) 5. COG(Cognitive Complaints, 인지적 증상 호소)
내재화 척도	6. SUI(Suicidal/Death Ideation, 자살/죽음 사고) 7. HLP(Helplessness/Hopelessness, 무력감/무망감) 8. SFD(Self-Doubt, 자기회의) 9. NFD(Inefficacy, 효능감 결여) 10. STW(Stress/Worry, 스트레스/걱정) 11. AXY(Anxiety, 불안) 12. ANP(Anger Proneness, 분노 경향성) 13. BRF(Behavior-Restricting Fears, 행동 제약 공포) 14. MSF(Multiple Specific Fears, 다중 특정 공포)
외현화 척도	15. JCP(Juvenile Conduct Problems, 청소년기 품행 문제) 16. SUB(Substance Abuse, 약물 남용) 17. AGG(Aggression, 공격 성향) 18. ACT(Activation, 흥분 성향)
대인관계척도	19. FML(Family Problems, 가족 문제) 20. IPP(Interpersonal Passivity, 대인관계 수동성) 21. SAV(Social Avoidance, 사회적 회피) 22. SHY(Shyness, 수줍음) 23. DSF(Disaffiliativeness, 관계 단절)

- 흥미 척도(Interest Scales, 2개)

1. AES(Aesthetic-Literary Interests, 심미적-문학적 흥미)
2. MEC(Mechanical-Physical Interests, 기계적-신체적 흥미)

• 성격병리 5요인 척도(Personality Psychopathology Five Scales: PSY-5, 5개)

1. AGGR-r(공격성)
2. PSYC-r(정신증)
3. DISC-r(통제결여)
4. NEGE-r(부정적 정서성/신경증)
5. INTR-r(내향성/낮은 긍정적 정서성)

4. 해석방법

MMPI를 해석할 때 바람직하지 않은 태도는 매뉴얼의 해석 내용을 모두 수검자에게 해당하는 진실인 양 단순하게 또 단정적으로 적용하는 것이다. 수검자에 대한 풍부한 가설을 제공하는 도구로서 MMPI를 활용하는 태도가 바람직하며, 따라서 면담 및 다른 검사 결과들을 함께 통합적으로 검토할 때 수검자의 문제와 특징을 보다 정확하게 이해할 수 있게 된다.

MMPI를 해석할 때 고려해야 할 절차는 다음과 같다.

① 수검자의 특징적인 검사 태도를 고려한다.
② 개별 척도(타당도 척도와 높은 임상척도)에 대한 해석을 시도한다.
③ 2코드 해석을 시도한다.
④ 낮은 임상척도에 대해 고려한다.
⑤ 내용척도, 보충척도, 성격병리 5요인 척도, 결정적 문항을 검토한다.
⑥ 전체 프로파일에 대해 형태분석을 시도한다.

1) 검사 태도

검사 태도에 대한 고려는 검사 수행에 소요되는 시간, 검사 수행 시의 행동 등을 관찰함으로써 가능하다. MMPI-2를 시행하는 데 소요되는 시간은 대략 90분 정도이다. 컴퓨터로 실시하는 경우는 대개 15~30분이 단축되어 60~75분가량 소요된다. MMPI-A는 대략 60분가량 소요되는데, 컴퓨터로 실시하는 경우 45분가량 걸린다. MMPI-2 시행에 2시간 이상 걸린다든가 MMPI-A 시행에 1시간 반 이상 걸린다면, 매우 강박적이어서 우유부단하든가, 우울증으로 인한 정신-운동 지체를 보인다든가, 검사에 대한 동기가 전혀 없든가, 뇌기능의 손상이 있든가 하는 경우일 수 있다. 반면, 지나치게 빨리 검사를 끝낸다면 성의 없이 대충 검사를 수행했거나 충동적인 경우일 수 있다.

검사 수행 시의 구체적인 태도나 행동도 주요 분석 대상이다. 검사 시행 절차에 대해 지나치게 많은 질문을 한다든가, 자주 쉬면서 검사를 수행한다든가, 이미 체크한 답안을 여러 번 고친다든가 하는 것과 같은 행동들을 잘 관찰하여 해석을 위한 자료로 사용하여야 한다.

2) 개별 척도에 대한 해석

처음에는 타당도 척도를 검토함으로써 검사 결과의 타당성에 대해 고려한다. 검사 결과가 타당하다고 판단될 경우, 각 임상척도에 대한 상승 정도를 확인하여 각 척도들의 점수가 정상 범위에 있는지, 정상 범위를 이탈해 있는지를 판단해야 한다. 이때 T65 내지는 T70 이상에 해당하는 높은 점수의 척도들에 대해 주목해야 하는데, 척도 점수가 상승할수록 해당 척도가 시사하는 문제들이 더 심각한 것으로 해석할 수 있다. 또한 상승된 임상척도에서 어떤 소척도가 특히 상승하고 있는지, 재구성 임상척도에서도 임상척도와 유사한 상승 양상이 나타나고 있는지 등을 살펴봄으로써 내담자의 주요 문제를 보다 세밀하게 파악해 나갈 수 있다.

3) 2코드 해석

각각의 임상척도가 수검자에 대한 중요한 추론을 가능하게 하지만 MMPI 해석에서 상승척도의 조합은 더 중요한 의미가 있다. 둘 이상의 척도 상승을 기반으로 함께 묶인 사람들이 하나의 임상척도 상승으로 함께 묶인 사람들보다 동질적이기 때문에, 코드 유형으로 확인된 경험적 해석이 단일 척도 상승과 관련된 해석보다 더 강력할 수 있다. 가장 보편적으로 사용하는 코드 유형 해석방식은 가장 높이 상승되어 있는 두 개의 임상척도를 찾아 해석을 시도하는 2코드 해석이다. 자세한 해석 방식에 대해서는 다음 절의 설명을 참고하기 바란다.

4) 낮은 임상척도에 대한 고려

MMPI는 진단을 위한 도구로 개발된 검사였기 때문에 정신병리와 관련된 높은 점수에 주로 초점을 두고 해석하는 전통이 있는 것이 사실이다. 낮은 점수에 대한 연구는 상대적으로 빈약한 편이어서, 높은 점수를 해석하는 것보다 낮은 점수를 해석하는 것이 더 어렵다고 볼 수 있다. 그러나 어떤 경우에는 낮은 점수의 임상척도가 수검자의 주요 특징을 잘 나타내 주는 경우도 있으므로, 낮은 점수에 대한 검토도 반드시 이루어져야 한다.

어느 정도의 점수면 낮다고 할 수 있는지에 대해서는 다양한 의견이 있다. 하위 2 표준편차의 통계적 기준으로 본다면 T30 이하가 낮은 점수의 기준이 될 수 있겠지만, T35나 T40을 기준으로 삼는 것이 보다 융통성 있는 해석을 시도할 수 있을 것으로 생각한다. 한편, 이러한 기준으로서의 절대점수뿐 아니라 여러 척도의 점수와 비교했을 때 상대적인 위치도 고려해야 할 것이다. 예를 들어, 다른 모든 척도가 T70 이상 상승해 있다면 어떤 특정 척도가 T45라고 하더라도 낮은 점수의 척도로 주목받을 수 있을 것이다. 이러한 상대적인 위치에 대한 고려는 높은 점수를 검토할 때도 마찬가지로 적용될 수 있을 것이다.

5) 내용척도, 보충척도, 성격병리 5요인 척도, 결정적 문항분석

MMPI-2의 해석에서는 기본적으로 임상척도에 대한 해석이 가장 중요하고 우선적이지만, 내용척도와 내용 소척도, 보충척도, 성격병리 5요인 척도 등을 부가적으로 활용하면 내담자의 문제와 성격을 명료화하는 데 도움을 받을 수 있다. 또한 결정적 문항의 구체적 내용을 확인함으로써 내담자의 특정 증상이나 갈등 주제를 파악할 수 있다. 임상척도를 중심으로 만든 내담자에 대한 가설을 다른 부가적 척도들을 통해 확인해 나가는 과정이라고 할 수 있다.

6) 전체 프로파일에 대한 형태분석

개별 척도의 상승이나 하강, 2코드를 중심으로 한 해석, 내용척도 등에 대한 부가적 분석에 이어 MMPI 전체 프로파일의 기울기와 상대적 상승이나 하강에 따른 해석 또한 수검자의 주요 증상이나 특징을 파악하는 데 매우 중요하다. 임상척도가 전반적으로 상승되어 있다면 수검자의 심리적 고통이나 혼란이 심하다는 것을 나타내며, 이러한 자신의 상태를 외부에 호소하고 있다는 것을 시사한다.

전체 프로파일을 분석할 때 많이 사용하는 방식은 주로 신경증과 관련되는 세 척도(척도 1, 2, 3)와 정신병과 관련이 많은 네 척도(척도 6, 7, 8, 9)의 상대적 상승도를 살피는 것이다. 만약 프로파일의 앞쪽에 자리 잡은 신경증의 세 척도가 뒤쪽의 정신병의 네 척도보다 더 높이 상승되어 있다면 불안, 우울 및 신체화 경향 등과 관련된 증상을 보이는 경우로서, 정신병적 상태보다는 신경증적 상태에 해당될 가능성이 더 높은 경우로 생각할 수 있다. 반면, 정신병의 네 척도가 더 상승되어 있다면, 현실 검증력이 손상되어 있거나 충동 통제력이 결여되어 있는 것과 같은 정신적 혼란 상태를 수반한 정신병적 상태에 있을 가능성이 더 높은 경우라고 할 수 있을 것이다.

5. 검사 결과 피드백

임상가는 검사 결과에 대한 해석을 정확하게 잘해 내야 할 뿐만 아니라 적절한 용어와 표현으로 평가 보고서를 잘 작성하여 내담자의 주요 문제와 특징을 분명하게 제시할 수 있어야 한다. 이러한 임상가의 역할에 더해 실제 임상 및 상담 장면에서는 임상가가 내담자와 함께 검사 해석 회기를 갖는 경우가 많은데, 이때 검사 결과를 치료적으로 피드백해 주는 과정은 내담자의 자기 이해와 성장에 중요할 뿐만 아니라 향후 진행될 수 있는 상담으로의 연결고리로서 중요한 역할을 한다. 대개 내담자에 대한 심리평가 보고서에는 심리학적 전문용어와 더불어 내담자에 대한 부정적 표현들이 많아서 실제 임상현장에서는 심리평가 보고서를 내담자에게 직접 보여 주는 것이 바람직하지 않다고 여기는 경향이 있었다. 내담자에게 보고서를 직접 보여 주는 경우 내담자를 고통스럽게 하거나 내담자가 항의할 수도 있기 때문에 내담자에게 보고서를 보여 주는 행동은 은연중에 금기시되어 왔던 것이 사실이다.

그러나 내담자들은 피드백에 열려 있으며, 일방적 판단이 아닌 균형 잡힌 결과를 제공한다면 부정적인 특성조차 잘 받아들인다는 외국의 연구 결과가 있다(마음사랑연구소, 2015). 이보다 더 중요한 것은 한국심리학회 윤리규정(2003)과 미국심리학회 심리학자 윤리규정(APA, 2002) 모두 조직에 대한 자문, 사전 고용, 보안심사, 법정에서의 평가 등과 같은 특별한 경우가 아닌 한, 내담자가 원한다면 언제든지 검사 결과를 설명해 주어야 한다고 명시하고 있다. 또한 의뢰인과 피검사자가 동일하지 않을 경우에 검사 보고서는 의뢰인이 동의할 때 피검사자에게 열람될 수 있고 건강에 피해를 줄 수 있다고 판단되지 않는 한 피검사자가 원할 때는 검사 보고서를 볼 수 있도록 도와야 한다. 따라서 내담자에게 피해가 가지 않으면서 이해하기 쉽고, 도움이 되는 동시에 경험적으로도 입증된 피드백 용어와 과정이 필요해졌다고 할 수 있다.

긍정심리학에 영향을 받은 MMPI-2의 치료적 평가와 피드백 과정을 소개하자면 다음과 같다. 첫째, 내담자의 모든 행동은 잠재적으로 적응적인 것으로 볼 수 있고, 둘째, 치료적 피드백은 공감적이고, 판단적이지 않으며, 되도록 전문용어를 피하고, 셋째, 평가와 피드백의 목표로 자기인식을 통한 자존감과 회복 탄력성 증진을 강조한다(마음사랑연구소, 2015). 치료적 피드백 과정에서 임상가는 내담자의 현재 상태가 그들의 유전적 조건과 개인이 살아온 과정, 그들이 처한 환경에서 최선을 다해 적응한 결과라는 것을 내담자가 이해할 수 있도록 돕는다. 치료적 피드백의 목적은 현재 내담자의 감정이 그럴 만하다고 인정해 주고, 무엇이 그를 불안정하게 만들어 과거의 외상과 감정적 상흔을 끄집어내게 만들었는지를 이해할 수 있도록 돕는 것이다. 감정적 상흔이란 과거 외상의 결과이며, 완전히 통합되거나 해결되지 않은 상태로 남아 있기 때문에 비슷한 상황이 되면 언제라도 쉽게 활성화된다(마음사랑연구소, 2015).

피드백 과정은 검사 결과의 객관적 전달보다는 내담자-상담자 소통 및 신뢰관계 구축이 핵심이다. 치료자가 일방적으로 결과를 전달하는 것이 아니라 결과에 대한 내담자의 느낌이나 동의 여부를 확인하고 내담자 자신의 얘기를 풀어 놓을 수 있도록 격려해야 한다. 피드백 과정은 내담자에게는 자신의 이야기를 할 수 있는 기회가 되고 평가자는 내담자의 이야기를 제대로 들을 수 있는 기회가 된다.

내담자의 척도 2가 상승되었다면 피드백을 통해 최근 상실에 대한 감정이나 증상, 관심사를 탐색해 볼 수 있으며, 척도 4와 6이 상승해 있다면 스스로를 희생자로 여기고 타인에게 이용당할지도 모른다는 두려움을 왜 갖게 되었는지를 탐색하고, 이용당하는 것과 관련된 과거의 감정적 상흔을 다루다 보면 현재 그렇게 과하게 반응할 수밖에 없는 이유를 찾을 수 있을 것이다. 긍정심리학적 접근에 따라 MMPI-2에 대한 해석상담을 하는 과정과 내용에 대해서는 마음사랑연구소(2015)를 참고하기 바란다.

6. 2코드 유형 해석

개별 척도만으로 해석하는 것보다 가장 높은 점수를 보인 몇 개 척도를 묶어 해석하는 코드 유형 해석이 보다 정확하고 임상적으로 유용한 해석을 내놓을 수 있다. 코드 유형 해석에서 가장 널리 사용되는 방식은 2코드 방식이다.

코드 유형 해석은 MMPI에서 T점수가 적어도 65 이상 상승하는 경우에 적절하게 적용할 수 있다. 해석 내용은 높은 상승 점수와 주로 관련되어 있기 때문에 병리적인 측면에 초점이 맞추어져 있다. T점수 60~65의 다소 상승한 점수에 대한 2코드 해석은 신중하게 하여야 하며, 병리적인 기술 내용들을 상당히 완화시키거나 빼고 해석을 시도하여야 하는 경우도 있다는 것을 염두에 둘 필요가 있다.

일반적으로, T65 이상으로 상승해 있으면서 점수 차이가 T10 내에 있는 가장 높은 두 개의 임상척도를 대상으로 코드 해석을 한다. 코드 유형을 지칭할 때에는 더 높은 점수의 척도 번호를 먼저 언급한다. 예를 들어, 척도 1이 T75이고 척도 2가 T70일 때 12코드 유형이라고 부른다. 반대로, 척도 2가 척도 1보다 점수가 높다면 21 코드 유형이라고 부른다. 그러니 2코드 유형 해석을 제시할 때 편의상 12코드 유형과 21코드 유형을 함께 묶어 12/21 코드로 제시하는 것이 일반적이다.

어떤 경우는 세 개 이상의 척도가 똑같이 상승되어 있어서 어떤 척도 쌍을 2코드로 잡아야 할지 난감할 때도 있다. 예를 들어 1, 2, 3 척도가 똑같이 상승되어 있다면, 12/21 코드와 23/32코드, 13/31 코드를 함께 살펴봐야 한다.

코드 유형에 기술된 일부 특징이 어떤 사람에게는 매우 정확한 반면, 다른 사람에게는 정확하지 않을 수 있다. 이때 임상가는 정확한 기술과 진단을 위해 자료를 지속적으로 검토할 필요가 있다.

일반적으로 2코드 해석을 할 때 정신병리 진단을 위해 개발된 척도가 아닌 척도 5와 0을 제외한 8개의 임상척도를 사용하는데, 8개 척도를 두 개씩 짝지으면 상당히 많은 코드 유형이 나올 수 있지만, 여기서는 임상장면에서 흔히 볼 수 있는 코드 유형 19개를 중심으로 제시하였으며, 주로 Groth-Marnat(1997, 2003, 2009)을 참조하여 제시하였다. 여기에 제시되지 않은 코드 유형에 대한 설명은 김중술(1996)이나 이훈진 등(2007)을 참고하기 바란다.

■ 12/21코드

① 증상과 행동
이 유형의 특징은 주로 신체 증상을 호소하는 것인데, 신체적 원인이 발견될 수도 있고 그렇지 않을 수도 있다. 이때 건강염려 내용척도(HEA)를 검토해 볼 필요가 있다. 이 유형의 사람들은 흔히 통증, 초조감, 불안, 긴장, 피로, 신체기능에 대한 과도한 염려 등을 호소하며, 이러한 증상과 함께 우울을 나타낸다. 이들은 억압하고 신체적 불편감에 주의를 돌림으로써 심리적 갈등을 다룬다. 신체적 불편감에 신체적 원인이 있는 경우라고 하더라도, 다른 사람들을 조종하기 위해 증상을 과장하고 이용하는 특징이 나타난다. 이 유형은 남자와 노년층에서 더 빈번히 발견된다.

이 유형에 해당될 수 있는 사람들을 크게 세 범주로 나눠 보면, 건강염려증 환자, 만성 통증 환자, 최근에 심한 사고를 당한 사람을 들 수 있다. 먼저 건강염려증 환자는 우울한 모습과 자기비판적이고 남을 조종하는 특징을 보인다. 신체적 호소는 대개 몸통 및 오장육부와 관련 있다. 이는 13/31 코드에서의 호소가 중추신경계 및 사지와 관련이 있는 경향과 대조적이다. 두 번째 범주인 만성 통증 환자는 통증에 맞추어 살아가는 법을 배운 사람들이다. 통증은 과장되게 표현되고, 다른 사람을 조종하는 데 이용된다. 증상을 조절하는 수단으로 알코올이나 다른 약물을 남용하는 경우가 있으므로 확인이 필요할 수 있다. 알코올 중독인 경우 척도 1, 2, 3, 4가 상승할 수 있는데, 이들은 신체 증상, 소화불량, 긴장, 우울, 적대감을 경험하고 과거력에서 직장과 대인관계 문제를 드러낸다. 최근 심한 사고를 겪은 세 번째 범주의 경우, 이들의 사고 후 상태와 관련한 급성, 반응성 우울증이 척도 1과 2의 상승으로 나타난다.

② 성격 특징
이 유형의 사람들은 내향적이고, 수줍음이 많으며, 남의 시선을 많이 의식하고, 수동의존적이다. 그리고 자신에게 충분한 관심과 정서적 지지를 주지 않는 사람에게 원한을 품는 경향이 있다. 대인관계에서는 매우 예민하고 증상을 통해 다른 사람을 조종하고자 한다.

③ 치료적 함의

이 유형의 사람들은 통찰이 결여되어 있어 자신의 심리상태를 잘 알지 못하며, 그들의 불편감을 조금이라도 심리적인 것으로 언급하면 분개해한다. 이들에게는 자신의 행동을 책임지는 것이 어려운 일이다. 이들은 스트레스를 신체 증상을 통해 표현함으로써 심리적인 갈등을 피해 나가기 때문에 신체 증상을 호소함에도 불구하고 변화에 대한 동기가 별로 없다. 따라서 심리치료를 통한 효과는 제한적이며, 통찰 지향의 치료에서 더욱 그러하다. 보통 이들은 자신의 불편감에 대한 의학적 설명과 해결책을 찾고자 한다.

■ 13/31 코드

① 증상과 행동

13/31 코드 유형은 전환(conversion) V와 관련되는데, 전환 V는 척도 2가 척도 1 및 3보다 10점 이상 더 낮을 때 해당된다. 척도 2가 척도 1과 3보다 더 낮을수록 전환장애의 가능성은 증가한다. 이 코드 유형은 남자보다는 여자에게, 젊은 사람보다는 나이 든 사람에게서 더 자주 나타난다. 전형적으로 이 유형의 사람들은 심리적인 갈등을 신체적인 증상으로 전환하기 때문에 거의 불안을 경험하지 않는다. 그러나 척도 2와 7이 상대적으로 상승되어 있다면, 현재의 전환 증상이 심리적 갈등을 효과적으로 조절하지 못하고 있기 때문에 불안과 우울을 경험하고 있음을 암시한다. 이들은 신체적 불편감을 매우 호소하는데 그것이 비만, 메스꺼움, 식욕부진증, 폭식증과 같은 식사와 관련된 문제들일 수도 있고, 현기증, 마비감, 쇠약감, 피로감과 같은 모호한 신경학적 증상들일 수도 있다. 여러 가지 신체 증상을 호소하면서도 종종 자신의 증상에 대해 무관심해 보이는 모습을 보이기도 한다. 이들은 자신을 정상으로 보이고자 지나칠 정도로 방어하고 노력하는데, 특히 K척도도 상승할 때 그러하다.

척도 3이 척도 1보다 더 높다면 낙관적인 모습이 어느 정도 나타날 수 있고, 호소하는 증상들은 주로 신체의 몸통 부위와 관련된다. 따라서 이들 환자는 소화기장애, 폐나 심장 관련 증상과 같은 문제를 호소할 수 있다. 더욱이 상대적으로 척도 3이 높다는 것은 부인과 억압을 많이 사용한다는 것을 시사한다. 이들은 수동적·사교적·의존적이다. 이들은 자신의 신체 증상에 대한 호소를 가지고 다른 사람들을 조종한다. 역으로 척도 3이 척도 1보다 더 낮다면 이들은 더 부정적이고 비관적인 경향을 보이며, 손과 다리 등 신체 사지에 증상이 나타날 수 있다. 척도 8이 매우 높다면 척도 1의 상승은 신체적 망상과 관련될 가능성이 있다.

스트레스하에서 증상에 대한 호소는 증가할 것이지만, 스트레스가 줄어들면 증상도 줄어들거나 사라지는 경향이 있다.

13/31 코드와 관련하여 가장 빈번한 진단은 건강염려증, 전환장애, 우울장애, 수동-공격 성격, 히스테리성 성격 등이다. 또한 증상이 스트레스하에서 악화되는 기질적 원인을 지닌 통증 환자에게도 이러한 코드 유형이 나타날 수 있다.

② 성격 특징

대인관계는 피상적이고 적대감을 강하게 억압하며, 과시적인 경향이 나타난다. 다른 사람들은 이 유형의 사람들을 이기적이고, 미성숙하고 자기중심적이면서도 외향적이고, 활발하며, 애정에 대한 요구가 강한 것으로 묘사한다.

③ 치료적 함의

이 유형의 사람들은 통찰이 부족하고 지나치게 정상적으로 보이고자 하기 때문에, 전형적으로 심리치료에 대한 예후는 나쁘다. 이들은 자신의 곤란에 대한 단순하고 구체적인 대답을 원하는 반면, 내면에 대한 관찰은 싫어한다. 그러나 직접적인 암시나 위약 처치에는 잘 반응하는 경향이 있는데, 특히 의학적인 장면에서 그러하다. 따라서 스트레스 조절 프로그램이나 바이오피드백과 같은 개입도 '신경학적 훈련'과 같은 의학적 용어를 사용하여 적용한다면 더 도움이 될 수 있다. 그러나 이들은 치료를 조기 종결하는 경향이 있는데, 특히 이들의 방어기제가 도전받을 때 그러하다. 이러한 문제는 성격장애가 공존할 때 더 어려운 문제로 등장한다. 왜냐하면 성격장애는 더 오랜 기간의 치료가 필요하기 때문이다.

■ 18/81코드

① 증상과 행동

이 유형의 사람들은 모호하면서도 특이한 여러 가지 신체 증상을 호소한다. 또한 마음이 혼란스럽고 주의집중이 어려울 수 있다. 신체 증상과 관련된 믿음이 망상인 경우도 있다. 스트레스와 불안을 적절히 조절하는 능력이 부족하고, 대인관계에서는 상당한 거리감과 소외감을 경험한다. 이들은 종종 적대감과 공격성을 느끼지만 밖으로 표현하지 않는 경향이 있다. 그러나 표현하는 경우에는 매우 부적절하고 호전적인 방식으로 나타난다. 다른 사람들은 이들을 특이한 사람으로 보거나 더 나아가 비정상적인 사람으로까지 지각한다. 타인에 대한 불신이 크고 대인관계 유지가 어렵다. 편집증적 사고가 있을 수 있고, 이는 척도 6의 상승으로 나타날 수 있다. 척도 2가 동반 상승하는 경우 자기비판적이고 비관주의적인 태도가 드러난다. 척도 7이 동반 상승하는 경우 공포와 불안이 현저하게 나타나고, 척도 3의 동반 상승은 전환 증상과 신체적 망상의 가능성을 높인다. 진단적으로는 정신분열증이 가장 빈번한데, F척도도 상승할 때 특히 그러하다. F척도가 정상 범위이면 건강염려증 가능성이 있지만, 척도 7이 상승해 있다면 불안장애 가능성도 있다.

② 성격 특징

이 유형의 사람들은 만성적인 성격 문제가 두드러진다. 사람에 대한 신뢰가 부족하고, 부적절감과 열등감이 많다. 사회적 고립감과 소외감이 크며, 변변한 직업을 가지지 못한 채 생활하는 경우가 많다.

③ 치료적 함의

이 유형의 사람들은 통찰 수준이 낮기 때문에 치료에 참여시키는 것이 쉽지 않다. 게다가 이들은 불신감이 많고 비관적이며, 소외감과 적대감도 많다.

■ 23/32코드

① 증상과 행동

이 유형의 사람들은 에너지가 없고 무기력하며 무관심하고, 우울과 불안을 경험하며, 소화기 증상을 자주 호소한다. 부적절감을 느끼고, 일상활동을 제대로 해내지 못한다. 상황적 스트레스가 우울을 심화시키는 요인일 수 있지만, 대개 우울은 만성적이며, 불행하고 만족이 없는 삶을 계속해서 살아온 경우가 많다. 이 유형의 표현에서 성차가 발견되는데, 남자는 더 야심차고 부지런하며 진지하고 경쟁적이지만 미성숙하고 의존적이다. 책임을 더 지려고 노력하지만, 또 한편으로는 이를 두려워한다. 이들은 정상적인 사람으로 보이길 원하고 성취를 인정받고 싶어 하지만, 종종 무시당한다고 느끼고, 직업 적응 수준 또한 좋지 않다. 이에 비해 여자는 더 무관심하고 무기력하며, 더 심한 우울을 경험한다. 이들은 오랜 기간의 불행과 만족 결핍을 체념하고 받아들인다. 종종 심각한 결혼생활의 불화가 있지만, 이혼하려는 경우는 드물다. 진단적으로는 정동장애, 신체형장애가 빈번하고, 만성 통증 환자에서는 척도 1이 동반 상승하는 경우가 많다. 척도 4가 동반 상승하면 우울이 분노와 지나간 일을 곱씹는 요소와 관련되는데, 반사회적 생각은 있지만 보통 과잉통제를 하여 행동으로 나오지는 않는다. 척도 6이 동반 상승하면 우울이 대인관계에서의 예민함과 불신감과 관련되며, 척도 0이 동반 상승하면 사회적 철수와 내성의 특징을 나타낸다. 척도 F와 8이 동반 상승하면 정신병적 특징을 동반한 주요우울장애를 고려해 보아야 한다.

② 성격 특징

이 유형의 사람들은 수동적이고 유순하며 의존적이어서 다른 사람으로부터 돌봄을 받는 경향이 있다. 또한 이들은 대인관계를 피상적으로 유지함으로써 안전감을 얻는다. 이성과 함께 있으면 불편해하고, 불감증과 같은 성적 부적응을 경험할 수 있다. 대인관계에서는 미성숙하고, 어린애 같으며, 부적절해 보인다. 일에서 성공하고 싶은 욕구가 크지만, 이로 인한 부담을 두려워하고, 경쟁 상황을 불안해한다. 경쟁을 회피하고 있으면서도 자신의 성취를 제대로 인정받지 못하고 있다고 생각한다.

③ 치료적 함의

이 유형의 사람들은 자발적으로 심리치료를 찾는 경우는 드물고, 통찰 수준도 낮다. 또한 이들의 주요 역동이 부인(denial)이고, 치료와 같은 상황은 이들의 회피적 방식에 위협이 되기 때문에 심리치료의 예후는 좋지 않다. 갈등이 있을 때 신체화하는 경향이 있고, 자신의 신체 증상에 대한 의학적 설명을 찾는다. 따라서 이들은 신경안정제와 진통제 같은 방법을 통해 대인관계 갈등을 의학적으로 해결하고자 한다. 치료 예후가 좋지 않은 또 다른 이유는 이들이 고통을 잘 견디면서 불행한 삶을 감수하는 사람들이라는 것이다. 대개 이들의 고통이 매우 심하기 때문에 증상 완화 차원에서 항우울제 처방이 이루어질 수 있고, 심리치료로는 통찰지향 심리치료보다는 지지적 심리치료가 도움이 된다.

■ 24/42코드

① 증상과 행동

가장 중요한 특징은 이 유형의 사람들의 성격에 반사회적 경향성이 깔려 있다는 것으로 자신의 충동을 제대로 통제하지 못한다. 그러나 자신의 반사회적 충동을 행동으로 하게 되면, 그에 따른 결과에 대해 죄책감과 불안을 경험한다. 이러한 불안은 보통 뒤늦게 나타나기 때문에 효과적인 행동 억제의 기능을 하지 못하며, 효과적으로 미리 계획을 세우지 못한다. 이들이 경험하는 우울은 상황적인 경우가 많은데, 이들이 느끼는 고통은 실제 내면화된 도덕률 때문이라기보다는 외적 결과에 대한 두려움 때문이다. 상황이 괜찮아지면 다시금 자신의 충동을 행동화한다. 이러한 이유로 이 유형은 체포된 반사회적 성격으로 이해되기도 한다. 알코올 중독이나 약물 남용이 있었을 수 있고, 이는 우울에 대한 일종의 자기치료 역할을 한다. 가족을 포함한 대인관계에서의 문제가 두드러지며, 직장생활 곤란을 보이고 법적 문제를 일으키기도 한다.

이 유형에서의 적대감은 직접적으로 표현될 수도 있고 간접적으로 표현될 수도 있다. 척도

316

6이 높으면, 자신에게 가해진 잘못에 자신의 분노를 외부로 표현한 것이 정당하다고 느끼기 때문에 보다 직접적인 표현이 나타난다. 이에 비해 낮은 척도 6은 적대감의 억압 혹은 무의식적 부인을 나타낸다. 척도 9가 높아 높은 에너지 수준이 시사되면 상당히 위험하고 예측이 어렵기 때문에 난폭한 행동을 할 수 있다.

성격장애 중에서도 수동-공격적 성격장애나 반사회적 성격장애와 관련될 수 있다. 척도 6이 동반 상승하면 그 가능성은 더 높아진다. 그러나 이 유형은 우울 기분을 동반한 적응장애와도 관련 있다. 우울이 반응적인지 또는 만성적인지를 살펴봐야 하는데, 만성적이라면 불안, 전환, 우울과 같은 신경증적 특징이 두드러질 것이고 척도 1과 3이 상승해 있을 가능성이 높다. 반응성 우울은 충동적 행동으로 체포된 반사회적 성격장애자와 관련된다.

② 성격 특징

이 유형의 사람들은 첫인상이 우호적이고 매력적이기까지 할 수 있으며, 병원장면에서는 환자로서 치료진을 조종하려고 할 수 있다. 이들은 사교적이고, 유능하며, 열정적으로 보일 수 있다. 그러나 시간이 좀 흐르고 나면 대인관계에서 분노를 자아내는 경향이 있다. 이들은 자신의 실패에 대해 비관적 · 자기비판적 · 자기회의적 반응을 보인다. 이들은 이러한 감정을 다루기 위해 종종 수동-의존적 관계를 형성한다.

③ 치료적 함의

이 유형은 알코올 및 약물 치료 프로그램에서 매우 빈번히 발견된다. 따라서 이 유형에 해당하는 사람은 의뢰 사유나 장면에 상관없이 항상 약물 남용에 대한 평가가 이루어져야 한다. 이 유형은 치료하기 쉽지 않은 장기간의 성격적 문제를 시사한다. 이들은 변화를 약속하고 죄책감도 진정성 있어 보이지만, 행동화 특징은 잘 변화하지 않는다. 효과적인 치료를 위해서는 명확한 한계, 환경에서의 변화, 따뜻한 지지, 지속적인 만남을 포함해야 한다. 그러나 장기적인 치료 예후는 나쁜 편이고, 상황적 스트레스에 직면하거나 외적 동기(예: 법적 조치)가 사라지면 종결해 버리는 경향이 있다. 동료의 영향이 중요하게 받아들여질 수 있으므로 개인치료보다 집단치료가 더 효과적일 수 있다.

■ 26/62코드

① 증상과 행동

이 유형의 사람들의 주요 특징은 비판에 매우 예민하다는 것이다. 충분한 근거가 없음에도 불구하고 다른 사람의 말을 거절하는 것으로 받아들이는 경향이 있고, 사소한 비판에 대해서도 오랫동안 되새기며 생각한다. 대개 대인관계에서의 곤란을 보이고, 다른 사람들로부터 화나 있고, 공격적이며, 적대적이라는 평가를 받는다. 이들은 다른 사람의 거절을 피하기 위해 먼저 다른 사람을 거절하는 행동을 하는데, 결과적으로 다른 사람들이 이들을 피하게 된다. 이런 상황은 이들에게 다른 사람들이 자신을 거절한 증거가 되며, 자신이 분노를 느끼고 표현하는 정당한 사유가 된다. 자신의 어려움을 다른 사람 탓으로 비난할 수 있게 되는 것이다. 이러한 순환과정은 자기충족적 예언이자 자기영속적인 과정이지만, 이들은 대인관계 문제에서 자신이 만들어 낸 부분이 있다는 것을 이해하지 못한다.

진단적으로는 기분부전장애가 흔하고, 척도 4도 상승해 있다면 수동-공격적 성격을 고려해야 한다. 척도 7, 8이 동반 상승하고 9까지도 동반 상승했다면 편집형 정신분열증과 같은 정신병의 가능성이 높아진다.

② 성격 특징

이 유형의 사람들은 적대감과 과민함을 드러내기 때문에 대인관계가 좋지 않다. 이들은 남을 비난하고, 원망하며, 수동-공격적인 적대감을 표출하는 경향이 있다. 이러한 특징은 오래된 성격적인 부분으로 변하기가 쉽지 않다.

③ 치료적 함의

이 유형의 사람들과 라포 및 신뢰 관계를 형성하고 유지하는 것이 치료에서의 주요 과제이다. 이러한 관계 형성이 잘 이루어지지 않으면 이들의 적대감과 의심에서 벗어나기가 어렵다. 또한 정신병적 특징을 보이고 있지는 않은지를 잘 평가하는 것도 중요하다.

■ 27/72코드

① 증상과 행동

27/72코드는 정신과 장면에서 매우 흔하게 볼 수 있는데, 우울하고 초조하며 신경이 예민한 사람들에게서 나타난다. 말하는 속도와 움직임이 느려질 수 있고, 불면과 사회적 부적절감, 성적 부적절감 등이 동반될 수 있다. 이들은 앞으로 어떤 문제가 생길지 생각하는 데 시간을 많이 보내고, 작은 일에도 과잉반응을 하는 경향이 있다. 척도 2와 7은 그 사람이 경험하고 있는 주관적 혼란감의 정도를 반영하기 때문에 '심리적 고통의 척도(distress scales)'로 불리기도 한다. 신체적 허약감, 피로, 흉통, 변비, 현기증 등과 같은 신체 증상의 호소가 있을 수 있다.

척도 2와 7에서의 상승은 치료에 대한 좋은 예후를 나타낼 수 있는데, 이들이 자신을 잘 들여다볼 수 있는 특성을 가지고 있을 뿐 아니라, 심리적 고통이 커서 자신을 변화시키려는 동기가 크기 때문이다. 그러나 과도한 상승은 대처능력이 손상되어 있음을 반영한다. 가장 빈번한 진단은 정서장애 중에 주요우울장애이고, 우울한 기분을 동반한 적응장애도 고려해야 한다. 불안장애도 가능성이 있는데, 특히 강박장애의 가능성을 고려해 보아야 한다. 성격장애 진단으로는 회피성, 강박성, 수동-공격성 성격장애를 고려해 볼 수 있다. 그러나 약간 상승한 정도라면, 매우 경직되고 걱정이 과도하게 많은 정상인이 피곤하고 지쳐 있는 상태일 수도 있다.

② 성격 특징

이 유형의 사람들은 완벽주의적이고 꼼꼼하며, 인정받고자 하는 욕구가 강하다. 이들의 사고는 종종 강박적이고, 여러 가지 공포증과 공포감을 경험할 수 있다. 대인관계 측면에서 이들은 자기주장을 잘 못하고, 자기비난적·자기처벌적·수동의존적이다. 매우 양심적이고 융통성이 없으며, 교리에 충실한 신앙을 보일 수 있다. 다른 사람들에게는 온순하고 의존적인 사람으로 보이며, 다른 사람으로부터 보호 본능을 유발하는 경향이 있다. 내적으로는 부적절감과 불안전감을 느끼고, 적대감을 자기처벌적인 방식으로 다룬다.

③ 치료적 함의

27/72코드에 해당하는 사람은 비록 치료와 자신의 미래에 대해 매우 비관적이지만, 그들의 심리적 고통은 보통 반응적이어서 때가 되면 나아지는 경향이 있다. 그러나 척도가 너무 상승한 경우에는 매우 초조한 상태여서 주의집중을 하기가 어렵다. 이런 경우에는 약물치료를 병행함으로써 심리치료에 임할 수 있도록 돕는 것이 필요하다. 자살사고가 있을 가능성이 있는데, 특히 척도 6과 8이 같이 상승할 때 그럴 가능성이 높으므로 자살 가능성에 대해 꼭 평가하여야 한다. 이들은 심리치료에서 상당히 자기비난적인 태도를 보이며, 많은 정서적 지지를 요구한다.

■ 28/82코드

① 증상과 행동

이 유형의 사람들은 우울, 불안, 불면, 피로, 쇠약감과 더불어 정신적 혼란, 기억 감퇴, 주의집중 곤란 등을 호소한다. 또한 외따로 떨어져 있고 고립되어 있다고 느끼며, 긴장되고 초조하다. 성취하고자 하는 동기도 낮고, 전반적인 효율성 수준도 낮다. 이들은 독창성이 부족하고 정형화되어 있으며, 무감동하고 무관심하다. 이들은 종종 자살을 포함한 자신의 충동을 통제하지 못할까 봐 두려워하며, 의심이 많고 다른 사람의 비판에 매우 예민하다. 척도 8이 85보다 높으면 망상과 환각이 있을 가능성이 높다.

양극성장애 혹은 주요우울장애로 진단되는 경우가 흔하다. 정신분열증이나 분열정동장애의 가능성도 열려 있다. 성격장애의 진단은 경계선, 회피형, 강박형, 분열성 성격장애가 고려될 수 있다.

② 성격 특징

이 유형의 사람들을 설명하는 성격 형용사는 '원망하는, 비주장적인, 의존적인, 과민한'이다. 이들은 종종 죄책감을 과도하게 느끼고 자기처벌적인 태도를 지니며, 자신의 감정을 통제하지 못할까 봐 두려워한다. 전형적인 대처 전략은 받아들일 수 없는 충동을 부인하는 것인데, 행동화한 후 기억하지 못하는 해리 현상으로 나타날 수 있다.

③ 치료적 함의

이 유형의 사람들은 분노 표현 문제, 관계 곤란, 사회적 철수 등의 다양한 문제를 보인다. 특히 분노에 대한 통제를 잃을 수 있고, 이는 스트레스 시기에 치료자를 향해 나타날 수 있다. 이들은 대인관계에서 양가감정을 느끼는데, 치료에서는 저항의 형태로 나타날 수 있고 치료에서 배운 새로운 전략을 실험해 보는 것을 망설이게 할 수 있다. 따라서 치료는 장기로 가는 경향이 있다. 치료 초기는 물론 치료기간 내내 평가해야 할 주요 영역은 자살 가능성이다. 위기 상황에서는 사고와 감정을 통제하기 위해 약물치료가 필요한지 검토해야 한다.

■ 29/92코드

① 증상과 행동

이 유형의 사람들은 불안과 우울이 나타나지만, 높은 에너지 수준이 두드러진다. 이러한 높은 에너지는 통제 부족을 야기하기도 하고, 이면의 우울 감정을 느끼지 못하도록 방어하는 역할을 하기도 한다. 이들은 활동 수준을 늘림으로써 불쾌한 우울 경험에서 벗어날 수 있다. 이러한 시도는 때때로 성공하기도 하지만, 우울을 줄이거나 편안해지기 위해 알코올을 사용하기도 한다. 이들은 자신이 가치 없다는 생각을 되새기는 특징이 있으며, 자기에게만 빠져 있고 자기중심적인 사람으로 남들에게 비쳐진다. 성취 욕구가 높지만 역설적이게도 이는 실패로 이끄는 요소가 된다. 이 유형이 젊은 사람에서 나타나면, 직업 위기로 인한 정체감 상실을 반영할 수 있다. 때때로 뇌손상 환자에서 이러한 유형이 나타날 수 있는데, 자신의 사고와 감정을 통제하기 어렵다고 느껴 이를 활동 수준을 늘려 보상하려고 시도할 때 그러하다. 양극성장애, 뇌손상, 순환성장애 등을 진단적으로 고려해 볼 수 있다.

② 성격 특징

이 유형의 사람들의 핵심 감정은 부적절감과 무가치감이다. 그러나 이러한 감정을 부인하고, 과도한 활동을 통해 이러한 감정을 방어하고자 한다.

③ 치료적 함의

과도한 활동 시기와 고갈 및 우울의 시기가 번갈아 일어나기 때문에, 치료에서는 이러한 기분과 활동의 왕복을 안정시키는 것이 중요하다. 알코올이나 약물을 오랜 기간 남용해 왔다면 치료는 더 어려워지고, 자살 위험성에 대한 평가도 이루어져야 한다. 초기 평가에서 우울이 분명하게 나타나지 않을 수도 있지만, 내담자의 배경 정보를 잘 살펴보면 오래전부터 간헐적으로 우울을 경험했음을 알 수 있다.

■ 34/43코드

① 증상과 행동

이 유형의 사람들은 미성숙하고 자기중심적인데, 분노는 많지만 표현하기 어려워한다. 따라서 이들의 분노는 종종 간접적이고, 수동-공격적인 방식으로 표현된다. 외형적으로 이들은 다른 사람에게 맞추고 다른 사람을 즐겁게 하려고 계속 노력하지만, 여전히 강한 분노를 경험한다. 이러한 분노는 가족으로부터의 고립감과 거절감에서 나온다. 이들은 자신의 분노를 잘 표현하는 사람과 관계를 형성함으로써 자신의 공격성을 대리적으로 행동화하기도 한다. 그런 관계에서 34/43이 높은 사람들은 다른 사람의 분노 표현을 은근히 촉발시키고, 일반적인 사회적 관계에서는 다른 사람을 비난한다. 전형적으로 이들은 자신의 행동에 대한 통찰이 매우 부족하다. 척도 6도 함께 높다면, 자신의 적대감을 다른 사람에게 투사하는 특징으로 인해 자기통찰이 더욱 어려워질 것이다. 대개 이전부터 대인관계의 어려움을 보였던 경우가 많고 행동화, 결혼생활 불화, 알코올 남용 등의 과거력이 있을 가능성이 있다.

34/43 코드는 수동-공격적 유형에 가장 잘 일치하지만, 히스테리성 성격이나 경계선 성격에서도 흔하다. 이 코드를 보이는 사람들은 우울한 기분이나 혼합된 정서적 특징을 동반한 적응 장애로 진단되는 경우도 많다.

② 성격 특징

의존 대 독립의 갈등이 심한데, 두 욕구가 다 강한 상태이다. 이들은 타인으로부터의 인정과 애정을 바라면서도 비난에 의해 쉽게 촉발되는 강한 분노감도 함께 내면에 가지고 있다. 겉으로는 순응적으로 보이지만, 속에는 강한 반항심이 깔려 있다.

③ 치료적 함의

이 유형의 사람들은 다른 관계와 유사한 방식으로 치료관계에도 임하기 때문에 치료 회기가 험난해지는 경향이 있다. 문제는 자기통제력을 가지려고 하면서도 행동에 대한 책임은 지지 않으려고 하는 것이다. 자신의 분노를 다른 사람에게 투사시켜 비난하면서도 이러한 자신의 대처방식에 대한 통찰 없이 치료에 저항한다. 종종 이들은 분노와 좌절로 인해 치료를 끝낸다. 치료를 받고자 하는 내적 동기는 결여되어 있기 때문에 배우자, 직장, 재판부와 같은 외적 압력에 의해 억지로 치료를 받으러 오는 경우가 대부분이다. 이들은 권위자보다는 동료의 압력에 상대적으로 더 반응하기 때문에 집단치료가 효과적일 수 있다.

■ 36/63코드

① 증상과 행동

이 유형의 사람들은 비판에 매우 예민하고, 자신의 적대감과 공격성을 억압한다. 겁이 많고 긴장되어 있으며, 두통이나 위장병 같은 신체장애를 호소한다. 공공연하게 의심과 경쟁심이 없다고 강조하며, 세상을 수용적이고, 긍정적이며, 완벽한 것으로 단순하게 받아들인다. 이들은 편안하고 피상적인 관계를 빠르고 쉽게 형성한다. 그러나 관계의 깊이와 친밀도가 증가하면 이면의 적대감, 자기중심성, 잔인함이 드러날 수 있다.

척도 6이 척도 3보다 6점 이상 크다면, 이들은 권위를 추구함으로써 안전감을 가지려고 노력할 것이다. 척도 3이 척도 6보다 6점 이상 크다면, 비난하는 경향성은 줄고 갈등이나 문제를 부인하는 경향은 늘 것이다. 또한 자신과 세상을 이상화하고, 편집증적 사고 대신 신체 증상을 호소할 가능성이 높으며, 정신병적 가능성은 상당히 줄어든다.

② 성격 특징

이 유형의 사람들은 가족에게 원망감과 적대감을 품지만 직접 표현하지는 않는다. 순진하고 잘 속아 넘어가는 특징이 있다.

③ 치료적 함의

이 유형의 사람들은 통찰능력은 상당히 제한적이어서 자신의 마음을 잘 인식하지 못하고, 자신의 문제가 심리적인 이유 때문일 수 있다는 설명을 받아들이지 않는다. 자신의 문제를 대개 다른 사람 탓으로 돌리므로 치료관계에서 어려움이 야기될 수 있다. 이들은 보통 갑자기 예기치 않게 치료를 종결한다. 이들은 치료에서 방어적이고 비협조적일 수 있는데, 자신의 감정과 행동을 책임지게 하는 것이 주요 이슈가 된다.

■ 46/64코드

① 증상과 행동

이 유형의 사람들은 적대적이며, 의심이 많고, 미성숙하며 자기중심적이다. 또한 친밀한 관계를 형성하는 것이 어렵다. 이들은 다른 사람의 개인적인 결점을 계속 비난하는 행동을 함으로써 사회적으로 적응하기 어려운 상황을 스스로 만든다. 이들은 자신의 행동보다는 타인의 행동에 계속 초점을 두고 있기 때문에, 자신의 감정과 행동에 대한 통찰은 대개 결여되어 있다. L과 K척도도 상승되어 있다면, 자기비판은 전혀 없으며, 매우 방어적이고 논쟁적인 특징이 더욱 두드러진다. 이들은 비판에 매우 예민한데, 타인으로부터의 실제 비판에 예민할 뿐 아니라 실제로는 적대감이나 거절의 맥락이 아닌데도 부정적으로 다른 사람의 마음을 해석하는 특징을 보인다. 이들은 거절을 피하고 안전감을 유지하기 위해 다른 사람을 조종하는 데 매우 능숙한 사람들이다. 종종 약물 중독이나 알코올 남용의 과거력을 지니고 있다.

② 성격 특징

주요 문제는 수동-의존성이다. 이 유형의 사람들은 적대감, 분노, 불신, 타인을 비난하는 경향과 관련하여 적응 곤란을 빈번히 보인다. 사람들은 이들을 뚱하고 논쟁적이며, 불쾌하고 권위적 인물에 분개해하는 사람으로 지각한다.

③ 치료적 함의

이 유형의 사람들은 치료에 대해 일반적으로 의심을 하고 적대적이기까지 하다. 이들은 다른 누군가에 의해 붙들려 치료를 받으러 오는 경우가 많다. 결과적으로 이들은 불신하고 의심하며, 자신의 고통이 자신을 붙들고 온 그 사람 때문에 생긴 것이라고 탓한다. 치료계획은 구체적이고 명확하며, 현실적이어야 하고 의심이나 적대감을 불러일으키지 않는 방식으로 설명되어야 한다. 치료관계를 형성하기가 어렵고, 설사 관계가 형성되더라도 안정적이지 못하다. 분노를 행동화할 가능성을 신중하게 검토해야 한다.

■ 47/74코드

① 증상과 행동

이 유형의 사람들은 자신의 행동에 죄책감을 느끼다가 곱씹으며 분개해한다. 이들은 다른 사람의 감정에 둔감하지만, 자신의 반응과 감정에 상당히 신경을 쓴다. 이들의 행동적·관계적 문제는 분노를 표현한 후 자신의 행동에 죄책감을 느끼는 예측 가능한 반복된 특징으로 나타난다. 이들은 화가 날 때 행동 통제를 못해 충동적인 행동화를 보인다. 이후 죄책감, 반추, 자기연민이 나타나는 과도한 통제 단계가 오며, 이러한 감정을 견디지 못하여 알코올 남용, 성적 문란, 공격적인 행동화 등을 통해 자신의 욕구를 충족시키고자 한다. 이러한 주기는 반복되어 변화하기 매우 어렵다. 이런 특징은 법적 문제와 직장 및 가정에서의 관계문제를 일으킨다. 이들은 진실하고 과할 정도의 죄책감과 후회를 보이지만, 자기통제가 잘 되지 않아 행동화가 반복된다.

진단적으로는 반사회적 성격이나 불안장애가 흔하다. 이 프로파일은 알코올이나 약물 혹은 강박장애가 주로 의뢰되는 장면에서 빈번하게 나타난다.

② 성격 특징
이 유형의 사람들의 주요 문제는 부적절감과 의존에 대한 양가감정이다. 이들은 자신이 가치 있다는 확신을 얻고자 한다.

③ 치료적 함의
치료 초기에 내담자는 보통 후회하며 변화에 대한 욕구를 보인다. 이는 진심일 수 있지만, 죄책감이 줄어들면서 다시 행동화하게 된다. 이 유형의 사람들은 한계 설정(limit-setting)에 불안해하고 분개해하는데, 한계를 시험하거나 전적으로 무시하려고 한다. 행동화한 후 죄책감을 느끼는 양상은 만성적인 특징으로서, 불안을 감소시키려는 치료자의 노력은 오히려 행동화의 증가를 야기할 수 있다. 치료자의 노력이 죄책감과 후회가 만들어 내는 통제를 약화시키기 때문이다. 이들은 안심과 지지에 잘 반응하는 편이지만, 장기적이고도 근본적인 변화는 쉽지 않다.

■ 48/84코드

① 증상과 행동
이 유형의 사람들은 이상하고, 기이하며, 정서적으로 동떨어져 있고, 적응에 심각한 문제가 있다. 이들의 행동은 변덕스럽고 예측이 어려우며, 이상한 성적 강박사고와 반응을 포함한다. 반사회적 행동으로 인한 법적 문제가 있기도 하다. 또한 이들은 공감이 부족하고, 규범을 따르지 않으며, 충동적이다. 때때로 사이비 종교나 이상한 정치 단체에 속해 있기도 하다. 어린 시절 가족력을 보면, 이들은 계속되는 심한 가족 갈등으로 관계는 위험하다는 것을 학습했다. 거절로 인해 소외감과 적대감을 느꼈고, 이를 보상하기 위해 먼저 거절하거나 보복하는 행동을 했다. 이들의 학업 및 직업 수행 정도는 기복이 심하고 제대로 성취하지 못한 경우가 많다.

F척도가 동반 상승하고 척도 2가 낮다면, 대개 공격적이고 냉담하며 징벌적인 사람으로, 다른 사람에게 죄책감과 불안을 불러일으키는 재주가 있다. 이들은 종종 그러한 행동이 사회적

으로 인정되는 역할을 맡는데, 예를 들면, 경직된 법 집행관, 지나치게 열성적인 성직자, 엄격한 교사 등을 들 수 있다. 이들의 행동은 단순히 엄격하거나 징벌적인 것에서부터 병리적인 가학증까지 다양하다. 이들의 행동 이면에는 불안과 불편감을 만들어 내는 소외감, 취약한 느낌, 외로움 등이 깊이 도사리고 있다.

이 유형의 남성에게서 범죄행동이 빈번하게 나타나며, 척도 9가 동반 상승하는 경우 특히 더 그러하다. 범죄는 기이하고 종종 폭력적인 경향이 있는데, 살인과 성폭행이 포함된다. 이러한 행동은 보통 충동적이고, 엉성하게 계획되어 있으며, 분명한 이유가 없고, 자기파괴적이거나 자기처벌적이다. 여성은 범죄행동을 덜 하는 경향이 있지만, 관계는 주로 성적이고, 정서적으로 친밀한 경우는 드물다. 종종 자신보다 열등하여 패배자라는 말을 들을 수 있는 남자와 관계를 형성한다.

가장 흔한 진단은 분열성 성격장애나 편집형 성격장애이다. 그러나 편집형 정신분열증과 같은 정신병적 상태도 흔한 편으로, 척도 6이 동반 상승한다면 더욱 그러하다.

② 성격 특징

이 유형의 사람들은 주의와 애정에 대한 깊은 욕구를 가지고 있지만, 거절과 실패에 대비하고 있다. 깊은 불안정감과 빈약한 자기개념을 가지고 있다.

③ 치료적 함의

이 유형의 사람들은 내담자로서 냉담하고 비관습적이어서 치료관계를 형성하기가 어렵다. 관련 주제에 초점을 맞추기 어려워 치료 회기가 혼란스러울 수 있으며, 치료의 효율성이 떨어질 수 있다. 다뤄야 할 문제가 너무 많아서 어떤 것부터 시작해야 할지 모른 채 옆으로 새기 십상이다. 오랜 기간의 약물과 알코올 문제 그리고 행동화 특징은 치료를 더욱 어렵게 만드는 요소이다. 이들은 불신감이 많아서 치료를 조기 종결하는 경향이 있다.

■ 49/94코드

① 증상과 행동

이 유형의 사람들은 고립감을 느끼고 반사회적 경향을 지니고 있을 뿐 아니라, 이러한 경향을 행동화할 에너지도 가지고 있다. 이들은 '자기 멋대로 감각 추구적, 충동적, 쾌락 지향적, 외향적, 난폭한, 조종하는, 에너지 넘치는' 등의 용어로 기술될 수 있다. 규칙과 관습을 신경 쓰지 않는 사람으로서 양심이 제대로 발달되지 않았다. 이들은 불안해하지 않고 말을 잘하며, 매력적으로 보이기 때문에 좋은 첫인상을 준다. 그러나 이들과 더 깊은 만남을 갖게 되면 문제되는 성격의 측면들이 나타나게 되고, 이들의 대인관계가 피상적이고 얕은 수준이라는 것을 알게 된다. 이들의 과거력을 살펴보면 전형적으로 법적인 문제를 비롯하여 가족 및 일과 관련되는 문제들이 나타난다. 이 코드는 30세 이상의 사람에게서 나타날 때 변화에 매우 저항적이라는 것을 시사한다. 남자 청소년에서는 비행과 관련될 수 있다.

가장 가능성 있는 진단은 반사회성 성격이지만, 정상 청소년들에게서도 이 척도들이 상승할 수 있기 때문에 청소년들에게는 보다 신중하게 진단을 내려야 한다. 척도 8도 상승해 있다면, 조증 상태나 정신분열증을 시사하는 것일 수 있다.

② 성격 특징

이 유형의 사람들은 겉보기에는 자신감 있고 안정적이지만 내적으로는 미성숙하고, 의존적이며 불안정하다. 자기애적 경향이 강하고 깊은 정서적 친밀감이 없다. 만족을 지연시키기 어렵고 종종 잘못된 판단을 한다. 다른 사람들은 이들을 외향적인, 말이 많은, 참지 못하는, 침착하지 못한, 정서적 자극과 흥분이 필요한 사람으로 지각하는 경향이 있다. 처음엔 좋은 인상을 주지만 얼마 지나지 않아 이들의 반사회적 성향이 드러난다. 이들은 자신의 결점을 합리화하고 자신의 문제를 남 탓으로 돌린다.

③ 치료적 함의

이 유형의 사람들을 치료할 때는 수많은 문제에 부딪히게 된다. 이들은 일정 시간 동안 초점을 유지하지 못하고 자꾸 관련 없는 옆길로 새는 경향이 있다. 또한 만족을 지연시키지 못하고 경험으로부터 학습하지 못하며, 타인을 희생시켜서라도 자기만족을 얻고자 한다. 이들의 전형적인 대처 전략은 다른 사람을 속이는 것이다. 이들은 평상시 잘 대해 주다가도 가끔씩 호전성을 보이는 형태로 사람들을 조종하고자 한다. 이러한 행동이 나타나면 가능한 한 빨리 직면시키는 것이 좋다. 따라서 치료는 느리게 진행되고, 종종 벽에 부딪혀 진행이 잘 되지 않는 경향이 있다. 이들이 자발적으로 치료를 받으러 오는 경우는 매우 드물고, 재판부의 의뢰나 고용주, 배우자와 같은 다른 누군가에 의해 강제로 오게 된다. 그러므로 변화하고자 하는 동기가 거의 없다. 집단치료가 비교적 도움이 되었다는 일부 보고가 있고, 행동 수정을 통해 더 나은 대처방식을 갖도록 도울 수 있지만, 대개는 조기 종결되는 경우가 많다.

■ 68/86코드

① 증상과 행동

이 유형의 사람들의 주요 특징은 의심과 불신이며, 종종 다른 사람의 의도를 부정적인 방향으로 지각한다. 이들은 다른 사람들과 정서적인 거리를 두기 때문에 친구가 거의 없다. 현실감이 부족하고, 종종 죄책감, 열등감, 정신적 혼란을 경험하며, 정서는 둔화되어 있다. 사고의 내용은 기태적인 정도까지 가지는 않더라도 비일상적인 경향이 있고, 과대망상이나 관계망상을 지니고 있는 경우가 많다. 정서는 둔화되어 있지만, 내적으로는 상당히 불안한 상태이다. 척도 6과 8이 과도하게 상승되어 있지 않은 경우 과거력에서 적응상의 문제가 나타나지 않을 수도 있다. 그러나 스트레스에 의해 증상이 심해지면 적응능력이 현저히 손상된다.

가장 흔한 진단은 편집형 정신분열증으로, 특히 척도 4도 상승되어 있고 척도 8이 척도 7보다 더 높을 때 그 가능성이 커진다. 이들은 우울, 부적절한 정서, 공포증, 편집망상 등을 보일 수 있다. 척도 7이 척도 6과 8보다 10점 이상 낮을 때 '편집형 계곡(paranoid valley)'이라고 부르고, 편집형 사고가 있음을 시사한다. 척도 6과 8이 80점 이상이면서 F척도가 매우 상승되어 있을 때 반드시 타당하지 않은 프로파일을 나타내는 것은 아니므로 주의해서 해석할 필요가 있다.

② 성격 특징

이 유형의 사람들은 불안정감이 심하며, 자신감이 없고 자존감이 낮다. 다른 사람들은 이들을 불친절하며 부정적이고, 뚱하며 화를 잘 내는 사람으로 지각한다. 사회적 불편감이 매우 많기 때문에, 혼자 있을 때 가장 편하게 느끼고 사람들과의 깊은 정서적 유대를 피한다. 스트레스를 받으면 퇴행하는 경향이 있다.

③ 치료적 함의

정신병리 수준을 잘 확인한 후, 입원치료 또는 외래치료 여부를 결정해야 한다. 결정할 때 중요한 사항은 환자가 자신이나 타인에게 해를 끼칠 수 있는 정도에 대한 평가이다. 또한 약물치료가 정신병적 사고를 조절하는 데 도움이 될 것인지, 기본적인 일상생활 기술은 어떠한지도 고려해야 한다. 이 유형의 사람들에게는 기본적인 사회기술, 주장성, 구직 면접 기술 등에서의 훈련이 필요할 수 있다. 자신을 들여다보는 것이 오히려 퇴행을 조장할 수 있기 때문에 통찰 지향적인 치료는 금기시된다. 구체적이고 행동 지향적인 치료가 더 효과적인 경향이 있다. 이들은 치료자와는 전혀 다른 논리체계하에 비일상적이고 기태적이기까지 한 신념체계를 가지고 있으며, 의심이 많고 남 탓을 하는 특징으로 인해 인지치료적인 개입을 하고자 할 때 문제가 될 수 있다. 불신감이 팽배하고 사회기술은 부족하며, 사회적 불편감도 심하기 때문에 치료관계를 형성하는 것이 매우 어렵다. 충동성과 퇴행의 특징도 치료를 더 어렵게 만드는 요소이다.

■ 69/96코드

① 증상과 행동

이 유형의 사람들은 쉽게 흥분하고 지나치게 예민하며, 불신감이 많고 에너지가 넘친다. 적절히 사고하는 것이 어렵고 판단력도 떨어진다. 이들은 실제적 위협이나 상상적 위협에 매우 취약하다고 느끼고 항상 불안을 경험한다. 스트레스에 대한 전형적인 반응은 환상으로의 철수이다. 망상, 주의집중 곤란, 환각, 연상의 이완, 지리멸렬 등과 같은 사고장애의 징후들을 나타낼 수 있다. 진단은 편집형 정신분열증이나 기분장애가 될 가능성이 있다.

② 성격 특징

이 유형의 사람들은 불신감과 의심이 많다. 또한 애정에 대한 욕구가 강하고, 수동-의존적인 관계를 형성한다. 이들은 스스로를 차분하고 편안하며 행복하다고 설명하지만, 다른 사람들은 이들을 적대적이고 화를 잘 내며 사소한 스트레스에도 과잉반응을 하는 것으로 설명하여 평가에 있어 분명한 차이를 보인다. 스트레스에 대한 반응은 과도하게 흥분하거나 혹은 무관심하고 철수하는 양극단의 형태로 나타날 수 있는데, 이는 감정 표현을 조절하는 데 어려움이 있기 때문이다.

③ 치료적 함의

이 코드 유형은 입원환자에게 특징적이다. 혼란된 사고와 감정을 조절하기 위한 약물치료가 매우 효과적일 수 있다. 혼란되고 퇴행적이며 반추적인 사고과정 때문에 통찰 지향적인 치료는 보통 효과적이지 않다. 게다가 신뢰감 결여와 의심 때문에 치료관계를 형성하기가 어렵다. 어느 정도 치료관계가 발달할 수 있다면, 구체적이고 문제 중심적인 치료가 가장 효과적이다.

■ 78/87코드

① 증상과 행동

이 코드 유형은 정신과 환자에게서 흔한데, 일상생활을 방해할 정도로 초조 수준이 심하다는 것을 시사한다. 이 유형의 사람들은 다른 사람들과 수동적인 관계를 맺으며 성숙한 이성관계를 형성하고 발달시키지 못한다. 자신감이 결여되어 있고 종종 불면증을 보이며, 환각과 망상을 가지고 있을 수 있다. 죄책감, 열등감, 걱정, 두려움 등의 감정을 흔히 느끼며 성적 수행과 관련된 곤란을 보인다.

척도 7이 8보다 더 높다면 치료적으로 예후가 더 좋다. 척도 7이 더 높다는 것은 여전히 자신의 문제와 적극적으로 싸우고 있다는 것이고, 방어능력도 어느 정도 작동하고 있다는 것을 나타낸다. 따라서 정신증보다는 불안장애를 더 암시하는 징후이다. 반면, 척도 8이 더 높다는 것은 고정된 상태에 있어서 치료가 더 어렵다는 것을 암시한다. 척도 8이 75점 이상이면 더욱 그러하다. 척도 8이 더 높으면서 척도 7과 8이 모두 75점 이상이고, 신경증의 세 척도(척도 1, 2, 3)가 낮다면 정신분열증이 만성화되고 있는 상태일 수 있다. 정신분열증이 아닌 경우라고 하더라도, 성격장애와 같이 변화가 매우 힘든 상태일 가능성이 높다.

② 성격 특징

이 유형의 사람들은 열등감, 부적절감, 우유부단, 불안정감을 느끼는 사람들이다. 대인관계는 수동-의존적이고 이성관계에서 자기주장을 잘 하지 못한다. 또한 과도하고 비일상적인 성적 환상에 몰입되어 있을 수 있다. 대부분의 사회적 관계에서 심한 불편감을 느끼기 때문에 철수행동으로 자신을 방어하는 경향이 있다.

③ 치료적 함의

자살 위험성이 있을 수 있는데, 이는 척도 2의 상승 정도와 자살과 관련된 결정적 문항들을 확인해 보고 과거력에 대해 면밀히 검토해 봄으로써 좀 더 자세히 평가해 볼 수 있다.

■ 89/98코드

① 증상과 행동

이 유형의 사람들은 매우 에너지가 넘쳐 과잉활동을 하고 정서적으로는 기복이 많고 긴장되어 있으며, 과대망상을 가지고 있을 가능성이 있다. 이들의 사고과정은 산만하고 비약적이며, 기태적인 경우도 있다. 이들의 목표와 기대는 매우 비현실적이어서 자신의 능력을 훨씬 벗어나는 계획들을 마구 세운다. 대개 불면과 관련된 심한 증상을 보인다. 심각한 정신병리가 있을 가능성이 있는 코드 유형이다.

가장 빈번한 진단은 정신분열증이나 조증 상태를 보이는 분열정동장애이다. 심한 성격장애도 가능성이 있다. F척도의 상대적 상승도가 장애의 심각도에 대한 지표가 될 수 있다.

② 성격 특징

이 유형의 사람들은 대인관계가 어린아이 같고 미성숙하며, 대개 두려움이 많고, 타인을 불신하며 주의가 산만하다. 이들은 매우 말이 많고 에너지가 넘치면서도 대인관계에서 철수하고 싶어 한다. 그래서 다른 사람과 깊은 관계를 맺지 않으려고 한다. 한편으로는 과대한 사고를 보이고 잘난 체하지만, 밑바닥에는 열등감과 부적절감이 깔려 있다. 다른 사람과 있게 될 때 다른 사람이 자신에게 많은 주의를 기울이길 바라고, 이러한 욕구가 충족되지 않을 때는 분개해하며 적대감을 드러낸다.

③ 치료적 함의

이 유형의 사람들의 사고는 매우 산만하고 우회적이며, 통찰 수준은 매우 빈약하다. 또한 자신의 행동에 대한 심리적 해석을 거부하고, 일정 시간 동안 한 주제에 초점을 유지하기 어렵기 때문에 심리치료가 매우 어렵다. 이들이 자주 쓰는 방어는 과대한 사고와 자기가치감 고양을 통해 심리적 문제를 부인하는 것이다. 이러한 방어를 직면시키면 이들은 화를 내고 공격적인 행동을 한다. 망상과 환각이 있다면 항정신병 약물을 사용하는 것이 필요하며, 기분과 관련된 증상이 우세하다면 리튬이 유용할 수 있다.

7. 사례 풀이

여기에서는 수검자의 MMPI 자료를 어떻게 해석할 수 있는지 두 사례를 통해 살펴볼 것이다. 첫 번째는 정신과 외래를 방문한 환자의 MMPI 결과로서, 간략한 개인 정보 및 방문 사유를 토대로 앞서 설명한 해석방법의 순서에 따라 이 프로파일을 풀이함으로써 초보자 입장에서 실제 사례를 해석해 보는 과정에 주안점을 두고 예시할 것이다. 두 번째는 Butcher(1995)의 MMPI-2 해석 사례인데, 보고서와 함께 보다 공식적인 형태의 사례 풀이를 예시할 것이다.

1) 사례 1

A는 만 47세 기혼 여성으로 남편 및 1남 1녀의 자녀가 있다. 원래 잘 놀라고 예민한 성격이었으나, 약 2년 전부터 어지럽고 큰 이유 없이 불안하며 두려운 증상이 나타나서 점차 심해졌으며, 최근에는 딸의 연애문제로 갈등이 심해져 딸이 가출하는 상황 이후 의욕이 없고 말도 하기 싫으며 죽고 싶은 생각이 든다는 주 호소문제로 친언니와 함께 정신과 외래를 방문하였다. A의 MMPI 타당도 및 임상척도 T점수 결과는 [그림 7-1]과 같다.

앞서 소개한 6단계의 해석 절차를 적용하자면, 우선 수검자의 특징적인 검사 태도를 고려해야 하는데, 현재 수검 태도에 대한 가용한 정보가 없으므로 다음 단계로 넘어간다.

두 번째 단계는 개별 척도에 대한 해석을 시도하는 것인데, 타당도 척도를 먼저 검토해 보면 세 척도가 모두 평균 점수대를 보이고 있어 비교적 솔직하게 검사에 임한 것으로 보이고 검사

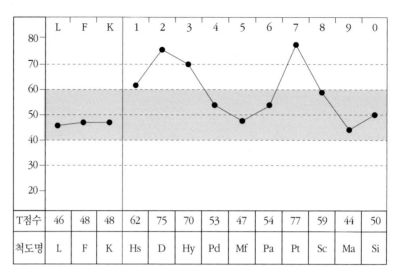

[그림 7-1] A의 MMPI 프로파일

	L	F	K	1	2	3	4	5	6	7	8	9	0
T점수	46	48	48	62	75	70	53	47	54	77	59	44	50
척도명	L	F	K	Hs	D	Hy	Pd	Mf	Pa	Pt	Sc	Ma	Si

결과가 타당해 보이므로 임상척도를 신뢰할 만하게 해석할 수 있다. 다음으로 임상척도에서 T70 이상 상승한 척도는 7, 2, 3이고, 기준을 조금 낮추어 T65 이상 상승한 척도를 살펴보아도 마찬가지이다. 이 세 척도의 점수가 높을 때 나타나는 특징들을 척도별로 찾아보면 된다.

척도 7 상승의 주요 특징은 불안과 긴장 증상이 심하고 피로, 불면, 주의집중 곤란 등을 흔히 호소한다는 것이다. 또한 성격적으로는 융통성이 없고 완벽주의적이며 의존적이고 자기주장을 잘 하지 못하는 특징이 있다. 방어기제로는 주지화(intellectualization), 합리화 (rationalization), 취소(undoing) 등을 많이 사용한다. 척도 2 상승의 주요 특징은 다양한 우울 증상을 나타낸다는 것인데, 자살사고와 자살시도의 가능성에 대해서 반드시 검토할 필요가 있다. 척도 3 상승의 주요 특징은 스트레스 상황에서 신체적 증상을 나타내는 신체화 경향으로, 성격적으로는 자기중심적이고 타인으로부터 많은 관심과 애정을 갈구하며 감정 반응의 기복이 심하다. 치료적인 측면에서는 척도 7과 2가 상승해 있다는 것이 개인적인 고통 때문에 치료에 대한 동기가 높을 것이라는 해석을 가능하게 하지만, 척도 3의 상승이 시사하는 자신의 문제를 심리적인 것으로 생각하지 않는 특징과 통찰력 부족 때문에 심리치료 초반의 순응적인 태도에 비해 지속적인 심리치료 효과는 제한적일 수 있음을 예상해 볼 수 있다. 또한 우울과 불안 증상이 매우 심할 경우에는 약물치료를 우선 시행하여 어느 정도 증상이 호전된 후 심리치료를 하는 것이 효과적일 수 있다.

임상척도의 해석을 보다 세밀하게 하기 위해 임상 소척도와 재구성 임상척도에서 상승한 척도를 확인하여 임상척도의 해석에 추가할 필요가 있으나, 이에 대한 자료가 부족하여 이 부분은 넘어가도록 한다.

세 번째 단계는 2코드 해석인데, T70 혹은 T65 이상 상승한 세 척도 중 가장 높은 점수로 2코드를 잡으면 72코드이지만, 척도 3도 T70의 점수를 보이고 있으므로 72코드를 중심으로 해석하되 73코드와 23코드의 해석도 참고할 필요가 있다. 72코드와 관련된 주요 증상은 우울, 초조, 불면, 지속적 염려, 다양한 신체 증상 등이며, 성격적으로는 완벽주의적·수동-의존적·자기처벌적인 특징을 보인다. 여기에 다음과 같은 23코드의 해석을 덧붙일 수 있다(73코드는 보기 드문 코드로서 참고할 해석이 별로 없음). 즉, 성취와 인정에 관심이 많지만 실패를 두려워하여 경쟁상황에 뛰어들지는 않는다. 감정을 지나치게 통제하고, 수용될 수 없는 충동을 부인하는 경향이 있으며, 부인 방어기제가 실패하면 불안감과 죄책감을 느낀다. 또한 상당한 수준의 불편감을 견디면서 오랫동안 문제를 지니고 있어 온 경우가 많다.

네 번째 단계는 점수가 낮은 척도에 대한 고려인데, T35 혹은 완화된 기준으로 T40을 적용하더라도 이보다 낮은 점수를 보인 척도는 없으므로 이 단계에서 해석할 자료는 없다.

다섯 번째 단계는 내용척도, 보충척도, 성격병리 5요인 척도와 결정적 문항을 분석하여 앞 단계에서 세운 내담자에 대한 가설의 정확성을 검토하고 추가적으로 고려해야 할 내용이 있는지 살피는 것인데, 이에 대한 자료가 부족하여 이 부분도 넘어가도록 한다.

마지막 단계는 전체 프로파일에 대한 형태분석이다. 프로파일의 오른쪽, 즉 임상척도의 후반부 척도들보다 전반부 척도들(특히 2, 3, 1번 척도)이 상승해 있는 것으로 보아 환자의 증상 호소는 정신증적 상태보다는 신경증적 상태와 더 관련이 있을 가능성이 높다는 해석을 해 볼 수 있다. 또한 환자의 특성과 상태를 반영하는 것으로 여겨지는 임상척도들이 상승되어 있는데도 타당도 척도의 F 점수는 상승되어 있지 않은 것으로 보아 현재 급격한 주관적 불편감을 호소하는 것은 아니므로, 환자의 문제가 상당 기간 지속되어 온 것이라고 생각할 수 있다.

이와 같이 단계별로 해석한 자료들을 최종 통합 정리할 필요가 있다. 수검자의 개인적인 정보가 있다면 이 정보들을 해석 내용들과 맞추어 보면서 수검자 개인을 설명해 낼 수 있는 해석을 시도하는 것이 바람직하다. A에 대한 해석 내용들을 요약 정리하자면, 타당도 척도는 평균점수를 보이고 있어 검사 결과를 해석하기에 타당한 자료로 생각된다. 임상척도의 프로파일 패턴을 볼 때, 증상적으로는 우울하고 불안하며 긴장, 초조, 피로, 불면, 주의집중 곤란을 비롯하여 다양한 신체 증상 등을 경험하고 있다. 또한 스트레스 상황에서 신체적 증상을 나타내는 신체화 경향도 시사된다. 진단적으로는 주요우울장애 및 지속성 우울장애를 포함한 우울장애의 가능성이 높지만, 범불안장애 등을 포함한 불안장애의 공병 여부에 대해서도 추가적으로 확인이 필요해 보인다. 현재 우울과 불안의 주관적 고통이 큰 상태이고, 자살사고를 보고하고 있으므로 현재 자살사고의 심각도와 자살시도의 가능성을 면밀히 검토할 필요가 있다. 그러나 이러한 개인의 심리적 고통은 최근에 갑자기 나타난 것이라기보다 오랫동안 지속적으로 경험되어 온 것으로 보이며, 최근 딸과의 갈등이라는 스트레스 사건이 수검자의 고통을 더욱 심화시킴으로써 치료적 도움에 이르게 한 것으로 생각된다. 평소 감정을 지나치게 통제하고 수용될 수 없는 충동을 부인하는 경향이 있는 수검자는 최근 스트레스 사건 이후 이러한 자신의 방어기제가 적절히 작동하지 않으면서 우울과 불안이 심화되었을 가능성이 있다. 성격적으로는 융통성이 없고 자기주장을 잘 하지 못하며, 완벽주의적·의존적·자기처벌적인 특징이 있다. 또한 타인의 관심과 애정을 갈구하고, 감정의 기복이 심해 보인다. 치료적 측면에서 보자면, 현재 치료에 대한 동기가 높아 치료 초기에 협조적일 수 있지만, 자신의 문제를 내성하거나 통찰하는 능력은 부족하여 심리치료의 예후는 밝지 못하다. 심리치료는 불안과 긴장 수준을 낮추기 위한 호흡이완 훈련과 수검자의 우울과 스트레스 상황을 다루어 주기 위한 인지행동치료적 개입을 시도하는 것이 효과적일 것으로 판단된다.

2) 사례 2

이번에는 MMPI-2 해석이 특정 사례에 어떻게 적용될 수 있는지를 살펴보기 위해 Butcher(1995)가 제시한 예를 인용할 것이다.

정신건강센터 외래를 방문한 환자는 임상심리학자와의 접수면접 후 MMPI-2를 실시하였다. 검사를 마친 후, 환자는 검사 결과를 확인하기 위한 예약을 하였다.

(1) 배경 정보

43세의 사업가 C는 최근 몇 달간 가족 문제와 사업 문제로 상당히 낙담하고 있었다. 그는 잠들기가 매우 어려웠고 항상 긴장되어 있었으며, 자신을 압도하는 상황들에 대해 매우 걱정하였고, 최근에는 자신의 문제들이 해결 불가능하며 희망이 없다고 믿기 시작하였다. 가끔은 유일한 해결책이 인생을 마감하는 것이 아닌가 하는 생각도 들었다.

C는 침울한 기분 상태뿐 아니라 지속적인 피로와 신체 증상에 대해서 걱정이 많았다. C는 병원을 방문하여 신체검사를 받았다. 신체검사에서 어떠한 신체적 문제도 발견되지 않자, 의사는 심리평가를 받아 보라고 권했다. C는 자신의 현재 심리적 문제들이 두 가지 주요 원천(늘어 가는 가족 갈등과 업무 스트레스)에서 비롯된 것이라고 생각했다. 세 자녀 중 한 명인 14세 된 딸은 최근 밤새 집에 들어오지 않고 불량 청소년들과 어울려 술을 마시기 시작했다. 환자는 딸의 행동으로 인해 매우 고통스러웠으나, 자신의 기력이 고갈되어 있어 딸이 필요로 하는 관심과 지지를 제공해 줄 수 없다고 느꼈다. 그는 또한 '차갑고 냉담하며 애정이 없는' 부인은 자신이나 딸을 위한 정서적 지지를 제공해 줄 수 없었다고 보고했다. C와 부인은 부부 갈등을 경험하면서 20년간의 결혼생활을 정리할 생각을 하고 있었다. 둘 사이에는 문제를 풀기 위한 대화도 없었고 긴장만이 팽배했다. C는 최근 몇 년 동안 결혼생활이 불행했고, 최근에는 결혼생활

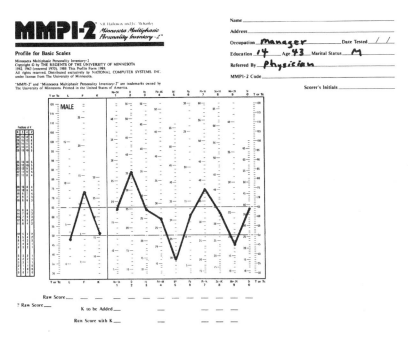

[그림 7-2] C의 MMPI-2 타당도 척도와 임상척도

출처: James N. Butcher, Interpretation of the MMPI-2. In L. E. Beutler & M. R. Berren(Eds.), Integrative Assessment of Adult Personality(1995). Reprinted with Permission of Guiford Press.

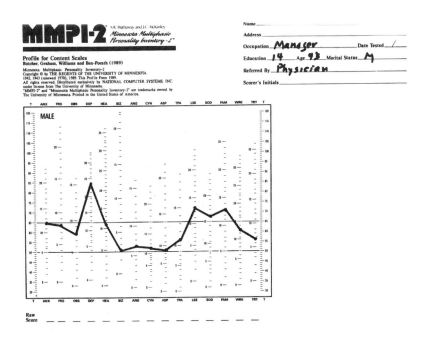

[그림 7-3] C의 MMPI-2 내용척도

출처: James N. Butcher, Interpretation of the MMPI-2. In L. E. Beutler & M. R. Berren(Eds.), Integrative Assessment of Adult Personality(1995). Reprinted with Permission of Guiford Press.

이 막다른 길에 이르렀다고 느꼈다. C는 직장에서도 심한 스트레스를 경험하고 있었다. 20년 동안 그가 일해 왔던 회사는 심한 노사 갈등을 겪고 있었는데, 그 결과 회사의 재정 상태가 매우 나빠졌다. 몇 주 전부터는 회사가 문을 닫을지도 모른다는 얘기가 들렸고, C는 일자리를 잃을까 봐 매우 염려하였다.

C는 혼자서 심리학자를 찾아갔다. 그는 가족들이 자신의 현재 고민과 문제에 관심이 없을 거라고 생각하였다. 접수면접 동안 그는 상당히 우울해 보였고 자주 한숨을 쉬었으며, 눈물을 흘리기도 하였다.

C가 작성한 MMPI-2의 프로파일은 [그림 7-2], [그림 7-3]과 같고, 『Minnesota Report(미네소타 보고서)』(Butcher, 1993)에서 제공되는 컴퓨터 해석은 〈표 7-2〉와 같다.

● 표 7-2 C의 MMPI-2 보고서

나이	43세		결혼 여부	기혼		치료 유형	외래환자
타당성 검토	타당한 MMPI-2 프로파일에 해당한다. 내담자는 자신의 증상과 문제를 설명하는 데 상당히 협조적이었다. 문항들에 솔직하게 반응한 점으로 볼 때 평가과정에 협조적인 태도를 보일 것으로 여겨진다. 이 MMPI-2 프로파일은 내담자의 현재 성격과 증상을 잘 나타내고 있는 것 같다.						
증상	임상척도의 프로파일은 분명한 2코드 유형을 보여 주고 있다(2-7/7-2코드 유형). 내담자의 프로파일은 작성 당시 많은 심리적 곤란이 있음을 반영한다. 여러 가지 심리적 문제 속에서 자기의심과 의욕 저하를 경험하고 있다. 그는 불안 및 우울과 관련된 주요 문제를 가지고 있다. 매우 예민하고 불안정한 경향이 있으며, 신체증상을 호소할 수 있다. 또한 수면 및 식욕의 상실과 속도의 지연을 경험하고 있을 가능성이 있다. 이러한 프로파일을 보이는 사람들은 높은 기대와 강한 성취욕구를 지니고 있으나, 스스로 자신의 기대에 미치지 못한다고 느껴 심하게 자책한다. 이 내담자는 자신의 미래가 매우 불안정하고 비관적이라고 느낀다. 또한 심한 열등감을 느끼고 자신감이 매우 부족하며, 자신의 문제를 해결해 나갈 수 없을 거라고 느낀다. 내담자는 Mf척도가 낮은데, 이는 제한된 범위의 관심을 갖고 있고, 문학적 및 예술적 추구나 내성적 경험보다는 관습적인 남성적 활동을 더 선호하는 경향이 있다는 것을 나타낸다. 그는 다소 경쟁적인 경향이 있고 스스로를 남성적이라고 여긴다. 그는 여성들을 보조적인 역할로 보는 경향이 있다. 대인관계에서 그는 참을성이 없고 둔감한 편인데, 타인에게 거칠고 세련되지 못하며, 편협한 사람으로 보일 수 있다. 그는 배우자에게 과도한 정서적 지지를 요구하는 것 같다. 그는 의욕 저하와 우울한 기분을 경험하고 있음을 시사하는 문항들에 많이 표시하였다. 그는 죄책감과 무기치감에 빠져 있다. 그는 자신이 저지른 잘못에 대해 벌을 받고 있다고 느낀다. 그는 인생을 후회하고 불행하다고 느끼며, 미래에 대한 불안과 염려로 시달리고 있는 것 같다. 그는 때때로 무망감을 느끼고, 자신은 구제불능이라고 느낀다. 그는 자신감 부족과 부적절감을 반영하는 문항들에 많이 체크하였다. 일상적인 일을 처리하는 데도 어려움이 있고, 기억력 저하, 집중곤란, 결정 내리기를 어려워하고 있다. 무력하고 철수되어 있으며, 삶의 에너지를 잃은 것 같다. 그는 최근 자살사고가 있음을 시인했다. 과거의 자살시도 경험에 대해서는 부인하였지만, 현재 기분 상태를 감안할 때 자살 가능성에 대한 평가가 필요해 보인다.						

대인관계	그는 대인관계에서 상당히 수동적이고 의존적인 것 같으며, 자신이 손해를 보는 상황에서도 자기 얘기를 못하는 것 같다. 문제를 해결하려고 하기보다는 피하고, 자신을 챙겨 주고 돌봐 줄 타인을 찾는다. 깊은 정서적 애착관계를 형성하고, 상처를 잘 받는 경향이 있다. 또한 대인 관계 문제에 대해 자신을 비난하는 경향이 있다.
	그는 사회적 관계에서 염려하고 억제하는 경향이 있는 등 내향적이고 수줍음이 많은 것 같다. 타인이 자신을 어떻게 생각하는지에 과민한 편이고, 타인과의 관계에 대해 걱정을 많이 하는 것 같다. 또한 다른 사람들에 대한 자신의 감정을 표현하는 데 어려움이 있는 것 같다.
진단	이러한 프로파일을 보이는 사람들은 신경증 진단을 받는 경향이 있고, DSM 축 I에서는 기분 부전장애나 불안장애와 같은 진단을 많이 받는다. 또한 의존성 성격장애나 강박성 성격장애 와 같은 축 II 진단을 받을 수 있다.
치료시 고려사항	이런 MMPI-2 패턴을 보이는 사람들은 심한 불편감을 느끼기 때문에 우울 증상들을 경감시키 고 싶어 한다. 어느 정도의 증상 경감은 항우울제 치료에 의해 가능할 수 있다. 심리치료, 특 히 지지적인 접근이 효과적일 수 있다. 그는 인지행동치료에도 효과를 보일 것 같다. 그는 자 기효능감이 낮고, 자신의 문제를 너무 자신의 탓으로 비난하는 경향이 있다. 자신의 문제에 대해 매우 염려하고 있지만, 그 문제들을 해결하기 위해 활동할 에너지가 거의 남아 있지 않 은 것 같다.
	이러한 장애에 깔려 있는 수동적·비주장적 성격 스타일이 행동 변화의 초점이 될 수 있다. 이런 문제들을 지닌 사람들은 주장 훈련을 통해 보다 효과적으로 다른 사람들을 대하는 방법 을 배울 수 있다.
	문항 내용에서 다소간의 가족 갈등이 수검자에게 상당한 고민거리가 되고 있음이 시사된다. 그는 자신의 인생이 불행하다고 느끼고, 불행한 가정생활을 원망하고 있다. 가족에 대한 자신 의 감정을 명료화하는 데 심리적 개입의 초점을 맞추는 것이 도움이 될 것이다.

출처: James N. Butcher, Interpretation of the MMPI-2. In L. E. Beutler & M. R. Berren(Eds.), Integrative Assessment of
    Adult Personality(1995). Reprinted with Permission of Guiford Press.

(2) MMPI-2 보고서에 근거한 제언

MMPI-2 보고서는 C의 우울, 자살사고, 혼란된 인지적·정서적 상태를 종합적으로 제시하고 있다. 또한 보고서는 C의 증상들이 일반인들보다 훨씬 심하기 때문에 이러한 심리적 문제들을 경감시키기 위해 치료적 개입이 필요하다는 것을 제안하였다. 내담자의 기분장애는 우울에 대한 약물치료나 자신 및 타인에 대한 부정적 태도를 위한 인지치료와 같은 치료로 호전될 가능성이 있다. 타당도 척도 분석에서 나온 것처럼 자신의 문제를 논의할 동기가 있음을 감안해 볼 때 치료적 제안을 따를 가능성이 꽤 높아 보인다.

또한 MMPI-2 보고서는 치료 프로그램에서 C의 낮은 자존감과 부정적인 기분 상태를 고려할 필요가 있음을 제안한다. 현재 문제 상황에 대한 부정적인 평가 및 가족과 직장에 대한 부정적인 생각들은 그의 기분 상태로 인해 다소 왜곡되었을 가능성이 있다. 가족들을 통해 C의 보고가 얼마나 정확한지를 확인해 보는 것이 중요하다. 덧붙여 치료계획에 가족을 포함할 것인지가 매우 중요한 고려사항이 될 것이다. 보고서는 C가 가족 문제를 매우 심각하다고 생각하기 때문에 이 부분을 심리치료에서 중요하게 다루어야 한다고 결론 내렸다. 가족에 대한 감정을 명료화할 수 있도록 돕는 것이 중요해 보인다.

요약

1. MMPI는 정신질환 진단을 위한 목적으로 Hathaway와 McKinley가 경험적 제작 방식으로 개발하였다.

2. 원판 MMPI의 문제점들을 개선하고 보다 향상된 형태로 MMPI-2가 개발되었지만, 개발의 기본적인 원칙은 원판 MMPI의 기본 타당도 척도와 임상척도의 틀을 그대로 유지함으로써 원판 MMPI와 연속성을 지닌 검사를 만드는 것이었다.

3. 국내에서는 1989년 개발된 MMPI-2가 2005년에 한국판으로 표준화되었으며, 2011년에는 MMPI-2 매뉴얼 개정판과 338문항으로 구성된 MMPI-2 재구성판(MMPI-2-RF)이 출판되었는데, MMPI-2-RF는 임상적으로 중요한 특성을 포괄적으로 평가하기 위해 개발되었다.

4. 청소년에게 부적절한 문항을 삭제하고 청소년에게 독특한 영역을 다루기 위한 문항을 추가한 MMPI-A가 1992년 개발되어 국내에서는 2005년에 표준화되었다.

5. MMPI의 적절한 해석을 위해서는 인간심리, 정신병리, 심리측정에 대한 지식과 더불어 검사의 윤리적 사용에 대한 이해와 태도가 갖추어져야 한다.

6. MMPI 척도 간의 비교를 가능하게 하기 위해서 각 척도들의 원점수 및 K 교정 원점수는 평균 50, 표준편차 10인 T점수로 변환된다.

7. 의미 있게 높은 점수의 기준은 T점수 70 이상(MMPI-2는 T65 이상)이며, 낮은 점수에 대한 해석은 신중하게 하여야 한다.

8. MMPI는 4개의 타당도 척도를 포함하고 있었으나, MMPI-2에서는 6개의 타당도 척도가 더 추가되었다.

9. MMPI의 10개 임상척도는 MMPI-2에서도 동일하게 그 명칭과 특징이 유지되었다.

10. 재구성 임상척도, 내용척도, 보충척도, 성격병리 5요인 척도, 임상 소척도, 결정적 문항의 해석은 임상척도의 해석을 보다 명료화하는 데 도움을 주는 보조적 역할을 한다.

11. MMPI의 해석은 일반적으로 수검자의 검사 태도 고려, 개별 척도(타당도 척도와 높은 임상척도) 해석, 2코드 해석, 낮은 임상척도 고려, 다양한 부가적인 척도(내용척도, 보충척도, 성격병리 5요인 척도)와 결정적 문항 검토, 전체 프로파일 형태분석 등의 순서로 진행한다.

12. 개별 척도만으로 해석하는 것보다 가장 높은 점수를 보인 2개 척도를 묶어 해석하는 2코드 유형 해석이 보다 정확하고 임상적으로 유용한 해석을 내놓을 수 있다.

13. 검사 결과를 치료적으로 피드백해 주는 과정은 내담자의 자기 이해와 성장에 중요할 뿐만 아니라 향후 진행될 수 있는 상담으로의 연결고리로서 중요한 역할을 한다.

참고문헌

김중술(1996). 다면적 인성검사: MMPI의 임상적 해석. 서울: 서울대학교 출판부.

김중술, 한경희, 임지영, 이정흠, 민병배, 문경주(2005). 다면적 인성검사 II 매뉴얼. 서울: (주) 마음사랑.

마음사랑연구소(2015). MMPI-2 해석상담, 어떻게 할 것인가. 서울: (주) 마음사랑.

문경주, 육근영, 한경희, 김지혜(2015). MMPI-2-RF 척도의 진단적 유용성: 양극성장애, 주요우울장애, 조현병 집단의 비교. 한국심리학회지: 임상, 34(1), 103-123.

이훈진, 문혜신, 박현진, 유성진, 김지영(2007). MMPI-2: 성격 및 정신병리 평가 제4판. 서울: (주) 시그마프레스.

한경희, 김중술, 임지영, 이정흠, 민병배, 문경주(2011). 다면적 인성검사 II 매뉴얼 개정판. 서울: ㈜ 마음사랑.

한경희, 문경주, 이주영, 김지혜(2011). 다면적 인성검사 II 재구성판 매뉴얼. 서울: (주) 마음사랑.

한국심리학회(2003). 심리학자 윤리 규정.

APA. (2002). *Ethical priaciples of psychologists and code of conduct*.

Arbisi, P. A., & Ben-Porath, Y. S. (1995). An MMPI-2 infrequent response scale for use with psychopathological populations: The Infrequency Psychopathology scale, F(p). *Psychological Assessment, 7*, 424-431.

Ben-Porath, Y. S., Hostetler, K., Butcher, J. N., & Graham, T. R. (1989). New subscales for the MMPI-2 social introversion(si) scale. *Psychological Assessment: A Journal of Consulting and Clinical Psychology, 1*, 169-174

Ben-Porath, Y. S., & Sherwood, N. E. (1993). *The MMPI-2 content component scales*. Minneapolis: University of Minnesota Press.

Butcher, J. N. (1993). *Minnesota Multiphasic Personality Inventory-2 (MMPI-2): Users guide for the Minnesota Report: Adult clinical system-Revised*. Minneapolis: National Computer Systems.

Butcher, J. N. (1995). Interpretation of the MMPI-2. In L.E. Beutler, & M.R. Berren (Eds.),

Integrative assessment of adult personality (pp. 206-239). NY: The Guilford Press.

Butcher, J. N., Graham, J. R., Williams, C. L., & Ben-Porath, Y. S. (1990). *Development and use of the MMPI-2 content scales*. Minneapolis: University of Minnesota Press.

Caldwell, A. B. (1969). *MMPI critical items*. Unpublished manuscript. Available from Caldwell Report, 1545 sawtelle Bl., No 14, Los Angeles, (A 90025).

Drake, I. E. (1946). A social I. E. scale for the MMPI. *Journal of Applied Psychology, 30*, 51-54.

Graham, J. R. (2006). *MMPI-2: Assessing personality and psychopathology* (4th ed.). New York: Oxford University Press.

Grayson, H. M. (1951). *A psychological admissions testing program and manual*. Los Angeles: Veterams Administration Center, Neuropsychiatric Hospital.

Groth-Marnat, G. (1997). *Handbook of psychological assessment* (3th ed.). John Wiley & Sons.

Groth-Marnat, G. (2003). *Handbook of psychological assessment* (4th ed.). John Wiley & Sons.

Groth-Marnat, G. (2009). *Handbook of psychological assessment* (5th ed.). John Wiley & Sons.

Harkness, A. R., McNulty, J. L., & Ben-Porath, Y. S. (1995). The personality psychopathology five (PSY-5): Constructs and MMPI-2 scales. *Psychological Assessment, 7,* 104-114.

Harkness, A. R., McNulty, J. L., Ben-Porath, Y. S., & Graham, J. R. (2002). *MMPI-2 personalty psychopathology five (PSY-5) scales*. Minneapolis: University of Minnesota Press.

Harris, R., & Lingoes, J. (1955). *Subscales for the Minnesota Multiphasic Personality Inventory*. Mimeographed materials, The Langley Porter Clinic.

Harris, R., & Lingoes, J. (1968). *Subscales for the Minnesota Multiphasic Personality Inventory*. Mimeographed materials, The Langley Porter Clinic.

Koss, M. P., Butcher, J. N., & Hoffman, N. (1976). The MMPI critical items: How well do they work? *Journal of Consuling and Clinical Psychology, 44,* 921-928.

Lachar, D., & Wrobel, T. A. (1979). Validation of clinicians hunches: Construction of a new MMPI critical item set. *Journal of Consulting and Clinical Psychology, 47,* 277-284.

Meehl, P. E., & Hathaway, S. R. (1946). The K factor as a suppressor variable in the MMPI. *Journal of Applied Psychology, 30,* 525-564.

Tellegen, A. (1982). *Brief manual for the Differential Personality Questionnaire.* Unpublished manuscript. University of Minnesota, Minneapolis.

Tellegen, A. (1988). The analysis of consistency in personality assessment. *Journal of Personality, 56,* 621-663.

Tellegen, A., Ben-Porath, Y. S., McNulty, J. L., Arbisi, P. A., Graham, J. R., & Kaemmer, B. (2003). *The MMPI-2 restructured clinical (RC) scales: Development, validation and interpretation.* Minneapolis: University of Minnesota Press.

Widiger, T. A., & Trull, T. J. (1997). Assessment of the five-factor model of personality. *Journal of Personality Assessment, 68,* 228-250.

Wiggins, J. S. (1966). Substantive dimensions of self-report in the MMPI item pool. *Psychological Monographs, 80*(22, Whole No. 630).

Zuckerman, M., Kuhlman, D. M., Joireman, J., Teta, P., & Kraft, M. (1993). A comparison of three structural models of personality: The Big Three, The Big Five, and the Alternative Five. *Journal of Personalty and Social Psychology, 65,* 757-768.

Chapter 08
기질 및 성격검사(TCI)

오현숙

학/습/목/표

1. TCI의 기능과 활용성 살펴보기

2. TCI의 개념 구분하기

3. TCI의 기초가 된 Gray(1982)의 이론과 Eysenck의 인성 이론의 차이점 살펴보기

4. TCI의 기질 및 성격척도 내용 이해하기

5. 기질과 성격의 상호작용 및 자아탄력성 큐브 살펴보기

6. 검사 실시, 채점 및 해석방법 알기

7. 성격의 성숙도, 기질적 장점과 취약점에 대한 결과 활용하기

8. 8개의 기질 유형을 알고 유형별 행동 특성 이해하기

9. TCI를 바탕으로 성격장애 및 심리장애의 진단방법 살펴보기

이 장에서는 객관적 성격검사에 속하면서 기존의 성격검사와는 특성과 기능이 현저히 구분되는 기질 및 성격검사(The Temperament and Character Inventory: TCI)를 별도로 다룬다.

TCI의 기능과 활용성

임상현장에서 일을 하다 보면 자주 하게 되는 질문이 있다. '이렇게 사후 처리만 하지 말고 사전에 문제를 다룰 수 있으면 얼마나 좋을까?' 바로 이런 의문에서 비롯된 검사가 TCI이다. 저자인 C. R. Cloninger는 심리장애의 예방과 예측에 관심이 많았다. 그는 심리장애 및 성격장애를 사전에 예방하고자 하였으나 기존의 성격검사로는 이러한 목적을 이루기가 힘들었다. 그래서 예방과 예측을 목적으로 심리학, 약리학, 생리학의 12년간의 종단연구를 통해서 만든 검사가 TCI다. 곧, 기존의 성격검사와는 달리 이 검사를 통해서는 사전에 심리장애를 예측할 수 있다.

TCI는 인성(personality)의 타고난 부분인 기질과 기질이 환경과 상호작용하면서 지속적으로 발달하면서 기질을 조절하는 역할을 하는 성격(character)을 구분한다. 이를 통해서 첫째, 현재의 인성 발달의 수준을 진단할 수 있고, 둘째 인성 발달이 미숙할 경우 발달의 기본 토대(기질)를 분석함으로써 그 원인을 조사할 수 있으며 이와 함께 이후에 발생할 수 있는 인성 발달의 실패인 심리장애를 사전에 예방할 수 있다고 본다. 따라서 유아, 아동, 청소년에게는 성격의 구조, 특성 및 성숙도를 파악하는 것 외에도 이상적 발달을 돕기 위한 제언이 가능하다. 마찬가지로 성인일 경우라도 아직 심리장애가 심각해지기 전에 인성의 어떤 특성이 근본 원인인가에 접근하여 인성 특성 중 수용해야 할 부분과 변화시켜야 할 부분을 구분하여 처방함으로써 사전에 문제가 심리장애로 발전하는 것을 방지할 수 있을 것이다.

따라서 가장 이상적인 TCI의 활용방법은 일반 유아, 아동, 청소년에게는 인성의 구조와 특징을 파악하는 것 외에도 인성의 성숙도 진단 및 바람직한 인성 발달을 위한 예방적 처방에 있다. 마찬가지로, 일반 성인과 모든 내담자 및 환자를 위해서도 인성의 성숙도 진단, 현재의 인성 발달에 가장 큰 영향을 미친 요인의 분석, 인성 특성 중 수용할 부분과 개선할 부분의 구분, 향후 인성 발달의 예측 등은 인성 파악과 함께 TCI의 가장 이상적인 활용방법이라 할 수 있다. 여기에 기질과 성격이 서로 영향을 주고받으며 어떻게 한 개인의 서사(서사적 정체성)를 만들어 가는지 이해하게 된다면 치료적 구조 안의 상담자와 내담자/환자에게 더욱 큰 의미가 있을 것이다.

1. TCI의 개념: 기질, 성격, 인성

기질 및 성격검사(TCI)는 유아, 아동, 청소년 및 성인의 기질(temperament)과 성격(character)을 측정하는 검사이다. TCI 검사군은 미국 워싱턴 대학교 교수인 C. R. Cloninger의 심리생물학적 인성 모델(Cloninger, Svrakic, & Przybeck, 1993)에 기초하여 개발되었으며 기질을 측정하는 4개의 척도와 성격을 측정하는 3개의 척도를 포함하여 총 7개의 기본척도로 이루어져 있다. 우리나라에서는 오현숙과 민병배(JTCI, 2004), 민병배, 오현숙, 이주영(TCI, 2007)이 우리 문화에 맞게 표준화하였다.

Cloninger의 심리생물학적 인성 모델에서 기질과 성격은 인성을 이루는 두 개의 큰 구조로서 구분된다. 요인분석 방법으로 제작된 기존의 성격검사들은 기질과 성격을 심리측정적으로 구분하지 못한다는 한계를 갖고 있다. Cloninger의 심리생물학적 인성 모델은 이러한 한계를 극복하기 위해 12년간의 심리학, 약리학, 생리학적 종단연구(Cloninger, Przybeck, Svrakic, & Wetzel, 1994)와 가계연구 및 쌍생아 연구(Cloninger, 1987, 1999)를 통해 인성요인들 중 타고난 부분인 기질과 기질을 바탕으로 환경과 상호작용하면서 형성된 성격(최근의 연구에 의하면 성격에도 유전적 함량이 있다.)[1]을 구분한 것이다. 따라서 기질과 성격의 분리로 인해서 인성 발달에 영향을 미친 유전적 영향과 환경적 영향을 구분하여 인성 발달과정을 이해할 수 있게 하는 점이 바로 TCI의 장점이다.

TCI에서 기질은 자극에 대해 자동적으로 일어나는 정서적 반응 성향으로 정의된다. 기질은 편도체(hypothalamus)와 이와 관련된 변연계(limbic 시스템)에 의해 중재되는 기본 정서적 추동이다. 기질은 다분히 유전적인 것으로서 조건에 대한 절차적 학습을 통해 습관화되는 것이며 일생 동안 비교적 안정적인 속성을 보인다. 따라서 기질은 인성 발달의 기본 틀이 된다. 반면, 성격은 체험하는 것에 대한 개인적 해석에 의해 개념적 통찰과 관련된 명제적 학습을 통해 형성된다. 성격은 주로 대뇌신피질(neocortex)에서 중재되는 의도적인 목표와 가치를 달성하기 위한 정서의 자기조절과 관련된다. 곧, 체험에 대한 개인적 해석은 개인이 추구하는 가치와 목표, 자신을 어떤 사람으로 이해하고 동일시하는가를 포함하는 자기개념(self-concept)과 관련이 있다. 성격의 형성은 기질이 환경과 상호작용하면서 이루어지는 것이며 사회문화적 학습의 영향을 받으며 일생 동안 지속적으로 발달한다. 그런데 Cloninger의 다수의 연구에서 성격 또한 일부 유전의 영향을 받는다는 것이 밝혀졌다. 또한 성격의 형성은 타고난 기질의 영향을 받지만 기질에 의한 자동적인 정서 반응을 조절하기도 한다. 즉, 성격이 성숙할수록 개인의 기질적 반응 특성은 얼마든지 잘 조절될 수 있다. 추가하여, 유전적 요인인 기질 또한 환경의 영향에 의해서 다소 변화될 수 있음이 확인되었다(Gillespie, Cloninger, & Heath, 2003). 인성은 이렇

---

1) 기존에는 성격이 기질과 환경의 상호작용으로 발달한다고 설명하였지만 성격에 대한 유전적 영향에 대해서는 설명하지 못했다. 그러나 최근 다수의 연구를 통해 기질과 성격 모두 유전적 영향과 환경적 영향을 함께 받는다는 것을 알게 되었다. 기질과 성격은 끊임없이 상호작용한다. 기질이 환경과 상호작용하면서 성격이 발달하지만 성격은 또한 자동적·정서적 반응 성향인 기질을 조절하는 역할을 하기 때문이다(Gillespie, Cloninger, & Heath, 2003).

게 상호작용하는 기질과 성격이 온전히 통합된 인간으로서 서사적/이야기하는 자아를 의미한다. 이것은 생애 동안 지속적으로 만들어 가는 자신에 대한 일관된 이야기 또는 정체성을 일컫는다.

2. TCI의 개발사

TCI의 개발은 Cloninger의 심리생물학적 인성 모델의 발달에서 비롯된다. 그는 현재 미국 워싱턴 대학교의 (종신)교수로서 오랫동안 심리생물학 및 성격심리 연구소를 운영하면서 정신질환의 생성과정을 설명하기 위한 연구에 종사했다(Cloninger, 1987). 그는 특히 정신질환을 사전에 예측하는 데 큰 관심이 있었지만, 미국에서 가장 많이 사용되는 Eysenck(1967)의 성격 모델이나 Costa와 McCrae의 빅 파이브(Big Five)와 같은 기존의 요인분석에 의한 성격검사들로는 정신질환의 생성과정을 설명하고 예측하는 것이 가능하지 않다는 것을 발견하였다.

Eysenck는 성격 이론가 중 인성의 생물학적 특성(기질)을 가장 많이 연구한 사람 중의 하나였지만 인성의 표현형(phenotype) 구조와 유전형(genotype) 구조가 같은 것으로 가정하였다. 즉, 유전적 요인과 환경적 요인이 같은 방식으로 행동에 영향을 미친다고 가정하여, 생물학적 특성인 기질 temperament를 아예 personality로 대체하였다. (그래서 그는 기질과 성격의 구분이 심리측정적으로 그다지 중요하게 다루어지지 않은 데 영향을 미쳤다고 할 수 있다. 따라서 국내에서도 personality는 인성 또는 성격으로 구분 없이 번역되어 사용되었고 인성 또는 성격의 개념은 특별한 구분이 필요하지 않았던 것으로 보인다). 이러한 가정을 바탕으로 그의 외향성(Extraversion) 차원과 신경증(Neuroticism) 차원은 인성의 표현형, 즉 관찰된 행동구조를 바탕으로 요인분석을 통하여 구체화된 것이다.

그런데 Gray(1982)는 항불안제가 신경증을 완화시키고 외향성은 강화시킨다는 것을 발견함으로써 이 두 차원이 서로 독립적인 생물학적 과정이라는 Eysenck의 가정과는 달리 하나의 동일한 생물학적 과정에 기초하고 있음을 밝혀내었다. 따라서 Eysenck의 방법과 같이 요인분석에 의한 인성 차원 구조는 기저의 생물학적 구조와 일치하지 않음을 제시하였다. Gray의 연구에서는 '불안'이라는 신경증과 내향성의 중간에 놓이며 유전적으로 (복합적이고 이질적이지 않은) 단일한 차원을 발견하였다. 아울러 마찬가지로 단일 차원이면서 불안 차원과는 유전적으로 독립적이며 외향성과 신경증의 중간에 놓이는 '충동성' 차원을 발견하였다. 그리고 충동성이라는 심리학적 구성개념에 해당하는 신경체계는 행동 활성화 체계이며, 불안에 해당하는 것은 행동억제 체계라고 설명하였다(민병배 외, 2007 참조).

Cloninger(1986, 1987)는 행동 활성화 및 행동억제 체계에 대한 Gray의 이론을 수용하였다. 그리고 Cloninger는 여기에 행동유지 체계를 설명하는 Sjobring(1973)의 이론을 통합하여 Eysenck의 모델이나 빅 파이브 모델(Costa & McCrae, 1985, 1992)과 같은 요인분석에 기초한 인성 특질 모델들과 구분되는 독자적인 심리생물학적 인성 모델을 개발하였다. 그는 쌍생아 연구, 가계연구, 12년에 걸친 종단적인 발달연구, 인간 및 다른 동물들의 학습과정에 대한 신경약물학, 신경해부학 및 신경행동학 연구 그리고 심리측정적 연구의 결과들에 기초하여, 인간이 환경에 적응하기 위해 진화시켜 온 적응체계들 기저의 신경생물학적 구조와 일치하는 인성 특질, 즉 기질의 차원들을 발견하는 데 주력하였다. 그에 의하면 기질이란 다양한 환경 자극 유형(새로움, 위험 혹은 처벌, 보상 등)에 대한 반응에 관여하는 적응체계에서의 개인차를 의미한다. 그가 신경생물학적 체계에서 구분한 유전적으로 서로 독립적인 세 가지 기질 차원은 인간 행동의 세 가지 근본적인 기능, 행동 활성화, 행동 억제 그리고 행동 유지를 조절하는 기능들이다. Cloninger는 이러한 기능들에 해당하는 세 가지 기질 차원을 각각 자극추구(Novelty Seeking), 위험회피(Harm Avoidance) 그리고 보상의존성(Reward Dependence)으로 명명하였다. 또한 동물실험 연구를 통해서 이 기질 차원들은 각각 우세하게 영향을 미치는 신경전달물질 체계와도 연결되었다. 자극추구 기질은 도파민 작용이 중심 역할을 하고, 위험회피 기질에서는 세로토닌 방출이 무엇보다 결정적이며, 보상의존성 기질과 관련해서는 노르에피네프린이 주요 신경전달물질인 것으로 설명되었다.

Cloninger(1987)는 바로 이 세 가지 자극추구, 위험회피, 보상의존성의 기질 차원을 파악하기 위해 가장 먼저 100문항으로 구성된 3차원 인성 질문지(Tridimensional Personality Questionnaire: TPQ)를 개발하였다. 그런데 후속 연구들을 통해 세 번째 기질 차원인 보상의존성이 '사회적 민감성'과 '인내력'의 두 독립적인 차원으로 분리됨으로써 자극추구, 위험회피, 사회적 민감성, 인내력의 네 가지 독립적인 기질 차원을 포함하는 4차원 기질 모델이 발달하였다.

TPQ는 인성의 유형을 구분하는 데에 매우 유용하고, 특히 전통적인 성격장애의 하위유형을 예측하고 체계적으로 분류하고 기술하는 데에 유용하게 활용될 수 있음이 입증되었지만(Cloninger, 1987), 이 모델을 통해서 한 개인의 성격의 성숙도 및 성격장애 여부 또는 정도를 기술하는 것은 가능하지 않았다. 따라서 Cloninger는 인성요인들 중 기질 차원들로 설명되지 않는 인성의 다른 차원들을 찾아내게 되었는데 그것이 바로 자기개념의 발달과 관련된 자율성, 연대감, 자기초월의 세 가지 성격 차원이다(Cloninger et al., 1993, 1994). 이러한 TPQ 연구 결과들을 기초로 하여 개인의 기질 유형에 대한 이해뿐 아니라 성격장애를 진단하고 예측하며 성격장애의 발생과정을 설명하기 위한 목적으로 Cloninger 등(1994)이 새로이 개발한 검사가 TCI이다.

TCI는 현재 다양한 버전이 프랑스어, 스페인어, 이태리어, 그리스어 등으로 번역되고 표준화되어 수많은 나라에서 사용되고 있다. 그런데 TCI의 개발과 관련된 연구는 초기에는 성인 영역은 주로 미국에서 Cloninger의 주도하에, 그리고 유아/아동 및 청소년 영역은 독일에서 먼저 성공적으로 이루어졌다(민병배 외, 2007). Cloninger는 독일판 JTCI의 개발에 자극을 받아서 TCI가 자신의 심리생물학적 인성 모델을 좀 더 변별력 있게 반영할 수 있도록 보완하려고 하였고, 특히 사회적 민감성과 인내력 차원을 보완하였다. 그렇게 해서 탄생한 개정판이 TCI-R이다.

언급한 바와 같이, 독일의 유아/아동/청소년용 TCI의 개발연구가 미국보다 앞서 있었고 또한 전 연령대에 해당하는 버전들, 즉 TCI-RS, JTCI 12-18, JTCI 7-11, JTCI 3-6이 Cloninger와의 공동연구를 통해 독자적으로 개발되었으므로 국내에서는 개정판 단축형 성인용 TCI-RS는 미국의 버전을, 그리고 유아용, 아동용, 청소년용은 독일판을 표준화하였다.

한국판 TCI는 〈표 8-1〉이 보여 주듯이 만 3세 이상의 유아에서부터 아동, 청소년, 성인에 이르기까지 모든 연령대의 개인들에게 실시할 수 있는 검사군(TCI family)으로 구성되어 있다. 연령대에 따라 총 4개의 버전이 있는데, 이들 버전은 모두 동일한 개념과 명칭을 지닌 척도와 하위척도로 구성되었다.

● **표 8-1** 한국판 TCI 검사군의 구성

한국판 검사명	독일판 검사명	실시 대상	문항 수	실시방식
기질 및 성격검사-유아용	JTCI 3-6	취학 전 유아/아동	86	양육자 보고식
기질 및 성격검사-아동용	JTCI 7-11	초등학생	86	양육자 보고식
기질 및 성격검사-청소년용	JTCI 12-18	중학생, 고등학생	82	자기보고식
기질 및 성격검사-성인용	TCI-RS	대학생, 성인	140	자기보고식

출처: 민병배 외(2007).

3. 척도 구성과 내용

만 3세에서 성인까지 측정할 수 있는 TCI는 연령대별로 4개의 버전으로 나뉘어 있지만 모두 Cloninger의 심리생물학적 인성 모델의 성격구조의 동일 개념과 척도로 측정할 수 있도록 개발되었다. 따라서 모든 버전이 동일하게 4개의 기질척도와 3개의 성격척도를 포함한 총 7개의 상위척도로 구성되어 있다. 자극추구(NS), 위험회피(HA), 사회적 민감성(RD), 인내력(P) 척도의 4개 척도는 기질척도이며, 자율성(SD), 연대감(CO), 자기초월(ST) 척도의 3개 척도는 성격척도이다. 7개의 기질 및 성격 척도는 또한 각각 하위척도들을 포함하고 있다. 성인용 TCI-RS의 경우는 모두 29개, 유아용 JTCI 3-6은 19개, 아동용 JTCI 7-11은 27개, 청소년용 JTCI 12-18은 24개의 하위척도가 있다. 〈표 8-2〉는 TCI의 척도 및 하위척도 구성을 나타낸다.

TCI 검사군 매뉴얼은 성인용 TCI를 통해 척도들이 측정하는 내용과 높은 점수를 보이는 사람과 낮은 점수를 보이는 사람이 나타내는 특징을 제시한다. 성인용의 하위척도들이 유아용, 아동용, 청소년용의 하위척도들을 모두 포괄하고 있기 때문이다. 다만, 예외적으로 유아용과 아동용의 자기초월 하위척도들이 성인용과 다르기 때문에 이에 대해서는 추가 기술을 덧붙였다.

1) 자극추구

자극추구(Novelty Seeking) 척도는 우리 뇌구조의 행동조절 체계 중 행동 활성화 체계(Behavioral Activation System: BAS)와 관련된 척도이다. 새로운 자극이나 보상 단서 앞에서 행동이 활성화되거나 처벌과 단조로움을 적극적으로 회피하려는 유전적 성향에서의 개인차와 관련된다.

이 척도에서 점수가 높은 사람은 신기하고 진기한 것에 쉽게 이끌리며 빨리 흥분한다. 충동적이며 호기심이 많다. 반면, 지루하고 단조로운 것을 참기 힘들어한다. 새로운 자극에 대해 매우 열정적이지만 작은 실패에도 쉽게 좌절하며 분노한다. 일반적으로 돈이나 에너지를 절제하지 못하고, 감정 절제도 어려운 편이다. 규칙이나 규정에 매이는 것을 좋아하지 않는다. 이런 사람들의 장점은 새롭고 낯선 것일지라도 열정적으로 탐색하므로 숨어 있는 보상을 잘 발견한다는 점이다. 단점은 쉽게 화를 내며 욕구가 좌절될 때 쉽게 의욕을 상실하는 점이다. 따라서 대인관계에 있어서 변덕스럽거나 지속적인 노력이 부족할 수 있다.

반면, 이 척도에서 점수가 낮은 사람은 성미가 느리고 호기심이 적지만, 심사숙고하고 절제되어 있으며 단조로움을 잘 견디는 사람이다. 새로운 자극에 별 흥미가 없거나 오히려 저항적인 태도를 보이며 익숙한 것을 더 편하게 느낀다. 신중하게 생각하고 분석적이며 종종 한 가지 일에 뛰어난 집중력을 나타낸다. 근검절약을 하며 사치나 낭비를 즐기지 않고 쉽게 흥분하지 않으며, 따라서 화내기를 덜 한다. 분명한 규칙을 좋아하고 좌절을 잘 견딘다. 이들의 장점은 분석적이고 체계적이며 대인관계에서 신뢰적인 면이며, 단점은 호기심이 적으므로 비열정적이고 무관심적인 면이라고 할 수 있다.

하위척도로는 탐색적 흥분/관습적 안정성(Exploratory Excitability vs Stoic Rigidity: NS1), 충동성/심사숙고(Impulsiveness vs Reflection: NS2), 무절제/절제(Extravagance vs Reserve: NS3), 자유분방/질서정연(Disorderliness vs Regimentation: NS4)이 포함되어 있다.

표 8-2 TCI의 척도 및 하위척도 구성

구분	척도명	성인용 TCI-RS 하위척도명	문항 수	청소년용 JTCI 12-18 하위척도명	문항 수	아동용 JTCI 7-11 하위척도명	문항 수	유아용 JTCI 3-6 하위척도명	문항 수
기질척도	자극추구 (NS)	NS1: 탐색적 흥분/관습적 안정성	5	NS1: 탐색적 흥분/관습적 안정성	3	NS1: 탐색적 흥분/관습적 안정성	3	NS1: 탐색적 흥분/관습적 안정성	4
		NS2: 충동성/심사숙고	5	NS2: 충동성/심사숙고	4	NS2: 충동성/심사숙고	3	NS2: 충동성/심사숙고	3
		NS3: 무절제/절제	5	NS3: 무절제/절제	3	NS3: 무절제/절제	3	NS3: 무절제/절제	3
		NS4: 자유분방/질서정연	5	NS4: 자유분방/질서정연	4	NS4: 자유분방/질서정연	5	NS4: 자유분방/질서정연	6
	위험회피 (HA)	HA1: 예기불안/낙천성	6	HA1: 예기불안/낙천성	3	HA1: 예기불안/낙천성	3	HA1: 예기불안/낙천성	3
		HA2: 불확실성에 대한 두려움	5	HA2: 불확실성에 대한 두려움	3	HA2: 불확실성에 대한 두려움	5	HA2: 불확실성에 대한 두려움	5
		HA3: 낯선 사람에 대한 수줍음	5	HA3: 낯선 사람에 대한 수줍음	5	HA3: 낯선 사람에 대한 수줍음	4	HA3: 낯선 사람에 대한 수줍음	5
		HA4: 쉽게 지침/활기 넘침	5	HA4: 쉽게 지침/활기 넘침	2	HA4: 쉽게 지침/활기 넘침	3	HA4: 쉽게 지침/활기 넘침	3
	사회적민감성 (RD)	RD1: 정서적 감수성	5	RD1: 정서적 감수성	2	RD1: 정서적 감수성	3	RD1: 정서적 감수성	4
		RD2: 정서적 개방성	5	RD2: 정서적 개방성	5	RD2: 정서적 개방성	3	RD2: 친밀감/거리 두기	4
		RD3: 친밀감/거리 두기	5	RD3: 친밀감/거리 두기	2	RD3: 친밀감/거리 두기	3	RD3: 의존/독립	4
		RD4: 의존/독립	5			RD4: 의존/독립	3		
	인내력 (P)	P1: 근면	5	P: 인내력	8	P1: 근면	3	P1: 근면	7
		P2: 끈기	5			P2: 끈기	3	P2: 완벽주의 및 성취에 대한 야망	5
		P3: 성취에 대한 야망	5			P3: 성취에 대한 야망	3		
		P4: 완벽주의	5			P4: 완벽주의	3		
성격척도	자율성 (SD)	SD1: 책임감/책임전가	5	SD1: 책임감/책임전가	3	SD1: 책임감/책임전가	3	SD1: 목적의식	7
		SD2: 목적의식	5	SD2: 목적의식	3	SD2: 목적의식	3	SD2: 자기수용/자기불안	4
		SD3: 유능감/무능감	3	SD3: 유능감/무능감	4	SD3: 유능감/무능감	3		
		SD4: 자기수용/자기불만	2	SD4: 자기수용/자기불안	4	SD4: 자기수용/자기불안	3		
		SD5: 자기일치	5						
	연대감 (C)	C1: 타인수용	5	C1: 타인수용	3	C1: 타인수용	5	C1: 타인수용	4
		C2: 공감/둔감	4	C2: 공감/둔감	2	C2: 공감/둔감	4	C2: 공감/둔감	6
		C3: 이타성/이기성	4	C3: 이타성/이기성	3	C3: 이타성/이기성	4		
		C4: 관대함/복수심	4	C4: 관대함/복수심	3	C4: 관대함/복수심	4		
		C5: 공평/편파	5	C5: 공평/편파	3	C5: 공평/편파	5		
	자기초월 (ST)	ST1: 창조적 자기망각/자의식	6	ST1: 창조적 자기망각/자의식	2	ST1: 환상	5	ST1: 환상	7
		ST2: 우주만물과의 일체감	5	ST2: 우주만물과의 일체감	4	ST2: 영성	3	ST2: 영성	3
		ST3: 영성 수용/합리적 유물론	6	ST3: 영성 수용/합리적 유물론	4				
			140		82		86		86

2) 위험회피

위험회피(Harm Avoidance) 척도는 우리 뇌구조의 행동조절 체계 중 행동억제 체계(Behavioral Inhibition System: BAS)와 관련된 척도이다. 처벌이나 위험 단서 앞에서 수동적인 회피 성향으로 행동이 억제되거나 이전의 행동이 중단되는 유전적 성향에서의 개인차와 관련된다.

이 척도에서 점수가 높은 사람은 조심성이 많고 꼼꼼하며 겁이 많고 잘 긴장한다. 걱정과 근심이 많으며 부정적 사고가 많다. 익숙하지 않은 상황에 대한 두려움이 많고, 쉽게 위축되며 수줍어한다. 스트레스를 잘 받고 자주 피곤해하며 쉽게 지친다. 비판과 처벌에 민감한 경향을 보인다. 이런 사람들의 장점은 미리 근심하고 미리 세심한 대비를 하기 때문에 위험이 실제 현실이 될 때 사전에 계획과 준비가 되어 있어 큰 도움이 된다는 점이다. 단점은 위험이 현실적이지 않을 때에도 불필요한 근심과 걱정을 하는 점이다.

반면, 이 척도에서 점수가 낮은 사람은 타고난 낙천가이다. 걱정이 없고 과감하며 용기가 있다. 위험 상황 속에서도 침착하며 대부분의 사회적 상황에서 사교적이고 자신감이 있다. 에너지 수준이 높아서 타인에게 역동적이고 활달하며 정력적이라는 인상을 준다. 이들의 장점은 위험과 불확실성에 직면했을 때 침착하고 자신감이 있으며 낙관적이어서 별 고통 없이 정력적인 노력을 기울일 수 있는 점이며 단점은 무모한 낙관주의로 인해 위험에 둔감한 점이다.

하위척도로는 예기불안/낙천성(Anticipatory Worry & Pessimism vs Uninhibited Optimism: HA1), 불확실성에 대한 두려움(Fear of Uncertainty: HA2), 낯선 사람에 대한 수줍음(Shyness with Stranger: HA3), 쉽게 지침/활기 넘침(Fatigability vs Vigor: HA4)이 있다.

3) 사회적 민감성

사회적 민감성(Reward Dependence) 척도는 우리 뇌구조의 행동조절 체계 중 행동유지 체계(Behavioral Maintenance System: BMS)에 관련되며 행동 특성 중 사회적 보상 신호에 민감하게 반응하는 유전적인 경향성을 측정한다.

이 척도에서 점수가 높은 사람은 사회적 보상 단서(타인의 칭찬, 찡그림 등) 및 타인의 감정(기쁨, 슬픔, 분노, 고통 등)에 민감하다. 따라서 감수성이 풍부하고 타인에게 공감적이다. 타인의 고통에 대해 마음이 깊이 움직이고 자신의 감정을 잘 표현한다. 마음이 여리고 애정이 많으며 따뜻한 사람으로 불린다. 타인에게 의존적이고 헌신적이며 사회적 접촉을 좋아하고 다른 사람과의 교류에 열려 있다. 이들의 장점은 사회적 보상 신호와 타인의 감정에 민감하기 때문에 따뜻한 사회적 관계를 쉽게 형성하고 타인의 정서를 잘 이해한다는 점이다. 단점은 타인에 의해서 자신의 견해와 감정이 쉽게 영향을 받기 때문에 객관성을 상실하는 경우가 많다는 점이다.

이 척도에서 점수가 낮은 사람은 타인의 감정에 둔감한 편이다. 따라서 무관심하고 냉정한 사람으로 기술된다. 혼자 있는 것에 만족하고, 타인에게 자신의 감정을 잘 드러내지 않는다. 타인과 거리를 유지하는 것을 더 편하게 느끼고, 타인으로부터 딱히 협조나 보호를 원하지도 않는다. 사회적 압력이나 비판에 대해서도 둔감하기 때문에 타인의 영향을 덜 받는다.

이들의 장점은 감성적 호소로부터 독립성을 유지할 수 있기 때문에 현실을 이탈하지 않고 객관적이고 실용적인 견해를 유지할 수 있다는 점이다. 단점은 사회적 분리 성향으로 인하여 자신에게 유익한 사회적 친분을 맺는 데 어려우며 타인의 감정과 의견을 제대로 이해하지 못하고 자기중심적인 견해를 취할 수 있다는 점이다.

하위척도로는 정서적 감수성(Sentimentality: RD1), 정서적 개방성(Openness to Warm Communication: RD2), 친밀감/거리 두기(Attachment vs Detachment: RD3), 의존/독립 (Dependence vs Independence: RD4)이 있다.

4) 인내력

인내력은 사회적 민감성과 마찬가지로 우리 뇌구조의 행동조절 체계 중 행동유지 체계 (BMS)에 관련되는 유전적 성향이다. 행동 특성으로서는 사회적 민감성이 사회적 관계에서의 지속성 성향으로 나타나는 반면 인내력은 지속적인 강화가 없더라도 한 번 보상된 행동을 일정한 시간 동안 꾸준히 지속하려는 성향으로 나타난다.

인내력(Persistence) 척도에서 점수가 높은 사람은 근면하고 끈기가 있고 좌절과 피로에도 불구하고 열심히 일하며 꾸준히 노력하는 경향을 보인다. 이들은 보상이 기대될 때 한층 더 노력을 기울이며 난관에 부딪히게 되면 오히려 더 열심히 일하는 경향이 있다. 그래서 좌절과 피곤을 개인적인 도전으로 받아들이며 쉽게 포기하거나 단념하지 않는다. 성공을 위해서 큰 희생도 감수할 의지가 있는 성취 지향적인 야심가들이다. 문제 해결에 필요한 것 이상으로 자신을 몰아붙이는 완벽주의자요, 일 중독자이기도 하다. 이들의 높은 인내력은 보상이 항상 주어지지는 않지만 그 보상 확률이 일정하게 안정적일 때는 적응적인 행동 책략이 될 수 있다. 그러나 보상이 우연적으로 주어지거나 빠르게 변하는 상황에서는 높은 인내력은 부적응적일 수 있다.

이 척도에서 낮은 점수를 받는 사람은 보상이 안정적으로 기대되는 상황에서도 게으르고 비활동적이며 일관성과 끈기가 부족하고 노력을 많이 하지 않는다. 이들은 꼭 해야 하는 일만을 하고, 어렵지 않은 일에서도 시작이 더디며, 또한 좌절이나 비판, 피곤, 장애물에 부딪히면 쉽게 포기한다. 자신이 현재 성취한 것에 만족을 느끼며, 더 큰 성취 혹은 더 나은 개선을 위해서 부가적인 노력을 기울이지 않는다. 이들은 항상 타협할 준비가 되어 있는 실용주의자들이다. 따라서 낮은 인내력은 빠르게 또는 자주 변하는 상황에서는 적응적일 수 있지만, 잘 변하지 않는 상황에서 보상이 자주 있지는 않아도 결국 장시간 후에는 주어지는 상황에서는 부적응적이라고 할 수 있다.

하위척도로는 근면(Eagerness of Effort: P1), 끈기(Work Hardened: P2), 성취에 대한 야망(Ambition: P3), 완벽주의(Perfectionism: P4)가 있다.

5) 자율성

자율성(Self-Directedness) 척도는 개인이 자신을 얼마나 자율적인 자아로서 이해하는가와 관련된 성격척도이다.

자율성은 자기결정력과 의지력의 두 가지 기본 개념에 기초하는 특성으로서 자신이 '선택한' 목표와 가치를 이루기 위하여(자기결정력) 자신의 행동을 상황에 맞게 통제, 조절 및 적응시키는 능력(의지력)이라고 정의할 수 있다. 따라서 이 척도에서 점수가 높은 사람은 성숙하고 강하며 자족적이고 책임감 있고 믿을 만한 사람으로 기술된다. 이들은 목표 지향적이고 건설적이며 자존감이 높고 자신을 신뢰한다. 이들은 자신이 선택한 목표에 맞게 자신의 행동을 조절할 수 있는 능력을 지니고 있다. 권위 있는 타인으로부터 자신의 목표나 가치에 반하는 지시를 받을 때, 그들의 명령에 무조건 따르기보다는 이에 도전하기 때문에 때로 다루기 힘든 반항아로 비칠 수도 있다.

이 척도에서 점수가 낮은 사람은 미성숙하고 약하며 상처받기 쉽고 불평불만이 많으며 남을 원망하거나 비난하는 경향이 크다. 이들은 비효율적이고 책임감이 부족하고 신뢰하기 힘든 사람으로 기술된다. 내적으로 조직화된 원칙이 부족해서 의미 있는 목표를 설정하고 추구하는데 어려움이 있다. 장기적으로 지속될 수 있는 개인적 의미와 자기실현에 이르지 못하고, 사소하고 단기적이며 때로는 상호 배타적인 다양한 동기에 따라 행동하는 경향이 있다.

하위척도로는 책임감/책임전가(Responsibility vs Blaming: SD1), 목적의식(Purposefulness vs Lack of Goal Direction: SD2), 유능감/무능감(Resourcefulness vs Inertia: SD3), 자기수용/자기불만(Self-Acceptance vs Self-Striving: SD4), 자기일치(Self-Congruence or Congruent Second Nature: SD5)가 있다.

6) 연대감

연대감(Cooperativeness) 척도는 개인이 자신을 얼마나 사회의 한 일부로서 이해하는가와 관련된 성격척도로서 타인에 대한 수용능력 및 타인과의 동일시 능력에서의 개인차를 측정한다.

이 척도에서 점수가 높은 사람은 타인에게 관대하고 친절하며 협조적이다. 자기와 비슷하지 않은 다른 사람도 인정할 줄 알며, 공정하고 도덕적 원칙이 분명하다. 자신의 지식과 능력을 남에게 잘 베풀어 주며 남에게 봉사하는 것을 즐거워한다. 이들은 자신의 욕구나 선호만큼이나 타인의 욕구나 선호를 이해하고 존중한다. 이 척도에서 점수가 낮은 사람은 타인에게 관대하지 않으며 비판적이고 비협조적이며 기회주의적이다. 이들은 우선적으로 자신의 이익을 구하며, 다른 사람의 권리나 감정에 대한 배려가 적고 의심이 많은 편이다. 특히 자기와 다른 가치관과 목적을 가진 사람에 대해서 인내심이 적다. 낮은 연대감은 혼자 독자적으로 행동하는 것을 선호하는 사람들이 보이는 특징이기도 하지만, 이러한 특성은 또래들이나 동료들과의 사회적 관계를 이루는 데에는 장애가 된다.

하위척도로는 타인수용(Social Acceptance vs Social Intolerance: C1), 공감/둔감(Empathy vs Social Disinterest: C2), 이타성/이기성(Helpfulness vs Unhelpfulness: C3), 관대함/복수심(Compassion vs Revengefulness: C4), 공평/편파(Pure Hearted Principles vs Self-Serving Advantage: C5)가 있다.

7) 자기초월

자기초월(Self-Transcendence) 척도는 개인이 자신을 얼마나 우주의 한 일부로서 이해하는가와 관련된 성격척도로서 우주만물과 자연을 수용하고 동일시하며 이들과 일체감을 느끼는 능력에서의 개인차를 측정한다.

이 척도에서 높은 점수를 얻은 사람은 정서적으로 집중되어 있을 때 자기와 시공간을 잊고 몰입할 수 있으며 창조적이고 독창적이 될 수 있다. 꾸밈이 없고 마음에 충만감이 있으며, 참을성이 있고 사심이 없는 사람이다. 이들은 모호함과 불확실성을 잘 견디며, 따라서 결과를 모르고도 이를 통제하기 위한 불안 없이 자신이 하는 활동의 대부분을 충분히 즐길 수 있다. 자신이 최선을 다했는데도 실패했을 때 이를 기꺼이 받아들이고 자신의 성공뿐 아니라 실패에 대해서도 감사할 줄 아는 겸손한 사람으로 나타난다. 자기초월이 높은 사람들은 자신과 자연 및 우주와 강한 관계를 느끼며 세상을 개선하고 싶어 하는 이상주의자이다(전쟁, 기아, 불평등에 대한 개인적 희생을 감수할 준비가 되어 있다). 서양에서는 때로 이런 사람들의 순진한 마술적 사고와 주관적 이상주의를 물질적 부와 힘의 획득에 방해가 되는 것으로 간주하고, 그것이 유리한 성격적 특성이 아니라고 비판하기도 한다. 그러나 이러한 특성은 인간이 피할 수 없는 고통이나 죽음에 직면했을 때는 큰 적응적 장점을 지닌다.

이 척도에서 점수가 낮은 사람은 자의식이 강하고 현실적이며 세속적이고 상상력이 적어 건조하다. 유물론적이며 마음의 충만한 느낌이 부족하고 예술에 드물게 감화된다. 이들은 모호함이나 불확실함, 경이로움 등을 잘 견디지 못하며 자신이 하는 일의 모든 것을 통제하려고 애

쓴다. 인류의 운명과 세계에 대해 책임감을 갖지 않고 별 관계를 느끼지 않는 개인주의자이다. 그러나 서양에서는 이들을 합리적이고 과학적인 객관성을 추구하며 물질적 성공을 이룬 사람 이라고 기술하기도 한다.

하위척도로는 창조적 자기망각/자의식(Creative Self-Forgetfulness vs Self-Consciousness: ST1), 우주만물과의 일체감(Transpersonal Identification: ST2), 영성 수용/합리적 유물론(Spiritual Acceptance vs Rational Materialism: ST3)이 있다.

자기초월 척도에서는 유아용과 아동용에 한해서 하위척도 명칭이 다르게 사용된다. 그렇다 고 척도의 전체적인 내용이 달라지는 것은 아니며, 다만 유아와 아동의 경우 자기초월 영역이 청소년과 성인의 경우보다 발달적으로 덜 분화되었기 때문에, 유아와 아동의 발달적 특성에 맞게 하위척도를 재구성한 것이다. 유아용과 아동용의 하위척도에는 환상(Fantasy: ST1)과 영성 (Spirituality: : ST2)이 있다.

4. 검사의 신뢰도

TCI의 신뢰도는 Cronbach의 내적 합치도와 재검사 신뢰도로 제시되고 있다. 성인용 TCI-RS의 7개 척도의 내적 합치도는 일반 성인집단의 경우 .77~.88의 범위를 보이고 있고 대학생 집단의 경우 그보다 조금 높은 .83~.90의 범위를 보이고 있어 양호한 것으로 나타난다. 대학 생 집단을 통해 본 재검사 신뢰도는 .76~.90으로 이 또한 양호한 것으로 나타나고 있다. 청소 년용의 경우 척도별 내적 합치도는 .65~.82, 재검사 신뢰도는 .81~.95, 아동용의 경우에는 내 적 합치도는 .74~.82, 재검사 신뢰도는 .59~.78 , 유아용의 경우는 내적 합치도는 .75~.87, 재검사 신뢰도는 .75~.89 범위를 나타내어 TCI 검사군의 모든 버전에서 신뢰도는 양호한 것 으로 나타난다(민병배 외, 2007 참조).

5. 실시 및 채점

TCI의 실시 및 채점 방법은 유아용, 아동용, 청소년용 그리고 성인용에서 모두 동일하다. 기 본적으로 TCI의 모든 버전은 동일한 성격 및 기질 구조를 나타낸다. 따라서 모든 버전이 3개의 성격척도와 4개의 기질척도로 구성되어 있고 유아용과 아동용에서만 소척도 차원에서 차이가 있지만 이 또한 발달상 분화가 덜 된 기질 및 성격 차원을 나타낼 뿐이며 상위척도상의 내용은 다르지 않다. 따라서 모든 척도에서 동일한 실시, 채점 및 해석 기준을 갖는다. 다만, 검사 실시에서 유아용과 아동용은 양육자가 보고하는 형식이며 청소년용과 성인용은 자기보고 형식인 것이 다른 점이다.

검사의 실시 및 검사 결과를 읽고 해석하는 일은, ① TCI 검사 실시 자격이 있는 검사자나, ② 자격을 부여받게 되는 검사자가 할 수 있다. 먼저, TCI 검사 실시 자격이 있는 사람은 한국 심리학회 공인 임상심리 전문가, 상담심리 전문가, 발달심리 전문가, 정신과 전문의로 규정되어 있다. 이렇게 TCI를 사용할 권한을 가진 사람들 또한 그것을 보다 구체적으로 이해하고 사용하고자 할 때에는 TCI 보급기관의 워크숍에 참여하는 것이 권장된다. 다음, TCI의 자격을 부여받게 되는 사람은 정신건강 서비스 관련학과 대학원생 이상, 정신건강 서비스 관련 각종 자격증 소지자, 초·중·고등학교 상담교사, 정신과 전공의로서 TCI 보급기관에서 실시하는 워크숍에 참여함으로써 자격을 얻게 된다.

검사 전 준비물은 연필, 볼펜과 같이 약간 눌러 쓸 수 있는 필기구가 전부이다. 검사는 개별검사와 집단검사가 모두 가능하다. 수검자는 간단한 안내문을 직접 읽고 문항지에 답하면 된다.

TCI의 모든 검사의 채점은 검사자가 수검자의 답안지에 표기된 응답을 TCI 홈페이지에 온라인으로 입력함으로써 온라인상에서 자동으로 이루어진다. 답안지 입력과 채점 그리고 검사 결과 출력까지 소요되는 시간은 대략 3분에서 5분 사이이다.

검사 결과지에는 〈표 8-3〉이 보여 주듯이 먼저 4개의 상위 기질척도와 3개의 상위 성격척도에 대한 원점수, T점수, 백분위 및 백분위점수 막대그래프로 구성된 (J)TCI 프로파일이 제시된다. 아울러 종류별로 모든 TCI에서 하위척도에 대해서 원점수, 규준집단의 평균, 규준집단의 표준편차가 제시된다.

하지만 통계적 정보와 기질 및 성격 프로파일이 그래프로 제시될 뿐 설명이 첨부되지 않으므로 검사 결과를 읽고 해석하는 일은 TCI 보급기관에서 실시하는 워크숍을 통해서 기술을 익히는 것이 권장된다.

● 표 8-3 TCI의 검사 결과

검사번호	11346
이름	김 ○○
성별/연령	여자/만 45세
학교/직업	
검사자	오현숙
규준집단	일반 성인
검사일	2007년 11월 7일

TCI-RS 프로파일

TCIRS	척도	원점수	T점수	백분위	백분위 점수 막대 그래프		
기질	자극추구(NS)	14	36	6.2	6 ▓▓▓ NS		
	위험회피(HA)	44	59	79.36	HA ▓▓▓▓ 79		
	사회적 미감성(RD)	48	59	74.1	RD ▓▓▓ 74		
	인내력(P)	30	37	7.7	8 ▓▓▓ P		
성격	자율성(SD)	49	51	52.4	SD ▌52		
	연대감(C)	66	61	86.4	C ▓▓▓▓ 86		
	자기초월(ST)	24	48	44.3	44 � ST		
자율성+연대감		115	57	75.9			

TCI-RS 하위척도

척도	하위척도	하위척도명	원점수	규준집단의 평균	규준집단의 표준편차
자극추구 (Novelty Seeking: NS)	NS1	탐색적 흥분/관습적 안정성	7	9.5	3.2
	NS2	충동성/심사숙고	4	7.0	3.3
	NS3	무절제/절제	2	6.0	3.2
	NS4	자유분방/절서정연	1	5.2	3.2
위험회피 (Harm Avoidance: HA)	HA1	예기불안/낙천성	8	7.8	4.1
	HA2	불확실성에 대한 두려움	13	9.9	3.0
	HA3	낯선 사람에 대한 수줍음	15	8.7	3.6
	HA4	쉽게 지침/활기 넘침	8	8.7	3.4
사회적 민감성 (Reward Dependence: RD)	RD1	정서적 감수성	13	11.1	2.9
	RD2	정서적 개방성	11	10.5	3.0
	RD3	친밀감/거리 두기	13	11.6	3.3
	RD4	의존/독립	11	9.4	2.6
인내력 (Persistence: P)	P1	근면	10	12.7	3.0
	P2	끈기	6	10.7	3.0
	P3	성취에 대한 야망	6	10.4	3.7
	P4	완벽주의	8	9.9	3.5
자율성 (Self-Directedness: SD)	SD1	책임감/책임 전가	11	12.7	2.9
	SD2	목적의식	16	11.6	3.1
	SD3	유능감/무능감	5	6.8	1.6
	SD4	자기수용/자기불만	5	4.2	1.7
	SD5	자기일치	12	12.5	3.2

연대감 (Cooperativeness: C)	C1	타인 수용	14	12.6	2.8
	C2	공감/둔감	12	9.6	2.5
	C3	이타성/이기성	11	9.9	2.5
	C4	관대함/복수심	12	8.9	2.6
	C5	공평/편파	17	15.1	2.5
자기초월 (Self- Transcendence: ST)	ST1	창조적 자기망각/자아식	12	9.1	4.0
	ST2	우주 만물과의 일체감	8	7.04	4.1
	ST3	영성 수용/합리적 유물론	4	9.2	5.4

6. 검사 결과 읽기

앞에서 설명하였듯이 연령대별 TCI의 모든 버전은 동일한 성격구조로 구성되어 있어 검사 결과가 서로 호환될 수 있다. 실제적으로 모든 버전에서 표준점수와 백분율을 통해 검사 결과를 읽는 방법은 동일하다.

여기서 소개되는 검사 결과 읽기는 검사자에게 검사 해석 전에 한눈에 검사 결과를 이해하기 위한 기준을 제안하기 위한 것이다. 그런데 이 수준에서 해석을 마치는 것은 바람직하지 않으며 이어지는 해석 절을 통하여 해석방법을 숙지하는 것이 강조된다. 검사 결과를 읽고 해석하는 순서는 해석 절에서 다시 설명한다. 다음과 같이 검사 결과를 한눈에 읽고 결과를 통합하기 위해서는 검사자는 TCI의 7개 상위척도별 특성을 특성이 높을 때와 낮을 때로 구분하여 숙지(암기)하는 것이 도움이 된다.

1) 성격척도

(1) 자율성 및 연대감 성격 특성: T점수 40/45 이상(백분위 30/50 이상)의 여부 확인

TCI의 성격(Character)척도는 성격의 특성을 알려 줄 뿐만 아니라 성격의 성숙도를 알 수 있게 한다. 곧, TCI의 자율성 및 연대감 성격척도는 성격의 성숙도 및 성격장애에 관한 진단적 기능을 한다. 따라서 검사 결과를 확인하는 검사자는 우선적으로 성격의 성숙도를 진단하도록 제안할 수 있다. 먼저 자율성과 연대감이 각각의 상위척도에서 T점수 40 또는 45를 넘는지 확인한다. T점수 40 이하는 백분율로는 대략 하위 16.5%(규준집단의 하위 1/6선)까지 해당되면서 성격장애 및 기타 심리적 장애의 위험 가능성이 큰 집단이라 할 수 있다. T점수 45 미만은 대략 백분율 33%(규준집단의 하위 1/3선; 국내 TCI 매뉴얼에서는 백분위점수 30으로 제시)를 포함하면서

이 경우도 성격의 성숙도가 상당히 낮은 경우이며 여기에 속한 사람은 전부는 아니지만 상당수(약 절반 정도) 성격장애 및 심리적 장애의 위험 부담이 있다고 보인다.

자율성과 연대감의 원점수의 합산점수(TCI 결과지에 SC로 표기)가 백분위점수 30점 미만인 경우도 TCI 매뉴얼에서는 적응상의 어려움을 보이고 미성숙한 성격으로 설명된다.

TCI에서는 (TCI의 모든 버전에서 마찬가지) 자율성과 연대감의 두 척도에서 모두 T점수 45를 넘었을 때 성격이 동년배에 상응하게 성숙했다고 진단한다.

(2) 자기초월의 성격 특성 확인

자기초월 성격 특성은 자율성과 연대감 특성과 함께 지속적으로 발달할 수 있는 성격 특성이지만 자기초월 척도는 다른 두 척도와는 달리 성격의 성숙도를 진단하지는 않는다. 다만, 자율성과 연대감이 얼마나 성숙했느냐에 따라 특정한 의미를 갖는다.

자율성과 연대감이 높을 경우에 성숙한 성격(두 척도 모두에서 T50 이상)으로 평가하며 이 경우 자기초월이 T50 이상이면(백분위가 대략 50 이상) 창의적이고 이상주의적인 성격에 속하고 그 이하일 경우는 현실적이고 경험과학적인 사고를 신뢰하는 관습적인 성격이 강함을 반영한다.

T-40/45를 기준으로 자율성과 연대감이 낮으면서 자기초월이 매우 높을 경우(예: T-55 이상)에는 피암시성과 자기투사가 큰 성향을 말한다. 이 경우는 비조직적이고 정신분열형 성격장애를 나타낼 가능성이 크다.

이상의 내용을 종합해 보면, 자율성, 연대감, 자기초월에서 모두 점수가 높은 경우(T>45, 이상적으로는 T>50 이상, 백분위 30 또는 50 이상)는 이상주의적인 성격이고 자율성, 연대감 두 척도에서는 점수가 높으나 자기초월에서만 점수가 낮은 경우(T<45 백분위 30)는 관습적이고 현실적이며 보수적인 성향이다. 그러나 두 성격 유형 모두 성숙한 성격 유형이다.

반대로 자율성, 연대감의 두 척도에서 또는 자율성, 연대감, 자기초월의 세 척도에서 모두 T<45(백분위 30)로 점수가 낮은 경우는 성격적인 성숙도가 떨어짐을 의미하며, 특히 T<40(백분위 15)으로 점수가 극도로 낮은 경우는 성격적 미성숙을 의미하며 인성장애(전통적 의미의 성격장애)의 가능성이 크다는 것을 시사한다(다른 검사 자료와 통합하여 인성/성격장애로 진단할 수 있다). 이렇게 성격적 미성숙으로 평가될 경우 해당 수검자가 어떤 유형의 성격장애를 나타내는지는 그의 기질 유형을 살펴보면 된다. 예를 들어, 그가 8개의 기질 유형 중 반사회성 기질 유형을 나타내면 그의 성격장애는 반사회성 성격장애로, 수동-공격성 기질을 나타내면 수동-공격성 성격장애로 평가할 수 있다(민병배, 오현숙, 이주영, 2007; Cloninger et al., 1994, pp. 357-361 참조).

(3) 자율성, 연대감, 자기초월의 척도별 성격 특성 확인

7개의 각 상위척도에서 T=45를 기준으로 이 점수 이상일 경우는 특성이 강한 사람의 특징 (앞의 척도 내용 참조)을, 이 점수 미만일 경우는 특성이 약한 사람의 특징을 확인한다. 특성의 양적인 차이는 백분율을 참조한다.

(4) 소척도별 성격 특성 확인

TCI 검사 결과지에는 소척도별 검사 결과로서 수검자의 원점수 및 표본집단의 평균과 1 표준편차가 제시되어 있다. 따라서 (3) 자율성, 연대감, 자기초월의 척도별 성격 특성 확인에서의 상위척도별 성격 특성에 부가해서 좀 더 상세한 특징을 알아야 할 필요가 있을 때에는 수검자의 원점수가 표본집단의 1 표준편차 안에 포함되는지 아닌지와 아울러 평균을 중심으로 높은 특성 또는 낮은 특성으로 포함되는지를 구분하여 살펴볼 수 있다. 주지하듯이, 1 표준편차 안에는 전체 표본의 대략 68.2%가 포함됨을 참고한다.

(5) T점수 45와 55(백분위 30과 70)를 기준으로 각 성격 차원을 3분 분할하여 나눈 27개의 성격 유형

성격 유형의 분류는 3개의 각 성격 차원의 점수대를 '높음, 중간, 낮음'으로 3등분하여 3×3 ×3의 차원으로 나누어 총 27개의 유형이 된다. 총 3개의 상위 성격척도별로 성격 특성을 이해한 다음 필요한 경우에는 TCI 매뉴얼(민병배, 오현숙, 이주영, 2007, p. 87)을 이용하여 총 27개의 하위 성격 유형 중 해당되는 성격 유형을 찾아 확인한다.

2) 기질척도

(1) 기질적 특성에 관한 기본 이해

모든 기질적 특성에는 장점과 단점이 함께 내재한다. 특성이 강하면 장점도 강하고 단점도 강하다. 무조건적으로 좋은 기질은 존재하지 않는다. 다만 까다로운 기질(개성이 강한 기질)과 순한 기질로 분리될 수 있다. 다음과 같이 까다로운 기질(개성이 강한 기질)은 장점도 강하고 단점도 강하다. 순한 기질은 흔히 개성이 강하지 않다고 말할 수 있는 경우이나 환경과의 마찰이나 갈등이 일어날 소지가 비교적 적어 성격 발달에 유리하다. 기질적 특성은 성격의 중재에 의해 조절된다. 곧, 성격이 잘 발달하면 할수록 기질적 특성은 성격에 의해 잘 조절되어 표현될 수 있다.

(2) 까다로운 기질(개성이 강한 기질): T<40/45 또는 T>55/60

T점수 40(백분위 15) 미만은 '까다로운 기질'로서 장점도 강하고 단점도 강하다. 성격 발달이 잘 이루어진 경우라면 기질적 특성이 잘 조절되어 표현되므로 이런 사람은 개성이 강하고 매력 있는 사람이라 할 수 있으나, 그렇지 않은 경우에는 주변 사람들과 갈등과 마찰이 빈번할 수 있다. T점수 45(백분위 30) 미만은 '비교적 개성이 강한 기질'에 속한다.

T점수 60(백분위 85 이상) 이상은 장점도 강하고 단점도 강한 까다로운 기질 또는 개성이 강한 기질이다. 앞서 설명한 바와 같이 환경과의 마찰과 갈등이 비교적 클 수 있으나 환경의 인내와 이해를 통해 좋은 성격이 발달하면 기질은 성격의 중재로 잘 조절되고 개성이 강하고 매력 있는 인성이 될 수 있다. T점수 55(백분위 70) 이상은 '비교적 개성이 강한 기질'이라 할 수 있다.

(3) 순한 기질: T점수 45 이상 55 미만(백분위 30 이상 70 미만)

이 경우는 요구가 까다롭지 않으며 주변의 요구에도 민감한 반응을 하지 않으므로 성격 발달에 유리하다. 따라서 개성은 강하지 않으나 성격 발달에 유리한 조건을 갖고 있다고 말할 수 있다.

(4) T점수 50(백분위 50) 기준

T점수 50은 기질 유형의 분류를 위한 기준선이 될 경우가 있다.

TCI가 측정하는 세 개의 기질 차원, 즉 자극추구, 위험회피 그리고 사회적 민감성은 상호작용하여 개인의 특정 기질 유형을 만들어 낸다. 다음 절에서 설명하는 바와 같이 원래 한국판 TCI에서는 27개의 기질 유형 구분을 제안하고 있다. 이때의 기질 유형의 분류는 3개의 각 기질 차원의 점수대를 '높음, 중간, 낮음'으로 3등분하여 3×3×3을 함으로써 총 27개의 유형이 된다.

그런데 임상가의 경우에는 전통적인 성격장애 또는 DSM 체계에 상응하는 성격장애를 진단하거나 이해하기 위해서 각 기질 차원을 T점수 50(백분위 50)에서 양분하여 2×2×2=8개의 기질 유형으로 구분하여 보는 것이 유리하다. 이때 반사회성, 연극성, 수동-공격성, 경계선, 강박성, 분열성, 순환성 및 수동-의존성의 여덟 가지 성격장애와의 관련성을 쉽게 가정할 수 있다. 성격장애는 기질이 아닌 성격의 미성숙에 의해서 발생하는 것이지만, 성격이 미성숙한 경우 나타나는 성격장애의 유형은 바로 개인의 기질 유형과 동일한 것이다.

예를 들어, 반사회성 기질(꼼꼼한 기질) 유형을 가졌다고 성격장애가 되는 것은 아니다. 다만 반사회성 기질 유형의 사람 중에 성격 발달의 실패로 말미암아 성격장애를 갖게 된 경우, 그들이 나타내는 성격장애는 바로 전통적 의미의 반사회성 성격장애라고 할 수 있다(민병배 외, 2007; Cloninger et al., 1994).

● 표 8-4 전통적 성격장애와 관련된 TCI의 기질 유형

성격장애	자극추구	위험회피	사회적 민감성
반사회성	높다	낮다	낮다
연기성	높다	낮다	높다
수동-공격성	높다	높다	높다
경계선	높다	높다	낮다
강박성	낮다	높다	낮다
정신분열성	낮다	낮다	낮다
순환성	낮다	낮다	높다
수동-의존성	낮다	높다	높다

(5) T점수 45 및 T점수 55 기준선과 27개의 기질 유형

한국판 TCI가 제안하는 것처럼 개인에게 해당되는 27개의 기질 유형 중 하나를 확인하여 자극추구, 위험회피, 사회적 민감성의 세 기질 차원이 상호작용하여 만들어 내는 개인 특유의 기질적 특성을 이해할 수 있다. 27개의 기질 유형의 분류는 3개의 각 기질 차원의 점수대를 T=45 및 T=55(백분위 30 및 70)를 기준으로 '높음, 중간, 낮음'으로 3등분하고 3×3×3을 한 것이다.

통원환자와 입원환자에의 적용(점수 변화)

임상적으로 심각한 우울 및 불안의 정서 변화는 TCI 척도 중에서 특별히 위험회피 기질 성향에 영향을 미친다. Brown 등 (1992)의 연구에 의하면 우울증과 위험회피 기질척도와는 통원치료 환자의 경우 유의한(증상 호전 전후 R=.32, P<.05. 즉 약 10% 정도) 관계가 있다. Cloninger 등 (1994)에 의하면 임상적으로 심각한 정서 변화는 위험회피 기질척도와 자율성 및 연대감 성격척도에 영향을 미친다. 즉, 치료 경과가 좋아서 증상이 나아진 입원환자의 경우 (6개월 뒤 조사 결과) 평균 약 25% 정도(R=.52, P<.001) 위험회피 성향이 낮아졌고 유사한 비율로 자율성과 연대감 성향이 높아졌다(원점수 각 2점 정도 차이). 비교집단인 건강한 사람에게서는 같은 기간 의미 있는 차이가 전혀 또는 거의 없었다. 따라서 '정서'와 관련된 입원환자의 경우에는 증상의 변화에 따른 점수 변화를 주시하는 것이 바람직하며 그것을 해석에 참조하는 것이 좋을 것이다.

7. 해석

해석의 순서는 검사자가 검사를 통해서 어떤 답변을 하고자 하는지 검사의 목적에 따라 달라질 수 있다. TCI 매뉴얼에 따르면, ① 개별척도의 해석, ② 기질 유형(temperament type)의 해석, ③ 성격척도와 기질 유형의 연계 해석, ④ 성격 유형(character type)의 해석 순으로 해석할 수 있다(민병배, 오현숙, 이주영, 2007).

만약 검사자가 성격장애 여부를 평가하기 위한 목적이라면, 또는 예방심리학적 차원에서 성격 발달을 예측하기 위한 것이거나 혹은 검사 결과를 치료적 처방으로 사용하고자 하는 것과 같은 특정한 목적을 가진 경우라면 다음과 같은 순서로도 해석할 수 있다.

1) 성격의 특성과 성숙도

TCI에서 성격은 원어로는 character이다. 이것은 기질(temperament)과 함께 인성(personality)을 이루는 두 개의 큰 영역 중 하나이다. 성격은 기질이 환경과 상호작용하면서 형성되는 것으로 일생 동안 지속적으로 발달하는 것으로 가정된다. 물론 최근의 연구에 의하면 성격에도 유전적 몫이 포함되어 있다(Monasterio et al., 2016). 성격은 개인이 체험하는 것에 대한 해석 또는 통찰과 관계되는 것으로서 이러한 해석은 곧 개인이 지향하는 목표와 가치의 영향을 받으면서 '자기개념'의 발달과 연관된다. 성격의 발달은 곧 자기발달, 자기성숙, 자아통합의 길이다. 따라서 성격이 발달한다는 것은 자신을 잘 이해하고 잘 수용하며 더 이상적인 자기상으로 발전하고자 하는 것이다. 이러한 사람은 자신의 타고난, 그래서 자동적으로 일어나는 정서적 반응 성향인 기질적 속성을 잘 이해함으로써 기질로부터 훨씬 자유로워지고(즉, 그것을 잘 조절할 수 있고) 점차 자신의 가치관에 따른 선택적 행동을 더 잘 발달시킬 수 있다. 기질은 성격의 중재를 통해서 발현되기 때문이다.

반면, 성격이 미숙한 사람은 자동적으로 일어나는 자신의 정서 반응을 수용하지 못하고 그것을 회피하거나 통제하려고 시도하면서 '정서 조절의 실패'를 초래하게 된다. 다양한 정신병리와 부적응은 사실 정서 조절의 실패로 요약된다(Linehan, 1993: 민병배 외, 2007 재인용)고 볼 때, 성격 발달이 기질적 특성에 미치는 조절적 영향의 중요성을 이해할 수 있다. 따라서 성격의 성숙도를 측정하는 것은 예방심리, 건강심리 차원에서 성격 발달을 예측하고 조언하기 위해 매우 중요하고, 아울러 성격장애를 진단하기 위해서도 매우 중요하다.

이러한 점에서 이 단계에서의 해석방법은 먼저 자율성, 연대감, 자기초월의 각 척도 점수의 의미를 앞의 '검사 결과 읽기' 절에서 제시한 기준을 중심으로 해석하는 일이다. 이때 척도별 성격의 특성은 앞의 척도 내용을 참조한다.

다음에는 앞 절에서 소개한 대로 T점수 40/45(백분위 15/30)를 중심으로 자율성과 연대감의 척도별 성숙도를 평가한다. 그리고 성숙한 성격일 경우, 자기초월과의 조합을 통해서 앞 절에서 소개한 바대로 이상주의적인 성격인지 또는 관습적인 성격인지 확인한다. 자기초월과의 조합 속에서 좀 더 상세하게 해석하고자 할 때는 27개 성격 유형 중 어디에 해당하는지 TCI 매뉴얼에서 확인한다.

2) 기질 차원의 장점과 취약점 알기

'검사 결과읽기' 절에서 제시한 것처럼 모든 기질척도상에 나타나는 특성을 살펴보면 어느 기질적 특성에나 장점과 단점이 함께 내재한다. 예를 들어, 검사 결과 자극추구 성향의 점수가 높으면 그 사람의 장점은 새롭고 낯선 것일지라도 열정적으로 탐색하며 따라서 저절로 배우는 것이 많고 숨은 보상을 잘 찾아낸다는 것이다. 반면, 단점은 쉽게 흥분하고 충동적이며 돈이나 감정의 절제가 잘 안 되고 쉽게 지루해하며 규칙이나 규정을 지키기가 비교적 쉽지 않은 점이다. 성격의 발달은 개인이 자신의 기질적 특성을 잘 이해하고 장점을 긍정적으로 받아들이고 단점은 단점대로 수용하되 상황에 맞게 조절할 수 있는 유연성을 통해 촉진된다. 곧, 성격 발달은 개인이 자신을 있는 그대로 이해하고 수용할 수 있는 자기인식을 바탕으로 한다고 할 수 있다. 자기인식을 바탕으로 체험하는 것에 대한 자신의 해석이 자기에게 의미 있고 자기발전에 이로우며 긍정적일 때 자기발달은 촉진된다. 따라서 자기인식의 출발로서 자신의 타고난 기질적 장점과 단점을 그대로 자각하는 것은 매우 중요하다.

검사자는 척도별로 T점수 45와 55(백분위 30과 70)를 기준으로 T점수 45 이하인 경우에는 성향이 낮은 사람의 장단점을 T점수 55 이상인 경우에는 성향이 높은 사람의 장단점을 수검자의 이해를 구하면서 설명할 수 있다. T점수가 45와 55 사이인 사람의 행동은 T점수 50을 기준으로 성향의 높음과 낮음으로 구분할 수 있지만 기질적 특성이 강하지 않고 순하여 상황에 따라 변화가 가능한 유연한 특성이다.

척도별로 기질적 특성과 그 장단점을 살펴본 이후에는 27개의 기질 유형 중 어디에 속하는지 살펴보고 그 특성과 장단점을 살펴본다.

필요한 경우에는 '자극추구' '위험회피' 및 '사회적 민감성'의 세 기질 차원을 각각 T점수 50(백분위 50)에서 양분하고 이렇게 구분된 8개의 기질 유형 중 어디에 속하는지 구분해 본다(민병배, 오현숙, 이주영, 2007 참조; Cloninger et al., 1994).

여러 연구에서는 TCI의 기질 유형들이 DSM 체계의 전통적인 성격장애의 하위유형들과 비교적 정확하게 일치한다고 보고한다(민병배 외, 2007). 한편, TCI 매뉴얼에서는 기질 유형을 8개로 구분하여 이해함으로써 개인의 기질과 관련된 상세한 정보가 제한되는 것을 우려하여 27개의 기질 유형 해석을 권한다. 따라서 숙련된 임상가는 이 점을 잘 고려하면서 필요에 따라 다음의 8개 기질 유형을 활용하는 것도 임상현상에서 크게 도움이 된다.

8개의 기질 유형별 행동 특성

개인의 기질적 특성은 각 기질 척도별로 살펴볼 수 있음과 동시에, 기질 유형을 통해서도 살펴볼 수 있다. 기질 유형은 자극추구, 위험회피, 사회적 민감성의 높낮이가 어떻게 구성되어 있느냐에 따라 나타나는 특유의 행동 방식을 말한다.

8개의 유형 구분은 T50을 기준으로 특성 형성의 높고 낮음(또는 크고 적음)을 통해 이루어진다. TCI 매뉴얼에는 8개 기질 유형에 관한 설명은 부재하지만 저자가 볼 때 다음과 같은 설명이 가능하다. 다만 주의할 것은 다음의 행동 특성은 타 유형과 크게 구별되는 특징적인 면만 기술하였으므로 각 유형별 장단점 등은 각 유형과 관련된 척도별 장단점을 바탕으로 보충하기 바란다.

1. 모험적 기질: 반사회성 기질
자극추구가 크고, 위험회피가 적고, 사회적 민감성이 낮다.

새로운 것, 새로운 생각에 쉽게 자극이 되는 성향인 자극추구 성향이 커서 충동적이며 아울러 열정적이고 활동적이다. 흥분을 잘하고 좌절하게 되면 쉽게 분노하고 포기한다. 식상한 것, 단조로움을 잘 견디지 못하고 규칙 및 규정을 좋아하지 않는다. 불확실성과 위험 앞의 두려움을 말하는 위험회피 성향이 적어서 매우 용감하고 침착하다. 사회적 신호와 타인의 감정에 대해 둔감하여 그다지 타인의 영향을 받지 않으며, 오히려 타인과 거리를 유지하고자 하고 남의 보호나 협조를 크게 원하지도 않는다. 전체적으로 자기주장이 강하고 불확실하거나 어려운 상황에서도 도전하는 것을 즐기고 추진력이 있으며 타인의 눈치를 보지 않고 거리낌 없이 행동하며 자유분방하게 자주적이고 독립적인 사람이다.

2. 열정적 기질: 연기성 기질
자극추구가 크고, 위험회피가 적고, 사회적 민감성이 높다.

관심과 애정에 민감한 형이다. 타인의 눈에 띄고 인정받기 위해서 타인을 기쁘고 즐겁게 하고자 노력한다. 자극추구 성향이 큰 만큼 즉흥적이고 충동적인 면이 있으며 쉽게 좌절에 분노하고, 위험회피 성향이 적기 때문에 인정받기 위해선 매우 과감해지는 경향이 있다.

일의 부정적인 면보다는 긍정적인 면을 먼저 보고 열정적으로 몰입한다. 감정을 호소력 있게 전달하는 능력이 있어서 분위기 메이커 역할을 하며 타인의 정서를 잘 파악하여 따뜻하게 표현할 줄 안다. 이 성향이 강할 때는 자신이 어떤 사람인가보다는 어떤 사람으로 보느냐를 중요하게 여기므로 정서 표현이 거의 연기에 가깝다. 따라서 극적인 정서적 변화를 보인다.

3. 예민한 기질: 수동–공격적 기질

자극추구가 크고, 위험회피가 크고, 사회적 민감성이 높다.

이 유형도 타인의 인정을 받기 위해 크게 노력하는 형이다. 자극추구 성향이 큰 만큼 새로움에 쉽게 이끌리지만 두려움이 많아 심사숙고하므로 갈등이 많고 쉽게 지치는 편이다. 위험회피 성향이 크고 사회적 민감성이 높은 만큼 섬세한 감성으로 많은 것을 느끼지만 타인을 다치게 하지 않으려 노력하고, 따라서 감정을 직접적으로 표현하는 일은 드문 신중하고 민감한 사람들이다. 이 성향이 강할 경우에는 주로 요구되는 일을 하기 쉽다. 순종적이고 모범적이다. 자신의 욕구보다는 타인을 더 중시하고 행동을 통제하기 때문에 자신을 매우 노력하는 사람, 모범적인 사람으로 인식하고, 따라서 스스로 나쁜 사람이 되는 것을 상상하거나, 감당하기 힘들어서 가해자에 대한 직접적 공격을 하지 않고 주로 간접적 · 수동적 방법으로 공격한다.

4. 폭발적 기질: 경계선 기질

자극추구가 크고, 위험회피가 크고, 사회적 민감성이 적다.

자극추구가 커서 신기한 것에 잘 이끌리고 흥분을 잘하고 충동적인 면이 있어서 정열적인 느낌을 주는 사람들이다. 좋고 싫음이 분명하고 타인의 눈치를 보지 않는 객관적이고 실용적인 사고를 하며 즉각적인 임기응변에도 뛰어나다. 반면, 충동적인 성향은 감정 조절을 힘들게 하며 높은 위험회피 성향으로 소심하고 불안해하며 스트레스를 잘 받고 신경질적이다. 신기한 자극에 대한 충동과 소심함에 의한 억제가 거의 동시에 일어나므로 갈등이 많은 편이다. 그런데 이 성향이 강할 경우 타인의 감정에 덜 민감해서 좌절과 실망, 분노를 느낄 때 타인을 향해 폭발하는 성향이 있다.

5. 꼼꼼한 기질: 강박성 기질

자극추구가 적고, 위험회피 성향이 크고, 사회적 민감성이 적다.

자극추구 성향이 적은 만큼, 흥분이 느리고 심사숙고하며 대단히 분석적이다. 단조로운 것을 잘 견디고 규칙과 규정을 준수한다. 사소한 것도 소홀히 하지 않고 잘 챙기며, 매사를 완벽하게 준비하여 체계적으로 처리한다. 끈기와 인내로 어려움을 잘 견디며 만족할 때까지 일에 집착한다. 이 성향이 클 경우 불확실성과 위험을 감수할 수 있는 성향이 적어 매우 세심히 살피고 조심하며 의심이 많고 잘 긴장한다. 미리 걱정하며, 실수하지 않기 위해서 자신을 심하게 통제하지만 마찬가지로 타인에 대한 감시도 철저한 편이다. 그러나 자신은 매우 노력하는 사람으로 믿기 때문에, 이 성향이 강할수록 자신보다는 타인에게 비판적이며, 사회적 신호나 타인의 감정에 대해서 민감하지 않아서 타인에게 매우 시니컬하게 비판적이다.

6. 독립적 기질: 분열성 기질

자극추구가 적고, 위험회피가 적고, 사회적 민감성이 적다.

자극추구 성향이 적은 만큼 동요가 적고 위험회피 성향이 적은 만큼 어떤 어려움에서도 침착하며 매사를 스스로 판단하고 소신 있게 행동하는 독립적인 사람이다. 새로운 자극에 무관심한 편이며 상식적이고 단조로운 일을 잘 견디고 체계적이다. 새로움에 대한 욕구도 적지만 또한 매사에 두려움이 적기 때문에 자신만만하고, 다른 사람은 어떻게 보는가에 개의치 않고 자기만족이 크다. 사회적 신호에 대해 둔감하면서 타인과 거리를 유지하는 것에 더 편해하기 때문에 주로 혼자서 일을 처리하고 만족해한다. 혼자 독창적으로 할 수 있는 일에서 창의성을 발휘하기도 한다. 이 성향이 강할수록 타인의 눈에는 외로워 보이지만, 혼자서도 잘 지내는 사회적 고립형이다.

7. 신뢰로운 기질: 순환성 기질

자극추구가 적고, 위험회피 성향이 낮으며, 사회적 민감성은 높다.

자극추구 성향이 적고 위험이나 불확실성에 대한 두려움이 적은 만큼 동요가 적고, 어떤 어려운 일을 만나도 좌절하지 않고 대담하게 일을 해결해 나간다. 사람들을 중시하고 타인의 정서에 민감하므로 타인을 먼저 챙겨 주고 배려해 주는 신뢰할 만한 사람이다. 내적으로 그리고 외적으로 별 요구가 없고 낙천적이어서 명랑하고 유쾌하지만 단순하게 보일 수도 있다. 이 성향이 강할 경우 너무 낙관적으로만 생각하다 실수를 범하기도 한다. 또한 타인의 생각과 말에 많이 의존하고 타인의 영향을 많이 받으면서 타인에 의해 정서적 행동이 많이 좌우되고 정서적 기복이 크다고 할 수 있다.

8. 조심성 많은 기질: 수동-의존성 기질

자극추구가 적고, 위험회피 성향이 크며, 사회적 민감성이 크다.

자극추구가 적고 위험회피 성향이 큰 만큼 관심의 폭이 좁고 근심걱정이 많은 편이어서 비활동적이다. 결정 앞에서는 충분한 시간을 두고 여러 측면을 살펴보는 신중한 사람이다. 타인의 정서에 민감한 만큼 타인의 입장과 감정을 중시하고 예의 바르고 양심적이다. 자기주장을 하지 않으며 자신의 결정에 대해서는 다른 사람의 지지나 확인을 필요로 한다. 이 성향이 강할 경우 매사에 조심하고 소심하며 수동적이고 부정적인 생각을 많이 한다. 애정적이며 따뜻하여 타인과의 교류를 잘 받아들이지만, 동시에 수줍어하며, 용기가 적고 수동적인 성향과 함께 타인에게 많이 의지한다. 즉, 의존적인 요구가 많다. 이런 기질들의 조합은 큐브를 통해 쉽게 설명된다.

마찬가지로 TCI 매뉴얼에서 제안된 27개의 성격 유형 이외에도 다음과 같이 8개로 나뉜 성격 유형을 숙지하고 있을 경우 수검자의 성격 특성을 비교적 빨리 파악할 수 있는 이로운 점이 있다.

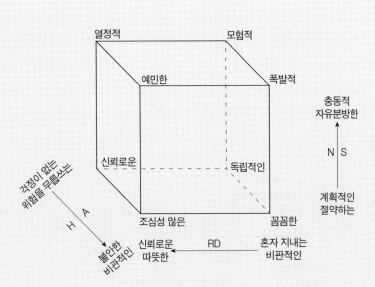

[그림 8-1] 기질 큐브

8개의 성격 유형

1. 창의적인(Creative: SCT)

자율성이 크고, 연대감이 크며, 자기초월이 크다.

자기와 타인에 대해 수용적이고 창조적이며 상상력이 풍부하고 이상주의적이다. 임상심리학적으로 성숙한 사람에 해당된다. 이런 사람은 긍정적 감정을 자주 느끼고 희망적이다. 의미 있는 목표와 가치를 추구하고자 하는 동기가 강하고 소박하고 겸손하면서 자기실현적인 특성을 지니고 있다.

2. 조직화된(Organized: SCt)

자율성이 크고, 연대감이 크며, 자기초월은 작다.

이 유형 또한 성숙한 사람에게 해당된다. 목표가 분명하고 책임감이 강하며 정신적 가치보다는 물질적 가치에 관심이 많아서 권력과 소유에 관한 관심이 크다. 새롭고 창조적이기보다는 분석적이고 체계적이며 합리적이다.

3. 독재적인(Bossy: Sct)

자율성이 크고, 연대감은 작으며, 자기초월도 작다.

목적의식이 분명하고 책임감이 크며 자기통제력이 강하다. 원칙에 강하고 논리적이나 타인을 이해하고 수용하는 성향은 적은 편이어서 자기중심적이고 권위적으로 보인다. 목표를 이루기 위해서는 공격적이고 타인에 대한 분노와 적대감을 잘 느끼는 강하고 공격적인 성취가이다.

4. 의존적인(Dependent: sCt)

자율성이 작고, 연대감이 크며, 자기초월은 작다.

다른 사람의 의견을 잘 따르고 따뜻하고 순종적이다. 다른 사람의 지지나 관심을 잃지 않기 위해 애쓰며 이를 신뢰라고 생각한다. 사소한 거절이나 비판에 상처를 잘 받고 수치심을 느끼기도 한다. 다른 사람의 기대에 맞추기 위해 노력하며 이로 인한 스트레스를 많이 느낄 수 있다.

5. 기분 변화가 심한(Moody: sCT)

자율성은 작고, 연대감이 크며, 자기초월도 크다.

다른 사람과 상황 분위기에 따라 영향을 잘 받고 기분 변화가 크다. 상처받기 쉬우며 감정 기복으로 인해 행동을 통제하기 힘든 때가 잦다. 연상을 잘하고 감응적 영향을 잘 받는다.

6. 절대주의자적인(Absolutist: ScT)

자율성이 크고, 연대감은 작으며, 자기초월은 크다.

타인을 잘 믿지 못하고 의심이 많으며 불신하면서 스스로는 목표의식이 분명하고 자율적이어서 자기중심적인 성향이 크다. 일이 잘 안 되었을 경우 타인을 원망하고 비난하는 경향이 있으며 타인과 신뢰할 수 있는 관계를 형성하는 것에 취약하다. 미신적이며 자기투사적 사고가 많다.

7. 비조직화된(Disorganized: scT)

자율성이 작고, 연대감도 작으며, 자기초월은 크다.

목표의식이 없고 자기를 잘 통제하지 못하며 말이나 생각이 논리적이지 못하며 상상과 공상이 많다. 비논리적이거나 암시적이고 비현실적인 형태의 의심이 많다. 비성숙으로 인한 사회적 또는 현실적 목적이 부재하다.

8. 무관심한(Apathetic: sct)

자율성이 작고, 연대감도 작으며, 자기초월도 작다.

패배주의적이고 우울한 성향을 보인다. 자신과 타인 그리고 주변 세계에 관심이 적고 이기적이고 미성숙하며 감정의 기복이 심하다. 생을 적대적 반대자와의 힘든 싸움으로 체험하는 경향이 있으며 결과적으로 부끄러움, 증오, 비참함과 같은 부정적 정서에 압도되기 쉽다.

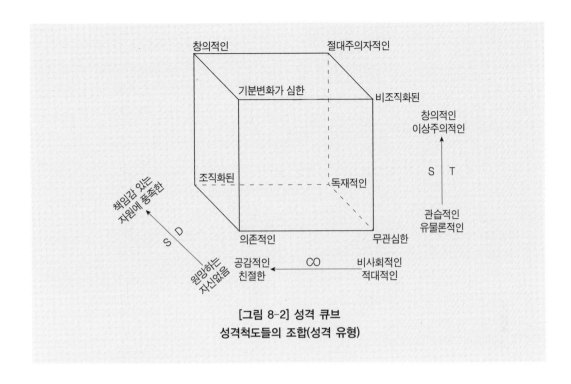

[그림 8-2] 성격 큐브
성격척도들의 조합(성격 유형)

3) 기질과 성격의 상호작용 및 자아탄력성 큐브

　Cloninger는 최근의 여러 연구를 통해 인성의 상태는 기질과 성격의 다차원적 조합을 통해 설명할 수 있음을 강조한다. 예를 들어, 위험회피 '기질' 성향이 매우 높은 것은 일반적으로 근심, 걱정이 많고 매우 불안하며 스트레스에 취약한 것을 말하며, 여기에 자율성 '성격'이 매우 취약할 경우는 불안한 상황에서 자신을 통제하지 못하고 크게 상처받기 쉬움을 나타내지만, 만약 자율성 성격 성향이 높다면 불안한 상황에서 자신을 잘 조절하며 계획적으로 대처하는 신중한 성향임을 의미한다. 이렇듯 기질과 성격은 상호작용하면서 전혀 다른 행동상의 특징을 나타낼 수 있다. 여기서 성격은 기질을 조절하는 조절자 역할을 하는 것으로 설명된다.

　또한 최근의 연구들에서는 인내력 기질이 다른 기질적 특성 및 성격과 상호작용하면서 성격 발달에 미치는 영향에 대해서도 강조되고 있다. 인내력은 좌절을 견디는 내성으로서 성격의 성숙과 발달에 긍정적 영향을 미치지만 위험회피 기질 성향이 높은 경우에는 근심과 걱정이 많은 상태에서도 자신에게 우호적이지 못한 상황에서 벗어나지 못하고 또는 포기하지 못하고 경직되고 비융통적인 행동을 (반복적으로) 고집하는 부정적 영향을 미칠 수도 있는 것으로 설명된다.

　[그림 8-3]의 자아탄력성 큐브는 위험회피와 인내력의 기질과 자율성 성격의 상호작용에 의

해서 나타나는 자아탄력성 유형을 보여 준다.

자아탄력성 큐브는 다음과 같은 8개의 꼭지점으로 표시된다.

1. 상처받기 쉬운/신경증적인(Fragile/Neurotic: psH)

인내력이 낮고, 자율성이 낮으며, 위험회피 성향이 크다.

근심, 걱정이 많고 소심하며 불안하나 좌절을 견딜 내성이 부족하고 자신을 잘 통제하지 못하여 쉽게 지치고 피곤해하며 상처받기 쉽고 소극적이며 일과 사람에 있어 모두 양가적일 때가 많다.

2. 완벽주의의(Perfectionistic: PsH)

인내력이 높고, 자율성이 낮으며, 위험회피 성향이 크다.

야망은 크나 쉽게 불안해지고 자기를 잘 통제하지 못함으로써 상처받기 쉽고 융통성이 없다. 반복적으로 좌절하면서도 포기하지 않고 끊임없이 재시도하면서 고통스러워할 때가 많다.

3. 양심적인(Conscientious: PSH)

인내력이 높고, 자율성이 높으며, 위험회피 성향이 크다.

근심과 걱정, 불안을 극복하기 위해 돌다리도 두드려 보는 신중한 성향으로서 매사에 계획적이고 늘 준비가 잘 되어 있다. 계획한 일은 끝까지 해내는 책임감이 강한 성향이나 현실을 고려하지 않고 고집하는 경향도 있다.

4. 긴장한(High-Strung: pSH)

인내력이 낮고, 자율성이 높으며, 위험회피 성향이 크다.

신중하고 자율적이나 근심걱정이 많고 쉽게 불안해한다. 인내력이 낮아 좌절을 견딜 내성이 부족함에도 끊임없이 자신을 통제하기 위해 애씀으로써 자주 긴장하는 성향이다.

5. 느긋한(Laid-Back: psh)

인내력이 낮고, 자율성이 낮으며, 위험회피 성향도 낮다.

목적의식이 분명하지 않고 자신을 잘 통제하지 못하여 하고자 하는 일에 양가적 감정을 가질 때가 많고 소극적이다. 인내력이 낮아 어려움 앞에서는 쉽게 포기하는 성향이지만 동시에 낙천적인 성향이라 걱정이 없고 느긋하다.

6. 태평스러운(Happy-Go-Lucky: Psh)

인내력이 높고, 자율성이 낮으며, 위험회피 성향이 작다.

자신은 잘 통제하지 못하지만 인내력이 커서 좌절을 잘 견디며 야망이 있고 낙천적이고 걱정이 없으며 강인하다. 매사에 태평스럽다.

7. 자립적인(Self-Reliant/Clever: pSh)

인내력이 낮고, 자율성이 높으며, 위험회피 성향이 작다.

인내력이 낮아 끈기 있게 일을 추진하기는 쉽지 않으나 걱정이 없고 자유로워 융통성이 있고 타협을 잘하며 아이디어가 풍부하고 늘 자기논리가 분명하며 자기 일은 스스로 해결하는 자립적인 성향이다.

8. 자아탄력적인(Resilient/Stable: PSh)

인내력이 높고, 자율성이 높으며, 위험회피 성향이 작다.

목적의식이 분명하고 자율적이며 근심걱정이 별로 없고 좌절을 견디는 힘 또한 커서 강인하고 아이디어가 풍부하며 생산적이고 어려움이나 스트레스 상황에서 재빨리 회복될 수 있는 적응력 있는, 자아탄력적인 성향이다.

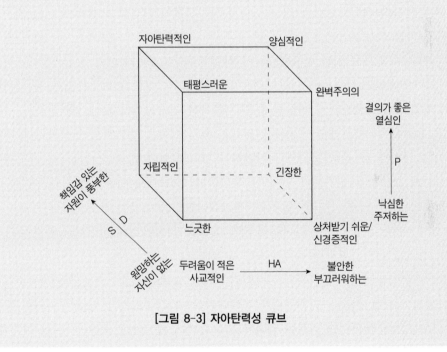

[그림 8-3] 자아탄력성 큐브

4) 성격장애 및 심리장애의 진단

자율성과 연대감이 척도별로 각각 T점수 40을 넘지 않을 경우(백분위 15 미만)는 성격장애와 일치율이 매우 높은 집단이다. 따라서 이 경우 타 검사 결과와 통합하여 성격장애로 진단할 수 있다. 또는 자율성과 연대감의 원점수 합계가 백분위로 하위 15점 미만에 해당될 경우에도 타

검사 결과의 뒷받침이 있을 경우 성격장애 및 기타 심리장애를 의심해 볼 수 있다.

따라서 TCI의 자율성과 연대감 척도에서 T점수 40 기준선은 DSM-5나 ICD-10의 진단을 보충하는 도구로서 성격 및 심리장애의 심리학적 진단을 내리는 데 도움이 될 수 있다.

앞의 '검사 결과 읽기' 절의 기질척도, T점수 50 기준선을 참조하여 어떤 성격장애 유형과 관련되는지 살펴본다. 예를 들어, 자율성과 연대감에서 T점수 40을 넘지 못하는 수검자의 성격장애 유형은 그의 기질 유형명과 같다. 즉, 그가 8개의 기질 유형 중 반사회성 기질 유형을 나타내면 그의 성격장애는 반사회성 성격장애이며, 만약 수동-공격성 기질을 나타내면 수동-공격성 성격장애와 관련된다고 할 수 있다

5) 현재의 성격 형성의 근거 및 성격장애의 원인에 대한 접근

이 단계는 TCI의 바탕 이론인 Cloninger의 심리생물학적 인성 모델에 대한 충분한 이해가 전제된다. 따라서 가능하면 TCI 보급기관이나 기타 학회 등에서 제공하는 워크숍에 참여할 것이 권장된다. 이 단계는 또한 심리평가자 및 상담자로서 TCI에 대한 경험이 풍부해지면서 더욱 용이해지는 단계라고 할 수 있다. 다음 설명에서 제시되는 예를 참조하여 검사자가 직접 TCI의 기질과 성격의 관계에 관한 해석을 할 수 있는 충분한 경험을 쌓도록 제안한다.

TCI를 통해 볼 때 인성 발달의 기본 틀은 타고난 기질이다. 기질은 곧 인성 발달의 재료인 셈이다. 이것이 환경과 상호작용하면서 발달하는 것이 성격이다. 따라서 지금의 성격은 기질과 환경이 함께 영향을 준 결과이다. 이렇게 가정할 때, 만약 어떤 사람의 현재의 성격이 매우 미숙하게 형성된 경우라면, 이러한 결과에 기질 또는 환경 중 무엇이 더 큰 영향을 주었을지 살펴볼 수 있다. 다음 세 가지 경우로 나누어 성격 발달에 영향을 미치는 기질과 환경의 관계를 살펴본다.

첫째, 만약 성격 발달이 심각하게 미숙한 수검자의 경우(자율성과 연대감에서 T<40 또는 45의 경우)이면서 척도별 기질적 특성이 매우 강하다면, 즉 T<40 또는 45 또는 T>55 또는 60이라면 이 경우는 자신의 타고난 기질이 성격에 보다 큰 영향을 미쳤음을 우선적으로 가정해 볼 수 있다.

예를 들어, 자극추구 성향이 너무 높으면 매우 흥분을 잘하고 충동적이며 쉽게 분노하는 성향을 보이므로, 이런 사람의 충동적 행동과 분노를 경험하는 주변인들(환경)은 거부와 비판 및 비난으로 반응하기 쉽다. 이러한 결과가 반복될 때 당사자는 자기 자신의 행동에 대해서 자신이 없어지고 결국 자신을 신뢰하지 못하며 건전한 목표의식을 갖고 자신과 자신의 삶을 발달시키는 데 어려움을 갖게 될 것이다. 곧 자율성의 미숙한 발달로 이어질 것이며 주변의 부정적인 반응은 또한 그가 사회적 관계 속에서 자신을 사회의 일부로 보고 그에 맞게 살아가는 것을

저해할 수 있다. 즉, 사회적 연대감 또한 발달이 지연될 가능성이 있다. 그러나 이런 경우에도 타고난 사회적 민감성 기질이 높아서 환경의 신호에 민감하다면 자율성 발달은 지체되지만 연대감은 상대적으로 높게 발달했을 수 있다. 이러한 관계를 파악하는 것을 평가자의 몫이다. 평가자는 수검자의 과거력이나 병력 회고를 통해 이러한 관계에 대한 가정을 확인할 수 있어야 한다.

물론 앞에서 설명하였듯이 기질적 특성이 강하다고 모두 성격 발달에 실패하지는 않는다. 다만, 기질적 특성이 강하다는 것은 그만큼 까다로운 것을 의미하고(행동 방식이 대부분의 상황에 일관적이고 변함없는 특정 형태로 나타나며 덜 유연함) 환경은 이에 대응해서 반응하게 되므로 환경과 보다 많은 갈등과 마찰을 초래할 수 있다. 수검자의 환경, 곧 영/유아기의 1차 사회적 환경은 어머니 또는 주 양육자이며 이 환경 또한 아이의 기질로부터 영향을 받고 반응하는 존재이기 때문이다.

둘째, 만약 성격 발달이 심각하게 미숙한 수검자인데도(자율성과 연대감에서 T<40 또는 45의 경우) 그의 척도별 기질적 특성은 매우 순한 것으로 나타난다면, 즉 45<T<55라면 이 경우는 환경이 성격에 보다 큰 영향을 미쳤음을 우선적으로 가정해야 할 것이다.

다시 한번 강조하여 심리평가자가 TCI를 통해서 성격 형성의 근거 및 성격장애의 원인에 대한 접근이 가능해졌을 때는 이를 확인하기 위해서 수검자의 과거력이나 병력 진술을 통해 심리평가자의 가정이 맞는지 검증하는 과정을 거쳐야 한다.

셋째, 만약 수검자의 척도별 기질적 특성이 매우 강한데도 성격의 성숙도가 높다고 할 경우에는 기질과 환경의 상호작용이 성격 발달에 유리하게 전개되었다고 볼 수 있다. 곧, 특성이 강한 까다로운 기질을 잘 인내해 주고 이해해 주며 수용해 주는 환경이 존재했다고 볼 수 있다.

6) 향후 성격 발달의 예측

향후 성격 발달을 예측하는 것은 현재의 성격 형성의 근거 및 성격장애의 원인분석과 근본적으로 다르지 않은 일이다. 전자는 분석의 방향이 과거로 향해져 있고 일어난 일을 분석하는 일이며, 후자는 분석의 방향이 미래이며 아직 일어나지 않은 일을 다룰 뿐이다. 그러나 그 분석의 방법과 내용은 실상 같은 일이다. 다만 다른 각도에서 같은 문제를 다룰 뿐이다.

사실 성격 발달은 생물학적 · 사회경제적 · 심리적 요인들과 같은 여러 요인이 복합적으로 작용하기 때문에 단편적으로 어떤 요인이 결정적으로 작용할 것이라고 단정 짓기는 어려운 일이다. 그러나 우리가 성격 발달의 기본 틀, 또는 그 재료를 안다는 것은 발달의 방향을 예측하는 데 상당 부분 도움이 된다고 할 수 있다.

따라서 성격 발달의 기본 틀을 아는 것이 바로 성격 발달을 예측하는 출발이다. TCI의 바탕

이론인 심리생물학적 인성 모델에 따르면 성격 발달은 일생 동안 지속적으로 이루어지는 것이기 때문에 향후 성격 발달의 예측은 모든 연령대의 사람들에게 중요하다. 그러나 그 누구보다도 발달과 변화가 가장 크게 일어날 유아, 아동 및 청소년에게는 더 없이 중요한 문제일 것이다. 향후 성격 발달을 예측하는 기본 가정은 다음과 같다.

첫째, 기질적 특성이 강하면, 곧 T<40 또는 T>60인 경우(T<45 또는 T>55는 비교적 강한 경우)라면 환경과의 갈등과 마찰이 쉽게 예상된다. 예를 들어, 어머니는 자극추구 성향이 매우 낮아 자극에 바로 반응하기보다는 동요가 적고 오히려 분석적인 아이에게 자신이 바람직하다고 보는 방향으로 아이의 등을 무리하게 떠밀거나 끌고 가려는 경우를 종종 본다. 또는 반대로 부모는 자극추구 성향이 커서 매우 충동적일 뿐만이 아니라 지루하고 단조로운 것을 잘 못 견디는 아이에게 무리하게 책상에 오래 앉아 있기만을 강요하고, 그렇지 못한 경우 반복적으로 비난하고 질타하는 경우도 흔히 있다.

이러한 경우처럼 환경이 개인의 기질적 성향에 부정적으로 반응하게 되면 성격 발달은 실패하기 쉬우며 그 결과는 개인의 기질적 유형에 상응하는 성격장애가 될 수 있다. 예를 들어, 수동-공격성 기질 유형의 사람은 수동-공격성 성격장애를 나타내게 될 것이다.

둘째, 위 사항에서와 같이 기질적 특성이 강하더라도 환경이 개인에게 일차적으로 인내와 이해로 반응해 주며 그가 자신의 기질적 특성을 자각하고 자신의 긍정적·부정적 체험을 자신의 발달에 유리하게 해석할 수 있도록 발달을 촉진하는 역할을 해 준다면 이런 사람은 강한 기질적 특성에도 불구하고 상황에 유연하게 대처할 줄 아는 성숙한 성격이 될 것이며, 그가 가진 기질적 특성의 장점이 최대의 매력을 발산하는 멋진 성격의 소유자가 될 것이다. 기질적 특성이 강하다는 말은 그 특성으로 인한 장점도 강하다는 뜻이기 때문이다.

셋째, 기질적 특성이 강하지 않고 순한 사람, 즉 45<T<55인 경우는 기질적 유형에 상응하는 특징은 있지만 자극에 대한 반응이 그다지 민감하지 않고 요구가 까다롭지 않아서 매 상황에 유연하게 변화할 수 있는 성향이다. 따라서 그의 기질적 특성은 환경과의 상호작용에 유리한 영향을 미치고 결과적으로 성격 발달에 유리하다. 자율성 발달과 연대감 발달의 촉진에 부정적인 영향을 미치는 심한 환경의 영향이 없다면 성격 발달은 크게 문제되지 않는 유형이다. 그러나 성격 발달에 유리하다는 것이 항상 성숙한 성격의 보장을 의미하는 것은 아니다. 따라서 어느 경우에도 환경의 영향을 간과해서는 안 되는 것이 분명하다.

이와 같은 예측은 기질을 중심으로 살펴본 것이다. 곧, 기질과 환경의 상호작용을 통해서 성격에 미치는 영향을 예측해 보았다. 그런데 성격은 다시 기질을 조절하는 역할을 하므로 지속적인 성격의 발달은 어떤 기질적 특성을 가졌느냐와 비교적 상관없이 최적의 성격 형성을 이룰 수 있다. 자신에 대한 자기자각(self-aware)이 높아질수록 성격은 지속적으로 발달한다.

TCI 사례

자살시도 2번, 우울증으로 정신과 치료 2년 이상, 한의원 치료 1년 이상의 과거력을 가진 25세의 여성

TCI 검사 결과

• 기질: 자극추구 T점수 71(백분위 98), 위험회피 T점수 62(백분위 88), 사회적 민감성 T점수 69(백분위 97), 인내력 T점수 39(백분위 13) → 인내력이 매우 낮은 수동-공격성 기질
• 성격: 자율성 T점수 39(백분위 13), 연대감 T점수 40(백분위 16), 자기초월 T점수 25(백분위 1) → 세 척도 모두 T점수 40 이하로서 미성숙한 성격이며 수치심, 증오심, 불행감 등의 부정적 감정에 잘 압도되는 우울증에 취약한 성격구조(전형적인 우울증 성격구조)를 나타냄. 현재의 증상은 불안과 우울이며 이와 함께 기질분석을 통해서 볼 때 수동-공격성 성격장애로 평가될 수 있음.

Cloninger 등 (1994)에 의하면 통원환자의 경우에도 우울증과 위험회피 기질 간에 어느 정도 상관이 있을 수 있으므로 이를 고려하였으나 내담자의 개인력을 통해 볼 때 위험회피에 관한 검사 결과가 타당한 것으로 보인다. [저자 주: 이 사례는 현재의 TCI가 출간되기 전의 2002년도 판의 JTCI를 사용한 관계로 청소년 규준이 검사 결과에 적용되어서 검사 결과가 내담자에게 다소 유리한 것(Cloninger et al., 1994, p. 46)으로 나왔을 가능성이 있다.]

내담자는 손목을 그어 자살을 시도하다 발견된 다음 날 상담자에게 왔다. 상담을 요청한 내담자에게 정신과 입원을 강력하게 추천하였으나 전 가족이 이에 반대하였으므로 정신과의 통원치료를 전제로 심리검사와 상담에 잠정 동의하였다.

과거력을 살펴보니 서너 번의 우울증 에피소드와 함께 여러 정신과를 전전하였고, 정신과 치료 기간이 도합 2년이 넘었으며 최근에는 수개월 동안 불안과 우울로 나타난 신체적 증상(심장 떨림, 두근거림, 구토, 역류성 식도염 등)을 한의원치료로 해결해 보려고 하였다.

정신과에서 받은 진단은 (정신병적) 만성 우울증이었는데 전형적인 우울증이라고 보기에는 내담자의 행동 목적이 너무 분명하고 활동적이었고 내담자의 행동 특성이 우울증 증후군만으로는 잘 설명되지 않았다. (내담자는 우울증에 맞지 않게 자신의 병을 고치기 위해 거의 매일 직접 운전을 하여 정신병원을 쫓아 다니고 잦은 질문과 방문으로 정신과 의사와 한의사를 지치게 할 만큼 활동적이었던 것 같다. 한의사는 급기야 통화를 하다 화가 나서 전화를 뚝 끊어 버리고 더 이상 받지 않았고, 이에 내담자는 최근 자살시도를 한 것이었다. 참고로, 치료자는 언뜻 내담자가 감정의 기복이 크고 그의 자살시도 또한 그것을 통해 상대방을 조정하고자 하는 특정 의도가 있는 것으로 보여 경계선 성

격장애를 의심하였으나 개인력에서는 이를 뒷받침하는 스토리가 없었다. 그리고 이후에 실시된 성격검사로도 경계선 성격장애로 볼 만한 다른 근거는 없었다.) 그러나 개인력과 과거력을 통해서 볼 때 내담자의 문제는 그의 특정한 성격구조와 연관이 있어 보여서 TCI 및 타 성격검사를 실시하기로 하였다.

타 성격검사 결과

TCI 검사 결과를 해석하기 전에 함께 실시된 MMPI 검사 결과를 짧게 살펴볼 때, 내담자는 표준점수로서 Hy(히스테리)와 Pt(강박증)가 순서대로 75, 71점으로 매우 높고, 다음으로 Hs(건강염려증)가 66점으로 높으며, 그다음에는 D(우울증)가 63점으로 높은 점수를 나타냄으로써 이른바 신경증의 3대 축인 Hy, D, Hs를 형성하고 신경증의 네 번째 요소라고 불리는 Pt를 보이면서 극심한 불안을 주 증상으로 하는 완벽한 신경증의 증세를 보인다고 할 수 있다. 반면, 다른 척도에선 Si(내향성)가 34점으로 상당히 낮은 점수를 나타내면서 내담자의 극도로 순응적이고 복종적인 태도를 반영하였고 그 외에는 해석이 필요한 점수는 나타나지 않았다. 따라서 정신병적 프로파일은 보이지 않는다고 할 수 있으며, 이는 TCI에서도 HA(위험회피)는 높고 P(인내력)와 SD(자율성)는 낮은 신경증적 구조이면서 ST(자기초월)는 낮음으로써 정신증 증상은 높지 않은 결과가 나온 것과 일치한다.

TCI 결과 해석

성격 특성
내담자는 자율성, 연대감, 자기초월의 세 척도에서 모두 T점수 40 이하를 보이는 미성숙한 성격을 갖고 있다. 자신을 있는 그대로 수용하지 못하고 끊임없이 자신과 싸우며(자율성), 마찬가지로 타인을 있는 그대로 받아들이지 못하고 불신하고 의심하며 비협조적이다(연대감). 극도로 현실적이고 관습적이어서 눈으로 확인할 수 있는 것만을 믿으며 보통 사람들의 비현실적인 꿈이나 기대 같은 것은 갖고 있지 않다(자기초월). 전체적으로 자율성, 연대감, 자기초월의 세 척도에서 모두 낮은 점수를 보이는 이 성격구조는 수치심, 증오심, 불행감 등의 부정적 감정에 잘 압도되는 우울증에 취약한 성격구조이며 성격장애를 가정할 수 있다(타 검사 결과와 함께 성격장애로 진단할 수 있다). 이 경우 어떤 유형의 성격장애인지의 평가는 다음과 같이 기질 유형을 분석함으로써 가능하다.

기질적 특성과 성격장애의 유형
내담자는 자극추구 성향이 극단적으로 높은 T점수 71(백분위 98)로서 매우 흥분을 잘하고 충동적인 사람이다. 자극에 잘 이끌려서 관심과 욕구가 많고 열정적이다.
규칙이나 규정을 잘 지키지 못하고 단조로움을 잘 견디지 못하며 돈을 잘 절제하지 못하고 사치가 심하며 정서적으로도 낭비가 심하다. 즉, 누군가 조금 친절하게 대해 주면 감정을 주체하지 못하고 열정을 다하지만 좌절하면 쉽게 분노한다. 내담자는 열정적인 것이 자신의 장점이고 심하게 충동적이고 흥분을 잘하는 것이 단점인 점을 쉽게 공감하였다.

한편, 위험회피 성향이 매우 높은 T점수 62(백분위 88)로서 대단히 소심하고 매사에 근심걱정이 많으며 미리 불안해하며 신경질적이며 스트레스를 잘 받는다. 장점은 미리 계획하는 것이지만 오지 않은 미래에 대해서 늘 미리 불안해하는 것과 스트레스에 취약한 점은 단점으로 확인되었다. 사회적 민감성 또한 T점수 69(백분위 97)로 극도로 높아서 타인의 정서를 잘 이해하고 민감하다 보니 타인의 눈치를 많이 보고 타인에게 정서적으로 매우 의존적이다. 타인에게 모질지 못하고 따뜻한 점은 장점이지만 타인의 눈치를 보고 자기주장을 잘 하지 못하는 점은 단점이다. 인내력이 T점수 39(백분위 13)로 매우 낮아서 게으르고 한번 시작한 일을 끝내는 적이 거의 없다(예를 들어, 일본, 필리핀, 말레이시아로 3번이나 유학을 갔다가 참지 못하고 바로 돌아오곤 하였다). 내담자는 부지런하지 못한 점은 단점이지만 대신 고집을 잘 부리지 않고 상황에 잘 타협하는 점은 장점으로 설명하였을 때 자신에게 장점이 있다는 사실에 생소해하였지만 곧 이해하는 눈치였다.

전체적으로 인내력이 매우 낮은 수동-공격성 기질이다. 내담자는 극도로 새로운 것을 좋아하고 스릴을 즐겨서 과속을 잘하고 열정적이고 충동적이지만 소심하고 미리 걱정하고 불안해서 갈등이 많다. 이를테면 충동적으로 많은 일을 시도하지만 그 일이 지속적인 것일 때는 잘 되지 않을까 봐 미리 걱정하고 불안해한다. 어려움을 잘 참지 못하고 좌절을 잘 견디지 못하는 매우 약한 인내력은 이러한 불안을 부채질해 쉽게 포기하게 만들기도 한다(여러 번의 유학 시도와 지속적이지 못한 몇 번의 이성관계는 이러한 가정을 지지한다). 그런데 사회적 민감성이 커서 타인에게 극도로 잘 보이려 하고 타인의 시선을 늘 의식하며(실지로 타고난 빼어난 미모에도 불구하고 몇 번 성형을 하기도 할 만큼) 예뻐 보이려 애를 쓴다. 다른 사람에게 상처를 주지 않기 위해 매우 노력하며 자신은 대인관계에서 매우 착한 사람이라고 생각하기(실지로 극빈자를 찾아가서 봉사하는 일을 하기도 함) 때문에 보통은 남을 공격하지도 못할뿐더러(MMPI 결과에서도 나타난 것처럼 복종과 순종을 미덕으로 알고) 자기주장을 잘 하지 못한다. 남자친구를 거의 일 년 동안 사귀면서 그의 마음에 상처를 낼까 봐, 의심을 하면서도 그의 (낮은) 학벌이며 (빈약한) 가정 형편을 물어보지 못해 몰랐을 정도이다. 그런데 소문에 민감하기도 하지만 주로 소문을 이용해 타인을 평가하고 공격한다. 대인관계에서 자신에게 부정적인 타인에게까지 잘 참고 맞추어 주려 하다 자기도 모르게 충동적이 될 때 폭발하여 할퀴거나 밀어뜨리고, 그 이후에는 그것을 정당화하지 못하고 후회하고 고민하고 불안해한다. 전반적으로 수동-공격성 기질이 성숙한 성격으로 잘 발달하지 못한 데서 오는 수동-공격성 성격장애의 특성을 잘 드러낸다고 할 수 있다.

현재의 성격 형성의 원인 및 병인원 접근

내담자가 나타내는 현재의 미숙한 성격은 그가 살아온 경험적 삶의 역사를 반영한다. 우선 가정되는 수동-공격성 성격장애에는 일차적으로 그의 타고난 기질적 특성이 강하게 영향을 미쳤을 것으로 보아진다. 또한 그의 기질적 특성과 함께 그의 양육환경 또한 매우 큰 영향을 미친 것으로 가정되면서 내담자는 자기발달에 이중으로 불리한 조건에 처했다고 볼 수 있다(결과적으로 미숙하게 발달한 성격이 자신의 기질적 취약점을 잘 조절하지 못함으로써 기질과 성격의 상호작용에 의한 성격 발달이 계속해서 지체되는 경우가 되었다).

즉, 내담자는 행동을 활성화시키고 억제하고 유지시키는 세 차원에서 모두 타고난 기질 특성이 극도로 강해서 상황에 유연하게 반응하기에 매우 힘들고, 게다가 어려움을 참고 극복하며 자신의 의지를 관철시킬 수 있는 인내력 또한 매우 낮아서 타고난 특성 자체가 성격 발달에 상당히 불리하다고 할 수 있다. 그렇다고 그의 성격 발달의 실패가 모두 예정되어 있었다고 볼 수는 없다. 매우 까다로운 기질을 가진 영아일지라도 발달에 우호적인 환경에서는 얼마든지 성숙한 성격으로 발달하는 것이 가능하기 때문이다. 그러나 내담자는 안타깝게도 어머니로부터는 정서적으로 방치되고 아버지로부터는 무조건 보호되는 양육환경 속에서 자기를 발견하고 확인하고 단련시키는 발달에 촉진적인 환경을 갖지 못했다.

먼저, 우울한 정서의 어머니와 안정적인 애착을 형성하지 못했고, 아버지는 내담자의 의존적 욕구를 충실히 충족시켜 주는 손과 발의 구실을 해 주어서 내담자는 어떤 일도 스스로 혼자서 감행할 필요가 거의 없었다. 부유하고 성공적인 사업가인 아버지의 외동딸인 내담자는 어려서는 땅을 밟아 본 적이 없다고 해야 할 만큼 기사가 사립초등학교와 집 등 이동 장소마다 공주처럼 꾸민 내담자의 발이 되어 주었기 때문에 대중교통을 이용해 본 적이 없고, 그 때문에 현재도 버스와 택시 타는 것을 잘하지 못한다. 아버지는 심지어 아이가 추운 차 안에 들어가는 것까지 염려하여 히터로 미리 차 안을 덥힐 때까지 집에서 내려오지 못하도록 하곤 하였다. 지금도 아버지가 성인이 된 내담자의 방 청소와 정리를 해 주고 계신다. 단 한 번도 부모에게 반항을 해 본 적이 없는 내담자는 고등학교 선택의 문제로 처음으로 반항을 했고 자신의 의사가 존중되지 않자 일부러 못된 행동을 골라 하고 비행 청소년 서클에 가입하여 파행적인 청소년기를 보냈다. 그 때문에 기대했던 대학에 가지 못하고 전문대에 진학한 것은 내담자에게는 항상 큰 열등감으로 작용하고 있다. 즉, 애착의 문제 외에도 자유와 제한이 적절히 경험되지 못함으로 인해서 자기발달이 매우 미숙한 형태로 이루어졌고 따라서 자아 수준과 강도가 매우 낮다고 할 수 있다. 타고난 특성인 높은 사회적 민감성은 연대감 발달에 도움이 될 수 있는 특성임에도 불구하고 미숙한 자기발달은 원만한 대인관계를 힘들게 하며 오히려 타인의 시선과 비판에 민감하게 반응하고 의존하게 만들며 무조건 참고 인내하다 원망과 비탄으로 폭발하는 수동-공격성 기질의 단점을 더 강화시킨 것으로 보인다.

내담자에게는 증상이 시작되게 된 특정한 계기가 있지만(내담자의 신변보호 이유에서 상세 기술을 생략함) 근본적인 위기는 전부터 내담자의 내면을 긴장과 불안으로 압박해 온 것으로서, 아버지의 사업이 그전만 못하다고 느낀 점이었다. 그래서 돈이 없는 삶은 생각할 수 없으며 그렇게는 존재할 수 없다는 생각에 미래에 대한 불안이 자리 잡기 시작했다. 그런데 이러한 상황에서 서로 결혼을 약속한 자영업자인 현재의 애인이 큰 빚을 지고 그것을 감당하지 못할 만큼 사업이 고전을 면치 못하게 되자 미래에 대한 불안은 극도로 커져 있다. 내담자의 애인은 어려운 집안 출신의 자수성가 타입으로 사회적 수완과 능력이 뛰어나 충분히 재기할 수 있게 보였지만 내담자에게는 어느 한 순간이라도 가난과 궁핍 등은 상상할 수 없는 것이었다. 부는 내담자에게는 자기 존재의 가치이며 삶의 기반인데 그것이 흔들리는 것으로 지각하고 있는 것이다. 그러나 내담자가 지각하는 아버지의 사업 부진은 사실과 많이 차이가 있으며 내담자가 단지 현실을 부정적으로 극대화하여 지각한 때문이라는 것이 후에 확인되었다.

내담자가 대인관계에서 가장 절망하는 부분은 자신의 충동적 행동과 쉽사리 일어나는 실망과 분노를 잘 통제하지 못한다는 점이다. 또한 남의 인정과 비판에 극도로 민감하여 그녀의 정서가 타인의 영향으로 수시로 바뀐다는 점이다. 내담자로 하여금 그녀의 타고난 특성을 인정하고 이러한 특성 자체를 개선하려고 하기보다는 자기를 있는 그대로 수용하며 자신의 장점을 잘 활용하고 신뢰하며 타인 또한 잘 수용함으로써 자신의 단점과 한계가 조절되고 극복될 수 있음을 이해하게 하였다. 그리고 이러한 자기자각과 자기수용 및 자신감과 자존감 향상을 위한 상담이 추천되었다.

요약

1. TCI는 인성(personality)에서 타고난 부분인 기질을 구분함으로써 인성 발달의 토대를 알 수 있게 하므로 인성 발달을 예측할 수 있게 하고, 인성 발달의 실패인 심리장애를 사전에 예방할 수 있게 하는 기능이 있다. 기질과 기질을 바탕으로 후천적으로 형성된 성격(character)을 구분하면서 현재의 인성 발달에 영향을 미친 요인들을 이해하고 그 원인을 생물학적 요인과 환경적 요인으로 나누어 살펴봄으로써 성격 발달에 대한 대안적 처방이 가능하다고 할 수 있다.

2. TCI는 Cloninger의 심리생물학적 인성 모델을 바탕으로 구성되었으며 여기에서 기질(temperament)과 성격(character)은 인성(personality)을 이루는 두 개의 큰 구조로서 구분된다.

3. TCI에서 기질은 자극에 대해 자동적으로 일어나는 정서적 반응 성향으로 정의되며 신경전달물질인 도파민, 세로토닌, 노르아드레날린 등의 영향을 받는 다분히 생물학적이고 유전적인 성향이며 일생 동안 비교적 안정적인 속성을 보인다. 성격은 체험하는 것에 대한 개인적 해석에 의해 형성되며 자기개념(self-concept)과 관련이 있다.

4. Gray(1982)는 Eysenck와 같은 요인분석에 의한 인성구조는 기저의 생물학적 구조와 일치하지 않음을 설명하였다. 항불안제가 신경증을 완화시키고 외향성은 강화시킨다는 것을 발견함으로써 Eysenck의 신경증과 외향성의 두 차원이 서로 독립적인 생물학적 과정이 아닌 하나의 동일한 생물학적 과정에 기초하고 있음을 밝혀낸 것이다. 이와 함께 Gray는

'불안'과 '충동성'이라는 유전적으로 서로 독립적이며 단일한 차원을 발견하였는데, 여기서 충동성이라는 심리학적 구성개념에 해당하는 신경체계는 행동 활성화 체계이며, 불안에 해당하는 것은 행동억제 체계라고 설명하였다. Gray의 이론과 행동유지 체계를 설명하는 Sjobring의 이론을 통합하여 Cloninger는 요인분석에 기초한 인성특질 모델들과 구분되는 독자적인 심리생물학적 인성 모델을 개발하였다.

5. TCI의 기질은 자극추구, 위험회피, 사회적 민감성, 인내력의 4개 척도로 구성되고 성격은 자율성, 연대감, 자기초월의 3개 척도로 구성되어 있다. 이러한 척도 구성은 유아, 아동, 청소년, 성인 모두에서 공통이기에 전 연령대의 검사 결과는 연령대 간 비교분석을 위해 서로 호환될 수 있다.

6. 인성 발달의 지표로 활용되는 척도는 성격의 자율성과 연대감 척도이다.

7. 모든 기질적 특성에는 장점과 취약점이 동시에 존재한다.

8. 기질은 일생 동안 안정적인 속성이므로 수용하는 것이 바람직하며 성격은 일생 동안 지속적으로 변화 가능하므로 발달을 위해 노력해야 할 인성 부분은 성격이다. 또한 성격이 성숙할수록 개인의 기질적 반응 특성은 잘 조절되어 표현되므로 성격의 발달이 중요하며 인성 발달을 위해 이 둘을 구분할 줄 아는 것도 중요하다.

9. TCI의 기질 유형들은 DSM 체계에서 구분하는 성격장애의 하위유형들과 비교적 정확하게 일치한다고 밝히고 있고 이와 함께 Cloninger는 TCI를 통한 심리장애의 진단방법을 설명하고 있다. 준거타당도를 고려하여 다른 검사나 행동관찰과 통합하여 TCI의 검사 결과를 성격장애와 심리장애의 진단 기준으로 활용할 수 있다.

참고문헌

민병배, 오현숙, 이주영(2007). 기질 및 성격검사 매뉴얼, TCI-Family Manual. 서울: (주) 마음사랑.

오현숙, 민병배(2004). 기질 및 성격검사 매뉴얼, 청소년용. 서울: (주) 마음사랑.

Brown S. L., Svrakic, D. M., Przybeck, T. R., & Cloninger, C. R. (1992). The Relationship of personality to Mood and Anxiety States: a Dimensional Approach. *Journal of Psychiatric, 26*, 197-211.

Cloninger, C. R. (1986). A unified biosocial theory of personality and its role in the development of anxiety state. *Psychiatric Development, 3*, 167-226.

Cloninger, C. R. (1987). A systematic method of clinical description and classification of personality variants. *Archives of General Psychiatry, 44,* 573-588.

Cloninger, C. R. (1999). A new conceptual paradigm from genetics and psychobiology for the science of mental health. *Aust N Z J Psychiatry 33,* 174-86.

Cloninger, C. R., Przybeck, T. R., Svrakic, D. M., & Wetzel, R. D. (1994). *The Temperament and Character Inventory (TCI): A Guide to its Development and use.* St. Louis, Missouri: Washington University Center for Psychobiology of Personality.

Cloninger, C. R., & Svrakic, D. M., & Przybeck, T. R. (1993). A psycholobiological model of temperament and character. *Archives of General Psychiatry, 50,* 975-990.

Costa, P. T. Jr., & McCrae, R. R. (1985). *The NEO Personality Inventory Manual.* Odessa: Psychological Assessment Ressources.

Costa, P. T. Jr., & McCrae, R. R. (1992). *The NEO-PIR: Professional Manual.* Odessa: Psychological Assessment Resources.

Eysenck, H. J. (1967). *The biological basis of personalty.* Springfield, IL: Thomas.

Gillespie, N. A., Cloninger, C. R., & Heath AC., G. MN. (2003). The genetic and environmental relationship between Cloninger's dimension of temperament and character. *Personality and Individual Differences, 35,* 1931-1946.

Gray, J. A. (1982). *The Neuropsychology of Anxiety.* New York: Oxford University Press.

Linehan, M. M. (1993). Cognitive-Behavioral Treatment of Borderline Personality Disorder. New York: Guilford.

Monasterio, E., Mei-dan, O., Hacuney, A. C., Lane, A. R., Zwir, I., Rozsa, S., & Cloniager, C. R. (2016). Stress reactivity and personality in extreme sport athletes: The Psychobiology of Base jumpers. *Physiol Behav, 167,* 289-297.

Sjobring, H. (1973). Personality structure and development: A model and its application. *Acta Psychiatrica Scandinavica Suppl,* 244.

Chapter 09

기타 성격검사

오현숙

학/습/목/표

1. 성격검사의 역할, 성격검사의 측정 영역 알기

2. 인류의 개인차에 대한 관심, 즉 성격연구의 시작과 발전 역사에 대해 이해하기

3. 성격검사의 분류 기준과 종류에 대해 알기

4. MBTI의 이론적 바탕을 살펴보고 구성 내용 알기

5. MBTI의 하위척도를 이해하고 척도의 조합에 따라 구분되는 16개의 성격 유형 이해하기

6. MTBI의 검사 실시, 채점 및 해석방법 알기

7. 임상장면에서 환자/내담자의 다양한 정신병리를 측정하기 위해 개발된 PAI의 특징 알기

8. PAI의 타당도 척도, 임상척도, 치료고려척도, 대인관계척도 이해하기

9. PAI의 검사 실시, 채점 및 해석방법 알기

성격검사를 사용하기 위해서는 먼저 성격의 개념에 관한 이해가 필요하고 아울러 성격검사의 역할에 대해 아는 것도 매우 중요하다. 이것은 성격검사는 실제로 무엇을 측정하며 그것을 통해서 우리는 무엇을 알 수 있는지, 즉 성격검사를 통해 어떤 결정을 내리고자 하는지에 관한 성격의 기본 이론과 성격검사의 역할을 살펴보는 것이 여러 성격검사의 종류에 대해 살펴보는 주된 목적이다.

성격의 개념, 특히 성격이 인간의 다른 특성과 어떻게 구별되는지 그 변별 정의에 대한 접근 방법에는 다양한 것이 있을 것이다. 어떻게 발전해 왔는지, 인류의 역사상 성격에 관한 관심이 생겨난 이후부터 현재까지 성격 이론이 발전한 역사와 이와 함께 동시에 이루어진 성격 측정의 역사를 살펴보는 것은 역사와 함께 발전되어 온 성격 용어를 이해하는 이러한 다양한 방법 중의 하나임이 분명하다.

따라서 이 장에서는 성격 이론과 성격 측정의 역사를 바탕으로 성격검사의 목적 및 용도를 살펴보고, 성격검사의 종류를 구분해 보며 앞 장의 TCI 외에도 가장 자주 사용되는 검사라 할 수 있는 MBTI와 PAI를 선택하여 그 사용 방법을 상세히 다루기로 한다.

1. 성격검사의 역할

사람들이 자신의 성격에 대해서 특히 관심을 갖는 시기는 바로 사춘기라고 해야 할 것이다. 이때부터 흔히 '나는 누구인가?'라는 질문으로부터 시작하여 우리는 끊임없이 자신의 성격과 행동에 대해서 스스로에게 설명하고자 한다. 그래서 자기 자신에 대한 생각, 자신에 대한 이론, 곧 자기개념은 사춘기 때부터 더욱 풍부해지고 확고해진다. 마찬가지로 우리는 타인의 성격에 대해서도 관심을 갖는다. 그는 어떤 사람인가, 무엇이 그를 그렇게 행동하게 하는가, 그의 행동 이면에는 어떤 의도나 동기가 있는가 등의 질문을 던진다. 이러한 질문은 그의 행동을 이해하고 예측하기 위한 중요한 단서들을 찾기 위한 시도라 할 수 있다. 나와 타인의 행동을 이해하고 예측하는 것은 우리가 사회 속에서 살아가는 데 중요한 삶의 기능이다. 우리가 일반적으로 잘 알지 못하는 사람 앞에서 긴장하고 경계의 끈을 늦추지 않는 것은 그의 행동을 아직 예측하지 못하기 때문이다. 잘못해서 공격당하거나 상처받을까 봐 자기방어를 위한 본능적 불안이 작동하고 있다고 볼 수 있다.

이러한 우리의 자신과 타인의 성격에 대한 관심은 크게 행동의 특징, 행동의 동기 그리고 발달과정으로 요약할 수 있다. 바로 이런 것들을 해명하기 위해 노력하는 사람들이 성격심리학자들이다. 그리고 성격검사들은 이런 개인의 질문에 대해서 답변하고자 하는 임상가들의 방법 중 하나이다. 따라서 성격 이론들은 다음의 영역들을 포괄하고 있다.

- 구조: 우리가 흔히 타인에 대해 '그는 어떤 사람인가?'라고 던지는 질문과 관련된 것으로서 여기서 '어떤'이라는 것은 개인의 특징들을 나타내며 이러한 특징들이 서로 어떻게 관계를 맺고 조직화되어 있는가와 관련된 것이 성격의 구조에 해당된다.
- 과정: '저 사람은 왜 그런 행동을 하는가?' '나는 왜 그런 행동을 하였나?'와 같은 질문에서 '왜'라는 질문에 해당되는 것으로, 행동이 일어나는 과정적 측면인 동기와 관련된다.
- 성장과 발달: 종종 우리가 묻는 '어떻게 지금의 저런 사람이 되었나?'와 관련된 내용으로서 여기서 '어떻게'라는 것은 개인의 성격이 결정되는 데 있어서 무엇이, 즉 유전과 환경 중 어느 것이 어느 정도, 어떤 식으로 작용했는지에 대한 것에 해당된다.
- 병리: 개인이 나타내는 성격이 사회적 규준에서 벗어나거나, 기능상의 장애를 초래하거나, 또는 개인의 주관적 느낌에 의해 고통이 존재할 때 이러한 성격적 장애의 특성과 원인을 설명하는 것에 관계한다.

이처럼 크게 넷으로 나눈 성격 주제에서 개인차를 설명하는 것이 성격 이론의 역할이다. 그리고 성격검사는 이러한 성격 이론의 역할에 맞게 만들어진다고 할 수 있다. 그러나 모든 성격검사가 이 네 가지 영역을 모두 측정하지는 않는다. 많은 검사는 그중 어느 한두 가지에 집중하여 구성되었다고 볼 수 있다. 따라서 개인의 성격(personality)을 파악하고자 할 때는 여러 개의 검사를 통해 성격의 총체적인 면을 파악하는 것이 필요하다.

2. 성격연구의 역사와 성격검사의 출현

인류가 인간의 개인차를 밝히려고 노력한 시점을 성격연구의 시초로 잡는다면 그것은 이미 기원전 고대 그리스와 로마 시대의 히포크라테스와 이후 그의 이론을 확장한 갈레누스(129~201) 시기까지 거슬러 올라간다. 히포크라테스는 완전한 것으로서 자연에 존재하는 것은 역시 인간 안에도 존재한다고 보았다. 그의 사고에 의하면 자연의 네 가지 원소에 해당하는 것이 인간의 네 가지 체액이다. 그것은 혈액, 황담즙, 흑담즙, 점액으로서 서로 혼합관계에 있으며 어떤 체액이 혼합과정에서 더 많이 나타나느냐에 따라 한 개인의 기질이 결정된다. 갈레누스는 체액에 의해 결정되는 네 기질 각각의 특징적인 성격을 기술하였다. 즉, 혈액 체액이 강한 다혈질의 사람(the sanguine individual)은 명랑하고 쉽게 행동하고, 황담즙이 강한 담즙질의 사람(the choleric person)은 빨리 흥분하고 정열적이다. 그리고 흑담즙이 강한 우울질의 사람(the melancholic person)은 소심하고 기쁨의 의미를 잘 받아들이지 않으며, 점액이 강한 점액질의 사람(the phlegmatic person)은 침착하고 잘 흥분하지 않는다(오현숙, 이금만, 성숙진, 2007; Kant,

1799; Schmeck, 2001 재인용-).

　기원전 인도의 힌두스 이론 또한 환경의 세 가지 원소인 공기, 물, 지형이 신체의 기본 물질인 정신, 점액질 및 담즙에 영향을 준다고 설명했다. 역시 이 시기에 중국에는 인간의 자연성, 성격 및 신체적 상태가 음과 양의 힘에 의해서 결정된다는 이론이 있었다.

　이렇듯 인간의 개인차에 관한 관심은 인류의 역사가 기술된 초기 사회부터 존재했다고 볼 수 있으나, 인간 중심에서 신 중심으로 철학과 사상이 반전되고 개인보다는 집단의 의미가 중요해진 서양의 중세시대에는 더 이상 인간의 성격에 관한 큰 발전이 있었다고 볼 수 없다. 히포크라테스의 4기질설은 중세를 지난 이후에야 비로소 Immanuel Kant의 저술[『실용적 관점의 인류학』(1799; Schmeck, 2001 재인용)]에 다시 나타났으며, 미국에는 체형과 기질의 관계에 대한 Sheldon의 저술(Sheldon & Stevens, 1942)에 옮겨졌다. 그러나 이러한 접근은 미국에서는 별 호응을 얻지 못했으며(Rothbart & Bates, 1998) 20세기의 성인 기질연구는 전적으로 영국과 구소련 및 동유럽을 중심으로 활발히 전개되었다.

　예를 들어, 영국의 요인분석 전통은 4기질설을 외향성과 신경증 개념으로 발전시켰고, 이를 바탕으로 Eysenck(1967)와 Gray(1982)의 심리생물학적인 실험적 연구가 탄생하게 되었다. 또한 구소련의 Pavlov와 동료들은 얼마나 빨리 실험동물이 조건화된 반사작용을 할 수 있는지를 통해서 동물들을 구분했다. 그들은 실험동물들의 차이를 중앙신경계(CNS)의 특성 차이로 보았다. 즉, CNS의 강도(흥분의 강도), 균형(흥분과 억제의 강도 간의 관계) 및 운동성(환경의 요구에 응하는 속도)에 따라 다르다는 것이다. 이러한 Pavlov의 연구는 영국의 생물학자 Gray(1973)의해서 계승되었다(Schmeck, 2001).

　히포크라테스 이래의 이런 오랜 역사와 전통의 기질설을 바탕으로 Gray는 신경체계와 관련된 생물학적 개념인 행동 활성화 체계(Behavioral Activation System: BAS)와 행동억제 체계(Behavioral Inhibition System: BIS)를 해명하였다. Gray 외에도 Eysenck(1967), LeDoux(1989), Panksepp(1986a), Zuckerman(1991) 등은 기질의 심리생물학적 구성개념을 밝히는 데 주력한 연구자라 할 수 있다(Rothbart & Bates, 1998 재인용). Gray의 BAS와 BIS 개념은 가장 최근의 인성 이론이라 할 수 있는 Cloninger의 심리생물학적 인성 이론으로 수용되고 발전되기에 이르렀다(R. Cloninger의 이론은 제8장 참조).

　지금까지 우리는 인류의 개인차 연구의 시초는 고대 그리스와 로마 시대의 히포크라테스의 기질연구라고 할 수 있으며 그의 기질 개념이 어떻게 최근의 심리생물학적 이론으로 계승·발전되었는지 살펴보았다.

　한편, 성격이 언제부터 과학적으로 연구되었는지, 즉 근대적 의미의 성격연구의 역사는 심리검사의 탄생과 관련지어 설명할 수 있다. 심리검사의 탄생은 과학적 체계의 성격연구 시도로서 간주되며, 이것은 또한 인간의 능력과 신체기능을 과학적으로 연구하고 측정하고자 한 심리측정학의 태동 및 발달과도 관련이 있다(보다 자세한 심리검사의 역사는 제1장 참조).

심리측정을 의미하는 심리검사의 개념은 1890년 James McKeen Cattell의 『정신검사와 측정 (Mental Tests and Measurements)』이라는 저서에서 처음으로 등장한다. 이 저서에서 Cattell은 손의 악력 강도, 손의 움직임 빈도, 피부의 촉각능력, 통각을 유발하는 압력의 정도, 소리 및 색채 변별시간 등 인간의 감각능력과 관련된 열 가지 정신검사를 소개하고 있다. 이때를 전후하여 인간의 여러 능력에 대한 많은 실험이 이루어졌고, 이를 위한 실험도구들이 만들어졌다. 19세기 영국의 실험심리학을 주도한 Francis Galton 경(1822~1911)은 Cattell에 앞서 1882년 런던에 연구소를 설립하여 인간의 감각 변별력과 반응시간에 대한 많은 실험을 통하여 개인차를 연구하였고, 이로써 심리진단학의 창립자 중 한 사람으로 불리게 되었다. 그의 Galton 막대, Galton 호루라기 및 감각능력과 관련된 그 밖의 정신기능의 측정도구와 평정척도 및 설문지는 오늘날 사용되는 각종 검사의 원형이 된다고 할 수 있다. 유럽 심리측정학(testpsychology)의 또 한 사람의 시조인 프랑스의 Alfred Binet는 동료인 Jules Simon과 함께 1905년 학생들에게 사용할 현대적 의미의 지능검사를 최초로 개발하였다. 이어서 1912년에는 W. Stern이 처음으로 지능과 생활연령의 관계에서 지능지수, 즉 IQ를 정의하였다(Rauchfleisch, 2005). 미국에서는 제1차 세계대전 중에 단기간에 신병들을 모집하고 적재적소에 배치하기 위해서 약 2만 명의 신병에게 군대용 알파와 베타 검사라는 지필형 집단지능검사를 실시하였는데, 이것이 최초의 집단지능검사가 된다. 이 무렵 유럽에서도 점차 심리진단학에 대한 관심이 크게 증가하였고, 당시 심리측정 이론에 대한 바탕이 충분하지 않았음에도 불구하고 수많은 검사가 구성되었다. 이러한 수많은 실험적 연구는 심리진단학의 발전에 크게 기여하였고, 그 결과로 지난 1920년대와 1930년대엔 인간의 특정 능력을 파악하기 위한 방법으로 심리측정적 방법이 크게 선호되었다. 당시에 사람들은 심리측정을 심리공학(psychological technology)이라고 부르기도 하였으며, 이때 심리진단가들의 목적은 인간의 정신과 관련된 수많은 부분기능을 가능한 한 정확하게 측정하는 것이었다(Rauchfleisch, 2005).

그러나 곧 이렇게 인간의 정신능력 또는 인성(성격)[1]을 여러 부분기능으로 세분화하는 것에 대한 비판이 일어났다(Ehrenstein, 1942; Koehler, 1947). 특히 게슈탈트 심리학적 입장에서는 '전체'는 '부분들의 합이 아닌 그 이상'이라며 비판을 가했으며, 따라서 아무리 개개 기능을 정확하게 설명한다 해도 그것으로 인성(또는 성격) 전체를 파악할 수는 없다고 하였다. 따라서 일반적인 또는 특수한 여러 지능검사와 능력검사가 사용되는 것 외에도 점차 인성을 전체로서 파악하려는 소위 '성격검사 또는 인성검사'들이 개발되었다. 곧, 성격검사에는 지적인 영역, 정서적인 영역, 사회적 행동, 특정 갈등관계 등이 모두 포함되었고 초기의 양적인 측정보다는 질적인

---

1) personality는 우리나라에서 흔히 성격으로 번역되었고, 더러 인성으로 번역되기도 하였다.

측정에 더욱 주목하였다.

최초의 성격검사로는 Kraepelin(1892)이 정신병 환자들을 대상으로 개발한 자유연상검사를 들 수 있다. 이것이 1900년대 초에는 Jung의 단어연상검사의 형태로 발전하였다. 이 검사는 사람의 정서를 야기할 것으로 보이는 100단어 정도의 목록으로 구성되어 있으며, 환자가 각 단어에 대해 마음에 떠오르는 다른 단어로 반응하게 하여 환자들의 콤플렉스를 밝히는 투사기법이라 할 수 있다. 1920년대와 1930년대에는 앞서 언급한 바와 같이 성격심리 연구 중점이 양적인 측정보다 질적인 측정에 집중되면서 여러 투사적 검사들이 출현하였다. 이때 Rorschach의 잉크반점검사(1920), Murray의 주제통각검사(TAT, 1935) 등이 개발되었다(Amelang, Bartussek, Stemmler, & Hagemann, 2006 재인용).

3. 성격 측정에 영향을 준 이론

이 시기에, 즉 20세기 상반기에 심리학 내에서 현재의 성격 이해와 측정에 영향을 준 여러 갈래의 이론적 경향들이 나타났다(Amelang et. al., 2006).

빈의 의사였던 Sigmund Freud(1856~1939)가 심리내적 과정의 역할, 곧 심층심리학적 조망을 강조하면서 정신분석을 창설하고 발전시켰다. 정신분석을 통해서 동기, 흥미, 갈등과 같은 심리내적 행동뿐만 아니라 눈에 보이는 외형적 행동들까지 모두 원초아, 자아, 초자아의 심리기구[2] 및 심리성적 에너지인 리비도의 심리역동적 작용으로 이루어지는 것으로 설명되었다. 따라서 심층심리학적 성격 파악의 방법은 정신분석적 자기분석, 사례연구, 꿈분석, 자유연상, 자기투사검사 등을 통해 이루어진다.

Ivan Pavlov(1849~1936)는 고전적 조건화를 통한 기본 학습기제를 발견하였고, Edward L. Thorndike(1874~1949)는 도구적 학습에 대해 해명함과 동시에 반복적이고 동일한 행동의 획득에 대한 학습 법칙을 설명할 수 있었다. John B. Watson(1878~1958)은 이러한 이론적 토대를 근거로 심리학이 종전의 내성적이고 주관적인 의식심리학적 연구방법에서 행동주의 관점(Watson, 1913)으로 가차 없이 돌아설 것을 촉구했다. 행동주의자들의 입장(Amelang et al., 2006)은 첫째, 진화적 계속성 이론으로서, 이에 따르면 인간과 동물의 차이는 진화적 계속성상의 차이이며 곧 복잡성의 수준이 다를 뿐이다. 둘째는 축소성 이론으로서, 행동은 물리적이고 생화학적인 과정으로 축소하여 설명할 수 있으며 비구체적인 행동 설명은 과학이 아니라고 본

----

2) 심리기구는 Freud가 심리내적인 과정, 즉 성격과정을 설명하기 위해서 사용한 이론적 구상으로 원초아, 자아, 초자아로 구성되어 있어서 구조 이론이라고 하기도 하고 3중 구조론이라고 하기도 한다.

다. 셋째는 결정론으로서, 이에 따르면 행동은 이전의 자극 형태를 통해서 일어난 것이다. 넷째는 경험론 이론으로서, 유기체에게 영향을 주는 것은 관찰 가능하고 측정될 수 있는 과정들이라고 본다. 여기에서 특히 경험론을 강조한 사람은 Burrhus F. Skinner(1904~1990)이었다. 그는 고전적 조건화를 통한 유기체의 행동학습은 자극과 반응의 과정 동안 수동적으로 일어나는 것임을 설명한 반면, 유기체의 (우연한) 행동은 그 결과가 보상되거나 처벌되는 것에 따라 조성되고 유지된다고 설명하였다. 그리고 이로써 행동의 능동성이 정교하게 설명된 조작적 조건화를 통한 학습 이론적 성격 이론의 기틀을 마련하였다. 행동주의에서는 구체적이고 분명하게 드러나는 행동관찰과 실험실 연구 및 현지조사를 통한 물리적인 측정, 현재 중심의 구체적인 자기보고 등이 성격을 파악하는 데 중요 자료가 된다.

일찍이 14세기 르네상스의 인문주의에 그 뿌리를 둔 현상학적 접근은 20세기에 들어 Carl R. Rogers(1902~1987)를 대표로 하여 인본주의 심리학으로 발전했다. Rogers는 인간의 의식적 체험, 자기개념, 의도적 행동, 선택의 자유 등을 강조하고, 인간은 과거로부터 결정적 영향을 받는 존재가 아니고 자유의지를 갖고 자아실현을 향해 나아가는 존재라고 설명함으로써 Freud 및 행동주의자들과 대립적 입장을 취하였다. 그를 중심으로 한 인본주의 심리학의 기본 가정은 사람들이 자기 자신, 타인 그리고 세상을 보는 관점은 모두 서로 다르기 때문에 옳고 그른 것이 있을 수 없고, 따라서 인간의 이해는 오로지 개인의 내적 체험의 세계를 통해서만 이해될 수 있다는 것이다. 이에 따라서 현상적 접근 또는 인본주의 심리학에서는 자기보고형 검사나 개인력을 나타내는 자료의 분석이 성격평가의 가장 중요한 정보원으로 간주된다.

성향적 접근은 일상생활을 관찰해 볼 때, ① 객관적으로 동일한 상황에서 개인의 체험과 행동은 서로 상이할 수 있다는 것과, ② 서로 다른 시간대(시간적 안정성)와 여러 상이한 상황(상황 일반적 일관성)에서도 동일한 체험과 행동을 할 수 있다는 현상을 설명하기 위해서 '특질' 또는 '특성(traits)'을 가정한다. 각 개인은 특성을 얼마나 많이 지니고 있느냐에 따라 체험과 행동이 달라진다는 이러한 기본 입장은 William Stern(1871~1938), Gordon W. Allport(1897~1967), Henry A. Murray(1893~1988) 등이 각각 서로 다른 고유의, 그리고 체계적인, 아울러 영향력 있는 이론들로 발전시켰다. 성향적 관점은, 특히 심리측정(psychometrics) 방법을 통해서 심리학적 평가가 지속적인 성공과 발전을 이루도록 하는 토대를 마련하였다(Amelang et al., 2006).

성격연구에 영향을 준 20세기 상반기의 이러한 여러 갈래의 이론을 바탕으로 성격검사들은 이제 부분이 아닌 성격 전체의 틀 안에서 분화하여 계속적으로 계발되는 발전을 거듭하였다. 그 결과, 성격 또는 인성 검사의 목적은 더 이상 인성의 부분기능들을 측정하는 것이 아니라 인성의 기능조직(function's structure)을 측정하는 것이 되었다(Rauchfleisch, 2005).

4. 성격검사의 분류

성격검사는 개인의 정서, 호오(好惡) 성향 또는 무의식적 동기 및 갈등 등을 측정하면서 개인의 성격구조, 과정, 발달, 병리적 현상 등을 파악하는 것에 관여한다.

이러한 목적의 성격검사는 자극의 유형과 채점과정의 표준화 유무에 따라 크게 투사검사와 비투사검사로 나뉠 수 있다. 투사검사는 주로 로샤 검사나 주제통각검사(TAT)와 같이 비교적 애매하고 모호한 자극을 검사 자료로 이용하여 수검자에게 그가 지각하는 대로 반응하게 함으로써 수검자 내면의 무의식적 동기나 갈등이 투사되어 나오도록 유도한다(투사검사의 정의는 제 10, 11장 '투사적 검사' 참조). 그런데 투사검사는 검사 자극의 애매성으로 인하여 사회적 바람직성(social desirability)을 가늠하기 어려우므로 수검자에게 반응을 왜곡하게 하기 어렵다는 장점이 있어서 수검자의 성격 특성 전체를 파악하는 데 크게 유리하다고 할 수 있지만, 수검자마다 지각과 반응 양식이 매우 다양하고 상이해서 채점 결과를 표준화하기 어렵다. 따라서 검사자의 전문적인 수련과 경험이 채점과 해석의 기초이며 절대적인 영향을 미친다고 할 수 있다.

이와 같이 투사검사는 검사 과제가 비구조화되어 있는 반면, 비투사검사는 검사 과제가 구조화되어 있다. 성격검사에서 비투사검사는 주로 인벤토리형 검사로, 검사 실시와 채점 및 해석이 객관적이어서 객관적 검사라고도 불린다. 객관적 검사는 평가 내용이 검사의 목적에 따라 미리 결정되어 있고 일정한 형식에 따라 반응하도록 구성되어 있다. 따라서 개인의 독특성보다는 개인마다 공통적으로 지니고 있는 특성이나 차원을 상대적으로 비교하는 데 더 유용하다고 할 수 있다.

한편, 성격검사는 성격요인들의 속성을 연속선상의 차원으로 기술하느냐, 아니면 비연속적인 범주로 구분하여 기술하느냐에 따라 차원 모델과 유형론 혹은 범주 모델로 나뉠 수 있다. 전자는 인간의 성격을 몇 개의 차원에 고정시키고 그 차원에서 개인이 얼마만큼의 특성을 소유하고 있는지를 기술한다. 이를테면 다요인인성검사 16PF나 기질 및 성격검사 TCI가 여기에 속한다고 할 수 있다. 후자는 인간의 성격은 질적으로 서로 다르고 분명히 구분되는 비연속적인 범주로서 기술한다. 따라서 같은 범주 내에 속한 사람들의 성격은 유사성이 높지만 범주 간의 경계가 분명하여 범주 밖의 사람은 비교적 유사성이 희박하다. 대표적 검사로는 MBTI를 들 수 있다.

성격검사는 또한 검사의 제작방법에 따라서 특정 이론을 바탕으로 하여 성격요인들을 구성하였는지, 아니면 요인분석과 같은 경험적 접근방법을 사용하였는지에 따라 이론적 접근과 요인분석적 접근의 검사로 나뉠 수 있다. 후자의 경우를 좀 더 설명하면, 이것은 예를 들어 사전에서 성격을 기술하는 모든 형용사를 발췌하여 그에 대해 각 개인이 자신이나 다른 사람을 평가하도록 한 다음 공통요인으로 축소하고, 그렇게 해서 얻은 최소의 요인을 성격요인으로 구성하는 방식이다. 이론적 접근의 검사로는 Jung의 성격 유형론에 따라 요인 구성을 한 MBTI가 여기에 속하며, Cloninger의 심리생물학적 인성 모델(Cloninger et al., 1994)에 따라 만들어진 TCI 검사군 또한 여기에 속한다. 요인분석적 접근의 검사들은 20세기 초 영국에서부터 시작하여 성격검사의 오랜 전통을 이루었다고 할 만큼 역사가 깊다. 예를 들어, 영국에는 정서성(emotionality, 후에는 신경증으로 명명), 의지 그리고 외향성으로의 요인분석(예: Burt, 1937; Webb, 1915)이 있었고, 이것이 현재 3대 인성 요인(Big Three superfactors of personality) 모델들, 즉 Tellegen(1985)의 부정적 및 긍정적 정서 그리고 강박 또는 Eysenck(1967)의 외향성, 신경증(Neuroticism) 그리고 정신병 성향(Psychoticism) 모델들의 전형이었다(Rothbart, 1998 재인용). 근대에 전 세계적으로 가장 많이 사용된 검사 중의 하나인 5요인 모델(Big Five or Five Factor Model: Goldberg, 1993) 및 이것의 가장 최근 형태인 NEO-PI(Costa & McCrae, 1985) 또한 여기에 속한다. 그런데 요인분석에 의해 만들어진 검사들은 이 요인들의 수가 몇 개여야 하는지에 대한 이론이 없고 이 요인들은 성격을 기술하는 형용사들을 단순히 최소 요인으로 축소하였기 때문에 성격의 구조를 나타낸다고는 볼 수 없는 한계점이 있다.

이 책에서는 검사를 크게 투사검사와 비투사검사로 구분하고 이 장에서는 비투사적인 검사로서 검사 실시와 채점 및 해석이 객관적인 표준화 성격검사를 다룬다. 자극 유형과 채점방식이 표준화 성격검사와는 현저히 다른 투사검사는 이 책의 별도의 장에서 다룬다.

핵심

- 인류의 개인차에 대한 관심은 기질 이론의 시초를 이룬 고대 그리스/로마 시대의 히포크라테스와 갈레누스(129-201) 시기까지 거슬러 올라간다. 히포크라테스의 4기질설은 중세를 지나 비로소 Immanuel Kant의 저술(『실용적 관점의 인류학』, 1799; Schmeck, 2001 재인용)에 다시 나타나며 이후 구 소련의 Pavlov(Schmeck, 2001 재인용), 영국의 Eysenck(1967)와 Gray(1982)에 의해서 계승·연구되었으며 최근에는 C. R. Cloninger의 심리생물학적 인성 모델로 발전되었다.
- 학문적 의미의 심리검사의 개념은 James McKeen Cattell의 1890년 저서 『정신검사와 측정』에 처음으로 등장한다.
- Cattell에게 큰 영향을 준 Galton은 1882년 런던에 연구소를 설립하여 인간의 감각 변별력과 반응시간에 대한 많은 실험을 통하여 개인차를 연구함으로써 심리진단학의 창립자 중 중요한 한 사람이 되었다.
- Alfred Binet는 그의 동료인 Jules Simon과 함께 1905년 학생들에게 사용할 현대적 의미의 지능검사를 최초로 개발하였다.

- 측정심리학(testpsychology)의 초기에 심리진단가들의 목적은 인간 정신과 관련된 수많은 부분기능을 가능한 한 정확하게 측정하는 것이었다.
- 인성(성격)을 여러 부분기능으로 세분화하는 것에 대한 비판으로서 '전체는 부분들의 합이 아닌 그 이상'이라는 입장이 대두되었다. 따라서 인성을 파악하기 위해 부분기능들을 측정하는 것이 아니라 인성의 기능조직을 파악하는 것이 목적인 성격검사들이 개발되기 시작하였다.
- 성격검사의 효시로는 Kraepelin(1892)이 정신병 환자들을 대상으로 개발한 자유연상검사를 들 수 있다.
- 20세기 상반기에 심리학 내에서 성격 이해와 측정에 영향을 준 여러 갈래의 이론적 경향이 나타났다. 여기에는 성격 이론의 중점이 서로 다른 심층심리학적 접근, 현상학적 접근, 행동주의적 접근, 성향론적 접근 등이 있다.
- 성격검사는 자극의 유형과 채점과정의 표준화 유무에 따라 크게 투사검사와 비투사검사로 나뉠 수 있다. 또는 성격요인들의 속성을 연속선상의 차원으로 기술하느냐, 아니면 비연속적인 범주로 구분하여 기술하느냐에 따라 차원 모델과 유형론 혹은 범주 모델로 나뉘기도 한다. 아니면 검사의 제작방법이 특정 이론을 바탕으로 한 구성이냐 혹은 (가장 전통적인 성격연구의 방법으로서) 성격을 기술하는 모든 형용사들에 대해 자신 또는 타인 평정을 한 후 최소 요인으로 압축하여 구성했는지에 따라서 이론적 접근의 검사와 요인분석적 접근의 검사로 분류할 수 있다.

5. 객관적 성격검사

1) MBTI

MBTI는 어떤 목적에 가장 유용하게 사용될 수 있을까? 우리는 성격심리 교재들에서 흔히 사람들은 자신의 성격에 대해서 '자아동조적'이라고 배웠다. 이 말은 곧 사람은 스스로 자신의 성격 특징을 적절하다고 생각하고 편하게 느낀다는 것을 의미한다. 그래서 대부분 자신의 성격에 대해 자발적으로는 문제 삼지 않는다. 여기에 또한 '환경 변용적'이라는 설명도 추가된다. 곧, 우리는 자신을 바꾸기보다는 주변 환경을 자신에게 맞추려 하는 경향이 있다는 것이다. 따라서 두 명의 대인관계에서 성격 갈등이 있을 때, 이는 대부분 자신을 변화시켜 상대방에게 맞추려 하기보다는 상대방이 자신에게 맞추어 주지 않는 것에 대한 불만에서 비롯된다고 할 수 있다.

그러나 MBTI 검사는 우리가 세상을 경험하고 인식하는 방법에 있어서 각각 차이가 있어서 무작정 타인의 요구에 맞추어 나를 변화시키기도 힘들지만, 역으로 나 또한 타인이 내게 맞추어 주기를 기대하는 것도 무리임을 이해하는 가장 빠른 방법 중 하나라고 할 수 있다. MBTI는 우리가 흔히 성격검사에서 측정하고자 하는 성격의 구조나 병리를 다루지는 않지만, 개인이 세상을 대하는 태도 및 세상을 체험하고 대처하는 방식에 있어서 서로 구별되는 특정 유형에 속하며, 그것이 타인과 얼마나 다른가를 알게 해 주는 데 이 검사가 가진 가장 큰 장점이 있다고 할 것이다. 따라서 MBTI는 서로 다름을 인식하고 있는 그대로 수용함으로써 관계 개선이 필요한 대인관계 문제에 적절하게 활용될 수 있는 유용한 도구 중 하나일 것이다.

(1) MBTI의 역사

MBTI는 Jung의 이론을 기초로 하여 Myers와 Briggs가 만든 자기보고형 검사이다. 이들은 1900년부터 사람들의 차이와 갈등을 이해하기 위한 노력으로 자서전 연구를 통해 성격 분류를 시도하였고, 1921년에 Jung의 심리유형 이론을 접하면서 본격적인 연구를 시작하였다고 할 수 있다(Myers, 1972; Myers & Briggs, 1962; Myers & McCaulley, 1985). 1942년부터 연구·개발된 A형에서부터 시작하여 B, C, D, E에 이르기까지 MBTI는 계속 수정되었다. 1962년에 의과대학 생들과 간호사들의 선호도 경향을 측정하기 위해서 미국의 ETS(Educational Testing Serviece)가 F형을 출판한 후 널리 보급되었고, 1975년에는 현재 표준형으로 쓰이고 있는 G형이 개발되었다. F형은 166문항, G형은 126문항으로서 성격 유형을 구분하기 위한 문항 외에 연구를 위한 문항 또한 포함되어 있다. F형과 G형은 성격 유형을 측정하기 위한 문항은 거의 동일하나 G형에서는 전체 유형을 가장 잘 예측할 수 있는 문항들을 앞부분에 배열함으로써 MBTI에 다 응답하지 못한 사람들도 자기 유형을 알 수 있게 하는 차이가 있다. 특히 G형에는 Jung의 개념들 중 크게 활용되지 않았던 판단-인식의 개념이 구체화되어 외부 세계에 대한 태도 파악 및 외향성 및 내향성과 함께 성격의 주기능과 부기능을 추정하는 데 유용하게 사용될 수 있게 되었다.

우리나라에서는 심혜숙과 김정택이 1990년에 MBTI G형을 표준화하였다(김혜숙, 김정택, 1990). 국내 MBTI의 연구와 개발은 같은 해에 설립된 한국 MBTI연구소와 1992년에 발족된 한국심리유형학회를 통해 이루어지고 있다. 여기에서 2002년에는 MBTI G형을 세분화하여 20개의 하위척도를 둔 MBTI K형이 표준화되었다. 2012년에는 MBTI G형의 개정판인 M형과 K형의 개정판인 Q형이 한국 표준화되었다. M형은 현재 가장 일반적으로 사용되는 표준형이며 Q형은 MBTI에 의해 구분된, 같은 유형의 성격 내에 존재하는 개인차를 설명하기 위해서 또는 유형을 찾기가 어려운 경우나 MBTI M형의 검사 결과로 나타난 네 가지 선호지표의 점수가 낮아서 보다 구체적인 정보가 필요할 경우 사용된다.

(2) 구성 내용

MBTI의 바탕이 되는 이론은 Jung의 심리 유형에 관한 설명이다. Jung은 인간의 심리적 에너지가 외부 또는 개관적(다른 사람 등) 세계로 흐르는지, 아니면 안으로, 즉 자기 자신을 향해 흐르는지에 따라서 외향성(extroversion)과 내향성(introversion)을 구분하였고, 개인이 세상을 체험하고 대처하는 방식으로 사용하는 네 가지 기능으로서 사고(thinking), 감정(feeling), 감각(sensing) 그리고 직관(intuiting)을 분류하였다. 그리고 이 네 가지 기능 중 가장 발달한 기능을 주기능이라 하고 가장 발달되지 않은 기능을 열등기능이라고 명명하였다. 또한 외향성과 내향성의 두 가지 태도와 네 가지 기능이 연결되면 총 여덟 가지 성격 유형이 나옴을 설명하였다. Jung에 의하면 이 여덟 가지는 모든 사람에게 공통되며 세상을 살아가기 위한 정신적 도구이다. 즉, 세상을 감지하고 이해하는 방식으로서 사람들 간의 유형 차이와 발달양식은 이러한 도구를 사용하는 방식의 차이에서 생긴다. 이 여덟 가지 정신적 도구는 다음과 같다.

■ 인식
외부 세계와 내부 세계의 정보를 받아들이는 두 가지 방식(감각과 직관)
① 외향적 감각
② 내향적 감각
③ 외향적 직관
④ 내향적 직관

■ 판단
외부 환경과 내부 세계의 정보를 조직하고 결론에 이르는 두 가지 방식(사고와 감정)
⑤ 외향적 사고
⑥ 내향적 사고
⑦ 외향적 감정
⑧ 내향적 감정

그런데 Myers와 Briggs는 사람들이 이 여덟 가지 정신적 도구를 사용함에 있어서 이 기능들 중 어느 하나를 더욱 선호하여 사용한다는 것을 강조하였다. 이 부분은 Jung이 비교적 덜 강조한 부분으로, Myers와 Briggs는 개인이 외부 세계에 대처해 나갈 때 주로 판단적 태도를 취하는지 또는 인식적 태도를 취하는지를 구분함으로써 위의 여덟 가지 유형을 다시 16개의 심리적 유형으로 세분하였다.

따라서 인식과 판단의 사용 경향을 결정짓는 사람들의 선호성/선호 경향은 〈표 9-1〉에 제시한 것과 같은 네 가지의 분리된 지표로 구분될 수 있으며, 이 네 가지를 조합하면 바로 16개의 심리적 유형이 된다.

● 표 9-1　MBTI의 하위척도(네 가지 지표/선호 경향)

네 가지 지표			선택의 방향
EI	E I	외향성 내향성	• 인식과 판단이 주로 외부 세계에 초점을 두고 이루어지는지 또는 주로 내부 세계에 초점을 두는지
SN	S N	감각적 인식 직관적 인식	• 인식 과정에서 어떤 종류의 인식방법이 더 선호되는지
TF	T F	사고적 판단 감정적 판단	• 의사결정이 일어날 때 어떤 종류의 판단이 더 신뢰되는지

JP	J
	P
		판단
		인식
			• 외부 세계에 대처해 나갈 때
			  – 판단(J)적 태도를 취하는지(T 또는 F를 통해서)
			  – 또는 인식(P)적 태도를 취하는지(S 또는 N을 통해서)

(3) 하위척도

① 외향성-내향성(EI)

외향성과 내향성(Extraversion-Introversion: EI)은 주의집중과 에너지의 방향에 관련된 태도이다. 외향적인 사람은 주로 외부 세계의 사람이나 사물에 관심을 갖는다. 이들은 외부 세계를 지향하므로 인식과 판단의 초점이 외부 세계를 향해 있으며 외부 세계에서 주로 영향력을 확인하고자 한다. 세상을 이해하는 방법으로 사색보다는 외적인 경험과 행동을 더 선호하는 경향이 있다. 이러한 선호성은 외향적인 특성을 발달시키며, 대인관계에서 사교적이고 말하기를 좋아하며 충동적으로 사람을 만나는 경향도 있다.

반면, 내향적인 사람은 외부 세계보다는 자기 자신의 내부 세계에 몰입하는 것을 선호한다. 외적인 경험과 체험을 즐기기보다는 그러한 것들이 자신에게 주는 의미를 찾는 데 더 집중한다. 인식과 판단의 초점 또한 마음속의 개념과 관념에 맞추어져 있으며 이러한 개념과 관념을 분명히 하는 데 더 관심을 갖는다. 내향적 선호성은 내향적 특성을 발달하게 하여 사려 깊고 사색적이며 고독과 사생활을 즐긴다.

② 감각-직관(SN)

정보를 수집하는 모든 인식활동은 감각과 직관(Sensing-Intuiting: SN)으로 나뉜다. 감각이란 우리의 감각을 통하여 관찰하는 인식을 말하는 것으로서 구체적으로 존재하는 것, 현재 일어나고 있는 것에 대한 관찰이다. 따라서 감각적 인식을 선호하는 사람은 직접적인 경험에 의존하여 정보를 받아들이는 경향이 있다. 이런 방식의 인식과 관련된 특징이 발달하며 현재를 즐기고 구체적이고 실제적이며 관찰능력이 뛰어나다.

직관은 감각 정보를 초월하는 것으로 보다 심오한 의미, 관계, 가능성에 대한 인식이다. 통찰을 통해 일어나며 육감이나 예감, 창의적 발견과 같이 돌발적으로 나타나기도 한다. 직관적 인식을 선호하는 사람은 사물이 나타나는 형태나 색채 같은 것보다는 그것들과 관련된 의미들을 먼저 발견한다. 이들은 구체적인 현실보다는 가능성을 추구하며 이러한 특징이 발달한다. 따라서 상상적이고 이론적이며 추상적, 미래지향적 또는 창조적이다.

③ 사고-감정(TF)

사고와 감정(Thinking-Feeling: TF)은 의사결정과 판단에 관여하는 기능이다. 사고는 아이디어를 논리적으로 연관시키는 기능으로서, 사고기능을 선호하는 사람은 어떤 선택이나 행동에 대해서 논리적인 결과들을 예측하고 분석하며 평가해 보려는 경향이 강하다. 이들에게서는 사고와 관련된 특징이 발달하며, 따라서 어떤 일을 판단할 때 인정에 얽매이지 않고 객관적이고 원칙을 중시하며 정의와 공정성을 중요시한다.

반면, 감정은 논리보다 상대적인 가치를 더 중시하여 의사를 결정하는 기능을 말한다. 따라서 감정을 선호하는 사람은 일의 객관성과 논리보다는 사람을 더 중시하고 사람에게 초점이 맞춰져 있으며 자신과 타인이 부여하는 가치를 더 중요하게 느낀다. 감정을 선호하는 사람들은 감정에 따른 판단기능이 발달하며, 따라서 인간관계를 좋아하고 타인을 잘 이해하며 상대방의 입장을 잘 고려하는 의사결정을 한다. 그리고 인간적이고 동정심이 많으며 온정적이다.

④ 판단-인식(JP)

판단과 인식(Judging-Perception: JP)은 외부 세계에 대한 태도와 관련된다. 태도는 외부 세계에 대처하기 위해서 주로 사고 또는 감정을 사용하는지 또는 주로 감각과 인식을 사용하는지에 따라 구분된다. 즉, 주로 사고와 감정을 사용하는 사람은 J라는 판단기능을 선호하고 주로 감각과 인식을 사용하는 사람은 P라는 인식기능을 선호한다. 따라서 판단과 인식의 척도는 사람들이 주로 사용하는 주기능을 구분하기 위해서 Briggs와 Myers가 Jung의 이론을 보다 세분화하여 만든 척도이다. 따라서 이 척도를 근거로 개인의 주기능과 부기능, 열등기능 및 3차 기능이 구별된다.

외부 세계에 대해서 판단을 선호하는 사람들은 되도록 빨리 결정을 내리려 하고, 결정을 내릴 만큼의 정보가 주어졌다 생각되면 (더 이상의 인식활동은 필요하지 않다고 생각하며) 빨리 결론에 도달하고자 한다. 체계적으로 생활을 조절하고 통제하기를 선호해서 계획에 따라 일을 진행하며 정해진 기간에 일을 마무리 짓는 것을 좋아한다. 이런 사람들의 행동은 목표가 뚜렷하며 조직화되어 있고 흔들림 없이 확고해 보인다.

반면, 인식적 태도를 선호하는 사람들은 주어지는 정보 자체를 즐긴다고 할 수 있으며 상황

398

에 맞추어 행동하고 새로운 정보에 개방적이고 호기심과 관심이 많다. 이런 사람들은 생활을 조직화하고 체계화하기보다는 주어지는 상황들을 잘 이해하려고 하며, 따라서 비교적 조직화되지 않은 애매한 상황이나 새로운 사건 또는 변화에도 잘 적응하는 편이다.

이상의 MBTI의 4개 척도를 조합하면 〈표 9-2〉와 같이 16개의 성격 유형이 구분된다.

● 표 9-2   16가지의 성격 유형

	S	S	N	N	
I	ISTJ	ISFJ	INFJ	INTJ	J
I	ISTP	ISFP	INFP	INTP	P
E	ESTP	ESFP	ENFP	ENTP	P
E	ESTJ	ESFJ	ENFJ	ENTJ	J
	T	F	F	T	

(4) 유형의 이해

각 유형의 특징을 이해하기 위해서 여러 유형 사이의 동일한 공통 특징끼리 묶어서 보는 것도 유용하다. 〈표 9-2〉에서 16개의 유형 배치는 이러한 공통 특징을 고려하여 구성한 것이고, 〈표 9-3〉에서는 이를 설명한다(김정택, 심혜숙, 제석봉, 1995).

유형 발달은 일생의 과정이라고 한다. 유형 이론에 의하면 아이는 태어날 때부터 특정 기능을 선호하는 경향을 지니고 있다. 이것은 개인의 주기능으로서 아이는 자신의 주기능을 사용하려는 강한 동기를 가지고 있어서 이것을 주로 사용하여 발달시킬 수 있다. 따라서 각 유형마다 네 기능 중 두 기능이 잘 발달하게 되나(주기능, 부기능) 그것의 능력이 완전히 발휘되는 것은 일생이 걸린다고 한다. 선호되지 않은 나머지 두 기능에는 자연히 관심도 적고 소홀해지며, 따라서 두 기능은 다른 기능들에 비해 덜 발달하며 미분화된다(3차 기능, 열등기능). 이렇게 더 발달한 기능, 선호되는 기능을 사용할 때 사람은 더 편안하게 느끼고 쾌적한 기분을 가지며 이를 중심으로 활동이 일반화되므로, 이것이 그 사람의 특성을 이루고 행동이나 기술이 발달하는 것이라고 설명할 수 있다.

유형의 발달은 출생하면서부터 선호하는 두 기능을 최상의 상태로 발달시키고 나머지 관심이 적은 두 기능도 어느 정도 활용할 수 있는 상태를 의미한다. 젊었을 때의 과업은 주기능과 부기능의 두 기능을 최적의 수준으로 발달시키는 것이며, 중년의 과업은 덜 선호하는 나머지 두 기능 또한 의도적으로 사용함으로써 발달을 꾀하고 전체 기능들 간의 조화를 이루는 것이라 할 수 있다. 다음에 설명되는 열여섯 가지 선호 경향의 특성은 젊은이들의 특성에 해당된다.

● 표 9-3   각 성격 유형에서 각각의 선호도가 가지는 기여도

		사고	감정	감정	사고	
내향성	판단형	**ISTJ** I 깊이와 집중력 S 실용적 현실감각 T 논리와 분석력 J 조직력	**ISFJ** I 깊이와 집중력 S 실용적 현실감각 F 온화함과 인정 J 조직력	**INFJ** I 깊이와 집중력 N 가능성 포착 F 온화함과 인정 J 조직력	**INTJ** I 깊이와 집중력 N 가능성 포착 T 논리와 분석력 J 조직력	J
내향성	인식형	**ISTP** I 깊이와 집중력 S 실용적 현실감각 T 논리와 분석력 P 적응성과 융통성	**ISFP** I 깊이와 집중력 S 실용적 현실감각 F 온화함과 인정 P 적응성과 융통성	**INFP** I 깊이와 집중력 N 가능성 포착 F 온화함과 인정 P 적응성과 융통성	**INTP** I 깊이와 집중력 N 가능성 포착 T 논리와 분석력 P 적응성과 융통성	P
외향성	인식형	**ESTP** E 폭넓은 활동력 S 실용적 현실감각 T 논리와 분석력 P 적응성과 융통성	**ESFP** E 폭넓은 활동력 S 실용적 현실감각 F 온화함과 인정 P 적응성과 융통성	**ENFP** E 폭넓은 활동력 N 가능성 포착 F 온화함과 인정 P 적응성과 융통성	**ENTP** E 폭넓은 활동력 N 가능성 포착 T 논리와 분석력 P 적응성과 융통성	P
외향성	판단형	**ESTJ** E 폭넓은 활동력 S 실용적 현실감각 T 논리와 분석력 J 조직력	**ESFJ** E 폭넓은 활동력 S 실용적 현실감각 F 온화함과 인정 J 조직력	**ENFJ** E 폭넓은 활동력 N 가능성 포착 F 온화함과 인정 J 조직력	**ENTJ** E 폭넓은 활동력 N 가능성 포착 T 논리와 분석력 J 조직력	J

T   F   F   T
감각형(S)   직관형(N)

유형별 상세한 설명은 한국MBTI연구소의 매뉴얼을 참조하는 것이 제안된다. 여기서는 주기능을 중심으로 하여 핵심 특징만을 제시하기로 한다. 각 유형이 나타내는 특징은 유형의 주기능, 부기능, 3차 기능, 열등기능을 살펴볼 때 이해하기가 쉽다. 따라서 유형별 특징을 제시하기 전에 먼저 이 네 가지 기능의 의미와 그것을 판별하는 방법을 소개한다.

① 주기능, 부기능, 삼차기능, 열등기능의 의미
• 주기능: 인식과 판단의 네 가지 기능 중 가장 편하게 쓰는 기능이다.
• 부기능: 주기능 다음으로 사용하는 기능으로서 주기능을 보완하고 균형을 유지하는 데 사용된다.
• 3차 기능: 상대적으로 잘 쓰지 않는 기능으로 부족한 성격 경향성을 의미한다.

- 열등기능: 내부에 존재하는 기능이기는 하지만 가장 잘 사용하지 않는 관계로 상당히 퇴색된 기능을 말한다.

② 주기능, 부기능, 3차 기능, 열등기능의 판별

외부 세계에 대처하는 태도인 J와 P가 주기능과 부기능을 결정한다. 예를 들어, J라는 판단적 태도를 쓰는 사람은 그가 외향적인 경우에 판단기능인 T 또는 F가 그의 주기능이다. 그리고 나머지 인식기능, 즉 S 또는 N이 부기능이다.

그런데 내향적인 사람인 경우에는 반대가 된다. 이 사람은 J를 내향적으로 사용하기 때문에 밖으로 드러나지 않고, 따라서 그의 주기능은 T 또는 F가 아닌 S 또는 N이 된다. 그리고 남은 판단기능인 T 또는 F가 부기능이 된다.

3차 기능은 부기능의 반대이다. 즉, T가 부기능이면 F가 3차 기능이다.

열등기능은 주기능의 반대이다. 즉, S가 주기능이면 N이 열등기능이다.

③ 유형별 특징[3]

• **ISTJ**

감각을 주기능으로 사용하는 내향적 판단형이다. 따라서 조용하고 진지한 가운데 사소한 것까지 잘 기억하며, 세심하고 꼼꼼하게 미리 계획하는 유형으로서 실수가 적다. 사고를 부기능으로 사용하여 논리적이고 객관적이며 결정에 있어서는 타인의 영향을 잘 받지 않는다. 감정에 치우친 결정은 하지 않기 때문에 매우 공정하다고 할 수 있지만 완고하고 고집스럽게 보이기도 한다. 직관이 열등기능이면서 앞을 바라보고 앞서가는 일에는 조심스러워하며 직접 경험하지 않은 일은 잘 믿지 않는 선천적인 관습형이다.

• **ISTP**

사고를 주기능으로 사용하는 내향적 인식형이다. 사고를 주기능으로 사용하고 감각을 부기능으로 사용하기 때문에 어떤 상황에서도(특히, 위기의 경우) 냉정하게 잘 대처하며 동요되지 않는다. 예리한 관찰력과 문제 해결에 능한 논리적 사고로 매우 현실적이며 실용적이다. 기계와 같은 도구의 사용에 흥미를 갖고 복잡한 기계의 작동원리까지 쉽게 이해하지만, (감정이 열등기능이다 보니) 예측한 대로 반응하지 않는 인간관계에서 능란하게 일을 처리하는 데는 취약

---

3) 유형별 특징들은 주기능 또는 부기능 등의 단편적 작용은 아니고 여러 기능과 태도의 상호작용에 따른 특징이라고 해야 할 것이나 여기에서는 유형별 특징을 이해하는 데 도움을 주기 위해 주기능, 부기능 등을 지적해 가며 정리하였다. 또한 내용의 상당 부분은 김정택, 심혜숙, 제석봉(1995) 및 Tieger와 Tieger(1998)를 참조했음을 밝힌다.

401

하다고 할 수 있다.

• ESTP

감각을 주기능으로 사용하는 외향적 인식형이다. 감각의 주기능을 외적으로 사용하기 때문에 주변의 것들에 관심이 많고 관찰력이 뛰어나며 쉽게 반응하고 적응력이 뛰어나다. 그러나 결과를 생각지 않고 행동이 앞서는 경향이 있다. 보고 듣고 느끼는 것을 남에게 세세하게 이야기하기 좋아하며 갑작스러운 사건을 매우 흥미로워하고 어떤 일에나 기꺼이 끼어든다. 야외활동을 좋아하고 운동을 즐기며 친구 사귀기를 좋아한다. 16개의 유형 중 가장 운동을 좋아하고 쉽게 운동을 배울 수 있는 유형이다. 직관이 열등기능이다 보니 지나치게 진지하거나 이론적인 토론은 참기 힘들어하는 경향이 있다.

• ESTJ

사고를 주기능으로 사용하는 외향적 판단형이다. 사고를 외향적으로 사용하기 때문에 상황을 현실적으로 판단하고 감각을 부기능으로 사용하면서 구체적 사실을 근거로 한 논리적이고 분석적인 면이 강하다. 결정이 빠르며 한번 결정하면 결정을 번복하는 일이 거의 없다. 근면하고 진지하며 원칙을 중시하고 도덕적이며 합리적인 자세는 조직의 구성원에게 자신감과 신뢰감을 불어넣는 타고난 리더형이다. 주도적이고 계획적으로 활동을 조직화하는 것을 선호한다. 변덕스럽지 않고 누구에게나 공정하지만 의사결정에서 상대방의 감정을 크게 고려하지 않기 때문에 때로 무심하게 보인다.

• ISFJ

감각을 주기능으로 사용하는 내향적 판단형이다. 조용하고 신중하며 사소한 것까지 신경을 쓰며 조직적이고 체계적으로 일을 처리하기를 좋아한다. 감정을 부기능으로 사용하기 때문에 타인의 감정에 민감하며 감수성이 풍부하고 동정심이 많아서 다른 사람의 말을 잘 들어주고 현실적이고 실질적인 면에서 사람들을 돕고자 한다. 다른 사람들과 갈등관계에 있는 것을 불편해하기 때문에 논쟁을 싫어하고 자기주장을 하지 않으며 다른 사람에게 매우 협조적이지만 비사교적이어서 소수의 사람하고만 교제한다. 직관이 열등기능이면서 미래나 불확실한 것에 불안해지는 경향이 있다.

• ISFP

감정을 주기능으로 사용하는 내향적 인식형이다. 주기능인 감정을 내적으로 사용하므로 과묵한 가운데 친절하며 타인의 정서에 민감하고 겸손하다. 타인의 고통에 깊이 마음이 움직이지만 말수가 적고 자기표현이 적어 무심하고 초연한 듯 보이기도 한다. 감각을 부기능으로 사용하면서 관찰력이 뛰어나다. 특히 사람에 대한 관심이 크므로 다른 사람이 원하는 것을 금세 알아차리지만 남을 돕는 과정에서 감정에 치우친 판단으로 객관성을 상실하는 경우가 많다. 자기주장이 별로 없어서 주도적이기보다는 남을 충직하게 따르는 편이며 야심가이기보다는 현재를 즐기는 형이다.

• ESFP

감각을 주기능으로 사용하는 외향적 인식형이다. 감각을 외향적으로 사용하면서 현실적이고 실리적이며 현재 하고 있는 일에 집중한다. 이렇게 현재를 즐기는 성향과 함께 감정을 부기능으로 사용하면서, 특히 사람들과의 관계에서 사람을 즐겁게 해 주는 것에 삶의 기쁨을 느끼는 타고난 연예인이다. 쾌활하고 말이 많으며 사교적이고 타인들과의 관계에서 주로 행동의 중심이 되고자 한다. 인정이 많고 이해심이 크며 선입견이 없는 관계로 다른 사람의 문제에 관심이 많고 때로 깊이 관여하게 되는 경우가 있고, 의사결정에서 주로 개인적인 느낌이나 가치관에 의존하기 때문에 다른 사람에게 이용당할 위험이 적지 않다.

• ESFJ

감정을 주기능으로 사용하는 외향적 판단형이다. 감정, 느낌을 주기능으로 사용하면서 마음이 따뜻하고 감수성이 매우 풍부하다. 다른 사람을 즐겁게 해 주려는 욕구도 강하고 아울러 다른 사람들로부터 사랑받고 인정받으려는 욕구 또한 매우 강하다. 성실하고 근면하며 양심적이고 남을 돕고자 하며, 특히 가족이나 친구를 소중히 여기고 자신을 기꺼이 희생시킨다. 매사를 자신의 문제처럼 느끼는 경향이 있고 마음이 약해서 쉽게 상처를 받는 편이다. 사고가 열등기능이다 보니 상황을 지나치게 개인적으로 해석하고 공정하고 객관적으로 평가하지 못하는 경향이 있다.

• INFJ

직관을 주기능으로 사용하는 내향적 판단형이다. 직관을 주기능으로, 감정을 부기능으로 사용하면서 예견력과 통찰력 및 창의력이 있고 이러한 능력을 다른 사람을 위해 사용할 수 있을 때 매우 만족해한다. 내향적인 성향으로 조심성이 있고, 신중하며 감수성이 예민하다. 조화로운 인간관계를 중시하여 다른 부분을 희생시키는 경향이 있다. 인내심이 강하고 자기 일에 최선을 다하지만, 하나에만 집중하는 성실성은 때때로 비융통적으로 보이기도 한다. 감각이 열등기능이면서 현실을 제대로 고려하지 못해서 생각이나 비전을 제대로 실현시키지 못하는 점도 있다.

• INFP

감정을 주기능으로 사용하는 내향적 인식형이다. 주기능인 감정을 내적으로 사용하면서 일생 동안 의미와 내적인 조화를 추구한다. 내적 신념이 강하여 개인적 가치관에 따라 행동하며 옳지 않은 것이라고 판단되는 행동은 하지 않는다. 타인의 감정을 아는 데 익숙하고 가까운 사람에게는 다정하고 협조적이지만 자신의 세계를 함께할 사람을 선택하는 데 매우 까다로워서 타인에게는 다소 냉담하고 무심하게 보이기도 한다. 직관이 부기능인 만큼 관습이나 전통에 얽매이지 않고 창의적인 것을 높이 평가하며 따라서 예술 분야에 열정이 있다. 사고가 열등기능이면서 객관적 판단에 어려움을 겪고 종종 상황에 너무 깊게 말려들면서 마음의 상처를 입는 경우도 있다.

• ENFP

직관을 주기능으로 사용하는 외향적 인식형이다. 직관을 주기능으로, 감정을 부기능으로 사용하면서 현재 눈앞에 보이는 것 이상으로 상황이나 사람을 이해하는 능력이 뛰어나다. 특히 사람에게 관심이 많고 사람들을 잘 다루며 온정적이고 정열적이다. 새로운 가능성을 찾고 시도하는 유형이며 활동적이고 상상력이 풍부하며 재능이 많다. 관습에 얽매이지 않기 때문에 천성적으로 권위나 규칙을 싫어한다. 새로운 아이디어가 풍부하지만 감각이 열등기능이면서 현실감각이 부족하고 세세한 것을 잘 보지 못하며 오랫동안 집중적으로 하는 일을 잘 하지 못한다.

• ENFJ

이 유형도 (ESFJ처럼) 감정을 주기능으로 사용하는 외향적 판단형이다. 감정이 주기능이므로 타인의 정서에 민감하고 동정심이 많으며 따뜻하고 사교적이다. 조화로운 인간관계를 유지하는 것을 매우 중요시하며, 여기에 천부적 재능이 있다. 직관을 부기능으로 사용하면서 다른 사람의 개인적인 문제를 독창적인 방법으로 해결해 주는 것에도 능력이 있다. 활달하고 열정적이며 청중이 원하는 것을 즉각적으로 알아차리는 대중연설가의 소질이 있다. 사고가 열등기능인 사람들이 흔히 그렇듯이 객관성이 부족하고 자신과 관계없는 일까지 자신의 일처럼 감정적으로 끼어들어 곤란해지는 경우가 있다.

• INTJ

직관을 주기능으로 사용하는 내향적 판단형이다. 직관을 내적으로 사용하면서 사고가 독창적이고 강한 직관력이 있으며 내적 신념이 강하여 자신이 가진 영감과 목적을 실현시키는 강한 의지와 결단력을 소유하고 있다. 창의적이고 상상력이 풍부하므로 기발한 착상과 혁신적인 성향으로 거의 모든 분야에서 독특한 재능을 나타낸다. 감각이 열등기능이면서 현실 세계를 살아가는 데는 어려움을 겪기도 하며, 때로 창안한 아이디어를 실제로 적용할 때 파생되는 현실적 문제를 고려하지 않아 실수를 범하기도 한다. 추상적이고 이론적인 성향의 지적 활동을 가장 편하게 여기며 다른 사람의 정서에는 미숙한 편이어서 가까운 사람에게도 무관심하게 행동하곤 한다.

• INTP

사고를 주기능으로 사용하는 내향적 인식형이다. 사고를 내적으로 사용하면서 조용하고 과묵하며 논리적이고 분석적이다. 어떤 문제도 논리적으로 접근하면 해결할 수 있다는 자신감이 있으며, 따라서 어떤 위기가 닥쳐도 놀랍도록 침착하고 냉정하게 일을 처리할 줄 안다. 세속적인 것에 관심이 없고 단순한 일에 쉽게 싫증을 느끼며 사고력이 부족하여 일 처리를 잘 못하는 사람을 무시하는 경향이 있어서 교만해 보이기도 한다. 감정이 열등기능이면서 다른 사람의 감정이나 욕구에는 둔감한 편이다.

• ENTP

직관을 주기능으로 사용하는 외향적 인식형이다. 직관을 외적으로 사용하고 사고가 부기능이기 때문에 민첩하고 유쾌하고 사교적이며 독창적 사고로 주변 사람들을 즐겁게 해 주는 선천적인 재능이 있다. 뛰어난 설득력을 가지고 있고 곧잘 깊은 인상을 주며 상황에 따라 원하는 것을 얻을 수 있는 최선의 해결책을 알고 있어 협상에 뛰어나다. 하지만 때로 약속을 잘 지키지 못하고 현재보다 더 나은 방법이 있다고 주장함으로써 행동에 일관성이 없고 혼란스러우며 믿기 힘들다는 평을 받기도 한다. 감각이 열등기능이면서 일상적이고 세부적인 일은 경시하거나 태만하기 쉽다.

• ENTJ

사고를 주기능으로 사용하는 외향적 판단형이다. 사고가 주기능으로, 직관이 부기능으로 작용하면서 논리적이고 객관적이며 효율적인 결정을 내리는 데 능숙하며 현재의 행동이 미래에 미칠 영향까지도 예상할 수 있는 능력이 있다. 어떤 변화에도 두려워하지 않으며 대담하고 용기가 있고 복잡한 문제나 쟁점에서도 천부적인 창의성과 혁신성을 바탕으로 일을 잘 처리하기 때문에 다른 사람에게 자신감을 불어넣어 주지만 때로 위압적이고 두려운 존재로 생각되기도 한다. 활력적이고 사교적이며 단호하고 지도력과 통솔력이 있다. 일을 중시하고 조직적이고 생산적이어서 열심히 일하지만, 이러한 경향으로 가족과 개인생활을 희생시키는 면이 있다. 감정이 열등기능이면서 자신의 행동이 다른 사람에게 미칠 영향을 거의 고려하지 않으며 무감각한 사람처럼 행동한다.

(5) 검사의 신뢰도

MBTI G형의 한국 표준화(심혜숙, 김정택, 1990)는 미주 교포 성인 남녀 201명, 한국인 성인 남녀 200명, 한국인 남녀 대학생 141명과 고등학생 232명의 총 774명을 대상으로 이루어졌다. 영어판 MBTI G형의 원문항이 의미하는 성격 특성을 포함하면서 문화적 차이를 고려하여 문화 특수성에 맞게 번역이 시행된 뒤 여러 차례 예비검사가 이루어졌다. 검사의 신뢰도는 반분신뢰도 및 재검사신뢰도를 통하여 검증되었는데 외향성-내향성, 감각-직관, 사고-감정, 판단-인식의 4개 척도에서 전자는 각각 .77, .81, .78, .82이었고 후자는 각각 .86, .85, .81, .88로서 양호한 편으로 나타났다.

(6) 검사의 실시

MBTI의 실시를 위해서는 검사지 및 답안지 그리고 필기도구 외에 검사자나 수검자가 사전에 별도로 준비해야 하는 도구는 없다. 수검자는 검사지의 '검사를 받기 전에 읽어 볼 사항'을 읽은 후 응답지의 인적 사항과 전공 및 직업에 관한 간단한 기재 사항을 기입한 다음 응답하면 된다. 단체검사에서는 검사자가 '검사를 받기 전에 읽어 볼 사항'을 큰 소리로 읽어 줄 수 있다. 내용은 MBTI가 진단검사나 능력평가검사가 아니며 개인의 타고난 심리적 경향과 그 경향이 지니는 성격의 역동을 파악하여 개인의 생활에 도움을 주고자 한다는 것, 검사에는 정답이 없다는 것 그리고 오래 생각할 필요가 없고 자연스러운 마음가짐으로, 습관처럼 편안하고 자연스럽게 자주 느끼고 행동하는 경향에 답해야 한다는 것이다.

(7) 채점 및 해석

① 채점

MBTI M형은 자가채점용 버전과 온라인채점 버전 2가지가 있고, 학교에서 집단으로 검사를 실시하게 될 경우 컴퓨터 채점이 가능하다. Q형은 온라인으로만 검사가 가능해 온라인채점 버전만 있다.

MBTI M형의 자가채점 방식은 이전의 G형의 자가채점 방식보다 더 편리해졌다. G형에서는 T-F 선호지표에서 남성과 여성의 채점을 구분하여 서로 다른 점수가 부여되었으나 M형에서는 성차를 반영하는 문항을 배제함으로써 보다 편리하게 원점수를 산출할 수 있게 되었다. M형은 남성과 여성 모두 동일하게 각 선호지표에 체크한 개수의 합이 해당 선호지표의 원점수가 되고 I, N, F, P의 원점수를 기준으로 개인의 선호지표가 결정된다.

② 해석

MBTI의 저자는 결과 해석은 검사자와 수검자가 공동으로 참여하는 과정이어야 함을 강조한다(참고로 MBTI의 결과 해석은 반드시 MBTI 사용교육을 받은 전문가만이 할 수 있게 되어 있다). MBTI 검사 결과가 항상 옳은 것은 아니므로 "당신은 이러이러한 유형입니다."라고 잘라 말하는 것은 인위적이고 제한적임을 지적한다. 대신 "이것은 당신이 성격을 드러내는 방식을 보여줍니다. 이 성격 유형이 자신에게 맞는 것 같습니까?"라는 말을 하면서 검사 결과에 나온 유형에 대한 판단은 최종적으로 응답자에게 맡겨야 함을 권고한다.

- 해석의 첫 단계에서는 MBTI는 검사(test)가 아닌 하나의 지표(indicator)이므로 좋고 나쁨 혹은 병들고 건강한 유형은 없음을 설명한다. 내담자가 한 반응은 두 사람의 좋은 후보자가 있는 네 번의 선거에 투표하는 과정으로 비유하여 설명하는 것이 좋다. 또한 어떤 유형에 속할지라도 각 선호성의 양측을 똑같이 좋아하지는 않지만 모두 사용하는 것을 설명한다. 이를테면 사람들은 양손을 모두 사용하지만 처음에는 보다 숙달된 손을 뻗치게 되며 그 손의 사용을 선호하게 되는 것과 같다.
- 사람들은 보통 자신이 좋아하는 과정을 이용하여 더 많은 기술을 사용하고 발달시킴을 알게 한다. 선호성이란 사람들이 정보를 어떻게 받아들이고 결정하는 것을 이해하는 데 중요하며, 이것은 익숙하게 여겨지는 과정을 기술하고 있음을 설명한다. 유형의 가치는 이미 알고 있는 정보를 보다 조직적이고 실용적인 방법으로 이용할 수 있도록 돕는 것이다.
- 만일 검사 결과로 나온 유형에 내담자가 동의하지 못한 경우, 내담자는 검사자의 도움을 받아 어떤 유형이 자신을 더 정확하게 기술하는지 스스로 찾아내거나 결정할 수 있다.
- 해석의 첫 번째 단계에서 앞과 같은 해석상의 주의사항이 전달되었으면, 두 번째 단계에서는 내담자의 네 가지 선호성을 설명한다.
- 각 유형에 대해 간단히 설명한다. 간단한 유형 도표를 설명할 때에는 개인의 유형에 관한 설명을 먼저 읽어 주고 나서 인접한 유형의 설명과 비교하게 한다.
- 결과를 실제로 활용할 수 있도록 유형에 대한 상세한 안내를 해 준다. 즉, 인식과 판단의 조합(ST, SF, NF, NT)과 인식과 판단을 충분히 이용하는 방법, 인식과 판단에서 상반된 것들(SN이나 TF)의 상호 유용성에 관해 설명하며, 주기능과 부기능에 대해서도 이해시킨다. 미발달된 부기능의 영향을 설명하며 일장면에서 유형의 영향에 대해 설명하는 것도 유용하다.

2) PAI

성격평가 질문지(Personality Assessment Inventory: PAI)는 Morey(1991)가 임상장면에서 환자나 내담자의 다양한 정신병리를 측정하기 위해 개발한 성인용 성격검사이다. 국내에서는 김영환, 김지혜, 오상우, 임영란, 홍상황(2001)이 표준화하였다.

〈표 9-4〉에 제시되어 있듯이 PAI는 22개의 척도와 4점 척도로 평가하는 344개의 문항으로

● 표 9-4   PAI의 척도 구성

척도 구분	상위척도	하위척도	문항수
타당도 척도	비일관성(ICN)		10
	저빈도(INF)		8
	부정적 인상(NIM)		9
	긍정적 인상(PIM)		9
임상척도	신체적 호소(SOM)	전환/신체화/건강염려	24
	불안(ANX)	인지적 불안/정서적 불안/생리적 불안	24
	불안관련장애(ARD)	강박증/공포증/외상적 스트레스	24
	우울(DEP)	인지적 우울/정서적 우울/생리적 우울	24
	조증(MAN)	활동수준/과대성/초조성	24
	망상(PAR)	과경계/피해의식/원한	24
	정신분열증(SCZ)	정신병적 경험/사회적 위축/사고장애	24
	경계선적 특징(BOR)	정서적 불안정/정체성 문제/부정적 관계/자기손상	24
	반사회적 특징(ANT)	반사회적 행동/자기중심성/자극추구	24
	알코올문제(ALC)		12
	약물문제(DRG)		12
치료고려척도	공격성(AGG)	공격적 태도/언어적 공격/신체적 공격	18
	자살관념(SUI)		12
	스트레스(STR)		8
	비지지(NON)		8
	치료거부(RXR)		8
대인관계척도	지배성(DOM)		12
	온정성(WRM)		12

구성되어 있다. 22개의 척도는 4개의 타당도 척도, 11개의 임상척도, 5개의 치료고려척도, 2개의 대인관계척도로 이루어져 있다. 문항의 개발은 '순차적 구성타당화 전략'(김영환, 오상우, 홍상황, 박은영, 2002)을 적용하여, 각 척도에는 측정하려고 하는 구성개념의 전체 범위, 즉 심각한 정도의 수준에 따른 가장 경한 수준에서 가장 심각한 수준에 이르는 모든 문항이 포함되었다. 따라서 '경도'에 속하는 문항은 정상 표본과 임상 표본을 구분하는 데 유용하고, 심각한 정신병리를 나타내는 문항들은 임상집단의 변별에 유용하다고 볼 수 있다. PAI가 환자집단뿐만 아니라 정상인의 성격 특성을 구분하는 데도 활용될 수 있는 근거는 바로 이러한 특징을 일컫는다고 할 수 있다.

한국판 PAI의 평가 대상은 고등학생 이상의 성인이며, 성인, 대학생, 고등학생 표본 및 임상 표본(N=2,212)으로 구분된 규준을 갖추고 있다.

(1) PAI의 특징

PAI는 과거와 현재 정신장애 진단 분류에서 비중이 큰 임상 증후군들을 두루 고려하여 선별하였기 때문에 임상적 적용 범위가 매우 큰 평가도구라고 할 수 있다. PAI의 장점이 될 수 있는 대표적 특징은 다음과 같다.

- PAI가 측정하는 증상의 수준과 심각성은 환자집단에만 맞춰져 있지 않고 정상인의 수준부터 포함하고 있으므로, PAI는 환자와 정상인 모두의 성격을 평가하는 데 이용될 수 있다.
- 불안, 우울, 정신분열증과 같이 주요 장애뿐만 아니라 성격장애 중 반사회성 및 경계선 성격장애를 다루고 있어 DSM 체계를 통한 진단을 돕는 데 유용하다.
- 무엇보다 PAI의 가장 큰 장점이라 할 수 있는 것은, 빠른 문항 내용의 파악을 통해서(결정 문항의 평가) 즉각적으로 관심을 요하는 행동이나 정신병리, 곧 잠정적인 공격행동, 자해 가능성, 망상 및 환각 등을 재빨리 파악할 수 있어 위기 상황에 대한 즉각적인 개입이 가능하다는 점이다. 상담현장에서는 심리상담을 할 환자인지 혹은 병원으로 보내 즉각적인 의료적 위기 관리를 해야 하는 환자인지 구분하는 일이 초기의 가장 중요하고 시급한 과제 중 하나이기 때문이다.
- 〈표 9-4〉에서 볼 수 있듯이 PAI의 22개 척도는 타당도 척도, 임상척도, 치료고려척도, 대인관계척도의 네 가지 군으로 분류되어 있는데, 이 중에서 특히 치료고려척도는 환자의 치료 동기, 치료 경과, 치료 결과에 민감해서 검사 결과를 치료과정에 활용하는 데 유용한 것으로 보인다(기타의 특징들은 김영환 외, 2002 참조).

(2) 척도 내용

① 타당도 척도

• 비일관성(ICN) 척도

비일관성(Inconsistency: ICN) 척도는 문항에 대한 수검자의 반응에 일관성이 있는지 수검자의 반응 일치성을 평가하는 척도이다. 내용이 유사하고 정적 또는 부적 상관이 높은 10개의 문항 쌍으로 구성되어 있다.

• 저빈도(Infrequency: INF) 척도

저빈도(Infrequency: INF) 척도는 부주의, 무관심, 정신적 혼란이나 독해력 결함 등으로 인해서 문항에 제대로 반응하지 못하는 수검자를 구분하기 위한 척도이다. 정신병적 특징과는 무관한 주제로서 사람들이 유사하게 극단적으로는 '매우 그렇다' 또는 '전혀 그렇지 않다'고 반응할 수 있는 4개의 각 문항으로 구성되어 있다. 예를 들어, '대부분의 사람들은 지기보다 이기고 싶어 한다.'라는 문항에 사람들은 '매우 그렇다'라고 반응할 것이다. 전체적으로 정상집단과 임상집단의 수검자들이 모두 '그렇다'라고 시인할 빈도는 매우 적은 문항들로 고안하였기 때문에 이 척도에서 높은 점수를 나타낼 경우 수검자의 태도에 문제가 있음을 시사한다.

• 부정적 인상(Negative Impression: NIM) 척도

부정적 인상(Negative Impression: NIM) 척도는 지나치게 꾀병을 부리거나 나쁜 인상을 과장하는 수검자를 변별해 내려는 척도이다. 이 척도의 문항들은 정상집단과 임상집단의 환자들이 꾀병을 가장하여 반응하도록 지시한 후 나타난 결과의 점수분포를 고려하여 선정한 것들이기 때문에 일반적으로는 정상집단과 임상집단 모두 시인할 빈도가 낮은 문항들이다.

• 긍정적 인상(Positive Impression: PIM) 척도

긍정적 인상(Positive Impression: PIM) 척도는 지나치게 좋은 인상을 주려고 하고 사소한 결점도 부인하는 태도를 구분하기 위한 척도이다. 이 척도의 문항들 역시 일부러 좋은 인상을 주기 위해 반응하도록 지시한 연구를 통해서 얻은 점수분포를 통해 구성된 문항들로서 정상집단과 임상집단 모두 시인할 빈도가 낮다. 그러나 정상집단과 임상집단을 비교했을 때는 임상집단이 시인할 빈도가 훨씬 더 낮으므로 만약 이 척도에서 임상집단의 환자의 점수가 매우 높다면 해석할 가치가 있다.

② 임상척도

• 신체적 호소(SOM) 척도

신체적 호소(Somatic Complaints: SOM) 척도는 두통과 같은 사소한 신체적 문제를 반복해서 경험하는 것부터 마비 증상과 같이 중요한 신체기관의 역기능에 이르기까지 건강문제에 대한 집착이나 신체적 불편감을 측정하는 척도이다. 하위척도로서 전환(Conversion: SOM-C), 신체화(Somatization: SOM-S), 건강염려(Health concerns: SOM-H)의 세 척도를 포함하고 있다.

• 불안(ANX) 척도

불안(Anxiety: ANX) 척도는 걱정, 주관적 염려감, 긴장, 스트레스에 따른 신체적 징후와 같은 불안의 여러 임상적 특징을 측정하는 척도이다. 인지적 불안, 정서적 불안, 생리적 불안의 3개 하위척도로 구성되어 있다.

• 불안관련장애(ARD) 척도

불안관련장애(Anxiety-Related Disorder: ARD) 척도는 불안장애와 관련된 구체적인 임상적 증상과 행동을 측정한다. 특히 강박적 사고와 행동, 외상적 사건과 관련된 경험 및 특정 대상이나 상황과 관련된 구체적 공포를 묻는 문항들로 구성되어 있으며 하위척도로서 강박증(ARD-O), 공포증(ARD-P), 외상적 스트레스(ARD-T)의 3개 척도를 포함하고 있다.

• 우울(DEP) 척도

우울(Depression: DEP) 척도는 우울장애의 공통적인 증상과 행동을 측정하는 척도이다. 주관적 불행감, 즐거움 상실, 무감동, 회의, 부정적 기대, 집중력 저하, 무기력, 수면 및 식욕 감소와 같은 인지적 · 정서적 · 신체적 특징을 묻는 문항들을 포함하면서 하위척도는 인지적 우울(DEP-C), 정서적 우울(DEP-A), 생리적 우울(DEP-P)의 3개 척도로 구성되어 있다.

• 조증(MAN) 척도

조증(Mania: MAN) 척도는 조증과 경조증의 임상적 특징이라 할 수 있는 정서적 · 인지적 및 행동적 증상을 측정한다. 활동 수준의 급격한 증가, 사고과정과 행동의 가속화, 자기확대(self-grandiosity), 자기확산(self-expansiveness) 및 자존감의 고양, 초조감 또는 참을성 부족 등을 측정하는 문항으로 구성되어 있다. 활동수준(MAN-A), 과대성(MAN-G), 초조성(MAN-I)의 3개 하위척도를 포함하고 있다.

• 망상(PAR) 척도

망상(Paranoia: PAR) 척도는 편집장애의 임상적 증상과 편집적 성격장애의 구체적 특징을 측정한다. 주변 환경에 대한 지나친 경계, 의심 및 불신, 부당대우를 받고 있다는 신념, 또는 자신을 상대로 한 음모가 있다는 신념과 그 증거를 찾기 위한 감시, 원한과 앙심 등의 문항으로 구성되어 있다. 하위척도로서 과경계(PAR-H), 피해의식(PAR-P), 원한(PAR-R)의 세 척도가 있다.

• 정신분열병(SCZ) 척도

정신분열병(Schizophrenia: SCZ) 척도는 정신분열장애의 광범위한 증상을 측정한다. 비일상적인 기이한 신념과 지각, 마술적 사고, 사회적 유능성 저하와 사회적 무쾌감, 주의집중 곤란 및 사고과정의 혼란을 묻는 문항들로서 구성되어 있다. 정신병적 경험(SCZ-P), 사회적 위축(SCZ-S), 사고장애(SCZ-T)의 3개 하위척도가 있다.

• 경계선적 특징(BOR) 척도

경계선적 특징(Borderline Features: BOR) 척도는 경계선 증후군과 밀접한 관련이 있는 성격장애들을 측정한다. 주로 감정 통제의 어려움, 빠른 기분 변화, 통제되지 않는 분노, 불안정하고 투쟁적인 대인관계, 정체감과 자기가치감의 혼란, 자기손상을 초래할 충동적인 행동 등의 문항으로 구성되어 있다. 하위척도로는 정서적 불안정(BOR-A), 정체성 문제(BOR-I), 부정적 관계(BOR-N), 자기손상(BOR-S)의 4개 척도가 있다.

• 반사회적 특징(ANT) 척도

반사회적 특징(Antisocial Features: ANT) 척도는 반사회적 성격장애의 특징과 불법적 행위에 관여한 경험을 측정하기 위한 척도이다. 이 척도의 문항들은 공감능력 및 자책감의 부족, 자기중심성, 무모한 모험심, 흥분과 자극추구 성향, 참을성 부족과 같은 내용을 묻는다. 반사회적 행동(ANT-A), 자기중심성(ANT-E), 자극추구(ANT-S)의 3개의 척도로 구성되었다.

• 알코올 문제(ALC) 척도

알코올 문제(Alcohol Problems: ALC) 척도는 알코올의 남용과 의존에 관련된 행동과 결과를 평가한다. 하위척도는 없으며 잦은 음주, 음주로 인한 통제 불능의 문제와 심각한 결과, 알코올에 대한 갈망 등에 대한 문항으로 구성되어 있다. 문항 내용이 간접적이지 않고 대부분 직접적인 질문 형태이므로 수검자가 무조건적으로 문제를 부인하여 척도 점수가 낮아지는 경우에는 수검자를 상대로 한 직접적인 추적 질문이 권장된다.

- 약물문제(DRG) 척도

약물문제(Drug Problems: DRG) 척도는 처방된 약 또는 불법약물의 남용과 지나친 약물 의존적 행동의 특징을 구분하기 위한 척도이다. 이 척도 또한 하위척도는 없으며 알코올 문제 척도와 마찬가지로 간접적인 질문이 아니고 직접적으로 묻는 문항으로 구성되어 있으므로 수검자의 반응에 따라서, 즉 무조건 부인하는 경우 척도의 점수가 낮아지므로 직접 약물 사용에 대한 추적 질문을 하는 것이 바람직하다.

③ 치료고려척도
- 공격성(AGG) 척도

공격성(Aggression: AGG) 척도는 분노, 적개심 표현의 통제 부족, 공격적인 행동과 태도를 측정한다. 공격성을 수단으로 활용하려는 신념에서부터 주장성이나 모욕을 통한 타인에 대한 언어적 분노 표현 및 폭력을 사용한 신체적 분노 표현까지 다양한 문항으로 구성되어 있다. 치료고려척도 중 유일하게 하위척도를 포함하고 있으며 공격적 태도(AGG-A), 언어적 공격(AGG-V), 신체적 공격(AGG-P)의 세 하위척도가 있다.

- 자살관념(SUI) 척도

자살관념(Suicide Ideation: SUI) 척도는 죽음이나 자살행위에 관한 생각과 구상을 평가하는 척도이다. 무망감과 같은 자살과 관련된 태도뿐만 아니라 자살하고자 하는 구체적인 계획에 대해서도 직접적으로 질문하는 문항으로 구성되어 있다. 자살하려는 의도를 일부러 숨기려는 경우 척도의 점수가 매우 낮아질 수 있으므로, 이 척도에서 원점수가 매우 낮으면서 우울(DEP), 불안(ANX), 비지지(NON) 및 스트레스(STR) 척도의 점수가 중간 정도 상승할 경우 자살 의도에 관한 추적 질문을 하는 것이 권장된다.

- 스트레스(STR) 척도

스트레스(Stress: STR) 척도는 현재의 일상에서 스트레스 요인이 주는 영향에 관해 평가하는 척도이다. 가족관계의 문제, 경제적 문제, 고용 상태의 문제 등 생활 스트레스 요인에 관한 문항으로 구성되어 있다.

- 비지지(NON) 척도

비지지(Nonsupport: NON) 척도는 지각된 사회적 지지의 부족을 측정한다. 접근 가능한 지지의 수준과 질을 고려하여 평가하기 위한 문항으로 구성되어 있다. 이 척도에서는 지지의 부족을 측정하기 때문에 척도의 점수가 낮다는 것은 지각된 사회적 지지가 높음을 나타낸다.

- 치료거부(RXR) 척도

치료거부(Treatment Rejection: RXR) 척도는 수검자가 자신의 심리적·정서적 측면을 변화시키려는 흥미와 동기가 있는지, 치료에의 참여 의지, 자신의 문제에 대한 인지 및 책임 의식을 평가하는 척도이다. 이 척도에서 점수가 낮은 사람은 치료 동기가 부족함을 의미한다. 규준점수를 살펴볼 때 유의해야 할 점은 이 척도는 정상 성인집단을 대상으로 T점수를 환산한 것이어서 T점수가 평균 범위에 속하더라도 치료 동기가 낮을 수 있다는 점이다.

④ 대인관계척도
- 지배성(DOM) 척도

지배성(Dominance: DOM) 척도는 지배와 복종이라는 두 차원에서 나타나는 대인관계 양상에서 수검자가 개인적 통제와 독립성을 유지하려는 정도를 평가하는 척도이다. 대인관계에서의 독립성, 주장성, 지시 및 조정에 관한 문항들로 구성되어 있고 이 척도에서 점수가 높으면 지배적인 것을 반영하고, 낮으면 복종적인 것을 반영한다.

- 온정성(WRM) 척도

온정성(Warmth: WRM) 척도는 온정과 냉담 차원에서 수검자가 대인관계에서 나타내는 지지적이고 공감적인 정도를 평가하는 척도이다. 이 척도에서 점수가 높으면 온정적이고 외향적임을 반영하고, 점수가 낮으면 거칠고 냉정함을 반영한다.

(3) 검사의 신뢰도

PAI의 신뢰도는 내적 합치도와 검사–재검사 신뢰도 지수가 제시된다. 한국판 PAI는 반분신뢰도 연구를 통해서 전체 척도 α 값의 중앙치를 산출하여 내적 합치도를 제시하고 있는데, 성인, 대학생 집단, 임상 표본에서 각각 .76, .77, .73으로 보고되고 있다. 한국판 PAI의 검사–재검사 신뢰도는 대학생과 성인을 대상으로 6주간의 간격으로 조사한 결과 ICN과 INF의 두 개 척도를 제외한 20개 척도에서 α= .77~.91로 제시되었고 11개 임상척도의 중앙치는 .85로 보고되고 있다.

(4) 실시 및 채점

한국판 PAI는 고등학생 이상의 일반인과 임상집단의 환자 모두에게 실시할 수 있다. 검사지에는 간단한 지시문과 344개의 문항이 함께 들어 있으며 답지와 같이 사용하도록 되어 있다. 검사의 실시는 개인별과 집단별 모두 가능하다. 채점은 보급처의 홈페이지상에서 온라인코드를 사용하여 실행된다.

(5) 해석

PAI의 해석은 가장 먼저 문항 응답의 누락 정도를 검토하여 결과 해석이 가능한지 여부를 판단하고, 두 번째로 검사 결과의 타당도, 즉 검사 결과에 영향을 미칠 수검자의 왜곡된 반응 태도가 없는지를 타당도 척도를 통해 확인한다. 세 번째로 결정 문항의 검토를 통해서 즉각적인 개입이 필요한 위험행동이나 정신병리가 없는지 확인하며 네 번째로 하위척도별 그리고 상위 척도별 해석을 시행한다. 마지막으로, 프로파일 해석 순으로 진행하는 것을 제안한다. 각 단계를 구체적으로 살펴보면 다음과 같다.

• 문항누락 정도의 검토

PAI의 결과가 해석상의 의미를 갖기 위해서는 95% 이상 응답해야 한다. 또한 17문항 이상 응답하지 않았을 경우는 프로파일 해석을 제한한다. 따라서 PAI 해석이 가능한지 여부를 결정하기 위해서는 맨 먼저 누락된 수검자의 반응이 얼마나 되는지 확인해야 한다.

• 타당도 척도를 통한 수검자의 왜곡된 반응 태도 확인

이 단계에서는 검사 결과에 영향을 미친 수검자의 왜곡된 반응 방식이 있었는지 확인하여 검사 결과를 해석할 때 고려하기 위한 단계이다. 즉, 수검자의 반응에 일관성이 있었는지, 부주의, 무관심 등으로 인해서 수검자의 반응이 일반인이나 임상집단이 시인하는 비율에서 멀리 떨어져 있지는 않은지, 극단적으로 부정적 또는 긍정적 인상을 주기 위한 반응을 하였는지, 타당도 척도의 4개 척도에서 상승된 점수가 있었는지 확인한 다음 그 경우에는 전체 검사의 결과를 매우 신중히 해석해야 한다. 예를 들어, INF나 ICN 척도가 상승해 있을 경우 검사 결과가 수검자의 부주의로 인해 상승할 가능성이 있음을 고려해야 한다. NIM 척도가 상승해 있으면 수검자가 증상을 과장되게 보고하였음을 감안하여 해석해야 할 것이다. PIM 척도의 상승이 나타난 경우에는 수검자가 대체적으로 결점이나 문제점을 인정하지 않으려 한다는 사실에 주목하여 해석하여야 한다. 이러한 경우들에는 해석을 보완하기 위해서 수검자의 과거력, 개인력, 기타 검사 결과와 같은 추가 정보를 함께 고려하는 것이 바람직하다.

• 결정 문항의 검토

PAI는 문항 구성의 개발과정에서 진단 전문가들로 하여금 문항 내용이 구체적으로 임상적 구성개념과 직접적 관련이 있는지 평정하도록 한 것이 문항 선정의 한 기준이 되었다. 따라서 PAI는 임상적 평가에 곧바로 사용할 수 있는 이른바 '결정 문항'을 포함하고 있다. 이것은 7개 영역에 걸친 총 27개의 문항으로서 망상과 환각 5문항, 자해 가능성 5문항, 공격 가능성 4문항, 물질남용 2문항, 꾀병 가능성 4문항, 비신뢰성과 저항 3문항 그리고 외상적 스트레스인 4개 문항이다.

이 문항들은 역채점의 문항들이 전혀 없고 모두 시인하는 방향으로 채점된다. 정상집단에서 시인하는 평균점수가 .5 이하라는 기준을 통해 선정된 문항들이기 때문에 수검자로부터 한 개라도 시인된다면 이는 즉각적인 관심 또는 개입이 필요한 행동이나 정신병리가 있다는 것을 시사한다. 따라서 이 문항들은 잠재적 위기 상황 여부를 결정할 수 있게 해 주는 결정 문항 또는 위기 상황의 지표라 할 수 있으며, 수검자가 '그렇다'라는 반응을 할 경우는 항상 문항을 면밀히 검토하고 추적 질문을 해야 한다.

• 척도 수준에서의 해석

PAI의 프로파일 기록지에는 정상 표본의 원점수 및 2 표준편차에 해당되는 임상 표본의 점수분포를 실선으로 제시하고 있다. 따라서 수검자의 점수는 정상 표본에서의 상대적 위치 및 임상 표본의 점수와 비교할 수 있으므로 이것을 기준으로 해석할 수 있다. 척도별로 원점수가 표기된 점수분포 그래프의 좌우 축에는 T점수가 표기되어 있다. 주지하듯이, T점수 50은 표본 집단의 평균을 의미하므로 T점수가 50을 넘을 경우에는 표본의 평균보다 점수가 높다는 것을 뜻한다. 수검자의 약 84%는 T점수가 60 이하이고 98%가 70 이하이다. 따라서 T점수가 70 이상일 경우에는 정상집단으로부터 상당히 일탈한 것으로 해석할 수 있다.

특별히 하위척도에서의 해석은 상위척도에서의 점수가 상승한 의미를 더욱 분명히 밝히고 진단적 의사결정을 해야 할 때 변별진단에 유용하다. 예를 들어, DEP가 상당히 상승해 있을 경우 주요우울장애가 의심되지만, 하위척도를 살펴보았을 때 기분부전과 불편감을 의미하는 DEP-A는 상승하지만 생리적 징후를 시사하는 DEP-P와 인지적 증상을 의미하는 DEP-C가 상승하지 않는다면 주요 우울장애로 진단해서는 안 되는 경우이다(김영환 외, 2002).

• 프로파일 해석

PAI의 전문가 요강에는 24개의 구체적인 진단집단에 대한 프로파일이 제시되어 있다. 이것은 진단군의 평균 프로파일로서 '전형적'인 프로파일이 아니라 진단을 위한 최소한의 공통분모임을 의미하므로 PAI를 해석할 때 다소 제한적이다. 평균 프로파일이 장애를 시사한 모든 요소를 제대로 반영한다고 보기는 어렵기 때문이다. 그러므로 평균 프로파일은 진단과 프로파일 형태와의 관계를 이해하는 바탕으로 삼는 것이 바람직하다.

PAI는 전통적으로 프로파일 해석에서 자주 사용되는 코드 유형 해석, 즉 가장 높은 2~3개의 척도 점수를 코드 유형으로 결정하여 해석하는 방식보다는 표본집단의 점수를 군집분석 방법으로 구분한 프로파일 유형 해석을 더 우선시하고 권장한다. 코드 유형 해석은 PAI처럼 많은 척도로 구성된 검사 결과를 해석할 때는 중요한 정보를 다소 간과할 수 있다. PAI는 프로파일 해석을 평균 프로파일, 코드 유형, 군집분석에 따른 프로파일, 예언적 기능 및 개념적으로 유도한 형태의 결정 규칙의 다섯 가지 접근으로 구분하고 있는데, 이에 대해서는 PAI의 전문가 요강과 『PAI의 임상적 해석』(김영환 외, 2002)을 참고할 것이 제안된다.

요약

1. 성격 이론의 역할은 개인차를 설명하는 것이며, 성격 이론의 영역은 성격의 구조, (행동이 일어나는) 과정, 성장과 발달 그리고 정신병리를 포함한다.

2. 인류의 개인차에 대한 관심은 고대 그리스/로마 시대의 히포크라테스와 갈레누스(129~201) 시기에서부터 시작된다고 할 수 있다. 히포크라테스의 4기질설은 근현대에 와서 영국의 Eysenck(1967)와 Gray(1982), 구소련의 Pavlov(1935/1955: rec. Amelang et al., 2006), 최근의 C. R. Cloninger 등(1994)이 계승하여 발전시켰다.

3. 학문적 의미의 심리검사의 개념은 James McKeen Cattell의 1890년의 저서 『정신검사와 측정(Mental Tests and Measurements)』에 처음으로 사용되었다.

4. 1905년 Alfred Binet는 Jules Simon과 함께 현대적 의미의 지능검사를 최초로 개발하였다.

5. 측정심리학(testpsychology)이 대두되고 초기에 심리진단가들은 인간 정신과 관련된 수많은 부분기능을 가능한 한 정확하게 측정하고자 하였으나, 뒤이어 인성(personality, 성격)을 여러 부분기능으로 세분화하는 것에 대한 비판이 대두되었다. 곧, 인성으로서 '전체는 부분들의 합이 아닌 그 이상'이라는 입장이 나타나면서 인성의 부분기능들을 측정하는 것이 아니라 인성의 기능조직(function's structure)을 파악하고자 하는 성격검사들이 개발되기 시작하였다. Kraepelin(1892)이 정신병 환자들을 대상으로 개발한 자유연상검사는 성격검사의 효시라 할 수 있다.

6. 20세기 상반기에 성격 측정에 영향을 준 여러 갈래의 이론적 경향이 나타났으며 여기에는 심층심리학적 접근, 현상학적 접근, 행동주의적 접근, 성향론적 접근 등이 있다.

7. 성격검사의 분류는 여러 기준을 가질 수 있는데, 먼저 자극의 유형과 채점과정의 표준화 유무에 따라 흔히 투사검사와 비투사검사로 나뉘며, 성격요인들의 속성을 연속선상의 차원으로 보느냐 또는 비연속적인 범주로 구분하느냐에 따라 차원 모델과 유형론(범주 모델)으로 나뉘기도 한다. 이 외에도 검사의 제작방법에 따라 이론적 접근의 검사와 요인분석적 접근의 검사로 분류되기도 한다.

8. MBTI는 Jung의 심리 유형에 관한 이론을 바탕으로 하고 있다. Jung은 인간의 심리적 에너지가 더 많이 흐르는 방향인 주의 방향에 따라 외향성(extroversion)과 내향성(introversion)

으로 구분하였고, 개인이 세상을 체험하고 대처하는 방식으로 사용하는 네 가지 기능으로서 사고(thinking), 감정(feeling), 감각(sensing) 그리고 직관(intuiting)을 구분하였다. 외향성과 내향성의 두 가지 태도와 네 가지 기능이 연결되면 총 여덟 가지 성격 유형이 만들어진다. 여기에 Myers와 Briggs는 인간이 외부 세계에 대처해 나갈 때 주로 판단적 태도를 취하는지 또는 인식적 태도를 취하는지를 구분하면서 위의 여덟 가지 유형을 다시 16개의 심리적 유형으로 세분하였다. 이 외에도 Myers와 Briggs는 네 가지 기능을 그 발달 정도에 따라 주기능, 부기능, 3차 기능 및 열등기능으로 구분하였다.

9. MBTI를 실시하고 채점·해석할 때는 이 검사는 진단검사나 능력평가검사가 아닌 심리유형검사로서 개인의 타고난 심리적 경향과 그 경향이 지니는 성격의 역동을 파악하여 개인의 생활에 도움을 주기 위한 것임을 고려한다.

10. PAI는 정신장애 진단 분류에서 비중이 큰 임상 증후군들을 두루 고려하여 선별하였기 때문에 임상적 적용 범위가 매우 큰 평가도구이다. 대표적 특징은 측정하는 증상의 수준과 심각성이 환자집단뿐만 아니라 정상인의 수준까지 포함하므로 PAI는 환자와 정상인 모두의 성격평가에 사용할 수 있다. 평가 결과는 DSM-5를 통한 진단을 돕는 데 유용하게 구성되어 있다. '결정 문항'의 평가를 통해 즉각적으로 관심을 필요로 하는 행동이나 정신병리(공격행동, 자해 가능성, 망상 및 환각 등)를 재빨리 파악할 수 있어 위기 상황에 대한 즉각적인 개입을 할 수 있다.

11. PAI는 타당도 척도, 임상척도, 치료고려척도, 대인관계척도의 네 가지 군으로 분류되는 22개 하위척도로 구성되어 있다.

참고문헌

김정택, 심혜숙, 제석봉 편역(1995). MBTI 개발과 활용. 서울: 한국심리검사연구소.
김영환, 김지혜, 오상우, 임영란, 홍상황(2001). PAI 표준화연구: 신뢰도와 타당도. 한국심리학회지: 임상, 20, 311-329.
김영환, 오상우, 홍상황, 박은영(2002). PAI의 임상적 해석. 서울: 학지사.
오현숙, 이금만, 성숙진(2007). 성숙한 성격과 신앙. 서울: 한신대학교 출판부.
심혜숙, 김정택(1990). MBTI 표준화연구. 서울: 한국심리연구소.

Amelang, M., Bartussek, D., Stemmler, G., & Hagemann, D. (2006). *Differentielle Psychologie*. Stuttgart: Kohlhammer Verlag.

Cloninger, C. R., Przybeck, T. R., Svrakic, D. M., & Wetzel, R. D. (1994). *The Temperament and Character Inventory (TCI): A Guide to its Development and use.* St. Louis, Missouri.

Costa, P. T., Jr., & McCrae(1985). *The NEO Personality Inventory manual.* Odessa, FL: Psychological Assessment Resources.

Ehrenstein, W. (1942): *Beitraege zur ganzheitspsychologischen Wahrnehmungslehre.* Leipzig.

Eysenck, H. J. (1967). *The biological basis of personalty.* Springfield, IL: Thomas.

Gray, J. A. (1973). Causal theories of personality and how to test them. In J. R. Royce (Ed.), *Multivariate analysis and psychosocial theory* (pp. 409-462). London Academic Press.

Gray, J. A. (1982). *The Neuropsychology of Anxiety.* New York: Oxford University Press.

Goldberg, L. R. (1993). The structure of phenopypic personality traits. *American Psychologist, 48,* 26-34.

Koehler, W. (1947). *Gestalt Psychology.* New York.

Kraepelin, E. (1892). *Ueber die Beeinfluessung einfacher psychischer Vorgaenge durch einige Arzneimittel.* Jena: Fischer Verlag.

McCrae, R. R., & Costa, P. T., Jr. (1992). Discrimination validity of NEO PI-R facet scales. *Educational and Psychological Measurement, 52,* 229-237.

Morey, L. C. (1991). *Personality Assessment Inventory manual.* Odessa, FL: Psychological Assessment Resources.

Myers, I. B. (1977). *The Myers-Briggs Type Indicator: Supplementary Mannual.* Palo Alto, CA: Consulting Psychologists Press.

Myers, I. B., & Briggs, K. C. (1962). *The Myers-Briggs Type Indicator.* Palo Alto, CA: Consulting Psychologists Press.

Myers, I. B., & McCaulley, M. H. (1985). *Manual: A guide to the development and use of The Myers-Briggs Type Indictor.* Palo Alto, CA: Consulting Psychologists Press.

Rauchfleisch, U. (2005). *Testpsychologie.* Goettingen: Vandenhoeck & Ruprecht Verlag.

Rothbart, M. K. (1998). Temperament and development. In G. Kohnstamm, J. Bates, & M. K. Rothbart (Eds.), *Temperament in childhood* (pp. 187-248). Chichester, England: Wiley.

Rothbart, M. K., & Bates, J. E. (1998). *Handbook of Child Psychology.* John Wiley & Sons, Inc.

Sheldon, W. H., & Stevens, S. S. (1942). *The varieties of human temperament.* New York: Harper & Row.

Schmeck, K. (2001). *Die Bedeutung grundlegender Persoenlichkeitsmerkmale fuer das Verstaendnis von psychischen Stoerungenim Kindes- und Jugendalter.* Habilitationsschrift fuer das Fach Kinder-und Jugendpsychiatrie und Psychotherapie dem Fachbereich Humanmedizin der J. W. Goethe-Universitaet Frankfurt am Mein.

Tieger, P. D., &. Tieger, B. B. (1998). 사람의 성격을 읽는 법[*The Art of Speedreading People*]. (강주헌 역). 서울: 더난출판. (원전은 1998년에 출판).

Watson, J. B. (1913). Psychology as the behaviorist views it. *Psychological Review, 20,* 158-177.

제3부
투사적 검사

Chapter 10

투사적 검사 I: 로샤 검사

최윤경

학/습/목/표

1. 로샤 검사에 대한 주요 비판점과 유용성 이해하기

2. 로샤 검사의 반응과정 이해하기

3. 로샤 검사에서 투사와 카드 속성의 영향 이해하기

4. 로샤 검사의 실시방법 이해하기

5. 로샤 검사의 채점체계 이해하기

6. 로샤 검사의 해석과정 살펴보기

하늘에 떠 있는 구름이 무엇처럼 보이는지를 이야기하면서 각자 다르게 지각했던 경험이 있을 것이다. 그렇다면 여러분은 자신도 모르게 이미 투사기법을 경험한 것이다. 투사기법 (projective technique) 또는 투사적 검사(projective test)란 일정한 형식에 따라 답하거나 반응 하도록 구조화되어 있지 않은 검사로, 대개는 일련의 모호한 자극을 제시하고 그에 대해 자 유롭게 반응하도록 하는 검사를 의미한다. 이러한 투사적 검사의 대표적인 예가 바로 로샤 검사(Rorschach Inkblot Test)[1]이다.

로샤 검사는 1921년 Herman Rorschach가 처음 도입한 이래로 현재까지 가장 빈번하게 사 용되고 있는 심리검사 중의 하나이다. 서구 사회에서는 40~50년 전에 비해 로샤 검사의 사용 빈도가 감소하고 있지만, 국내 임상현장에서는 여전히 높은 빈도로 사용되고 있으며 임상심리 전문가가 되기 위한 수련기간 중 상당 시간을 로샤 검사의 실시, 채점 및 해석에 할애하고 있 다. 최근 로샤 검사에 관한 우리말 책들이 꽤 많이 출간되어 로샤 검사를 공부하고자 하는 이들 에게 많은 도움이 되고 있으나, 이러한 책들을 읽는다고 해서 로샤 검사를 제대로 활용할 수 있 게 되는 것은 아니다. 무엇보다 로샤 검사의 기본적인 원리와 본질을 이해하고 로샤 검사의 실 시, 채점 및 해석에 대한 전문적인 기술을 배우고 익혀야 하는데, 그 과정에서 선임 임상심리학 자(대개는 수련 지도감독자)로부터 슈퍼비전을 받는 것이 필수적이다.

로샤 검사에 대한 상세한 내용은 대개 대학원 교과과정에 포함되어 있다. 이 장에서는 로샤 검사를 소개하는 차원에서 로샤의 발달과 역사, 로샤의 본질 그리고 평가과정의 순으로 간략 하게 살펴볼 것이다. 앞서 다루어진 MMPI와 같은 객관적 검사와의 차이를 비교하면서 공부한 다면 훨씬 더 흥미로울 것이다. 지금부터 소개되는 내용은 『로르샤하: 종합체계(The Rorschach: A Comprehensive System)』(Exner, 2003/2011), 『Handbook of Psychological Assessment』 (Groth-Marnat, 2003) 및 『로르샤흐 해석의 원리(Principles of Rorschach Interpretation)』(Weiner, 2003/2005)에 기초한다.

1. 로샤의 발달과 역사

스위스의 정신과 의사인 Herman Rorschach가 1921년 『Psychodiagnostik』에 발표한 논문 에서 잉크반점 검사를 소개한 이래로, 로샤 검사는 상당한 관심과 주목을 받았다. 1940년대와 1950년대에 걸쳐 적어도 20년간 로샤 검사는 임상심리학과 거의 동의어였다고 해도 과언이 아 닐 정도로 그 인기가 대단했다. 1960년대 이후 심리진단 또는 평가에 초점이 맞추어져 있던 임

---

1) Rorschach는 국내에서 로르샤흐, 로샤, 료샤 등 다양하게 표기되고 있으나 이 책에서는 로샤로 표기하고, 로샤 검사의 개발자인 H. Rorschach는 영문으로 표기하여 검사명과 구분하기로 한다.

상심리학자의 역할이 다양해지기는 하였으나 로샤 검사는 여전히 임상장면에서 가장 광범위하게 사용되고 있는 검사로 남아 있다. 이 장에서는 로샤 검사의 발달과 역사 그리고 로샤와 관련된 여러 가지 논쟁에 대해 다루고자 한다.

1) 로샤 검사의 발달

Rorschach가 10장의 카드로 구성된 로샤 검사를 소개하기 훨씬 이전부터 잉크반점 유형의 검사와 게임이 존재했다. 예를 들어, 레오나르도 다빈치와 보티첼리와 같은 몇몇 예술가는 모호한 디자인을 해석할 때 개인의 성격이 어떻게 반영되는가 하는 측면에 관심을 기울였으며, 몇몇 연구자가 지능검사를 고안하는 과정에서 또는 상상력이나 창의력을 평가하는 도구로 잉크반점 기법을 이용하기도 하였다. 이러한 전통이 있었음에도 불구하고 로샤 검사는 일련의 카드에 대한 반응들을 채점하고 해석하는 데 있어서 표준적인 절차를 적용한 첫 번째 시도로 평가받고 있다.

Rorschach를 비롯한 잉크반점 기법의 초기 연구자들은 특정 집단의 특징적인 반응에 주목하였다. 예컨대, Rorschach는 뮌스털링엔 병원에서 정신과 전공의로서 수련을 받을 당시 정신과 환자들이 잉크반점 카드를 보고 정상인과 다르게 반응한다는 것을 발견하고 조현병(정신분열병) 환자의 자료를 체계적으로 수집하기 시작하였다. 그는 1921년 405명의 참가자에 대한 반응을 분석하여 이러한 잉크반점 기법이 조현병을 진단하는 데 유용한 도구가 될 수 있다는 논문을 발표하였고, 개인의 성격이나 습관, 반응 스타일에 대한 정보를 제공하는 유용한 도구가 될 수 있으므로 계속적인 연구가 필요하다고 제안하였다. 그러나 불행하게도 1922년 37세라는 젊은 나이에 Rorschach가 갑자기 사망하게 됨에 따라 로샤 검사에 대한 체계적인 연구는 제한될 수밖에 없었다. 만일 그가 더 오래 살았더라면 로샤 검사의 역사와 발달이 지금과는 꽤 많이 달라졌을 것이다.

로샤 검사를 지속적으로 연구하고 이끌어 나갈 검사의 '창시자'가 없는 상태에서 학문적 입장이 서로 다른 사람들에 의해 로샤 검사의 명맥이 유지되었다. Beck, Klopfer, Hertz, Piotrowski 및 Rapaport와 Schafer에 의해 크게 다섯 갈래의 로샤 체계가 존재했으며, 이들은 각자 독자적인 로샤 체계를 발전시켰다. 그중에서도 Beck과 Klopfer의 체계가 가장 인기가 높았는데, 이 두 가지 접근은 상반된 입장을 취하였고 때로는 갈등을 경험하기도 하였다. Samuel J. Beck은 엄격한 경험주의적 입장에서 훈련을 받았던 사람으로, 컬럼비아 대학교의 저명한 실험심리학자인 Woodworth의 지도하에 아동을 대상으로 로샤 표준화 연구를 수행하였다. Beck은 거의 3년에 걸쳐 150명의 아동에게 로샤 검사 자료를 수집하여 분석하였다. 그는 기호와 채점에 있어서 Rorschach의 형식을 거의 고수하면서 채점과 해석의 표준화, 규준의 설정,

양적 분석의 중요성을 강조하였다. Beck은 로샤 검사에 대한 반응이 주로 수검자의 지각을 의미 있는 반응으로 구성하고 조직화하는 지각적-인지적 과정을 포함하고 있다고 가정하였다. 그리고 이러한 지각적-인지적 과정은 일반적으로 세상에 대한 반응을 반영할 가능성이 높다고 보았다. 예를 들어, 잉크반점을 작은 부분으로 분석해서 지각하는 사람은 검사 상황 밖에서의 지각도 이와 유사할 가능성이 높다는 것이다.

　반면, Bruno Klopfer는 현상학적 입장에서 훈련을 받았지만 Freud와 Jung의 정신분석이론에 깊은 관심을 갖고 한때 정신분석가가 되고자 했던 사람이었다. 그는 유태인에 대한 나치의 핍박이 거세어지자 조국인 독일을 떠나 취리히에 있는 심리기법연구소(Psychotechnic Institute)에서 일하게 되었다. Klopfer는 그곳에서 로샤 검사의 실시와 채점을 배웠으나 로샤 검사보다는 정신분석이나 Jung과의 교류에 더 큰 관심을 가졌다. Klopfer는 자신의 일에 만족하지 못하고 새로운 일자리를 구하던 중 1934년에 미국으로 건너가 컬럼비아 대학교 인류학과의 연구원으로 일하게 되었다. 그 당시 Beck을 비롯한 몇몇 전문가가 로샤 검사를 가르치기는 했으나 로샤 검사에 대한 공식적인 훈련과정이 매우 부족한 실정이었다. 1934년 후반에 컬럼비아 대학교의 몇몇 대학원생은 취리히에서 로샤 검사에 대한 상당한 경험을 쌓았던 Klopfer에게 로샤를 배우기를 원했으나, Woodworth는 이를 달가워하지 않았고 연구를 위해 스위스에 머물고 있는 Beck이 돌아오면 공식적 세미나를 열 것을 제안하였다. 그러나 몇몇 대학원생은 Klopfer의 아파트에서 비공식적인 세미나를 갖게 되었으며, 그 모임이 있을 때마다 반응 영역에 대한 토론과, 다양한 반응을 변별할 수 있는 기호나 점수의 부족에 대한 열띤 논쟁이 늦은 밤까지 계속되었다. 이러한 학생들의 열정은 Klopfer가 로샤 검사에 관심을 가지게 된 계기가 되었으며, 컬럼비아 대학교와 뉴욕 대학교의 다른 학생들까지 세미나에 참여하게 되었다. Klopfer는 새로운 점수와 공식과 같은 로샤에 대한 정보를 보급하고 로샤 자료와 경험을 공유할 필요성을 인식하고 1936년 「The Rorschach Research Exchange」라는 뉴스레터를 발행하였다. 이는 이후에 「Journal of Projective Techniques」를 거쳐 「Journal of Personality Assessment」로 발전하였다. Klopfer는 로샤 반응이란 잉크반점이라는 자극에 의해 유발된 공상의 산물이라고 믿었으며, 로샤 반응의 내용에서 상징적이고 경험적인 본질을 강조하였다. 예를 들어, 잉크반점에서 위협적인 대상을 지각한 사람은 이와 유사하게 세상 또한 위협적으로 지각한다고 가정하였다. Klopfer는 몇 가지 새로운 기호와 점수를 추가하고 로샤 검사를 발전시키고자 했으나, 이는 Rorschach의 기호와 채점을 고수하는 Beck의 입장과는 상반된 것이었다. 1937년 초반 「Exchange」에서 Beck과 Klopfer 간에 학문적 논쟁이 시작되었고 이것이 과열되면서 일부 추종자들은 공개적으로 적대적인 입장을 취하기도 하였다.

　그 밖에 Hertz, Piotrowski 및 Rapaport와 Schafer가 개발한 체계들은 Beck과 Klopfer 입장의 양극단 사이에 위치한다. Marguerite Hertz는 처음에 Beck과 같은 입장에서 출발하여 Beck

과 Klopfer 사이에서 화해와 중재를 시도했지만 큰 성과는 없었다. 그녀는 로샤반응의 질적 분석을 위한 반응 빈도표를 정교화하는 독자적인 작업을 진행하였다.

Zigmunt Piotrowski는 실험심리학에서 출발하여 처음에는 Klopfer 방식에 동조하였으나 신경학적 장애와 로샤 반응의 관계에 관심을 가지고 연구를 수행하였다. 그는 Klopfer의 초기 세미나 참여자들 중의 한 명이었으나 Klopfer에 대한 Beck의 비판이 거세어지자 Klopfer 집단에서 이탈하여 Kurt Goldstein의 지도하에 신경학적 손상에 관한 연구에 몰두하였다. 그는 고향인 폴란드로 돌아갈 생각이었으나 1939년 독일이 폴란드를 침략하자 진로를 바꾸어 필라델피아의 제퍼슨 의과대학으로 자리를 옮겨 신경학적 손상에 대한 연구를 계속하는 한편, 로샤 검사에 대한 자신의 생각을 검증하였다. 그는 로샤 검사의 지각적 해석에 관한 생각을 추가함으로써 Beck, Klopfer, Hertz와는 다른 로샤의 네 번째 흐름을 이끌었다.

마지막으로, Rapaport와 Schafer는 다섯 번째 로샤 체계자로서 로샤 검사의 발달과 활용에 중대한 영향을 끼쳤다. David Rapaport는 그 당시 많은 심리학자와 마찬가지로, 유럽에서 건너왔으며, 정신분석이론에 심취했던 인물이었다. 그는 수련과정 동안에 사고과정, 특히 병리적 사고에 많은 관심을 가졌으며, 로샤와 다른 검사들을 접하면서 이들이 관념적 활동을 연구하는 데 활용될 수 있다고 확신하였다. Rapaport는 투사과정 및 그것과 성격연구의 관련성에 관한 Henry Murray(1938)의 저서에 강한 영향을 받았으며, Merton Gill, Roy Schafer와 같은 뛰어난 연구자들과 함께 로샤 검사를 포함한 여덟 가지 심리검사의 임상적 적용을 연구하였다. 그는 정신분석적 입장에 따라 개인적 반응의 독특성을 해석해야 한다고 강조하였고, 특히 Schafer는 로샤 반응의 내용분석을 독자적으로 발전시켜 나갔다(박영숙, 1994).

이상에서 살펴본 것처럼, Rorschach 사망 이후에 발전한 다섯 갈래의 로샤 체계는 이들이 과연 단일 검사인지 의심스러울 정도로 각기 다른 채점체계와 해석체계를 가지고 있었다. 따라서 이처럼 각기 다른 체계를 사용할 경우 연구 결과의 비교나 반복연구가 어려운 것은 너무나 당연한 일이었다. 이러한 현실에 직면하여 1970년대 초 Exner와 그의 동료들은 로샤 체계를 비교·분석하고 이를 통합하려는 노력을 기울이게 되었고, 그 결과 로샤 종합체계가 탄생하게 되었다. Exner는 다섯 갈래의 로샤 체계에서 경험적으로 지지된 채점방식이나 해석방식을 선택하여 통합하고, 채점 기준을 좀 더 명료화함으로써 채점자 간 신뢰도를 높이고, 광범위한 연구 자료를 기초로 하여 해석의 타당성을 높였다. 1974년 Exner의 『로샤: 종합체계(Rorschach: A Comprehensive System)』가 출판된 이래, 2003년에 네 번째 개정판이 출판되었다. 지난 20년간 대부분의 로샤 연구가 Exner의 종합체계(1974, 1986, 1993, 2003)를 사용했고 지금까지 대학원의 정규 프로그램에서 가장 빈번하게 가르치고 있는 것이 종합체계라는 측면에서 Exner의 통합 노력은 성공적이었다고 평가할 수 있을 것이다.

Exner의 연구와 그의 종합체계를 통해 예시된 실증적인 접근과 더불어, 오늘날 로샤 검사의 또 다른 한 축을 이루고 있는 것은 개념적 접근으로, 로샤 이론과 해석에 정신분석적 개념과 공식을 적용하고 있다. 대표적인 연구자는 Schachtel(1966)에서 Mayman(1967, 1977)을 거쳐 Paul M. Lerner(1998/2003)로 이어지고 있다. 개념적 접근은 실증적 접근과는 확연하게 구별된다. 개념적 접근은 임상적인 것을 강조하고, 검사 점수나 양적인 요약이 중요하다는 것을 인정하지만 개인의 경험 중에서 검사 점수에 반영되지 않으면서 로샤 검사에 어떤 식으로든 표현되는 측면이 있다고 보고 로샤 해석에 다양한 출처의 정보를 활용한다. 예컨대, 검사 점수와 그 점수들 간의 상호관련성을 포함한 검사 반응의 형식적인 측면뿐만 아니라, 수검자의 특정한 반응 내용 및 그 반응에 대한 수검자의 태도, 반응 순서, 자발적으로 나온 말이나 무심코 던진 말을 포함하여 평가 시 수검자의 모든 행동, 수검자-검사자 관계의 특성 및 변화 양상 등이 이에 해당된다. 또한 검사의 이론적 근거를 강조하고 검사 배터리 사용을 지지하며, 로샤와 성격이론이 서로 밀접하게 관련되어 있다고 보는 측면이 Exner의 실증적인 접근과 다르다. 이러한 개념적 접근을 좀 더 자세하게 공부하고자 한다면 Lerner(1998)의 번역서인『로샤 검사에 대한 정신분석적 접근(Psychoanalytic Perspectives on the Rorschach)』(2003)을 참고하라.

2) 로샤에 대한 논쟁과 비판

로샤와 관련된 논쟁은 심리학의 역사상 가장 큰 논쟁 가운데 하나로, 주로 심리측정의 관점에서 로샤의 적절성에 관한 것이었다. 1940년대와 1950년대에 로샤 검사에 대한 인기가 상당했음에도 불구하고 그에 대한 시선은 곱지 않았다. 로샤가 더 이상 전도유망한 도구가 아니고 '검사로서 로샤에 집착하던 시대가 드디어 끝났다.'는 성급한 결론이 내려지기도 하였다(Groth-Marnat, 2003). 심지어 Jensen(1965)이 "로샤가 임상 실제에서 포기되었고, 따라서 임상심리학을 전공하는 학생들이 그 기법을 배우는 데 시간을 허비할 필요가 없다."라고 말할 정도로, 로샤는 거센 비판을 받았다.

로샤에 대한 많은 비판은 또한 정신분석이론에 대한 비판이기도 했다. 투사과정이 Freud가 개념화한 무의식의 작용과 직접적으로 관계가 있다고 잘못 가정되기도 했는데, 현실에서는 그런 직접적인 이론적 연결에 기초한 투사기법이 거의 없다. 그럼에도 불구하고 1940년대에서 1960년대까지 수련을 받은 많은 임상가는 정신역동적 개념에 심취하였고, 정신역동 모델이 검사 자료를 해석하는 기본 틀로 빈번하게 사용되었다. 이러한 경향은 평가에서 '전반적 접근(global approach)'을 하는 사람들과 통계적 접근을 하는 사람들 간에 입장 차이를 크게 벌리는 계기가 되었다.

로샤 검사의 심리측정적 특성을 확립하기 어려운 이유 가운데 하나는 다양한 연구 결과를 비교하기 어렵기 때문이었다. Exner가 반복적으로 지적하였듯이, 그 당시의 로샤 검사는 단일 검사라기보다는 다섯 갈래의 채점체계와 관련해서 적어도 다섯 가지 다른 로샤가 존재했다고 보는 것이 타당하다. 그러나 연구자들은 로샤를 하나의 검사로 간주하고 비판하였다. 더욱이 많은 연구가 나이, 성별, 인종, IQ 및 사회경제적 지위와 같은 변인들을 적절하게 통제하지 못하였고 채점자의 훈련 수준도 상이하였으며 실험자 편향과 빈약한 타당도, 부적절한 통계적 모델의 영향에서 자유롭지 못하였다.

최근에는 비판의 강도가 더욱 거세어졌다. 연구자들은 자신의 입장을 옹호하는 수많은 연구를 인용하면서 비판과 반박을 반복하였고, 1990년대 후반 검사와 관련된 주요 저널에 로샤 검사의 상대적 장점에 관한 논쟁을 다룬 특집이 출판되면서 비판은 정점에 달하여 로샤의 거의 모든 측면(예: 규준의 적절성, 채점자 간 신뢰도, 시간적 안정성, 로샤 검사를 지지한 메타분석의 적절성 등)에 대해 비판이 가해졌다. 이러한 논쟁의 주요 요소는 다음 절에서 다룰 것이다.

3) 로샤의 신뢰도와 타당도

Holzberg(1977)는 로샤 검사의 독특성으로 인해 기존의 신뢰도 검증방법이 적절하지 않다는 주장을 하였다. 예컨대, 첫 번째 검사 결과에 대한 기억이 재검사 결과에 영향을 미치기 때문에 로샤 검사의 검사-재검사 신뢰도가 적절하지 않으며, 로샤 검사에서 검사 자극의 신기성이 반응을 특징짓는 결정적 요인인데 동형검사를 실시할 경우 이러한 신기성이 감소하기 때문에 동형검사 신뢰도 역시 적절한 검증방법이 아니라는 것이다. 또한 로샤 카드는 형태 구성, 색채, 음영에서 현저한 차이가 있기 때문에 카드를 동등하게 반분하는 것이 가능하지 않을 뿐만 아니라, 검사를 반분했을 때 반응 수나 각 채점요인 수가 충분하지 않기 때문에 반분 신뢰도도 적절하지 않다고 주장하였다. 어떠한 이유든 아직 로샤 검사의 신뢰도가 충분히 입증되지 못한 상태이므로, 임상가는 성격평가에 있어서 로샤 검사 이외의 다른 자료를 보완적으로 활용하고 로샤 검사 결과를 하나의 가설 설정을 위한 자료로서 신중하게 이용해야 한다는 것이 Holzberg의 제안이었다.

이에 반해 Exner는 로샤의 독특성에도 불구하고 개인 성격의 일관성이 존재하기 때문에 신뢰도, 특히 검사-재검사 신뢰도의 검증이 가능하다고 주장하였다. Exner(2003)는 비환자 성인을 대상으로 한 1년과 3년 간격의 검사-재검사 신뢰도 자료를 제시하고 있다. 1년 후 로샤를 50명에게 재검사했을 때 상관이 4개 변인은 .90을 넘었고 25개 변인은 .81~.89이었으며 10개 변인은 .75 미만이었다. 이 10개 변인과 관련된 심리적 특성은 특질(trait)뿐만 아니라 상태에 영향을 받을 수 있기 때문에, 상관이 낮은 것이 놀랄 만한 일은 아니었다. 3년 간격의 재검사 자료도 꽤 유사한 양상을 보였다. 상관이 1개 변인은 .90이었고, 18개 변인은 .80~.87이었으며, 상태와 관련된 6개 변인만이 .70 미만이었다.

로샤의 초기 타당도 연구는 특정 진단집단의 로샤 반응과 그에 기초한 규준의 개발, 그리고 이러한 규준으로 개인의 로샤 반응을 비교한 연구에 기초하여 집단 간 변별을 하는 것에 집중되었다. 초기의 타당도 연구들은 채점체계가 다르고 방법론이 빈약했기 때문에 그 평가에 있어 어려움이 있었다.

로샤 검사의 타당도에 관한 전반적인 지표를 제공하는 가장 좋은 방법은 메타분석을 통해 많은 연구 결과를 종합하는 것이다. 초기의 메타분석은 로샤의 타당도가 .40~.50이라고 밝혔으나(Atkinson, Quarington, Alp, & Cyr, 1986; Parker, Hanson, & Hunsley, 1988), Garb, Florio와 Grove(1998)는 Parker 등의 자료를 재분석하여 로샤의 타당도계수가 .29에 불과하다고 결론을 내렸다. 이러한 비판은 가장 적절한 분석방법에 관한 논쟁을 일으키기도 하였다.

Weiner(1996)는 로샤 검사의 타당도와 관련된 몇몇 연구를 요약하면서 로샤 기법은 '그 기법이 고안되고 의도된 방식대로 사용될 때' 개념적으로 타당하다고 주장하였다. 다양한 장면에서 잘 설계된 연구들은 로샤가 성격 특징에 대한 타당한 평가를 제공하고 의사결정, 감별진단, 치료계획의 수립 및 평가를 촉진시키기 때문에 유용한 도구라는 것을 지속적으로 입증하고 있다(Weiner, 2003/2005). Hess, Zachar와 Kramer(2001)는 "종합체계를 적용할 경우 로샤는 로샤를 비판하는 사람들이 흔쾌히 인정하는 검사보다 더 나은 성격검사"라고 결론 내렸다.

4) 로샤의 유용성

다른 검사와 마찬가지로, 로샤 검사 역시 목적에 맞게 사용되어야 한다. 단지 수검자에게 진단을 내리는 것이 목적이라면 로샤 검사보다는 다른 객관적 심리검사나 구조화된 진단면담을 실시하는 것이 더 효율적일 수 있다. 진단을 내리는 데 로샤 검사가 도움이 될 수는 있지만 비용 대비 효과가 떨어진다는 비판도 있다. 그렇다면 언제, 어떤 목적으로 로샤 검사를 실시하는 것이 가장 유용할까?

로샤는 치료 전략이나 목표를 선택하거나 어떤 결정을 내릴 때처럼 한 인간으로서 수검자에 대한 이해가 중요한 상황에서 가장 유용하다. 어떤 검사도 로샤가 적절하게 사용되었을 때만큼 개인의 고유한 특성을 잘 측정하지는 못할 것이다. 왜냐하면 로샤 반응은 광범위한 심리적 작용과 경험에 의해서 생성되기 때문이다. 주변 사람들에게 관찰되는 행동이나 면담 시 보이는 행동도 로샤 반응이 생성되는 것과 유사한 기제에 의해 유발되는데, 행동만으로 행동이 유발되는 기제를 알 수 없지만 로샤 반응을 분석하면 그런 종류의 정보를 얻을 수 있다.

로샤 검사는 잉크반점을 보는 것과 같은 낯선 상황에서 일련의 의사결정을 촉진한다. 이러한 의사결정이 요구될 때 많은 심리적 특성이 작용하고, 이로 인해 로샤 반응은 일상생활에서 다른 의사결정을 할 때와 마찬가지로 개인의 특성을 반영하는 경향이 있다. 일상 행동을 관찰할 때 이러한 많은 특성이 명확하지 않다. 관찰은 심리적 과정의 산물인 행동에 초점을 맞추지만 로샤 결과는 주로 행동을 생성하는 과정을 반영한다.

　로샤 검사는 겉으로 드러난 행동이 아니라 개인의 심리적 구조 또는 성격을 평가한다. 따라서 이런 종류의 정보를 통해 증상의 확인을 넘어서 똑같은 증상을 나타낼지라도 서로 다른 원인이 있음을 탐색할 수 있다. 로샤 검사가 치료계획을 세우거나 다른 중요한 결정을 내리도록 도움으로써 개인의 안녕감에 기여한다면 검사를 실시, 채점 및 해석하는 데 상당한 시간과 노력을 투자할 만큼의 가치가 있다.

2. 로샤의 본질

1) 도구의 구성

　로샤 검사는 10장의 잉크반점 카드로 구성되어 있다. 이 중 5장의 카드는 검정색 또는 회색이고 나머지 5장의 카드는 전체적으로 또는 부분적으로 유채색을 포함하고 있다. 즉, 카드 I, IV, V, VI, VII은 전체가 무채색으로 된 흑백카드이고, 카드 II, III은 무채색에 붉은색이 일부 섞여 있으며, 카드 VIII, IX, X은 전체가 유채색으로 된 색채카드이다.

　Rorschach가 기본 실험에서 사용한 카드는 색상에 약간의 변화만을 담고 있기 때문에 그는 자신의 초기 논문에서 음영에 관한 언급을 하지 않았다. 그러나 카드를 인쇄하는 과정에서 음영 특징이 두드러지게 되었고, Rorschach는 음영 차원의 유용성을 즉시 알아차리고 이를 채점에 포함시켰다고 한다. 로샤 카드는 이렇게 여러 가지 형태와 색채, 음영과 같은 지각적 속성을 포함하고 있으며, 잉크반점은 비교적 불분명하고 모호한 특징을 지니고 있어 다양한 반응을 유발할 수 있다.

2) 반응과정

　수검자가 로샤 카드에서 많은 잠재 반응을 쉽게 형성할 수 있다면 표준화된 방식으로 검사를 실시할 때 수검자가 언급하는 반응은 왜 더 적은 것일까? Exner(2003)는 대부분의 사람이 지각한 잠재 반응의 25~35%만을 선택하여 반응한다고 추정하였다. 그는 수검자가 반응을 보고하기까지 불과 몇 초가 걸리지 않지만 그 과정에는 앞서 언급했던 수검자의 자기검열을 포함하여 적어도 여섯 가지 정신적 작용이 발생한다고 개념화하였다(〈표 10-1〉 참조).

● 표 10-1 로샤 반응과정의 단계

단계 I	1. 검사자극과 그 부분의 입력 및 부호화
	2. 검사자극과 그 부분을 분류하고 잠재 반응의 순위를 매김
단계 II	3. 순위가 낮은 잠재 반응의 포기
	4. 검열을 통한 잠재 반응의 포기
단계 III	5. 개인의 특성 및 반응양식에 따라 반응 선택
	6. 개인의 현재 심리 상태에 따라 반응 선택

출처: Exner (2003).

(1) 시각적 입력

로샤 카드는 일종의 시각적 자극이며 시각적 정보처리는 꽤 빠르게 일어난다. 정상 성인을 대상으로 한 Exner의 연구에 따르면, 카드 I에서 첫 반응을 하는 데 걸린 시간은 평균 5.79(표준편차 2.38)초이지만 카드 I을 시각적으로 탐색하는 데 걸리는 시간은 0.5초에 불과하다. 또한 카드 III에서 첫 반응을 하는 데 걸린 시간은 평균 7.74(표준편차 3.1)초이지만 카드 III을 시각적으로 탐색하는 데 걸리는 시간은 1.1초에 불과하다. 이러한 결과는 대개 2~4초 내에 자극의 입력이 일어나지만 반응을 하기까지 시간의 지연이 존재하며, 이 시간 동안 잠재 반응들을 어떻게 할 것인지에 관한 의사결정이 이루어짐을 시사한다.

(2) 분류과정

자극장이 시각적으로 탐색됨에 따라 그것은 부호화되고 단기기억의 형태로 저장되며, 분류과정이 시작된다. 자극장과 그 부분들을 확인·분류하기 위한 비교의 기초로서 장기기억 속의 정보가 사용된다. 수검자가 카드를 들고 있는 동안 시각적 탐색은 계속되며 부호화는 더욱 정확해진다. 분류가 시작됨에 따라 뚜렷한 혹은 결정적 부분(critical bits)[2]의 중요성이 대두된다. 심각한 지적 또는 신경학적 결함이 있는 사람을 제외하고 거의 대부분의 사람은 카드의 어떤 요소들이 자신이 알고 있거나 상상한 대상과 일치한다고 생각하고 잠재 반응을 쉽게 형성할 것이다.

(3) 순위 매김 및 잠재 반응의 포기

로샤 검사의 지시는 짧고 반응 수에 관한 어떤 요구도, 어떤 제한도 부과하지 않는다. 만일

----

[2] 반응에 영향을 미치는 자극 특징을 말한다. 예를 들어, 원이 주황색이라면 오렌지로 지각하고 원 안의 양쪽에 봉합선이 있으면 야구공으로 지각한다. 이때 주황색과 봉합선은 각각의 지각에 결정적 부분으로 작용한 것이다.

수검자가 몇 개나 반응을 해야 하는지 묻는다면 검사자는 "그것은 당신에게 달려 있습니다."라고 답하고 얼마나 많은 잠재 반응을 보고할지 수검자가 결정하도록 한다. 이러한 상황에 처한 대부분의 사람은 경제성의 원칙에 따라 반응 수를 결정할 것이다. 물론 각 반점에 대해 수많은 반응을 쏟아 낼 강박적인 수검자는 예외이다. 로샤 반응과정에서 경제성의 원칙은 순위에 따른 선택과 검열을 통한 포기에 영향을 미친다.

먼저, 잠재 반응의 순위에 따른 선택 또는 포기의 과정은 다음 예를 살펴보면 쉽게 이해할 수 있을 것이다. 일반적으로, 카드 I의 전체 반점은 박쥐, 새 또는 나비로 분류될 수 있다. 세 가지 중 두 가지 또는 세 가지를 모두 보고하는 수검자도 있지만 대부분의 수검자는 그중 한 가지만 언급하고 나머지는 포기한다. 세 가지 중 어느 것을 보고할지의 선택은 '그것은 새나 나비로 보이지만 박쥐와 더 비슷하게 보인다.'에서처럼 순위에 기초한다. 하나의 반점에서 또는 여러 영역에서 여러 개의 잠재 반응이 형성된 경우에도 이와 동일한 과정이 일어나게 되는 것이다.

대부분의 사람은 사전 지식과 반응 태세에서 비롯된 약간의 선입관을 가지고 심리검사를 받게 된다. 그 기원이 무엇이든, 수검자의 태도는 반응의 선택과 포기 절차에 상당한 영향을 미칠 것이다. Thomas, Exner와 Leura(1977)는 60명의 정상인을 두 집단으로 무선 할당한 후, 동일한 반응 목록을 주고 한 집단에게는 매우 성공한 사업가의 로샤 반응이라고 하고 다른 한 집단에게는 조현병 환자의 로샤 반응이라고 하였다. 목록은 카드당 5개의 반응으로 구성되어 있는데, 피험자는 로샤 카드와 제시된 반응 목록을 충분히 탐색한 후, 반응영역 기록지(location sheet)에 각 반응을 표시하도록 하였다. 그런 다음, 어떤 반응이 더 쉽게 지각되는지 순위를 매기도록 하였다. 그 결과, 동일한 반응 목록임에도 불구하고 그 반응이 누구의 것인지에 따라 피험자들이 매긴 순위에 차이가 있었다. 즉, 조현병 환자의 반응이라고 들은 집단은 '나체의 여자' '핏 자국' 또는 '흘러내리고 있는 피'와 같은 반응을 지각하기 어려운 것으로 평가하였으나, 성공한 사업가의 반응이라고 알고 있는 피험자들은 동일한 반응에 대해 상대적으로 지각하기 쉽다고 평가하였다. 이런 종류의 연구들이 반응을 선택할 때 검열이 일어났다는 직접적인 증거는 아니지만 검열 과정이 어떻게 작동하는지에 관한 약간의 단서를 제공하는 것처럼 보인다. 잠재 반응이 실제 대상과의 유사성 측면에서 순위가 높은 것으로 평가될지라도, 검사 상황에서 수검자가 그 반응에 대해 부정적인 가치 판단을 한다면 그 반응은 검열과정을 통해 포기될 수 있다.

(4) 개인의 특성 및 반응양식에 따른 반응 선택

반응과정에서 순위 매김과 검열이 중요하기는 하지만 반응의 선택과 포기를 결정할 때 이들을 능가하는 요인들이 있다. 그중 가장 강력한 요인이 바로 개인의 기본적인 심리적 특성이다. 개인의 심리적 특성은 심리적 습관, 특질, 스타일 또는 기질과 동일시되었는데, 어떤 명칭으로 불리든 그것은 행동과 대처 반응의 선택에 영향을 미치는 지배적인 성격구조를 의미한다. 로샤가 일종의 의사결정 과제라고 한다면 이러한 성격의 영향을 받는 것은 너무나 당연하다. 이러한 개인적 특성은 로샤가 시간적으로 안정적이도록 만드는 주요 특징이기도 하다. Exner는 종합체계를 개발할 때 일군의 반응에 관한 시간적 안정성을 연구함으로써 신뢰도의 이슈를 다루었는데, 이때 기본 가정은 사람들이 그들의 반응 대부분에서 선호하는 반응양식을 보인다는 것이었다. 로샤의 신뢰도 부분에서 제시했던 것처럼 종합체계에 근거하여 로샤를 실시 · 채점한 경우 비교적 양호한 검사-재검사 신뢰도를 보였는데, 이를 개인의 성격 특성이나 선호하는 반응양식이 반영된 것으로 해석할 수도 있다.

(5) 심리 상태와 반응 선택

개인의 습관이나 특질, 반응양식은 확률에 근거한다. 어떤 종류의 행동은 특정 조건에서 나타날 가능성이 높다. 조건은 내적인 요소와 외적인 요소를 모두 포함한다. 예를 들어, 야외활동에 아무리 열성적인 사람이라도 섭씨 영하 $10°$ 이하로 기온이 떨어지거나 섭씨 $40°$ 이상으로 기온이 상승한다면 야외활동에 참여할 가능성이 낮을 것이다. 유사하게, 체온이 $38°$를 넘거나 복통이 일어난 경우에도 그 사람이 야외활동에 참여할 가능성은 낮을 것이다. 그 사람이 달라진 것은 아니지만 외적 혹은 내적 조건이 달라짐에 따라 다른 행동이 유발된다. 이처럼 개인의 심리적 상태의 변화는 일상적인 행동의 변화를 초래할 수 있다. 욕구나 정서의 증가 또는 감소, 예기치 않은 스트레스 경험, 다양한 정신병리 상태의 발병은 기존의 입장과 다른 새로운 행동을 유발할 수 있다. 대부분의 경우, 개인의 기본적인 특성이 달라지는 것은 아니지만 약간의 예기치 않은 행동이 발생할 수 있다. 이러한 심리적 상태는 개인의 일상적인 심리적 기능을 대신하거나, 평상시의 일과가 아닌 또 다른 행동을 자극하는 경향이 있다.

앞서 언급하였듯이, 로샤 반응은 의사결정 행동의 표본으로 간주될 수 있다. 따라서 개인의 심리적 상태가 평소 의사결정 방식을 변경시킨다면 그러한 상태는 또한 로샤 반응의 선택에도 영향을 미칠 수 있다. 심리적 상태가 로샤 반응에 영향을 미치는 대표적인 예는 바로 검사-재검사 신뢰도가 낮은 두 개의 변인, 즉 무생물운동(m)과 음영확산(Sum Y) 반응이다. 두 가지 로샤 변인은 상황적 스트레스와 관련된 것으로 알려져 있으며, 이들의 빈도가 증가했다는 것은 상황적 스트레스로 인하여 통제력 상실에 대한 염려와 무력감과 관련된 정신적 · 정서적 경험을 하고 있음을 시사한다. 또 다른 예는 재질 반응(Sum T)과 관련이 있다. 정상 성인의 70~80%가 한 개의 재질 반응을 하고, 이러한 이유 때문에 재질 반응의 검사-재검사 신뢰도는 .80~.90에 이른다. 그러나 최근에 의미 있는 정서적 상실을 경험한 경우 재질 반응 수가 증가한다는 보고가 있다.

많은 심리적 상태가 일시적이지만 어떤 경우에는 매우 지속적이어서 주요 성격구조를 형성하기도 한다. 많은 정신병리 상태가 여기에 해당되는데, 정신병리가 광범위한 행동에 영향을 미치는 것처럼 로샤 반응의 선택에도 영향을 미친다. 예를 들어, 지속적이고 심각한 우울증이 대표적인 예이다. 우울한 사람은 다른 집단에 비해 음영차원(Vista)과 무채색 반응의 빈도가 더 높은 경향이 있다. 또한 병적인 내용(MOR)이 더 많고 대개 자기중심성 지표(Egocentricity Index)의 수치가 낮다.

3) 투사와 카드 속성의 영향

일반적으로 투사란 개인이 정당한 이유 없이 의식하지 못한 채 자신의 내적 특징을 외부 사건이나 대상에 귀인시키는 것을 말한다(Weiner, 2003/2005). 투사적 검사는 이러한 투사과정에 기초하여 검사 자극이 모호할수록 자극을 인지적으로 해석하는 과정에 개인의 욕구나 갈등, 성격과 같은 심리적 특성의 영향이 포함된다고 가정하고 있다. 로샤 검사는 대부분의 심리검사 교과서에서 대표적인 투사적 검사로 분류되어 있는데, 사실은 로샤 검사가 처음부터 투사와 관련이 있었던 것은 아니다. 로샤 검사의 창시자인 H. Rorschach(1942)는 로샤 검사를 '심리학적 실험'이라고 할 정도로 객관적인 절차를 강조하였고, 자신의 논문에 붙인 '지각에 의한 진단검사'라는 부제에서 알 수 있듯이 로샤가 근본적으로 지각을 측정한다는 믿음을 가지고 있었던 것으로 보인다. 그는 표준 절차에 따라 잉크반점이 무엇처럼 보이는지 반응하도록 하고, 수검자의 반응을 분류하는 구체적인 기준을 마련하였다. 또한 자신이 관찰한 환자집단과 비환자집단 간의 차이를 기초로 몇 가지 요약점수를 만들고 이를 통하여 성격 특성을 추론할 수 있는 해석 지침을 마련하기도 하였다. Rorschach는 자신의 논문에서 투사를 인용하지 않았고 로샤 검사가 객관적 평가도구라는 전통을 확립하고자 하였다. 그의 주장에 따르면 로샤 검사는 주의, 지각, 기억, 의사결정, 논리적 분석 등을 포함하는 인지 구조화 과제(cognitive structuring task)라고 할 수 있다.

로샤 검사에서 투사의 역할이 강조된 것은 Frank(1939)의 주장으로 거슬러 올라간다. Frank(1939)가 비교적 덜 구조화된 성격검사를 사용할 경우 "개인적인 감정과 느낌으로 구성된 개인적인 세계를…… 인위적인 영역에 투사하게 된다."라고 언급하면서 로샤는 모호한 특성을 지닌 투사법으로 자리 잡게 되었다. 이후 Rapaport(1942)는 '투사법에 중요한 원리를 투사 가설이라 부를 것'을 제안하였고, Schachtel(1966)은 로샤 반응에 작용하는 투사의 역할을 더욱 자세하게 기술하였다. 특히 운동 반응과 개인적 충동, 욕구, 감정 상태에 의해 결정되는 개인적으로 의미가 있는 형태 반응에서 투사의 역할을 강조하였다.

Weiner(2005)는 심리검사를 객관적 검사와 투사적 검사로 구분하고 로샤를 투사적 검사로 분류하는 것에 대해 두 가지 불만을 제기하였다. 첫째, 로샤를 객관적 검사가 아니라고 분류함으로써 검사자와 수검자에 따라 로샤 해석이 달라지는 주관적 검사라는 오명을 쓰게 된다는 것이다. 그러나 주관적 해석은 검사기법에서 비롯되는 문제가 아니라 검사자가 로샤에 미숙하다는 의미이다. 둘째, 로샤를 투사적 검사로 분류하는 것은 반응과정에 반드시 투사가 작용하고 투사가 작용하기 때문에 유용한 정보를 얻을 수 있다는 것을 의미한다. 그러나 로샤에서 항상 투사가 일어나는 것도 아니고, 투사가 가장 중요한 것도 아니다. 로샤 검사의 기본 지시는 "이것은 무엇처럼 보입니까?" "어느 부분에서 그런 것을 보았습니까?" "어떻게 해서 그렇게 보았습니까?"라고 묻는 것이다. 수검자는 반응을 형성하는 과정에 투사를 사용하지 않더라도 이러한 지시를 잘 따를 수 있고 타당한 프로파일을 만들 수 있다. 예컨대, 수검자가 카드 I에서 "전체가 검은 박쥐처럼 보입니다."라는 반응을 하였다면, 이러한 반응은 자극 자체에 없는 속성을 부여한 것이 아니기 때문에 투사가 포함되었다고 볼 수 없다. '검은 박쥐'와 같이 정교화되지 않은 반응 기록은 해석적으로 풍부한 정보를 제공해 주지는 않지만 수검자의 성격 유형에 관한 가치 있는 정보를 포함하고 있을 수 있다. 즉, 수검자는 투사된 자료 없이도 로샤 카드에 반응할 수 있고, 검사자는 투사된 자료가 없는 프로토콜을 해석할 수도 있다.

무엇보다 로샤 반응을 분석하고 해석할 때 투사가 반영된 반응과 그렇지 않은 반응을 구별하는 것이 중요하며, 이를 위해서 투사와 카드 속성에 대한 이해가 필수적이다. 투사와 카드의 속성은 서로 다르지만 반응을 형성할 때 서로 배타적으로 영향을 미치는 것은 아니다. 각 반응이 형성되는 과정에 투사와 카드 속성의 상대적인 영향력을 파악한다면 로샤를 좀 더 효율적으로 해석할 수 있을 것이다. 먼저 로샤에서 투사의 영향을 살펴본 후, 카드 속성이 반응에 미치는 영향을 검토하고자 한다.

(1) 투사의 영향

로샤에서 투사의 영향에 대한 검토는 어떤 반응이 투사를 포함하고 있는지 밝히고 그 반응에 투사가 얼마나 관련되어 있는지를 평가하는 것을 의미한다. 투사의 영향을 평가하기 위해서는 로샤 자극에 포함된 속성과 포함되지 않은 속성을 구분하는 것이 유용하다. 실제로 로샤 카드에는 어떤 형태의 잉크반점이 있고, 잉크반점에는 유채색이나 무채색, 음영과 같은 속성이 포함되어 있다. 잉크반점은 움직이지 않고 입체가 아닌 평면적인 그림 자극이다. 따라서 로샤 자극에 포함되어 있지 않은 속성에 입각한 반응에는 수검자 내면의 특성이 투사될 가능성이 높은 반면, 로샤 자극에 포함된 속성에 입각한 반응에는 투사가 일어날 가능성이 상대적으로 적다. 즉, [그림 10-1]에서처럼, 순수 형태에 입각한 반응을 기준으로 하여 좌측의 경우 수검자의 속성이 반영되고 연상이나 투사가 일어날 가능성이 높고, 우측의 경우 실제 카드의 속성이 반영될 가능성이 높다.

Exner(1989)는 운동, 지각적 왜곡 및 다양한 윤색을 포함하는 반응에 성격 역동의 중요한 측

[그림 10-1] 로샤 자극이 포함하고 있는 속성과 포함하고 있지 않은 속성

면이 반영될 가능성이 높다고 하였다. 첫째, 운동 반응의 경우 로샤 카드 자체에 운동 속성이 없기 때문에, 잉크반점에서 본 대상에 운동 속성을 부여하는 것은 수검자의 내면에서 비롯되었을 가능성이 높다. 예를 들어, 카드 III에서 "두 여자가 냄비에 뭔가를 요리하고 있어요." 또는 "두 여자가 무엇을 두고 서로 가지려고 싸우고 있어요."라는 반응은 수검자의 내면을 반영하고 있다. 전자가 여성에 대한 정형화된 성역할이나 강한 의존 욕구를 의미하는 것이라면 후자는 경쟁과 관련된 주제를 내포하고 있으며, 이러한 반응들은 단지 "두 사람처럼 보여요."라는 반응과는 분명한 차이가 있다.

둘째, Exner 종합체계에서 형태질이 마이너스로 채점되는 반응은 지각적 왜곡이 있는 것으로 간주된다. 형태질은 규준집단의 반응 빈도에 따라 채점되는데, 수검자가 잉크반점의 윤곽이나 형태와 전혀 비슷하지 않은 대상을 본 경우 대개 마이너스로 채점된다. 수검자는 잉크반점에서 무엇을 보기는 보았으나 그것이 잉크반점의 형태와 유사하지 않은 것이므로, 이 역시 수검자의 내적 특성이 반영된 것이라고 볼 수 있다. 마이너스 반응에서 왜곡이 심하면 심할수록 수검자의 반응이 더 극적이고 카드 속성보다 투사에 근거할 가능성이 높고, 따라서 수검자의 내면을 더 많이 반영할 것이다.

끝으로, 다양한 윤색을 포함하는 반응 역시 잉크반점에는 없는 것이기 때문에 수검자의 내적 관념과 감정이 투사될 가능성이 높다. 윤색 반응에 반영된 투사의 정도와 그 의미는 윤색 반응이 나타나는 빈도와 반응의 극적인 성격을 동시에 고려하여 평가한다. 예를 들어, 카드 VI에서 '차에 치인 고양이'라는 반응은 빈번하게 나타나는 반응이어서 투사가 작용했을 가능성이 높지 않다. 또한 카드 II에서 '상처 입은 곰'이라는 반응 또한 비교적 흔한 반응이다. 하지만 이런 반응들이 "여러 대의 차들이 고양이를 치고 지나가서 고양이가 납작하게 눌렸어요." 또는 "싸워서 심하게 다쳤다거나 사냥꾼의 총에 맞아 심한 상처를 입고 피를 흘리고 있는 곰."처럼 좀 더 정교화하여 표현되었다면 수검자의 내면이 반영될 가능성이 더욱 높아진다. 이러한 반응은 과거 또는 미래의 위험에 대한 강한 집착을 의미하는 것으로 해석될 수 있다.

이상에서 살펴본 것처럼, 운동, 지각적 왜곡 및 다양한 윤색 반응과 같은 잉크반점에 없는 속성들이 나타날 때 수검자의 내면이 투사되기 쉽다. 운동, 지각적 왜곡 및 다양한 윤색 반응이 두 가지 이상 결합되어 한 반응에 나타날 수도 있는데, 이는 수검자의 중요한 욕구, 태도, 갈등, 관심에 대해 더 많은 정보를 제공할 것이다.

(2) 카드 속성의 영향

카드 속성이란 '수검자가 잉크반점의 어떤 측면을 사용하도록 유도하는 것으로 보이는 잉크 반점의 특징'으로(Ranzoni, Grant & Ives, 1950), 잉크반점의 자극적 특징에 주의를 기울이고 잉크반점이 유발하는 지각적 · 연상적 · 행동적 반응의 특징을 알면 각 반응의 의미를 해석하기가 용이하다. 카드의 속성은 크게 두 가지 범주, 즉 외현적 측면과 내현적 측면으로 구분된다.

① 카드의 외현적 속성

카드의 외현적 속성이란 수검자가 어떤 방식으로 언급한 반점의 특징으로, 로샤 카드는 다음과 같은 자극적 특징을 포함하고 있다.

- 로샤 카드는 비교적 단순하고 하나의 덩어리로 연결된 흑백카드(I, IV, V, VI, VII)와 여러 색상을 포함하고 있으면서 복잡하고 분리되어 있는 카드(II, III, VIII, IX, X)로 구성되어 있다. 이러한 자극의 특징은 수검자의 로샤 반응에 영향을 미친다. 예컨대, 복잡하고 분리되어 있는 카드에서는 잉크반점의 전체를 사용하기보다는 부분을 사용해서 반응하기 쉽고, 비교적 단순하고 하나의 덩어리로 연결된 카드에서는 잉크반점의 부분보다는 전체를 사용해서 반응하기 쉬울 것이다.
- 잉크반점에는 실제적인 형태, 음영, 색채가 포함되어 있고 잉크반점의 어떤 특징은 운동반응을 유발하기도 한다. Exner(1996)는 잉크반점의 윤곽이나 위치, 색채, 수검자의 내적기대(또는 반응 태세)가 변화함에 따라 로샤 반응이 어떻게 달라지는지 실험을 통해 증명하였고, 이렇게 반응에 영향을 미치는 자극적 특징을 '결정적 부분(critical bits)'이라고 하였다.
- 잉크반점은 다양한 대상과 대체로 유사하다. 투사적 검사에서 가장 모호한 특성을 지닌 검사 자극은 주제통각검사(TAT)의 16번 백지카드라고 할 수 있는데, 사실 로샤 카드 중에 TAT의 16번 카드만큼 모호한 카드는 없다. 오히려 로샤의 잉크반점은 비교적 분명한 형상을 지니고 있고, 각 잉크반점에는 색채나 음영과 같이 쉽게 감지할 수 있는 특징이 있다. 따라서 로샤 반점들은 실제로 모호하지 않으며, 적어도 완전히 모호한 것은 아니다.

일반적으로 카드 속성에 근거한, 기대와 일치하는 반응은 수검자가 대부분의 사람과 비슷한 방식으로 반응하고 있는 반면, 기대에서 일탈된 반응은 비교적 독특한 개인의 특징을 나타내고 있음을 시사한다. 따라서 검사자는 카드 속성과 일반적으로 기대되는 반응을 이해하고 있어야 하며, 기대에서 일탈된 반응이 나타난 경우, 그러한 이탈이 일어난 이유에 대한 가설을 형성해야 한다.

② 카드의 내현적 속성

카드의 내현적 속성이란 수검자가 언급하는 경우는 드물지만 반응하는 방식에 영향을 미치는 잉크반점의 특징을 의미한다. 수검자들은 잉크반점에서 본 것을 모두 보고하지 않는다. 특히 성적이거나 공격적인 주제를 연상했지만 이를 보고하지 않는 경우가 많다. 여기에는 두 가지 가능성이 있다. 첫째, 자신이 연상한 것을 충분히 인식하지만 수검자가 스스로 검열하여 이를 보고하지 않는 것이다. 둘째, 자신이 연상한 것을 인식하지 못한 채 상징적 의미를 전달하는 경우이다. Exner(2003/2005)는 자기검열이 로샤 반응과정의 일부라고 하였고, 로샤 반응을 보고할 때 사회적 바람직성이 작용함을 입증하기도 하였다. 특히 평가받는 상황에 있는 수검자는 검사자에게 이상하거나 부적절하게 보이거나 나쁜 인상을 줄 수도 있다고 생각되는 반응을 억제하는 경향이 있다. 임상현장에서 어떤 수검자는 로샤 검사가 다 끝난 후에야 "사실은 아까 어떤 카드가 성적인 것으로 보였습니다."라고 보고하는 경우가 있는데, 이는 로샤 반응과정에 의식적인 검열이 작용하고 있음을 보여 주는 실례라고 할 수 있다. 검사자는 수검자가 어떤 인상을 형성하고 보고하지 않았을지라도 이러한 연상이 수검자의 반응방식에 영향을 미칠 수 있음을 명심해야 한다. 따라서 검사자는 각 잉크반점에서 수검자가 형성하기 쉬운 인상을 잘 알고 있어야 한다. 그래야 카드의 내현적 속성을 더 잘 이해하고 반응을 더 잘 예상할 수 있으며 내현적 속성으로 인해 나타난 반응을 수검자의 성격적 역동에 관한 정보의 원천으로 활용할 수 있을 것이다.

의식했지만 보고하지 않는 경우와 마찬가지로, 의식하지 못한 채 상징적 의미를 전달하는 경우 역시 수검자의 기본적인 태도와 관심에 관한 가치 있는 정보를 제공한다. 검사자는 잉크반점의 일반적인 상징적 의미를 알고 있어야 카드의 내현적 속성의 특징을 효율적으로 활용할 수 있다. 예컨대, 카드 VI의 D6 영역은 쉽게 남근으로 볼 수 있는 영역이다. 이 영역에 대해 수검자가 "문양이 화려하게 잘 새겨진 나무를 침대기둥으로 사용하고 싶다."라고 하거나 "큰 곤봉처럼 보이고 맞으면 심한 상처가 날 것 같다."라고 한 경우, 이들은 각각 성(性)에 대한 긍정적 태도와 부정적 태도를 반영하는 것으로 해석할 수 있다. 이런 표상이 나타날 때 수검자가 상징적 의미나 상징의 영향을 인식하지 못하더라도, 반점의 특징은 수검자가 반응하는 방식에 영향을 미치는 상징적 의미를 전달함으로써 카드의 내현적 속성으로 작용할 수 있다. 물론 이러한 반응이 어떤 사람들에게는 특별한 의미가 없거나 아무런 의미가 없을 수도 있다. Freud는 자신이 늘 피우던 시가가 남근의 상징일 수도 있지만 단지 시가에 불과할 수도 있다고 언급한 바 있다.

이상에서 로샤 반응에 투사와 카드 속성의 영향에 대해 살펴보았다. 결론적으로, 로샤에서 투사가 일어난 경우 해석이 풍부해질 수 있지만 모든 반응에서 투사가 일어나는 것은 아니다. 반응의 투사적 측면과 카드 속성을 구분하면 다음과 같은 세 가지 정보를 얻을 수 있기 때문에 보다 효율적인 해석이 가능해진다.

- 투사가 일어난 반응이 많을수록 그 반응은 특히 주제 심상을 통해 수검자에 대해 더 많은 정보를 제공할 것이고, 따라서 해석과정에서 더 많은 주의를 기울여야 한다.
- 반응이 카드 속성에 의해 결정될수록 투사는 더 적게 일어날 것이고, 따라서 그 반응의 주제 심상에 대해 주의를 덜 기울여도 된다. 수검자의 반응이 카드 속성에 따라 결정되는 정도는 대부분의 사람이 반응하는 것과 유사하게 반응하려는 경향을 나타내는 것이다.
- 전형적으로 각 잉크반점에 의해 유발된 지각적 구조화, 주제심상, 검사행동의 유형을 알면 수검자가 잉크반점에 대한 반응에서 말한 것과 말하지 않은 것의 해석적 의미를 판단하는 데 유용하다.

3. 평가과정

로샤 검사를 실제로 활용할 수 있으려면 검사가 제대로 실시되어야 하고 수검자의 반응이 정확하게 채점되고 해석되어야 한다. 로샤 검사의 실시, 채점 및 해석에 좀 더 관심 있는 학생들은 Exner(2000/2008, 2001/2006)의 번역서『로르샤흐 종합체계 워크북』(2008)과『로르샤흐 해석 입문』(2006), Weiner(2003/2005)의 번역서『로르샤흐 해석의 원리』(2005)를 참고하라.

1) 검사자의 요건

어느 정도 지적 능력이 있는 사람이라면 로샤 검사를 실시하고 채점하는 것을 배울 수 있다. 로샤의 실시 및 채점은 비교적 어렵지 않지만, 로샤의 해석은 너무나 복잡해서 기계적으로 할 수 있는 일이 아니다. 해석자는 논리적 개념화의 틀을 유지하면서 자료를 체계적으로 통합하고 조직화할 수 있어야 한다. 그러나 Exner(2003)는 로샤를 배우는 학생들이 다음의 세 가지 필수조건을 가지고 있다면 로샤 해석을 배우는 것이 그리 어렵지만은 않을 것이라 제안하고 있다. 첫째, 해석자는 인간과 성격의 개념에 대해 잘 알고 있어야 한다. 이는 로샤 자료를 특정 성격이론의 맥락에서 해석해야 한다는 의미는 아니다. 로샤 결과가 궁극적으로 성격에 관한 다양한 이론적 모형 중 어느 것으로든 해석될 수 있지만, 이를 위해서는 먼저 로샤 자료가 타당성이 입증된 방식으로 해석되어야 한다. 아울러 수검자를 독특하고 유일한 존재로서 이해하려는 측면에서 로샤에 대한 해석이 진행되어야 한다. 다시 말해서, 해석자는 어떤 사람도 완전히 똑같을 수 없다는 사실을 인식하고 가능한 한 개인의 고유한 특성을 강조하는 방식으로 사고와 정서, 자기상, 통제 등에 대한 결과들을 통합하려고 시도해야 한다.

둘째, 정신병리와 부적응에 관한 뛰어난 지식을 지니고 있어야 한다. 이는 단순한 진단명을 알고 있거나 정상과 비정상의 개념을 뚜렷하게 구분할 수 있어야 장점과 단점을 파악할 수 있다는 순진한 가정을 의미하는 것이 아니다. 오히려 어떤 특성이 어떻게 취약성이 되는지, 그리고 여러 가지 취약성이 결합되어 어떻게 내적·외적 부적응을 야기하는지를 인식하려면 정신병리와 부적응에 대한 적절한 이해를 지니고 있어야 한다.

셋째, 해석자는 로샤 검사 자체에 대한 이해를 가지고 있어야 한다. 로샤는 10장의 잉크반점으로 구성되어 있고, 표준화된 방식으로 검사를 실시하며, 수검자는 일련의 반응을 해야 한다. 그 반응들은 기호화 또는 채점되고, 계열적으로 정리되고, 이들이 모여서 빈도나 비율을 계산하는 기초가 된다.

로샤에는 다음과 같은 세 가지 세트의 상호 관련된 자료들이 존재하게 된다.

- 검사자의 질문에 대한 반응을 할 때 수검자가 사용한 용어
- 반응 및 반응의 채점에 반영되는 반응 계열
- 60개 이상의 변인, 비율, 백분율(%) 및 지표에서 나온 약 100개의 변인으로 구성된 구조적 요약

이러한 세 가지 세트의 자료가 로샤 검사의 근간이 되며, 전형적으로 개인의 심리에 대해 타당하고 유용한 해석을 할 수 있는 정보를 제공한다.

2) 실시

로샤 검사를 실시하기 전, 검사자는 심리평가가 의뢰된 문제의 성질에 비추어 볼 때 로샤 검사가 적절한 해답을 줄 수 있는지를 고려하여 로샤 검사의 실시 여부를 결정해야 한다. 만일 심리평가의 의뢰 사유가 기질적 장애를 판별하거나 지적 능력을 평가하는 경우라면 로샤 검사를 실시하는 것은 적합하지 않다. 일반적으로, 로샤 검사는 수검자의 성격이나 문제 해결에 관하여 보다 적절한 해답을 제공할 것이다.

또한 로샤가 다른 검사들과 함께 실시될 경우, 검사자는 검사의 실시 순서를 결정해야 한다. 로샤 검사는 비교적 모호한 자극 특성을 지니고 있어 반응하기 쉽지 않다. 따라서 로샤를 가장 먼저 실시할 경우 로샤 자체의 반응 수도 감소할 뿐만 아니라 로샤 검사 직후에 실시되는 다른 검사의 반응도 영향을 받는다. 대개 로샤 검사는 가장 마지막에 실시하거나 마지막에서 두 번째 순서로 시행한다(박영숙, 1994).

Exner 종합체계에 따르면, 로샤의 실시는 반응 단계와 질문 단계로 구분된다. 초심자들이 쉽게 이해할 수 있도록 사전 준비사항과 더불어, 로샤의 표준적인 실시 절차를 설명하면 다음과 같다.

(1) 사전 준비
로샤를 본격적으로 실시하기 전에, 검사자는 다음과 같은 상황을 고려해야 한다.

① 검사환경
다른 심리검사를 실시할 때와 마찬가지로 방해받지 않는 조용하고 편안한 방에서 로샤를 실시해야 하지만, 종종 이상적인 검사환경과 거리가 먼 학교나 병원, 교도소에서 로샤 검사를 실시해야 할 때가 있다. 어떤 경우든, 검사자는 가능한 한 이상적인 검사환경과 유사한 상황을 만들려고 노력해야 한다.

② 좌석 배치
검사자와 수검자의 좌석 배치는 매우 중요하다. 일반적으로 정면에서 얼굴을 마주보는 좌석 배치는 피해야 한다. 얼굴을 찡그리거나 고개를 끄덕이는 것과 같은 검사자의 비언어적 행동이 수검자의 반응에 영향을 미칠 수 있으며, 마주보고 앉은 상태에서는 수검자가 반응 영역을 짚을 때 이를 확인하기 어렵기 때문이다. 일반적으로 수검자의 옆자리에 앉는 것이 표준적인 절차이며, 수검자의 약간 뒤에 앉는 것도 도움이 된다.

③ 검사도구
검사자는 10장의 로샤 카드를 순서대로 정리하여 수검자의 손이 닿지 않는 곳에 뒤집어 놓는다. 이때 카드 I의 뒷면이 맨 위에 오도록 해야 수검자에게 카드를 제시하기가 용이하다. 반응시간을 측정할 수 있는 초시계와 여러 개의 펜은 쉽게 사용할 수 있는 위치에 둔다. 수검자가 말한 것을 모두 기록할 수 있도록 충분한 분량(5장 이상)의 반응 기록지를 준비한다. 반응영역 기록지는 10개의 잉크반점을 축소 복사한 것으로, 수검자가 잉크반점의 어느 부분을 사용해서 반응했는지 그 영역을 표시하도록 되어 있다. 반응 수가 많을 때를 대비하여 적어도 두 장의 반응영역 기록지를 준비하되, 반응영역 기록지는 질문 단계에서 사용하기 때문에 수검자가 그것을 미리 보지 못하도록 주의해야 한다.

④ 라포 형성

검사 상황에서 수검자가 편안하게 느끼도록 해야 하지만 이를 위해 로샤 검사에 대해 일부러 장황하게 설명할 필요는 없다. 수검자에게는 오히려 자세한 설명이 불필요한 불안이나 저항을 야기할 수도 있기 때문이다. 수검자가 평가목적을 합리적으로 이해하고 있는지 확인하고 수검자와 라포를 형성하기 위해 비교적 짧은 면담을 한 후 로샤를 실시한다.

(2) 반응 단계

① 로샤 검사의 소개

로샤를 시행할 준비가 완료되었으면 표준화된 절차에 따라 로샤를 실시한다. 먼저, 수검자에게 로샤 검사를 다음과 같이 소개한다.

> "우리가 실시할 검사 중 하나는 로샤라고 하는 잉크반점 검사입니다. 혹시 이 검사에 대해 들었거나 이 검사를 받아 본 적이 있습니까?"

만일 수검자가 로샤 검사를 어느 정도 알고 있다고 하면, 그 내용을 파악해서 잘못된 인상(예: 자유연상 과제, 지능검사)을 가지고 있을 경우 올바르게 교정해 준다. 수검자가 이전에 로샤 검사를 받아 본 적이 있다고 하면 언제, 어디서, 어떤 이유로 검사를 받았는지 확인하고, 그 당시의 반응을 기억하고 있는지 질문한다. 로샤 검사를 다시 시행해야 할 이유가 충분한 경우에는 그때 반응했던 내용과 상관없이 현재 보이는 대로 응답하라고 지시한다.

수검자가 로샤가 자신과 어떤 관계가 있는지 묻는다면 다음과 같이 간단하고 정직하게 설명해 주어야 한다.

> "이것은 성격에 관한 정보를 얻을 수 있는 검사인데, 그런 정보가 있으면 우리는 [당신의 치료계획을 더 잘 세울 수 있습니다, 당신의 문제를 더 잘 이해할 수 있습니다, 당신의 의사가 요청한 것에 대해 몇 가지 조언을 할 수 있습니다, 당신의 치료가 얼마나 진전되고 있는지에 관해 알 수 있습니다 등에서 적절한 이유를 선택 한다.]."

만일 로샤 검사에 대해 들어 본 적이 없다고 하면 다음과 같이 간단한 설명을 한다.

"이제부터 제가 여러 장의 카드를 보여 드릴 텐데, 이것이 무엇처럼 보이는지 저에게 말씀해 주시면 됩니다."

② 검사 지시

이와 같이 검사를 실시할 준비가 된 후에는 카드 I을 수검자의 손에 쥐어 주면서 다음과 같이 질문한다.

"이것은 무엇으로 보입니까?"

그 외 다른 말은 필요하지 않다. 검사가 시작되면 검사자는 가능한 한 침묵을 지키고 수검자에게 카드를 바꿔 주거나 어떤 설명이 필요할 때만 개입한다. 수검자가 충분한 반응을 했다고 하면 다음 카드로 넘어간다.

③ 질문과 격려

수검자가 질문을 할 경우가 흔한데, 이때 검사자 반응의 기본 원칙은 비지시적이어야 한다는 것이다. 예컨대, "카드를 돌려도 됩니까?" 또는 "전체를 다 사용해야 합니까?"와 같은 질문에는 "좋을 대로 하십시오."라고 대답하면 된다.

충분한 로샤 반응을 얻기 위하여 때로는 격려가 필요하다. 카드 I에서 단지 하나의 반응만 보고하는 경우, "시간이 있으니 좀 더 보세요. 그 외 다른 것들도 볼 수 있을 것입니다."와 같이 격려해야 한다. 그러나 다른 카드에서 단지 하나의 반응을 하는 경우에는 이러한 개입을 하지 않는다. 만일 수검자가 적절한 반응을 보이다가 특정 카드에 대해 반응하기 어려워하는 경우, "시간은 충분합니다. 서두르지 말고 천천히 보세요."라고 말하면서 반응을 격려한다.

④ 반응의 기록

검사자는 반응 기록지에 수검자가 한 말을 그대로 기록해야 한다. 이것은 매우 중요한데, 그 이유는 수검자의 말을 그대로 기록해야 나중에 정확한 채점이 가능하고 수검자의 독특한 반응이 그대로 보존되어 중요한 정보를 얻을 수 있기 때문이다. 반응 기록지는 카드 번호, 반응 번호, 반응, 질문 및 채점을 기록할 수 있도록 되어 있다. 이때 수검자가 카드를 어떻게 돌려서 보았는지 그 방향을 기록해야 하는데 ∧, >, ∨, <와 같은 기호를 사용해서 표시한다. ∧ 기호가 카드의 정위치를 나타내며, 기호에서 뾰족한 부분이 카드의 윗부분을 나타낸다.

⑤ 너무 짧거나 긴 프로토콜

반응이 지나치게 적거나 지나치게 많은 경우, 검사자는 적절하게 개입을 해야 한다. 전체 반응 수가 14개 미만인 경우에는 질문 단계로 진행하지 않고 다시 카드 I부터 재검사를 해야 하며, 반대로 지나치게 많은 반응을 할 경우 이를 제한해야 한다. 수검자가 카드 I에서 5개 이상의 반응을 한 뒤에도 카드를 계속해서 쥐고 있다면 "좋습니다. 이제 다음 카드를 보도록 합시다."라고 말하고 중단시킨다. 수검자가 이후의 카드에서도 5개의 반응을 한 후 계속해서 카드를 쥐고 있으면 동일한 방식으로 개입하지만, 특정 카드에서 5개 미만으로 반응했다면 그 이후의 카드에서는 5개 이상의 반응을 하더라도 검사자가 개입하지 않는다.

(3) 질문 단계

질문 단계의 목적은 반응을 가능한 한 정확하게 채점하는 것이다. 검사자는 세 가지 채점요소, 즉 반응 내용, 반응 영역과 결정인을 충분히 이해해야 적절한 질문을 할 수 있다. 질문 단계는 검사가 새로 실시되거나 새로운 정보가 만들어지는 시간이 아니다. 단지, 반응 단계에서의 정보가 검토되고 명료화되는 시간이다. 반응 단계에 평균 20분 미만의 시간이 소요되는 반면 질문 단계에는 보통 30분 이상의 시간이 필요하다.

① 질문 단계의 도입

질문 단계를 시작할 때 사용하는 표준적인 지시는 다음과 같다.

"이제부터 우리는 카드를 처음부터 다시 볼 것입니다. 시간이 오래 걸리지는 않을 것입니다. 당신이 봤다고 한 것을 저도 똑같이 보기를 원합니다. 한 번에 하나씩 해 봅시다. 당신이 말한 것을 읽을 텐데, 제가 당신이 본 것과 똑같이 볼 수 있도록, 반점에서 그것이 어디에 있는지, 무엇이 당신으로 하여금 그렇게 보도록 만들었는지 말해 주십시오. 아시겠습니까?"

② 질문 절차

검사자는 반응의 채점체계에 대해 정확하게 알고 있어야 질문 단계를 적절하게 시행할 수 있다. 수검자가 시작할 준비가 되었다는 확신이 들면 첫 카드부터 질문을 시작한다. 대개는 수검자가 했던 말을 그대로 읽어 준다. 예컨대, "조금 전에 이 카드를 보고 ~라고 말씀하셨습니다."라고 말한다.

질문 단계에서 얻어야 하는 정보는 반응 영역, 결정인 및 반응 내용에 관한 것이다. 이 중 반응 내용은 가장 확인하기 쉬우나 나머지 정보를 확인하기는 상대적으로 쉽지 않다. 기본적으로 질문은 비지시적이어야 하며, 반응을 한 당시에 수검자가 본 것보다 더 많은 것이 포함되어서는 안 된다. 직접적인 질문이나 유도 질문 또한 부적절하다. 단지, "제가 당신이 본 그대로 볼 수 있는 것 같지 않군요. 제가 당신이 본 그대로 볼 수 있도록 도와주세요."라고 말하는 것으로 충분하다. 반응 영역, 결정인 및 반응 내용을 확인하기 어렵다면 다음과 같은 몇 가지 질문을 할 수 있다.

• 반응 영역: 어디서 그렇게 보았는가

반응 영역이 불확실한 경우, "어디가 그렇게 보였나요?" 또는 "내가 정확하게 본 건지 모르겠습니다. 손가락으로 그 위치를 그려 주세요."라고 말하고, 극단적인 경우 "(반응영역 기록지가 아

● 표 10-2 로샤 반응 기록지의 예

카드	반응	질문	채점
I. ①	이것은 박쥐처럼 보여요.	검: (수검자의 반응 반복) 수: 네, 여기는 날개, 여기는 다리, 이건 촉각 같군요. 검: 어디서 그렇게 보았는지 잘 모르겠군요. 수: 네, 전체가요. 여기는 날개, 몸통이예요.	Wo Fo A P 1.0
②	이 가운데 부분은 여자 같은데 손을 들고 있어요.	검:(수검자의 반응 반복) 수: 네, 여기가 여자 모양이에요. 검: 무엇이 여자처럼 보이도록 했나요? 수: 여기가 다리, 허리가 잘록하고, 머리를 뒤로 젖히고 있는 것인지 머리는 안보이고요, 손은 뭔가 신호를 하듯 올리고 있어요.	Do M^po H GHR
II. ③	돌려봐도 되나요? < > ∨ 이렇게 보니 폭발하는 것 같아요.	(검: 좋으실 대로 하세요.) 검: (수검자의 반응 반복) 수: 네, 선이 이렇게 뻗어 나가는 것 같아요. 돌풍이나 불처럼 검: 불이라고요? 수: 네, 온통 빨갛네요, 불처럼. (중략)	Dv m^a.CFo Ex,Fi

닌 카드에서) 그것이 어디인지 모르겠군요. [머리, 몸통, 날개 등(반응 내용에 포함된 부분을 언급)] 을/를 손가락으로 짚어 보세요."라고 한다.

• 결정인: 무엇 때문에 그렇게 보았는가

질문 단계에서 발생하는 대부분의 문제는 결정인과 관련이 있다. 수검자의 언어적 보고에 기초하여 수검자가 반응 단계에서 무엇 때문에 그렇게 보았는지에 대한 채점을 하는데, 일부 수검자의 언어적 보고는 "그냥 그렇게 보여요."처럼 모호하거나 반응에 단서를 포함하고 있지 않는 경우가 있다. 결정인을 파악하기 위한 기본 질문은 다음과 같다. "무엇 때문에 거기서 그렇게 보았는지 잘 모르겠습니다."

• 반응 내용: 무엇을 보았는가

대부분의 반응에는 항상 대상이 포함되어 있기 때문에 가장 쉽게 확인할 수 있다.

③ 핵심 단어에 기초한 질문

수검자가 반응 단계 또는 질문 단계에서 핵심 단어를 사용한 반응이 있을 경우, 이에 대한 질문을 해야 한다. 핵심 단어란 수검자가 표현하지 않은 결정인을 내포할 가능성이 있는 단어로, 주로 형용사(예: 예쁜, 섬세한, 울퉁불퉁한, 밝은 등), 명사(예: 서커스, 파티, 행복, 소풍, 피, 모피) 혹은 동사(예: 싸운다)일 수 있다.

3) 채점

채점은 로샤 검사에 대한 반응을 로샤 기호로 바꾸는 과정이다. 채점이 정확해야 이를 근거로 한 해석이 타당하기 때문에, 채점의 중요성은 아무리 강조해도 지나치지 않다. 로샤 종합체계에서 기본적으로 채점에 포함되는 항목들은 다음과 같다.

• 반응 영역: 잉크반점의 어느 부분에서 반응이 일어났는가

이는 수검자가 자신의 환경에 어떻게 접근하는가(즉, 전체적으로 혹은 부분적으로), 그리고 과제에 얼마나 많은 인지적 에너지를 투자하는가를 평가하도록 한다.

• 발달질: 반응 영역은 어떤 발달 수준을 나타내는가, 반응에서 의미 있는 조직화나 통합 정도는 얼마나 사용되었는가

이는 수검자가 정보를 의미 있는 방식으로 분석하고 통합하는 데 얼마나 관심이 있는지를

● 표 10-3 반응 영역

기호	정의	기준
W	전체 반응 (Whole Response)	전체 잉크반점의 사용. 어떤 부분도 빠뜨려서는 안 된다.
D	흔한 부분 반응 (Common Detail Response)	자주 사용되는 잉크반점 영역의 사용
Dd	드문 부분 반응 (Unusual Detail Response)	드물게 사용되는 잉크반점 영역의 사용
S	공백 반응 (Space Response)	흰 공간 영역의 사용. 단독으로 채점되지 않고 WS, DS, DdS처럼 다른 영역 기호와 함께 사용된다.

출처: Exner (2003).

나타낸다. 지적인 능력이 제한되거나 신경학적 손상이 있는 수검자일수록 더 많은 모호 반응을 보인다.

● 표 10-4 발달질

기호	정의	기준
+	통합 반응 (Synthesized Response)	두 개 이상의 대상이 분리되어 있으나 관련이 있는 것으로 묘사된 경우. 반응에 포함된 대상 중 적어도 하나 이상이 구체적인 형태요구(specific form demand)[3]가 있거나 구체적인 형태요구를 만드는 방식으로 묘사되어야 한다(예: 수풀 사이를 걷고 있는 남자, 구름 속을 날아가는 비행기).
v/+	통합 반응 (Synthesized Response)	두 개 이상의 대상이 분리되어 있으나 관련이 있는 것으로 묘사된 경우. 반응에 포함된 어떤 대상도 구체적 형태요구를 가지지 않고, 어떤 대상에 대해서도 형태요구를 언급하지 않는 경우(예: 함께 피어오르는 구름, 바위와 주변의 모래).
o	보통 반응 (Ordinary Response)	잉크반점이 자연스러운 형태요구가 있는 단일 대상으로 묘사되거나 반응에 포함된 대상이 구체적인 형태요구를 만드는 것처럼 묘사된 경우(예: 전나무, 고양이, 단풍잎).
v	모호 반응 (Vague Response)	구체적인 형태요구가 없는 대상을 보고하거나 어떤 대상에 대해서도 형태요구를 언급하지 않는 경우(예: 구름, 하늘, 노을, 얼음).

출처: Exner (2003).

- - - - - - - - - - - - - - -
3) 일반적으로 보고된 대상이 갖고 있는 일관성 있는 형태, 즉 대상을 파악하는 명사가 사용될 때 어떤 구체적인 형태가 포함되는 것을 의미한다.

- 결정인: 반응을 결정하는 데 영향을 준 반점의 특징은 무엇인가

결정인은 9개의 범주에 24개의 기호로 구성되어 있으며(〈표 10-5 참조〉), 각 결정인에 대한 가능한 해석은 〈표 10-6〉에 요약되어 있다. 운동 반응의 경우, 그 움직임이 능동적인지 또는 수동적인지를 판단해서 능동(active)운동은 a, 수동(passive) 운동은 p로 운동 반응 기호의 오른쪽 끝에 윗첨자를 붙인다(예: M^a, M^p, FM^a, FM^p, m^a, m^p). 이는 인지적 유연성과 관념적 태세(ideational set)를 결정한다. 능동과 수동을 판단하는 정확한 기준이 아직까지 정해지지 않았지만 일반적으로 '말하다(talking)'라는 동사를 판단 기준으로 삼는다. '말하다'는 항상 수동운동으로 채점하고, 이 기준보다 능동적인 운동은 a, 수동적인 운동은 p로 채점한다. 예컨대, '속삭이다, 쳐다보다, 서 있다, 구부정하다, 숙이다, 한숨 쉬다' 등은 수동운동으로 채점하고, '논쟁하다, 소리 지르다, 노려보다, 손을 뻗다, 물건을 들다' 등은 능동운동으로 채점한다.

● 표 10-5 결정인

범주	기호	기준
형태(Form)	F	형태 반응. 전적으로 잉크반점의 형태특징에 근거한 반응
운동 (Movement)	M	인간운동 반응. 인간의 활동, 또는 동물이나 가공적 인물이 인간과 유사한 활동을 하는 것으로 묘사된 반응
	FM	동물운동 반응. 동물의 운동반응 중 종 특유의 운동을 포함한 반응
	m	무생물운동 반응. 무생물, 비생물체(죽은 대상) 또는 감각이 없는 대상의 운동을 포함한 반응
유채색 (Chromatic Color)	C	순수색채 반응. 어떤 형태 특징에 대한 언급 없이 전적으로 잉크반점의 유채색 특징에 근거한 반응
	CF	색채-형태 반응. 일차적으로 잉크반점의 색채 때문에 반응이 형성되고 형태 특징이 부차적으로 사용된 반응
	FC	형태-색채 반응. 주로 형태 특징 때문에 반응이 형성되고 정교화 또는 명료화 목적으로 색채가 사용된 경우
	Cn	색채명명 반응. 잉크반점의 색채가 명명되고 그 명칭이 반응으로 의도된 경우
무채색 (Achromatic Color)	C'	순수무채색 반응. 어떤 형태 특징에 대한 언급 없이 전적으로 잉크반점의 무채색 특징에 근거한 반응
	C'F	무채색-형태 반응. 일차적으로 잉크반점의 무채색 때문에 반응이 형성되고 형태 특징이 부차적으로 사용된 반응
	FC'	형태-무채색 반응. 주로 형태 특징 때문에 반응이 형성되고 정교화 또는 명료화 목적으로 무채색이 사용된 경우

음영재질 (Shading- Texture)	T	순수재질 반응. 어떤 형태 특징에 대한 언급 없이 전적으로 잉크반점의 음영 특징을 사용해서 재질/질감을 나타낸 반응
	TF	재질-형태 반응. 잉크반점의 음영 특징이 재질/질감을 나타내기 위해 사용되고 정교화 또는 명료화 목적으로 형태 특징이 부차적으로 사용된 반응
	FT	형태-재질 반응. 주로 형태 특징에 근거하여 반응이 형성되고 잉크반점의 음영 특징이 재질/질감을 나타내기 위해 사용되었으나 이차적으로 중요한 경우
음영차원 (Shading- Dimension)	V	순수차원 반응. 어떤 형태 특징에 대한 언급 없이 전적으로 잉크반점의 음영 특징을 사용해서 깊이나 차원을 나타낸 반응
	VF	차원-형태 반응. 잉크반점의 음영 특징이 깊이나 차원을 나타내기 위해 사용되고 정교화 또는 명료화 목적으로 형태 특징이 부차적으로 사용된 반응
	FV	형태-차원 반응. 주로 형태 특징에 근거하여 반응이 형성되고 잉크반점의 음영 특징이 깊이나 차원을 나타내기 위해 사용되었으나 이차적으로 중요한 경우
음영확산 (Shading- Diffuse)	Y	순수음영 반응. 어떤 형태 특징에 대한 언급 없이 전적으로 잉크반점의 음영 특징에만 근거한 반응. 재질이나 차원에 대한 어떤 언급도 하지 않는 경우
	YF	음영-형태 반응. 재질이나 차원에 대한 언급 없이 주로 잉크반점의 음영 특징에 근거하고 형태 특징이 부차적으로 포함된 반응
	FY	형태-음영 반응. 주로 잉크반점의 형태 특징에 근거하고, 재질이나 차원에 대한 언급 없이 정교화 또는 명료화 목적으로 음영 특징이 부차적으로 사용된 반응
형태차원 (Form Dimension)	FD	형태에 근거한 차원 반응. 잉크반점의 윤곽이나 모양에 근거하여 깊이, 거리, 차원을 지각한 경우
쌍반응과 반사반응 (Pairs & Reflections)	(2)	쌍반응. 잉크반점의 대칭에 근거하여 두 가지 동일한 대상을 보고한 경우. 두 대상은 모든 측면에서 동일해야 하지만 반사되거나 거울에 비친 이미지는 아니어야 한다.
	rF	반사-형태 반응. 잉크반점의 대칭으로 인해 구름이나 풍경, 그림자와 같이 일정한 형태요건을 가지고 있지 않은 대상이 반사된 것 또는 거울에 비친 상으로 보고된 반응
	Fr	형태-반사 반응. 잉크반점의 대칭으로 인해 일정한 형태가 있는 대상이 반사된 것 또는 거울에 비친 상으로 보고된 반응

출처: Exner (2003).

● 표 10-6 결정인과 가능한 해석적 의미

범주	기호	해석적 의미
형태(Form)	F	통제 또는 지연(delay)과 관련됨
운동 (Movement)	M	높은 수준의 개념화, 공상, 지연과 관련됨
	FM	즉각 만족을 추구하고자 하는 욕구와 관련됨
	m	과도한 긴장을 만드는 상황적 스트레스와 관련됨
유채색 (Chromatic Color)	C, CF, FC, Cn	정서 및 정서 표현의 조절과 관련됨
무채색 (Achromatic Color)	C', C'F, FC'	정서적 제약, 억제와 관련됨
음영재질 (Shading-Texture)	T, FT, TF	정서적 애정 욕구, 정서적 대인관계 접촉과 관련됨
음영차원 (Shading-Dimension)	V, VF, FV	부정적인 내성(introspection), 고통스러운 자기평가와 관련됨
음영확산 (Shading-Diffuse)	Y, YF, FY	통제할 수 없는 느낌, 무력감, 불안감과 관련됨
형태차원 (Form Dimension)	FD	내성(introspection)과 관련됨
쌍반응과 반사 반응 (Pairs & Reflections)	(2)	자기초점(self-focus)과 관련됨
	rF, Fr	자아중심성 혹은 자기초점과 관련됨

출처: Howard (1989).

• 형태질: 반응은 잉크반점의 특징에 얼마나 잘 부합하는가

이러한 형태에 대한 평가는 수검자의 지각적 정확성 및 현실 검증능력에 대한 정보를 제공한다.

● 표 10-7 형태질

기호	정의	기준
+	보통-정교화 (Ordinary-Elaborated)	o로 채점될 수 있는 반응인데 형태를 매우 자세하게 설명한 경우. 이때 형태 사용이 적절하면서 반응의 질이 풍부해져야 한다. 반드시 독창적이고 창의적일 필요는 없으나 세부 형태가 사용되고 구체화되는 방식으로 표현되어야 한다.

o	보통 (Ordinary)	대상을 설명하기 위해 일반적인 형태 특징을 쉽게 언급한 일상적인 반응. 이들은 형태질 자료에서 W와 D 영역에 대해서 적어도 2%, Dd 영역에 대해서 적어도 50명이 보고했던 반응으로, 보기 쉽다. 형태 특징을 정교화하더라도 반응이 아주 풍부해지지는 않는다.
u	드문 (Unusual)	포함된 기본적인 윤곽이 반응에 적절하기는 하나 빈도가 낮은 반응. 관찰자가 빠르고 쉽게 볼 수 있지만 흔치 않은 반응
–	마이너스 (Minus)	형태를 왜곡하고 임의적·비현실적으로 사용해서 반응을 형성한 경우. 사용한 영역의 윤곽을 전부 또는 대부분 무시한 반점 구조에 대한 반응. 종종 반점에 없는 인위적인 선이나 윤곽을 만들어서 반응하기도 한다.

출처: Exner (2003).

• 쌍 반응: 사물을 대칭적으로 지각하고 있는가

쌍반응은 반사 반응과 함께 자아중심성 지표를 산출하는 데 사용되고, 쌍으로 된 M과 FM 반응의 분석은 대인관계에서 상호작용의 특징에 관한 정보를 제공한다.

• 반응 내용: 반응은 어떤 내용 범주에 속하는가

내용분석은 반응에 관한 좀 더 질적인 평가와 더불어 자기와 타인 지각에 관한 중요한 정보를 제공한다.

표 10-8 반응 내용

범주	기호	기준
전체 인간 (Whole Human)	H	인간의 전체 모습을 포함한 반응. 나폴레옹이나 잔다르크처럼 역사적 실존 인물은 Ay를 이차 기호로 추가한다.
가공적 전체 인간 (Whole Human, Fictional, or Mythological)	(H)	가공적이거나 신화적인 인간의 전체 모습을 포함한 반응(예: 어릿광대, 요정, 거인, 악마, 유령, 공상과학에서 인간을 닮은 등장인물, 인간과 유사한 괴물, 인간의 그림자)
인간 부분 (Human Detail)	Hd	불완전한 인간 형태를 포함한 반응(예: 팔, 머리, 다리, 발, 손가락, 하체, 머리가 없는 사람 등)
가공적 인간 부분 (Human Detail, Fictional, or Mythological)	(Hd)	가공적이거나 신화적인 불완전한 인간 형태를 포함한 반응(예: 악마의 머리, 마녀의 팔, 천사의 눈, 공상과학 등장인물의 일부, 호박등, 동물 가면을 제외한 모든 종류의 가면)

인간 경험 (Human Experience)	Hx	1. 인간의 정서나 감각 경험이 반응 대상에게 속한 것이 분명한 경우, Hx를 이차 내용으로 채점한다(예: 사랑에 빠져 서로 바라보고 있는 두 사람, 매우 슬픈 고양이, 서로에게 화가 난 사람들, 더러운 냄새를 맡고 있는 여자). 정서나 감각 경험이 모호한 반응은 Hx로 채점하지 않는다(예: 파티에 참석한 사람들, 화가 난 것처럼 보이는 얼굴, 비열해 보이는 얼굴, 피곤해 보이는 두 사람). 2. 사랑, 미움, 우울, 행복, 소리, 냄새, 공포 등 인간의 정서나 감각경험과 관련된 형태가 없는 M 반응은 Hx를 일차 내용으로 채점하고 특수점수에서 AB를 추가한다.
전체 동물(Whole Animal)	A	동물의 전체 모습을 포함한 반응
가공적 전체 동물 (Whole Animal, Fictional, or Mythological)	(A)	가공적이거나 신화적인 동물의 전체 모습을 포함한 반응(예: 유니콘, 용, 마술 개구리, 하늘을 나는 말, 블랙 뷰티, 갈매기 조나단 리빙스턴)
동물 부분 (Animal Detail)	Ad	불완전한 동물 형태를 포함한 반응(예: 말의 발굽, 가재의 집게발, 개의 머리, 동물의 가죽)
가공적 동물 부분 (Animal Detail, Fictional, or Mythological)	(Ad)	가공적이거나 신화적인 불완전한 동물 형태를 포함한 반응(예: 페가수스의 날개, 피터 래빗의 머리, 곰돌이 푸우의 다리, 모든 동물 가면)
해부 (Anatomy)	An	골격, 근육, 내부의 해부학적 구조와 관련된 반응(예: 뼈 구조, 두개골, 갈비뼈, 심장, 폐, 위장, 간, 근섬유, 척추, 뇌). 조직 슬라이드를 포함한 반응은 이차 내용으로 Art를 추가한다.
예술 (Art)	Art	1. 추상화든 구상화든 간에 그림, 데생, 삽화, 조각상과 같은 예술 작품, 보석, 샹들리에, 가지 촛대, 배지, 인장, 장식품에 관한 반응. (카드 VII에서) 장식으로 꽂은 깃털은 Art로 채점한다. 2. Art로 채점하는 많은 반응들은 이차 내용을 포함하고 있는 경우가 많다. 예컨대, 두 마리 개를 그린 그림은 Art, A, 두 마녀의 조각상은 Art, (H), 허리를 구부린 두 사람의 만화는 Art, H로 채점한다.
인류학 (Anthropology)	Ay	특정 문화적 · 역사적 의미를 가지고 있는 반응(예: 토템, 로마시대의 투구, 대헌장, 산타 마리아호, 나폴레옹의 모자, 클레오파트라의 왕관, 화살촉, 선사시대의 도끼, 인디언의 전투모자)
피(Blood)	Bl	인간이나 동물의 피 반응
식물 (Botany)	Bt	식물(예: 관목, 꽃, 해초, 나무)이나 식물의 부분(예: 잎, 꽃잎, 나무줄기, 뿌리, 새 둥지)을 포함한 반응
의복 (Clothing)	Cg	의복을 포함한 반응(예: 모자, 부츠, 벨트, 드레스, 넥타이, 재킷, 바지, 스카프)
구름 (Clouds)	Cl	구름 반응. 이 범주의 변형인 안개(농무, 연무)는 Na로 채점한다.

폭발(Explosion)	Ex	불꽃놀이를 포함하여 폭발을 포함한 반응
불(Fire)	Fi	불이나 연기에 관한 반응
음식(Food)	Fd	사람들이 일반적으로 먹을 수 있는 것(예: 통닭, 아이스크림, 새우튀김, 채소, 솜사탕, 껌, 스테이크, 생선살), 또는 새가 벌레나 곤충을 먹는 것처럼 그 종의 동물이 일반적으로 먹는 먹이를 지각한 반응
지도(Geography)	Ge	특정적이든 일반적이든, 지도를 지각한 반응
가정용품 (Household)	Hh	가정용품을 포함한 반응(예: 침대, 식칼, 의자, 조리기구, 컵, 정원 호스, 유리잔, 램프, 정원 의자, 접시, 양탄자, 은 식기). Hh로 채점되는 항목 중 일부(예: 가지 촛대, 샹들리에)는 Art로 채점된다.
풍경 (Landscape)	Ls	풍경(예: 산, 산맥, 언덕, 섬, 동굴, 바위, 사막, 늪)이나 바다 경치(예: 산호초, 바닷속 장면)를 포함한 반응
자연 (Nature)	Na	Bt, Ls로 채점되지 않는 광범위한 자연환경을 포함한 반응(예: 태양, 달, 행성, 하늘, 물, 대양, 호수, 강, 얼음, 눈, 비, 안개, 노을, 무지개, 폭풍, 토네이도, 밤, 빗방울)
과학 (Science)	Sc	직접적이든 간접적이든 과학 또는 공상과학의 산물과 관련된 반응 (예: 비행기, 빌딩, 다리, 자동차, 전구, 현미경, 오토바이, 모터, 악기, 레이더 기지, 도로, 로켓선, 배, 우주선, 기차, 망원경, TV 안테나, 무기 등)
성 (Sex)	Sx	성기관이나 성적 행동을 포함한 반응[예: 남근, 질, 엉덩이, 가슴(사람의 성별을 구별하기 위한 언급은 해당되지 않음), 고환, 월경, 낙태, 성교]. 일차 내용은 주로 H, Hd 또는 An이고 Sx는 이차 내용으로 채점되는 경우가 흔하다.
엑스레이 (X-ray)	Xy	엑스레이 반응으로, 골격이나 내부기관이 포함될 수 있다. Xy 반응은 이차 부호로 An을 채점하지 않는다.

출처: Exner (2003).

• 평범 반응: 일반적으로 흔히 일어나는 반응인가

평범 반응은 수검자가 분명한 방식으로 반응할 수 있는지를 평가하며, 종합체계에는 13개의 평범 반응이 포함되어 있다. 아마도 가장 흔한 평범 반응은 카드 I 또는 카드 V에서 전체 영역을 박쥐나 나비로 보는 반응일 것이다.

● 표 10-9 평범 반응

카드	반응 영역	기준
I	W	박쥐 또는 나비
II	D1	구체적인 동물
III	D9	인간의 모습이나 표상(인형, 만화 등)
IV	W 또는 D7	인간이나 거인
V	W	박쥐 또는 나비
VI	W 또는 D1	동물가죽, 짐승가죽, 양탄자 또는 모피
VII	D9	사람의 머리나 얼굴
VIII	D1	전체 동물의 모습
IX	D3	인간 또는 인간과 유사한 형상
X	D1	게 또는 거미

출처: Exner (2003).

• 조직활동: 자극을 조직화하여 응답하였는가

조직화(Z) 점수는 자극의 복잡성을 고려할 때 얼마나 조직화된 반응을 하는지 평가하기 위해 가중치를 부여한 점수이다. 이는 임상적으로 반응 태세(response style)와 특정 형태의 정신병리를 변별하기 위해 활용될 수 있다.

● 표 10-10 조직 점수

기호	기준
ZW	발달질(DQ)이 +, o 또는 v/+인 전체 반응. DQ 기호가 v인 반응에는 조직화 점수를 주지 않는다.
ZA	반점의 인접(Adjacent) 영역에서 두 가지 이상 별개의 또는 분리된 대상을 지각하고 이들이 서로 의미 있는 관계를 맺고 있다고 보고된 반응
ZD	반점의 비인접(Distant) 영역에서 두 가지 이상 별개의 또는 분리된 대상을 지각하고 이들이 서로 의미 있는 관계를 맺고 있다고 보고된 반응
ZS	반점의 흰 공간(Space)과 다른 영역을 통합해서 반응한 경우. 단지 흰 공간만을 사용한 반응은 조직화 점수를 주지 않는다.

출처: Exner (2003).

• 특수점수: 특이한 언어 반응을 비롯하여 특이한 반응의 특징이 있는가

특수점수 가운데 DV, DR, INCOM, FABCOM에 반영되는 인지적 역기능의 정도에 차이가 있

기 때문에, 반응이 얼마나 기이한가에 따라 두 가지 수준으로 나누어 채점한다. 첫 번째는 수준 1 반응으로, 비논리적, 경계가 모호한, 특이하거나 우원적 사고가 경미하게 나타나는 경우이다. 수준 1 반응은 대개 특수점수의 채점 기준을 충족시키지만, 부주의한 단어 선택, 미성숙, 교육 기회의 제한, 단순히 심사숙고하지 않은 판단 등 표현이나 판단에 충분한 주의를 기울이지 못해서 일어나는 인지적 실수와 구분하기 어렵다. 두 번째는 수준 2 반응으로, 비논리적, 경계가 모호한, 분열되거나 우원적 사고가 좀 더 심하게 나타나는 경우이다. 수준 2 반응은 매우 부적절하고 기괴해서 채점하기 어렵지 않지만 어떤 반응이 수준 2에 해당되는지 의심스럽다면 신중하게 수준 1로 채점하는 것이 바람직하다.

검사자는 이상에서 설명한 로샤 기호와 채점 원칙을 숙지하여야 한다. 검사자는 채점에 충분한 시간을 할애해야 하는데, 그 이유는 부정확한 채점이 궁극적으로 부정확한 해석을 초래할 수 있기 때문이다. 수검자의 반응을 채점하는 두 가지 원칙은 다음과 같다. 첫째, 수검자가 반응 단계에서 응답할 당시에 일어난 인지적 작용에 대해서 채점한다. 질문 단계에서 검사자의 질문을 받고 유도된 반응은 채점하지 않지만 질문 단계에서 자발적으로 응답한 반응은 채점에 포함시킨다. 둘째, 반응 단계에서 나타난 모든 요소를 빠짐없이 채점한다.

● 표 10-11 특수점수

범주	기호	기준
특이한 언어 반응 (Unusual Verbalizations)	DV	일탈된 언어(Deviant Verbalization). 부적절한 단어가 하나 이상 사용된 경우로, 두 가지 형태가 있다. 1. 신조어(Neologism): 수검자의 언어능력으로 보아, 정확한 표현을 충분히 할 수 있음에도 불구하고 부적절한 단어나 신조어를 사용하는 경우[예: "망원경으로 본 박테리아."(DV1), "이 피는 콘크리게이트처럼 굳어 있어요."(DV2)] 2. 중복사용(Redundancy): 대상의 성질을 두 번 보고하는 것 같은 언어의 기이한 사용[예: '사람의 죽은 시체'(DV1), '세 사람의 트리오'(DV2)]
	DR	일탈된 반응(Deviant Response). 과제와 상관이 없거나 과제를 왜곡하는 표현을 사용함으로써 반응의 질이 기이하고 특이해지는 경우. DV를 포함한 DR 반응은 DR만 채점한다. 1. 부적절한 구(Inappropriate Phrases): 매우 부적절하거나 아무런 상관이 없는 구를 사용하고 앞뒤가 연결되지 않는 방식으로 반응한 경우[예: "개처럼 보이네요. 우리 아버지는 개를 기르지 못하게 했어요."(DR1), "이것은 박쥐네요. 나는 나비가 보고 싶었어요."(DR2)]

		2. 우원적 반응(Circumstantial Response): 과제를 무시한 채 부적절하게 정교화하는 반응으로, 말이 주제에서 벗어나면서 산만하게 흘러가는 경우[예: "두 마리 뱀 같아요. <u>나는 항상 뱀을 싫어했는데, 형은 뱀을 무서워한다고 나를 놀리곤 했어요.</u>"(DR1), "아일랜드 지도 같아요. 어쩌면 아일랜드가 아니라 다른 곳일 수도 있어요. 그러나 아일랜드일 것 같아요. 나는 <u>아일랜드에 대해 잘 모르지만 멕시코에 대해서는 잘 알아요.</u>"(DR2)]
부적절한 반응 결합 (Inappropriate Combination)	INCOM	조화되지 않은 결합(Incongruous Combination). 단일 대상에서 부적절하거나 불가능한 하나 이상의 특징이나 활동이 나타나는 반응[예: "박쥐인데, 여기에 날개와 몸, <u>손이 있다.</u>"(INCOM1), "<u>두 개의 머리를 가진 사람.</u>"(INCOM2)]
	FABCOM	우화적 합성(Fabulized Combination). 둘 이상의 대상이 있을 수 없거나 불가능한 방식으로 관계를 맺고 있는 것으로 지각한 반응[예: "두 마리 <u>개가 농구를</u> 하고 있어요."(FABCOM1), "<u>두 여자가 잠수함을 공격하고 있어요.</u>"(FABCOM2)]
	CONTAM	오염(Contamination). 부적절한 결합 중 가장 기괴한 반응으로, 둘 이상의 인상이 확실히 현실을 위반하면서 하나의 반응으로 융합되는 경우(예: "이것은 피로도 보이고 섬으로도 보여요. 이것은 확실히 <u>피 흘리는 섬</u>이에요.")
부적절한 논리 (Inappropriate Logic)	ALOG	부적절한 논리(Inappropriate Logic). 검사자가 아무런 개입도 하지 않았는데 수검자가 부자연스럽고 틀을 벗어나는 추론을 하여 자신의 반응을 정당화하려는 경우(예: "이것은 북극이네요. <u>왜냐하면 카드 위쪽에 있으니까요.</u>")
보속반응 (Perseveration)	PSV	보속반응(Perseveration). 동일한 반응이 반복되는 것으로, 인지적 경직성, 인지적 기능장애, 뚜렷한 심리적 몰두와 관련이 있다. 보속반응에는 세 가지 유형이 있으나 모두 PSV로 채점된다. 1. 카드 내 보속반응: 한 카드에서 반응 영역, 발달질, 결정인, 형태질, 내용 및 Z점수가 동일한 반응이 연달아 나타나는 경우[예: 카드 I에서 ① '박쥐'(Wo Fo A P 1.0), ② '새'(Wo Fo A P 1.0 PSV)] 2. 내용 보속: 한 카드에서 말한 내용이 다음 카드에서 동일하게 반복되는 경우로, 이전에 본 것과 동일한 대상으로 지각한 반응(예: 한 카드에서 두 사람이 싸우고 있다고 본 후, 다음 카드에서 "<u>아까 그 사람들인데,</u> 이제는 싸우지 않네요.") 3. 기계적 반복: 동일한 대상을 기계적으로 반복해서 보고하는 경우로, 지적·신경학적 결함이 있는 사람에게 가장 흔히 나타난다(예: 카드 I에서 '<u>박쥐</u>', 카드 II에서 '<u>박쥐</u>', 카드 III에서도 '<u>박쥐</u>' 등)

특수내용 (Special Content)	AB	추상적 내용(Abstract Content). 두 가지 유형이 있다. 1. 인간의 정서나 감각을 나타내는 Hx 반응(예: "이 전체가 <u>우울</u>을 의미해요. 온통 검고 음울해 보여요.") 2. 명확하고 구체적인 상징적 표상을 언급한 반응(예: "이 두 사람이 사랑에 빠졌어요. 서로를 간절히 원하고 있어요. 여기 가운데 <u>붉은 부분이 사랑과 갈망을 나타내는 거예요.</u>")
특수내용 (Special Content)	AG	공격적 운동(Aggressive Movement). 공격적인 내용이 포함된 운동반응 (M, FM, m)으로, 반드시 공격이 일어나고 있어야 한다(예: "남자의 얼굴인데, 뭔가에 <u>격노해 있어요.</u>" 또는 "<u>주먹으로 벽을 치고 있는 것처럼 보여요.</u>"). 대상이 공격을 받았을 경우 또는 폭발 자체는 AG로 채점하지 않지만, 폭발로 인해 뭔가 파괴된 경우에는 AG로 채점한다.
	COP	협조적 운동(Cooperative Movement). 둘 이상의 대상이 긍정적 또는 협조적인 상호작용을 하는 운동반응(M, FM, m)으로, 긍정적이거나 협조적인 상호작용이 분명할 때 채점한다(예: "두 사람이 춤을 추고 있다." "두 사람이 서로 기대어 비밀을 속삭이고 있다.").
	MOR	병적인 내용(Morbid Content). 두 가지 중 한 가지 특징을 가지고 있을 때 채점한다. 1. 대상을 죽은, 파괴된, 폐허가 된, 망가진, 손상된, 상처 입은, 또는 부서진 것으로 지각한 경우(예: '깨진 거울' '죽은 개' '<u>상처 입은 곰</u>' '<u>상처</u>' '<u>구멍 난 코트</u>' '<u>썩은 나뭇잎</u>' '아메바의 <u>실험실 슬라이드</u>' '땅위로 <u>뜯겨져 나온 뿌리</u>') 2. 대상에 대해 우울한 감정이나 특징을 부여한 경우(예: '<u>음울한</u> 저택' '<u>슬픈</u> 나무' '<u>불행한</u> 사람' '<u>울고 있는</u> 사람' '<u>우울증</u>')
인간표상 반응 (Human Representation Response)	GHR 또는 PHR	인간표상반응(Good/Poor Human Representation). 타인을 지각하거나 상호작용하는 방식과 관련된 인간표상에 대한 것으로, 다음 세 가지 기준 중 어느 하나를 충족시키는 반응에 대해 좋은(good) 또는 나쁜(poor) 반응으로 채점한다. 1. 인간 내용 기호를 포함한 반응: H, (H), Hd, (Hd), Hx 2. 결정인 M을 포함한 반응 3. 특수점수 COP 또는 AG를 포함한 FM 반응 [인간표상 반응에 좋은(GHR) 또는 나쁜(PHR) 반응을 결정하기 위한 단계는 〈표 10-12〉를 참조].
개인적 반응 (Personalized Answers)	PER	개인적 반응(Personal). 자신의 반응을 정당화하고 명료화하기 위해서 개인적 지식이나 경험을 언급한 반응(예: "<u>예전에 아버지가 나에게 이런 것을 보여 줬어요.</u>" "<u>TV에서 그런 것을 본 적이 있어요.</u>")
특수한 색채현상 (Special Color Phenomena)	CP	색채투사(Color Projection). 무채색 반점을 유채색으로 지각한 반응(예: 카드 V 에서 "아름다운 자주색 나비예요.")

출처: Exner (2003).

● 표 10-12　GHR 또는 PHR 결정을 위한 단계

---

1. 다음 세 가지 기준을 모두 충족시키는 순수 H 반응은 GHR로 채점한다.
  ① 형태질이 +, o 또는 u일 것
  ② DV를 제외한 인지적 특수점수가 없을 것
  ③ 특수점수 AG 또는 MOR이 없을 것
2. 다음 중 어느 한 가지에 해당될 경우, PHR로 채점한다.
  ① 형태질이 - 또는 형태가 없는 반응(FQ None)
  ② 형태질이 +, o 또는 u이면서 ALOG, CONTAM 또는 수준 2의 인지적 특수점수가 있는 경우
3. AG 없이 COP를 포함한 나머지 인간표상 반응은 GHR로 채점한다.
4. 다음 중 어느 한 가지에 해당되는 나머지 인간표상 반응은 PHR로 채점한다.
  ① 특수점수 FABCOM 또는 MOR 반응
  ② An 반응
5. 카드 III, IV, VII, IX에서 평범 반응을 본 나머지 인간표상 반응은 GHR로 채점한다.
6. 다음 중 어느 한 가지에 해당되는 나머지 인간표상 반응은 PHR로 채점한다.
  ① 특수점수 AG, INCOM 또는 DR 반응
  ② [(Hd)가 아닌] Hd 반응
7. 나머지 모든 인간표상 반응은 GHR로 채점한다.

출처: Exner (2003).

4) 구조적 요약

　로샤 반응을 기호로 바꾼 다음에는 각 기호의 빈도, 백분율, 비율, 특수점수를 산출하여 이러한 자료들을 체계적으로 요약하고 해석을 시도하게 된다. 이를 구조적 요약이라고 한다. 구조적 요약을 위해서 수검자의 반응을 채점한 후, 각 반응에 대한 기호를 〈표 10-13〉과 같은 점수계열 기록지(Sequence of Scores)에 옮겨 적는다. 점수계열 기록지는 카드 번호, 반응 번호, 반응 영역 및 발달질, 반응 영역 번호, 결정인 및 형태질, 쌍반응, 내용, 평범 반응, 조직화 점수 그리고 특수점수의 순으로 반응 기호를 기록하도록 되어 있다. 이를 기초로 각 변인의 빈도를 계산하고 여러 가지 비율과 백분율, 산출점수 등을 기록함으로써 구조적 요약을 작성한다(〈표 10-14〉 참조).

　구조적 요약은 두 부분으로 구성되어 있는데, 상단부에는 주로 각 변인의 빈도를 기록하고, 하단부에 비율, 백분율, 산출점수 및 특수지표 점수를 기록한다. 이러한 자료를 근거로 수검자의 심리적 특성과 기능에 대해 해석적 가치가 있는 여러 가지 가설을 설정할 수 있다. 실제 해석에는 규준과 비교하여 이러한 수치를 평가하고 수검자가 보이는 기능 양상과 이러한 수치를 함께 검토하는 과정이 포함된다. 구조적 요약과 해석은 여기서 깊이 다루지는 않을 것이며, 관심 있는 학생들은 대학원 이상의 과정에서 공부할 기회가 있을 것이다.

● 표 10-13　점수계열 기록지

카드 번호	반응 번호	반응 영역 발달질	반응 영역 번호	결정인 및 형태질	(2)	반응 내용	평범 반응	Z-점수	특수점수
	1								
	2								
	3								
	4								
	5								
	6								
	7								
	8								
	9								
	10								
	11								
	12								
	13								
	14								
	15								
	16								
	17								
	18								
	19								
	20								

출처: Exner (2003).

(1) 구조적 요약-상단부

① 반응 영역 특성
조직화 활동, 반응 영역 기호 및 발달질과 관련된 항목들이 포함된다.

● 표 10-14 구조적 요약

반응 영역 / 결정인 / 반응 내용 / 접근

반응 영역	결정인 (혼합 / 단일)	반응 내용	접근
	M =	H =	I
Zf =	FM =	(H) =	II
Zsum =	m =	Hd =	III
Zest =	FC =	(Hd) =	IV
	CF =	Hx =	V
W =	C =	A =	VI
D =	Cn =	(A) =	VII
W+D =	FC' =	Ad =	VIII
Dd =	C'F =	(Ad) =	IX
S =	C' =	An =	X
	FT =	Art =	
발달질	TF =	Ay =	특수점수
+ =	T =	Bl =	
o =	FV =	Bt =	Lv1 / Lv2
v/+ =	VF =	Cg =	DV = ×1 ×2
v =	V =	Cl =	INCOM = ×2 ×4
	FY =	Ex =	DR = ×3 ×6
	YF =	Fd =	FABCOM = ×4 ×7
형태질	Y =	Fi =	ALOG = ×5
FQx MQual W+D	Fr =	Ge =	CONTAM = ×7
+ = = =	rF =	Hh =	Raw Sum6 =
o = = =	FD =	Ls =	W Sum 6 =
u = = =	F =	Na =	AB = GHR =
– = = =	(2) =	Sc =	AG = PHR =
none = = =		Sx =	COP = MOR =
		Xy =	CP = PER =
		Id =	PSV =

비율, 백분율, 산출 점수

R =	L =	FC: CF+C =	: COP= AG =
		Pure C =	GHR: PHR = :
EB= :	EA =	EBPer =	SumC':WSumC = : a: p = :
eb= :	es =	D =	Afr = Food =
	Adj es =	Adj D =	S = Sum T =
			Blends: R = : Human Cont =
FM=	Sum C' =	Sum T =	CP = Pure H =
m=	Sum V =	Sum Y =	PER =
			Isol Index =

a:p = :	Sum 6 =	XA% =	Zf =	3r+(2)/R =
Ma: Mp = :	Lv2 =	WDA% =	W:D:Dd= : :	Fr+rF =
2AB+Art+Ay =	Wsum 6 =	X–% =	W:M = :	Sum V =
M– =	M– =	S– =	Zd =	FD =
	Mnone =	P =	PSV =	An+Xy =
		X+% =	DQ+ =	MOR =
		Xu% =	DQv =	H:(H)+Hd+(Hd)= :

PTI=	DEPI=	CDI=	S–CON=	HVI=	OBS=

출처: Exner (2003).

② 결정인

각 결정인에 대한 빈도를 기입하는데, 이때 혼합반응에 포함된 결정인은 포함하지 않는다. 혼합반응은 별도의 난에 기입한다.

③ 형태질

형태질은 세 가지로 구분하여 산출한다. 첫째, FQx(Form Quality Extended)에는 모든 반응에 대한 형태질 빈도, 둘째, MQual(Human Movement FQ)에는 인간운동 반응에서 형태질의 분포, 마지막으로 W+D(Common Area FQ)에는 반점 영역에서 W와 D로 채점된 반응에 대한 형태질 빈도를 기입한다.

④ 반응 내용

27개의 내용 범주 각각에 대한 빈도를 산출하며, 이때 일차 반응 내용과 이차 반응 내용을 모두 포함한다.

⑤ 접근 요약

수검자가 사용한 반점 영역에 대한 접근을 기록한다. 접근 요약은 수검자가 각 카드에서 어떤 순서로 반점 영역을 선택했는지에 관한 정보를 제공한다.

⑥ 특수점수

15개 특수점수의 빈도가 포함되며, 이를 기초로 2개의 수치가 계산된다.

- Raw Sum6는 여섯 가지 종류의 특수점수의 빈도를 모두 합산한 값으로, 이때 DV, INCOM, DR, FABCOM에서 수준 1과 수준 2를 구분하지 않는다.

$$Raw\ Sum6 = DV + INCOM + DR + FABCOM + ALOG + CONTAM$$

- WSum6는 여섯 가지 종류의 특수점수에 가중치를 부여하여 산출한 값으로, 그 공식은 다음과 같다.

$$WSum6 = (1) \times DV + (2) \times DV2 + (2) \times INCOM + (4) \times INCOM2 + (3) \times DR + (6) \times DR2 + (4) \times FABCOM + (7) \times FABCOM2 + (5) \times ALOG + (7) \times CONTAM$$

(2) 구조적 요약-하단부

구조적 요약의 하단부는 자료 영역과 특수지표 부분으로 구성된다. 자료 영역은 총 7개로, 핵심 영역, 관념 영역, 정서 영역, 중재 영역, 처리 영역, 대인관계 영역 및 자기지각 영역이다.

① 핵심 영역

핵심 영역(Core Section)에는 총 16개의 항목이 포함되는데, 이들은 7개의 빈도 자료와 9개의 비율 및 그 파생물로 구성되어 있다.

- 빈도 자료: R(전체 반응 수), FM, m, SumC, SumT, SumV, SumY
- 람다(Lambda: L): 순수 형태(F) 반응의 비율로, 경제적인 자원 사용의 지표이다.

$$L = \frac{F}{R-F}$$

(R: 전체 반응 수, F: 순수형태 반응의 수)

- 경험형(Erlebnistypus: EB): 두 가지 주요 변인, 인간운동과 가중치를 부여한 색채 결정인의 비

$$EB = SumM : WSumC$$
$$WSumC = (0.5) \times FC + (1.0) \times CF + (1.5) \times C$$

- 경험 실제(Experience Actual: EA): EB에서 두 항의 합으로, 가용 자원의 지표이다.

$$EA = SumM + WSumC$$

- EB 지배성(EB Pervasive: EBPer): 의사결정 활동에서 EB 스타일 중 어느 것이 우세한가에 관한 지표로, EB 스타일이 뚜렷하지 않을 경우 N/A(not applicable)로 기록하고, EB 스타일이 뚜렷할 경우에만 계산한다. 즉, ① EA 값이 4.0 이상이어야 하고, ② L(Lambda)가 1.0 미만이어야 하며, ③ EA값이 4.0~10.0일 경우, 최소한 2점, EA값이 10.0을 초과할 경우에는 최소한 2.5점보다 큰 차이가 나야 한다.
- 경험 기초(Experience Base: eb): 모든 비인간 운동 결정인(FM, m)과 음영 및 무채색 결정인의 비율로, 수검자가 경험한 자극 요구에 관한 정보를 제공한다.

$$eb = SumFM+m : SumC'+SumT+SumY+SumV$$

- 경험 자극(Experience Stimulation: es): eb에서 산출된 것으로, 현재의 자극 요구와 관련이 있다.

$$es = SumFM+m+SumC'+SumT+SumY+SumV$$

- D점수(D Score: D): EA와 es의 관계에 관한 정보를 제공하며, 스트레스 내성 및 통제의 요소와 관계가 있다. (EA−es)의 차이 값이 −2.5~+2.5일 경우 D는 0이며, D는 차이 값이 2.5씩 증가할 때마다 +1씩 증가, 2.5씩 감소할 때마다 −1씩 감소한다.

$$D = (EA−es)를 표준편차에 기초한 척도화된 차이 점수로 전환한 값$$

- 조정 es(Adjusted es: Adj es): es에서 상황적 요인을 제거한 값으로, D점수가 상황적 요소의 영향을 받는지 알아보는 데 중요하다.

$$Adj es = es−[(m−1)+(SumY−1)]$$

- 조정 D점수(Adjusted D score: Adj D): 상황적 요인을 제거했을 때 스트레스 내성 및 통제와 관계가 있다.

$$Adj D = (EA−Adj es)를 척도화된 차이점수로 전환한 값$$

② 관념 영역
관념 영역(Ideation Section)에는 5개의 빈도 자료를 포함하여 총 9개의 항목이 해당된다.

- 빈도 자료: MOR, Raw Sum6, 수준 2의 특수점수(Special Scores), M−, Mnone
- WSum6: 구조적 요약 상단에서 이미 계산
- 능동운동과 수동운동의 비율(Active:Passive Ratio: a:p): 관념과 태도의 유연성을 나타낸다. 능동과 수동 운동을 모두 포함한 반응(예: M^{a-p})의 경우, 능동과 수동 운동에 각각 하나씩 추가한다.

$$a : p = M^a+FM^a+m^a : M^p+FM^p+m^p$$

- 능동 인간운동과 수동 인간운동의 비율(M Active:Passive Ratio: M^a:M^p): 사고의 특징과 관련이 있다. 능동과 수동 운동을 모두 포함한 인간운동 반응(M^{a-p})의 경우, 능동과 수동 운동에 각각 하나씩 추가한다.
- 주지화 지표(Intellectualization Index): 방어 전략으로서 주지화를 사용하는 정도를 나타낸다.

$$INTELL = 2AB+(Art+Ay)$$

③ 정서 영역
정서 영역(Affect Section)은 3개의 빈도 자료를 포함하여 총 7개의 항목이 해당된다.

- 빈도 자료: Pure C, S, CP
- 형태-색채 비율(Form-Color Ratio: FC:CF+C): 정서 조절과 관련이 있다.

$$Form-Color\ Ratio = FC : CF+C+Cn$$

- 억제 비율(Constriction Ratio: SumC' :WSumC): 정서의 지나친 내재화와 관련이 있다.

$$Constriction\ Ratio = SumC' : WSumC$$

- 정서비(Affective Ratio: Afr): 정서적 자극에 대한 관심을 나타낸다.

$$Afr= \frac{카드\ VIII, IX, X의\ 총\ 반응\ 수}{카드\ I, II, III, IV, V, VI, VII의\ 총\ 반응\ 수}$$

- 복합 비율(Complexity Ratio): 혼합 반응의 수와 총 반응 수의 비율이다.

$$Complexity\ Ratio=Blends : R$$

④ 중재 영역

중재 영역(Mediation Section)은 2개의 빈도 자료를 포함하여 총 7개의 항목이 해당된다.

• 빈도 자료: 평범 반응(P), S−

• 적절한 형태, 확장형(Form Appropriate Extended: XA+%): 형태 특성을 적절히 사용한 반응의 비율

$$XA+\% = \frac{FQ가 +, o, u인\ 반응의\ 합}{R}$$

• 적절한 형태, 일반영역(Form Appropriate Common Areas: WDA%): W와 D 영역을 사용한 반응들 중에서 형태 특성을 적절히 사용한 반응의 비율

$$WDA+\% = \frac{W+D\ 반응\ 중\ FQ가 +, o, u인\ 반응의\ 합}{W+D\ 반응의\ 합}$$

• 왜곡된 형태(Distorted Form: X−%): 반점의 특징과 맞지 않게 형태를 사용한 비율

$$X-\% = \frac{SumFQx-}{R}$$

• 관습적 형태 사용(Conventional Form Use: X+%): 일상적인 대상을 지각한 반응 중 형태 특징을 적절하게 사용한 비율

$$X+\% = \frac{SumFQx+\ 와\ o}{R}$$

• 드문 형태 사용(Unusual Form Use: Xu%): 윤곽을 적절히 사용했지만 비관습적으로 사용한 반응의 비율

$$Xu\% = \frac{SumFQxu}{R}$$

⑤ 처리 영역

처리 영역(Processing Section)은 4개의 빈도 자료를 포함하여 총 7개의 항목이 포함한다.

- 빈도 자료: Zf, PSV, DQ+, DQv
- 경제성 지표(Economy Index): W, D, Dd 반응 수의 비율이다.

$$Economy\ Index = W : D : Dd$$

- 포부 비율(Aspirational Ratio): W와 M 반응 수의 비율이다.

$$Aspirational\ Ratio = W : M$$

- 처리 효율성(Processing Efficiency: Zd)

$$Zd = Zsum-Zest$$

⑥ 대인관계 영역

대인관계 영역(Interpersonal Section)은 5개의 빈도 자료를 포함하여 총 10개의 항목이 해당된다.

- 빈도 자료: COP, AG, Food, Pure H, PER
- GHR : PHR
- SumT
- a : p
- 대인관계 관심(Interpersonal Interest: Human Cont): 인간에 대한 관심을 나타내는 지표로, Hx는 포함되지 않는다.

$$Human\ Cont = SumH+(H)+Hd+(Hd)$$

- 소외지표(Isolation Index: Isolate/R): 사회적 고립과 관련되어 있으며, 구름과 자연 범주는 2배로 계산한다.

$$\text{Isolate/R} = \frac{\text{Bt+2Cl+Ge+Ls+2Na}}{\text{R}}$$

⑦ 자기지각 영역

자기지각 영역(Self-Perception Section)은 4개의 빈도 자료를 포함하여 7개의 항목이 해당된다.

- 빈도 자료: Fr+rF, FD, MOR, An+Xy
- SumV
- H: (H)+Hd+(Hd)
- 자아중심성 지표[Egocentricity Index: 3r+(2)/R]

$$3r+(2)/R = \frac{3\times(\text{Fr+rF})+\text{Sum}(2)}{\text{R}}$$

⑧ 특수지표

구조적 요약의 가장 하단에는 6개의 특수지표(Special Indices)가 있는데, 이들은 지각 및 사고 지표, 우울증 지표, 대응손상 지표, 자살지표, 과민성 지표, 강박성 지표이다. 특수지표는 〈표 10-15〉에 제시되어 있다.

- 지각 및 사고 지표(PTI)

지각 및 사고 지표(Perceptual-Thinking Index: PTI)는 조현병 지표(Schizophrenia Index, SCZI)를 개정한 것으로, 점수 범위는 0~5점이다. PTI는 조현병과 같은 특정 진단을 결정하기 위한 지표가 아니며 연속 변인으로 간주된다. PTI 점수가 높을수록 지각 및 사고의 혼란을 경험할 가능성이 높음을 의미한다.

- 우울증 지표(DEPI)

우울증 지표(Depression Index: DEPI)는 우울증의 다양한 양상을 측정하는 지표로, 점수 범위는 0~7점이다. DEPI 점수가 4점 이상일 때 약간의 우울 증상을 경험하고 있음을 시사하며, 점수가 높을수록 정서장애의 가능성이 높아진다. DEPI는 14개의 변인으로 구성되어 있다. 14개의 변인 중 5개는 정동과 관련이 있으며(SumV>0, Col-Shad Bl>0, S>2, Sum Shad>Sum FM+m, SumC′>2), 다른 6개는 인지적 특성과 관련 있으며(FD>2, 3r+(2)/R>.44 및 Fr+rF=0, 3r+(2)/

● 표 10-15 특수지표

S-CON(Suicide Potential)		PTI(Perceptual-Thinking Index)	
☐	8개 이상 해당될 경우 체크하시오. 주의: 14세 이상의 수검자에게만 적용할 수 있음. ☐ FV+VF+V+FD>2 ☐ Color-Shading Blends>0 ☐ 3r+(2)/R<.31 또는>.44 ☐ MOR>3 ☐ Zd>+3.5 또는 Zd<-3.5 ☐ es>EA ☐ CF+C>FC ☐ X+%<.70 ☐ S>3 ☐ P<3 또는 P>8 ☐ Pure H<2 ☐ R<17	☐	☐ XA%<.70 그리고 WDA%<.75 ☐ X-%>.29 ☐ 수준2>2 그리고 FAB2>0 ☐* R<17 그리고 Wsum6>12 또는 R>16 그리고 Wsum6>16 ☐ M->1 또는 X-%>.40 ____ Sum PTI
DEPI(Depression Index)		CDI(Coping Deficit Index)	

☐	5개 이상 해당될 경우 체크하시오.
	☐ (FV+VF+V>0) 또는 (FD>2)
	☐ (Color-Shading Blends>0) 또는 (S>2)
	☐* (3r+(2)/R>.44 그리고 Fr+rF=0) 또는
	  (3r+(2)/R<.33)
	☐* (Afr<.46) 또는 (Blends<4)
	☐ (Sum Shading>FM+m) 또는 (Sum C'>2)
	☐ (MOR>2) 또는 (2AB+Art+Ay>3)
	☐ (COP<2) 또는 (Isolate/R>.24)
		☐	4개 또는 5개 이상이면 체크하시오.
			☐ (EA<6) 또는 (AdjD<0)
			☐ (COP<2) 그리고 (AG<2)
			☐ (Weighted SumC<2.5) 또는 * (Afr<.46)
			☐ (Passive>Active+1) 또는 (Pure H<2)
			☐ (Sum T>1) 또는 (Isolate/R>.24) 또는
			  (Food>0)

HVI(Hypervigilance Index)		OBS(Obsessive Style Index)	
☐	반드시 (1)을 충족시키고 7개 중 적어도 4개 이상 해당될 경우 체크하시오. ☐ (1) FT+TF+T=0 ------------------------------ ☐ (2) Zf>12 ☐ (3) Zd>+3.5 ☐ (4) S>3 ☐ (5) H+(H)+Hd+(Hd)>6 ☐ (6) (H)+(A)+(Hd)+(Ad)>3 ☐ (7) H+A:Hd+Ad<4:1 ☐ (8) Cg>3	☐ ☐	☐ (1) Dd>3 ☐ (2) Zf>12 ☐ (3) Zd>+3.0 ☐ (4) Populars>7 ☐ (5) FQ+>1 ------------------------------ 한 가지 이상 해당될 경우 체크하시오. ☐ (1)~(5) 모두 해당된다. ☐ (1)~(4) 중 2개 이상 해당되고 FQ+>3 ☐ (1)~(5) 중 3개 이상 해당되고 X+%>.89 ☐ (FQ+>3) 그리고 (X+%>.89)

* 아동의 경우 교정점수를 적용해야 함.

출처: Exner (2003).

R<.33, Afr<.46, MOR>2, 2AB+Art+Ay>3), 나머지는 대인관계(COP<2, Isolate/R>.24) 및 심리적 복잡성(Blends<4)과 관련되어 있다.

- 대응손상 지표(CDI)

대응손상 지표(Coping Deficit Index: CDI) 점수의 범위는 0~5점이며 4점이나 5점일 때 유의하게 해석한다. 유의한 CDI는 사회적 기술이 제한적이고 환경과 상호작용할 때, 특히 대인관계 영역에서 빈번하게 어려움을 겪을 가능성을 시사한다. CDI는 11개의 변인으로 구성되어 있다. 그중 6개는 대인 지각 또는 행동과 주로 관련이 있으며(COP<2, AG<2, p>a+1, Pure H<2, Isolate/R>.24, Fd>0), 3개는 정동과 관련이 있다(WSumC<2.5, Afr<.46 및 SumT>1). 나머지 2개는 자원과 통제에 관한 변인이다(EA<6.0, AdjD<0).

- 자살지표(S-CON)

자살지표(Suicide Constellation: S-CON)는 로샤 검사를 받은 후 60일 이내에 자살을 한 사람들의 프로토콜을 토대로 개발되었으며(Exner & Wylie, 1977; Exner, Martin, & Mason, 1984), 해석자들이 가장 먼저 검토해야 할 변인이다. 수검자가 S-CON에 포함된 12개의 변인 중 8개 이상 해당된다면 로샤를 받은 후 비교적 짧은 기간 이내에 자살한 사람들과 많은 특징을 공유하고 있음을 의미하므로 주의가 필요하다. 유의한 S-CON은 수검자가 자기파괴적인 사고와 행동에 몰두하고 있을 가능성이 있으므로 이에 대한 추가 탐색이 필요하다는 경고로 간주되어야 한다.

- 과민성 지표(HVI)

과민성 지표(Hypervigilance Index: HVI)는 다른 환자와 편집형 환자를 감별하고자 개발되었으나 편집증 자체보다는 편집형에서 보이는 과경계 양상과 관련이 있는 것으로 밝혀졌다. 유의한 HVI는 지속적인 준비 상태를 유지하는 데 상당한 에너지를 사용하고 있음을 의미한다. 이러한 예견 또는 경계하는 상태는 환경에 대한 불신 또는 부정적인 태도와 관련이 있으며, 오랜 기간 그들의 행동에 대한 중요한 타인의 반응, 특히 정서적 행동을 정확하게 예측하기 어렵다는 경험들이 축적되어 형성된다. 이것은 불안전하고 취약한 느낌과 더불어 행동을 수행할 때 더욱 더 신중해지는 경향을 초래한다.

- 강박성 지표(OBS)

강박성 지표(Obsessive Style Index: OBS)는 강박성 성격장애와 강박행동을 보이는 환자를 다른 집단과 구분하는 변인들을 토대로 개발되었다. 유의한 OBS는 정확성을 추구하고 우유부단하며 세부적인 사항에 집착하고 완벽주의 성향이 있으며 정서 표현에 어려움이 있음을 의미한다. 강박적인 스타일은 필요 이상의 관념적 시도와 활동을 하는데, 이는 비효율적으로 간주될 수 있다.

5) 해석

(1) 수검자와 검사 상황의 이해

로샤 자료를 적절하게 해석하기 위해서 해석자는 수검자에 대한 아무런 자료 없이 해석하기보다는 수검자의 성별, 연령, 교육적 배경, 결혼 상태와 같은 기본적인 정보와 검사를 받는 맥락을 알면 결과를 보다 의미 있는 방식으로 통합할 수 있다.

검사가 실시되는 맥락에 대한 정보는 수검자의 반응 태세에 영향을 미칠 수 있으며, 수검자의 반응 태세를 이해하면 결과를 해석하는 데 많은 도움이 될 것이다. 많은 수검자는 혼자 해결할 수 없는 어떤 문제를 경험하기 때문에 혼란스럽거나 불편한 상태에서 로샤 검사를 받게 된다. 이런 상황에서 대부분의 수검자는 조심스럽게 개방하는 경향이 있으며, 검사나 검사 상황에 대해 유별난 반응태세를 보이지는 않을 것이다. 특히 평가 절차에 대한 정보를 제공하면 수검자는 검사나 검사 상황에 대해 좀 더 편안하게 느낄 수 있을 것이다. 그러나 일부 수검자는 스스로 도움을 요청한 환자가 전형적으로 보이는 반응 태세와 확연히 다른 양상을 보이기도 한다. 예컨대, 부모의 손에 이끌려 검사를 받게 된 아동은 검사 상황을 불신하거나 두려워하여 더 방어적인 태도를 보일 수 있다. 또한 경제적 보상을 받기 위해 꾀병을 부리는 사람과 회사에 입사하려고 좋은 인상을 얻고자 하는 사람의 수검 태도는 매우 다를 수밖에 없다. 전자의 경우 과도하게 윤색된 반응이 많을 것으로 예상되는 반면, 후자의 경우 매우 조심스럽고 관습적인 것처럼 보이려고 노력할 것이다.

검사의 태세가 로샤의 전반적인 자료 세트를 근본적으로 변화시키지는 않을지라도, 반응과정은 수검자의 심리적 상태의 영향을 받을 수 있기 때문에, 해석자는 이러한 영향을 고려할 수 있어야 한다.

(2) 해석과정

로샤 해석과정은 세 가지 일반적 범주의 자료, 즉 구조적 자료, 점수계열, 언어적 표현을 모두 고려해야 한다. 구조적 자료는 심리측정적 맥락에서 견고한 자료(hard data)로 간주되며, 이러한 구조적 자료는 기본적인 해석적 가설을 형성하는 데 가장 유용하다고 할 수 있다. 그러나 구조적 자료에만 의존한 해석은 오류의 가능성이 있으므로, 점수계열이나 언어적 표현을 종합적으로 검토해야 한다.

① 이탈 원리

가설을 설정할 때 이탈 원리를 적용하는데, 이는 규준으로부터 이탈된 정도에 근거하여 가설을 설정한다는 의미이다. 물론 이탈 원리를 사용해서 가설을 설정하는 것은 검사 자료의 해석에 대한 표준적이고 보편적인 접근이고 상당한 해석적 가치가 있지만, 결론을 너무 단순화시키거나 심지어 잘못된 결론을 유도할 수 있는 절차이기도 하다. 더욱이 변인들 간에 상호관계를 간과하고 단일 변인에만 근거해서 해석을 하게 되면 항상 오류의 가능성이 존재한다. 따라서 성급한 결론을 피하고 자료를 전반적으로 검토하여 결과를 보완하는 과정이 필요하다.

② 자료의 통합

해석자는 항상 자료의 통합에 관심을 기울여야 한다. 물론 검사의 실시와 채점, 반응계열의 기록, 구조적 요약에 이르는 전 과정을 정확하게 수행하는 것이 매우 중요하고 이를 아무리 강조해도 지나치지 않다. 이는 구조적 자료를 검토할 때 특히 중요한데, 기록이나 계산의 실수가 근본적인 해석에 영향을 미치는 상황이 흔하지는 않지만 분명히 존재한다. 예컨대, 카드 VI에서 재질 반응이 나타났는데 이를 채점할 때 간과하여 재질 반응이 0이 되었다면 규준에서 이탈된 값이 된다. 또한 구조적 요약의 다른 점수(예: es, Adj es, D)에도 영향을 미칠 수 있다. 이는 하나의 실수가 경우에 따라서 해석적 가설을 설정할 때 한 가지 이상의 오류를 야기할 수도 있음을 보여 준다. 따라서 해석자는 반응 기록지에서부터 점수계열과 구조적 요약을 충분히 검토해야 한다.

③ 군집분석과 체계적 처리

Exner(2003)는 검사 자료를 군집으로 분류하여 해석할 것을 제안하였다. 7개의 군집, 즉 정서적 특징, 통제와 스트레스 내성, 인지적 중재, 관념, 정보처리, 대인지각, 자기지각 군집은 사람들의 기본적인 특징에 관한 것이고, 여덟 번째 군집은 상황과 관련된 스트레스에 관한 것이다. 이러한 군집 내 변인들은 일련의 체계적인 순서에 따라 검토하도록 되어 있다. 〈표 10-16〉에는 군집별로 구조 변인을 검토하는 순서와 각 변인이 측정하고자 하는 개념이 제시되어 있다.

● 표 10-16 | 군집별 구조 변인의 검토 및 해석

군집	구조 변인	주요 측정 개념

통제와
스트레스
내성
	Adj D 점수와 CDI	• Adj D 점수: 상황적 요인을 제거했을 때 스트레스 내성 및 통제
		  – Adj D>0: 스트레스에 대한 강한 내성
		  – Adj D<0: 스트레스 받으면 통제력 상실과 혼란 경험
		• CDI: 대응 결함, 특히 대인관계 상황에서 부적응과 관련

	EA	• 가용한 심리적 자원
		  – EA가 높을수록 목표와 목적을 더 유능하게 추구할 수 있고
		    적응력이 높음(단, 적어도 M=2와 WSumC≥2.5이어야 함).
		  – EA<6: 대처자원의 제한; 일상생활에 대한 욕구를 부적절하
		    고 비효율적인 방식으로 처리할 가능성

	EB와 L	• EB 유형: 융통성과 대처 방식의 일관성
		  – 내향형: 관념적 대처유형
		  – 외향형: 표현적 대처유형
		  – 양향형: 비일관적이고 비효율적인 대처유형, 예측할 수 없는
		    행동, 불확실한 자아상
		• L: 경험에 대한 개방성
		  – L=.30~.99: 주의의 초점이 균형을 이루고 있음.
		  – L≥.99: 일종의 회피 경향; 주의의 초점이 좁아 문제를 단순
		    화하고 둔감하며 융통성이 부족할 수 있음.
		  – L≤.30: 주의의 초점이 너무 넓어서 경험에 대해 지나치게 개
		    방적임.

	es와 Adj es	• es: 일상에서 내적 및 외적 사건에서 비롯되는 관념적 및 정서
		  적 요구
		• Adj es: 상황적 요인을 제거했을 때 자극 요구; 과잉자극과 사
		  고 조직화의 어려움을 포함한 만성적인 스트레스 상태

	eb	• 수검자가 경험한 자극 요구에 관한 정보 제공 – FM+m<SumShd: 비일상적으로 많은 정서적 스트레스 경험

상황 관련
스트레스
	es와 Adj es와
	관련된 D점수
		• D점수: 최근의 통제능력과 스트레스 내성능력
		  – D=0: 정상범위; EA와 es가 모두 낮을 때에는 심리적 부담이
		    될 수 있는 새로운 상황이나 도적적인 환경을 회피하고 매우
		    제한적인 생활을 한 결과일 수 있음; 환자 집단의 경우 변화
		    에 저항적인 만성적 및 성격적 상태와 관련 있을 가능성
		  – D>0: 풍부한 대응능력과 자원이 있다면 위기 상황에서 안정
		    을 유지할 수 있는 경향; 변화에 대한 저항
		  – D<0: 불안, 긴장, 초조; 좌절에 대한 내성 부족, 자기통제의
		    상실에 대한 관심, 충동적 경향

	D와 Adj D 점수의 차이	• Adj D 점수: 전형적인 또는 일상적인 통제 능력 – Adj D<0: 무능력과 관련된 과도한 스트레스 및 취약성이 크

상황 관련 스트레스		며, 만성적인 심리적 장애를 경험할 가능성이 증가함
		• D와 Adj D 점수의 차이: 스트레스의 크기 추정
		  – D<Adj D: 상황적인 불편감 경험
		  – D<0 & Adj D=0: 상황적 스트레스를 경험하지만 상황적 요구가 사라지면 평상시와 같은 심리적 균형을 회복할 수 있음.

	m과 Y	• 상황적 스트레스의 정도
		  – m: 통제력을 넘어서는 욕구와 추동, 생활사건의 경험
		  – Y: 불안, 정서 표현의 억제; 스트레스와 관련된 무력감이나 무망감과 관련
		  – m≥3*Y: 스트레스가 관념에 더 큰 영향을 줄 가능성; 주의력과 집중력 손상
		  – SumY≥3*m: 스트레스가 정서에 더 큰 영향을 줄 가능성; 불안, 긴장, 불편감 경험

	개인력과 관련된 T, V, 3r+(2)/R	• T: 애정 및 의존 욕구
		  – T>1: 자신이 원하는 만큼 다른 사람과 친밀한 접촉을 하지 못하는 것에 대한 염려; 정서적 박탈 경험; 최근의 생활사 검토 필요
		• V: 자기비판적 내성
		  – V>0: 자기비판적 태도와 관련된 부정 정서 경험; 자기비하; 최근의 생활사 검토 필요
		• (2) & 반사반응: 자기몰두, 팽창된 자기가치감과 관련

	D 점수(Pure C, M_, Mnone 검토)	• D점수: 스트레스를 견디는 능력; 자극 요구에 대한 가용 자원의 정도
		  – D≤-1일 때, Pure C>0: 정서적 충동성의 가능성
		  – D≤-1일 때, M- 또는 Mnone>0: 상황적 스트레스가 판단을 흐리게 하거나 기이한 사고를 생성할 가능성

	혼합반응	• 심리적 복잡성에 대한 대략적 지표 – m 또는 Y 혼합반응의 수가 전체 혼합반응 수의 30% 이상: 스트레스로 인한 심리적 복잡성이 상당히 증가되었으며, 이로 인한 심리적 혼란의 취약성 증가
	색채–음영 혼합반응과 음영 혼합반응	• 혼란이나 양가감정의 징후 – Col-Shd Bld>0: 양가감정과 관련된 울적한 경향; 무쾌감증의 가능성
정동적 특징	DEPI와 CDI	• DEPI: 우울증의 임상 양상을 나타낼 가능성 • CDI: 대인관계 상황에서 부적응과 관련 • DEPI와 CDI가 모두 유의할 경우, 사회적 부적응에서 정서적 문제가 비롯되었을 가능성

정동적 특징	EB와 L	• EB 유형: 융통성과 대처 방식의 일관성
		  – M=0 & WSumC>3.5: 정서적 홍수; 강한 정서로 의사결정에 필요한 주의와 집중력의 심각한 손상 초래
		  – M>3 & SumC=0: 정서적 억제; 정서적으로 숨을 참고 있는 상태; 억제 기간이 길어질 경우 정서가 대부분의 심리적 기능을 지배하는 정서적 불안정 상태에 빠지게 됨.
		• L: 경험에 대한 개방성 및 정서적 반응성

	EBPer	• 전반적인 경험의 균형과 관련 – EB의 어느 항이 다른 항보다 2.5배 이상이면 대처 양식을 유연하게 사용하지 못하고 부적응적일 가능성

	eb의 우항 및 관련 변인	• 심리적 고통의 경험 정도
		  – SumShd의 중앙값=3(기대범위: 2~5)
		  – SumShd의 상승: 과도한 정서적 스트레스

	SumC': WSumC	• 정서의 억제나 억압과 관련된 지표
		  – SumC'>WSumC: 감정표현 능력이 부적응적으로 억제되어 있음; 과도한 초조감과 신체화 가능성
		• SumC': 정서표현의 제한; 침울, 비애, 우울과 관련된 고통스러운 감정의 내재화
		• WSumC: 정서적 통제
		  – WSumC≥2.5: 적응적인 방식으로 정서를 표현할 수 있는 능력이 있음.
		  – WSumC<2.5: 감정을 인식하고 표현할 능력의 제한

	Afr	• 정서비: 정서로부터 철수 또는 과잉반응의 지표
		  – 기대치: 비환자 성인의 평균은 .67이고 외향형은 이보다 약간 높고 내향형은 이보다 약간 낮을 것으로 기대됨
		  – Afr이 기준보다 낮은 경우: 정서적·사회적으로 위축

	주지화 지표	• 방어 전략으로서 주지화 사용의 정도 – INTELL≥4: 주지화에 의존함으로써 감정을 최소화하거나 감정과 거리를 두는 경향
	색채투사	• CP>0: 불쾌한 감정을 부인하려는 경향; 현실을 회피하고 억지로 유쾌한 기분을 가장하는 원시적 방어 '부인'의 사용
	FC: CF+C	• FC: CF+C의 비율: 처한 상황에 맞게 정서를 처리할 수 있는 능력 • FC: 정서적 통제 및 반응 지연 • CF+C: 반응 지연의 어려움 – 연령에 비해 CF+C가 많은 경우 정서적으로 미숙한 경향; 정서적 폭발성 및 자제력의 부족
	pure C	• Pure C: 정서적 통제 정도와 관련 – 반응의 질 고려: 지적인 Pure C vs. 원시적인 Pure C

정동적 특징	공간반응	• 분노와 적개심과 관련된 반항적 경향 　- 모든 S 반응이 카드 I~III에서 나타난 경우, 검사상황 또는 검사자에 대한 거부적 태도 반영 　- S≥4 & 그중 1개라도 카드 III 이후에 나타난 경우, 분노는 일반화된 성격 특성과 관련
	혼합반응(L와 EB)	• 심리적 복잡성에 대한 대략적 지표 　- 예상되는 혼합반응의 수: 내향형<외향형이나 양가형 　- 회피형의 경우 혼합반응의 비율 낮음; 복잡성을 최소화시키고자 하는 성향
	m과 Y 혼합반응	• 상황적 스트레스와 관련된 혼합반응
	색채-음영 혼합반응	• 감정에 대한 불확실성, 혼동, 양가감정 • 색채-C', T, V의 혼합반응: 정서 또는 정서적 상황에 대한 불확실성과 혼란 경험 • 색채-Y의 혼합반응: 상황적 요소로 인한 불확실성과 정서적 혼란 경험
	음영 혼합반응	• 매우 고통스럽고 불쾌한 정서적 경험 반영
정보처리	사전탐색: L, EB, OBS, HVI	
	Zf	• 인지적 노력 및 조작의 정도 　- Zf의 기대범위: L<1.0인 경우 9~13; L≥1.0인 경우 6~10
	W:D:Dd	• 경제성 지표 　- 기대치: D:W:Dd=1:1.3~1.6:Dd<4 　- 높은 비율의 W 반응: 높은 조직화 시도 　- 높은 비율의 D 반응: 상황을 지나치게 관습적으로 검토 　- Dd>3: 비일상적인 측면에 대한 부적응적 집착
	W:M	• 포부 지표; 보유한 내적 자원에 비해 환경을 조직화하려는 포부의 정도
	Zd	• 처리 효율성 　- 기대 범위: -3.0~+3.0 　- 과다통합형: 효율적으로 조직화할 수 있는 것보다 더 많은 정보를 받아들이고 정보처리에 과도한 노력을 기울임 　- 과소통합형: 정보처리에 최소한의 노력을 기울임; 정보를 너무 적게 받아들이고 경험을 피상적으로 검토한 후 성급하게 결론을 내림
	PSV	• 처리 효율성의 문제; 주의전환의 문제와 관련
	DQ 분포	• 처리 활동의 질적인 측면과 중재 및 개념화와 관련 　- DQ+의 기대범위: 내향형은 7~10, 양가형과 외향형은 5~8 　- DQv의 기대치: 내향형과 양가형은 0 또는 1, 외향형은 1 또는 2 　- DQv와 DQv/+의 합이 클수록 처리의 질적 수준이 저하될 가능성

중재	DQ 계열	• 처리노력의 질적 수준과 관련 　- DQv 반응은 대개 한 카드에서 중간이나 마지막에 나타남 　- DQv가 첫 반응인 경우, 인지적 충동성 또는 주의초점의 유지 곤란
	사전 탐색: R, OBS, L	
	XA%와 WDA%	• XA%: 지각적 정확성 • WDA%: 반점에서 평범하고 가장 분명한 형태에 주의를 기울일 때 나타나는 지각의 정확성 　- 기대치: .78≤XA%≤.90 & WDA%≥XA% 　- WDA%가 낮을수록 현실검증력의 문제 심각
	FQnone	• 중재 과정에서 내적 촉구 때문에 반점의 윤곽 특징이 무시된 경우 　- 기대치: 0 또는 1 　- 유채색이나 무채색, 음영반응에서 NoForm 반응은 강한 정동과 관련; Mnone 반응은 통제되지 않은 관념활동과 관련
	X-%, FQ-와 S- 빈도	• 반응이 부적절한 정도; 현실에 대한 무시나 왜곡; 마이너스 반응이 많을수록 심각한 심리학적 또는 신경학적 문제와 관련된 인지적 기능장애가 뚜렷함을 시사 • X-%: 현실지각의 왜곡 • S-빈도: 분노통제와 관련된 왜곡의 가능성 　- 기대치: X-%<.15 & 마이너스 반응의 빈도는 1~3개 　- X-%>.70: 자신의 증상을 과장하고 꾀병을 부리고 있을 가능성
	동질성 문제	• 중재적 기능장애를 알려 주는 징표 　- 첫 2~3개의 카드에서 모든 마이너스 반응이 나타난 경우, 검사상황에 대한 거부적 태도 반영 　- 마이너스 반응이 주로 S 영역을 포함하는 경우, 거부적 태도나 분노와 같은 정동 문제와 관련 　- 마이너스 반응이 운동결정인과 같이 나타나는 경우, 어느 정도의 비정상적 사고가 현실을 왜곡하고 있을 가능성 　- 마이너스 반응이 대부분 반사 반응이나 FD 반응에서 나타나는 경우, 자아상 문제와 관련된 중재 손상 　- 마이너스 반응이 대부분 Pure F 반응에서 나타나는 경우, 회피적 성향이 비효율적이고 현실왜곡을 통해 회피적 성향을 유지할 가능성; L<1.0일 때 더 신중하고 방어적인 방식으로 현실 왜곡
	마이너스 반응의 왜곡 수준	• 극단적인 마이너스 반응: 현실에서 동떨어진 심각한 인지적 왜곡; 혼란스럽고 와해된 중재활동과 그로 인한 무능하고 부적절한 행동 가능성

관념	평범 반응	• 사회적 규범과 가치에 순응하는 정도; 관습적 사고 양식
		 - P 반응의 기대범위: R이 17~28개일 때 5~7개; R이 28개 초
		  과일 때 6~9개
		 - 많은 P 반응: 관습과 정답에 대한 과도한 관심
		 - 적은 P 반응: 좀 더 분명한 상황에서 덜 관습적이고 더 개성
		  적인 반응을 나타낼 가능성

	FQ+빈도	• 지각적 명료성; 현실에 대한 관습성을 존중하고 유지하는 정도 - 기대범위: 1~3개 - FQ+>3: 엄밀하거나 정확성을 추구하는 경향이 뚜렷함

	X+%와 Xu%	• X+%: 관습적이고 현실적인 지각
		• Xu%: 비관습적이고 새로운 방식으로 지각하는 능력으로, 마이
		 너스 반응처럼 현실을 위반하지 않음
		 - 기대범위: X+%는 .70~.85 & Xu%는 .10~.20
		 - X+%가 높을수록 관습적인 것에 매우 집착하는 경향; 강박적
		  인 성향이나 완벽주의적 경향 반영
		 - Xu%가 높을수록 사회적 요구나 기대의 영향을 많이 받지 않
		  는 경향 시사

	EB와 L	• EB 유형: 융통성과 대처 방식의 일관성 • L: 경험에 대한 개방성
	EBPer	• 전반적인 경험 균형과 관련; 대처양식의 확고한 정도 - EB의 어느 항이 다른 항보다 2.5배 이상이면 부적응적으로 간주됨
	a:p	• 가치관과 태도의 융통성 - 기대치: 한 항의 값이 다른 항의 두 배가 넘지 말아야 함 - 기대치를 벗어나 한 항의 값이 다른 항에 비해 클수록 관념의 틀과 가치 기준이 고착되어 융통성이 부족한 경향
	HVI, OBS, MOR	• 개념이 형성되고 사용되는 방식에 영향을 주는 정신적 태세 또 는 태도와 관련 • OBS: 완벽주의적이고 강박적인 성향 • HVI: 과경계 태세 • MOR>3: 비관적 사고
	eb의 좌항	• FM+m: 의식적인 주의를 기울이지 않는 정신활동과 관련 • FM: 전형적으로 충족되지 못한 욕구에 대한 불편한 의식과 관련 • m: 다른 사람이나 사건이 자신의 운명을 결정하는 것을 막지 못하는 무기력에 대한 우려 - FM+m의 기대범위: 3~6(FM은 2 이상) - FM+m>6: 뚜렷한 목적도 없는 불쾌하고 염려스러운 관념이 떠오르는 것을 막을 수 없는 상태; 지나치게 부적응적 사고

관념	$M^a: M^p$	• 새로운 상황에 대한 문제해결 및 건설적인 사고
		  - 기대치: $M^a \geq M^p$
		  - M^p가 높은 경우, 문제 상황에서 도피하거나 공상에 몰두하기
		    쉬운 경향

	주지화 지표	• 방어 전략으로서 주지화 사용의 정도
		  - 2AB+Art+Ay≥4: 주지화에 의존함으로써 감정을 최소화하거
		    나 감정과 거리를 두는 경향

	Sum6와 WSum6	• WSum6: 논리적이고 조리 있는 사고와 관련
		  - 기대치: WSum6≤6(수준1의 DV, INCOM, DR 반응을 하나만
		    포함)
		  - WSum6가 클수록, 특히 수준2에 속하는 특수점수를 포함하
		    고 있을수록 인지적 왜곡의 가능성이 증가함

	특수점수 6개의 질	• 특수점수를 받은 반응의 재검토
		• 특수점수가 특정 문화의 현상을 반영하는 정도 또는 교육적 한
		  계나 지속적으로 단어 선택에 오류를 나타내는 정도
		• 불명확한 사고와 판단 오류가 반응에 나타나고 있는 정도
		• CONTAM, 수준 2 반응, ALOG 반응에서 나타나는 기괴한 특징
		  이 병리적인 사고를 나타내는 정도

	M 형태질	• M 반응: 가장 분명한 개념적 사고의 표상
		  - M_ 반응이 많을수록 명확한 사고와 중재의 어려움과 심각한
		    사고장애의 가능성이 높아짐
		  - Mnone 반응이 많을수록 관념적인 통제가 되지 않아 사고의
		    명확성이 저하됨을 시사

	M 반응의 질	• M 반응의 반응 내용을 검토함으로써 사고의 질과 명료성 평가

자기지각	OBS와 HVI	• OBS: 완벽주의적이고 강박적인 성향; 자신의 부적절성을 입증
		  하는 끔찍한 실수를 하지 않으려는 노력; 자신에 대한 조심스
		  러운 평가 & 실제보다 부정적인 평가
		• HVI: 과경계 태세; 주변 환경에 대한 불신

	반사 반응	• 자신에 대한 지나친 가치를 부여하고 자신의 욕구에 집착하는
		  경향
		• Fr+rF>0: 자신의 중요성을 과장하는 자기중심적인 경향; 자기
		  우선적 태도

	자아중심성 지표	• 3r+(2)/R: 자기몰두 및 자존감에 대한 추정치
		  - 기대범위=.33~.45: 긍정적인 자기개념과 관련된 자기초점
		    과 자기관심
		  - 3r+(2)/R<.33: 부정적인 자기가치감; 우울의 전조 증상
		  - 3r+(2)/R>.45: 과도한 자기관여 및 (반사반응이 있는 경우)
		    자기애적인 경향

자기지각	FD와 음영 차원 (개인력과 관련된)	• FD: 자신에 대한 내성 및 성찰 능력 – 기대범위: 1~2개 – FD=0: 내성 능력의 부족이나 무관심 – FD>3: 자기상에 대한 비정상적인 주의 • V: 자기비판적 내성 – 기대치: V=0 – V>0: 부정적인 자기지각에 집착
	An+Xy	• 과도한 신체적 관심 – An+Xy의 기대치: 0 또는 1
	SumMOR	• 비관주의, 부정적인 자아상 – MOR≥2: 자기상에 대해 부정적 · 비호의적 태도
	H:(Hd)+Hd+(Hd)와 인간 내용 반응 검토	• 안정적인 정체감 – 기대치: H 반응이 적어도 2개 이상 & H≥(Hd)+Hd+(Hd) – H<(Hd)+Hd+(Hd): 실제적인 생활과 관련 없는 공상적인 상호작용에 기초한 자기지각 반영
	투사된 자료에 대한 탐색	마이너스 반응, MOR 반응, M과 인간 내용 반응, FM과 m 반응, 기타 반응에서 윤색을 차례로 탐색함
대인지각	CDI	• 대응손상 지표: 대인관계 상황에서 부적응과 관련; 사회적 미성숙
	HVI	• 과경계 지표: 대인관계에서 매우 조심스럽고 보수적인 경향; 개인적 공간에 대한 집착; 상호작용에서 자신이 통제감을 느끼지 못하면 친밀한 관계를 유지하지 않음; 악화될 경우 편집증 양상이 나타남
	a:p	• 사회적 관계, 특히 대인관계에서 동조성과 관련 – p>a+1: 대인관계에서 수동적인 역할; 의사결정에 대한 책임 회피 및 문제해결 방법을 탐색하거나 새로운 행동유형을 주도하기 어려움
	음식 반응(Fd)	• 의존성; 타인의 도움과 지지 추구
	Sum T	• 애정 및 의존 욕구; 친밀한 대인관계를 맺을 수 있는 적응능력 – 기대치: T=1 – T=0: 신체적 · 심리적 접근을 사적 공간에 대한 침입으로 간주하며 친밀한 관계를 기대하거나 추구하지 않음 – T>1: 정서적 박탈감과 대인관계에서 충족되지 못한 욕구의 반영; 애정 갈증; 최근의 상실로 인한 정서적 불편감
	SumH와 Sum Pure H	• 대인관계 흥미 – 기대범위: SumH>3 – SumH<4: 다른 사람에 대한 제한된 흥미와 성격적 약점 – H<(Hd)+Hd+(Hd): 부적응적 수준의 사회적 불편감 – Pure H: 공감, 사람에 대한 관심

GHR:PHR	• 대인관계 관여의 정도
	• GHR: 효율적이고 적응적인 대인관계와 관련
	• PHR: 다른 사람들과의 문제적 또는 갈등적 상호작용과 관련
	  – GHR>PHR: 성공적·보상적인 대인관계 행동의 가능성
	  – GHR≤PHR: 무분별하거나 바람직하지 않은 방식의 대인관계 행동의 가능성

COP와 AG 빈도와 채점	• COP: 다른 사람과의 협력적 관계에 대한 관심 • AG: 주장적이거나 경쟁적인 상호작용; 공격적·호전적·지배적인 행동 방식; 다양한 적응 문제
PER	• 개인적 반응: 자기 자신을 안심시키면서 검사자로부터 받는 도전을 방어하려는 것; 일종의 지적 권위주의
소외 지표	• 대인관계에 대한 제한된 흥미, 최소한의 사회적 상호작용, 우정과 신뢰를 공유할 수 있는 대인관계의 부족 – Isolate/R>.33: 사회적 상호작용의 뚜렷한 회피, 다른 사람과 접촉할 수 있는 기회가 현저하게 부족함.
쌍으로 된 M과 FM 반응의 내용	• 상호작용이 기술되는 방식에 일관성이나 어떤 유형이 있는지에 대한 검토 • 정확하게 본 M 반응(M+, Mo, Mu): 공감능력

④ 결과의 통합

해석자는 결과를 개념적으로 통합하기 위해 노력해야 한다. 이러한 개념적 통합은 해석자가 각 군집에 관한 자료를 철저하게 검토하고 관련이 있는 성격적 특징이나 심리적 작용을 연구함으로써 가능하다. 군집 내뿐만 아니라 군집 간 결과를 모으게 되면 수검자에 대한 이미지가 점차 분명해지고, 개인의 특징을 반응 유형, 통제, 방어 전략, 인지활동, 정서, 자기상, 대인관계와 같은 넓은 체계에서 개념화할 수 있게 된다.

최종적인 기술을 하기 위해서는 유의한 결과와 유의하지 않은 결과를 통합하는 지식이 필요하고, 결과를 통합하는 과정에서 한 개인의 고유한 특성에 대한 전반적인 묘사가 가능하게 되고 그 개인의 행동의 의미를 이해할 수 있게 될 것이다. 해석과정은 상당한 시간이 소요되는 과정이지만 해석자가 준전문가 수준에 도달하게 되면 90분 정도면 대부분의 로샤를 해석할 수 있을 것이다.

로샤 해석을 좀 더 풍부하게 해석하기 위해서는 다음과 같은 다양한 영역에서 지식과 기술이 요구된다.

• 검사에서 산출된 다양한 점수와 관련된 해석적 가정에 대한 이해

- 로샤가 제공할 수 있는 정보와 제공할 수 없는 정보에 대한 이해
- 로샤 점수에 영향을 미칠 수 있는 체계적인 편향에 관한 지식
- 검사 점수의 신뢰도와 타당도에 관한 지식
- 성격, 정신병리, 평가 상황의 특수성에 관한 철저한 이해
- 임상적 추론에 부정적으로 영향을 미칠 수 있는 판단 오류에 대한 인식
- 가설을 채택 또는 기각할 수 있는 추론능력과 판단력
- 다른 심리검사, 행동관찰 및 개인의 과거력 등 다양한 출처에서 얻은 정보와 로샤에 기초한 정보를 통합하는 능력

물론 마지막 통합 단계를 적절하게 수행할 수 있으려면 검사자는 다른 검사에 대해서도 충분한 지식을 가지고 있어야 하며 다양한 출처의 정보를 활용할 수 있는 능력이 있어야 한다. 앞서 언급하였듯이, 검사자는 로샤 검사의 기본적인 원리와 본질을 이해하고 로샤 검사를 실시, 채점 및 해석할 수 있는 전문적인 기술을 배우고 익혀야 한다. 마지막으로, 슈퍼비전의 중요성은 아무리 강조해도 지나치지 않다.

요약

1. 로샤 검사를 처음 소개한 Rorschach가 사망한 이후, Beck, Klopfer, Hertz, Piotrowski 및 Rapaport와 Schafer는 각자 독자적인 로샤 체계를 발전시켰다. 1970년대 초 Exner와 동료들은 다섯 갈래의 로샤 체계를 통합하려고 시도하였고, 그 결과 로샤 종합체계가 탄생하였다.
2. 로샤의 심리측정적 적절성에 관한 비판에 대해 로샤 종합체계는 채점 기준을 좀 더 명료화함으로써 신뢰도를 높이고 광범위한 연구 자료를 기초로 하여 해석의 타당성을 높이려고 시도하였다.
3. 로샤 검사는 수검자에게 어떤 진단을 내리는 것보다는 치료 전략이나 목표를 선택하거나 어떤 결정을 내릴 때처럼 한 인간으로서 수검자에 대한 이해가 중요한 상황에서 가장 유용하다.
4. 로샤 카드는 10장의 잉크반점 카드로 구성되어 있다. 수검자는 로샤 카드에서 많은 잠재 반응을 형성하지만 그중 일부만을 반응으로 보고한다. 그 과정을 살펴보면, 잉크반점에 대한 시각적 입력, 분류 및 잠재 반응의 순위 매김이 일어나고 순위나 검열을 통해 잠재

반응 중 일부가 포기되며 개인의 심리적 특성 및 반응양식 그리고 심리 상태에 따라 반응의 선택이 일어난다.

5. 투사적 검사는 검사 자극이 모호할수록 자극을 인지적으로 해석하는 과정에 개인의 욕구나 갈등, 성격과 같은 심리적 특성의 영향이 포함된다고 가정한다. 로샤 검사는 일반적으로 투사적 검사로 분류되지만 모든 반응에서 투사가 일어나는 것은 아니다. 일반적으로, 반응이 카드 속성에 의해 결정될수록 반응에 포함된 투사는 더 적을 것이고, 운동, 지각적 왜곡 및 다양한 윤색을 포함하는 반응의 경우 투사가 일어나기 쉽다.

6. 로샤의 실시는 반응 단계와 질문 단계로 구분된다. 수검자로 하여금 로샤 카드를 한 장씩 보면서 무엇으로 보이는지 반응하도록 하고(반응 단계), 그 반응들을 다시 검토하면서 반응 내용, 반응 영역 및 결정인을 가능한 한 정확하게 채점하기 위한 질문 절차를 수행한다(질문 단계).

7. 로샤 반응은 반응 영역, 발달질, 결정인, 형태질, 쌍반응, 반응 내용, 평범 반응, 조직활동, 특수점수로 부호화되며, 이들은 구조적 요약을 통해 다시 각 기호의 빈도, 백분율, 특수지표로 체계적으로 요약된다.

8. 로샤를 해석할 때는 세 가지 일반적 범주의 자료, 즉 구조적 자료, 점수계열, 언어적 표현을 모두 고려해야 한다. 또한 결과를 보다 의미 있는 방식으로 통합할 수 있으려면 수검자에 대한 기본 정보, 검사가 실시되는 맥락과 수검자의 반응 태세, 다른 검사 자료, 행동관찰이나 과거력 등 다양한 출처의 정보를 활용할 수 있어야 한다.

참고문헌

박영숙(1994). 심리평가의 실제. 서울: 하나의학사.

Atkinson, L., Quarington, B., Alp, I. E., & Cyr, J. J. (1986). Rorschach validity: An empirical approach to the literature. *Journal of Clinical Psychology, 42*, 360-362.

Exner, J. E. (1996). Critical bits and the Rorschach response process. *Journal of Personality Assessment, 67*(3), 464-477.

Exner, J. E. (1974). *The Rorschach: A comprehensive system, Vol. 1*. New York: Wiley.

Exner, J. E. (1986). *The Rorschach: A comprehensive system, Vol. 1*. (2nd ed.). New York: Wiley.

Exner, J. E. (1989). Searching for projection in the Rorschach. *Journal of Personality Assessment, 53*, 520-536.

Exner, J. E. (1993). *The Rorschach: A comprehensive system, Vol. 1: Basic foundations* (3rd ed.). New York: Wiley.

Exner, J. E. (2005). 로르샤흐 종합체계(윤화영 역). 서울: 학지사. (원전은 2003년에 출판)

Exner, J. E. (2006). 로르샤흐 종합체계 워크북(김영환, 김지혜, 홍상황 역). 서울: 학지사. (원전은 2001년에 출판)

Exner, J. E. (2008). 로르샤흐 해석입문(김영환, 김지혜, 박은영, 홍상황 역). 서울: 학지사. (원전은 2000년에 출판)

Exner, J. E., & Wylie, J. (1977). Some Rorschach data concerning suicide. *Journal of Personality Assessment, 41*, 339–348.

Exner, J. E., Martin, L. S., & Mason, B. (1984). *A review of the Rorschach suicide constellation.* Paper presented at the 11th International Congress of Rorschach and Projective Techniques, Barcelona, Spain.

Frank, L. K. (1939). Projective methods for the study of personality. *Journal of Personality, 8*, 389–413.

Garb, H. N., Florio, C. M., & Grove, W. M. (1998). The validity of the Rorschach and the Minnesota Multiphasic Personality Inventory: Results from a meta-analysis. *Psychological Science, 9*, 402–404.

Groth-Marnat, G. (2003). *Handbook of psychological assessment* (4th ed.). New York: John Wiley.

Hess, A. K., Zachar, P., & Kramer, J. (2001). Rorschach. In B. S. Plake & J. S. Impara (Eds.), *Fourteenth mental measurements yearbook* (pp. 1033–1038). Lincoln: University of Nebraska Press.

Holzberg, J. D. (1977). Reliability re-examined. In M. Rickers-Ovsiankina (Ed.), *Rorschach psychology* (2nd ed.). NY: Krieger.

Howard, J. C. (1989). The Rorschach test: Standardization and contemporary developments. In S. Wetzler & M. M. Katz (Eds.), *Contemporary approaches to psychological assessment.* New York: Brunner/Mazel Publishers.

Jensen, A. R. (1965). Review of the Rorschach Inkblot Test. In O. K. Buros (Ed.), *The sixth mental measurements yearbook.* Highland Park, NJ: Gryphon Press.

Lerner, P. M. (2003). 로샤 검사에 대한 정신분석적 접근(이우경, 이원혜 공역). 서울: 학지사. (원전은 1998에 출판)

Mayman, M. (1967). Object representations and object relationships in Rorschach responses. *Journal of Projective Techniques and Personality Assessment, 31*, 17–24.

Mayman, M. (1977). A multi-dimensional view of the Rorschach movement response. In M. Rickers-Ovsiankina (Ed.), *Rorschach psychology* (pp. 229–250). Huntington, NY: Krieger.

Meyer, G. J., & Archer, R. P. (2001). The hard science of Rorschach research: What do we know and where do we go? *Psychological Assessment, 13*, 486–502.

Murray, H. A. (1938). *Explorations in personality*. New York: Oxford University Press.

Parker, K. C. H., Hanson, R. K., & Hunsley, J. (1988). MMPI, Rorschach and WAIS: A meta-analytic comparison of reliability, stability, and validity. *Psychological Bulletin, 103*, 367–373.

Ranzoni, J. H., Grant, M. Q., & Ives, V. (1950). Rorschach "card pull" in a normal adolescent population. *Journal of Personality Assessment, 14*, 107–133.

Rapaport, D. (1942). Principles underlying projective techniques. *Character and Personality, 10*, 213–219.

Rorschach, H. (1942). *Psychodiagnostics*. New York: Grune & Stratton. (Original work published 1921).

Schachtel, E. (1966). *Experiential foundations of Rorschach's tests*. New York: International Universities press.

Thomas, E. A., Exner, J. E., & Leura, A. V. (1977). Differences in ranking responses by two groups of nonpatient adults as a function of set concerning the origins of the response. Rorschach Workshop (Study No. 251, unpublished).

Weiner, I. B. (1977). Approaches to Rorschach validation. In M. Rickers-Ovsiankina (Ed.), *Rorschach psychology* (2nd ed., pp. 575–608). NY: Krieger.

Weiner, I. B. (1996). Some observations on the validity of the Rorschach Inkblot Method. *Psychological Assessment, 8*, 206–213.

Weiner, I. B. (2005). 로르샤흐 해석의 원리(김영환, 김지혜, 홍상황 공역). 서울: 학지사. (원전은 2003년에 출판).

Chapter 11

투사적 검사 II:
TAT, HTP, SCT

하은혜

학/습/목/표

1. 주제통각검사(TAT)의 기본 가정 이해하기

2. 주제통각검사(TAT)의 실시방법과 해석 이해하기

3. 주제통각검사(TAT)에서 나타나는 진단별 반응 특징 이해하기

4. 집-나무-사람 검사(HTP)의 기본 가정 이해하기

5. 집-나무-사람 검사(HTP)의 실시방법과 해석 이해하기

6. 문장완성검사(SCT)의 특징과 종류 이해하기

7. 문장완성검사(SCT)의 실시방법과 해석 이해하기

이 장에서는 로샤 검사 이외의 투사적 검사로 주제통각검사(TAT), 집-나무-사람 검사(HTP) 및 인물화 검사(DAP) 등의 그림검사 그리고 문장완성검사(SCT)를 소개하고자 한다. 그림검사의 경우 자신의 성과 반대 성의 두 사람을 그리는 인물화 검사(DAP)와 집, 나무 및 사람을 그리는 집-나무-사람 검사(HTP)가 주로 사용되는데, 집-나무-사람 검사에 인물화 검사가 포함되므로 이 장에서는 집-나무-사람 검사(HTP)를 설명하고자 한다. 성인 대상의 주제통각검사(TAT) 외에 아동에게는 아동용 주제통각검사(CAT)가 사용되는데, 이는 제12장에서 소개하기로 한다.

1. 주제통각검사(TAT)

하버드 대학교의 Morgan과 Murray(1935)가 『공상연구의 한 방법(A Method for Investigating Fantasies)』에서 처음 제시한 주제통각검사(Thematic Apperception Test: TAT)는 로샤 잉크반점 검사와 함께 가장 널리 사용되고 있는 투사적 검사 중 하나이다. TAT는 로샤 검사에 비해서 상대적으로 분명한 상황이 제시되는데, 흑백카드에 투사된 수검자의 반응 내용을 분석하고 해석하여 동기, 정서, 기분, 콤플렉스, 갈등, 대인관계 및 성격의 역동을 이해할 수 있다(Bellak, 1959). 다른 투사적 검사와 마찬가지로 기본적으로 정신분석적 입장을 따르고 있으며, 특히 자아와 대상의 관계를 다루는 자아심리학과 가장 밀접한 관계가 있는 심리검사도구이다. 임상현장에서는 여러 투사적 검사 가운데 TAT가 단독으로 사용되거나 일차적으로 선택되는 경우보다는 로샤 검사가 먼저 선택되는 경향이 있다. 즉, 로샤 검사에서 동기나 성격의 역동, 환자의 주요 갈등 영역 등이 충분히 파악되지 못한 경우에 부가적으로 사용되는 것이 일반적이다.

1) 발달과 역사

그림과 자유연상을 이용하여 성격을 진단하는 방법은 레오나르도 다빈치의 수기에서 애매한 그림 자극에 대한 상상과 시각적 이미지를 통해 미술에 대한 적성을 판단할 수 있다고 언급되었을 정도로 그 역사가 매우 오래되었다. 그러나 보다 과학적이고 전문적인 활용을 시도한 것은 Galton(1879)의 자유연상 실험에서 비롯되었다. 이 실험에서 Galton은 "개인의 연상 내용이 어린 시절의 생활 내용과 연관되며 이와 같은 연상은 표현되지 않는 개인의 사고 내용의 기초를 이루고 있다."라고 제안하였다. 이후 Brittain(1907)이 청소년들에게 아홉 장의 그림을 보고 이야기를 하도록 한 결과, 소년들은 사회적·도덕적 및 종교적 내용을 많이 표현한 반면 소녀들은 슬픔이나 고독과 관련된 내용을 더 많이 보이는 것과 같은 성차를 발견하였다.

Libby(1908)는 청소년의 연상에서 연령의 차이를 발견했으며, Clark(1926)는 수검자에게 만일 자신이 유아라면 그림에서 나타나고 있는 상황에 대해 어떤 기분을 느끼겠는지 상상하도록 하였고, 이를 통해 자기애적인 환자의 경우 전이신경증을 유발시킬 수 있다고 하였다.

이와 같이 그림에 대한 이야기를 통해 개인의 이해와 평가가 시도되어 오다가 Morgan(1935)과 Murray가 처음으로 TAT를 소개하였고, Murray(1938)가 『성격탐색(Exploration in Personality)』에서 욕구-압력 체계를 근거로 한 성격 이론과 TAT의 이론적 체계를 발전시켰다.

검사에 사용된 도판은 1936년 하버드 대학교의 심리학 클리닉(Psychological Clinic)에서 소개된 것이 1943년까지 세 차례 개정되면서 최종적으로 31매로 표준화되었고 검사 요강이 출판되었다. 이후 Bellak(1949)은 3~10세 아동에게 적용할 수 있는 아동용 주제통각검사(Child Apperception Test: CAT)를 제작하였고 1952년 수정판을 제시하였다.

우리나라에서는 전용신(1973)이 Murray의 TAT 실시요강과 Bellak이 쓴『TAT 및 CAT 임상적 활용(The TAT and CAT in Clinical Use)』 중에서 일부를 번역하였으며, 이상로, 변창진과 김경린(1974)이 『TAT성격진단법』을 출판하여 임상적 활용을 도왔다. 그리고 김태련, 서봉연, 이은화와 홍숙기(1993)가 아동용인 한국판 아동용 주제통각검사(Korean Child Thematic Apperception Test: K-CAT)를 출판하였다.

2) 기본 가정

TAT는 일련의 모호한 그림 자극에 대해 수검자가 구성한 이야기를 해석하는 투사적 검사이다. 상상을 통해 이야기를 구성하는 과정에서 수검자는 자신의 과거 경험과 현재의 감정, 기분, 요구 및 욕구에 따라 모호한 그림을 해석하는 경향이 있고, 이러한 해석과정에서 수검자의 의식적·무의식적 충동, 방어 및 갈등이 표현된다고 가정하고 있다. 그러므로 수검자의 투사된 공상이나 상상적 이야기 내용을 분석하고 해석함으로써 임상가는 수검자의 성격 발달 및 성격 구조를 밝힐 수 있다고 가정한다.

Bellak(1959)은 주제통각검사의 기본 가정으로서 통각(apperception), 외현화(externalization), 정신적 결정(psychic determination)의 개념을 도입하였다. 먼저 주제통각검사에 대한 개인의 반응은 '통각' 현상으로 설명할 수 있는데, 개인의 인지과정은 단순히 자극 대상을 있는 그대로 지각(perception)하는 것이 아니라 자기 나름대로 이해하고 해석하거나 자극이 제공하는 것과는 다른 개인적이고 주관적인 상상이 더해진다는 것이다. 이와 같은 통각 개념을 알기 쉽게 나타내면 [그림 11-1]과 같다. 즉, 자극을 해석하는 과정에는 자극 대상과 관련된 공통적인 감각적 지각 경험의 영향을 받는 공상이 결합되어 지각, 이해, 추측, 상상 등을 통해 심리적 의미를 부여하게 된다. 이와 같은 일련의 과정을 통각이라고 한다. 또한 주제통각검사에서는

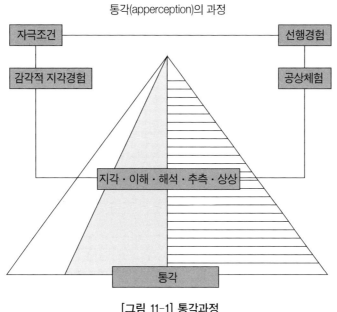

통각(apperception)의 과정

[그림 11-1] 통각과정

출처: 이상로 외 공저(1973).

전의식적 수준에 있는 개인의 내적 욕구가 의식화되는 '외현화' 과정을 거쳐서 반응되며, 자극 재료라는 외적 자극에 대한 반응은 역동적 원인과 의미 있는 관련이 있다는 '정신적 결정'을 가정한다.

또한 TAT는 각 카드에 들어 있는 그림 자극에 대해 수검자가 과거, 현재, 미래를 자유롭게 상상하는 과정에서 그림의 내용이 이야기의 주제(theme)로 나타난다고 가정하고 있다. Murray(1938)는 주제란 욕구와 압력의 결합 또는 개인과 환경이 통합되어 나타나는 역동적 구조라고 보았다. 어떤 사건의 시작과 결말이 일관성 있는 주제로 표현된다면 욕구와 압력의 관계나 유기체와 환경의 관계를 알 수 있고 이러한 관계가 욕구-압력 분석의 기본이 된다. 즉, 주제에 개인의 욕구나 감정이 잘 투사되므로 역동적인 심리적 구조의 분석이 가능하다는 것이다.

Lindzey(1958)는 TAT를 통해 개인의 역동적인 심리적 구조를 분석하고 해석할 수 있는 경험적 근거 또는 기본 가정을 다음과 같이 요약하고 있다.

- 수검자가 비구성적인 장면을 구성하는 과정에 자신의 욕구, 기질 및 갈등이 나타난다.
- 이야기를 구성하는 과정에는 수검자가 동일시한 인물을 통해 수검자 자신의 욕구, 희망 및 갈등이 투사될 수 있다.
- 수검자의 기질, 욕구, 갈등 등이 간접적으로 또는 상징적으로 나타날 수 있다.

- 이야기 내용이 수검자 자신의 충동과 갈등을 진단하는 데 동일한 비중을 갖는 것은 아니다. 어떤 결정적인 이야기 내용은 중요한 진단적 자료가 될 수도 있으나 어떤 이야기는 보완적이거나 무가치한 자료일 수 있다.
- 자극 재료의 성격과 직접 관련이 있는 주제나 이야기는 자극 재료와 직접 관련이 없는 주제나 이야기보다 중요성이 낮다.
- 여러 이야기에서 자주 나타나는 주제는 수검자의 충동과 갈등을 반영할 가능성이 높다.
- 이야기 내용은 수검자의 지속적인 기질과 갈등뿐 아니라 상황적 힘에 의해 유발된 순간적 충동과 갈등이 반영된 것일 수 있다.
- 이야기 내용에는 수검자가 과거에 직접 경험하지는 않았지만 자신이 목격했거나 관찰했던 과거 사상이 반영될 수 있다.
- 이야기에는 개인적 내용이 반영될 수도 있고 집단이나 사회-문화적 요인과 관련된 내용이 반영될 수 있다.
- 이야기를 통해서 유추한 특성이나 갈등이 반드시 외현적 행동이나 의식적 경험과 직접 관련이 있는 것은 아니다.

3) 검사카드

주제통각검사카드는 흑백 그림으로 된 30장의 카드와 백지로 된 1장의 카드 등 모두 31장으로 구성되어 있다. 각 카드 뒷면에 카드를 선정할 때 고려할 일련번호와 함께 남자(M), 여자(F), 소년(B), 소녀(G) 등의 구분이 있어 수검자에 따라 선택할 수 있다. 예를 들어, 숫자로만 된 카드는 모든 수검자에게 공통으로 사용하며 GF는 소녀와 성인 여자, BM은 소년과 성인 남자, MF는 성인 남녀에게 적용한다. 실시 대상에 따른 도판을 제시하면 다음과 같다.

- 공용도판: 1, 2, 4, 5, 10, 11, 14, 15, 16, 19, 20(11매)
- 남자 공용도판: 3BM, 6BM, 7BM, 8BM, 9BM, 17BM, 18BM(7매)
- 여자 공용도판: 3GF, 6GF, 7GF, 8GF, 9GF, 17GF, 18GH(7매)
- 성인 공용도판: 13MF(1매)
- 미성인 공용도판: 12BG(1매)
- 성인 남자 전용도판: 12M(1매)
- 성인 여자 전용도판: 12F(1매)
- 소년 전용도판: 13B(1매)
- 소녀 전용도판: 13G(1매)

4) 실시방법

검사 준비사항은 특별한 것이 없으나 반응이 적거나 저항이 강하거나 의심이 많은 수검자의 경우 검사를 시행하기 전에 다른 검사를 먼저 시행하는 것이 자유로운 반응을 이끌어 내는 데 도움이 된다. 다른 심리검사와 마찬가지로 이 검사의 반응이 의미 있는 자료가 되려면 검사자와 수검자 사이의 라포 형성이 최대로 이루어져야 하며, 검사 실시 동안 자유롭게 상상하고 공상을 언어로 표현하려면 수검자가 편안하게 느낄 수 있어야 한다.

검사 실시는 성, 연령을 고려하여 선정된 20개 카드를 2회에 걸쳐 실시한다. 즉, 1회에 10개, 2회에 10개 카드를 선정하여 실시한다. 1회 시행시간은 대략 30분~1시간 정도 소요된다. 일반적으로 수검자의 임상 증상과 특성에 따라 임상가가 9~12장 정도의 카드를 선별하여 1회에 진행하는 단축검사를 실시한다.

검사 지시는 1회와 2회에 차이가 있고 수검자의 연령과 지능 수준에 따라서도 차이가 있다. 표준 절차에는 다음과 같은 지시 내용을 검사자가 읽어 주도록 되어 있다.

(1) 지시내용

① 1회 검사: 청소년이나 평균지능 이상의 성인을 위한 지시문

"지금부터 당신에게 몇 장의 그림을 한 번에 한 장씩 보여 주겠습니다. 그림을 보면서 극적인 이야기를 만들어 보십시오. 그림에 나타난 장면이 있기까지 어떤 일이 있었는지, 현재 무슨 일이 일어나고 있는지, 사람들은 무엇을 느끼고 있고 무엇을 생각하고 있는지를 이야기해 주십시오. 그리고 그 결과에 대해서도 이야기하시기 바랍니다. 생각이 떠오르는 대로 자유롭게 이야기를 해 주십시오. 어떻게 하는 것인지 이해하셨습니까? 각 카드마다 약 5분 정도 이야기할 수 있습니다. 자, 여기 첫 번째 그림이 있습니다."

② 1회 검사: 아동, 교육 수준이 낮은 성인, 정신분열증 환자를 위한 지시문

"이것은 이야기를 만드는 검사입니다. 여기 몇 장의 그림이 있는데 이것을 당신에게 보여 주겠습니다. 각 그림을 보고 당신이 이야기를 꾸며 보도록 하십시오. 이 그림을 보면서 과거에는 무슨 일이 일어났는지, 그리고 현재는 어떤 일이 일어나고 있는지, 이 사람들이 무엇을 느끼고 있고 무슨 생각을 하고 있는지를 이야기하고, 앞으로는 어떻게 될 것인지를 이야기해 주십시오. 어떤 이야기이든지 자유롭게 만들 수 있습니다. 자, 어떻게 하는 것인지 이해하셨습니까? 그러면 여기에 첫 번째 그림이 있습니다. 그림 한 장에 5분 정도 시간을 쓸 수 있습니다. 그러면 당신이 할 수 있는지를 보기로 합시다."

③ 2회 검사: 청소년이나 평균지능 이상의 성인을 위한 지시문

"오늘도 어제와 같이 하면 됩니다. 단지 더 자유롭게 상상해 보도록 하십시오. 지난번 본 열 장의 그림들도 좋은 것이긴 하지만 일상생활에서 마주치는 사실들에 이야기를 제한해야 했습니다. 이제 그런 일상적 현실을 무시하고 상상하고 싶은 대로 상상하십시오. 신화, 동화, 우화와 같이 말입니다. 자, 여기 첫 번째 그림이 있습니다."

④ 2회 검사: 아동, 교육 수준이 낮은 성인, 정신분열증 환자를 위한 지시문

"오늘은 몇 장의 그림을 더 보여 줄 것입니다. 이 그림은 더 좋고 재미있기 때문에 이번에는 더 쉬울 것입니다. 지난번에 아주 좋은 얘기를 해 주었는데 이번에 조금 더 잘할 수 있을지 봅시다. 할 수 있다면 지난번 했던 것보다 더 흥미 있는 이야기를 만들어 주세요. 꿈이나 동화처럼 말입니다. 자, 여기 첫 번째 그림이 있습니다."

⑤ 백지카드
16번 카드에 특별한 지시문이 따른다.

"이 백지카드에서 무엇을 볼 수 있는지 한번 봅시다. 이 백지에서 어떤 그림을 상상해 보고 자세하게 얘기해 주세요." 만일 수검자가 그렇게 잘 하지 못한다면 "자, 눈을 감아 보세요. 그리고 무언가를 상상해 보세요."라고 말한다. 그리고 나서 수검자가 상상한 것을 충분히 기술하면 "자, 그럼 이제 그것에 관해 이야기를 만들어 주세요."라고 말한다.

5) 도판의 특성과 전형적 주제

도판 1 한 어린 소년이 앞의 탁자 위에 놓인 바이올린을 바라보고 있다.

→ 이것은 TAT 도판 중 가장 중요하게 해석되며 만약 하나만을 선택해야 한다면 전체 성격에 대해 말해 줄 수 있는 이 도판을 선택한다. 이 도판은 위협적이지 않기 때문에 검사 상황을 순조롭게 시작하게 하고 성인과 청소년들의 공상을 쉽게 이끌어 낸다.

이 도판에서 수검자는 소년과 자신을 쉽게 동일시하고 부모상에 대한 관계를 표현한다. 즉, 부모가 공격적인지, 지배적인지, 협조적인지, 이해하고 보호하는지에 대한 지각을 명확하게 표현한다. 흔히 자율과 권위에 대한 순응 간의 갈등에 관한 주제를 얻을 수 있다. 그러므로 이 카드는 청소년에게 특히 효과적이다.

이 카드에서 자주 나타내는 또 다른 욕구로는 성취가 있다. 여기에서는 공상 수준이나 현실 수준에서 성공이 어떻게 성취되었는지를 보는 것이 특히 중요하다.

공격성은 성적 암시와 함께 혹은 성적 암시 없이 바이올린이나 활이 망가지는 것으로 표현된다. 초자아적 불안은 이야기 속에서 소년이 장님으로 나타나는 것으로 표현될 수 있는데, 이는 아마도 관음적 욕구와 관련된 불안의 표현일 수 있다.

도판 2 시골 풍경으로, 전경은 한 젊은 여인이 손에 책을 들고 있고, 배경은 한 남자가 들판에서 일을 하고 있다. 나이 든 여인은 어떤 곳을 쳐다보고 있다.

→ 이 도판은 수검자의 가족관계에 대한 뛰어난 지표를 제공한다. 남자들조차도 중앙의 젊은 소녀와 동일시하는 경우가 많은데, 이는 시선이 모이는 위치이고 가장 큰 인물이기 때문이다. 가족으로부터 자유와 보수적인 순응의 주제가 나타나고 이러한 주제는 수검자와 가족 간의 불일치 유형을 보여 준다. 오이디푸스적 주제와 형제간의 경쟁도 드러날 수 있다.

수검자가 나무에 기대어 있는 임신한 것으로도 보이는 여자를 어떻게 다루는지를 통해 유용한 해석을 할 수 있는데, 수검자가 임신에 대한 통각을 다루는 방식으로부터 임신에 대한 정보를 끌어낼 수 있기 때문이다.

남자의 형상은 이성애와 동성애적인 태도를 반영할 수 있는데, 남자 수검자가 지나치게 이 남자의 남성성을 찬양하는 것 등이다.

이 도판에는 비교적 많은 대상이 있는데, 강박 성향 수검자들의 경우 배경에 있는 호수나 작은 부분도 언급하게 된다. 말에 대하여 갖는 관심은 억압과 회피를 나타내는 것이다. 방어는

----
* 사용된 도판은 Murray(1943)에서 인용

세부적인 것에 대해 강박적으로 몰두하거나 고랑이 똑바르지 않다는 불만으로 나타날 수 있다. 이 그림에 대한 이야기에서 시간과 공간이 사라지는 경우가 있는데, 이는 자신의 갈등을 없애려는 형태이다.

두 여자와 남자와의 관계에서 남자가 여자의 일꾼인지, 아버지나 남편인지, 남동생인지를 논의하는 것은 성역할에 관한 좋은 정보를 준다.

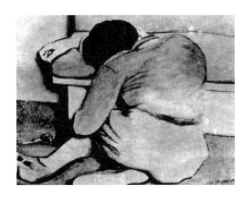

도판 3BM 한 소년(또는 한 소녀)이 머리는 오른팔에 묻고 소파에 기대어 앉아 있고 그 옆에는 권총이 놓여 있다.

→ 이 도판은 공격성, 우울, 자살과 관련된 이야기가 많이 나오며 가장 유용한 도판 중 하나이다. 왼쪽에 있는 대상을 어떻게 지각했는가는 공격성과 관련한 정보를 제공하는데 이 대상을 총으로 재인했을 때 공격성의 처리방법을 관찰하는 것이 중요하다. 다시 말해, 외적 공격인지(영웅이 누군가를 쏘았다) 또는 내적 공격인지(영웅이 맞았거나 자살을 했다) 관찰하는 것이다. 외적 공격의 경우 그가 심하게 벌을 받았다거나 도망을 쳤다는 것과 같은 수검자의 초자아 강도에 관한 개념을 제공한다.

한편으로 결국에는 자살을 하게 되는 우울 패턴으로 이끈 단서를 찾는 것도 필요하다. 이 도판은 우울 환자에게 필수적이다. 권총을 무해한 장난감과 같은 것으로 보는 것은 부정이나 회피 혹은 공격성이 없는 수검자의 건강한 처리방법인지 점검해 보아야 한다.

자살에 관한 이야기만으로 중요한 징후라고 할 수 없다. 다만, 이야기가 잠재적인 내적 공격성, 엄격한 초자아, 심한 공격성을 나타낼 때 자살의 심각한 가능성을 고려해야 한다.

또한 이 도판에서는 신체상이 나타날 수 있다. 그 사람이 불구이거나 심한 병에 걸렸다고 말할 수도 있다.

도판 3GF 젊은 여인이 오른손으로 얼굴을 가리고 머리를 수그린 채 왼손으로 나무로 된 문에 기대어 있다.

→ 이 도판은 우울, 실망을 나타낼 수 있는 그림이다. 그러나 여성에게도 3BM을 사용하면 유

용한 정보를 얻을 수 있다.

도판 4 한 여인이 남자의 어깨를 붙들고 있고 남자는 벗어나려는 듯 몸과 얼굴을 돌리고 있다.

→ 이 도판은 남녀관계에 대한 매우 다양한 욕구와 감정을 보여 줄 수 있다. 부정(不貞)에 대한 주제가 자주 나타나고, 여성의 역할에 대한 남성의 태도가 나타날 수 있다. 여자는 나쁜 생각을 하고 있는 남자를 막는 보호자가 되거나 남자의 사악한 목적을 막으려고 할 수도 있다. 또한 자신에게 공격적이었던 남자에 대한 여자의 태도도 명확해진다.

흥미로운 것은 배경에 있는 반나체의 그림이다. 이것은 수검자의 2/3 이상에게 지각된다. 지각하지 못했다거나 자세히 언급했다면 성적 문제가 있다는 단서가 될 수 있다. 포스터로 보거나 배경의 실제 모습으로 보는 것은 삼각관계에서 질투의 주제로 볼 수 있다. 포스터로 보는 것은 방어적일 가능성이 있다.

도판 5 한 중년 여인이 문을 반쯤 열고 방을 들여다보고 있다.

→ 이 도판은 어떤 행동을 지켜보는 어머니로 자주 해석된다. 자위행위가 관찰되고 있다는 두려움을 상징하는 이야기이거나, 자녀에게 관심을 보이는 자애로운 어머니에 대한 이야기이거나, 혹은 수검자가 늦게 일어난 것에 대해 꾸짖는 것으로 보일 수도 있다. 관음적인 소재가 매우 빈번하여 부모의 동침장면이 위장된 이야기가 되기도 한다. 정신분석적 관점에서 여성 수검자의 경우 애착에 대한 두려움이 강도 이야기로 반영되거나 남자의 경우 '구원 환상'을 보이게 된다.

도판 6BM 작고 나이가 든 여인과 크고 젊은 남자가 서 있다. 남자는 여자의 등 뒤에서 어쩔 줄 모르는 표정으로 밑을 내려다보고 있다.

→ 남자에게는 필수적인 도판이다. 모자간의 갈등과 부인이나 다른 여성과 관련된 문제를 반영하며 오이디푸스적인 주제가 빈번하다.

도판 6GF   소파 끝에 앉아 있는 한 젊은 여인이 뒤에서 파이프를 물고 이야기를 건네는 남자를 돌아보고 있다.

→ 이것은 남녀관계를 반영하는 6BM의 쌍이다. 그러나 남자가 비교적 나이 차가 적기 때문에 아버지보다는 동년배로 지각하며 공격하는 사람이나 유혹하는 사람, 결혼 신청을 하는 사람 등으로 여겨진다. 여기서는 남성에 대한 태도, 여성의 역할, 이성관계에 대한 문제가 잘 드러난다.

도판 7BM   회색 머리의 남자가 부루퉁하게 어딘가를 응시하고 있는 젊은 남자를 처다보고 있다.

→ 젊은 남자가 늙은 남자에게 조언을 구하거나 공동의 관심사에 대해 논의하고 있는 것으로 표현된다. 이 두 사람은 흔히 부자관계로 묘사되는데 여기에서 아버지나 성인 남자에 대한 수검자의 태도와 권위에 대한 반응이 잘 나타난다. 또는 음모를 꾸미거나 비밀스러운 거래를 하고 있다는 내용에서 반사회적 경향이나 편집증적 경향이 드러나기도 한다.

도판 7GF   소파에 앉아 있는 나이 든 여인이 소녀 옆에서 말을 하고 있거나 책을 읽어 주고 있다. 소녀는 무릎에 인형을 놓고 다른 곳을 바라보고 있다.

→ 이 도판은 여성에게 있어 어머니와 딸의 관계를 보여 준다. 어머니가 동화를 들려준다는 주제가 빈번하며, 모녀관계에 대한 중요한 정보, 어머니에 대한 태도, 자기 자신에 대한 태도가 드러난다. 소녀가 어머니가 아닌 먼 곳을 응시하고 있다는 것은 어머니에 대한 부정적인 생각을 자극하는 것으로 보인다. 인형은 아이를 기대하는 수검자의 태도를 반영한다.

도판 8BM 한 청년이 앞쪽을 바라보고 있으며 한쪽에는 엽총이 보이고 배경에는 환상과 같은 수술장면이 보인다.

→ 이 도판은 매우 유용하다. 남자 수검자들은 보통 앞에 있는 소년과 동일시하는데 공격성이나 야망에 대한 이야기가 나올 수 있다. 공격성은 어떤 사람이 총을 맞고 수술을 받고 있다는 이야기로 나타나고, 야망은 의사가 되려는 소년의 꿈으로 나타날 수 있다. 왼쪽의 엽총은 3BM의 권총과 비슷한 맥락에서 본다. 그림을 아버지상으로 본다면 오이디푸스적 관계에 대한 단서를 제공하기도 한다. 무기에 대한 언급을 회피하거나 왜곡하는 것은 잠재되어 있는 심각한 적대감과 억압을 의미할 수 있다.

도판 8GF 젊은 여자가 턱을 괴고 앉아 어딘가를 응시하고 있다.

→ 여자는 주부나 다른 어떤 직업을 가진 것으로 묘사될 수 있다. 보통 일을 하다가 휴식을 취하며 자신의 현재 생활을 생각하거나 미래에 대한 상상을 하고 있는 것으로 묘사된다. 미래에 대한 태도나 현실의 어떤 어려움 등이 나타나기도 한다.

도판 9BM 네 명의 남자가 풀밭에 누워 휴식을 취하고 있다.

→ 이 도판은 동년배의 일대일 관계를 드러내 주는 중요한 그림이다. 이는 사회적 관계의 일반

적인 지표를 제공할 수 있는데, 수검자는 그림의 인물과 동일시할 수 있다. 수검자는 이 그룹을 못마땅하게 보는 외부 사람과 동일시할 수도 있고 그룹의 중심이나 부분일 수도 있다.

도판 9GF 잡지와 지갑을 들고 있는 한 젊은 여인이 나무 뒤에서 파티 드레스를 입고 해변을 달리고 있는 또 다른 여인을 보고 있다.

→ 이 도판은 여성들 간의 감정에 관한 정보를 얻는 데 매우 중요한 그림이다. 특히 자매간의 경쟁이나 모녀간의 적대감이 잘 드러난다. 우울과 자살적 성향이 의심되는 사람에게도 매우 중요한 데, 이 경우 아래쪽의 소녀는 공황 상태에서 해변을 달리는 것으로 묘사된다. 어떻게 다른 사람을 악의적으로 보는지를 논의해 보면 의심에 대한 주제가 나타나기도 한다. 이것은 편집증 요인으로 고려된다. 이 그림에서 남자는 낭만적이거나 공격적으로 등장한다.

도판 10 젊은 여인이 남자의 어깨에 머리를 기대고 있다.

→ 이 도판은 남자와 여자의 관계에 대한 수검자의 상을 파악할 수 있다. 남성 수검자에게 이것이 남자 간의 포옹으로 해석된다면 이는 잠재적인 동성애에 대한 강력한 단서나 이와 관련한 성격 문제가 명백해진다. 남자와 여자로 묘사된다면 이것이 끝나는 이야기인지 또는 시작하는 이야기인지에 대해 관심을 가져야 한다.

도판 11 높은 절벽 틈 사이로 길이 나 있다. 저 멀리 길에는 희미한 형상이 보이는데 용의 긴 머리와 목이 바위 벽 한쪽에서 앞으로 나와 있다.

→ 이 도판은 위장되어 나타나 있으며 많은 사람이 방어가 약화될 수 있다는 점에서 유용하다.

여기에는 많은 유아적 또는 원시적 공포가 나타나는데 동물에게 이러한 정서가 투사된다. 공격에 대한 공포가 표현되는데, 예를 들어, 용을 남근 상징으로 보는 것이다. 구강 공격에 관한 이야기도 빈번하다. 환자가 피하려고 해도 환자의 기분에 대한 좋은 단서를 제공한다.

도판 12M 한 젊은 남자가 눈을 감고 의자에 누워 있다. 그를 향해 몸을 구부리고 있는 남자는 수척한 모습의 나이 든 남자로 손을 얼굴 위로 뻗치고 있다.

→ 이것은 젊은 남자와 노인 간의 관계의 질에 대한 암시가 나타나는 중요한 그림이다. 특히 이것은 수동적인 동성애적 두려움과 지배의 두려움과 관련된다.

이 그림에 대한 이야기는 수동성이 자아동조적인지 또는 두려움에 의한 것인지를 나타낼 수 있다. 때때로 위에 있는 남자에 대해서는 협조적이고 도움을 주며 편안함을 주는 것으로 보고 어떤 불안도 표현하지 않는 데 반해 어떤 때는 최면을 하여 나쁜 영향을 발휘하는 것으로 보거나 희생자를 공격하는 것으로 본다. 수검자가 가지고 있는 수동적인 의존성이나 치료에 대한 태도가 드러나기도 한다.

도판 12F 한 젊은 연인의 초상이다. 배경에는 머리에 숄을 두르고 이상하게 생긴 나이 든 여인이 얼굴을 찡그리고 있다.

→ 이 도판을 통해 어머니상에 대한 개념이 나타날 수 있지만 모두 그런 것은 아니다. 사악한 어머니상은 이야기에서 시어머니로 위장하여 나올 수 있다. 이러한 경향은 시어머니가 자신의 어머니에게 느끼는 부정적인 정서를 대신 받는다고 이해해야 한다. 수검자는 어머니에 대해서 긍정적인 감정만을 인식하고 부정적인 것들은 시어머니에게 투사할 수 있다.

도판 12BG 숲 속의 시냇가에 배가 떠 있다. 그림에는 어떤 사람의 형상도 없다.

→ 이 도판은 사람이 없는 것이 특징이다. 여기서는 흔히 자살, 죽음, 우울의 경향이 잘 나타나고 은둔적 경향이 드러나기도 한다.

도판 13MF 한 젊은 남자가 팔을 머리에 묻고 서 있다. 그 뒤에는 침대에 누워 있는 여자가 보인다.

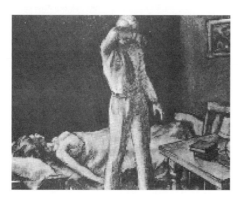

→ 이것은 남성과 여성 모두에게 성적 갈등을 보여 주는 도판으로 활용된다. 억압이 심한 수검자는 여기에서 '성적 충격(sex shock)'을 받고 그 충격이 이야기에서 표현될 것이다. 여성의 경우 남자에 의한 성폭행, 공격, 성적 학대에 대한 두려움이 나타날 수 있고, 남성의 경우 성행위에 대한 죄책감을 드러내며 동성애에 대한 혐오를 보여 준다. 남편과 아내 사이의 감정이 투사되기도 한다. 이 그림에서 경제적 박탈에 관한 이야기도 많고 구강기적 성향이 자주 나타난다.

도판 13B 작은 소년이 통나무집 문턱에 앉아 있다.

→ 어린 시절의 이야기를 자극하는 그림으로 바이올린의 그림과 유사하여 어린 소년의 이야기가 주요 주제로 떠오르거나 혹은 집을 비운 부모가 돌아오기를 기다리는 내용이 언급된다. 외로움이나 부모에 대한 애정의 욕구가 나타나기도 한다.

도판 13G　작은 소녀가 구불구불한 층계를 오르고 있다.

→ 혼자 어떤 일을 하는 것에 대한 느낌(외로움이나 지지 욕구 또는 독립심 등)이 나타나거나 미지의 장소, 미지의 시간에 대한 태도가 드러날 수 있다.

도판 14　남자(혹은 여자)의 실루엣이 밝은 창문 반대편에 보인다. 그림의 나머지는 완전히 까맣다.

→ 먼저 성적 정체성에 주의를 기울이게 한다. 또한 어둠과 관련한 아동기의 공포를 나타낸다. 자살적 성향이 의심되는 사람에게는 절대적인 카드이며 창문 밖으로 뛰어내리는 이야기로 표현된다. 때때로 심미적인 관심이 나타날 수 있고 소망으로 가득 찬 이야기가 나올 수 있다.

도판 15　음산한 남자가 손을 꽉 잡고 묘비 사이에 서 있다.

→ 무덤 주변의 상을 보여 주는 이 그림은 특히 수검자가 최근에 가족의 죽음을 경험했을 때 중요하며 검사자 죽음과 관련된 감정을 발견해야 한다. 이는 또한 모든 수검자에게 있어 죽음에 대한 공포와 관념을 노출하는 데 매우 유용하다. 우울 경향도 명백하게 나타난다.

도판 16　백지카드

→ 이 백지카드는 언어적으로 뛰어난 수검자들에게 매우 유용하다. 이러한 수검자들은 아주 자유롭게 투사한다. 그러나 수검자가 공상을 표현하는 데 어려움이 있다면 이 카드는 유용성이 제한된다. 일반적으

로 수검자가 가장 고민하고 있는 문제나 현재 상태, 느낌 등을 이야기하며 검사자나 치료자에 대한 태도가 표현되기도 한다. 특히 징신분열중이나 조울증 환자의 경우 비현실적인 공상이나 망상의 내용이 활발하게 표현되는 특징이 있다.

도판 17BM 벌거벗은 남자가 줄에 매달려 위로 올라가거나 아래로 내려가는 듯한 동작을 하고 있다.

→ 이 도판에는 많은 유용한 측면이 있다. 물리적 외상으로부터 도망가는 이야기를 통해 공포감이 나올 수 있다. 남자로부터 도망가는 이야기는 종종 오이디푸스적 공포를 이끌어 내고, 특히 아동들에게 이 그림은 왕이나 왕자로부터 벗어나려는 것으로 보일 수 있다. 세부적 묘사에 의해서 동성애적 감정들이 쉽게 나타난다. 운동경기나 그와 유사한 것으로 묘사하여 경쟁적인 성격의 이야기를 만드는 것도 흔하다. 남자들은 종종 신체상을 암시할 수 있다.

도판 17GF 물 위에 다리가 있고 여자의 형상이 난간에 기대어 있다. 배경에는 큰 빌딩과 작은 형상의 남자들이 있다.

→ 여자가 사랑하는 사람이 돌아오기를 기다리고 있거나 골똘하게 자기 생각에 빠져 있다고 이야기될 수 있다. 흔히 우울과 불행에 대한 감정이 나타나며 여자가 자살하기 위해 다리를 내려가고 있다는 내용에서 자살 경향이나 자포자기한 태도를 드러내기도 한다.

도판 18BM 한 남자가 세 개의 손에 의해 붙잡혀 있는데 상대방의 모습은 보이지 않는다.

→ 이것은 남자들의 불안을 알아내고 확인하는 데 매우 중요한 그림이다. 공격은 두려움, 특히 동성애적 성

격이 가장 명백하다. 수검자에게 조금이라도 불안이 있다면 반드시 나타난다. 반대로 취한 남자가 친구들에 의해 집으로 돌아왔다는 지지적 이야기와 같이 해가 없는 것이 될 수도 있다. 나머지 손을 어떻게 다루는가는 수검자의 사고과정과 관련된다.

도판 18GF　한 여인이 계단 난간 뒤로 쓰러질 듯한 다른 여자의 목을 쥐고 있다.

　→ 이 도판은 여성이 공격성을 어떻게 다루는가에 대한 훌륭한 암시를 준다. 공격적 행동이 일어난다는 것을 부정함으로써 빠져나갈 수도 있다. 때로 한 여인이 또 다른 여인을 어떻게 도와 부축하는지에 관한 이야기는 공격적 암시를 피하려는 의도를 말해 준다. 모녀 갈등이 강조되기도 한다.

도판 19　눈 덮인 오두막집 위로 구름으로 이루어진 것들이 나와 있는 이상한 그림이다.

　→ 다른 그림에 비해 모호하고 기이한 방식으로 그려져 있기 때문에 이야기 전개가 어려우며 수검자가 가지고 있는 불안이나 불안정성이 표현될 수 있다. 자주 이야기되는 주제는 오두막집이 눈에 갇혀 있지만 그 안에 살고 있는 사람들은 편안하다는 것이다. 오두막집에 사는 사람들의 환경 조건이나 어려움을 대처해 나가는 가운데 가지는 희망이 표현되면 이런 이야기는 안전에 대한 욕구, 환경의 어려움을 극복해 나가는 방식에 대한 정보를 제공해 준다.

도판 20　어둠 속에서 가로등에 기대어 있는 남자(혹은 여자)의 희미한 모습

　→ 가로등에 기대어 있는 인물은 보통 연인을 기다리고 있거나 마음속에 떠오르는 여러 가지 문제를 반추하고 있는 것으로 나타난다. 또는 희생자를 공격하기 위해 기다리고 있는 사람으로 묘사되기도 한다. 흔히 수검자가 몰두하고 있는 문제가 나타날 수 있는데 이성

관계에 대한 문제나 태도, 공격적 성향 등이 표현된다. 어두움이나 불확실함에 대한 두려움, 외로움 등을 나타내는 수검자도 있다.

6) 채점과 해석

TAT는 투사적 검사이므로 해석의 근거는 로샤 검사나 HTP와 같은 다른 투사적 검사와 비슷하다. 해석의 기본적인 가정은 수검자가 만들어 낸 이야기의 구성요소란 그 사람의 내면적인 역동에서 파생된 결과이며, 따라서 표면적으로 드러난 이야기 내용이나 구조를 살펴보면 심리 내적 상태를 알 수 있다는 것이다. 해석을 할 때 성별, 나이, 부모의 생존 여부, 형제의 나이와 성별, 결혼 여부와 같은 수검자에 대한 기본적인 신상 정보와 TAT 반응을 통합하여 해석한다. 또한 TAT를 통해 개인의 성격에 작용하는 지배적인 요인과 이러한 요인들이 상호작용하는 방식을 밝히는 것이 중요하며, 단순히 진단을 명명하기 위해 사용하는 것이 아니라는 점을 인식해야 한다.

1943년에 TAT가 만들어진 이래 다양한 채점 및 해석 체계가 발달하였다. 현재까지 제시된 TAT의 해석방법에는 정신분석에 기초한 직관적 해석법(Bellak, 1971, 1993), 주인공 중심 분석방법인 욕구-압력 분석법(Murray, 1943; Pine, 1960), 표준화법(Hartman, 1949; Sargant, 1945), 대인관계법(Arnold, 1949), 지각법(Rapaport, 1943) 등이 있다. 이 가운데 현재 정신분석에 기초한 직관적 해석법과 주인공 중심 분석방법인 욕구-압력 분석법이 주로 사용되는데, 이 방법들을 설명하면 다음과 같다.

(1) 정신분석에 기초한 직관적 해석법

현재 가장 많이 쓰이는 체계는 Bellak(1993)이 제시한 정신분석에 기초한 직관적 해석법으로, 반응 내용 기저의 무의식적 내용을 자유연상을 이용하여 해석하는 방법이다. 해석에는 〈표 11-1〉의 TAT 분석용지를 활용하는데, 이것은 포괄적이고 채점이 용이하며 내담자의 이야기를 여러 영역에서 평가할 수 있고 수량화할 수도 있다. TAT 분석용지를 활용한 해석방법은 다음과 같다.

① 주요 주제

이 부분에서는 수검자가 말한 이야기의 주요 요소를 재진술한다. 주요 주제를 기술해 보면 추론의 수준에서 다양한 이야기가 펼쳐질 수 있다. 이야기의 주요 주제를 재진술할 때는 가급적 수검자가 사용한 단어를 사용해서 수검자의 경험에 가깝게 이야기를 기술해야 한다. 또한 수검자의 이야기를 설명적·해석적·진단적 수준으로 다시 바꿔야 한다. 필요하다면 수검자

● 표 11-1 Bellak의 TAT 분석용지

1. 주요 주제 _____
2. 주인공 : 나이 _____ 성별 _____ 직업 _____ 능력 _____
3. 주인공의 욕구와 충동
  a) 주인공의 행동적 욕구:
  b) 등장인물, 대상, 환경:
  c) 생략된 인물, 대상, 환경:
4. 환경(세상)에 대한 개념 _____
5. a) 부모 인물(남 _____ 여 _____):
     수검자의 반응:
  b) 동년배 인물(남 _____ 여 _____):
     수검자의 반응:
  c) 형제자매(남 _____ 여 _____):
     수검자의 반응:
6. 주요 갈등 _____
7. 불안의 본질
  신체적 위해 또는 처벌 _____   인정받지 못함 _____
  애정 결핍(상실) _____   질병, 부상 _____
  버려짐 _____   박탈 _____
  과잉 통제를 받거나 무기력 _____   외로움 _____
  집어삼켜짐 _____   기타 _____
8. 갈등과 공포에 대한 주요 방어
  억압 _____   반동형성 _____   분열 _____
  퇴행 _____   부인 _____   내사화 _____
  고립 _____   취소 _____   합리화 _____
  기타 _____
9. '잘못된 행동' 에 대한 처벌로 표현된 초자아의 적합성
  적절함 _____   가혹함 _____
  가혹함(또는 즉각 처벌) _____   일관되지 않음 _____
  관대함 _____   초기 반응의 지연 정도 _____
  말더듬 _____   기타 초자아의 간섭 _____
10. 자아의 통합
  주인공: 적합 _____   부적합 _____
  결과: 행복 _____   불행 _____
  현실적 _____   비현실적 _____
  충동 통제 _____
이야기에서 나타난 사고 과정
  전형적 _____   독창적 _____   적절 _____
  완성적 _____   미완성 _____   부적절 _____
  혼합적 _____   구체적 _____   오염된 _____
지능 _____
성숙 수준 _____
기질적 징후 _____

로 하여금 이야기에 들어 있는 어떤 요소와 관련된 자유연상을 하게 해서 정교화한다. 주요 주제, 즉 핵심 주제는 이야기의 함축된 의미를 잘 반영할 수 있을 만큼 간결한 것이 좋다.

② 주인공

주인공은 수검자가 말한 이야기에서 가장 자주 언급되는 사람이며, 경우에 따라 1명 이상일 수도 있다. 주인공이 불확실할 경우 내담자의 나이, 성별 등 주인공과 유사한 인물을 통해 추측해 볼 수 있다. 분석용지에 주인공의 나이, 성별, 직업, 능력, 관심, 특성, 신체 이미지 등을 적는다. 또한 주인공이 사회적·정서적·도덕적·지적으로 수용할 수 있는 방식으로 일을 완수하는 능력이 있는지 평가해 볼 수 있다. 신체 이미지는 몸 또는 그에 대한 표상이 묘사되는 스타일과 특성을 드러내 준다.

③ 주인공의 주요 욕구와 충동

행동 욕구는 TAT 이야기에서 내담자의 기본 욕구를 드러내 준다. 애정, 공격성, 성취 등의 욕구가 어떤 행동을 통해 드러날 수 있다. 이 부분에서는 가장 분명하고 강력한 주인공의 욕구를 기술하고 그것이 수검자에게 실제 어떤 의미가 있는지 추론한다. 행동 욕구들은 공상의 형태로 나타나기도 하는데, 어떤 욕구가 실제적이고 보다 의식적인 것이라면 또 다른 욕구는 겉으로는 알기 어렵게 위장되고 잠재된 욕구일 수 있다. 임상가는 가장 강력하고 분명한 욕구를 기술해야 하고, 이러한 욕구의 실제적인 의미가 무엇인지 추론할 수 있다.

이야기에서 포함되거나 생략된 대상, 인물, 상황도 주목해야 한다. 예를 들어, 무기, 음식, 돈 등이 계속 반복된다면 각각 공격성, 양육, 금전적인 성공에 대한 높은 욕구를 표현했다고 볼 수 있다.

④ 환경에 대한 개념

임상가는 내담자의 환경에서 가장 중요하고 강력한 개념을 요약한다. '적대적인, 위험한, 보호하는, 돌보는' 등의 단어를 통해 주변 환경에 대한 개념을 엿볼 수 있다. 환경에 대한 개념을 요약해 보면 주인공이 환경에 대해 가지고 있는 전반적인 의미, 즉 세상이 안정적인 곳이라고 지각하는지, 기회가 충분한 곳이라고 지각하고 있는지, 지나치게 요구적이고 복잡하다고 지각하고 있는지 등을 파악할 수 있다.

⑤ 대상 인물 및 관계

TAT 이야기의 주요한 특징 중의 하나는 사회적 관계의 통각적 왜곡과 그 기저에 있는 역동적인 요인들이다. 내담자가 이야기에서 다른 사람을 어떻게 묘사하고 있는지를 살펴보면 대상

인물에 대한 생각, 즉 대상 표상을 알 수 있다. 이런 대상 표상을 통해 주인공이 부모, 동년배, 아랫사람에 대해 가지고 있는 태도와 행동이 드러난다. 주변 사람들을 대하는 태도가 주장적인지, 적대적인지, 회피적인지, 협조적인지 등의 태도가 나타난다. 같은 성에 대한 공격성이나 양가감정이 나타날 수도 있고, 부모상이나 권위상에 대한 불편한 감정이 드러날 수도 있다.

⑥ 주요 갈등

주인공의 주요 갈등은 수검자의 현재 감정이나 행동을 검토하고 주인공과 수검자가 얼마나 일치하는지 살펴보면 단서를 얻을 수 있다. 임상가는 특히 내담자의 실제 감정과 겉으로 드러나는 감정의 차이를 구분할 필요가 있다. 어떤 내담자는 실제로는 힘들어하면서도 겉으로는 그렇지 않은 척하는 경우가 많은데, 이런 사람들은 실제 내면의 진솔한 감정을 인식하고 교류하는 것을 어려워한다. 또한 적대감을 느끼면서도 친교를 원하는 것으로 욕구를 표현할 수도 있다. 그러므로 진정한 내면의 욕구를 파악하는 것이 중요하다.

⑦ 불안의 본질

주인공이 느끼는 불안의 본질과 강도를 평가한다. 주인공의 불안이 신체적 위해, 처벌, 거절, 애정 결핍, 상실, 질병/부상, 유기, 박탈, 무기력, 삼켜질 것 같은 느낌에서 오는 불안인지 평가한다.

⑧ 갈등과 두려움에 대한 방어

각각의 이야기에서 불안과 갈등이 있는지, 있다면 그 강도는 어느 정도인지를 평가하면 수검자의 성격구조를 알 수 있다. 방어의 강도는 각 이야기에 들어 있거나 여러 이야기에 전반적으로 들어 있는 반복적인 내용을 보면 알 수 있다. 이야기에서 특정 방어가 빈번하게 나온다면 우선 방어적 특성이 강한 것으로 간주하고 그 내용에 주의를 기울여 해석한다.

⑨ 처벌받을 만한 행동에 대한 처벌과 초자아 적절성

잠정적으로 처벌받을 만한 행동 이후에 행위의 결과를 처리하는 방식을 살펴보면 초자아의 적절성, 일관성, 엄격함 정도를 파악할 수 있다. 처벌받을 만한 행동의 심각성과 처벌의 강도/유형을 비교하여 기록한다. 예를 들어, 사소한 위반에 대해 사형을 언급한다면 가혹한 초자아를 가지고 있다고 해석할 수 있고, 심각한 죄에 대해 처벌을 하지 않는 것으로 이야기를 묘사한다면 초자아가 약하다고 볼 수 있다.

⑩ 자아통합

자아통합 능력은 이야기에 나온 주인공이 여러 가지 갈등 상황을 해결하는 과정 혹은 특성을 보면 알 수 있다. 이는 주요 인물이 대인관계 기술을 얼마나 효과적으로 다루고 있는가를 반영한다. 문제 해결의 적절성, 성질, 효과성, 유연성, 스타일 등을 살펴봐야 한다.

Bellak(1971)은 내담자의 지능을 평정하는 범주도 제공하고 있다. 전통적인 분류 기준인 최우수, 우수, 평균상 등이 사용된다. 추가적인 부분으로 내담자의 전반적인 성숙도도 평정한다.

이와 같은 분석용지에 따른 분석에 덧붙여 Bellak과 Abrams(1997)는 세 가지 TAT 해석 수준을 제시했다. 첫 번째는 기술적 수준으로 분석용지에 내담자의 이야기를 짧은 형태로 반복하는 것이다. 두 번째 해석적 수준에서는 1번 카드에서 "만일 소년이 바이올린 연습을 한다면 그의 실력은 향상될 것입니다."와 같이 x를 한다면 y의 결과가 생길 것이라는 식으로 그 의미를 해석하는 것이다. 세 번째 진단적 수준은 수검자에 대한 추론을 하는 것으로, 예를 들어 1번 카드에서 "높은 자기효능감을 가진 내담자로서 높은 성취 욕구를 가지고 있다."와 같은 것이다. TAT 점수가 수검자의 성격 특성과 항상 일치하지는 않으며, 해석 시 내담자의 현재 생활 상황과 검사 당시의 감정 상태와 관련지어 해석한다.

(2) 욕구-압력 분석법

Murray(1943)의 해석체계인 욕구-압력 분석법에서는 개인의 욕구와 환경의 압력 사이의 상호작용 결과를 분석함으로써 개인의 심리적 상황을 평가하고자 하는 방식이다. 반응 내용을 해석하는 기본 과정은 다음과 같다.

- 주인공을 찾는다.
- 환경 자극의 요구와 압력을 분석한다.
- 주인공의 반응에서 드러나는 욕구를 분석한다.
- 대상에 대한 주인공의 감정을 분석한다.
- 주인공의 내적 심리상태를 분석한다.
- 주인공의 행동이 표현되는 방식을 분석한다.
- 이야기의 결말을 분석한다.

Murray(1943)가 제시한 이 방법은 주인공이 누구인지, 주인공을 둘러싼 환경 자극의 특징은 어떠한지, 주인공의 주된 욕구는 무엇인지, 주요 대상에 대해 주인공이 느끼는 감정은 무엇인지, 감정이 부정적인지 또는 긍정적인지, 욕구와 환경의 압력관계에서 주인공의 내적인 심적 상태는 어떤지, 그리고 행동은 어떻게 표현되고 욕구-압력 관계가 어떤 결말로 이어질지를 종합해 보는 과정이다.

현재 임상가들은 TAT를 실시하고 해석할 때 위에 설명한 Bellak이나 Murray의 실시 요강을 따르기도 하지만 이야기의 내용 중심으로 직관적으로 해석하는 경우가 많다. 이때에도 TAT 결과만을 가지고 해석하거나 진단하지 않으며 다른 심리검사 결과와 통합적으로 해석을 해야 한다. 초심자나 수련 단계에서는 Bellak의 기록지를 활용하여 각 카드의 반응을 심도 있게 분석하는 하는 훈련이 필요하다.

7) TAT에서 나타나는 진단별 반응 특징

(1) 우울증
① 사고가 위축되어 있고 반응과 말이 느리고 정동이 가라앉아 있으며 상상의 범위가 제한적이다.
② 이야기는 대개 고립감, 거부당함, 무가치감, 인물들의 무능력, 자살사고 등에 관한 주제가 많다.

(2) 양극성장애
① 언어 방출에 대한 압력, 사고 비약, 다행증(多幸症) 등으로 인해 말이 매우 빠르다.
② 정신병적 수준에서 현실 검증력을 상실한 조증 환자들은 부인이라는 원시적 방어기제를 자주 사용하는데, 내용상 우울, 죄책감, 분노, 무기력 등이 부인되고 유쾌함, 평온함, 좋은 감정들이 교대로 출현한다.

(3) 정신분열증/조현병
① 이야기 구조의 와해, 지각의 왜곡, 기괴한 언어화, 일관된 주제의 결여, 환자 자신과 그림의 사건을 구별하지 못하는 거리감의 상실 등이 나타난다.
② 내용상 사회적으로 수용될 수 없는 이야기(금기된 공격, 성적 도착 등), 불합리하고 기괴한 요소, 상반되는 내용, 망상적 자료, 엉뚱한 독백이나 상징주의 등이 표현된다.
③ 인물들은 감정의 깊이가 결여되어 있으며 고립되어 있거나 철수되어 있다.
④ 도판 16의 백지카드에서 비현실적 공상 또는 망상과 관련된 내용이 표현된다.

(4) 편집증
① 로샤 검사에서는 편집증 환자들이 '모른다'거나 가장 흔한 평범 반응 몇 개만을 함으로써

방어를 시도할 수 있지만 TAT의 경우 잉크반점에 비해 구체화된 장면에 대해 이야기를 구성하므로 방어가 상대적으로 어렵다는 장점이 있다. 이 때문에 로샤 검사에서 반응이 부족하여 해석하지 못한 경우 TAT 결과가 유용하게 사용된다.

② 일반적으로 회피적이고 검사의 목적을 의심한다.

③ 이야기가 자기 개인적인 것이 아님을 강조한다.

④ 단서에 과도하게 민감하고 방어가 심하다.

⑤ 이야기가 매우 간결하며 의심과 방어적 특성이 나타날 수 있고, 어떤 경우에는 이야기가 과대적이고 확산적인 조증 경향을 드러낼 수도 있다. 또는 허위 논리를 중심으로 세세한 증거들을 수집·언어화하여 자신의 결론을 정당화할 수도 있다.

⑥ 불신, 교활함, 사악한 외부의 힘에 대한 강조, 갑작스러운 인물의 변화 등이 나타난다.

⑦ 인물의 성이나 연령 등을 오지각하는 경우를 자주 보인다.

(5) 불안 상태

① 이야기가 간결하고, 행동이 극적이며 강박적이다.

② 양자택일의 상황이 자주 나타난다.

③ 모호함, 주저, 당황을 암시하는 표현이 많다.

④ 도판 내의 인물과의 직접적 동일시를 한다.

⑤ 검사자에게 불안 섞인 질문을 자주 한다.

⑥ 내용상으로 갈등, 욕구, 좌절, 비극 등이 흔히 나타난다.

(6) 강박장애

① 이야기의 길이가 길고 수정을 많이 한다.

② 검사 자극에 대한 불확신감으로 인해서 지루하고 반추적이고 현학적인 이야기를 만들어 낸다.

③ 어떤 경우에는 객관적으로 나타난 세부적인 것만 기술하고 이야기를 만들 수 없다고 하기도 한다.

④ 인물들의 주저와 망설임을 표현하는 경우가 많고 주제도 부지런함과 복종, 완벽함이 강조된다.

(7) 히스테리성 성격

① 정서적 가변성이 두드러진 특징이다. 두렵거나 또는 예쁜 장면들에 대한 정서적인 반응이 급변하여 나타난다.

② 언어적 표현에 있어 서술 자료를 지나치게 많이 사용하고 이야기가 양가적이다.

③ 피상적이거나 성적인 내용이 많이 나타난다.

2. 집-나무-사람 검사(HTP)

인물화 검사(Draw A Person: DAP)는 Machover(1949) 등이 개발한 검사로 사람을 그려 보도록 지시하고 사후 질문과정을 통해 자기상, 신체상, 이상적 자기, 성 정체감 등에 대해 다양한 정보를 얻을 수 있다. Buck(1948b, 1964)이 개발하고 Buck과 Hammer(1969)가 발전시킨 집-나무-사람 검사(House-Tree-Person: HTP)는 사람 그림에서 얻을 수 있는 정보 외에 성격구조에 대한 정보를 부가적으로 얻을 수 있다. 특히 사람 그림이 의식적인 수준의 자기상을 반영한다면 나무 그림은 무의식적인 수준의 성격구조를 드러내어 주는 것으로 가정되어 DAP보다 활용도가 높다. 일반적으로 집-나무-사람 검사를 통해 세 가지 주제를 해석하기도 하고 사람을 그리는 DAP를 통해 인물에 대한 투사적 결과를 활용하기도 한다.

1) 발달과 역사

인간에게는 문자보다 그림이 더 친숙하고 영유아의 발달과정에서도 그림을 통한 자기표현이 문자를 통한 표현에 선행된다. 원시시대부터 인간의 의사소통과 정서적 표현의 기능을 함께 가지고 있는 그림을 통해 인간의 심리적 문제를 진단하려는 시도는 매우 자연스럽고도 타당한 것이다.

19세기 말 정신장애 환자들의 그림에 대한 관심이 증가하면서 그림이 정신병리의 진단에 도움을 주는 도구로 사용될 수 있다는 인식이 생겼고, 20세기 초에는 정신분열증과 같은 정신장애 진단을 확증해 줄 만큼 타당성을 지닌다는 견해가 자리를 잡게 되었다. 현대 정신의학의 선구자인 Freud와 Jung 또한 20세기 초반 예술적 표현과 정신세계 간의 관련성에 대한 인식을 확장시키는 데 많은 기여를 하였다.

또한 Burt(1921)는 아동의 인지 발달과 관련하여 그림을 통해 지능을 측정하고자 시도하였다. Goodenough(1926)는 그림을 심리학적 평가의 도구로 사용한 최초의 학자로서 그림의 특정한 측면들이 아동의 정신연령과 높은 상관을 보이므로 지능 측정의 수단으로 쓰일 수 있다는 가정 아래 인물화 검사(Draw-A-Man: DAM)이라는 그림검사를 개발하였다. 이 가정은 Machover(1949)의 DAP에 의해 확장되었다. Machover(1949)는 정신분석 이론에 기초하여 그림검사에 대한 신체상 가설을 제시하였다. 즉, 사람 그림은 개인이 자신을 어떻게 지각하는가에 대한 표상이며 어떤 의미에서 종이는 환경에 해당되고 사람 그림은 바로 그림을 그린 자신에 해당된다. 사람 그림에는 자신의 신체적·생리적·심리적·대인관계적 측면이 모두 다 포함된 신체상이 개인에게 내면화되고 이것이 투사되어 그림에 반영된다고 보았다.

Koppitz(1968)는 자아심리학을 강조하는 Sullivan의 대인관계 이론을 기반으로 그림을 통해 아동의 발달단계와 대인관계 능력을 탐색하였다. 즉, 아동의 그림은 아동의 정신적 발달 정도와 그림을 그릴 당시의 태도나 관심을 반영하며 이런 요인들은 아동이 성장함에 따라 변화된다고 보고 발달적 투사적 채점체계를 제시하였다.

국내에서는 장연집과 김중술(1995)이 성인화의 특징과 분석방법을 소개하였고, 아동과 청소년의 그림검사에 대해서는 신민섭(2002)이 임상 사례와 함께 자세히 제시하였다.

2) 기본 가정

(1) 집-나무-사람이 소재가 된 근거
집-나무-사람이 그림의 소재로 선택된 이유를 Buck(1964)은 다음의 세 가지로 설명하고 있다.

① 집, 나무, 사람은 나이가 어린 수검자들에게도 친숙하다.
② 수검자의 입장에서 볼 때 모든 연령이 그릴 수 있는 주제이므로 다른 대상보다 받아들이기 쉽다.
③ 집, 나무, 사람은 다른 것을 그리는 것보다 그린 것들에 대해 솔직하고 자유롭게 이야기할 수 있다. 동시에 이 그림들은 개인의 무의식과 관련하여 풍부한 상징을 나타내 준다. 그 예로, 영국의 아동들에게 그리고 싶은 것을 자유롭게 그리게 한 결과 집, 나무, 사람을 아동들이 가장 선호한다는 것을 확인하였는데 이 세 가지 가운데 가장 선호하는 그림은 사람이었고 그다음은 집 그리고 나무와 꽃의 순이었다.

(2) 집-나무-사람의 투사적 상징
수검자들은 자신에게 가장 익숙한 것을 표현한다. 아무리 어린 수검자라도 완전한 상상 속의 그림을 그리기는 어려우며 자신이 접했던 것, 자신과 연관된 상징적이고 의미 있는 것들을 그리게 된다. 그런 측면에서 나무가 큰 나무인지, 병들어 죽어 가는 나무인지 또는 사람이 정서표현이 전혀 없는 모습인지, 우울하고 근심 어린 표정인지 등을 통해 수검자의 심리적 경험과 그 특징을 추론하게 되는 것이다.

투사적 의미에서 집, 나무, 사람의 세 가지 대상이 상징하는 바는 다음과 같다.

① 집

집은 주거 장소로 수검자 집에서의 생활, 가족들과의 상호작용과 관련이 된다. 어린 아동의 경우 집의 상황과 부모형제 관계를 관련지어 볼 수 있다. 예를 들어, 굴뚝에서 연기가 나오는 그림은 집의 상황이 소란스럽고 분쟁이 있다는 것을 나타낸다. 결혼한 성인들의 집은 수검자가 배우자와 살고 있는 현재의 가정 상황을 나타내기도 하고 어떤 수검자는 자신의 아동기 때 부모와의 관계를 나타내기도 한다. 이런 경우 신경증적인 경향이 있거나 퇴행적이고 고착된 문제를 지닌 사람에게서 더 많이 나타난다.

② 나무와 사람

나무와 사람은 성격의 중요 개념으로 신체상과 자아개념을 나타낸다. 특히 나무는 수검자의 좀 더 깊고 무의식적인 수준에서 느끼는 자신의 모습과 감정을 반영한다. 기본적이고 오래 지속된 감정을 반영한 그림으로 수검자의 재검사 결과에서도 거의 같은 양상을 보이는 것이 특징이다. 반면에, 사람 그림은 수검자 자신의 모습에 대한 지각과 환경의 관계를 나타내는 매개체가 된다. 또한 수검자의 대인관계 방식, 타인에 대해서 느끼는 감정들이 드러난다. 즉, 사람 그림에서는 자신의 모습에 대한 갈등과 방어 등을 알아낼 수 있다.

실제 임상장면에서는 사람 그림보다 나무 그림에서 혼란스러운 감정이나 부정적인 감정이 나타나는 경우가 많다. 이는 깊이 숨겨진 감정을 표현하는 데 있어 사람 그림보다는 나무 그림에서 자기방어도 덜하게 되고 자신을 드러내는 데 대한 두려움이 적기 때문이다. 따라서 수검자들은 사람의 얼굴, 몸, 팔보다 나무의 줄기나 가지에 자신의 감정을 보다 쉽게 투사하고 드러내는 경향이 있다.

3) 실시방법

(1) 그림 단계

준비도구인 A4 백지 4장, HB연필, 지우개, 초시계 검사에 대한 지시는 다음과 같다.

① "지금부터 그림을 그려 봅시다. 잘 그리고 못 그리는 것과는 상관없으니 자유롭게 그려 보세요." 이렇게 말하고 나서 수검자에게 A4 백지 한 장을 가로로 제시하며 "여기에 집을 그려 보세요."라고 말하고, 그리는 시간을 측정한다. 수검자가 여러 질문을 할 수 있는데,

이 경우 "마음 내키는 대로 그리세요."라고만 대답한다. 그림을 그릴 줄 모른다고 하는 수검자에게는 "그림 솜씨를 보려는 것은 아닙니다."라고 말해 준다.

② '집' 그림이 끝나면 두 번째 종이를 세로로 제시하며 "이번에는 나무를 그려 보세요."라고 말하고 그리는 시간을 측정한다.

③ '나무' 그림이 끝나면 세 번째 종이를 역시 세로로 제시하면서 "여기에 사람을 그려 보세요."라고 말한다. 얼굴만 그리는 수검자에게는 '전신 그림을 그리도록' 지시한다. 그려진 그림이 만화적이거나 막대형의 그림(뼈대만 그리는 것)이라면 '온전한 사람'을 다시 한 번 그리도록 한다. 사람을 다 그리면 그림의 성별을 묻고 수검자가 응답한 성별과 함께 첫 번째 사람 그림이라는 점을 완성된 종이에 표시해 둔다(예: ① M).

④ 다음에는 네 번째 종이를 세로로 제시하면서 방금 그린 그림의 반대 성을 그리도록 지시하고 시간을 측정한다(예: "이번에는 '여자'를 한번 그려 보세요.").

검사 수행 시 수검자의 말과 행동을 관찰 · 기록해 둔다. 이는 모호한 상황에서 수검자가 어떻게 대처하는지에 대한 단서를 제공한다.

(2) 질문 단계

① 집 그림
- 누구의 집인가?
- 누가 살고 있는가?
- 이 집의 분위기는 어떠한가?
- 이 집 가까이 다른 집이 있는가?
- 지금 날씨는 어떤가?
- 무엇으로 만들어졌는가?
- 나중에 이 집이 어떻게 될 것 같은가?
- 이 집을 보면 무엇이 생각나는가?
- 원하는 대로 잘 그려졌는가?
- 마음에 드는 부분은 어디인가? 마음에 들지 않는 부분이 있다면 왜 그런가?
- 이 그림에 더 첨가해서 그리고 싶은 것이 있는가?
- (이해하기 힘든 부분의 경우) 이것은 무엇인가? 어떤 이유로 그렸는가?

② 나무 그림

- 이 나무는 어떤 종류의 나무인가?
- 나무의 나이는 몇 살인가?
- 지금 날씨는 어떤가?
- 나무가 죽었는가 살았는가?
- 나무의 건강은 어떠한가?
- 나무 주변에는 어떤 것들이 있는가?
- 나무에게 필요한 것은 무엇인가?
- 나무의 소원은 무엇인가?
- 나중에 이 나무는 어떻게 될 것인가?
- 나무를 그리면서 생각나는 사람이 누구인가?
- 원하는 대로 잘 그려졌는가?
- 마음에 드는 부분은 어디인가? 마음에 들지 않는 부분이 있다면 왜 그런가?
- 이 그림에 더 첨가해서 그리고 싶은 것이 있는가?
- (이해하기 힘든 부분의 경우) 이것은 무엇인가? 어떤 이유로 그렸는가?

③ 사람 그림

- 이 사람은 누구인가?
- 이 사람은 몇 살인가?
- 이 사람은 무엇을 하고 있는가?
- 이 사람은 어떤 생각을 하고 있는가?
- 이 사람의 성격은 어떠한가? 좋은 점은 무엇인가? 나쁜 점은 무엇인가?
- 이 사람의 기분은 어떠한가?
- 이 사람에게 필요한 것은 무엇인가?
- 이 사람은 친구가 많은가?
- 이 사람과 친구가 되고 싶은가?
- 이 사람의 소원은 무엇인가?
- 나중에 이 사람은 어떻게 될 것인가?
- 원하는 대로 잘 그려졌는가?
- 마음에 드는 부분은 어디인가? 마음에 들지 않는 부분이 있다면 왜 그런가?
- 이 그림에 더 첨가해서 그리고 싶은 것이 있는가?

4) 검사의 해석

(1) 구조적 및 표현적 요소

① 검사 시의 태도와 소요시간

검사 시에 보인 수검자의 태도에 따라 같은 그림도 다르게 해석될 수 있다. 그림을 그리는 데 소요되는 시간이 지나치게 짧거나 지나치게 길 때, 지시를 하고 나서 한참 동안 그리지 않는 경우는 그 그림이 수검자에게 특별한 의미가 있으며 그 그림을 그리는 것에 대한 어떤 갈등이 있음을 보여 준다. 그림 속의 어떤 부분을 계속 지우고 고쳐 그리는 경우는 그 부분이나 그것이 상징하는 것에 대한 갈등을 나타내는 것이라 할 수 있다.

- 그림을 그리는 데 오랜 시간을 소요하는 경우: 수검자의 완벽을 기하는 성향 또는 강박증적 경향과 관련
- 질문이 많은 경우: 구조화된 검사를 하도록 검사자에게 강요하는 강박증적 경향과 관련
- 자아비판(나는 잘 그리지 못한다, 이것은 어렵다 등): 낮은 자존감과 상당한 우울증과 관련. 검사자의 비난을 피하기 원하고 권위적인 인물로부터 확신을 얻기를 바람.

② 그림을 그려 나간 순서

그림을 그리는 순서 및 그리는 양상을 살펴보면 수검자의 내적인 갈등과 그것이 주는 심리적 위협을 어떻게 방어하는지에 대해 알아볼 수 있다.

- 그림을 그리다가 다시 그렸을 때 변화된 점: 이 경우 지우기 전과 어떤 점이 달라졌는지를 살펴봐야 한다. 예를 들어, 처음에는 어깨가 왜소한 사람을 그렸다가 이를 지우고 크고 건강한 어깨를 가진 사람을 그렸다면 이 수검자는 어떤 새로운 상황에 처했을 때 쉽게 열등감을 느끼지만 다음 순간 다른 사람에게 강해 보이려고 노력하고 그렇게 가장해 보이려는 경향이 있다는 것과 같은 가설을 세울 수 있다.
- 그림과 그림의 순서 비교: 만일 남자 수검자가 사람을 그릴 때 먼저 크고 위협적인 여자를 그리고 난 다음에 움츠리고 서 있는 작은 남자를 그렸다면, 이 수검자는 여성에 대해 위협적이라는 표상을 가지고 있지만 남성에 대해서는 위축되고 수동적인 존재라는 표상을 가졌다고 추론할 수 있다.
- 선의 질의 변화: 처음에는 옅게 스케치하듯이 그리다가 그 선 위에 점차 여러 번 덧칠을 하여 진하게 하려고 한다면, 이는 수검자가 매우 자신감이 없고 이 때문에 어떤 일을 수행할

때 불안감을 느끼거나 이를 보상하기 위해 여러 가지 노력을 기울이는 사람이라는 가설을 세울 수 있다. 또 처음에는 선을 정교하게 그리다가 점차 진행될수록 대충 아무렇게나 그린다면 이 수검자는 어떤 익숙하지 않은 과제에 꾸준히 집중하기 어렵고 산만한 스타일이거나 다소 충동적이고, 무슨 일에나 쉽게 싫증을 내는 면이 있을 수 있다.

• 그림을 이상한 순서로 그릴 경우: 그림을 그리는 순서가 정해져 있는 것은 아니지만 순서가 너무 이상할 정도로 왜곡된 경우가 있다. 예를 들어, 사람을 그릴 때 발을 가장 먼저 그린 다음 머리, 무릎, 다리, 팔 순으로 그린 것은 사고장애나 전반적 발달장애(PDD) 환자에게서 관찰되는 특성이다.

③ 그림의 크기
용지의 2/3 정도를 활용하여 그리는 것이 일반적이다. 그림의 크기를 통하여 수검자의 자기존재감, 자아팽창 여부, 자기에 대한 과대평가 여부, 공격성, 충동적인 성향, 행동화(acting out) 가능성에 대한 단서를 제공해 받을 수 있다.

• 지나치게 큰 그림
  – 공격적, 행동화 경향, 낙천적, 과장적 경향
  – 부적절감을 보상 또는 억압함.
  – 나이가 어린 아동의 경우 과활동성, 공격성, 인지적 미성숙과 더 관련되며 청소년의 경우 내면의 열등감과 부적절감에 대한 과잉보상 욕구, 행동화 경향성, 충동성을 시사하는 경우가 많음. 성인의 경우 조증 상태와 관련된 경우가 많음.
  – 종이 크기를 벗어날 경우 환경이 주는 압박감이 매우 크고, 이에 따른 좌절과 실망감을 과잉보상하려는 욕구가 강하게 내재되어 있음을 반영할 수도 있다.
• 지나치게 작은 그림
  – 열등감, 부적절감, 자존감 낮음, 불안
  – 수줍음, 위축, 과도한 자기억제, 철수 경향
  – 퇴행적·의존적 경향, 스트레스 상황에서 위축된 행동
  – 자아구조가 약하거나 자아 강도가 낮음.

④ 그림을 그린 위치
그림을 종이의 어느 부분에 그렸는가 하는 것도 수검자에 대한 여러 가지 단서를 제공해 줄 수 있다.

- 종이 가운데에 그렸을 경우: 일반적으로 가장 흔하며 모든 연령층에서 나타난다. 이는 적정한 수준의 안정감을 느끼고 있음을 반영한다. 그러나 수검자가 지나치게 가운데 그리려고 애를 썼다면 불안정감을 느끼거나 인지적 · 정서적으로 경직된 특성이 있거나 대인관계에서 지나치게 완고하고 융통성이 없는 성향을 나타낸다.
- 오른쪽에 치우쳐 그렸을 경우: 그림을 오른쪽 부분에 그리는 사람은 좀 더 안정되어 있고 행동 통제를 잘하며 욕구 만족 지연능력이 갖추어져 있고, 지적인 만족감을 선호하는 경향이 있다(Buck, 1948b). 인지적으로 감정을 통제하려는 경향이나 억제적 경향을 반영하며(Koch, 1952), 내향성이나 검사자 혹은 권위적 대상에 대한 부정적이고 반항적인 경향을 나타낸다(Wolff, 1946).
- 왼쪽에 치우쳐 그렸을 경우: 이러한 그림은 충동적으로 행동하려는 경향성, 욕구와 충동의 즉각적인 만족을 추구하려는 경향성, 변화에 대한 욕구, 외향성 등을 반영한다.
- 위쪽에 치우쳐 그렸을 경우: 그림을 종이 위쪽에 그릴 경우 욕구나 포부 수준이 높고, 달성하기 어려운 목표를 설정해 놓고 갈등과 스트레스를 느끼고 있을 가능성이 있으며, 현실 세계보다는 자신만의 공상 속에서 만족감을 얻으려는 경향성이 있다.
- 아래쪽에 치우쳐 그렸을 경우: 이 경우 생각해 볼 수 있는 가능성은 상당한 불안정감과 부적절감이 내면화되어 있거나 우울증적 상태에 있을 수 있다는 것이다. 혹은 공상에 자주 빠지고, 이상을 추구하기보다는 확실하게 현실에 뿌리를 두고 분명하고 실제적인 것을 추구하는 경향성을 나타낸다.
- 구석에 몰아서 그렸을 경우: 그림을 종이 네 귀퉁이에 몰려서 그리는 것은 일반적으로 위축감, 두려움, 자신감 부족과 관련될 수 있다.
  - 왼쪽 상단 구석: 퇴행적인 경향성, 불안정감, 위축감, 불안감
  - 오른쪽 상단 구석: 불쾌한 과거 기억을 억제하고 싶은 욕구, 미래에 대한 과도한 낙관
  - 하단 구석: 우울감, 하단 오른쪽 구석은 미래와 관련된 무망감
  - 검사지 밑바닥이나 가장자리: 불안정감, 자신감이 없음, 타인에게 지지받고자 하는 욕구, 의존적인 경향, 스스로 독립적으로 행동하는 것에 대한 두려움(Hammer, 1969), 새로운 경험을 회피하는 경향이나 환상 속에 머물러 있으려는 경향(Jolles, 1964)과 관련

⑤ 필압

연필을 가지고 얼마나 힘을 주어 그림을 그렸는가를 나타내는 필압(pressure)은 수검자의 에너지 수준, 긴장 정도, 공격성 및 충동성에 대한 정보를 제공해 줄 수 있다.

• 필압이 강한 경우

  – 주장적, 독단적, 공격성, 분노 감정이 있거나 자신감이 있는 수검자

  – 기질적 뇌손상, 극도로 긴장되어 있는 수검자

• 필압이 약한 경우: 우유부단, 억제된 성격, 낮은 에너지 수준, 감정 표현에 있어서 억제와 억압, 위축

• 필압이 변할 경우: 한 장의 그림 속에서도 강하고 약한 필압을 다양하게 사용하는 것이 더 일반적이며, 융통성과 적응능력을 반영하는 것으로 본다.

⑥ 그림의 선

• 선의 방향

  – 수평선 강조: 약함, 두려움, 자기방어적 경향, 여성성

  – 수직선 강조: 남성적 주장성, 결단력, 과잉활동성

  – 곡선 강조: 유연성, 관습을 좋아하지 않음.

  – 경직된 직선 강조: 경직성, 공격성, 억제적 경향

• 선의 질

  – 망설임 없이 확신에 찬 선: 안정성, 일관성, 의욕적

  – 끊긴 곡선: 우유부단, 의존적, 감정적 경향, 복종적

  – 들쭉날쭉한 선과 가장자리 강조: 공격성, 충동적 행동화 경향, 불안

  – 스케치된 선: 불안정감, 소심함, 정확함과 신중함에 대한 욕구, 우유부단, 스트레스 상황에서의 과대 경향

⑦ 세부 묘사

그림을 지나치게 자세하게 표현하거나 그림의 특정 부분을 자세하게 표현했을 경우에는 그 부분과 직접적으로 혹은 그 부분이 상징하는 심리적 측면과 관련하여 내적인 갈등이 있음을 시사한다.

• 세부 묘사를 부적절하게 했을 경우: 내적인 불안감, 위축감, 부적절감을 반영한다.

• 적절한 세부 묘사를 생략했을 경우: 사회적 위축, 공허감, 에너지 수준의 저하와 같은 우울증적 특성을 시사한다.

• 세부 묘사를 과도하게 했을 경우: 강박적 경향성, 즉 지나치게 깔끔하거나, 현학적이고 주지화를 잘하며, 과도하게 억제적인 경향을 반영한다.

⑧ 지우기

그림을 그리다가 자주 지우거나 특히 그림의 어떤 부분을 지웠을 경우는 그 수검자에게 독특한 내적 갈등이 있음을 추론해 볼 수 있다. 과도한 지우개의 사용은 불안정하고 초조함, 자신에 대한 불만, 조력에 대한 욕구를 시사한다.

⑨ 대칭

- 대칭성이 지나치게 부족할 경우: 예를 들어 한쪽 팔은 젓가락처럼 다른 쪽 팔은 씨름선수의 것처럼 그렸다면 이는 정신병적 상태나 뇌기능장애의 가능성을 시사하며, 정신지체 아동에게서도 흔히 나타나는 양상이다.
- 대칭성을 지나치게 강조했을 경우: 이는 성격적으로 과도한 경직성이나 융통성 부족, 지나친 억압이나 주지화 경향성, 강박적인 감정의 통제 등을 반영한다. 이러한 대칭성의 강조는 강박증 환자, 편집증, 우울증 환자들에게서 자주 나타난다(Waehner, 1946).

⑩ 왜곡 및 생략

- 왜곡이나 생략이 있을 때: 이 경우 내적인 갈등과 불안을 시사할 가능성이 높다. 특히 이것은 수검자의 내적 갈등이 무엇과 관련된 것인지를 추론할 수 있는 단서가 된다.
- 그림을 극단적으로 왜곡하였을 때: 왜곡이 극단적으로 나타날 경우 현실 검증력의 장애를 시사하며, 드물기는 하나 부정적인 자기개념을 반영할 수 있다. 주로 정신증 환자나 뇌손상 환자, 심한 정신지체인의 그림에서 나타나는 특징이다([그림 11-2] 참조).

⑪ 투명성

현실적으로 볼 수 없는 대상의 내부를 보이는 것처럼 그리는 경우로 대체로 판단력 결함, 현실 검증력의 문제, 정신증적 상태, 때로는 성적인 갈등을 시사한다. 그러나 6세 미만인 아동의 경우에는 흔하게 나타나며 정신지체 아동들도 많이 그리므로 투명성은 인지능력의 미숙함을 반영하는 것일 수 있다([그림 11-2] 참조).

⑫ 움직임

사람이 걷거나 뛰는 모습을 그리거나 새가 날아가는 모습을 그리는 등 그림에 움직임의 표현이 지나치지 않다면 이는 내적인 유능성을 반영한다. 우울감이 내면화된 아동의 경우에는 움직이는 모습을 거의 그리지 않는다. ADHD나 충동성이 심한 아동들은 지나치게 움직이는 모습을 많이 그린다.

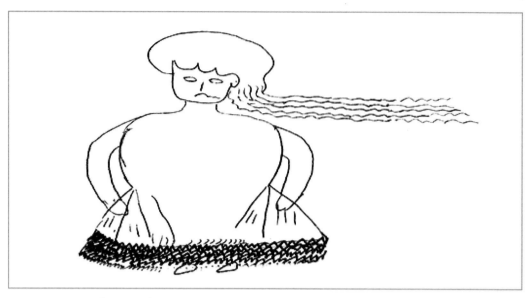

[그림 11-2] 여자 26세 교통사고 후 대뇌기질성 장애 환자의 사람 그림

그림의 통합능력과 조직화 능력이 크게 떨어져 있고 심한 왜곡을 보이고 있다. 옷 뒤의 손이 드러나 보이는 투명성과 머리카락과 치마 단 등의 심한 보속성이 관찰된다.

⑬ 종이를 돌리는 경우

종이를 이리저리 돌려가며 그리는 경우는 반항성 혹은 부정적(negativistic) 경향성을 고려할 수 있다. 이것이 지나칠 경우 내적인 부적절감이 심한 것을 반영하고 계속해서 같은 방향으로만 종이를 돌리는 것은 보속성(perseveration)을 나타내기도 한다. 한편, 시각-운동 협응력의 어려움이 있을 때 종이를 자주 돌리는 경우가 많다.

(2) 내용 및 주제적 요소

① 집

집은 수검자의 자기지각, 가정생활의 질, 혹은 가족 내에서의 자신에 대한 지각을 반영한다. 집 그림은 수검자의 현실의 집, 과거의 집, 원하는 집 혹은 이들의 혼합일 수 있다. 또한 집은 일차적으로 '사람이 사는 곳'이기 때문에 그 사람의 자아, 현실과 관계를 맺는 정도와 그 양상, 그리고 개인만의 내적 공상에 대해서도 여러 가지 정보를 줄 수 있다.

집 그림에서는 그림의 전체적인 모습을 평가함과 더불어 필수요소인 지붕, 벽, 문, 창 등을 어떻게 그렸는가에 유의해서 해석해야 한다.

문　환경과의 직접적인 상호작용을 나타내는 부분으로, 수검자의 대인관계에 대한 태도를 보여 준다.

- 문이 없음: 심리적 접근 불가, 철수 경향, 고립감, 가족 내 거리감
- 문을 가장 나중에 그림: 대인관계 접촉을 꺼리고 현실에서 철수하려는 경향
- 집, 창문의 크기에 비해 작은 문: 환경과의 접촉을 꺼리는 경향, 대인관계로부터 철수, 사회적 부적절감과 우유부단, 과묵한 성격
- 과도하게 큰 문: 타인에게 매우 의존적이며 사회적 접근을 통해 타인에게 인상적인 존재가 되고 싶은 욕구
- 열린 문: 외부로부터 정서적 따뜻함을 받고자 하는 강렬한 욕망

창문　환경과 간접적인 접촉 및 상호작용을 하는 매개체로, 인간의 '눈'과 같은 역할을 한다.

- 창문을 안 그렸을 경우: 대인관계에 대한 주관적인 불편감과 관련되며, 대인관계에서 다분히 위축되어 있음을 반영
- 창문을 너무 많이 그린 경우: 과도하게 자신을 개방하고 타인과 관계를 맺고자 하는 욕구, 때로 지나치게 타인에게 다가가고 타인이 수용할 수 있는 것 이상으로 가까워지고자 하는 소망을 반영
- 창문이 잠긴 것을 강조: 외부로부터의 위협에 두려움을 느끼며 과도하게 방어적이 될 수 있음

벽　벽은 외적인 위협은 물론 정신증으로 자아가 붕괴되는 것으로부터 자기 자신을 보호하는 역할, 즉 자아 강도와 자아통제력을 나타낸다.

- 벽의 지면선 강조: 불안하고 잘 통제되지 않는 부정적 태도
- 적절히 연결되지 않은 벽: 일차적 욕구가 통제되지 않음, 이인증 느낌.
- 허물어지려는 벽: 붕괴된 자아

굴뚝　굴뚝은 가족 내의 관계와 분위기, 가족들 간의 애정과 교류에 관한 정보를 제공해 줄 수 있고, 굴뚝의 연기는 이러한 애정 욕구와 그에 관련된 좌절감이나 상실감, 우울감 등을 반영한다.

- 굴뚝에서 연기가 나는 그림: 연기를 너무 짙게 많이 그렸다면 이는 애정이나 따뜻함에 대한

과도한 욕구와 관심, 그 기저의 좌절감이나 결핍감을 나타냄.

- 굴뚝을 안 그린 경우: 가정에서 심리적 따뜻함을 느끼지 못하는 것을 반영

지붕   지붕은 사람으로 치면 머리에 해당하는 부분으로 내적인 공상활동, 자기 자신의 생각이나 관념, 기억과 같은 내적 인지과정과 관련되는 것으로 가정할 수 있다.

- 과도하게 큰 지붕: 환상에 과몰입되어 있고, 외부 대인 접촉으로부터 철수
- 지붕이 전부인 그림: 공상적 세계 내에서 생활
- 지붕이 없거나 벽의 양끝을 연결하여 한 줄로 그린 지붕: 정신지체, 심각한 성격 위축
- 여러 번 덧칠하거나 진하게 칠함으로써 지붕선 강조: 환상의 위협으로부터 자신을 보호 하려는 시도

계단이나 출입로   현관으로 향하는 계단이나 오솔길 모양으로 출입로를 그리는 경우가 있다. 이는 세상이나 문과의 직접적인 연결 통로를 그렸다는 의미에서 타인과 접촉하고 관계를 맺고 있다는 느낌, 즉 근접성을 의미한다.

- 계단이나 출입로를 안 그린 경우: 우리나라에서는 이런 계단이나 출입로가 있는 집이 흔치 않으므로 오히려 안 그리는 경우가 더 흔하며, 별다른 임상적 의미를 부여하지 않아도 됨.
- 출입문 쪽으로 가면서 좁아진 진입로: 피상적 관계만 맺으며 초연한 상태로 있기를 원함.
- 넓은 진입로: 사회적 접근 가능성
- 매우 긴 진입로: 심리적 접근이 어려움, 좀 더 사교적일 필요성 느낌.

집을 바라보는 관점

- 위에서 내려다보는 모습으로 그린 경우(bird eye view): 현재 가정 형편이나 상황에 대한 불안감, 벗어나고 싶은 욕구, 사회적인 가치 규준에 대한 거부적인 태도가 있음.
- 아래에서 위로 올려다보는 모습으로 그린 경우(worm's eye view): 상징적으로 가족관계 속에서 수용되지 못하고 거부당하는 느낌과 애정 욕구에 대한 좌절감, 열등감, 부적절감, 자기존중감과 자기가치감의 결여
- 멀리 떨어져 있는 듯이 그린 집: 이는 상징적으로 집과 멀리 떨어지고자 하는 소망과 관련될 수 있고, 현재 자신의 가족 상황에 대해 대처할 수 없다는 무력감을 나타냄.

부수적인 사물을 그려 넣었을 경우   집 외에 울타리나 산, 나무 같은 것을 더 그려 넣는 경우가 있는데, 이때 추가된 사물이 그 아동에게 특징적인 모습을 반영해 주므로 그 의미를 잘 살펴야 한다.

- 집 주위와 벽에 수풀, 나무 등을 그림: 주의를 끌려는 욕구, 의존 욕구, 안정감의 부족
- 울타리: 방어의 책략
- 해: 의존성
- 구름: 일반화된 불안
- 배경에 산을 그림: 방어적 태도와 함께 독립에 대한 욕구
- 지표면: 불안정감
- 그림자: 불안
- 집 주위에 관목을 그림: 불안정감과 함께 자기방어막을 세우고 싶어 하는 욕구

② 나무

나무와 사람 그림에는 '신체상' 혹은 '자기개념'과 같은 성격의 핵심적인 측면이 드러난다. 그중 나무에는 좀 더 깊고 무의식적인 핵심 감정이 드러난다. 수검자의 입장에서 보면 자기상이 투영되리라는 짐작이 덜 되므로 방어가 덜 일어날 수 있다는 장점이 있다([그림 11-3] 참조).

나무 그림을 해석할 때는 전체적·직관적으로 파악하는 과정이 필요한데, 우선 전체적인 모습을 파악하고 이후 체계적 분석을 한다.

나무 기둥   수검자의 성격구조가 얼마나 견고한지, 즉 자기 혹은 내면화된 자기대상의 힘을 상징적으로 나타낸다.

- 나무 기둥을 안 그린 경우: 심한 자기부적절감, 지나친 억제 경향성 및 회피성, 수동성
- 기둥의 모양과 크기
  - 기둥을 지나치게 넓고 크거나 너무 높이 그린 경우: 실제로는 내적 성격구조가 약하고 자아 강도가 부족하면서도 이로 인한 불안감을 과잉보상하고자 시도하고 있음을 의미
  - 너무 좁고 약하게 그린 경우: 자기 자신에 대해 위축되고 약하게 느끼고 무력해 있음을 의미
  - 나무 기둥을 너무 휘어지거나 기울어지게 그린 경우: 내적 자아의 힘이 외적인 요인에 의해 손상되거나 압박을 받고 있다는 느낌을 가지고 있음을 의미
  - 기둥의 끝 쪽이 땅 쪽으로 휘어지게 그렸을 경우: 우울감을 시사할 가능성이 높음.

[그림 11-3] 말을 전혀 못하는 증상을 보이는 전환장애 및 히스테리성 성격장애 환자(21세, 남)의 나무 그림

필담으로 이루어진 질문에 대해, ①나의 꿈, ②새로운 나의*모습을 키워 나가는 나무, ③내 마음의 병든 부분, ④병든 나무를 살려야 하는데 가로막고 있는 장애물이라고 설명하였다. 하트로 나타낸 전체 상징과 같이 예쁜 것을 강조함과 동시에 구체적인 사고를 하지 못하고 주관적 인상에 강하게 압도되어 느낌과 이미지를 강조하는 성격특성과 현재 자신의 상태에 대한 무의식적 자기상이 잘 드러나고 있다.

- 기둥에 옹이구멍을 그려 넣은 경우: 옹이구멍은 성장과정에서 경험한 외상적 사건, 자아의 상처를 의미. 옹이가 기둥의 어느 정도 높이에 그려졌는지에 따라 외상 경험의 시기를 알 수 있음. 면담을 통해 외상 경험을 확인할 필요가 있음. 아동의 경우 그림 그리기를 배우면서 나무에 상투적으로 옹이를 그리도록 배운 결과일 수도 있으므로 확인이 필요함.

뿌리 수검자의 성격적 안정성, 안전에 대한 욕구, 현실과의 접촉 정도를 알려 준다.

- 뿌리를 그리지 않은 경우: 현실이나 세상에 안정되게 설 수 있는 기반을 그리지 못했음을 나타내므로 현실 속에서 자기 자신에 대한 불안정감, 자신 없음을 의미
- 뿌리는 그리지 않고 땅은 그린 경우: 상징적으로 내적 자기와의 단절감을 느끼기는 하지만 어느 정도의 안정감은 느끼고 있음을 의미
- 나무 기둥을 종이 밑면까지 그린 경우: 자기 자신의 내적 자원을 통해 안정감을 얻지 못하고 무언가 외적인 자원을 통해 안정감을 얻고자 하는 욕구를 의미. 좀 더 미숙하고 퇴행적이며 의존적인 성향을 반영할 수 있으며, 상당한 자기부적절감, 우울감을 시사
- 뿌리를 강조하여 그린 경우: 뿌리를 지나치게 강조해서 그렸다면 실제로는 자기 자신에 대해

불안정하게 느끼지만 이에 대해 과도하게 보상하고 시도하려는 것
- 투명한 땅을 통해 보이는 뿌리: 현실 검증력의 손상, 정신분열증인 경우 자주 나타남.

가지　가지는 성격 조직과 함께 환경으로부터 만족을 구하고 타인과 접촉하며 성취를 향해 뻗어 나가는 수검자의 자원을 나타낸다.

- 나뭇가지를 그리지 않는 경우
  - 매우 드물게 나타나며 세상과의 상호작용에서 매우 억제되어 있음을 의미
  - 사회적으로 심하게 위축되어 있거나, 자기 혹은 자기대상에 대해서도 위축감과 우울감을 느끼고 있음을 의미
- 작은 둥치에 과도하게 큰 가지 구조: 환경에서 만족을 추구하기 위한 행동을 지나치게 강조, 부적절감의 보상일 수 있는 지나친 성취 경향
- 큰 나무 기둥에 매우 작은 가지 구조: 환경에서 만족을 추구할 수 없는 좌절감과 부적절감
- 나뭇가지와 잎을 땅에 닿을 정도로 휘어지게 그릴 경우: 전형적으로 심한 우울감과 무기력감을 의미하며 사회적 상호작용 능력이 매우 억제되어 있음.
- 나뭇잎이나 열매가 땅으로 떨어지고 있거나 떨어진 것을 그린 경우: 그 자신이 타인과의 상호작용에서 좌절을 겪었거나 이로 인해 정서적인 어려움을 느끼고 있음.
- 나무 그림에 열매, 꽃, 새, 둥지, 동물, 그네 등을 더 그려 넣은 경우: 세상과의 상호작용에 대한 불안을 보상하려는 욕구

나무 그림의 주제　때로 나무에 좀 더 구체적인 내용이 포함되거나 단순하게 나무만 그리지 않고 어떤 주제를 담은 그림을 그리는 경우가 있는데, 그 주제는 그 사람 개인이 경험하는 갈등과 정서적 어려움을 반영한 것일 수 있다.

- 나무에 개가 오줌 싸는 것을 함께 그린 경우: 자기 자신을 상징하는 나무에 오물이 묻은 그림을 그린 것으로 자신에 대한 가치감과 자기존중감의 결여, 부적절감 등
- 나무 베는 남자를 함께 그린 경우: 매우 드물게 나타나는 그림으로 나무를 베는 남자는 아버지상이 투사된 것으로 해석
- 버드나무를 그린 경우: 대개 우울한 수검자들이 그리는 경향
- 사과나무를 그린 경우: 열매를 가진 나무를 그렸을 때 열매는 수검자 자신을, 나무는 어머니를 나타내고, 투사 청소년이나 성인이 사과나무를 그렸다면 애정 욕구와 의존 욕구가 매우 높고 다른 사람의 사랑에 목말라 있는 상태를 나타낸 것

- 죽은 나무를 그린 경우: 사회적으로 매우 위축되어 있는 정신분열증 환자, 우울증, 기타 신경증 환자에게서 고루 나타날 수 있으며 치료 예후가 부정적인 경우가 많음.
- 열쇠구멍 모양으로 그렸을 경우: 로샤 검사의 공백반응과 유사한 의미로 해석될 수 있으며 저항적이고 부정적인 태도를 보이는 수검자들이 종종 그림. 그러나 때로는 우울하고 위축된 아동의 경우 열쇠구멍 나무를 아주 작은 크기로 그리는 경우도 있음.
- 나무의 나이: 자기 자신보다 어린 나이의 나무를 그린 경우 수검자의 미성숙한 상태를 반영. 반대로, 나이가 너무 많다고 대답한 경우는 내적인 미성숙함을 부인하거나 과시적인 태도를 통해 보상하고자 할 가능성을 시사

③ 사람

'집'이나 '나무'보다 더 직접적으로 자기상을 나타내지만 '사람'을 그리는 것은 수검자로 하여금 방어를 유발하게 하는 면도 있어서 자신의 상태를 의식적·무의식적으로 왜곡해서 표현하게 만들기도 한다. 사람 그림은 자화상이 될 수도 있고 이상적인 자아, 중요한 타인 혹은 사람들을 어떻게 인지하고 있는지를 나타낸다.

머리 머리는 아동의 인지능력, 즉 지적 능력 및 공상활동에 대한 정보를 상징적으로 나타낼 수 있다.

- 머리를 그리지 않은 경우: 불쾌한 생각을 제거하고 싶은 욕망
- 불균형하게 큰 머리: 지적인 능력에 대한 관심, 지적 야심, 성취욕, 확장된 자아
- 작은 머리: 지적·사회적·성적 부적절감, 무능감, 열등감, 약한 자아통제, 강박증적 경향
- 머리와 몸의 연결: 정신과 신체의 통합이 어려운 사고장애, 신경학적 장애의 가능성

얼굴 개인적 만족이나 불만족을 전하고, 표정을 통해 서로 의사전달을 할 수 있는 중심 부분이다.

- 눈
  - 눈은 '세상을 향한 창문'으로 외부로부터 정보를 받을 뿐 아니라 그 사람의 태도나 기분을 드러내 주는 역할
  - 눈동자 없이 원모양으로 그림: 자기중심적, 미성숙, 퇴행, 히스테리적
  - 큰 눈: 정보를 배제하려 함. 걱정에 사로잡혀 있거나 본 것에 대한 죄책감

- **귀**
  - 눈과 마찬가지로 귀는 타인으로부터 정보를 받아들이는 통로가 되므로 귀를 어떻게 그렸는가를 통해 아동이 정서 자극을 수용하고 이에 반응하는 방식에 대해 알 수 있음.
  - 귀의 강조나 확대: 사회적 비평에 대한 과민성
  - 귀의 생략: 정상인에게서 대개 나타남. 환경과의 접촉을 피하고자 하는 욕구
  - 귀걸이: 노출증적 경향, 과시적 경향
- **코**
  - 주로 성적 상징으로 간주함.
  - 코의 생략: 사회적 상황에서 위축되고 지나치게 회피적
  - 코의 크기: 너무 크게 그리면 주변 사람과의 관계에서 정서적 자극에 너무 예민하거나 외모에 지나친 관심을 가지고 있음을 의미하고, 너무 작게 그렸다면 외모에 대해 자신이 없고 위축되어 있으며, 타인과의 감정 교류에 대해 수동적이고 회피적인 태도를 가지고 있음을 의심할 수 있음.
- **입**
  - 입은 세상과 의사소통을 하는 부분이며 동시에 음식을 통해 사람이 살아갈 수 있게 해 주는 기관으로 그 사람의 생존, 심리적인 충족 등과 관련된 여러 정서적 이슈에 대해 알 수 있게 해 줌.
  - 입의 생략: 구강 공격성에 대한 죄책감, 타인과 의사소통의 어려움
  - 사선으로 그려진 입: 비판적, 구강 공격, 분노, 가학적
- **턱**: 턱선은 그 사람의 인상을 상당 부분 좌우하므로 자기주장성과 관련되며, 큰 턱은 강한 욕구, 공격적 경향을 나타냄.
- **머리카락**: 머리카락을 어떻게 그렸는가를 보면, 타인이 자신의 외모를 어떻게 생각하는지에 대해 얼마나 관심이 많고 얼마나 중요시하는지를 짐작할 수 있음.

상반신
- **목**: 목은 머리에서 일어나는 인지적 활동, 즉 사고, 공상, 감정과 몸에서 일어나는 신체적 반응을 연결하는 통로임. 이것이 적절히 통합될 경우 마음과 몸에서 일어나는 경험에 대해 통제감을 느끼고 편안해한다는 것을 반영함.
- **어깨**: 어깨는 짐을 지거나 무게를 지탱하는 능력을 나타내므로 상징적으로 책임을 지는 능력과 관련될 수 있음.
- **몸통**: 몸통은 사람의 내적인 힘을 보유하고 있는 부분이라고 할 수 있음. 이는 세상에서 기능하는 '내적인 힘'을 가졌는가의 관점에서 스스로를 얼마나 유용하다고 혹은 적절하다고

경험하는가를 나타낼 수 있음.

- **가슴**: 남자 그림에서 가슴 부분은 자기 자신의 능력이나 힘에 대해 주관적으로 어떻게 느끼고 있는지를 반영할 수 있으며, 수검자의 성별과 대상이 자기인지 또는 대상인지에 따라 해석이 달라짐. 여자 그림에서 유방은 성적 매력과 관련되어 있으며, 모유를 공급한다는 면에서 의존 욕구 및 애정 욕구와 관련될 수 있음. 또한 유방을 어떻게 그렸는가에 따라 자기대상적 충족과 관련하여 성격적으로 얼마나 성숙한가를 판단하는 데 중요한 지표를 제공
- **허리**: 허리는 성기 바로 위의 부분으로 성행위와 관련된 중추적인 역할을 하므로 허리를 어떻게 그렸는가 하는 것은 수검자 자신의 성적 행동을 어떻게 통제하는가 여부나 정도와 관련될 수 있음.
- **몸통의 가운데 선**: 와이셔츠의 여밈 부분이나 넥타이 등을 통해 몸통의 중앙선을 그리는 경우가 있음. 특히 강조해서 그린 경우 가슴과 몸통 부분이 의미하는 힘이나 유능감에 대한 정보를 제공. 단추를 너무 많이 크게 그린 경우 안정감을 얻고자 하는 욕구에 집착하고 있음을, 너무 정교하게 그릴 경우는 강박적 행동을 주로 보이는 특성을 반영함.
- **엉덩이**: 유난히 엉덩이 부분이 강조되어 나타난다면 자기 혹은 유의미한 자기대상과 관련하여 성 정체감 문제나 성적 대상 표상에 대한 정보를 제공해 줄 수 있음.

팔다리

- **팔**: 팔은 외부 환경과 직접적인 접촉을 하는 신체 부분으로 환경과 어떻게 상호작용하는가, 현실 속에서 어떻게 대처하고 자신의 욕구를 충족하는가에 대한 중요한 지표가 될 수 있으며, 팔이 몸통에 붙어 있으면 수동적이고 의존적인 상태를 시사
- **손**: 손은 세상과의 교류, 자신의 욕구 충족을 위한 행동, 현실과의 대처행동을 보다 정교하게 할 수 있도록 해 주는 부분이므로 환경에 대한 통제능력을 좀 더 구체적으로 알아볼 수 있음.
- **다리**: 다리는 바라는 목표 지점을 향해 위치를 옮기고, 충족감을 줄 수 있는 원천으로 다가갈 수 있게 해 주며, 환경의 위험으로부터는 도피할 수 있게 해 주고, 현실 상황에서 지탱해 설 수 있게 해 주는 역할을 하는 부분
- **발**: 자기대상과의 경험에서 볼 때 의존성–독립성의 연속선상에서 수검자가 어느 정도의 위치에 있는지를 알 수 있게 해 줌.
- **사람을 그릴 때 적절한 표현양식**: 일단 전체적으로 균형이 맞고 신체 부위들이 모두 다 그려져 있는 것이 좋음. 적당히 옷을 입고, 다른 물건이나 사물이 그려져 있지 않으며, 편안하게 선 자세이거나 잘 통제된 방식으로 어떤 활동을 하고 있는 모습이 좋음.

3. 문장완성검사(SCT)

모든 투사적 검사는 사실상 어떤 형태건 수검자의 주관적 경험에 의해 '완성'해야 할 모호한 부분을 포함하고 있기 마련이다. 로샤 검사와 주제통각검사(TAT)가 모호한 형태의 시각적 자극을 제공하여 투사를 유도한다면, 문장완성검사(Sentence Completion Test: SCT)는 미완성된 언어(문장)를 제공하는 형태의 검사이다.

SCT는 투사적 검사 중 가장 간편하면서도 매우 유용한 검사 중 하나이다. 검사의 종류에 따라 문항 수가 다르지만 대개 수행시간은 20~30분 정도이며 자기보고식 검사이기 때문에 혼자서 수행할 수 있고 집단을 대상으로 할 수도 있다. 검사 시작 시 검사자는 "머릿속에 처음 떠오른 생각으로 뒷문장을 가능하면 빨리 완성하십시오."라는 간단한 지시문만 제시하고, 수검자는 몇 개의 단어로 시작하는 불완전한 문장이 적혀 있는 용지를 받아 그 문장들의 뒷부분을 이어서 채우면 되므로 실시가 간편하다.

구체적 문장완성검사의 종류에 따라 내용은 다르지만 앞부분에 미리 제시한 불완전한 문장은 대체로 수검자 내면의 동기와 갈등, 중요한 인물들에 대한 정서적 태도, 그의 가치관 등이 투사될 수 있는 단서가 포함되어 있다. 검사의 목적이 어떤 특정한 감정이나 태도를 이끌어 내고자 하는 것이라면 그 목적에 맞는 문항을 만들어서 사용할 수도 있다. 대부분의 문장완성검사는 성인용의 경우 4~15가지 주제를 담은 40~100 문항 정도로 구성되며, 아동용의 경우 국내에서 주로 사용되는 것은 33문항으로 구성되어 있다.

1) 발달과 역사

문장완성검사는 Galton이 자유연상검사(free association test)를 연구하면서 발달했다. Wundt와 Cattell은 이를 단어연상검사(word association test)로 발전시켰으며, Kraepelin과 Jung은 임상적 연구를 통해 문장완성검사의 토대를 구축하였다. 그 후 Rapaport와 동료들의 연구에 의해 단어연상법이 투사법으로서의 성격 진단의 유효한 방법으로 확립되면서 문장완성법으로 더욱 발전하게 되었다.

문장완성검사를 현재와 같은 방식의 성격검사로 처음 사용한 것은 Payne(1928)이며 이후 Tendler(1930)는 문장완성검사를 성격 영역에서 활용하며 사고 반응과 정서 반응의 진단을 구별하였다. 그는 정서 영역을 측정하기 위한 검사는 정서 반응을 직접 유발시키면서 자유로운 반응이 허용되고 수검자의 판단이나 선택을 피할 수 있어야 한다고 보았는데, 문장완성검사가 이런 조건을 충족시킬 수 있는 검사라고 제안하였다. 또한 Cameron(1938)은 언어와 사고의 형식적 측면을 탐색하기 위해 이 검사를 사용하기도 했다.

또한 Rohde(1946)는 청년기 문제를 다루거나 수검자의 욕구, 내적 갈등, 환상, 감정, 태도, 야망, 적응상의 어려움 등을 파악하고자 할 때 문장완성검사가 적절하게 이용될 수 있다고 하였다. 미완성 문장은 인식하거나 표현할 수 없는 또는 표현하기 꺼려지는 잠재된 욕구, 감정, 태도, 야망 등을 보다 잘 드러낼 수 있도록 하기 때문이다. 또한 문장완성검사는 본질적으로 자유연상을 이용한 투사적 검사이기 때문에 자신의 대답이 갖는 의미를 예상할 수 없으므로 의식하지 않고 진짜 자기 모습을 드러내게 된다고 하였다.

제2차 세계대전이 시작되면서 문장완성검사는 대규모의 군인을 대상으로 부적합자를 걸러내기 위한 실제적인 목적으로 사용되었다. 제2차 세계대전이 끝난 후 문장완성검사는 심리검사의 한 배터리로서 포함되었으며, 연구목적으로 각 연구자마다 그 목적에 걸맞은 다양한 문장완성검사를 제작하여 사용하기도 했다.

2) 특징

투사적 검사는 제시되는 검사 자극이 너무 구조화된 것이어도, 또 너무 구조화되어 있지 않아도 수검자의 의미 있는 투사적 내용을 이끌어 내기가 어렵다. 문장완성검사는 대체로 로샤검사나 TAT보다 더 구조화되어 있고 더 직접적인 검사로 간주되기 때문에 투사적 검사로 보기 어렵다는 견해도 있다(Wolman, 1978). 즉, 이 검사용지를 받아든 수검자는 다른 투사적 검사에서보다 검사의 목적을 쉽게 추측할 수 있기 때문에 자신이 드러내고 싶지 않은 질문의 문장에 대해서는 의식적으로 통제를 할 수 있다는 것이다.

그러나 반대되는 주장도 다양하다. 우선 문장완성검사의 종류마다 그 앞 문장의 모호함이 다르고, 동일한 검사 내에서도 각 문항이 수검자에게 주는 모호함의 정도도 다르다. 예를 들면, '나는'과 같은 문항과 '나의 평생 가장 하고 싶은 일은'이라는 문항은 그 모호함이나 앞 문장이 제시하는 방향 제시의 강도가 각각 다르다. 더 중요한 것은 '투사(projection)'라는 것이 문장의 내용이나 의미 속에서만 이루어지는 것이 아니며, 투사되는 정서적 내용들이 표현되는 미묘한 방식 역시 수검자만의 어떤 독특한 면을 드러낸다는 점이다. 겉보기에는 비슷한 내용이라도 그 표현에서 미묘한 뉘앙스의 차이가 있고, 다른 문항에 비해 표현된 문장의 분량에 차이가 있으며, 그 밖에도 수사법, 표현의 정확성이나 모호함, 반응시간, 수정된 부분 등과 같은 형식적 특성들도 중요한 의미를 지닌다. 동일한 문항에 대한 다음과 같은 반응 예를 살펴보자. 다음의 예는 '내 생각에 가끔 아버지는'이라는 문항에 대한 몇몇 실제 반응이다.

① 가족에게 부담만 주고 가신 것 같다.

② 악한 분이다.

③ 너무하다는 생각이 든다.

④ 무섭고 엄하다.

⑤ 어떤 때는 사람이 아닌 것 같다.

⑥ 무뚝뚝하다.

⑦ 좋게 말해 주관이 강하다고나 할까?

이 반응들은 모두 아버지에 대한 부정적인 정서적 태도가 표현되고 있다는 점에서 공통점이 있다. 그러나 그 표현의 강도나 뉘앙스는 각각 다르다. ①, ②번의 경우, 부정적 감정이지만 ⑦번은 부정적이지는 않다. ②, ④번의 경우 표현이 매우 단정적이지만, ①, ③번의 경우 '같다' '생각이 든다.'와 같이 약간은 유보적인 태도가 엿보인다. 또한 ⑥번은 감정적 색채를 배제한 '방관자'의 태도로 표현되어 있으며, ⑦번은 한발 물러서서 비꼬듯 바라보는 냉소적 태도가 엿보인다.

이 예는 문장완성검사의 단순한 반응 속에도 많은 미묘한 특성이 투사될 수 있다는 것을 보여 준다. 즉, 표현된 정서의 강도와 억압의 정도, 수동적 혹은 능동적 태도, 대상에 대한 정서적 개입의 정도와 같은 많은 것이 반영되므로 이를 통해 정서나 태도, 심리적 기제에 관한 가설을 이끌어 낼 수 있다. 즉, 50~60개의 문장으로부터 얻을 수 있는 해석적 자료가 매우 풍부하며, 숙련된 임상가는 문장의 전반적인 흐름뿐 아니라 미묘한 뉘앙스를 통해 수검자의 복잡한 성격적 패턴을 도출해 낼 수 있다.

3) 종류

(1) Sacks의 문장완성검사(SSCT)

Sacks와 Levy(1950)는 20명의 심리치료자에게 적응에 있어 중요한 '가족, 성, 자기개념, 대인관계'의 네 가지 영역에 관한 수검자의 중요한 태도 및 임상적 자료를 이끌어 낼 수 있는 미완성 문장 3개씩을 만들도록 하였다. 여기에는 문장완성검사에 관한 기존의 문헌으로부터 얻어진 문항들도 포함되었는데, 이러한 방식으로 280개의 문항을 얻은 후 이것을 다시 20명의 심리학자에게 주고 각 범주에서 가장 유의미하다고 생각되는 문항을 4개씩 선택하도록 하였다. 이 과정에서 가장 많이 선택된 60개의 문항이 최종 검사 문항으로 결정되었고, 현재에는 이 중 내용이 반복되는 것을 제외한 50개의 문항이 많이 사용되고 있다.

Sacks와 Levy(1950)는 4개 영역을 각각 세분화하여 최종적으로 총 15개의 영역으로 분류하였고, 각 영역에 대해서 수검자가 보이는 손상의 정도에 따라 3점 척도로 평가하도록 하였다. 우선 확인이 불가능하고 불충분한 응답인 경우 X로 평가하며, 의미 있는 손상이 발견되지 않으면 0점, 약간의 정서적 갈등은 있으나 치료는 필요 없는 정도이면 경미한 손상으로 보고 1점, 그리고 정서적 갈등이 지적되고 치료적 도움이 필요하면 심한 손상으로 보고 2점으로 평가하여 그 수치를 통해 수검자에 대한 최종평가를 한다. 이에 대한 신뢰도와 타당도를 검증하기 위하여 수검자 100명의 반응을 가지고 3명의 심리학자에게 15개 영역에 대해서 장애의 정도를 평정하도록 하였고, 그 수검자들의 정신과 주치의들에게도 역시 같은 방법으로 평정하게 하였다. 그 결과 심리학자들 간에 92%의 일치율을 보였으며, 정신과 의사들과 심리학자들 간의 평정 일치도는 .48~.57, 표준오차는 .02~.03으로 유의미한 정적 상관관계를 보였다. 또한 수검자 50명을 선정하여 심리학자들에게 그들의 검사 반응을 기초로 15개 영역에 대한 해석적 요약을 하도록 하고, 정신과 의사들에게는 임상적 관찰에 근거하여 자신의 수검자(환자)에 대한 해석적 요약을 하도록 하였는데, 이 진술들 역시 77%의 일치도를 보였다.

각 영역별 문항을 구체적으로 살펴보면 다음과 같다.

① 가족(12문항)

이 영역은 어머니, 아버지, 가족에 대한 태도를 담고 있는 문항으로 구성되어 있다. 수검자가 경계적이고 회피적인 경향이 있다하더라도 각각의 영역을 묻는 네 개의 문항 중 최소 한 개에서라도 유의미한 정보가 드러나게 된다.

- 나의 아버지는 좀처럼 _____
- 나는 어머니를 좋아했지만 _____
- 대부분의 다른 가족에 비해서 나의 가족은 _____

② 성(8문항)

이 영역은 이성관계에 대한 것으로 이성, 결혼, 성 관계에 관한 태도를 표현할 수 있는 문항으로 구성되어 있다. 이 문항에서 사회적인 개인으로서의 여성과 남성, 결혼, 성적 관계에 대한 태도가 드러난다.

- 내가 생각하기에 대부분의 여자는 _____
- 남녀가 함께 있는 것을 볼 때면 _____
- 나의 성생활은 _____

③ 대인관계(16문항)

이 영역은 친구, 지인, 직장 동료, 직장 상사에 관한 태도를 포함한다. 이 영역의 문항에서 가족 외의 사람들에 대한 감정이나 자신에 대해 타인이 어떻게 느끼는지에 관한 수검자의 생각이 표현된다.

- 내 생각에 진정한 친구란 _____
- 윗사람이 오는 것을 보면 _____
- 내가 함께 일하는 사람들은 _____

④ 자기개념(24문항)

이 영역은 자신의 두려움, 죄의식, 목표, 자신의 능력, 과거와 미래에 대한 태도가 포함되며, 현재, 과거, 미래의 자기개념과 그가 바라는 미래의 자기상과 실제로 자기가 될 것 같다고 생각하는 모습에 대한 정보를 제공해 준다. 즉, 이런 표현을 통해서 수검자가 자기 자신을 어떻게 생각하고 있는지가 반영된다.

- 어리석게도 내가 두려워하는 것은 _____
- 나의 가장 큰 실수는 행운이 나를 외면할 때는 내가 어렸을 때는 _____
- 언젠가 나는 _____
- 내 인생에서 가장 원하는 것은 _____

(2) Rotter의 문장완성검사(RISB)

이 검사(Rotter Incomplete Sentence Blank: RISB)는 원래 미국 공군병원에서 진단 초기에 부적합자를 걸러 내기 위해 사용되었고 총 40문항으로 구성되어 있다. '적응 점수(adjustment score)'를 산출하여 수검자의 전반적인 적응 정도를 파악할 수 있다. 이 검사에서 각 반응은 '갈등 혹은 불건강한 반응' '긍정적 혹은 건강한 반응' '중립적 반응'의 세 가지 범주로 채점된다. 갈등 반응에는 그 강도에 따라 +1~+3점이 부여되고 중립 반응에는 0점이, 긍정적 반응에는 −1~−3점이 부여된다. 이 각각의 점수를 합산하여 점수가 높을수록 부적응의 정도가 큰 것으로 판단한다.

반응을 분류하고 채점하는 기준과 예를 보면 다음과 같다.

- 누락반응: 반응이 없거나 의미를 추론하기 어려울 정도로 간단한 반응
- 갈등반응: 적대감이나 불행한 감정을 시사하는 반응(예: 나는 온 세상을 미워한다)

- 긍정적 반응: 긍정적이고 희망적인 태도를 나타내는 반응(예: 가장 좋은 것은 <u>이미 내가 가지고 있다</u>)
- 중립적 반응: 긍정적 혹은 부정적 정서가 담기지 않은 단순 기술 반응(예: 대부분의 소녀는 <u>여자다</u>)

적응 점수를 사용하여 부적응 상태에 있는 사람을 선별할 수 있는가에 대한 연구 결과 청소년의 73%를 정상으로, 비행 청소년의 60%를 정확히 판별할 수 있었다(Fuller, Parmelee, & Carroll, 1982). 또한 심각한 약물중독 환자 중 80~100%를 판별할 수 있었다(Gardner, 1967). 그러나 이처럼 단일 적응 점수를 사용하면 개인의 일상생활 적응의 기능을 빨리 파악할 수 있다는 장점이 있기는 하지만 개인의 성격기능의 차이를 알 수 없을 뿐 아니라 다른 자기보고식 검사들과 동일한 문제, 즉 수검자가 검사에서 자신에 대해 드러내고 싶은 것만 반응한다는 단점이 있다(Goldberg, 1965).

(3) Rohde의 문장완성검사(RSCM)

Rohde의 문장완성검사(Rohde Sentence Completion Method: RSCM)는 다른 문장완성검사에 비해서 제시되는 문장이 모호하며, 개방형 질문을 포함하는 65개의 문항으로 구성되어 있다. 지시문은 '다음의 문장을 가능하면 빨리 완성하십시오. 당신의 진정한 느낌과 견해를 표현할 수 있도록 노력해 주십시오.'와 같이 제시되는데, 이 지시문을 보면 가능한 한 빨리 응답하게 함으로써 의식적 조절이 개입되지 않게 하면서도 중요한 느낌이 노출될 수 있도록 유도한다는 것을 알 수 있다.

- 미래는 _____
- 나는 _____을 기억한다.
- 대부분의 사람은 _____
- 나는 _____을 느낀다.
- 나의 가장 나쁜 _____

(4) Loevinger의 문장완성검사(WUSC)

Loevinger의 문장완성검사(Washington University Sentence Completion Test: WUSC)는 대체로 연구의 목적보다는 실제 현장에서 유용하게 사용할 수 있는 도구로써 더 많이 사용되고 있지만, Loevinger(1979)는 이 문장완성검사를 통하여 가장 세분화되고 광범위한 연구를 수행하였다. 즉, 문장완성검사를 7단계로 나누어 자아 발달의 수준을 세밀하게 평가할 수 있는 체계를 만들었는데 수검자의 반응을 전사회적 혹은 공생적 · 충동적 · 자기방어적 · 순응적 · 양심적 · 자율적 · 통합적 수준으로 나누어 각각의 반응에 대해 점수를 부여한다. 이 검사는 성인 남성과 여성 그리고 청소년을 위한 별개의 양식이 있다. 광범위한 경험적 자료를 토대로 각 문항에 대한 수검자의 반응을 수준별로 채점할 수 있는 지침이 마련되어 있다.

(5) 아동용 문장완성검사

아동의 욕구 상태와 부모 및 교사, 동성, 이성 친구에 대한 태도를 파악하기 위해 실시하며 성격 역동에 대한 심리진단 정보를 얻고 전반적인 심리적 적응을 판단하는 데 사용된다. 이 검사는 다음과 같은 네 가지 영역으로 구성되어 있다.

① 가족

이 영역은 어머니, 아버지, 가족에 대한 태도를 담고 있는 문항으로 구성되며 가족에 대한 지각, 정서적 관계 등을 파악할 수 있다.

② 사회

또래와의 상호작용, 일반적인 대인관계 등에 대해 파악할 수 있다.

③ 학교

학교에 대한 지각, 성취와 욕구에 대한 지각 등을 파악할 수 있다.

④ 자기

미래 지향, 소원, 일반적인 정신건강 등의 개인 내적 기능을 파악할 수 있다. 흐름 및 미묘한 뉘앙스를 통하여 수검자 성격의 복잡한 패턴을 도출할 수 있다.

4) 실시방법

문장완성검사는 개인과 집단 모두에게 실시할 수 있으며, 검사지에 예문을 두어서는 안 된다. 검사의 종류에 따라 문항 수는 다르지만 대개 수행시간은 20~30분 정도이다. 검사자는 지시문을 읽어 주고 다음과 같은 점을 강조해야 한다.

- 답에는 정답, 오답이 없다. 생각나는 대로 써야 한다.
- 글씨 쓰기, 글짓기 시험이 아니므로 글씨나 문장의 좋고 나쁨을 걱정하지 않아도 된다.

- 주어진 어구를 보고 제일 먼저 생각나는 것을 쓴다.
- 주어진 어구를 보고도 생각이 나지 않는 경우에는 번호에 0을 치고 다음 문장으로 넘어가고 마지막에 완성한다.
- 시간에 제한은 없으나 너무 오래 걸리지 않도록 빨리 쓴다.
- 볼펜이나 연필로 쓰되 지울 때는 두 줄로 긋고 다음 빈 공간에 쓴다.

수검자들이 흔히 하는 질문에는 "천천히 좋은 대답을 생각하면 안 되나요?"라는 것이 있는데, 이런 경우에는 "각 문항들을 읽고 맨 먼저 떠오르는 것을 써야 하며 논리적인 구성을 위해 지체하면 안 됩니다."라고 강조해야 한다. 또 다른 흔한 질문으로 "한 단어만 적어도 되나요?"라고 하는데 이에 대해서는 "한 단어든 여러 문장이든 상관이 없고 단지 자극 문장을 읽고 떠오른 생각이면 됩니다."라고 말해 준다. 경우에 따라서는 문장 속에 들어 있는 단어의 의미를 물어보기도 하는데, 이때 예를 들어 '드물게'라는 단어의 뜻을 '좀처럼 일어나지 않는 것'이라고 말해 주는 정도는 괜찮다. 그러나 수검자가 전체 문장의 뜻을 설명해 달라고 하면, 수검자에게는 어떤 뜻으로 생각되는지 물어보고 "그렇게 생각한 대로 하면 됩니다."라고 말해 준다.

검사자는 수검자가 검사를 시작한 시간과 끝낸 시간을 기록하고, 수검자가 검사를 완성한 후 가능하면 질문 단계를 실시하도록 한다. 즉, 수검자의 반응에서 중요하거나 숨겨진 의도가 있다고 보이는 문항에 대해서 "이것에 대해 좀 더 이야기해 주십시오."라고 지시하는 것이다. 또는 강박증, 사고의 왜곡 등 임상적 증상과 관련된 내용에 대해서는 자세한 질문을 통해 확인한다. 이런 단계는 말하기 힘든 문제에 대해서 이야기할 수 있는 계기를 제공하기도 한다. 또한 표준적인 실시방법은 수검자가 직접 문장을 읽고 반응을 써야 하지만, 심하게 불안한 수검자에게는 문항을 읽어 주고 수검자가 대답한 것을 검사자가 받아 적는 것이 도움이 된다. 이러한 구술 시행은 반응시간, 얼굴 붉어짐, 표정 변화, 목소리 변화, 전반적인 행동 등을 관찰함으로써 수검자가 어떤 문항에서 막히는지를 구체적으로 알 수 있게 해 준다.

5) 검사의 해석

투사적 검사를 시행하고 해석할 때 임상가의 경험과 통찰, 이해가 특별하게 중요하다는 것은 주지의 사실이다. 문장완성검사 또한 임상가의 경험과 지식에 의거하여 직관적으로 해석하는 경우가 많지만, 반응을 객관적인 범주에 따라 분류하여 그 표현 강도에 따라 점수를 부여하여 수량적으로 해석할 수도 있다.

검사 결과의 해석은 일반적으로 다음과 같은 요인에 대해서 이루어지며, 이들 요인의 분석을 통해 개인의 성격이나 적응 상태 등을 이해하게 된다.

- 성격적 요인: 지적 능력 측면, 정의적 측면, 가치 지향적 측면, 정신역동적 측면
- 결정적 요인: 신체적 요인, 가정적 · 성장적 요인, 대인적 · 사회적 요인

(1) Sacks의 문장완성검사(SSCT)의 해석

여러 문장완성검사 중 대표적인 SSCT의 채점방법 및 해석을 살펴보면 다음과 같다. SSCT에는 각각의 영역(가족, 성, 대인관계, 자기개념)이 있는데, 이에 대한 해석을 위해 검사자는 각 영역에 대하여 수검자가 어느 정도의 혼란과 부적응을 겪고 있는지 평정하게 된다. 다음과 같은 기준에 따라 각각의 반응에 대한 점수가 부여되며, 예를 들면 다음과 같은 형식으로 되어 있다.

아버지에 대한 태도
2. 내 생각에 가끔 아버지는 거의 일을 한 적이 없다.
19. 대개 아버지들이란 좀 더 나았으면 좋겠다.
31. 내가 바라기에 아버지는 죽었으면 좋겠다.
46. 아버지와 나는 좋은 점이라곤 하나도 없다.

밑줄 친 문장이 수검자의 반응들이다. 이 네 개의 반응들을 통합적으로 고려하여 이 영역에서 드러나는 수검자 태도에 대한 임상적인 인상을 구체화시켜 해석적 요약이 이루어진다. 이 경우 해석적 요약은 '죽이고 싶을 정도로 심한 적대감과 분노감을 나타냄.'으로 기술될 수 있다.

그다음 단계인 평정은 다음의 척도에 따라 이루어지는데, 이를 통해서 해당 영역에서의 손상 정도를 측정하게 된다.

- X: 확인이 불가능하고 불충분한 응답
- 0: 해당 영역에 있어서 의미 있는 손상이 발견되지 않음.
- 1: 경미한 손상. 약간의 정서적 갈등은 있으나 치료적 도움 없이 이를 다룰 수 있는 정도임.
- 2: 심한 손상. 이 영역에서 보이는 정서적 갈등을 다루기 위해 치료적 도움이 필요할 것으로 보임.

이런 과정을 통해서 가장 많이 손상된 태도를 보이는 영역에 대한 기술과 반응 내용 간의 상호 관련성이나 모순 등에 대한 해석이 가능해진다.

한편, SSCT 자체의 반응을 분석한 자료와 다른 투사적 검사에서 얻어진 자료와의 비교를 통해 수검자에 대해 더 깊이 있게 이해할 수 있다. 투사적 검사에서는 자극의 구조화 정도에 따

라 투사되는 의식 수준에 차이가 나타난다. 즉, 로샤 검사는 성격의 기본 구조와 원초적 욕구에 대하여 많은 것을 알게 해 주며, TAT는 문제의 역동적인 측면과 관련된 자료들을 이끌어 낸다. 반면, SCT는 의식적 · 전의식적 또는 무의식적인 생각과 감정을 드러내 준다. 예를 들어, 한 환자가 로샤 검사 반응에서 상당한 적대감을 나타내면서, Ⅷ번 카드에서는 두 마리의 동물이 '먹이를 두고 피가 터지도록 싸우고 있다.'고 하였고, Ⅹ번 카드에서도 '살인' '투쟁' 등의 표현을 하였다. TAT에서도 폭력, 투쟁, 살인의 주제가 반복적으로 나타났으나, 문장완성검사에서는 과장된 이타주의와 이상주의를 반영하는 반응들을 하였다(언젠가 나는, "사회에 내 이득을 환원하고 봉사할 것이다". 나의 야망은 "전 인류가 행복하도록 돕는 것이다"). 이러한 경우 수검자가 자신의 심한 폭력적인 공격 충동을 반동형성(reaction formation)의 방어기제를 통해 통제하고 있다는 해석적 가설을 세워 볼 수 있다.

이와 같은 방식으로 문장완성검사에 기초하여 성격구조에 대한 추론을 하고 다른 검사들로부터 얻은 결론과 이 추론을 종합하여 통합적인 해석을 하게 된다.

다음과 같은 사항에 주의를 두어 해석하는 것이 도움이 될 것이다.

- 내적인 충동에 주로 반응하는가, 외부환경 자극에 주로 반응하는가?
- 스트레스 상황에서의 정서적 반응이 충동적인가, 아니면 잘 통제되는가?
- 자신의 책임이나 타인의 관심을 적절히 고려하는 것처럼 사고가 성숙된 편인가, 아니면 미성숙하고 자기중심적인가?
- 사고가 현실적인가, 아니면 자폐적이고 공상적인가?

요약

1. Murray와 Morgan(1935)이 처음 제시한 주제통각검사(TAT)는 로샤 검사와 함께 가장 널리 사용되는 투사적 검사 중 하나이다.
2. TAT에 사용되는 도판은 세 차례의 개정을 거쳐 31매로 표준화되었고, 성과 연령을 고려하여 선정된 20개의 카드를 각각 1회에 10매씩, 총 2회에 걸쳐 실시된다.
3. TAT는 일련의 모호한 그림 자극에 대해 수검사가 구성한 이야기를 해석하는 투사적 검사로, 수검자의 투사된 공상이나 상상적 이야기 내용을 분석 및 해석함으로써 수검자의 성격 발달 및 성격구조를 파악할 수 있다고 가정한다.
4. TAT의 해석방법에는 직관적 해석법, 표준화법, 욕구-압력 분석법, 대인관계법, 지각법 등이 있으며, 이 중에서 가장 일반적으로 널리 사용되는 방법은 정신분석에 기초한 직관적

해석법으로 반응 내용 기저의 무의식적 내용에 대한 자유연상을 이용한다.

5. HTP는 사람 그림에서 얻을 수 있는 정보 외에 부가적으로 성격구조에 대한 정보를 얻을 수 있어 인물화 검사보다 활용도가 높은 검사도구이다.

6. HTP에서 집은 수검자의 집에서의 생활과 가족들과의 상호작용을 나타내고 나무와 사람은 수검자의 신체상과 자아개념을 나타내는데, 특히 나무는 좀 더 깊고 무의식적인 수준에서 느끼는 수검자 자신의 모습과 감정을 반영한다.

7. HTP는 검사 시의 태도와 소요시간, 그림의 크기와 위치 등의 구조적·표현적 요소뿐만 아니라 집 그림의 문과 창문, 나무 그림의 기둥 및 뿌리, 사람 그림의 머리와 상반신 등의 내용 및 주제적 요소를 해석한다.

8. 문성완성검사(SCT)는 미완성된 문장을 완성하는 형태의 검사로, 투사적 검사 중에서도 가장 간편하고 매우 유용한 검사 중 하나이다. 이 검사에는 Sacks의 문장완성검사, Rotter의 문장완성검사, Rohde의 문장완성검사, Loevinger의 문장완성검사, 아동용 문장완성검사 등이 있다.

9. SCT는 가족, 대인관계, 자기개념 등 주요 적응 영역별로 표면적 내용과 주요 갈등을 해석함으로써 개인의 성격이나 적응 상태 등을 파악한다.

참고문헌

김태련, 서봉연, 이은화, 홍숙기(1993). 아동용 회화 통각 검사. 서울: 한국 가이던스.

신민섭(2002). 그림을 통한 아동의 진단과 이해: HTP와 KFD를 중심으로. 서울: 학지사.

이상로, 변창진, 김경린(1973). TAT 성격진단법. 서울: 중앙적성연구소.

이상로, 변창진, 김경린 역(1974). 로르샤하 성격진단법. 서울: 중앙적성연구소.

전용신 역(1973). TAT 검사법. 서울: 문천사.

장연집, 김중술(1995). 성인화의 분석. 서울: 학지사.

Arnold, M. B. (1949). A demonstration analysis of the TAT in clinical setting. *Journal of Abnormal and Social Psychology, 44*, 97-111.

Bellak, L. (1949). The use of oral barbiturates in psychotherapy. *Am J Psychiatry, 15*, 849-850.

Bellack, L. (1959). *Thematic Apperception Test in clinical use*. In L. E. Abt & L. Bellack (Eds.). New York: Alfred A. Knopf.

Bellak, L. (1971). *The TAT and CAT in clinical use*. New York: Grune & Stratton.

Bellak, L. (1993). *Psychoanalysis as a science.* Boston: Allyn & Bacon.

Bellak, L., & Abrams, D. M. (1997). *The Thematic Apperception Test, the Children's Apperception Test, and the Senior Apperception Technique in clinical use* (6th ed.). Boston: Allyn & Bacon.

Brittain, H. L. (1907). A study in imagination. *Pedagogical Seminary, 14,* 137-207.

Buck, J. (1947). *The House-Tree-Person Test.* Virginia: Colony.

Buck, J. (1948a). The H-T-P test. *Journal of clinical psychology, 4,* 151-159.

Buck, J. (1948b). The H-T-P technique, a qualitative and quantitative scoring method. *Journal of clinical Psychology Monograph Supplement, 5,* 1-120.

Buck, J. (1964). *The House Tree Person (H-T-P) manual Supplement.* Los Angeles, CA: Western Psychological services.

Buck, J. N., & Hammer, E. F. (1969). *Advances in the House-tree-person Technique; Variations and Applications.* Los Angeles, Western Psychological Services.

Burt, C. (1921). *Mental and Scholastic Tests* (4th ed.). London: Staples Press.

Clark, L. P. (1926). The phantasy method of analyzing narcissistic neurosis. *The Psychoanalytic Review, 13,* 215.

Cameron, D. E. (1938). Early Schizophrenia. *American Journal of Psychiatry, 95,* 567-578.

Fuller, G. B., Parmelee, W. M., & Carroll, J. L. (1982). Performance of delinquent and nondelinquent high school boys on the Rotter Incomplete Sentences Blank. *Journal of Personality Assessment, 46,* 506-510.

Galton, F. (1879). Phychometric experiments. *Brain, 2,* 149-162.

Gardner, F. (1879). Phychometric experiments. *Brain, 2,* 149-162.

Gardner, J. (1967). The adjustment of drug addicts as measured by the sentence completion test. *Journal of Projective Techniques and Personality Assessment, 31,* 28-29.

Goldberg, P. (1965). A Review of sentence completion methods in personality assessment. In B. I. Murstein (Ed.), *Handbook of projective techniques.* New York: Basic Books.

Goodenough, F. L. (1926). *Measurement of intelligency by drawings.* New York: Harcourt, Brace & world.

Hammer, E. F. (1969). Hierarchical organization of personality and the HTP achromatic and chromatic. In J. N. Buck & E. F. Hammer (Eds.), *Advances in the House-Tree-Person technique: Variations and applications.* Los Angeles, CA: Western Psychological Services.

Hartman, A. A. (1949). An experimental examination of the Thematic Apperception Technique in Clinical diagnosis. *Psychological Monographs, 30*(3), 1-47.

Jolles, I. (1964). *A catalogue for the qualitative interpretation of the House-Tree-Person (HTP).* Los Angeles, CA: Western Psychological Services.

Kloppitz, E. M. (1968). *Psychological evaluation of children's human figure drawings.* New York:

Grune & Stratton.

Koch, C. (1952). *The Tree Test*. New York: Grune & Stratton.

Libby, W. (1908). The imagination of adolescents. *American Journal of Psychology, 19*, 249-252.

Lindzey, G. (1958). Thematic Apperception Test: The strategy of research. *Journal of Projective Techniques, 22*, 173-880.

Loevinger, J. (1979). Construct validity of the sentence completion test of ego development. *Applied Psychological Measurement, 3*, 281-311.

Machover, K (1949). *Personality projection in the drawing of the human figure: A method of personality investigation*. Springfield, IL: Charles C Thomas.

Morgan, C. D., & Murray, H. A. (1935). A method for investigation fantasies. *Archives of Neurology and Psychiatry, 34*, 289-306.

Murray, H. A. (1938). *Explorations in personality*. New York: Oxford University Press.

Murray, H. A. (1943). *Thematic apperception test manual*. Boston: Harvard College Fellows.

Payne, A. F. (1928). *Sentence Completion*. New York: New York Guidance Clinic.

Pine, F. (1960). A manual rating drive content in TAT. *Journal of Projective Techniques, 24*, 32-45.

Rapaport, D. (1943). The clinical application of the Thematic Apperception Test. *Bulletin of Menninger Clinic, 7*, 106-113.

Rohde, A. (1946). Explorations in Personality by the Sentence Completion Method. *Journal of Applied Psychology, 30*, 169-181.

Sacks, J. M., & Levy, S. (1950). The sentence completion test. In L. E. Abt & L. Bellak (Eds.). *Projective Psychology* (pp. 357-402). New York: Knopf.

Sargent, H. (1945). Projective methods: Their origins, theory, and application in personality research. *Psychological Bulletin, 5,* 257-293.

Tendler, A. D. (1930). A Preliminary Report on a Test for Emotional Insight. *Journal of Applied Psychology, 14*, 123-136.

Waehner, T. S. (1946). Interpretation of Spontaneous Drawings and Paintings. *Genetic Psychology Monographs, 33*(2), 3-70.

Wolff, W. (1946). *The personality of the preschool child: the child's search for his self.* New York: Grune & Stratton.

Wolman, B. B. (Ed.). (1978). *Clinical Diagnosis of Mental Disorders: A handbook.* New York: Plenum.

제4부
아동 · 청소년 심리검사

아동·청소년에게 실시되는 심리평가는 그 목적이나 결과의 활용 등에서 기본적으로 성인의 심리평가와 맥을 같이한다. 그러나 아동·청소년기의 특성상 검사 동기 및 의뢰과정, 아동의 발달 특성, 인지기능 평가의 중요성 등에서 차이가 있다. 실제 평가에서도 부모면담과 가족면담, 아동의 일상행동을 관찰할 수 있는 사람과의 면담, 아동·청소년과의 직접 면담, 부모나 교사 등 중요한 사람이 평정하는 행동평가척도, 행동관찰 그리고 다양한 행동평가 영역의 검사들이 실시되고 통합적으로 해석되는 차이점이 있다.

제4부에서는 아동과 청소년기에 주로 사용되는 검사를 소개하는데, 각 장은 심리검사 영역을 기준으로 구분한다. 제12장에서는 발달검사 및 인지기능검사, 제13장에서는 성격 및 정서상태 검사를 소개할 것이다.

아동·청소년 심리검사의 특징

아동과 청소년은 검사 동기 및 의뢰과정의 차이, 발달 특성, 인지기능 평가의 중요성 등에서 성인의 심리검사와 차이가 있으므로 이와 같은 특성을 고려해야 한다. 아동·청소년 심리검사의 특징은 다음과 같다.

아동·청소년은 의뢰과정과 검사 동기가 성인과 다르다

아동·청소년은 자신의 주 증상이나 적응문제를 스스로 인식하고 전문가의 도움을 찾는 경우가 거의 없고 주로 주변 성인에 의해 문제가 인식되고 의뢰되는 특성이 있다. 이에 따라 아동·청소년은 검사에 대해서도 자발성이 적으므로 검사자는 충분한 라포를 형성하고 검사목적을 자세히 설명하여 검사 동기를 높일 필요가 있다.

언어표현 능력의 부족이 검사의 선정과 시행, 해석에 반영되어야 한다

아동은 기본적으로 성인에 비해 언어표현 능력이 부족하므로 자신의 상태를 능숙하고 충분하게 설명하기 어려우며 실제 검사에서도 언어를 매개로 한 검사의 유용성이 매우 제한된다. 이에 따라 발달검사나 놀이를 활용한 면담의 예처럼 언어 표현에 덜 의존하는 검사와 면담이 적용된다.

행동평가척도 및 체크리스트의 활용도가 높다

아동은 언어표현 능력이 제한되므로 그들의 평가에는 주변 성인이 관찰 가능한 문제행동의 유무와 행동의 심각성 정도를 평가하여 규준에 근거해 판단하는 행동평가척도의 활용도가 높다. 부모나 교사가 전반적 문제 영역을 평가하는 행동평가척도(예: CBCL 6-18 아동청소년 행동평가척도: 오경자, 김영아, 하은혜, 이혜련, 홍강의, 2010; KPRC 한국 아동 인성평정척도: 김지혜, 조선미, 홍창의, 박혜연, 황순택, 2006)와 ADHD 증상과 같은 구체적 증상을 평가하는 척도(예: K-ARS: 소유경, 노주선, 김영신, 고선규, 고윤주, 2002)가 진단평가는 물론 치료 경과 및 효과의 판단에 중요하게 활용된다.

인지, 정서 및 사회성이 급격히 발달하는 특성이 반영된다

영아기, 아동 및 청소년기는 인지, 정서 및 사회성이 급격히 발달하는 시기이다. 그러므로 검사 시점과 발달 수준을 고려한 규준을 적용해야 한다. 예를 들어, 동일한 이론적 구인을 갖는 지능검사라 하더라도 성인용인 K-WAIS-IV의 경우 각 소검사의 환산점수를 1년 11개월~4년 11개월의 비교적 넓은 연령 범위의 규준을 적용하고 언어이해, 지각추론, 작업기억, 처리속도의 4개 지수와 전체지능지수에 대해서는 한 개의 동일한 규준을 적용한다. 반면, 아동용인 K-WISC-IV에서는 소검사의 환산점수 도출에 4개월 간격의 연령규준 집단을 적용하고 언어이해, 지각추론, 작업기억, 처리속도의 4개 지수와 전체지능지수에 대해서는 성인용과 마찬가지로 한 개의 동일한 규준을 적용한다. 이와 같은 근거는 아동기가 인지능력이 급격히 발달하는 시기이므로 4개월의 발달적 차이도 규준에 반영해야 한다는 것이다.

지능검사의 비중과 유용성이 크다

만일 종합 심리검사를 실시하기 어려운 경우, 즉 시간이나 경제적인 이유 등으로 인해 '단 한 가지 검사만이 가능하다면 어떤 검사를 시행하겠는가?'라는 질문은 심리평가 영역에서 전통적으로 제기되어 온 문제이다. 아동·청소년 평가 영역에서 이에 대한 일반적인 답은 '단일검사의 유용성은 매우 제한되지만 지능검사를 가장 기본적이고 일차적인 도구로 선택할 수 있다.'는 것이다. 즉, 영유아기 및 아동기의 언어발달 지체, 운동 동작의 문제, 사회성 문제, 주의력 결핍이나 과잉활동성, 정서적 문제 등 다양한 발달 및 행동적 문제를 진단할 때 일차적으로 지능 수준의 정확한 평가를 통해 이런 문제들이 인지적 제한에서 비롯된 것은 아닌지가 우선 감별되어야 한다. 만일 인지 발달의 지체가 배제된다면 언어이해지수, 지각추론지수, 작업기억지수 및 처리속도지수 간 유의미한 차이를 보이는 인지 발달 불균형, 주의력장애, 특정학습장애, 다양한 정서적 문제가 원인으로 고려될 수 있다. 또한 지능검사 과정에서 얻은 다양한 행동평가 자료나 소검사 항목의 해석을 기초로 자폐 증상 여부, 과잉활동성 여부, 정서적 문제의 유무 및 그 내용 등에 대한 평가가 일부 가능하다. 이런 특징으로 인해 아동에 대해서는 지능검사를 통해 유용한 진단적 정보를 가장 효율적으로 얻을 수 있으며 잠정적인 진단평가에 근접할 수 있다.

아동·청소년 심리검사를 실시할 때 유의할 점

아동·청소년기에는 아동의 발달 특성상 심리검사의 실시 절차, 사용되는 검사의 선정 및 해석에서 성인과는 다른 접근이 적용되며 보다 세심한 주의가 필요하다. 아동에게 심리검사를 실시할 때의 유의할 점은 다음과 같다(홍강의, 2005).

검사의 선택

아동·청소년용으로만 정해진 심리검사 배터리는 없으나 인지기능, 정서 및 사회성 발달 정도, 정서장애 여부 등을 종합적으로 평가하기 위해서는 여러 객관적 검사와 투사적 검사를 함께 실시하는 심리검사 배터리를 실시하는 것이 유용하다. 그런데 아동은 성인에 비해 언어적 유창성이 부족하고 인지적·정서적으로 미성숙하므로 투사적 검사를 실시하지 못하거나 실시하여도 그 유용성이 제한된다. 특히 나이가 매우 어리거나 주의집중에 어려움이 있는 경우에는 성인처럼 오랜 시간 심리검사를 수행하는 것이 불가능하므로 반드시 심리검사 배터리를 실시할 필요는 없고 아동을 이해하고 진단하는 데 꼭 필요한 몇 가지 검사를 선별해서 실시하는 것이 일반적이다.

실시방법

아동·청소년 심리검사를 실시할 때는 성인보다도 더 능숙하고 깊은 수준의 라포 형성과정이 필요하며 아동의 발달 수준별 특성이나 언어 및 표현 능력 등의 발달지표를 이해하는 것이 중요하다.

아동의 경우에도 성인과 마찬가지로 표준화된 실시 절차를 따르지만 연령이나 문제 유형을 고려하여 융통성을 발휘하는 것이 필요하다. 영유아의 경우에는 게임이나 놀이를 통한 접근이 아동의 흥미와 동기를 북돋우고 유지시키는 데 도움이 된다. 또한 필요한 경우 아동의 문제 유형에 따라 검사 제시 순서를 변형시켜 실시하기도 한다. 예를 들어, 수줍어하고 말을 잘 하지 않는 아동의 경우 서서히 일상적인 대화와 질문을 통해 긴장을 풀고 나서 검사를 시행하는 것이 좋고 만일 이런 절차 후에도 말문을 열지 않는다면 지능검사를 위해 언어 사용이 필요 없는 그림 지능검사를 적용할 수 있다.

결과 해석 시 고려할 점

아동의 심리검사 결과를 해석할 때 중요한 것은 연령과 지능 수준을 반드시 고려해야 한다는 것이다. 즉, 어떤 반응이 그 아동의 연령이나 지능 수준에서 일반적인 반응인지, 아니면 정상 범위에서 벗어난 반응인지에 따라 정신병리를 진단하게 된다. 따라서 아동평가에서는 지능검사가 아동의 발달 수준을 이해하고 정신병리를 진단하는 데 중요한 역할을 한다. 아동의 경우 심리검사만으로는 아동의 문제에 대한 판단을 내리기 어려운 경우가 많다. Seigel(1989)은 아동의 평가에서 다음과 같은 네 가지 영역에 대해 특별한 주의를 기울일 것을 제안하였다.

① 발달력: 아동이 현재 보이는 문제에 영향을 주었을 가능성이 있는 소아정신과적 · 심리 적 · 의학적 · 신경학적 · 사회적 · 적응적 문제
② 면접: 부모 및 보호자와의 면접을 통해 얻은 현 상태에 대한 정보와 증상, 집이나 학교에 서 보이는 행동 특성 및 부적응적 행동
③ 행동관찰 및 기타검사: 행동관찰에서 얻은 정보 및 신경학적 검사와 같은 기타 검사에서 얻 은 정보
④ 정상 발달과 이상 발달에 대한 방대한 지식: 다양한 원천에서 얻은 정보의 평가 준거

아동 · 청소년 심리검사의 종류

아동 · 청소년 심리검사에는 처음부터 아동용으로 개발된 검사(예: KABC-II, KFD)와 성인용 과 이론적 구인은 동일하되 아동에게 적용할 수 있는 쉬운 문항으로 변경하여 타당화한 검사 (예: K-WISC-IV, CAT) 그리고 검사도구는 동일하지만 해석이나 규준의 적용에서 차이를 두는 검사(예: HTP, BGT) 등이 있다.

아동 · 청소년 심리검사의 분류 기준이나 구체적 도구들은 기본적으로 성인용 검사와 비슷 하다. 그러나 아동기 심리장애의 진단 특성상 발달 및 지능검사 영역의 비중이 크므로 검사 영 역별로 구분하는 것이 더 적절하고 유용하다. 현재 국내 임상장면에서 아동 · 청소년에게 시행 되는 주요 검사들을 아래 표와 같이 구분할 수 있다.

이 밖에 임상적 진단을 목적으로 사용하기보다는 진로상담 및 학습지도와 관련해서 사용하 는 검사도 있다. 진학 및 취업과 관련한 적성 분야의 탐색을 돕는 진로심리검사에는 중학생 이 상을 대상으로 하는 홀랜드 진로탐색검사와 고등학생 이상을 대상으로 하는 스트롱 직업흥미 검사 II가 주로 사용된다. 또한 학습상담에 활용되는 검사로는 초등학교 2학년 이상에 실시되 는 학습능력검사와 초등학교 4학년 이상을 대상으로 하는 U&I 학습유형검사 등이 사용되고 있다.

아동 · 청소년 심리검사의 영역별 종류

평가 영역	검사 유형	검사도구	실시연령
발달 및 인지 평가	발달검사	베일리 영유아 발달검사(BSID-Ⅱ)	1~42개월
		한국형 Denver-Ⅱ	0~6세
		바인랜드 적응행동척도 2판(K-Vineland-Ⅱ)	0~90세
	지능검사	한국 웩슬러 아동 지능검사 3판(K-WISC-Ⅲ)	6세~15세 11개월
		한국 웩슬러 아동 지능검사 4판(K-WISC-Ⅳ)	6세~16세 11개월
		한국 웩슬러 유아지능검사 4판(K-WPPSI-Ⅳ)	2세 6개월~7세 7개월
		한국 카우프만 아동 지능검사 2(KABC-Ⅱ)	만 3~18세
	주의력검사	주의력검사(ATA)	5세 이상
		같은 그림 찾기 검사(MFFT)	5세 이상
	학습능력검사	기초학습기능검사	6~12세
	신경심리검사	벤더게슈탈트 검사(BGT)	5세 이상
		시각-운동 통합발달검사(VMI)	2세 10개월 이상
		루리아-네브래스카 신경심리검사(LNNB-C)	8~12세
		위스콘신 카드분류검사(WCST)	6세 6개월 이상
성격 및 정서상태	행동평가척도	아동 · 청소년 행동평가척도(CBCL 6-18)	6~18세
		청소년 행동평가척도 자기보고용(YSR)	12~18세
		한국 아동 인성평정척도(KPRC)	3~17세
	객관적 성격검사	다면적 인성검사(MMPI-A)	14~18세
		어린이 및 청소년 MBTI(MMTIC)	8~13세
		기질 및 성격검사 유아용, 아동용, 청소년용(JTCI)	3~6, 7~11, 12~18세
	투사법 검사	집-나무-사람 그림 검사(HTP)	5세 이상
		동작성 가족화 검사(KFD)	5세 이상
		동작성 학교 그림검사(KSD)	5세 이상
		문장완성검사(SCT)	5세 이상
		주제통각검사(TAT, K-CAT)	TAT 중학생 이상 K-CAT 5세 이상
		로샤 잉크반점검사(Rorschach Inkblot Test)	5세 이상

Chapter 12

영유아 발달검사 및 인지기능검사

하은혜

학/습/목/표

1. 영유아 발달검사의 목적 이해하기

2. 베일리 영유아 발달검사(BSID-II)의 특징과 실시방법 이해하기

3. 한국형 덴버-II의 특징과 실시방법 이해하기

4. 바인랜드 적응행동척도 2판(K-Vineland-II)의 특징과 실시방법 이해하기

5. 인지기능검사의 종류와 특징 이해하기

6. K-WISC-IV 특징과 실시방법 이해하기

7. 주의력검사(ATA)의 특징과 실시방법 이해하기

8. 기초학습기능검사의 특징과 실시방법 이해하기

1. 영유아 발달검사

1) 발달검사의 목적

영유아는 언어발달 지체, 운동발달 지체 그리고 사회적 상호작용의 제한, 상동증적 행동 과 같은 자폐적 행동 특징 등을 주 호소문제로 평가가 의뢰되는데, 의뢰된 영유아 대부분이 언어발달 지체를 동반하므로 정확한 지능 수준을 평가하는 데 많은 어려움이 따른다. 영유아용 지능검사인 K-WPPSI와 같은 구조화된 지능검사가 가능한 3세 반 이전과 3세 반 이후임에도 지능검사가 불가능한 경우 운동 영역과 인지 영역 전반에서의 '발달지수(Developmental Quotient: DQ)'와 실제 생활에서 습득한 행동 정도의 평가를 통해 영유아의 발달 정도를 평가하게 된다. 현재 발달 수준을 확인하고 운동과 인지 발달 전반이 지체된 경우인지, 이 두 영역 가운데 특정 영역만 지체된 경우인지, 또는 발달지체 이외에 자폐적 특성을 보이는지를 평가하여 진단을 결정하게 된다.

그런데 2, 3세에 발달지체로 판정된 아동 4~5명 가운데 1명은 이후 정신지체로 판정되지 않는다는 결과도 있어(Robinson & Robinson, 1976a), 발달지체 진단에는 신중을 기해야 한다. 유아용 발달검사는 감각운동 기능을 더 강조하고 언어화와 추상성을 덜 강조한다는 점에서 아동용 지능검사와 차이가 있다. 유아용 지능검사 점수와 이후 평가되는 지능검사는 상관관계가 낮다는 연구 결과가 나오는 이유가 여기에 있다. 그러나 일반 인구를 대상으로 한 유아기 발달검사 지수와 이후 지능검사 간의 상관관계는 비교적 낮지만, 특정 시기의 인지 발달 지체에 대한 조기판정 자체는 보통 범위 혹은 우수한 아동을 판단하는 것보다 더욱 정확하다는 점이 주목할 만하다. 특히 발달력과 임상적 정보가 보강될 때 발달지체에 대한 판정의 정확도는 더욱 높다. 따라서 발달지체에 대한 조기판별은 발달검사나 유아용 지능검사에만 의존하는 일회적 과정이 아니라 추후 구조화된 지능검사를 실시해야 하며 유아의 잠재능력이 최대한 발휘될 수 있는 검사환경을 제공해야 한다.

2) 발달검사의 종류와 특징

영유아기 발달 수준을 평가하기 위해 사용되는 검사에는 게젤 발달검사(Gesell Development Schedules: GDS, 1949), 매카시 아동능력검사(McCarthy Scales of Children's Abilities: MSCA, 1972), 유아선별검사(Early Screening Inventory: ESI, 1983), 덴버 발달선별검사 II(Denver-II, 1992), 그리고 베일리 영유아 발달검사 II(Bayley Scales of Infant Development II: BSID-II, 1993) 등이 있

다. 이 중 국내에서 널리 사용되는 도구는 덴버 발달선별검사 II(Denver-II; 신희선, 한경자, 오진주, 오가실, 하미나, 2002)와 베일리 영유아 발달검사 II(BSID-II; 박혜원, 조복희, 2006))이다.

(1) 베일리 영유아 발달검사 II(BSID-II)

① 검사 대상 및 목적

베일리 영유아 발달검사 II(Bayley Scales of Infant Development: BSID-II)는 영아의 현재 발달 정도를 평가하고, 발달지체 여부와 그 수준을 평가하기 위한 검사이다. 국내에서는 1,700명의 영유아를 대상으로 표준화되었으며, 총 319문항으로 구성되어 있다(조복희, 박혜원, 2004).

I판과 비교하면 평가연령이 1~42개월까지로 늘어났고, 정상 발달의 영유아뿐만 아니라 실제 임상장면에서도 적용될 수 있도록 문항의 내용 범위가 확장되었다. 또한 임상집단을 대상으로 자료가 수집됨으로써 척도의 임상적 유용성이 증진되었다. 여러 경험적 연구를 통해 제작 및 개정되었고 광범위한 표준화 절차를 거쳤으며 영아 발달에 관련된 중요한 정보를 제공함으로써 영아용 발달검사로는 가장 우수하다고 평가된다. 또한 유아의 현재 발달 수준을 판단하는 데 효과적이며 발달지수뿐만 아니라 현재 발달 수준을 개월 수로 환산할 수 있어 실제 기능을 파악하는 데도 도움이 된다. 그리고 발달이 지체된 것으로 판명된 경우 정신 영역과 운동 영역의 상대적 발달 정도를 고려하여 문제의 핵심을 파악한 후 개입 프로그램의 자료로 활용하고 효과성 평가에도 사용할 수 있다. 또한 부모에게 아동 발달에 대해 교육하기 위해 사용할 수 있는 유용한 교육평가 도구이다.

그러나 특정 영역의 장애를 측정하기 위한 목적으로 사용되어서는 안 된다. 예를 들어, 아동의 언어발달 지연을 진단할 수는 없고, 언어 영역 문항에서 많은 실패가 보고되면 언어 전문가

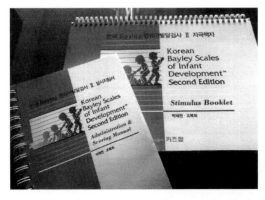

[그림 12-1] 베일리 영유아 발달검사(BSID-II)

에게 평가를 의뢰해야 한다. 또한 신체나 감각적 손상이 심각한 아동을 평가하기 위해 BSID-II 의 표준화 실시와 규준점수를 사용하는 것은 신체장애를 가진 아동에게 불리할 수 있다.

② 구성 및 내용
BSID-II는 인지척도 178문항, 동작척도 111문항, 행동평정척도 30문항의 319문항으로 구성되어 있으며 그 구성은 〈표 12-1〉과 같다.

● 표 12-1　BSID-II의 구성

척도명		구성 내용
인지척도	인지 발달	① 1~3개월, 재인기억과 습관화 능력 측정 ② 2~3개월, 시각적 선호와 시각적 정확성 측정 ③ 12개월 이상, 문제 해결 능력 측정 ④ 26~42개월, 수개념과 수세기 기술 측정
	언어발달	표현언어와 수용언어, 문법규칙 이해의 발달과 어휘력 측정
	개인/사회성 발달	BSID-II의 문항들로 직접 측정하거나 검사자에 대한 영유아의 반응을 통해 간접적으로도 측정
동작척도	운동의 질	6개월 이상, 소근육과 대근육 운동의 질 측정
	감각 통합	촉각과 시각을 포함하는 감각 통합 영역 평가
	지각-운동 통합	운동 계획하기와 소근육 운동 조절 측정
행동평정척도		검사 시행장면과 관련이 있는 아동 행동의 미묘한 질적인 측면을 평가 • 아동의 주의/각성요인(Attention/Arousal Factor) • 과제 지향성 요인(Orientation/Engagement Factor) • 정서조절 요인(Emotional Regulation Factor) • 운동의 질 요인(Motor Quality Factor)

③ 검사방법
검사 시 영유아는 부모와 함께 있는 것이 바람직하다. 0~15개월 영아는 25~35분, 15개월 이상의 영아는 1시간 정도의 검사시간이 소요된다. 영아의 반응을 유도해 내기 위한 특별한 칭찬이나 보상은 피하고 일반적으로 용기를 주는 정도의 관계를 형성한다. 연령에 따라 낯선 사람에 대한 불안 반응이 다르므로 이를 고려하여 관계 형성에 신중해야 한다.

BSID-II는 아동의 생활연령에 따라 검사 문항의 시작과 끝이 정해진다. 1~13개월까지는 1개월 간격, 14~37개월까지는 3개월 간격 그리고 38~42개월까지는 검사 문항 세트가 정해져 있다. 이때 날짜 계산은 15일 전이면 검사 문항 연령 개월 수를 아래로 낮추고, 16일 이상이면

높인다. 각 문항은 해당 연령 아동의 90%가 통과한 문항부터 15%가 통과한 문항까지 난이도 순서로 제시되어있다. 문항평가의 지속 여부를 결정하기 위해서는 〈표 12-2〉에 제시된 기저선 규칙(Basal Rule)과 천장 규칙(Ceiling Rule)을 적용하여 중단한다.

표 12-2 기저선 규칙과 천장 규칙

	정신척도	운동척도
기저선 규칙	5개 문항 이상 성공	4개 문항 이상 성공
천장 규칙	3개 문항 이상 실패	2개 문항 이상 실패

④ 채점 및 해석

채점 다음의 기준에 따라 통과한 문항인 C에만 1점을 주어 전체 성공 문항을 합산하여 원점수를 계산한다.

- C(Credit): 정확한 반응이나 수행. 점수를 줌.
- NC(No Credit): 부적절한 반응. 점수를 주지 않음.
- RF(Refused): 수행 거부. 점수를 주지 않음.
- O(Omit): 우연 혹은 의도적으로 문항 생략. 점수를 주지 않음.
- RPT(Casegiving Report): 검사 이외의 다른 상황에서 정확 반응이나 수행을 보고하지만 점수를 주지 않음.

원점수 계산 후 MDI와 PDI 구하기 합산한 원점수를 가지고 인지발달지수(Mental Development Index: MDI), 동작발달지수(Psychomotor Development Index: PDI)를 계산한다. MDI와 PDI는 평균 100, 표준편차는 15인데, ±3SD까지 부록에 기술되어 있다. 즉, 50~150까지만 기술되었으므로 이 범위 밖에 있으면 50 이하 또는 150 이상으로 표시한다.

인지 및 동작 발달 연령 산출 BSID-II의 가장 큰 장점은 MDI와 PDI 외에 현재 발달 정도를 개월 수로 환산할 수 있다는 점이다. 인지 발달과 동작발달 영역에서 현재 발달 개월 수를 산출함으로써 영아의 생물학적 연령대비 현재 발달 정도를 개월 수로 직접 비교할 수 있다.

행동평정척도(BRS) 계산 연령에 따라 26% 이상이면 정상 범주(Within Normal Limits), 11~25% 내에 있으면 행동 손상의 가능성에 유의해야 함을 의미하므로 의문(Questionable) 그리고 10% 이하이면 행동 지연이나 손상을 의심해 볼 수 있는 비최적(Non-Optimal)으로 범주화된다.

해석　BSID-II의 MDI와 PDI의 해석은 〈표 12-3〉과 같다.

● **표 12-3**　BSID-II의 결과 해석표

점수	범주
115 이상	가속 수행(Accelerated Performance)
85~114	정상 범주(Within Normal Limits)
70~84	약간 지연(Mildly Delayed Performance)
69 이하	심각한 지연(Significantly Delayed Performance)

(2) 한국형 덴버 II

① 검사 대상 및 목적

덴버 II는 DDST(Denver Development Screening Test, 1967)의 개정판으로 Frankenburg, Dodds 와 Fandal(1992)이 개발한 0~6세 대상 영유아 발달검사이다. 우리나라에서는 오가실(1976)이 도 입한 이후 예비연구가 이루어졌고(이근, 1996; 전민철 외, 1997) 1,054명의 영유아를 대상으로 총 110개의 항목으로 표준화되었다(신희선, 한경자, 오가실, 오진주, 하미나, 2002a, 2002b).

덴버 II는 검사 실시가 쉽고 30분 이내로 빠르게 실시할 수 있으므로 발달지체의 초기 판별 도구로서의 유용성이 매우 높다. 특히 뚜렷한 증세는 없으나 발달지체 가능성이 있는 영유아 의 선별이나 발달지체가 의심될 때 이를 객관적으로 확인할 수 있고, 주산기 이상과 같은 고위

[그림 12-2] 덴버 II 검사도구

험 요인이 있는 아동을 추적 관찰하는 데도 사용할 수 있다. 또한 심한 지체를 판별해 내는 데 효과적이며 비정상 발달의 유아를 실제보다 더 높은 비율로 선별하는 경향이 있어 장애 아동을 조기 발견하여 개입할 수 있는 기회를 제공한다.

검사 실시에 대한 훈련이 크게 필요하지 않으므로 실제 임상장면에서 할 수 있는 비형식적인 관찰을 보다 효율성 있는 절차로 향상시켰다는 평가를 받고 있으며 연구도구로도 활용도가 높다.

② 구성 및 내용

덴버 II는 4개 발달 영역의 총 110개의 항목으로 구성되어 있다. 덴버 II의 주요 구성 내용은 〈표 12-4〉와 같다.

● 표 12-4　덴버 II의 구성

영역	문항 수	내용
1. 개인 사회발달 영역 (Personal-Social)	22	사람들과 상호작용하고 일상생활을 위한 개인적 요구를 스스로 해결할 수 있는 신변처리 능력 평가
2. 미세운동 및 적응발달 영역 (Fine Motor-Adaptive)	27	눈-손의 협응, 작은 물체의 조작, 문제 해결 능력 평가
3. 언어발달 영역 (Language)	34	듣고 이해하고 언어를 사용하는 능력 평가
4. 운동발달 영역 (Gross Motor)	27	앉고 걷고 뛰는 대근육 운동능력 평가

③ 검사방법

검사 시 아동의 적극적인 참여가 필요하므로 영유아가 편안한 상태로 검사를 받을 수 있도록 해야 하고 영아의 경우 부모의 무릎에 앉혀서 검사를 한다. 검사를 실시하기 전에 영유아가 검사도구에 익숙하도록 검사도구를 미리 보여 주며, 검사가 시작되면 영유아의 주의집중력을 높이기 위해 꼭 필요한 도구 외에는 탁자 위에서 모두 치운다. 실시시간의 제한은 없다.

검사의 실시방법은 [그림 12-3]의 기록지에서 영유아의 만 연령을 계산하여 검사지의 연령 표시 부분 위와 아래 연령의 눈금에 따라 직선으로 연령선을 긋는다(단, 2주 이상의 조산아인 경우 연령에서 조산된 주만큼 뺀다). 검사 순서는 가능하면 검사지의 제일 위에 있는 영역(사회발달 영역)부터 아래쪽으로 내려가면서 검사한다. 또한 검사해야 할 항목은 먼저 연령선이 걸쳐진 항목부터 하고 연령선에 가까운 항목 왼쪽과 오른쪽으로 옮겨서 최소한 한 영역에 3개의 통과 항목(P)과 실패 항목(F)이 있을 때까지 계속한다. 검사 결과는 그 항목 50%의 눈금이 있는 위치

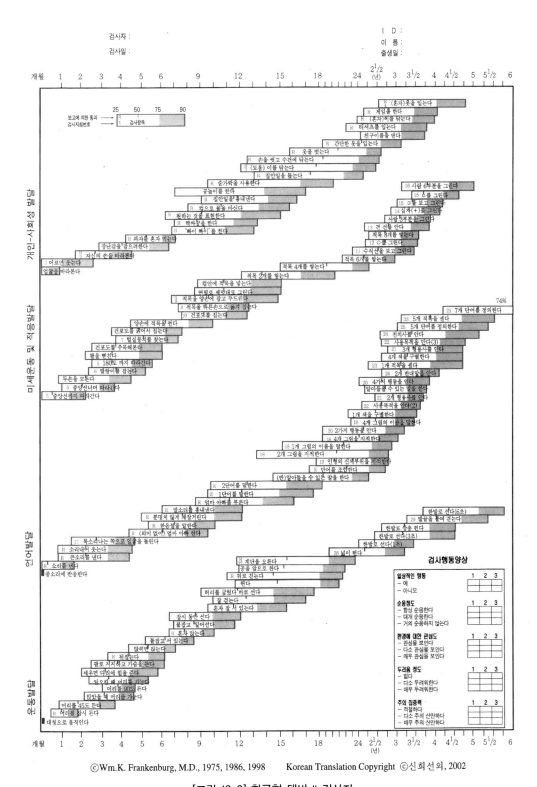

©Wm.K. Frankenburg, M.D., 1975, 1986, 1998   Korean Translation Copyright ©신희선외, 2002

[그림 12-3] 한국형 덴버 II 검사지

에 굵은 글씨로 크게 표시하는데, 결과 표시방법은 〈표 12-5〉와 같다.

● 표 12-5 결과 표시방법

기호	내용
P(Pass)	실제로 할 수 있었던 경우
F(Fail)	실제로 할 수 없었던 경우
R(Refuse)	실제로 할 수 있다고 믿는데 여러 가지 사정으로 거절한 경우
NO(No Opportunity)	실제로 해 볼 수 있는 기회가 한 번도 없었으면 기회 없음으로 표시
C(Caution)	75~90%에 연령선이 통과하는 문항을 실패하거나 거절한 경우
A(Advanced)	연령선보다 완전히 오른쪽에 있는 항목을 통과한 경우
OK	25~75%에 연령선이 걸쳐진 항목을 통과, 실패, 거절한 경우

* 발달지체: 연령선 미만에 있는 항목 가운데 실패 항목(F)이 있는 경우. 지체된 항목의 막대 오른쪽을 짙게 칠하여 표시

④ 채점 및 해석

채점은 각 행동을 합격(P)과 불합격(F)으로 평가한 후, 〈표 12-6〉에 제시된 내용에 따라 정상(Normal), 의문(Questionable), 이상(Abnormal), 검사 불능(Untestable)으로 해석한다. 그리고 영유아의 평소 행동 특성을 부모에게 물어보고 해석에 참조해야 한다.

● 표 12-6 덴버 II의 채점

	내용
정상(Normal)	• 지연이 없고 주의항목 최대 1개 • 다음 방문 때 재검사
의문(Questionable)	• 1개의 지연항목 그리고/또는 2개나 그 이상의 주의항목(C) • 공포, 질병, 피곤함 같은 일시적인 요소를 배제하기 위해 1~2주 내에 재검사
검사 불능(Untestable)	• 완전히 연령선 왼쪽의 항목에서 1개 이상의 거부나 75~90% 사이에 연령선이 지나는 항목에 2개 이상의 'R' 점수가 있는 경우 • 1~2주 내에 재검사
이상(Abnormal)	• 2개 이상의 지연항목이 있을 경우 • 진단적 평가를 위해 의뢰

(3) 바인랜드 적응행동척도 2판(K-Vineland-II, 사회성숙도검사 개정판)

① 검사 대상 및 목적

한국판 바인랜드 적응행동척도(K-Vineland-II; 황순택, 김지혜, 홍상황, 2015)는 0~90세의 영유아부터 성인을 대상으로 개인적·사회적 능력의 발달 정도를 평가하는 도구이다. 사회성숙도검사(Doll, 1965; 김승국, 김옥기, 1985)의 개정판으로 0~30세 대상인 1판에 비해 평가 연령이 확대되었다. 사회성숙도검사는 일반 인구만을 표준화 대상으로 하였으나, K-Vineland-II에서는 임상 표본도 포함시켜 여러 장애 환자의 검사 결과에 대한 해석을 제공한다. 임상가가 보호자와 면담을 하면서 평가하는 면담형과 보호자가 대상자에 대해 직접 평가하는 보호자 평정형으로 구성된다.

이 검사는 사회적응 능력의 발달 수준 평가를 통해 인지적 성숙도를 간접적으로 측정할 수 있고 적응 수준을 예측할 수 있다. 특히 언어 이해 및 표현상의 문제로 구조화된 지능검사를 실시하기가 어려운 경우에 이 검사를 통해 현재의 기능 수준을 제한적이나마 추정할 수 있다. 지적장애뿐만 아니라 정서·행동장애 등 다양한 장애의 임상적 진단을 위해 사용한다. 특히 적응행동에 상당한 제한이 있는 수검자들의 변별진단(예: 지적장애 대 자폐스펙트럼장애)에도 실제적 정보를 얻을 수 있다.

의사소통, 생활기술, 사회성, 운동기술의 네 가지 주영역 내에 여러 개의 범주가 구분되어 있어 각 영역별 발달 수준의 평가가 가능하여 동일한 지적장애 수준이라도 각 영역의 상대적인 발달 정도를 비교함으로써 어떤 영역을 중심으로 적응능력을 향상시킬 수 있을지 예측하고 개입을 계획하는 데 지표로 삼을 수 있다. 또한 어린 아동의 발달 수준을 평가하고 조기개입을 결정하기 위한 도구로 활용할 수 있다. 특히 1판인 사회성숙도검사에 비해 초기 연령대에서 문항의 밀도를 증가시켰기 때문에 빠르고 극적인 발달적 변화를 겪는 연령대를 대상으로 여러 적응 영역에서의 발달적 지연을 확인하는 데 유용하다.

② 검사의 구성 및 내용

K-Vineland-II는 의사소통, 생활기술, 사회성, 운동기술의 4개 주영역과 11개의 하위영역으로 구성되어 있다. 0세부터 만 6세 11개월 30일까지는 4개 주영역의 조합으로 개인의 적응행동을 구성하고, 만 7세 이상에서는 운동기술 영역을 제외한 의사소통, 생활기술, 사회성의 3개 영역으로 적응행동을 구성한다. 면담형의 하위명칭에 비해 보호자 평정형의 하위명칭은 일반인도 이해하기 쉬운 명칭을 사용하는데(예: 개인 대 자신 돌보기) 면담형을 기준으로 내용을 설명하면 다음과 같다.

의사소통 영역　수용, 표현, 쓰기의 3개 하위영역이 있다. 수용은 개인이 말을 어느 정도로 듣고 주의집중하고 이해하는지, 그리고 무엇을 이해하는지 등을 평가한다. 표현은 개인이 말을 어느 정도로 구사하는지, 정보를 제공하고 모으기 위해 단어와 문장을 어떻게 사용하는지와 관련된 문항들이다. 쓰기는 글자를 이해하는지, 글을 읽고 쓸 수 있는지를 평가한다.

생활기술 영역　개인, 가정, 지역사회의 3개 하위영역이 있다. 개인은 먹는 것, 입는 것, 위생관리가 어느 정도 가능한지를 평가한다. 가정은 개인이 집안일을 어느 정도 수행하는지를 평가하며, 지역사회는 시간, 돈, 전화, 컴퓨터, 직업기술을 어떻게 사용하는지를 평가한다.

사회성 영역　대인관계, 놀이 및 여가, 대처기술의 3개 하위영역이 있다. 대인관계는 다른 사람들과 어떻게 상호작용하는지를 평가하며, 놀이 및 여가는 어떻게 놀고 어떻게 여가시간을 사용하는지를 평가한다. 대처기술은 다른 사람들에 대한 책임감과 세심함을 어떻게 드러내는지를 평가한다.

운동기술 영역　대근육운동과 소근육운동의 2개 하위영역이 있다. 대근육운동은 움직이고 조작하기 위해 팔과 다리를 어떻게 사용하는지, 그리고 소근육운동은 사물을 조작하기 위해 손과 손가락을 어떻게 사용하는지 등을 평가한다.

부적응행동 영역(선택적)　내현화, 외현화 하위영역 및 부적응행동 지표와 결정적 문항의 4개 하위지표를 구할 수 있다. 개인의 적응적 기능을 방해하는 내현적 · 외현적 행동과 부적응행동 총점을 환산할 수 있고 임상적으로 중요한 정보를 제공하는 보다 심각한 수준의 부적응적 행동들을 평가하는 결정적 문항은 각 문항별 지표를 얻을 수 있다.

③ 검사방법

K-Vineland-II는 면담형과 보호자 평정형의 두 가지 양식으로 제작되었다. 면담형은 임상가가 반구조화된 면담을 통해 수검자의 기능을 평가하는 반면, 보호자 평정형은 보호자가 문항을 읽고 수검자의 기능 정도를 기입한다.

K-Vineland-II는 검사용지에 문항들이 각 하위영역별로 발달적 순서에 맞게 배열되어 있고, 검사자는 각 하위영역에서 수검자의 연령에 해당하는 문항부터 실시한다. 수검자가 3세 이하인 경우 일부 하위영역을 실시할 필요가 없다. 하위영역의 첫 번째 시작 연령보다 수검자가 어린 경우에는 해당 하위영역을 실시하지 않는다. 기저 규칙과 천장 규칙이 있는데, 기저 문항은 각 하위영역에서 4문항 연속해서 2점으로 채점된 문항 중 가장 뒤 문항으로 정의되고, 천장

문항은 4문항 연속해서 0점으로 채점된 문항군 중 가장 앞 문항으로 정의된다. 4개의 문항이 연속해서 0점으로 채점되면 해당 하위영역의 실시를 중단하고 다음 하위영역으로 넘어간다.

④ 채점 및 해석

각 문항은 '2, 1, 0, D/K, N/O'로 채점한다. 문항 판단 기준과 채점 점수에 대한 내용은 〈표 12-7〉과 같다.

● 표 12-7 **문항 판단 기준 및 점수**

점수	판단 기준
2점	그러한 행동을 항상 독립적으로(별도의 도움 없이) 할 수 있을 때 그러한 행동을 지금 하지는 않지만 할 수 있는 능력이 명백하게 있을 때 과거에는 그러한 행동을 했지만 지금은 나이 들어 하지 않는 경우
1점	그러한 행동을 가끔 하거나 부분적으로 도움을 받아서 할 때
0점	그러한 행동을 전혀 하지 못할 때
D/K	그러한 행동을 대상자가 할 수 있는지에 대해 응답자가 잘 알지 못할 때
N/O	기회가 없어 그러한 행동을 한 적이 없을 때

K-Vineland-II는 연령집단별 규준을 적용하여 표준점수 방식의 지수를 산출한다. 0세에서 부터 90세까지 개인이 속해 있는 연령 범주 표준화 집단의 수행에 비교하여 상대적인 기능 수준을 비교할 수 있다. 검사자가 4개의 적응행동 주영역에 속하는 11개의 하위영역과 부적응행동 영역에 속하는 3개의 하위영역 원점수를 전산 입력하면 지수가 컴퓨터로 자동적으로 계산되어 나온다.

주영역과 하위영역의 원점수는 연령별, 하위영역별 환산점수 또는 규준점수로 전환되어 해석에 사용한다. 표준점수, V척도 점수, 백분위점수, 적응 수준, 등가연령, 스태나인의 여섯 가지 규준점수가 산출되는데, 가장 널리 쓰이는 점수는 표준점수와 백분위점수이다. 표준점수의 범위에 따라 '낮음, 약간 낮음, 평균, 약간 높음, 높음'의 다섯 개 범주가 사용된다. K-Vineland-II에서 주영역과 하위영역의 적응기능 수행 수준에 대한 기술적 범주는 〈표 12-8〉과 같다.

해석 절차는 먼저 전반적 적응기능인 적응행동 조합, 적응행동의 4개 주영역과 11개 하위영역의 수행을 기술하면서 개인의 전반적인 수행뿐만 아니라 주영역과 하위영역 내 수행을 비교한다. 다음으로 개인의 강점과 약점을 기술하고, 선택적으로 부적응행동 영역이 실시되었다면 필요에 따라 추가적으로 해석한다.

● 표 12-8 적응 기능 수행 수준에 대한 기술적 범주

적응 수준의 기술적 범주	표준편차	표준점수 범위	V척도 점수 범위	백분위 범위
높음	2.0 이상	130 이상	21 이상	98%ile 이상
약간 높음	1.0~2.0	115~129	18~20	84~97%ile
평균	-1.0~1.0	86~114	13~17	18~83%ile
약간 낮음	-2.0~-1.0	71~85	10~12	3~17%ile
낮음	-2.0 이하	70 이하	9 이하	2%ile 이하

2. 인지기능검사

아동·청소년의 인지기능을 평가하는 검사는 평가 영역을 기준으로 크게 전반적인 인지적 기능을 평가하는 지능검사, ADHD의 진단을 위해 주의력과 충동성을 검사하는 주의력검사, 학습장애 진단을 위해 세부 학습문제를 진단하는 학습기능검사, 그리고 대뇌 기질성 장애를 평가하는 신경심리검사로 구분할 수 있다. 신경심리검사의 경우 이 책의 제6장에 소개되어 있고, 치매검사를 제외한 다수의 검사가 아동·청소년에게도 적용되므로 이 절에서는 지능검사와 주의력검사, 학습기능검사를 소개하고자 한다.

1) 아동용 지능검사 K-WISC-IV

아동용 지능검사로는 언어성 지능과 동작성 지능을 포괄적으로 평가하는 한국판 웩슬러 지능검사가 널리 사용되며, 언어발달이 제한된 아동을 대상으로 하는 그림지능검사(Pictorial Test of Intelligence: PTI), 아동의 지능과 습득도를 평가하기 위해 개발된 한국판 카우프만 아동용 지능검사(Kaufman Assessment Battery of Children: K-ABC) 등이 사용되고 있다.

웩슬러 지능검사는 평가 대상의 연령에 따라 유아용 웩슬러 지능검사(K-WPPSI, 3세~7세 3개월), 한국 웩슬러 아동지능검사 4판(K-WISC-IV, 6세~16세 11개월) 그리고 성인용 웩슬러 지능검사(K-WAIS, 16~64세)로 구성되어 있다. 이 웩슬러 지능검사들은 대상 연령, 동일한 하위검사에서 연령에 적합한 난이도의 도구를 사용하는 점이 다를 뿐 그 이론적 배경이나 하위검사의 구성 등이 유사하다. 성인용 지능검사는 제5장에서 자세히 설명한 바 있으므로 여기에서는 웩슬러 아동용 지능검사의 특징과 해석에 대해 설명하기로 한다.

(1) 검사 대상 및 목적

WISC-II를 한국판으로 타당화한 아동용 웩슬러 지능검사 KEDI-WISC(교육개발원, 1991)가 표준화되어 사용되었다. 그러나 지능검사가 제작되어 시간이 지날수록 지능검사 수행 평균점수가 점점 높아진다는 연구 결과가 있다(Flynn, 1984; Kaufman, 1990). 즉, 시대에 뒤떨어진 규준이 사용되었을 때, 아동의 IQ는 현재의 규준보다 더 높은 점수를 보이게 된다. 이와 같은 이유로 WISC-III의 한국 표준화가 이루어졌다(곽금주, 박혜원, 김청택, 2001). 이 검사는 전체지능지수, 언어성 지능지수 및 동작성 지능지수와 함께 언어이해, 지각조직, 주의집중 및 처리속도의 4개 지수를 제공한다. 또한 미국판 WISC-IV(Wechsler, 2003)에 기초한 K-WISC-IV가 출판되었다(곽금주, 오상우, 김청택, 2011).

한국 웩슬러 아동지능검사 4판(K-WISC-IV, 곽금주 외, 2011)은 6세 0개월부터 16세 11개월까지의 아동과 청소년의 인지능력을 평가하기 위해 개별적으로 실시하는 심리검사로 구성과 실시방법에 대해 설명하면 다음과 같다.

(2) 검사의 구성 및 내용

WISC-IV는 작업기억과 처리속도에 대한 관심이 높아진 것을 포함하여, 인지능력 평가에 대한 최근의 이론과 실제를 반영하여 개정되었다. WISC-III(곽금주 외, 2001)에 있던 소검사인 차례맞추기, 모양맞추기, 미로의 3개를 삭제하였고 새로운 소검사인 공통그림찾기, 순차연결, 행렬추리, 선택, 단어추리의 5개를 추가하여 전체 15개 하위검사로 구성되었다. 소검사의 약자와 간략한 설명은 〈표 12-9〉에 제시되어 있다.

언어성 IQ와 동작성 IQ는 사용하지 않고 언어이해지표(Verbal Comprehension Index), 지각추론지표(Perceptual Reasoning Index)로 각각 대체되었다. 따라서 전체검사 IQ와 함께 언어이해지표(Verbal Comprehension Index), 지각추론지표(Perceptual Reasoning Index), 작업기억지표(Working Memory Index), 처리속도지표(Processing Speed Index)의 4개의 지표 점수를 제공한다. 소검사의 구성은 〈표 12-9〉에 제시되어 있고, 지표점수의 구성은 〈표 12-10〉에 있다.

● 표 12-9 K-WISC-IV 소검사의 약자와 설명

소검사	약자	설명
토막짜기 (Block Design)	BD	아동이 제한시간 내에 흰색과 빨간색으로 이루어진 토막을 사용하여 제시된 모형이나 그림과 똑같은 모양을 만든다.
공통성 (Similarities)	SI	아동이 공통적인 사물이나 개념을 나타내는 두 개의 단어를 듣고, 두 단어가 어떻게 유사한지를 말한다.
숫자 (Digit Span)	DS	숫자 바로 따라하기에서는 검사자가 큰 소리로 읽어준 것과 같은 순서로 아동이 따라 한다. 숫자 거꾸로 따라하기에서는 검사자가 읽어준 것과 반대 방향으로 아동이 따라 한다.
공통그림찾기 (Picture Concepts)	PCn	아동에게 두 줄 또는 세 줄로 이루어진 그림들을 제시하면, 아동은 공통된 특성으로 묶일 수 있는 그림을 각 줄에서 한 가지씩 고른다.
기호쓰기 (Coding)	CD	아동은 간단한 기하학적 모양이나 숫자에 대응하는 기호를 그린다. 기호표를 이용하여, 아동은 해당하는 모양이나 빈칸 안에 각각의 기호를 주어진 시간 안에 그린다.
어휘 (Vocabulary)	VC	그림문항에서, 아동은 소책자에 있는 그림들의 이름을 말한다. 말하기 문항에서는, 아동은 검사자가 크게 읽어 주는 단어의 정의를 말한다.
순차연결(Letter- Number Sequencing)	LN	아동에게 연속되는 숫자와 글자를 읽어 주고, 숫자가 많아지는 순서와 한글의 가나다 순서대로 암기하도록 한다.
행렬추리 (Matrix Reasoning)	MR	아동은 불완전한 행렬을 보고, 다섯 개의 반응 선택지에서 제시된 행렬의 빠진 부분을 찾아낸다.
이해 (Comprehension)	CO	아동은 일반적인 원칙과 사회적 상황에 대한 이해에 기초하여 질문에 대답한다.
동형찾기 (Symbol Search)	SS	아동은 반응부분을 훑어보고 반응부분의 모양 중 표적 모양과 일치하는 것이 있는지를 제한 시간 내에 표시한다.
빠진곳찾기 (Picture Completion)	PCm	아동이 그림을 보고 제한시간 내에 빠져 있는 중요한 부분을 가리키거나 말한다.
선택 (Cancellation)	CA	아동이 무선으로 배열된 그림과 일렬로 배열된 그림을 훑어본다. 그리고 제한 시간 안에 표적 그림들에 표시한다.
상식 (Information)	IN	아동이 일반적 지식에 관한 광범위한 주제를 다루는 질문에 대답을 한다.
산수 (Arithmetic)	AR	아동이 구두로 주어지는 일련의 산수 문제를 제한 시간 내에 암산으로 푼다.
단어추리 (Word Reasoning)	WR	아동이 일련의 단서에서 공통된 개념을 찾아내어 단어로 말한다.

● 표 12-10   K-WISC-IV 지표점수와 하위 소검사 구성

언어이해(VCI)	지각추론(PRI)	작업기억(WMI)	처리속도(PSI)
공통성 어휘 이해 (상식) (단어추리)	토막짜기 공통그림찾기 행렬추리 (빠진곳찾기)	숫자 순차연결 (산수)	기호쓰기 동형찾기 (선택)

주: 괄호 안은 보충 소검사임.

K-WISC-IV의 지표점수에 대해 설명하면 다음과 같다.

① 언어이해지표(VCI)

언어적 개념 형성, 언어적 추론과 이해, 획득된 지식, 언어적 자극에 대한 주의력에 대한 측정치이다. 이 소검사는 전통적인 VIQ 점수보다 인지기능의 더 협소한 영역을 측정하며, 다른 인지기능(작업기억)보다 덜 혼입되어 있다. 따라서 VCI는 VIQ보다 언어적 추론에 대한 더 순수한 측정치로 간주된다. 특히 VCI는 저조한 기억기능 또는 VIQ에 기여하는 소검사들 간에 편차가 큰 상황에서 언어적 추론능력에 대한 더 적절한 지표이다.

② 지각추론지표(PRI)

유동적 추론, 공간처리, 세부에 대한 주의력, 시각-운동 통합에 대한 측정치이다. 이 지표는 처리 속도에 덜 혼입되어 있으며, 저조한 처리속도 능력을 가진 개인의 진정한 비언어적 추론능력을 더 잘 반영한다.

③ 작업기억지표(WMI)

입력된 정보가 일시적으로 저장되고, 계산과 변환 처리가 일어나며, 계산과 변환의 산물/출력이 일어나는 곳에 대한 정신적 용량을 측정한다. 작업기억은 학습의 핵심적인 요소이기 때문에 작업기억의 개인차는 주의력, 학습 용량, 유동적 추론과 관련되는 개인차의 분산을 설명한다.

④ 처리속도지표(PSI)

개인이 신속하게 단순하거나 일상적인 정보를 오류 없이 처리할 수 있는지를 측정한다. 정보처리 속도는 일반 인지요인과 유의미한 상관관계가 있다. 학습은 일상적인 정보처리와 복잡한 정보처리의 조합이기 때문에 처리 속도가 약점일 경우 새로운 정보를 이해하는 과제를 하

는 데 시간이 더 오래 걸리고 과제 수행에 어려움을 겪게 되며, 새로운 자료를 이해해야 하는 복잡한 과제를 수행하기 위한 정신적 에너지가 덜 남게 된다.

⑤ 전체검사 IQ(FSIQ)

개인의 인지기능의 전반적인 수준을 추정하는 종합적인 합산점수이다. FSIQ는 주요 소검사 10개 점수의 합계이다. FSIQ는 보통 일반요인 또는 전반적인 인지적 기능에 대한 대표치이다.

(3) 처리 점수

K-WISC-IV는 3개의 소검사(토막짜기, 숫자, 선택)에서 7개의 처리 점수를 제공한다. 이 점수들은 아동의 소검사 수행에 기여하는 인지능력에 대한 더 자세한 정보를 제공하도록 고안되었다. 추가적으로 검사를 실시하는 것이 아니라 해당 소검사에 대한 아동의 수행에 기초하여 점수를 얻을 수 있다. 처리 점수는 다른 소검사 점수로 대체할 수 없으며, 합산점수에도 포함되지 않는다는 것을 주의해야 한다. 〈표 12-11〉에 지침서와 기록용지에서 사용되는 약자와 함께 처리 점수가 제시되어 있다.

● 표 12-11　처리 점수의 약자

처리 점수	약자
시간 보너스가 없는 토막짜기	BDN
숫자 바로 따라하기	DSF
숫자 거꾸로 따라하기	DSB
가장 긴 숫자 바로 따라하기	LDSF
가장 긴 숫자 거꾸로 따라하기	LDSB
선택(무선배열)	CAR
선택(일렬배열)	CAS

① 토막짜기

BDN 처리 점수는 문항을 빨리 완성하는 것에 대한 추가적인 시간 보너스 점수가 없는 토막짜기에서 보이는 아동의 수행에 기반을 둔다. 이 검사 점수에서 나타나듯이 K-WISC-IV에서 수행 속도에 대한 강조를 줄인 것은 아동의 신체적 한계, 문제 해결 전략, 개인적 특성이 시간을 요하는 과제의 수행에 영향을 미친다고 판단될 때 특히 유용할 수 있다.

다른 소검사 환산점수처럼 BDN은 평균 10, 표준편차 3의 측정 단위로 환산된다. 아동의 약 68%가 7~13점 사이의 환산점수를 받고, 약 96%가 4~16점 범위에 위치한다.

개인에서 BD와 BDN 점수 간 차이는 토막짜기 수행에 대한 속도와 정확성의 상대적 기여에 관해서 정보를 제공한다. K-WISC-IV는 차이 점수에 대해 표준화 표본에서의 임계치와 기저율을 제공하고 있다. 이 자료들은 점수 차이가 통계적으로 유의미한지 결정할 때 사용되고, 표준화 표본에서 발생한 빈도수를 확인할 때 사용된다. 대부분의 아동은 BD와 BDN 간에 큰 차이가 없다.

② 숫자

숫자 과제를 통해 환산되는 DSF와 DSB는 모두 즉각적인 청각적 회상을 통해 정보를 저장하고 인출하는 능력을 요구하지만, '숫자 거꾸로 따라하기' 과제는 아동의 주의력 및 작업기억 능력을 추가적으로 요구한다(Wechsler, 2003). DSF와 DSB 간 차이는 비교적 쉬운 과제와 좀 더 어려운 기억 과제에서의 차별적 수행능력을 나타낸다. LDSF와 LDSB 처리 점수는 각각 '숫자 바로 따라하기'와 '숫자 거꾸로 따라하기'에서 마지막으로 정확히 수행한 시행에서 회상한 숫자의 개수를 나타낸다. K-WISC-IV는 LDSF와 LDSB 원점수와 두 점수 간 차이에 대한 표준화 표본에서의 기저율을 제공한다.

③ 선택

CAR과 CAS 처리 점수는 선택 소검사에서 각각 무선배열과 일렬배열로 제시된 시각적 자극에 대한 선택적인 시각적 주의와 처리 속도를 측정한다. 선택 과제는 신경심리학적 장면에서 시각적 무시, 반응 억제, 운동 보속증을 측정하기 위해 널리 사용되어 왔다.

CAR과 CAS는 각각 선택 문항 1과 문항 2에서의 원점수로부터 도출된 환산점수이다. 이 두

[그림 12-4] K-WISC-IV 검사도구

점수를 비교하는 것은 무선적으로 배열된 시각 자극과 비슷한 과제이지만 조직적으로 배열되어 있는 시각 자극을 살펴볼 때 요구되는 차별적인 수행능력에 대한 정보를 제공한다.

ㄱ. 검사방법

아동마다 개인차가 있긴 하지만 검사 소요시간은 대략 65~80분 정도이다. 각 소검사의 문항은 아주 쉬운 문항에서 매우 어려운 문항의 순서로 배열되어 있으므로 아동이 일정한 문항 이상 계속 대답을 못하는 경우 그 소검사의 실시를 중지하여 아동의 의욕 상실을 막고 검사시간을 단축할 수 있다. 한 번에 모든 검사를 실시해야 하지만 아동의 동기가 부족하거나 피곤해서 또는 한 번에 검사를 다 하는 것이 불가능한 경우, 검사자는 일주일 내로 다른 시간을 정해서 나머지 검사를 할 수 있다. 또한 신체장애가 있는 아동에게 표준적인 방식으로 검사를 실시하게 되면 불리할 수 있다. 심각한 운동장애가 있는 아동은 시간 제약하에 소근육 능력을 필요로 하거나 검사도구를 조작해야 하는 소검사들에서 낮은 점수를 받을 가능성이 크다. 또한 듣기, 언어, 말하기에 손상이 있는 아동은 언어이해 소검사에서 낮은 점수를 얻을 수 있으므로, 아동의 특수한 요구에 맞춰 어느 정도의 유연성을 갖고 표준적인 절차를 변형하여 진행할 수 있다.

ㄴ. 채점 및 해석

채점 채점 절차는 전문가 지침서에 매우 자세히 제시되어 있고 객관적이기 때문에 준거에 대한 해석이 별도로 필요한 경우는 거의 없으나, 공통성, 어휘, 이해, 상식, 단어추리 소검사에서는 특별히 채점 시 고려해야 할 사항들이 있다. 이들 언어이해지표 소검사 채점 시 일반적 채점 기준과 예시 반응 목록과 비교해서 보고된 아동의 반응과 유사한 수준을 찾아 채점하는데, 이때 아동의 실제 반응 내용에 근거하여 채점한다. 또한 아동이 자발적으로 한 문항에 여러 개의 답을 할 경우에는 나중의 반응이 이전의 반응을 대체하는 것이라면 나중의 반응에 대해서만 채점하며, 정답과 오답 모두를 말하고 의도하는 답이 불확실하다면 아동에게 어느 것을 답으로 의도한 것인지 묻고 의도된 반응을 채점한다.

K-WISC-Ⅳ 전문가 지침서에 제시되어 있는 채점 기준에 따라 점수를 표시한 후 원점수를 기록한 다음 출판사에서 온라인상으로 제공하는 채점 프로그램에 소검사의 원점수들을 입력하고 채점하면 기록용지와 유사한 형태의 결과 프로파일이 산출된다. K-WISC-Ⅳ 프로파일은 [그림 12-5]에 제시되어 있다.

제시 점수 출력된 K-WISC-Ⅳ 결과 프로파일에는 표준점수(환산점수, 합산점수), 백분위, 측정의 표준오차와 신뢰구간이 제시된다. 환산점수는 수검 아동을 같은 연령대의 아동들과 비교

[그림 12-5] K-WISC-IV 기록지

할 때 상대적인 수행 정도를 나타낸다. 합산점수는 여러 소검사 환산점수의 다양한 조합을 바탕으로 산출되는 점수이다. 백분위는 같은 연령대의 다른 아동과 비교한 수검 아동의 순위를 나타내어 아동의 상대적인 수행 수준을 알려 준다. 표준오차와 신뢰구간을 활용하면 아동의 잠재력과 가능한 검사 점수 범위를 추정할 수 있다.

분석 절차 성인용 지능검사를 다룬 제5장에 기술되어 있듯이, WISC-IV의 분석 절차도 10단계의 과정을 거쳐 분석할 수 있다. 즉, 먼저 전체검사 IQ(FSIQ)와 지표점수(VCI, PRI, WMI, PSI)를 보고하고 기술한 후, 지표 수준에서 나타나는 차이값을 비교하고 평가한다. 다음으로 강점과 약점을 평가한 후 소검사 수준에서 나타나는 차이값 비교평가, 소검사 내 점수 패턴 평가를 한다. 마지막으로 처리분석을 수행한다.

해석 K-WISC-IV에서 얻는 결과들은 아동의 인지능력과 관련된 중요한 정보를 제공하지만, 결코 단독으로 해석되어서는 안 된다. 각종 기록과 면담을 통해 확인된 병력과 심리사회적 개인력, 직접적인 행동관찰, 검사 점수, 검사 수행의 질적인 측면 등에서 얻은 모든 정보를 종합적으로 고려하여 해석해야 한다. 또한 검사 점수에 대한 양적 해석과 반응 특성 및 내용에 기초한 질적 분석이 함께 이루어져야 한다. 검사 점수에 대한 양적 해석은 아래와 같은 과정을 거쳐 수행된다. 이는 Flanagan과 Kaufman(2009)의 저서『WISC-IV 평가의 핵심(Essentials of WISC-IV Assessment)』의 지침 내용을 중심으로 하였고 보다 자세한 내용은 이 책을 참조하기 바란다.

- 단계 1: 아동의 표준점수들(FSIQ와 지표들)과 소검사 점수들 보고
- 단계 2: 전반적인 지적 능력 요약을 위한 최상의 방법 결정
- 단계 3: VCI, PRI, WMI, PSI의 4개 지표 각각이 단일하여 해석 가능한지 결정
- 단계 4: 지표 프로파일에서 규준적 강점과 약점 결정
- 단계 5: 지표 프로파일에서 개인적 강점과 약점 결정
- 단계 6: 지표 프로파일의 변동성 해석
- 단계 7: 보충 소검사들이 시행되었을 때 임상적 비교 수행
- 단계 8: 일반능력지표(GAI)와 인지효능지표(CPI) 간 차이가 일반적인 수준보다 과도하게 큰지 결정

단계 7에서 보충 소검사들이 시행되었을 때 임상적 비교를 수행하는데, 이는 CHC 군집 (Cattell-Horn-Carroll Grouping) 비교에 근거한 해석을 말한다. CHC 군집에 근거한 해석은 군집을 구성하는 소검사 점수들 간 편차가 5점 미만일 때 군집 비교를 수행할 수 있다. 현재 K-WISC-IV에서는 CHC 군집 해석에 필요한 표준점수가 제공되지 않아 결과 해석에 직접적으로 적용할 수는 없다. CHC에 근거한 임상적 군집은 다음과 같다.

- 유동 추론(Gf): 행렬추리+공통그림찾기+산수
- 시각 처리(Gv): 토막짜기+빠진곳찾기
- 비언어성 유동 추론(Gf-nonverbal): 행렬추리+공통그림찾기
- 언어성 유동 추론(Gf-verbal): 공통성+단어추리
- 어휘 지식(Gc-VL): 단어추리+어휘
- 일반 상식(Gc-KO): 이해+상식
- 장기기억(Gc-LTM): 상식+어휘
- 단기기억(Gsm-WM): 순차연결+숫자

2) 주의력검사와 학습기능검사

임상현장에는 학습장애와 ADHD가 공존하는 경우가 많다. 학습장애 아동이 주의집중의 문제를 함께 보이는 경우, 학습문제가 주가 되고 주의집중력이 부차적인 것인지, 아니면 주의집중의 어려움으로 인해 학습문제가 발생한 것인지를 평가하는 것이 아동에게 맞는 적절한 치료법을 선택하는 데 매우 중요하다.

학습장애 및 ADHD 아동의 주의력 및 학습기능을 평가하기 위해 사용되는 검사에는 주의력

검사(Advanced Test of Attention: ATA), 지능검사, 학업성취검사, 기초학습기능검사 등이 있다. 이 중 국내에서 널리 사용되는 도구는 주의력검사(ATA)와 같은 그림 찾기 검사(MFFT) 그리고 기초학습기능검사로, 이 검사들의 특징과 실시방법은 다음과 같다.

(1) 주의력검사(ATA)

① 검사 대상 및 목적

ADHD의 임상적 진단과 치료 효과의 평가에 자주 이용되고 있는 평가도구는 연속수행검사(Continuous Performance Tests: CPT)이다. CPT는 주의력의 영역 중에서 특히 주의 지속성(경계유지, vigilance)과 주의 산만성(distractibility)을 평가하는 데 유용하며, 표적 자극에만 반응을 해야 하므로 선택적 주의력도 평가한다.

주의력검사(Advanced Test of Attention: ATA; 홍강의, 신민섭, 조성준, 2010)는 CPT의 한 종류로 지속적인 주의력을 평가하기 위해 홍강의, 신민섭과 조성준(1999)이 개발한 주의력장애 진단 시스템(Attention Diagnosis System: ADS)를 개선한 컴퓨터로 실시되는 주의력검사 프로그램이며, 5~15세의 아동 및 청소년을 대상으로 표준화하였다. 컴퓨터 프로그램을 사용하므로 반응의 기록 및 분석이 모두 프로그래밍되어 있어 사용하기에 편리하다. 또한 언어능력과 좌우 변별능력을 요구하지 않고 연습 효과가 없으며 주의력장애 진단의 주요 지표와 약물치료에 대한 반응을 측정한다.

② 검사방법

ATA는 시각 자극과 청각 자극 2개의 검사양식으로 구성되어 있으며, 자극 제시시간과 제시 간격은 각각 0.1초와 2초이다. 시각 자극의 경우 세 가지 모양의 그림을 사용하는데, 삼각형이 목표 자극이고 사각형, 원 등 나머지 둘은 비목표 자극이다. 시각 자극이 [그림 12-6]에 제시되어 있다. 청각 자극은 삐-삐-삐가 목표 자극이고 삐-삐, 삐-삐-삐-삐가 비목표 자극이다. 수검자는 컴퓨터 화면을 응시하고 목표 자극이 제시될 때마다 조이스틱의 버튼을 누르면 컴퓨터에 이 반응이 자동으로 기록된다. 초반, 중반, 후반에 제시되는 목표 자극은 각각 22, 50, 78%로 후반부로 갈수록 빈도가 높아진다. 낮은 빈도로 제시되는 초반에는 경계성(vigilance)을 측정하는 데 유용한데, 각성이 낮은 사람은 이때 수행 저하를 보여 누락 오류의 가능성이 많아진다. 후반에는 목표 자극이 78%의 높은 빈도로 제시되어 반응과 억제가 매우 높게 요구되는 과제 상황이므로 중추신경계 각성 수준이 높은 사람은 지나치게 흥분하여 충동적인 반응을 하며, 오경보 오류를 많이 보일 수 있다.

ATA의 검사 길이는 연령에 따라 다르게 제작되었다. 5세는 5분으로 초/중/후반 각각 1분

표적 자극

비표적 자극

비표적 자극

[그림 12-6] ATA 시각 자극

40초씩으로 구성되어 있고, 6세는 10분으로 초/중/후반 각각 3분 20초, 7세 이상은 총 15분으로 초/중/후반 각각 5분씩으로 나뉘어 있다.

③ ATA 지표의 구성 및 내용

- 누락 오류(Omission Error): 부주의(inattention)를 측정하는 것으로 수검자가 목표 자극에 반응하지 않았을 때를 말한다.
- 오경보 오류(Commission Error): 반응억제장애와 충동성을 측정하는 것으로, 수검자가 비목표 자극에 반응했을 때 발생한다. 즉, 누르지 않아야 할 때 조이스틱을 충동적으로 누르는 경우가 해당된다. ATA의 오경보 오류는 목표 자극이 많이 제시되는 후반에 자주 나타난다.
- 정반응시간 평균(Response Time Mean: RTM): 자극에 대해 정확하게 반응하는 데 걸리는 처리시간(msec)의 평균을 말한다. ADHD를 가진 아동은 정반응을 하는 데 걸리는 시간이 정상 아동보다 느리므로 ADHD를 진단하는 데 매우 중요한 변인이다.
- 정반응시간의 표준편차(Response Time Deviation: RTD): 정확한 반응을 하는 데 걸리는 시간의 표준편차로서, 반응의 일관성과 주의력의 유동성을 측정한다. 즉, ADHD 아동은 짧은 기간에는 정상적인 주의력을 보일 수 있으나 시간이 길어질수록 정반응을 하는 데 걸리는 시간이 비일관적이다.
- d′ 또는 반응 민감도(Response Sensitivity): 신호탐지 이론에 기초한 것으로 오경보 비율에 대한 정반응의 비율을 말한다. 이것은 시간 경과에 따른 수행 감소를 나타내는 측정치로 목표 자극을 비목표 자극으로부터 변별해 내는 정도를 측정한다.
- β 또는 반응기준(Response Criterion): 신호탐지 이론에 기초한 것으로 충동성 지표를 말한다. 즉, 점수가 낮을수록 충동적으로 반응한다는 것을 의미한다.
- 다중반응(Multiple Response): 목표/비목표 자극에 대하여 1회 이상 반응하는 경우의 수로, 신경학적 문제의 가능성을 나타낸다.

④ 채점 및 해석

ATA 실시가 끝나면 수검자의 반응은 자동으로 기록되며 결과가 표와 그래프로 제시된다. 주요 해석지표는 누락 오류(Omission Error), 오경보 오류(Commission Error), 정반응시간(Response Time), 반응시간 표준편차(Response Time Deviation)의 네 가지 주요 변인으로, 각 변인에서 70T 이상인 경우 ADHD를 시사하는 것으로 해석한다. 60~70T인 경우는 주의집중력 문제가 있음을 시사하는 것으로 해석하며, 60T 미만은 주의집중력 문제가 없는 것으로 해석한다. ATA 결과 그래프는 [그림 12-7]에 제시되어 있다.

ATA의 실시 및 해석 시 고려해야 할 요인은 다음과 같다. 우선 지능요인으로, 보통 이상의 지능을 가진 아동과 청소년의 경우 주의력장애가 있더라도 구조화된 검사 상황에서 주의집중력 문제를 보상할 수 있으며, 역으로 보통 이하의 지능을 가진 아동들은 ADHD가 아니더라도 낮은 지능으로 인하여 정상 범위를 벗어난 수행을 보일 수 있다. 또한 ATA 실시 1~2시간 전에 카페인이 함유된 음료나 커피, 뇌기능에 영향을 미칠 수 있는 약물을 복용한 경우 ATA 수행에 영향을 미칠 수 있다. 그리고 비디오 게임을 많이 하는 아동이나 고도로 훈련된 운동선수의 경우에는 눈과 손의 협응능력이 뛰어나기 때문에 시각적 ATA에서 정상적인 수행을 보일 수도 있으므로 ATA의 정확한 해석을 위해서는 아동에 대한 관련 과거력을 자세히 얻는 것이 중요하다.

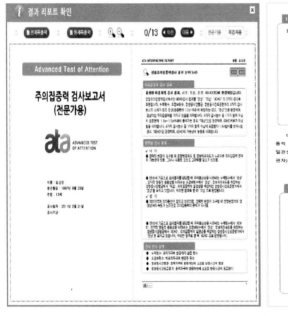
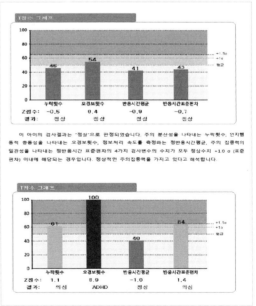

[그림 12-7] ATA 결과

출처: brainmedic.co.kr.

(2) 같은 그림 찾기 검사(MFFT)

① 검사 대상 및 목적

Kagan(1965)이 개발한 같은 그림 찾기 검사(Matching Familiar Figure Test: MFFT)는 시각적인 문제 해결에 대한 아동의 인지 속도와 충동성을 측정하는 평가도구로, 아동·청소년의 주의력과 충동 통제에 대한 정보를 제공해 준다. 이 검사를 통해 경험적 증거에 근거하여 사려성-충동성을 판정할 수 있으며, 검사자가 수검자의 움직임을 관찰하기 때문에 인지 수준과 행동 수준에서 충동성을 측정할 수 있다. 또한 대부분의 검사가 언어능력이나 산수능력이 부족한 아동에게 실시하기 적합하지 않을 수 있으나, MFFT는 그림으로 구성되어 있어 언어능력이나 산수능력을 요구하지 않는다. 그리고 다른 수행검사에 비해 검사시간이 짧고 실시가 용이하면서도 유용한 정보를 제공하기 때문에 임상장면에서 널리 사용되고 있다. 그러나 이러한 장점에도 불구하고 MFFT는 측정도구로서 타당화에 대한 연구 자료가 부족하며, 아직까지 국내 아동에 대한 연령별 규준이 확립되지 않아 미국 규준을 적용하고 있다.

② 실시방법 및 해석

MFFT는 아동들에게 친숙한 사물을 선으로 그린 그림들로 구성되어 있으며 그림의 내용은 집, 가위, 전화, 곰, 나무, 나뭇잎, 고양이, 드레스, 기린, 램프, 보트, 카우보이 등이다.

MFFT는 2개 문항의 연습문제와 12개 문항의 본검사로 구성되어 있으며, 아동들에게 표적그림을 제시하고 그 아래에 배열되어 있는 6개의 그림 가운데 동일한 그림을 찾아내도록 하는 검사이다. MFFT 검사 자극의 예는 [그림 12-8]에 제시되어 있다. 총 12문항을 실시하여 반응오류 수와 반응 잠재기(아동이 반응할 때까지 걸린 시간의 평균)를 산출한다. 반응 잠재기와 반응오류 수는 연령별 백분위점수를 찾아 기록하는데, 반응 오류 수가 많은 것은 주의력 부족으로 해석하고, 반응 잠재기가 짧은 것은 충동성이 높은 것으로 해석한다.

(3) 기초학습기능검사

① 검사 대상 및 목적

기초학습기능검사는 박경숙, 윤정룡과 박효정(1989)이 개발한 개인용 표준화 학력검사로 유치원부터 초등학교 6학년까지의 아동을 대상으로 기초 학습기능 또는 기초능력을 평가하는 데 사용된다. 아동의 학습 수준이 정상에서 어느 정도 떨어져 있는가를 알아보거나 학습집단 배치에서 어느 정도 수준의 집단에 들어가야 하는가를 결정하기 위한 것이며, 구체적인 개별화 교수안을 짜기 위한 목적으로 활용될 수 있다. 그리고 일반 아동뿐만 아니라 장애 아동, 읽기능

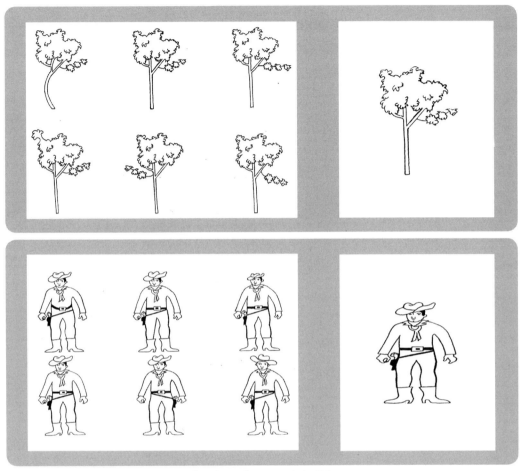

[그림 12-8] MFFT 검사 자극

력이 갖추어지지 않은 어린 아동의 능력을 평가하는 데도 사용된다.

② 구성 및 내용

기초학습기능검사는 언어기능, 수기능 및 정보처리 기능이 복합된 일종의 배터리 형식을 취하는 검사로, 이 검사에서 다루는 학습기능과 학교 교과목을 통해 배우는 내용과의 위계적 관계를 나타내면 [그림 12-9]과 같다. 이 그림에서는 정보처리 기능이 가장 하위수준의 기능이며, 가장 상위수준의 기능은 학교 외에서 일어나는 학습이라는 것을 보여 주고 있다. 또한 정보처리 기능은 모든 학습에 일반적으로 적용되는 기능이며, 언어기능과 수기능은 초기의 학교학습(초등학교 과정)에서 획득되는 최소한의 교육적 성취를 나타낸다. 이 검사에서 다루는 세 가지 기능은 모두 학교학습에 기초가 되는 기능이며, 학생이 얻은 점수는 유치원 및 초등학교 과정의 학년 수준을 측정할 수 있는 내용이기도 하다.

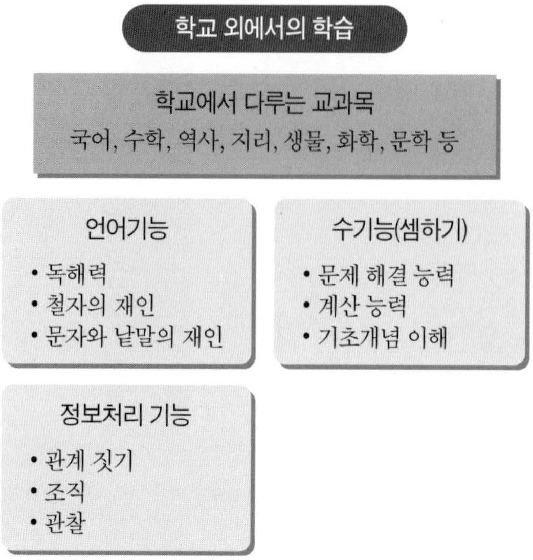

[그림 12-9] 기초학습기능검사의 구성 및 위계

기초학습기능검사에서 측정하는 기능은 구체적으로 9개 요인이지만 소검사는 5개이며, 총 270개의 문항이 있다. 기초학습기능검사의 주요 구성 내용은 〈표 12-12〉과 같다.

표 12-12 기초학습기능검사의 하위검사명 및 측정요소

기능	하위검사	측정요소	문항 수
정보처리	정보처리	관찰	60
		조직	
		관계 짓기	
수	셈하기	기초개념의 이해	60
		계산능력	
		문제 해결력	
언어	읽기I	문자와 낱말의 재인	50
	쓰기	철자의 재인	50
	읽기II	독해력	50

정보처리   정보처리 영역에서는 모든 학습의 기초가 되는 다음의 세 가지 기능을 측정한다.

• 정보에 대한 학습자의 지각과정, 자극에 반응하는 시각-운동 과정, 시각적 기억과 양, 길

이, 무게 및 크기에 대한 관찰능력

- 묶기, 분류하기, 공간적 특성과 시간에 따라 순서 짓기 등의 조직능력
- 학습자의 추론 및 적용 능력, 유추, 부조화된 관계 알기 등의 관계능력

셈하기 숫자 변별, 수 읽기 등 셈하기의 기초 개념부터 간단한 가감승제, 십진기수법, 분수, 기하, 측정 영역의 계산 및 응용문제 등 실생활에 필요한 기초적인 수학적 지식과 개념을 측정하는 문항들로 구성되어 있다.

읽기 I 문자(낱자와 낱자군)를 변별하고 낱말을 다른 사람들이 이해할 수 있는 언어음(sound speech)으로 읽는 문항들로 구성되어 있으며, 읽기 능력을 측정하는 검사이다.

읽기 II 문장에 나타난 간단한 사실과 정보를 기억하고 재생하여 그 문장의 의미를 가장 잘 나타내는 그림 예시문을 고르도록 하는 문항들로 구성되어 있다.

쓰기 아동이 얼마나 낱말의 철자를 잘 알고 있는가를 측정하는 검사로, 다음의 세 가지 내용으로 구성되어 있다.

- 사물, 숫자, 기호 및 문자를 변별하는 문항들로 구성
- 낱자의 정확한 철자를 아는 능력으로, 낱소리를 낱자와 짝짓는 문항들로 구성
- 낱말의 정확한 철자를 아는 능력으로, 낱말의 소리를 낱말과 짝짓는 문항들로 구성

③ 검사방법

기초학습기능검사는 시간 제한이 없는 검사이므로 수검자가 충분히 생각해서 대답을 할 수 있도록 검사 시간을 넉넉하게 준다. 대답시간은 셈하기의 경우 약 30초, 다른 검사들은 15초 정도가 적당하다. 검사의 실시는 정보처리, 셈하기, 읽기I, 읽기II, 쓰기의 순으로 진행한다.

④ 채점 및 해석

채점은 정보처리 검사의 일부 항목과 읽기I 검사를 제외한 모든 검사 항목에서 수검자가 대답한 문항 번호를 그대로 기입한 후 정답지를 참고하여 채점한다. 정보처리 검사의 눈-손 협응 문제들(2, 18, 19, 42, 47번)은 항목별 별도의 채점 기준에 따라 채점한다. 읽기I 검사에서는 수검자가 읽는 낱말을 듣고 맞게 읽으면 ○, 틀리게 읽으면 ×로 표시한다. 하위검사별로 문항당 1점으로 채점을 하며, 이것이 검사의 원점수가 된다.

검사로부터 얻은 원점수로 기초학습기능검사의 학년 규준(grade equivalents)과 연령 규준 (age equivalents) 그리고 학년 및 연령별 검사의 백분위(percentile ranks) 점수의 세 가지 유형의 유도점수(derived score)를 산출한다. 지능검사 결과 얻은 IQ를 통해 학년 또는 연령에 기초한 조정된 정신연령을 계산한 후 IQ에 의해 기대되는 점수와 비교하여 해석한다.

요약

1. 영유아의 진단평가에서 운동과 인지 발달 영역 전반이나 혹은 두 영역 중 특정 영역만 지체된 것인지, 발달지체 이외에 자폐적 특징을 보이는지를 평가하는 것이 가장 중요한데, 이를 위해서는 우선적으로 유아의 현재 발달 수준을 확인해야 한다.

2. 베일리 영유아 발달검사(BSID-II)는 영아의 현재 발달 정도를 평가하고 정상으로부터의 이탈 여부 및 이탈 정도를 파악하기 위한 발달검사이다. 이 검사는 정신척도, 운동척도와 행동평정척도로 구성되어 있으며, 1~42개월 영유아를 대상으로 발달지수를 통해 발달지체 여부를 판정한다.

3. 덴버 발달선별검사 II(Denver-II)는 0~6세 영유아들을 대상으로 하며 검사 실시가 쉽고 전체 30분 이내로 빠르게 실시할 수 있기 때문에 초기 판별도구로서 유용성이 매우 높다. 개인 사회발달영역, 미세운동 및 적응발달 영역, 언어발달 영역, 운동발달 영역 등의 4개 발달 영역으로 구성되어 있다.

4. 바인랜드 적응행동척도 2판(K-Vineland-II)은 0~90세의 유아에서 성인까지의 개인적·사회적 능력의 발달 정도를 평가하는 도구로, 의사소통, 생활기술, 사회성, 운동기술의 4개 주영역과 11개 하위영역으로 구성되어 있다.

5. 아동·청소년의 인지기능을 평가하는 검사는 평가 영역을 기준으로 크게 지능검사, 주의력검사, 학습기능검사, 신경심리검사로 구분할 수 있다.

6. K-WISC-IV는 6~16세 11개월의 아동·청소년을 대상의 지능검사로, 15개 소검사로 구성되어 있고 전체검사 IQ와 함께 언어이해지표(Verbal Comprehension Index), 지각추론 지표(Perceptual Reasoning Index), 작업기억지표(Working Memory Index), 처리속도지표 (Processing Speed Index)의 4개의 지표점수를 제공한다.

7. 주의력검사(ATA)는 주의력과 충동성을 평가하는 검사로, 컴퓨터 프로그램을 통해 실시하고 해석 결과를 얻으며 누락 오류, 오경보 오류, 정반응시간 오류, 정반응시간의 표준편차 등의 지표를 활용한다.

8. 같은 그림 찾기 검사(MFFT)는 시각적인 문제 해결에 대한 아동의 주의력과 충동성을 측정하는 평가도구이다.
9. 기초학습기능검사는 학습장애 진단에 사용되는 검사로, 지능 수준과 비교하여 기초 학습기능 수준을 평가하며 정보처리, 셈하기, 읽기I, 쓰기 및 읽기II의 5개 소검사로 구성되어 있다.

참고문헌

곽금주, 박혜원, 김청택(2001). K-WISC-III 지침서. 서울: 도서출판 특수교육.
곽금주, 오상우, 김청택(2011). K-WISC-IV 전문가 지침서. 서울: 학지사 심리검사연구소.
김승국, 김옥기(1985). 사회성숙도검사. 서울: 중앙적성출판사.
김중술, 신민섭, 홍강의, 조수철(2000). 왜 진단적 심리검사 결과가 일치하지 않는가: Rorschach와 MMPI의 경우. 한국심리학회지: 임상, 19, 393-407.
김지혜, 조선미, 홍창희, 박혜연, 황순택(2006). 한국 아동 인성 평정 척도(Korean Personality Rating Scale for Children: KPRC)의 표준화 연구. 한국심리학회지: 임상, 25(3), 825-848.
문수백(2014). 한국판 K-ABC-II 전문가 지침서. 서울: 학지사.
박경숙, 윤점룡, 박효정(1989). 기초학습기능검사 실시 요강. 서울: 한국교육개발원.
박경숙, 윤점룡, 박효정, 박혜정, 권기욱(1991). KEDI-WISC 검사 요강. 서울: 한국교육개발원.
박혜원, 조복희(2006). 한국 Bayley 영유아발달검사 II 해석지침서. 서울: 도서출판 키즈팝.
배윤희(2001). 베일리 영유아발달 검사-II의 한국 표준화를 위한 예비연구. 울산대학교 대학원 석사학위논문.
서봉연, 정보인, 최옥순(1985). 한국판 PTI 실시요강. 서울: 중앙적성 출판사.
소유경, 노주선, 김영신, 고선규, 고윤주(2002). 한국어판 부모, 교사 ADHD 평가척도의 신뢰도와 타당도 연구. 대한신경정신의학회지, 41(2), 283-289.
신민섭, 조성준, 홍강의(1999). 주의력 장애 진단 시스템 사용자 지침. 서울: 한국 정보 공학(주).
신희선, 한경자, 오진주, 오가실, 하미나(2002a). 한국형 덴버 I 검사지침서. 서울: 현문사.
신희선, 한경자, 오가실, 오진주, 하미나(2002b). Denver-II 발달검사를 이용한 한국과 미국의 아동 발달 비교 연구 Denver-II Developmental Screening Test: A Cross Cultural Comparison. 지역사회간호학회지, 13(1), 89-97.
오가실(1976). 덴버 Developmental Screening Test의 한국 표준화를 위한 기초 연구. 간호학 논집, 1, 93-116.
오경자, 이혜련, 홍강의, 하은혜(1997). K-CBCL 아동·청소년 행동평가척도. 서울: 중앙적성사.
오경자, 김영아, 하은혜, 이혜련, 홍강의(2010). CBCL 6-18 아동·청소년 행동평가척도 부모용. 서울: 휴노(주).

이근(1996). 덴버II 발육 선별검사와 서울 아동의 발달에 관한 비교 연구. 대한소아과학회: 소아과, 39, 1210-1215.

전민철, 김영훈, 정승연, 이인구, 김종환, 황경태(1997). 발달지체아에서 덴버 II 의 유용성에 대한 연구. 대한소아신경학회지, 5(1), 111-118.

조복희, 박혜원(2004). 한국 Bayley 영유아발달검사(K-BSID-II) 표준화연구(1): 지역, 성별 및 모의 교육 수준에 따른 수행분석. 한국심리학회지: 발달, 17(1), 191-206.

홍강의(2005). 소아정신의학. 중앙문화사.

홍강의, 신민섭, 조성준(1999). ADS 주의력 장애 진단시스템. 서울: 학지사.

홍강의, 신민섭, 조성준(2010). 정밀주의력검사(ATA). 서울: ㈜브레인메딕.

황순택, 김지혜, 홍상황(2015). 바인랜드 적응행동척도 2판 검사요강. 서울: 한국심리주식회사.

Anastasi, A. (1988). *Psychological testing* (5th ed.). New York: Macmillian.

Bayley, N. (1993). *Bayley Scales of Infant Development, Second edition: Manual*. New York: The Psychological Corporation.

Bayley, N. (2006b). *Bayley Scales of Infant Development and Toddler development: Technical manual*. San Antonio, TX: The Psychological Corporation.

Berthier, N. E., DeBlois, S., Poirier, C. R., Novak, M. A., & Clifton, R. K. (2000). Where's the ball Two-and three-years-olds reason about unseen events. *Developmental Psychology, 36*, 394-401.

Buehner, M., Krumm, S., Ziegler, M., & Pluecken, T. (2006). Cognitive abilities and their interplay: Reasoning, crystallized intelligence, working memory components, and sustained attention. *Journal of Individual Differences, 27*(2), 57-72.

Carroll, J. B. (1993). *Human cognitive abilities: A survey of factor-analytic studies*. Cambridge, England: Cambridge University Press.

Carroll, J. B. (1997). The three-stratum theory of cognitive abilities. In D. P. Flanagan, J. L. Genshaft, & P. L. Harrison (Eds.), *Contemporary intellectual assessment: Theories, tests, and issues* (pp. 122-130). New York: Guilford Press.

Cattell, R. B., & Horn, J. L. (1978). A check on the theory of fluid and crystallized intelligence with description of new subtest designs. *Journal of Educational Measurement, 15*, 139-164.

Cepeda, N. J., Kramer, A. F., & Gonzalez de Sather, J. C. M. (2001). Changes in executive control across the life span: Examination of task-switching performance. *Developmental Psychology, 37*, 715-730.

De Jonge, P., & De Jong, P. F. (1996). Working memory, intelligence and reading ability in children. *Personality and Individual Difference, 21*, 1007-1020.

Doll, E. A. (1965). *Vineland Social Maturity Scale: Condensed Manual of Directions*. Minesota:

American Guidance Service.

Donders, J. (1997). Sensitivity of the WISC-III to injury severity in children with traumatic head injury. *Assessment, 4*, 107-109.

Flanagan, D. P., & Kaufman, A. S. (2009). *Essentials of WISC-IV Assessment-Second Edition*. New York: Wiley.

Flynn, J. R. (1984). The mean IQ of Americans: Massive gains 1932 to 1978. *Psychological Bulletin, 95*, 29-51.

Flynn, J. R. (1999). Searching for justice: The discovery of IQ gains over time. *American Psychologist, 54*, 5-20.

Frankenburg, W. K., & Dodds, J. B. (1967). The Denver Developmental Screening Test. *Journal of Pediatrics, 71*, 181-191.

Frankenburg, W. K., Dodds, J. B., & Fandal, A. W. (1970). *Denver Developmental Screening Test: Manual*. University of Colorado Medical Center.

Frankenburg, W. K., Dodds, J., Archer, P., Bresnick, B., Maschka, P., Edelman, N., & Shapiro, H. (1992). *Denver II technical manual*. Denver, CO: Denver developmental Materials, Inc.

Gesell, A. et al. (1949). *The Gesell Developmental Schedules. 1940 series*. New York: The Psychological Corporation.

Kaufman, A. S. (1990). Kaufman Brief Intelligence Test: KBIT. AGS, Minnesota: American Guidance Service.

Kaufman, A. S., & Kaufman, N. L. (1984). Factor analysis of the Kaufman Assessment Battery for Children. *Journal of Educational Psychology, 76*, 623-637.

Kagan, J. (1965). Reflection-impulsivity and reading ability in primary grade children. *Child Development*, 609-628.

MaCarthy, D. (1970, 1972). *McCarthy Scales of Children's Abilities*. New York: The Psychological Corporation.

Meisels, S., & Wiske, M. (1983). *The Early Screening Inventory*. New York: Teachers College Press.

Reynolds, C. R. (1997). Forward and backward memory span should not be combined for clinical analysis. *Archives of Clinical Neuropsychology, 12*, 29-40.

Robinson, E. J., & Robinson, W. P. (1976a). Developmental changes in the child's explanations of communication failure. *Australian Journal of Psychology, 28*(3), 155-165.

Robinson, E. J., & Robinson, W. P. (1976b). The young child's understanding of communication. *Developmental Psychology, 12*(4), 328.

Seigel, L. S (1989). IQ is irrelevant to the definition of learning disabilities. *Journal of Learning Disabilities, 22*, 469-478.

Sparrow, S. S., Balla, D. A., & Cicchetti, D. V. (2005). *Vineland Adaptive Behavior Scales, Second Edition*. Indianapolis, Indiana: Pearson Education Inc.

Sternberg, R. J. (1995). *In search of the human mind.* Fort Worth, TX: Harcourt Brace College Publishers.

Wechsler, D. (2003). *WISC*-IV *Administration and scoring manual.* San Antonio, TX: The Psychological Corporation.

Chapter 13
성격 및 정서상태 검사

하은혜

학/습/목/표

1. 청소년용 다면적 인성검사(MMPI-A)의 특징 이해하기

2. 어린이 및 청소년 성격유형검사(MMTIC)의 특징 이해하기

3. 유아 및 청소년 기질 및 성격검사(JTCI)의 특징 이해하기

4. 아동용 투사적 성격검사의 종류 이해하기

5. 동작성 가족화(KFD)의 특징과 실시방법 이해하기

6. 동작성 학교그림검사(KSD)의 특징과 실시방법 이해하기

7. 아동용 주제통각검사(K-CAT)의 특징과 실시방법 이해하기

8. 성인과 아동의 로샤 잉크반점검사의 차이점 이해하기

9. 행동평가척도의 특징과 종류 살펴보기

10. 장애별 증상평가척도의 종류와 특징 이해하기

1. 객관적 성격검사

객관적 성격검사란 질문지 형식으로 구성되어 있어 검사 문항과 반응 범위가 일정하게 정해져 있고 실시와 채점이 엄격하게 표준화되어 있는 검사를 말한다. 국내에서 널리 활용되고 있는 객관적 성격검사는 청소년용 다면적 인성검사(MMPI-A)와 어린이 및 청소년 성격유형검사(MMTIC)로, 이들 검사의 특징과 실시방법은 다음과 같다.

1) 청소년용 다면적 인성검사(MMPI-A)

(1) 배경 및 특징

다면적 인성검사(Minnesota Multiphasic Personality Inventory: MMPI)는 1943년 미네소타 대학교에서 진단적인 성인용 성격검사로 개발되어 자기보고식 객관적 성격검사 가운데 가장 널리 사용되어 왔다. MMPI는 원래 성인용으로 개발된 검사지만 출판 당시부터 병원, 치료기관 등 임상장면에서 청소년 대상으로도 널리 사용되었다. 그러나 성인을 대상으로 문항과 척도를 개발하고 규준을 작성한 검사이기 때문에 청소년에게 MMPI를 그대로 사용하는 것의 여러 문제가 제기되었다. 우선 MMPI의 일부 문항은 성인의 관점에서 작성되었기 때문에 청소년에게 해당하지 않는 문항이고, 청소년과 성인에게 동일한 심리적 의미를 지니지 않는다는 것이다. 그리고 MMPI에는 청소년의 가족 문제, 학교 문제, 또래집단 문제, 약물 사용과 같은 내용이 거의 포함되어 있지 않다. 또한 청소년은 성인보다 심리적 증상을 더 많이 보고하는 경향이 있기에 F척도의 T점수가 높게 나온다. 청소년들의 F척도 상승의 주된 이유는 소외감이나 정체감 혼란 등에서 기인한 것으로 청소년을 위한 별도의 규준이 필요하였다.

이와 같이 성인용 MMPI를 청소년에게 적용할 때의 문제를 개선하기 위해 1992년에 처음으로 청소년용 다면적 인성검사(MMPI-A)가 제작되었으며, 이 검사는 한국판으로도 표준화되었다(김중술 외, 2005). MMPI-A는 사용된 어휘를 포함하여 모든 문항이 청소년의 시각에 알맞게 표현되었으며, 성인용 MMPI는 567문항으로 청소년의 경우 후반부에는 무작위 반응으로 끝내 버리는 경우가 있었지만 MMPI-A는 478문항이므로 실시하는 데 덜 지루할 수 있게 되었다. 적절한 검사환경을 제공하고 라포를 형성하는 것 등 실시방법은 성인과 같으나 청소년과 함께 검사 지시를 살펴보면서 청소년의 읽기 수준을 파악하는 것이 필요하다. 그러나 검사 문항에 대해 사전적 설명 이상의 도움을 주지 않도록 해야 한다. 특히 검사를 받는 청소년을 시야 안에 두도록 하며 검사 중 청소년을 혼자 내버려 두거나 집에 가서 해 오도록 검사지를 주는 것은 금기사항이다(김재환 외, 2016). MMPI에 관한 좀더 자세한 내용은 제7장을 참고하면 된다.

(2) 검사 대상 및 구성요소

미국판 MMPI-A는 14~18세로 표준화되었으나 국내에서는 12~18세를 대상으로 표준화 되었다. 검사 문항은 총 478개로 MMPI의 문항을 바탕으로 청소년에게 부적절한 문항은 삭제 또는 수정되었으며, 청소년에게만 적용할 수 있는 문항들과 척도 및 규준이 추가되었다. 추가된 항목은 알코올 및 기타 약물 남용의 문제, 학교적응 문제, 가족갈등 문제, 부적응적인 식사 문제 등이다.

① 기본척도

MMPI-A의 기본척도는 MMPI와 유사하며, 타당도 척도 6개와 임상척도 10개로 구성되어 있다. MMPI-A에 포함된 기본척도는 〈표 13-1〉과 같다.

● 표 13-1 MMPI-A의 타당도 척도 및 임상척도

타당도 척도	? (무응답)	• 응답하지 않았거나 예, 아니요 모두에 응답한 문항의 전체 수
	VRIN(무선반응 비일관성)	• 검사 문항에 대해 비일관적으로 응답하는 경향
	TRIN(고정반응 비일관성)	• 문항 내용과 상관없이 무분별하게 '예' 혹은 '아니요'로 답한 경향
	F(비전형)	• 이상 반응경향, 비전형적 반응경향
	L(부인)	• 자신을 실제보다 더 좋게 드러내려는 의도적이면서 세련되지 않은 시도 탐지
	K(방어성)	• 정신병리를 부인하고 자신을 매우 좋게 드러내려는 수검자의 시도 탐지
임상척도	1. Hs(건강염려증)	• 건강, 질병 및 신체기능에 대한 과도한 집착
	2. D(우울증)	• 낙담, 무망감, 사기 저하를 포함한 자신의 삶에 대한 전반적인 불만족의 지표로 의기소침과 무감동, 과도한 민감성, 정신운동 지체 등의 신체적 문제와 관련된 내용
	3. Hy(히스테리)	• 신체적인 관심, 문제나 어려움의 부인 • 사회적인 수용과 승인의 추구
	4. Pd(반사회성)	• 품행 문제 및 학교 적응 문제를 측정함. 알코올 및 약물 남용, 거짓말, 사기, 절도, 분노 폭발 및 공격성과 관련됨.
	5. Mf(남성성-여성성)	• 흥미의 남성성 혹은 여성성을 측정 • 남자에게 이 척도의 상승은 여성적인 흥미와 관심을 반영 • 여자에서의 상승은 남성적 흥미와 관심을 나타냄.
	6. Pa(편집증)	• 관계사고, 의심, 피해의식, 완고함, 도덕적인 자기정당화와 관련된 내용 영역 포함

7. Pt(강박증)	• 불안, 우울 및 다른 정서적 고통을 측정함. 신체적 호소, 불행감, 주의 집중 곤란, 강박적 사고, 불안, 열등감 등 다양한 증상 영역 포함
8. Sc(정신분열증)	• 기태적인 사고 과정, 특이한 지각 경험, 사회적 고립, 기분과 행동의 장애, 주의집중 및 충동 통제의 어려움 등의 내용 영역 포함
9. Ma(경조증)	• 과장성, 흥분성, 사고의 비약, 자기중심성, 기분의 고양, 인지적 · 행동적 과잉활동 등의 내용 영역 포함
0. Si(내향성)	• 사회적 내향성 · 외향성을 측정. 높은 점수를 받는 청소년은 내향적이고 수줍음이 많고 소심하고 친구를 사귀는 데 어려움.

② 내용척도

MMPI-A의 내용척도에는 성인용 MMPI에 포함되어 있는 공포(Fears: FRS)척도, 반사회적 특성(Antisocial Practies: ASP) 척도, A유형 행동(Type A Behavior: TPA) 척도, 직업적 곤란(Work Interference: WRK) 척도가 제외되고, 소외(Alienation: A-aln)척도, 품행문제(Conduct Problem: A-con) 척도, 낮은 포부(Low Aspiration: A-las) 척도, 학교문제(School Problem: A-sch) 척도가 포함되어 모두 15개의 척도가 있다(〈표 13-2〉 참조).

● 표 13-2   MMPI-A의 내용척도

척도명	측정 내용
A-anx(불안)	• 긴장, 잦은 걱정, 수면장애 등의 불안 증상, 혼란, 주의집중의 어려움, 과제 지속의 어려움
A-obs(강박성)	• 사소한 일에 대한 과도한 걱정, 나쁜 말에 대한 반추적 사고, 결정을 어려워함.
A-dep(우울)	• 우울 증상
A-hea(건강염려)	• 신체 증상에 대한 호소
A-aln(소외)	• 타인과의 정서적 거리감
A-biz(기태적 정신상태)	• 정상집단은 일반적인 부적응과 관련. 이상집단은 환청, 환시, 환후 등 포함 기태적 감각 경험이나 정신병과 관련된 다른 증상 및 행동
A-ang(분노)	• 분노조절과 관련된 많은 문제
A-cyn(냉소적 태도)	• 염세적인 태도. 타인이 자신을 이용하려 하고 이익을 위해 공정하지 못한 수단을 사용한다고 믿음.
A-con(품행문제)	• 절도, 좀도둑질, 거짓말, 기물파손, 무례, 욕설, 반항적 행동과 같은 다양한 행동문제
A-lse(낮은 자존감)	• 자신이 매력 없고 부족하고 쓸모없는 존재이고 능력 없고 결점이 많으며 일을 잘 못한다는 등 자신에 대한 부정적인 견해

A-las(낮은 포부)	• 성공하는 것에 대한 흥미부족 • 저조한 학업 수행 및 학교 활동 참가 회피
A-sod(사회적 불편감)	• 사회적 관계에 대한 불편감 및 사회적 위축
A-fam(가정문제)	• 부모나 다른 가족과의 갈등 및 부모 간 갈등
A-sch(학교문제)	• 낮은 성적, 정학, 무단결석, 교사에 대한 부정적 태도, 학교에 대한 혐오 등 학업 문제 및 학교에서의 행동 문제 • 일반적 부적응의 좋은 지표
A-trt(부정적 치료지표)	• 의사나 정신건강 전문가에 대한 부정적인 태도

③ 보충척도 및 성격병리 5요인 척도

보충척도는 6개로 구성되어 있는데 세 가지 척도(A, R, MAC-R)는 MMPI에서 사용되어 온 척도들을 청소년에 맞게 일부 수정한 것이고, 다른 세 척도(ACK, PRO, IMM)는 MMPI-A를 위해 새로 개발한 것이다. 성격병리 5요인 척도는 MMPI-A 검사를 받은 수검자의 주요한 성격 특성을 간략하게 파악하기 위해 만들어졌으며, 주요 정신병리의 분류목적보다는 특질이나 성향의 개인차에 강조를 둔다는 점에서 MMPI-A의 다른 척도들과 구분된다. MMPI-A의 보충척도와 성격병리 5요인 척도는 〈표 13-3〉과 같다.

● 표 13-3 MMPI-A의 보충척도 및 성격병리 5요인 척도

	A(불안)	• 심리적 고통, 불안, 불편감, 일반적인 정서적 혼란 정도
보충 척도	R(억압)	• 관습적이고 복종적인 태도 • 불쾌한 상황에 대한 회피 경향성
	MAC-R (MacAndrew 알코올 중독)	• 물질남용과 관련된 문제 • 외향적이고 자기 과시적이며 모험적 경향성
	ACK (알코올/약물문제 인정)	• 알코올이나 다른 약물 사용과 관련된 문제를 인정하는 정도
	PRO (알코올/약물문제 가능성)	• 알코올이나 약물 문제를 보일 가능성
	IMM (미성숙)	• 대인관계 양식, 인지적 복합성, 자기인식, 판단력 및 충동조절의 측면에서 미성숙함.
	AGGR (공격성 척도, Aggressiveness)	• 공세적이고 도구적인 공격성 • 권력 욕구와 다른 사람에 대한 지배 욕구 • 행동의 활성화 또는 과격 행동의 가능성
	PSYC (정신증 척도, Psychoticism)	• 현실과의 단절을 평가 • 이상한 감각과 지각의 경험, 현실 감각의 결여, 이상한 믿음이나 태도 등

성격 병리 5요인 척도	DISC (통제 결여 척도, Disconstraint)	• 위험을 추구하고 충동적이며 관습에 얽매이지 않는 성향 • 규율 준수 여부와 범죄 행동
	NEGE (부정적 정서성/신경증 척도, Negative Emotionality/Neuroticism)	• 광범위한 영역의 불쾌한 정서, 특히 불안, 걱정, 죄책감 등
	INTR (내향성/낮은 긍정적 정서성 척도, Introversion/Low Positive Emotionality)	• 유쾌한 감정을 경험하기 힘들고, 사회 생활을 회피하며, 목표를 추구하거나 책임을 완수할 에너지가 부족한 정서 적 성향

(3) 검사방법 및 채점

MMPI-A는 실시와 채점이 비교적 쉽고 간단하지만 적절한 해석을 위해서는 높은 수준의 심리측정적 · 발달적 · 성격학적 · 임상적 지식이 요구될 뿐만 아니라 검사 사용의 윤리적 원칙에 대한 강한 책임이 요구된다. MMPI-A는 개인과 집단 모두 실시할 수 있으며, 청소년들이 검사를 완성하는 데 필요한 최대한의 협조와 주의를 보장하기 위해 검사자의 세심한 주의가 필요하다. 한국판 MMPI-A는 컴퓨터를 이용한 채점 프로그램을 사용해서 채점하는데, 채점 프로그램에 대한 자세한 방법과 예시는 사용 지침서와 홈페이지(www.mmpi2.co.kr)를 참고한다.

2) 어린이 및 청소년 성격유형검사(MMTIC)

(1) 배경

성인용 성격유형검사인 MBTI(Myers-Briggs Type Indicator)와 마찬가지로 어린이 및 청소년 성격유형검사(Murphy-Meisgeier Type Indicator for Children: MMTIC) 역시 Jung의 심리유형 이론에 근거하여 Meisgeier, Murphy와 Swank(1987)가 개발하였다. 국내에서는 심혜숙과 김정택 (1993)이 MMTIC를 표준화하였다.

(2) 검사 대상 및 목적

MMTIC은 만 8~13세 아동 및 청소년을 대상으로 하며 이론적인 틀과 문항 구성은 MBTI (Briggs & Myers, 1987)가 제시한 선호도 지표(E-I, S-N, T-F, J-P)를 그대로 적용하였다.

MMTIC을 통해 아동의 성격 유형을 이해하면, 부모와의 관계, 교사와의 관계, 친구관계 등에서 나타나는 갈등이나 상호작용의 유형을 이해할 수 있고, 아동의 긍정적인 인간관계 향상에 도움을 줄 수 있다. 또한 아동이 발달과정에서 겪는 적응문제에 대한 자료를 제공하는 유용한 도구로 활용됨으로써 아동의 성장을 도울 수 있다.

(3) MMTIC의 구성 및 내용

Jung은 인간의 정신기능을 인식기능인 감각(S)과 직관(N) 그리고 판단기능인 사고(T)와 감정(F)으로 분류하였다. 이 중 하나가 주기능이 되는데, 주기능은 개인이 가장 선호하는 경향이다. 부기능은 주기능을 보조하는 것으로, 인식기능 중의 하나가 주기능이 되면 판단기능 중의 하나가 부기능이 되어 인식기능과 판단기능이 서로 조화를 이루게 된다. 그리고 그는 정신 에너지의 방향에 따라 외향(E)과 내향(I)으로 구분하였다.

Jung의 이론을 바탕으로 하여 만들어진 MMTIC는 외향(E)-내향(I), 감각(S)-직관(N), 사고(T)-감정(F), 판단(J)-인식(P)의 네 가지 지표로 성격 유형이 구성되어 있다. MMTIC의 네 가지 지표는 〈표 13-4〉와 같다.

● **표 13-4** MMTIC의 구성요소 및 내용

측정 영역	세부 내용
외향(E)-내향(I)	에너지의 방향으로 개인이 관심에 초점을 맞추는 방향 • 외향적인 사람은 에너지의 방향이 자기 외부 세계로 지향하고, 활동적이고 사교적. 사람과의 관계를 맺고 사람 사이에서 일어나는 상황에 참여하기를 좋아함. • 내향적인 사람은 에너지가 내적 세계로 향하고 내면의 세계, 즉 아이디어나 개념 등의 주의 초점이 자기 내부에 맞추어짐. 개인적인 공간과 혼자 처리하는 일을 선호
감각(S)-직관(N)	개인의 인식과정으로 정보를 수집하는 마음의 기능 • 감각형은 '오감'을 통해 정보를 수집하고, 구체적인 사실을 선호하며 현재, 지금 일어나고 있는 것에 관심이 많음. • 직관형은 '육감'을 통해 정보를 수집. 상상, 공상, 추리하는 작업을 선호하고 상징과 의미 추구를 선호하며 미래에 관심이 많음.
사고(T)-감정(F)	결정이나 선택을 내리는 마음의 기능으로 감각(T) 또는 직관(F) 기능을 통해 정보가 수집되면 그것에 대한 결정, 선택을 내리는 판단과정이 일어남. • 사고형은 논리와 객관적인 분석을 바탕으로 결정을 내림. 공평과 객관적인 사실 판단을 내리는데 있어 매우 중요함. • 감정형은 사람들이 어떻게 느끼고, 어떻게 영향을 미칠까 하는 것과 같이 사람 중심으로 결정을 내림. 다른 사람의 기분에 민감하고 자신의 결정이 그들에게 미칠 영향을 생각하는 경향이 있음.
판단(J)-인식(P)	외부 세계와 상호작용할 때 판단기능(T/P) 혹은 인식기능(S/N)을 사용 • 판단형은 질서, 계획과 구조화된 생활양식을 선호. 마무리 짓기를 선호하고 조직하며, 끝맺음을 한 다음 다른 일로 넘어가는 것을 선호함. • 인식형은 자발적이고 유연한 생활양식을 선호. 호기심이 많고 상황에 맞추어 적응하며, 끝맺음보다는 개방된 상태를 선호하고 이것저것 관심을 가지고 벌이는 일이 많음.

(4) 검사방법 및 채점

MMTIC은 심리검사와 측정에 대한 지식이 있고, MBTI 워크숍을 마친 후 MMTIC 전문 사용 자격을 갖춘 전문가의 지도하에 사용할 수 있다. 검사의 해석은 검사를 실시할 만한 자격을 갖춘 사람으로 심리 유형에 대한 이론과 적용에 익숙한 사람이 해야 한다.

MMTIC은 개인별, 집단별로 모두 실시할 수 있으며, 실시를 위한 지시사항은 검사지에 명료하게 나와 있다. 학년에 따라 검사자가 지시문을 읽어 줄 수도 있고, 아동이 답지를 어떻게 완성해야 하는지 이해할 수 있도록 충분히 시간을 주어야 한다.

검사에 소요되는 시간은 약 30분 정도이며, 채점은 자가채점과 컴퓨터 채점이 모두 가능하다. 답이 빠져 있는 문항과 양쪽 모두 표기한 문항은 두 질문의 점수를 더해 중간점수를 준다. MMTIC의 선호도 점수는 단지 선호도의 방향만을 표시해 주며, 점수의 크기가 선호도의 발달 정도나 아동의 어떤 능력을 설명해 주지는 않는다. 아동의 선호도가 결정되지 않았을 경우에는 채점 기록지에 '결정되지 않은(Undetermined)'이라는 의미로 'U' 부호를 쓴다. 만약 점수가 미결정영역(U-band) 내에 속한다 하더라도 부정적인 판단을 해서는 안 되며, 이는 선호도의 방향이 둘 중 어느 하나에 귀속될 만큼 아직 충분히 명료하지 않다는 것으로 이해해야 한다.

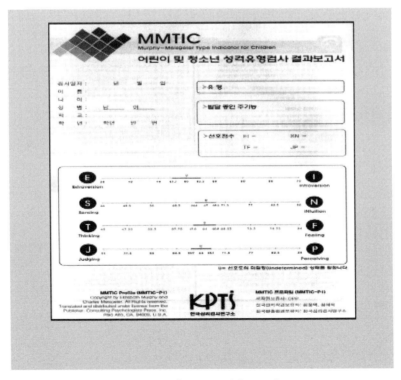

[그림 13-1] MMTIC 결과 보고서

출처: 심혜숙, 김정택(1993).

검사 결과를 활용할 때 아동은 심리 유형이 발달하는 과정에 있으므로 측정 결과는 임시적인 것으로 간주해야 하고 실제 장면에 적용할 때 융통성을 갖도록 주의해야 한다. 또한 MMTIC는 아동의 심리 유형을 이해하기 위해 제작되었으므로 적용할 때 유형 또는 선호성을 강조해야 한다. 즉, 검사 점수는 선호성의 방향을 결정하기 위한 목적으로만 사용해야 한다.

MMTIC 결과를 실제 장면에 적용할 경우에는 아동의 주기능을 활용한다. 아동에게 주어지는 과제를 주기능과 일치하는 방향으로 제시하면 아동에게 더욱 긍정적인 경험이 될 수 있다. 아동의 주기능은 외향성과 내향성의 방향을 가지고 있으므로 아동기에 의미 있는 부모 및 교사의 관심을 아동의 성격 유형 발달에 집중시킨다면 주기능의 발달에 도움을 줄 수 있다. MMTIC 결과표는 [그림 13-1]에 제시되어 있다.

3) 유아 및 청소년 기질 및 성격검사(JTCI)

기질 및 성격검사(Temperament and Character Inventory: TCI)는 기질과 성격을 검사하는 도구로 동일한 개념의 기질/성격 차원을 만 3세부터 60세까지 평가할 수 있다. 성인용 검사인 TCI와 함께 유아용인 JTCI 3-6(Junior Temperament and Character Inventory 3-6), 아동용인 JTCI 7-11(Junior Temperament and Character Inventory 12-18)과 청소년용인 JTCI 12-18(Junior Temperament and Character Inventory 12-18)이 국내에서 표준화되었다. 성인용 TCI는 제8장에 자세히 설명되어 있으므로 여기서는 JTCI의 특성을 소개하기로 한다.

(1) JTCI의 종류와 내용

① 유아용 JTCI 3-6
실시 대상은 취학 전 유아와 아동이며 부모 및 양육자 보고식 검사로 진행된다. 검사 문항은 5점 척도의 86문항으로 구성되어 있다. 자극추구, 위험회피, 사회적 민감성, 인내력의 4개 기질척도와 자율성, 연대감, 자기초월의 3개 성격척도로 구성된 총 7개의 기질 및 성격 상위차원 아래 19개의 하위척도가 있다.

② 아동용 JTCI 7-11
실시 대상은 초등학생으로 부모 및 양육자 보고식 검사로 진행된다. 검사 문항은 5점 척도의 86문항으로 구성되이 있다. 자극추구, 위험회피, 사회적 민감성, 인내력의 4개 기질척도와 자율성, 연대감, 자기초월의 3개 성격척도로 구성된 총 7개의 기질 및 성격 상위차원 아래 27개의 하위척도가 있다.

③ 청소년용 JTCI 12-18

실시 대상은 중고등학생이고 검사 문항은 4점 척도의 총 82문항으로 구성되어 있으며 자기보고식으로 평가한다. 자극추구(NS), 위험회피(HA), 사회적 민감성(RD), 인내력(P)의 4개 기질척도와 자율성(SD), 연대감(C), 자기초월(ST)의 3개 성격척도로 구성된 총 7개의 기질 및 성격 상위 차원 아래 24개의 하위척도가 있다.

(2) 유아용과 아동용에 고유한 자기초월 하위척도

성인용과 청소년용의 자기초월 하위척도는 창조적 자기망각/자의식, 우주만물과의 일체감, 영성수용/합리적 유물론으로 구성되지만, 유아용과 아동용은 환상과 영성이라는 다른 하위척도명을 갖는다. 그러나 자기초월 척도의 전체적인 내용이 다른 것은 아니며, 유아와 아동의 경우 자기초월 영역이 청소년과 성인의 경우처럼 발달적으로 분화되지 않았기 때문에 발달적 특성에 맞게 하위척도를 재구성한 것이다.

① 환상

환상(Fantasy) 하위척도 점수가 높은 아동은 어떤 일에 집중할 때 그 일에 푹 빠지는 경향을 보인다. 마치 다른 세계에 살고 있는 것처럼 게임에 푹 빠지기도 하고, 이야기를 들을 때 마법에 홀린 듯이 그 환상의 세계에 빠지며, 마치 연극을 하는 양 행동하기도 하고, 꿈을 꾸듯이 생생한 상상을 하기도 한다. 점수가 낮은 아동은 놀이나 게임을 할 때 아이디어나 상상력이 적으며, 어떤 일에 심취하는 일이 별로 없다. 어떤 일에 몰입하기보다는 현실적 관계를 잘 따지며, 자신의 개별성을 더 인식하는 경향을 보인다.

② 영성

영성(Spirituality) 하위척도에서 점수가 높은 아동은 종교적이거나 신비한 주제에 대한 이야기에 관심이 많으며, 눈에 보이지 않는 세계, 죽음, 삶, 천사 등에 대한 생각을 많이 한다. 자신의 주변 세계에 대한 관심이 많아서 자신의 방이나 주변 사람의 작은 변화도 금방 알아차린다. 점수가 낮은 아동은 눈에 보이지 않는 세계에 대해서 별로 관심을 보이지 않고, 보다 현실적이고 실제적인 주제에 관심을 갖는다. 자신의 주변 세계에 대해서 그다지 관심이 없어서 주변의 변화에 대해서 잘 알아차리지 못한다(민병배, 오현숙, 이주영, 2007).

(3) 검사방법 및 채점

JTCI는 임상심리 전문가, 상담심리 전문가 등 정신건강 서비스 전문가 또는 정신건강 서비스 관련학과 대학원 재학생 이상의 경우 소정의 교육과정 이수 후 자격을 얻은 후 구입하여 시행할 수 있다. 유아나 아동용의 경우 평가 대상의 주 양육자가 검사를 실시하도록 되어 있으므로 평가 대상 유아나 아동과 가장 많은 시간을 보내고 가장 잘 알고 있는 주 양육자가 검사를 실시하도록 하는 것이 매우 중요하다. 또한 가능하면 객관적 입장에서 유아나 아동에 대해 평가할 수 있도록 설명해야 한다. 청소년용은 개인 또는 집단으로 실시할 수 있다. 유아용, 아동용, 청소년용의 소요시간은 약 10~15분 정도이다.

JTCI는 채점을 위한 별도의 채점판이나 프로그램 없이 온라인으로 채점이 이루어진다. 채점 프로그램에 대한 자세한 방법과 예시는 사용 지침서와 홈페이지(www.tci.kr)를 참고한다. TCI 프로파일 해석의 순서는 다음과 같다.

① 개별척도의 해석: 먼저 7개의 기질 및 성격척도 점수 각각에 대해서 개별적으로 해석한다.
② 기질 유형의 해석: 네 가지 기질차원 프로파일에 대한 형태분석을 통해 기질 유형을 분류하고 이를 해석한다. 특히 한 개인의 기질 유형은 세 가지 기질 차원(자극추구, 위험회피, 사회적 민감성)의 상호작용의 관점에서 가장 잘 이해된다. 이 검사를 통해 한 개인의 기질 유형은 그의 고유한 행동양식을 기술해 줄 수 있지만 그것의 성숙 혹은 미성숙까지 예언하는 것은 아니라는 것을 명심해야 한다.
③ 성격척도와 기질 유형의 연계 해석: 성격척도들 중에서 특히 자율성과 연대감 차원의 발달 정도를 평가하고, 성격 발달의 정도가 기질 유형에 미치는 조절적 영향을 이해해야 한다.
④ 성격 유형의 해석: 마지막으로 세 가지 성격 차원(자율성, 연대감, 자기초월)의 조합에 의해서 이루어지는 성격 유형(character type)을 분류하고 이를 해석한다.

다음으로, TCI 형태분석에 의해 유형을 분류할 때 고려해야 할 점은 다음과 같다. TCI를 해석할 때 차원적인 기술과 범주적인 기술을 함께 적용하는 것이 가장 유용하다. 먼저, 차원적인 접근을 통해서 일곱 가지 인성 차원 각각에 대해 구체적인 점수에 입각한 풍부한 정보를 얻을 수 있다. 다음으로, 범주적 접근(유형 분류)을 적용함으로써 여러 차원 간의 상호작용에 따른 새로운 행동 패턴을 부가적으로 이해할 수 있게 된다. TCI의 각 차원 점수와 실제 행동 반응 특성 간의 관계를 밝히기 위해 수행된 연구 결과, 한 차원에서의 점수가 평균에서 많이 이탈하여 극단적일수록 관련된 정서 및 행동 반응이 상황에 걸쳐 더 일관적이다. 즉, 평균에서 많이 이탈된 점수를 보이는 사람일수록 상황에 관계없이 더 전형적이고, 시간에 걸쳐 더 안정적이고, 관련된 정서 및 행동 반응이 더 강하게 반응을 보이는 반면, 평균에 가까운 점수를 보이는 사람일수록 상황에 따라 반응이 달라진다(민병배 외, 2007).

2. 투사적 성격검사

1) 투사적 성격검사의 목적

투사적 성격검사는 모호하고 비구조화된 검사 자극에 대한 개인의 반응을 분석하여 사고의 과정과 내용, 정서와 성격상의 다양한 특징, 자신과 환경에 대한 태도, 주요한 갈등과 방어, 심리적인 부적응, 정신병리 등을 측정하는 검사이다. 모호하고 비구조화된 자극에 반응하는 과정에서 개인마다 독특한 반응 양식과 내용이 드러나게 되는데, 이러한 각 개인의 독특한 반응들은 자극 자체의 특징보다는 수검자의 고유한 내적 정신활동과 성격 특성이 투사된다고 보는 것이 투사적 성격검사의 기본 가정이다.

2) 투사적 성격검사의 특징

투사적 성격검사의 가장 중요한 특징은 인지평가나 객관적 성격검사 등의 표준화된 검사와는 달리 수검자가 인식하지 못하고 있는, 즉 개인의 의식 영역 바깥에 있는 정신현상을 측정한다는 점이다. 또한 검사과정 동안 자신의 내적 경험과 상태를 은폐하거나 과장하기가 어렵거나 불가능하다.

그러나 투사적 성격검사는 검사를 실시하고 채점하고 해석하는 과정에서 검사자의 주관이 개입될 소지가 비교적 적은 객관적 검사와 달리 검사자에 따라 수검자의 반응이 다를 수도 있고, 채점과 해석 과정에 검사자의 주관이 개입될 수밖에 없다. 또한 대부분의 투사적 검사는 실시와 채점, 해석이 매우 복잡하여 상당한 수준의 전문성을 갖추지 않으면 사용하기 어렵다는 한계가 있다. 그리고 다른 유형의 심리검사에 비해 검사의 타당도가 충분히 입증되지 않았기 때문에 검사를 매우 조심스럽게 사용해야 한다. 특히 투사적 성격검사에서 시사되는 해석적 가설은 이 검사 외의 다른 자료를 통해 지지되는 범위 내에서 잠정적인 결론으로 채택하는 것이 해석의 오류를 줄이는 데 도움이 된다는 것이다.

3) 투사적 성격검사의 종류

임상장면에서 많이 사용되고 있는 아동 · 청소년 대상의 투사적 성격검사로는 로샤 검사, 주제통각검사(TAT)와 한국판 아동용 주제통각검사(K-CAT), 문장완성검사(SCT), 집-나무-사람 검사(HTP), 동작성 가족화 검사(KFD) 등이 있다. 이 장에서는 동작성 가족화 검사(KFD), 동작성 학교그림검사(KSD), 아동용 주제통각검사(K-CAT)와 함께 아동 대상으로 하는 로샤 검사 시행과 해석의 특징을 설명하고자 한다.

(1) 동작성 가족화 검사(KFD)

① 검사 대상 및 목적

동작성 가족화 검사(Kinetic Family Drawing: KFD)는 Burns와 Kaufman(1970)이 가족을 그리게 하는 가족화에 동작을 포함하여 그리도록 하는 검사로 개발하였다. 이 검사는 가족 구성원이 무언가를 하고 있는 장면을 그리도록 함으로써 아동의 자아개념과 가족에 대한 역동, 가족 구성원 간의 정서적 관계와 상호작용에 대한 정보를 제공하고, 아동이 자신의 가족에 대해 어떻게 생각하고, 어떤 감정을 느끼는지를 반영한다는 점이 큰 특징이다. 즉, 가족화를 통해 가족 내에서 아동에게 중요한 영향을 미친 사람은 누구이며, 심리적으로 제일 가까운 사람은 누구인지, 부정적인 영향을 미친 사람에게 어떠한 감정을 가지고 있는지 등을 알 수 있다.

② 검사방법

아동에게 A4 용지 크기의 백지와 연필, 지우개를 주고, "너를 포함해서 가족이 무언가를 하고 있는 그림을 그려 보세요."라고 지시한다. 이때 종이는 반드시 가로로 제시되며, 아동이 만화 그림을 그리거나 가만히 있는 그림을 그리면 그렇게 그리지 않도록 하고, 움직임이 들어간 그림으로 그려야 한다고 말해 준다. 가족화를 그리는 중에 아동이 그리기 힘들어하면 "그림의 솜씨를 보는 것이 아니니 그릴 수 있는 데까지 그리면 돼요."와 같이 용기를 북돋워 주고 혹시 검사자가 그림 그리는 것을 보고 있는 것을 불편해한다면 다 그릴 때까지 피해 준다. 때로 아동이 "각자 따로따로 뭔가를 하는 그림을 그려도 되나요?" 하고 물으면 "하고 싶은 대로 그리면 돼요."라고 대답해 준다.

아동이 그림을 그리는 동안 검사자는 아동의 행동을 유심히 관찰하여 아동이 하는 말이나 행동들을 기록하며, 아동이 어떤 가족 순서로 그림을 그리는지도 적어 둔다. KFD는 시간 제한이 없는 검사이지만 아동이 가족 그림을 그리는 데 소요된 시간도 함께 기록하여 해석에 참고한다. 아동이 그림을 다 그리면 그려진 가족 구성원은 누구이고, 아동과 어떤 관계이며, 무엇을 하고, 무엇을 느끼는지, 가족 구성원 중에 빠진 사람은 없는지 등을 질문하며, 가족들의 동작이 어떤 동작인지 알기 어려울 때에는 아동에게 이에 대한 설명을 듣고 기록한다. 그려진 각 인물에 대해 주로 히는 질문 내용은 다음과 같다.

- 이 사람은 지금 무엇을 하고 있는가?

- 이 사람의 좋은 점은 무엇인가?
- 이 사람의 나쁜 점은 무엇인가?
- 이 그림을 보면 무슨 생각이 드는가?
- 여기 가족화에 그린 상황 바로 전에는 어떤 일이 있었을 것 같은가?
- 앞으로 이 가족은 어떻게 될 것 같은가?
- 만일 이 그림에서 무언가를 바꿀 수 있다면 무엇을 바꾸고 싶은가?

③ 그림의 해석

아동이 그린 그림을 해석하는 데 있어 아동이 결과물로 내놓은 그림의 내용뿐만 아니라 아동이 그림을 그리는 태도와 행동에 대해서도 주의 깊게 관찰하고, 그림에 대한 아동의 설명도 검사 해석에 포함시키면 좀 더 명확하고 풍부한 자료로 활용할 수 있다.

Burns와 Kaufman(1970)은 KFD의 체계적인 해석을 위해 '활동(action)' '양식(style)' '상징(symbol)'의 세 영역에 바탕을 둔 해석체계를 발전시켰다. 세 영역에 대한 체계적인 분석에 앞서 가장 먼저 살펴보아야 할 것은 가족 구성원을 어떻게 표현했는지를 전체적으로 이해하는 것이다. 즉, 가족 중에 빠뜨린 사람은 없는지, 어떤 사람을 그릴 때 자주 지웠다 다시 그리는지, 어떤 순서로 그리는지도 중요한 사항이다. 먼저 그리는 사람 혹은 아동과 거리가 가까운 사람일수록 아동에게 중요한 사람이며, 아동이 그리기를 힘들어하는 가족이 있다면 아마 갈등관계에 있는 사람이라고 볼 수 있다.

또한 아동이 자신을 그리지 않았다면 가족 내에서 자신의 위치가 중요하지 않다고 여기거나 자기존중감이 낮은 아동일 수 있다. 실제 자신의 모습보다 자신의 크기를 더욱 작게 그렸다면 이 또한 자신의 가치를 낮게 평가하는 아동일 가능성이 높다.

인물들의 활동 KFD에 나타난 인물들의 활동은 가족들 간의 상호작용의 특징, 가족 내에서의 역할, 가족 간 정서(사랑, 갈등, 불안) 등을 반영한다. 가족 간 상호작용의 특징에서는 관계가 협력적인지, 경쟁적인지, 회피적인지를 보여 준다. 예를 들어, 가족이 함께 꽃을 심는 장면을 그렸다면 가족 간에 무엇을 함께 하는 조화롭고 협력적인 모습을 보여 주는 것이다. 특히 가족들이 함께 사진을 찍는 모습은 가족 간의 화목한 관계를 드러내는 그림이다. 반면에, 가족들 간에 구획을 그렸다면 이는 서로 회피하는 모습을 반영한 그림이다.

그림의 양식 그림의 양식은 용지 안에서 가족 구성원의 위치를 어떻게 구성하였는가를 의미하며, 이는 아동이 가족에 대해서 느끼는 거리감과 정서를 그대로 반영한다. 예를 들어, 자신이 사랑하고 신뢰하며 친밀감을 느낀다면 그 가족은 아동과 가까이 위치하게 그릴 것이다. 또한 그림의 양식을 통해 아동이 의미 있는 대상들과 어떻게 상호작용하는지를 좀 더 명확히 알 수 있으며 특히 가족 내에서 고립되어 있거나 관계가 소원한 아동을 가려낼 수 있다.

• 일반적인 양식

대부분의 아동은 가족 간의 긍정적이고 따뜻한 상호작용을 하는 그림을 그린다. 이런 그림에는 가족들 간의 구획이나 장벽이 없고 서로 간의 거리도 가까우며 함께하고 있는 모습을 나타낸다.

• 구획화

아동이 가족을 그릴 때 구획을 지어 선으로 표시한 경우로, 각기 다른 방에 있는 모습을 그리기도 하고 칸을 나누어 표현하기도 하며 직선이 아닌 곡선의 형태로 구획을 짓기도 한다. 이는 어떤 이유에서건 가족 간의 애정 표현이 자연스럽게 이루어지지 않을 때 나타난다. 즉, 가족 상호 간의 접촉이 빈약하고 정서적으로 상호 교류를 피하거나 불편감을 가지고 있을 때 빈번하게 나타난다.

• 포위하기

아동이 가족 구성원을 그릴 때 어떤 한 사람을 선으로 완전히 둘러싸이게 그리는 경우로, 아동을 힘들게 하거나 위협적인 대상으로부터 분리하거나 제외시키고 싶은 욕구를 표현한 것으로 해석할 수 있다. 가족관계에서 보면 포위를 한 대상과 정서적으로 동떨어져 있고 그 사람을 힘들게 지각할 가능성이 있다.

• 기저선(하부의 선)

종이의 하단을 따라 기저선을 하나 이상 그린 경우로, 가정이 아동에게 안정감을 제공하지 못하는 경우 또는 아동이 정서적으로 지지받지 못하고 불안감을 느끼고 있음을 반영한다. 이러한 기저선을 그림으로써 아동은 안전감을 획득하려고 한다.

• 상부의 선

용지의 상단에 한 개 이상의 선을 그리는 경우로, 때로는 구름 같은 형태로 시커멓게 그리기도 한다. 이는 아동이 가정 내에서 안정감이 부족하거나 걱정거리가 많고, 불안과 위기감을 느끼고 있음을 반영한다.

• 인물 하 선

가족 구성원을 그린 후 특정 인물의 밑에 선을 긋는 경우로, 아래에 선이 그어진 가족에 대해 불안감을 표현하는 것으로 볼 수 있다.

• 가장자리

드물기는 하지만 가족들을 용지의 가장자리에 나열해서 그리는 경우로, 아동이 상당히 방어적이며 가족 내에서의 어려움이나 갈등을 회피하려는 경향이 강한 것을 반영한다. 다른 구성원과 친밀한 관계를 맺는 것에 대해 저항을 보이고 위축되어 있을 가능성이 많다.

상징 상징은 일대일 식으로 과도하게 해석되어서는 안 되며, 다른 많은 정보를 고려하여 조심스럽게 해석되어야 한다. KFD에 대한 경험적인 연구에서 일반적으로 임상적인 의미가 있다고 인정되는 몇 가지 상징의 예는 〈표 13-5〉에 제시되어 있다.

● **표 13-5** KFD의 상징 해석

상징 해석	표현된 내용
공격심, 경쟁심	공, 축구공, 그 외 던질 수 있는 물체, 빗자루, 먼지떨이 등
애정, 온화, 희망	태양, 전등, 난로 등 열과 빛(빛이나 열이 강력하고 파괴적일 때는 애정이나 양육의 욕구, 증오심을 나타내기도 함)
분노, 거부, 적개심	칼, 총, 방망이, 날카로운 물체, 폭발물 등
힘의 과시	자전거, 오토바이, 차, 기차, 비행기 등
우울감	비, 바다, 호수, 강 등 물과 관계되는 모든 것

출처: 신민섭 외(2007).

역동성 인물 묘사의 순서, 인물의 위치, 크기, 인물 간의 거리, 얼굴의 방향, 특정 인물의 생략, 가족 구성원이 아닌 타인의 묘사 등을 통해 가족 간의 역동성을 파악할 수 있다.

• 인물 묘사의 순서

아동이 가족을 그린 순서는 아동이 지각하는 가족 내 힘의 서열을 반영하거나 아동에게 정서적·심리적으로 중요한 대상의 순서가 반영되기도 한다. 가족 이외의 인물을 가장 먼저 그린 경우 가족 내 소속감이나 유대감이 형성되어 있지 않을 가능성이 있고, 가족 외에 아동이 강하게 애착되어 있는 대상일 수 있다.

• 인물의 위치

용지에 배치된 인물의 위치에 따라 의미가 있다. 용지의 상단에 그려진 인물은 가족 내에서 가족을 이끌어 가는 주도적인 인물일 가능성이 높은 반면, 용지 아래쪽에 그려진 인물은 우울하거나 활력이 부족한 인물일 수 있다. 중앙에 그려진 인물은 실제로 가족의 중심 인물인 경우가 많으며, 오른쪽에 그려진 인물은 외향성 및 활동성을, 왼쪽에 그려진 인물은 내향성 및 침체성을 지닌 것으로 주로 해석된다.

• 인물의 크기

인물의 크기는 가족 구성원의 실제 키를 반영할 수도 있고, 아동이 각 가족 구성원에 대해 지니고 있는 감정과 태도를 나타낼 수도 있다. 키가 크게 그려진 인물은 존경받는 대상이거나 권위적인 대상으로 가정에서 중심적 위치에 있을 가능성이 있고, 키가 작게 그려진 인물은 가족들에게 무시당하는 위치에 있을 가능성이 있다. 형제간에서 아동의 키나 몸집이 그대로 반영되고 있는지, 자신이 큰 형인데 작게 그리지는 않았는지 등을 살펴볼 필요가 있다. 실제보다 작게 그렸다면 스스로 위축되어 있고 자신을 작은 존재로 인식하고 있을 가능성이 많다.

• 인물 간의 거리

인물 간의 거리는 아동이 지각하고 있는 구성원 간 친밀성의 정도나 심리적 거리를 나타내는 것으로 해석할 수 있다. 인물이 서로 가깝게 그려져 있다면 이는 두 구성원이 서로 친밀함을 의미하거나, 반대로 두 구성원 간에 정서적인 거리감이 존재하여 이를 보상하고자 하는 표현일 수도 있다. 거리가 멀게 그려진 두 인물 간에는 실제 생활에서도 상호작용이 별로 없어 친밀감이 부족하고 심리적인 거리감을 느끼고 있을 가능성이 있다.

• 인물의 방향

그려진 인물이 향한 방향에 따라 그 의미가 다르게 해석된다. 정면을 향하고 있는 인물은 아동이 긍정적으로 지각하고 있는 대상이며, 뒷모습이 그려진 인물은 부정적 태도와 억압적 분노감을 시사하고, 옆면이 그려진 인물은 양가적인 태도를 취하고 있을 가능성이 있다.

• 인물의 생략

가족 구성원 중 특정 인물을 생략하고 그렸거나 그렸다 지운 흔적이 있는 경우는 아동이 지워진 가족 구성원에게 양가감정을 느끼거나 그 구성원과 갈등관계에 있음을 나타낸다.

• 타인의 묘사

같이 살고 있지 않은 타인을 그리는 경우, 아동이 가족 내의 누구에게도 정서적 교류나 친밀감을 느낄 수 없는 상태라는 점을 가정할 수 있다. 가족 외 타인으로는 주로 아동의 친구, 친척이 그려지는 경우가 많은데, 이렇게 그려진 타인은 아동이 정서적으로 강한 친밀감을 갖거나 생애 초기에 기본적인 신뢰감, 애착을 형성했던 대상인 경우가 많다.

인물의 활동 KFD에서 흔히 보이는 인물의 특성을 살펴보면 다음과 같다.

• 음영

인물의 신체 한 부분에 음영이 그려질 경우 그 신체 부분에 몰두하고 있거나 불안감을 느끼고 있음을 나타내고, 음영이 표시된 인물에 대한 분노감이나 적개심 또는 불안 등의 표현일 가능성도 있다.

• 얼굴 표정

얼굴 표정은 직접적인 정서적 반응을 나타내는데, KFD에서 드러나는 인물의 표정은 실제 가족활동 안에서 아동이 지각하는 정서 반응일 수도 있고, 아동이 가족 구성원에게 느끼는 정서반응일 수도 있다. 또한 얼굴 표정을 생략한 경우, 가족 내에서 느끼는 갈등이나 정서적 어려움을 회피하거나 거리감을 두려는 시도로 해석할 수 있다.

• 회전된 인물

특정 가족 구성원만 다른 인물들과 다른 방향으로 그린 경우, 그 구성원에 대한 거리감과 거부감 또는 갈등적인 감정을 나타낸다. 이때 다른 곳을 보고 있는 인물이 누구이고 어떠한 행동을 하고 있는지 확인할 필요가 있다.

• 막대기 모양 인물

정신지체나 다른 뇌손상이 없는 아동이 가족화를 막대기 모양으로 그린 경우, 가족 간에 정서적 유대감과 애정적 교류가 부족하며, 갈등관계에 있거나 갈등관계에 있는 대상에 대한 저항을 나타내는 것으로 해석한다.

④ KFD 사례

만 9세 여아로 학습이 부진하고 멍하니 있거나 의욕이 없고, 게임에 지나치게 몰두하고, 감정이나 기분의 변동이 심한 편이다. 친구들과 놀 때나 자신이 좋아하는 일을 할 때는 집중해서 하지만 학습 상황에서는 집중하지 못하고 손톱을 뜯거나 책상에 앉아서 숙제를 펼쳐 놓고 종이로 만들기를 하는 것과 같이 자신이 하고 싶은 행동을 한다. 듣고 있으면서도 부르면 대답을 안 하고 못 들은 척하고, 하고 싶은 것이 있으면 해 줄 때까지 조르고 고집을 피우는 것과 같은 문제를 주 호소문제로 내원했다. 7세, 4세 여동생이 있고, 딸 셋 중 장녀이다.

[그림 13-2] 9세 여아의 KFD

　가족화를 보면 그림의 크기가 전반적으로 작고 엄마, 아빠와 딸 셋을 구획으로 나누어 부모와 자녀들이 따로 떨어져 있으며 부모는 용지의 가장자리에 나열해서 그렸다. 이런 그림의 양식을 통해 아동이 정서적으로 위축되어 있고 상당히 방어적이며, 가족 내에서의 정서적 어려움이나 갈등을 회피하려는 경향을 추측할 수 있다. 또한 부모-자녀 관계에서 친밀한 정서적 유대감이 부족함을 알 수 있고, 가족 간 애정 표현이 자연스럽게 이루어지지 않을 가능성을 고려할 수 있다. 부모와 자녀들 간의 접촉이 빈약하고 정서적인 교류를 피하거나 불편감을 가지고 있을 가능성이 있다. 지붕에 자신과 동생들을 그리고 있는 것으로 보아 소극적이고 수동적이며 자신만의 내적인 공상에 몰두하고 있을 가능성이 있다.

(2) 동작성 학교그림검사(KSD)

① 검사 대상 및 목적

Knoff와 Prout(1985)는 아동과 청소년에게 학교 내에서 자신과 함께 친구들, 교사 등 그들과 관련성이 있는 학교 인물이 무엇인가를 하고 있는 그림을 그리게 함으로써 학교환경 내에서의 상호관계 및 학업성취도를 알아낼 수 있다는 전제하에 동작성 학교그림검사(Kinetic School Drawing: KSD)를 개발하였다. KSD는 KFD를 변형한 형태로서 학교 상황에서 아동이 자신을 어떻게 지각하고 있는지, 아동의 학교생활 적응과 또래관계는 어떠한지에 대한 정보를 제공해 줄 수 있다.

KFD와 KSD 같은 동적 체계에서 사용되는 그림은 심리적 문제들과 관련된 행동과 역동성을 일으키는 임상적·진단적인 요소를 가지고 있다. 아동의 성격과 태도에 대해 조사하고 가족, 학교, 의미 있는 타인과의 관계에 대한 아동의 지각을 측정하는 투사기법으로 활용된다. 따라서 KSD는 학교 내에서 생활하는 가운데 아동이 어떤 어려움을 겪고 있는지를 측정하고, 그것이 아동의 태도와 행동에 어떤 영향을 미치며, 관계 및 상호작용의 어려움을 인지하게 하여 아동의 심리치료에 도움을 주는 유용한 도구이다.

② 검사방법

아동에게 A4 용지 크기의 백지와 연필, 지우개를 주고 "너 자신과 선생님, 한 명 또는 그 이상의 친구가 무엇인가를 하고 있는 그림을 그려 보세요."라고 지시한다. 지시어와 "하고 싶은 대로 그리면 돼요."라는 말 이외에는 무엇인가를 암시하는 말이나 행동 등을 삼가야 한다. 아동이 그림을 그리는 동안 검사자는 아동을 관찰하여 아동이 하는 말이나 행동들을 기록하며, 아동이 어떤 순서로 그림을 그리는지도 적어 둔다. KSD는 시간 제한이 없는 검사이지만 그림을 그리는 데 소요된 시간도 함께 기록하여 해석에 참고한다. 아동이 그림을 다 그리면 그려진 인물이 누구인지와 무엇을 하고 있는지 등에 대한 질문을 하고, 이에 대한 아동의 설명을 듣고 기록한다.

③ 그림의 해석

검사의 채점과 해석은 KFD와 마찬가지로 인물들의 활동, 그림의 양식, 상징과 역동성 등 Burns와 Kaufman(1970)이 개발한 채점 기준을 기본으로 한다.

(3) 아동용 주제통각검사(K-CAT)

① 검사 대상 및 목적

Bellak(1949)이 주제통각검사(TAT)의 적용 연령을 더 어린 아동으로 확대하여 3~10세의 아동을 대상으로 실시하기 위해 아동용 주제통각검사(Korean Child Apperception Test: K-CAT)를 제작하였다. 성인용 TAT는 성인의 성격을 진단하는 데는 매우 유용하지만 아동들에게는 적합하지 않기 때문에 도판의 자극장면들을 아동들에게 적절한 내용들로 바꾸고, 도판에 등장하는 주인공도 동물로 바꾸어 아동용으로 제작하였다. 아동용 투사검사에 동물을 자극으로 사용한 이유는 동물은 아동과 마찬가지로 성인보다 힘과 지혜가 약한 존재이며 만화나 동화를 통해 아동과 매우 친근한 존재이기 때문이다. 아동이 사람보다 동물에 대해 더 잘 동일시되며, 동물은 의식 수준에서는 아동의 친구로서, 꿈에서는 동일시의 대상으로서 중요한 역할을 하기 때문이다. 또한 인간 자극보다 동물 자극에 대해 더 많은 아동 특유의 심리적 내용이 투사된다고 가정한다.

CAT에서는 TAT와 마찬가지로 대인관계, 사회적 상호작용, 동일시 양식과 같은 보다 구체적인 아동의 문제를 반영하는 반응들이 나타나며, 반응 내용에서 공포, 공격성, 애정의 원천이나 그 대상, 반응기제에 관한 단서도 얻을 수 있다.

미국판 CAT 도판들은 미국 아동의 성장과정에 관계되는 문제나 일상생활에 관련되는 문제를 투사시킨 검사이기 때문에, 문화 배경 및 성장양식을 달리하는 상이한 문화권의 아동들에게는 부적합한 점이 있다. 이러한 점을 고려하여 국내 아동에게 알맞게 수정된 것이 K-CAT(김태련, 서봉연, 이은화, 홍숙기, 1976)이다.

K-CAT는 표준화되지 않은 채점과 해석방법을 사용하기 때문에 아동의 심리적 속성을 측정하기가 쉽지 않으며, CAT의 기법과 관련해서 신뢰도와 타당도가 잘 검증되지 못하였다는 주장도 제기된다. 또한 어리고 지적 발달이 충분하지 못한 아동은 매우 짧고 구체적인 방식으로 이야기를 꾸미기 때문에 해석이 좀처럼 쉽지 않고 부가적인 증거들이 없는 상태에서 이야기를 꾸민 내용만으로 해석할 수는 없다는 제한점이 있다.

그러나 이러한 제한점에도 불구하고 K-CAT는 투사적 성격평가에 있어 매우 흥미롭고 의미 있는 해석방법을 제시하고 있으며, 아동에게 시행할 때 검사자와의 관계를 증진시켜 주고, 의사소통을 촉진시키며, 보다 포괄적인 사회·정서적 평가를 하는 데 도움이 되는 유용한 검사 도구이다.

K-CAT는 정신역동적인 접근을 지향하고 있으므로 연령에 따른 아동의 주요 발달 과업이나 갈등 내용에 대한 정보가 기초가 되어야 한다. 이를 바탕으로 아동의 각 연령에 적합한 발달 과업이나 갈등의 내용이 나타나고 있는지, 특정 단계에서 해결되지 않은 발달 과업에 집착하고

고착되어 있는지를 파악하는 데 도움이 된다.

② K-CAT의 구성 및 내용

K-CAT는 9매의 표준판 카드와 9매의 보충판 카드로 구성되어 있다. 다음은 9개의 표준형 도판이다.

도판 1 음식이 담긴 큰 사발이 있는 탁자 주위에 병아리들이 앉아 있다. 한쪽에는 희미한 형태의 큰 닭이 서 있다.

→ 구강기의 문제와 형제간의 경쟁

도판 2 곰의 줄다리기 장면인데, 한쪽에서는 한 마리 곰이 줄을 잡아당기고 다른 한쪽에서는 다른 곰이 아기 곰과 함께 줄을 잡아당기고 있다.

→ 동일시 대상과 공격성

도판 3 담뱃대와 지팡이를 가지고 의자에 앉아 있는 사자와 오른쪽 구성에 있는 구멍에서 작은 쥐가 나오고 있다.

→ 아버지상과 역할에 대한 갈등

도판 4 어두운 방에 이불이 깔려 있고 어린 토끼가 혼자 앉아 있다.

→ 불안의 성질과 오이디푸스 콤플렉스

도판 5 어두운 동굴 속에 희미하게 보이는 곰 두 마리가 있고 동굴 앞에는 작은 곰이 엎드려 있다.

→ 삼각관계에서의 갈등

도판 6 날카로운 이빨과 발톱을 가진 호랑이가 원숭이에게 덤벼들고 있다.

→ 공격성에 대한 두려움과 대처방식

도판 7 두 마리 어른 원숭이는 소파에 앉아 차를 마시며 이야기를 나누고 있고 한 마리 다른 원숭이는 그 앞에 앉아 아기 원숭이에게 이야기를 하고 있다.

→ 가족 구성원의 역할에 대한 지각

도판 8 화장실 안에서 강아지가 큰 개의 무릎 위에 얹혀 있다.

→ 체벌에 관한 개념과 대소변 훈련

도판 9 과일가게 앞에 하마가 서 있고 다람쥐 두 마리가 과일을 손에 들고 달아나고 있다.

→ 사회적 상황에서의 도덕 관념

다음은 9개의 보충용 도판이다.

보충도판 1 네 마리의 다람쥐가 미끄럼을 타고 있는데, 한 마리는 막 내려오고 있고, 또 한 마리는 내려오려고 하고 있으며, 나머지 두 마리는 사다리를 올라가고 있다. 첫 번째와 세 번째는 수컷, 두 번째와 네 번째는 암컷을 암시한다.

→ 신체활동과 친구끼리의 경쟁

보충도판 2 원숭이 세 마리가 교실에 있다. 두 마리는 책상에 앉아 있고 한 마리는 손에 책을 들고 서 있다. 세 번째 원숭이는 꼬리를 만지작거린다.

→ 학교 상황에서의 문제(경쟁 및 과시)

보충도판 3 소꿉놀이 장면으로 엄마 쥐가 큰 안경을 낀 아빠 쥐에게 차를 따라 주고 있다. 장난감과 인형이 주변에 흩어져 있다.

→ 성인으로의 욕구와 가정 내의 대인문제

보충도판 4 큰 곰 한 마리가 두 마리의 아기 곰을 품고 있다.

→ 형제간의 시샘과 엄마에 대한 애정

보충도판 5 엄마로 보이는 토끼가 어린 토끼를 학교(유치원) 문 앞에 데려와서 선생님 토끼에게 데려다 주려고 하고 있다. 운동장에는 많은 동물이 수업을 하고 있다.

→ 학교(유치원)에서의 적응(어머니로부터의 독립 및 의존성)

보충도판 6 캥거루가 꼬리와 다리에 붕대를 감고 목발을 짚고 서 있다.

→ 신체적 상해

보충도판 7 고양이 한 마리가 거울 앞에 서서 자신을 비춰 보고 있다.

→ 자기표현과 과시 및 청결

보충도판 8 토끼 의사가 아기 토끼를 청진기로 진찰하고 있다. 뒤에 약병이 보인다.

→ 질병에 대한 문제

보충도판 9 목욕탕에서 큰 고양이가 몸을 씻고 있고 작은 고양이는 문틈으로 이를 지켜보고 있다.

→ 호기심 및 도시(盜視) 경향

③ 검사방법

K-CAT는 경험이 많고 숙련된 임상가가 시행해야 하며, 축약된 형태로 사용한다 해도 상당한 시간이 소요되고, 시행과 해석에 있어 많은 주의가 요구된다. 검사는 개인이나 집단 모두 실시할 수 있지만 체계적인 해석은 각 기록마다 최소한 30분 또는 그 이상이 소요된다. 다른 모든 검사에서처럼 수검자는 편안해야 하며, 검사자와 수검자 사이에 적절한 라포가 형성되어야 한다. 수검자의 긴장 완화와 자유로운 반응 유도를 위해 놀이를 활용할 수도 있다. 검사자가 쓰는 지시문은 기본적으로 비슷하나, 수검자의 연령, 지적 수준, 성격 혹은 생활환경을 고려하여 적절한 지시와 격려를 해야 하며, 수검자가 물을지도 모르는 어떠한 질문에도 비지시적으로 답해야 한다. 검사자가 쓰는 일반적인 지시사항은 다음과 같다.

초기 지시문 "지금부터 그림을 가지고 이야기를 할 거예요. 내가 그림을 보여 줄 테니까 그림들을 보고 거기에서 어떤 일이 일어나고 있는지 말해 주면 돼요. 하고 싶은 어떤 이야기든지 만들 수 있어요. 자, 이 그림을 봐요. 여기 나온 동물들은 지금 무엇을 하고 있고, 여기서 어떤 일들이 일어나고 있는지 말해 봐요."

중기 지시문 "그럼 이 일이 있기 전에는 어떤 일이 일어났을까요? 그럼 다음에는 어떻게 될까요?"

반응 유도 질문 "어느 동물이 그런 이름을 갖게 되었나요? 얘기에 나오는 동물들은 몇 살인가요?"

주의집중 및 환기 질문 "잘했어요. 잘하는군요. 그럼 다른 걸 해 볼까요?"

도판의 순서는 가능한 한 정해진 순서대로 제시하는 것이 좋으며, 아동이 제시되고 있는 도판에 주의를 집중할 수 있도록 나머지 도판은 뒤집어 놓는다. K-CAT의 보충용 도판 9매는 반드시 다 사용할 필요는 없으며, 수검자의 문제와 관련되어 있는 도판만 골라 추가적으로 실시한다.

　수검자의 반응 기록에 있어 기본 원칙은 수검자가 말하는 모든 것을 가능한 한 기록해 두어야 한다는 것이다. 그러나 기록방법에 있어 녹음기를 사용하거나 수작업으로 작성할 때 수검자의 주의를 유지하는 데 세심한 배려가 요구된다.

④ 채점 및 해석

　K-CAT는 성인용인 TAT와 개념적이고 이론적인 측면에서 동일하며, 일반적인 해석의 원칙 역시 TAT와 유사하다. 각 도판에 대한 아동의 반응은 〈표 13-6〉에 제시되어 있는 임상용 기록 및 분석 용지에 기록하고 해석한다. 기록용지에 적혀 있는 항목에 따라 설명을 하면 다음과 같다.

● 표 13-6　K-CAT 기록 및 분석 용지

임상용 기록 및 분석 용지			
[도판 1]			
1. 진술			
2. 주제	① 기술적 수준	② 해석적 수준	③ 진단적 수준
3. 주인공의 동일시			
4. 주인공의 주요 욕구 1) 주인공의 행동적 욕구			
2) 도입된 대상과 내포된 욕구			
3) 간과된 대상과 내포된 욕구			
4) 세부 강조와 내포된 욕구			
5. 주변 인물에 대한 지각 1) 부모에 대한 지각			
2) 동년배에 대한 지각			
3) 어린 대상에 대한 지각			
4) 큰 대상에 대한 지각			
6. 주요 갈등			
7. 불안의 특성			
8. 주요 방어기제			
9. 초자아의 적절성			
10. 자아의 강도			
11. 임상적 특징			

주제 아동이 K-CAT의 각 도판에서 무엇을 떠올렸는지, 왜 그러한 이야기를 하는지, 또 이러한 해석이나 이야기가 내적 세계에서 어떤 의미를 갖는 것인지를 알아내는 데 역점을 둔다. 아동이 만들어 낸 이야기의 내용에서 공통되는 주제를 파악해서 간략하게 진술하는 것이 필요하다.

주인공 이야기의 내용에서 주인공이라고 보이는 대상을 찾아내어 그 대상을 기록하고 그의 연령, 성, 직업, 능력 및 기타 특징들을 간단히 적는다. 때로는 주인공이 하나 이상일 수도 있으며, 처음에는 이 대상에 동일시했다가 나중에는 다른 인물을 동일시하기도 하고 때로는 둘 다에 동일시하기도 한다. 때로는 두 번째로 동일시한 대상의 특징에 한층 더 깊이 억압된 무의식적 태도를 반영하는 경우도 있다.

주인공의 주요 욕구와 추동 주인공에게서 드러나는 욕구는 수검자 자신의 욕구와 직접적으로 연결된 것일 수도 있고, 때로는 부분적으로 수검자의 실제 생활에서 행동적으로 나타날 수도 있으며, 반면에 실제적인 행동과는 정반대로 공상 속에서 대리 만족되는 내용일 수도 있다. 이야기에 나타나는 주인공의 욕구는 보다 넓은 관점에서 수검자가 가지는 추동의 다양한 변형일 수 있다는 점을 잘 살펴보고 이해해야 한다.

이야기를 구성하는데 실제로 그림에 나와 있지 않은 자극을 집어넣어 이야기를 꾸미는 것이 때로는 해석에 중요한 역할을 하는데, 도판에 없는 인물이나 상황을 찾아내고 그것이 실제적으로 어떤 의미를 갖고 있으며 상징적인 의미는 무엇인지를 알아내야 한다. 마찬가지로 특정 인물이나 사물이 생략되거나 이야기 전개에서 무시되고 있다면, 이는 그 인물 혹은 대상에 대한 적대감이나 갈등을 반영하는 것으로 생각할 수 있으며, 이에 대한 가설적인 해석을 세워 볼 수 있다.

주변 인물에 대한 자각 등장인물들을 수검자 주변 인물들과 동일시하고 그들을 어떻게 지각하는가를 파악하는 것은 아동의 주변 사람들에 대한 심리적 역동을 이해하는 데 중요하다. 그 대상에 대한 행동이 어떠한지는 부모에 대한 심리적 친근감이나 거리감을 반영하므로 부모에 대한 지각, 또래에 대한 지각, 연장자에 대한 지각, 어린 대상에 대한 지각의 네 가지 범주로 나누어 주변 인물들에 대한 지각을 분석하여 기록한다.

주요 갈등 수검자가 가지고 있는 갈등과 갈등의 특성 및 강도를 파악함과 동시에 갈등으로 인해서 유발되는 불안에 대해 어떠한 방어기제를 사용하는지에 대한 정보를 알 수 있다.

불안 신체적 상해, 처벌, 사랑의 결여나 상실에 대한 공포, 혼자 남게 되는 것에 대한 공포 등이 아동의 주요한 불안으로, 아동의 주된 불안이 무엇인지 알아내는 것이 매우 중요하다.

어떤 갈등과 불안은 정상적인 성장과정에서 보이는 보편적인 것일 수도 있고, 어떤 것은 정신 병리적인 것일 수도 있다. 진단에서는 불안이 보편적인 것인지 또는 병리적인 것인지를 구별해야 한다.

주요 방어기제 이야기의 내용을 욕구, 갈등, 불안의 차원에서 분석하는 것에서 한 걸음 더 나아가 주인공의 욕구, 갈등, 불안에 대한 방어기제도 검토하는 것은 수검자의 역동을 이해하는 데 도움이 된다. 방어기제의 평가는 욕구와 갈등이나 불안에 대한 개별적인 검토보다 훨씬 더 많은 정보를 제공해 줄 뿐만 아니라 수검자의 성격구조를 깊이 있게 탐색하게 해 준다.

이야기의 내용이 여러 개의 주제로 구성되어 있고, 주인공의 욕구도 다양하게 나타나므로 아동의 주된 방어기제 외에 이야기 속에 숨겨져 있는 방어기제를 알아보는 것도 도움이 된다.

초자아의 적절성 이야기 속에 나타나는 주인공 초자아의 적절성 여부는 수검자의 성격구조를 이해하는 데 유용한 정보를 제공한다. 주인공이 저지른 잘못의 특성이나 정도에 비추어 볼 때 범죄행위에 대한 처벌이 타당하고 적절한가 하는 것은 초자아의 엄격성을 보여 준다. 신경증적 주인공은 별것 아닌 공격적 행동도 고의적인 행동으로 생각하여 죄악시하고 죄책감을 나타낼 수 있고, 통합되지 않은 초자아의 경우에는 아주 엄격하거나 과대하게 표출될 수도 있다.

자아의 통합 여기에서는 내적 충동이나 현실로부터 오는 요구와 초자아의 명령을 어떻게 타협하고 조절하는지를 검토할 뿐만 아니라 주인공이 외부 자극에 대해서 얼마나 민감하며 어떠한 자극에 더 집착하는지를 알아낼 수 있다. 주인공이 그의 욕구와 현실 및 사회규범 내지 도덕적인 행동 간의 갈등을 처리하는 방식의 적절성을 알아내는 것이 매우 중요하다.

임상적 특징 이 항목에는 각 도판에 나타난 반응분석 전체를 요약 및 종합해서 기록하거나 각 항목의 분석에는 지적할 수 없었던 진단적 단서, 즉 검사자가 주관적으로 보기에 의문시되는 점을 기록한다.

(4) 아동 로샤 검사
로샤 검사에 대한 내용은 제10장에서 자세히 다루었으므로 여기에서는 성인검사와의 차이점을 중심으로 아동 대상의 로샤 검사의 특징을 설명하기로 한다.

① 아동 로샤와 성인 로샤의 차이점

아동과 청소년을 대상으로 하는 로샤 검사에서 반드시 고려해야 할 점 두 가지는 다음과 같다(신민섭, 김은정, 김지영, 2007).

첫째, 아동과 성인 간 로샤 검사의 채점 및 해석방법에서 근본적인 차이는 없다. 따라서 동일한 채점 기준과 해석방법을 적용할 수 있으므로 성인용 로샤 검사에 익숙한 임상가는 누구나 아동과 청소년에게 로샤 검사를 실시할 수 있다.

둘째, 아동과 성인 간 로샤 검사를 실시하고 해석할 때는 상당한 차별적인 지식과 임상 실습이 필요하다. 아동·청소년의 연령에 따른 발달적 규준과 아동·청소년기의 심리장애에 대한 전문적 지식이 필요하다. 아동의 특성에 따라 때로는 표준화된 실시방법을 융통성 있게 변화시켜 적용할 필요가 있으며, 해석 시 아동과 청소년의 발달적 특성을 고려하는 것이 중요하다.

② 검사방법

아동과 청소년을 대상으로 로샤를 실시할 경우 검사에 대한 협조를 얻고, 불안을 완화시켜 타당한 검사 결과를 얻기 위해 라포를 형성하는 것이 가장 중요하다. 로샤 검사가 검사 배터리의 일부로 실시될 때는 아동의 집중 정도와 협조 수준을 고려해야 하고, 너무 힘들어하지 않는지를 계속 살펴봐야 하며, 지능검사와 같이 힘든 검사를 실시한 직후에 바로 로샤 검사를 시행하는 것은 좋지 않다. 아동들은 주의 폭이 짧고 산만하기 때문에 성인보다 자주 쉬어야 하고, 아동이 자리에 앉거나 일어서고 싶어 하면 허용한다.

또한 아동과 청소년을 검사할 때에도 가능한 한 표준적인 실시 절차를 따라야 한다. 그러나 지나치게 저항적이거나 비협조적인 아동과 청소년의 태도로 검사가 힘든 경우, 검사자는 그들로 하여금 각 카드에 대해 반응을 하게 한 다음 바로 질문 단계로 들어가는 수정된 절차를 사용할 수 있다. 수정된 절차는 원칙보다 예외로 생각해야 하며, 이런 절차를 사용할 경우 다음과 같은 지시문을 사용한다.

> "이것을 보고 나에게 무엇처럼 보이는지 말해 주고, 내가 그것을 볼 수 있도록 보여 주면 돼요.
> 네가 본 대로 나도 볼 수 있도록 그것이 어디에 있고 무엇 때문에 그렇게 보이는지를 말해 주면
> 돼요."

수정된 절차를 사용할 때는 표준적인 질문으로 제한하고, 혹시 하더라도 검사에 대해 다시 상기시키는 질문이나 수검자가 자발적으로 말한 핵심 반응을 묻는 질문으로 국한해야 한다.

③ 채점 및 해석

아동과 청소년을 대상으로 하는 경우 구조요약 점수와 지표를 해석하는 기준이 달라지는 것일 뿐 채점방법과 해석과정은 성인의 경우와 동일하다. 국내 아동·청소년을 대상으로는 규준이 작성되지 않았으므로 아동·청소년의 프로토콜을 해석할 때는 Exner 종합체계(Exner, 2011)의 아동·청소년 규준 자료를 참고하여 비교할 수 있다.

구조요약과 특수지표 구조요약지 맨 아래에는 PTI(지각적 사고지표), DEPI(우울증지표), CDI(대응손상지표), S-CON(자살지표), HVI(과민성 지표), OBS(강박성 지표)의 6개 특수지표가 있다. 이전의 SCZI(정신분열증 지표)가 PTI(지각적 사고지표)로 변경되었다. 아동 로샤 검사의 특수지표는 〈표 13-7〉에 제시되어 있다.

● **표 13-7** **구조요약 특수지표 채점 기준**

S-Constellation(Suicide Potential)	PTI(Perceptual-Thinking Index)
□ 8개 이상 해당될 경우 체크할 것 *주의: 14세 이상의 수검자에게만 적용 　□ FV+VF+V+FD>2 　□ Color-Shading Blends<0 　□ 3r+(2)R<.31 또는>.44 　□ MOR>3 　□ Zd>+3.5 또는 ZD<-3.5 　□ es>EA 　□ CF+C>FC 　□ X+%<.70 　□ S>3 　□ P<3 또는 P> 8 　□ Pure H<2 　□ R<17	□ XA%<.70 그리고 WDA%<.75 □ X-%>.29 □ Sum Level 2>그리고 FAB 2>0 *□ R<17 그리고 WSum6>12 OR 　　R>16 그리고 WSum6>16 □ M->1 또는 X-%>.40 ------------------------ * 13세 이하인 경우 WSum의 값 R>16:5∽7=20, 8∽10=19, 11∽13=18 R<17:5∽7=16, 8∽10=15, 11∽13=14
DEPI(Depression Index)	**CDI(Coping Deficit Index)**
□ 5개 이상 해당될 경우 체크할 것 　□ (FV+VF+V>0) 또는 (FD>2) 　□ (Col-Shd Blends>0) 또는 (S>2) *□ (3r+(2)/R>.44 그리고 Fr+rF=0) 　　또는 3r+(2)/R<.33	□ 4개 또는 5개 이상이면 체크할 것 　□ (EA<6) 또는 (AdjD<0) 　□ (COP<2) 그리고 (AG<2) 　□ (Weighted SumC>.25) 또는 (Afr<.46) 　□ (Passive>Active+1) 또는 (Pure H<2)
*□ (Afr<.46) 또는 (Blends<4) 　□ (Sum Shading>FM+m) 또는 (SumC'>2) 　□ (MOR>2) 또는 (2xAB+Art+Any>3) 　□ (COP<2) 또는 　　([Bt+2xC'+Ge+Ls+2xNa]/R>.24)	□ (SumT>1) 　또는 (Isolate/R>.24) 　또는 (Food>0)

HVI(Hypervigilance Index)	OBS(Obsessive Style Index)
□ 1번을 만족시키고 아래 7개 중 최소한 4개가 해당될 경우 체크할 것 　□ (1) FT+TF+T=0 　□ (2) Zf>12 　□ (3) Zd>+3.5 　□ (4) S>3 　□ (5) H+(H)+Hd+(Hd)>6 　□ (6) (H)+(A)+(Hd)+(Ad)>3 　□ (7) H+A:Hd+Ad<4:1 　□ (8) Cg>3	□ (1) Dd>3 □ (2) Zf>12 □ (3) Zd>+3.0 □ (4) Populars>7 □ (5) FQ+>1 □ 아래 항목 중 1개 이상일 때 체크할 것 　□ (1)부터 (5)까지 모두 해당 　□ (1)부터 (4)까지 2개 이상 만족하고 FQ+>3 　□ (1)부터 (5)까지 항목 중 3개 이상 만족하고 　　 X+%>.89 □ FQ+>3이고 X+%>.89

* 아동 및 청소년의 경우 규준 참고할 것.
출처: Exner (2011).

자기중심성 지표와 WSum6 및 Afr의 분할점수는 〈표 13-8〉을 참조하여 연령에 맞게 교정해
야 한다.

● **표 13-8** 아동 · 청소년의 조정된 자기중심성 지표와 WSum6, Afr

자기중심성 지표의 연령 조정치			WSum6의 연령 조정치	
연령	3r+(2)/R이 아래보다 작은 경우 유의미	3r+(2)/R이 아래보다 클 경우 유의미	전체 반응 수가 17개 혹은 그 이상	
5	.55	.83	5∽7세 :	WSum6>20
6	.52	.82	8∽10세 :	WSum6>19
7	.52	.77	11∽13세 :	WSum6>18
8	.48	.74	전체 반응 수가 17개보다 작을 때	
9	.45	.69	5∽7세 :	WSum6>16
10	.45	.63	8∽10세 :	WSum6>15
11	.45	.58	11∽13세 :	WSum6>14
12	.38	.58	Afr의 연령 조정치	
13	.38	.56	5∽6세 :	Afr<.57
14	.37	.54	7∽9세 :	Afr<.55
15	.33	.50	10∽13세 :	Afr<.53
16	.33	.48		

출처: Exner (2011).

해석 시 유의사항 신민섭 등(2007)은 어린 수검자 대상의 로샤 검사 결과를 평가할 때 유의할 점을 다음과 같이 제시하였다. 우선 로샤 검사의 모든 해석적 특징은 성인과 아동·청소년 모두 똑같이 적용될 수 있으나 내담자의 특정한 문제나 의뢰 문제를 고려하고, 의미를 해석할 때는 수검자의 연령이 매우 중요하다.

유채색 반응을 예로 들면, FC는 잘 조절되고 안정되며 억제적인 정서 경험과 표현의 양식을 나타내는 반면, CF는 좀 더 자발적이고 강력하며 변동이 심한 정서성을 나타낸다. 연령을 고려할 때 일반적인 7세 아동은 억제된 정서적 양식을 주로 사용하지 않기 때문에 7세의 아동인데 FC의 우세를 보일 경우 정서 표현이 억제되어 있고 자발적인 정서 표현을 많이 하지 않는다는 것을 의미할 수 있다. 성인의 경우 정서적 성숙을 의미하는 잘 조절된 정서성(FC>CF)이 7세 아동의 경우라면 부적응적인 정서적 억제로 파악될 수 있다. 또한 CF의 우세를 보이는 프로토콜은 억제되지 않고 강렬한 정서를 나타내는 것으로, 7세 아동들에게는 흔히 기대되는 것이지만 성인의 경우에는 정서적 미성숙성을 나타내는 것으로 해석할 수 있다.

성인의 경우 정신병리를 시사하는 반응도 아동에게는 정상 범위로 간주될 수 있지만 반대로 아동이 보기 드문 반응을 할 때는 오히려 성인의 경우보다 더 심한 문제를 시사하는 것으로 해석될 수 있다. 예를 들어, 10세 이하의 아동에게는 재질(texture)이나 음영(shading)과 같은 미세한 자극 특성에 입각한 반응이 드물기 때문에, 만일 7세 아동이 음영 반응을 했다면 그 연령에서 드물다는 점에서 이탈된(deviated) 반응이므로 더 심각한 정서적 문제를 시사하는 것으로 해석할 수 있다.

3. 행동평가척도

1) 행동평가척도의 특징

행동평가척도는 표준화된 형태의 척도를 통해 아동 및 청소년 자신이나 그들을 잘 알고 있는 정보 제공자(부모, 교사 등)가 행동 특성에 대한 종합적인 판단 및 정보를 제공하는 도구이다. 평가 방법 면에서 행동평가척도는 특정 행동에 대한 정보 제공자의 지각을 측정하는 것이기 때문에 직접적인 행동관찰이나 구조화된 행동면접 방법에 비해서는 덜 직접적이다. 그러나 비구조화된 임상면접이나 투사적 기법에 비해서는 행동평가척도가 더 신뢰성 있는 정보를 제공할 수 있다.

행동평가척도의 다른 특징은 복수 정보 제공자의 정보를 수집할 수 있는 다축적 평가체계를 갖춘 평가도구 중의 하나라는 것이다. 즉, 대부분의 평가척도는 성인 정보 제공자가 아동과 청소년을 평가한다. 그러나 고학년 아동이나 청소년의 행동을 평가할 때는 그들 자신의 평가 역시 중요하므로 다양한 상황이나 장면에서 자신에 대해 평가함과 동시에 서로 다른 관련 인물들이 아동·청소년에 대해 평가한다. 특히 여러 정보 제공자에게 평가척도를 동시에 병행할 때 유용성이 증가하는 것을 볼 수 있다. 이런 복수 정보 제공자의 평가를 점점 강조하게 된 것은 각 정보 제공자가 아동의 행동에 대해 독자적인 시각을 갖고 있다는 가정에 근거를 두고 있다. 또한 정보 제공자 간에 일치되지 않는 점이 있더라도 진단적 결정을 내릴 때 모든 출처로부터의 정보를 활용해야 하는데(Achenbach, McConaughy, & Howell, 1987), 이를 통해 아동과 청소년의 적응 상태에 대해 포괄적인 파악이 가능하고 또 각기 다른 상황에서 행동의 차이를 비교하여 판단할 수 있다.

그러나 이러한 행동평가척도의 장점과 함께 단점 또한 고려해야 한다. 즉, 평가자의 개별 평정에 의해 결과를 얻기 때문에 여러 가지 오류가 발생할 수 있다. 예를 들면, 아동·청소년의 행동을 너무 좋은 쪽으로만 평가하는 관대성 오류나 반대로 너무 나쁜 쪽으로만 보려는 심각성 오류, 하나 내지 몇 개의 특정 행동에 근거해 아동의 전반적인 점수를 높게 혹은 낮게 평가하는 후광 오류 등이다. 또한 시간이 지남에 따라 행동이 변화할 가능성이 있고, 평정 항목 자체에 대한 평정자의 태도 또한 달라질 수 있다. 그리고 특정 행동이 어떤 상황에서는 나타나지만 어떤 상황에서는 안 나타나는 상황 특정적인 변산이 있을 수 있다. 따라서 이러한 행동평가척도의 장단점을 고려하여 아동·청소년의 행동을 평가하고 해석하는 것이 바람직하며, 상황과 도구의 변산을 줄이기 위한 노력도 필요하다.

2) 행동평가척도의 종류와 특징

(1) 아동·청소년 행동평가척도(CBCL 6-18)

① 배경 및 특징

Achenbach와 Edelbrock(1983)이 아동·청소년의 문제행동을 부모나 주변 성인들의 보고를 통해 평가하는 아동 행동평가척도(Child Behavior Checklist: CBCL)과 함께 청소년이 자신의 문제행동에 대해 스스로 평가할 수 있는 청소년 자기행동평가척도 자기보고용(Youth Self-Report: YSR)을 개발하였다. 학생을 잘 알고 있는 교사나 학교 상담사 등이 학생의 적응 상태 및 문제행동을 평가하는 아동청소년 행동평가척도 교사용(Teacher's Report Form: TRF)도 개발하였다. 이후 Achenbach 연구팀은 행동평가척도들의 평가 대상 및 평정자 관계를 구조화하여 그동안 개발되어 온 개별 검사들을 전 연령대에 걸쳐 행동문제를 평가하는 ASEBA(Achenbach System of Empirically Based Assessment)로 구축하고, 아동·청소년기 행동평가척도들은 ASEBA 학령

기용(School-Age Forms) 검사로 명명하였다(Achenbach & Rescorla, 2001; 오경자, 김영아, 2012).

국내에서는 오경자, 이혜련, 홍강의, 하은혜(1997)가 1991년 미국판 CBCL을 번역하여 표준화한 한국판 아동·청소년 행동평가척도(K-CBCL)와 청소년 자기행동평가척도(K-YSR)가 널리 사용되었고, 개정판에 기초하여 CBCL 6-18 아동·청소년 행동평가척도 부모용(오경자, 김영아, 하은혜, 이혜련, 홍강의, 2010)이 출판되었다. 교사용 행동평가척도인 TRF와 청소년 자기보고식 평가인 YSR도 국내에서 표준화되어 아동·청소년의 주 양육자(주로 부모), 청소년 본인, 교사의 평가를 함께 사용할 수 있게 되었다(오경자, 김영아, 2012). 세 척도는 평가 문항이 평가자 관점에 따라 약간 다르지만 궁극적으로 동일한 문제행동 증후군 척도를 얻을 수 있다는 점에서 평가자 간 결과를 비교하는 것은 물론 비교문화적 접근에도 유용하다. 이와 함께 영유아용인 CBCL 1.5-5도 출판되어 영유아 대상의 평가도 가능하다. 여기서는 부모용 아동·청소년 행동평가척도인 CBCL 6-18을 중심으로 소개하기로 한다.

CBCL 6-18은 임상장면이나 학교 등 아동 개인의 평가를 필요로 하는 상황에서뿐만 아니라 역학조사, 병인론 연구, 치료 효과 연구 등 여러 연구에서 다양하게 활용될 수 있는 유용한 평가도구이다. 또한 이 척도를 통해 아동이 준거집단에 비해 얼마나 일탈되어 있는지를 평가하고, 그 정도가 정상 범위 내에 있는지 혹은 임상 범위에 있는지를 판별하여 하나의 진단 자료로 활용할 수 있으며, 진단 이외에도 치료의 계획을 결정하고 그 효과를 확인하는 정보를 제공할 수도 있다. 그리고 평정자 간의 불일치 여부를 확인하는 과정을 통해 평정자인 부모가 부모 자신의 문제로 아동에 대해 객관적인 평가를 할 수 없었는지, 관찰시간이 충분하지 않았는지, 한쪽 부모만이 아동의 문제를 심각하게 보고 있는지 등에 관한 다양한 원인을 고려하여 진단에 활용할 수 있다.

② 검사 대상 및 목적
CBCL 6-18은 만 6~18세까지의 아동·청소년을 대상으로 부모나 주 양육자가 아동·청소년의 사회적응 영역과 문제행동증후군 영역을 평가한다.

③ CBCL 6-18의 구성 및 내용
CBCL 6-18은 크게 문제행동 척도와 적응척도로 구성되어 있다. 문제행동 척도는 문제행동 증후군 척도, DSM 진단척도 및 특수척도로 구성되어 있으며, 총 120문항으로 불안/우울, 위축/우울, 신체증상, 사회적 미성숙, 사고문제, 주의집중력 문제, 규칙위반, 공격행동의 8개 증후군 척도가 있다. 이 중 불안/우울, 위축/우울, 신체증상 척도는 내재화 문제로, 규칙위반과 공격행동은 외현화 문제로 분류되어 상위척도인 내재화 및 외현화 초점에 포함된다. 이와 함께 DSM 진단기준에 맞춰 문제행동 문항을 분류한 DSM 정서문제, DSM 불안문제, DSM 신체

화 문제, DSM ADHD, DSM 반항행동 문제, DSM 품행문제의 6개 DSM 진단방식의 척도도 제시되어 있다. 또한 임상적 증상을 평가하기 위해 강박증상, 외상 후 스트레스 문제, 인지속도부진의 3개 문제행동 특수척도도 추가되었다.

적응척도는 친구나 또래와 어울리는 정도, 부모와의 관계 등의 사회성을 평가하는 사회성 척도, 교과목 수행 정도와 학업 수행상의 문제 여부 등을 평가하는 학업수행 척도의 2개 하위 척도와 적응척도 총점 등 모두 3개의 척도로 구성되어 있다. CBCL6-18의 전체 척도 구성 내용은 〈표 13-9〉과 같다.

● 표 13-9 CBCL 6-18의 전체 척도 구성

척도명		비고
적응 척도	사회성	• 사회적 적응 수준을 평가하는 문항 • 6세부터 적용
	학업수행	• 학업수행 정도를 평가하는 문항으로 구성 • 초등학교 이상에만 적용
	적응척도 총점	• 전체적인 적응 수준을 평가 • 사회성과 학업수행의 합
문제 행동 증후군 척도	내 재 화 — 불안/우울	• 정서적으로 우울하고 지나치게 걱정이 많거나 불안해하는 것과 관련된 문항
	위축/우울	• 위축되고 소극적인 태도, 주변에 대한 흥미를 보이지 않은 것 등과 관련된 문항
	신체증상	• 의학적으로 확인된 질병이 없음에도 불구하고 다양한 신체증상을 호소하는 것과 관련된 문항
	외 현 화 — 규칙위반	• 규칙을 잘 지키지 못하거나 사회적 규범에 어긋나는 문제행동들을 충동적으로 하는 것과 관련된 문항
	공격행동	• 언어적·신체적으로 파괴적이고 공격적인 행동이나 적대적인 태도와 관련된 문항
	사회적 미성숙	• 나이에 비해 어리고 미성숙한 면, 비사교적인 측면 등 사회적 발달과 관련된 문항
내재화 및 외현화 초점	사고문제	• 어떤 특정한 행동이나 생각을 지나치게 반복하거나, 실제로는 존재하지 않는 현상을 보거나 소리를 듣는 등의 비현실적이고 기이한 사고 및 행동과 관련된 문항
	주의집중력 문제	• 주의력 부족이나 과다한 행동 양상, 계획을 수립하는 것에 곤란을 겪는 것 등과 관련된 문항
	기타문제	• 위에 제시된 8개의 증후군에는 포함되지 않지만 유의미한 수준의 빈도로 나타나는 문제행동과 관련된 문항

	내재화 총점	• 지나치게 통제된 행동(over-controlled behavior) 문제로 불안/우울, 위축/우울, 신체증상 척도의 합으로 구성
	외재화 총점	• 통제가 부족한 행동(under-controlled behavior) 문제로 규칙위반과 공격행동 척도의 합으로 구성
	문제행동 총점	• 전체 문제행동 문항을 합한 것으로 전반적인 문제행동의 정도를 평가
DSM 진단 척도	DSM 정서문제	• 정서적 어려움과 관련된 문항
	DSM 불안문제	• 불안증상과 유사한 행동을 평가하거나 구체적인 상황에서의 불안을 측정하는 문항
	DSM 신체화 문제	• 심리적인 불안정과 긴장이 해소되지 않아 나타날 수 있는 신체적인 불편과 통증의 호소와 관련된 문항
	DSM ADHD	• 과잉활동적이고 부산하고 한 가지 일에 주의집중하는 데 어려움을 겪고 즉각적인 욕구 충족의 추구와 관련된 문항
	DSM 반항행동 문제	• 행동적으로 나타나는 폭력성, 반항적 · 비협조적 행동 등과 관련된 문항
	DSM 품행문제	• 사회적으로 용납되지 않는 행동을 반복적으로 하는 것과 관련된 문항
문제 행동 특수 척도	강박증상	• 특정 사고나 행동을 반복적으로 하는 강박증상 관련 문항
	외상 후 스트레스문제	• 심각한 외상적 사건에 직면한 후 나타나는 문제행동과 관련된 문항
	인지속도부진	• 정신 및 신체적으로 수동적이고 활동 저하와 관련된 문항

④ 검사방법

부모가 대상 아동이나 청소년을 평가하며, 부모가 없는 경우에는 대상 아동 및 청소년과 함께 거주하고 있는 양육자가 평가할 수도 있다. 검사시간은 약 15~20분 정도 소요되며, 검사자는 수검자에게 검사 시작 전 검사를 하는 목적, 결과의 용도 및 검사 결과를 누가 보게 되는지 그리고 비밀보장 여부에 관해 설명해 주어야 한다.

⑤ 채점 및 해석

채점은 반응용지를 검토하여 누락 문항이나 이중 문항 답변을 체크하고, 컴퓨터로 웹사이트(www.aseba.or.kr)에서 채점을 할 수 있으며 원점수, 백분위점수, T점수, 각 하위척도에 해당하는 문항별 점수를 산출한 표를 얻을 수 있다.

문제행동의 임상적 수준에 대한 판단 기준은 검사 목적에 따라 다양할 수 있으므로 일괄적인 해석 기준을 제시하기는 어려우나 대체로 다음과 같은 기준을 적용한다. 즉, 문제행동 척도 중 주로 선별목적으로 사용하는 상위척도인 문제행동 총점, 내재화, 외현화 척도의 경우 부적

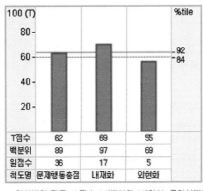

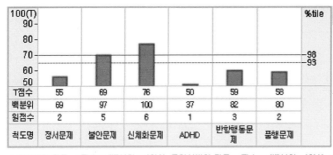

[그림 13-3] K-CBCL 결과표

오류(false negative)를 줄이기 위해 T점수 64 이상은 임상 범위, T점수 60~63은 준임상 범위 그리고 T점수 60 미만은 정상 범위로 판단한다. 구체적 임상장애 진단과 연관되어 있는 하위척도인 8개의 문제행동증후군 척도, 6개의 DSM 진단척도 및 3개의 문제행동 특수척도들은 정적 오류(false positive)를 줄이기 위해 T점수 70 이상은 임상 범위, T점수 65~69는 준임상 범위 그리고 T점수 65 미만은 정상 범위로 판단한다. K-CBCL 결과표는 [그림 13-3]에 제시되어 있다.

(2) 한국 아동 인성평정척도(KPRC)

① 배경 및 특징

한국 아동인성검사(Korean Personality Inventory for Children: KPI-C)는 임상장면에서 아동의 정신과적 문제를 선별 진단하고 학교장면에서 심리적인 도움을 필요로 하는 아동들을 조기에 발견하여 도움을 주는 것을 목적으로 고안된 검사이다(김승태 외, 1997). KPI-C는 4개의 타당성 척도와 자아탄력성 척도 및 11개의 임상척도의 총 255문항으로 구성되어 있다. KPI-C는 아동의 정신과적 장애를 선별 및 진단하고 인지와 정서 및 행동 특성을 다차원적으로 평가할 수 있는 검사로 알려져 널리 활용되었다.

그러나 다양한 장면에서 사용되는 과정에서 KPI-C의 여러 가지 문제가 지적되었는데, 우선 검사의 문항 수가 너무 많아 작성하는 데 많은 시간이 소요되며, '예-아니요'로만 판단하기에 어려운 내용들이 많았다. 또한 자폐증 척도(AUT)의 경우 척도가 측정하고자 하는 부적응 영역을 효과적으로 반영하지 못한다는 지적도 있었다. 일부 문항에서는 의미가 불분명한 질문이 있고, 둘 이상의 척도에서 중복 채점되는 문항이 많아 척도의 고유한 가치를 인정하기 어려운 부분이 있었다.

이러한 문제를 보완하여 검사의 임상적 타당도와 유용성을 높이기 위해 KPI-C를 부분적으로 수정하여 한국 아동 인성평정척도(Korean Personality Rating Scale for Children: KPRC)가 개발되었다(조선미, 박혜연, 김지혜, 홍창의, 황순택, 2006). KPI-C와 KPRC의 특징을 비교한 내용은 〈표 13-10〉에 제시되어 있다.

KPRC는 아동이 스스로 자신의 심리적 문제를 정확하게 보고하기 힘들고 부모가 아동에 대해 보다 정확하게 보고할 수 있다는 입장에서 부모가 응답하도록 되어 있는 검사이다. KPRC는 아동에게서 나타날 수 있는 여러 가지 병리적 측면을 측정하기 위한 11개의 임상척도뿐만 아니라 정신병리에 대한 저항력과 스트레스에 대한 적응 잠재력을 측정하기 위한 자아탄력성 척도(ERS)도 포함되어 있다. KPRC는 치료 장면에서의 선별 진단뿐만 아니라 학교장면에서 심리적 도움을 필요로 하는 아동을 조기에 발견하여 일차적 예방을 위한 프로그램을 수립하는 데 도움이 된다. 또한 KPRC 프로파일은 발달, 정서, 행동, 대인관계 및 현실 접촉의 영역에서 아

● 표 13-10   KPI-C와 KPRC의 비교

구분	KPI-C	KPRC
척도 수	16개	15개
문항 수	255문항	177문항
대상 연령	4~15세	3~17세
응답방식	2점 척도	4점 척도
개선점	자폐증 척도(AUT)는 자폐증을 진단하고 감별하는 척도라기보다 사회적 관계에서 소외된 정도를 측정하는 척도로 나타남.	자폐증 척도를 제외한 대신 사회관계척도를 보완·수정
	이상척도 변별 문항 부족	중복문항을 줄이고, 변별력 있는 문항을 추가함. 구체적인 의미표현
	실시 시간이 길었음.	문항 단축으로 실시 시간을 줄임.
	해석적 의미가 불분명하거나 중의적 문항이 존재	문항을 삭제 또는 수정하여 척도 해석의 명료화
	2점 척도의 단순성	4점 척도의 평가로 명료화 원점수 폭 감소효과 상쇄

동의 현재 위치를 표준점수로 나타내므로 아동의 문제를 포괄적으로 평가할 수 있다.

② 검사 대상 및 목적

KPRC는 부모나 주 양육자가 3~17세 아동·청소년을 대상으로 인지와 정서 및 행동 특성을 포괄적으로 평가할 수 있는 검사도구이다.

③ KPRC의 구성 및 내용

KPRC의 척도 구성과 측정 내용은 〈표 13-11〉과 같다.

● 표 13-11   KPRC의 척도 구성 및 내용

척도명		내용
타당성 척도	허구(L)	일반적으로 아동에게 흔히 나타나는 문제행동을 부정하고 아주 바람직한 방향으로 기술하려는 보호자의 방어적인 태도를 측정
	빈도(F)	의도적이거나 비의도적인 증상의 과장이나 무선반응과 같은 일탈된 반응태세를 가려내기 위한 척도

자아탄력성 척도(ERS)		여러 가지 심리적 문제에 대한 아동의 대처능력이나 적응잠재력을 측정
임상 척도	언어발달(VDL)	언어적 능력의 발달 지체나 기능상의 손상을 측정
	운동발달(PDL)	정신운동 기능이나 동작성 능력에서 발달 지체나 기능상의 손상을 측정
	불안(ANX)	자연현상이나 동물, 대인관계, 사회관계에서의 두려움이나 불안, 긴장을 측정
	우울(DEP)	우울한 기분, 자신감의 결여, 활동성의 저하, 가정불화, 흥미감소, 사회적 철회 등 우울과 관련된 특징을 측정
	신체화(SOM)	심리적인 문제를 신체증상으로 나타내는 신체화의 경향을 측정
	비행(DLQ)	반항과 불복종, 공격성과 적대감, 거짓말, 도벽 등 비행이나 품행의 문제를 측정
	과잉행동 (HPR)	주의산만, 과잉행동, 충동성과 이에 수반되는 문제 등을 측정하는 문항으로 구성되어 있으며, ADHD 아동을 가려내기 위한 척도
	가족관계 (FAM)	가족 내의 역동이 아동의 부적응이나 정신병리에 영향을 미치는 정도를 평가하기 위해 가정불화와 가정 내의 긴장, 부모와 자녀의 관계, 부부관계의 위기, 자녀에 대한 무관심 등을 측정
	사회관계 (SOC)	또래관계나 어른들과의 관계 등 아동의 사회관계에서의 어려움을 측정하기 위해 또래관계에서의 소외, 리더십과 자신감의 부재, 제한된 인내력과 포용력 등을 측정
	정신증(PSY)	상동적 행동, 부적절하고 특이한 언행, 망상과 환각, 비현실감 등 언어, 사고, 행동에서의 특이함이나 현실접촉의 어려움을 측정하는 문항으로 구성되어 있으며, 정신병적 증상이 있는 아동을 가려내기 위한 척도

4. 장애별 증상평가척도

아동·청소년의 구체적 장애와 관련된 증상을 부모 또는 자신이 평가하는 척도들도 다양하게 사용되고 있다. 이 척도들은 시행이 간편하고 교사나 부모 등 아동과 늘 접촉하는 사람들을 통해 다양한 생활장면에서의 정보를 얻을 수 있다는 장점이 있다. 또한 증상이 되는 문제행동의 빈도와 그 정도를 수량화하여 이를 정상 아동집단과 비교함으로써 평균에서의 일탈 정도를 판단할 수 있으며, 치료 전후를 비교하여 치료의 효과를 평가할 수 있다. 현재 널리 사용되고 있는 척도로는 아동기 자폐증 평정척도(CARS), ADHD 평정척도(ARS-IV), 아동용 우울척도(CDI)가 있는데 이들 검사의 특징과 실시방법은 다음과 같다.

1) 아동기 자폐증 평정척도(K-CARS)

(1) 배경 및 특징

아동기 자폐증 평정척도(Childhood Autism Rating Scale: CARS)는 자폐증이 있는 아동을 진단하고, 자폐 증상이 없는 발달장애 아동과 구별하기 위해 만들어진 행동평가척도이다. CARS는 발달검사 또는 심리평가 상황에서 직접관찰, 부모면담, 가정이나 학교 장면에서의 관찰을 포함한 다양한 정보를 통합하여 사용할 수 있다. 교육, 의료, 정신건강 분야에서 일하는 아동 전문가들이 평가하도록 되어 있으며, 2세 이상의 아동을 대상으로 하고, 경증 내지 중간 정도의 자폐 아동과 중증의 자폐 아동을 분류해 낼 수 있다. 이 검사의 가장 중요한 특징은 명확하고 구체적인 하위척도가 있다는 것이다. CARS의 15개 항목은 Kanner(1943)가 제시한 자폐증의 일차적 주요 특징들과 Creak, Cameron과 Cowel(1961)이 제시한 자폐 증상을 지닌 다수의 아동에게 발견되는 기타 특징들, 그리고 아주 어린 아동의 특징적인 증상을 찾아내는 데 유용한 척도들로 구성되어 있다.

국내에서는 김태련과 박랑규(1995)가 이 척도를 번안하여 절단점을 제시하였다.

(2) K-CARS의 구성 및 내용

아동기 자폐증 평정척도(Korean Childhood Autism Rating Scale: K-CARS)는 다음과 같은 15개 하위척도로 구성되어 있다.

① 사람과의 관계: 아동이 여러 다양한 상황에서 타인과 어떻게 상호작용하는가에 대해 평가한다.
② 모방: 아동이 어떻게 언어적 및 비언어적 행동들을 모방하는가에 기초를 두고 있다.
③ 정서반응: 아동이 즐겁거나 불쾌한 상황에 어떻게 반응하는가에 대해 평가한다. 아동의 정서 또는 감정이 상황에 적절한가를 결정하는 것을 포함한다.
④ 신체사용: 신체 움직임의 적절성과 협응을 평가한다. 특이한 자세 취하기, 빙빙 돌기, 두드리기, 흔들기, 까치발 들기, 자해적인 공격성과 같은 일탈을 포함한다.
⑤ 물체사용: 장난감과 다른 물체에 대한 아동의 관심과 사용을 평가한다.
⑥ 변화에 대한 적응: 정해진 일상생활이나 형태를 변화시키거나 한 행동에서 다른 행동으로 변화시키는 데 있어서의 어려움에 관한 것이다. 이런 어려움은 종종 앞의 척도에서 평가한 반복적인 행동들과 관련된다.
⑦ 시각반응: 많은 자폐아동에게 발견되는 비정상적 시각적 주의 형태에 대해 평가한다.
⑧ 청각반응: 소리에 대한 비정상적 반응 또는 비정상적 청각행동에 대해 평가한다. 이것은

사람의 음성과 다른 유형의 소리에 대한 아동의 반응을 포함한다.

⑨ 미각, 후각, 촉각 반응 및 사용: 맛, 냄새 그리고 촉각 감각(고통 포함)에 대한 아동의 반응에 대해 평가한다. 또한 아동의 이러한 감각 양상의 사용에 대한 평가도 포함한다.

⑩ 두려움 또는 신경과민: 비정상적이거나 근거 없는 두려움에 대해 평가한다. 또한 정상 아동이 두려움이나 신경증을 보이는 상황에서도 두려움을 나타내지 않는지 평가한다.

⑪ 언어적 의사소통: 아동이 사용하는 말과 언어의 모든 측면에 대해 평가한다. 말의 유무뿐만 아니라 특이성, 기이함 또는 아동이 말을 할 때 발성요소의 부적절성 등을 평가한다.

⑫ 비언어적 의사소통: 얼굴 표정, 자세, 몸짓, 몸 움직임 등 아동의 비언어적 의사소통에 대해 평가한다. 또한 다른 비언어적 의사소통에 대한 아동의 반응도 포함한다.

⑬ 활동수준: 제한되거나 제한되지 않은 상황에서 아동이 얼마나 움직이는가에 대해 평가한다.

⑭ 지적 반응의 수준과 항상성: 일반적인 지적 기능 수준과 한 종류의 기능에서 다른 기능의 향상성 또는 균등성에 관해 평가한다.

⑮ 일반적 인상: 다른 14개 문항에서 정의된 자폐증의 정도에 대한 주관적 인상에 기초하여 자폐 증상 정도를 전반적으로 평가한다. 이 평가는 다른 평가자들의 평균에 기초하지 않고 이루어져야 한다. 과거력, 부모, 면담 또는 과거 기록 등 아동에 관련된 모든 정보가 고려되어야 한다.

(3) 검사방법

K-CARS는 심리검사, 교실 참여와 같은 여러 다른 상황에서의 관찰, 부모의 보고 그리고 병력 기록을 통해 임상가가 하게 된다. 임상가가 관찰을 할 때 아동의 행동은 같은 연령의 정상 아동의 행동과 비교되어야 하며, 같은 연령의 아동에 비해 정상적이지 않은 행동이 관찰되면 이런 행동들의 특징, 빈도, 강도, 지속시간 등을 고려하여 평가한다. 또한 아동기 자폐증의 일부 행동은 다른 아동기 장애로 기인된 행동과 유사하므로, 행동이 뇌손상이나 정신지체와 같은 장애로 인해 생겨난 것인가를 판단하려 하지 말고 아동의 행동이 정상에서 어느 정도 벗어나는가를 평가하는 것이 중요하다.

(4) 채점 및 해석

K-CARS를 채점할 때는 15개 각 문항마다 1~4점으로 평정한다. 1은 아동의 행동이 같은 연령 아동의 정상 범위 내에 있다는 것을 나타내고, 2는 아동의 행동이 같은 연령의 아동과 비교해 경미하게 비정상적임을 의미한다. 3은 아동의 행동이 중간 정도 비정상적임을 의미하며, 4는 아동의 행동이 같은 연령의 아동에 비해 심하게 비정상적임을 나타낸다. 그리고 4개의 등

급 외에도 행동이 두 범주 사이에 해당될 때 사용하는 중간점(1.5, 2.5, 3.5)이 있다. 15개 각각의 하위척도에 대한 개별 점수들을 합하여 총점을 계산한다. 총점의 범위는 15~60점이고 점수가 높을수록 자폐증이 심각함을 나타낸다. 김태련과 박랑규(1995)의 실시 요강에 따르면 〈표 13-12〉의 세 가지 분류 기준 중 하나에 해당되는데, 30점이 자폐증을 구분하는 점수로 제시되었다.

즉, 최저 15점(정상)부터 최고 60점까지의 범위 중 자폐증과 기타 발달장애를 구분하는 경계점수는 30.0점이며, 30.0~36.5점은 경증 및 중간 정도의 자폐증, 37.0~60.0점은 중증의 자폐증으로 분류한다. 그런데 임상 환자를 대상으로 한 신민섭과 김융희(1998)의 연구에서 28점을 분할점으로 사용한 경우 분류 적중률이 80.4%로 양호하여 실제로 자폐장애인데 자폐장애가 아니라고 잘못 진단할 부정 오류율을 감소시키기 위해 28점을 분할점으로 제안한 바 있다

● 표 13-12 K-CARS의 점수 분류 기준

CARS 총점	진단적 분류	기술적 수준
15~29.5	자폐증 아님	자폐증 아님
30~36.5	자폐증	경증, 중간 정도의 자폐증
37~60.0	자폐증	중증의 자폐증

2) ADHD 평정척도(ARS-IV)

(1) 배경 및 특징

ADHD 평정척도(ADHD Rating Scale: ARS-IV)는 학년기 아동의 ADHD 증상을 평가하기 위해 고안되었다(DuPaul, Power, Anastopoulos, & Reid, 1988). ARS-IV는 5세부터 18세까지의 아동 및 청소년들을 대상으로 ADHD를 선별 또는 진단하기 위해 DSM-IV(APA, 1994)의 ADHD 진단준거를 토대로 개발된 개정판이다. 국내에서 한국어판의 표준화가 이루어져(김영신 외, 2003; 소유경, 노주선, 김영신, 고선규, 고윤주, 2002) ADHD 관련 연구는 물론 국가 · 공공기관(예: 교육과학기술부, 2010; 한국교육개발원, 2013)에서도 널리 사용되고 있다.

(2) ARS-IV의 구성 및 내용

ARS-IV는 두 가지 차원(주의력결핍, 과잉행동-충동성)의 18개 문항으로 구성되어 있다. 부모용과 교사용 모두 문항은 같으나 지시문이 차이가 있다. 즉, 부모용은 '지난 6개월 동안' 아동이 보인 행동에 대해 평정하도록 되어 있는 데 비해 교사용은 '지난 6개월 동안 또는 학년이 시작

된 이후' 아동이 보인 행동에 대해 평정하도록 함으로써 아동을 안 지 6개월이 되지 않은 교사도 평정이 가능하도록 되어 있다. 모두 4점 척도(0=전혀 혹은 그렇지 않다; 1=때때로 그렇다; 2=자주 그렇다; 3=매우 자주 그렇다)로 되어 있으며, 각 문항은 2점 이상일 때 임상적 유의성이 있다. 홀수 문항은 주의력결핍 문항이고 짝수 문항은 과잉행동-충동성 문항으로 구성되어 있다. 부모용의 문항 구성은 〈표 13-13〉에 제시되어 있다.

● **표 13-13**   ARS-IV 부모용

아동 성명 _____   성별 _____   연령 _____   학년 _____
작성자: 부( ), 모( ), 보호자( ), 조부모( )   작성일자 _____ 년 _____월 _____일
다음의 질문들은 위의 어린이에 관한 것입니다. 당신의 자녀가 집에서 보이는 행동을 가장 잘 나타내고 있는 번호에 동그라미 쳐 주십시오.

문항	전혀 혹은 그렇지 않다	때때로 그렇다	자주 그렇다	매우 자주 그렇다
1. 학교 수업이나 일 혹은 다른 활동을 할 때, 주의집중을 하지 않고 부주의해서 실수를 많이 한다.	0	1	2	3
2. 가만히 앉아 있지 못하고 손발을 계속 움직이거나 몸을 꿈틀거린다.	0	1	2	3
3. 과제나 놀이를 할 때 지속적으로 주의집중하는 데 어려움이 있다.	0	1	2	3
4. 수업시간이나 가만히 앉아 있어야 하는 상황에서 자리에서 일어나 돌아다닌다.	0	1	2	3
5. 다른 사람이 직접 이야기하는데도 잘 귀 기울여 듣지 않는 것처럼 보인다.	0	1	2	3
6. 상황에 맞지 않게 과도하게 뛰어다니거나 기어오른다.	0	1	2	3
7. 지시에 따라서 학업이나 집안일이나 자신이 해야 할 일을 끝마치지 못한다.	0	1	2	3
8. 조용히 하는 놀이나 오락활동에 참여하는 데 어려움이 있다.	0	1	2	3
9. 과제나 활동을 체계적으로 하는 데 어려움이 있다.	0	1	2	3
10. 항상 끊임없이 움직이거나 마치 모터가 달려서 움직이는 것처럼 행동한다.	0	1	2	3
11. 공부나 숙제 등 지속적으로 정신적 노력이 필요한 일이나 활동을 피하거나 싫어하거나 또한 하기를 꺼린다.	0	1	2	3
12. 말을 너무 많이 한다.	0	1	2	3
13. 과제나 활동을 하는 데 필요한 것들(장난감, 숙제, 연필)을 잃어버린다.	0	1	2	3
14. 질문을 끝까지 듣지 않고 대답한다.	0	1	2	3

15. 외부 자극에 의해 쉽게 산만해진다.	0	1	2	3
16. 자기 순서를 기다리지 못한다.	0	1	2	3
17. 일상적인 활동을 잊어버린다(예: 숙제를 잊어버리거나 도시락을 두고 학교에 간다).	0	1	2	3
18. 다른 사람을 방해하고 간섭한다.	0	1	2	3

주: 주의력 결핍: 홀수 문항의 합, 과잉행동-충동성: 짝수 문항의 합
출처: 김영신 외(2003).

(3) 채점 및 해석

한국어판 ARS-IV의 표준화 자료를 살펴보면 미국에서 제안된 바와 같이 부모용 19점, 교사용 17점 이상인 경우(90%ile) 지역사회 선별 기준으로 제시되었다(김재원, 박기홍, 최민정, 2004; 한국교육개발원, 2013).

3) 아동용 우울척도(CDI)

(1) 배경 및 특징

아동용 우울척도(Children's Depression Inventory: CDI)는 아동기 우울증의 인지적 · 정서적 · 행동적 증상들을 평가하기 위해 개발한 자기보고형 척도로, Kovacs와 Beck(1977)이 Beck(1967)의 성인용 우울척도를 아동의 연령에 맞게 변형한 것이다. 국내에서는 조수철과 이영식(1990)이 미국판 CDI를 번역하고 타당화하여 한국형 아동용 우울척도를 개발하였다.

(2) 검사 대상 및 구성요소

CDI는 7~17세 아동 · 청소년을 대상으로 실시하며, 아동의 인지적 · 정서적 · 행동적 증상, 즉 우울정서, 행동장애, 흥미상실, 자기비하, 생리적 증상의 다섯 가지 범주를 포함하는 총 27개의 문항으로 구성되어 있다.

(3) 검사방법 및 채점

아동 및 청소년은 각 문항에 대해 지난 2주일 동안의 자신의 기분을 가장 잘 기술하는 27개 문항에 대해 빠짐없이 체크해야 한다. 아동이 혼자서 검사를 수행하지 못할 경우에는 검사자가 각 문항을 읽어 주고 난 후 아동의 반응에 따라 체크할 수도 있다.

CDI는 각 문항에 대해 0~2점의 3점 척도로 평정하며, 각 문항에 대한 개인의 평정치를 합산하여 총점을 계산한다. 총점의 범위는 0~54점으로, 점수가 높을수록 우울 정도가 심하고, 다

양한 우울 증상을 보이는 것을 나타낸다.

요약

1. 청소년 다면적 인성검사(MMPI-A)는 성인용 다면적 인성검사(MMPI)를 청소년에게 적용할 때의 문제를 개선하기 위해 제작된 검사이다.
2. MMPI-A는 14~18세 청소년을 대상으로 실시하고 기본척도 16개(타당도 척도 6개와 임상 척도 10개)와 내용척도 15개, 보충척도 및 성격병리 5요인 척도 6개로 구성되어 있다.
3. 어린이 및 청소년 성격유형검사(MMTIC)는 Jung의 이론을 바탕으로 하여 만들어진 아동의 성격유형검사로, 만 8~13세 아동 및 청소년을 대상으로 한다.
4. MMTIC는 외향(E)-내향(I), 감각(S)-직관(N), 사고(T)-감정(F), 판단(J)-인식(P)의 네 가지 지표로 성격 유형을 파악하며, 부모와의 관계, 교사와의 관계, 친구관계 등에서 나타나는 갈등이나 상호작용의 유형을 이해하고 아동의 긍정적인 인간관계 향상에 도움을 줄 수 있다.
5. 유아 및 청소년 기질 및 성격검사(JTCI)는 연령별로 유아용 JTCI 3-6, 아동용 JTCI 7-11, 청소년용 JTCI 12-18이 있고, 기질/성격 차원을 평가할 수 있다.
6. 동작성 가족화 검사(KFD)는 가족화에 동작을 포함하여 그리도록 하는 검사로, 가족 내에서 아동에게 중요한 영향을 미친 사람은 누구인지, 심리적으로 제일 가까운 사람은 누구인지, 그리고 부정적인 영향을 미친 사람에게 어떠한 감정을 가지고 있는지 등을 알 수 있는 검사도구이다.
7. 동작성 학교그림검사(KSD)는 학교 내에서 생활하는 가운데 아동이 어떤 어려움을 가지고 있고, 그것이 아동의 태도와 행동에 어떤 영향을 미치는지 알아보는 검사로, 관계 및 상호작용의 어려움을 인지하게 함으로써 아동 심리치료에 도움을 주는 유용한 도구이다.
8. 한국판 아동용 주제통각검사(K-CAT)는 아동용 주제통각검사(CAT)를 국내 아동에게 알맞게 수정한 투사법 검사로 9매의 표준판 카드와 9매의 보충판 카드로 구성되어 있고, 각 도판에 대한 아동의 반응을 임상용 기록 및 분석 용지에 기록하여 해석한다.
9. 아동 로샤 검사를 실시하고 해석할 때는 아동·청소년의 연령에 따른 발달적 규준과 아동·청소년기의 심리장애에 대한 전문적 지식뿐만 아니라 아동의 특성에 따라 표준화된 실시방법을 융통성 있게 변화시켜 적용할 필요가 있다.
10. 로샤 결과의 모든 해석적 특징은 성인과 아동, 청소년 모두 똑같이 적용될 수 있으나 내

담자의 특정한 문제나 의뢰 문제를 고려하고, 의미를 해석할 때는 수검자의 연령이 매우 중요하다.

11. 아동·청소년 행동평가척도(CBCL 6-18)는 부모가 대상 아동 및 청소년의 사회능력 영역과 문제행동증후군 영역을 평가하는 검사로, 총 13개 척도로 구성되어 있다.

12. 한국 아동 인성평정척도(KPRC)는 3~17세 아동·청소년을 대상으로 인지와 정서 및 행동 특성을 포괄적으로 평가할 수 있는 검사도구로, 타당성 척도와 자아탄력성 척도, 10개의 임상척도로 구성되어 있다.

13. 아동 및 청소년의 구체적 장애와 관련된 증상을 부모 또는 자신이 평가하는 여러 척도가 사용되고 있는데, 현재 널리 사용되고 있는 척도로는 아동기 자폐증 평정척도(CARS), ADHD 평정척도(ARS-IV), 아동용 우울척도(CDI)가 있다.

참고문헌

교육과학기술부(2010). 학생 정서·행동 선별검사 및 추후관리 매뉴얼.

김승태, 김지혜, 송동호, 이효경, 주영희, 홍창희, 황순택(1997). 한국아동인성검사. 서울: 한국 가이던스.

김영신, 소유경, 노주선, 최낙경, 김세주, 고윤주(2003). 한국어판 부모 및 교사용 ADHD 평가척도 (K-ARS)의 규준연구. 신경정신의학, 42(3), 352-359.

김재원, 박기홍, 최민정(2004). 지역사회에서의 주의력결핍-과잉행동장애 선별기준에 대한 연구. 신경정신의학, 43(2), 200-208.

김재환, 오상우, 홍장희, 김지혜, 황순택, 문혜신, 정승아, 이장한, 정은경(2016). 임상심리검사의 이해-2판. 서울 : 학지사.

김중술, 한경희, 임지영, 민병배, 이정흠, 문경주(2005). 다면적 인성검사-청소년용매뉴얼. 서울: 마음사랑 (주).

김태련, 박량규(1995). 아동기 자폐증 평정척도 지침서. 서울: 도서출판 특수교육.

김태련, 서봉연, 이은화, 홍숙기(1976). 아동용회화통각검사. 서울: 이화여자대학교 인간발달연구소.

민병배, 오현숙, 이주영(2007). 기질 및 성격검사 매뉴얼. 서울: 마음사랑.

소유경, 노주선, 김영신, 고선규, 고윤주(2002). 한국어판 부모, 교사 ADHD 평가척도의 신뢰도와 타당도 연구. 신경정신의학, 41(2), 288-298.

신민섭, 김융희(1998). 한국형 아동기 자폐증 평정척도의 표준화연구. 한국심리학회지: 임상, 17(1), 1-15.

신민섭, 김은정, 김지영(2007). 아동·청소년 로샤의 이론과 실제. 서울: 학지사.

신민섭(2007). 그림을 통한 아동의 진단과 이해: HTP와 KFD를 중심으로. 서울: 학지사.

심혜숙, 김정택(1993). 어린이 심리유형검사(C-MBTI)의 한국표준화에 관한 일 연구. 한국심리유형학회지, 1(1), 1-20.

오경자, 이혜련(1989). 주의력 결핍 과잉 활동증 평가도구로서의 단축형 Conners 평가척도의 활용. 한국심리학회지: 임상, 8(1), 135-142.

오경자, 이혜련, 홍강의, 하은혜(1997). K-CBCL 아동 · 청소년 행동평가척도. 서울: 중앙적성출판사.

오경자, 하은혜, 홍강의, 이혜련(2001). K-YSR 청소년 자기행동평가척도. 서울: 중앙적성출판사.

오경자, 김영아, 하은혜, 이혜련, 홍강의(2010). CBCL 6-18 아동 · 청소년 행동평가척도 부모용. 서울: 휴노(주).

오경자, 김영아(2012). ASEBA 아동 · 청소년 행동평가척도 매뉴얼. 서울: 휴노(주).

이서정, 신민섭, 김붕년, 신예주, 김영아, 오경자(2015). ADHD 아동 · 청소년에 대한 한국판 CBCL6-18의 진단 변별력. 한국심리학회지: 임상, 34(4), 829-850.

이승희(2015). 한국어판 ADHD 평정척도-IV(K-ARS-IV)의 현황과 개선방안. 정서 · 행동장애연구, 31(4), 227-259.

임지영, 한경희, 민병배, 이정흠, 문경주, 김중술(2006). 한국판 MMPI-A의 개발 연구. 한국심리학회지: 임상, 25(2), 565-586.

조선미, 박혜연, 김지혜, 홍창희, 황순택(2006). 한국 아동 인성 평정척도(Korean Personality Rating Scale for Children: KPRC)의 표준화 연구. 한국심리학회지: 임상, 25(3), 825-848.

조수철, 이영식(1990). 한국형 소아우울척도의 개발. 대한신경정신의학회지, 29(4), 943-956.

최진숙, 조수철(1990). 소아 불안의 측정: RCMAS의 신뢰도와 타당도 검사. 대한신경정신의학회지, 29(3), 691-702.

한국교육개발원(2013). Wee 프로젝트 매뉴얼 2: 위기유형별 상담. 서울: 저자.

Achenbach, T. M. (1991a). *Integrative guide for the 1991 CBCL/4-18, YSR, and TRF profiles*. Burlington, VT: Department of Psychiatry, University of Vermont.

Achenbach, T. M. (1991b). *Manual for the Child Behavior Checklist/4-18 and 1991 profile* (p. 288). Burlington, VT: Department of Psychiatry, University of Vermont.

Achenbach, T. M. (1991c). *Manual for the Youth Self-Report and 1991 Profile*. Burlington, VT: University of Vermont, Department of Psychiatry.

Achenbach, T. M., & Edelbrock, C. S. (1983). *Manual for the child behavior checklist and revised child behavior profile*. Burlington, VT: University of Vermont, Department of Psychiatry.

Achenbach, T. M., McConaughy, S. H., & Howell, C. T. (1987). Child/adolescent behavoral and emotional problems: Implications of cross-informant coreelations for situational specificity. *Psychological Bulletin, 101*, 213-232.

Achenbach, T. M., & Rescorla, L. A. (2001). *ASEBA School Age Forms and Profiles*. Burlington, VT: ASEBA.

American Psychiatric Association(1994). *Diagnostic and statistical manual of mental disorders: DSM-IV*. Washington, DC: American Psychiatric Association.

Beck A. T. (1967). *Depression: Clinical, Experimental and Theoretical Aspects.* New York: Harper & Row.

Bellak. L. (1949). The use of Oral Barbiturates in Psychotherapy. *Am J Psychiatry, 15*, 849-850.

Briggs, K. C., &Myers, I. B. (1987). *Myers-Briggs type indicator form M.* Palo Alto, CA: Consulting Psychologists Press.

Burns, R. C., & Kaufman, S. H. (1970). *Kinetic Family Drawing (K-F-D): An Introduction to Understanding Children Through Kinetic Drawing.* New York: Brunner/Mazel, Inc.

Castenada, A., McCandless, B. R., & Palermo, D. S. (1956): The Children's Form of the Manifest Anxiety Scale. *Child Develop, 27*(3), 317-326.

Creak, M., Cameron, K., & Cowel, V. (1961). Schizophrenic Syndrome in Childhood. *British Medical Journal, 2*, 264-287.

DuPaul, G. J., Power, T. J., Anastopoulos, A. D., & Reid, R. (1998). *ADHD Rating Scale-IV: Checklists, norms, and clinical interpretation.* New York: The Guilford Press.

Exner, J. E. (2011). 로르샤하 종합체계. (윤화영 역). 서울: 학지사. (원전은 2003년에 출판)

Kanner, L. (1943). Autistic Disturbance of Affective Contact. *The Nervous Child, 2*, 217-250.

Knoff, H. M., & Prout, H. T. (1985). *The kinetic drawing system: Family and school.* Los Angeles, CA: Western Psychological Services.

Kovacs, M., & Beck, A. T. (1977). An Empirical Clinical Approach Toward a Definition of Childhood Depression. In J. G. Schulterbrandt, & A. Raskin (Eds.), *Depression in Children: Diagnosis, Treatment, and Conceptual Model* (pp. 1-25). New York: Raven Press.

Lacalle, M., Ezpeleta, L., & Doménech, J. M. (2012). DSM-oriented scales of the Child Behavior Checklist and Youth Self-Report in clinically referred Spanish children. *The Spanish Journal of Psychology, 15*, 377-387.

Meisgeier, C., Murphy, E., & Swank, P. (1987). The Development of the Murphy-Meisgeier Type Indicator for Children. *Journal of Psychological Type, 13*, 15-22.

Myers, I. B. (1990). *Introduction to type: a description of the theory and applications of the Myers-Briggs Type Indicator.* California: Consulting Psychologists Press.

Reynolds, C. R., & Richmond, B. O. (1978). What I think and feel-A revised measure of children's Manifest Anxiety. *Journal of Abnormal Child Psychology, 6*(2), 271-280.

제5부

심리평가 보고서 작성 및 치료적 활용

Chapter 14

심리검사 결과의 활용

오현숙

학/습/목/표

1. 심리검사 결과의 활용 원칙 살펴보기

2. 심리검사 결과의 해석방법 살펴보기

3. 사전에 숙지해야 하는 해석 오류 살펴보기

4. 심리평가 보고서 작성방법 알기

5. 통합적 해석에 따른 치료계획의 방법 이해하기

6. 심리검사 결과를 활용하는 치료의 전개과정 살펴보기

7. 학교장면에서의 활용방법 살펴보기

1. 검사 결과의 활용 원칙

심리검사의 필요성과 활용 가능성이 크게 상승하였다. 서양에서처럼 우리 사회에서도 이제 심리검사가 활용되지 않는 생활 영역은 거의 없다고 해야 할 만큼 검사의 활용 영역은 삶의 전 영역으로 확장되었다. 정신병원이나 상담센터의 내담자/환자의 정신병리 및 심리적 문제의 진단 외에도 보육과 교육 영역, 직무 영역 및 다양한 사회 영역에서 심리검사에 의한 평가 및 상담이 활발히 이루어지고 있다. 예를 들어 유치원, 학교 장면에서는 유아 및 아동·청소년의 발달 상태를 평가할 때, 취학 및 진학 관련 결정이 필요할 때, 산업현장에서는 신입사원을 선발하거나 산재의 경우 근로자의 업무 수행능력을 평가할 때, 군, 법정, 교도소의 장면에서는 입대 전 군인의 신체 및 정신 건강 상태를 평가할 때, 형사 사건의 피해자 및 가해자의 정신감정이 필요할 때, 형법상 사면, 감형, 가석방의 결정이 필요할 때 등 임상심리학자가 심리검사의 결과를 활용할 기회와 영역은 크게 늘어났다.

심리검사를 실시하고 그 결과를 어떻게 해석하고 어떻게 활용해야 할 것인가! 이것이 이 장에서 다루어야 할 내용이다.

1) 검사 목적에의 일치성

심리검사의 활용은 우선적으로 검사를 실시한 목적과 일치해야 한다. 곧, 심리평가자가 검사를 실시한 이유는 수검자 및 의뢰인의 입장에서 볼 때는 의뢰 사유에 부합하는 것이다. 검사 의뢰인이 가져오는 의뢰 사유로는 진학과 진로, 직업재활, 이상심리의 진단과 치료 여부, 심리치료 및 상담, 형법상의 감형과 가석방 등 다양한 질문이 있다. 심리평가자는 검사 의뢰인이 가져온 질문들을 통해 의뢰인의 목적을 분명히 파악해야 하며 그 목적을 충족시키기 위해 검사가 왜 필요한지, 검사 결과를 통해 무엇을 알 수 있는지, 검사 결과가 어떻게 활용될 것인지에 대한 명확한 입장이 있어야 한다. 검사 의뢰인의 목적과 관련하여 의뢰인이 질문한 내용은 검사를 통해서 명확하고 상세하게 답변되어야 하며 문제의 해결을 위한 조언/제언이 이루어져야 한다. 아울러 계속되는 문제 해결 과정(예: 심리치료)에서 기본 자료로 활용될 수 있어야 한다.

2) 검사 의뢰인과 수검자의 관계에 대한 고려

수검자는 검사 의뢰인과 동일 인물이 아닐 수 있다. 법원, 보험회사, 학교, 기업체 등이 검사 의뢰를 해 올 경우 흔히 수검자가 검사에 동의한 경우이지만 수검자는 검사 의뢰인이 아니며 이 경우 심리검사 결과에 대해서 수검자가 내용을 전달받을 필요가 있는지, 아니면 검사 의뢰인에게만 보고하면 되는 것인지의 여부는 이 장에서 상세하게 다루는 것처럼 국가마다 임상심리학자의 윤리와 규정 또는 관례에 따라서 다르며 수검자의 소속 단체의 규약에 따라 다를 수 있다. 그런데 일반적으로 수검자는 검사 의뢰인 또는 소속 단체(직장)에 보내는 검사 보고서가 자신에게 긍정적인 영향을 미칠 것이라고 기대하는 경우가 적지 않다. 그렇다고 결과가 항상 긍정적인 것만은 아니다. 여느 직장에서는 수검자가 검사와 상담을 받는 '환자'라는 사실만으로도 선입관을 가질 수 있고 그것은 수검자에게 부정적인 영향을 줄 수도 있다(Rauchfleisch, 2005).

검사 결과가 긍정적인 영향뿐만이 아니라 부정적인 영향을 미칠 수 있다는 사실은 수검자가 검사 의뢰인 자신인 경우에도 물론 마찬가지로 해당된다. 그래서 미국 APA(1992)는 심리학자의 윤리적 기준으로서 수검자가 검사 의뢰인이 아닐 경우에도 수검자는 어떤 형태로든 검사 결과에 대한 피드백을 받을 필요가 있음을 명백히 하고 있다. 극단적인 예로, 감형이나 사면의 기로에 선 죄수, 보험 재판에 선 보험사고나 보험 혜택 관련자, 산재 혜택 수여자 등 검사 결과를 사전에 노출시켜서는 안 되는 경우에도 심리평가자의 입장에서는 수검자에게 어떤 방식으로 심리평가 보고서가 작성되며 그 주요 논리의 원칙이 무엇인지 대략적인 설명을 하는 것이 바람직하다. 아울러 심리평가 보고서가 수검자가 당면한 문제를 결정짓는 것은 아니며 검사 의뢰인으로부터 결정을 내리기 위한 자료의 하나로 채택될 수도 있고 채택되지 않을 수도 있는 심리진단적 심리평가 보고서일 뿐임을 알려 주어야 한다. 경우에 따라서 검사 결과가 수검자 자신의 바람이나 자신이 갖고 있는 자기이미지 또는 자기개념과 일치하지 않을 경우 심리평가자는 왜 그런 진단적 결론에 도달하게 되었는지 설명할 필요가 있다.

3) 치료 동기의 촉진

치료목적에서 보았을 때도 검사 결과가 전달되느냐 아니면 전달되지 않느냐 혹은 어떻게 전달되느냐에 따라 수검자는 실망하거나 자기불일치의 모순과 갈등을 겪게 될 수 있고, 치료적 노력과 발달에의 동기가 저하될 수 있다. 검사 결과가 수검자에게 적절하게 전달될 경우에는 수검자의 자존감이 상승되고 고립감이 감소하며 자기이해와 자기인식의 증가와 함께 치료 동기가 강화되는 긍정적 효과가 있을 수 있다(Butcher, 1990). 이와 같이 검사 결과가 어떻게 해석되고 어떻게 활용되느냐는 수검자의 신변에 큰 영향을 미칠 수 있는 매우 심각하고 중요한 일이다.

한편, 검사 의뢰인이 학교나 부모이고 수검자가 유아, 아동, 청소년일 경우, 심리평가자는 흔히 이들은 검사 결과를 이해하기에는 아직 너무 어리므로 굳이 설명할 필요가 없다고 생각하기도 한다. 따라서 아이에 대한 결정권과 보호권을 가진 학교와 부모 혹은 교사에게 알리는 것으로 충분하다고 믿는다. 그러나 유아, 아동, 청소년의 문제가 유치원과 학교에서 제기된 문제이고 아동에게 심리치료적 개입을 하거나 교육 또는 양육적 방법을 찾기 위한 심리검사라면 검사의 실시목적과 검사의 결과에 대해서 유아/아동/청소년 수검자 자신들에게 알리는 일을 절대 포기해서는 안 된다. 오히려 검사 결과를 알리는 일은 유아/아동/청소년의 치료 동기를 자극하는 중요한 기회가 된다. 이때 검사 결과는 이들의 발달 상태에 맞는 언어로 설명되어야 하며 추상적이고 이해하기 힘든 학문적 언어는 피해야 한다. 또한 검사 결과를 개념 설명을 하듯이 서술적으로 나열하기보다는 일상생활에서의 행동적 예로 설명해 주는 것이 바람직하다.

검사의 목적이 심리치료적 개입을 위한 경우는 검사 결과의 전달은 어떤 수검자가 되건 연령과 성별, 소속에 관계없이 치료 동기를 갖게 할뿐더러 함께 치료과정을 구성해 가는 치료 시작의 중요한 의미가 있다. 이 경우에 검사 결과는 흔히 하듯이 검사의 종료 이후 단 한 번으로 보고될 필요가 없으며 치료과정 중에도 몇 번이든 다시 주제와 관련될 때마다 설명될 수 있다.

4) 수검자의 공감을 얻는 검사 결과의 전달

수검자가 검사 의뢰인 자신일 경우 수검자들은 자신의 정신건강상의 문제나 심리적 어려움을 인식하고 자발적인 동기에서 심리검사를 의뢰한 경우가 많다. 이와 같이 수검자가 자신의 문제를 사전에 어느 정도 인식하고 있다 하더라도 수검자들 중에는 자신의 검사 결과에 대해서 당황하는 사람들이 많다. 문제의식이 충분히 있더라도 검사 결과는 심각하지 않기를 기대하기 때문일 것이다. 그런데 이 경우 심리평가자가 검사 결과에 대해서 수검자가 어떤 생각을 하는지, 어떤 느낌을 받았는지 탐색하지 않으면서 검사 결과를 전달하는 것에 그친다면 수검자가 검사 결과에 대해서 실망하거나 자기불일치의 모순과 갈등으로 검사 결과를 부정하거나 하는 등 마음의 상태를 파악할 수 없다.

따라서 검사 결과는 검사 결과로 나타난 성격 및 행동 특성들이 일상생활에서 어떻게 작용해 왔는지 또는 작용할 것인지를 설명할 때 수검자의 공감을 얻기가 쉬워진다. 검사 결과의 해석에서 설명하겠지만, 보통은 수검자가 진술한 개인력에는 모든 개별 검사 결과의 준거가 될 수 있는 과거와 현재 일상생활에서의 행동 특징들이 포함되어 있다. 심리평가자는 개인력을 통해서 확인되고 통합적으로 해석된 검사 결과를 전달하면서 수검자에게 그러한 특징이 일상생활에서 스스로 체험할 수 있었는지를 물을 수 있다. 즉, 검사 결과에 대한 수검자의 공감적 피드백을 이끌어 낼 때 흔히 수검자들은 검사 결과와 관련된 행동 특성 및 습관들을 스스로 보고함으로써 검사 결과를 보충하게 되며 이로써 검사 결과는 더욱 완벽하게 되는 효과가 있다.

핵심

- 심리검사의 활용은 검사를 실시한 목적과 일치해야 한다. 이것은 검사 의뢰 사유에 부합하는 것으로서 의뢰인이 질문한 내용은 검사를 통해서 명확하고 상세하게 답변되어야 하고 문제의 해결을 위한 제언이 이루어져야 한다.
- 수검자가 검사 의뢰인이 아닐 경우에도(검사 의뢰인이 형사법상의 해당 관청, 법원, 회사, 보험회사 등일 경우) APA(1992) 윤리규정은 수검자가 검사 결과에 대한 피드백을 받을 필요가 있음을 명시하고 있다. 검사 결과를 사전에 노출시켜서는 안 되는 경우, 심리평가자는 수검자에게 어떤 방식으로 심리평가 보고서가 작성되며 그 주요 논리의 원칙이 무엇인지 대략적인 설명을 해야 한다.
- 수검자가 검사 의뢰인이 아닌 유아·아동·청소년인 경우에도 이들에게 직접 검사 결과를 알리는 일은 치료 동기를 자극하는 중요한 기회가 된다.
- 검사 결과에 대한 수검자의 공감적 피드백을 이끌어 낼 때 흔히 수검자들은 검사 결과와 관련된 행동 특성 및 습관들을 스스로 보고함으로써 검사 결과를 보충하게 되며 이로써 검사 결과는 더욱 완벽하게 되는 효과가 있다.
- 검사 결과로 나타난 성격 및 행동 특성들이 일상생활에서 실제로 어떻게 작용하고 있는지 또는 해 왔는지 설명할 때 수검자와의 공감을 얻기 쉬워진다.
- 심리치료적 개입을 위한 경우 검사 결과는 치료 동기를 자극할 뿐만이 아니라 치료 전개의 중요한 구성성분이 된다.

2. 검사 결과의 해석과 진단

1) 양적 해석 vs. 질적 해석

검사 결과를 해석하는 일은 검사 결과를 활용하는 과정 중 그 첫 번째 단계에 속한다. 심리검사 결과가 검사 실시의 목적에 맞게 활용되기 위해서는 가장 먼저 검사 결과의 명확한 해석이 기본이 되어야 한다. 검사 결과의 해석은 검사 결과의 채점에서 비롯된다. 각각의 검사들은 수검자의 반응을 어떻게 채점해야 할지 그 채점방법을 제시하고 있다. 그런데 채점방식에 있어서 모든 검사가 일치하지는 않는다. 심리측정적 이론에 따라서 개인 간의 차이를 측정하기 위해 구성된 많은 검사는 단순히 반응 횟수를 세는 것으로 평가하기도 하고(예: K-WISC의 숫자) 또는 각각의 응답에서 질적 수준을 평가하여 차등 점수를 부여하기도 한다(예: K-WISC의 이해). 이렇게 계산된 원점수는 Z점수, T점수, 백분위점수 등의 표준점수로 환산된다. 그런가 하면 많은 자기투사검사들은 응답 내용을 여러 가지 관점에서 구분하여 기호를 붙이고 채점하는 복잡한 평가 방법(예: 로샤 검사)을 택하고 있다.

수검자의 반응이 채점되면 이어서 해석이 시작된다. 검사 결과의 해석은 해석방법에 따라 양적 해석과 질적 해석으로 나뉠 수 있다. 양적 해석과 질적 해석은 서로 완전히 독립적인 과정은 아니다. 양적 해석을 바탕으로 질적 해석이 가능하기 때문이다. 그런데 해석훈련이 덜 된 경우에 양적 해석만으로 해석을 종료하게 될 때 수검자의 특징을 제대로 파악하지 못하는 문제가 발생하게 된다. 아래에 양적 해석과 질적 해석을 비교 설명하며 아울러 질적 해석을 간과한 오류 사례를 제시한다.

양적 해석은 내담자의 원자료를 규준집단과 비교하여 통계적 의미에 따라 객관적 해석을 내리는 규준참조 해석을 일컫는다. 양적 해석의 첫 번째 단계는 채점된 원점수를 표준점수로 환산하여 개인 간 및 개인 내 차이를 파악하는 것이다. 해석의 가장 기본적인 원칙은 검사 매뉴얼이 제시하는 평가와 해석방법을 엄격하게 준수하여 해석하는 것이다. 이렇게 통계적 평가치와 규준을 이용해서 검사가 구분한 척도별 개인 간 및 개인 내 차이를 이해하는 것이 양적 해석, 즉 규준참조 해석 또는 통계적 의미의 해석이다.

양적 해석의 예를 아래 사례 1의 경우를 통해 설명해 보겠다. 〈표 14-1〉은 한 수검자의 성인용 웩슬러 지능검사 결과를 나타내고, [그림 14-1]은 그 결과의 프로파일을 나타낸다. 결과의 해석은 양적 해석이 그 첫 번째 순서이다.

사례 1

수검자가 합목적적으로 자신의 환경에 대해서 효과적으로 작용할 수 있는지를 개인의 종합적 지적 능력 및 지능구조를 통해 파악하는 성인용 웩슬러 지능검사에서 수검자는 전체지능지수 96을 나타냄으로써 동년배의 평균 수준으로 파악되었다. 그러나 총 네 개의 영역별 지능지수에 의미 있는 큰 차이가 나타나 전체지능점수는 수검자의 지능을 대표한다고 보기 힘들며(오히려 주목해야 할 특징으로서; 뒤의 질적 해석 부분 참조) 심한 인지기능의 불균형이 나타난 점이 특징이다. 곧, 언어 영역에서의 추론능력 및 언어 사용능력에 해당되는 언어이해는 '120'으로서 우수한 수준으로, 비언어적 영역에서의 추론능력 및 시공간적 협응능력을 평가하는 지각추론은 '88'로서 평균하 수준으로 평가되었다. 또한 단기기억 및 단기기억을 활성화시킬 수 있는 주의력 및 집중력을 측정하는 작업기억은 '115'의 지수를 나타냄으로써 동년배의 평균상 수준에 해당되었고, 비언어적 영역에서 문제 해결의 전략적 계획 및 수행과 그에 수반되는 정신운동 속도를 측정하는 처리속도는 '63'의 지수를 나타냄으로써 동년배와 비교할 때 지체 수준인 것으로 평가되었다. 즉, 수검자는 비언어적 · 실제적 과제를 수행하는 능력보다 언어적 능력을 요구하는 이론적 과제를 더 잘 수행할 수 있다. 비언어적 · 실제적 과제 영역에서 과제를 처리하는 속도와 집중력을 유지하면서 빠르고 기민하게 반응할 수 있는 능력은 지체 수준에 해당될 만큼 크게 저하되어 있다.

소검사별로 살펴보았을 때는 상식이 가장 높은 점수를 나타냈으며 이는 최우수 수준으로서 수검자는 사회문화적 환경에 대해 관심이 많고 지금까지의 학습환경이 양호하였음을 시사하고 있다. 다음의 의미 있게 높은 점수는 숫자이며 (중략) 가장 낮은 점수는 지체 수준을 보이는 동형찾기와 기호쓰기로서, 수검자는 시간적 압박감 속에서 단순 작업에 집중하거나 중요한 것과 중요하지 않은 것을 구분하는 작업, 또는 새로운 세부적인 것에 전환하는 적응능력이 매우 저하되어 있음을 나타낸다.

● 표 14-1 성인용 지능검사 K-WAIS-IV 검사 결과(사례 1)

	언어이해	지각추론	작업기억	처리속도	전체지능
조합점수	120	88	115	63	96
백분위	91	21	83	1	41
95% 신뢰구간	112-125	81-97	106-121	59-77	91-101

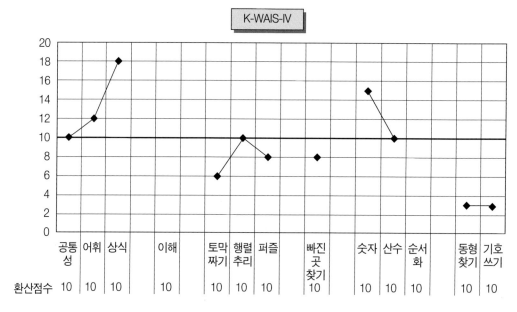

[그림 14-1] 성인용 지능검사 K-WAIS-IV 검사 결과 프로파일

이와 같이 검사 결과로 나타난 지표를 규준집단과 비교하여 통계적 의미로 해석하는 것이 양적 해석이라 할 수 있다. 곧, 양적 해석은 질적 해석의 기초가 되는 해석이나 양적 해석에만 의존해서 수검자의 행동 특성을 설명하고자 하면 검사 결과에 영향을 미친 다른 중요한 성격

적 특징이나 심리적 상태를 놓치는 경우가 될 수 있다(뒤의 사례 2 참조).

질적 해석은 관찰되고 기록된 행동 자료에서 특징을 찾아내는 일이다. 이것은 양적 해석을 바탕으로 하되 그것을 넘어 한 단계 더 나아가는 해석이다. 규준을 바탕으로 통계적 의미의 해석을 하되 더 나아가 검사 결과에서 특징을 추출하고 특징들의 관계를 살펴 요약하는 것을 의미한다. 곧, 특징들의 관계 짓기가 질적 해석에 포함된다. 공통점이 있는 유사한 검사 결과들은 서로 결과를 지지하는 준거가 되기도 하고 어떤 결과들은 하나가 원인이고 다른 하나가 결과가 되는 보완적 역할을 하기도 한다. 이것들은 또한 검사장면에서 나타나는 수검자의 언어적 및 비언어적 반응 방식 그리고 보고된 일상생활에서의 행동양식과 통합되어 종합적으로 해석되며 이렇게 검사 결과들의 일치성, 유사성, 상호보완성 해석을 통한 전 과정을 질적 해석 또는 통합적 해석이라 일컬을 수 있다. 질적 해석은 곧 통합적 해석이다. 규준을 이용해서 검사가 구분한 척도별 개인 간 및 개인 내 차이를 이해하는 통계적 의미의 양적 해석보다 훨씬 중요하다.

질적 해석은 [그림 14-1]의 예를 들어 살펴보자. 먼저, 소척도 간에 최소 3점 이상의 차이를 보이는 검사 결과들을 찾아보고 차이 나는 검사 결과들을 중심으로 특징을 찾아내야 할 것이다. 이 사례에 나타난 특징들을 살펴보면 비언어적 능력인 지각추론과 처리속도에 해당되면서 모든 시간을 재는 검사(동형찾기, 기호쓰기, 토막짜기 등)에서 언어적 능력인 언어이해와 작업기억에서보다 의미 있는 수치로 능력이 크게 떨어진다는 것이다. 이것은 곧 수검자가 시간적 압박감 속에서는 능률이 저하되는 것을 의미한다. 실제로 수검자는 시간을 재는 모든 검사에서 매우 긴장된 모습과 함께 계속 손 떨림 현상을 나타냈다. 이것은 과거 병력이면서 현재도 계속 나타나고 있는 증상 중 하나인 강박불안에 일치하는 결과라 할 수 있다. 이렇게 신속함과 기민성을 저해하는 과정에 얽매이는 성향과 그로 인한 시간적 압박감은 강박적 기질을 시사하는 기질 및 성격검사 (TCI: 뒤의 〈표 14-2〉 참조) 결과에도 부합한다. 곧, 기질 및 성격검사 결과가 뒷받침하고 행동관찰 및 일상생활에서 병리적 행동으로 나타난, 실수를 두려워하고 불안해하며 과정에 집착하고 초조해하는 특성이 지능검사의 비언어적 능력에서의 능력 저하로 나타났으며 특히 처리속도에서의 심각한 능력 지체를 나타냈다고 할 수 있다. 여기에 정신운동 속도와 관련 있는 처리속도에서의 기능 저하는 흔히 정신분열병 환자의 음성 증상 중 인지기능 저하나 혹은 우울증 환자의 주의력 및 집중력 감소와 관련이 있을 수 있으니 아직 다른 검사를 해석하기 전 단계일 경우에는 일단 이런 병리적 증상이 있을 수 있음을 가설로서 가정하고 다른 검사 결과를 살펴보면서 차후 통합적으로 해석하고 결론을 내려야 할 사항이다. 또는 여기에 수검자가 현재 정신과에서 처방받아 복용하고 있는 항불안제의 작용도 영향을 주었을 수 있다(이런 경우 검사 결과에 영향을 미친 약물의 영향 또한 검토하여 해석에 반영하여야 한다).

다음은 두 번째 특징이다. 단기기억력, 주의집중하의 암기력 등을 측정하는 검사로서 불안

증상을 가진 수검자에게서는 낮은 수행능력이 예상되는 숫자에서 수검자가 우수한 능력을 나타낸 것은 일면 타 검사 결과와 모순되는 것으로 보일 수 있다. 그러나 이것은 수검자가 청각적 자극에 매우 예민함을 의미하며 숫자는 특히 수검자가 진술한 바와 같이 그의 강박불안을 통제하는 기제로 사용되고 있는 방법이므로 숫자에 친숙한 결과라 할 수 있다.

이 검사에 나타난 세 번째 특징 또한 수검자의 과거 병력인 강박장애 및 현재의 기질 및 성격검사(TCI)에 나타난 강박적 기질 그리고 행동관찰에서 나타난 강박적 정확한 기억 습관에 부합한다. 즉, 수검자는 상식 소검사에서 동년배에 비해서뿐만이 아니라 자신의 다른 능력에 비해 현저하게 높은 지식 수준을 나타냈는데, 이것은 흔히 강박장애를 가진 사람의 프로파일에 해당된다. 즉, 강박불안을 가진 수검자들은 주로 감정으로 느껴야 할 일을 지적으로 처리함으로써 불안을 다스리기 위한 주지화 방어를 쓰는 경향이 있으며 관련 행동양식으로서 지식의 획득에 집착하는 경향이 있다.

이와 같이 검사에 나타난 특징들을 살펴보고 특징들 간의 유사성, 상호보완성 등의 관계를 분석하여 결론을 내리는 해석이 질적 해석이다. 따라서 질적 해석은 양적 해석을 바탕으로 하되 양적 수치의 의미를 평가한 해석이라 할 수 있다.

다음에는 질적 해석이 결여된 경우에 나타나는 해석 오류에 대해서 사례 2를 통해 설명하겠다. 사례 2는 현재의 아동용 지능검사 K-WAIS-IV보다 훨씬 이전에 사용되었던 KEDI-WISC를 사용한 사례로서 상담자와 내담자가 함께 세운 가설에 따라서 오직 한 검사만을 실시한 경우이다. 그러나 이렇게 검사 하나로 의뢰된 문제에 답을 하려는 시도는 상당히 위험하다고 할 수 있다. 주지하듯이 모든 검사에는 타당도와 신뢰도의 한계가 있기 때문이다. 개인력과 다른 여러 검사가 준거로서 뒷받침해 주지 않는 검사 결과는 신뢰하기가 제한적임은 열 번 강조해도 모자람이 있다.

이 사례는 수집된 행동 자료를 요약하고 특징을 찾아내는 일이 얼마나 중요한지 보여 준다. 사례 2에 제시된 A 연구원의 해석은 통계적 · 규준적 평가로서 완전히 양적 평가에만 그친 해석이라 할 수 있다. 다양한 소검사로부터 얻은 상이한 검사 결과를 전체적으로 파악하고 특징을 추출하며 요약할 수 있는 질적 해석이 결여되어 있다. 특징을 파악하지 못하므로 논리적 설명 또한 빈약하고 이로 인해서 내담자의 공감 또한 얻지 못했으며, 더욱 중요한 문제는 내담자가 느끼는 결과에 대한 불일치감을 파악하지도 못하고 방치한 셈이 되었다.

반면, B연구원의 경우는 이와 대조적으로 검사 결과의 특징을 전체와 부분의 관계를 통해 파악했을 뿐만 아니라 검사 결과를 통해 얻은 결론을 내담자와의 면담을 통해서 확인하고 내담자 스스로 결론을 더욱 완벽하게 완성하게 하는 작업을 하였다. 이렇게 스스로 해석에 참여함으로써 내담자는 검사 결과를 더욱 잘 이해하고 납득하며 소화하는 과정을 거치게 되었다고 할 수 있다. 이러한 과정에서는 흔히 검사 결과를 들으면서 생기는 내담자의 기대하지 않은 감정들, 결과에의 불일치, 실망, 낙심, 수치심, 기타 갈등 등을 잘 파악하고 적절하게 다룰 수 있게 된다(뒤의 평가 보고서 제출 및 수검자와의 면담에 관한 부분 참조).

사례 2

- 이름: 신××, 나이: 만 7세 9개월, 형제: 2남 1녀 중 셋째(늦둥이), 거주지: 서울
- 사용 검사: 웩슬러 지능검사(KEDI-WISC)
- 의뢰 사유: 초등학교 1학년에 입학한 지 두 달째인데 학교에 잘 적응을 못하고 친구도 못 사귀며 학교 공부를 힘들어한다. 원인과 문제 해결 방법을 찾기 위해 지능검사를 신청했다.
- 검사 결과: 언어성 IQ: 81, 동작성 IQ: 55, 전체검사: IQ: 65

척도별 환산점수: 언어성	동작성
상식: 9	빠진 곳 찾기: 2
공통성: 8	차례맞추기: 2
산수: 3	토막짜기: 5
어휘: 8	모양맞추기: 3
이해: 7	기호쓰기: 7
(숫자): (6)	

A 연구원의 통계적 의미에만 의존한 해석(해석 오류 사례

지적인 능력이 경증 정신지체의 기준인 IQ 70보다 낮다. 이론적 작업에서 요하는 언어성 지능보다도 비이론적인 작업을 할 때 필요되는 동작성 지능은 훨씬 더 떨어지기 때문에 지능으로 성취할 수 있는 일이 적다. 따라서 수행능력을 요구하는 학교를 부담스러워하고 힘들어하는 것은 당연하다. 사회성 또한 이를 측정한 언어성 영역의 소척도 이해에서의 결과를 볼 때 1 표준편차 아래의 하위 16%를 간신히 벗어나는 수준이고 동작성 영역에서늬 차례맞추기에서는 아예 하위 약 2%에 속할 만큼 낮으므로 심각하게 저조한 수준이라 할 수 있다. 소척도별 해석은 (중략) 조언해 볼 때 지적인 능력을 통한 성취를 크게 기대함으로써 아이에게 부담을 주지 말고 사회성 훈련을 통해서 성격 좋고 사랑받는 사람이 되게 하는 것이 좋겠다.

A 연구원의 해석에 대한 내담자의 반응

아들을 끌고 집에 어떻게 왔는지 알지 못하겠다. 택시로 왔는지, 버스로 왔는지…… 와 보니 집이었다. 검사 결과를 납득할 수 없고(나도 내 아들을 좀 아니까……) 믿을 수도 없고 상담받을 필요는 더더욱 못 느낀다.

B 연구원의 재해석과 조언(전체결과를 이해하여 특징을 파악한 해석 사례;

　내담자에 의해 검사 결과가 더욱 완전하게 완성되는 질적 해석 사례)

전체지능지수는 동년배와 비교해서 보았을 때 상당히 낮은 것으로 나타났으나 각각의 소척도에 나타난 점수 차이가 매우 커서 이를 별도로 분석하는 것이 전체지능지수의 의미를 해석하는 것보다 선행된다. 나타난 특징은 다음과 같다.

- 동작성과 언어성 지능지수가 16점으로 매우 큰 차이가 나타나 그 의미를 해석하는 것이 필요하다. 여기서 동작성 검사의 소검사들 중 기호쓰기를 제외하곤 모두 동년배의 약 2%에 해당되거나 그보다 조금 나은 지적 능력을 보이고 있다.
- 언어성 검사를 통해서 볼 때, 상식, 공통성과 어휘 능력은 대략적으로 동년배의 중간 수준에 속한다고 할 수 있다. 반면, 가장 눈에 띄는 것은 산수 능력으로서 동작성 검사의 대부분의 결과처럼 동년배의 하위 2%에 해당된다. (소척도별 해석은 중략)
- 동작성 검사와 언어성 검사에 나타난 특징을 종합해 볼 때 아이가 유독 시간을 재는 검사에서 수행 능력이 낮게 나타났다. 따라서 약한 자신감과 평가받는 것, 특히 시간이 제한된 상황에서 요구되는 능력에 대한 불안이 만든 결과가 아닌지 의심스러운데, 부모는 평소 이와 유사한 행동을 관찰한 적이 있는가? 부모는 이 해석을 듣고 어떤 느낌이 드는가?

[상담자인 B 연구원의 질문에 내담자(수검자의 어머니)는 "검사 해석이 딱 맞아요. 아들이 평소 자신감이 상당히 약하고, 시험과 유사한 상황에서 항상 불안해해요. 얼마 전 진단평가에서 아들은 이름만 쓰고 시험지를 뚫어지게 바라만 보다가 결국 '백지'로 제출했다고, 담임선생님이 초등학교 1학년이 백지 낸 경우는 처음이라고 놀라워한 적이 있어요."라고 반응했다.] 내담자는 수검자의 평소 때 행동 예(과잉 보호된 늦둥이)를 통해서 상담자가 제시한 검사 결과의 해석을 더욱 완전하게 보충해 주었고 결론적으로 초등학교 1학년생인 수검자가 지난 2개월 동안에 학교에서 보여 준 부적응행동은 자아강도가 약하고 자신감이 적어서 낯선 환경과 낯선 주변인에게 잘 적응하지 못한 것으로 해석되었다. 수검자에게는 자율성과 독립심이 강화되며 자신감이 증진시킬 수 있는 놀이치료가 제안되었고 숫자와 기호쓰기를 통해 나타난 비교적 낮은 (선택) 주의력의 향상을 위해서 주의훈련도 제안되었다.

B 연구원의 조언에 대한 내담자의 반응

내담자는 기꺼이 아들에게 제안된 상담에 동의했고 7세 신×× 또한 나이에 맞게 설명된 대략적인 검사 결과를 수용하고 기꺼이 놀이치료에 참여하였다. 신××는 10개월 정도의 치료 후에 치료를 종결할 수 있을 만큼 자신감이 증진되었고 학교에서도 칭찬받는 건강한 아이로 발전했다. 이때 실시된 ○○지능검사와 투사검사 ○○가 치료 효과를 뒷받침했다.

2) 타 검사 결과를 준거로 한 통합적 해석

이 해석방법은 기본적으로 질적 해석에 해당된다. 다만 이 장에서 이 부분을 집중 조명한다. 앞에서 질적 해석은 소척도들 간의 점수 차이에 의해서 발견된 특징들 또는 다른 검사들과의 비교 속에 나타난 특징들을 그들 간의 유사성 및 상호보완성에 따라 해석한 것이라고 설명했었다. 이 장에서는 그 예를 제시한다.

심리검사는 크게 능력검사와 성격검사의 둘로 나뉜다. 한 사람의 능력에는 지능, 주의력, 적성, 직업능력 등이 속할 것이고 성격에는 일반적인 기질 및 성격 특징, 임상적으로 의미 있는 (병리적) 성격 특징이 속한다. 현재 우리나라에서는 개인의 종합적인 인성 평가를 위한 종합심리검사(full-battery)에 웩슬러 지능검사, 시각-운동 통합검사(벤더-게슈탈트 검사: BGT), 기질 및 성격검사(TCI), 다면적 인성검사(MMPI), 집-나무-사람 검사(HTP), 문장완성검사(SCT), 주제통각검사(TAT), 로샤 검사를 가장 많이 사용하고 있다. 저자가 유학한 독일에서는 주의력검사는 성인, 아동을 막론하고 풀 배터리에 빠지지 않는 검사였으나 국내에서는 주의력의 평가를 웩슬러 지능검사나 벤더-게슈탈트 검사(BGT) 등에 의존하고 있는 경우가 많아서 주의력의 중요도가 다소 저평가되고 있는 인상이 든다. 외국에서는 주의력이 정신병리의 시작과 경과를 예측하게 하는 중요한 지표로 간주되기도 하기 때문이다.

하여튼 위의 검사들 중에서 웩슬러 지능검사, 시각-운동 통합검사(BGT) 그리고 로샤 검사는 능력, 특히 지능과 인지기능을 평가하는 데 서로 준거 역할을 할 수 있다. 앞에서 설명한 바와 같이 이 검사들의 결과는 개인의 능력을 설명하는 데 있어 서로 일치 또는 유사하거나 상호보완적으로 설명될 수 있어야 한다. 마찬가지로 나머지 검사(로샤는 여기에도 포함)도 개인의 일반적인 기질 및 성격 특성 또는 임상적으로 의미 있는 정서 및 사고, 병리적 성격 특성을 기술하는 데 서로 준거가 되기도 하면서 통합적으로 설명될 수 있어야 한다.

〈표 14-2〉와 [그림 14-2]에 제시된 기질 및 성격검사(TCI)와 다면적 인성검사(MMPI-II)가 집-나무-사람 검사(HTP), 로샤 검사 및 개인력 등과 어떻게 통합적으로 해석되는지 예를 들어 보자.

정서 및 성격 관련 검사들에 나타난 결과는 3단계로 통합할 수 있을 것이다. 1단계, 각각의 검사에서 특징이라 할 수 있는 중요한 지표를 찾아낸다. 2단계, 이 지표들의 관계를 살펴본다. 한 검사의 결과는 다른 검사에서 나타난 결과를 뒷받침해 주는 중요한 준거가 되기도 하고 서로 보완이 되기도 한다. 또는 이것은 다른 검사의 원인이 되거나 결과가 되는 심리적 과정으로 연결되기도 한다. 3단계, 검사 결과로 나타난 특징들이 행동관찰이나 일상생활에서의 개인의 행동 특징과 부합되는지 살펴보아야 한다. 즉, 관찰된 또는 진술된 행동 특성은 검사 결과를 뒷받침하는 준거로서 사용될 수 있으며, 반대로 검사 결과는 개인의 일상생활의 행동 특성이나

● 표 14-2 기질 및 성격검사 TCI 검사 결과

TCI-RS 프로파일					백분위 그래프		
TCI-RS	척도	원점수	T점수	백분위	80		70
기질	자극추구(NS)	24	37	6	6 ▰▰▰ NS		
기질	위험회피(HA)	63	68	97	HA	97 ▰▰▰▰	
성격	사회적 민감성(RD)	26	29	2	2 ▰▰▰ RD		
성격	인내력(P)	20	24	0	0 ▰▰▰▰ P		
성격	자율성(SD)	20	28	1	1 ▰▰▰ SD		
성격	연대감(C)	30	24	1	1 ▰▰▰▰ C		
성격	자기초월(ST)	21	43	26	20 ▰▰ ST		
자율성+연대감		50	20	0			

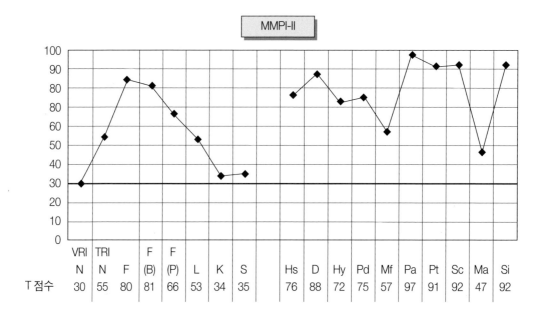

[그림 14-2] 다면적 인성검사 MMPI-II 검사 결과

관찰된 행동을 설명할 수 있어야 한다.

〈표 14-2〉의 TCI 검사 결과에서 수검자는 규준집단 1%에 해당되는 극도로 낮은 자율성 및 마찬가지로 1%의 극도로 낮은 연대감을 나타내면서 성격 발달이 매우 저해된 것으로 나타난다. 성격 발달이 저해된 중요한 이유는 수검자가 무엇보다 타고난 꼼꼼한 기질적 특성이 매우 강하여 강박적 기질로 발전한 것이라고 볼 수 있다. 매우 강한 기질적 특성으로 인하여 장

점이 격려되기보다는 취약점이 더 부각되면서 환경과 끊임없이 마찰과 갈등을 가져온 경우이다. 즉, 수검자는 자극추구 성향이 매우 낮아서 새로운 상황과 과제에 매우 소극적이고 위험회피 성향이 극도로 높음으로써 실수를 매우 두려워하고 소심하며 쉽게 위축되고 걱정과 불안이 많으며 완벽하고자 하나 그렇지 못한 것에 늘 불만족하고 쉽게 지치는 성향이다. 이렇게 위험회피가 높을 경우, '준비성' 또는 '신중함'의 장점이 격려되는 가운데 겁이 많은 취약성에 대해서는 특별히 환경으로부터 따뜻한 이해와 인내 또는 위로와 배려의 정서적 지지가 많이 필요하다. 그런데 수검자 스스로는 사회적 민감성이 극도로 낮아서 타인의 정서를 잘 알아차리지 못하고 타인과 정서적 교감을 나누는 데 취약하여 환경으로부터 사회적 지지를 얻기가 불리한 조건이다. 실제로 수검자는 초등학교 때부터 고등학교까지 반복적으로 왕따를 당하는 일을 겪게 되었고 여기에 수검자가 진술한 바에 의하면 일차 환경인 어머니는 심하게 통제적이고 냉담하며 비난과 언어적 폭력으로 대응하였다. 그리하여 수검자는 자신의 환경으로부터 수용되지 못하고 소외되고, 고립되고, 사랑받지 못하면서 HTP에서 보는 바와 같이 자신없고 현실을 감당할 지배능력이 모자라는 무기력한 성격으로 발달했다. 미숙한 성격은 다시 자신의 기질적 취약점을 잘 조절하지 못하면서 기질과 성격의 악순환적인 상호작용 속에서 불안하고 쉽게 상처받으며 좌절을 잘 견디지 못하는, 스트레스에 취약한 수검자의 현재 성격이 되었다고 설명할 수 있다.

수검자의 개인력은 수검자의 기질적 취약성 못지않게 수검자의 환경 또한 그의 성격 발달에 매우 크게 불리한 조건으로 작용하였음을 뒷받침한다. 수검자는 어린 시절 어머니에 대한 따뜻한 기억이 없고 어머니를 무섭고 요구가 많은 사람으로 진술하였으며, SCT에서 "나의 어머니는 나를 별로 좋아하지 않는다." "나는 어머니를 좋아하지 않는다."라고 기술한 것을 통해 볼 때 어머니와의 긴밀한 정서적 애착관계는 형성되지 못한 것으로 보인다. 성장과정 중에도 어머니는 소심하고 걱정과 불안이 많고 소극적인 아들에 대해서 불만족하고 주로 비난과 언어적 폭력을 행사했던 것으로 수검자는 진술하고 있다. 그 예로서 수검자가 초등학교 때 왕따를 당했을 때 어머니는 위로하고 안심시키기보다는 "(왕따) 문제를 해결해 줬으니 나에게 석고대죄를 해라."라며 무릎을 꿇리고 빌게 하였고, 한번은 큰 키에 건장한 아들에게 돼지라고 비난하여 충격을 받은 수검자가 음식을 거부하여 거식증(섭식장애)으로 반년 이상 치료를 받은 적이 있음을 제시하였다. 아버지 또한 수검자에게는 따뜻하지 않은 사람("내게 자주 화를 내셨던 것 같다." "나와 사이가 별로 좋지 않은 것 같다.")으로 지각되면서 수검자는 가족으로부터 소외되고 또래와 학교환경에서 자주 거부당하는 성격 발달에 불리한 성장과정을 거쳐 온 것으로 보인다.

TCI의 극도로 낮은 인내력은 수검자가 좌절을 견디는 힘이 매우 취약함을 의미한다. 이것이 환경의 불리한 조건과 함께 성장과정 중 실패를 잘 극복하지 못하는 원인으로 작용하였다고 보인다. 이것은 로샤 검사에서도 자극이 많아지거나 감정 개입이 필요한 상황에서 적응적으로 대응하지 못하고 벌어질 상황을 두려워하며 정서적으로 폭발할 가능성이 있는 것으로 확인된 것과 일치한다(카드 VIII: 위로 솟아올라가고 있는 전투기, 카드 IX: 느낌이 그냥 악마, 카드 X: 머리와 몸통 부분이 전투기).

즉, 극도로 꼼꼼한 기질은 환경과의 상호작용 속에서 적응에 반복적으로 실패하면서 꼼꼼한 기질의 병리적 형태인 강박적 기질로 발전하였고 성격적으로 강박성 성격장애와 강박불안을 형성한 것으로 판단된다. 이와 관련하여 수검자는 초등학교 시절부터 한 가지에 집착하는 양상이 나타났고, 초등학교 마지막 시기에 좋아하던 프로야구 팀이 시즌 성적이 좋지 않자 항상 경기에 패하지는 않을지 조마조마하면서 급기야 극심한 두려움이 나타났으며 이와 함께 강박행동을 하게 되었다고 진술하고 있다. 이후 계속해서 실수와 실패에 대한 두려움, 타인에게 해를 끼치면 안 된다는 강박적 두려움, 잘못한 것에 대한 죄책감 등이 불안감을 불러일으킬 때마다 수검자는 고통스러운 강박행동을 지속하였음을 진술하였다.

이런 수검자의 증상은 더욱 심해져서 결국 2년 전 강박행동(숫자에 맞춰 화장실 들락거리기, 손 씻기 등)으로 3일 동안 잠을 자지 못하고 살려 달라고 절규하는 행동으로 병원에 입원하고 Obsessive-Compulsive Disorder(강박장애) 진단하에 8개월 동안 치료를 받은 것으로 진술되었다.

수검자가 호소한 바에 따르면 그는 현재 숫자 세기, 손 씻기 등의 강박행동으로 학교생활이 크게 방해받고 있으며, 행동관찰에서 실수에 대한 두려움 및 불안으로 크게 긴장하고 경직되어 손을 떠는 모습이 나타난 것을 통해 볼 때 과거 병력이 현재도 진행 중인 것으로 판단된다.

한편, TCI의 극도로 높은 위험회피, 심각하게 낮은 인내력과 낮은 자율성의 상호작용은 쉽게 상처받고 회복이 힘든 낮은 자아탄력성을 나타낸다. 취약한 자아탄력성과 미숙한 성격(낮은 자율성, 낮은 연대감)은 임상적으로 의미 있는 성격 특성을 측정하는 MMPI-II의 지표와 HTP에도 동일하게 나타나고 있다. MMPI의 높은 0번 척도는 열등감과 대인관계에서의 불편감, 과민성 등을 나타내고 있으며, 이것은 HTP에서도 자신감이 없고 현실을 감당할 수 있는 현실 지배능력이 없음을 뿌리가 없는 나무로 나타내고 있다. 열쇠 모양으로 그린 나무는 강박적 기질로 경직된 행동 성향과 환경 속에서 욕구를 잘 충족시키지 못하고 외적으로 표현하지 못하면서 유발되는 충동적이고 공격적인 성향이 (앞의 로샤 검사에서 나타난 바와 같이) 정서적 폭발 가능성으로 나타날 수 있음을 시사한다.

MMPI에서 가장 먼저 눈에 띄는 특징은 수검자의 임상척도 프로파일이 5번과 9번 척도를 제외하고는 모든 척도가 유의한 수준으로 상승되어 있다는 것이다.[1] 이는 심각한 정신병리를 시

------

1) 제시한 바와 같이 수검자의 MMPI 검사 결과에서 2개를 제외한 모든 척도의 수치가 너무 높게 상승되어 있다. 또한 심한 정신병리의 경우에도 상승하지만 자신의 문제를 과장하여 반응할 때도 높아지는 F척도(타당도 척도)가 이 수검자의 경우에 너무 높아서 검사 결과가 의심되었고, 일주일 간격의 재검사를 실시하였으나 두 번째에도 거의 동일한 검사 결과를 얻었다.

인할 때 나타날 수 있는 F척도의 상승과 함께 수검자가 극심한 정서적 혼란감과 불안감, 분노감에 대한 표현으로 절박한 구원 요청을 하고 있는 상태라 해야 할 것이다.

이와 함께 더욱 두드러지는 특징은 687(편집증-정신분열증-강박증) 척도의 점수가 가장 높게 상승해 있어서 이 3코드 유형이 시사하는 행동 방식과 관련된다. 이는 편집형 정신분열증에 해당되는 특징으로서, 수검자는 감정적으로 매우 둔화되어 있고 타인에 대한 적대적 의심과 불신, 분노가 매우 크며 사회적으로 철수되어 있고 피해의식, 피해망상을 보일 수 있는 상태라는 의미이다. MMPI 임상 소척도에서도 발견된 높은 수치의 의심, 피해의식 및 피해망상은 수검자가 "내가 없을 때 친구들은 나에 대한 험담을 하는지도 모르겠다." "윗사람이…… 무섭다."와 같은 SCT 검사의 응답에서도 확인된다. 이와 같은 피해망상은 현실 검증력이 떨어지는 사고로서 로샤 검사에서는 기태적인 지각적 왜곡(X-%=0.23, X+%=0.23)으로 나타나고 있다. 자신의 문제에 대한 통찰력 결여의 증거로서 자신의 두려움과 강박적 긴장을 좋아하는 야구팀의 승패에 투사하여 야구팀의 성적이 부진한 것이 자신의 강박불안의 원인이라고 지각하며, 좋아하는 선생님과 같이 찍은 기념사진 속 선생님의 미소가 자신의 고통을 이해하지 못하는 '애교'적 미소로 지각되어 죽이고 싶다는 충동을 느끼는 것은 수검자의 MMPI, 로샤 검사, SCT에서 발견된 피해망상, 애정망상, 관계망상, 지각적 왜곡을 뒷받침하는 진술이다.

한 가지 모순처럼 보이는 결과는 MMPI의 8번(정신분열증) 척도가 상승된 경우에는 TCI의 자기초월 점수가 높게 상승돼 있는 것이 일반적인데 수검자의 경우 자기초월 점수가 규준집단에 비해 높지 않다는 것이다. 이것은 정밀한 분석과 해석이 필요한 결과로서, 이 경우 수검자에게서는 강박장애에서 나타나는 주지화(갈등을 일으키는 정서를 회피하기 위해 생각과 감정을 분리하여 지적으로 문제를 처리하는 병리적 지적 사고)와 경험되지 않은 것들, 불확실성에 대한 불안이 영성 수용 및 영적 세계와의 일체감을 억압하는 작용을 한 결과로 보인다. 그러나 개인 내적인 성격 특징들 간의 관계를 살펴보았을 때는, 즉 자율성과 연대감 수치에 비해 수검자의 자기초월이 과도한 점수 차이(T점수 19, 백분위 25점 차이)를 보이는 것은 수검자가 자기 자신이나 타인 및 현실적 사회를 수용하지 못하면서 자연 및 영성 세계에서의 피암시성의 영향을 받을 수 있음을 나타내면서 MMPI에서 나타난 정신분열증적 사고의 문제가 있을 수 있음을 시사한다.

이 밖에도 MMPI에 나타난 중요한 특징은 수검자가 자살사고에 집착하고 있다는 것이다. 먼저 2번 척도(우울증)의 상승이다. 이것은 어머니에 대한 분노, 원망감으로 상승했을 4번 척도와 함께 고려해 볼 때 수검자는 강박불안이 시작된 7년 전부터 만성적인 우울을 경험하고 있는 것으로 보이며 자신이 얼마나 괴로운지 보여 주고 어머니가 죄책감을 갖게 하고 싶은 충동에서 끊임없이 자살사고에 집착할 가능성이 시사된다. 실제로 수검자는 정신과 약을 한 번에 먹고 자살기도를 감행한 적이 있고, 그때 어머니는 "그렇게 해서 죽을 수 있겠냐, 높은 곳에 올라가서 아스팔트가 있는 곳으로 떨어져야 죽을 수 있다."라고 수검자에게 말했다고 한다. 그러나 어머니가 수검자에게 직접적으로 지적한 것처럼 수검자는 MMPI의 7번(강박증) 척도에서 보는 불안이 매우 높고, 마찬가지로 TCI의 위험회피 성향이 극단적으로 높아 죽음에 대한 두려움이 커서 극단적인 자살방법은 사용하지 않을 것이며, 따라서 자살이 실제로 성공할 위험은 수검자의 경우 비교적 적은 편이나 사고의 기이함과 고통의 크기를 감안할 때 시급한 개입과 주의가 요구된다 할 것이다.

3) 개인력과 행동관찰을 준거로 한 통합 해석

정신장애에 대한 임상심리학적 접근은 증상을 정신병리학적으로 진단하고 그에 맞는 치료적 개입을 하는 것에 그치지 않고 더 나아가 병의 원인 및 발생 계기, 경과에 관련된 변인들을 함께 다룬다고 할 수 있다. 따라서 임상심리학적 평가는 현재 나타내는 정신질환의 진단에만 목적이 있는 것이 아니고 수검자가 어떤 성격적 특징을 가진 사람인지 그리고 그가 어떤 발달과정을 거쳐 현재의 성격 및 병리적 증상을 형성하게 되었는지, 그 원인과 과정에 무엇이 작용하였는지를 총체적으로 평가함을 통해서 병을 규명하는 것 이전에 사람을 이해하는 것에 더 궁극적 목적이 있다고 해야 할 것이다. 이러한 이해를 바탕으로, 수검자가 변화되기 위해서는 심리치료를 통해 수검자의 어떤 특성을 우선적으로 다루어져야 하는지, 즉 치료목표 또는 치료 중점 및 계획을 제안하는 것도 심리평가의 목적 중 하나이다.

사람을 이해하는 데 필요한 충분한 자료가 될 만큼 조사되었다는 전제 아래, 개인력은 병의 원인과 유지에 관련된 모든 내용을 포함하고 있다. 개인력에 포함된 모든 의미 있는 진술은 검사 결과와 행동관찰을 통해서 뒷받침되어야 할 것이다. 반대로 모든 검사 결과는 수검자의 개인력과 면담 내용 및 경우에 따라서는 제3자의 진술을 통해서 지지되어야 할 것이다. 즉, 개인력은 검사 결과의 준거로서 사용될 수 있다.

앞에서 정서와 성격에 관한 검사 결과가 해석될 때 개인력과 행동관찰이 어떻게 검사 결과의 준거로 사용되는지 제시하였다. 표준화된 심리검사는 대부분 신뢰도가 높아서 검사 결과를 믿을 수 있는 정도가 높다고는 하나 검사 결과가 수검자의 일상생활에서의 행동 및 행동관찰에서 발견된 특징들을 충분히 설명하지 못한다면 검사 결과는 설득력이 떨어지게 된다.

그런데 검사를 의뢰한 기관이나 정신과 의사 또는 수검자 자신 등 여러 측면에서 간혹 평가 보고서가 이해하기 힘들다는 불만을 제기하기도 한다. 이것은 평가 보고서들이 전문용어의 나열로 현란하게 쓰여 있거나 또는 검사 결과를 검사의 척도별로 또는 프로파일에 따라 지나치게 상세하게 설명함으로써 전문서적을 짜깁기해 놓은 인상을 주면서 수검자의 행동과는 연결되지 않기 때문이다. 어떤 보고서는 검사 결과에 비추어 수검자가 '이러이러한 반응을 보일 수 있겠다.'라고 행동을 예측하는 해석을 한다. 그러나 실제로 수검자가 그런 행동을 보이지 않는

다면 그것은 수검자와는 상관이 없는 검증이 안 되는 결과 해석일 뿐이다. 곧, 검사 결과는 수검자의 면담조사에서 진술된 개인력과 행동관찰의 내용에 의해서 뒷받침되어야 하며 거꾸로 수검자의 개인력과 면담 내용의 모든 진술은 검사 결과에 의해서 지지될 수 있어야 한다.

개인력 및 행동관찰이 검사 결과의 준거로서 사용되는 예는 다음과 같다.

개인력 및 행동관찰: 검사 결과의 준거

수검자는 어머니가 자신의 학교 및 또래들과의 부적응에 못마땅해하고 자신의 부족함에 냉소적 비난과 질책을 많이 하였다고 진술하였는데, 그의 진술은 Rorschach에서 여성 또는 어머니가 투사될 수 있는 7번 카드에서의 반응에 부합한다. 그는 7번 카드의 반점을 "한쪽 다리를 들고 포효하는 말"이라고 표현하였는데, 맹수가 아닌 말이 포효한다고 하는 것은 부적절한 반응(합성)이면서, (분석심리학적으로 보았을 때는) 말이 위대함, 신성함을 상징하므로 어머니를 위대하고 무서운 존재로 지각하고 있는 것으로 보인다. 수검자의 어머니 또는 여성에 대한 이러한 지각은 문장완성검사(SCT)에서도 나타난다. 그는 "내 생각에 여자들이란 남자들보다 말을 조리 있게 잘하는 것 같다" "나는 어머니를 좋아하지 않는다."로 반응하면서 여성 또는 어머니를 더 능력 있는, 그러나 좋아할 수 없는 존재로 지각함을 나타냈다…….

……행동관찰을 통해 볼 때, 수검자는 현재 신변처리 등 일상생활에서의 기능이 상당히 저하된 것으로 나타난다. 매번 같은 옷을 착용하고 있으면서 냄새가 나고 위생 상태가 좋아 보이지 않았으며 머리를 반복적으로 긁적거리는 모습을 보였는데, 2주 뒤에는 머리에 염증이 생겨 치료를 받았다고 한다. …… 수검자가 숫자에 맞춰 서성거리거나 수도 없이 손을 씻고 화장실을 왕래하느라 (대학교의) 학교생활에 상당한 문제가 있다고 고통을 호소한 것으로 보아 직업적 기능도 상당히 손상된 것으로 보인다…….

……MMPI 6-8척도(편집증-정신분열증)에서 나타난 타인의 의도를 의심하고 불신하며 친밀한 관계를 회피하는 성향은 TCI의 낮은 연대감에 부합하며 수검자가 진술한 현재 늘 혼자이고 고립된 대인관계에 일치하는 결과이다. 이러한 사회적 친밀관계 형성의 어려움은 어머니와의 상호작용을 통한 실패한 애착 형성에서 비롯된 것으로 보인다. 수검자가 자신의 개인력에서 기술한 바에 따르면, 어머니는 아버지의 몇 년간의 구애 끝에 결혼하였으나 성격적으로 맞지 않아 신혼여행 때부터 아버지와 결혼 취소를 하고 싶었고 신혼 초기에도 행복하지 못했으며 아기의 출생이 반갑지 않은 것으로 들었다고 한다. 어린 시절부터 지금까지 수검자가 기억하는 어머니의 모습은 주로 냉소적으로 비난하고 폭언하는 어머니였던 것을 볼 때, 어머니를 통해서 사람과 세상을 신뢰하고 희망을 학습할 조건은 아니었을 것이라 판단된다. 이러한 조건은 TCI 검사 결과에서 나타난 바와 같이, 수검자의 타고난 기질적 특성인 근심걱정이 많고 소심하며 부끄러워하고 실수나 실패를 예감하고 미리 두려워하는 경향성과 함께 수검자의 대인관계 속에서 불리하게 작용했을 것이고, 초등학교 때부터 성인인 지금까지 반복해서 왕따를 당하는 부적응적 사회성 발달을 가져온 것으로 보인다.

4) 검사 의뢰인의 질문에 응답하는 해석: 검사 결과의 통합과 평가자 소견

검사 의뢰인의 질문은 보고서의 첫 장에 '의뢰 사유'로 가장 먼저 명시되는 사항이다. 검사를 실시한 목적이 바로 이 의뢰 사유이다. 의뢰 사유는 검사를 통해서 답을 듣고자 하는 검사 의뢰인의 질문과 같은 것으로서 이 질문에 대답하지 않는 검사 결과의 나열과 종합 그리고 진단은 의뢰인의 목적에 부합되지 않는다. 따라서 평가 보고서는 심리검사를 실시하고 개인의 지능 및 인지기능, 성격 및 정서를 수검자의 행동관찰 및 개인력과 함께 통합하여 해석한 후 수검자의 문제를 정신병리학적으로 진단할 뿐만 아니라 의뢰인이 질문한 내용에 대한 답을 제시하여야 한다.

이를테면 감형이나 사면과 같은 경우 의뢰인의 질문은 수검자가 사회에 다시 복귀할 수 있는 상태가 되는지, 재범의 위험은 없는지 등, 또는 형사법에 관련된 경우 범인의 범행 당시에 사건에 직접적으로 작용한 정신병리적인 사고나 성격 특성이 있는지, 또는 정신병리적 증상 여부 및 원인을 알고 싶은 수검자의 경우에는 그의 심리적 고통이 임상적으로 의미 있는 경우인지, 아니면 정상 심리에 속하는 것인지 그리고 정신병리적 진단상 무엇에 해당되며 병의 원인과 발생과정이 어떻게 되는지와 같은 것일 수 있다. 바로 이 질문에 답하기 위해서 심리검사와 면담조사가 진행되는 것이며 평가 보고서는 그 대답을 위한 해석과정이라고 할 수 있다. 심리평가 보고서가 수검자의 인지기능 및 성격에 대한 검사 결과를 잘 제시하고 있다 하더라도 의뢰인의 질문에 대한 대답 없이 검사 결과 요약과 진단명만을 제시하는 것은 의뢰인의 검사 취지에는 부합되지 않는 것이다. 평가자로서 경험이 많아질수록 이런 오류는 일어나지 않지만 배우는 수련생이나 초보 전문가의 경우에는 어렵지 않게 보게 되는 오류이다.

수검자의 지능 및 인지기능과 성격 및 정서에 대한 통합적 해석을 한 후에 이어지는 절차는 해석한 내용에 관한 요약 및 제언이며 여기에 바로 질문한 내용에 대한 답이 제시되어야 한다. 이것은 평가 보고서의 결론이라 할 수 있으며 검사 결과의 요약과 진단 및 제언이 제시되는 자리로서 외국에서는 '평가자의 소견'이라고 제목을 붙이는 평가 보고서의 마지막 부분이다.

검사 의뢰인의 질문에 대한 대답과 함께 심리검사를 통해서 밝혀진 이상심리 소견이 있을 경우에는 수검자가 이상심리를 극복하기 위해서 어떤 심리적 속성이 변화해야 하는지, 즉 심리치료에서 무엇이 강화되어야 하는지를 언급하는 것이 바로 제언이며, 이 또한 검사 결과의 활용방법에 속한다. 치료를 위해 평가를 한 경우, 즉 치료적 시행을 했을 경우 치료기법 또는 치료 방법을 제안하는 것도 심리평가 보고서에 제시된다. 아래에 의뢰인의 질문에 대한 대답과 제언의 예를 들어 보겠다.

의뢰 사유

강박장애 진단하에 치료받은 과거 병력이 있는 수검자는 최근 숫자를 세며 손 씻기, 화장실 가기 등의 강박행동으로 시간에 맞춰 대학생활을 하는 것이 심하게 어려워졌다. 게다가 요즘은 특히 주변 사람들이 자꾸 자신을 뒤에서 조롱하고 험담하는 것 같은 느낌이 들어 불안하고 고통스러워 밖에 나가고 사람을 만나기가 매우 힘들어졌다. 수검자는 이러한 현상이 자신의 강박장애가 많이 악화된 때문인지, 아니면 다른 심각한 정신장애가 발생한 것인지 알고자 종합심리검사를 의뢰하였다.

이와 같은 의뢰 사유에 대한 응답으로 다음과 같은 요약 및 제언이 가능하다. 요약과 제언은 개조식으로 기술할 수 있다.

요약

수검자의 과거 병력인 강박장애의 유지 및 악화 여부 또는 다른 정신병리로의 이행 여부를 살펴보기 위해 종합심리평가를 실시한 결과를 요약하면 다음과 같다.

- 수검자는 현재 매사에 숫자 세기, 숫자를 세며 길 다니기, 손 씻기 등으로 늘 시간이 지연되어 학교생활에 큰 어려움과 불안감을 느끼고 있고 친구가 없고 학교 교우들로부터 비판되고 있다는 생각에 사회적 관계를 불편하게 생각하며 고립되어 있고 교우들과 부모 및 주변 사람들에 대한 분노감이 팽배한 상태임.
- 수검자의 전체지능은 평균 수준(전체지능지수=96)에 해당하나 지능의 4개 범주 간에 큰 불균형을 나타내고 있어서 전체지능의 의미는 제한적이며 인지기능의 불균형으로 인한 상황별 지적 기능의 비효율성이 주목해야 할 사항으로 보임. 언어성 지능영역의 언어이해는 120으로 우수한 수준이고 작업기억은 115로서 평균상의 수준임. 비언어성, 동작성 지능 영역의 지각추론은 88로서 평균하이며 처리속도는 63으로서 지능 지체 수준으로 나타남. 언어성 지능보다 동작성 지능이 크게 떨어지는 것은 심각한 정신증의 발병으로 인한 인지기능 저하와 주의력 및 집중력 감소와 관련 있는 것으로 파악됨. 여기에 항정신증 약물로 인한 정신운동 속도의 저하 또한 영향을 주었을 것으로 판단됨.
- 성격 발달의 기초가 된 타고난 기질적 특성은 소심하고 상처받기 쉬우며 불안 성향이 높은 꼼꼼한 기질로 나타남. 이러한 기질적 특성이 환경과의 부적응적 상호작용 속에서 스트레스에 취약한 강박적 기질로 발전한 것으로 판단됨. 냉담하고 비난이 많은 어머니, 화를 잘 내는 아버지와의 불안전한 애착 형성, 성장시기 동안 계속된 왕따, 가족 내의 정서적 지지의 결여 및 소외감 등은 강박적 기질과 상호작용하면서 실수에 극도로 민감하고 성취에 대한 불안이 극심하며 좌절을 견디지 못하

고 스트레스에 매우 취약한 미숙한 성격으로 발전한 것으로 판단됨. 미숙한 성격은 계속해서 기질적 취약점을 잘 조절하지 못하면서 기질과 성격의 부적응적 상호작용은 현재의 취약한 성격으로 발전했다고 보임. 자율성, 연대감, 자기초월의 성격이 모두 취약하나 이 중 자기초월이 다른 두 성향에 비해 상당히 높음으로써 자신은 잘 통제하지 못하면서 외부의 영향을 잘 받는 피암시성이 클 수 있음과 현실 세계보다 공상의 세계에 빠져 있을 가능성을 시사하면서 현재의 증상인 편집증적 망상을 뒷받침함. 타인과 의미 있는 관계를 형성하지 못하고 친구 등 친분관계가 없으며 타인을 믿지 못하고 타인에 대한 적대적 의심과 분노가 자주 일어나며 피해망상을 보이는 편집형 정신분열형 증상을 나타내고 있음.

• 수검자가 의뢰한 질문으로서 과거 병력인 강박장애의 진행 여부 또는 다른 병리로의 이행 여부와 관련 수검자의 강박장애는 두 달 전부터 더 심한 강박불안을 동반하면서 대인관계에서의 피해망상이 주 특징으로 나타나는 편집형 정신분열증으로 이행되고 있는 것으로 판단됨. 수검자의 정신분열형 장애(=조현양상장애)는 수검자가 정서적으로 매우 둔감하고 오래전부터(질병이 발생하기 이전) 사회적 기능이 좋지 않았다는 점으로 미루어 예후가 좋다고 할 수 없음.

제언

수검자가 타인에 대한 불신감, 피해의식, 그 기저의 열등감과 무력감을 극복하기 위해서는 우선적으로 환경과의 상호작용에서 자동적으로 일어나는 정서적 반응 양식, 즉 자신의 기질적 특징을 장점과 취약점의 양 측면에서 이해할 필요가 있음. 자신의 기질적 장점을 앎으로써 자존감을 회복하고 취약점을 앎으로써 상황에 따라 더 높은 가치(중요한 것)를 위해 기질적 특성에서 자유로운 선택적 행동을 할 수 있는 능력을 갖게 될 것으로 보임. 적절한 자기표현과 자기주장으로 자신감을 회복하고 타인을 있는 그대로 수용하고 이해함으로써 부모 및 타인과 의미 있고 신뢰할 수 있는 관계를 체험해 나가는 것이 필요함. 무엇보다 타인 및 세상과의 상호작용에서 고통과 좌절을 회피하지 않고 극복함으로써 자신감을 체험하는 노출치료가 권장됨.

진단

1. Obsessive Compulsive Personality Disorder(강박장애)
2. Schizophreniform Disorder without good prognostic features(조현양상장애, 양호한 예후 특징을 동반하지 않는 경우)

이상과 같이 네 가지의 해석 원칙을 설명해 보았다. 이러한 네 가지 원칙은 어느 하나가 더 우선적이라기보다는 모두 통합적으로 사용될 때 비로소 내담자의 인성과 병리를 이해하는 해석이 된다고 해야 할 것이다. 의뢰인의 목적에 부합하면서 심리검사 결과를 충분히 활용하는 임상심리학적 평가 보고서가 되기 위해서는 이러한 여러 해석 원칙이 사용될 필요가 있다.

5) 해석의 오류를 방지하기 위한 일반적 유의사항

다음은 평가자가 검사를 실시하고 해석할 때 간과할 수 있는 일반적인 해석의 오류를 방지하기 위한 몇 가지 유의사항이다.

- 심리검사의 타당도 수준에 대해 미리 살펴보고 사용과 해석에 참조해야 한다. 특히 잘 알려진 검사가 아닌 경우에는 검사가 측정하고자 하는 개념을 얼마나 잘 측정하고 있는지 살펴볼 필요가 있다. 예를 들어, 주의력검사를 사용할 때 그 검사가 실제로 주의의 여러 영역 중 어떤 영역을 얼마만큼 잘 측정하는 검사인지 검사 매뉴얼에 제시되는 타당도 연구 결과를 해석 전에 먼저 살펴보아야 한다(대부분의 검사는 검사 매뉴얼에 검사의 구인타당도, 준거타당도, 수렴타당도, 변별타당도 등의 자료를 제시하고 있다). 어느 검사가 그 속성상 무엇을 측정하고 있는지, 그래서 다른 검사와는 무엇이 유사한 개념이고 서로 변별되는 개념인지 등의 타당도에 관한 어떤 자료도 제시하고 있지 않다면 해석 시 더욱 신중을 기해야 할 것이다. 검사가 측정한 것에 대해서 해석해야 하기 때문이다.
- 검사는 측정하고자 하는 심리학적 구성개념의 전체를 고려하고 있는가, 아니면 관련 개념의 어느 한 부분만을 측정하고 있는가? 이는 타당도와 관련된 문제이면서 어느 개념의 포괄성 또는 특수성과 관련된 문제이다. 예를 들어, 신경심리학적 개념인 실행기능(executive function)을 평가한다고 할 때 그 검사가 실행기능의 전부를 측정하고 있는지 아니면 그중 일부인 어느 특정 요인을 측정하고 있는지 그 포괄성과 특수성 또는 전체와 일부에 대한 참조가 있어야 한다. 다른 예로는 주의력 측정과 관련해서 여러 주의력검사가 새로운 주의 이론에 비추어 볼 때 다수의 주의기능 중에서 대부분 선택주의력(selection) 또는 지속성 주의력(sustained attention)만을 측정하고 있다. 이러한 경우 수검자가 마치 주의능력 전체에 문제가 있는 것으로 해석하면 안 된다. 그래서 해석 문장의 구성은 예를 들어 "수검자 ××는 주어진 시간 안에 얼마나 많은 정보를 방해 자극을 물리치는 가운데 옳게 작업하는지를 평가하는 주의력검사에서 ○○의 능력을 나타냈다."와 같이 어떤 주의능력을 평가하였는지 기술하는 것이 바람직하다.
- 심리학적 구성개념들은 대부분 서열척도로 측정되는 특성들이다. 키, 몸무게, 나이와 같이 같은 크기로 구분할 수 있는 절대적 동간척도란 존재하지 않는다. 따라서 개인 간 및 개인 내적 차이는 어디까지나 상대적인 개념이다. 비교집단(규준)을 바탕으로 우열과 대소를 가린 상대적 크기이며 그 차이는 절대적 차이가 아님을 염두에 두어야 한다.
- 검사들 중에는 문화적 차이를 고려하고 있지 않은 검사가 있다는 사실을 인식해야 한다. 어떤 검사들은 그 검사가 문화적인 차이까지는 검증하지 않았다는 것을 밝히면서 문화 차이

를 고려해야 함을 제시하고 있지만 어느 검사들은 그러한 경고 또한 하지 않는다. 타 문화의 검사가 한 문화 안으로 유입이 된 경우에 보통은 문화에 맞는 번역과 문항분석을 거치기는 하지만 어떤 검사가 얼마만큼의 문화적 차이를 가질 것인지는 많은 연구가 있기 전에는 자세히 알 수 없다. 그리고 이것은 국가 간, 민족 간의 차이에서 올 수도 있지만 한 국가와 민족 내에서도 소속된 하위문화의 가치관에 따라서 나타날 수 있음을 고려해야 할 것이다. 예를 들어, 지능검사의 이해나 상식 같은 경우에 한 문화 내의 상식이 다른 문화의 상식이 아닐 수 있으며 이해와 관련된 행동에 대한 규준이 서로 다를 수 있다. 이러한 문제는 검사 결과를 해석할 때 수검자의 문화를 파악하며 얻은 개인력 자료를 바탕으로 해석할 때 어느 정도 해결될 수 있다.

핵심: 검사 결과의 해석과 진단

- 검사 결과의 해석은 양적 해석과 질적 해석으로 나뉠 수 있다. 양적 해석을 바탕으로 질적 해석이 가능하기 때문에 두 해석방법이 서로 완전히 독립적인 과정은 아니다.

- 양적 해석은 내담자의 원자료를 규준집단과 비교하여 통계적 의미에 따라 개인 간의 차이와 개인 내적인 차이를 파악하는 규준참조 해석 또는 통계적 의미의 해석을 일컫는다.

- 질적 해석은 관찰되고 기록된 행동 자료에서 특징을 찾아내는 일이다. 이것은 검사 결과들 간의 공통점, 유사점, 상호 보완점들을 기초로 한다. 즉, 공통점이 있는 유사한 검사 결과들은 서로 결과를 지지하는 준거가 되기도 하고 어떤 결과들은 하나가 원인이고 다른 하나가 결과가 되는 보완적 역할을 하기도 한다. 규준을 바탕으로 통계적 의미의 해석을 하되, 더 나아가 특징들의 관계를 살펴 요약하는 특징들의 관계 짓기가 질적 해석이다. 이렇게 검사 결과들의 일치성, 유사성, 상호보완성 해석을 통한 전 과정을 질적 해석 또는 통합적 해석이라 일컬을 수 있다.

- 질적 해석에서 중요한 일은 검사 결과로 나타난 특징들이 행동관찰이나 일상생활에서의 개인의 행동 특징과 부합되는지 살펴보는 일이다. 관찰된 또는 진술된 행동 특성은 검사 결과를 뒷받침하는 준거가 되며, 반대로 검사 결과는 개인의 일상생활의 행동 특성이나 관찰된 행동을 설명할 수 있어야 한다. 곧, 개인력을 통해서 얻은 정보들은 검사 결과의 준거로 사용될 수 있다.

- 임상심리학적 평가는 현재 나타내는 정신질환의 진단에만 목적이 있는 것이 아니고 수검자가 어떤 성격적 특징을 가진 사람인지 그리고 그가 어떤 발달 과정을 거쳐 현재의 성격 및 병리적 증상을 형성하게 되었는지, 그 원인과 과정에 무엇이 작용하였는지를 총체적으로 평가함을 통해서 병을 규명하는 것 이전에 사람을 이해하는 것에 더 궁극적 목적이 있다고 해야 할 것이다.

- 심리평가 보고서는 심리검사를 실시하고 수검자의 문제를 정신병리학적으로 진단할 뿐만 아니라 의뢰 사유에 기술된 의뢰인의 질문 내용에 답을 제시하여야 한다.

- 심리검사를 통해서 밝혀진 이상심리 소견이 있을 경우에는 수검자가 이상심리를 극복하기 위해서 어떤 심리적 속성이 변화되어야 하는지, 즉 심리치료에서 무엇이 강화되어야 하는지를 언급하는 것이 바로 제언이며 이 또한 심리검사의 결과를 활용하는 방법 중 하나에 속한다.

6) 검사 결과에 따른 후속 조치

(1) 심리평가 보고서 제출 및 수검자와의 면담

검사 의뢰인은 물론이고 몇몇 경우의 예외를 제외하곤 수검자 및 가족은 검사 결과에 대해서 포괄적으로 알 권리가 있다. 이에 대해서 APA(1992)는 "심리학자는 평가받은 사람 또는 법적으로 위임을 받은 사람에게 평가 결과를 이해하기 쉬운 용어로 설명해 주어야 한다."라고 규정하고 있다. 이 장의 서론에서 검사 결과의 전달 여부와 전달방법은 수검자의 신변에 중요한 영향을 미칠 수 있다고 언급했다.

특히 심리치료 영역에서는 심리검사 결과의 피드백은 내담자에게 치료에 적극적인 관심을 갖게 하는 효과를 가져다준다. 따라서 근래에는 심리평가자가 심리검사 결과를 내담자와 논의하는 과정에서 치료적 효과를 꾀하는 평가과정이 치료 모델로서 제안되고도 있다(Finn & Martin, 1997). 이것은 검사 결과를 치료적으로 사용하는 것을 의미하며 평가자는 내담자에게 모든 검사 자료, 즉 검사 프로토콜, 프로파일 및 다른 형태의 검사 결과 자료를 보여 주고 그에 대한 내담자의 반응을 유도하며 내담자가 정의한 평가목적에 맞게 검사 결과의 의미에 대해서 심리평가자와 내담자가 공동으로 깊이 논의하는 과정을 말한다.

이렇게 검사 결과가 심리치료와 연결되는 경우는 검사 결과를 활용하는 가장 이상적인 경우라고 할 수 있다. 이 경우 검사 결과는 심리치료의 한 구성성분으로 활용될 수 있다. 검사 결과를 한두 번의 회기에 모두 전달하도록 강요되는 상황이 아니어서 결과와 관련된 여러 중요한 주제를 체계적으로 대화 내용으로 삼을 수 있고, 여러 다양한 상황에서 맥락에 맞게 항상 다시 주제로 돌아올 수 있다. 다음은 이러한 치료적 평가를 포함하여 일반적으로 검사 결과를 전달하는 면담에서 고려되어야 하는 사항들이다.

(2) 심리치료 제안 또는 전문 의료기관 연결

앞서 언급하였듯이 검사/심리평가의 일차적 목적은 검사 의뢰인의 질문에 답하는 일이다. 검사 의뢰인이 수검자 자신이 아니고 법원, 경찰, 학교, 회사, 보험사와 같이 수검자와 관련하여 특정한 목적을 가진 타 기관일 경우, 심리평가자는 검사 의뢰인의 질문에 충실히 답하는 것으로 검사의 일차적 목적을 달성하게 된다. 그러나 윤리적 측면에서 심리평가자 또는 심리진단가는 검사를 통해서 수검자에게 심리학적으로 중요한, 즉 치료를 요하는 정신적/심리적 문제를 발견한 경우 그것을 해결하기 위한 치료를 제안하고 아울러 어떤 치료적 개입이 가능한지 제안하는 일은 검사 의뢰인의 목적과 상관없이 심리평가자/진단가가 수행해야 할 중요한 책임 중 하나이다. 그리고 경우에 따라서는 계속하여 정신과 의사의 의학적 진단을 위하여 타 전문치료기관을 제안하는 일 또한 심리평가자의 책임에 해당된다.

같은 이유에서 수검자가 심리치료를 목적으로 심리평가를 받은 경우, 심리평가자/진단가는 검사 결과를 통해서 수검자의 문제가 우선적으로 심리학적 접근이 필요한 문제인지, 아니면 의학적 도움이 더 시급하게 요구되는 문제인지 재빨리 결정해야만 한다. 그리고 수검자에게 의학적 전문기관에 의뢰하여 도움을 받을 수 있도록 조처해야만 한다.

보통은 심리평가자는 심리검사를 실시하기 전에 수검자와의 초기 면담을 통해서 수검자의 문제가 심리학적 치료를 통해서 해결될 수 있는 것인지, 아니면 우선적으로 의학적 치료가 요구되는 위급한 경우인지를 판단할 수 있어야 한다. 그리고 후자인 경우 지체 없이 수검자 또는 수검자의 보호자에게 정신병원 혹은 정신과 의사에의 의뢰를 적극 권해야 할 책임이 있다.

(3) 사용언어: 검사 결과를 대상(학생, 보호자, 교사 또는 일반 수검자)에 맞게 효율적으로 설명하기

심리평가자는 수검자에게 그들의 발달 수준 및 이해 수준에 맞추어 검사 결과를 설명해야 한다. 일반인이 이해하기 힘든 전문용어의 사용은 바람직하지 않다. 수검자가 나이 어린 유아나 초등학교 아동이라고 해서 검사 결과를 생략하는 것 또한 바람직하지 않다. 학생, 청소년, 제소자, 기타 기관 소속자로서 비자발적으로 검사를 받았을 경우에도 검사 결과를 수검자의 이해 수준에 맞게 설명함으로써 검사 결과의 피드백을 치료, 상담, 또는 자기발달을 위한 동기를 자극하는 계기로 삼아야 할 것이다.

보호자에게 검사 결과를 전달하는 경우에도 검사에 사용되는 심리학적 · 전문적 용어들은 일상적인 용어로 바꾸어 일상에서의 행동의 예와 함께 설명해야 한다. 검사 결과를 교사나 학교에 전달하는 경우는 사전에 보호자의 서면 동의가 있거나 보호자의 서면 동의 아래 교사가 검사를 의뢰한 경우이다. 이 경우 교사가 학생의 문제를 어떻게 이해하고 학교생활과 일상생활을 도울 수 있을 것인지, 학생에게 도움이 되는 방향으로만 활용하도록 검사 결과를 전달한다.

(4) 상호작용적인 피드백

결과를 중심으로 한 면담의 기본 원칙은 '적게 (설명)하는 것이 많이 하는 것이다.'라는 것이다(Rauchfleisch, 2005). 즉, 수검자에게 검사 결과를 상세한 부분까지 소상히 전달함으로써 포화 상태가 되고 기가 질리는 상황이 되는 것보다, 중요한 결과를 중심으로 가능한 한 구체적으로, 일상생활에서의 행동적 예를 들어 가며 설명하는 것이 수검자의 이해를 돕는 데 훨씬 도움이 된다.

또한 검사 결과를 설명할 때는 검사 결과가 수검자에게 생소한 것인지 또는 그 이상으로 자신이 갖고 있는 자기개념과 모순되는 것은 아닌지 또는 '아하(그렇군) 체험'을 일으키는 내용인지 묻도록 한다.

곧, 검사 결과의 피드백은 평가자가 일방적으로 전달하는 방식이어서는 안 되며 수검자의 정서적 반응을 살피고 수검자가 검사 결과를 수용할 수 있는 입장이 되도록 도와주어야 한다. 그러기 위해서는 전달 내용에 순서를 갖는 것도 권장할 만하다. 먼저, 결과 중 긍정적 내용부터 시작하는 것이 좋다. 수검자가 받아들이기 쉬운 주제부터 시작하며 불안을 유발하고 자극적이며 자존감에 상처를 주는 내용은 나중에 전달하는 것이 수검자가 결과를 받아들일 수 있는 마음의 여유와 개방적 자세를 더 쉽게 갖게 할 수 있다.

가장 이상적인 검사 결과의 피드백 면담방법은 검사 결과를 수검자를 통해 더 보완되고 완전해지도록 하는 것이다. 수검자에 의해서 검사 결과가 더 완전하게 완성되는 대화가 이루어질 때 검사 결과는 더욱 이해되고 통합되는 효과를 갖는다. 예를 들어, 검사 결과와 그것을 해석한 진단적 기준을 들려주고 그러한 유사한 행동이나 아니면 관련된 행동이 평소에도 관찰된 적이 있는지, 아니면 그것을 보충할 만한 다른 행동이 있는지 질문한다. 이렇게 수검자에게 검사 결과를 완성하게 하는 것은 어느 경우를 막론하고 큰 효과를 준다. 예를 들어, 수검자가 특별한 자기불일치나 갈등 없이 검사 결과를 수용하여 전달에 무리가 없는 경우에도 매우 효과적이다.

(5) 검사 결과에 관한 면담(해석상담) 회기

보통 임상현장에서는 검사 결과의 상담, 즉 해석상담은 1회기로 진행한다. 그러나 할 수만 있다면 검사 결과를 전달하는 면담은 두 회기에 걸쳐서 하는 것이 이상적이다(Rauchfleisch, 2005). 첫 번째 회기에서는 중요한 결과를 전달하고 두 번째 회기에서는 검사 결과를 통해 주어진 정보가 수검자에게 어떻게 받아들여지고 어떻게 계속해서 내적으로 처리되었는지 확인할 수 있다. 드물지 않게 전달한 검사 결과가 심리평가자의 의도와는 전혀 다르게 이해되고 소화된 경우를 볼 수 있기 때문이다. 이러한 오해는 두 번째 면담 회기에서 예를 들어, 심리역동적인 차원에서 해석되고 해명될 기회를 갖게 된다.

두 회기가 불가능할 경우에는 검사 결과를 전달하는 상담시간이 종료되기 전에 검사 결과가 수검자에게 어떻게 작용하였는지 확인할 필요가 있다. 즉, 수검자에게 그것이 어떤 감정을 불러일으켰는지, 전달된 정보 중에 무엇이 가장 중요하게 인식되었는지 등을 확인해야 한다. 이런 과정을 통해서 검사 결과에 관한 정보가 수검자에게 어떤 식으로 작용하고 있는지, 어떤 (기대하지 않은) 지각상의 왜곡이 일어나고 있는지 검토할 수 있다. 수검자에게 지각상의 왜곡이 있다고 판단될 경우에는 그에 대해서 평가자와 수검자가 공동으로 이런 현상이 나타날 수 있는 상황과 이유에 대해서 충분히 논의할 수 있다.

(6) 문제의 해결방법 제안

검사 결과에 대한 면담은 심리적 문제에 대한 '답'을 제시할 수 있어야 한다. 검사 의뢰인의 질문에 대한 답 이외에도 검사를 통해서 발견된 문제가 개선되기 위해서는 수검자에게서 무엇이 변화되고 강화되어야 하는지에 대해 제안하여야 한다. 경우에 따라서는, 즉 수검자의 요청에 의해서 그러한 변화를 위해서 어떤 심리치료 방법이 가장 추천할 만한 것인지 답변하기도 한다. 물론 이것은 검사를 통해서 확인된 문제를 해결하는 데 가장 적합한 방법으로 알려진 치료기법이어야 하며 제안되는 치료적 개입을 통해 기대되는 효과에 대해서 설명할 수 있어야 한다.

핵심: 검사 결과에 따른 후속조치–평가 보고서 제출 및 수검자와의 면담

- 검사 결과에 따라서 혹은 검사 실시 이전 이미 초기 면담을 통해서 수검자의 문제가 심리학적 치료보다 의학적 개입이 더 우선시될 것으로 판단된 경우에는 지체 없이 수검자에게 의학적 전문기관(예: 정신병원, 개업 정신과 의사)에 의뢰하여 도움을 받을 수 있도록 조처해야만 한다.
- 수검자 및 가족은 검사 결과에 대해서 포괄적으로 알 권리가 있다. 이해하기 힘든 전문용어의 사용은 피하고 수검자의 발달 수준 및 이해 수준에 맞추어 설명한다.
- 모든 결과를 상세하게 설명하기보다는 핵심 결과들을 가능한 한 구체적으로, 일상생활에서의 행동적 예를 들어 가며 설명한다[기본 원칙은 적게 (설명)하는 것이 많이 하는 것이라는 것이다].
- 검사 결과가 수검자에게 생소하거나 자기개념과 모순되는 것인지 혹은 '아하 체험'(확인 체험)하게 된 내용인지 묻는다.
- 검사 결과의 피드백은 평가자가 일방적으로 전달하는 방식이어서는 안 되며 수검자의 정서적 반응을 살피면서 수검자가 검사 결과를 수용할 수 있는 입장이 되도록 돕는다. 아울러 수검자가 일상생활의 예를 통해서 자신의 검사 결과를 더 보완하고 보충하도록 하는 대화가 이루어질 때 검사 결과는 더욱 이해되고 통합되는 효과를 갖는다.
- 가능할 경우 검사 결과를 전달하는 면담은 두 회기에 걸쳐 함으로써 검사 결과가 수검자에게 어떻게 전달되었고 어떤 내적 처리가 이루어졌는지 살펴보고, 지각상의 왜곡이 있는 경우에는 이를 다루어 준다.
- 의뢰된 문제에 대한 해명 외에도 심리치료가 권장될 경우 적절한 심리치료적 개입방법에 대한 질문에 답할 수 있어야 한다.

3. 심리평가 보고서의 작성

임상심리사 또는 임상심리 전문가는 사회 곳곳에서 심리학적 판단과 개입이 필요할 때 심리학적 도움을 주는 사람이라고 정의할 수 있다. 곧, 임상심리 전문가의 역할은 크게 심리평가와 심리치료의 두 영역에 속한다. 서양에서처럼 이제 우리나라에서도 임상심리학자가 독자적으로 심리진단적 소견을 낼 수 있는 영역이 상당히 넓어졌다. 개인 심리치료 센터뿐만 아니라 학교, 병원, 회사, 병무청, 법원 등 심리평가를 통한 심리진단이 필요한 경우가 과거에 비해 매우 많아진 것이다. 또한 최근에는 공무원이나 준공무원으로 임상심리사를 채용하는 국가기관들도 생겨났다. 이렇게 임상심리 전문가의 진출 영역이 날로 확대되고 있어서 여러 영역에서 다양한 경우를 위한 임상심리사/임상심리 전문가의 심리평가와 심리치료가 중요해진 것이다.

임상심리사에게는 심리평가는 치료계획을 세우고 치료를 진행하기 위한 기본 바탕이자 치료 방향을 설정하게 하는 이정표이다. 심리평가는 단순히 심리검사 매뉴얼에 따른 해석이 아니고 임상심리사 또는 임상심리 전문가의 심리학자로서의 모든 지식과 경험이 함께 투입되는 경우라고 말할 수 있다. 따라서 좋은 심리평가자가 되려면 심리검사에 대한 기술뿐만 아니라 심리학자로서의 깊이 있는 전문 지식과 경험이 총체적으로 필요하다. 그런 다음 당연히 심리평가에 대한 부단한 실습과 수련 과정이 필요하며 내담자/수검자로 오는 사람을 이해하고자 하는 노력과 관심이 필요할 것으로 보인다.

이 절에서는 임상심리사/임상심리 전문가의 고유 영역 중 하나인 심리평가 보고서를 작성하는 방법에 대해 접근해 보자. 사실 외국이나 우리의 경우를 통틀어 심리평가 보고서에 정해진 양식이 있는 것은 아니다. 다만 검사 의뢰인이 심리검사의 결과에 대해서 한눈에 명료한 개관을 얻을 수 있도록 일정한 형식을 갖추어 작성하는 것이 바람직하다. 형식이 없이 산만하고 난해한 구성은 명료성을 떨어뜨리고 쉽게 개관을 얻는 것을 방해할 수 있기 때문이다. 여기서는 국내에서 많이 사용되는 심리평가 보고서의 형식을 빌려 그 작성방법을 제시하고 설명한다.

1) 심리평가 보고서 작성의 유의사항

우선 심리평가 보고서를 작성할 때 유의해야 할 몇 가지 사항이 있다(Boerner, 1991).

① 심리평가자는 검사를 해석할 때 검사의 매뉴얼이 제시하는 평가와 해석방식에 따라 엄격하게 평가해야 하지만 검사 결과를 보고할 때는 검사 저자가 사용한 용어만을 가지고 수검자에게 결과 피드백(해석상담)을 주어서는 안 된다. 곧, 대부분의 검사 저자가 오직 자

신의 검사만을 위한 용어를 사용하고 있다는 사실을 고려해야 한다. 이러한 용어들은 일상 언어에서는 사용되지 않는, 때로는 매우 함축된 의미일 뿐만 아니라 매우 추상적이어서, 심지어 전문가들 사이에서도 의사소통을 하는 데 서로 어려움에 처할 수 있다. 따라서 검사의 전문용어들을 일반 심리학적인 용어로 해석하는 일이 우선되는 작업이다.

② 사용된 심리검사에 대해서는 그 검사가 사용된 이유에 대해서 짧고 명료하게 심리평가자의 입장이 기술되어야 한다. 또한 통합적으로 검사 결과를 기술한다는 이유로 심리평가자의 논리에 흡족하지 않은 검사 결과는 누락시키는 일이 있어서는 안된다.

③ 사용된 검사 순과 같은 정해진 형식에 얽매여 개개 검사의 결과들을 차례로 나열하는 것보다는 수검자의 성격구조에 대해서 그림 전체를 보여 주듯이 일관성 있고 통합적으로 기술하는 것이 검사 결과의 이해도와 피드백 효과를 위해서 바람직하다.

④ 수검자의 능력이나 성격을 개념 설명 차원에서 낱낱이 기술하는 것 또한 수검자의 공감을 얻는 데 큰 도움이 되지 못한다. 특정한 상황에서 어떻게 행동하고 어떤 수행능력을 나타내는지 구체적으로 설명해 주는 것이 훨씬 더 낫다.

⑤ 앞 장에서 설명한 바와 같이, 상충된다든지 모순되는 결과가 나왔을 때는 그것을 그대로 놔두어서는 안 되며 모순된 결과를 논의하고 분석하는 것에는 중요한 의미가 있다. 그 과정 중에 흔히 내담자에 대한 새로운 정보들을 얻을 수 있기 때문이다.

⑥ 심리평가 보고서에는 추측 해석(speculation)이 담겨 있어서는 안 된다. 검사 결과에 대한 해석은 검사가 실제로 측정하는 것(타당도)과 얼마나 정확하게 측정하는지(신뢰도)의 범위 안에서 해석되어야 하며 그 이상을 넘어선 것은 그것이 설령 당연한 귀결로 보인다 하더라도 단지 추측에 불과할 뿐이기 때문이다.

⑦ 모든 진술에는 문장 끝에 출처(검사명)를 밝히는 것이 바람직하다. 예를 들어, 소검사명, 소척도명, 소척도의 평가 영역, 환자의 병력기술 등을 밝힘으로써 진술의 증거와 객관성을 제시하여야 한다.

2) 심리평가 보고서의 형식과 내용

(1) 첫 장

언급한 바와 같이 국내외 어디에도 심리평가 보고서의 일정한 형식이 정해 있지는 않다. [그림 14-3]은 한 대학병원 정신과 및 몇 군데 심리상담 센터에서 사용하고 있는 심리평가 보고서의 첫 장이다. 이 그림에서 보는 바와 같이 첫 장에는 보고서의 제목, 수검자 정보, 실시된 검사명 그리고 의뢰 사유가 기재된다. 제목은 한글과 영문으로 된 심리평가 보고서를 일컫는다. 수검자 정보는 수검자 이름, 성별, 생년월일, 학력, 평가 일자로 구성되며 실시된 검사명에는 검

심리평가 보고서
PSYCHOLOGICAL ASSESSMENT REPORT

이름	○○○	성별	M
나이	만 24세	생년월일	○○○○년 ○월 ○○일
학력	대학 재학 중	평가일	2016년 9월 20일

TEST ADMINISTERED	BGT(Bender Gestalt Test)
	K-WAIS-IV(Korean Wechsler Adult Intelligence Scale)
	Rorschach Ink Blot Test
	MMPI-2(Minnesota Multiphasic Personality Inventory)
	TCI(Temperament and Character Inventory)
	HTP(House-Tree-Person Drawing Test)
	KFD(Kinetic Family Drawing)
	SCT(Sentence Completion Test)

의뢰 사유:

〈예 1〉

강박장애 진단 하에 치료받은 과거병력이 있는 수검자는 다시 심해진 손씻기, 화장실 가기 등의 강박행동과 대인관계에서 느끼는 불안감과 분노감을 주 호소로 과거 병력의 재진단 및 현재 병력을 진단하기 위해 종합심리검사를 의뢰하였다.

〈예 2〉

과거 병력[2] 수검자는 2년 전 숫자에 맞춰 왔다 갔다 하기, 화장실 가기, 손 닦기 등의 강박 행동으로 3일 동안 잠을 못자고 살려 달라고 소리를 지르는 등의 문제로 가족들에 의하여 병원에 가게 되었고 강박장애 진단하에 2014년 ○○월 중순부터 2015년 ○월 초까지 약 9개월간 입원한 적이 있다.

현재 병력 올해 9월 복학한 후부터 다시 숫자에 맞춰 화장실에 왔다 갔다 하고 손을 씻는 등의 문제가 심각해져 학교생활을 하는 데 있어 상당한 어려움과 고통을 겪고 있음을 호소하면서……

의뢰 내용 과거 증상의 재진단과 과거 증상이 현재 새로운 증상으로 이행된 것인지의 여부를 확인하기 위해 종합심리검사를 의뢰하였다.

주: 예 1과 예 2는 동일 사례이지만 이와 같이 서로 다른 형식으로 표기할 수 있음.

[그림 14-3] 심리평가 보고서 표지 예

----

2) '과거병력' '현재 병력' '의뢰 내용'과 같은 제목은 독자의 이해도를 높이기 위한 제목이며 보고서 내용에는 이와 같이 표기하지 않는다. 이하 모든 글상자에서도 동일함.

사 실시에 사용된 모든 검사의 축약된 이름과 정식 이름을 모두 기재한다.

(2) 의뢰 사유

의뢰 사유에는 검사 의뢰인이 심리검사를 통해서 조사해 주기를 바라는 의뢰된 모든 문제와 심리평가 보고서를 통해 밝혀지기를 바라는 문제를 간략하고 명확하게 기술한다.

우리의 예 1과 예 2(둘은 동일 사례이지만 기술방식의 차이를 제시하기 위한 서로 다른 예임)에서 수검자는 자신의 현재 병력이 과거에 진단받은 장애가 심해진 것인지, 아니면 다른 정신병리로 이행된 것인지 알고 싶고 그에 대처하고자 검사를 의뢰했다.

심리검사 결과는 이 의뢰 사유에 대한 대답을 제시하여야 한다. 의뢰 사유에는 또한 과거 병력과 현재 병력이 기술되기도 하며 정신장애가 ① 언제부터 어떻게 나타났으며, ② 현재는 어떤 상태에 있는지, ③ 병력(또는 범죄 및 기타 문제)에 관한 정보는 무엇을 근거로 하였는지를 진술한다. 여기서 중요한 것은 이 부분에 기술되는 모든 사항은 어떤 가정이나 가설 또는 해석 등이 포함되어서는 안 되며 순전히 사실적인 내용들이어야 한다는 것이다.

(3) 행동관찰

행동관찰에는 글상자의 예에서 보는 것처럼 키, 체격, 외모상의 특징, 위생 상태, 검사 태도 및 행동상의 특징을 기술한다. 이러한 행동관찰의 내용은 면담을 통해 얻는 수검자의 개인력 내용과 함께 수검자의 신변적 및 사회적 기능과 성격 및 정서, 사고 등의 단면을 볼 수 있게 하여 심리검사 결과에 대한 준거 역할을 하게 된다.

행동관찰 예

키와 체격, 외모상의 특징
내담자는 180 정도의 키와 보통 체격에 다소 구부정한 모습을 한 남학생으로 짧은 스포츠 머리에 (중략)

위생 상태
옷은 매번 같은 옷을 입고 왔으며 지저분해 보였고 머리를 반복적으로 긁적거리는 모습을 보였으며(검사 일주일 뒤에 머리 염증이 생겨 치료를 받게 됨) 위생 상태는 좋아 보이지 않았다.

검사 태도
검사가 진행되는 동안 반복적으로 뒤를 돌아 시계를 봤으며 검사 중반부터 상당히 힘들어하는 모습을 보여 중간에 휴식을 취해야 했다. 경험한 사건에 대한 날짜와 시간은 매우 정확하게 기억하였으나 깊이 있고 구체적인 질문에는 "글쎄요, 그럴 수도 있고요." "기억이 나지 않아요."와 같이 회피하거나 방어적인 태도를 보였다.

행동 특징

눈 맞춤은 가능하였지만 (중략) 매우 경직된 모습이었다. 전반적으로 매우 긴장된 모습이었고 손에 상당한 힘이 들어가 그림검사에서 선 처리를 제대로 하지 못하였으며 손을 지속적으로 떠는 모습을 보였으며 목소리에서 미세한 떨림이 관찰되었다.

(4) 면담 내용

수검자의 가족관계, 출생부터 현재까지의 성장·발달, 현재의 문제가 나타난 시점과 계기 및 전개 양상을 수검자 자신으로부터 또는 필요한 경우에는 주변인(부모형제 및 제3자)의 진술을 통해서 정보를 요약하여 기술한 내용이 면담 내용이다.

즉, 면담 내용은 크게 세 가지 정보원, 즉 수검자의 회상(anamnesis), 수검자에 대한 평가자의 질문·조사, 주변인이 제공하는 정보로 구성된다. 자기 자신에 대해서 진술하기 힘든 영유아를 제외하고는 보통은 수검자의 회상을 통해서 얻게 되는 개인력이 주 내용을 이루면서 평가자는 의뢰 사유와 관련 있는 더 필요한 정보를 얻기 위하여 수검자에게 질문을 하거나 주변인에게 질문하여 정보를 요약한다. 개인력을 작성하는 두 가지 기본 원칙은 ① '모든 중요한 생활 영역과 결정적인 발달사는 빠짐없이 전부 기술한다.' ② '통합적인 고찰방식으로 구성한다.'이다(Boerner, 1991). 즉, 모든 사람의 진술을 차례대로 낱낱이 나열하는 것은 가급적 피하는 것이 좋다. 그보다는 검사 의뢰인이 의뢰 사유로서 질문한 내용과 관련된 중요 내용들을 주제별로 정리해서 제시하는 것이 바람직하다. 또한 가급적 많은 행동적 예를 제시하고 때때로 진술자들의 진술을 그대로 옮기는 것도 보고서를 읽는 사람에게 더 쉽게 이해될 수 있다. 진술된 내용을 서술할 때 그 출처를 밝히는 것도 잊어서는 안 된다. 즉, 그것이 수검자의 회고에 의한 것인지 또는 주변인의 진술인지(예: '~라고 수검자는 회고했다.' 또는 '아버지의 진술에 따르면 수검자는 고등학교에 입학하자마자…….') 등을 밝힌다.

내용상의 주요 주제는 다음과 같다.

① 수검자의 출생이 부모가 원했던 임신, 계획된 임신에 의한 것이었는지의 여부이다. 수검자가 이를 어떻게 지각하고 있는지가 수검자의 존재감에 영향을 미칠 수 있는 부분이다.
② 가족관계, 부모 나이, 형제 수 및 형제서열 등 또는 부모의 직업과 부부관계의 특별한 점 등이 수검자의 발달과정에 어떤 영향을 주었는지 종합적으로 기술한다.
③ 부모의 양육방식이 수검자와의 애착 형성 및 수검자의 성격 발달에 어떤 영향을 주었는

지 기술한다.

④ 유치원 시기와 학령기에는 사회적 관계, 학습능력, 환경 적응 등 다양한 문제가 발생할 수 있는 시기이므로 의뢰 사유와 관련된 특이점을 기술한다(예: '유치원 시기 중 방학 동안에는 맞벌이 부모님과 떨어져서 조부모집이나 제3자에게 맡겨졌다.').

⑤ 성장과정 중 사회성 발달과 대인관계에 대한 정보로서 친구관계, 이성관계, 동료관계 등이 어떤 방식으로 발전해 왔는지 빠짐없이 다룬다.

⑥ 진학과 직업교육 과정에서 나타난 특별한 능력과 관심 또는 어려움에 주목하고 특히 어려운 문제가 있었을 때는 어떤 상황에서 일이 발생했으며 수검자 자신은 이러한 어려움에 대해 어떻게 생각하는지 수검자의 입장에도 주목해야 한다.

⑦ 취미와 여가활동, 흥미 및 가치관 또한 의뢰 사유와 관련해서 해명되어야 할 중요한 정보가 되기도 하므로 간과하지 말아야 한다.

⑧ 자기평가, 자기개념 및 미래관(미래에 대한 전망과 기대) 및 개인적·직업적 영역에서의 소망과 기대에 관하여 질문하고 요약하여 기술한다.

⑨ 자신의 행동과 문제에 관한 수검자 자신의 입장을 요약한다. 의뢰 사유에 나타난 문제에 대해서 수검자는 어떤 생각을 갖고 있는지(입장), 문제가 수검자 자신에게 어떻게 작용하였는지(어떤 영향을 미쳤는지), 문제의 원인과 동기는 어디에 있다고 보는지 그리고 마지막으로 매우 중요한 것으로서 수검자는 문제가 어떻게 해결될 수 있다고 보며 미래의 모습은 어떠할 것이라고 생각하는지를 기술한다. 특히 이때 수검자가 어떤 자세와 어떤 방식으로 진술하였는지를 행동관찰하는 것이 중요하다. 즉, 특정 진술을 할 때 불안해하였는지, 정신이 나간 상태였는지, 피상적이었는지, 체념과 단념적인 표정이었는지 등의 행동관찰 내용은 수검자의 진술을 타 결과와 통합해서 해석할 때 모두 중요한 정보가 될 수 있다.

이러한 내용들은 여기서 제시된 순서에 따라 또는 어떤 특정한 틀에 얽매여 기술할 필요는 없다. 모든 내용이 수검자의 문제를 이해할 수 있는 성장과정으로 통합되는 것이 중요하며 진단적 결론을 내리기 위해서 의뢰된 문제와 관련된 모든 삶의 영역이 소상하고 충분하게 다루어지는 것이 중요하다.

다른 장에서 반복하여 언급했던 것처럼 면담 내용은 심리검사 결과를 통해서 확인되어야 하고 또한 반대로 심리검사 결과를 뒷받침하는 준거가 될 수 있기 때문에 심리검사와 동일하게 매우 중요하다. 그래서 서양의 경우에는 면담 내용도 심리검사 중 하나로 간주하기도 한다.

다음과 같이 이 장에서도 평가 보고서가 어떻게 구성되고 기술되는지 보다 쉽게 이해하기 위해서 계속해서 '검사 결과의 해석과 진단'에 소개된 사례를 사용한다.

면담 내용 예

가족 배경

수검자는 2남 중 첫째. 아버지(○○세)는 ○○에 근무하시고, 어머니(○○세)는 ○○에 근무하신다. 수검자는 고등학생인 동생과 네 살 차이이며 동생이 쉽게 화를 내고 폭발하는 성향이라 둘은 거의 대화하지 않고 서로 관심이 없다고 한다.

부모관계 특이점

수검자 진술에 의하면 부모님의 결혼과정의 특이점은 아버지가 어머니에게 수년간의 구애 끝에 결혼하였으나 신혼 초기부터 어머니는 이혼하고 싶을 만큼 두 사람은 사이가 안 좋았다고 한다. 아버지와 어머니에 대한 수검자의 최초 기억은 어머니가 신장 질환으로 매우 고통스러워했던 상황이었고 어머니가 배가 아프다며 소리를 지르고 데굴데굴 굴렀으나 아버지는 거실에서 TV를 보며 이를 방관하였고 "아픈 척하지 마라" "여자 구실도 못하지."라고 막말을 한 장면이라고 하였다. 수검자는 너무 놀랐던 나머지 어떤 대처도 할 수 없었고 방관하는 아버지를 보며 악마를 보았던 기분이라고 묘사하였다. 그 뒤로도 부모님은 자주 크게 다투었고……

출생, 애착 형성, 애착관계

어머니가 신혼 초기부터 이혼을 생각했기 때문에 어머니는 수검자의 출생을 원하지 않았던 것 같다고 했고…… 수검자의 출생을 자주 원망했다고 한다. 수검자는 어머니에 대하여 적대감을 느끼고 대립, 싸움, 고통감을 주는 존재, 기분 나쁘다고 묘사하였고, 어렸을 때부터 어머니는 수검자를 늘 타박하고 못되게 대했다고 한다. …… 수검자는 초등학교 때에 덩치가 컸던 자신에게 엄마가 돼지라고 놀린 말에 충격을 받아 음식 섭취를 거부하면서 신경성 식욕부진증에 걸리게 되었고, 체중이 29kg까지 빠지는 일이 있었다고 진술했다. 돈이 아깝다는 부모님의 반대로 치료를 중지하였으며 이러한 거식증은 반년간 더 지속되었다고 한다.

초등학교 때부터 늘 왕따를 당했고 집에 돌아올 때에는 항상 울면서 돌아왔으나 어머니는 적응하지 못하는 내담자를 심할 때는 따귀를 때리며 혼을 내기도 하였고…… 왕따 당한 문제로 어머니가 학교상담에 불려갔을 때는 석고대죄를 하라며 무릎 꿇리고 빌게 하기도 하였다고 한다. 또한 내담자가 정신과 약을 한 번에 먹고 자살시도를 했을 때 어머니는 "그렇게 해서 죽을 수 있겠냐. 높은 곳에 올라가 아스팔트가 있는 곳으로 떨어져야 죽을 수 있다."라고 말하였다고 진술하였다.

학령기 특이점

한 가지에 집착하는 양상은 초등학교 때부터였는데 숫자를 세는 등의 강박 증상은 약 7년 전에 시작되었다고 한다. 좋아하던 프로야구 팀인 삼성 라이온즈가 시즌 성적이 좋지 않자 항상 경기에서 패하지는 않을지 조마조마함을 느끼면서 야구를 보게 되었던 것이 점차 두려움으로 변하게 되어 나중에는 결국 야구를 보지 않게 되었다고 했다. 불안감이 커지면 강박 증상이 심해져 왔다 갔다 서성이는 행동으로 20분 거리에 있는 학교를 3~4시간에 걸쳐 통학하게 되었고······.

일주일 전에는 자신이 좋아하던 여자 개그맨에게 초상화와 편지를 줬지만 자신의 선물과 편지가 여자 개그맨의 SNS에 올라오지 않아 중간에서 남자 개그맨이 자신의 편지를 가로챈 것이 아닌지 의심스러워하였다.

사회적 접촉, 대인관계

수검자는 현재도 친구가 전혀 없지만 초·중·고를 다니는 동안 반복적으로 왕따를 당하였고 누군가 자기에게 잘해 주면 뭔가 의심이 들고 매우 불안해져서 주로 혼자 다니고 한 번도 친한 친구가 없었다고 하였다. 이성 앞에서는 더욱 자신감이 없고 이성에 대한 두려움이 있어서 이성 친구를 사귄 적도 없었으며······.

자기평가, 자기개념 및 미래관

수검자는 자신은 늘 부족한 것 같고 그래서 늘 실패할까 봐 두렵고 미래에는 무엇을 해서 먹고 살까 걱정된다고 하였다. 그래도 언젠가 행복해졌으면 좋겠다고 소망을 표현했다.

자신의 행동과 문제에 관한 수검자의 입장

수검자는 자신의 정신질환은 7년 전 자기가 야구를 보았기 때문이라며, 그때 야구를 보지 않았다면 그리고 시즌 성적이 나쁜 야구팀을 응원하지 않았다면 이렇게 고통스러운 강박장애에 걸리지 않았을 텐데 그 점이 늘 후회되고 잊히지 않는다고 하였다.

주: 고딕체의 제목은 독자의 이해를 돕기 위한 제목이며 보고서상에는 제시하지 않는다. 문단은 제목 없이, 곧 줄간격 없이 이어서 작성된다(이하 이어지는 글상자에서는 통일).

(5) 지능 및 인지기능

지능의 정의는 학자들마다 상이하다. 그러나 지능의 정의가 어떻게 되었든 전통적으로 지능은 주의력, 적성, 학습능력 등과 함께 개인의 능력 중 하나로 파악되어 왔다. 따라서 심리검사는 크게 능력과 성격의 두 영역으로 나뉘게 되며, 우리나라에서는 흔히 지능검사와 BGT(Bender Gestalt Test), Rorschach를 통해서 개인의 능력 중 지능 및 인지기능을 파악한다.

지능검사로는 웩슬러 지능검사(K-WAIS-IV, K-WISC-IV)가 가장 많이 활용되고 있으며 이를 통해서 심리적 문제와의 관련성을 살펴보기 위해서 다음과 같은 지능구조와 특성을 파악할 수 있다.

① 전체지능점수와 그것의 수준
② 영역별, 범주별 지능, 즉 언어성 지능(언어이해, 작업기억) 및 비언어성/동작성 지능(지각추론, 처리속도)의 점수와 영역별 점수의 차이 및 그것이 시사하는 의미

③ 각 소검사의 점수들을 통해서 나타나는 수검자의 인지기능의 강점과 취약점 파악

④ 시간적 압박감 속에서 나타나는 지적 능력의 저하, 시각적 및 청각적 단기기억력의 저하, 심리적 장애에 의해서 나타나는 정신운동 속도 및 주의력의 저하가 나타나는지의 여부

⑤ 이 외에도 지능 지체, 학습 수준과 흥미, 능력에 관한 수검자의 태도(의욕, 동기, 노력, 의지 등) 등

인지기능을 파악하면서 고려해야 할 사항은, ① 어떤 조건에서 생긴 결과인지(즉, 시간 제한, 시간적 부담 속에……), ② 검사 결과가 일상생활에서 나타나는 능력과는 어떤 관련성이 있는지(개인력을 포함한 면담 내용을 통해 파악한 능력)와 함께 기술되어야 한다.

다양한 여러 검사에서 얻은 결과를 검사 순대로 나열하기보다는 검사 결과들을 하나의 큰 전체 속에서 통일성을 갖도록 기술하는 것이 좋으며 수검자의 전 능력에 관한, 완전하고 쉽게 개관을 얻을 수 있는 제시가 중요하다.

검사 결과들을 능력을 나타내는 학문적 개념으로 설명하기보다는 행동 특성을 나타내는 용어로 바꾸어 기술하는 것이 수검자의 이해를 돕는다. 예를 들어, 언어적 지능은 "언어적 자료를 다루는 능력은……"이라고 기술할 수 있다. 검사 결과에 관한 모든 진술 끝에는 검사 결과의 출처(검사명, 예컨대 면담조사 또는 K-WISC)를 기술한다.

지능 및 인지기능 예
(앞의 '양적 해석 vs. 질적 해석'의 사례 참조)

전체지능점수와 수준
개인의 종합적 지적 능력 및 지능구조를 통해 파악하는 성인용 웩슬러 지능검사에서 수검자는 전체지능지수 96을 나타냄으로써 동일 연령대의 평균 수준으로 파악되었다. 즉, 수검자는 인지기능에서 전반적으로 보통 수준의 능력을 발휘할 수 있으며…….

영역별, 범주별 지능, 즉 언어성 지능(언어이해, 작업기억) 및
비언어성/동작성 지능(지각추론, 처리속도)의 점수와 영역별 점수의 차이 및 의미
언어 영역에서의 추론능력 및 언어 사용능력에 해당되는 언어이해는 '120'으로서 우수한 수준으로 (중략) 비언어적 영역에서 문제 해결의 전략적 계획 및 수행과 그에 수반되는 정신운동 속도를 측정하는 처리속도는 '63'의 지수를 나타냄으로써 동년배와 비교할 때 지체 수준인 것으로 평가되었다. 곧, 영역별 지적 능력의 심각한 불균형을 나타낸 것으로서 (중략) 언어이해가 높은 것은 흔히 강박장애 환자가 나타내는 주지화 현상으로서 수검자가 현학적으로 지식의 획득에 집착하면서 상식 검사에서 높은 점수를 얻었기 때문으로 파악된다. 지체 수준으로 나타난 처리속도는 수검자의

의 정신병리로 인하여 정신운동 속도가 심각하게 저하되었음을 의미하며 아울러 수검자가 복용하는 항불안제의 효과도 함께 작용하였을 것으로 판단된다.

각 소검사의 점수 해석: 인지기능의 강점과 취약점

상식이 가장 높은 점수를 나타냈으며 이는 최우수 수준으로서, 수검자는 사회문화적 환경에 대해 관심이 많고 지금까지의 학습환경이 양호하였음을 시사하고…… 다음의 의미 있게 높은 점수는 숫자이며…….

시간적 압박감 속에서 나타나는 지적 능력의 저하

가장 낮은 점수는 지체 수준을 보이는 동형찾기와 기호쓰기로서, 수검자는 시간적 압박감 속에서 단순 작업에 집중하거나 중요한 것과 중요하지 않은 것을 구분하는 작업, 또는 새로운 세부적인 것에 전환하는 적응능력이 매우 저하되어 있음을 나타낸다. …… 이는 수검자의 개인력과 행동관찰에서 나타난 시간적 제한 속에서 불안감이 상승하며 통제력을 잃어버리는 행동과 일치하는 결과이다. 또한…….

학습 수준과 흥미, 능력에 관한 수검자의 태도(의욕, 동기, 노력, 의지 등)

지능검사가 진행되는 동안 수검자는 좋은 결과를 얻으려고 상당히 노력하는 모습을 보였고, 반면 불안감이 상승하고 매우 긴장하면서 지속적인 손떨림과 목소리의 미세한 떨림이 관찰되었다.

BGT의 인지기능

웩슬러 지능검사에서와 마찬가지로 BGT에서도 지나치게 높은 긴장 수준으로 인한 시각적 단기기억력의 저하[recall(회상한 도형 수)=1]가 나타났으며 각의 변화, 중첩 곤란 등 도형의 형태 일탈 및 왜곡이 나타나 미세한 뇌기능 손상을 시사하고 있다.

(6) 성격 및 정서

수검자의 성격에 관한 결과들 또한 특별한 형식에 얽매여 기술하기보다는 통합되고 통일된 전체적 성격 특성을 기술하는 것이 바람직하다. 성격 및 정서를 파악하기 위한 검사들로는 일반적 및 진단적 기능의 기질 및 성격 특성(TCI)과 임상적 의미의 성격 특성(MMPI)을 측정하는 객관검사들이 있고, 욕구, 동기, 갈등, 자아감 등 심리내적 과정 등(HTP, SCT, TAT, Rorschach 등)을 측정하는 투사검사들이 있다. 보통은 종합심리검사의 성격 및 정서 파악에 도합 5~6개의 객관검사와 투사검사를 사용하며 그로부터 얻은 검사 결과를 가지고 성격 및 정서를 요약한다. 각각의 검사에서 얻은 결과는 다음과 같은 절차를 거쳐 통합되고 통일된 한 사람의 성격 특성으로 요약될 수 있다. 이는 앞 단원에서 해석방법으로 제시된 '양적 해석 및 질적 해석' '타 검사 결과를 준거로 한 해석' 그리고 '개인력과 행동관찰을 준거로 한 해석'을 모두 사용하는 방법이다.

- 각각의 검사 결과에서 특징이 되는 지표를 찾아낸다.
- 각 검사 결과의 중요한 지표들이 나타내는 의미를 통해 행동관찰 및 개인력에 나타난 행동 특성을 설명한다.
- 각 검사 결과와 행동관찰 및 개인력에 나타난 지표들 간의 일치성, 유사성, 상호보완성을 살펴본다.
- 일치성, 유사성, 상호보완성에 따라 관계가 있는 심리적 특성들 간의 시간적 흐름과 인과 관계를 살펴보고 논리적으로 연결한다.

중요한 주제는 다음과 같다.

- **타고난 정서적 반응 성향**: 타고난 정서적 반응 성향은 기질을 일컫는 것이다. 기질(temperament)은 환경과 상호작용하면서 개인의 성격(character)을 발달시킨다. 기질적 특성이 강하면 강할수록 장점도 강하지만 취약점도 강하여 환경과 마찰과 갈등을 겪을 소지가 큰데, 이는 성격 발달에 불리한 조건이다. 이러한 개인적 조건이 성격 발달에 어떤 영향을 미쳤을지 살펴본다.
- **사회적 행동**: PAI, 로샤, TAT 등의 검사를 통해 볼 때, 사회적 스트레스 상황에서 어떤 반응 (검사 결과)을 보였는지(예: 다른 사람과의 접촉을 특별히 어려워한다, 낯선 사람들 앞에서는 항상 불안해하고 위축된다 등)를 살펴본다.
- **사회적 관계에서의 정서**: 사회적 요구 앞에서 정서적으로 어떻게 반응하는지 정서적 안정감이나 불안, 또는 정서적 자기조절의 문제, 즉 수검자가 특별히 감정의 기복이 크다든지, 감정 표현을 항상 억제하는 편이라든지, 충동과 격정 조절이 잘 안 된다든지 등 면담 내용으로 진술된 문제가 검사 결과에서는 어떻게 나타나는지 살펴본다.
- **능력 분야에서의 체험방식과 행동**: 수검자가 능력이 요구되는 상황에서 어떤 느낌을 받고 어떤 행동을 하는지 살펴본다.
- **현실 검증력(자기비판 능력과 현실비판 능력)**: 수검자가 자기 문제를 인식할 수 있는 상태에 있는지, 문제를 극복하기 위해 어떤 행동을 하는지가 다루어질 수 있다.

이 부분에서는 또한 수검자에게 나타난 문제의 원인에 대해서 수검자의 성장사를 검토함으로써 다룰 수 있다. 수검자의 대인관계, 부모의 양육방식, 발달과정 및 진학과정, 특별한 사건들과 같은 개인력을 살펴봄으로써 문제의 출현 시점, 문제의 근본적 속성, 이상행동의 동기, 특정 증상이 나타나는 시점 등에 관해 가정해 볼 수 있고, 이러한 것들은 검사 결과들과 함께 의뢰된 질문에 대답하는 데 기여하게 된다.

성격 및 정서 예
(앞의 '타 검사 결과를 준거로 한 통합적 해석' 참조)

타고난 정서적 반응 성향

수검자의 타고난 기질적 성향은 매우 꼼꼼한 기질로서 끊임없이 환경과 마찰과 갈등을 가졌던 것으로 나타난다. 자극추구 성향이 매우 낮아서 새로운 과제에 대한 욕구와 동기가 적고 매우 소극적이었을 것으로 판단되며 여기에 위험 회피 성향이 매우 높아 어떤 일이든 주어지면 소심하고 걱정과 불안으로 쉽게 위축되며 완벽하고자 하는 성향에 의해서 늘 불만족하고 자신과 부단히 싸우면서 지치며 스트레스를 잘 받는 상황을 살아왔을 것으로 보인다(TCI). 이런 성향의 경우 특히 환경의 우호적인 사회적 지지와 따뜻한 이해 및 배려의 정서적 지지가 많이 필요한 경우이지만 수검자의 경우에는 냉담하고 비판적인 어머니와 심하게 화를 잘 내는 아버지와의 관계에서 정서적으로 안정된 애착관계를 형성하지 못하고 가족 내에서 정서적으로 소외되며 사랑받지 못하고 인정받지 못했으며, 그 결과 자존감이 낮고 자신감이 없는 그리고 비난받을 것에 늘 두려워하며 실수를 두려워하는 강박적 기질과 취약한 성격으로 발전한 것으로 보인다.

사회적 행동

수검자는 사회적 민감성(TCI)이 극도로 낮아서 스스로는 타인의 정서적 공감을 얻지 못하고, 타인과 정서적 교감을 나누는 데 취약하면서 환경으로부터 정서적 지지를 얻기가 불리한 조건이다. 이러한 상황은 수검자에게서 초등학교 때부터 고등학교에 오는 동안 반복적으로 왕따를 당하는 상황으로 나타났다. 여기에 가장 가까운 환경인 어머니는 매우 통제적이고 냉담하며 비난과 언어적 폭력으로 대응하면서 수검자는 자신의 환경으로부터 수용되지 못하고 자존감이 낮고 자신감이 적으며(HTP, SCT) 타인과 우호적인 관계를 형성하지 못하고 타인을 의심하고 불신하는 미숙하고 불평불만이 많은 성격으로 발달한 것으로 보인다(면담 내용, MMPI, TCI). 규준집단 1%에 해당되는 극도로 낮은 자율성 및 마찬가지로 1%의 극도로 낮은 연대감(TCI)이 이를 뒷받침한다.

사회적 관계에서의 정서

수검자는 위험 회피가 매우 커서(TCI) 두려움이 많고 대인관계에서 잘 위축되는 성향이면서 극도로 내성적(MMPI, 0번 척도=92)이어서 자기주장이 없고 감정 표현을 항상 억제하는 편이며 충족되지 못한 욕구로 말미암아 마음속에는 늘 불만과 분노 및 주변 사람에 대한 원망이 팽배해 있다고 할 수 있다(MMPI, HTP, 면담 내용).

능력 분야에서의 체험방식과 행동

검사에 임하는 태도를 볼 때 수검자는 능력을 인정받기 위해 극도로 노심초사하고 실수할까 봐 매우 긴장해 있으면서 오히려 불안감이 상승하고 일의 효과가 떨어지는 결과를 초래하는 행동을 보였다(행동관찰, TCI). 이러한 행동 방식이 능력이 요구되는 상황에서 수검자가 때때로 겪는 공황발작의 원인으로 작용하고 있음을 유추할 수 있다(면담 내용).

현실 검증력

수검자는 자신의 강박장애의 원인이 7년 전에 야구를 보았기 때문이고 그때 시즌 성적이 나쁜 야구팀을 응원한 것이 고통스럽게 승리를 바라는 집착과 불안을 갖게 한 것이라고 믿고 있다. 그리고 지난 7년간 이 비현실적이고 비객관적인 자신의 사고에 대해 전혀 의심하지 않고 확고한 믿음을 갖고 있다. 또한 일주일 전에는 자신이 좋아하던 여자 개그맨에게 초상화와 편지를 주었는데 자신의 선물과 편지가 여자 개그맨의 SNS에 올라오지 않은 것을 보고 중간에서 남자 개그맨이 자신의 편지를 가로챈 것이라고 의심함으로써 현실 검증력이 매우 낮은 비논리적인 사고를 보이고 있다. 이렇게 개연성이 적은 비현실적인 사고를 현실로 확고히 믿는 망상을 나타내면서 수검자의 현실 검증력은 병리 수준을 나타내고 있고 이러한 지각 및 사고의 오류는 심리검사가 뒷받침한다(Rorschach, MMPI).

(7) 요약 및 제언

이 부분은 심리평가 보고서의 마지막 결론 부분이다. 여기에서 심리평가자는 검사 의뢰인으로부터 제기된 질문에 답하기 위해서 지금까지 제시된 모든 자료와 검사 결과에 대한 요약적 개관을 제시하고 평가자의 입장을 기술한다. 이 부분은, ① 요약, ② 진단 및 제언의 내용으로 구성된다.

요약은 지능 및 인지기능, 성격 및 정서가 주요 내용으로 통합되면서 검사 의뢰인의 질문에 결론적 답을 제시하는 자리이다. 인지기능과 성격 및 정서가 상호 보완적 해명을 통해서 수검자의 전체 인성을 이해시키고 이를 바탕으로 검사 의뢰인의 질문에 대한 대답이 되도록 요약한다.

기존에 진단적 평가를 받은 적이 있을 경우 과거 병력은 현재의 병력과 어떤 연관성이 있는지 그와 관련된 언급이 있어야 할 것이며 문제의 원인이 어디에 있는지도 논의되어야 한다.

맨 마지막에는 가능한 한 매우 구체적으로 문제의 해결을 위해서 어떤 특정한 치료적 방법이 있는지 제안되어야 한다. 아울러 가능한 범위에서 이런 제안된 치료적 방법을 택했을 경우 수검자의 미래의 행동은 어떻게 변화할 것이며 계속해서 어떤 발달이 일어날 것인지 그 예상되는 바를 조심스럽게 기술하는 것이 권장된다(Boerner, 1991).

요약 및 제언 예

(앞의 '검사 의뢰인의 질문에 응답하는 해석: 검사 결과의 통합과 평가자 소견' 참조)

요약

질문된 수검자의 과거 병력인 강박장애의 악화 여부 또는 다른 정신병리로의 이행 여부를 살펴보기 위한 종합심리평가의 결과는 다음과 같이 요약한다.

- 수검자는 현재 숫자 세기, 손씻기 등의 강박행동으로 학교생활에 큰 어려움이 있고 사회적 관계에서 고립되어 있으며 원망감, 분노감이 팽배하고 애정망상, 피해망상을 나타내고 있음.
- 수검자의 전체지능은 평균 수준(전체지능지수= 96)에 해당되나 지능의 4개 범주 간에 큰 불균형을 나타내고 있어 원래의 전체지능을 대표한다고 보기 힘들며 현재는 인지기능의 비효율성을 시사하고 있음. 언어성 지능 영역의 언어이해는 120으로 우수한 수준이나 처리속도는 63으로서 지능 지체 수준으로 나타남. 처리속도의 급격한 기능 저하는 과거 병력인 강박장애가 더 심각해지면서 편집형 정신분열형(schizo phreniform) 장애로 이행되는 과정에서 심각한 정신증의 발병으로 인한 인지기능 저하와 주의력 및 집중력 감소가 원인이 된 것으로 파악됨. 또한 여기에 항정신증 약물로 인한 정신운동 속도의 저하가 작용하였을 것으로 판단됨.
- 현재의 성격은 자신과 타인에 대해 불평불만이 많고 특히 타인을 의심하고 불신하며 원망하는 가운데 피해망상을 주 증상으로 한 정신분열형 증상을 나타내고 있음. 이는 타고난 꼼꼼한 기질이 냉담하고 언어적 폭력과 비난이 많은 환경과 부적응적 상호작용을 하면서 미숙한 성격 발달을 한 결과로 보임. 악순환적으로 미숙한 성격은 다시 기질적 취약성을 잘 조절하지 못하면서 실수를 극도로 두려워하고 평가받는 상황에서 때로 발작 수준의 불안감이 상승하며 두려워하는 강박 기질로 발전하게 되었고, 쉽게 상처받고 좌절을 견디지 못하며 자신을 통제하지 못하고 타인과 원만하게 상호작용하지 못하는 성격적 취약성이 병리적 증상을 형성했다고 보임. 또래와의 관계에서 반복적으로 겪은 왕따 경험과 이때의 부족한 정서적 지지 또한 취약한 성격 발달과 피해의식 및 망상에 크게 작용했을 것으로 보임. 곧, 과거 병력인 수검자의 정신분열형 장애는 수검자가 정서적으로 매우 둔감하고 오래전부터(질병이 발생하기 이전) 사회적 기능이 좋지 않았다는 점으로 미루어 예후가 좋다고 할 수 없음. 강박장애는 현재 편집형 정신분열형으로 이행되고 있는 과정이라 할 수 있음.
- 수검자의 정신분열형 장애는 수검자가 정서적으로 매우 둔감하고 오래전부터 사회적 기능이 좋지 않은 점을 고려할 때 예후가 좋다고 할 수 없음.

제언

타인에 대한 불신감, 분노, 피해의식과 그 기저의 열등감 및 무력감을 극복하기 위해서는 자신의 자동적인 정서반응 양식인 기질적 특성에 대해 알 필요가 있다. 기질적 장점을 앎으로서 자존감을 회복하고 취약점의 이해를 통해 상황에 따라 더 높은 가치(중요한 것)를 위해 기질적 특성에서 자유로운 선택적 행동을 할 수 있게 됨으로써 자기통제 능력과 자율성 증진이 이루어질 것으로 보인다. 적절한 자기표현과 자기주장으로 자신감을 회복하고 타인을 있는 그대로 수용하고 이해함으로써 부모 및 타인과 의미 있고 신뢰할 수 있는 관계를 체험해 나가는 것이 필요하다. 무엇보다 타인 및 세상과의 상호작용 속에서 고통과 좌절을 회피하지 않고 극복함으로써 자신감을 체험하는 노출치료가 권장된다.

진단

1. Obsessive Compulsive Personality Disorder(강박장애)
2. Schizophreniform Disorder without good prognostic features(조현양상장애, 양호한 예후 특징을 동반하지 않는 경우)

4. 심리평가의 치료적 활용: 치료적 심리평가와 그 단계

심리평가의 목적이 치료에 있는 경우를 치료적 심리평가라 한다. 종전에는 전통적으로 임상가/치료자가 검사의 결과를 수검자와 함께 공유하는 일은 거의 없었다. 흔히 수검자는 치료자로부터 다른 심리검사 전문기관이나 임상가에게 검사가 의뢰되어 보내질 뿐이었다. 그리고 검사 결과는 해당 검사 전문기관에서 치료자에게 송부되고 상세한 검사 결과의 공유는 당연히 매우 드문 일이었다. 그러나 다행스럽게도 심리검사의 결과를 치료의 구성성분으로 사용하는 현재의 치료적 심리평가에서는 다르다. 이것은 어떤 수검자라도 어떤 식으로든 심리검사 결과를 전달받을 권리가 있다는 APA의 윤리기준(1992)이 원인이 되기도 했다. 여하튼 이즈음부터 강조되기 시작하는 치료적 심리평가(Maruish, 1998, 1999)에서는 치료의 목표를 달성하기 위해서 심리검사 결과는 치료자와 수검자/내담자 간에 함께 공유되어 전 치료과정 동안 다음과 같이 단계별로 여러 번 사용될 수 있다.

① 치료를 시작하는 과정에서 치료계획 및 치료 가설을 세우기 위해서
② 증상의 호전을 평가하고 치료과정을 유지 또는 수정하기 위해서
③ 회기 내 상담 중 상담 주제와 관련하여 객관적 지표로 되돌아올 필요가 있을 때마다
④ 치료 종결 시 치료목표의 달성과 상담효과 및 성과를 측정하기 위하여
⑤ 추수상담에서 상담의 성과가 유지되고 있는지 확인하고 관리하기 위해서

즉, 심리검사는 더 이상 심리치료의 시작 단계에서 문제를 진단하는 것에만 유용한 도구가 아니고 치료 시작에서 종결까지 치료 성과를 목적으로 내담자에게 일어나는 전 치료 경과를 보살피는 유용한 치료기법이며 치료의 큰 구성성분 중 하나라고 할 수 있다. 다음에서 대략적으로 그 사용방법을 살펴본다.

1) 치료계획, 치료목표 및 치료 가설 세우기

치료적 심리평가의 경우 치료계획은 문제를 확인하기 위하여 검사를 실시하는 것이 그 첫 번째 단계이다. 초기 면담에서 치료자는 내담자에게 내담자가 심리치료를 통해서 해결하고자 하는 문제가 무엇인지 또는 고통스럽게 생각하는 것이 무엇인지 생각하게 한다. 내담자가 느끼는 문제는 내담자의 개인력과 현재의 문제에 대한 치료자의 추가 질문에 의해서 보충이 되고 이 내용을 바탕으로 치료자와 내담자는 검사 실시의 필요성을 결정하며 필요한 경우 실시할 검사를 선별한다. 이때 치료자는 심리검사가 내담자의 경우 얼마만큼 유용하고 어떻게 사용될 것인지 명확한 입장을 가지고 제안해야만 한다.

즉, 내담자의 문제에 대한 보다 정확하고 객관적인 분석과 심층적인 이해를 위해서 심리검사가 필요하며, 전 치료과정과 증상 호전을 위한 기준으로서 또한 치료과정의 구성성분으로서 심리검사 결과가 얼마나 유용한지 설명되어야 한다. 그리고 다음 과정으로는 제4장의 검사의 시행에서 다루어졌던 검사 전 면담을 통해서 검사와 관련된 내담자의 정서, 즉 희망, 불안 등이 다루어져야 한다. 심리검사에 대한 내담자의 동의가 주어지고 검사 전 면담을 통해 검사에 관한 치료자와 내담자의 입장이 명확해지면 치료적 심리평가는 시작된다. 그리고 이것이 치료적 심리평가에서 실시되는 첫 번째 검사이며 치료계획의 1단계이다.

그러나 본격적인 치료계획은 치료목표와 치료 가설을 세움으로써 시작된다. 본래 치료목표와 치료 가설은 일차적으로 심리검사 보고서/진단적 소견서에 제시된 진단적 입장/소견에서 출발한다. 치료자가 심리평가자와 동일인이 아닐 경우 치료자는 심리평가자로부터 보고서를 넘겨받게 되겠지만, 치료자가 심리평가자 자신일 경우에도 심리검사 보고서 또는 심리진단적 소견서는 작성된다.

작성된 심리진단적 소견서에는 흔히 앞부분은 심리검사를 통해서 확인되고 명료화된 문제가 제시되고, 뒷부분에는 확인된 문제가 어떤 방법으로, 즉 무엇이 개선, 훈련 또는 강화됨으로써 문제가 해결될 수 있는지 그리고 그러한 방법으로는 어떤 형태의 치료기법이 적절한지가 제시된다. 즉, 보고서/진단적 소견서에 제시된 문제의 해결이 바로 치료의 큰 목표가 되며, 어떻게 하면 치료목표가 달성되는지에 대한 가정이 치료 가설이라고 할 수 있다. 따라서 치료 가설은 치료의 진행 방향에 대한 기준이 된다. 그렇지만 치료목표와 치료 가설은 심리평가자/진단가의 소견서 내용 자체를 그대로 수용해서 세워지는 것만은 아니다. 이것은 실제 치료가 시작되었을 때 치료자와 내담자에 의해서 다시 세분화되고 구체화된다.

곧, 치료자와 내담자가 공동으로 검사 결과를 바탕으로 치료목표를 설정하고 치료 가설을 세우는 것이 실제적인 치료의 계획이다. 이 작업은 절대로 치료자 혼자서 시작해서는 안 되며 치료자는 치료 초기에 내담자와 공감대(라포)를 형성하는 가운데 신뢰할 만한 작업 동맹 관계를 시작하고 공동의 치료목표와 치료 가설을 세워야 한다.

치료목표는 검사 결과에 나타난 내담자의 문제와 직간접적으로 관련이 있으며 이러한 문제의 해결을 통해 증상이 호전될 수 있는 것이어야 한다. 따라서 치료목표는 여러 개일 수 있는데, 이 경우 치료자는 바로 내담자와 함께 치료목표의 우선순위를 정한다. 치료목표는 내담자가 달성할 수 있는 것이어야 하고, 목표를 달성하기 위한 내담자의 내적·외적 동기가 있어야한다. 내담자에게 내적 동기를 부여하는 것은 상당 부분 치료자의 역할이며 치료자의 능력이다. 내담자에게 적절하게 검사 결과를 전달하는 것은 내담자의 치료 동기를 자극하는 중요한일임을 앞에서 강조했다. 따라서 여기에서는 상세한 설명은 생략하기로 한다.

내담자와 협력하여 치료목표와 그 우선순위가 설정되었을 때는 치료자는 바로 심리검사에서 분석된 내용을 바탕으로 치료 가설을 세우며 그것을 내담자의 공감을 얻는 방식으로 논의한다. 곧, 내담자가 치료 가설을 받아들일 수 있는지 또는 어떤 심리적 부담을 느끼는지 사전에검토한다.

2) 치료과정 중 증상 호전의 평가 및 치료과정의 수정

치료목표와 치료 가설이 설정됨과 동시 치료는 진행된다. 치료의 목표는 궁극적으로 증상의호전이다. 만약 기대한 시점에 증상의 호전이 없다면 치료 진행이 계획한 대로 이루어지고 있는지 살펴보는 것이 중대한 문제이다. 따라서 증상의 호전을 평가하는 일은 매우 중요하다. 초기 심리검사의 결과는 바로 증상의 호전을 평가하기 위한 기초선으로 활용된다. 그리고 치료과정 중 실시되는 심리검사의 결과는 모두 처음의 심리검사 결과와 비교되어 증상 호전의 평가로 활용될 수 있다.

아울러 반복 실시된 심리검사의 결과는 치료가 계획대로 진행되고 있는지를 평가하는 지표가 된다. 아래에서 설명하는 바와 같이 치료자와 내담자는 축적된 심리검사 결과를 활용하여치료 경과를 조정하고 수정할 수 있다.

증상 호전의 평가에서는 내담자의 절대적인 기준에 의한 주관적 평가 또한 중요하다. 즉, 증상이 나아지고 있고, 따라서 고통이 경감되었다는 정서적 판단이 절대적 기준이라 할 수 있다. 그러나 이러한 주관적 평가는 매우 중요하지만 경우에 따라서는 현실감이 결여될 수도 있다.

예컨대, 증상이 호전되었다 치더라도 심리적인 문제들은 보통 여러 복합적인 변인이 함께 작용하고 있어서 내담자에게 전체적인 심리적 안녕감이 주어지지 않을 경우 치료의 진전을 잘 지각하지 못할 수도 있다. 이러할 때 치료 전의 심리검사 결과를 치료 경과 후에 실시한 검사 결과와 비교하는 방법은 치료 효과의 평가에 대한 객관성을 보완하게 된다. 즉, 증상의 호전을 평가하는 방법에는 심리검사와 같은 객관적 방법과 내담자의 정서적 판단과 같은 주관적 방법이 있다.

그런데 내담자가 증상의 호전을 잘 지각하고 있지 못한 경우 특히 심리검사와 같은 객관적 평가는 내담자에게 새로운 자각과 용기와 희망 그리고 치료에 대한 지속적 동기를 제공하는 중요한 계기가 된다. 따라서 치료 경과 중 나타나는 증상의 호전 여부와 그 변화량을 측정하기 위해서 검사는 반복해서 실시될 수 있다.

이때 주의할 일은 모든 검사가 재검사로 사용될 수 있는 것은 아니라는 점이다. 동일 검사의 반복 실시는 검사의 시간적 안정성 계수, 즉 재검사 신뢰도가 높을 때만 가능하다. 그렇지 않을 경우에는 같은 내용을 재는 다른 검사를 사용해야 한다.

그런데 심리검사 결과 증상의 호전이 나타나지 않은 경우에는 어떻게 하는가! 치료적 진행 방향은 사실 치료 가설에 따라 결정되고 진행된다. 그러나 실제 치료과정은 항상 계획했던 대로 진행되는 것만은 아니다. 그리고 치료 경과와 함께 기존의 문제들이 순서대로 하나씩 사라지기만 하는 것도 아니다. 치료를 요하는 문제는 흔히 단차원이 아닌 다차원이기 때문에 문제와 관련된 여러 요인이 함께 작용하고 있어서 때로는 예상하지 못했던 문제들이 전면에 등장하기도 한다. 따라서 심리검사 결과 기대했던 단계별 증상의 호전이 나타나지 않는 경우에는 치료과정이 원래의 계획대로 진행되고 있는지, 회기별 치료목표는 문제 해결에 적합한지를 평가해 보아야 할 필요가 있다. 그리고 치료계획이 예정대로 진행되지 않았을 경우에는 치료의 진행과정을 치료 가설에 따라 재조정할 필요가 있다. 이러한 과정을 Maruish(1998)는 비행기가 하강을 하기 위해 활주로에 접근하는 것에 비유한다. 비행기가 착륙을 위해 하강을 하면서 활공 경로를 이탈한 경우에는 비행기의 속도, 높이 그리고/또는 안전 착륙이나 활공 경로로 돌아오기 위한 방향을 수정해야만 한다. 치료자는 내담자가 치료 경로를 얼마나 잘 따라오고 있는지 살펴보기 위해서 심리검사를 실시할 수 있다. 여기서 치료 경로란 측정할 수 있는 하나 혹은 다수의 기능 영역에서의 기대되었던 개선, 곧 증상 호전을 의미한다.

치료적 진전이 나타나지 않았다고 평가될 때 치료과정 이외에도 검토되어야 하는 우선적인 변수 중의 하나는 내담자 노력의 여부이다. 즉, 심리검사를 통한 증상의 호전에 대한 평가는 내담자에게 자신의 노력을 평가하는 기회가 되기도 한다. 노력이 불충분하다고 보일 때는 그것과 관련된 정보들 또한 심리검사의 결과로부터 추가로 얻을 수 있다. 또한 검사의 반복 측정을 통해 변화되는 부분과 변화되지 않는 부분 그리고 그 변화량을 측정할 수 있으며 치료 초기에 지적된 문제 이외에도 치료목표를 달성하는 데 중요한 정보를 추가로 얻을 수 있다. 이를테면 문제 이외에도 내담자의 장점과 강점을 밝혀 치료과정에 활용할 수 있다. 예로서, 타인에게 지지받고 있다는 지각은 적절한 사회적 지지망을 확보하고 있다는 것으로 해석할 수 있기 때문에 긍정적인 치료적 변화를 나타내는 하나의 지표라 할 수 있다.

3) 회기별 상담 중 검사 결과에 되돌아갈 필요가 있을 때마다

치료적 심리평가의 경우는 검사 결과의 전달이 단 한 번 또는 두 번의 결과면담으로 끝나지 않는다. 검사에서 명료해진 내담자의 문제들과 그와 관련된 변인들은 치료과정에서 상담자와 내담자가 함께 문제 해결을 위해 다루게 될 상담 주제들이다. 이 상담 주제들은 치료자와 내담자가 공동으로 정한 치료목표의 우선순위에 따라서 치료가 진행되는 동안 계속 반복해서 다루어지게 된다. 그리고 검사의 결과들은 상담 주제가 다루어질 때 필요에 따라 반복해서 전달될 수 있다. 치료자는 여러 차례의 상담을 통해서 검사 결과의 수용을 도울 수 있고 그러한 방식으로 자기인식과 통찰을 통해서 문제 해결에 이르도록 도울 수 있다. 이렇게 검사 결과는 문제 해결에 이르는 치료의 구성성분이다.

4) 치료 종결과 추수상담 시 치료 효과 및 성과의 유지를 평가하기

치료 효과의 평가는 앞선 설명에서 알 수 있듯이 증상 진전의 변화 여부와 변화량을 측정하는 것이라 할 수 있다. 이것은 치료 초기부터 시작해서 치료 종결까지 가능한 대로 반복될 수 있으며, 때로는 치료 후에도 한 번이나 두 번 정도 계속해서 치료 성과가 유지되고 있는지 확인하는 것까지 포함된다. 이미 제시된 것처럼 증상의 호전은 내담자 스스로 '고통'을 덜 느낀다는 절대적 기준에 따라 판단되고 평가될 수 있다. 그러나 이것은 때로 현실성이 떨어질 수 있다. 특히 치료 종결 시에는 내담자는 그때까지 공동의 목표를 위해서 신뢰와 지지 속에 결속돼 있던 동맹 관계로부터 분리와 이별을 앞두고 매우 불안해할 수 있다. 어떤 관계에서든 이별이 쉽지 않기 때문이다. 혼자서 세상을 헤쳐 나가야 하는 것에 대한 불안이 심리적 안녕감을 방해할 수 있다. 그래서 바로 이별을 준비하는 것, 분리 앞의 불안을 다루어 주는 것이 치료 종결 단계의 목표 중 하나이다. 이때 심리검사를 통한 치료 효과에 대한 피드백은 내담자에게 더 큰 자신감과 자존감 그리고 자신의 상태에 대한 현실적 평가를 제공하는 유용한 도구가 된다(Maruish, 1998).

특히 치료 효과는 단차원의 기능 변화가 아니며 내담자의 삶의 여러 분야에 미친 영향과 관련이 있다. 이와 관련해서 Stewart와 Ware(1992)는 일반적인 건강 상태로서 다섯 가지 광의적 영역을 들었다. 이것은, ① 물리적/신체적 건강, ② 정신건강, ③ 사회적 기능, ④ 역할기능, ⑤ 일반적인 건강에 대한 지각으로서, 이러한 영역들은 치료에 의해서 서로 다른 영향을 받았을 수 있고 서로 다른 효과가 나타났을 수 있다. 즉, 단지 문제가 되었던 증상의 진전만이 아니라 이런 여러 영역에서의 변화 또한 치료 효과의 중요한 지표로 간주된다(Maruish, 1998). Sederer, Dickty와 Hermann(1996)은 또한 치료 효과는 단순히 증상변화에 국한되는 것이 아니고, 아울러 중요한 것은 내담자가 가족, 공동체 그리고 직업환경 속에서 기능할 수 있고 독립적으로 살아갈 수 있는 능력과도 관계함을 설명한다. 바로 심리검사의 실시는 이렇게 여러 영역에 대한 객관적 평가를 가능하게 한다.

　치료 효과를 다루는 성과 관리는 미국의 예를 볼 때 임상현장에서뿐만 아니라 건강관리 공단의 행정적 업무과정에서도 중요하다. 내담자의 평가를 통해서 얻은 자료의 축적은 어떤 사람에게 어떤 기법이 가장 효과가 있으며 어떤 환경에서 최고의 효과가 있는지 등의 지표를 통해서 의료기관이 모든 환자/내담자에게 서비스의 질을 향상시키도록 도움을 준다. 이것은 원래 산업현장에서 도입된, 비용을 절감하면서 지속적인 질적 향상을 꾀하는 미국의 질적 개선 운동(Continuous Quality Improvement: CQI)의 관심과도 맞아떨어진다. 우리나라에서는 아직 심리치료적 의미의 정신건강과 관련된 의료비가 전반적인 보험 혜택을 받지는 못하지만, 미국에서는 해마다 건강 관련 비용이 크게 늘어나고 이 중 심리치료와 관련된 비용이 급상승하면서 비용 지불기관들(의료보험 회사)에서는 치료 시작 전 심리검사에 의한 치료계획이 없으면 치료비를 지불하지 않으려는 움직임이 있으며, 치료 종결 시에는 내담자의 증상 호전과 만족감에 대한 객관적 자료를 제시할 것을 요구하고 있다(Maruish, 1998). 당장 우리의 경우는 아니지만 우리나라에서도 심리치료의 수요와 보급이 확산되고 있는 실정에서 미리 고려해 보아야 할 미래적 문제일 수 있다.

핵심

- 심리평가의 목적이 치료에 있는 경우를 치료적 심리평가라 하며 여기에서는 종전과 달리 심리검사의 결과를 치료자와 내담자가 함께 공유하여 치료의 구성성분으로 활용한다.
- 치료적 심리평가에서 치료계획의 1단계는 심리검사의 실시이다. 그러나 본격적인 치료계획은 치료목표와 치료 가설을 세움으로써 시작된다.
- 치료 가설은 치료목표가 어떻게 하면 달성되는지에 대한 가정이다.
- 치료 가설은 치료의 진행 방향에 대한 기준이 된다.
- 초기 심리검사의 결과는 증상의 호전을 평가하기 위한 기초선으로 활용된다.
- 반복 실시된 심리검사의 결과는 치료가 계획대로 진행되고 있는지, 즉 치료과정을 평가하는 지표가 된다.

- 치료과정에 관한 평가는 우선적으로 증상의 호전을 검토하는 일이다. 여기에는 심리검사와 같은 객관적 방법과 내담자 스스로 고통을 덜 느낀다는 절대적 기준에 의한 주관적 방법이 있으며, 이 둘은 함께 보완적으로 사용되어야 한다. 따라서 치료 경과 중 나타나는 증상의 호전 여부와 그 변화량을 측정하기 위해서 검사는 반복해서 실시될 수 있다. 증상의 호전이 없는 경우에는 치료과정의 수정이 이루어져야 한다.
- 객관적으로 치료 효과를 평가하기 위해 치료 초기 사용되었던 검사를 재검사하거나 혹은 검사의 시간적 안정성 문제로 재검사를 할 수 없는 경우에는 같은 속성의 다른 검사를 실시할 수 있다.
- 치료적 심리평가의 경우 검사 결과의 전달은 단 한 번 또는 두 번의 결과면담으로 끝나지 않으며 검사를 통해 명료해진 문제들이 상담 주제로 다루어질 때마다 반복해서 전달되고 함께 다루어진다.
- 심리검사를 통한 치료 효과에 대한 피드백은 내담자에게 더 큰 자신감과 자존감 그리고 자신의 상태에 대한 현실적 평가를 제공하는 유용한 도구가 된다. 치료 효과는 증상 변화에 국한되는 것이 아니고, 아울러 중요한 것은 내담자가 가족, 공동체 그리고 직업환경 속에서 기능할 수 있고 독립적으로 살아갈 수 있는 능력과도 관계한다.

5. 학교장면의 심리검사 결과 활용

학교는 병원, 상담소와 같은 임상 전문기관 다음으로 가장 많이 심리검사를 활용하는 곳이라 할 수 있다. 학교는 다양한 목적으로 심리검사를 활용하는데, Patterson(1971)은 학교장면에서 심리검사가 행정적 목적, 교실활동 목적, 상담목적의 세 가지로 활용되고 있음을 지적하였다. 여기서 행정적 목적이란 학교 교육과정의 적합성을 결정하기 위해서 해마다 학생들의 변화나 진보 정도, 학생들의 특성 변화를 파악하는 것을 말한다. 교실활동 목적이란 학생들이 수업활동에 즐겁고 적극적으로 참여하게 하기 위해서 수업활동을 지도하고 수업의 집단 편성이나 개별화 활동을 돕기 위한 목적 또는 보충수업이 필요한 학생의 확인과 같은 목적을 의미한다. 상담목적이란 학생들을 상담하는 과정에서 다양한 측면에서 도움을 받게 하려는 목적을 말하며, 여기에는 직업 선택이나 진학계획 등이 포함된다(김계현 외, 2000).

그런가 하면 김만권(2004)은 학교장면에서의 심리검사의 활용 영역을, ① 학급 편성, ② 지진아, 부진아 발견과 지도, ③ 교수-학습 방안 개선, ④ 생활지도와 상담지도, ⑤ 진로지도로 구분하였다. 이 분류에 따르면, 학급 편성의 목적에서는 동질적인 학급 편성과 특정 집단 분류의 목적으로 주로 지능검사, 창의력검사, 영재판별검사, 학력부진진단검사나 기초학습기능검사 등이 사용된다.

지진아, 부진아 발견과 지도에서는 학습장애아의 진단과 학생의 교과별 흥미를 파악하여 학생들의 학습지도의 방향과 방법을 결정하기 위해서 주로 학력검사, K-ABC 지능검사, 학습흥미검사, 학습흥미진단검사, 학습유형검사 등이 사용된다. 교수-학습 방안 개선은 기존의 교수방법의 적합성을 검토하고 새로운 교수방법을 고안하고자 하는 목적이며 주로 학습양식검사, 학습유형검사 등이 사용된다. 생활지도와 상담지도는 학생들의 성격, 정서 및 행동 양상, 적응 상태를 파악하여 학교생활을 지도하고자 하는 목적이며 주로 각종 성격검사와 심리문제를 파악하는 검사를 사용한다. 진로지도에서는 학생들의 적성을 파악하여 진로지도를 하기 위한 것으로 주로 진로성숙도검사, 직업흥미검사, 성격검사 등이 사용되고 있다.

어떤 구체적 목적, 어떤 활용 영역에서든지 심리검사 실시의 목적은 복잡한 심리적 체계를 가진 개인을 잘 이해하고 보다 건강하고 행복한 삶을 영위할 수 있도록 돕기 위한 것이어야 한다. 따라서 심리검사의 목적과 기능이 개인의 심리적·행동적 속성을 측정하여 개인에 대한 심층적인 이해를 얻고 개인 간 또는 개인 내 비교를 하는 것(김계현 외, 2000)이라고 할 때, 학교에서 활용되는 모든 심리검사를 통한 개인 간 또는 개인 내 비교는 바로 이렇게 개인의 행복한 삶을 돕는 목적에서만 이루어져야 한다.

다음에서는 학생들의 심리적·정서적·행동적 문제를 발견하고 평가하고 예방하는 역할에 가장 근접한 학교상담과 생활지도의 영역에서 검사 결과가 어떻게 활용될 수 있는지에 대하여 살펴본다.

검사 실시의 필요성　학교에서 실시되는 심리검사는 흔히 학급 단위, 학년 단위 또는 학교 전체 학생을 대상으로 대단위로 이루어진다. 담임교사가 학급 학생들을 위해 필요를 느껴 학교에 요청하든지, 학년부장 교사가 여러 교사의 의견을 수렴하여 요청하든지, 아니면 전문상담교사의 제안에 의해서나 학교 정책적 입장에서 학교장의 결정 아래 실시된다.

학생들의 성격을 미리 파악하여 담임교사들이 개별 학습지도와 행동지도를 하기 위해 학급 단위 또는 학년 단위 성격검사를 실시하기로 했다고 하자. 교사들은 흔히 검사 결과에 기대를 갖고 그 결과를 통해서 개개 학생들의 심리를 보다 더 잘 이해하고 혹시 부적응을 보이는 학생들이 있는지도 살펴보고자 할 것이다.

그러나 이렇게 무작정 검사를 통해서 무엇을 발견하려고 하는 태도는 그다지 바람직하지 않다. 교사는 사전에 학생들의 행동을 학습, 정서, 행동, 습관 등 다각적인 측면에서 체계적으로 관찰하고 나름대로 개개 학생들과 위기 학생들에 대한 관찰 결과 또는 견해를 형성하는 것이 우선적이다. 다음에 심리검사를 통해서 보다 심층적이고 객관적인 정보가 필요하다고 판단될 때 심리검사의 실시가 고려된다고 해야 할 것이다. 그리고 객관적 심리검사의 결과는 교사가 관찰한 관찰 정보와 비교되고 통합됨으로써 비로소 유용한 정보로 활용될 수 있다.

심리검사의 선택   교사들은 심리검사 관련 전문가가 아니기 때문에 종종 부족한 정보로 인해서 검사와 검사 실시에 관한 명확한 입장 없이 타 학교의 사례나 출판사 등의 추천을 통해서 검사를 선택하는 경우도 있다. 그러나 검사의 속성을 잘 모르고 검사를 선택하게 되면 경우에 따라서는 검사를 통해서 교사가 달성하고자 하는 목적이 제대로 달성되지 않을뿐더러 잘못된 검사 결과에 의존하여 잘못된 판단을 하는 실수를 초래할 수도 있다. 따라서 검사 선택의 문제를 가벼이 다루어서는 안 될 것이다. 이 책의 제4장을 이용하여 검사 선택의 유의점을 집중적으로 살펴보기를 바라며 아래와 같이 간단히 정리해 보자.

심리검사의 선택은 무엇보다 '검사를 통해서 무엇을 알고자 하는가?'라는 질문이 검사 선별의 첫 번째 기준이다. 곧, 검사를 통해서 파악하고자 하는 심리학적 구성개념을 충실히 측정하는 검사, 즉 타당도(제4장 참조)가 높은 검사를 선택하여야 한다. 표면적으로는 주의력을 측정하기 위해 구성되었다고 제시하고 있지만 실제로는 광범위한 실행기능을 평가하는 검사가 있을 수 있고 이런 경우 타당도는 매우 떨어지는 검사이다. 아울러 검사 결과를 신뢰할 수 있는 검사, 즉 신뢰도가 높은 검사를 선택하는 것이 두 번째 기준이다. 또한 어떤 평가자가 검사하더라도 같은 결과를 얻을 수 있도록 검사의 객관도가 높은 검사를 선택하는 것이 세 번째 기준이 된다. 이 중 타당도나 신뢰도는 더욱 중요하며 대부분의 검사는 타당도와 신뢰도에 관한 정보를 제시하고 있으므로 검사를 선별하는 과정에서 이를 살펴보아야 한다. 그리고 이러한 정보를 제시하지 않는 검사는 선택하는 데 신중해야 한다.

때로 제한적 정보, 제한적 예산, 소요시간 때문에 경제적 효용성이 가장 중요하게 고려될 수 있겠으나 어떤 상황에서도 유행이나 경제성을 우선적 기준으로 한 검사의 선별은 바람직하지 않다. 타당도, 신뢰도, 객관도가 갖추어진 상태에서 경제성(적은 경비, 짧은 소요시간) 혹은 경제적 효용성(소요시간, 채점시간, 채점방법 등의 간편성 등) 등을 고려하는 것은 물론 권장할 만하다.

검사의 실시   검사의 결과는 검사를 받는 상황의 영향을 받을 수 있다. 즉, 소음이 크거나 계속 누군가 출입하는 공간이라든지, 식후 졸음이 오는 시간 등의 검사에 적절하지 못한 환경에서 검사를 실시한다면 검사 결과의 신뢰도는 떨어질 수 있다. 따라서 검사 실시에는 알맞은 환경과 조건이 먼저 형성되어야 한다.

우선적으로 심리평가자는 검사 지시문에 익숙해야만 한다. 그리고 검사 지시문에 쓰인 것 이상이나 그 이하로 검사를 지시해서는 안 된다. 보통은 단체검사에서는 검사 지시문을 읽게 하거나 앞에서 한 번 읽어 주며 이해하지 못한 학생이 있는 경우 반복해서 읽어 준다. 그 이상의 설명은 하지 않는다.

학생들에게는 검사 결과가 그들에게 유용하게 활용될 것임을 설명하여 검사에 흥미를 갖도록 하고 성실하게 임하게 한다. 또한 검사는 분명히 시험이 아님을 상기시키고 쓸데없는 불안과 긴장을 갖지 않도록 한다. 검사에 필요한 필기도구가 사전에 준비되었는지 점검한다.

조용하고 방해받지 않는 공간, 편안한 의자, 쾌적한 실내 기온과 환기 상태, 적절한 조명 등이 갖추어져야 한다. 시간을 정확히 엄수하고 검사 실시 중에 나타나는 학생들의 특이한 행동은 기록해 두어야 한다. 이러한 행동은 검사 해석에서 고려한다.

채점, 해석 또는 결과의 의미 심리검사의 결과란 심리적 특성을 수량화한 것이다. 그리고 그것의 대부분은 서열척도로 구성되어 있다. 즉, 동일한 집단(규준)과 비교한 상대적인 측정치로서 상대적인 대소, 순위만을 나타낼 뿐이다. 다시 말해, 질적인 심리적 특성을 양적인 측면에서 상대적으로 비교한 것으로서, 이 특성에서의 차이는 연령, 키, 몸무게 등의 차이와 같은 동간척도가 나타내는 절대적 차이를 의미하지 않는다. 따라서 비교하는 규준이 달라지면 검사 결과 또한 달라질 수밖에 없다. 학생들의 검사 결과를 접한 교사 또는 전문 상담교사들은 이러한 심리적 특성을 고려하여 학생들의 개인 간 및 개인 내 차이를 절대적인 차이로 이해해서는 안 되며 또한 전적으로 양적인 차이에 의존된 해석을 하는 것도 지양해야 할 것이다. 양적인 결과를 기초로 해서 개인의 특성을 발견하고 기술하는 질적인 해석이 훨씬 바람직하다. 이에 대해서는 앞의 '검사 결과 해석과 진단'에 상세히 제시되어 있다.

검사 결과의 전달 학교에서 실시되는 심리검사의 목적은 우선적으로 학생의 발달을 돕고 학교생활과 일상생활에 잘 적응하며 건강하고 행복한 삶을 살아갈 수 있도록 돕는 데 있다. 심리검사를 통한 학교 학생들의 문제의 발견과 예방 또한 이러한 목적에 부합하는 교육적 활동 중 하나라 할 것이다. 따라서 검사 결과의 전달방식 또한 이러한 목적의 범위 내에서 이루어지는 것이 바람직하다. 곧, 검사 결과의 전달은 학생에게 자신을 보다 더 잘 이해하게 하고 성장과 발달의 동기를 자극하는 범위 내에서만 이루어져야 한다. 타인과의 불필요한 비교나 구분은 자칫하면 비생산적인 경쟁심을 유발시키거나 수치심, 위축, 자존감 저하 등을 초래할 수도 있다.

검사 결과를 타인에게 공개하는 것 또한 자칫 검사 결과가 오용되는 경우가 될 수 있으며 이것은 심리검사의 목적에 위배될 뿐만 아니라 개인의 자유를 구속하여 인권침해나 개인 정보 비밀보장의 침해와 같은 윤리적·법적 문제를 야기할 수 있으므로 절대 삼가야 한다.

검사 결과를 학생 자신이 모두 수용할 수 없는 연령에는 부모면담 시간 등을 통하여 부모에게 별도로 검사 결과를 알릴 필요가 있으며 이때도 또한 전달의 원칙은 교사와 부모가 협력해서 학생을 보다 잘 이해하고자 하고 학생의 발달을 돕는 방식으로 전달되어야 한다. 그런데 부모에게 검사 결과를 알릴 때는 부모가 검사 결과에 대해서 무엇을 기대하는지 사전에 살펴보면서 그 기대에 비추어 실망이나 절망, 좌절, 분노 등을 경험하지 않는지 또는 기타 불일치를 경험하지는 않는지 살펴보면서 수용과 공감을 통해 부모의 정서도 함께 다루어 주어야 한다.

시급한 위기에 처한 학생의 경우는 부모의 동의를 구하여 학생의 문제를 전문 상담교사나 임상 전문가, 기타 전문기관에 계속 의뢰하도록 한다.

일반적으로 검사를 전달하는 방식은 앞의 '검사 결과에 따른 후속 조치'를 참조한다.

상담과 지도에의 활용방법　심리검사의 결과는 앞에서도 설명하였듯이 원칙적으로 학생에게 도움이 되는 방향으로만 쓰이고 활용되어야 한다(김계현 외, 2000). 종전에는 교사들 간에 단편적인 검사 결과들을 너무 믿어 버리는 사례도 흔히 있었다. 오직 지능지수에 의거해 학생들의 가능성을 판단하고 그에 의존된 생활지도를 하는 경우도 많았다. 예를 들어, 지능검사의 지능지수(IQ)에 의존하여 머리가 좋은데 성적이 나쁜 것을 보니 노력이 부족하다든가, 머리가 나빠서 공부를 못한다든가 하는 식의 해석을 쉽게 하곤 하였다. 이러한 해석은 심리검사 결과를 맹신하는 데서 오는 오류라 할 수 있다. 심리검사의 결과는 개인을 이해하기 위한 대략적인 판단 자료일 뿐이며 특히 한 개의 검사가 제시하는 검사 결과는 여러 정보 중의 하나의 정보로 이해하는 것이 바람직하다. 따라서 교사나 상담교사는 학생의 일상적 행동에 대한 관찰 없이 한 개의 검사 결과에 의존하여 학생의 전체적 특성을 평가해서는 안 되며, 관찰과 면담 그리고 가능한 한 여러 검사 결과를 통합하여 학생의 전체적 행동과 특징을 포괄적으로 이해하려는 노력이 필요하다.

또한 학생들의 검사 결과를 활용할 때 간과하지 말아야 할 점으로서, 학생들은 아동이나 청소년으로서 성인이 될 때까지 활발한 성장과 발달이 계속되는 시기에 있다는 것이다. 한 번의 검사에서 밝혀진 심리적 특성이나 성격은 계속해서 변화할 수 있다. 따라서 심리검사는 반복해서 계속적으로 이루어져야 하고 누적되는 검사 결과는 발달상의 변화 특성과 변화량에 대한 결과로서 체계적으로 관리되어야 한다. 그리고 교사 및 전문 상담교사는 이러한 발달상의 변화에 관한 자료를 학생이 건강하고 행복한 삶을 살아갈 수 있도록 돕는 정보로 활용하여야 할 것이다. 학교에서 이행되는 문제의 발견과 예방 활동은 이러한 맥락에서 이루어져야 한다.

요약

1. 검사의 활용 영역은 우리 삶의 전 영역으로 확장되었다. 정신병원이나 상담 센터에서 내담자/환자의 정신병리나 심리문제를 조사하는 것 외에도, 검사는 보육과 교육 영역, 직무 영역 및 생활 영역까지 광범위하게 사용된다. 예를 들어, 신입사원의 선발, 산업재해와 관련된

업무능력 평가, 아동의 발달 상태 평가, 취학 및 진학 지도, 입대 전 신체 및 정신 건강 평가, 형법상 사면이나 감형, 가석방 등의 결정에서 심리검사가 크게 활용되고 있다.

2. 심리검사를 실시할 때에는 실시 이유에 대한 심리평가자의 명확한 입장이 있어야 한다. 검사 결과의 해석과 활용은 이러한 심리평가자의 입장과 밀접한 연관을 갖는다. 또한 어떤 경우에든 사용된 심리검사의 결과는 어느 하나도 생략되거나 방치되는 일 없이 모두 활용되어야 한다.

3. 검사 결과가 어떻게 해석되고 어떻게 활용되느냐는 수검자의 신변에 큰 영향을 미치게 되므로 수검자가 검사 의뢰인과 동일 인물이 아닐 경우에도 수검자는 어떤 형태로든 검사 결과에 대한 피드백을 받을 필요가 있다. 심리평가 보고서/심리진단 소견서가 어떤 방식으로 작성되며 그 주요 논리의 원칙이 무엇인지 대략적 설명이 있어야 한다.

4. 해석의 첫 번째 단계는 원점수의 채점이며 이어서 원점수를 표준점수로 환산하여 개인 간 차이와 개인 내 차이를 파악하는 것이다. 통계적 평가치와 규준을 이용해서 검사가 구분한 척도별 개인 간 및 개인 내 차이를 이해하는 것도 양적 해석(통계적 해석)이라 부를 수 있다. 그러나 해석의 본질은 관찰되고 기록된 행동 자료에서 특징을 찾아내고, 검사 결과들 간의 관련성을 파악하는 일이다. 때때로 검사 결과들 중 불일치가 발생했을 때 그것의 원인까지를 전체 검사 결과들 간의 관계 속에서 추론할 수 있어야 하며 이렇게 검사 결과들이 시사하는 의미를 통합적으로 해석하는 것을 질적 해석(통합적 해석)이라고 부를 수 있다.

5. 검사 결과들을 관련지어 통합하고 의미를 부여하는 것이 심리평가자의 진단적 소견이 된다.

6. 어떤 치료적 개입이 가장 적합한지 제안하는 일도 심리평가자/진단가의 책임에 포함된다.

7. 검사 결과에 따라서 수검자의 문제가 심리학적 치료보다 의학적 개입이 더 시급한 것으로 판단될 경우에는 수검자에게 지체 없이 의학적 전문기관(예: 정신병원, 개업 정신과 의사)의 도움을 받도록 조처해야만 한다.

8. 검사 결과의 피드백은 평가자가 일방적으로 전달하기보다는 내담자의 정서적 반응을 살피면서 내담자가 검사 결과를 수용할 수 있도록 도우며 내담자가 일상생활의 예를 통해서 자신의 검사 결과를 더 보완하고 보충할 수 있을 때 결과가 한층 더 이해되고 통합되는 효과가 있다.

9. 검사 결과가 내담자에게 어떻게 이해되었는지 살펴보고, 지각상의 왜곡이 있는 경우에는 그것을 다루어 준다.

10. 심리평가 보고서의 일정한 형식이 정해져 있지는 않다. 국내에서는 예를 들어, 첫 장에

① 심리평가 보고서 제목, 그 아래 이름(수검자 이름, 성별과 생년월일도 함께 기재), 등록 번호, 학력, 직업, 결혼 상태, 평가 실시일, 실시된 검사명을 기재하고, ② 의뢰 사유, ③ 행동관찰, ④ 면담 내용(개인력), 이어서 평가 결과로서 ⑤ 지능 및 인지기능, ⑥ 성격 및 정서, ⑦ 요약 및 제언(말미에 별도로 심리평가에 따른 진단적 인상 기재) 순으로 기술하며 이와 유사한 형식들을 사용한다.

11. 심리평가의 목적이 치료에 있을 때를 치료적 심리평가라 하는데, 이때 심리검사의 결과는 치료자와 내담자가 공유하는 치료의 구성성분으로 활용된다. 치료적 심리평가에서 치료계획의 1단계는 심리검사의 실시이며 본격적인 치료계획은 치료목표와 치료 가설을 세움으로써 시작된다. 초기 심리검사의 결과는 증상의 호전을 평가하기 위한 기초선으로 활용되며 반복 실시되는 심리검사의 결과는 증상의 호전을 검토하는 치료과정에 대한 평가지표로 활용된다. 치료과정에 관한 평가는 심리검사와 같은 객관적 방법과 내담자 스스로 고통을 덜 느낀다는 절대적 기준에 의한 주관적 방법이 있으며 이 둘은 함께 보완적으로 사용되어야 한다. 치료과정의 평가를 통해 증상의 호전이 없을 경우에는 치료과정의 수정이 필요하다.

12. 학교에서는 학생의 발달과 학교생활 및 일상생활에의 적응을 돕기 위하여 심리검사를 활용할 수 있다. 그러나 무작정 검사를 통해서 무엇을 발견하려고 하는 태도는 그다지 바람직하지 않다. 교사는 사전에 학생들의 행동을 학습, 정서, 행동, 습관 등 다각적인 측면에서 체계적으로 관찰하고 나름대로 개개 학생들과 위기 학생들에 대한 관찰 결과 또는 견해를 형성하는 것이 우선적이다. 여기에 보다 심층적이고 객관적인 정보가 필요시될 때 심리검사를 실시할 수 있다. 이때 심리검사의 결과는 교사가 관찰한 관찰 정보와 비교되고 통합됨으로써 비로소 유용한 정보로 활용될 수 있다.

13. 학교에서 실시된 검사 결과의 전달은 학생에게 자신에 대한 이해를 돕고 성장과 발달의 동기를 자극하는 범위 내에서만 이루어져야 한다.

참고문헌

김계현, 김동일, 김봉환, 김창대, 김혜숙, 남상인, 조한익(2000). 학교상담과 생활지도. 서울:학지사

김만권(2004). 학교장면에서의 심리검사 활용. 학교심리학회 심포지움: 학교장면에서의 심리학적 서비스. 연차학술발표대회 논문집, 2004권, 제1호, 389-390.

American Psychological Association (APA). (1992). *Ethical principles of psychologists*. Washington, DC: Author.

Boerner, K. (1991). *Das psychologische Gutachten*. Weinheim: Psychologische Verlags Union.

Butcher, J. N. (1990). *The MMPI-2 in psychological treatment*. New York: Oxford University Press.

Finn, S. E., & Martin, H. (1997). Therapeutic assessment with the MMPI-2 in managed health care. In J.N. Butcher (Ed.), *Personality assessment in management care* (pp. 131-152). Minneapolis, MN: University of Minnesota Press.

Maruish, M. E. (1998). *Therapeutic Assessment: Linking Assessment and Treatment*. Elsevier Science.

Maruish, M. E. (1999). Introduction. In M. E. Maruish (Eds.), *The Use of Psychological testing for treatment planning and outcomes assessment* (pp. 1-39). Mahwah, NJ: Lawrence Erlbaum Associaties.

Murray, H. A. (1938). *Explorations in personality*. New York: Oxford University Press.

Patterson, C. H. (1971). *An introduction to counseling in the school*. New York: Harper & Row, Publishers.

Rauchfleisch, U. (2005). *Testpsychologie*. Goettingen: Vandenhoeck & Ruprecht.

Sederer, L. I., Dickey, B., & Hermann, R. C. (1996). The imperative of outcomes assessment in psychiatry. In L. I. Sederer, & B. Dickey (Eds.), *Outcomes assessment in clinical practice* (pp. 1-7). Baltimore: Williams & Wilkins.

Stewart, A. L., & Ware, J. E. Jr. (1992). *Measuring functioning and well-being*. Durham, NC: Duke University Press.

찾아보기

Gillespie, N. A. 344

Goldstein, G. 23, 108, 149

Goodenough, F. L. 511

Graham, T. R. 282, 294, 298, 299

Gray, J. A. 345, 379, 387

Grayson, H. M. 303

Gregory, R. J. 21

Guttman, L. 93

H

Hagemann, D. 389

Halar, J. 155

Hales, R. E. 37

Hammer, E. F. 511, 518

Harkness, A. R. 298

Harris, R. 299

Hathaway, S. R. 267

Havighurst, R. J. 112

Heath AC, G. MN. 344

Hermann, R. C. 684

Hersen, M. 23, 108, 149

Hoffman, A. 303

Holland, P. W. 89

Holzberg, J. D. 154

Horvath, A. O. 155

Hostetler, K. 299

Howell, C. T. 618

J

Jolles, I. 518

Jung, C. 394, 397, 511, 530, 592

K

Kagan, J. 576

Kane, M. T. 99

Kanner, L. 626

Kaplan, E. 21, 22, 139

Kaufman, A. S. 598

Klopfer, E. 45

Koehler, W. 388

Koss, M. P. 303

Kovacs, M. 630

Kraepelin, E. 389, 530

L

Lachar, D. 303

LeDoux, J. 387

Levy, S. 532

Libby, W. 488

Lindzey, G. 489

Lingoes, J. 299

Loevinger, J. 535

M

Machover, K. 511

Maloney, M. P. 25

Martin, L. S. 661

Maruish, M. E. 679, 682, 684

Matarazzo, J. D. 29

McCaulley, M. H. 394

McConaughy, S. H. 618

McKinley, C. 267

McNulty, J. L. 298

Meisgeier, C. 591

Messick, S. 99

Monasterio, E. 362

Morey, L. C. 407

Morgan, C. D. 487

Murphy, E. 591

Murray, H. A. 45, 152, 390, 489

Myers, I. B. 394, 395, 397, 591

P

Patterson, C. H. 685

Payne, A. F. 530

R

Rabinowicz, T. 155

Rapaport, D. 32, 34, 45, 530

Rauchfleisch, U. 167, 388, 662

Rogers, C. R. 390

Rohde, A. 531, 535

Rorschach, H. 389

Rothbart, M. K. 387

S

Saccuzzo, D. P. 21, 139

Sacks, J. M. 532

Saul, L. J. 170

Schafer, R. 32, 34, 45

Schmeck, K. 387

Sechrest, L. 32, 34

Sederer, L. I. 684

Seigel, L. S. 548

Serdlik, M. E. 27

Sharpley, C. F. 155

[내용]

저자소개

박영숙(Park, Youngsook)
이화여자대학교 사회학과 학부 및 대학원 심리학과 석사(상담심리학 전공)
고려대학교 대학원 박사(임상심리학 전공)
이화여자대학교 의과대학 교수 역임
이화여자대학병원 신경정신과 임상심리전문가 역임
이화여자대학교 학생상담센터 센터장 역임
이화여자대학교 교육대학원 교수 역임
정신보건임상심리사 1급(보건복지부), 임상심리전문가(한국심리학회)
임상심리학회 회장 역임

〈저 · 역서 및 대표 논문〉
『전문가를 위한 심리평가의 실제』(하나의학사, 1994)
「스트레스반응에 향정신성 약물이 미치는 효과」「중학생용 성심리검사의 타당화연구」「한국
가족 정신건강진단검사의 요인구조에 관한 연구」등 다수 논문 발표

박기환(Park, Keehwan)
고려대학교 심리학과 학부 및 대학원 석 · 박사(임상심리학 전공)
인제의대 서울백병원 신경정신과 교수 역임
가톨릭대학교 상담심리대학원장, 학생생활상담소장 역임
55대 한국임상심리학회장
현 가톨릭대학교 심리학과 교수
　　정신보건임상심리사 1급(보건복지부), 임상심리전문가(한국심리학회)

〈저 · 역서 및 대표 논문〉
『이상심리학』(공저, 학지사, 2019)
『최신임상심리학』(공저, 사회평론아카데미, 2019)
『상담과 심리치료의 이론』(공역, 시그마프레스, 2014)
「사회공포증의 인지행동집단치료 효과 예언 변인에 대한 연구」「Effects of group experiential
cognitive therapy for the treatment of panic disorder with agoraphobia」등 다수 논문 발표

오현숙(Oh, Hyunsook)

독일 프랑크푸르트 대학교(J.W. Goethe University, Frank furt/M, 심리학과 학부 및 대학원 석 · 박사 졸업(심리학 박사 PH.D, 임상 및 상담심리 전공)

독일 프랑크푸르트 대학병원 아동과 청소년 정신병원 연구원 역임

한신대학교 학생상담센터 소장, 한신대임상심리 연구센터장, 한신대 교육대학원장, 정신분석 대학원장 역임

현 한신대학교 심리 · 아동학부 교수

　　독일 디플롬임상심리사(국가공인: 독일 프랑크푸르트 대학교),

　　정신보건임상심리사 1급(보건복지부), 임상심리전문가(한국심리학회)

〈저 · 역서 및 대표 논문〉

『FAIR 주의집중력검사』(중앙적성출판사, 2002)

『놀이치료로 행복을 되찾은 아이, 베티』(학지사, 2005)

『놀이치료/아동심리치료로 행복을 되찾은 아메트』(학지사, 2013)

『TCI, 기질 및 성격검사 매뉴얼』(공저, 마음사랑, 2007)

『FACT-II 개인적응형 주의력검사』(인싸이트, 2018)

「아동과 청소년 정신병리집단에 나타나는 실행능력의 문제」「중학생의 기질, 성격, 지능, 성격의 관계에서의 성차」「Can a specific attention profile contribute to differentiate psychiatric disorders?」등 다수 논문 발표

하은혜(Ha, Eunhye)

연세대학교 심리학과 학부 및 대학원 석 · 박사(임상심리학전공)

연세대학교 세브란스 병원 정신과 임상심리학 수련

국민건강보험공단 일산병원 임상심리전문가

UC Berkeley 교환교수

현 숙명여자대학교 아동복지학부 교수

　　정신보건 임상심리사 1급(보건복지부), 임상심리전문가(한국심리학회)

〈저 · 역서 및 대표 논문〉

『K-CBCL 아동 청소년 행동평가 척도』(공저, (주) 휴노, 2010)

『K-YSR 청소년 자기행동평가 척도』(공저, (주) 휴노, 2010)

『아동 청소년 정신병리학』(공역, 시그마프레스, 2017)

「Effects of Cognitive-Behavioral Group Therapy for Depressive Mothers of Children with

Behavior Problems」「A Validation Study of the Korean Child Behavior Checklist 1.5-5 in the Diagnosis of Autism Spectrum Disorder and Non-Autism Spectrum Disorder」「Cluster Analysis of the Child Behavior Checklist 1.5-5 for Preschool Children Diagnosed With a Mental Disorder」「불안장애 진단에 대한 K-CBCL 6-18의 임상적 유용성: 복지시설 아동·청소년을 대상으로」등 다수 논문 발표

최윤경(Choi, Yunkyeung)
고려대학교 심리학과 학부 및 대학원 석·박사(임상심리학 전공)
고려대학교 안암병원 정신과 임상심리전문가 역임
현 계명대학교 심리학과 부교수
　정신보건임상심리사 1급(보건복지부), 임상심리전문가(한국심리학회)

〈저·역서 및 대표 논문〉
『재난과 외상의 심리적 응급처치』(공저, 학지사, 2014)
『트라우마의 치유』(공저, 학지사, 2010)
「외상 후 스트레스 장애의 근거기반치료」「로샤 검사에 나타난 북한이탈주민의 대처와 방어」등 다수 논문 발표

이순묵(Lee, Soonmook)
서울대학교 경영학사 및 Ohio 주립대학교 심리학 석사
Ohio 주립대학교 심리학 박사(심리측정 전공)
한국산업 및 조직심리학회장, 한국심리측정평가학회장
현 성균관대학교 심리학과 명예 교수

〈저·역서 및 대표 논문〉
『사회과학을 위한 측정의 원리』(학지사, 2002)
『요인분석의 기초』(학지사, 2000)
「구조방정식모형에서 다집단 분석의 문제 및 대안으로서의 다특질 다상황 다방법모형」
「도박중독문제의 본질에 충실한 평가/진단 및 비율 산정」

김은주(Kim, Eunju)
서울여자대학교 교육심리학과 학부 및 대학원 박사(상담심리전공)
서강대학교 교육대학원 상담심리전공(석사)
현 어세스타심리평가연구소 소장
  MBTI, STRONG, CPI, TKI 전문교육 중앙강사

〈저 · 역서 및 대표 논문〉
『자녀를 위한 커리어 코칭』(공역, 어세스타, 2008)
『성격유형과 코칭』(공역, 어세스타, 2008)
『STRONG 진로발달검사』(어세스타, 2011)
『STRONG 진로탐색검사2』(어세스타, 2012)
『스마트러닝 학습검사 개발』(어세스타, 2017)
「한국 대학생 진로준비유형검사의 개발」

현대 심리평가의 이해와 활용
Psychological Assessment

2019년 5월   1일 1판 1쇄 인쇄
2019년 5월 10일 1판 1쇄 발행

지은이 • 박영숙 · 박기환 · 오현숙 · 하은혜
　　　　최윤경 · 이순묵 · 김은주
펴낸이 • 김진환
펴낸곳 • (주) **학지사**
　　　　04031 서울특별시 마포구 양화로 15길 20 마인드월드빌딩
대표전화 • 02)330-5114　　　팩스 • 02)324-2345
등록번호 • 제313-2006-000265호

홈페이지 • http://www.hakjisa.co.kr
페이스북 • https://www.facebook.com/hakjisabook

ISBN 978-89-997-1831-1 93180

정가 25,000원

이 도서의 국립중앙도서관 출판시도서목록(CIP)은 서지정보유통지
원시스템 홈페이지(http://seoji.nl.go.kr)와 국가자료공동목록시스템
(http://www.nl.go.kr/kolisnet)에서 이용하실 수 있습니다.
(CIP 제어번호: CIP2019017532)

출판 · 교육 · 미디어기업 **학지사**

간호보건의학출판 **학지사메디컬** www.hakjisamd.co.kr
심리검사연구소 **인싸이트** www.inpsyt.co.kr
학술논문서비스 **뉴논문** www.newnonmun.com
원격교육연수원 **카운피아** www.counpia.com